DAS KIRCHENRECHT

DER

KATHOLIKEN UND PROTESTANTEN

IN

DEUTSCHLAND.

VON

DR. PAUL HINSCHIUS,

ORDENTLICHEM PROFESSOR DER RECHTE AN DER UNIVERSITÄT BERLIN.

ZWEITER BAND.

II. HÄLFTE.

BERLIN,

VERLAG VON I. GUTTENTAG.

(D. COLLIN.)

1878.

DAS KIRCHENRECHT

DER

KATHOLIKEN UND PROTESTANTEN

IN

DEUTSCHLAND.

VON

DR. PAUL HINSCHIUS,

ORDENTLICHEM PROFESSOR DER RECHTE AN DER UNIVERSITÄT BERLIN.

ZWEITER BAND.

SYSTEM DES KATHOLISCHEN KIRCHENRECHTS MIT BESONDERER RÜCKSICHT AUF DEUTSCHLAND (FORTSETZUNG).

BERLIN,

VERLAG VON I. GUTTENTAG.

(D. COLLIN.)

1878.

SYSTEM

DES

KATHOLISCHEN KIRCHENRECHTS

MIT BESONDERER RÜCKSICHT

AUF

DEUTSCHLAND.

VON

DR. PAUL HINSCHIUS,

ORDENTLICHEM PROFESSOR DER RECHTE AN DER UNIVERSITÄT BERLIN.

ZWEITER BAND.

BERLIN,

VERLAG VON I. GUTTENTAG.

(D. COLLIN.)

1878.

VORWORT.

Erst nach langer Unterbrechung kann ich der ersten Hälfte dieses Bandes die zweite folgen lassen. Zunächst haben persönliche Verhältnisse, insbesondere mannigfache andere Beschäftigungen, welchen ich nach meiner Uebersiedelung hierher mich nicht entziehen konnte, die Herausgabe dieses Halbbandes verzögert. Als sodann der preussische Staat in Folge der Beschlüsse des vatikanischen Koncils eine neue gesetzliche Regelung des Verhältnisses zur katholischen Kirche begonnen hatte, und mit Sicherheit vorauszusehen war, dass andere Staaten darin nachfolgen würden, war ich in die Nothwendigkeit versetzt, das Resultat jener gesetzgeberischen Schritte abzuwarten, wollte ich anders ein schnelles Veralten der partikularrechtlichen Theile meines Werkes verhindern.

Von der neuesten Literatur konnte ich E. Löning, Geschichte des deutschen Kirchenrechts, Thudichum, deutsches Kirchenrecht Bd. 2, sowie Gareis und Zorn, Staat und Kirche in der Schweiz Bd. 2 nur noch theilweise bei der Korrektur und für die Nachträge, dagegen H. Gerdes, Bischofswahlen unter Otto d. Gr. gar nicht mehr benutzen.

Die ferneren Halbbände hoffe ich in derselben regelmässigen Folge, wie die drei ersten, erscheinen lassen zu können.

Berlin, den 20. September 1878.

Der Verfasser.

INHALTSVERZEICHNISS.

System des katholischen Kirchenrechts.

Erstes Buch:

Die Hierarchie und die Leitung der Kirche durch dieselbe.

Zweiter Abschnitt.

Erste Abtheilung.

Zweites Kapitel.

Die weiteren Aemter und Stufen der ordentlichen und regelmässigen Verfassungsform.

(Fortsetzung).

Drittes Kapitel.

Die ausserordentliche Verfassungsform oder die s. g. Missionsgebiete.

Zweite Abtheilung.

Die allgemeinen, die kirchlichen Leitungsorgane betreffenden Rechtssätze, insbesondere die Lehre von den Kirchenämtern.

Erstes Kapitel.

Der Begriff des Kirchenamtes und die Eintheilung der kirchlichen Aemter, sowie das Rangverhältniss der kirchlichen Beamten.

Zweites Kapitel.

Von der Errichtung, Veränderung und Aufhebung der Kirchenämter.

Drittes Kapitel.

Von der Besetzung der Kirchenämter.

B. Abweichungen von der regelmässigen Organisation.

§. 94. 1. *Die exemten Bischöfe**.

Nicht jedes Bisthum steht unter einem Metropoliten, vielmehr giebt es bis auf den heutigen Tag eine Anzahl von Diöcesen, welche zu keiner erzbischöflichen Provinz gehören. Für sie und ihre Bischöfe bildet daher allein der Papst die unmittelbar vorgesetzte Instanz (s. g. *episcopi immediate subiecti Romanae sedi, episcopi exemti*)[1].

I. Geschichte der Exemtionen. Es gehören zunächst und zwar in weiterem Sinn hierher diejenigen Diöcesen Italiens, welche sich von dem Metropolitan-Verbande der im Laufe der Zeit dort entstandenen Erzbisthümer frei gehalten haben[2]. Ihr Metropolit war der römische Bischof. In Folge der steigenden Bedeutung des päpstlichen Primates ist indessen die selbst heute noch formell festgehaltene Stellung des Papstes als Metropolitans der römischen Provinz bedeutungslos geworden. Da auch kein besonderer Behörden-Organismus für die Ausübung der Oberleitung der zur römischen Provinz gehörigen Bisthümer besteht, so existirt praktisch so gut wie kein Unterschied zwischen diesen und den in andern Ländern vorkommenden exemten Bischöfen.

Sodann sind dergleichen Verhältnisse im Zusammenhang mit der Mission heidnischer Länder entstanden. Die dem Christenthum neu gewonnenen Gebiete waren nicht stets so umfangreich, dass man sofort mehrere Bisthümer mit einem Metropoliten an der Spitze hätte organisiren können. Unter solchen Umständen wurde eine neu gegründete Diöcese dem römischen Stuhl um so lieber direkt unterstellt, als man dadurch Streitigkeiten zwischen den zunächst belegenen Metropoliten wegen der Subjektion eines solchen Bisthums verhinderte und ferner auch die dem Fürsten des bekehrten Landes vielfach unliebsame Unterwerfung unter ein auswärtiges Erzbisthum vermied[3]. Bei weiterer Ausbreitung des Christenthums sind dann allerdings später

* Thomassin, v. et n. discipl. P. I. lib. III. c. 41. n. 17; Binterim, Denkwürdigkeiten der christkatholischen Kirche I. 2, 653 ff. 691 ff. 695 ff.

1 Die Gerarchia cattolica per l'anno 1875 (Roma 1875) p. 27 ff. zählt sie unter der Ueberschrift: „sedi di rito latino immediatamente soggetti alla santa sede" auf. Die a. a. O. verzeichneten, dem päpstlichen Stuhl unmittelbar unterworfenen Erzbisthümer sind Titularerzbischöfe (s. o. S. 23 Anm. 2), welche in keinem Metropolitanverbande stehen.

2 S. die Th. I. S. 213 n. 4 aufgeführten Diöcesen, aus denen aber nach der citirten Gerarchia p. 39 die jetzt der Metropole Urbino überwiesene Diöcese Cagli-Pergola ausscheidet und zu denen das offenbar von dem Verbande mit Camerino getrennte Bisthum Troja hinzutritt; ferner kommen die in der vorigen Anm. erwähnten Erzbisthümer ohne Suffraganen und endlich eine Anzahl süd- und mittelitalienischer Diöcesen hinzu, s. a. a. O. p. 27. 48. Zeitweise sind aber einzelne derselben den später in Italien errichteten Metropolitansitzen unterworfen gewesen, wie eine Vergleichung der Gerarchia mit den Angaben bei Ughelli, Italia sacra Tom. I. u. Neher, kirchl. Geographie Th. I über die bei ersterem verzeichneten Bisthümer ergiebt. Th. I. S. 213. n. 4.

3 Das ist der Fall mit dem zuerst in Wollin errichteten, dann nach Cammin verlegten Bisthum gewesen. Die Errichtungsurkunde Innocenz' II. a. 1140 (Lünig, spicileg. eccles. II. app. p. 4) hebt zwar das direkte Verhältniss zum römischen Stuhl nicht hervor, unterwirft aber auch andererseits das neue Bisthum keinem Metropoliten. Ebensowenig thut ersteres das dipl. Clem. III. a. 1188 (l. c. p. 6): „ut quia civitas quae Wollin dicitur, in qua sedes episcopalis esse solebat, propter guerrarum incommoda deserta esse proponitur, ipsa sedes in ecclesia s. Johannis Bapt. apud civitatem Camminensem habeatur, libertatem quoque qua sedes ipsa soli fuit Romano pontifici a prima sua institutione subiecta . . . ratam habemus . . . Ad iudicium autem huiusmodi perceptae a sede apostolica protectionis et libertatis nobis nostrisque successoribus tu et successores tui fertonem auri annis singulis exsolvetis", dessen Fassung an sich blos für die Unterordnung des Bisthums unter den päpstlichen Stuhl hinsichtlich der Temporalien, wie das unten näher besprochene Verhältniss von Bamberg zeigt, beweisend ist, s. Ficker, vom Reichsfürstenstande I, 277. 278. Durch diese Exemtion sollte einem etwaigen Streit zwischen den Erzbischöfen von Magdeburg und Gnesen vorgebeugt werden (Sachsse in Zeitschr. f. deutsch. Recht 10, 87).

derartige, ursprünglich exemte Bisthümer einem ebenfalls neu errichteten Metropolitansitz als Suffraganate zugetheilt worden [1].

Ferner haben im Mittelalter politische Motive, so das Andringen der Fürsten und Bischöfe eines Landes, um Freiheit von einem fremdherrlichen Metropolitan-Verbande zu erlangen, Veranlassung zu Exemtionen gegeben [2].

Andere sind in späterer Zeit in Folge der Befreiungen einzelner Klöster von jeder bischöflichen Jurisdiction entstanden, indem solche eximirte Sprengel zu selbständigen Bisthümern erhoben wurden, und nunmehr ebenso wie der frühere Klosterbezirk in unmittelbarer Unterordnung unter dem apostolischen Stuhl blieben [3].

Auch haben die Päpste einzelnen Bisthümern wegen spezieller Beziehungen zu denselben und aus besonderem Wohlwollen [4] sowie auf Veranlassung weltlicher Für-

Wenngleich die letzteren wiederholt Versuche zur Unterwerfung des Bisthums gemacht haben (s. a. a. O. u. Wiltsch, kirchl. Geographie 2, 239), so hat dasselbe doch seine Unabhängigkeit zu bewahren gewusst, s. gegen v. Mülverstedt i. d. Geschichtsblättern für Stadt u. Land Magdeburg. Jahrgg. 1869. S. 125 ff. Klempin, d. Exemtion des Bisthums Cammin. Stettin 1870. Der Deutschspiegel Art. 315 u. Schwabenspiegel Art. 136 (ed. Lassberg) führen es allerdings als Suffraganbisthum von Magdeburg auf.

[1] Als Beispiel kann das von Hamburg-Bremen zu Uexbull gegründete, dann nach Riga verlegte Bisthum (Wiltsch a. a. O. S. 82 n. 13) dienen. Dasselbe ist erst 1255 zum Erzbisthum erhoben (Rainaldi annal. a. 1255 n. 64), war aber schon vorher von aller Metropolitangewalt frei gewesen, Innoc. III. (a. 1213) Regist. XVI. ep. 129 (ed. Baluze 2, 809): „Cum in memoria hominum non existat, quod Estiensis provincia cuiquam fuerit metropolitico iure subiecta, . . . mandamus, ne cuiquam tanquam metropolitano respondeas absque mandato sedis apostolicae speciali“. Ueber die schwankenden Verhältnisse der diesem Erzbisthum untergeordneten Bisthümer Culm, Pomesanien, Ermland und Samland, s. Herquet, Kristan v. Mühlhausen, Bischof v. Samland. Halle 1874. S. 13. 14. 23.

[2] Das ist offenbar bei der Exemtion der schottischen Bisthümer von dem Metropolitan-Verband mit York der Fall gewesen, s. Th. I. S. 620. 621.

[3] dipl. Bonifac. IX. a. 1394 für La Cava (Ughelli 1, 612): „...terram in civitatem erigimus . . . et insuper eandem ipsius monasterii ad praesens abbatis regimine destituti ecclesiam in ecclesiam cathedralem similiter erigimus et constituimus . . . sponsum idoneum cum episcopalis officii plenitudine deo authore per apostolicae diligentiae ministerium habituram . . . statuimus . . . quod personae tam ecclesiasticae quam saeculares sexus utriusque in eisdem nova civitate ac territorio, quod quidem territorium de caetero dioecesis Cavensis erit, degentes praesentes et posteri, quemadmodum abbati et conventui praefatis in spiritualibus et temporalibus communiter vel divisim parere tenebantur hactenus ac etiam ordinario iure subiecti, de caetero ipsis episcopo, capitulo et ecclesiae Cavensi in eisdem spiritualibus et temporalibus coniunctim vel semotim teneantur obedire ac dioecesano sint iure subiecti. Praeterea sicut abbas et conventus praefati necnon personae, monasterium, terra et territorium huiusmodi eisdem archiepiscopo, capitulo et ecclesiae Salernitanae nec metropolitico neque alio quovis iure subsint, sed eidem ecclesiae Romanae immediate subiecti remaneant, sicut antea et quemadmodum hactenus de dioecesi fuerit, ita posthac alias de provincia Salernitana existant, ipsis tamen archiepiscopo, capitulo et ecclesiae Salernitanae quoad praedictum censum multum praeiudicium generetur“; dipl. Johann. XXIII. für Nardo a. 1413 (ibid. p. 1046); aus Deutschland gehören hierher die von Benedict XIV. im J. 1752, resp. von Pius VI. im Jahre 1794 (Magn. Bull. 19, 15, resp. Bull. Rom. cont. 9, 204) zu exemten Bisthümern erhobenen gefürsteten Abteien Fulda und Corvey.

[4] So hat z. B. Pius II. Pienza, seinen Geburtsort, unter Vereinigung mit Montalcino im J. 1462 zum Bisthum erhoben und dasselbe dem apostolischen Stuhl unterworfen, s. Ughelli l. c. 1, 1177): „Caeterum cupientes ipsas ecclesias singulari beneficio decorare eas et earum praesulem pro tempore existentem cum capitulis, clero, populis, civitatibus, oppidis, castris seu villis praedictis et totis illarum dioecesibus ab omni iurisdictione, superioritate, visitatione, dominio et potestate archiepiscopi Senonensis pro tempore existentis eiusque officialium ac aliorum quorumcumque ordinariorum iudicum — — in perpetuum eximimus et totaliter liberamus ac sub nostra et b. Petri et sedis apostolicae protectione suscipimus dictasque ecclesias et eorum praesulem Roman. ecclesiae nullo medio decernimus subiacere: ita tamen quod si qui in causis ab episcopo Pientinis et Ilcinensibus eiusque officialibus ad archiepiscopum Senensem praedictum seu eius metropolitanam curiam pro tempore appellare voluerint, liceat eis id libere facere ipsique archiepiscopo seu eius officialibus vel delegatis ab eo huiusmodi appellationum causas cognoscere et definire ita et quemadmodum alias causas appellationum a suis suffraganeis impositarum cognoscunt. Liceat etiam ipsi archiepiscopo pro tempore existenti cum per Pient. et Ilcin. civitates aut dioeceses iter faciet, prae se crucem portare facere, sicut in locis suae provinciae portare facere consuevit. In reliquis autem nullam ordinariam iurisdictionem in episcopum Pient. et Ilcin. aut eius subditos valeat quomodolibet exercere.“

sten[1] die gleichen Privilegien ertheilt. Nicht minder haben endlich einzelne Bischöfe selbst die Gewährung solcher Vorrechte beim apostolischen Stuhl erbeten und erlangt[2].

[1] Nicht hierher gehört, wie z. B. Binterim, a. a. O. S. 653 u. Wiltsch, kirchl. Geographie 2, 69 annehmen, das Bisthum Bamberg. Die Bestätigungsbulle Johanns XVIII. v. 1007 (Mansi 19, 286 u. 420; Adalberti vita Heinrici SS. 4, 797) lautet: „Sit ille episcopatus liber et ab omni extranea potestate securus Romano tantummodo mundiburdio subditus, quatenus episcopus eo melius cum canonicis sui servitio dei possit insistere et primi constructoris eiusdem loci et recuperatoris iugiter memoriam habere. Sit tamen idem suo metropolitano subiectus atque obediens." Dieser anscheinende Widerspruch, die gleichzeitige Hervorhebung des unmittelbaren Verhältnisses zu Rom und der Zugehörigkeit zu dem Metropolitan-Verbande der Mainzer Provinz, wiederholt sich auch in den späteren Dekretalen, s. Leon. IX. ep. ad Hartwig. Bamberg. a. 1052 (Mansi 19, 690): „Sit ille episcopatus liber, Romano tamen mundiburdio subditus . . . Sit idem episcopus suo metropolitano episcopo Moguntino in canonicis causis tantummodo subiectus et obediens"; Eugen. III. ep. ad Egilbert. episc. Bamberg. a. 1146 (Mansi 21, 631, SS. 4, 813 n. 33): „ecclesiae Bambergis quae s. Romanae ecclesiae soli subesse dignoscitur"); ep. Innoc. III. a. 1204 (Ussermann, episcop. Bamberg. cod. probat. n. 155. p. 139): „Quoniam Babenbergensis ecclesia nostra est filia specialis" und ep. eiusd. a. 1204 (ibid. n. 156. p. 140): „infra terminos Babenbergensis ecclesie ante faciem tuam crucem portari concedimus, salva sedis apostolice auctoritate et Maguntinensis metropolis debita reverentia." Wenn Hirsch, Jahrbücher d. deutsch. Reichs unt. Heinr. II. 2, 93 in Hinblick auf die Bulle Leos IX. die Metropolitanrechte von Mainz auf „die s. g. kanonischen Sachen" einschränkt, und zu diesen unter Bezugnahme auf Ussermann l. c. p. XXXIV das Recht des Metropoliten zur Konsekration und zur Einberufung von Provinzialsynoden rechnet, dagegen Mainz die Befugniss in höherer Instanz als Appellations-Gericht über Bamberg zu fungiren, abspricht, so ist das völlig verfehlt. Denn dem Kirchenrecht ist jener Begriff der „s. g. kanonischen Sachen" fremd, und der von Hirsch für die Ausschliessung der richterlichen Befugnisse des Erzbischofs von Mainz in Bezug genommene Vorfall, die Appellation der vom Bamberger Bischof Hermann verletzten Kanoniker von St. Jacob rechtfertigt das ebensowenig, da sich diese erst, als sie auch beim Reich keinen Schutz gefunden, an den Papst, als ihre letzte Stütze gewandt haben, s. Lamberti annal. a. 1075 (SS. 5, 220). Nennt sich doch auch Günther von Bamberg zw. 1060 u. 1064 schlechthin „suffraganeus" des Erzbischofs von Mainz (Jaffé, monum. Bamberg. p. 53), obwohl er weiter bemerkt: „qualiter H(einricus) imperator . . . nostram ecclesiam . . . Romanae sedis mundiburdio assignaverit certamque pensionem suo tempore illi solvendam nobis perpetuo imposuerit. Tunc Romanus pontifex, ut hanc singularem nostram subiectionem magis celebrem . . . faceret, omnibus ecclesiae nostrae praesulibus usum pallii generali privilegio concessit". Die Beweiskraft der erwähnten und anderer Zeugnisse (s. ep. Paschal. II. a. 1111 ad Otton. und die Einladungen der Bamberger Bischöfe zu den von Mainz ausgeschriebenen Synoden bei Jaffé l. c. p. 277. 323. 324. 386. 398; vgl. ferner ep. a. 1118 ibid. p. 327) wird auch nicht abgeschwächt durch die Absetzung Bischofs Hermann I. seitens Gregors VII. i. J. 1075, registr. Gregor. VII. II. 76 u. III. 2. 3 (Jaffé, monum. Gregor. p. 200. 204. 205) und die Weihe Ottos I. durch Paschalis II. (Jaffé, monum. Bamberg. p. 701); denn das erstere erklärt sich aus dem damals schon von den Päpsten in Anspruch genommenen ausschliesslichen Absetzungsrecht der Bischöfe, s. oben S. 15 n. 4, und in dem andern Falle ist die Befugniss des Metropoliten von Mainz wenigstens seitens des päpstlichen Stuhles im Princip anerkannt worden, s. Jaffé l. c. u. Th. I. S. 103. n. 2. Demnach kann die unmittelbare Unterwerfung Bambergs unter Rom nicht die Bedeutung einer Sonderstellung in dem hergebrachten hierarchischen Organismus gehabt haben, vielmehr hat sie sich lediglich auf die Temporalien bezogen, d. h. es ist dem Bisthum die Unabhängigkeit derselben von jeder weltlichen Gewalt in Form eines Eigenthumsrechtes der römischen Kirche auf die Güter, wie dies vielfach bei den s. g. abbatiae liberae vorgekommen, gewährt worden, s. Ficker vom Reichsfürstenstande 1, 278. 323. Damit sind nicht nur alle jene anscheinenden Widersprüche über die Bezeichnung der Stellung des Bisthums in den citirten Urkunden aufgeklärt, sondern es ergiebt sich auch zugleich, dass die Anordnung: „in canonicis causis tantummodo subiectus" in Leos IX. Bulle die Unterwerfung in kirchlicher Beziehung, d. h. die volle Anwendbarkeit aller kanonisch rechtlichen Normen über den Metropolitan-Verband ausdrückt. Freilich ist man schon zur Zeit des deutschen Reichs über die wahre Bedeutung der Privilegien Bambergs im Unklaren gewesen. Daher hat es im Laufe der Zeit den Vorrang vor allen übrigen deutschen Bischöfen gleich nach den Erzbischöfen auf der geistlichen Fürstenbank erlangen, Pfeffinger, Vitriarius illustr. lib. I. tit. 14. §. 15 h. 1, 1106, Hirsch a. a. O. S. 95, ja sogar von den Publicisten des deutschen Reichs im 18. Jahrh. als exemtes Bisthum bezeichnet werden können, s. Joh. Jac. Moser, teutsch. Staatsrecht 11, 251, v. Sartori, geistl. u. weltl. Staatsrecht der Erz-, Hoch- und Ritterstifter I. 1, 291. — Wohl aber gehört hierher die Exemtion von Wiener-Neustadt (Neostadium) durch die Bulle Pauls II. v. 1468, Raynaldi ann. a. 1469. n. 8; n. Neher, kirchliche Geographie 2, 179, von Montepulciano durch die Bulle Pius' IV. v. 1561 (Ughelli 1, 1002).

[2] Z. B. Mantua nach der Bulle Nikolaus' V. v. 1453 (ibid. 1, 859), Trivento nach der Sixtus' IV. v. 1474 (l. c. p. 1330), beide im wesentlichen gleichlautend; ich gebe den Text der letzteren, weil der der ersteren verderbt ist: „ecclesiam, civitatem et universam dioecesim, Thomam et pro tempore existentem episcopum, clerum, capitulum ac populum Triventinum ab omni dominio, superioritate, potestate et iurisdictione,

Keinesfalls sind aber diese Exemtionen so häufig gewesen, um die Annahme zu rechtfertigen, dass die Päpste die Ertheilung derselben als Mittel zu Herabdrückung der Metropolitanrechte benutzt haben. Gerade für den Zeitraum, innerhalb dessen sich die oben S. 13. 14 geschilderte Veränderung in der Bedeutung des Metropolitan-Amtes vollzogen hat, sind dergleichen Befreiungen weder in einer auffälligen Anzahl[1] noch für Bisthümer von hervorragender Stellung verliehen worden[2]. Ueberdies ist auch eine Initiative der Päpste in allen diesen Fällen nicht nachweisbar und der Umstand, dass die Erzbischöfe mitunter ihre Bischöfe auf den ihnen geleisteten Gehorsams-Eid hin ausdrücklich verpflichteten[3], keine Exemtion von dem Metropolitan-Verbande beim Papste nachzusuchen, zeigt, dass gerade vor Allem die Bischöfe sich um solche

quibus forsan ecclesia, civitas, dioecesis, episcopus, clerus, capitulum et populus praedicto archiepiscopo et ecclesiae Beneventanae praefatis subesse praetenderetur ac aliorum quorumlibet, auctoritate apostolica tenore praesentium perpetuo eximimus et etiam liberamus, ac sub b. Petri et sedis praelibatae ac eiusdem ecclesiae Romanae atque nostra potestate suscipimus, nobis successoribus nostris . . . ac dictae sedi immediate subesse, . . . ita quod archiepiscopus praedictus vel quivis eius vicarius seu officialis ratione delicti sive contractus aut rei de qua agitur, ubicumque committatur delictum vel initiatur contractus aut res ipsa consistat, nullam in episcopum, civitatem, dioecesim, capitulum, clerum et populum Triventinum praedictos illorumque singulares personas excommunicationis, suspensionis et interdicti sententias proferre aut aliquam in eos iurisdictionem, potestatem et dominium exercere seu provincialia vel alia concilia convocare praesumant, sed dumtaxat coram dicta sede vel eius delegatis teneantur conquerentibus de eis in iustitiam respondere"; ferner Passau, welches i. J. 1415 eine freilich durch die Konstanzer Reformdekrete (s. oben S. 150. n. 1) kassirte Exemtion seitens Johanns XXIII, dann aber noch i. J. 1728 eine neue von der Metropolitangewalt Salzburgs erhalten hat, über das erstere s. Hübler, Konstanzer Reformation S. 257, die letztgedachte Bulle bei Moser, a. a. O. S. 274.

[1] Vor dem 11. Jahrhundert sind sie überhaupt nicht nachweisbar. Vielleicht gehört hierher schon das privileg. Leonis IX. für den Bischof v. Le Puy (episcopus Aniciensis) im Metropolitan-Sprengel von Bourges v. 1051 (Gallia christ. 2. app. p. 228), welches demselben das Pallium verleiht „ea si quidem conditione, ut sicut ecclesiae tuae privilegiis in suo statu manentibus ordinatio episcoporum huius sedis ad Romanum spectet pontificem, ita etiam ad hunc locum ordinandus per nos episcopus per nostram scilicet cleri etiam ac populi huius civitatis intres electionem etc.", dessen Tragweite bei der unvollständigen Mittheilung a. a. O. sich aber nicht genau beurtheilen lässt und allerdings der Vorläufer der späteren auf volle Befreiung von der Metropolitangewalt lautenden Privilegien von Paschalis II. v. 1105 und von Eugen II. v. 1145 (s. ibid. 2, 686) gewesen zu sein scheint; für Ravello (in der Nähe von Amalfi) s. dipl. Urbani II. a. 1090 (Ughelli 1, 1183): „vobis libertatem adiicimus, ut Ravellensis ecclesiae deinceps ab omnis potestatis libera in solius Romani pontificis iure dominationeque consistat", u. dipl. Paschalis II. a. 1101 (ibid. p. 1184): „decernimus, ut Ravellensis ecclesiae, cui per . . . praedecessoris nostri . . . manus impositionem praesides, familiariori benignitate semper sub apostolicae sedis tuitione servetur et quicumque deinceps episcoporum Ravell. ecclesiae . . . successerint, ab eiusdem apostolicae sedis consecrationis gratiam sortiantur, sicut a s. mem. praedecessoribus nostris Victoris III. et Urbano II. statutum esse cognoscitur", und für Troja, welches von Alexander II. zw. 1061 u. 1073 und Paschalis II. a. 1100 (Ughelli 1, 1345) ebenfalls das Privilegium erhalten hat, dass seine Bischöfe allein beim Papst ihre Weihe nehmen sollten, ist wohl dadurch der Beweis der Exemtion geliefert, denn da das Weiherecht der Bischöfe in jener Zeit noch ein Ausfluss der Metropolitangewalt gewesen ist, ergiebt sich aus der Beseitigung desselben, dass diese Bisthümer zu keiner erzbischöflichen Provinz gehören sollten. Deutlich ist das ausgesprochen in dem dipl. Calixti II. a. 1120 für Aversa (Ughelli 1, 486): „Si quidem . . . Leo papa IX. primum . . . episcopum Azolinum consecravit, porro Urbanus Guimundum, Gelasius Robertum episcopos consecravit, quorum nos auctoritatem et vestigia subsequentes praefatam Aversanam ecclesiam in solius Romanae ecclesiae subiectione decrevimus conservandam. Apostolica igitur auctoritate statuimus . . ., ut eadem ecclesia Aversana in Romanae ecclesiae unitate atque obedientia perseveret eique soli tanquam suffraganea metropolitanae suae subiecta sit, ut in ea per Romani semper pontificis manum episcopus consecraretur."

[2] Die S. 145. n. 1 citirte Stelle Bernhards von Clairvaux steht dem nicht entgegen, denn sie schildert in etwas rhetorischer Weise den Nachtheil der Exemtionen, namentlich der zu Gunsten der Klöster gewährten.

[3] Dipl. Alberti episc. Lubec. a. 1248 (Leverkus, Urkdbuch des Bisth. Lübeck S. 93): „Quibus iuramentis praestitis iam dictus dominus noster archiepiscopus Bremensis sub religione iuramenti praestiti nobis mandavit et nos etiam voluntarie repromisimus, quod nunquam procurabimus vel efficiemus per nosmet ipsos vel per literas vel nuntios, quod absolvamur auctoritate alicuius superioris ab obedientia Bremensis ecclesiae, quamdiu in Lubicensi ecclesia presidemus."

Privilegien bemühten, wie denn einzelne derselben, die nachmals für exemt galten[1], ihre Befreiung wohl nur dadurch erlangt haben, dass sie sich unter Benutzung gewisser äusserer, namentlich politischer Verhältnisse der Metropolitan-Jurisdiktion entzogen und der Ausübung der später ohnehin geringen Rechte derselben Hindernisse in den Weg gelegt hatten.

Die Titular-Erzbischöfe, welche schon seit mehreren Jahrhunderten vorkommen, sind dagegen durch ihre blosse Ernennung nicht von ihrem bisherigen Metropolitan-Verband eximirt worden[2]. Allerdings haben mitunter auch Bischöfe, welche dem römischen Stuhl bereits unmittelbar untergeben waren, den gedachten Titel zu grösserer Auszeichnung erhalten[3].

II. Geltendes Recht. Exemte Bisthümer finden sich heute vor Allem noch in Italien[4] und Deutschland. Dort haben sie sich aus früherer Zeit erhalten (s. o. S. 329). In Deutschland verdanken sie ihre Entstehung der Wiederaufrichtung der katholischen Kirchenverfassung am Anfange dieses Jahrhunderts. Es gehören hierher die hannoverschen Bisthümer Hildesheim und Osnabrück[5], deren unmittelbares Verhältniss zum römischen Stuhl sich daraus erklärt, dass die damalige hannoversche Regierung eigene, mit den Staatsgrenzen zusammenfallende Sprengel zu haben wünschte, andererseits aber das Staatsgebiet für die Errichtung einer besonderen erzbischöflichen Provinz mit Suffraganbisthümern nicht ausgedehnt genug war. In Preussen ist dagegen den beiden wiederhergestellten Bisthümern Breslau und Ermland[6] die frühere Exemtion belassen worden)[7].

Die Exemtion hat die Wirkung, dass der Bischof von den aus der Metropolitan-Gewalt herfliessenden Rechten und das Bisthum selbst von der Zugehörigkeit zu einer der benachbarten erzbischöflichen Provinzen befreit ist, sofern nicht etwa das Exemtionsprivileg für gewisse Verhältnisse besondere Ausnahmen statuirt[8]. Im Allgemeinen durchbricht die Exemtion die gewöhnliche hierarchische Stufenfolge, denn

[1] So Breslau, ursprünglich zur Provinz Gnesen gehörig, s. Laspeyres, Gesch. der kath. Kirche Preussens S. 276. 277. 290 u. A. Mosbach, d. Wahl des elfjährigen polnischen Prinzen Karl Ferdinand zum Bischof v. Breslau 1625. Breslau 1871. S. 22 ff., Ermland, s. Laspeyres a. a. O. S. 395; Regensburg, s. Pfeffinger l. c. lib. I. tit. 15. §. 13. n. hh u. ii 1, 1230. 1232; Moser a. a. O. 11, 251; v. Sartori a. a. O. S. 296; ferner Pavia, s. const. Bened. XIV: Ad supremum v. 15. Februar 1743 (Bull. Bened. XIV. 1, 242), dessen bevorrechtigte Stellung wohl daran angeknüpft hat, dass es ebenso, wie Bamberg, hinsichtlich der Temporalien dem römischen Stuhle unterstellt war, s. Ficker a. a. O. S. 313.

[2] O. S. 23 n. 2.

[3] So die Bischöfe von Camerino, Neher, kirchl. Geographie 1, 101. Damit ist nicht zu verwechseln die Union eines Erzbisthums in partibus infidelium mit einem exemten Bischofssitz, damit der jedesmalige Bischof neben dem Bischofstitel auch den von dem Erzbisthum hergenommenen erzbischöflichen, also den Titel: „Bischof-Erzbischof" führen kann, ein Verhältniss, wie es durch die in der vorvorigen Note citirte Const. Benedikts XIV. für Pavia begründet worden und noch heute für das mit dem Erzbisthum Rhodus in partibus vereinigte exemte Bisthum Malta besteht, s. Gerarchia cit. p. 209 u. Neher a. a. O. S. 219.

[4] Gerarchia cit. p. 27 ff.

[5] Bulle: Impensa Romanor. pontif. v. 1824. s. v. supradictis sedibus episcopalibus tam Hildesimensi etc.

[6] Bulle: De salute animarum v. 1821. s. v. episcopales vero ecclesias Wratislaviensem etc. Bei Breslau hat wohl auch noch das Motiv mitgewirkt, dass dasselbe mit seinem nach Oesterreich hineinreichenden Sprengel nicht gut einem sei es Preussen, sei es Oesterreich angehörigen Erzbischof unterstellt werden konnte.

[7] Abgesehen von den beiden genannten Ländern giebt es noch exemte Bisthümer in der Schweiz, in welcher überhaupt kein Metropolitan-Verband existirt, in Malta, in der Türkei und auch in aussereuropäischen Ländern, s. Gerarchia cit. p. 27 ff.

[8] S. z. B. das für Pienza und Montalcino (S. 330 n. 4), welches dem Erzbischof von Siena das Recht als Appellationsinstanz zu fungiren und die Befugniss sich das Kreuz vortragen zu lassen, vorbehalten hat. Ueber das an und für sich durch die Exemtion gegebene Mass geht dagegen die Anordnung in den Privilegien für Mantua und Triventino (S. 331. n. 2) hinaus, welche die Juris-

der exemte Bischof hat keinen anderen unmittelbaren Oberen über sich als den Papst. Im Einzelnen gilt Folgendes:

1. Die exemten Bischöfe müssen, damit auch für ihre Diöcesen das Institut der Provinzial-Synoden zur Geltung kommen kann, sich einem benachbarten Erzbischof ein für alle Mal anschliessen, auf dessen Synoden sie ebenso wie Suffragane desselben zu erscheinen verpflichtet sind[1]. Jedoch kann das Exemtionsprivileg, weil es ein Gnaden-Akt des Papstes ist, den betreffenden Bischof unter Beseitigung seines Wahlrechtes auch schlechthin einem Erzbischof in der gedachten Hinsicht dauernd zuweisen[2]. Eine Nothwendigkeit zu diesem Anschluss besteht aber nicht für die suburbikarischen Kardinalbisthümer, die (exemten) Titular-Erzbischöfe ohne Suffraganen und die zur römischen Provinz im engeren Sinne gehörigen[3] einfachen Bischöfe[4]. Diese haben an der vom Papste für die römische Provinz zu berufenden Synode Theil zu nehmen. Uebrigens müssen auf dieser letzteren auch die exemten Bischöfe erscheinen, welche die vorgeschriebene Wahl der Provinzialsynode eines benachbarten Metropoliten nicht vorgenommen haben[5], weil sie gleichfalls zur römischen Provinz im weiteren Sinne gerechnet werden[6].

2. Wenngleich der exemte Bischof den Beschlüssen der Provinzialsynode sich zu fügen hat, so ist er doch dem mit der Abhaltung der letzteren verbundenen Visitations- und Strafrecht des Metropoliten[7] nicht unterworfen, weil dem Erzbischof die Ausübung des letzteren nur kraft seiner Jurisdiction über die Suffraganbischöfe zusteht.

3. Ferner ist in den exemten Bisthümern die Bethätigung der weiteren S. 19 ff. unter 3 bis 6 erwähnten Metropolitanrechte ausgeschlossen. Da damit auch die regelmässige, durch das Metropolitangericht gebildete zweite Instanz entfällt, so sind behufs Ersatzes derselben besondere Einrichtungen für die exemten Diöcesen geschaffen, welche freilich nicht überall gleich sind[8].

4. Was endlich die Einrichtung von Seminarien für exemte Sprengel, welche ein solches allein zu unterhalten ausser Stande sind, betrifft, so muss die Provinzialsynode, welcher sich der exemte Bischof angeschlossen hat, zur Feststellung der erforderlichen Massregeln (s. o. S. 21) für kompetent erachtet werden. Denn die betreffende Angelegenheit gehört zu ihrem Wirkungskreis und der Bischof ist ihren Beschlüssen unterworfen[9].

5. Ein Vorrang kommt den exemten Bischöfen, obwohl sie in der Hierarchie

diction des Erzbischofs auch beim Vorliegen eines Spezialforums ausschliesst.

[1] Trid. Sess. XXIV. c. 2. de ref. So haben sich z. B. i. J. 1860 die Bischöfe von Hildesheim und Osnabrück dem Erzbisthum Köln angeschlossen, Arch. f. k. K.R. 9, 108. n. 2. Die einmal getroffene Wahl bindet auch die Nachfolger, Dekr. d. Congr. Conc. v. 1725 bei Bened. XIV. de syn. dioec. XIII. 8. n. 14.

[2] So ist dies mit Passau hinsichtlich des Erzbischofs von Salzburg durch die Bulle Benedikts XIII. geschehen, s. S. 331. n. 2 a. E.

[3] Die s. g. episcopi constituti inter Capuanam provinciam et Pisanam, s. Th. I. S. 213; Bouix, du concile provincial, Paris 1850. p. 118. 119.

[4] S. die in der vorvorigen Note cit. Entsch. d. Congr. Conc.

[5] Diese hat Benedikt XIII. i. J. 1724 zum römischen Koncil berufen (Acta concil. coll. Lacens. 1, 342 u. Th. I. S. 213. n. 5), s. ferner conc. Roman. a. 1725. Tit. II. c. 1 (coll. cit. 1, 350), an welchem auch Vertreter der exemten Bischöfe von Bamberg, Ermland und Pavia theilgenommen haben. Daraus ergiebt sich, dass die Theilnahme Bambergs nicht mit v. Schulte, Lehrb. 2. Aufl. S. 197. n. 9 aus der eigenthümlichen Stellung dieses Bisthums zu erklären ist.

[6] Th. I. S. 213.

[7] O. S. 18.

[8] Ueber Breslau s. Th. I. S. 637. Das Nähere unten in der Lehre von der Gerichtsorganisation.

[9] S. Anm. 1.

höher als die Suffraganbischöfe stehen, vor diesen auf den allgemeinen und Provinzial-Koncilien kraft ihrer Exemtion nicht zu, vielmehr entscheidet über die Präcedenz das Alter der Beförderung zur bischöflichen Würde[1].

§. 95. 2. *Besondere Einrichtungen für bestimmte Personen-Klassen, insbesondere die Militärseelsorge**.

Von praktischer Bedeutung ist heute allein[2] die in einzelnen grösseren Staaten vorkommende Exemtion der Armee und Marine von der Jurisdiktion der

[1] Gallemart ad conc. Trid. XXIV. c. 2. n. 4; Caeremoniale episcopor. lib. I. c. 31; s. ferner const. Pii IX.: Multiplices inter v. 27. Nov. 1869 n. 4 (Acta s. sedis 5, 235) u. §. 101.

* Archiv für kathol. K. R. 21, 456; Pachmann, Lehrbuch des Kirchenrechts 3. Aufl. S. 326. 338; Ginzel, österr. Kirchenrecht 1, 212. 343; Ferraris, prompt. biblioth. s. v. capellanus militum; Bouix, tractat. de parocho p. 662; Andr. Müller, Lexikon des Kirchenrechts, Art. Feld-Geistliche, 2. Aufl. 2, 801; die kleine, im Arch. f. k. K. R. 23, 181 besprochene Schrift: W. E. Frh. v. Ketteler, die Gefahren der exemten Militärseelsorge. Mainz 1869 (als Manuskript gedruckt) behandelt den Gegenstand nicht vom rechtlichen Standpunkte aus.

[2] Für die merovingische und karolingische Zeit fragt es sich, ob nicht besondere Bischöfe für einzelne Klöster, resp. Klosterbesitzungen vorgekommen sind, welche in Unterordnung unter den Aebten hinsichtlich der zum Kloster gehörigen Personen die bischöflichen Weihe-Akte ausgeübt haben. Abgesehen von einem die Haltung eines besonderen Bischofs gestattenden, aber unzweifelhaft falschen Diplom Hadrians I. für das Martinskloster zu Tours (abgedruckt bei Launoii opp. III. 2, 28 u. Le Cointe, annal. eccl. Franc. ad a. 786. n. 12. 21 ff. 6, 295. 302 ff.; vgl. dazu auch Jaffé, regest. rom. pont. n. CCCXXII u. Thomassin, n. et v. disc. P. I. lib. III. c. 33. n. 2), welches aber schon Urban II. bei seinem Aufenthalt in Tours vorgelegt worden ist (s. dessen Schreiben bei Launoius l. c. p. 42. 49: „quoniam in quibusdam suae ecclesiae privilegiis proprium eis habere episcopum concessum est, eius vice nos Romano eos sancimus specialiter adhaerere pontifici et graviores eorum causas eius pendere iudicio") finden sich zwei weitere derartige Urkunden von Stephan III. a. 757 u. von Hadrian I. a. 786 für die Abtei St. Denys. Die erstere (in zwei verschiedenen Fassungen nach Sirmond und Mabillon bei Mansi 12, 551 u. Le Cointe l. c. ad a. 757. n. 1, 5, 551; vgl. auch Jaffé l. c. n. 1782) lautet nach Sirmond: „Et omnem cuiuslibet ecclesiae episcopum aut alium quempiam sacerdotem in praefatis monasteriis ditionem quamlibet habere, praeter sedem apostolicam, hac auctoritate prohibemus: ita ut nullus episcopus aut alius sacerdos vel etiam quispiam e laicis in quoquam contrarietatem eisdem monasteriis inferre praesumant, nisi tu, deo amabilis vir, vel successores tui abbates, quempiam forsitan sacerdotum permiseris ad quodlibet opus peragendum, quando ipsa venerabilia loca aedificaveris. Sed et hoc omnino interdicimus, ut nullus episcoporum praesumat presbyterum aut diaconem vel reliquos ordines ecclesiasticos in praedictis monasteriis ordinare vel missas ibidem celebrare, nisi ille qui ab abbate pro tempore existente fuerit invitatus. Episcopum illum qui huiusmodi consecrationem sacri ordinis in ipsis coenobiis constituerit, nullo modo alius cuiuslibet ecclesiae episcopus pro eadem causa condemnare audeat. Sed et tabulas et chrisma similiter consecrandi vobis licentiam tribuimus. Et hoc b. Petri principis apostolorum auctoritate promulgantes sancimus, ut nullo modo concilium episcoporum et laicorum absque voluntate excellentissimi filii nostri Pippini regis vel tuae dilectionis, deo amabilis vir, te audeat quoquo modo episcopum consecrare"; dagegen nach Mabillon: „Et quoniam ad preces Chludovii, filii Dagoberti, domnus Landericus Parisiacae urbis episcopus, a sua et omnium successorum potestate deinceps, cum consilio suorum canonicorum et fratrum suorum coepiscoporum regionis illius coenobium vestrum et omnes ad eum servientes clericos quorumcumque ordinum in procinctu vestri monasterii absolvit; nos etiam idem et habere vobis episcopum per singulare privilegium concedimus, qui de vobis ab abbate vel a fratribus in monasterio vestro electus et a fratribus nostris episcopis de illa regione consecratus, illa vestra monasteria a vobis aedificata provideat et vice nostri nominis ubi et ubi fuerint, regat et praedicationi tam in ipso vestro monasterio quam in sibi subiacentibus deserviat. Ut autem alicuius ecclesiae episcopus vel sacerdos illa monasteria a vobis aedificata aliquo cupiditatis vinculo deceptus invadat et illi episcopo quem tu vel successores tui elegerint et ordinare fecerint, per invidiam aut per quamlibet occasionem aliquam contradictionem inferat, prohibemus . . . Hoc autem . . . sancimus, ut ista quae dictavimus, ita roborata maneant et nemo episcoporum de quacunque ecclesia presbyterum vel diaconum ordinare vel aliquod ecclesiasticum ministerium celebrare vel concilium convocare, in praedictis monasteriis audeat, nisi ille, quem abbas illo in tempore existens, ad haec officia peragenda invitaverit"; das Privilegium Hadrians I. a. 786 (Bouquet, recueil 5, 596 u. Mansi 12, 832, s. auch Le Cointe l. c. ad a. 786. n. 12, 6, 295 u. Jaffé, l. c. n. 1886) bestimmt: „promulgamus, ut penitus liceat ibidem habere episcopum, sicut a priscis temporibus et usque hactenus fuit, per cuius praedicationem populus qui a diversis regionibus devota mente quotidie ad sancta eiusdem martyris Christi monasterii limina

Diöcesanbischöfe und die damit zusammenhängende besondere Organisation der Militärseelsorge. Die erste derartige Einrichtung ist in Oesterreich vorgekom-

concurrit, remedium consequi mereatur animarum. Et quando episcopus praefati sancti loci de hoc saeculo migraverit et alius ab abbate et monachis dignus electus fuerit, sine qualibet controversia pro longitudine itineris a vicinis episcopis sicut mos extitit, consecretur. Quodsi pro qualibet occasione aut invidia ordinandi se distulerint, tunc licentiam tribuimus, ut ad sedem apostolicam cum testimonio abbatis et monachorum propriis eorum manibus simul decretum subscriptum ferens, consecrationis causa adveniat et consecrationem accipiat, quia nolumus, ut lumen, quod ibidem hactenus tanto tempore per episcoporum praedicationem claruit, nostris temporibus extinguatur. Et nemo episcoporum parrochianis in praefato monasterio, in cellis, ecclesiis vel titulis seu oraculis, sub ditione ipsius constitutis, ordinationes facere sive pro chrismate conficiendo aut quacumque exquisita re agere aut distringere vel ad se presbyteros convocare praesumat. Sed per hanc auctoritatem apostolici privilegii nostri episcopus ex ipso venerabili monasterio canonice curam pastoralem sollicitudinis ministerii sui in praefatis adiacentibus vel subiacentibus locis habeat et quaequae emendanda et corrigenda sunt, cum consensu abbatis sui, canonica institutione et secundum ordinem cuncta peragat. Si vero quaelibet discordia inter vicinos episcopos seu episcopum praedicti monasterii . . . orta fuerit, nullus audeat, abbate minime annuente saepius nominati monasterii episcopum distringere vel in qualibet iudicare parte. Quodsi abbas eiusdem monasterii ullo modo voluerit inter eos declamari, nostris apostolicis eveniant obtutibus concordia reformandis“ . . . Jaffé a. a. O. hat beide Dokumente nicht als unecht verworfen, ebenso erklärt Abel, Jahrb. des fränk. Reichs unter Karl d. Gr. 1, 457 das Privileg Hadrians I. für ächt, Mabillon, acta O. S. Bened. saec. III. P. II. p. 306. 313, welcher das Diplom für Tours gleichfalls nicht anzweifelt (vgl. auch Félibien, histoire de l'abbaye de Saint-Denis. Paris 1706. p. 51), weist sogar auf einen in einem Diplom König Chilperichs genannten „episcopus et custos basilicae s. Dionysii“ und einen „Hubertum episcopum, moris quippe ei fuit ecclesiae aliquamdiu episcopos habere“ (c. 6 de virt. et mirac. Dionysii), sowie (l. c. P. I. praef. n. 35 ff.) auf angebliche Klosterbischöfe in Tours (s. auch Du Fresne du Cange s. v. episcopus u. Gallia christ. 14, 153) zum Beweis dafür hin, dass die Praxis den Anordnungen der Diplome entsprochen habe. Nichtsdestoweniger wird mit Thomassin l. c. und Le Cointe annal. eccl. ll. cc. angenommen werden müssen, dass die Diplome ebenso wie die Bestätigungsbulle Leos III. v. 798 (Le Cointe l. c. ad a. 798. n. 41 ff., 6, 643) Fälschungen sind. Schon die auffällige Thatsache der Existenz eines besonderen Klosterbischofs neben dem Diöcesanbischof, welche im Widerspruch mit den kirchlichen Kanones (s. o. S. 39) gestanden hätte, ruft erhebliche Zweifel an der Aechtheit jener Dokumente hervor. Ferner kommen zwar seit dem 7. Jahrhundert Exemtionen einzelner Klöster von der bischöflichen Gewalt vor (so z. B. für Tours, s. S. 5 n. 3, für Fulda a. 751 bei Jaffé, mon. Mogunt. p. 228 und das Formular im liber diurnus n. 77 ed. Rozière p. 162), aber diese machen allein die Vornahme bischöflicher Weihe-Akte für das Kloster und die Kloster-Angehörigen von der Zustimmung des Abtes abhängig, vgl. noch Rozière, recueil des formules n. 573. 2, 726; Sickel i. d. Sitzungsberichten d. Wiener Akademie XLVII. 2, 572), stellen indessen keineswegs einen Bischof in dauernde amtliche Unterordnung unter den ihm dem Range nach tiefer stehenden Kloster-Vorstand. — Mit diesen aus ächten Urkunden nachweisbaren Verhältnissen stimmt das Diplom Stephans III. in der Sirmondschen Fassung vollkommen überein. Enthält es auch manche auffällige Wendungen, so wird man es doch im Grossen und Ganzen für ächt und die daneben vorkommende, von dem Klosterbischof handelnde Recension für unächt erklären müssen. Damit fällt auch das Privilegium Hadrians I. zusammen, welches das Vorhandensein des letzteren in die „prisca tempora“ zurückversetzt, und das um so sicherer, als es erstens eine kanonistische Unmöglichkeit, die ausschliessliche Wahl eines Bischofs durch die Mönche anordnet, und ferner mit dem unzweifelhaft falschen Diplom Hadrians I. für Tours, welches sein Relatum, das ächte Privilegium Adeodats (s. S. 5 n. 3) irriger Weise als Verleihung des Rechts auf Einsetzung eines Klosterbischofs interpretirt, bis auf wenige unerhebliche Differenzen in den entscheidenden Stellen übereinstimmt. Dazu kommt, dass die jener Zeit angehörigen Diplome Pippins für St. Denis nie des Bischofs erwähnen, und vor Allem das Privilegium desselben v. 768 (Bouquet, recueil 5, 710. n. 19), welches dem Kloster das Recht der freien Abtswahl und Schutz gegen die Entfremdung von Werthsachen, namentlich der Altar- und anderen kirchlichen Geräthe seitens der Bischöfe, gewährt, aber mit keinem Worte des Klosterbischofs erwähnt, voraussetzt, dass die für das Kloster nöthigen Pontifikal-Handlungen durch andere Bischöfe vollzogen worden sind. Somit ist die Existenz eines besonderen Klosterbischofs für die Zeit zwischen den Diplomen Stephans III. und Hadrians I. widerlegt. Auch später bei der Reformation des Klosters i. J. 832 (Mansi 15 app. p. 456, vgl. Sickel, acta reg. Karol. 2, 176) wird eines solchen nicht gedacht.

Die von Mabillon l. c. nachgewiesenen Bischöfe können demnach nicht als Klosterbischöfe im Sinne der Diplome angesehen werden, sind vielmehr Bischöfe, namentlich wandernde Bischöfe (s. o. S. 170) gewesen, welche sich in ein Kloster zurückgezogen oder in einem solchen Unterkommen gefunden hatten (s. auch Sickel, i. d. cit. Sitzungsber. S. 572). Andere in jenen Zeiten erwähnte Mönchs- und Abtsbischöfe sind wohl kuldeische episcopi gewesen, d. h. Mönche mit der Presbyter-Weihe, welchen die Seelsorge für die neubekehrten Gemeinden von dem Kloster-Abt übertragen war, s. Ebrard, iroschottische Missionskirche. Gütersloh 1873. S. 167 ff. 177. 181. 302. Nur auf solche würde auch c. 4, conc. Herudford. a. 673 (Bruns I. 2, 310): „ut ipsi monachi

men[1] und datirt seit dem Ende des 17. Jahrhunderts. Im J. 1689 erhielt der jeweilige päpstliche Nuntius am Wiener Hofe die bischöfliche Jurisdiktion über die kaiserliche Armee auch für die Friedenszeit, zugleich mit der Vollmacht, sie dem Beichtvater des Kaisers zu delegiren[2]. Anscheinend ist die Exemtion aber zunächst nicht vollkommen praktisch geworden und darin liegt wohl der Grund, dass Clemens XI. i. J. 1720 die Armee dauernd und bleibend von der Unterwerfung unter die Diöcesanbischöfe befreite, und der Jurisdiktion eines vom Kaiser zu ernennenden, vom Nuntius im Auftrage des Papstes[3] mit den nöthigen Fakultäten zu versehenden apostolischen Vikars unterstellte. Nach der Aufhebung des Jesuitenordens, welchem bis dahin der stets zu jener Stellung ausgewählte kaiserliche Beichtvater angehört hatte, errichtete Maria Theresia ein eigenes, selbstständiges Feldvikariat, welches noch i. J. 1773 mit dem Bisthum Wienerisch-Neustadt vereinigt wurde[4]. Trotz der Uebertragung desselben nach St. Pölten (i. J. 1785) dauerte die Verbindung fort, und erst i. J. 1826 ist eine Trennung des Vikariates von dem Bisthume, sowie die Erhebung des ersteren zu einem selbstständigen Amte erfolgt. Die Grundlage für die geistlichen Befugnisse des Vikars bildet aber noch immer das Breve Pius' VI. vom 12. Oktober 1778[5].

Was die heutigen Verhältnisse betrifft, so besteht die Exemtion von der gewöhnlichen Episkopal-Jurisdiktion für alle in der aktiven Dienstleistung des Heeres und der Marine befindlichen Personen[6]. Für sie bildet das apostolische Feldvikariat für das k. k. Heer zu Wien die höchste geistliche Behörde. An dessen Spitze steht der apostolische Feldvikar oder Feldbischof (vicarius apostolicus militiarum, vicarius apostolicus castrensis, capellanus maior exercitus), welcher vom Kaiser ernannt und vom Papst sowohl mit der nothwendigen geistlichen Jurisdiktion versehen[7], als auch auf ein Bisthum in partibus infidelium promovirt wird[8].

Kraft der päpstlichen Delegation besitzt er eine der bischöflichen Jurisdiktion an materiellem Umfang im wesentlichen gleichkommende Leitungsgewalt[9], und wie

(*al.* episcopi monachi) non migrent de loco ad locum, h. e. de monasterio ad monasterium, nisi per demissionem proprii abbatis . ." zu beziehen sein, wenn die Lesart: episcopi monachi, welche allerdings durch die Ueberschrift des Kapitels: „de monachis episcopis" beglaubigt wird, die richtige wäre.

Nicht hierher gehören die in früherer Zeit im Orient Ehren halber vereinzelt zu Bischöfen geweihten Mönche, s. Sozomen. VI. 34.

[1] Vgl. über das Nachstehende Joh. Mich. Leonhard, Verfassung der Militärseelsorge in den k. k. österr. Staaten. Wien 1842. S. 5 ff.; Symersky, die Verehelichung der Stellungspflichtigen und Militärpersonen. Olmütz 1874. S. 69 ff. 119 ff. — Vor der Zeit der stehenden Heere konnte selbstverständlich der Gedanke einer eigenen geistlichen Verwaltung für die in das Feld ziehenden Aufgebote, welche in früherer Zeit nicht nur von Geistlichen begleitet, sondern auch oft genug von Bischöfen geführt worden sind, — die Verbote dagegen s. Th. I. S. 26. 27. 124. 137 — gar nicht aufkommen.

[2] Uebrigens verwalteten schon seit 1534 allein während der Dauer der Kriegsoperationen besondere Geistliche mit dem Namen eines Armee-General-Vikars, Feldsuperiors oder Generalstabskapellans kraft Delegation des Papstes die Militärseelsorge in Oesterreich. Im J. 1643 hat Urban VIII. dem Beichtvater Kaiser Ferdinands III. — freilich auch nur für die Kriegsdauer — die bischöfliche Jurisdiktion für alle Personen „qui in castris degunt aut castra sequuntur" ertheilt.

[3] Derartige Breven haben Innocenz XIII. am 25. September 1722 und Benedict XIV. am 10. März 1741 erlassen.

[4] Vgl. dazu auch Breve Clemens' XIV. v. 22. December 1773.

[5] Inter cetera, abgedruckt bei Ginzel, Codex des österreich. Kirchenrechts S. 62 u. Symersky a. a. O. S. 123.

[6] Nach den durch die Allerh. Entschliessung vom 3. Januar 1869 genehmigten Bestimmungen, s. Arch. f. kath. K. R. 21, 456 u. Symersky S. 143; ein Verzeichniss der nicht der militärgeistlichen Jurisdiction unterstehenden Personen i. Arch. 1, 575; vgl. dazu auch ibid. 28, 72 ff.

[7] Nach Massgabe des in der vorvorigen Note citirten Breves.

[8] Ginzel, K. R. 1, 213. 344.

[9] Das zeigt das citirte Breve: Inter cetera, namentlich der Passus: „Praeterea eidem capellano maiori per se pariter vel alium seu alios ab eo subdelegandos probos et idoneos sacerdotes . . . .

den Diöcesanbischöfen wird ihm die Ausübung gewisser päpstlicher Reservatrechte durch besondere Fakultäten übertragen[1]. Für die Verwaltung ist dem Vikar ein s. g. Feld-Konsistorium, bestehend aus einem geistlichen Feldkonsistorial-Direktor und zwei gleichfalls dem Militärklerus angehörigen Feldkonsistorial-Sekretären[2], beigegeben. Der Feldkonstistorial-Direktor ist der Beirath des Vikars und zugleich in Verhinderungsfällen dessen Stellvertreter, auch erhält er bei der Vakanz des Vikariates interimistisch bis zur Wiederbesetzung desselben die nöthigen Vollmachten für die Leitung der Geschäfte[3].

Da die Einrichtung der Militärseelsorge nothwendig der Organisation des Heeres angepasst und ihre Verwaltung ferner mit den Interessen des militärischen Dienstes in Einklang gebracht werden muss, so kann sich die Jurisdiktion des Feldvikars nicht so frei, wie die der Diöcesanbischöfe bethätigen. Nur hinsichtlich der Ueberwachung der Verwaltung des Gottesdienstes und der Seelsorge, der Ertheilung der nothwendigen Vollmachten an die einzelnen Geistlichen, der Beaufsichtigung ihrer Amtsverwaltung und der Vornahme der Jurisdiktionshandlungen, welche einzelne Personen betreffen, kann das Vikariat ohne die Militärbehörden selbstständig vorgehen, und hat von den auf diese Punkte bezüglichen allgemeinen Anordnungen dem Reichskriegsministerium allein Kenntniss zu geben. Für die sonstigen, nicht die rein geistlichen Sachen ausschliesslich betreffenden Einrichtungen, wie Veränderungen der einzelnen Militärseelsorge-Bezirke, des Organismus der Feldgeistlichkeit, Anstellungen derselben u. s. w. bildet das Vikariat nur den Beirath des Reichskriegsministeriums, welches nach eingeholtem Gutachten desselben und nöthigenfalls nach Vortrag beim Kaiser diese Verhältnisse seinerseit ordnet[4].

Die Fähigkeit, die bischöflichen Weiherechte auszuüben, besitzt der Vikar kraft seiner Stellung als episcopus in partibus, aber gerade deswegen bedarf er für die erlaubte Vornahme eines derartigen Aktes der besonderen päpstlichen Ermächtigung, welche allein die sonst erforderliche Einwilligung des Diöcesanbischofs[5] ersetzen kann, und welche ihm mit seinen Fakultäten ein für alle Mal gewährt wird[6].

Endlich besitzt der Vikar auch eine der bischöflichen dem Umfange nach gleiche potestas magisterii, da er den einzelnen Geistlichen mit ihren Stellungen auch die

omnem et quamcumque iurisdictionem ecclesiasticam exercendi in eos qui in exercitibus praefatis pro sacramentorum administratione necnon spirituali animarum cura ac directione pro tempore inservient, sive clerici vel presbyteri saeculares sive quorumvis etiam mendicantium ordinum reguleres fuerint, perinde ac si qnoad clericos saeculares eorum veri praesules et pastores, quoad regulares vero illorum superiores generales essent omnesque causas ecclesiasticas, profanas, civiles, criminales ac mixtas inter seu contra praedictas aliasque personas in exercitibus praefatis commorantes, ad forum ecclesiasticum quovis modo pertinentes, etiam summarie, simpliciter et de plano, sine strepitu et figura iudicii, sola facti veritate inspecta, audiendi et fine debito terminandi". S. auch Ginzel a. a. O. S. 345.

1 Die ihm übertragenen Septennal-Fakultäten pro foro interno et externo bei Ginzel, Codex S. 67 u. Symersky S. 128.

2 Arch. f. kath. K. R. 21, 456.

3 Arch. f. kath. K. R. a. a. O. S. 457; Ginzel, K. R. 1, 351.

4 Arch. f. kath. K. R. a. a. O.; Ginzel, a. a. O. S. 346.

5 Oben S. 177.

6 Die cit. Fakultäten von Pius VI. ertheilen die Befugniss: „administrandi omnia ecclesiae sacramenta, etiam ea quae non nisi per parochialium ecclesiarum rectores ministrari consueverunt, praeter confirmationem et ordinem, si subdelegatus seu subdelegandus episcopali charactere insignitus non fuerit vel capellanus maior praefatus per se ipsum dicta sacramenta confirmationis et ordinum administrare non possit, reliquasque functiones et munia parochialia obeundi". A. M. Ginzel a. a. O. S. 344, welcher aber diese Stelle der Fakultäten nicht beachtet hat. Wegen der Ordination s. auch unten.

Lehrsendung überträgt und so seine Ueberwachung sich gleichfalls auf die Verwaltung des Lehramtes seitens seiner Untergebenen erstreckt[1].

Für die Leitung der geistlichen Angelegenheiten unter dem Vikariat bestehen s. g. Militärseelsorge-Bezirke, welche von einem am Sitze jedes General- oder Militär-Kommandos residirenden Militärpfarrer geleitet werden[2]. Die Seelsorge in den einzelnen Garnisonen, bei den verschiedenen Militär-Anstalten und den Garnisons-Spitälern nehmen die s. g. Militär-Kuraten wahr[3], während die Militär-Kapläne die Pastorirung der Truppen, welche in den ihnen zugewiesenen Distrikten dislocirt sind, missionsweise zu besorgen haben[4]. Nach den ihnen gewährten Vollmachten[5] besitzen die Militärpfarrer und Kuraten die Rechte des Pfarrers für die ihnen speziell zugewiesenen Truppen und Anstalten, dagegen sind die Befugnisse der Militärkapläne in einzelnen Beziehungen eingeschränkter[6].

Die Militärpfarrer sind aber zugleich kraft der ihnen vom Vikar gewährten Delegation die Ausführungs-, Aufsichts- und Visitations-Behörden für die innerhalb ihres Bezirkes angestellten Militär-Kuraten und Militär-Kapläne, nehmen also eine ähnliche Stellung wie die Dekane innerhalb der regelmässigen Diöcesan-Organisation ein[7].

In allgemeiner dienstlicher Hinsicht stehen alle erwähnten Klassen von Militärgeistlichen unter dem betreffenden Kommando, in den sich auf die Seelsorge und das geistliche Amt beziehenden Angelegenheiten aber unmittelbar unter dem Militärpfarrer, resp. dem Feldvikariate[8]. Da die Militärgeistlichkeit für die Pastorirung des Militärs nicht ausreicht, so wird zur Aushülfe der sonstige Klerus, welcher zur Leistung derselben gesetzlich verpflichtet ist, herangezogen. Die betreffenden Civilgeistlichen erhalten, mögen sie mit der Verwaltung der Militärseelsorge in vollem Umfange oder nicht betraut werden, die erforderlichen Vollmachten und Instruktionen vom Feldvikariate[9].

Bei der Mobilmachung wird bei jedem Armee-Kommando ein besonderes Feldsuperiorat errichtet. An seine Spitze tritt ein Militärpfarrer (Feldsuperior), welcher die nöthigen Vollmachten einzuholen hat. Er folgt mit der erforderlichen Zahl von Militär-Kaplänen und Militär-Kuraten der Armee[10]. Die dienstliche Stellung des Feldsuperiors ist dieselbe, wie die des Militärpfarrers während des Friedens[11].

Alle in der Militärseelsorge anzustellenden Geistlichen werden aus dem Civilklerus genommen. Für erledigte Stellen von Militär-Kaplänen und -Kuraten haben die Bischöfe der Diöcesen, zu denen die betreffenden Truppentheile gehören, dem apostolischen Feldvikar auf seine Anzeige Vorschläge zu machen. Nach stattgehabtem Einvernehmen mit demselben ernennt dann das Reichskriegsministerium für die

1 Ginzel a. a. O. S. 344.

2 Arch. f. k. K. R. a. a. O. S. 456. 458. Bis zum Jahre 1869 hiessen diese Feldsuperioren, s. Ginzel S. 352.

3 Arch. f. k. K. R. S. 458. 459.

4 A. a. O. S. 458.

5 Diese nebst Instruktion bei Ginzel S. 356 ff. Symersky S. 131.

6 So sind sie z. B. ohne spezielle Subdelegation nicht zur Eheschliessung und zur Führung der Militär-Matrikeln kompetent, s. V. d. Reichs-Kriegsminist. v. 1869 (Symersky S. 167) u. Arch. f. k. K. R. 25, 209 ff.

7 Sie haben demnach die sämmtlichen Geschäfte des Bezirks zu leiten, die sittliche Haltung der Militär-Kuraten und -Kapläne zu überwachen, die Abhaltung des Militär-Gottesdienstes zu kontroliren u. s. w.

8 Arch. f. k. K. R. 21, 458 ff., jedoch haben sie von den ihnen zugehenden allgemeinen Erlassen des Feldvikariates den Militärbehörden, denen sie zugeordnet sind, Kenntniss zu geben.

9 Arch. f. k. K. R. 24, 29. 30; Symersky S. 178.

10 Der Bedarf wird durch die militärpflichtigen Civilgeistlichen, s. Th. I. S. 634, eventuell durch durch neu anzustellende Militärgeistliche gedeckt, Arch. f. k. K. R. 21, 460. Ueber die Landwehr-Seelsorger s. die Verordnungen a. a. O. 36, 413.

11 A. a. O. S. 459. 460.

vakanten Posten[1]. Die Anstellung der Militärpfarrer, des Feldkonsistorial-Direktors und des ersten Feldkonsistorial-Sekretärs, welcher letztere den Rang eines Militärpfarrers hat, erfolgt auf Vorschlag des Feldvikars und des Kriegsministeriums durch den Kaiser, wogegen der zweite Feldkonsistorial-Sekretär mit dem Range eines Militär-Kuraten in derselben Weise, wie diese letzteren, angestellt wird[2].

In Preussen hat ebenfalls vorübergehend eine besonders organisirte und centralisirte Militärseelsorge bestanden[3]. Im Einverständniss mit der Staatsregierung delegirte der Papst i. J. 1849[4] dem damaligen Fürstbischof von Breslau, allerdings nur für dessen Person, mit der Befugniss zur Subdelegation, die Besorgung der katholisch-kirchlichen Angelegenheiten bei sämmtlichen Truppen. Der demgemäss vom Bischof bestellte Subdelegat wurde i. J. 1852 von der Regierung provisorisch zum Feldpropst ernannt[5]. Nachdem dieser auch trotz des i. J. 1853 erfolgten Ablebens des Breslauer Bischofs, allerdings unter stillschweigendem Einverständniss der Kurie, die betreffenden Geschäfte weiter verwaltet und seit d. J. 1858 sein Nachfolger dieselben auf Grund direkter päpstlicher Ermächtigung[6] ebenfalls in der bisherigen Weise fortgeführt hatte, lehnte die Kurie i. J. 1865, als eine neue Vakanz der Feldpropstei eingetreten war, den Vorschlag der preussischen Regierung, der in Aussicht genommenen Persönlichkeit die erforderlichen Vollmachten definitiv zu übertragen, ab, indem sie die Exemtion des Feldpropstes von der Jurisdiktion der preussischen Bischöfe für erforderlich erklärte. Die Regierung fügte sich im Wesentlichen den Anforderungen der Kurie und unter ihrer Zustimmung[7] wurde nunmehr durch Breve Pius IX. v. 22. Mai 1868[8] die Militärseelsorge definitiv geregelt. Das Breve verfügt die Errichtung des kirchlichen Amtes eines Feldpropstes (vicarius castrensis, capellanus maior), dessen Inhaber zugleich zum Weihbischof ernannt werden und seinen Amtssitz in Berlin haben soll, und eximirt die sämmtlichen zur Armee und Marine gehörigen Personen von der Jurisdiktion der Diöcesanbischöfe[9]. Unter dem Feldpropst stehen — nach den weiteren Anordnungen des Breves — die Militärpfarrer (capellani castrenses minores), welche nach Bedürfniss an Orten mit grösseren katholischen Garnisonen angestellt sind[10]. Ihre Vollmachten erhalten sie

[1] A. a. O. S. 459 ff. Daher wird es für die Regel einer vom Feldvikar vorzunehmenden Ordination nicht bedürfen. Diese könnte derselbe übrigens, weil es für ihn an einem Kompetenzgrunde fehlen würde (s. Th. I. S. 87 ff.), nicht ohne besondere päpstliche Ermächtigung vollziehen.

[2] Arch. f. k. K. R. 21, 457.

[3] Vgl. Lünnemann, Handb. d. kath. Militärseelsorge Preussens. Köln 1870; Arch. f. k. K. R. 32, 83; Friedberg, d. Staat u. d. Bischofswahlen. Leipzig 1874. S. 449. Die preuss. Militärkirchenordnung v. 12. Februar 1832 (u. a. b. Voigt, preuss. K. R. 2, 189) kennt nur einzelne katholische Militärgeistliche.

[4] Durch Breve v. 24. Oktob. 1849 bei Friedberg a. a. O. Aktenstücke S. 256.

[5] Friedberg Aktenstücke S. 258; Arch. f. k. K. R. 32, 90.

[6] Friedberg a. a. O. S. 258; Arch. a. a. O. S. 94.

[7] Ueber die zwischen der Kurie und der Regierung geführten Verhandlungen vgl. Friedberg, Staat etc. S. 453 ff. Ein förmlicher Vertrag ist nicht geschlossen worden, im Gegentheil hatte sich die Regierung schon im J. 1866 mit der Kurie dahin verständigt, dass, um der Vereinigung nicht den Charakter eines Vertrages zu geben, im Wege des Notenaustausches verfahren werden sollte.

[8] Arch. f. k. K. R. 20, 432; Lünnemann S. 86; Friedberg, Aktenst. S. 267. Die Vollmachten, die der Feldpropst erhalten hat, bei Friedberg a. a. O. S. 269.

[9] Beigegeben wird dem Feldpropst ein Militärpfarrer, welcher ihn als sein General-Vikar zu vertreten und während der Vakanz die Geschäfte interimistisch zu führen hat.

[10] Sie scheiden sich in Divisions- und Garnisons-Pfarrer. Die ersteren sind den Divisions-Kommandos zugeordnet und verpflichtet, diesen sowohl im Frieden, wie auch im Kriege zu folgen. Die letzteren bleiben dagegen ständig an dem Garnisons-Ort, mag auch die dort stationirte Truppe wechseln. Als Hülfsgeistliche kommen neben den genannten Pfarrern noch Militärkapläne vor, s. Lünnemann S. 6. 7. Die Parochie des Divisions-Pfarrers bilden die Katholiken sämmtlicher Truppentheile der Division, sofern diese letzteren in dem Garnisons-Orte des gedachten Pfarrers

von dem Feldpropst und sind dessen Jurisdiktion in allen Beziehungen, also auch hinsichtlich ihrer Entfernung und Absetzung unterworfen [1]. Für ihre Militärgemeinden haben sie dieselben Befugnisse, wie die Civilpfarrer für ihre Parochien [2].

Die Anstellung des Feldpropstes sollte nach dem Breve unter gegenseitigem Benehmen zwischen dem Papste und dem König, welchem in den Verhandlungen die Initiative des Vorschlags gewahrt wurde, in der Weise erfolgen, dass der erstere das kirchliche officium zu übertragen und auch die Promotion des Ernannten auf ein Bisthum in partibus vorzunehmen hatte, wogegen sich die Regierung bei den Verhandlungen in Rom mit Rücksicht auf die staatliche Bedeutung der Stellung des Feldpropstes und die staatliche Seite seines Amtes die Ertheilung einer landesherrlichen Bestallung vorbehalten hatte [3]. Die Ernennung der Militärgeistlichen wurde dem Feldpropst unter Wahrung der vorgängigen Zustimmung der Staatsregierung, d. h. des Kultus- und Kriegsministers, durch das Breve übertragen. Die Kandidaten sollten aus dem Civilklerus nach vorgängiger Verständigung mit den Diöcesanbischöfen genommen werden.

Bei dieser Neu-Organisation, welche demnächst auf Grund des Breves v. J. 1868 zur Ausführung gelangte [4], war es für die Regierung selbstverständlich, dass die gesammte katholische Militärgeistlichkeit, deren Mitglieder zugleich Militärbeamte waren, in allen nicht auf die Ausübung ihrer geistlichen Amtsobliegenheiten bezüglichen Angelegenheiten den vorgesetzten Militärbehörden unterworfen blieb [5].

Die Konflikte, in welche der erste auf Grund des Breves ernannte Feldpropst, Bischof Namszanowsky von Agathopolis i. J. 1872 mit dem Kriegsministerium gerieth, führten zu einer staatlichen Disciplinaruntersuchung gegen denselben [6], und zur Aufhebung der Feldpropstei durch die Kabinets-Ordre vom 15. März 1873 [7]. Damit ist der kirchlichen Stellung des Feldpropstes das staatliche Fundament entzogen worden, und der letztere wird staatlicherseits nicht mehr als befugt angesehen, die Leitung der katholischen Militärseelsorge zu führen. An den übrigen Einrichtungen ist bis-

oder an einem Orte, wo sich kein Garnisonspfarrer befindet, stehen. Im umgekehrten Falle gehören die Truppen zur Parochie des in ihrem Standorte residirenden Garnisons-Pfarrers, bez. eines mit der Militär-Seelsorge beauftragten Civil-Geistlichen, Lünnemann S. 28.

[1] Nach dem Breve soll auch in diesen Fällen vorher der Staatsregierung Kenntniss gegeben werden. Vgl. hierzu Friedberg, Staat S. 460; Lünnemann S. 11. 14.

[2] Auch führen sie die Militär-Kirchenbücher für ihre Parochien nach Massgabe der Militär-Kirchenordn. (s. S. 340 Anm. 3) u. d. K. O. v. 30. Mai 1868 (Preuss. G. S. S. 694), s. Lünnemann S. 54 ff. Doch wurde die Vorschrift der Militär-Kirch.-Ordn. §. 41, wonach der mit der Militär-Seelsorge betraute Civilgeistliche jährlich Abschriften der von ihm geführten Militär-Tauf-, Trau- und Sterberegister dem evangelischen Militärgeistlichen behufs Eintragung in das Militär-Kirchenbuch zustellen muss, schon seit 1851 von den beiden kompetenten Ministern mit Rücksicht auf die Einrichtung einer besonders organisirten katholischen Militär-Seelsorge nicht mehr für anwendbar erachtet.

Von der österreichischen Organisation unterschied sich die preussische wesentlich dadurch, dass letztere eine Eintheilung in grössere Bezirke mit einem Zwischen-Organ für die Aufsicht nicht kennt.

[3] Friedberg a. a. O. S. 460.

[4] Eine Mitwirkung der Landesvertretung hat dabei nicht stattgefunden, obwohl die Organisation in den Rahmen der Militär-Kirchenordnung von 1832 ohne deren Abänderung nicht eingefügt werden konnte.

[5] Militär-Kirchenordnung etc. §§. 21 ff. Lünnemann S. 21.

[6] Das Nähere darüber bei Friedberg, Aktenstücke d. altkath. Bewegung betr. Tübingen 1876. S. 12; Arch. f. k. K. R. 32, 103 ff. 280 ff. 476 u. Vering, kath. K. R. S. 86. Die Disciplinar-Erkenntnisse, von denen das letztinstanzliche des Staatsministeriums v. 26. Juni 1873 die einstweilige Versetzung in den Ruhestand ausspricht, im Arch. a. a. O. S. 324. 341. Ob die im Arch. und von Vering a. a. O. geübte Kritik gegen das Verfahren der preuss. Regierung haltbar ist, kann hier nicht näher untersucht werden.

[7] Abgedruckt bei Friedberg a. a. O. S. 14. Anm. 17. In derselben wird übrigens die Aufhebung nur „bis auf Weiteres“ ausgesprochen.

her nichts geändert worden. Die schon vor Aufhebung der Feldpropstei ernannten Militär-Geistlichen verwalten ihre Funktionen fort. Ferner hat der Feldpropst ebenfalls noch vor dem erwähnten Zeitpunkt den Bischöfen Preussens, bez. Deutschlands je für deren Diöcesen seine kirchlichen Befugnisse unter Genehmigung des päpstlichen Stuhles, bis von demselben anderweit über sein Amt verfügt werden sollte, übertragen. In Folge dessen sind die Diöcesanbischöfe in die Lage gesetzt, Geistlichen zur Ausübung der Militärseelsorge die nöthigen Vollmachten zu ertheilen[1]. Andererseits hat der Kriegsminister durch Erlass vom 11. Juni 1873 verfügt, dass geeignete Civilgeistliche, falls sie den Nachweis führen, dass sie die erforderlichen geistlichen Vollmachten erlangen können, zu stellvertretenden Militärgeistlichen ernannt werden dürfen und angewiesen werden sollen, nach ihrer Ernennung die zugesagte Ermächtigung für die geistlichen Amtshandlungen bei ihrem Kirchenoberen selbst nachzusuchen[2].

Abgesehen von Oesterreich und Preussen ist eine Exemtion des Militärs von der ordentlichen Jurisdiktion der Diöcesanbischöfe für Friedenszeiten nur noch in Spanien[3] vorgekommen.

In den andern Staaten wird die Seelsorge über das Militär in Friedenszeiten von den gewöhnlichen Civilgeistlichen ausgeübt. Näher ist dies Verhältniss in Baiern[4] und zwar dahin geordnet:

Für die durch Abhaltung des Militärgottesdienstes entstehenden Kosten wird den Ordinariaten ein jährlicher Aversalbeitrag gewährt. Etwaige Differenzen, welche zwischen den Militär- und geistlichen Behörden entstehen, werden durch gegenseitiges Benehmen des Ministerium des Innern für Kirchen-Angelegenheiten und des Kriegsministeriums entschieden. Für die Mobilmachung der Armee ist der Erlass besonderer Bestimmungen vorbehalten, es cessiren aber von dem ersten des auf die Mobilmachung folgenden Monats die für die Friedenszeit gegebenen Bestimmungen und die Auszahlungen der Aversalbeiträge[5].

[1] Vering a. a. O. S. 87.

[2] Vering a. a. O. S. 87. Anm. 3.

[3] Durch die Breven v. 10. März 1762 u. 14. März 1764 wurde dem königlichen Grosskaplan, dem Titular-Patriarchen von Indien (Th. I. S. 571), die Stellung eines vicarius generalis castrensis und die Jurisdiktion über das gleichzeitig von der Gewalt der Ordinarien eximirte Heer unter Verleihung verschiedener, auf je 7 Jahre prorogirter Fakultäten übertragen. Hergenröther i. Arch. f. k. K. R. 11, 369. Die Breven Clemens' XIII. v. 27. August 1768 u. Pius' VII. v. 12. Juni 1807 (Bull. Rom. Cont. 3, 550 u. 13, 156), sowie das Konkordat v. 1859 Art. 11 (Arch. f. k. K. R. 7, 381) haben diese exemte Jurisdiktion gleichfalls anerkannt. Unter dem Generalvikar fungirten besondere Kapläne mit den Rechten der Pfarrer (a. a. O. 21, 461). Darüber, ob und wie weit diese Einrichtungen noch jetzt fortbestehen, habe ich nichts in Erfahrung bringen können.

[4] Nach d. kön. Entschliessung v. 8. August 1863, Arch. f. k. K. R. 21, 461. Im J. 1841 ist zwar der jeweilige Erzbischof v. München-Freysing zum Feldpropst der bairischen Armee durch päpstliches Breve ernannt worden, indessen hat eine besondere Militärseelsorge mit eigenen Militärpfarrern für die Friedenszeit in Ermangelung der erforderlichen Geldmittel nicht ausgeführt werden können, Silbernagl, Verfassung sämmtl. Religionsgesellschaften in Baiern, S. 74.

[5] Silbernagl S. 75. 299; Arch. f. k. K. R. 21, 461 ff.

In Frankreich ist für die Friedenszeiten die Militärseelsorge ebenfalls nicht von der ordentlichen bischöflichen Jurisdiktion getrennt. Nach der Juli-Revolution unterdrückte sogar ein königliches Dekret v. 20. November 1830 alle Militärkapläne, nur da, wo der Pfarrseelsorger-Klerus nicht ausreichte, sollten sie noch ausnahmsweise angestellt werden. Als durch das Breve Pius' IX. v. 31. März 1857 (Arch. f. k. K. R. 2, 353) und das kaiserliche Dekret v. 17. Juni 1857 die Stelle eines aus den Bischöfen zu wählenden Grand Aumonier (supremus eleemosynarius, imperialis sacelli capellanus maior) mit der bischöflichen Jurisdiktion über die kaiserliche Familie, das Hofpersonal und die Paläste kreirt wurde, erhielt dieser zugleich die Vollmacht, Militärkapläne für die französische Armee zu bestellen und ihnen die erforderlichen Fakultäten zu übertragen, wenn und so lange die Truppen ausserhalb Frankreichs verweilen sollten. Während des Aufenthaltes derselben im Inlande sollten aber die Militärkapläne ausschliesslich unter der Jurisdiktion der Bischöfe

Was die Verhältnisse in Deutschland betrifft, so ist trotzdem, dass nach der deutschen Reichsverfassung Art. 58 ff. und Art. 4. Nr. 14 das Militärwesen und die Gesetzgebung in Betreff desselben gemeinschaftliche Reichsangelegenheit bildet, eine reichsgesetzliche Regelung des Militärkirchenwesens nicht erfolgt[1], vielmehr bestehen die geschilderten Einrichtungen fort, wie denn es auch bisher keine gemeinsame Verwaltung für das gesammte Reichsheer giebt[2].

Wegen der sich an einzelnen Höfen findenden besonderen Hofbischöfe (Grosskapläne, Grossalmoseniers), mit deren Ernennung zugleich eine Exemtion der fürstlichen Familie, der Paläste und eines bestimmten Kreises der Dienerschaft verbunden ist, vgl. S. 299. Anm. 8 a. E., auch S. 342 Anm. 3 u. 5.

§. 96. 3. *Die Prälaten mit bischöflicher Regierungsgewalt (praelati nullius dioeceseos)**.

Die von der bischöflichen Gewalt eximirten Vorsteher von Klöstern und Stiftern scheiden sich je nach dem grösseren oder geringeren Umfange der ihnen zu eigenem Recht zustehenden bischöflichen Befugnisse in zwei Klassen[3].

I. Praelati nullius dioeceseos, praelati nullius. Die erste Klasse bilden diejenigen (Aebte, Pröpste, Erzpriester u. s. w.[4]), welche eine Regierungsgewalt über den Klerus und das Volk in einem besonderen, von jedem Diöcesan-Verbande losgelösten, selbst eine Quasi-Diöcese (*territorium separatum* o. *proprium*) konstituirenden Sprengel besitzen[5]. Beträchtlich ist ihre Zahl nie gewesen[6]. Heute giebt es in Deutschland keinen einzigen mehr[7].

stehen. Neu geregelt worden sind die betreffenden Verhältnisse durch das Gesetz v. 20. Mai 1874 (Bullet. des lois de la républ. XII. ser. t. 8 v. 1874. p. 754 No. 3073) und das Breve Pius' IX. v. 6. Juli 1875 (Acta s. sed. 9, 113). Danach wird die Militärseelsorge unter der Leitung und Jurisdiktion der Diöcesanbischöfe von Titular-Almosenieren und Hülfsgeistlichen, deren Ernennung auf Vorschlag der Bischöfe in Gemeinschaft mit dem Cultusministerium durch den Kriegsminister erfolgt, ausgeübt. Nur für den Fall der Mobilisirung ist die Ernennung eines zeitweiligen Armeepropstes und zeitweiliger Ober-Almoseniere für jedes Armee-Korps in Aussicht genommen, und unter derselben Voraussetzung hat das erwähnte Breve den Militärgeistlichen, falls sie ihre Diöcesen verlassen, die Ausübung ihrer früheren Vollmachten unter Erweiterung derselben ein für alle Mal gestattet.

[1] Art. 61 der Reichsverfassung hat sogar die preussische Militärkirchenordnung von den im Reich einzuführenden preussischen Militärgesetzen ausgenommen.

[2] Nur die Kosten für das Militärwesen und damit auch für das Militärkirchenwesen werden jetzt (abgesehen von dem bairischen) aus Reichsmitteln bestritten. Ferner findet auf die Militärgeistlichen als mittelbare Reichsbeamte das Reichsbeamtengesetz vom 31. März 1873 Anwendung. Thudichum deutsch. Kirchenrecht 1, 160. 164; Kanngiesser, Rechte der deutsch. Reichsbeamten. Berlin 1874. S. 246. 250.

* Jos. de Prosperis, de territorio separato cum qualitate nullius etc. Romae 1712; Bened. XIV. de syn. dioec. II. 11.

[3] Die Entstehung der nichtbischöflichen Prälaturen mit Episkopalrechten hängt zu eng mit der später zu behandelnden Geschichte der Exemtionen, namentlich der Orden zusammen, als dass dieser Punkt hier gesonderte Erörterung finden könnte.

[4] Oder wie sonst der betreffende Dignitar des kirchlichen Instituts heissen mag, de Prosperis l. c. qu. 5. n. 5. p. 17.

[5] de Prosperis l. c. qu. 2. n. 30. p. 10; Bened. l. c. n. 4; Bened. XIV. const. Inter multa v. 4. April 1747 (eiusd. bull. 2, 276): „Ubi autem constat de existentia loci intra alicuius episcopi diocesim, non potest praelatus inferior iure asserere, in eo loco veram qualitatem nullius cum territorio separato sibi acquisitam esse et iurisdictionem ordinariam et quasi episcopalem in eundem privative ad episcopum sibi competere; nisi clarum exhibeat apostolicae sedis privilegium quo idem locus a dioecesi et iurisdictione ordinaria episcopi dismembratus, avulsus et separatus fuerit ipsiusque praelati iurisdictioni per omnia subiectus; vel nisi deficiente huiusmodi privilegio apostolico immemorabilem saltem consuetudinem sibi faventem (s. auch Dekr. Klemens' XI. v. 14. Jan. 1721, M. bull. 8, 385) attulerit cum omnibus requisitis circumstantiis iuridice probatam eamque non limitatam ad unum aliquod actuum genus sed quae omnes complectatur actus in quibus episcopalis iurisdictionis iura consistunt eosque ostendat a se pacifice et sine ulla dioecesani

Die Prälaten nullius stehen ebenso wie die exemten Bischöfe direkt unter dem Papste, sind also auch vom Metropolitan-Verbande frei [1], und haben das Recht, sich behufs der Provinzialsynode einem benachbarten Bischof anzuschliessen [2]. Von ihren Entscheidungen kann allein an den päpstlichen Stuhl appellirt werden, es sei, dass dieser, um den Parteien einen vermehrten Instanzenzug zu gewähren, ausdrücklich ein besonderes Appellationsgericht delegirt hat [3].

Ueber das ihnen zugetheilte Territorium üben sie iure ordinario dieselben Rechte, wie die Bischöfe über ihre Diöcesen, — die s. g. *iurisdictio quasi episcopalis*, — aus [4].

episcopi contradictione exercitos fuisse; Bened. XIV. const. Apostolicae servitutis v. 14. März 1743 (eiusd. bull. 1, 248).

6 In Deutschland gehörten hierher z. B. die Abtei Fulda (vor ihrer Erhebung zum Bisthum) und die Propstei Berchtesgaden, Moser, deutsch. Staatsr. 11, 282 ff.; v. Sartori, geistl. u. weltl. Staatsr. d. deutsch. katholisch geistl. Erz-Stifter I. 1, 300 ff.; in Italien das zeitweise Bisthum gewesene Kloster Monte Cassino Ughelli, Italia sacra 1, 571; andere zählt auf Fagnan. ad c. 13. X. de foro comp. II. 2. n. 29. 43 u. c. 3 X. de off. ord. I. 31. n. 13, welcher zugleich über einzelne Streitigkeiten wegen ihrer Qualität als praelaturae nullius referirt. Die vorhin gedachten Constitutionen Benedikts XIV. entscheiden gleichfalls derartige Prozesse, ein reiches Material liefern endlich die bei de Prosperis im Anhang S. 153 ff. mitgetheilten Decisionen der Rota. Die vielen Streitigkeiten sind daher entstanden, dass die älteren Privilegien oft nicht deutlich gefasst sind, und die eximirten Prälaten sie unter Widerspruch der Bischöfe in ihrem Interesse möglichst auszubeuten suchten, ja mitunter auch erneuerte päpstliche Bestätigungen zu erlangen wussten, in denen ihnen wenigstens beiläufig die Qualität als praelati nullius zugesprochen wurde; ein Beispiel bietet die Präpositur in Prato, s. Diplome v. 1463 u. 1533 bei Ughelli 3, 322. 324, welcher aber trotz des letzteren Umstandes jene Stellung abgesprochen worden ist, Fagnan. ad c. 3 cit. I. 31. n. 13. Ein die Prälatur nullius gewährendes Privileg ist das Breve Leos X. v. 1519 (Ughelli 3, 765), welches ohne den technischen Ausdruck zu gebrauchen — (später kommt er vor, s. l. c. p. 777. 790. 795: „Joannis Ricci praepositi saecularis et collegiatae ecclesiae terrae Pisciae nullius dioecesis provinciae Florentinae") — der Präpositur von Pescia folgende Rechte verleiht (p. 767); „ordinamus, quod praefatus Laurentius et pro tempore existens praepositus dictae ecclesiae S. Mariae iurisdictionem, superioritatem, visitationem et correctionem in omnes et singulas personas ecclesiasticas et ecclesias oppidi et illius districtus et territorii necnon vallium praedictarum, tam in civilibus quam in criminalibus seu causis mixtis, prout episcopus Lucanus pro tempore existens exercere consueverat, perpetuo per se vel vicarium suum libere et licite exercere ac de causis canonicorum dict. ecclesiae . . . . cognoscere et eas decidere ipsosque canonicos etiam in criminalibus, prout ipsorum errata exegerint, punire et a sententiis praepositi seu eius vicarii ad Romanum pontificem dumtaxat appellari possit. Necnon cum etiam ad hoc praefati Raphaelis episcopi expressus accedat assensus, idem Laurentius et pro tempore existens praepositus una cum capitulo eiusdem ecclesiae S. Mariae collationem, provisionem, praesentationem, nominationem et instructionem omnium et singularum ecclesiarum dicti oppidi et illius comitatus et districtus necnon vallium praedictarum ac archidiaconatus, archipresbyteratus, decanatus, primiceriatus ac canonicatuum et praebendarum ac perpetuarum capellaniarum dictae ecclesiae S. Mariae perpetuo habeant ac illae ad illos pertineant". . .

7 Die Gerarchia cit. v. 1878 p. XIII. 60. 358 zählt im Ganzen 18, 12 in Italien, 1 (Erzabtei des Martinsberges) in Ungarn, 2 (S. Mauritius Agaunensis in Unterwallis u. Einsiedeln) in der Schweiz, 1 in Spanien, 1 in Mosambique und 1 in Australien auf.

1 Die öfters vorkommende Bezeichnung nach der erzbischöflichen Provinz, s. vorvorige Note und die Unterschriften i. d. Acta concil. coll. Lac. 1, 98. 138 wird nur gebraucht, um die örtliche Lage zu bezeichnen. Der Erzabt vom Martinsberge in Ungarn ist aber der Primatial-Jurisdiktion des Erzbischofs von Gran unterworfen und hat die ungarischen Nationalsynoden zu besuchen, s. Schulte, Lehrb. d. k. K. R. 1. Aufl. S. 483; Ginzel, K. R. 1. 131. 361; Arch. f. k. K. R. 19, 449. Ferner üben allerdings die Metropoliten nach dem Tridentinum gewisse Rechte kraft gesetzlicher päpstlicher Delegation über die praelati nullius aus, s. Sess. V. c. 2 de ref. (Ueberwachung der ordnungsmässigen Wahrnehmung des Predigtamtes in den solchen Abteien und Regularstiftern unterworfenen Parochialkirchen und Einschreiten gegen die in dieser Hinsicht nachlässigen Prälaten, die Visitation derartiger Säkular-Kirchen nach Sess. VI. c. 4 de ref. u. Sess. VII. c. 8 de ref. steht aber kraft gesetzlicher Delegation dem Bischof zu, dessen Kathedrale am nächsten gelegen ist, und wenn über den letzteren Punkt Zweifel obwalten, dem Bischof, den der betreffende Prälat einmal auf der Provinzialsynode ausgewählt hat, Sess. XXIV. c. 9 de ref.).

2 Nach Analogie von Trid. Sess. XXIV. c. 2 de ref.; s. Bened. XIV. de syn. dioec. III. 1. n. 16; Bouix du synode provincial p. 129. Daher finden auf sie auch die weiteren in dieser Hinsicht geltenden Vorschriften Anwendung, s. o. S. 334. no. 1 u. Ginzel 1, 130. 362.

3 Nach der const. Pius' IX.: Multis gravissimis v. 28. Januar 1864 (Arch. f. k. K. R. 19, 101; Sentis, die Monarchia Sicula S. 294) wird von dem Archimandriten v. S. Salvatore in Messina und dem Abt v. S. Lucia in Sizilien, die beide nullius dioeceseos sind, an den Erzbischof von Messina, als delegatus apostolicus, appellirt.

4 S. darüber im Einzelnen de Prosperis l. c. qu. 5. n. 6 ff. p. 7.

Insbesondere sind sie zum Erlass allgemeiner Anordnungen für ihre Bezirke, zur Verhandlung der streitigen Rechts-, namentlich der Ehe-[1], sowie der Kriminal- und Disciplinar-Sachen[2], ferner zur Verhängung von Strafen und Censuren, nicht minder zur Absolution von denselben[3], befugt.

Das Recht zur Abhaltung einer Diöcesansynode für ihren Bezirk haben sie nur dann, wenn sie ein ausdrücklich dahin lautendes päpstliches Privileg besitzen und nachweisen können, dass ihre Vorgänger im Amte kraft desselben wirklich derartige Synoden zusammenberufen haben[4]. Im entgegengesetzten Fall liegt ihnen indessen nicht die Pflicht ob, sich an die Diöcesansynode eines benachbarten Bischofs anzuschliessen[5]. Von dem Rechte der Ausschreibung einer solchen ist ferner die Befugniss abhängig, Vikarien bei der Vakanz von Pfarreien zu deputiren und den Konkurs für die letzteren abzuhalten[6].

Dagegen fehlen den Prälaten nullius, weil sie die bischöfliche Weihe nicht besitzen, alle aus dem bischöflichen ordo herfliessenden Rechte. Wird in ihrer Quasi-Diöcese und für ihre Untergebenen die Vornahme der durch diesen Weihegrad bedingten Handlungen, z. B. der Ordination, der Konfirmation, der Bereitung des Chrismas, erforderlich, so können sie diese nur durch einen von ihnen auszuwählenden Bischof verrichten lassen[7], ja für die Ordination ist ausschliesslich der nächstgelegene Bischof kompetent[8]. Zur Ertheilung der niederen Weihegrade an seine Regularen kann aber der Regular-Prälat[9] unter Umständen (s. Th. I. S. 81) befugt sein. Das Recht, schlechthin Dimissorien zu ertheilen, kommt ihm niemals zu[10].

[1] Fagnan. ad c. 12 X. de excess. prael. V. 31. n. 20 ff. Wenngleich für diese Sachen das Trid. Sess. XXIV. c. 20 de ref. die Bischöfe ausschliesslich kompetent erklärt, so setzt es ihnen doch nur den „decanus seu archidiaconus seu alii inferiores" als unberechtigt entgegen. Es hat also in letzterer Beziehung nur solche Kirchenbeamten im Auge, welche dem Bischof unterworfen sind, keineswegs solche, welche eine ihm gleichstehende Jurisdiktion in völliger Unabhängigkeit von ihm besitzen.

[2] Fagnan. ad c. 27 X. de sent. excomm. V. 39. n. 15. Daher sind sie auch ebenso wie die Bischöfe befugt, gegen die clerici concubinarii einzuschreiten. Wegen der betreffenden Vorschrift des Trid. Sess. XXV. c. 14 de ref. gilt das in der vor. Note Bemerkte.

[3] Ferraris s. v. excommunicatio art. 5 n. 7; Kober, Deposition S. 321; übrigens auch in den den Bischöfen durch das Trid. Sess. XXIV. c. 6 de ref. zur Absolution überwiesenen, päpstlichen Reservatfällen, was freilich nicht ganz unbestritten ist, Kober, Kirchenbann. 2. Aufl. S. 493. Das Recht, sich die Absolution von gewissen Vergehen vorzubehalten, Trid. Sess. XIV. c. 7 de poenit., steht den Prälaten gleichfalls zu, Bened. XIV. de syn. dioec. V. 4. n. 2; Kober a. a. O. S. 481.

[4] So entgegen der Annahme der früheren Doktrin, de Prosperis l. c. qu. 5. n. 13 ff., nach der Praxis der römischen Kurie, Richters Tridentinum S. 328. n. 3; Bened. XIV. l. c. II. 11. n. 5; Ferraris s. v. synodus dioeces. n. 12. Wohl aber kann der visitationsberechtigte Bischof (s. S. 344 n. 2) die ihnen untergebenen Pfarrer zu seiner Diöcesansynode berufen, um dadurch die Visitation vorzubereiten, Fagnan. ad c. 9. X. de M. et O. I. 33. n. 50.

[5] Weil sich die Vorschrift des Tridentinums über die Wahl der Provinzialsynode nicht auf die Diöcesansynode ausdehnen lässt, Bened. XIV. l. c. III. 1. n. 16. A. M. Phillips K. R. 7, 207.

[6] Auch müssen die Examinatoren bereits auf der Synode gewählt sein. Fehlt es an dieser und an der im Text angegebenen Voraussetzung, so stehen die betreffenden Befugnisse dem nächstbenachbarten Bischof zu, Garcias de benef. P. IX. c. 2. v. 129 ff.; Bened. XIV. l. c. II. 11. n. 6. 7; Ferraris s. v. concursus art. 1. n. 8; Phillips K. R. 7, 579.

[7] Fagnan. ad c. 3. X. de paroch. III. 29. n. 51. u. ad c. 15. §. 7. X. de sacr. unct. I. 15. n. 8.

[8] S. Th. I. S. 97; ohne besondere Erlaubniss des Prälaten kann dieser aber dann die Weihe allein in seiner eigenen, nicht in der Quasi-Diöcese des ersteren ertheilen, s. a. a. O. S. 92. 93 u. Fagnan. l. c. n. 52.

[9] Für die Säkular-Prälaten bedarf es, weil diese keine Regularen unter sich haben, eines besonderen päpstlichen Privilegs s. Benedict XIV. l. c. n. 8 ff.

[10] Th. I. S. 97. 98; vgl. ferner Fagnan. ad c. 8. de off. archidiac. I. 23. n. 23 ff.; Benedict. XIV. l. c. n. 12. Soll also der Regular-Prälat das Recht seinen Untergebenen, die nicht Religiosen sind, oder der Säkular-Prälat die Befugniss, seinen Quasi-Diöcesanen die minores zu ertheilen, erlangen, so bedarf es eines ausdrücklichen, dem Tridentinum derogirenden päpstlichen Privilegs, und dasselbe ist auch nöthig, damit der Prälat Dimissorien auf jeden beliebigen Bischof auszustellen berechtigt ist.

Was die Verwaltung der Quasi-Diöcese betrifft, so kommen die Grundsätze, welche für die bischöfliche Diöcesan-Regierung gelten, analogisch zur Anwendung. Der Prälat nullius kann also, weil er iudex ordinarius ist, ebenso wie der Bischof auch einen General-Vikar bestellen [1], und seine Befugnisse für einzelne Theile seines Territoriums durch besondere Delegirte wahrnehmen lassen. Eine Eintheilung desselben in die nöthige Anzahl von Pfarreien ist ebenfalls nicht ausgeschlossen [2].

In wie fern der Prälat den Beirath oder den Konsens seines Kapitels [3], resp. des Mönchskonventes einzuholen hat, richtet sich nach den bereits o. S. 153 ff. dargelegten Grundsätzen [4].

Seminarien für die Ausbildung der Kleriker zu errichten und zu halten, sind die Prälaten nullius gleichfalls befugt. Machen sie von diesem Rechte keinen Gebrauch, so hat ihre Quasi-Diöcese die Abgaben für das Seminar [5] des zunächst benachbarten Bischofs [6] zu leisten.

Im Falle der Erledigung der Prälatur geht die Leitung der Quasi-Diöcese auf das dem Prälaten zur Seite stehende Kapitel über [7], dagegen finden die Vorschriften des Tridentinums über die Bestellung des Kapitular-Vikars keine Anwendung, vielmehr gelten in dieser Hinsicht noch die früheren gemeinrechtlichen Bestimmungen [8].

Bei eintretender Unfähigkeit oder Verhinderung des Prälaten endlich müssen für die Ermöglichung einer Fortführung der Verwaltung dieselben Massregeln, wie bei der s. g. Sedisimpedienz des Bischofs getroffen, mithin Koadjutoren oder päpstliche Vikarien bestellt werden [9].

Vielfach haben die Prälaten nullius durch päpstliche Privilegien das Recht erhalten, sich der Pontifikalien in gewissem Umfange zu bedienen [10], auch solche Handlungen, welche regelmässig dem Bischof vorbehalten sind, ohne absolut an den ordo episcopalis [11] gebunden zu sein, wie die Benediktion bestimmter kirchlicher Geräth-

1 Erwähnt wird ein solcher z. B. bei Ughelli 3, 324; Hartzheim 9, 306 u. in dem Breve Gregors XVI. v. 1840 für die Abtei S. Mauritius in Unterwallis (bullar. propag. 5, 204); s. auch S. 344. n. 6.

2 Die Erzabtei Martinsberg in Ungarn hat z. B. 22 Pfarreien, Neher, kirchl. Geographie 2, 237.

3 Wie Schulte K. R. 1, 120. n. 9a behaupten kann, dass sie kein Kapitel besitzen, ist mir unerfindlich. Ausdrücklich erwähnt eines solchen z. B. das S. 344 n. 6 citirte Privileg für Pescia.

4 Die einschlägigen Dekretalen-Titel gedenken in der Ueberschrift generell des praelatus, nicht ausschliesslich des Bischofs, s. z. B. X. III. tit. 10 u. 11. Auch manche der o. citirten Stellen handeln nicht von bischöflichen, sondern andern Kapiteln, s. auch Phillips, Lehrb. 2. Aufl. S. 741.

5 Trid. Sess. XXIII. c. 18 de ref.; Richters Tridentinum S. 213. n. 16. 17.

6 In dieser Beziehung bestimmt allerdings das Tridentinum nichts, indessen rechtfertigt sich das im Text Gesagte aus der Analogie. Die Provinzialsynode, zu welcher sich der Prälat hält, wird indessen aus den o. S. 334 entwickelten Gründen eine andere Bestimmung treffen können.

7 Das ist früher streitig gewesen, Fagnan, ad c. 11 X. de M. et O. I. 33. n. 43 ff., aber von der Praxis der Rota und der Congr. Conc. angenommen, de Prosperis l. c. qu. 7. n. 8. 9; Bouix de capitulis p. 589 ff.

8 Weil das Trid. Sess. XXIV. c. 16 de ref. sich nur auf die Kathedral-Kirchen bezieht, s. o. S. 247 F.

9 Wenn gleich c. un. in VI^to de cleric. aegr. III. 5 u. c. 3 eod. de suppl. negl. I. 8 nur vom Bischof und den praelati superiores sprechen, so ist doch Trid. Sess. XXV. c. 7 de ref. (betr. die Einsetzung von coadiutores) weiter gefasst und die Analogie auch darum gerechtfertigt, weil anderweite Vorschriften für diesen Fall nicht bestehen.

10 Vgl. das von Alexander VII. bestätigte Dekret der Congr. Rituum v. 27. Sept. 1659 (bei Ferraris s. v. abbas n. 31. u. Ginzel 1, 366), das hinsichtlich der Ueberwachung der Beobachtung seiner Vorschriften anordnet: „Cumque nonnulli ex dictis abbatibus et praelatis proprium habere possint territorium iuraque episcopalia nullisque subdantur episcopis qui eos coercere si excesserint valeant, eo casu a sedis apostolicae nuntiis, si aderint, sin minus ab archiepiscopis, in quorum provinciis, vel ab episcopis Romano tantum pontifici subiectis, intra vel prope quorum dioecesis limites eorum ecclesiae vel monasteria sita fuerint, tamquam a. s. sede delegatis ad huiusmodi decretorum observationem praedicti omnino cogantur;" s. ferner das v. Pius VII. am 4. Juli 1823 (bull. Rom. cont. 15, 618) bestätigte Dekret derselben Kongregation v. 1822 bei Ginzel a. a. O. S. 370.

11 S. o. S. 40.

schaften und Gewänder, die Rekonciliation von Kirchen und Friedhöfen [1], die Firmelung [2] u. s. w. vorzunehmen.

Besitzt ein solcher Prälat — was vorkommt [3] — die weihbischöfliche Würde, dann kann er die von der bischöflichen Weihe abhängenden Rechte in seiner Quasi-Diöcese ausüben, weil ihm über diese die Jurisdiktion zusteht, also kein anderer Ordinarius, dessen Zustimmung er einzuholen hätte, vorhanden ist. Immerhin bleibt ihm aber auch in diesem Fall die Ordination seiner Untergebenen entzogen, denn in seiner Stellung als Prälat fehlt ihm die dazu erforderliche Befähigung und in seiner Stellung als Weihbischof die nöthige Kompetenz [4].

II. Die Praelati cum iurisdictione quasi episcopali. Den bisher charakterisirten Prälaten setzt die kanonistische Doktrin als eine zweite Klasse diejenigen entgegen, welche zwar ebenfalls eine Jurisdiktion über den Klerus und das Volk eines bestimmten Ortes (gewöhnlich auch über einzelne oder mehrere ihnen überwiesene Pfarreien) besitzen, deren Gebiet aber nicht von der dasselbe umschliessenden Diöcese losgetrennt ist [5]. Der Unterschied zwischen beiden Arten beruht nicht nur darauf, dass denen der zweiten Klasse ein besonderes ihrer Jurisdiktion in allen Beziehungen unterworfenes, von jedem Diöcesan-Verbande freies Territorium [6] fehlt, sondern auch darauf, dass sie nicht die volle bischöfliche Jurisdiktion, vielmehr nur eine Anzahl aus derselben herfliessender Rechte haben. Gerade dieser letztere Umstand bedingt für die ihnen untergebenen Kirchen, Ortschaften und weltlichen Personen nur eine theilweise Exemtion von der bischöflichen Gewalt, so dass von einer völligen Befreiung und Loslösung solcher Bezirke von der bischöflichen Diöcese, welcher sie angehören, nicht die Rede sein kann.

Andererseits unterscheiden sich diese Prälaten, welche nur uneigentlicher Weise praelati nullius genannt werden [7], und zu denen ebenfalls Vorsteher von Klöstern und Kollegiatkapiteln gehören [8], von denjenigen, welche allein eine einfache oder s. g. passive Exemtion besitzen, d. h. denjenigen, deren Jurisdiktion nicht über die

[1] Vgl. z. B. das cit. Privileg für Pescia, Ughelli 3, 771.

[2] Fagnan. ad c. 15. §. 7 X. de sacr. unct. I. 15. n. 9ff.

[3] Privil. Gregors XVI. v. 1840 (bull. propag. 5, 197): „. . . abbatiae S. Mauritii penes Helvetios in Valesia inferiori episcopalem titulum de Bethleem in partibus infidelium perpetuum in modum adiungimus . . . atque illius in tempore abbatem episcopum de Bethleem in Syria constituimus . . . ac volumus, ut abbas S. Mauritii et episcopus de Bethleem appelletur cum omnibus et singulis iuribus, privilegiis, honoribus, insignibus, praerogativis quibus episcopi in partibus infidelium utuntur, fruuntur vel uti ac frui possunt et poterunt; atque id ita concessum volumus, ut sequuta eiusdem abbatis canonica electione, etiam episcopus de Bethleem in partibus infidelium electus maneat, utque electionis confirmationem una cum ecclesiae episcopalis provisione ab hac apostolica sede litteris apostolicis . . . obtinere debeat et teneatur“.

[4] S. Th. I. S. 87ff. 91. 96. Selbstverständlich schliesst das nicht aus, dass der Prälat aus dem früher erwähnten Grunde den ihm unterworfenen Regularen die niederen Weihen zu ertheilen, befugt sein kann.

[5] de Prosperis l. c. qu. 2. n. 30; Bened. XIV. de syn. dioec. II. 11. n. 3; Phillips, Lehrb. S. 293.

[6] Dies, nicht die Lage des Territoriums ist das Entscheidende. Blos darum weil ein solches auf allen Seiten von einer und derselben Diöcese umschlossen ist, ist die Qualität des Prälaten als praelatus nullius nicht ausgeschlossen. Wenn Pachmann K. R. 3. Aufl. I, 282 n. h. die Angaben bei Bened. XIV. u. Phillips (s. vor. Note) im entgegengesetzten Sinne verstanden hat, so ist dies ein durch die etwas ungenaue Ausdrucksweise beider hervorgerufener Irrthum. Dass Benedikt XIV. der hier vertretenen Ansicht ist, ergiebt Note 5 S. 343, sowie die Breven desselben: Cum universi u. Etsi ea quae v. 1747 (eiusd. bullar. 2, 262. 270), wodurch mehrere innerhalb verschiedener Diöcesen belegenen Gebiete der Abtei Farfa nullius dioecesis von der Quasi-Diöcese der letzteren dismembrirt und den betreffenden bischöflichen Diöcesen unirt werden.

[7] Bened. IV. de syn. dioec. II. 11. n. 3.

[8] Auch einzelne Domkapitel haben früher dergleichen Rechte gehabt, s. o. S. 147. 148.

Kleriker und geistlichen Personen ihres Institutes, die innerhalb des Umfanges der Baulichkeiten belegenen Räume und Kirchen, sowie über die innerhalb dieses Umkreises wohnenden und zu ihrem Institut gehörigen Laien (z. B. die fratres conversi der Klöster) hinausreicht[1]. Innerhalb der durch den Gegensatz zwischen den eigentlichen praelati nullius und den s. g. passiv Eximirten bezeichneten Grenzen bleibt ein ziemlich weiter Spielraum für den Umfang der den Prälaten der zweiten Klasse zustehenden bischöflichen Rechte[2]. Daher lässt sich eine allgemein zutreffende Charakterisirung ihrer Stellung unter diesem Gesichtspunkt nicht geben.

Nach dem Tridentinum bleiben die hier in Frage stehenden Prälaten aber immer der Jurisdiktion der Bischöfe in sofern unterworfen, als die letzteren unter Ausschluss der Regular-Prälaten das Recht haben, die Approbation für die Seelsorge über die nicht zum Kloster gehörigen Laien zu ertheilen, die Ausübung derselben zu überwachen und zu diesem Behufe Visitationen vorzunehmen, sowie erforderlichen Falls mit ihrer Korrektionsgewalt einzuschreiten[3], in Ehesachen und Kriminalfällen zu entscheiden[4], Beichtväter für die nicht dem Regularstande angehörigen Personen zu approbiren[5], die gedachten Prälaten zu ihren Diöcesansynoden zu berufen[6], in deren Bezirken die Ordination und Konfirmation zu ertheilen[7], einen fremden Bischof dazu zu ermächtigen[8], und sich der Pontifikalien in den exemten Kirchen zu bedienen[9].

Uebrigens wird den Prälaten dieser Klasse gleichfalls durch ein päpstliches Privileg öfters das Recht zum Gebrauche gewisser Pontifikalien gewährt[10].

Im Gegensatz zu den Bischöfen und höheren kirchlichen Würdenträgern, den s. g. praelati maiores[11], bezeichnet man alle praelati cum iurisdictione quasi episcopali ebenso wie die Ordensgenerale, die Aebte und die Inhaber gewisser Stiftsstellen[12] als praelati inferiores oder minores[13].

[1] de Prosperis l. c. qu. 2. n. 17. 19. 30; Bened. XIV. l. c. n. 2.

[2] S. z. B. c. 15 (Innoc. III.) X. de praescr. II. 26; c. 17 (id.) X. de privil. V. 33; const. Bened. XIV: Inter multa cit. (eiusd. bull. 2, 273). Wegen der iurisdictio quasi episcopalis der Kardinäle über ihre Titelkirchen s. Th. I. S. 352.

[3] Darüber und über die Ausnahmen von der Regel s. Trid. Sess. XXV. c. 11 de regul. Wegen der früheren falschen Interpunktion dieses Kapitels s. const. Bened. XIV: Firmandis v. 6. Nov. 1744. §. 13 (eiusd. bull. 1, 436 u. Richters Tridentinum S. 595).

[4] Sess. XXIV. c. 20 de ref.

[5] Sess. XXIII. c. 15 de ref.

[6] Sess. XXIV. c. 2 de ref. Vgl. dazu Bened. XIV. de syn. dioec. III. 1. n. 1 ff.; Phillips, Diöcesansynode S. 147. 148. 150.

[7] Es ergiebt sich dies daraus, dass abgesehen von einem päpstlichen Indult der Bischof allein der Spender dieses Sakramentes ist und der Bezirk des Prälaten immer zur Diöcese gehört. Doch kommen auch für die Prälaten Privilegien zur Ertheilung der Konfirmation vor, s. const. Bened. XIV.: Inter multa cit. (eiusd. bull. 2, 279). Wegen der Ordination s. S. 347.

[8] Dies folgt aus der Kompetenz zur Vornahme der betreffenden Handlungen. s. auch Acta s. sed. 6, 484.

[9] S. o. S. 48 n. 2.

[10] Dann gelten auch für sie die o. S. 346. n. 10 angeführten Verordnungen.

[11] Th. I. S. 386.

[12] S. a. a. O. u. diesen Theil S. 110.

[13] S. z. B. c. 6 (Clem. IV.) in VI^to. de privil. V. 7.

Drittes Kapitel.

Die ausserordentliche Verfassungsform oder die s. g. Missionsgebiete*.

§. 97. *I. Geschichtliche Einleitung. Begriff der Missionsgebiete.*

So lange sich noch gleichzeitig mit und in Folge der Ausbreitung des Christenthumes die Verfassung der christlichen Kirche entwickelte und erst die Formen für die geistliche Leitung der christianisirten Gebiete ausgebildet wurden, konnte selbstverständlich von besonderen Einrichtungen für die Mission nicht die Rede sein. Aber auch nachdem im Morgenland und in dem grössten Theile der am Mittelmeer belegenen Länder, in Nord-Afrika, Italien, Spanien und Frankreich die bischöfliche Verfassung bereits festen Fuss gefasst hatte, ja selbst noch das ganze Mittelalter hindurch hat man für die kirchlichen Organisationen in den neubekehrten Ländern die Elemente der längst bestehenden Verfassung mit geringen Modifikationen benutzt[1], und so bald als möglich die gewöhnlichen Verfassungsformen auf die neugewonnenen Gebiete übertragen. In Irland und Schottland, wo seit Patriks Thätigkeit das Christenthum nach den ersten, schwachen Anfängen im dritten Jahrhundert wieder neu belebt worden war und neue Ausbreitungsfähigkeit bewies, hatte sich allerdings ein von Rom unabhängiges und eigenthümliches Kirchenwesen entwickelt[2]. Die Einrichtungen dieser irobrittischen oder culdeischen Kirche waren von der im Morgenlande und in den Ländern des europäischen Kontinents herrschend gewordenen Verfassungsform völlig verschieden, andererseits aber zur Verfolgung von Missionszwecken vorzüglich geeignet. Das katholische Bisthum kannte sie nicht[3], den Schwerpunkt ihrer Verfassung bildeten vielmehr die Cönobien oder Klöster, an deren Spitze erst das Cönobium zu Dearmag in Irland und seit dem Ende des 6. Jahrhunderts das Kloster auf der Insel Jowa (oder Jona) stand[4]. Die einzelnen Klöster, welche von einem zum Priester ordinirten Abt geleitet wurden[5], und in welchen Priester-Mönche ohne die bindenden Klostergelübde der römischen Kirche als Beirath desselben fungirten[6], waren sowohl die Sammelpunkte für die Bekenner Christi[7], wie auch die Erziehungs-Anstalten für die Missionare[8], welche später aus ihrem Kloster auszogen, um neue Cönobien zu gründen und von diesen aus ihrem Missionswerke obzu-

* O. Mejer, die Propaganda, ihre Provinzen und ihr Recht. Göttingen 1852. 2 Bde. Vgl. auch Andreucci, de vicario apostolico (hierarch. eccles. I, 233 ff.); Phillips K. R. 6, 669 ff.; Bangen, die römische Kurie. Münster 1854. S. 260 ff.

1 Das weitschichtige Werk von Ch. G. Blumhardt, Versuch e. allgem. Missionsgeschichte der Kirche Christi. Basel 1827 ff. 3 Bde. berücksichtigt diese Seite des Gegenstandes nicht, ebenso wenig der Abriss der allgemeinen Missionsgeschichte bei Venn u. Hoffmann, Franz Xavier, e. weltgeschichtliches Missionsbild Wiesbaden 1869. S. 1 ff.

2 Ebrard, d. iroschottische Missionskirche. Gütersloh 1873. S. 9 ff.

3 A. a. O. S. 167 ff.

4 A. a. O. S. 13. 168. 184.

5 A. a. O. S. 178.

6 A. a. O. S. 178. 186. 193 ff. 206 ff.

7 Diese gehörten theils, sofern sie innerhalb der Umfassungsmauern des Klosters oder dicht bei denselben angesiedelt waren, zur Klostergemeinde, und standen unter der geistlichen Leitung des Abtes, während der Gottesdienst für sie von den Priester-Mönchen verrichtet wurde, a. a. O. S. 197 ff. 202; theils wurden sie, namentlich wenn sie entfernter vom Kloster wohnten, durch solche Priester-Mönche, welche dann wegen dieser Eigenschaft die Bezeichnung episcopi erhielten, unter der Aufsicht des Abtes seelsorgerisch geleitet, a. a. O. S. 178. 179. 202. Auch die Aebte, welche gleichzeitig diese Funktion versahen, hiessen abbates episcopi, a. a. O. S. 177. 179.

8 A. a. O. S. 192.

liegen[1]. Seit dem 6., vor Allem aber im 7. Jahrhundert, dehnten die culdeischen Mönche ihre Missionsthätigkeit auf Frankreich[2], auf die Schweiz und Deutschland aus und gründeten hier, namentlich in Alemannien, Baiern, Thüringen, Hessen und Friesland[3] christliche Gemeinden, welche von ihren Klöstern aus durch die Abtbischöfe oder durch unter diesen stehende episcopi geleitet wurden[4].

Dagegen ist es charakteristisch für die von den übrigen Theilen der christlichen Kirche ausgegangenen Missionen, dass die Missionäre, sofern sie nicht schon Bischöfe[5] waren, theils beim Beginn ihrer Thätigkeit, theils während derselben die Bischofsweihe erhielten[6], und dass bei den seit dem Ende des 6. Jahrhunderts unter der Autorität des römischen Stuhles unternommenen Missionen, welche, wie die des Augustinus und des Bonifacius, nicht blos die Christianisirung, sondern auch die Vernichtung der culdeischen Kircheneinrichtungen bezweckten[7], die Missionäre auf die Einführung der Bisthumsverfassung in den neugewonnenen Sprengeln hingewiesen wurden, um diese mit Rom in Verbindung zu bringen[8]. Die römische Methode der Mission leistete freilich weniger für eine wirklich innerliche Bekehrung, als die der irobritischen Kirche[9], andererseits bot sie aber nicht blos dem päpstlichen Stuhle, sondern auch den an die heidnischen Völkerschaften angränzenden Fürsten und Bischöfen entschiedene Vortheile dar. Für Rom wurde mit der Herstellung des Bisthums-, bez. des Metropolitan-Verbandes[10] dessen Machtsphäre erweitert. Die Fürsten erlangten dadurch Gelegenheit, ihren politischen Einfluss bei den benachbarten Völkerschaften zu befestigen und öfters auch ihre Herrschaft auf diese auszudehnen[11]. Für die Bischöfe führte sie öfters die Vergrösserung ihrer Sprengel und die Erhebung zur Metropolitanwürde, auch die Vermehrung der Zahl der abhängigen Suffraganbisthümer mit sich[12].

1 Gewöhnlich zu 12 mit einem Vorsteher, dem zukünftigen Abt, an ihrer Spitze.

2 Ebrard a. a. O. S. 304 ff., welcher aber wohl eine zu weite Ausdehnung im Frankenreiche annimmt.

3 A. a. O. S. 323 ff.

4 Hieraus erklärt sich das vielfache Vorkommen von episcopi in jenen Gegenden, für welche man bisher, weil sie für römische episcopi gehalten wurden, vergeblich die Bisthümer zu ermitteln versucht hat. S. o. S. 336. Anm. g. E.

5 Beispiele aus dem Orient s. §. 102 i. Anfang. Emmeran welcher als Missionar nach Baiern ging, war Bischof von Poitiers, Rettberg, Kirchengesch. Deutschlands 2, 190.

6 S. o. Th. I. S. 616 u. diesen Theil S. 170. n. 5. Ueber Willebrord s. auch Ebrard a. a. O. S. 381; A. Werner, Bonifacius, d. Apostel der Deutschen. Leipzig 1875. S. 120; über Bonifacius Th. I. S. 506. Ob der S. 170 n. 5 genannte Suidbert die Bischofsweihe erhalten hat, ist nach Ebrard a. a. O. S. 383 sehr zweifelhaft. Da solchen Missionaren in der Regel die Weihe nicht für eine bestimmte Diöcese ertheilt werden konnte, so nannte man sie im Mittelalter: *episcopi* oder *archiepiscopi gentium* oder *in gentibus*, s. o. S. 9. n. 3. S. 170; dipl. Frider. I. a. 1170 (mecklenb. Urkundenbch. I, 85): „primus gentis illius (der gens paganorum Transalbina) episcopus".

7 Ebrard a. a. O. S. 15. 19; A. Werner a. a. O. S. 112 ff., 127 ff.

8 Ueber die Instruktionen Augustins und Bonifacius, s. Th. I. S. 616 u. S. 506.

9 Rettberg a. a. O. 1, 319; Werner, a. a. O. S. 30. 131 ff.

10 Die Organisation des Metropolitan-Verbandes ist theils schon beim Beginn der Mission näher geordnet, s. das Th. I. S. 616 über Augustin Bemerkte, theils ist eine Anzahl neu errichteter Bisthümer einer gleichfalls neugegründeten Metropole unterstellt worden, wofür die Erhebung Rigas zum Erzbisthum für Lievland, Estland u. Preussen ein Beispiel bietet, s. o. S. 330 n. 1, Wiltsch, Hdbch. d. kirchl. Geogr. 1, 267 (s. auch d. folgende Note), bald wurden die neugegründeten Bisthümer dem nächstgelegenen Erzbisthum, von welchem die Mission ausgegangen war, wie die dänischen und schwedischen Bisthümer Hamburg-Bremen, unterstellt, s. Th. I. S. 614. 615.

11 Daher wurde die Errichtung solcher Erzbisthümer und Bisthümer von den deutschen Königen und Kaisern nicht nur begünstigt, sondern auch selbst in die Hand genommen, so die des Erzbisthums Magdeburg und der Bisthümer Zeiz, Meissen und Merseburg durch Otto I, Köpke-Dümmler, Kaiser Otto d. Gr. Leipzig 1876. S. 442 ff.

12 So für Hamburg-Bremen, s. Note 10. Suchte doch Adalbert von Bremen seine Missionsstellung zu den nordischen Reichen zur Erlangung einer Primatial- oder Patriarchenwürde auszunutzen, s. Th. I. S. 615.

Die Missionsgeschichte des Mittelalters kann daher, gleichviel welche Beweggründe für die Unternehmung der einzelnen Missionen obgewaltet haben, gleichviel, ob die Christianisirung durch einzelne Sendboten auf friedlichem Wege oder durch einzelne Ritterorden mit Waffengewalt bewirkt worden ist[1], als die Geschichte der Gründung neuer Bisthümer und Erzbisthümer bezeichnet werden[2].

Die Ertheilung päpstlicher Autorisationen an die Missionäre für ihre Thätigkeit kommt schon seit dem 6. Jahrhundert vor[3]. In Folge der Gewährung solcher Ermächtigungen[4] stellte sich in Verbindung mit der wachsenden Macht des Primates der Grundsatz, dass eine päpstliche Genehmigung zu jeder Mission nothwendig sei[5], um so eher fest, als es in den für die Bekehrung in Aussicht genommenen Gebieten an lokalen kirchlichen Gewalten fehlte, und die Errichtung von Bisthümern, welche als das schliessliche Resultat bei den Missionen in das Auge gefasst wurde, seit der karolingischen Zeit stets unter Betheiligung des römischen Stuhles zu Stande gekommen war.

Seit dem 13. Jahrhundert widmeten sich die damals neu gestifteten Orden der Franciskaner und Dominikaner[6] der Missionsthätigkeit. Ihre Missionare erhielten ihre Vollmachten theils direkt vom Papste, theils von ihren von letzterem dazu ermächtigten Ordensoberen[7], welche die geeigneten Ordensbrüder auswählten. Für die neuerworbenen Gebiete wurde zunächst die Organisation des Ordens beibehalten, und so blieb auch für diese die Gliederung in Provinzen, Kongregationen, Custodien und Vikarien massgebend[8]. So lange noch keine Nothwendigkeit hervortrat, das Bedürfniss an Priestern durch Neubekehrte aus dem Missionslande selbst zu decken, reichte man mit der geistlichen Leitung des Volkes durch die mit der Priesterweihe versehenen Ordensglieder, deren Vollmachten die der gewöhnlichen Priester weit überschritten[9], aus. Wo sich aber dies als unzulänglich herausstellte, wurden — und zwar schon seit dem 13. Jahrhundert — Bisthümer errichtet[10], und diese an Mitglieder des missionirenden Ordens übertragen[11].

Nicht nur die Missionen dieser, sondern auch die späteren des Jesuiten-Ordens, welcher sich gleichfalls die Verbreitung des christlichen Glaubens zum Zweck gesetzt

[1] Wie die die Bekehrung Preussens durch den Deutschorden, Lievlands und Kurlands durch den Orden der Schwertbrüder.

[2] S. hierzu die Zusammenstellung bei Hurter, Gesch. Papst Innocenz' III. 3, 172 ff. u. auch Thomassin, v. et n. disc. P. I. lib. I. c. 55. Das Gesagte passt auch für die von dem Deutschorden eroberten Gebiete, welche ein selbständiges Territorium gebildet haben. Geriethen auch hier die Bischöfe, welche aus den Ordenspriestern genommen werden mussten, in Abhängigkeit von dem Orden, so blieb doch immer ein gewisser, wenngleich loser Zusammenhang mit dem Erzbisthum Riga bestehen, s. Jacobson Ztschr. f. histor. Theologie 6, 123 ff., Erdmann bei Herzog, Real-Encykl. 12, 137.

[3] S. o. S. 350.

[4] Ausser Augustin u. Bonifacius haben solche erhalten, z. B. Ebbo v. Rheims, Ansgar, Methodius (Dümmler, Gesch. des ostfränk. Reichs 1, 259. 264. 699 ff.), Otto v. Bamberg (i. J. 1123 o. 1124, Ebonis vita Otton. II. 3 ed. Jaffé, mon. Bamb. p. 621. 622). Bonifacius nennt sich schon legatus apostolicae sedis, s. Th. I. S. 506. n. 2. Später ist *legatio in gentes* der übliche Ausdruck für die Bevollmächtigung und die Befugniss zur Mission, Adam. Brem. III. 1. 70 (app.).

[5] Vgl. die i. d. vor. Note cit. vita Otton.

[6] Die Regel der ersteren (längere c. 16, kürzere c. 12, Holstenius, cod. regul. monast. ed. Brockie. Aug. Vindel. 1759. 3, 26. 33) enthält eine ausdrückliche Bestimmung darüber, wegen der Dominikaner s. Mejer 1, 32 ff.

[7] Die kürzere Franziskaner-Regel c. 12 bestimmt: „Quicunque fratrum . . . voluerint ire inter Sarracenos et alios infideles, petant inde licentiam a suis ministris provincialibus". Mejer 1, 35.

[8] Mejer 1, 36 ff. 48.

[9] A. a. O. S. 49. 39.

[10] Das Institut der Weihbischöfe war damals erst in der Ausbildung begriffen, s. oben S. 172. 173.

[11] Mejer 1, 49 ff. Dass Alexander VII. die Missionsbischöfe schlechthin episcopi regulares nennt, ergiebt sein Dekret v. 1662, bull. propag. 1, 313 (so Mejer a. a.O. S. 50) nicht.

und schon seit 1545 ausgedehnte Vollmachten für die Mission vom apostolischen Stuhle erhalten hatte[1], haben im wesentlichen den Typus, welchen die früheren mittelalterlichen Missionen aufweisen, bewahrt[2]. Darin zeigt sich indessen eine Verschiedenheit, dass seit den Franziskaner- und Dominikaner-Missionen die Versuche zur Bekehrung der Ungläubigen nicht mehr als Unternehmungen einzelner Mönche, sondern als Sache des ganzen Ordens galten, woraus sich denn auch die oben gedachte Uebertragung der Ordens-Organisation auf die neu bekehrten Gebiete erklärt. Was insbesondere die Jesuiten betrifft, so richtete sich deren Missionsthätigkeit der Tendenz ihres Ordens gemäss nicht nur auf die Gebiete der Heiden, sondern auf die durch die Reformation und den Protestantismus der katholischen Kirche verloren gegangenen Länder.

Den entscheidenden Wendepunkt in der Geschichte der katholischen Missionen bildet aber die Stiftung der Congregatio de Propaganda Fide im J. 1622. In ihrer Hand wurde die oberste Leitung aller einzelnen Missions-Unternehmungen centralisirt[3]. Dadurch war zugleich als weitere Konsequenz eine Scheidung der verschiedenen Gebiete in solche, in welchen die regelmässige, geschichtlich entwickelte Verfassung der katholischen Kirche ihren sicheren Bestand hat, und solche, in denen die katholische Kirche erst festen Fuss zu gewinnen oder das durch Schisma und Häresien, namentlich durch den Protestantismus verlorene Terrain zurück zu erobern sucht, bedingt, weil ohne eine bestimmte lokale Beziehung die Ausübung der der Propaganda übertragenen Befugnisse nicht möglich war.

Den erst gedachten Ländern, den s. g. *provinciae sedis apostolicae*, stehen somit die Gebiete der erwähnten Behörde, die *terrae missionis, provincie che dipendono dalla S. Congregazione di Propaganda Fide* gegenüber[4]. Das Kennzeichen der letzteren ist ihre Leitung durch die Propaganda. Wenngleich diese für die Regel da stattfindet, wo die vorhin hervorgehobenen Verhältnisse obwalten, so giebt es doch keine feste Entscheidungsnorm über die Zugehörigkeit der Gebiete, in welchen die katholische Bevölkerung untermischt mit Protestanten oder mit orientalischen Schismatikern wohnt, zu den Provinzen der einen oder der anderen Art, vielmehr bestimmt sich diese lediglich nach äusseren, namentlich Zweckmässigkeitsgründen[5]. Es trifft demnach die Annahme, dass die Gebiete der Propaganda „die Welt umfassen, so weit sie nicht bereits streng katholisch ist, d. h. so weit sie nicht streng katholische Staaten und Regierungen zeigt“[6], nicht zu[7].

1 Mejer a. a. O. S. 58 ff.

2 Auch bei den Jesuiten hatte der General ein für alle Mal die Befugniss zur Aussendung von Missionären erhalten, welche er wieder auf die Provinziale übertragen konnte. A. a. O. S. 62. Die neugewonnenen Gebiete wurden bei ihnen ebenfalls als Provinzen dem Orden eingefügt, in denen einzelne Kollegien und Residenzen, letztere als Mittelpunkte der Gemeinden, gegründet wurden, a. a. O. S. 64. Bisthümer sind ebenfalls in ihren Missionssprengeln errichtet worden, nur haben Jesuiten selbst diese blos ausnahmsweise innegehabt, weil ihnen die Annahme von Dignitäten nach ihren Konstitutionen untersagt ist.

3 Th. I. S. 474. 475.

4 Andere minder technische Ausdrücke für diesen Unterschied, sind: „non solum in catholicis regionibus, sed etiam in acatholicorum et infidelium terris“ (Encykl. Gregors XIV. v. 1840, s. bull. cit. 5, 212); „loci in quibus episcopi sua munera pastoralia libere exercere nequeunt“ (ibid. 4, 217) und „terrae ubi impune grassantur haereses“ oder „ubi sunt missionarii“, Mejer a. a. O. S. 196; „ubi sanctum officium (d. h. die Inquisition) exercetur“ und „ubi non est inquisitio et fideles inter infideles degunt“, Mejer l. c. u. bull. cit. 2, 6.

5 So kann z. B. der Umstand dafür massgebend sein, ob die Staatsregierungen eine regelmässige Diöcesan-Verfassung in ihren Ländern errichten lassen wollen oder nicht.

6 So definirt Mejer a. a. O. S. 200.

7 Mejers Ansicht ist offenbar daher entstanden, dass er Deutschland mit Ausnahme von Oesterreich und Baiern als ein von der Propaganda abhängiges Missionsland betrachtet, s. 2, 379.

Die Folge dieser Koncentration der Missionsthätigkeit ist die Ausbildung von besonderen einheitlichen Normen für die Regelung der Verhältnisse in den Provinzen der Propaganda gewesen. Diese sind den äusserst verschiedenen Gestaltungen [1] in höchst geschickter Weise angepasst, und weisen daher bei gleicher Grundlage eine sehr grosse Mannichfaltigkeit auf.

§. 98. *II. Die Verfassungsgestaltungen in den Missionsgebieten.*

I. Der Charakter des Missions-Organismus. Da die Leitung der Missionsländer unmittelbar dem Papste und der mit seinen desfallsigen Befugnissen ein für alle Mal betrauten Congregatio de Propaganda Fide zusteht, so können die sämmtlichen, für die Verwaltung der kirchlichen Angelegenheiten jener Gebiete bestimmten Organe nur auf Grund einer Ermächtigung des ersteren oder der genannten

415. 436. 440 ff. 485. 516, und sich von diesem Standpunkt aus seinen Begriff der terrae missionis konstruirt hat. Seine Berufung für das erstere auf die Notizia statistica delle missioni cattoliche. Romae 1843 (abgedruckt in seinem Werke 1, 473 ff.), welche übrigens nur das Erzbisthum Freiburg und Würtemberg zu den Missionsländern zählt, ist nicht beweisend. Die allerdings offiziöse Schrift (s. a. a. O. 1, 109) enthält, wie Mejer (2, 416. 441. 481) selbst anerkennen muss, ausser den erwähnten so viele handgreifliche Unrichtigkeiten, dass man ihren Angaben nur dann, wenn sie anderweitig beglaubigt sind, trauen darf. Ebensowenig rechtfertigt sich Mejers Annahme durch die Thatsache, dass die deutschen Bischöfe die Quinquennal-Fakultäten von der Propaganda erhalten. Diese erklärt sich vielmehr aus dem bereits Th. I. S. 476 angegebenen Grunde. In der That erscheint seine Auffassung darum haltlos, weil die Missionsverfassung, welche in den Augen der katholischen Kirche nur ein Nothbehelf ist, blos so lange aufrecht erhalten wird, bis die Verhältnisse die Einführung einer regelmässigen Organisation gestatten, und eine solche gerade in Deutschland durch die Verhandlungen mit der Kurie im zweiten und dritten Jahrzehnt dieses Jahrhunderts neu begründet worden ist. Die damals vereinbarten Einrichtungen tragen keins der charakteristischen Merkmale der Missionsverfassung an sich. In den deutschen Bisthümern gilt vielmehr, so weit es nicht durch die staatliche Partikulargesetzgebung beseitigt ist, das gemeine Recht, und die vorkommenden Milderungen desselben, worauf Mejer a. a. O. Gewicht legt, berühren keineswegs die Verfassungseinrichtungen als solche, sondern gewähren nur den einzelnen Kirchengliedern Erleichterungen, welche ihrem Wesen nach in den provinciae sedis apostolicae nicht ausgeschlossen sind. Ferner unterscheidet sich die Organisation der in den Missionsländern errichteten, unter der Propaganda verbliebenen Bisthümer, (s. den folgenden §.) wesentlich von der der deutschen. Heute, wo sich die Stellung Oesterreichs und Italiens der katholischen Kirche gegenüber völlig verändert hat, und diese Staaten und ihre Regierungen füglich nicht mehr als streng katholische bezeichnet werden können, müsste die Kurie die dort belegenen Bisthümer nach der Mejer'schen Theorie konsequenter Weise unter die Propaganda stellen, während sie sicherlich ihre jetzige Position so lange festhalten wird, bis ihr dies durch den Eintritt abnormer Verhältnisse unmöglich gemacht werden sollte. Die katholischer Seits gegen die Mejersche Auffassung erhobenen Proteste (Schulte K. R. 2, 238 n. 1 u. Vering, Lehrb. d. K. R. S. 517 n. 3) sind nach allen diesen Ausführungen vollkommen begründet. Der Grundirrthum des Mejer'schen Buches, welches unbestreitbar das grosse Verdienst hat, zuerst auf die Missionsverfassung hingewiesen und eine sorgfältige Darstellung derselben geliefert zu haben, liegt m. E. darin, dass der Verfasser jede missionirende Thätigkeit, auch diejenige, welche heute beinahe jeder einzelne Bischof bei den konfessionellen Verhältnissen in den einzelnen Staaten in seiner Diöcese zu üben hat, als dem Gebiete der Propaganda anheimfallend betrachtet, und sowohl deshalb wie auch aus dem Grunde, weil dabei der Propaganda angehörige Missionspriester, wie die in den Instituten derselben ausgebildeten Alumnen vom Bischof verwendet werden können (1, 518), alle Territorien, in denen dergleichen Verhältnisse hervortreten, zu den Provinzen der Propaganda rechnet. Nur hieraus erklärt sich z. B. die Heranziehung der No. 15 der Quinquennal-Fakultäten (s. a. a. O. c. 2, 208) zum Beweise für die Missionsqualität der deutschen Bisthümer, obgleich die Fakultäten für die österreichischen Bischöfe unter Nr. 15 (Ginzel, Codex d. österr. K. R. S. 36) ganz dieselbe Vollmacht enthalten.

[1] Umfasst doch das Gebiet der Propaganda heute noch die asiatischen, afrikanischen und australischen Länder, Nordamerika, Holland, Grossbritannien, Schweden, Norwegen, Dänemark, Russland und die Türkei mit ihren tributären Staaten; in Deutschland das Königreich Sachsen, einzelne Theile Preussens (die Mark Brandenburg, Pommern, die altprotestantischen Lande links der Elbe, Schleswig-Holstein), Mecklenburg, Lippe, Bückeburg, Hamburg, Bremen und Lübeck, v. Schulte Lehrb. 3. Aufl. S. 218, desselb. status dioeces. cathol. p. 148 ff. Ueber die Entwicklung der Missionen in diesen Gebieten s. Mejer 1, 351 ff. u. Bd. 2.

Behörde thätig werden. Die Möglichkeit, eine solche in dem verschiedensten Umfange zu ertheilen, gestattet es, diesen stets den gegebenen Verhältnissen anzupassen. Hieraus erklärt sich die Mannichfaltigkeit der in den einzelnen Provinzen der Propaganda bestehenden Einrichtungen. Da jede Ermächtigung ihrem Wesen nach widerruflich ist, besitzt der Missions-Organismus ferner eine andere charakteristische Besonderheit, die absolute Veränderlichkeit, und allein da, wo die Einrichtungen schon der ordentlichen Verfassungsform ganz nahe stehen, kommen freilich auch nur in einzelnen Beziehungen Ausnahmen vor.

II. Die Missionare. In der Mission werden erstens die Mitglieder derjenigen Mönchsorden, welche sich noch heute solchen Zwecken widmen [1], verwendet. Die letzteren unterhalten zum Theil eigene Missionsschulen aus ihren Mitteln, jedoch kommt der Propaganda über diese Bildungsanstalten, obgleich sie unter den Ordensoberen, den Provinzialen des betreffenden Bezirkes, stehen, das Gesetzgebungs-, Aufsichts- und Visitationsrecht zu [2]. Die in denselben ausgebildeten Schüler empfangen, wenn sie für die Mission gebraucht werden, ihre Aufträge direkt von der Propaganda [3]. In denjenigen Orden, welche keine derartigen Anstalten besitzen, wählt der General auf Erfordern der Propaganda die geeigneten Individuen aus [4], und diese werden dann gleichfalls von derselben deputirt. In sämmtlichen ihre Stellung als Missionare betreffenden Angelegenheiten sind diese Ordensleute den Behörden der Propaganda untergeben, während sie in allen sich auf ihre Regel beziehenden Verhältnissen von ihren Ordens-Oberen abhängig bleiben [5].

Zweitens dienen aber auch Weltgeistliche in der Mission. Die Propaganda kann jeden, welcher sich bei ihr meldet und welcher nach den über ihn eingezogenen Erkundigungen geeignet erscheint, in ihrem Dienste anstellen [6]. Ferner werden in den Lehr-Anstalten oder Seminarien einzelner Missionsgebiete ebenfalls Weltgeistliche ausgebildet [7]. Endlich erzieht die Propaganda selbst in den direkt unter ihrer Leitung stehenden Missionsschulen, gewöhnlich collegia genannt [8], Weltgeistliche für ihre Zwecke, welche theils für die schwierigeren Missionsgebiete theils für die obere Leitung der einzelnen Länder verwendet werden [9]. Auch unterscheiden sich die in diesen Anstalten ausgebildeten Missionare dadurch von den übrigen, dass sie als Alumnen den lebenslänglichen Dienst in der Mission eidlich angeloben müssen [10], während die Regularen diese Verbindlichkeit allein gemäss den Statuten ihres Ordens, d. h. gewöhnlich nur auf eine bestimmte Anzahl von Jahren übernehmen [11], und für

[1] Mejer a. a. O. 1, 218. Es sind dies namentlich die Franziskaner und die Jesuiten.

[2] A. a. O. S. 221 ff.

[3] A. a. O. S. 216. 223. Demnach ist die Absendung durch den Ordensoberen kraft der dem Orden allgemein ertheilten Befugniss, welche vor der Stiftung der Propaganda Sitte war, nicht mehr das regelmässige.

[4] So z. B. bei den Jesuiten a. a. O. S. 224. 225.

[5] A. a. O. S. 225 u. S. 288 ff.

[6] A. a. O. S. 226.

[7] Das ist da der Fall, wo, wie z. B. in Nordamerika, die Einrichtungen schon eine festere Gestaltung gewonnen haben. Da hier diese Geistlichen den Diöcesan-Klerikern in den Provinzen des apostolischen Stuhles sehr nahe stehen, so tritt ihr Charakter als Missionare äusserlich mehr zurück, s. a. a. O. 226.

[8] A. a. O. S. 226 ff. 73 ff., s. auch Th. I. S. 76.

[9] Mejer a. a. O. S. 227.

[10] Th. I. S. 76; Mejer a. a. O. S. 235 ff. Jedoch bezieht sich die Verpflichtung bei den für einzelne Nationalitäten bestimmten Kollegien nur auf das betreffende Land, weil sie gerade für die Mission in den einzelnen Ländern Angehörige der letzteren auszubilden bezwecken. Selbst das nicht auf einzelne Stationen beschränkte Collegium Urbanum de propaganda fide erzieht jeden Alumnen für sein eigenes Vaterland und die anderweitige freilich rechtlich zulässige Verwendung ist nur eine Ausnahme, Mejer S. 241. 242.

[11] Mejer S. 224. 241.

die übrigen Weltgeistlichen in dieser Hinsicht die bei ihrer Annahme festgestellten Bedingungen massgebend sind.

Ihren Unterhalt empfangen die Missionare und zwar selbst die Ordensleute für die Zeit, während sie der Mission dienen, aus den Mitteln der Propaganda [1], sofern nicht etwa besondere Fonds zur Sustentation für die einzelnen Missionen vorhanden sind.

Die Bestellung des einzelnen zum Missionar erfolgt durch Ertheilung einer schriftlichen Vollmacht (literae patentes), welche gewöhnlich auf die Predigt des Evangeliums, die Spendung der Parochialsakramente, namentlich auch auf das Hören der Beichte gerichtet ist, und je nach den Umständen noch weitere Befugnisse (s. g. *facultates*) hinsichtlich der regelmässig dem Bischof oder Papst zur Absolution vorbehaltenen Fälle gewährt, so dass der Missionar wohl eine iurisdictio in foro interno, aber nicht eine solche für das forum externum erlangt [2]. Ferner wird die Vollmacht stets für einen bestimmten geographischen Bezirk (die *regio missionario commissa*), welcher indessen von der Propaganda erweitert und beschränkt werden kann, gegeben [3]. Sowohl für die Vollmacht, wie auch für den Bezirk, auf welchen sie lautet, kommt die Bezeichnung *missio* vor, jedoch wird diese auch für eine bestimmte Missions-Unternehmung und für das dazu gehörige Personal gebraucht [4].

III. Die einzelnen Behörden des Missions-Organismus. 1. **Die apostolischen Präfekturen. In der Regel beginnen die Missionen nicht mit der Aussendung eines einzelnen, sondern mehrerer Missionare. Das Haupt derselben, welches das Unternehmen zu leiten, die Befehle der Propaganda in Empfang zu nehmen und ihr die Berichte zuzusenden hat, ist der *praefectus apostolicus missionis* (seltener *superior* genannt) [5]. Hat die Mission Erfolg, so erhält dieser von der Propaganda, während früher seine Befugnisse nur eine persönliche Beziehung auf seine Missionsgefährten hatten, auch über die neugestifteten kirchlichen Gemeinden eine eigentliche iurisdictio externa übertragen [6]. Bei weiterem Erfolge kann das dem Christenthum gewonnene Gebiet in mehrere einzelne Bezirke, *stationes* (auch *missiones*, *collegia* [7] genannt), eingetheilt und jeder derselben einem der Missionare, welche hier mit ihren gewöhnlichen Vollmachten (s. oben unter II. a. E.) ausreichen und eine den Pfarrern der regelmässigen Organisation ähnliche Stellung einnehmen, zugewiesen werden [8]. Der gesammte Sprengel einer solchen Mission heisst *praefectura apostolica* [9].**

Die Präfektur ist die einfachste Form der Missionsverfassung. Sie steht gewöhnlich direkt unter der Propaganda und bildet die Vorstufe für eine weitere Organisation, weshalb sie bei Einrichtung einer solchen aufgehoben wird. Ihrem Weihegrad nach sind die apostolischen Präfekten nur Priester [10]. Wenngleich sie fast ausnahmslos auch Fakultäten zur Spendung der nicht ausschliesslich an den *ordo episcopalis* gebundenen heiligen Handlungen, wie z. B. der Firmelung erhalten, so kann ihnen doch

[1] A. a. O. S. 217.

[2] A. a. O. S. 247.

[3] Mejer S. 249.

[4] A. a. O. S. 250.

[5] A. a. O. S. 252.

[6] Beispiele für derartige Vollmachten im Bull. Prop. 3, 218. 267 u. 5, 102 aus den Jahren 1746. 1750 u. 1833.

[7] Bull. Prop. 3, 189; 4, 109. 122. 123.

[8] Mejer S. 254.

[9] Die jetzt bestehenden sind verzeichnet in der Gerarchia cattolica v. 1878. p. 63. 453. Einzelne sind mit bestimmten Ordenshäusern oder Bischofssitzen verbunden, und da wo der Ordensobere selbst die Mission nicht leiten kann, ist er befugt, dies durch einen rappresentante (Stellvertreter) oder vice-prefetto zu thun, s. l. c. p. 453. Für die frühere Zeit vgl. Mejer S. 256. 257.

[10] Ueber die singulären Fälle, wo Bischöfe als apostolische Präfekten vorkommen, s. Mejer S. 254.

selbst der Papst nicht die Fähigkeit oder die Befugniss zur Ertheilung der höheren Weihegrade gewähren[1]. Tritt also bei gutem Erfolg des Missionswerkes die Nothwendigkeit ein, den erforderlichen Bedarf an Priestern durch Kandidaten aus der Zahl der Eingeborenen zu decken, so bleibt nichts übrig als dass der Papst, resp. die Propaganda nunmehr einen mit dem bischöflichen Charakter versehenen Stellvertreter in das Missionsland sendet[2]. Auf diese Weise entsteht — und zwar gewöhnlich aus der apostolischen Präfektur — eine zweite Form des Missionsregimentes,

2. die der s. g. apostolischen Vikariate (vicariatus apostolici). Diese Einrichtung ist indessen nicht blos für den eben gedachten Fall anwendbar, sondern nach gemeinem Recht[3] auch da, wo, vom kanonischen Standpunkt aus betrachtet, ein Bisthum rechtlich fortbesteht, aber impedirt, d. h. wegen des Schismas und der Häresie des grössten Theiles der Bevölkerung oder wegen des Widerstandes der Regierung nicht wieder besetzt werden kann, ja vielleicht durch die letztere, also staatlicher Seits, bereits eine Unterdrückung und Säkularisation des Bisthums erfolgt ist[4]. Ferner kann diese Form der kirchlichen Regierung da eingeführt werden, wo der Staat die feste Organisation von Bisthümern nicht dulden will[5].

Der apostolische Vikariat wird ebenso wie die Präfektur für einen gewissen geographischen Bezirk unter Berücksichtigung der Nationalität und der politischen Grenzen errichtet, nur pflegt sein Sprengel grösser als der einer apostolischen Präfektur zu sein. Die Errichtung erfolgt entweder so, dass auf Gutachten der Propaganda durch päpstliches Breve ein Vikar unter gleichzeitiger Festsetzung seines Sprengels und seiner Vollmachten ernannt oder dass zunächst der Bezirk bestimmt und die Anstellung des Vikars besonderer Verfügung vorbehalten bleibt[6].

Was den Umfang der Befugnisse des apostolischen Vikars betrifft, so erhält der-

[1] Th. I. S. 80. 82.

[2] Mejer S. 255. 258.

[3] S. o. S. 258. n. 1; S. 260; vgl. ferner Const. Pii VI. v. 1798 (bull. prop. 4, 255): „episcopis ubi adsunt suamque potestatem libere exercent, praesto sint (missionarii) eorumque mandatis pareant; ubi vero desunt aut aliqua ex causa impediti praeesse fidelibus nequeant, illorum vices suppleant et apostolicae sedis auctoritate animarum regimen suscipiant. Quando enim unquam ad facultates missionariis et vicariis impertitas propriae et legitimae iurisdictioni praeferendas induxit (s. sedes), nisi extrema ad hoc necessitate coacta"; s. auch Bened. XIV. de syn. dioec. II. 10. n. 2; Phillips K. R. 6, 747.

[4] So ist der i. J. 1667 aus Anlass der Konversion des Herzogs Johann Friedrich von Hannover errichtete, seit 1780 so genannte apostolische Vikariat des Nordens schon i. J. 1669 auf die Diöcese Halberstadt, die Bisthümer Bremen und Magdeburg, die mecklenburgischen Lande und die Missionen von Altona und Glückstadt, später auf Dänemark und Schweden ausgedehnt und nach der Dismembration in zwei selbstständige Vikariate (einen für Hannover oder Ost- und Niedersachsen und einen apostolischen Vikariat des Nordens) i. J. 1702, seit 1780 wieder vereinigt worden, vgl. dazu Mejer 2, 248 ff., namentlich S. 251. 259. 265. 273. 274. 287. Weihbischöfe sind übrigens auf die in die Hände der Protestanten gekommenen Bisthümer, wie schon S. 176. n. 10 angegeben, nicht ernannt worden. Wenn Mejer 1, VIII sich für die Verleihung eines solchen auf das Acta histor.-ecclesiast. nostri temporis 11, 295 angeführte, i. J. 1736 erschienene Buch mit dem Titel: „Kurze Reisebeschreibung R. P. Valerii Rist Ord. Min. S. P. Francisci Missionarii apostolici . . . ., nunmehro von Ihro Päpstlichen Heiligkeit Clemente XII. verordneten Hochwürdigsten . . . Bischofen von Minden, auch Coadjutoren des Apostolischen Vikariaten in Cochin-China" beruft, so muss er selbst (2, 294. n. 2) einräumen, dass Minden ein Druckfehler ist und es statt dessen in seiner Quelle: Münden, wo nie ein Bisthum gewesen, heisst. Sicherlich handelt es sich hier um das noch heute vergebene (s. Gerarchia cattolica v. 1878 S. 335) Titularbisthum Myndos in Carien, s. auch Mejer, zur römisch-deutschen Frage II. 2, 32. Seine weitere Berufung 1, 199. 200 auf das Dekret der Propaganda v. 1715 (bull. propag. 1, 315): „cum charactere episcopali ecclesiarum tam inter schismaticos quam inter infideles constitutarum" entscheidet deshalb nichts, weil nach dem Wortlaut die erstgedachten Bischöfe keineswegs nothwendiger Weise als Weihbischöfe betrachtet werden müssen.

[5] Ein Beispiel bei Mejer 1, 260.

[6] A. a. O. S. 263. 264. 271.

selbe nach fester Regel[1] alle diejenigen Rechte übertragen, welche der Ordinarius, der Bischof, für seinen Sprengel besitzt[2], ohne dass er freilich damit sonst in anderen Beziehungen die Stellung eines Ordinarius oder eine als ordinaria zu bezeichnende Jurisdiktion erlangt[3]. Ausserdem werden ihm besondere Fakultäten gewährt, welche sich auf Dispensationen und Absolutionen, sowie auf die Vornahme von eigentlich rechtlich verbotenen Dingen beziehen[4]. Damit der Vikar endlich auch bischöfliche Weihehandlungen, namentlich die Ordination von Priestern vollziehen kann, wird er — und zwar gewöhnlich vor der Anstellung — zum Weihbischof ernannt und konsekrirt[5].

Nur ausnahmsweise steht ein apostolischer Vikariat unter der Verwaltung eines in der Nähe des Sprengels residirenden eigentlichen Bischofs[6] oder eines Priesters[7], letzteres, wenn dessen Administration blos eine provisorische sein soll.

Da die Bezirke der apostolischen Vikariate eine grosse Anzahl von einzelnen Missionsstationen umfassen können, so tritt unter Umständen für die Vikare dasselbe Bedürfniss nach Gehülfen bei ihrer Verwaltung, wie für die Bischöfe, hervor. Zu ersteren gehören:

a. Die General-Vikare. Einen solchen soll sich der apostolische Vikar gleich nach Antritt seines Amtes bestellen. Derselbe darf im Fall des plötzlichen Todes seines Konstituenten die Regierung bis zur Ernennung eines neuen apostolischen Vikars fortführen[8]. Der General-Vikar braucht nicht, wie gemeinrechtlich vorgeschrieben, Doktor oder Licentiat der Rechte zu sein[9], und wird auch mitunter vom Papste zum Weihbischof kreirt[10].

b. Ebenso können bei den apostolischen Vikarien Coadjutoren vorkommen, welche gleichfalls Weihbischöfe zu sein pflegen[11]. Andere als solche cum spe succedendi lassen sich in den Quellen des Missionsrechtes nicht nachweisen[12]. Dies erklärt sich daraus, dass durch sie die aus dem Mangel der Domkapitel und der Unmöglichkeit der Bestellung eines Kapitular-Vikars für die Zwischenregierung hervorgehenden Nachtheile beseitigt werden sollen[13].

c. Die Pro-Vikare erscheinen ebenso wie im Gebiete des gemeinen Rechtes[14] als solche Stellvertreter des apostolischen Vikars, bei deren Bestellung es an den sonst

[1] A. a. O. S. 265.

[2] Vgl. Bened. XIV. const. Apostolicum minist. v. 30. Mai 1753. c. 4, bull. propag. 3, 305): „praeter eam omnem auctoritatem quae ipsis (scil. vicariis apostolicis) communis est in propriis confiniis cum quolibet ordinario in sua civitate et dioecesi, apostolica sedes facultates secundae formulae ipsis elargitur cum potestate illas simplicibus sacerdotibus qui idonei videbuntur, communicandi, iis tamen exceptis quae in ordinem episcopalem unice spectant vel exerceri sine sacrorum oleorum usu minime possunt"; ibid. c. 10. p. 308: „cum omni auctoritate quae competit cuilibet ordinario"; Gregor. XVI. (a. 1834) l. c. 5, 124: „cum solum tamquam verum memoratarum regionum ordinarium ab omnibus esse habendum eique omnes obtemperare debere et ab eo ecclesiasticam iurisdictionem ac facultates accipere".

[3] Denn eine iurisdictio propria besitzt er nicht. Dass der apostolische Vikar mehr als einmal ordinarius genannt wird (so Mejer 1, 265), ergiebt das bull. cit. 1, 173; 3, 305. 308; 5, 124 nicht, vielmehr wird hier die Gewalt desselben nur der des ordinarius gleichgestellt.

[4] Mejer 1, 269 ff.

[5] A. a. O. S. 272.

[6] Gerarchia cattolica p. 415. 438. 449.

[7] Mejer 1, 264. 265; Gerarchia cit. p. 432. 434. 442. 446.

[8] Const. Bened. XIV. Ex sublimi v. 1753 §§. 1. 2 für Ostindien, dann allgemein die Const. eiusd. Quam ex sublimi v. 1755 (bull. propag. 3, 292. 381).

[9] L. c. 3, 384.

[10] L. c. 4, 374, eine Stelle, welche zugleich zeigt, dass auch in weiten Bezirken mehrere General-Vikare bestellt werden können.

[11] Gerarchia cit. p. 430. 435. 436. 450. 451.

[12] Mejer 1, 318.

[13] Vgl. über diese Coadjutoren bull. cit. 3, 292. 302; 4, 105. 257. 258. 260; 5, 66. 157. 172. 177. 179. 187.

[14] S. oben S. 224.

herkömmlichen Erfordernissen oder Voraussetzungen fehlt, so wird der Ausdruck für einen General-Vikar des apostolischen Vikars gebraucht, welcher nach dem Tode des letzteren dessen gesammte Fakultäten fortführen [1], sodann für den provisorischen Leiter eines apostolischen Vikariates, welchen der Coadjutor eines solchen bei seiner Versetzung ernennen soll [2], ferner für einen Vertreter des apostolischen Vikars mit allen Vollmachten desselben, welcher einen entfernten Bezirk, ohne dass dieser von dem Vikariatssprengel losgetrennt wird, zu leiten hat [3], später für solche, welche ohne Weihbischöfe zu sein, oder welche nur provisorisch einen derartigen Bezirk verwalten [4], endlich für den thatsächlichen Verwalter des Vikariats, wenn der letztere einer Mönchskongregation übertragen ist [5].

In denjenigen Theilen Deutschlands, welche nicht in der durch die neueren Konkordate, resp. Circumscriptionsbullen geregelten Diöcesantheilung inbegriffen sind, ist der apostolische Vikariat die herkömmliche Verfassungsform. Während schon seit dem 16. Jahrhundert der Dechant von Bautzen, nachdem der Bischof von Meissen evangelisch geworden war, als Administrator des ehemaligen Bisthums, nachmals als apostolischer Vikar fungirte [6], ist i. J. 1763 [7] ein zweiter Vikariat für die sächsischen Erblande mit dem Amtssitze zu Dresden, dessen Inhaber seit dem Anfang dieses Jahrhunderts der Regel gemäss zugleich Weihbischof ist, errichtet worden [8]. Diese Einrichtungen bestehen noch heute, jedoch ist die praefectura Apostolica de Misnia et Lusacia [9] mit dem apostolischen Vikariate zu Dresden seit 1830 bis heute personell vereinigt [10]. Als Dechanten von Bautzen und apostolischem Präfekten steht dem Vikar ein besonderes Konsistorium, zusammengesetzt aus 3 Kanonikern und einem Laien als Beisitzer, zur Seite und mit diesem übt er die Ordinariatsrechte aus [11]. Für die Verwaltung des sächsischen Vikariates, dessen Inhaber auf Vorschlag des Königs vom Papst ernannt und sodann von ersterem bestätigt wird [12], besteht zunächst ein katholisches Konsistorium in Dresden, gebildet aus einem vorsitzenden Geistlichen als Präses, ferner zwei geistlichen und zwei weltlichen, zur Verwaltung von Justizstellen qualificirten, katholischen Konsistorial-Räthen, sowie dem nöthigen Subalternpersonal [13]. Dasselbe verwaltet die geistliche Gerichtsbarkeit in erster Instanz und führt die Aufsicht über den Lebenswandel und die Amtsführung der Geistlichen, über die katholischen Schulen, Gottesäcker und milden Stiftungen, überwacht die Aufrechterhaltung der kirchlichen Gesetze, hat den Vorschlag der in der Seelsorge anzustellenden Geistlichen, die Vereidigung derselben und erledigt alle Glaubens- und Gewissenssachen in erster Instanz [14]. Ueber dem Konsistorium steht der

[1] bull. propag. 3, 383 (1755).

[2] Ibid. 5, 220 (1840). In beiden Fällen hätte eigentlich die Propaganda ernennen müssen, weil dieser die Anstellung der eigentlichen vicarii apostolici zusteht.

[3] Ibid. 4, 147; hier war überdies angeordnet, dass vom Pro-Vikar an den apostolischen Vikar appellirt werden sollte.

[4] Gerarchia cit. p. 438 u. von 1875 p. 401. 403. 410.

[5] Acta s. sed. 9, 426 ff.

[6] Mejer 2, 327 ff. 505.

[7] Neher, kirchl. Geographie 2, 376.

[8] Mejer 2, 331. 505.

[9] So, nicht Vikariat ist die Bezeichnung in dem officiellen Annuario pontif. 1870. p. 58. 293; s. auch Gerarchia v. 1875 p. 53. 418 und v. 1878 p. 63. 455.

[10] Archiv f. k. K. R. 4, 159.

[11] Schulte, status dioec. p. 151 u. Arch. a. a. O. u. 37, 106.

[12] Schulte l. c. p. 148.

[13] Mandat, die Ausübung der kathol. geistl. Gerichtsbarkeit in den sächs. Kreislanden etc. betr. v. 19. Februar 1827 (u. A. abgedruckt bei Müller, Lexikon des K. R. 2. Ausg. 5, 353; Schulte, K. R. 2, 71; Schreyer, Cod. d. sächs. K. R. S. 281) §§. 1. 4; Bekanntmachung des Kultusminist. v. 12. November 1840; Schreyer a. a. O. S. 282 n. 7; Schulte, stat. cit. p. 151.

[14] §§. 13. 22. 23. 27. 32 ff. des angeführten Mandates.

Vikar. Er bringt die Mitglieder desselben vor ihrer Anstellung behufs der landesherrlichen Bestätigung in Vorschlag [1], erledigt die nicht dem Konsistorium übertragenen Angelegenheiten und bildet die höchste geistliche Behörde für die Katholiken der Erblande [2]. Ueber die Vollmachten, welche der Vikar in seiner Doppelstellung vom Papst, bez. der Propaganda erhält, ist nichts in die Oeffentlichkeit gelangt, ebenso wenig über den kirchenrechtlichen Titel, auf Grund dessen das Konsistorium in Dresden fungirt [3].

Dem Dresdener Vikariat sind auch die wenigen Katholiken in den fürstlich reussischen Landen unterstellt [4].

Ferner besteht in Deutschland ein apostolischer Vikariat für die anhaltischen Lande. Nach dem Uebertritt des Herzogs Friedrich Ferdinand von Anhalt-Cöthen i. J. 1825 wurde die in Cöthen gegründete, das ganze Herzogthum umfassende Pfarrei unter die Leitung des apostolischen Vikars von Sachsen gestellt [5]. Seit 1834 ist aber ein besonderer Vikariat errichtet. Die Verwaltung desselben, welche zuerst dem päpstlichen Nuntius in München übertragen worden war [6], führt seit dem Jahre 1867 der Bischof von Paderborn als päpstlicher Administrator [7].

Das Gebiet des apostolischen Vikariates des Nordens [8] hat seit der Wiederherstellung der katholischen Kirchenverfassung, namentlich seit der Errichtung der noch heute bestehenden preussischen und hannoverschen Bisthümer eine erhebliche Schmälerung seines Gebietes erfahren. Dasselbe umfasst jetzt nur noch Mecklenburg, Lauenburg, Holstein, Schleswig, die Hansestädte und Dänemark [9]. Nachdem der Vikariat eine Zeit lang vom Bisthum Paderborn aus verwaltet worden war [10], tauchte in Rom unter Gregor XVI. [11] der Gedanke auf, den Vikariat selbstständig administriren zu lassen und den Sitz nach Hamburg zu verlegen. Trotzdem, dass bereits i. J. 1839 ein besonderer Vikar in der Person des belgischen Geistlichen Laurent ernannt und dieser zum Weihbischof konsekrirt war, musste indessen der Plan namentlich in Folge des Widerstandes der dänischen und hamburger Regierung aufgegeben werden, und es wurde nunmehr (seit 1841) der Administrator des damals schon projektirten Bisthums Osnabrück, später nach der Errichtung desselben der Bischof dieser Diöcese zum Provikar bestellt [12].

[1] Ges. v. 23. August 1876. §. 17: „... Die Mitglieder des katholisch-geistlichen Konsistoriums werden auf Vorschlag des apostolischen Vikars und auf Vortrag der Staatsregierung vom König bestätigt".

[2] Cit. Mandat §. 1. Dass der sächsische Vikar unter dem Erzbischof von Prag steht (so Mejer 2, 506 u. Herzog, Real-Encykl. 13, 224) ist unrichtig, Schulte, stat. dioec. p. 151.

[3] Wahrscheinlich erhält dasselbe seine Vollmachten vom apostolischen Vikar. Sonst könnte dasselbe, als eine blos durch die Staatsbehörde eingesetzte Behörde, vom katholischen Standpunkt aus keine kirchliche Jurisdiktion besitzen.

[4] Neher, kirchl. Geographie 2, 379.

[5] Breve Leos XII. v. 17. Mai 1826 (bull. prop. 5, 16); Schulte l. c. p. 152; Mejer 2, 507.

[6] Schulte l. c.

[7] Diöcesan-Schematismus für Paderborn v. 1868. S. 179. Die in den Lehrbüchern des Kirchenrechts hergebrachte Angabe, dass der Münchener Nuntius stets die Leitung gehabt hat, s. z. B. Richter-Dove S. 394, ist daher irrig. Vgl. auch Vering, K. R. S. 784. Wenn in der Gerarchia v. 1878 p. 431 jetzt dem gedachten Nuntius die Administration beigelegt wird, so hängt dies vielleicht mit der staatlichen Entsetzung des Bischofs von Paderborn in Preussen zusammen.

[8] S. o. S. 356. n. 4.

[9] Mejer 2, 508; Neher 2, 386; Schulte, stat. p. 153. Nach 1843 ist allerdings noch die Missionsgemeinde in Bückeburg hinzugetreten, Mejer 2, 513.

[10] Mejer 2, 508. 509.

[11] Breve dess. v. 17. Sept. 1839, bull. propag. 5, 183.

[12] Mejer 2, 510 ff.; Neher 2, 386. Die Ernennung zum Provikar ist offenbar deshalb erfolgt, weil die Kurie die Bestellung Laurents nicht widerrufen wollte und damit ihre früheren Massnahmen formell zu wahren suchte. Selbst noch in neuerer Zeit hat sich der Bischof von Osnabrück in seinem amtlichen Verkehr mit den preussischen Regierungsbehörden stets des Titels:

3. Die Missions-Bisthümer und Erzbisthümer. Wenn bei erfolgreicher Mission kein Zweifel mehr an der Lebensfähigkeit des Katholicismus bleibt, so kann zu einer höheren, der ordentlichen Verfassung schon sehr nahe stehenden Organisation, der Errichtung eines Missions-Bisthums, geschritten werden [1]. Es wird dann innerhalb des missionirten Landes selbst eine neue Diöcese errichtet und der Bischof auf diese, also nicht mehr auf ein Bisthum in partibus infidelium, geweiht. Da aber einem solchen Bisthum immer noch die Aufgabe bleibt, für die Verbreitung des Katholicismus zu wirken, so wird dasselbe nicht unter die gewöhnlichen Kurialbehörden, sondern wie jede andere Missions-Einrichtung unter die Propaganda gestellt [2]. Auch dadurch unterscheidet sich das Missions-Bisthum von dem gewöhnlichen Bisthum, dass der Sprengel des ersteren beliebig, je nachdem es die Verhältnisse der Mission bedingen, päpstlicherseits verändert werden kann [3]. Dagegen haben die Missions-Bischöfe im übrigen dieselbe Stellung, wie die Bischöfe innerhalb der regelmässigen Verfassung [4]. Sie sind mithin nicht, wie die apostolischen Präfekten und Vikare, beliebig amovibel, sondern dürfen nur aus einem im gemeinen Recht anerkannten Grunde entsetzt werden [5]. Sie besitzen ferner kraft ihres Amtes, nicht wie die früher besprochenen Missionsoberen kraft besonderer Uebertragung, die vollen

„Provikar der nordischen, deutschen und dänischen Mission“ bedient, woraus sich ergiebt, dass die Kurie fortwährend ihren früheren Standpunkt festhält.

Ausweislich des Annuario pontificio von 1870 p. 233. 234 sind im J. 1869 zwei apostolische Präfekturen, eine für Dänemark, die andere für Schleswig-Holstein errichtet worden. Vgl. auch Gerarchia v. 1878 p. 454. 456. Nach der „Germania“ v. 1. Dezemb. 1872 erhalten die Präfekten ihre Vollmachten direkt von Rom, stehen aber immer noch in einer gewissen Abhängigkeit von dem Provikar zu Osnabrück. Hieraus erklärt es sich wohl, dass in Schleswig-Holstein eine äussere amtliche Thätigkeit des Präfekten nicht hervorgetreten ist und dass stets der Provikar mit der preussischen Regierung amtlich verhandelt hat.

1 Gewöhnlich ist der apostolische Vikariat die Vorstufe eines solchen Bisthums, wie dies in England und in Luxemburg der Fall war, s. die folgende Note u. Arch. f. k. K. R. 36, 336. Absolut erforderlich ist es aber nicht, so hat z. B. das i. J. 1789 gegründete nordamerikanische Bisthum Baltimore nur eine Kapuziner-Mission, aber keinen Vikariat zum Vorläufer gehabt, Mejer 1, 373. — Für die Errichtung eines Missions-Bisthums ist übrigens auch der Umstand entscheidend, ob eine genügende Ausstattung beschafft werden kann, s. a. a. O. S. 274. n. 3.

2 Const. Pii IX.: Universalis ecclesiae vom 29. September 1850 (Pii IX. Pont. Max. acta. Romae 1854. 1, 240) für England: „... decernimus, ut in regno Angliae refloreat iuxta communes ecclesiae regulas hierarchia ordinariorum episcoporum qui a sedibus nuncupabuntur quas hisce ipsis nostris litteris in singulis apostolicorum vicariatuum districtibus constituimus ...“ (p. 242) Nos enim in rebus ad Anglicanas ecclesias pertinentibus ministerio eiusdem congregationis (nämlich der Propaganda Fide) uti pergemus. Verum in sacro cleri populique regimine atque in ceteris quae ad pastorale officium pertinent, archiepiscopi et episcopi Angliae iam nunc omnibus fruentur iuribus et facultatibus quibus alii aliarum gentium catholici archiepiscopi et episcopi ex communi sacrorum canonum et apostolicarum constitutionum ordinatione utuntur et uti possunt atque obstringentur pariter iis obligationibus quae alios archiepiscopos et episcopos ex eadem communi catholicae ecclesiae disciplina obstringunt. Wesentlich dasselbe auch in der Const. eiusd.: Ex qua die vom 4. März 1853 (l. c. p. 416) über die Errichtung der holländischen Bisthümer u. in der Const. eiusd. v. 27. September 1870 über die Errichtung des Bisthums Luxemburg, Arch. f. k. K. R. 36, 337; vgl. auch Mejer 1, 283; Knights im Arch. f. k. K. R. 35, 33 ff. 217 ff.

3 In dem in der vor. Note citirten Breve für England heisst es: „... Nobis et Romanis pontificibus successoribus nostris iam nunc reservatum volumus, ut provinciam ipsam (Westmonasteriensem) in plures dispartiamur et augeamus, prout res tulerit, dioecesium numerum ac generatim, quemadmodum opportunum in domino visum fuerit, novas illarum circumscriptiones decernamus. Eine gleiche Anordnung für Baltimore im bull. propag. 4, 212. Aus diesem einen für die Vereinigten Staaten gegründeten, 1808 zur Metropole erhobenen Bisthum sind nach und nach mehr als 40 Diöcesen, welche sich auf 7 erzbischöfliche Provinzen vertheilen, entstanden; Neher, kirchl. Geographie 3, 34. 42; Schneemann i. Arch. f. k. K. R. 22, 98. Vgl. ferner die in der vor. Note cit. Const. für Luxemburg.

Darüber, dass die freie Veränderlichkeit der Diöcesangrenzen zum Wesen des Missions-Bisthums gehört, s. Mejer 1, 279.

4 Darin liegt offenbar der Grund, dass das Annuario pontificio v. 1870. p. 42 ff., ebenso die Gerarchia v. 1878 p. 148 ff. die Missions-Bisthümer nicht gesondert von den übrigen aufzählt.

5 Mejer 1, 282.

bischöflichen Rechte in ihrer Diöcese [1]. Ebenso können sie die üblichen Hülfsbeamten, namentlich General-Vikare bestellen, und es kommen neben ihnen endlich auch Koadjutoren vor, aber wegen des ihrer Diöcese immer noch verbleibenden Missions-Charakters nur solche cum iure succedendi [2].

Dieser letztere Umstand bedingt es auch, dass in solchen Bisthümern nicht alle Institutionen der gewöhnlichen Verfassung vorhanden sind. Namentlich fehlen öfters die Domkapitel [3] und in Folge dessen haben die Missions-Bischöfe eine unbeschränktere Gewalt, weil sie nicht wie die anderen Bischöfe bei bestimmten Akten der Diöcesan-Regierung an den Beirath oder die Einwilligung des Domkapitels gebunden sind [4].

In Nordamerika, Kanada, England, Irland, Holland und Australien [5] sind bereits aus den einzelnen Missions-Bisthümern erzbischöfliche Provinzen gebildet. Für die an ihrer Spitze stehenden Erzbischöfe gilt dasselbe, wie für die Missions-Bischöfe, ausserdem besitzen sie aber auch dieselbe Jurisdiktion, wie die Metropoliten in den Nichtmissionsländern. Sie üben also alle einzelnen, noch heute praktischen Metropolitanbefugnisse aus [6], ja sie haben sogar das Recht, die interimistischen Verwalter der erledigten Bisthümer für die Dauer der Sedisvakanz zu bestimmen, falls in denselben kein Kapitel besteht und der abgehende Bischof nicht vorher für diesen Fall von seinem desfalsigen Bestellungsrecht Gebrauch gemacht hat [7].

4. Abgesehen von den regelmässigen Behörden in den Missionsländern bedarf die Propaganda namentlich da, wo die Organisation noch nicht bis zur Errichtung von Missions-Erzbisthümern vorgeschritten ist, beaufsichtigender und visitirender Organe. Als solche verwendet sie theils die bei einzelnen Höfen akkreditirten Nuntien [8], theils ernennt sie besondere, s. g. visitatores apostolici, welche bald behufs Vornahme einer allgemeinen Visitation, bald behufs Erledigung einzelner Geschäfte, z. B. Führung einer Disciplinar-Untersuchung gegen einen Missionsoberen,

1 S. die citirten Breven für England, Holland u. Baltimore; Mejer 1, 281.

2 S. o. S. 357. Vicarii generales, vicarii forenses, decani werden erwähnt conc. II. prov. S. Ludovici a. 1858. c. 1; conc. plen. Baltimor. II. a. 1866. tit. II. c. 5; conc. prov. Quebec. III. a. 1863. VI. §. 2; conc. prov. Cassel. a. 1853. tit. 2; conc. prov. Westmonaster. II. XIV. XIX, acta conc. coll. Lac. 3, 317. 421. 422. 674. 831. 926. 945.

3 S. o. S. 160. Allerdings bestehen solche in England, Irland und Kanada, s. acta conc. cit. 3, 923. 684. 686. 730 u. o. S. 160. n. 6; wegen Mangels der Präbenden sind aber die Kanoniker, welche in der Seelsorge dienen oder Erziehungsanstalten leiten, vom Chordienst und von der Residenzpflicht befreit. Dasselbe gilt für Luxemburg, Arch. f. k. K. R. 36, 344. 347.

4 Jedoch sollen nach den Anordnungen nordamerikanischer Concilien, s. conc. plen. Americ. septent. a. 1852. c. 6; prov. Baltim. VIII. a. 1855. c. 6; prov. S. Ludovici a. 1858. c. 1; plen. Baltim. II. a. 1866. tit. II. c. 5 (coll. conc. cit. 3, 146. 162. 317. 421, s. auch o. S. 160. n. 6) einige erfahrene Priester bei der Diöcesan-Verwaltung zu Rathe gezogen werden.

5 Gerarchia cattolica v. 1878. S. 34. 47. 49. 51 ff.

6 S. 360. n. 2. u. n. 3.; conc. plen. II. Baltimor. a. 1866 tit. III. c. 1. (collect. concil. cit. 3, 425): Ad quinque fere reducuntur iura quae ex hodierna ecclesiae praxi metropolita in suffraganeos exercet: I Comprovincialem episcopum non residentem et ultra tempus a sacris canonibus concessum cum contumacia absentem, tenetur intra tres menses per literas seu nuntium sedi apostolicae denuntiare . . . II Suffraganeos unoquoque saltem triennio ad concilium provinciale convocat . . . III Negligentiam suffraganeorum in casibus a iure statutis supplet . . . IV Appellationes a sententia suffraganeorum iuxta regulas a sanctis canonibus definitas recipit. V Metropolitae licet ubicumque per provinciam crucem, iurisdictionis suae insigne prae se ferre, populo benedicere et pallio uti, quotiescumque in ecclesia metropolitana illo uti posset“.

7 S. o. S. 247. n. 3. Wo Kapitel vorhanden sind, wird gemäss den Vorschriften des gemeinen Rechts ein Kapitularvicar gewählt, conc. prov. Westmonast. a. 1852. c. 12; stat. capit. c. 5. app. 1. P. 1. n. 1. (coll. conc. cit. 3, 924. 946. 956); für Luxemburg s. Arch. f. k. K. R. 36, 344. 347.

8 Mejer 1, 323 ff.

deputirt werden[1]. Endlich kommen auch delegati apostolici, d. h. Kommissare der Propaganda, welche für besondere Fälle mit bestimmten Vollmachten versehen werden, vor[2].

5. Die Bezeichnung: Apostolische Delegation oder Delegatur wird aber auch mitunter für ständige Missions-Behörden gebraucht[3]. Diese Einrichtungen finden sich da, wo wegen bestimmter äusserer Verhältnisse ein apostolisches Vikariat oder ein Missions-Bisthum nicht hat begründet werden können[4]. In Preussen giebt es zwei solcher Delegaturen, eine für die Marken und Pommern, eine andere für die altprotestantischen Lande links der Elbe, deren Eigenthümlichkeit darin besteht, dass sie dauernd mit einem Bisthum, und zwar die erste mit dem Bisthum Breslau[5], die zweite mit dem Bisthum Paderborn[6], verbunden sind.

6. Juristischer Charakter der Jurisdiktion der Missionsoberen. Während die Missions-Bischöfe und Erzbischöfe die iurisdictio ordinaria besitzen (s. o. S. 360), charakterisirt sich die Leitungsgewalt der apostolischen, ebenso wie die der für die eigentlichen Diöcesen päpstlicherseits bestellten Vikarien[7], als iurisdictio quasi ordinaria (s. Th. I. S. 184). Eine iurisdictio delegata[8] ist sie nicht. Es werden den apostolischen Vikarien in den Missionsländern nicht einzelne Befugnisse, sondern alle in der bischöflichen Jurisdiktion liegenden Geschäfte übertragen[9]. Ebensowenig kommt für sie der für den Delegaten geltende Grundsatz, dass die Stellung desselben mit dem Tode des Deleganten, d. h. im vorliegenden Falle des Papstes, zusammenfällt, zur Anwendung[10]. Ja selbst die apostolischen Präfekten können nicht

[1] Mejer 1, 326.

[2] A. a. O. 329.

[3] Die Gerarchia cattolica cit. p. 429 zählt 6 auf.

[4] Mejer 1, 329 ff.; vgl. auch bull. prop. 5, 114.

[5] Bulle: De salute animarum (Th. I. S. 183. n. 5).

[6] Cit. Bulle: „Paderbornensis episcopalis ecclesiae . . . dioecesis iisdem quibus nunc reperitur, manebit circumscripta limitibus. Illi praeterea adiungimus . . . . . demum a missionum septentrionalium vicariatu apostolico separandas et a futuris ac tempore existentibus Paderbornensibus episcopis perpetuo administrandas paroecias Mindensem, scilicet in Westphalia et in provincia Saxoniae Adersleben, Althaldensleben, Ammensleben, Aschersleben, Hadmersleben, ecclesias s. Andreae et s. Catharinae Halberstadii, Hamersleben, Hedersleben, Huysberg, Magdeburg, Marienbeck, Marienstuhl, Mayendorf, Stendal, Halle et Burg". Vgl. Laspeyres, Gesch. u. Verfassung d. kath. Kirche Preussens S. 809. n. 40; Mejer, zur Geschichte d. römisch-deutschen Frage 3, 181. Diese Einrichtungen sind auf Veranlassung der preussischen Regierung getroffen worden, nach deren Auffassung durch Einverleibung der gedachten Landestheile in die beiden Diöcesen die volle Anerkennung aller bischöflichen Rechte ausgesprochen, und eine Schmälerung der vom Könige damals noch in Anspruch genommenen geistlichen Gerichtsbarkeit herbeigeführt worden wäre, s. Mejer, Propaganda 2, 445 ff. 472 ff. 478 ff.; dess. Gesch. d. röm.-deutsch. Frage 2, 2, 111; 3, 122. Uebrigens ist katholischerseits die besondere Stellung der erwähnten Gebiete vielfach ignorirt worden, s. Gerlach, Paderborner Diöcesanrecht 2. Aufl. S. 1. 2; Annuario pontificio v. 1870, welches die beiden Delegationen nicht erwähnt; das Richtige über Breslau bei Neher 2, 372 u. Sauer, pfarramtl. Geschäftsverwaltung S. 41.

Für die Breslau zugewiesenen Landestheile ist der Propst und Pfarrer zu S. Hedwig in Berlin als ständiger Subdelegat durch die cit. Bulle bezeichnet.

Im Falle der Vakanz der erwähnten Bisthümer wird der Kapitular-Vikar berechtigt sein, die Leitung der Delegaturbezirke mit zu übernehmen. Die allgemeine Regel, s. o. S. 240. 241, erleidet hier, wo die Administration dauernd den betreffenden Bischöfen zugewiesen ist und eine feste Verbindung mit den Bisthümern selbst besteht, keine Anwendung. Diese Auffassung ist auch früher einmal von der preussischen Regierung ausdrücklich vertreten und danach bei den Erledigungen der beiden Bisthümer verfahren worden.

[7] S. Th. I. S. 182. 184.

[8] So Mejer 1, 259: „Die Normen der Delegation sind dabei die des gemeinen canonischen Rechts und haben in ihrem hier vorliegenden Gebrauch nichts Eigenthümliches". Dagegen auch Kaempfe, d. Begriffe d. iurisdictio ordinaria etc. Wien. 1876. S. 166.

[9] S. o. S. 356 u. Th. I. S. 181. 184. 186.

[10] Th. I. S. 182. Es folgt dies auch daraus, dass die apostolischen Vikare nicht blos mit der Formel: „ad nostrum", sondern „ad nostrum et apostolicae sedis beneplacitum", bull. propag. 4, 399; 5, 69. 85. 97. 109. 139. 174. 189. 221, oder „donec et quousque a congregatione fuerit

als Delegaten im gemeinrechtlichen Sinne betrachtet werden [1]. Sie sind ebenfalls nicht für einzelne Akte deputirt, und es würde dem Zweck ihrer Funktionen völlig widersprechend sein, wenn die Fortdauer derselben von den persönlichen Verhältnissen des Constituenten abhängig gemacht würde.

Dagegen fallen die Stellungen der apostolischen Visitatoren und Delegaten in das Gebiet der gemeinrechtlichen Delegation. Indessen steht es dem Papste, bez. der Propaganda frei, sie durch die Art der gewährten Vollmachten den apostolischen Vikaren gleichzustellen, und ihnen somit eine iurisdictio quasi ordinaria zu übertragen [2]. So unterscheiden sich z. B. die vorhin genannten beiden preussischen Delegaten ihren Befugnissen nach nicht im mindesten von den apostolischen Vikarien [3].

7. Die lokalen Unterabtheilungen der Missionssprengel. Den Pfarreien der regelmässigen kirchlichen Organisation entsprechen in den einem Missionsoberen unterstellten Gebieten die s. g. *stationes, missiones* [4], *congregationes* [5]. Die Bezirke derselben sind ebenso wenig dauernd, wie die der Missionsoberen, und die Priester, welche ihre geistliche Leitung versehen, jeder Zeit amovibel [6]. Jedoch können auch — und zwar ganz unabhängig von der Art der Oberleitung des Missionsgebietes — neben diesen Seelsorgestationen festfundirte Pfarreien mit dauernd und unwiderruflich angestellten Pfarrern vorkommen [7]. Für diese Pfarreien, welche namentlich in den der katholischen Kirche verloren gegangenen Gebieten existiren und sich hier zum Theil aus früherer katholischer Zeit erhalten haben, gelten die Grundsätze des gemeinen Rechtes über die Benefizien.

Wo das Bedürfniss nach einer untergeordneten Zwischen-Instanz für die Auf-

aliter mandatum", ibid. 1, 218, ernannt werden. Waltet doch überhaupt das Bestreben ob, bei der Leitung der Missionsgebiete plötzliche Vakanzen, ohne dass für einen Ersatz Fürsorge getroffen ist, zu verhüten, s. o. S. 357.

1 S. auch Kaempfe a. a. O. S. 167.

2 Anscheinend ist dies für die ständigen, in der Gerarchia cattolica p. 429 verzeichneten Delegationen geschehen, weil diese sie nach dem Vorgange des offiziellen Annuario pontificio v. 1870 p. 275 neben den apostolischen Vikariaten und Präfekturen aufzählt.

3 Ueber eine besondere Eigenthümlichkeit dieser Delegaturen s. Th. I. S. 183.

4 S. o. S. 355.

5 Diese Bezeichnung kommt in England u. Nordamerika vor, s. conc. prov. Westmonast. a. 1852. c. 13 u. prov. Baltimor. IV. a. 1840 (coll. conc. cit. 3, 70. 925); Mejer 1, 389; 2, 74; Schneemann i. Arch. f. k. K. R. 22, 134. Auch der Ausdruck parochiae ist gebräuchlich, s. folgende Note.

6 Mejer 1, 284; 2, 15. 74; conc. plen. Baltimor. a. 1866. tit. III. c. 5. (collect. concil. cit. 3, 432: „Volumus igitur, ut per omnes hasce provincias, praesertim maioribus in urbibus, ubi plures sunt ecclesiae, districtus quidam paroeciae instar descriptis accurate limitibus unicuique ecclesiae assignetur; eiusque rectori iura parochialia vel quasi-parochialia tribuantur. Parochialis juris, paroeciae et parochi nomina usurpando, nullatenus intendimus ecclesiae cuiuslibet rectori ius, ut aiunt, inamovibilitatis tribuere, aut potestatem illam tollere seu ullo modo imminuere quam ex recepta in his provinciis disciplina habet episcopus quemvis sacerdotem munere privandi aut alio transferendi. Monemus autem et hortamur, ne episcopi hoc iure suo, nisi graves ob causas et habita meritorum ratione uti velint".

Der Ausdruck: pastor in Nordamerika bedeutet nicht einen festangestellten Pfarrer, sondern den ersten mit der Seelsorge betrauten Geistlichen an Orten, wo mehrere — diese fungiren als seine Gehülfen — sich neben einander finden, conc. prov. Baltim. I a. 1829. c. 4 (collect. conc. cit. 3, 26); Mejer 1, 389; Schneemann a. a. O. S. 134.

7 So in Irland. Hier heissen die festangestellten Pfarrer parish priests, incumbents im Gegensatz zu den blos amoviblen, curates, assistant priests, coadjutors, Mejer 2, 15. Derselbe Unterschied zwischen eigentlichen Pfarreien und s. g. Missionspfarreien findet sich auch in den deutschen Missionsländern, so ist z. B. die Propst- und Pfarrstelle an S. Hedwig in Berlin, wie das Statut v. 1870. §. 4 (Arch. f. k. K. R. 27, 97) ausdrücklich sagt, „ein wahres Benefizium".

Uebrigens werden auch umgekehrt Missionspfarreien in den Nicht-Missionsbisthümern errichtet, welche eine protestantische Bevölkerung haben, um die unter dieser zerstreut wohnenden Katholiken zu pastoriren, so sind z. B. mehrere solche 1870 und 1871 in der Diöcese Ermland gegründet worden, s. o. S. 315. v. 1.

sicht eintritt, kann endlich eine Annäherung der Missionsverfassung an die ordentliche dadurch stattfinden, dass die Pfarreien oder Missionsstationen zu Dekanaten oder Archipresbyteraten mit einem Dekan oder Erzpriester an der Spitze vereinigt werden[1].

Zweite Abtheilung:

Die allgemeinen, die kirchlichen Leitungs-Organe betreffenden Rechtssätze, insbesondere die Lehre von den Kirchenämtern[*].

Erstes Kapitel.

Der Begriff des Kirchenamtes und die Eintheilung der kirchlichen Aemter, sowie das Rangverhältniss der kirchlichen Beamten.

§. 99. *I. Der Begriff des Kirchenamtes. Die Bedeutung von Officium und Beneficium.*

I. Unter Kirchenamt versteht man einen durch das Kirchenrecht festbestimmten Kreis von kirchlichen Geschäften oder Funktionen[2], und in fernerer Bedeutung, vom Standpunkt der damit betrauten Person, das Recht und die Pflicht, derartige Geschäfte vorzunehmen oder derartige Funktionen auszuüben. Die kirchliche Thätigkeit wird ihrem Umfange nach durch die der Kirche zustehende Weihe-, Lehr- und Regierungsgewalt[3] bestimmt. Jedes Kirchenamt muss daher die Theilnahme an einer dieser Gewalten gewähren[4], oder mindestens Geschäfte umfassen, welche die Erleichterung oder Unterstützung der in die ebengedachte Kategorie gehörenden Funktionen bezwecken[5].

[1] Der Delegaturbezirk des Fürstbischofs von Breslau ist in 6 Archipresbyterate, Berlin, Potsdam, Frankfurt a. O., Stettin, Stralsund und Cöslin eingetheilt, Schematimus für das Bisthum Breslau. Breslau 1869. S. 150; Sauer, pfarramtl. Geschäftsverwaltung S. 39. Wegen Nordamerikas s. o. S. 361. n. 2.

[*] Jo. Corasius, de officiis, electionibus et beneficiis ecclesiasticis. Paris 1551. Colon. 1596; Franc. Duarenus, de sacris ecclesiae ministeriis ac beneficiis lib. VIII. Lutet. 1551 (u. öfters), cum notis Jo. Schilteri Argentorat. 1688. (u. ohne Druckort) 1708; Petr. Rebuffus, praxis beneficiorum Lugd. 1579 u. ö.; P. Gregorius (Tolosanus) institutiones breves et novae rei beneficiariae ecclesiasticae etc. Lugdun. 1591; Nicol. Garciae tract. de beneficiis. 2 tom. Caesaraugust. 1609 u. Matriti 1613, später Antwerpen, Cöln, Genf, sorgfältigste Ausg. Colon. 1735; J. B. de Luca, discursus de beneficiis in dessen theatrum veritatis et iustitiae (ed. Colon. Agripp. 1706. 1, 1 ff.); Lotterius, de re beneficiaria. Francof. 1645. Lugdun. 1659. Colon. 1710; Pyrrhi Corradi praxis beneficiaria. Neap. 1656; Colon. 1679; Nicolarts praxis beneficiaria. Colon. 1658. 1704; Paul. Sarpius de materiis benefic. Jenae 1681. Amstelod. 1706; Lael. Zechius, de benefic. et pension. Götting. 1691; Petr. Leurenius, forum beneficiale. Colon. 1704. 3 partt., Caes. Maria Sguanin, tract. beneficiarius. Oenipont. 1727, auch in den meisten Ausgaben von Thomassin, vetus ac nova ecclesiae disciplina etc. abgedruckt; Car. Gagliardo, de beneficiis ecclesiasticis. ed. II. Napol. 1765. Für das Historische ist das Werk von Thomassin zu vergleichen.

[2] Wenn Phillips Lehrb. 2. Aufl. S. 129 u. Ginzel K. R. 2, 125 ihre Definitionen blos auf die Ausübung der Kirchengewalt beschränken, so ist das zu eng.

[3] Th. I. S. 163 ff..

[4] Je nach der Theilnahme an sämmtlichen oder einzelnen kirchlichen Vollmachten sind daher die Kirchenämter verschieden. S. §. 100.

[5] Zu den Kirchenämtern der letztgedachten Art gehören namentlich die Messner- (Küster-, Sakristan-), Glöckner-, Kirchhüter-Stellen, deren Verrichtungen ursprünglich durch die Kleriker der niederen Weihen wahrgenommen worden sind, o. S. 103 u. Th. I. S. 4, jetzt aber mit Ausnahme grösserer Kirchen in den romanischen Ländern von Laien versehen werden. Die Gränze zwischen den Hülfsfunktionen, welche noch als kirchliche zu betrachten sind, und anderen, welche ihrer inneren Natur nach nicht kirchlich sind, sondern nur in Dienstleistungen für die Kirche bestehen, ist eine flüssige, und folgeweise eben-

Jedem Kirchenamt ist ein bestimmter lokaler Bezirk, in welchem der Inhaber desselben seine amtliche Thätigkeit auszuüben hat, zugewiesen, so z. B. jedem Metropoliten seine Provinz, jedem Bischof seine Diöcese, jedem Pfarrer seine Parochie. Dies ist, wenn auch nur indirekt, der Fall bei denjenigen Aemtern, welche ihrem Wesen nach, wie z. B. die Kanonikate an den Dom- und Kollegiatkirchen, nicht zur Theilnahme an der iurisdictio bestimmt sind. Nur innerhalb des Amtssprengels nimmt der Träger des Amtes die Funktionen desselben erlaubter, ja in vielen Fällen auch allein gültiger Weise vor [1].

Die einzige Ausnahme bildet das Amt des Papstes, dessen Primat der Natur der Sache nach sich innerhalb des gesammten Gebietes der katholischen Kirche bethätigt.

Seinem Wesen nach erscheint das Kirchenamt, weil es ein festabgegränzter Inbegriff von kirchlichen Geschäften ist, als eine objektive und dauernde Institution [2], welche von dem Wechsel in der Person des Amtsträgers unberührt bleibt [3]. Gleichgültig ist es, ob derartige Geschäftskreise nur für einzelne Theile des kirchlichen Organismus wegen ihres eigenthümlichen Charakters, wie die Einrichtungen für die Militärseelsorge und für die Missionsgebiete, geschaffen sind. Ebensowenig ist es mit dem Begriff des Kirchenamtes unvereinbar, dass eine derartige Institution bestimmt ist, nur unter besonderen Voraussetzungen, selbst solchen, welche eine Kontinuität der Reihenfolge der Amtsträger ausschliessen, wie die Stellungen der päpstlichen Legaten, der General-Vikare, der Kapitelsverweser und der in den Diöcesen aushelfenden Weihbischöfe [4], in das Leben und in Wirksamkeit zu treten. Das eine wesentliche Moment des Amtsbegriffs, der festbegränzte Kreis von Geschäften, ist auch diesen Stellungen eigen, und das Moment der Dauer liegt bei ihnen darin, dass sie regelmässige Be-

so die Gränze, wo das Kirchenamt aufhört. Rein mechanische und rein technische Leistungen, welche auch andere Personen und andere Behörden in Anspruch nehmen können, werden jedenfalls ihrem Charakter nach nicht als solche Geschäfte, wie sie der Begriff des kirchlichen Amtes voraussetzt, anzusehen sein. Demnach bilden die Funktionen des Aktenträgers einer bischöflichen Behörde einerseits, die des Syndikus einer solchen oder des Baumeisters einer Domkirche andererseits an und für sich nicht ein kirchliches Amt. Bei anderen Geschäften, deren Beziehung zur Kirche eine nähere ist, wie z. B. bei der Thätigkeit der zu Anfang der Note bezeichneten Beamten, ferner der Expedienten, Sekretäre und Registratoren der bischöflichen Konsistorien, erscheint dies zweifelhafter. Hier wird theils die geschichtliche Entwickelung, theils das Herkommen entscheiden müssen. Endlich ist auch zu berücksichtigen, dass ebenso wie auf dem Gebiete des Staates Aemter vorkommen, welche keinen Antheil an der Ausübung staatshoheitlicher Rechte geben, so auch für das Gebiet der Kirche durch die besondere Art der Organisation, Schaffung einer dauernd zu besetzenden Stelle mit festzugewiesener Kompetenz und regelmässiger Verleihung derselben — im Gegensatz zu blos vertragsmässiger Stipulirung gewisser Leistungen — kirchliche Aemter, z. B. die des bischöflichen Syndikus, deren Funktionen an und für sich nicht kirchlich sind, geschaffen werden können.

[1] Im Allgemeinen gilt die Regel, dass die Akte der Weihegewalt, welche in einem fremden Sprengel vorgenommen werden, trotz ihrer Unerlaubtheit, gültig, die Akte der iurisdictio externa aber nichtig sind, s. o. S. 44 u. Th. I. S. 98 ff.

[2] Für die katholische Kirche kommt in dieser Beziehung besonders in Betracht, dass sie die Einsetzung gewisser Aemter (, des Primates und des Episkopates) auf das göttliche Recht zurückführt, und daher die Forterhaltung derselben für sie durch das letztere geboten erscheint, wenn sie nicht eine Wesensveränderung erleiden will. In diesem letzteren Punkt liegt der Unterschied von den übrigen Aemtern, welche sich, wie die Aemter der Erzbischöfe, der Pfarrer, der Erzpriester, ferner die Kurialbehörden und Kardinalskongregationen, erst im Laufe der Zeit entwickelt haben und nur kraft menschlichen Rechtes bestehen. Diesen kommt ebenfalls der Charakter der Dauer zu, aber durch denselben ist für sie keineswegs, ebenso wenig wie für die Staatsämter, die absolute Nothwendigkeit des Fortbestandes gegeben, denn der Begriff der Dauer enthält nicht den Begriff der Unveränderlichkeit in sich.

[3] Eine Folge des gedachten Charakters des Amtes ist es, dass eine interimistische Administration desselben bis zur Anstellung eines neuen Amtsträgers stets möglich sein muss.

[4] Die Titularbischöfe als solche haben zwar formell ein Kirchenamt, aber sie können die Funktionen desselben nicht wahrnehmen, Andreucci de episcopo titulari n. 11—13. p. 9, nur ein simplex officium schreibt ihnen Heister-Binterim (s. o. S. 161. n. **) zu.

standtheile der kirchlichen Organisation für gewisse nicht überall und kontinuirlich vorhandene Verhältnisse bilden[1]. Dadurch unterscheiden sich diese Stellungen von denen solcher Personen, welche mit der Besorgung kirchlicher Geschäfte blos kraft eines beliebig von Mandanten ausgehenden und beliebig dem Umfange nach bestimmten Auftrages betraut werden.

Nicht wesentlich für den Begriff des Kirchenamtes ist es, dass dasselbe stets dauernd an einen Amtsträger in der Weise übertragen wird, dass dieser ein festes, nur unter besonderen Voraussetzungen entziehbares Recht auf dasselbe erlangt. Die s. g. Inamovibilität gehört wohl zum Begriff des *beneficium* (s. nachher), nicht aber zum Wesen des Kirchenamtes. Wenn letzteres mehrfach behauptet worden ist[2], so widerspricht dies den positiven Bestimmungen des Kirchenrechtes, welches die Amovibilität allein für die Benefizien, nicht aber für die Kirchenämter ausschliesst. Ferner hat man übersehen, dass der objektive Bestand des Amtes durch die Amovibilität des Inhabers nicht im mindesten beeinträchtigt wird[3].

II. Die Bedeutung von officium[4] und beneficium. Die lateinische Bezeichnung für Kirchenamt ist *officium ecclesiasticum*. Der Ausdruck: *beneficium*, genauer *beneficium ecclesiasticum*, ist damit, obwohl er häufig gleichbedeutend gebraucht wird[5], nicht identisch[6]. Gemäss dem Ausspruche des Apostels[7]: „Wer dem Altar dient, soll auch vom Altar leben“, wurde von jeher ein Theil der Einkünfte jeder Kirche für den Unterhalt des Bischofs und des übrigen Klerus verausgabt. Allerdings galt in den älteren Zeiten die Kathedrale allein und ausschliesslich als Eigenthümerin aller den kirchlichen Anstalten der Diöcese gemachten Vermögenszuwendungen, indessen begann doch schon früh eine Spezialisirung derselben in der Weise, dass die Oblationen denjenigen Kirchen, welchen sie dargebracht worden waren, belassen, und die Einkünfte der Kathedrale nach festbestimmten Quoten für die verschiedenen Bedürfnisse, insbesondere auch für den Lebensunterhalt des Bischofs und des Klerus verwendet wurden. Seit dem 6. Jahrhundert wurde es ferner Gebrauch, Grundstücke an die Kleriker bei den ausserhalb der bischöflichen Stadt belegenen Kirchen zu verleihen. Als sich diese Sitte fixirt hatte und nunmehr die ursprüngliche Einheit des kirchlichen Vermögens der Diöcese und der Verwaltung desselben dadurch, dass die einzelnen Landkirchen eine selbstständige vermögensrechtliche Stellung erlangt hatten, aufgelöst worden war, erhielten die Kleriker in Folge ihrer noch

[1] In der That trägt auch Niemand Bedenken, von dem Amte des General-, Kapitular-Vikars, der Konsistorialräthe u. s. w. zu sprechen, vgl. ferner v. Schulte, Lehrb. 3. Aufl. S. 253.

[2] S. z. B. Ginzel K. R. 2, 125. 127, welcher ausser dem dauernden objektiven Bestande auch die Dauer des subjektiven Rechtes des jeweiligen Amtsträgers als wesentlich bezeichnet; ebenso Permaneder K. R. §. 230.

[3] Für das staatliche Gebiet unterliegt es ebenfalls keinem Zweifel, dass die dauernde Uebertragung kein Essentiale des Amtes bildet und dass Stellungen der Minister, Staatsanwälte u.s.w., welche beliebig zur Disposition gestellt werden können, mithin ad nutum amovibel sind, Staatsämter sind. Vgl. hierüber Laband, Staatsrecht d. deutsch. Reichs 1, 389.

[4] c. 10 (syn. Melph. a. 1089) Dist. XXXII; c. 3 (syn. Roman. a. 1078) C. I. qu. 3; c. 2 (Later. a. 1139) Dist. XXVIII; c. 1 (Clem. III) X. de maledic. V. 26; c. 15 (Bonifac. VIII) in VIto de rescr. I. 3. Uebrigens bedeutet officium im weiteren Sinne auch den Auftrag oder das Recht zur Vornahme kirchlicher Handlungen, so z. B. in der Ueberschrift zum Dekretalentitel de officio iudicis delegati.

[5] S. z. B. Eichhorn K. R. 2, 658; Walter K. R. §§. 216ff.; Richter §. 118, welche die Bezeichnungen durch einander gebrauchen. Dagegen halten v. Schulte, a. a. O. S. 251 u. Phillips a. a. O. S. 129. 130 Beides aus einander.

[6] Dies zeigen die Note 3 citirten Stellen, sowie die noch heute festgehaltene Unterscheidung zwischen der suspensio ab officio und a beneficio, Kober, die Suspension der Kirchendiener. S. 24. 88.

[7] I. Cor. IX. 10.

immer mit der Ordination zusammenfallenden Anstellung [1] zwar nicht mehr, wie anfänglich, einen Anspruch auf Lebensunterhalt aus der gemeinsamen Masse, wohl aber war jetzt bei den Landkirchen mit dem geistlichen (dem Pfarr-) Amte eine ständige Einnahme aus den den Geistlichen zur Nutzung überlassenen Grundstücken, den Zehnten, Oblationen u. s. w. verbunden [2]. Das Verhältniss des Klerikers zu den den Hauptbestandtheil seines Amtseinkommens bildenden Grundstücken wurde seit dem 9. Jahrhundert mit dem Ausdruck: *beneficium* bezeichnet [3]. Seit dem 11. Jahrhundert [4] wird das Wort in der noch heute massgebenden Bedeutung gebraucht. Nach dieser ist *beneficium* das mit einem Kirchenamte dauernd verbundene, aus kirchlichem Vermögen fliessende, fest radicirte Einkommen für den Inhaber desselben (den s. g. Benefiziaten), bez. das Recht des letzteren auf ein derartiges Einkommen [5]. In der deutschen Sprache kann *beneficium* in diesem Sinne durch das Wort: Kirchenpfründe wiedergegeben werden.

Das Prototyp für das Benefizium bildet zunächst das Pfarramt, mit welchem schon seit dem 9. Jahrhundert ständig Grundstücke für die Benutzung des jeweiligen Inhabers vereinigt worden waren [6]. Nach der Auflösung des gemeinschaftlichen Lebens in den Dom- und Kollegiatstiftern [7] und der Auftheilung der Güter zwischen dem Bischof und den Kanonikern konnte man aber auch die Rechte des ersteren an den ihm verbliebenen Gütern und die der Kanoniker auf ihren Antheil an den Einnahmen der zu ihrem gemeinschaftlichen Genuss bestimmten Vermögensmassen, auf ihre s. g. praebendae [8], gleichfalls als Benefizien [9] bezeichnen.

Während die ebengedachte Umgestaltung des kirchlichen Vermögensrechtes noch in der Entwicklung begriffen war, erhielt sich noch die ursprüngliche Sitte, die Ordination nur auf eine bestimmte Kirche zu ertheilen [10], fort, und damit blieb auch das ältere Recht in Geltung, dass der Ordinirte durch die Weihe zu seiner Kirche in eine dauernde,

---

[1] Vgl. Phillips K. R. 7, 248 ff.; v. Poschinger, d. Eigenthum am Kirchenvermögen. München 1871. S. 117 ff.

[2] Th. I. S. 63.

[3] Da an dieser Stelle nur das zum Verständniss Nothwendige hervorgehoben werden kann, mag vorläufig auf Roth, Feudalität u. Unterthanenverband S. 194 u. Phillips 7, 260 verwiesen werden.

In c. 6 (Hieronym.) C. VIII. qu. 1 bedeutet beneficium nur soviel als: Wohlthat, Vortheil. Das in c. 9. §. 1 (Alex. II.) C. I. qu. 3 citirte Concil v. Chalcedon enthält das Wort beneficium in seinem Texte, s. c. 8 (Chalc. a. 451. c. 2) C. I. qu. I, nicht; c. 1. 2. C. I. qu. 3, welche den Erwerb der beneficia ecclesiastica durch Simonie verbieten, werden zwar Gregor I. zugeschrieben, gehören ihm aber nicht, vielmehr wahrscheinlich Gregor VII. an, s. Berardi comment. in lib. III. decr. Gregor. IX. diss. I. c. 1 (ed. Mediolan. 1846 1, 214) u. eiusd. canones Gratiani genuini II. 2, 112. 113. In c. 7 conc. Aurel I. a. 511 handelt es sich nicht um kirchliche Beneficien.

[4] ep. Alex. II. in c. 9. C. I. ep. 3 cit. und bei Mansi 19, 987, s. auch S. 366. n. 4.

[5] So lautet die übliche Definition der älteren Kanonisten: „beneficium ecclesiasticum est ius perpetuum percipiendi fructus ex bonis ecclesiasticis ratione spiritualis officii personae ecclesiasticae auctoritate ecclesiae constitutum“, s. z. B. Ferraris, bibl. prompta s. v. beneficium art. I. n. 6; vgl. noch Hieron. Gonzalez comm. ad reg. VIII. cancell. gloss. 5 pr. n. 4 ff.; Barbosa ius eccl. III. 4. n. 8; Leuren l. c. P. I. qu. 1.

[6] Schon die karolingische Gesetzgebung dieses Jahrhunderts hatte angeordnet, dass jeder Pfarrei ein abgabenfreier mansus zugetheilt werden sollte, s. vorläufig c. 25 (conc. Aquisgran. a. 817) C. XXIII. qu. 8 u. Richter K. R. §. 304. n. 6. u. §. 308.

[7] S. o. S. 56 ff.

[8] Oben S. 62. Ursprünglich bedeutet das Wort den den Mönchen und Kanonikern in natura gewährten Lebensunterhalt, Du Fresne Du Cange gloss. s. v. praebendae u. J. G. Pertsch comm. de variis appellationibus etc. beneficiorum. Helmstadii 1752. p. 68.

[9] c. 32 (Greg. IX.) X. de rescr. I. 3; der Ausdruck: praebendale beneficium für diese Vermögensrechte der Kanoniker in c. 30 (Honor. III.) eod. u. c. 8 (Innoc. III.) X. de conc. praeb. III. 8, s. auch Pertsch l. c. p. 73.

[10] Th. I. S. 63.

nur unter bestimmten Voraussetzungen lösbare Verbindung trat[1]. Dieser Grundsatz wurde nach der Ausbildung der Benefizien auch auf das Verhältniss des Geistlichen zu dem ihm verliehenen Benefizium übertragen, weil dasselbe an Stelle des ihm durch die Ordination gewährten, lebenslänglichen Rechtes auf Unterhalt aus der gemeinschaftlichen Diöcesanmasse getreten war.

Somit hatte sich für die schon im 12. Jahrhundert in der Kirche bestehenden Aemter — die des Papstes[2], der Bischöfe (Erzbischöfe und einfachen Bischöfe), der Kanoniker und der Pfarrer[3] — in Folge der Aussonderung bestimmter Vermögensmassen für die Träger derselben und in Folge der Festhaltung des älteren Charakters der Ordination einerseits die s. g. objektive Perpetuität, d. h. die dauernde Verbindung gewisser Vermögensmassen (des beneficium) mit dem Kirchenamt (officium), andererseits aber auch die subjektive Perpetuität, die lebenslängliche Verleihung des Amtes an den Träger desselben, festgestellt.

Da, wie die vorstehende Darlegung ergiebt, das Amt, insofern es eine Einnahmequelle für den Berechtigten bildet, mit beneficium, andererseits insofern es demselben geistliche Rechte gewährt und Pflichten auferlegt, mit officium bezeichnet wurde[4], so lag an und für sich der abwechselnde Gebrauch beider Ausdrücke nicht fern, und die Betonung der pekuniären Rechte des Amtes in Folge der immermehr zunehmenden Veräusserlichung der Kirche konnte diese Identificirung[5] nur befestigen, welche übrigens auch mit der Thatsache, dass regelmässig jedem Kirchenamt ein beneficium zugewiesen war[6], in Einklang stand.

Seit dem 13. Jahrhundert sind in der katholischen Kirche eine Reihe von Stellungen[7] entstanden, deren Befugnisse lediglich aus den Regierungsrechten feststehender Aemter abgeleitet sind und in der Ausübung solcher bestehen, ohne dass damit fest radicirte Bezüge, wie mit den Benefizien im eigentlichen Sinne, verbunden worden sind[8]. Gerade deshalb ist heute eine Scheidung der beiden Begriffe: Kirchenamt (officium) und Benefizium wieder nöthig[9]. Haben diese Stellungen im Allgemeinen auch nur die Bedeutung von Hülfsbehörden, so sind sie doch regelmässige Glieder des heutigen Organismus der katholischen Kirche und bei einer Darstellung der Aemterlehre müssen sie schon deshalb in Betracht gezogen werden. Dazu kommt, dass vom Standpunkt der heutigen Zeit aus wieder das Hauptgewicht auf die kirch-

[1] A. a. O. n. 9 u. Kober, Deposition S. 1 ff. 594 ff.

[2] c. (Clem. III.) X. de maled. V. 26.

[3] Die Kardinäle in ihrer Stellung als Berather des Papstes bei der Leitung der Gesammtkirche haben als solche keine Benefizien, vielmehr nur mittelbar, weil sie jene Stellung erst seit dem 11. Jahrhundert als Inhaber bestimmter Aemter der römischen Kirche und der Rom nahe gelegenen Bisthümer erworben haben, s. Th. I. S. 331. 332. Dass ferner die Archidiakonen wegen dieses ihres Amtes ebensowenig Benefizien erlangt haben, hängt damit zusammen, dass sie ursprünglich als Mitglieder des bischöflichen Presbyteriums, später aber für die Regel als Kanoniker der bischöflichen Kathedralkirche ihren Unterhalt hatten, s. o. S. 183 ff. 191, vgl. aber auch S. 201. n. 6. Das Amt der Erzpriester endlich ist auf das Pfarramt basirt worden, s. o. S. 270.

[4] S. d. o. S. 366. n. 4 angeführten Stellen, welche officium und beneficium gegenüberstellen; ferner c. 15 (Bonif. VIII.) in VIto de rescr. I. 3: „officium, propter quod beneficium ecclesiasticum datur".

[5] Das Wort: praebenda ist dagegen niemals in dem allgemeinen Sinn von Kirchenamt gebraucht worden, Phillips 7, 263, und zwar deshalb nicht, weil die den Kanonikern überwiesenen Hebungen einen eigenthümlichen Charakter hatten.

[6] Wegen der Kardinäle, Archidiakonen und Erzpriester s. Note 3.

[7] S. o. S. 365.

[8] Ausgeschlossen ist es nicht, dass die Inhaber solcher Stellungen Benefizien besitzen, z. B. der Weihbischof zugleich eine Domherrnpräbende, dann haben sie diese aber deshalb, weil ihnen auch das dem beneficium entsprechende officium übertragen ist.

[9] Die S. 62 Note 8 berührte Kontroverse hat nur deshalb entstehen können, weil man die Bedeutung von beneficium im eigentlichen Sinne und von officium nicht auseinandergehalten hat.

liche Seite des Amtes zu legen ist, und andererseits, dass das geltende Recht noch eine Reihe von Konsequenzen der historischen Kongruenz von officium und beneficium, so hinsichtlich der rechtlichen Bedeutung des Benefiziums für die Ordination[1] und der Grundsätze über die Errichtung, Veränderung, Verleihung, Entziehung u. s. w. derjenigen Aemter, welche wirkliche Benefizien sind, im Gegensatz zu denen, welche diesen Charakter nicht haben, aufweist.

Die Vermögenslage der katholischen Kirche ist allerdings im Vergleiche zu derjenigen Zeit, in welcher sich der Begriff des Benefiziums ausgebildet hat, erheblich verändert. Die Entwicklung desselben hängt wesentlich mit der im Mittelalter herrschenden Naturalwirthschaft zusammen, und nur aus dieser erklärt sich die Radicirung der Benefizien auf Grundstücke und Grundrenten. Heute ist in Folge der Säkularisationen der Grundbesitz der katholischen Kirche vielfach so geschmälert, dass die kirchlichen Beamten aus den Einkünften desselben nicht mehr unterhalten werden können, und die von den einzelnen Staaten gewährten Gelddotationen zu einem beträchtlichen Theil dafür mit verwendet werden müssen. Bei einer Reihe von Benefiziaten ist daher an Stelle des dinglich radicirten Einkommens jetzt ein jährliches Geldquantum, welches ihnen, ähnlich wie den Staatsbeamten ihr Gehalt, gezahlt wird, getreten. Damit ist ihre vermögensrechtliche Stellung derjenigen der vorhin gedachten kirchlichen Beamten, welche von Anfang an für ihre amtlichen Funktionen nur ein bestimmtes Honorar erhielten[2], äusserlich gleich geworden. Die innere Verschiedenheit besteht indessen heute noch fort, da die sonstigen besonderen Eigenthümlichkeiten der Benefizien, namentlich die objektive und subjektive Perpetuität derselben, nicht beseitigt ist, und es rechtfertigt sich daher auch noch für die jetzige Zeit trotz der veränderten vermögensrechtlichen Grundlage die Festhaltung des Begriffes des Benefiziums[3].

III. Der staatsrechtliche Charakter der Kirchenämter. In fast allen deutschen Staaten hat die katholische Kirche die Stellung einer öffentlichen, d. h. einer vom Staate ausdrücklich als ihm ethisch gleichwerthig anerkannten Korporation, deren Zwecke für ihn ebenfalls von so hervorragender Bedeutung sind, dass er ihr einerseits seine Macht für gewisse Fälle zur Verfügung stellt, andererseits aber auch weiter gehende Rechte gegen sie in Anspruch nimmt, als gegen andere Korporationen[4]. Daraus folgt, dass, soweit nicht besondere gesetzliche Vorschriften in Frage kommen[5], die Kirchenämter, als Aemter einer öffentlichen Korporation, auch staatsrechtlich den Charakter der öffentlichen Aemter[6] haben und die Träger derselben öffentliche Beamte[7] sind. Ausdrücklich ist dies in Baden[8] anerkannt, und

[1] Th. I. S. 66.

[2] Wie z. B. die Weihbischöfe, General- und Kapitular-Vikare, s. S. 179. 223. 239.

[3] Daher sind die Geistlichen, namentlich die Bischöfe, Kanoniker, Pfarrer, welche in Oesterreich, Baiern u. s. w. ihre Einkünfte aus dem Religionsfonds, bez. aus Staatsmitteln beziehen, auch heute noch als Inhaber von Benefizien im eigentlichen Sinne zu betrachten, vgl. v. Schulte Lehrb. S. 253 n. 10, und insbesondere für die Kanoniker Bouix, tract. de capitulis p. 177.

[4] Sohm i. Dove u. Friedberg, Ztschr. f. K. R. 11, 166. 171.

[5] S. 370. n. 2.

[6] Sohm a. a. O. S. 171.

[7] Eine derartige Scheidung, wie sie Dove in Richter K. R. §. 223 n. 8 macht, welcher die Kirchenämter für öffentliche Aemter, die Geistlichen aber nicht für öffentliche Beamte erklärt, erscheint mir, soweit es sich um Geistliche in Kirchenämtern handelt, unzulässig, denn die Eigenschaft des Amtes ist auch massgebend für die Eigenschaft des Trägers desselben.

[8] Ges. betr. den Vollzug d. Einführg. des Reichs.-Straf-G. B. v. 23. Dezemb. 1871. Art. 14. VII: „Die Verurtheilung zur Zuchthausstrafe hat die dauernde Unfähigkeit zur Bekleidung eines Kirchenamtes von rechtswegen zur Folge. Die Ab-

auch für Preussen ist darüber kein Zweifel [1], wogegen in Baiern eine derartige Eigenschaft nur denjenigen Aemtern und Beamten zugesprochen ist, deren Funktionen in der Feier des Gottesdienstes und der Ertheilung des Religionsunterrichtes bestehen [2].

§. 100. *II. Die Eintheilungen der Kirchenämter und Benefizien* *.

I. Mit Rücksicht auf die Verschiedenheit des Charakters der Amtsbefugnisse theilt man die Benefizien

1. in *beneficia maiora* und *beneficia minora* oder *inferiora* [3] (höhere und niedere) ein. Das Scheidungsmoment bildet der Besitz der nur durch den Primat beschränkten potestas ordinis, magisterii et iurisdictionis. Zu den höheren Benefizien gehören demnach die Aemter des Papstes, der Patriarchen, der Primaten, der Erzbischöfe und Bischöfe [4]. Alle übrigen, namentlich die Kanonikate und Pfarr-Benefizien, sind b. minora oder niedere Benefizien. Mit Rücksicht darauf, dass für die Gliederung des äusseren Organismus der Kirche die potestas iurisdictionis in erster Linie entscheidend in Betracht kommt [5], sind später auch diejenigen Benefizien, welche eine der bischöflichen analoge Regierungsgewalt gewähren, d. h. die der praelati nullius und der sonstigen praelati cum iurisdictione quasi episcopali zu den höheren Benefizien gerechnet worden [6].

erkennung der bürgerlichen Ehrenrechte oder der Fähigkeit zur Bekleidung öffentlicher Aemter bewirkt den dauernden Verlust des bekleideten Kirchenamtes und die Unfähigkeit während der im Urtheil bestimmten Zeit ein Kirchenamt zu erlangen. Die Strafe des Verlustes der bekleideten öffentlichen Aemter erstreckt sich auch auf Kirchenämter und kann auch gegen Angeklagte erkannt werden, welche nur ein Kirchenamt bekleiden".

[1] Nach preuss. A. L. R. Th. II. tit. 11. §§. 19. 96 sind die Geistlichen nicht, wie freilich vielfach angenommen worden ist, sog. mittelbare Staatsbeamte, vielmehr sind ihnen nur die Rechte der Staatsbeamten gewährt, s. Laspeyres, Gesch. u. Verfassg. d. kath. Kirche Preussens S. 504, u. meine Ausführg. i. d. 5. Aufl. des Koch'schen Kommentars zum A. L. R. Th. II. tit. 11. §. 19. Anm. 25. Wegen des freilich wieder beseitigten Artikel 15 der preuss. Verf. Urk., welcher die staatliche und kirchliche Sphäre geschieden hatte, können sie vollends nicht mehr als Staatsbeamte betrachtet werden. Die Qualität der Kirchenämter als öffentlicher Aemter und der kirchlichen Amtsträger als öffentlicher Beamter ist aber für die geistlichen Aemter anerkannt in §§. 21. 23. 24 des Ges. v. 11. Mai 1873 und für die Kirchenämter überhaupt in den Motiven zum §. 5 des Straf- und Zuchtmittel-Gesetzes v. 13. Mai 1873, s. meine preuss. Kirchengesetze v. 1873, S. 148, vgl. auch daselbst S. 88. 103, u. Erk. des O. Tribunals v. 22. Mai 1867 im Justiz-Minister. Blatt v. 1867. S. 175.

[2] Relig. Ed. v. 26. Mai 1818. §. 28: „Die mit ausdrücklicher königlicher Genehmigung aufgenommenen Kirchengesellschaften geniessen die Rechte öffentlicher Korporationen". §. 30: „Die zur Feier ihres Gottesdienstes und zum Religionsunterrichte bestellten Personen geniessen die Rechte und Achtung öffentlicher Beamten".

Eine von der im Text erörterten völlig unabhängigen Frage ist es, ob Kirchenämter im Sinne des Reichs-Str. G. B. für öffentliche Aemter zu erachten sind, eine Frage, welche in Preussen von der Judikatur des höchsten Gerichtshofes stets verneint worden ist, s. Entscheidgen. d. O. Tribunals 72, 385; 77, 375; Oppenhoff, Rechtsprechg d. O. Trib. 15, 768; Hartmann, Ztschr. 2, 416, vgl. auch meine Kirchengesetze v. 1873. S. 88 u. v. 1874 u. 1875. S. 200 ff. Ihre Lösung hängt von der Auslegung der §§. 31 Abs. 2 u. 359 des Reichs-Str. G. B. ab, auf welche hier nicht näher eingegangen werden kann, vgl. dazu John i. v. Holtzendorff, Hdbuch des Strafrechts 3, 179; Schwarze, Commentar, 3. Aufl. S. 221. 394; Rubo, Commentar 1, 350; Oppenhoff, Komment. zu §. 31. Nr. 6; Rüdorff, Comment. 2. Aufl. zu §. 31. Nr. 4; H. Meyer, Lehrb. d. deutsch. Strafr. S. 286.

* J. G. Pertsch, comm. de variis appellationibus et divisionibus beneficiorum ecclesiasticorum. Helmstadii 1752.

[3] c. 8 (Alex. III.) X. de praeb. III. 5. c. 8 (Luc. III.) X. de rescr. I. 3; über den Papst s. c. 1 (Clem. III.) X. de maled. V. 26.

[4] Reiffenstuel ius eccles. III. 5. n. 20; Berardi comment. ed. cit. 1, 233.

[5] Th. I. S. 169.

[6] S. z. B. Devoti inst. II. 14. §. 9; Phillips, Lehrb. S. 131; Schulte K. R. 2, 240; Ginzel, K. R. 2, 128. Einzelne rechnen dagegen die Abtsstellen überhaupt zu den b. maiora, Andreas Vallensis paratitla iur. canon. III. 5. n. 1; Garcias l. c. P. I. c. 6. n. 2; J. H. Böhmer J. E. P. III. 5. §. 63.

Uebrigens kommt die Bezeichnung: beneficium für die beneficia maiora nur selten in den Quellen vor, ja dieselbe ist bei Strafbestimmungen und solchen Anordnungen, welche das gemeine Recht beseitigen (wie z. B. Dispensationen zur Erlangung von kirchlichen Aemtern), nicht auf die beneficia maiora in der älteren, engeren Bedeutung zu beziehen [1].

Die Inhaber der höheren Benefizien im engeren Sinne werden *praelati maiores* genannt, jedoch geht der Gebrauch des Ausdrucks: praelatus weit über die Kategorie dieser Amtsträger hinaus. Derselbe umfasst nicht nur die S. 348 erwähnten Prälaten, die Ordensgenerale, die Aebte, die Aebtissinnen [2], die Inhaber gewisser Stiftsstellen [3], sondern auch eine bestimmte Klasse der bei der Kurie angestellten Geistlichen [4]. Alle diese heissen im Gegensatz zu den praelati maiores *praelati minores* oder *inferiores*.

Die Bezeichnung: *dignitas* bedeutet im Allgemeinen jeden Vorrang in der Kirche und begreift daher in diesem Sinne auch die beneficia maiora in sich [5]. Indessen ist die eingeschränkte Anwendung derselben schon im Mittelalter auf die hervorragenden Stiftsstellen, auf die angesehensten unter den niederen Benefizien, welche somit gewissermassen die Vermittelung zwischen diesen und den höheren bilden, die herrschende geworden [6], während man die beneficia maiora als über den dignitates stehend betrachtete [7].

Endlich ist darauf hinzuweisen, dass die besprochene Eintheilung sich lediglich auf die Benefizien bezieht, also diejenigen Kirchenämter, welche keine Benefizien sind, nicht umfasst. Hieraus erklärt es sich auch, dass die Kardinäle, obwohl sie die nächste Stufe nach dem Papste einnehmen und Mitglieder der Kurialbehörden sind, von den Meisten nicht unter den Inhabern der b. maiora aufgezählt werden [8].

2. *Beneficia curata* [9], *b. quae curam animarum habent annexam* [10], und *b. non curata* [11]. Zu den ersteren gehören alle diejenigen, deren Inhaber das Recht auf Verwaltung der Seelsorge vermittelst der in der iurisdictio interna liegenden Befugnisse besitzen oder kraft ihres Amtes zur Ueberwachung der Ausübung der letzteren, sowie behufs Herbeiführung einer ordnungsmässigen Administration der cura animarum

[1] c. 4 (Innoc. IV. in conc. Lugd. a. 1245) in VIto de sent. excomm. V. 11 (Th. I. S. 351. n. 8). Die Aelteren formuliren die Regel dahin, dass das Wort: beneficium die höheren nur in materia favorabili, nicht aber in materia odiosa et poenali umfasst, Garcias l. c. n. 66; Barbosa de off. et potest. episc. P. II. alleg. 1 n. 17; Reiffenstuel l. c. n. 21. Da die praelati nullius den Bischöfen gleichstehen, so muss die Regel auch für sie gelten.

[2] Th. I. S. 386.

[3] S. o. S. 110 ff. u. Th. I. S. 387.

[4] Th. I. S. 387 ff.

[5] Glosse zu c. 1 in VIto de consuet. I. 4; daher auch die Ausdrücke: dignitas episcopalis oder pontificalis, c. 12 X. de exc. prael. V. 31 u. o. S. 113.

[6] S. die S. 110 ff. angeführten Stellen, ja in c. 32 (Honor. III.) X. de V. S. V. 40, wo allein von Diöcesanbenefizien die Rede ist, können mit den neben den praebendae, den Kanonikaten, erwähnten beneficia maiora nur die dignitates der Stifter gemeint sein, Schmalzgrueber ius eccles. III. 5. n. 33.

[7] In c. 37 (Greg. IX.) X. de praeb. III. 5 werden sie culmina dignitatum genannt, s. auch Schmalzgrueber l. c.

[8] Aus der Nichtbeachtung des im Text hervorgehobenen Umstandes ist übrigens auch die S. 223. 224 besprochene Kontroverse in Betreff des General-Vikars entstanden.

[9] c. 11 (Joann. XXII.) in Extr. comm. de praeb. III. 2; Konstanzer Reformakte Martins V. art. 15 (Hübler, Konstanzer Reformation S. 151); Trid. Sess. VII. c. 4. 5 de ref.

[10] c. 7. §. 2 (Alex. III.) X. de elect I. 6; c. 28 (Later. a. 1215) X. de praeb. III. 5; c. 3 (Gregor. X.) in VIto de off. iud. ord. I. 16; statt dessen auch beneficium habens curam animarum, c. 54. §. 4 (Gregor. IX.) X. de elect. I. 6; c. 4 (Joann. XXII.) in Extr. comm. de praeb. III. 2 und beneficium cui imminet cura animarum oder b. cum cura, c. 4 cit.

[11] Dafür auch b. sine cura, c. 4 cit.

zur Anwendung der ihnen zustehenden iurisdictio externa befugt sind [1]. Im eigentlichen Sinne werden indessen nur die Benefizien, welche ihren Träger allein zur Ausübung der erstgedachten Funktionen berechtigen, Kuratbenefizien genannt [2]. Demnach sind die Aemter der Pfarrer und der Bischöfe (also auch der Erzbischöfe und des Papstes) Seelsorge-Benefizien im engeren Sinne, weil mit allen die iurisdictio interna verbunden ist, nicht aber die Aemter der Beichtväter [3], denn letzteren kommt nur die Verwaltung des Busssakramentes, nicht aber anderer Seelsorge-Funktionen, z. B. nicht die Administration der übrigen Sakramente und das Recht zur Lehre des christlichen Glaubens zu [4]. Das Prototyp des reinen b. curatum bildet das Pfarramt [5], da die Bischöfe neben der Seelsorge auch zugleich die iurisdictio externa besitzen [6].

3. *Beneficia simplicia* [7] und *b. duplicia*. Die ersteren sind diejenigen, deren Inhaber keine weitere Berechtigung und Verpflichtung als zum Chor- und Altardienst haben [8]. Es gehören hierher die Kanonikate, die festfundirten Vikariate oder Kaplaneien in den Stiftern und an anderen Kirchen, endlich die Prästimonien, letztere jedoch nur insofern als sie wirkliche Benefizien sind (s. unten) [9]. Unter *b. duplicia* versteht man dagegen diejenigen, bei welchen zu den angegebenen Verrichtungen noch andere Funktionen hinzukommen [10]. In diese Klasse fallen die b. curata, die Aemter, mit denen eine Jurisdiktion, eine kirchliche Verwaltung ohne eine solche (*officia* schlechthin genannt) oder auch blos ein Ehrenvorrang verbunden ist [11]. Es besitzen daher die Bischöfe und alle höheren kirchlichen Prälaten, ferner die Dignitarien in den Stiftern, endlich die Inhaber der s. g. officia [12] und personatus [13] ein b. duplex.

Die hier besprochene Eintheilung fällt mit der unter 2. erörterten zwar theilweise zusammen, deckt sich aber damit nicht vollkommen. Wenngleich das Pfarr-Amt auch ein b. duplex ist, so gehört doch nicht jedes b. sine cura zu der Klasse der b. simplicia [14].

4. *Beneficia* oder *officia sacra* und *b.* oder *o. quae habent dignitatem*. Die ersteren gehen auf die Ausübung der potestas ordinis und setzen daher für den Inhaber den Empfang mindestens eines der niedrigen Weihegrade (dann heissen sie *b.* o. *o. sacra*

1 c. 4 cit.

2 Hieron. Gonzalez ad reg. cancell. VIII. gloss. 6. n. 60 ff.; van Espen J. E. U. P. II. tit. 18. c. 4. n. 1 ff.

3 Ganz abgesehen davon, dass sie als solche für die Regel keine Benefizien besitzen.

4 c. 14 (Innoc. III.) X. de aet. et qual. ord. I. 14; Trid. Sess. XXIII. c. 1 de ref.; van Espen l. c. n. 3 ff.; s. auch o. S. 294. 307. 308.

5 Die festfundirten Pfarrvikar-Stellen können allerdings auch b. curata sein, Schmalzgrueber l. c. n. 31.

6 Also ihr beneficium zugleich ein b. curatum im weitern Sinne ist. Ein Beispiel für die letztere Kategorie bietet der Archidiakonat in seiner mittelalterlichen Gestaltung, welcher zwar nicht ein b. proprie curatum, aber doch ein b. curatum in weiterem Sinne war, c. 54. §. 4. X. cit. I. 6.

7 S. z. B. c. fin. (Greg. IX.) X. de praeb. III. 5; Trid. Sess. XXIV. c. 13 de ref.

8 Schmalzgrueber l. c. n. 30; Ferraris l. c. n. 30; Phillips K. R. 7, 281.

9 Schmalzgrueber l. c. — Uebrigens werden die b. simplicia vielfach, z. B. in Oesterreich, schlechthin Benefizien und ihre Inhaber Benefiziaten genannt.

10 Phillips, Lehrb. S. 132.

11 Sguanin l. c. qu. 1. n. 5 ff.; Ferraris l. c. n. 24 ff. Die von den älteren, z. B. Garcias l. c. n. 8; Schmalzgrueber l. c. n. 33 aufgestellte Regel, dass jedes beneficium im Zweifel ein simplex sei, ist nur eine selbstverständliche Konsequenz des Satzes, dass derjenige, welcher aus der Duplicität gewisse rechtliche Folgen herleitet, diese zu beweisen hat.

12 S. o. S. 112. 113.

13 S. 110 ff.

14 Die irrige Identificirung beider, — wogegen schon Reiffenstuel l. c. n. 31 — bei Eichhorn K. R. 2, 659 u. Ginzel K. R. 2, 129. Vgl. übrigens auch c. 16 (Bonif. VIII.) in VI[to] de praeb. III. 4.

communia) oder den Priestergrad (*b. o. o. sacra in specie* genannt) voraus [1]. Die anderen sind diejenigen, welche eine Theilnahme an der Jurisdiktion gewähren.

II. *Beneficia titulata* oder *titularia* und *b. manualia* [2]. Unter den ersteren werden diejenigen verstanden, welchen die objektive und subjektive Perpetuität zukommt [3], während die letzteren solche sind, welche nicht zu dauerndem und lebenslänglichem Recht an den Amtsträger verliehen werden, so dass derselbe also ad nutum amovibel ist [4]. Die b. manualia — Beispiele dafür bilden die von Laien, Geistlichen und Klöstern unter Autorität der kirchlichen Oberen errichteten, dauernden Messstiftungen für beliebig anzunehmende und zu entlassende Priester oder Kapläne [5] — sind nach der obigen Darlegung (S. 366) nicht Benefizien im eigentlichen Sinne. Da sie aber als Kirchenämter den für letztere geltenden Regeln unterstehen, so hat die Doktrin diese Eintheilung fort und fort überliefert, ohne sich darüber klar zu werden, dass sie bei der Festhaltung des eigentlichen Begriffes von beneficium nichts anderes als die unlogische Gegenüberstellung von Benefizien, welche dieses sind, und von solchen, welche es nicht sind, bedeutet.

III. Nach der Qualifikation des Amtsinhabers scheidet man weiter

1. *Beneficia saecularia* und *b. regularia* [6]. Die ersteren sind diejenigen, welche allein an Weltgeistliche vergeben, die anderen solche, welche nur von Ordensgeistlichen erworben werden dürfen. Die Eintheilung hängt mit dem Grundsatz des kanonischen Rechtes zusammen, dass die für die Leitung der Orden und Klöster, sowie für die Besorgung ihrer sonstigen Angelegenheiten bestimmten, nicht minder die stiftungsgemäss und gewohnheitsrechtlich mit Mönchen zu besetzenden Aemter, endlich die pleno iure mit Klöstern vereinigten Benefizien [7] ausschliesslich durch Ordensgeistliche [8] verwaltet werden sollen, während umgekehrt alle nicht unter die erwähnten Kategorien fallenden Aemter nur an Weltgeistliche verliehen werden können [9]. In-

[1] Die b. sacra sind also die b. curata i. eig. Sinne und ferner unter den b. non curatis die b. simplicia.
Identisch mit den b. sacra sind die in neueren Staatsgesetzgebungen — s. d. preuss. Gesetz v. 11. Mai 1873. §. 1, v. 20. Mai 1874. §. 13, v. 21. Mai 1874. Art. 1. 3. 4 u. d. sächs. v. 23. Aug. 1876. §§. 19. 21. 24. 25. 28 — besonders unter den Kirchenämtern ausgeschiedenen geistlichen Aemter, d. h. solche, welche im Gegensatze zu den Jurisdiktionsämtern auf die Verwaltung der gottesdienstlichen Handlungen, der Sakramente und der lehramtlichen Funktionen gehen, vgl. auch preuss. A. L. R. II. 11. §. 59, meine preuss. Kirchenges. v. 1873 S. 100 ff., soweit sie zugleich Benefizien sind.

[2] Das Wort kommt schon in c. 16 (Innoc. III.) X. de V. S. V. 40 vor, bedeutet aber hier die täglichen Distributionen, welche an die dem Chordienst beiwohnenden Kanoniker vertheilt werden (dantur de manu ad manum), Glosse s. v. manualia ad c. cit. u. Fagnan. ad c. cit. n. 41 ff.

[3] Die also namentlich als Titel für die Ordination dienen könnnen, s. Th. I. S. 66.

[4] Garcias l. c. P. I. c. 2. n. 65 ff.; Schmalzgrueber l. c. n. 34. Die Bezeichnung: manualia erklärt sich daraus, dass sie einer revocatio ad manum des Verleihers unterworfen sind, Phillips K. R. 7, 275. n. 34, welcher noch andere mögliche Ableitungen anführt; falsch ist die von Berardi l. c. diss. I. c. 2 (ed. cit. 1, 219).

[5] S. z. B. c. 53 syn. Pataviens. a. 1470 (Hartzheim 5, 489).

[6] Ausführlich darüber Berardi l. c. diss. II. obs. 2 (1, 243 ff.).

[7] Schmalzgrueber l. c. n. 14; Berardi l. c.

[8] Und zwar desselben Ordens, c. 32 (Bonif. VIII) in VI^to de praeb. III. 4; Clem. un. de suppl. negl. I. 5; Trid. Sess. XIV. c. 10 de ref., nach welchem übrigens den Mönchen diejenigen gleich stehen „qui habitum omnino suscipere et professionem emittere teneantur". S. auch Leuren. l. c. P. I. qu. 40.

[9] c. 27. 37 (Innoc. III.) X. de elect. I. 6; c. 9 (Alex. III.) X. de regular. III. 31. u. die vor. Note citirten Stellen.
Die Regel des Textes wird kurz dahin formulirt: saecularia saecularibus, regularia regularibus. Sie cessirt, wenn die erforderlichen Weltgeistlichen oder Mönche nicht vorhanden sind, Hieron. Gonzalez ad reg. VIII. cancell. gl. 8. n. 43; Garcias l. c. P. VII. c. 10. n. 16; Leuren. l. c. P. I. qu. 39.
Die Regularkanoniker konnten früher, c. 5 (Innoc. III.) X. de stat. mon. III. 35, weltliche Pfarrbenefizien erlangen, und das Trid. l. c. c. 11 schloss nur solche aus, welche zu ihnen aus

dessen sind die Regularen zum Erwerbe der bischöflichen, der Kardinals- und der päpstlichen Würde fähig [1]. Daher stehen diese Aemter ausserhalb der besprochenen Eintheilung.

Die Verwaltung der kirchlichen Aemter durch Weltgeistliche ist die Regel, im Zweifel [2] spricht also die Vermuthung für die Säkular-Qualität eines Amtes [3]. Die Präsumtion fällt aber fort, wenn das Amt oder die Kapelle, auf welche es fundirt ist, bei einem Kloster oder einer Klosterkirche gegründet worden ist, weil solche Stiftungen gewöhnlich gerade im Hinblick auf die Klöster und den bei ihnen abgehaltenen Gottesdienst gemacht worden sind und unter allen Umständen nicht anzunehmen ist, dass die Regularen von solchen Aemtern haben ausgeschlossen werden sollen [4].

Die Regular-Benefizien sind — mit Ausnahme der durch Wahl zu besetzenden und der mit der Seelsorge über weltliche Personen verbundenen [5] — Manual-Benefizien, was sich daraus erklärt, dass jeder Ordensgeistliche seinem Ordensoberen zum Gehorsam verpflichtet ist und sich in Folge dessen der von dem letzteren angeordneten Abberufung jeder Zeit fügen muss [6]. Deshalb gehören sie, wenngleich ihnen die objektive Perpetuität nicht stets zu fehlen braucht [7], ebenfalls nicht zu den Benefizien im eigentlichen Sinne.

2. Ferner unterscheidet man *beneficia patrimonialia* und *b. non patrimonialia*, je nachdem dieselben allein an Personen aus einer bestimmten Familie, Ortschaft, Diöcese, Provinz u. s. w. oder überhaupt an jeden Fähigen ohne Rücksicht auf seine Familienzugehörigkeit oder Herkunft verliehen werden können [8].

IV. Mit Rücksicht auf die Art ihrer Besetzung [9] werden die Benefizien als *collativa*, wenn sie frei vom kirchlichen Oberen, als *electiva*, wenn sie unter hinzutretender Bestätigung desselben durch Wahl der Kapitel oder der Mönchs-Konvente, als *patronata s. mixta*, wenn sie auf vorgängige Präsentation eines geeigneten Kandidaten

einem andern Orden übergetreten waren. Mit Rücksicht darauf, dass bald nachher die römische Praxis sich für die Fernhaltung der Regular-Kanoniker entschied, Ferraris s. v. concursus art. I. n. 41 ff., und in Folge darüber in der Doktrin gestritten wurde, Fagnan. ad c. 5. X. cit. n. 14 ff.; Berardi l. c. p. 248; Bouix de iure regularium 2, 47; Richters Tridentinum S. 97, bestimmte Benedikt XIV. in Bestätigung der römischen Praxis durch d. const.: Quod inscrutabili v. 9. Juli 1745 (eiusd. bull. 1, 536), dass die gedachten Kanoniker nur auf Grund eines päpstlichen Indultes zur Verwaltung von Säkular-Benefizien fähig sein sollten. Ein solches und zwar generelles Privileg haben die Prämonstratenser durch seine const. Oneroso v. 1. Sept. 1750 (eiusd. bull. 3, 302) erhalten.

1 c. 28 (Bonif. VIII) in VIto de elect. I. 6; Clem. 1 eod. I. 3; Trid. Sess. XXII. c. 2 de ref., s. auch Th. I. S. 279. 280. 342.

2 Dass die Aemter der Ordensgeneräle, Aebte, Prioren u. s. w. regularia sind, ist selbstverständlich.

3 Rebuffus s. r. quotuplex sit beneficium n. 3; Garcias l. c. P. I. c. 6. n. 12; Schmalzgrueber l. c. n. 13; Berardi l. c. p. 245.

4 Rebuffus l. c. n. 6; Engel colleg. univ. iur. can. III. 37. n. 1; Reiffenstuel III. 5. n. 25; Leuren. P. I. qu. 45. n. 2. Da die Errichtung von Säkular-Benefizien an Klosterkirchen nicht unstatthaft ist, Leuren. l. c. qu. 44, so kann die Vermuthung für die Regular-Qualität allerdings durch die Stiftungsurkunde und andere Gegenbeweismittel beseitigt werden.

5 Denn diese können, nachdem der Konvent oder das Kapitel die Wahl vorgenommen hat, dem Gewählten nicht wieder beliebig entzogen werden, c. 2 (Later. a. 1179) X. de stat. mon. III. 35; Leuren. l. c. P. I. qu. 67. Die von Mönchen zu versehenden Seelsorge-Aemter der gedachten Art sollen ohne Genehmigung des Bischofs nicht auf Widerruf übertragen werden, Trid. Sess. XXV. c. 11 de regul. (s. o. S. 348. n. 3.)

6 Garcias l. c. P. I. c. 2. n. 66 ff.; Fagnan. ad c. 5. X. de temp. ordin. I. 11. n. 19 ff.; Leuren. l. c. P. 1. qu. 61 u. 64; Schmalzgrueber l. c. n. 35. 36, vgl. auch c. 6 (Innoc. III.) verb. nec alicui X. de stat. mon. III. 35; c. 6 (id.) X. de confirm. ut. II. 30.

7 Clem. un. de suppl. negl. I. 5.

8 Hieron. Gonzalez l. c. gl. 9. §. 1. n. 3 ff.; Schmalzgrueber l. c. n. 39. Zugehörigkeit zur Ortschaft verlangt für die Geistlichen der Landkirchen schon l. 11 (n. 398) C. I. 3. Da in den meisten deutschen Staaten für die Erlangung von Kirchenämtern der Indigenat erforderlich ist, so sind diese b. patrimonialia.

9 Garcias l. c. P. I. c. 8. n. 14 ff.; Schmalzgrueber l. c. n. 38 ff.

vergeben werden[1], bezeichnet. Die *b. consistorialia* sind diejenigen, welche der Papst im Konsistorium zu verleihen pflegt[2]. Unter *b. monoculum* o. *monoculare* endlich versteht man ein solches, welches der Prälat als einziges seiner Art an einer bestimmten Kirche zu besetzen hat, gleichviel ob deswegen, weil es an derselben überhaupt kein anderes giebt oder weil ihm die Verleihung der übrigen Aemter gleicher Art entzogen ist[3].

V. Je nachdem ein Amt durch eine einzelne physische Person oder durch ein Kollegium verwaltet wird, spricht man von *b. simplicia* (in diesem Sinne) oder *b. collegiata* o. *conventualia*. Der Behörden-Organismus der katholischen Kirche beruht im Allgemeinen nicht auf dem Princip der Kollegialität, vielmehr kommt die kollegiale Wahrnehmung von Amtsfunktionen nur ausnahmsweise, so bei gewissen, nämlich einzelnen Kurial-Behörden[4], und ferner theils als moderirendes Gegengewicht bei der Amtsverwaltung der höheren kirchlichen Beamten[5] theils als Hülfeleistung bei derselben kraft besonderen Auftrages[6], vor.

VI. Endlich werden die Benefizien mit Rücksicht darauf, ob ihnen ausser den allgemeinen Eigenschaften noch eine bestimmte Bezeichnung zukommt oder nicht, in *b. nominata*[7] oder *innominata* geschieden.

Die Unterscheidungsmomente für die besprochenen Eintheilungen sind den verschiedenen, in Frage kommenden Seiten der Benefizien entnommen, daher kann jedes derselben unter mehrere der erwähnten Kategorien fallen. So ist das Bischofsamt ein beneficium maius, curatum, duplex, titulatum, sacrum (für die Regel auch electivum und consitoriale), endlich auch nominatum, und es können, um noch ein anderes Beispiel anzuführen, die beneficia regularia sowohl maiora[8] wie auch inferiora, ferner bald duplicia bald simplicia[9] sein.

Erschöpfend sind die Eintheilungen insofern nicht, als sie nicht alle den gesammten für die Leitung der Kirche und für die Verwaltung der verschiedenen kirchlichen Vollmachten bestehenden Organismus berücksichtigen[10]. Wenngleich bei den zu I. 4., III. 1., (S. 372. 373) V. und VI. erwähnten die engere Bedeutung von Benefizium nicht streng festgehalten, sondern der weitere Begriff von officium oder Amt unbewusst mit untergelaufen ist, so hat man doch im Allgemeinen nur die Benefizien im Auge gehabt und es unterlassen, sich das Verhältniss dieser zu dem weiteren Begriff des Kirchenamtes klar zu machen. Trotz dieses wissenschaftlichen Mangels durften die er-

[1] Diejenigen, bei welchen eine solche Bestätigung nicht nothwendig ist, werden dagegen von den Kanonisten, s. die vor. Note u. Leuren. l. c. P. I. c. 2. qu. 32. n. 5 zu den b. collativa gerechnet.

[2] Im Allgemeinen gehören hierher die höheren Kirchenämter, so die Erzbisthümer, die Bisthümer, die Kardinalsstellen und bestimmte Abteien, allerdings werden einzelne Klassen der gedachten Aemter auch ausserhalb der Konsistorien verliehen, s. Th. I. S. 365.

[3] Andreas Vallens. paratitla III. 5. n. 18; Hier. Gonzalez l. c. gl. 9. §. 4. n. 1 ff. Das Pfarramt ist für die Regel, weil es gewöhnlich das einzige b. curatum an der Pfarrkirche ist, ein b. monoculum. l. c. n. 18.

[4] Der Rota und den Kardinals-Kongregationen Th. I. S. 401. 483; wegen der den Kapiteln als solchen zustehenden Pfarrämter s. o. S. 304. 305.

[5] Der Bischöfe und Ordensoberen in Form der kollegialisch durch das Kapitel für gewisse Akte zu ertheilenden Zustimmung oder Wohlmeinung, s. o. S. 153 ff.

[6] Das ist der Fall bei den bischöflichen Konsistorien, Ordinariaten u. s. w. s. o. S. 224 ff.

[7] So sind z. B. die verschiedenen Prälaturen nominata.

[8] Zu diesen gehören die Stellungen der Aebte cum territorio separato, nach anderen alle Abtsstellen s. S. 370 n. 6.

[9] Duplicia sind die Stellen der Ordensoberen, weil diese eine iurisdictio haben, simplicia dagegen die Kanonikate in den Regularstiftern, Schmalzgrueber l. c. n. 30. 32.

[10] So sind bei einer Reihe von Eintheilungen die o. S. 365 näher charakterisirten Aemter ausser Acht gelassen.

wähnten Eintheilungen nicht unbesprochen bleiben, weil sowohl die Quellen als auch die älteren Kanonisten eine Reihe der erörterten Bezeichnungen gebrauchen, und daher eine Erklärung derselben für das Studium der kirchlichen Rechtsbücher und der älteren Literatur geboten war.

§. 101. *III. Die Rangordnung der kirchlichen Beamten*.*

Die Rangordnung unter den kirchlichen Aemtern und damit auch der Vorrang, *maioritas* [1] oder *praecedentia* [2] des einzelnen Beamten vor dem andern bestimmt sich durch zwei Momente, die Ordination und die Jurisdiktion.

Auf der höchsten Stufe nach dem Papste stehen die Kardinäle [3], dann folgen die Patriarchen, die Erzbischöfe [4], die exemten Bischöfe, die Suffraganbischöfe, die Titularbischöfe und die praelati nullius. Innerhalb derselben Klasse entscheidet die Anciennität in Betreff der Beförderung zu der fraglichen Würde, jedoch gehen die Kardinäle der je höheren Ordnung denen der niederen vor [5], und sowohl innerhalb der Klasse der Erzbischöfe, wie auch der Bischöfe, kommt es — gleichviel, ob archiepiscopi oder episcopi in partibus, ob exemte oder Suffraganbischöfe in Frage sind — auf den Zeitpunkt der ersten Erhebung zur erzbischöflichen oder bischöflichen Würde [6], nicht den der späteren Erwerbung des augenblicklich besessenen Bisthums an [7]. Von dieser Regel können aber in Folge besonderer Privilegien Ausnahmen vorkommen, z. B. dahin, dass einer bestimmten Kirche und ihrem Oberhirten ohne Rücksicht auf dessen persönliche Anciennität ein für alle Mal der Vorrang beigelegt wird [8]. Auch erscheint eine Gewohnheit, dass für den Vorrang in der erzbischöflichen Provinz der Zeitpunkt des in derselben erlangten Suffragan-Bisthums entscheidet, nicht unstatthaft [9].

* Barth. Chassanaei catalogus gloriae mundi . . . excellentias ac praeeminentias omnium fere statuum . . . continens. Paris 1527. Francof. 1603 u. öfter; Alph. Alvarez speculum dignitatum eccles. Colon. 1607; Nic. de Rebbe, de dignitatibus et officiis ecclesiasticis. Duaci 1612; Mich. Ferro Manrique, de praecedentiis et praelationibus ecclesiast. Lugd. 1637; Jac. Gothofredi diatribe de iure praecedentiae. Genevae 1664; Ja. Andr. Crusius de praeeminentia, sessione, praecedentia . . . Brem. 1665; Phillips K. R. 2, 148 ff.

1 Das Wort bedeutet ferner die dem höheren Beamten über seine Untergebenen zustehende Amtsgewalt im Gegensatz zu: *obedientia*, d. h. der Pflicht des Untergebenen, sich der letzteren zu fügen, vgl dazu die Titel de m(aioritate) et o(bedientia) X I. 33, in VIto I. 17 und in Extr. comm. I. 8.

2 Bei Prozessionen, sonstigen feierlichen Gelegenheiten und auf den Synoden.

3 Th. I. S. 347.

4 Die heutigen Primaten haben im Allgemeinen keine Präcedenz vor den Erzbischöfen, Th. I. S. 632. Schon auf dem Koncile von Trient haben sie mit den letzteren zu Folge einer Entscheidung Pius' IV nach der Zeit der Beförderung zum Metropolitan- oder Primatialsitze rangirt und gestimmt, s. die Geschäftsordnung des Koncils von Trient (lateinische Ausgabe) Wien 1871. S. 10.

5 Th. I. S. 341. 345. 360.

6 Die älteren Vorschriften, c. 7 (Gregor. I.) Dist. XVII; c. 1 (id.) de m. et o. I. 33 machen den Vorrang von der früher erlangten Ordination abhängig, an deren Stelle ist aber in Folge der veränderten Besetzung der bischöflichen Stühle der Zeitpunkt der Erlangung der betreffenden Würde getreten, so auch in Uebereinstimmung mit manchen früheren Kanonisten, Ferraris s. v. praecedentia n. 3; — freilich wird bei diesen auch ungenauer Weise mitunter die Zeit der Ordination betont, l. c. n. 4. u. Fagnan. ad c. IX. eod. I. 33. n. 13. — die const. Pii IX.: Inter multiplices v. 27. Nov. 1869. n. 4. (Act. s. sed. 5, 235): „quartum locum tenebunt archiepiscopi iuxta suae ad archiepiscopatum promotionis ordinem, quintum episcopi pariter iuxta ordinem promotionis suae“.

7 Der früher zum Erzbischof in partibus promovirte, nachher auf ein Residenzial-Erzbisthum transferirte geht nachher demjenigen, welcher nach der Zeit seiner — des ersteren — Promotion, aber vor der Translation ebenfalls zum Residenzial-Erzbischof ernannt worden ist, vor.

8 So ist ein solches z. B. dem Erzbisthum und Erzbischof v. Baltimore ertheilt worden, Dekret d. Congr. de Prop. Fide v. 15. Aug. 1858 (acta conc. coll. Lac. 3, 572). Wegen des Vorrangs des Bischofs von Ostia im Kardinalskollegium s. Th. I. S. 360 ff.

9 Acta s. sed. 3, 625.

Diese Grundsätze sind indessen nur massgebend, wenn die gedachten Amtsträger in ihrer allgemeinen Stellung als Erzbischöfe und Bischöfe, wie z. B. auf den ökumenischen Koncilien in Betracht kommen, nicht aber, wenn sie in ihrer besonderen Eigenschaft als Provinzialerzbischöfe oder Diöcesanbischöfe auftreten. Unter der letzteren Voraussetzung steht ihnen in ihrem Bezirke der Vorrang zu [1]. Deshalb gehen die Suffraganbischöfe auf den Provinzialsynoden nicht nur den älteren Weihbischöfen, sondern auch den Titularerzbischöfen, welche beide kein Decisiv-Votum haben, vor [2].

Innerhalb der Diöcese hat das Domkapitel, wenn es als solches neben dem Bischof auftritt, die Präcedenz vor allen übrigen Amtsträgern, selbst den mit Jurisdiktion versehenen Aebten [3], während umgekehrt die Aebte im Allgemeinen vor den einzelnen Domherrn rangiren [4].

Sodann folgen die Säkular-Kanoniker der Kollegiatstifter nach dem Alter der Stiftung, jedoch gehen diejenigen, deren Kirchen sich am Bischofssitze befinden, den anderen vor. Die nächste Stelle nehmen dann die vicarii foranei ein, und ihnen schliessen sich die Erzpriester, die Pfarrer, die sonstigen Benefiziaten und die übrigen Kleriker [5] an. Innerhalb jeder dieser Kategorien entscheidet, wenn nicht etwa der Vorrang einer Kirche oder eines Benefiziums, resp. der Erlangung des Amtes den Ausschlag giebt [6], das Alter der Ordination [7].

Der Regular-Klerus steht dem Säkular-Klerus nach [8]. Unter dem ersteren haben die canonici regulares die erste [9], die Bettel-Orden die letzte Stelle [10]. Ueber das Rangverhältniss der einzelnen Orden unter einander sind vielfache Streitigkeiten geführt worden, welche eine Reihe von Entscheidungen der Congregatio rituum und auch der Päpste selbst [11] veranlasst haben. Als allgemeiner Grundsatz ist festgestellt, dass der in Rom bestehende Gebrauch entscheidet [12] und dass in Ermangelung eines festen Besitzstandes oder einer festen lokalen Observanz der ältere Orden dem jüngeren vorgeht [13].

[1] Der Metropolitan präsidirt der Provinzialsynode selbst dann, wenn ein exemter Erzbischof, welcher sich derselben angeschlossen hat, eine höhere Anciennetät oder einer der Suffraganbischöfe die Kardinalswürde besitzt, Bouix du concile provincial p. 190 ff. Ferner hat der Bischof in seiner Diöcese nicht nur den Vortritt vor älteren Bischöfen, sondern auch vor fremden Erzbischöfen, s. S. 47. n. 1.

[2] Pignatelli consult. canon. t. VI. cons. 57; Acta s. sed. 3, 312.

[3] Bened. XIV. de syn. dioec. III. 10. n. 5; Phillips 2, 167. In diesem Fall zieht das Kapitel auch die sonstigen an der Domkirche angestellten Geistlichen (z. B. die mansionarii) gleichsam mit sich, s. o. S. 86. n. 7. Wegen der Präcedenz des Weihbischofs, des General- und Kapitels-Vikars, sowie wegen des Rangverhältnisses der Kanoniker untereinander, s. S. 87. n. 3 u. S. 86, u. dazu Phillips 2, 167. 168.

[4] Bened. XIV. l. c. n. 5. 6.

[5] Bened. XIV. l. c. n. 7 ff.

[6] Ferraris l. c. n. 8. 10.

[7] c. 7 (Gelas. I.) Dist. LXXV. Dieser Vorzug der sog. Progenesie wird aber einem Kleriker gegenüber, welcher die Weihe vom Papst selbst erhalten hat, nicht berücksichtigt, vielmehr geht ein solcher allen übrigen, welche die gleiche Weihestufe haben, vor, c. 7 (Innoc. III.) X. de m. et o. I. 33; Th. I. S. 85. n. 5 a. E. u. Phillips 2, 157. Ueber die Kontroverse, ob dieser Vorrang auch den vom Metropoliten geweihten Klerikern einzuräumen ist, vgl. Phillips 2, 159, welcher sich entgegen der gemeinen Meinung ohne haltbaren Grund (c. 31 in VI^to de praeb. III. 4 beweist nichts) für die Bejahung entscheidet.

c. 7, 12 (Bonif. VIII.) in VI^to eod. gewähren demjenigen, welchem der Papst einen Kanonikat verliehen hat, den Vorzug bei der Erlangung der Präbende vor dem vom Kapitel recipirten Stiftsherrn.

[8] Schmalzgrueber P. IV. tit. 33. n. 10; Bened. XIV. l. c. n. 8; Ferraris l. c. n. 9. 54. 58.

[9] Schmalzgrueber l. c., Phillips 168.

[10] Ferraris l. c. n. 21.

[11] Eine Anzahl dieser päpstlichen Konstitutionen angeführt bei Ferraris n. 21 ff., s. auch Barbosa de off. et pot. episc. P. III. alleg. 78. n. 32 ff.

[12] Nicollis praxis canonica t. II. lit. M. n. 84. p. 56.

[13] Barbosa l. c. n. 27. 28. 36. Daher folgen die Benediktiner unmittelbar hinter den canonici regulares vor allen übrigen Orden, ibid. n. 29. Wegen der Rangordnung der Bettelmönche, unter denen die Dominikaner den Vortritt haben, s. Ferraris l. c. n. 17. 20 ff., Phillips S. 169.

Bei zwei Klöstern desselben Ordens hat die ältere Stiftung die Präcedenz[1]. Unter den einzelnen Mitgliedern desselben Ordens bestimmt sich das Rangverhältniss nach der Zeit der Professablegung[2]. Jedoch sind diese Vorschriften für die einzelnen Aebte als solche nicht massgebend, vielmehr rangiren dieselben nach dem Alter ihrer Abtswürde[3].

Uebrigens hat das Koncil von Trient den Bischöfen das Recht beigelegt, die bei öffentlichen Prozessionen entstehenden Streitigkeiten unter Ausschluss jeder Appellation sofort zu entscheiden[4].

Zweites Kapitel.

Von der Errichtung, Veränderung und Aufhebung der Kirchenämter.

I. Das kirchliche Recht.

A. Die Errichtung der Kirchenämter.

§. 102. *1. Geschichte**).

I. Errichtung der Bisthümer. Die Entstehung der ältesten Bisthümer hängt auf das Innigste mit der Entwicklung und Ausbreitung des Christenthums zusammen. Sie sind nicht errichtet worden, vielmehr haben sie sich mit der Ausbildung des Episkopats überhaupt aus den einzelnen Christengemeinden heraus entwickelt[5]. Es lässt sich daher wohl die Frage aufwerfen, wer diese letzteren gestiftet, nicht aber die, wer die ältesten Bisthümer gegründet und welches die juristischen Voraussetzungen für die Errichtung derselben gewesen seien. Erst nachdem eine Reihe von Bisthümern entstanden waren, und man deren Verhältnisse rechtlich zu ordnen begonnen, konnte die Aufstellung von Normen für die Errichtung neuer derartiger Organisationen in Frage kommen.

In denjenigen Gebieten, in welchen das Christenthum keine Verbreitung gefunden hatte, bedurfte es zunächst einer missionirenden Thätigkeit. Eine solche wurde, weil hier Rechte anderer nicht beeinträchtigt wurden, Niemandem verwehrt und ebenso stand es wohl in älterer Zeit jedem Bischof frei, die bischöfliche Weihe an Geistliche, welche sich der Bekehrung widmen wollten und sich erst dadurch ein Gebiet für die Ausübung ihrer bischöflichen Rechte zu schaffen hatten, zu ertheilen[6].

Dagegen konnte die Errichtung neuer Bisthümer in denjenigen Ländern, in welchen schon eine feste kirchliche Organisation bestand, nicht ohne Schmälerung der schon vorhandenen bischöflichen Sprengel erfolgen, und daher ist der Schluss

[1] Const. Gregor. XIII.: Exposcit v. 1583 (u. A. bei Ferraris l. c. n. 44 u. Acta s. sed. 3, 308. n. 2).

[2] Also nicht nach dem Tage der Einkleidung, Nicollis l. c. n. 74; Ferraris n. 30 ff.

[3] Nach Analogie von c. 7. Dist. XVII. cit., s. auch Bened. XIV. l. c. n. 6.

[4] Sess. XXV. c. 13 de regul., aber nur für den betreffenden Fall. Dem Recht auf Präcedenz wird dadurch nicht präjudizirt, dieses kann vielmehr nachher im Rechtswege geltend gemacht werden. Ein derartiger Fall in Acta s. sed. 3, 306.

* Thomassin v. et n. disciplina I. 1. c. 54; Phillips 5, 311 ff.

[5] Th. I. S. 309.

[6] In der Zeit Konstantins erhielt Frumentius die Bischofsweihe von Athanasius, um die Juden, — wahrscheinlich sind aber die Abyssinier gemeint — zu bekehren, Socrat. hist. eccles. I. 19; und in der 2. Hälfte des 4. Jahrh. Moses, welcher die Mission unter den Arabern auf Wunsch ihrer Königin leiten sollte, die Konsekration von den orthodoxen vertriebenen Bischöfen, da er sich von dem Arianer Lucius in Antiochien nicht weihen lassen wollte, ibid. IV. 36 u. Thomassin l. c. n. 2.

gerechtfertigt, dass es der Zustimmung desjenigen Bischofs, dessen Diöcese dadurch verringert werden sollte, bedurfte [1]. Andererseits scheint aber dessen Konsens auch allein ausreichend gewesen zu sein, und es keiner Mitwirkung einer höheren kirchlichen Instanz bedurft zu haben [2]. Allerdings weisen die Rechtsquellen der älteren orientalischen Kirche keine direkte, diese Frage regelnde Anordnungen auf. Indessen ist zu berücksichtigen, dass, nachdem in dem Kampfe gegen die Chorbischöfe [3] der Grundsatz, dass Bischöfe nur in den Städten eingesetzt werden durften, zur Anerkennung gebracht war, die Neuerrichtung eines Bisthums für die Regel allein dann erfolgen konnte, wenn ein Ort von der weltlichen Gewalt zum Range einer Stadt befördert wurde. Für diesen Fall hatte aber das Koncil von Chalcedon festgesetzt [4], dass die Ordnung der kirchlichen Parochieen (Diöcesen) der staatlichen Ordnung folgen sollte. Damit war ein für alle Mal die Voraussetzung, unter welcher die Bischöfe sich eine Schmälerung ihrer Sprengel gefallen lassen mussten, bestimmt, zugleich aber auch indirekt weiter angeordnet, dass der Bischof der neuen Diöcese von jeder Abhängigkeit von dem Bischof des früheren Sprengels frei und allein dem Metropoliten der Provinz unterworfen sein sollte [5].

Die Eparchieen oder Metropolitanbezirke fielen im Wesentlichen mit den staatlichen Provinzen zusammen und bei der Abhängigkeit der kirchlichen von der politischen Reichs-Eintheilung konnte die Theilung einer Provinz in mehrere sehr leicht Veranlassung werden, dass die Hauptstadt einer neuen Provinz auch zum Range einer kirchlichen Metropole erhoben wurde [6]. Andererseits fehlt es aber für jene Zeit gleichfalls an Vorschriften über die Voraussetzungen, unter welchen eine neue Metropole errichtet werden durfte. Aus der Bestimmung des Koncils von Chalcedon, dass der Bischof, welcher vom Kaiser eine Rangerhöhung seines Bischofssitzes zur Metropole extrahire, seiner Stelle verlustig gehe [7], ergiebt sich nur so viel, dass zur gültigen

[1] Darauf deutet das Verbot der ferneren Bestellung von Bischöfen in den Diöcesen (Chorbischöfen) durch das Koncil v. Laodicea (o. S. 163. n. 2): woraus sich ergiebt, dass bis dahin solche mit Wissen und Willen der Stadtbischöfe eingesetzt sein müssen, vgl. Thomassin l. c. n. 6.

[2] So setzte der Bischof v. Nicäa einen neuen Bischof in dem vom Kaiser zur Stadt erhobenen Basilonopolis ein, conc. Chalc. a. 451 act. 13 (Mansi 7, 306). Dass dieses Koncil die Errichtung des Bisthums für nichtig erklärt hat (so Phillips 2, 314), ist unrichtig, nur die Metropolitanrechte, welche der Bischof v. Nicäa geltend machte, sind ihm durch dasselbe auf Beschwerde des Erzbischofs v. Nikomedien — freilich unter Gewährung des Titels: Metropolit — abgesprochen worden, s. auch Th. I. S. 580. n. 5.

[3] S. o. S. 163.

[4] c. 17: „. . . εἰ δέ τις ἐκ βασιλικῆς ἐξουσίας ἐκαινίσθη πόλις ἢ αὖθις καινισθείη, τοῖς πολιτικοῖς καὶ δημοσίοις τύποις καὶ τῶν ἐκκλησιαστικῶν παροικιῶν ἡ τάξις ἀκολουθείτω" (wiederholt durch c. 38 Trullan. a. 692).

[5] Denn die neu errichtete Stadt war keine Metropole, in der ein Erzbischof residiren konnte und es musste daher der neue Bischof nach der bei dem vorhin erwähnten Streit (Note 2) zur Anwendung gebrachten Vorschrift des Koncils v. Nicäa c. 4 unter den Metropoliten treten, s. auch Hefele, Koncil. Gesch. 2, 502.

[6] Nach der Theilung Cappadociens in zwei staatliche Provinzen beanspruchte der früher Cäsarea unterworfene Bischof der neuen Provinzialhauptstadt Tyana die Metropolitanwürde, und er erlangte dieselbe auch trotz des Widerstrebens Basilius' d. Gr., des damaligen Metropoliten von Cäsarea, welcher behufs der Sicherung seiner Stellung mehrere neue Bisthümer und Bischöfe kreirt hatte, Baronii ann. a. 371. n. 86 ff.; Le Quien, Oriens christiana 1, 365. 396. Die Anfrage des Bischofs v. Antiochien, ob die bürgerliche Theilung der Provinz auch die kirchliche zur Folge habe, an Innocenz I., welche freilich von diesem verneinend entschieden ist (epist. a. 415 bei Coustant p. 852), ergiebt gleichfalls, dass die Abhängigkeit der kirchlichen Organisation zwar nicht als rechtliche Nothwendigkeit, aber doch als faktische Regel angesehen wurde.

[7] c. 12. Dass es sich hierbei lediglich um einseitige vom Kaiser gemachte Anordnungen handelt (s. auch Maassen, d. Primat des Bischofs v. Rom S. 9. n. 16; Hefele a. a. O. S. 498), zeigt der Fall, welcher zur Aufstellung des Kanons Veranlassung gegeben hat. Der Bischof v. Berytus in der Provinz Phoenicia I. hatte von Theodos II. die Erhebung seines Sitzes zur Metropole erlangt und in einem Theil der Provinz Metropolitanrechte geübt. Auf desfallsige Beschwerde des Metropoliten v. Tyrus entschied aber die Synode unter Bezugnahme auf c. 4 conc. Nicaen., dass der letz-

Errichtung einer neuen Provinz die vorgängige Aenderung der politischen Eintheilung für erforderlich und ferner eine einseitige Anordnung der weltlichen Gewalt nicht für ausreichend erachtet wurde. Als das Organ der Kirche, deren Zustimmung somit in jener Zeit ebenfalls nothwendig erschien, kann mit Rücksicht auf die damalige Verfassung, allein die Synode des Exarchen oder des Patriarchen betrachtet werden [1].

Die Stellungen der Patriarchen und Exarchen [2] endlich sind stets durch allgemeine Synoden anerkannt worden [3], und haben durch diese ihre feste Rechtsbasis erhalten.

Da solche Synoden aber nicht ohne Mitwirkung der Kaiser zu Stande gekommen sind, und ferner als die regelmässige Voraussetzung für die Entstehung neuer Bisthümer und neuer Metropolitansprengel die von der politischen Gewalt abhängige Veränderung der bürgerlichen Reichseintheilung galt, so lässt sich andererseits für das 4. und 5. Jahrhundert behaupten, dass eine Umgestaltung der kirchlichen Organisation in den erwähnten Richtungen auch nicht wider den Willen des Kaisers einseitig von den kirchlichen Behörden und Synoden vorgenommen werden konnte [4].

Von der Nothwendigkeit einer Genehmigung des Bischofs von Rom zeigt sich dagegen in jener Zeit keine Spur [5].

Für Afrika, wo die hier in Rede stehende Frage bei der schnellen Verbreitung des Christenthums schon früh hat praktische Bedeutung erlangen müssen, ist es sicher bezeugt, dass der Bischof innerhalb seiner Diöcese neue Bisthümer errichten durfte [6]. Allerdings wurde hier im 5. Jahrh. ausserdem der Konsens des Primas [7] und der Synode der betheiligten Provinz [8] erfordert, keinesfalls aber die Mitwirkung des römischen Bischofs [9].

Päpstliche Verfügungen in Betreff von Bisthümern kommen allerdings im 5. Jahr-

tere allein erzbischöfliche Rechte habe. Die bei der Verhandlung vorgelegte Frage lautete dahin: „Εἰ ἔξεστι κατὰ θεῖον πραγματικὸν (d. h. auf Grund eines kaiserlichen Reskripts) ἀλλοτρίας ἐκκλησίας δικαῖα ἑτέρους ἐπισκόπους παραιρεῖσθαι“ conc. Chalc. act. 4 (Mansi 7, 89).

[1] Es handelte sich dabei um eine den ganzen Sprengel betreffende gemeinsame Angelegenheit, namentlich deshalb, weil der neue kirchliche Würdenträger auf der Synode desselben als stimmberechtigter Vertreter seiner Provinz zu erscheinen, überdies auch die Weihe vom Exarchen oder Patriarchen zu empfangen hatte, s. Th. I. S. 549. 576. Die in der vorigen Note erwähnte Erhebung von Berytus zur Metropole ist durch eine σύνοδος ἐνδημοῦσα (Th. I. S. 542. n. 5) bestätigt worden, Hefele S. 378, woraus sich jedenfalls ergiebt, dass auch die Kaiser die Mitwirkung einer kirchlichen Autorität nicht für vollkommen entbehrlich hielten.

[2] S. Th. I. S. 538 ff. 576 ff.

[3] S. Th. I. S. 539. 541. 542. 544. 545. 576. Ein Beispiel aus dem 7. Jahrh. das. S. 578.

[4] Sonst wäre es kaum erklärlich, dass die Kaiser einseitig derartige Aenderungen hätten vornehmen können, und dass die Synode v. Chalcedon c. 12 den blos kaiserlich ernannten Metropoliten den Titel als Ehrenprädikat belassen hätte. Ueber die Erhebung von Justiniana I. zum Exarchensitz durch Justinian s. Th. I. S. 579.

[5] So auch Phillips S. 314. Wenn Justinian in dem in der vorigen Note erwähnten Fall die Mitwirkung des römischen Bischofs in Anspruch genommen hat, so erklärt sich dies aus den dabei obwaltenden besonderen Verhältnissen.

[6] c. 5. Carth. I. a. 390 (c. 50. CXVI qu. 1), c. 42. 46. Carth. III. a. 397 (c. 51 ibid.), s. auch den Bericht Augustins ep. 209 (*al.* 261 ed. Bened. 2, 778) über die von ihm vorgenommene Errichtung des Bisthums Fussala.

[7] S. o. S. 2 u. Th. I. S. 581.

[8] c. 4. Carth. XI. a. 407 = c. 98 cod. can. eccles. Afric. (Bruns, can. I. 1, 185).

[9] Hefele 2, 88. n. 1. Wenn Leo I. die Mauritanischen Bischöfe unter Hinweis auf die Kanones, welche die Einsetzung von Bischöfen in Diöcesen verbieten, ermahnt, an solchen Orten keine neuen Bischöfe zu weihen, sondern die zu diesen gehörigen Diöcesen den Bischöfen, von deren Sprengel sie abgetrennt worden waren, wieder zu überlassen, ep. 12 c. 16 u. 446 (opp. ed. Baller. 1, 667) = c. 4. Dist. LXXX u. c. 1. X. de privil. V. 33 und damit den Versuch macht, in die Angelegenheiten der afrikanischen Kirche einzugreifen, so beruft er sich doch dabei nicht auf ein etwaiges päpstliches Reservatrecht zur Errichtung neuer Bisthümer, Thomassin l. c. n. 10. Phillips S. 332 behauptet, allerdings ohne jeden Beweis, dass Leo I. kraft der ihm von Gott gegebenen Vollmachten die Errichtung von Bisthümern hätte in die Hand nehmen können.

hundert für Burgund[1] und im folgenden für Italien[2] vor. Diese betrafen aber Länder, welche in einer engen Verbindung mit dem römischen Stuhle standen und eine Anlehnung an denselben suchten[3]. Keineswegs hatte sich indessen bereits damals für das Abendland, wo sich übrigens vielfach dieselbe Uebereinstimmung zwischen politischer und kirchlicher Eintheilung, wie im Orient, findet[4], der Grundsatz festgestellt, dass die Errichtung neuer Bisthümer und Erzbisthümer von der Zustimmung des Papstes abhängig sei.

Klar beweisen dies die Verhältnisse im Frankenreich. In Betracht des anfänglichen äusserst losen Zusammenhang desselben mit dem apostolischen Stuhle[5] ist eine solche Mitwirkung des letzteren schon an und für sich unwahrscheinlich, und Gregor von Tours, welcher über mehrfache durch die Könige vorgenommene Gründungen von Bisthümern berichtet[6], erwähnt in der That auch niemals einer solchen[7]. Nur die Genehmigung der Provinzialsynode hätte kirchlicherseits nach Lage der damaligen Verfassung beansprucht werden können[8], doch scheint sie entweder gar nicht oder nicht mit Nachdruck gefordert worden zu sein, da die Könige allein und einseitig vorgegangen sind[9].

Von Anfang an hat dagegen der römische Stuhl die Befugniss geübt, in den durch seine Missionäre gewonnenen Gebieten neue Bisthümer zu errichten[10]. In karolingischer Zeit ist aber der päpstliche Einfluss nicht mehr auf solche Länder beschränkt geblieben. Die Wiederherstellung der zerstörten Metropolitanverfassung des Frankenreichs ist nicht allein durch die Herrscher unter Mitwirkung der Reichs-

[1] Ueber das Eingreifen Leo's I. in dem Streit mit Hilarius von Arles s. Th. I. S. 588. 589, namentlich S. 589 Note 7.

[2] Gregor. I. ep. IV. 29 (ed. Bened. 2, 708, Errichtung des Bisthums Phausiana auf Sardinien).

[3] S. o. S. 4 u. 5.

[4] Maassen, Primat S. 11 ff.; über das Westgothenreich Dahn, Könige der Germanen 6, 408. Dass auch im merovingischen Frankreich dieselbe Anschauung über das Verhältniss der kirchlichen zur politischen Eintheilung sich geltend gemacht hat, ergiebt c. 9 Paris. a. 614 o. 615.

[5] S. o. S. 5.

[6] V. 5; VII. 57.

[7] Gegenüber dem Andringen König Childeberts auf Gründung eines neuen Bisthums zu Melun hat zwar der Erzbischof Leo v. Sens nicht nur auf die Nothwendigkeit der Mitwirkung des Königs Theodebert, dem er selbst untergeben war, und des Konsenses der Provinzialsynode hingewiesen, sondern auch eine gewisse Betheiligung des Papstes in Anspruch genommen, opp. Greg. Turon. ed. Ruinart Par. 1699. p. 1328 u. Sirmond, conc. Galliae 1, 258: „Nam gloria vestra optime debet et credere et scire, quia si contra statuta canonum quicumque episcoporum sine consensu Mecledone episcopum voluerit ordinare usque ad papae notitiam vel synodalem audientiam tam hi qui ordinaverint quam qui ordinatus fuerit, a nostra erunt communione disiuncti"; indessen bezieht er sich auf die Kanones (s. o. S. 39. n. 6), welche die Weihe eines zweiten Bischofs bei Lebzeiten des ersten neben diesem verbieten, fasst also die Sache gar nicht unter dem hier fraglichen Gesichtspunkt auf. Nur indirekt kann aus dem Schlusssatze gefolgert werden, dass bei stattgehabter notitia papae und audientia synodalis die Weihe des Bischofs, also auch die Errichtung des Bisthums als ordnungsmässig betrachtet werden müsste. Die Kenntnissnahme des Papstes, notitia, wird offenbar deshalb gefordert, weil er als Wächter der alten Kanones gilt, dagegen wird der Provinzialsynode die audientia, d. h. die Verhandlung und die eigentliche Entscheidung beigelegt. In ihrer Totalität macht die ganze Erklärung den Eindruck, dass es sich dabei um einen passenden Vorwand, die Forderungen des Königs abzulehnen, handelt.

[8] S. die vorige Note. Eine positive Bestimmung fehlt in den merovingischen Rechtsquellen. Dies erklärt sich offenbar daraus, dass in Gallien, wo schon in der römischen Zeit die Bisthums-Organisation abgeschlossen war, Aenderungen in den bestehenden Verhältnissen selten eintraten, und wenn solche vorgenommen wurden, dafür mehr persönliche als sachliche Gründe massgebend waren, s. die Mittheilungen bei Gregor von Tours (Note 6) u. auch Thomassin l. c. n. 55.

[9] Auch im Westgothenreich sind derartige einseitige Verfügungen der Könige vorgekommen, c. 4 Tolet. XII. a. 611 u. Dahn, Könige d. Germanen 6, 377. 478.

[10] Prosper. chron. a. 431 (ed. Paris. 1711. 1, 401): „Ad Scotos in christum credentes a papa Coelestino Palladius primus episcopus mittitur"; Phillips S. 325 ff. 335 ff., s. auch o. S. 351. Ohne Konkurrenz der weltlichen Machthaber konnten aber auch in solchen Gebieten die geplanten Einrichtungen nicht in das Leben treten.

synoden, sondern thatsächlich auch unter Betheiligung des Papstes erfolgt[1], was sich aus dem damaligen engen Verhältniss der weltlichen Machthaber des Frankenreichs und des Papstthums erklärt. Immerhin erscheint indessen die Gründung neuer Bisthümer als ein den Herrschern zustehendes Recht[2], und diese Auffassung hat sich noch Jahrhunderte hindurch erhalten. In der Zeit der Ottonen[3] ist es der deutsche König bez. Kaiser, von welchem die Errichtung ausgeht. Der Papst wird dabei als höchster Leiter der geistlichen Angelegenheiten zugezogen, umsomehr als es sich fast immer um Stiftungen in neu bekehrten Ländern oder für solche handelte. Ferner holte man den Konsens der durch die Neuerrichtung des Bisthums benachtheiligten Bischöfe ein[4]. Endlich wurden die weltlichen und geistlichen Optimaten, diese öfters in einer Synodal-Versammlung, als Beirath zugezogen[5], da die Neugründung eines

[1] S. o. S. 7. Werner, Bonifazius d. Apostel d. Deutschen S. 273 ff. Ueber die kirchliche Anschauung des 9. Jahrhunderts vgl. die Glosse zur Hadriana bei Maassen, Glossen des kanon. Rechts. Wien 1877 S. 32. u. 9, welche die Bestimmung des Papstes, aber auch die Mitwirkung des Herrschers verlangt.

[2] So erklärt Carlmann auf der Synode v. Estines v. 742 (Jaffé monum. Mogunt. p. 127): „Et per consilium sacerdotum et optimatum meorum ordinavimus per civitates episcopos et constituimus super eos archiepiscopum Bonifatium".

[3] Otton. I. dipl. a. 946 für Havelberg (Riedel, cod. dipl. Brandenb. I. 2, 435; Meckl. Urkdbch. 1, 16): „consultu et inductu dilecti ... Marini legati ecclesie Romane et Friderici archiepiscopi (v. Mainz) et aliorum episcoporum et fratris nostri Brunonis necnon Geronis ... ducis et marchionis in castro Havelberg in marchia illius sito ... episcopalem constituimus sedem, preficientes ei ... presulem Oudonem, conferentes et donantes de nostra proprietate ei et ecclesie cathedrali ibidem ab eodem constituende medietatem castri et civitatis Havelberg" etc.; eiusd. dipl. a. 949 für Brandenburg (Riedel l. c. I. 8, 91; Meckl. Urkdbch. 1, 18): „consultu Marini vener. presulis, Romane legati ecclesie necnon Fridurici ac Adaldagi (v. Hamburg) archiepiscoporum aliorumque episcoporum complurium et cari fratris nostri Brunonis procerumque nostrorum precipueque Geronis ... in predio nostro ... in civitate Brandenburg ... episcopalem constituimus sedem, preferentes ei religiosum presulem Thiatmarum". Vgl. zu diesen Urkunden Köpke-Dümmler, Kaiser Otto d. Gr. S. 167.

[4] Die beiden in der vorigen Note angeführten Diplome Otto's I. heben ausdrücklich die Einwilligung der Erzbischöfe von Mainz und Hamburg hervor. Die Absicht Otto's I., ein Bisthum in Merseburg zu errichten und Halberstadt unter Erhebung zur Metropole nach Magdeburg zu verlegen, ist wohl mit durch den Widerstand des Erzbischofs von Mainz, s. dessen Brief an Papst Agapet II. v. 955 bei Jaffé, mon. Mogunt. p. 349, vgl. auch Köpke-Dümmler a. a. O. S. 270 ff., vereitelt worden. Später protestirte auch der Bischof von Halberstadt und erst ihre Nachfolger stimmten der Ausführung des veränderten Planes Otto's I. zu, s. dipl. Otton. I. a. 968 (LL. 2, 561): „Igitur Magadaburgensi civitate ... archiepiscopalem sedem fieri desiderantes ... consilio vener. archiepiscopi Hattonis (v. Mainz) et Hildewardi episcopi (v. Halberstadt) ceterorumque fidelium nostrorum ... Adalbertum ... archiepiscopum et metropolitanum totius ultra Albiam et Salam Sclavorum gentis ... fieri decrevimus et elegimus, quem et Romam pro pallio a domno papa suscipiendo direximus ... Ne vero haec eius electio vel inthronizatio futuris ... temporibus aliquotum valeat invidia molestari, III ab illo episcopos, unum Merseburgensem, alterum Citicae, tertium Misnae in praesentia legatorum volumus ordinari", s. Böttiger, d. ursprüngl. Bestandtheile des Erzbisth. Magdeburg i. d. Ztschr. f. preuss. Gesch. u. Landeskunde. Jahrgg. 10 (1873) S. 441; Köpke-Dümmler S. 442 ff. Für die Stiftung von Prag ist i. J. 974 der Konsens des Regensburger Bischofs, Othlonis vita S. Wolfkangi c. 29 (SS. 4, 538); Hirsch, Jahrb. d. deutsch. Reichs unt. Heinr. II. 1, 115; für die von Bamberg die des Würzburger Bischofs, a. a. O. 2, 62. 64 eingeholt worden. Vgl. ferner Waitz, deutsch. Verf. Gesch. 7, 297. 298.

Die päpstliche Mitwirkung wurde übrigens auch als Mittel zur Ueberwindung eines etwaigen Widerstandes der betheiligten Bischöfe benutzt, in der Bulle Johann's XII. v. 962 über die Errichtung von Magdeburg heisst es (Mansi 18, 462): „praecipimus, ut Mogontiensis, Trevirensis, Coloniensis, Salzburgensis, Hammaburgensis archipraesules Magdeburgensis monasterii in archiepiscopalem et Merseburgensis translationem in episcopalem sedem totis cordis corporisque viribus consentanei fautôres existant".

In einzelnen Fällen ist auch von der Zustimmung der betreffenden Bischöfe abgesehen worden, so hat z. B. Otto III. an Gnesen erzbischöfliche Rechte ohne die Einwilligung Magdeburgs ertheilt, Thietmar. chron. IV. 28, SS. 3, 781: „fecit ibi archiepiscopatum, ut spero, legitime sine consensu tamen praefati praesulis, cuius dioecesi omnis haec regio subiecta est".

[5] S. die angeführten Diplome Otto's I.; Köpke-Dümmler S. 444. 449. Ueber die Frankfurter zur Bestätigung der Stiftung Bambergs i. J. 1007 abgehaltene Synode vgl. Jaffé, mon. Bamberg. p. 27; Hirsch a. a. O. S. 65 ff.; Hefele, Konciliengesch. 4, 633.

Uebrigens kann daraus, dass die Päpste ihre Zustimmung in einer Weise ausdrücken, nach welcher sie als die Handelnden erscheinen, nichts

Bisthums, dessen Leiter in die Klasse der Reichsgrossen trat, das mit Reichsgütern ausgestattet und auch mit politischen Rechten bewidmet wurde, eine Angelegenheit von hervorragender politischer Bedeutung war.

Wenn behauptet wird [1], dass seit dem 11. Jahrhundert insofern ein Wendepunkt eingetreten sei, als sich seitdem ein Reservatrecht des Papstes zur Errichtung von Bisthümern geltend gemacht habe, so haben allerdings Gregor VII. und Urban II. eine solche Befugniss für den römischen Stuhl in Anspruch genommen [2], aber nur gegenüber den Metropoliten und Bischöfen, und diese Anschauung, welche sich auf das Recht des Papstes zur Entscheidung der causae maiores stützt, ist allerdings in den beiden folgenden Jahrhunderten die herrschende geworden [3], dagegen haben die Päpste die enscheidende Mitwirkung der weltlichen Fürsten [4] nicht auszuschliessen vermocht, weil einmal die Errichtung eines neuen Bisthums zugleich als eine politische Angelegenheit galt und ferner die erforderliche Ausstattung, welche in den früheren Zeiten nur aus Immobilien bestehen konnte, ohne eine Betheiligung des Fürsten höchstens in Ausnahmefällen zu beschaffen gewesen wäre.

Wohl aber gelang es den Päpsten seit dem 14. Jahrhundert unter Berufung auf ihre apostolische Machtfülle das früher anerkannte Widerspruchs- und Konsensrecht [5] der betheiligten Bischöfe zu beseitigen [6]. Man gestattete ihnen später nur ihre Ein-

über ihre Rechte geschlossen werden, denn umgekehrt lassen die Kaiserurkunden die Kaiser als Gründer hervortreten. Thatsächlich steht übrigens fest, dass die Initiative zur Errichtung der deutschen Bisthümer seit Karl d. Gr. bis auf Heinrich II. von den Kaisern ausgegangen ist. Dieselbe Erscheinung zeigt sich auch in andern Ländern, s. z. B. für Dänemark Adam. Brem. gest. Hammab. pontif. III. 24: „Cuius dioecesim rex Suein in IV episcopatus distribuens praebente suam auctoritatem metropolitano singulis suos intronizavit episcopos".

[1] So Richter-Dove §. 178.

[2] dictat. Gregor. VII (Jaffé, mon. Gregor. p. 174): „Quod illi soli licet, . . . novas plebes congregare, de canonica abbatiam facere et econtra divitem episcopatum dividere et unire"; ep. Urban. II. ad Rainold. Rem. archiep. a. 1092 (Mansi 20, 670): „Solius etenim apostolici est, episcopatus coniungere, coniunctos disiungere aut etiam novos construere". Demgemäss hat der Erzbischof v. Salzburg für die Stiftung des Bisthums Gurk i. J. 1070 die Bestätigung Alexander's II. eingeholt, ep. eiusd. ad Gebeh. Salzburg (Mansi 19, 975); Hirsch a. a. O. 1, 165. 166.

[3] Bernard. Clarevall. ep. 131 (opp. ed. Venet. 1726. 1, 131): „Plenitudo siquidem potestatis super universas orbis ecclesias singulari praerogativa apostolicae sedi donata est . . . Potest, si utile iudicaverit, novos ordinare episcopatus, ubi hactenus non fuerunt"; c. 1 (Innoc. III.) X. de transl. I. 7; vgl. auch c. 4 (id.) X. de off. leg. I. 30. Bei dem c. 16 (Gregor. IX.) X. de m. et o. I. 33 erwähnten Fall, Errichtung eines Bisthums durch den Erzbischof v. Colocza, ist die erfolgte päpstliche Zustimmung vorauszusetzen (so auch Thomassin l. c. c. 58. n. 9), da in Ungarn die betreffende Befugniss des Papstes unbestritten war, s. Th. I. S. 518. n. 5. 6.

[4] So erklärt Ivo v. Chartres ep. 238 ad Paschal. II. (ed. Paris. 1610. p. 422) den Konsens des Königs v. Frankreich bei der Errichtung des Bisthums Tournay für nothwendig, und derselbe ist auch eingeholt worden, Thomassin l. c. c. 57. n. 2 ff. Denselben Standpunkt vertritt Anselm v. Canterbury bei der Zertheilung Linkolns in zwei Diöcesen, Eadmeri hist. novor. IV. 4, opp. Anselmi Cantuar. ed. Gerberon Paris. 1721. 3, 79): „Anselmum . . . sciens praeter regium consensum et Romani pontificis auctoritatem novum episcopatum nusquam rite institui posse"; vgl. Frideric. I. dipl. a. 1154 (Meckl. Urkdbch. 1, 47): „qualiter nos . . . Heinrico duci Saxoniae iniunximus, ut in provincia ultra Albiam quam a nostra munificentia tenet, episcopatus et aecclesias ad dilatandum christiani nominis imperium instituat . . . id etiam adiungimus, quod is in provinciis circumquaque, in quibus necdum christiana religio tenetur, episcopatus sua strenuitate fundare potuerit, in his eadem potestate fungatur" u. desselb. Bestätigungsurkunde f. das Bisthum Schwerin v. 1170 (ibid. 1, 86). Weitere Beispiele bei Hirsch a. a. O., Laspeyres, Gesch. d. kath. Kirche Preussens S. 275. n. 3; Gallia christ. t. 6. app. p. 261; folgende Note; ep. Clem. III. ad Alphons. Cast. reg. a. 1187—1191, Fernandez, hist. de Plasencia, Madrid 1627. p. 23; Thomassin l. c. c. 57. n. 10. 11, hier ein Fall besprochen, in welchem Bonifazius VIII. allerdings ein Bisthum gegen den Willen Philips d. Schönen errichtet hat.

[5] Noch Cölestin III. ertheilte dem Erzbischof von Rheims die Erlaubniss, ein neues Bisthum zu errichten „de assensu Francorum regis, de consilio . . . Atrebatensis et Ambianensis episcoporum, Innoc. III. lib. I. ep. 152 (ed. Baluze 1, 84).

[6] Johann XXII. dismembrirte i. J. 1317 die umfangreiche Diöcese von Toulouse unter Lösung

wendungen geltend zu machen und unterzog diese der Erörterung, aber der blosse Widerspruch konnte als solcher allein die beabsichtigte Neuorganisation nicht mehr aufhalten [1]. Diese Umbildung des früheren Rechtes ist dadurch erleichtert worden, dass der Papst und die Landesherrn in solchen Fällen meistens einig waren, und die Bischöfe dem gemeinsamen Willen beider schwer widerstehen konnten [2]. In der That war damit auch erst der richtige Standpunkt gewonnen. Denn die Befriedigung der nothwendigen Anforderungen einer zweckentsprechenden kirchlichen Organisation, das höhere allgemeine Interesse der Kirche, konnte unmöglich auf die Dauer dem Belieben und dem Eigennutz der einzelnen Bischöfe untergeordnet bleiben.

An der schon in den alten Kanones aufgestellten Vorschrift, dass Bischofssitze nicht auf dem Lande, sondern in den Städten errichtet werden sollten [3], hat die Kirche fort und fort festgehalten [4]. Ja, um dieser Bestimmung Genüge zu thun, haben die Päpste sogar in vielen Fundationsurkunden kleineren Ortschaften die Eigenschaft als Stadt ausdrücklich beigelegt [5].

II. Die Errichtung der anderen Kirchenämter. Aus den ersten Jahrhunderten sind keine rechtlichen Normen über die Errichtung der kirchlichen Aemter in den Diöcesen überliefert. Dies erklärt sich daraus, dass zunächst der Gottesdienst und die Leitung aller kirchlichen Geschäfte der Diöcese in der Hand des Bischofs lag, und dass derselbe, falls sich ein Bedürfniss nach Vermehrung der geistlichen Kräfte herausstellte, bei der Ungetrenntheit der kirchlichen Vermögensmassen nur einen neuen Kleriker zu weihen brauchte. Ueber die Berechtigung des Bischofs zu solchen Massnahmen kann nicht der mindeste Zweifel obwalten. Sie war ein Ausfluss seiner Stellung als kirchlichen Leiters der Diöcese, und sie ist für die spätere Zeit genügend bezeugt. Das Presbyterium hat aber wohl bei dergleichen Anordnungen — dies ergiebt sich aus seinem allgemeinen Wirkungskreise [6] — zugezogen werden müssen.

ihres Suffraganverhältnisses zu Narbonne und Erhebung zum erzbischöflichen Sitz in mehrere bischöfliche Sprengel, c. 5. 6. in Extr. comm. de praeb. III. 2. Der Einwilligung des Erzbischofs von Narbonne und des Bischofs von Toulouse, dessen Kirche durch die Zuweisung eines Theils ihrer Güter an die neu errichteten Suffraganbisthümer erhebliche Einbusse erlitten hatte, wird nicht gedacht. Schwerlich hat der letztere seine Einwilligung gegeben, da c. 6. cit. die Strafen gegen diejenigen, welche die vom Papste angeordneten Massregeln zu verhindern suchen, verschärft. Ein anderes Beispiel aus dem 14. Jahrh. bietet die Erhebung Prags zum Erzbisthum, wobei der Widerspruch des Erzbischofs von Mainz ebenfalls unberücksichtigt geblieben ist, s. Th. I. S. 614 u. J. J. Moser, teutsch. Staatsrecht Th. 11. III. Buch. K. 35. §. 26. S. 222; ferner gehört hierher die Errichtung von Wien durch Paul II. i. J. 1468 und der niederländischen Bisthümer durch Pius IV. i. J. 1559, s. a. a. O. §§. 32. 33. 27. S. 234. 226 u. Tübing. theolog. Quartalschrift 1826. S. 5 ff. Vgl. auch Riganti, comm. in regul. cancell. reg. 22. n. 87.

1 Später hielt sich die Kurie an die 22. Kanzleiregel (Walter, fontes iur. eccles. p. 492): „... semper in unionibus commissio fiat ad partes vocatis quorum interest et idem voluit observari in quibusvis suppressionibus perpetuis, concessionibus, dismembrationibus et applicationibus«. Bei der Erhebung Wiens zum Erzbisthum sind der Bischof und das Kapitel von Passau gehört worden, Moser a. a. O. §. 35. S. 235, vgl. ferner die Urkunden über die Errichtung des Bisthums Alais (1693) i. d. Gallia christiana t. 6. app. 225 ff. Uebrigens haben die beeinträchtigten Bischöfe öfters eine Entschädigung in verschiedener Gestalt erhalten.

2 Vgl. die vorige Note aus Moser angeführten Beispiele.

3 S. o. S. 163.

4 Für die karolingische Zeit s. Cap. Vern. a. 755. c. 1; s. g. cap. eccles. a. 789 (LL. 1, 24. 27); c. 53 (Greg. III. ad Bonif.) C. XVI. qu. 1. Da, wo diese Vorschrift wegen Mangels an Städten, wie z. B. in Deutschland zur Zeit des Bonifacius nicht streng durchzuführen war, musste man sich so gut es ging, namentlich durch Auswahl grösserer Flecken helfen, s. die Korrespondenz zwischen Bonifaz und Zacharias i. J. 742 bei Jaffé, mon. Mogunt. p. 112. 117 u. Rettberg, Deutschlands Kirchengesch. 1, 598; 2, 354. — Für das heutige Recht vgl. c. 1 (Leo I.) X. de priv. V. 33.

5 Beispiele aus dem 14. bis 17. Jahrh. bei Ughelli 1, 1046; 3, 205. 326; 4, 1080. 1086, s. auch S. 330. n. 3.

6 S. o. S. 50. 60. 153. 154.

Später haben die Bischöfe die Befugniss, die Pfarreien zu errichten, ausgeübt[1]. Nicht minder lag die Gründung von Klöstern[2], die Umwandlung kirchlicher Aemter und Institute innerhalb ihrer Kompetenz[3]. Als im 8. Jahrhundert die Einführung des gemeinschaftlichen Lebens in den Stiftern erfolgte, fiel diese, und damit auch die Errichtung von Kollegiatkirchen, den Bischöfen zu[4]. Hinsichtlich der Klöster und der Kollegiatkirchen ist indessen eine Aenderung eingetreten. Was die letzteren betrifft, so hat seit dem Ausgange des Mittelalters[5] sich die Auffassung geltend gemacht[6] und im Laufe des 17. Jahrhunderts[7] allgemeine Anerkennung gefunden, dass allein der Papst zur Errichtung von Kollegiatkirchen befugt sei[8]. Veranlassung dazu hat die Praxis der Kurie gegeben, welche auch diese Akte kraft der dem Papste über alle Diöcesen zugeschriebenen Jurisdiktion zur Genehmigung reservirt hat.

§. 103. 2. *Das geltende Recht.*

I. Die Errichtung, *erectio*, *creatio*, der höheren Kirchenämter, der einfachen, Erz-, Primatial- und Patriarchal-Bisthümer steht nach der im vorigen §. dargelegten Entwicklung dem Papste[9] zu. Derselbe bedient sich dabei nach stattgehabter Vorbereitung der Angelegenheit durch die Congregatio consistorialis[10] des Rathes der zum geheimen Konsistorium versammelten Kardinäle[11], ist aber rechtlich befugt, von diesen Formalitäten abzusehen und allein und selbstständig zu verfügen.

1 S. o. S. 262 ff.

2 So wenigstens nach c. 73 (Tolet. III. a. 589) C. XII. qu. 2 die Bestimmung einer Landkirche zum Kloster; s. ferner c. 12. 13 (Agath. a. 506) C. XVIII. qu. 2.

3 c. 54 conc. Meld. a. 845 (Th. I. S. 317. n. 3), capp. Hincmari (s. o. S. 188. n. 9) u. c. 7. Tolos. a. 844 (LL. 1, 379): „Ut episcopi paroechias presbyterorum propter inhonestum . . . lucrum non dividant. Sed si necessitas populi exegerit, ut plures fiant ecclesiae aut statuantur altaria, cum ratione et auctoritate hoc faciant: scilicet, ut si longitudo aut periculum aquae vel sylvae aut alicuius certae rationis vel necessitas causa poposcerit, ut populus et sexus infirmior, mulierum videlicet et infantum, aut etiam debilium imbecillitas ad ecclesiam principalem non possit occurrere et non est sic longe villa, ut presbyter illic sine periculo ad tempus et congrue non possit venire, statuatur altare; et si ita populo complacet et commodum fuerit, ne sine ratione scandalizetur, paroechia maneat indivisa. Sin autem praefatae causae postulaverint et populus . . . rationabiliter adclamaverit, ut ecclesia illis fieri et presbyter debeat ordinari, hoc episcopi episcopaliter . . . mature consilio canonico tractent et utilitati ac saluti subiectae plebis quaeque agenda sunt, peragant; et secundum quod subtraxerint cuilibet presbytero de paroechia, de dispensa quoque debita ab illo minus accipiant et alteri qui, quod dividitur a parochia suscipit, sub hac eadem mensura imponant“. Ueber die Theilnahme des Presbyteriums an diesen Akten s. die Citate S. 384. n. 6.

4 S. o. S. 51 ff.

5 Im Mittelalter selbst ist die Errichtung durch den Bischof oder wenn die Fundation von anderen Personen, Fürsten, weltlichen Grossen u. s. w., ausgegangen war, die bischöfliche Genehmigung die Regel gewesen, dipl. a. 961 für Brügge, a. 1047 für Brüssel (Miraeus opp. diplom. 1, 43. 57); a. 1118 für Wasserberg (Lacomblet, niederrh. Urkdbch. 1, 189), a. 1220 für Schade (ibid. 2, 49); a. 1226. 1229 für Güstrow. a. 1248 für Bützow (Mecklenb. Urkdbch. 1, 315. 353. 579), a. 1274 für die Diöcese Autun (D'Achery, spicil. ed. nov. 3, 679); a. 1303 für Oberwesel (Hontheim hist. Trevir. 2, 21); a. 1309 für Lübeck (Leverkus, Urkdbch. d. Bisth. Lübeck S. 519); a. 1318 für Mainz (Würdtwein, dioec. Mogunt. 1, 69); a. 1501 u. 1518 für Brügge (Miraeus 2, 1272). Im Corp. iur. can. findet sich keine direkt entscheidende Stelle, doch sprechen c. 9 (Gregor. VII.?) X. de vita et hon. cler. III. 1; c. 25 (Clem. III.) X. de iurepatr. III. 38 indirekt dafür, dass ein päpstlicher Konsens nicht erfordert worden ist.

6 Rebuffus praxis benef. P. I. rubr. de erectione collegiatae (ed. Colon. 1610 p. 226); Barbosa ius eccles. II. 6. n. 1.

7 Pitonius disc. eccles. 116. n. 30.

8 Hauptsächlich durch die Praxis der Congr. Concilii, Richters Tridentinum S. 350. n. 1. 2. Vgl. ferner ausser Note 6 noch Riganti ad reg. II cancellar. §. 2. n. 95; Ferraris s. v. collegium n. 17 ff.; Bouix de capitulis p. 212; Phillips K. R. 7, 285. Neuere Fälle der Erektion v. Kollegiatkirchen durch päpstliche Verfügungen im bull. Roman. contin. 15, 219. 353. — Ueber die Errichtung einzelner Kanonikate s. u. §. 103.

9 c. 5 in Extr. comm. cit. III. 2. Wegen der praelaturae nullius s. o. S. 343. n. 5. In Betreff der höheren Regular-Aemter ist die Lehre von den Orden zu vergleichen.

10 Th. I. S. 366.

11 Th. I. S. 365.

Die Errichtung erfolgt nur dann, wenn

1. eine *iusta causa* vorliegt[1]. Diese kann sein eine necessitas, eine utilitas oder ein s. g. incrementum cultus divini, d. h. die Hoffnung, dass in Folge der beabsichtigten Massregel die Gottesverehrung innerhalb des betreffenden Bezirkes zunehmen werde. Die Neubekehrung eines bestimmten Distriktes, eine bedeutende Zahl der Bevölkerung[2] oder ein ausgedehnter Umfang der Diöcese[3] können je nach Umständen den ersten oder zweiten Grund bilden. Die Beseitigung von Streitigkeiten zwischen einem Bischof und einem Prälaten nullius dioecesis durch die Erhebung der Quasi-Diöcese des letzteren zum Bisthum[4] bietet ein unter den dritten Grund fallendes Beispiel.

Allerdings ist der Papst, weil er zugleich oberster Gesetzgeber ist, nicht an diese Voraussetzungen gebunden, vielmehr steht ihm die Errichtung frei, wenn er sie überhaupt nur für angemessen erachtet.

2. Muss ein s. g. *locus congruus*, als zukünftiger Amtssitz für den Bischof vorhanden sein. Ein solcher ist für Bisthümer allein eine Stadt[5]. Für die Errichtung von Prälaturen nullius besteht keine derartige Vorschrift, und selbst für die Bisthümer ist der Papst nicht an die Regel gebunden[6].

3. Endlich bedarf es einer *dos*, d. h. eines Vermögens, aus welchem die Kosten der Herstellung und Unterhaltung der erforderlichen Baulichkeiten, des Gottesdienstes, der Amtsführung und des Lebensunterhaltes der nöthigen kirchlichen Beamten bestritten werden können. In älterer wie in neuerer Zeit sind die Dotationen für die Regel durch die Fürsten, bez. die Staaten beschafft worden[7].

4. Abgesehen von den Missionsländern ist mit Rücksicht auf die bereits überall vorkommende Bisthums-Organisation eine Neu-Errichtung von höheren Kirchenämtern, namentlich von Bisthümern und Erzbisthümern ohne Beeinträchtigung der Rechte anderer Prälaten nicht denkbar. Sie erfolgt daher gewöhnlich erst nach Anhörung der bei der beabsichtigten Veränderung Interessirten. Die Congregatio consistorialis bemüht sich sogar in der Regel, die Zustimmung der betreffenden Prälaten und ihrer Kapitel zu erlangen[8], erforderlich ist diese aber nach heutigem Recht nicht[9].

Mit der Errichtung eines neuen Bisthums und Erzbisthums, sowie einer neuen Prälatur nullius ist gewöhnlich auch die Organisation von Kapiteln[10] verbunden, und daher wird in den Erektionsurkunden darüber gleichfalls das Nähere, über die Zahl

[1] Riganti ad reg. 22 cancell. n. 94 ff.

[2] Multitudo populi erwähnt in c. 5 cit., numerositas personarum i. dipl. a. 1388 bei Ughelli 4, 1086.

[3] Diffusa dioecesis hervorgehoben bei Ughelli l. c.

[4] S. dipl. a. 1653 bei Ughelli 3, 325; vgl. auch Riganti l. c. n. 91.

[5] S. o. S. 384. n. 4.

[6] Wie die mehrfach vorgekommene Erhebung von kleineren Flecken zu Städten (s. o. S. 330. n. 3) zeigt.

[7] Für die ältere Zeit vgl. o. S. 384, für die neuere die deutschen Circumscriptionsbullen und das bairische Konkordat.

[8] Riganti l. c. n. 88. 92. Ist der bischöfliche Stuhl erledigt, so wartet die Kongregation sogar mit Rücksicht auf c. 1. X. ne sede vacante III. 9 bis zur Wiederbesetzung desselben.

[9] S. o. S. 385; Riganti l. c. n. 92. Erektions-Instr. Gregor's XV. v. 1622 für S. Miniato (Ughelli 3, 270): „de . . . apostolicae potestatis plenitudine . . . omnia et singula oppida, terras . . . a dicta dioecesi Lucana etiam absque consensu . . . moderni episcopi Lucani ac etiam . . . modernae abbatissae et conventus dicti monasterii, quinimo ipsis invitis reclamantibus et contradicentibus apostolica auctoritate praesentium perpetuo separamus ac dismembramus“.

[10] Solche existiren aber mitunter schon vor der Errichtung bei den Prälaturen nullius, so wenn der Prälat einer schon bestehenden Kollegiatkirche die desfalsigen Rechte verliehen erhält, s. o. S. 344. n. 6.

der Dignitäten und Kanonikate, die Ausstattung derselben, die Besetzung der Stellen u. s. w. festgesetzt[1].

Ferner bedarf es einer Bestimmung über die zukünftige Kathedrale, zu welcher entweder eine schon bestehende Kirche oder eine erst zu errichtende genommen werden kann.

Endlich hat auch die Abgrenzung des örtlichen Sprengels, der Diöcese, der erzbischöflichen Provinz oder Quasi-Diöcese zu erfolgen.

Ausser der Befugniss zur Erektion der höheren Kirchenämter[2] steht dem Papste auch das ausschliessliche Recht zur Errichtung von Kathedral- und Kollegiatstiftern zu[3]. Die Organisation der ersteren braucht nicht nothwendig gleichzeitig mit der Errichtung eines neuen Bisthums zu geschehen. Für die seltenen Ausnahmefälle, in denen die Einsetzung von Domkapiteln nachträglich vorgenommen wird, hat sich eine feste Kurial-Praxis nicht gebildet. Es hängt in dieser Beziehung Alles vom Ermessen des Papstes ab, jedoch hat der Wille desselben seine natürliche Schranke daran, dass die erforderlichen Fonds für das in Aussicht genommene Kapitel vorhanden sein müssen. Wie einerseits der Mangel solcher den Hauptgrund abgiebt, von der gleichzeitigen Errichtung eines Kathedral-Kapitels bei der Erektion eines Bisthums Abstand zu nehmen, so wird die erstere mit Rücksicht auf die Tendenz der katholischen Kirche, ihre Verfassung, so weit wie möglich, voll auszugestalten, andererseits dann nachträglich stattfinden, wenn für die materiellen Bedürfnisse des Kapitels genügend gesorgt werden kann.

In Betreff der Errichtung von Kollegiat-Kirchen und Stiftern hat die Congregatio concilii eine feste Praxis entwickelt. Sie empfiehlt dem Papste nur dann seine Genehmigung zu ertheilen, wenn der betreffende Ort nicht unbedeutend und passend (locus dignus) ist, eine nicht geringe Bevölkerung und zahlreiche Geistlichkeit besitzt, die in Aussicht genommene Kirche geräumig und von angemessener Architektur erscheint, sodann die ausreichende Anzahl von geeigneten, nicht ganz gewöhnlichen Ornamenten und Kirchengeräthschaften, sowie genügende Mittel für den Unterhalt der Kanoniker[4] beschafft werden können, ferner ein incrementum cultus divini zu erwarten steht und endlich der Bischof der Diöcese der Errichtung nicht widerspricht[5]. Die geringste Zahl von Kanonikatsstellen ist übrigens drei, weil sonst ein Kollegium nicht gebildet werden könnte[6].

Für die Durchführung der bisher besprochenen Massnahmen bedarf es vielfach einer besonderen Thätigkeit, z. B. der Verhandlung wegen Auszahlung oder Sicherstellung der Dotation, der Uebernahme der etwa angewiesenen Grundstücke, der genaueren Feststellung der Grenzen, der Regulirung der Einkommensverhältnisse der einzelnen Geistlichen u. s. w. Für diese Massnahmen pflegt der päpstliche Stuhl einen besonderen s. g. *executor*, welcher gewöhnlich ein Bischof oder Nuntius[7], bei der Errichtung von Kapiteln der ordinarius loci[8] ist, zu ernennen.

[1] S. die S. 384. n. 5 angeführten Urkunden, vgl. auch Phillips 7, 284. 285.

[2] Wegen der höheren Leitungsorgane in den Missionsländern s. o. S. 355 ff.

[3] S. o. S. 385; Bouix l. c. p. 211.

[4] Die Sufficienz wird nach der Qualität des Ortes und der bei andern Kollegiatkirchen der betreffenden erzbischöflichen Provinz hergebrachten Höhe bemessen.

[5] Ferraris s. v. collegium n. 21.

[6] Barbosa J. E. U. II. 6. n. 8; Analecta iur. pont. 1860. p. 2230, s. auch o. S. 63. n. 4.

[7] Beispiele dafür gewähren die preussische Circumscriptionsbulle: De salute animarum u. die bairische: Dei ac domini von 1821, bez. 1818.

[8] S. d. S. 385. n. 8 a. E. citirten Konstitutionen.

Stiftsstellen für s. g. canonici supranumerarii, welche bei Kapiteln mit festbestimmter Mitgliederzahl ein Anrecht auf eine vakante Pfründe erhalten[1], ebenso für Ehrendomherrn (canonici honorarii), wie sie in neuerer Zeit in einzelnen Kapiteln vorkommen[2], zu errichten, ist allein der Papst befugt. Bei den ersteren handelt es sich um eine Beseitigung des Verbotes der Bestellung von Anwartschaften auf Benefizien[3] und bei den letzteren um Abweichungen vom jus commune, mithin in beiden Fällen um Anordnungen, welche nicht innerhalb des bischöflichen Gesetzgebungsrechtes liegen.

Streitig ist die Frage, wem das Recht zur Begründung neuer Dignitäten in den Stiftern zukommt. Nach einer Meinung bedarf der Bischof hierzu stets der päpstlichen Genehmigung[4], nach einer zweiten soll er immer allein zu handeln berechtigt sein; eine dritte Ansicht endlich erachtet den Konsens des Papstes nur für die Einsetzung einer in den Kathedral- und Kollegiatstiftern nicht hergebrachten und nicht üblichen Dignität für erforderlich[5]. Diese letzte ist die verbreitetste[6] und auch von der Praxis der Congregatio Concilii adoptirt[7].

Sitte ist es, dass der Papst vor einer solchen Massnahme, ebenso wie bei der Errichtung von Exspektanzstellen, ausser dem Bischof auch das Kapitel anhört, die unterlassene Einholung dieses Erachtens macht aber den Erektionsakt keineswegs nichtig.

II. Die Errichtung der übrigen Aemter gehört nach heutigem Recht zur Kompetenz des Bischofs. Ein Kirchenamt in der Diöcese kann nur unter seiner Autorität[8], gleichviel, ob er die Initiative ergreift oder zu einer anderweit beabsichtigten Fundation seine Zustimmung ertheilt[9] mit rechtlicher Wirksamkeit in das Leben treten, ja der fehlende Konsens des Bischofs wird nicht einmal durch die Einwilligung des Metropoliten ersetzt[10].

Dasselbe Recht, wie dem Bischof, steht dem praelatus nullius für seine Quasi-Diöcese zu[11].

Die Bedingung der Errichtung ist auch bei diesen Aemtern das Vorliegen eines genügenden Grundes (einer iusta causa), d. h. einer s. g. necessitas, einer utilitas und eines incrementum cultus divini[12]. Dahin gehören z. B. die Neubekehrung eines

[1] Hier. Gonzalez ad. reg. VIII. cancell. §. 1 prooem. n. 4; Riganti ad reg. cancell. 62. n. 26; Bouix l. c. p. 218.

[2] S. o. S. 83. Beispiele bieten ferner die Konstitutionen Leo's XII. v. 1818 (bull. Rom. cont. 17, 376) für einzelne istrische Bisthümer und Gregor's XVI. v. 1840 (bull. propag. 5, 204) für die Abtei S. Mauritius in Unterwallis nullius dioecesis.

[3] S. o. S. 64.

[4] So Phillips 7, 285.

[5] Vgl. die Zusammenstellung bei Barbosa de canonicis c. 4. n. 1 ff.; eiusd. de off. et potest. episc. P. III. alleg. 68. n. 10 ff.; s. auch Pyrrhi Corradi prax. benef. II. 2. n. 38.

[6] S. noch Fagnan. ad c. 1. X. de off. iud. ord. I. 31. n. 70 u. c. 25 X. de praeb. III. 5. n. 26; Bouix l. c. p. 218.

[7] Thesaur. resolut. 35, 14. 15; s. auch Bouix l. c. Eine direkte Quellenstelle fehlt zwar, indessen erscheint diese Meinung deshalb richtig, weil der Bischof (s. nachher) im Allgemeinen zur Errichtung von Stiftsstellen kompetent, aber dabei an die gemeinrechtlichen Einrichtungen gebunden ist.

[8] c. 11 (Lator. a. 1123) C. XVI. qu. 7; c. 3 (Alex. III.) X. de eccles. aedif. III. 48; c. 8 (Coelest. III.) X. de exc. prael. V. 31; Trid. Sess. XXI. c. 4 de ref.; Sess. XXIV. c. 13 de ref.

[9] Auch stillschweigende Einwilligung genügt, Berardi l. c. diss. III. c. 1 (ed. cit. 1, 262); Leuren l. c. P. I. qu. 14. Bei den seit älterer Zeit bestehenden Aemtern wird für den bischöflichen Konsens präsumirt, Berardi l. c.

[10] c. 8 X. V. 31 cit.

[11] Berardi l. c.; Phillips K. R. 7, 286. A. M. Ferraris s. v. beneficium art. 2. n. 5.

[12] Dies ist zu entnehmen aus c. 3. X. de eccles. aedif. III. 48; c. 1 in VI^to^ de V. S. V. 12; Trid. Sess. XXI. c. 4 de ref.; Sess. XXIV. c. 13 de ref., s. Berardi l. c. 1, 266. Gegen die Errichtung aus Gewinnsucht, um Oblationen zu erhalten, c. 10 (Bracar. II. a. 572) Dist. I. de consecr.

Ortes zum Christenthum oder zur katholischen Kirche, das übermässige Anwachsen der Zahl der Parochianen in einer Pfarrei, die Unmöglichkeit, den Chordienst in der Kathedrale oder in einer Kollegiatkirche mit der vorhandenen Zahl von Kanonikern zu versehen.

Das Vorhandensein der iusta causa hat der Bischof durch eine besonders zu veranstaltende Untersuchung festzusellen. Bei der Errichtung von Kanonikaten[1], von Dignitäten (soweit er in Betreff der letzteren kompetent ist[2]), und von Pfarreien innerhalb der Grenzen der schon bestehenden Parochien bedarf er auch der Zustimmung seines Kapitels[3].

Ferner muss eine genügende dos, d. h. ein Vermögen, aus welchem die Ausgaben für den Unterhalt des Beneficiaten, für die sachlichen Bedürfnisse des Gottesdienstes und für die Erhaltung der Gebäude, wo solche erforderlich, bestritten werden können, vorhanden sein[4]. In früherer Zeit sind als Dotationen meist Grundstücke und geldwerthe Realberechtigungen angewiesen worden[5], heute genügen auch solche in Geld, falls sie hinreichend sichergestellt sind[6]. Die Höhe hat der Bischof unter Berücksichtigung der Verhältnisse der Diöcese festzustellen[7], für die gehörige rechtliche Ueberweisung an den Stiftungszweck und ihre Beurkundung zu sorgen, endlich auch die Sicherheit der nicht in Grundstücken oder Grundrenten bestehenden Dotationen zu prüfen[8].

Diejenigen Aemter, deren Residenzort nicht von selbst — letzteres ist der Fall z. B. bei den Kanonikaten, den Vikarien oder Kaplaneien an Altären in Kathedral-, Kollegiat- und Pfarrkirchen — gegeben ist, also namentlich die Pfarrämter, sollen an einem locus congruus, einem passenden Orte, errichtet werden[9]. Die Entscheidung über diesen steht gleichfalls dem Bischof zu, welcher dabei die geographische Lage, die Bevölkerungszahl, die Bedeutung des Ortes für den Verkehr, die Kommunikationsmittel desselben und Aehnliches unter Beachtung des Zweckes des Amtes zu berücksichtigen hat[10].

[1] Die Befugniss zu ihrer Errichtung legt ihm das c. 9 (Greg. VII.?) X. de vita et hon. cler. III. 1 bei. Wenn gleich diese Stelle noch die ungetrennte Vermögensverwaltung im Stifte voraussetzt, so ist das fragliche Recht den Bischöfen doch später niemals abgesprochen worden, Fagnan. ad c. 25 X. de praeb. III. 5. n. 16 ff. Die Befugniss erstreckt sich auch auf diejenigen Ehrenkanonikate, mit denen keine Anwartschaft verbunden ist und welche nicht Ehrendomherrnstellen im modernen Sinne sind, s. o. S. 84. n. 3 u. S. 154; vgl. Bouix de capitulis p. 152; Analecta iur. pontif. 1867. p. 883, Acta s. sed. 4, 584.

[2] S. o. S. 388.

[3] S. o. S. 154 u. Note 1 u. 2 dazu.

[4] c. 9. Dist. I. de consecr. (aus Juliani epit. Nov. const. 61. c. 1); Nov. Justin. LXVII. c. 2 (a. 538); c. 1 (Bracar. II. a. 572) C. I. qu. 2; für die karolingische Zeit c. 21. Cap. Ticin. a. 801 (?LL. 1, 86) u. die Urkk. bei Meichelbeck, hist. Frising. I. 2. n. 304. 314. 374. 387, in denen der Konsekrator ausdrücklich nach der hereditas der Kirche fragt; c. 8 (Honor. III.) X. de consecr. eccles. III 40.

[5] S. c. 33. Aurel. IV.; c. 1. cit. C. I. qu. 2, die Urkunde o. S. 282. n. 2 u. die vorige Note. Rechtlich nothwendig ist aber die Ueberweisung des Eigenthums an bestimmten Sachen, namentlich an Grundstücken nicht gewesen, vielmehr konnte auch schon früher die dos aus anderen Vermögensrechten bestehen, s. Leuren. P. I. qu. 8.

[6] Jetzt werden z. B. manche Pfarreien nur durch Staatszuschüsse unterhalten.

[7] Sofern diese nicht schon ein für alle Mal durch die Diöcesanstatuten für gewisse Benefizien festgesetzt ist, s. z. B. conc. Eystett. a. 1447 (Hartzheim 5, 373).

[8] Selbstverständlich hat sich die Kognition des Bischofs auch darauf zu richten, ob die Dotation auf rechtlich erlaubtem Wege beschafft wird. c. 6 syn. Olomuc. a. 1413 erklärt die Dotation mit wucherlichen Renten für unerlaubt und die auf eine solche hin stattgehabte Errichtung von Benefizien für nichtig.

[9] c. 28 (Pseudo-Isid.) C. XVI. qu. 7.

[10] Für das Pfarramt wird z. B. ein grösserer Ort, welcher in der Mitte der Parochie belegen ist und einen lebhaften Verkehr mit der Umgegend hat, für einen exponirten Kaplan dagegen ein von der Pfarrstadt entfernter und ausserhalb des Verkehrs stehender Ort zu wählen sein.

Sodann ist bei denjenigen Aemtern, für welche ihrer Natur nach ein bestimmter Sprengel erfordert wird, dieser letztere abzugrenzen, und das nothwendige kirchliche Gebäude zu beschaffen. Für die Pfarreien kommt beides in Frage [1].

In wie fern etwaige bei der Neuerrichtung eines Amtes interessirte Personen zu hören sind, darüber wird passender bei der Lehre von der Veränderung der Aemter gehandelt. Bei der Neuerrichtung im eigentlichen Sinne kommen solche Personen nicht in Frage. Diese ist aber unter den heutigen Verhältnissen, soweit es sich um Aemter mit besonderen Sprengeln handelt, äusserst selten, denn sie kann ohne gleichzeitige Veränderung der bisherigen kirchlichen Eintheilung nur in den Missionsländern und ferner in den Gebieten der ordentlichen Verfassung ausnahmsweise blos dann vorkommen, wenn die bisherige Organisation ganz oder zum Theil durch besondere Umstände zerstört worden ist.

Die bisher entwickelten Regeln gelten allein für solche Aemter, welche zugleich Benefizien sind und als solche errichtet werden sollen.

In Betreff der Errichtung der anderen Aemter, z. B. der ihm bei der Diöcesanverwaltung zur Seite stehenden Behörden, der General-Vikariate, Konsistorien, Kommissariate und Dekanate hat der Bischof vollkommen freie Hand [2].

Dem Rechte des Bischofs zur Erektion der niederen Kirchenämter in der Diöcese entspricht aber andererseits auch die Pflicht, die geistlichen Bedürfnisse der Diöcesan-Eingesessenen durch Errichtung der nöthigen kirchlichen Anstalten und der erforderlichen Anzahl von Benefizien zu befriedigen. Er hat also für eine ausreichende Zahl von Pfarrämtern, sowie in den einzelnen Pfarreien auch für die Einrichtung der nothwendigen Hülfsbenefizien Sorge zu tragen. Findet sich Niemand, welcher freiwillig für ein erforderliches Amt die Dotation gewährt [3] und können auch die Mittel nicht aus dem Vermögen der Kirche, von welcher eine neue Pfarrei abgezweigt oder an welcher ein Hülfsbenefizium errichtet wird, beschafft werden, so haben diejenigen Diöcesanen, in deren Interesse die Neuerrichtung erfolgt, die Mittel zu gewähren [4], und falls sie nicht genügend solvent sind, muss der Bischof mit seinem Mensalgut eintreten [5].

[1] Eine Pfarrei ist ohne eine Räumlichkeit, in welcher der Pfarrgottesdienst abgehalten wird, nicht denkbar. Eine eigene Kirche wird aber nicht absolut gefordert. Abgesehen von Militärpfarreien, für die vielfach nur eine andere Kirche mitbenutzt wird, kann auch z. B. bei s. g. Missionspfarreien vorläufig bis zur Beschaffung der Mittel für eine eigene Kirche ein geeigneter Saal gebraucht werden. Für die Regel fällt allerdings die Errichtung der Pfarrei und der Pfarrkirche zusammen.

[2] S. o. S. 209. 224. 286. 291.

[3] Ueber die Rechtsgültigkeit eines derartigen Versprechens entscheidet das Civilrecht des betreffenden Landes. Für das gemeine Recht kommen die Grundsätze über das votum in Betracht. Nach Auth. novell. coll. 9. tit. 6. c. 7 (= Nov. Just. 131. c. 7. a. 545) soll derjenige, welcher mit Genehmigung des Bischofs ein Oratorium zu errichten oder wiederherzustellen begonnen hat, verpflichtet sein, den Bau zu Ende zu führen und seine desfalsige Verbindlichkeit auch auf seine Erben übergehen. L. 15 (Zeno) C. de ss. eccl. I. 2 verordnet nicht dasselbe (so Phillips K. R. 7, 289. n. 22), vielmehr bestimmt sie, dass, wenn Jemand zu Gunsten eines Heiligen in der Absicht, demselben später ein Oratorium zu bauen, eine rechtsgültige Schenkung gemacht hat, er, bez. seine Erben, selbst wenn mit der Ausführung des Planes noch nicht der Anfang gemacht worden ist, doch zur Errichtung des Oratoriums und zur Realisirung der Schenkung an dasselbe gezwungen werden können, d. h. das Gesetz betrachtet eine derartige Schenkung zugleich als ein bindendes Versprechen, eine Kirche zu bauen.

[4] Trid. Sess. XXI. c. 4. de ref.

[5] c. 6 (Coel. III.) X. de aedif. eccles. III. 48; Fagnan. ad. c. 3. X. eod. n. 7. Dies kann der Bischof auch nicht durch Berufung auf seinen Amtseid, nach welchem er die Kirchengüter in ihrem Bestande zu erhalten verspricht, ablehnen, s. c. 6. cit. Ebensowenig ist der Grundsatz durch die Konstitutionen, welche zu allen Veräusserungen von Kirchengut päpstliche Genehmigung erfordern (s. dieselben vorläufig bei Phillips, Lehrb. 2. Aufl. S. 487), — was freilich streitig ist, s. Giraldi expos. iur. pontif. 1, 459 — aufgehoben, denn c. 2 (conc. Lugd. a. 1274) in VIto de reb. eccl. III. 9. u. c. un. (Paul. II. a. 1468) in Extr. comm. eod. tit. III. 4 nehmen ausdrücklich die casus a iure permissi aus.

Die Frage, in wie fern ein Verstoss des Bischofs gegen die dargelegten Regeln die Errichtung des Amtes nichtig macht, ist in der Literatur nicht erörtert.

Zweifellos tritt eine Nichtigkeit ein, wenn der Konsens des Kapitels da, wo er vorgeschrieben, nicht eingeholt oder nicht ertheilt worden ist [1]. Dasselbe muss gelten, wenn die Vorschriften über die iusta causa und den locus congruus nicht beobachtet sind, weil nur unter diesen Voraussetzungen überhaupt die Neuerrichtung vorgenommen werden dürfte.

Hat endlich der Bischof die Beschaffung der dos unterlassen, so entsteht jedenfalls kein Benefizium im strengen Sinne, und die Nichtigkeit der Errichtung des Benefiziums muss auch zugleich die des Amtes treffen. Man wird nicht annehmen können, dass in einem solchen Falle wenigstens das Amt als officium im eigentlichen Sinne gültig bestehen kann. Bei denjenigen Aemtern, welche nach gemeinem Recht zugleich beneficia sind, steht es nicht in der Macht des Bischofs, diesen Zusammenhang zwischen der geistlichen und pekuniären Seite beliebig zu lösen, vielmehr ist dies nur in den gesetzlichen Ausnahmefällen gestattet [2].

Ob der Bischof im Falle, dass er die Beschaffung einer genügenden Dotation verabsäumt hat, die letztere selbst gewähren muss, hängt davon ab, ob er nach Massgabe der vorhin entwickelten Grundsätze zur Errichtung des Amtes verpflichtet war oder nicht. Abgesehen davon liegt ihm aber die Pflicht zur Dotation dann ob, wenn er wissentlich oder fahrlässiger Weise eine Kirche ohne genügende Dotation konsekrirt hat und der Erbauer die letztere zu beschaffen ausser Stande ist [3].

Die Nichtigkeit der Errichtung wegen mangelnder Dotation kann also auf die angegebene Weise gehoben werden. Ist es dagegen nicht möglich, die Dotirung nachträglich zu bewirken, so müssen die bereits getroffenen Veranstaltungen rückgängig gemacht werden. Mit einem etwa schon konsekrirten gottesdienstlichen Gebäude ist ebenso zu verfahren, wie wenn sämmtliche an demselben bestehenden Benefizien supprimirt werden (§. 111).

Das den Ordinarien zustehende Recht der Aemter-Errichtung ist dem Papste gegenüber kein ausschliessliches, vielmehr kann der letztere als iudex ordinarius [4]

[1] S. o. S. 158.

[2] So kann z. B. ein Kanonikat allerdings ohne Pfründe bestehen, s. o. S. 62, indessen ist dabei vorausgesetzt, dass mit päpstlicher Erlaubniss eine Anwartschaft ertheilt oder dass ein Kanoniker über die Zahl aufgenommen worden ist, s. o. S. 64. n. 4. Die Vorschrift, dass dem letzteren eine Präbende nachträglich zu ertheilen ist, zeigt gerade, dass das regelmässige Verhältniss überall hergestellt werden soll.

Wenn Fagnan. ad c. 3. X. de III. 48. cit. n. 6 bemerkt, dass bei nicht vorhandener dos der Pfarrer nach c. 3 u. 4 (s. g. stat. ant. eccl.) Dist. XCI. sich durch seiner Hände Arbeit ernähren müsse, so ist ein solches Auskommen nicht geeignet, die Unterlage für ein Pfarrbenefizium zu bilden. Absolut unstatthaft wäre allerdings eine derartige Beschäftigung eines die Seelsorge versehenden Geistlichen nicht (Th. I. S. 134. 135), aber ein Pfarrbenefizium würde ein solcher nicht haben.

[3] Eine positive Vorschrift besteht nicht. Das im Text Bemerkte wird aber ohne Widerspruch von den Kanonisten einstimmig gelehrt, s. die Glosse s. v. consecranda ad c. 8. X. III. 40; Fagnan. ad c. 3. X. de iurepatr. III. 38. n. 36; Barbosa de off. et pot. episc. P. III. alleg. 64. n. 2; Engel colleg. iur. un. III. 48. n. 6; Reiffenstuel J. C. U. III. 48. n. 9; Ferraris s. v. ecclesia art. 3. n. 36. Es werden analogisch die Bestimmungen über die Verpflichtung des Bischofs zur Unterhaltung eines ohne Titel geweihten Kandidaten (Th. I. S. 78) angewendet. Die Höhe der Dotation bestimmt sich nach dem Zwecke, welchem die Kirche dienen soll, war also eine Pfarrkirche beabsichtigt, so muss die Dotation so gross sein, dass der Pfarrgottesdienst damit ermöglicht werden kann. Der Bischof ist nicht befugt, eine solche Kirche blos, um seine Dotationspflicht herabzumindern, mit einem einfachen Benefizium auszustatten. Dies folgt daraus, dass die Verbindlichkeit aus der Thatsache der Konsekration entsteht, mithin auch allein die Lage der Verhältnisse zu dieser Zeit für den Umfang der Verhaftung entscheidend sein kann.

[4] S. jetzt auch c. 3 der vatikanischen const. Pastor aeternus v. 18. Juli 1870 (Arch. f. k. K. R. 24, LIV).

der ganzen katholischen Welt neben dem Bischof ebenfalls dergleichen Massnahmen treffen. Absolut nothwendig ist sein Konsens sogar bei der Errichtung von Aemtern in eximirten Gebieten, welche nicht zum Territorium eines Prälaten nullius dioecesis gehören [1].

III. Die Stellung Drittberechtigter bei Errichtung von Kirchenämtern. Eine grosse Anzahl von Benefizien sind im Laufe der Zeiten, namentlich im Mittelalter, von anderen Personen als den kirchlichen Oberen, so von Laien und von Klöstern oder auf deren Initiative gestiftet worden. Diese haben dabei nicht nur insofern einen entscheidenden Einfluss ausgeübt, als sie die Art des neu zu gründenden Amtes (selbstverständlich vorbehaltlich der Genehmigung der kirchlichen Oberen) bestimmt haben, sondern das kirchliche Recht selbst hat ihnen und damit auch jedem, welcher in heutiger Zeit derartige Stiftungen vornehmen will, von jeher die Befugniss zugestanden, bindende, das neue Amt selbst betreffende Normen, z. B. über die Pflicht des Inhabers zur Abhaltung gewisser Gottesdienste, über die Art der Besetzung des Amtes [2], die Qualifikation der künftigen Amtsträger [3], über die Beobachtung der Residenzpflicht u. s. w. festzusetzen [4]. Diese können von den für die Kirchenämter geltenden gemeinrechtlichen Regeln abweichen [5], sollen aber nach der Lehre der Kanonisten weder unmögliche noch unsittliche Vorschriften enthalten [6]. Diese Formulirung ist offenbar unzureichend. Ergiebt sie doch nichts darüber, ob blos faktisch oder auch rechtlich unmögliche Bestimmungen ausgeschlossen sein sollen, und was eventuell unter den letzteren zu verstehen ist.

Erwägt man, dass der Stifter als solcher, da ihm jede gesetzgeberische Befugniss abgeht, weder die Fundamente der kirchlichen Rechtsordnung beseitigen noch das rechtlich nicht Erlaubte erlaubt machen kann, so ergiebt sich, dass der Stiftungswille seine Gränzen an allen rechtlichen Vorschriften findet, welche durch das Wesen der kirchlichen Rechtsordnung überhaupt [7] und des in Frage kommenden Rechtsinstitutes [8] bedingt sind, nicht minder an solchen, deren Ueberschreitung verboten und mit Strafen bedroht [9] ist [10]. Die Prüfung der Fundationsbedingungen unter den erwähnten Gesichtspunkten steht dem kirchlichen Oberen zu, welcher die Festsetzung unstatthafter derartiger Anordnungen zurückzuweisen hat. Sind solche etwa aus Unachtsamkeit zugelassen worden, und werden sie später für nichtig erklärt, so

[1] c. 4 (Alex. IV.) in VIto de priv. V. 7.

[2] Z. B. wem das Patronatrecht zustehen soll.

[3] Ueber das Alter des Kandidaten, über die Zugehörigkeit desselben zu einer bestimmten Familie, einer bestimmten Stadt (s. z. B. dipl. a. 1292 bei Lacomblet, niederrhein. Urkdbch. 2, 549); Acta s. sed. 10, 232.

[4] Clem. 2 de relig. dom. III. 11; Trid. Sess. XXV. c. 5 de ref.

[5] Denn sonst würde das Recht des Stifters von so gut wie keiner praktischen Bedeutung sein, vgl. Glosse s. v. constitutum i. f. zu c. 8. X. de consuet. I. 4; de Luca de benef. disc. 95. n. 10. Reiffenstuel III. 5. n. 110; Ferraris s. v. beneficium art. 2. n. 12. Bei der Fundation eines Kanonikates kann z. B. ein niedrigeres Alter als das vom Tridentinum vorgeschriebene (s. o. S. 66) für den Erwerber festgesetzt werden, s. Fagnan. ad c. 7 pr. X. de elect. I. 6. n. 72. 73.

[6] Barbosa de off. et pot. episc. P. I. tit. 2. gl. 17. n. 28; Reiffenstuel l. c. n. 105; Ferraris l. c.

[7] Daraus folgt schon die Unzulässigkeit aller unsittlichen Auflagen.

[8] Hierher gehört z. B. die Bedingung, dass ein Laie das gestiftete Pfarrbeneflzium versehen, der Bischof kein Prüfungsrecht bei der Einsetzung des Geistlichen haben, dass die Präsentationsfrist eine längere als die gemeinrechtliche (— Bestimmung einer kürzeren ist statthaft, Acta s. sed. 2, 226 ff. —) sein soll.

[9] Unter diesem Gesichtspunkt ist die Bedingung unzulässig, dass der Geistliche auch nach seiner Verheirathung das Beneflzium, welches er sonst verliert (Th. I. S. 161), behalten soll, s. Richters Tridentinum S. 443. n. 5.

[10] So dass diese Ueberschreitung als eine rechtlich unerlaubte Handlung sich qualificirt. Eine ähnliche Formulirung, wie im Text, schon bei Lotter de re benefic. C. I. qu. 32. n. 19 ff. u. Leuren. l. c. P. I. qu. 29. 30.

bleibt es dem Stifter offen, die Stiftung zurückzuziehen, weil er sich nur unter der Voraussetzung der vollen Realisirung seiner Intentionen hat verpflichten wollen [1].

Nach rechtsgültig zu Stande gekommener Stiftung [2] ist weder der Stifter noch der Ordinarius befugt [3], den Inhalt derselben zu ändern. Ebensowenig kann dies bei Uebereinstimmung des letzteren und des Nachfolgers des Fundators [4] geschehen. Ob der Stifter selbst unter hinzutretender Genehmigung des Ordinarius dazu berechtigt ist, hängt davon ab, ob die die Veränderung bewirkende Anordnung innerhalb der Kompetenz des Ordinarius liegt [5], was freilich nur selten der Fall sein wird [6].

Allein dem Papst kommt unter allen Umständen das Recht zur Aenderung der Stiftung zu, denn die Privatdispositionen der Einzelnen bilden für die oberste gesetzgebende Gewalt keine Schranke. Thatsächlich erfolgt eine solche Aenderung aber nur aus dringenden Ursachen, namentlich dann, wenn sich im Laufe der Zeit die Unmöglichkeit herausstellt, die Fundationsbedingungen einzuhalten.

Wie der Wille der Stifter bei der Fundation von Benefizien für diese gewisse vom gemeinen Recht abweichende Bestimmungen zu treffen befugt ist, so kann er auch Vermögensmassen zu anderen religiösen Zwecken widmen, ohne dass dabei die kirchliche Autorität intervenirt. Ein kirchliches Benefizium entsteht in einem solchen Falle niemals, vielmehr nur eine fromme Stiftung, welche allerdings einem Benefizium sehr ähnlich sein kann.

Hierher gehören die s. g. *capellaniae laicales*, d. h. die Widmung von Vermögensstücken zum Zwecke eines bestimmten Gottesdienstes, z. B. zur Feier von Messen, ohne dass die ausgesetzten Fonds nothwendig in die Verwaltung der kirchlichen Oberen zu gelangen und die Eigenschaft von Kirchengut anzunehmen brauchen [7].

Zur Errichtung derartiger Stiftungen ist die Genehmigung des Ordinarius [8] nicht nöthig. Ebenso wenig hat dieser als solcher bei der Auswahl des zeitigen Inhabers mitzuwirken, vielmehr hat der Fundator bei der Bestimmung der berechtigten Sub-

[1] Einzelne, wie Pyrrhus Corradus prax. benef. II. 10. n. 166 u. Reiffenstuel l. c. n. 108, erklären die unstatthaften Bedingungen wegen des favor religionis für non adiectae. Dies hat aber keinen Anhalt, und ist daher nur richtig, wenn es sich um eine durch Verfügung von Todes wegen gemachte Stiftung handelt.

[2] Vorher wohl. Wenn die Stiftung durch eine letztwillige Verfügung gemacht ist, so finden die Regeln über die commutatio einer solchen Anwendung, s. Acta s. sed. 7, 614.

[3] Denn die rechtlich existente Stiftung hängt nicht mehr von ihrem Willen ab, s. Ferraris l. c. n. 18. 19.

[4] Weil von dem Willen des letzteren die Stiftung seines Vorfahren ebenfalls unabhängig ist, s. Ferraris l. c. n. 20.

[5] Die älteren Kanonisten drücken dies so aus, dass die Veränderung weder zum Präjudiz der Kirche noch eines Drittberechtigten gereichen darf, Reiffenstuel l. c. n. 112. 113; Ferraris l. c. n. 19.

[6] So wird z. B. die Rückerstattung eines Theils des Stiftungsfonds an den Fundator, auf welche die Grundsätze über Veräusserungen von Kirchengut Anwendung finden, für die Regel unstatthaft sein. Ferner besitzt nach der const. Urbans VIII.: Cum saepe contingat v. 21. Juni 1625 (M. Bull. 4, 91 u. Richters Tridentinum S. 141) allein der Papst das Recht zur Reduktion der in limine fundationis auferlegten Messverpflichtungen, c. 4 de ref. Sess. XXV. Trid. bezieht sich nicht auf diese Auflagen, so auch die Congr. conc. s. Richter a. a. O. S. 139. n. 77; Reiffenstuel l. c. n. 115; Ferraris l. c. n. 22; Schmalzgrueber III. 41. n. 148. Wohl aber kann der Stifter im Einverständniss mit dem Bischof dem späteren Inhaber des von ihm gegründeten beneficium simplex die ursprünglich nicht festgesetzte Residenzpflicht auferlegen.

[7] Leuren. l. c. P. I. qu. 96; Berardi app. ad tract. de benef. eccles., ed. cit. 1, 440. Möglich ist dagegen die Ueberweisung des Stiftungsvermögens zu dem gedachten Zweck an eine Kirche.

[8] Berardi l. c. p. 441. 442, sondern nur die Acceptation, einmal, um dem Stifter die Zurücknahme seiner Verfügung unmöglich zu machen, sodann aber, weil der Stifter keine Disposition über fremde Kirchen hat und die Kaplaneien mit einem Altar oder mit einer neu zu errichtenden Kapelle in einer solchen in Verbindung gebracht werden müssen.

jekte freie Hand[1]. Endlich ist es nicht einmal erforderlich, dass der Inhaber der Kaplanei ein Geistlicher ist. Dieselbe kann auch Laien, sogar Kindern und Frauen, als Berechtigten zustehen[2], da die Erfüllung der Verpflichtungen, welche nothwendiger Weise durch einen Geistlichen zu geschehen hat, einem solchen gegen Entschädigung vom Inhaber übertragen werden darf[3]. Unverwehrt ist es allerdings dem Stifter durch besondere Anordnungen die capellania laicalis der s. g. *capellania ecclesiastica*[4] (oder *collativa*), d. h. der unter kirchlicher Autorität errichteten Kaplanei, welche bald mit dem Charakter der vollen Perpetuität, bald blos objektiv dauernd, aber ohne festes lebenslängliches Recht des Inhabers errichtet werden kann[5], anzunähern. So darf er z. B. festsetzen, dass die Einkünfte nur einem Geistlichen[6] zukommen sollen und dem Anstellungsberechtigten die beliebige Entfernung desselben, welche er freilich andererseits auch einräumen kann[7], untersagen[8].

Darüber, ob eine capellania die Eigenschaft einer laicalis oder ecclesiastica hat, entscheidet die Stiftungsurkunde. Selbst wenn der Ordinarius dem Inhalte derselben zuwider ein förmliches Erektionsdekret erlassen hat, wird dadurch die Natur der capella laicalis nicht geändert[9], es sei denn, dass der Stifter damit ausdrücklich einverstanden gewesen wäre[10].

Fehlt es bei einer Laienkaplanei an einer Festsetzung über die Qualifikation des anzustellenden Kapellans, d. h. des Inhabers der Kaplanei und ihrer Einkünfte, so sind Laien, Kinder und Frauen nicht ausgeschlossen[11], weil der Zweck der Stiftung durch Annahme eines Geistlichen für die Verrichtung der gottesdienstlichen Funktionen erfüllt werden kann. Dagegen lässt sich mangels einer besonderen Vorschrift nicht behaupten, dass die zur Kaplanei berechtigten diese nur widerruflich erlangen. Hat der Stifter nach Art eines Fideikommisses die genussberechtigten Personen ein für alle Mal bestimmt, so gilt als Regel die Berufung auf Lebenszeit, und hat er die Nomination anderen übertragen, so ist damit den letzteren noch nicht ohne Weiteres das Recht zu beliebiger Entziehung des Genusses der Kaplanei gegeben.

Im Uebrigen sind alle in Betreff der capellaniae laicales entstehenden Rechtsfragen nach den civilrechtlichen Grundsätzen über Stiftungen bez. über Familienstiftungen, und wo es sich um Verfügungen von Todes wegen handelt, nach den Regeln über die Testamente und Legate zu frommen Zwecken zu beurtheilen[12].

Für die capellaniae ecclesiasticae kommen dagegen daneben die Grundsätze über die kirchlichen Benefizien zur Anwendung[13]. Deshalb entsteht auch aus der Errichtung einer Kaplanei seitens des Ordinarius und der durch den letzteren, sei es

[1] Die Befugniss, den Kapellan einzusetzen, wird vielfach auch Patronatrecht genannt, so z. B. Acta s. sed. 1, 636 ff.; 5, 23; Berardi l. c. p. 441, wiewohl dem Berechtigten die freie Nomination zusteht, und der von ihm Ernannte auch ohne Dazwischenkunft der geistlichen Autorität seine Funktionen ausüben kann.

[2] Leuren l. c. P. I. qu. 97. n. 1; vgl. den Rechtsfall in Acta s. sed. 5, 23.

[3] Berardi l. c. p. 440. Einzelne sprechen hier von einer capellania *mercenaria*, Ferraris s. v. capellania n. 1.

[4] Berardi l. c. p. 442; Schmalzgrueber l. c. III. 5. n. 8.

[5] Schmalzgrueber l. c. Im ersteren Falle sind solche wirkliche Benefizien, im anderen nur s. g. beneficia manualia, Leuren l. c. qu. 86.

[6] Dieser muss aber für die Diöcese approbirt sein, Berardi l. c. p. 442.

[7] Berardi l. c. p. 443. 444; Acta s. sed. 2, 424.

[8] Material für die im Text erörterten Fragen bietet die Zusammenstellung von Entscheidungen der Congr. Conc. i. d. Acta s. sed. 1, 634 ff.

[9] Acta cit. 2, 323.

[10] L. c. p. 328. n. 1.

[11] L. c. 1, 635.

[12] Berardi l. c. p. 442; Acta cit. 1, 640.

[13] Acta cit. l. c.

auf Präsentation, sei es frei vorgenommenen Besetzung eine Vermuthung für die Qualität der Kaplanei als einer c. ecclesiastica [1].

B. Die Veränderung der Kirchenämter.

§. 104. 1. *Im Allgemeinen.*

I. Begriff und Arten der Veränderung. Veränderung, *innovatio* [2], eines kirchlichen Amtes ist jede in dessen Bestande vorgenommene Modifikation, gleichviel, ob sie die Amtsrechte, den Amtssprengel, die Vermögensrechte des Amtes, die Qualifikation desselben (z. B. seine Eigenschaft als Säkular- oder Regular-Benefizium), die Kirche, mit welcher das Benefizium verbunden ist, u. s. w. trifft, ob sie alle verschiedenen Seiten des Amtes oder nur einzelne berührt.

1. Die einfachste Art der Veränderung ist die *translatio beneficii*, d. h. die Uebertragung eines Amtes, z. B. des Bischofs-, Pfarramtes, eines einfachen Benefiziums von einer Kirche auf eine andere.

2. Eine weitere Art bildet die Theilung, *divisio, sectio beneficii*, d. h. die Verwendung der Bestandtheile eines bestehenden Benefiziums, seiner Rechte, seines Sprengels, seiner Einkünfte zur Errichtung eines oder mehrerer neuer, mögen diese von dem Stammbenefizium noch in gewissen Beziehungen abhängig bleiben oder nicht [3], ferner die Abtrennung einzelner Stücke des Territoriums oder eines Theiles des Vermögens zum Besten eines anderen schon bestehenden Amtes, s. g. *dismembratio* im eigentlichen Sinne [4].

3. Mit der sectio hat die *diminutio beneficii* eine gewisse Aehnlichkeit. Sie besteht darin, dass dem Pfründen-Einkommen eine Abgabe, eine Pension, auferlegt und das erstere dadurch für den Beneficiaten geschmälert wird.

4. Der Gegensatz der Theilung ist die s. g. *unio beneficiorum*, die Vereinigung mehrerer Kirchenämter in der Art, dass das eine mindestens in gewissen Beziehungen seine Selbstständigkeit verliert. Jedoch kann die Vereinigung auch in der Weise erfolgen, dass der bisherige Bestand beider vereinigten Benefizien völlig vernichtet und aus ihnen ein neues errichtet wird [5].

[1] Ibid. u. 9, 456 ff.; Garcias P. I. c. 2. n. 113 ff.; Leuren. l. c. P. I. qu. 87.

Ebenso wie mit den Kaplaneien verhält es sich mit den Hospitälern, welche nicht mit einer Kirche oder einem Benefizium vereinigt sind. Auch hier entscheidet über die rechtliche Stellung des Hospitals der Wille des Stifters und die Art der Errichtung, s. Garcias l. c. c. 3. n. 1 ff.; Schmalzgrueber l. c. n. 10.

Die Messen und namentlich die Anniversarien, d. h. die jährlich zum Andenken eines Verstorbenen abzuhaltenden Messen, welche einzelne Personen kraft ihnen, z. B. letztwillig auferlegter Verpflichtung lesen lassen müssen, unterscheiden sich von den Kaplaneien dadurch, dass hier nicht ein bestimmtes Vermögen wie bei letzteren, ausgesetzt ist, sondern dass die Verpflichteten sie aus der ihnen gemachten Zuwendung bestreiten müssen, Berardi l. c. p. 441. Benefizien liegen mithin in solchen Fällen nicht vor.

[2] c. 1 (Innoc. III.) X. ne sede vacante aliquid innovetur III. 9.

[3] Leuren. l. c. P. III. qu. 957; Schmalzgrueber III. 5. n. 204; Reiffenstuel III. 12. n. 21.

[4] Vielfach wird dieser Ausdruck in weiterer Bedeutung als identisch mit *divisio* gebraucht.

[5] Werden blos einzelne Vermögensstücke eines Benefiziums mit einem andern vereinigt oder Theile seines geographischen Sprengels dem eines anderen zugeschlagen, so spricht man nicht von Union. Der erste Fall steht für das erwerbende Benefizium jedem andern Vermögenserwerb gleich. Der zweite ist für die Regel mit der Dismembration identisch. Nur unter singulären Verhältnissen, z. B. wenn bei neuen Sprengel-Eintheilungen einzelne Ortschaften oder Pfarreien vergessen worden sind, ist eine nachträgliche Vereinigung geographischer Bezirke mit einem Benefizium ohne Lostrennung, ohne Dismembration von einem andern, denkbar.

Eine besondere und eigenthümliche Art der unio bildet die im Mittelalter überaus häufig vorgekommene *incorporatio*.

5. Ferner gehört hierher die s. g. *mutatio vi erectionis* oder *per transformationem*, d. h. die Verwandlung eines Benefiziums unter Verwendung seines bisherigen Bestandes, namentlich des vorhandenen Vermögens, in ein anderes. Hierbei kann die Bedeutung des Amtes bald erhöht, bald erniedrigt werden. Das erstere ist der Fall bei der Verwandlung eines Bisthums in ein Erzbisthum [1], einer praelatura nullius in ein Bisthum [2], einer blos exemten Prälatur in eine praelatura nullius, eines Kanonikats in eine Dignität, einer Stiftsvikarie in einen Kanonikat [3], einer Pfarrkaplanstelle in eine Pfarrei [4], das letztere bei der Aufhebung eines Erzbisthums und Verwandlung desselben in ein gewöhnliches Bisthum, ferner bei der Aufhebung eines Kanonikates und der Verwendung der Einkünfte für ein Vikarie- oder Mansionar-Benefizium [5].

6. Weiter kommen Veränderungen in dem status beneficii vor, ohne dass eine Neuerrichtung statt hat, so z. B. bei dem Ersatze von Regular- durch Säkular-Kanoniker in einem Dom- oder Kollegiatstift [6], bei der Eximirung von geistlichen Instituten, welche in dem geographischen Sprengel eines bestimmten Amtes belegen sind, bei der Erweiterung der Rechte eines bisher bestehenden Benefiziums [7], bei dem Verlust einzelner Amtsrechte in Folge einer Verjährung oder Ersitzung.

7. Endlich fällt unter die Veränderungen im weiteren Sinne auch die Aufhebung des Benefiziums (*suppressio*) ohne Benutzung seiner Unterlage zu der Neu-Errichtung eines anderen.

In der Regel kommt eine einzige Art der Veränderung nicht für sich allein vor, sondern es konkurriren gewöhnlich mehrere. Die Errichtung eines Metropolitan-Bisthums kann z. B. nicht ohne Lostrennung oder Dismembration anderer Bisthümer von ihrem bisherigen Provinzialverbande erfolgen. Die Division bedingt in den meisten Fällen die Neu-Errichtung eines neuen Benefiziums, mitunter aber mehrere solcher [8]. Umgekehrt findet bei der mutatio vi erectionis stets eine suppressio des zur Unterlage für das neue benutzten, bisherigen Benefiziums statt.

II. Voraussetzungen der Veränderung. Das allgemeine Princip der katholischen Kirche, welche darauf bedacht ist, das Bestehende zu wahren, fordert, dass die vorhandenen kirchlichen Einrichtungen, so lange wie thunlich, erhalten bleiben [9]. Nur dann, wenn die Konservirung des bisherigen Zustandes unmöglich geworden oder sich dem Interesse der Kirche als schädlich erweist, oder endlich einen augenscheinlichen Nutzen vereiteln würde, d. h. allein in den Fällen der s. g. *necessitas* oder *evidens utilitas*, ist eine Innovation rechtlich zulässig [10]. Da die einzelnen

[1] S. o. S. 383. n. 6.

[2] S. o. S. 330. n. 3.

[3] Derartige Fälle v. J. 1299 u. 1306 i. Mecklenb. Urkdbch. 4, 92 u. Leverkus, Urkdbch. d. Bisthums Lübeck S. 194.

[4] Ein anderes Beispiel, Umwandlung einer Kapelle mit einem beneficium simplex in eine Pfarr-Filiale in Acta s. sed. 7, 506.

[5] S. o. S. 78. n. 6.

[6] Beispiele für das erstere Gallia christ. t. 11. app. p. 176 (Bisthum Séez a. 1547), t. 13. app. p. 139 (Pamiers a. 1745), für das letztere Würdtwein, dioec. Mogunt. 1, 111 (a. 1454).

[7] So z. B. der Beilegung des Rechtes zur Taufe und Errichtung eines Taufsteines für Pfarrkirchen, welche dieses Rechtes bisher entbehrt haben, s. Acta s. sed. 7, 560.

[8] Wenn statt einem bereits bestehenden Bisthum zwei neue errichtet werden sollen, so müssen für die Regel auch eine Anzahl von Dignitäten und Kanonikate zur Herstellung des neuen Domkapitels geschaffen werden.

[9] c. 15 (Later. a. 1139) i. f. C. I. qu. 3; c. 8 (Turon. a. 1163) X. de praeb. III. 5; c. un. (Innoc. III.) X. ut eccles. benef. sine deminutione conferantur III. 12; s. auch Trid. Sess. XXV. c. 5 de ref.

[10] c. 33 (Honor. III.) X. de praeb. III. 5; Trid. Sess. XXI. c. 5 u. Sess. XXIV. c. 13 de ref.

Arten der Veränderungen in ihren Wirkungen verschieden sind, so müssen selbstverständlich die thatsächlichen Voraussetzungen, welche für die einzelnen Fälle die Nothwendigkeit oder Nützlichkeit ergeben, verschieden sein, und es kann daher an diesem Ort nicht näher auf diese Frage eingegangen werden. Hier ist nur der allgemeine Grundsatz hervorzuheben, dass wenn die Rechte einer schon bestehenden kirchlichen Einrichtung durch Errichtung eines neuen Kirchengebäudes, ohne dass ein genügender Grund vorhanden ist, geschmälert werden, der Vertreter der ersteren berechtigt ist, das Rechtsmittel der operis novi nuntiatio zu gebrauchen, dessen Geltendmachung den civilrechtlichen Regeln unterliegt[1].

III. Kompetent zur Vornahme der Veränderung ist im Allgemeinen derjenige Kirchen-Obere, welcher die Befugniss zur Errichtung des betreffenden Amtes besitzt.

IV. Was endlich die Anwendbarkeit der Rechtssätze über die Innovation auf solche Kirchenämter, welche nicht beneficia im eigentlichen Sinne sind, betrifft, so unterliegt dieselbe hinsichtlich der beneficia manualia (s. o. S. 373) keinem Bedenken[2]. Diesen kommt ebenso wie den eigentlichen Benefizien die objektive Perpetuität zu, und die Veränderung berührt gerade stets den objektiven Bestand des Benefiziums.

Dagegen haben die erwähnten Regeln keine Geltung für die Klasse der Kirchen-Aemter, welche zwar in der heutigen Organisation der katholischen Kirche regelmässig vorkommen, aber nicht den Charakter der Benefizien im eigentlichen Sinne tragen (s. o. S. 365). Ihnen fehlt rechtlich die dauernde Unterlage, vielmehr ist ihr Fundament allein der Auftrag (Mandat oder Delegation) eines andern Kirchenoberen. Es tritt daher bei ihnen schon durch blosse Modifikation der Vollmachten, namentlich durch die materielle oder lokale Beschränkung derselben, eine Veränderung ein[3].

2. Die einzelnen Arten der Veränderungen der Kirchenämter.

§. 105. *a. Die Verlegung des Kirchenamtes.*

Eine Verlegung, die s. g. *translatio beneficii*, findet dann statt, wenn ein Kirchen-Amt von derjenigen Kirche, mit welcher es bisher verbunden war, auf eine andere übertragen wird. War das transferirte Benefizium für den Charakter der Kirche bestimmend, so verliert die letztere damit auch die davon abhängige rechtliche Qualität und diese geht auf diejenige Kirche über, mit welcher das Benefizium in Folge der Uebertragung neu verbunden wird. Als Beispiel kann die Verlegung des bischöflichen oder Pfarr-Amtes von der bisherigen Kathedrale[4] oder Pfarrkirche[5] auf eine andere geeignete Kirche des Bisthums- oder Pfarrsprengels dienen.

Kompetent zur Translation ist für diejenigen Kirchen-Aemter, deren Errichtung dem Bischof entzogen ist, allein der Papst[6], für die übrigen, mithin namentlich für

[1] c. 1 (Luc. III.). c. 2 (Innoc. III.) X. de N. O. N. V. 32.

[2] Vgl. auch Leuren. l. c. P. III. qu. 900. n. 1.

[3] Die Umänderung der Nuntiaturbezirke, der bischöflichen Kommissariats-, Dekanats-Sprengel (s. o. S. 285. 291), der den mehreren General-Vikaren desselben Bisthums überwiesenen Distrikte (s. o. S. 227. n. 3), der Missionspfarreien (s. o. S. 363), und der Militärseelsorge-Sprengel ist keine innovatio beneficii.

[4] S. z. B. const. Gregor. XIII. v. 1572 für Noli Ughelli 4, 1008.

[5] dipl. episc. Zwerinens. a. 1264, Mecklenb. Urkdbch. 2, 249.

[6] Also für die Verlegung der Kathedralen der Erzbisthümer, Bisthümer und Kollegiatkirchen, s. auch c. 1 (Innoc. III.) X. de transl. I. 7.

die Pfarr- und einfachen Benefizien, der Ordinarius [1]. Dies folgt einerseits daraus, dass in der Verlegung eine Innovation der ursprünglichen Errichtung liegt, und derjenige, welcher die letztere nicht vornehmen darf, auch die bei der Erektion getroffenen Einrichtungen nicht zu ändern befugt sein kann; ferner aber weiter daraus, dass diejenige Kirche, welche durch die Verbindung mit einem Benefizium eine höhere Qualifikation erhält, in dieser Eigenschaft gewissermassen neu errichtet wird [2].

Mangels besonderer positiver Bestimmungen über die Fälle, in welchen eine Translation zulässig ist, muss die allgemeine Regel zur Anwendung kommen, dass eine solche nur bei vorliegender Nothwendigkeit oder behufs Erzielung eines augenscheinlichen Nutzens für das religiöse Leben oder für die kirchliche Verwaltung statthaben kann [3]. Genügende Gründe sind also z. B. die Unmöglichkeit, die bisher gebrauchte Kirche zu erhalten, während eine andere, deren Reparaturkosten aufgebracht werden können, vorhanden ist [4]; das Anwachsen der katholischen Bevölkerung und die dadurch bewirkte Unzulänglichkeit des bisher als Kathedrale oder Pfarrkirche benutzten Gebäudes, die ungünstige Lage einer solchen, um als Mittelpunkt der Gottesverehrung oder der pfarramtlichen oder bischöflichen Leitung dienen zu können [5]. Der im Tridentinum [6] allein als Grund der Translation hervorgehobene Fall der Unmöglichkeit der Wiederherstellung verfallener Kirchen ist jedenfalls nicht als der einzig statthafte zu betrachten [7]. Abgesehen davon, dass die betreffende Vorschrift blos von den beneficia simplicia und den Pfarrkirchen spricht, und keineswegs die Translation als solche erschöpfend behandelt, bezweckt sie auch nur, den Bischöfen Verhaltungsmassregeln zur Verhütung des Verfalles derartiger Kirchen und Benefizien zu geben und ihre desfallsigen Befugnisse hinsichtlich der Patronats-Kirchen und Benefizien sicher zu stellen.

Der Papst ist, wenn er eine Translation vornimmt, dabei in keiner Weise an die Genehmigung oder den Rath anderer Personen gebunden. Ebenso kann er auch von dem Vorliegen der objektiven Voraussetzungen absehen. Für die Regel werden aber dieselben Formen, wie bei der Neu-Errichtung eines höheren Kirchenamtes gewahrt (s. o. S. 385), d. h. der betheiligte kirchliche Obere gehört und der Rath der Kardinäle erfordert.

[1] Trid. Sess. XXI. c. 7 de ref.

[2] Darüber ist die Doktrin einig, s. z. B. Rebuffus l. c. P. I. rubr. de erectione in cathedr. n. de erect. in colleg. ed. Colon. 1610. p. 223. 226; Garcias l. c. P. XII. c. 5. n. 1; Barbosa J. E. U. I. 2. n. 139. Die vielfach vorkommende Berufung auf c. 53 (Gregor III.) C. XVI. qu. 1; c. 1 (Innoc. III.) X. ne sede vac. III. 9; c. 4 (id.) de off. leg. I. 30, welche freilich nicht von dem hier in Rede stehenden Specialfall handeln, ist insofern gerechtfertigt, als die citirten Stellen das Princip der ausschliesslichen Verfügungsberechtigung des Papstes über die höheren Benefizien erkennen lassen. Darüber insbesondere, dass der Bischof nicht, wie die Rota früher angenommen hat, zur Translation der Kathedrale auf eine andere Kirche derselben Stadt befugt ist, s. de Prosperis (S. 343. n. *) qu. 15. n. 13 ff. p. 106.

[3] Fagnan. ad c. 3. X. de eccles. aedif. III. 48. n. 58 verlangt ebenfalls eine magna causa.

[4] Ein solcher Fall i. d. Acta s. sed. 1, 217.

[5] Ein Beispiel dafür bietet die S. 397. n. 4 angeführte Konstitution. Eine Verlegung wegen der Gefahr feindlicher Ueberfälle wird ausgesprochen in c. 44 (Gregor. I.) C. VII. qu. 1. Dagegen gehört c. 25 (Gelas. I.) C. XXV. qu. 2 nicht hierher; dasselbe ordnet zur Strafe für die Ermordung des Bischofs durch die Einwohner der Stadt die visitatio durch andere Bischöfe (s. Th. I. S. 313. Th. II. S. 229), also nicht eine definitive Translation des Bischofssitzes, an. Dasselbe gilt von der im Mittelalter bisweilen stattgehabten zeitweisen Verlegung des Sitzes des Bisthums und des Domkapitels wegen Rebellion der Einwohner der Bischofsstadt (s. z. B. Fagnan. ad c. 2. X. de n. o. n.), denn hierin lag nur eine provisorische Entbindung von der Residenzpflicht und von der Verbindlichkeit, am Amtssitze zu fungiren.

[6] Sess. XXI. c. 7 de ref.

[7] Anscheinend die entgegengesetzte Auffassung vertreten Acta s. sed. 9, 476.

Dagegen hat der Ordinarius für die Translation den Konsens des Kapitels einzuholen, sofern dabei eine wichtige Veränderung in dem Benefizialbestande der Diöcese, z. B. ein Pfarramt und eine Parochial-Kirche in Frage kommt[1]. Dass er ausserdem die betheiligten Interessenten, den Inhaber des zu transferirenden Amtes, den etwaigen Patron und die Parochianen anhören muss, schreibt das Tridentinum für den von ihm berücksichtigten Fall ausdrücklich vor. Da es sich dabei um eine causa necessitatis handelt, so muss diese Anordnung analogisch auf den Fall der blossen causa utilitatis ausgedehnt werden, und zwar um so mehr, als auch bei sonstigen Veränderungen die Anhörung der Interessenten erforderlich ist (s. die folgenden §§.). Ferner ist nach Analogie der für diese geltenden Regeln anzunehmen, dass der Widerspruch der Interessenten eine gerechtfertigte Translation nicht zu hindern vermag, andererseits aber ihre unterlassene Berufung und Anhörung die Nichtigkeit der Massregel bewirkt.

Während die Translation von Benefizien in exemten Gebieten und Kirchen nach allgemeinen Grundsätzen dem Papste zukommt[2], hat das Tridentinum in dem erwähnten Kapitel die Bischöfe dazu ausnahmsweise als gesetzliche, apostolische Delegaten für den Fall ermächtigt, dass die Verlegung wegen des nicht zu hindernden Verfalls der Kirchen, mit welchen die zu transferirenden Benefizien verbunden sind, erfolgt. Dass indessen der Bischof dann, wenn er schon kraft eigenen bischöflichen Rechtes zur Translation befugt ist, sie auch nach seinem Belieben als apostolischer Delegat vornehmen kann, und unter dieser Voraussetzung des Konsenses des Kapitels nicht bedarf[3], ist zwar die gewöhnliche Ansicht, beruht aber auf einer falschen Auffassung des vom Tridentinum gebrauchten Ausdrucks: *etiam tanquam apostolicae sedis delegati*[4].

Der Begriff der Translation bedingt es, dass das verlegte Benefizium keine Aenderung in seinem Bestande, also weder in seinen Rechten und besonderen Privilegien noch in seinen Pflichten erleidet[5]. Dies versteht sich daher von selbst, wenn auch der kirchliche Obere bei der Translation nichts in dieser Hinsicht bestimmt hat[6].

Die Frage, welchen Einfluss die Verlegung auf diejenige Kirche äussert, mit welcher das transferirte Benefizium vorher verbunden war, lässt sich nicht allgemein beantworten. Bei der Uebertragung eines einfachen Benefiziums kann unter Umständen die Kirche in ihrer bisherigen Qualität bestehen bleiben, es kann aber andererseits auch ihre Profanation[7] nöthig werden. Die Translation eines die rechtliche Eigenschaft der Kirche bestimmenden Benefiziums, wie sie bei der Verlegung von Kathedral-, Kollegiat- und Pfarrkirchen vorkommt, entkleidet das bisber gebrauchte

[1] S. o. S. 153.

[2] S. o. S. 392.

[3] S. z. B. Schulte, K. R. 2, 315 n. 1; s. auch Th. I. S. 177.

[4] Th. I. S. 178. 179.

[5] Die Konstitution für Noli (S. 397. n. 4) bestimmt daher auch: „Necnon secundam dictam ecclesiam in locum primae dictae ecclesiae etiam quoad privilegia, facultates, libertates, immunitates, exemptiones, indulta, concessiones, indulgentias etiam plenarias et peccatorum remissiones aliasque gratias spirituales et temporales . . . substituimus, s. ferner Acta s. sed. 1, 217. Auch das Tridentinum erkennt dies für den von ihm berücksichtigten Fall an. Wegen der Translation der Kathedralen s. noch Prosperi s l. c. qu. 15. n. 5 ff.

Dass in Folge der Translation der status der Kirche, auf welche das Beneficium übertragen wird, geändert werden kann, ist bereits oben bemerkt. Dabei können noch besondere Anordnungen nöthig werden, so z. B. bei der Verlegung der Kathedrale an eine Kollegiatkirche in Betreff der Kanonikatstellen beider, vgl. z. B. die const. Alex. VI. v. 1495 bei Ughelli It. sacr. 1, 181.

[6] Wenn er dagegen eine Abänderung verfügt hat, so liegt nicht mehr eine translatio, sondern eine mutatio status beneficii vor.

[7] Darüber s. §. 111.

Kirchengebäude stets seiner früheren Qualität, dagegen hängt es von den besonderen Verhältnissen und von der Bestimmung des transferirenden Oberen ab, ob und in welcher Eigenschaft es fortbestehen, z. B. ob die frühere Kathedrale, Kollegiatkirche nunmehr als Pfarrkirche oder Kapelle benutzt werden[1] soll. Die Anordnung darüber bildet einen integrirenden Theil des Translationsaktes und muss, falls sie etwa aus Versehen unterblieben ist, nachgeholt werden.

§. 106. *b. Die Theilung der Kirchenämter* *).

I. Die *divisio*, d. h. die Errichtung zweier oder mehrerer Kirchenämter aus einem bestehenden unter Benutzung der Substanz desselben kommt am häufigsten bei denjenigen Benefizien vor, mit denen eine kirchliche Leitungsbefugniss über einen geographischen Sprengel verbunden ist, namentlich bei Bisthümern und Pfarreien.

In Betreff der Bisthümer finden die für die Errichtung derselben geltenden Grundsätze (s. o. S. 385) Anwendung. Es ist also der Papst allein zu einer divisio berechtigt. Er ist dabei nicht an den Konsens der Betheiligten gebunden, kann diesen vielmehr aus eigener Machtvollkommenheit ergänzen[2]. Wird bei der Theilung nicht etwa eine besondere Dotation für das neu zu errichtende Bisthum beschafft[3], so muss diese aus dem Vermögen des ursprünglichen genommen werden[4]. Erworben wird ein solcher Bestandtheil erst mit seiner Ausscheidung und Ueberweisung an das neue Bisthum, welche allerdings für die Regel der Papst nicht selbst, sondern ein von ihm mit der Ausführung der Theilung beauftragter Exekutor (Bischof, Nuntius u. s. w.) vornimmt. Ein rechtlicher Anspruch des neuen Amtes auf einen verhältnissmässigen Theil des Vermögens des ursprünglichen, oder gar eine communio pro indiviso an dem ganzen Vermögen des alten Amtes zwischen diesem und dem neuen entsteht durch die divisio als solche nicht. Dieselbe ist nicht ohne Weiteres Vermögenstheilung, vielmehr kann eine solche erst durch den Ausspruch des Papstes, welcher die Modalitäten der divisio festzusetzen hat, bewirkt werden. Daher bleibt, falls es an einer genügenden Bestimmung über die Dotation fehlen sollte, nichts Anderes übrig, als die unvollständige Verfügung über die Division durch eine nachträglich vom Papst einzuholende Erklärung zu ergänzen.

Wegen des locus congruus für den neuen Amtssitz, der erforderlichen Kirche und der Abgrenzung der Sprengel s. o. S. 386. 387.

Wenngleich das bisherige Benefizium durch die Division einen Theil seiner Rechte verliert, namentlich vielfach in seinem geographischen Sprengel eine Schmälerung erleidet, so bewirkt die Abzweigung einzelner Substanztheile doch nicht ohne

[1] S. z. B. die Urkunden v. 1438 u. 1449 bei Binterim u. Mooren, Erzdiöcese Köln 4, 340. 380.

* L. Ph. Slevogt, diss. de divisione eccles. et benef. Jenae 1681; Jo. Schwabe, diss. de unione et dissolutione eccles. et benef. Vindobon. 1778; Principes canoniques sur le démembrement des paroisses i. d. Analect. iur. pontif. 1853. p. 487 ff., übersetzt i. Arch. f. K. R. 2, 17 ff. 129 ff.; Molitor, üb. Dismembr. des Beneficiums ebend. 7, 400 ff.

[2] Ausser den o. S. 383. n. 6. u. S. 386. n. 9. citirten Belegen s. noch d. const. Pii IX. v. 30. Juni 1855 (Anal. iur. pont. 1863 p. 2049) betreffend die Abzweigung des Departements de la Mayenne von dem Bisthum Lemans und die Errichtung des neuen Bisthums Laval: „motu proprio et ex certa scientia deque apostolicae potestatis plenitudine consensui quorumque interesse habentium vel quomodocunque habere praesumentium apostolica auctoritate supplentes“.

[3] Z. B. von der Staatsregierung wie bei der Errichtung von Laval (vor. Note).

[4] c. 5. (Joann. XXII.) in Extr. comm. de praeb. III. 2. s. v. De bonis autem, reditibus.

Weiteres seinen Untergang. Deshalb bleiben die besonderen ihm ertheilten Rechte und Privilegien, z. B. gewährte Indulgenzen für Altäre der Kathedrale, Titel und Auszeichnungen für den Bischof, die Exemtion vom Metropolitanverbande, die besonderen Privilegien des Domkapitels, u. s. w. bestehen[1]. Auf das neu errichtete Benefizium gehen dagegen derartige Vorrechte nicht von selbst über, weil diese an dem alten Amt, welches als solches erhalten bleibt, in seiner Totalität haften, die zur Errichtung des neuen Amtes benutzten einzelnen Bestandtheile aber nicht als Träger jener besonderen Rechte erscheinen.

Mit der Verfügung der Division seitens des Papstes erlangt das neu kreirte Amt seine Selbstständigkeit. Es existirt von diesem Zeitpunkt ab als eigenes, erwerbsfähiges Rechtssubjekt. Der Ausführung der Division, d. h. der thatsächlichen Ausscheidung von Vermögensstücken, der Festsetzung der lokalen Grenzen zwischen dem alten und dem abgezweigten Sprengel, der Errichtung des neuen Domkapitels u. s. w. bedarf es nicht. Von demselben Moment ab hört ferner das Recht des Kirchen-Oberen des nunmehr getheilten Amtes, über die für die Ausstattung des neuen bestimmten Bestandtheile zu verfügen, auf, falls diese schon in dem päpstlichen Divisions-Instrument im Einzelnen dem neuen Amte überwiesen oder dem für die Theilung ernannten Exekutor bezeichnet sind. Umgekehrt verhält es sich, wenn die Objekte nicht individuell bestimmt sind[2], sondern erst nach gewissen Gesichtspunkten ausgesondert werden sollen. Denn in diesem Falle erfolgt die Separation erst mit der Bezeichnung der einzelnen zu trennenden Gegenstände, mag diese dem Exekutor allein oder in Gemeinschaft mit dem Kirchen-Oberen des zu theilenden Amtes aufgetragen sein.

Endlich wird durch die Division jeder rechtliche Zusammenhang zwischen dem alten und neuen Benefizium aufgehoben[3], und beide stehen sich nunmehr koordinirt und unabhängig von einander, wie zwei andere besonders errichtete Aemter, gegenüber. Soll also ein solcher Zusammenhang dennoch bewahrt bleiben, so muss dies besonders angeordnet werden[4].

Die Division oder Dismembration der Pfarreien[5] steht, abgesehen vom Papst, welcher sie kraft seiner Stellung als iudex ordinarius der ganzen katho-

[1] Wird die Suppression des zur Theilung gestellten Benefiziums ausgesprochen, so stellt sich die Sache umgekehrt.

[2] Wenn also z. B. nur festgesetzt ist, dass geeignete, näher auszumittelnde Vermögensobjekte in einem bestimmten Gesammtwerthe zur Dotation des abgezweigten Bisthums verwendet werden sollen.

[3] Daher treten auch unter die Jurisdiktion des neuen Bischofs alle Personen, welche dem ihm zugewiesenen Theil der alten Diöcese angehören, Acta s. sed. 6, 571, und es wird das Filialverhältniss einer Filia in einem solchen Theile zu der der Stammdiöcese verbliebenen Mutterkirche gelöst, ibid. 9, 246.

[4] So hat Pius IX. i. J. 1860 das Erzbisthum Trani in die beiden Erzbisthümer Trani und Baroli getheilt, diese aber gleichzeitig in der Weise (aeque principaliter s. §. 108) unirt, dass stets ein und dieselbe Person beide Erzbisthümer leiten soll, Analect. iur. pontif. 1864. p. 877 ff.

Uebrigens ist es auch vorgekommen, dass die abgetrennten Theile eines Bisthums unter die Jurisdiktion eines apostolischen Vikars gestellt worden sind, so z. B. nach der Trennung Belgiens von Holland die holländischen Theile der Diöcesen Lüttich und Namür durch Breve Gregors XVI. v. 2. Juni 1840 unter die apostolischen Vikariate zu Limburg und zu Luxemburg und ferner der Kanton S. Gallen nach seiner Abtrennung von dem Bisthum Chur-S. Gallen durch Konsistorial-Dekret v. 23. März 1836 unter einen apostolischen Vikar in S. Gallen, damals in der wenigstens nachher theilweise verwirklichten Voraussetzung, dass es sich dabei nur um provisorische, durch spätere Errichtung von Bisthümern zu beseitigende Zustände handeln sollte, wie namentlich der Umstand zeigt, dass der Vikar von S. Gallen vom päpstlichen Nuntius bei der Eidgenossenschaft unterm 26. April 1836 die Gewalten, welche dem Kapitular-Vikar bei erledigtem bischöflichem Stuhl zustehen, übertragen erhalten hat.

[5] Vgl. darüber noch Bouix, tract. de parocho. Paris 1855. p. 244 ff.

lischen Kirche in jeder Diöcese vornehmen kann [1], den Ordinarien, also den Bischöfen und den praelati nullius, innerhalb ihrer Sprengel, zu [2]. Für die innerhalb ihrer Diöcesen belegenen exemten Kirchen besitzen die Bischöfe dieselbe Befugniss, aber nur als gesetzlich durch das Tridentinum ein für alle Mal bestellte Delegirte des Papstes [3].

Mag der Bischof als Ordinarius seiner Diöcese oder als päpstlicher Delegat die Theilung einer Parochie anordnen, immer ist er dazu nur beim Vorliegen eines gesetzlichen Grundes befugt [4]. Einen solchen bildet die weite Entfernung eines Theiles des Pfarrsprengels von der Parochialkirche oder eine sonstige, für die Parochianen obwaltende Schwierigkeit, in derselben die Sakramente zu empfangen oder dem Gottesdienste beizuwohnen [5].

Welche Entfernung als ausreichend anzusehen ist, darüber steht dem Ordinarius mangels einer näheren gesetzlichen Vorschrift die Prüfung zu, jedoch erachtet die Praxis und Doktrin im Allgemeinen 2000 Schritt oder 2 italienische Miglien für genügend [6].

Der zweite Grund liegt dann vor, wenn die Parochianen wegen der Lage ihrer Wohnungen in hohen, namentlich bei ungünstigem Wetter schwer passirbaren Gebirgen, wegen reissender nicht überbrückter Gebirgsbäche und Flüsse oder wegen ähn-

1 Bouix l. c. p. 244; Arch. f. k. K. R. 2, 24; s. auch o. S. 391. n. 4.

2 Dies ergiebt die Hauptstelle für die in Rede stehende Lehre, c. 3. (Alex. III.) X. de eccles. aedif. III. 48. (gerichtet an den Erzbischof von York, welcher hier nur in seiner Qualität als Bischof in Frage kommt): „Ad audientiam nostram nostram noveris pervenisse, quod villa quae dicitur H., tantum perhibetur ab ecclesia distare, ut in tempore hiemali, quum pluviae inundant, non possint parochiani sine magna difficultate ipsam adire, unde non valent congruo tempore ecclesiasticis officiis interesse. Quia igitur dicta ecclesia ita dicitur in reditibus abundare, quod praeter illius villae proventus minister illius convenienter valeat sustentationem habere, fraternitati tuae per apostolica scripta mandamus, quatenus, si res ita se habet, ecclesiam ibi aedifices et in ea sacerdotem, sublato appellationis obstaculo, ad praesentationem rectoris ecclesiae maioris cum canonico fundatoris assensu instituas, ad sustentationem suam eiusdem villae obventiones ecclesiasticas percepturum, providens tamen, ut competens in ea honor pro facultate loci matrici ecclesiae servetur, quod quidem fieri posse videtur, quum eiusdem villae dominus XX. acras terrae frugiferae velit ad usus sacerdotis conferre. Si vero persona matricis ecclesiae virum idoneum praesentare distulerit vel opus illud voluerit impedire, tu nihilominus facias idem opus ad perfectionem deduci et virum bonum appellationis cessante diffugio instituere non omittas“, u. Trid. Sess. XXI. c. 4. de ref. (nach der S. 319. n. 1. mitgetheilten Stelle): „In iis vero (sc. parochiis) in quibus ob locorum distantiam sive difficultatem parochiani sine magno incommodo ad percipienda sacramenta et divina officia audienda accedere non possunt, novas parochias etiam invitis rectoribus iuxta formam constitutionis Alexandri III. quae incipit: Ad audientiam, constituere possint. Illis autem sacerdotibus qui de novo erunt ecclesiis noviter erectis praeficiendi, competens assignetur portio arbitrio episcopi ex fructibus ad ecclesiam quomodocunque pertinentibus et, si necesse fuerit, compellere possit populum ea subministrare, quae sufficiunt ad vitam dictorum sacerdotum sustentandam“. . .

3 Dieser Vollmacht erwähnt das Tridentinum nur im Eingange des in der vorigen Note citirten Kapitels, nicht aber nachher bei den Vorschriften über die Theilung der Pfarreien. Aus dieser Stellung folgt indessen, dass jene Ermächtigung sich auf alle den Bischöfen in dem Kapitel gestatteten Massregeln bezieht, so auch die Praxis der Congr. Conc., s. Fagnan. ad c. 3. X. cit. n. 52; Barbosa de off. et potest. ep. P. III. alleg. 68. n. 1; Reiffenstuel ius can. III. 48. n. 20; Bouix l. c. p. 246. 447; Arch. f. k. K. R. 2, 25.

4 Dass er etwa als päpstlicher Delegat nicht an die gesetzlichen Gründe gebunden wäre, schliesst der Wortlaut des Tridentinums aus, s. auch Bouix p. 248.

5 c. 3. X. III. 48. cit.; c. 4. Trid. Sess. XXI. cit. Es genügt das Vorhandensein eines dieser Gründe, bei erschwertem Zugang zur Kirche braucht also nicht noch eine weite Entfernung mit zu konkurriren. Ein Beispiel der Divisio aus früherer Zeit (v. 1203) bei Binterim u. Mooren, Erzdiöcese Köln 3, 162.

6 Bouix p. 263; Arch. f. k. K. R. 2, 141. Diese Entfernung wird schon als massgebend hervorgehoben i. e. Divisionsurkunde Leos X. v. 1520 im Geschichtsfreund, Mitthlgen d. hist. Ver. d. 5 Orte Luzern etc. Einsiedeln 1876. 31, 108.

licher Umstände nur mit Lebensgefahr oder mit grossen Unbequemlichkeiten zur Kirche gelangen können [1].

Mehrfach wird als fernere Voraussetzung der Theilung verlangt, dass den Uebelständen, welche aus den erwähnten Verhältnissen entstehen, nicht anders, als durch die Division, also namentlich auch nicht durch Exponirung eines Vikars abgeholfen werden kann [2]. Dies widerspricht indessen der Vorschrift des Tridentinums, welches dieses Requisit nicht aufstellt und die Einsetzung von Vikaren oder Hülfspriestern nur für den Fall anordnet [3], dass die Kräfte des Pfarrers wegen der starken Bevölkerung der Parochie nicht ausreichen [4]. Andererseits legt das Koncil dem Bischof keine Verpflichtung ob, beim Vorliegen der beiden gesetzlichen Gründe eine Division vorzunehmen. Demgemäss bleibt es seinem Ermessen überlassen, unter Berücksichtigung aller in Frage kommenden Verhältnisse, die eine oder andere Massregel zu ergreifen, also auch statt der an sich gesetzlich zulässigen Theilung blos die Exposition von Vikaren zu verfügen. Eingewirkt hat auf die hier widerlegte Meinung offenbar die Auffassung, dass die Division eine Veräusserung bilde und daher ihre Vornahme soviel wie möglich einzuschränken sei [5].

Hieraus erklärt es sich ferner, dass die Doktrin das Anwachsen der Bevölkerung der Parochie nicht als einen die Theilung rechtfertigenden Grund betrachtet [6]. Auch dieser Annahme muss entgegengetreten werden, nicht nur für den Fall, dass der lokale Umfang einer grossen Parochie dem entfernt wohnenden Theil der Bevölkerung Schwierigkeiten in Betreff des Besuches der Kirche bereitet, sondern auch für den

1 c. 3. X. cit.; Fagnan. ad 3 cit. n. 19; Arch. f. k. K. R. 2, 139 ff. Man kann mit Fug und Recht sagen, dass es nur einen einzigen Grund für die Theilung der Pfarreien giebt, nämlich die erhebliche Schwierigkeit für einen Theil der Parochianen dem Gottesdienste beizuwohnen, welche bald durch die Entfernung, bald durch andere Umstände hervorgerufen sein kann. Die Fassung des Textes habe ich mit Rücksicht auf den Inhalt der Quellen gewählt.

2 Pignatelli cons. canon. t. IV. cons. 230. n. 20; Leuren. for. benef. P. I. qu. 154. n. 4; Arch. f. k. K. R. 2, 32.

3 Ein älteres Beispiel der blossen Errichtung einer ständigen Filiale (mit einem Vikar des Pfarrers (v. 1290) bei v. Wyss, Gesch. d. Abtei Zürich i. d. Mitthlgen d. antiqu. Gesellsch. zu Zürich 8b, 295.

4 So auch Bouix l. c. p. 261. Die Praxis der Congr. Conc., nach welcher allerdings eine Division nicht leicht zugelassen wird, wenn eine Abhülfe auf anderem Wege möglich ist, hat aber andererseits nicht stets in solchen Fällen die Theilung verweigert, s. die Entscheidungen i. Arch. f. k. K. R. 2, 140 u. Acta s. sed. 7, 37. 9, 260; sie ist namentlich dann gestattet worden, wenn die Dotation nicht aus dem Vermögen der alten Pfarrkirche entnommen zu werden brauchte, sondern durch die Liberalität eines Dritten beschafft worden ist, Acta s. sed. 4, 268 Note.

Die Errichtung neuer Pfarreien durch den Bischof, welcher bisher ausschliesslich die Seelsorge in der ganzen Diöcese gehabt hat (s. o. S. 308 u. cit. Arch. S. 141 ff.) ist keine divisio, sondern erectio von Beneficien.

5 Vgl. Bouix l. c. p. 252 u. Acta s. sed. 4, 268 Note.

6 Fagnan. l. c. n. 24 ff.; Leuren. l. c. P. III. qu. 958. n. 4; Pignatelli l. c. n. 13; Schmalzgrueber l. c. III. 48. n. 14; Berardi, comm. cit. diss. III. c. 3. ed. cit. 1, 276; Bouix l. c. p. 255. — Ein Beispiel für eine solche Division aus früherer Zeit bietet dipl. Conradi episc. Frising. a. 1271. (Mayer thesaur. nov. iur. eccles. 1, 231): „. . . Cum igitur principalis baptismalis ecclesia s. Petri in Monaco adeo per dei graciam excrevit in immensum quod unius pastoris regimine sine periculo animarum difficiliter valeat gubernari, cuius insuper ecclesie cimiterium adeo positum est in angusto, quod eciam non sufficiat tumulandis corporibus mortuorum, nos deliberacione provida piaque contemplatione devotis precibus dicte plebis, requisito super hoc eciam capituli nostri consilio et consensu prefatam ecclesiam s. Petri cum plebe sua in duas baptismales ecclesias pro communi utilitate civium duximus dividendam iuxta terminos plebis decimarum pro dotis bonorum virorum arbitrio distinguendos, ita ut ecclesia s. Marie que huc usque simplex capella extitit in Monaco, legitimum cum omni iure parochiali de cetero residentem rectorem habeat, quemadmodum ecclesia s. Petri hucusque habuit, distinctamque et perpetuam tanquam matrix ecclesia sepulturam. Proviso quod utraque ecclesia et s. Marie et s. Petri debitis et assignatis terminis plebis dotis decimarum sit contenta“. . . Allerdings ist für diese Theilung die päpstliche Bestätigung nachgesucht und ertheilt worden, s. ibid. p. 232.

Fall, dass allein die Zahl der Parochianen in erheblicher Weise gewachsen ist. Es erscheint mit dem Wesen der Pfarrei unvereinbar, wenn die Menge der Bevölkerung eine erfolgreiche unmittelbare geistliche Einwirkung durch Lehre, Gottesdienst und Mittheilung der kirchlichen Heilsgaben ausschliesst, und der Pfarrer, mag er auch durch Hülfsgeistliche unterstützt werden, bei der Unmöglichkeit, sich eine genügende Personal-Kenntniss zu erwerben und eine genaue Aufsicht über seine Vikare auszuüben, eine einheitliche geistliche Leitung zu führen ausser Stande ist. Beruht die Festsetzung des Tridentinum auf dem tieferen Princip, dass eine Theilung vorgenommen werden darf, wenn eine wirksame Seelsorge für einen Theil der Parochianen bei Aufrechterhaltung der bestehenden Einrichtungen ausgeschlossen ist, so kann dasselbe auf den hier in Rede stehenden Fall, wo die gedeihliche Verwaltung der Seelsorge ebenfalls nicht mehr möglich, unbedenklich in analogischer Weise ausgedehnt werden [1].

Das Vorhandensein der Voraussetzungen der Theilung hat der Bischof durch eine besondere Untersuchung festzustellen [2]. Aber selbst wenn diese ein bejahendes Resultat ergiebt, ist die Statthaftigkeit der Division noch weiter davon abhängig, dass der abzuzweigende Bezirk auch eine für die Errichtung einer neuen Pfarrei hinreichende Anzahl von Bewohnern umfasst [3]. Fehlt es daran, so bleibt nichts anderes übrig, als die entfernt wohnenden Parochianen, je nach den Umständen, durch einen von Zeit zu Zeit abzusendenden Hülfspriester pastoriren zu lassen oder einen Vikar auf einen passenden Ort in dem betreffenden Theil der Pfarrei zu exponiren.

Sodann hat der Bischof bei Strafe der Nichtigkeit der Massregel den Konsens des Kapitels zu derselben einzuholen [4]. Die Zuziehung findet indessen nicht statt, wenn der Bischof die Theilung exemter Pfarreien als apostolischer Delegat vornimmt, weil das Kapitel nur bei Akten der Diöcesan-Verwaltung zu konkurriren berechtigt ist, in diesem Fall aber ein solcher nicht in Frage steht [5].

[1] Hat doch auch Pius VI. in dem Breve: Quod aliquantum v. 10. März 1791 die durch die Civilkonstitution für den französischen Klerus festgesetzte Zahl von 6000 Seelen für eine Pfarrei zu hoch erklärt, Bouix l. c. In Berlin sind von der S. Hedwigs-Pfarre, die keine Missionsparochie ist, seit 1860 wegen der übermässig angewachsenen Bevölkerung 3 andere Seelsorge-Bezirke durch den Fürstbischof von Breslau abgetrennt worden.

Bei Verwerfung der im Text vertheidigten Ansicht ist ohne besondere päpstliche Genehmigung eine angemessene Einrichtung der Seelsorge unmöglich. Uebrigens erkennt c. 2 (Later. a. 1179) X. de eccles. aedif. III. 48, welches die Errichtung einer besonderen Pfarrei für die Leprosen gestattet, damit auch eine andere Nothwendigkeit, wie die aus geographischen Verhältnissen der Pfarrei hervorgehende, als genügenden Grund an. Es liegt wahrlich keine Veranlassung vor, nachdem die Doktrin und Praxis im Laufe der Zeit — entgegen der älteren Auffassung, s. z. B. Glosse s. v. constitui zu c. 2 (Pseudo-Isid.) Dioc. XCIX — die in c. 3. X. cit. und im Tridentinum erwähnten Gründe der Theilung nicht mehr als Ausflüsse eines höheren allgemeinen Princips, sondern als die einzigen statthaften Voraussetzungen erklärt, und damit für die Pfarr-Divisionen den allgemeinen Grundsatz, dass die Veränderung kirchlicher Beneficien auch im Falle einer evidens utilitas zulässig ist, erheblich beschränkt hat (vgl. auch Berardi l. c. p. 275. 276), ausserdem jede begründete analogische Anwendung der gedachten, entscheidenden Stellen von der Hand zu weisen.

[2] Bouix l. c. p. 265.

[3] Ohne eine solche ist eine Pfarrei nicht denkbar, überdies würden auch bei einer zu geringen Zahl von Parochianen die erforderlichen Aufwendungen nicht beschafft werden können. Gemäss dem die frühere kanonistische Doktrin beherrschenden scholastischen Charakter hat man die erforderliche Zahl genau zu bestimmen gesucht, und im Hinblick auf c. 5. Tolet. XVI. a. 693 = c. 3. C. X. qu. 3 (s. o. S. 265. n. 1 u. 5) bald angenommen, dass 10 Personen, bald, dass 10 Familien ausreichend sind, Fagnan. l. c. n. 28; Leuren. l. c. P. I. qu. 160. n. 2; Bouix p. 266.

[4] S. o. S. 154. n. 2. S. 158. Auch d. cit. dipl. v. 1271 (S. 403. n. 6) gedenkt des Konsenses des Kapitels, dessen andererseits freilich e. dipl. a. 1248 bei Lacomblet, niederrh. Urkdbch. 2, 178 — ob aus Unachtsamkeit oder aus einem anderen Grunde steht dahin — nicht erwähnt.

[5] Darüber ist man einig, wohl aber besteht vom Standpunkt der unrichtigen Meinung aus,

Ferner soll der Bischof alle bei der beabsichtigten Theilung interessirten Personen zur Anbringung ihrer etwaigen Einwendungen gegen dieselbe ordnungsmässig vorladen. Zu den Interessenten gehört namentlich:

a. der Pfarrer der zu theilenden Parochie. Die Anhörung desselben hat schon die mittelalterliche Doktrin theils unter Berufung auf die Vorschriften über die Nothwendigkeit des Konsenses des Bischofs zur Neu-Errichtung eines andern Bisthums [1], theils unter Heranziehung der Vorschriften über die Veräusserung des Kirchengutes [2] für erforderlich erachtet. Ja aus dem mittelalterlichen Urkunden-Material tritt sogar die Anschauung hervor, dass jede Veränderung der bestehenden Parochial-Einrichtungen der Zustimmung des davon betroffenen Pfarrers bedürfe [3] oder derselbe für die dadurch erlittene Einbusse entschädigt werden müsse [4]. Diese Ansicht ist jedoch nicht die herrschende geworden, und namentlich lässt das Tridentinum [5] darüber keinen Zweifel, dass der Widerspruch des Pfarrers die für nothwendig erachtete Theilung nicht zu hindern vermag.

Ist die Seelsorge in eine habituelle und aktuelle getheilt [6], so braucht nur der Inhaber der ersteren [7] zugezogen zu werden, weil dieser allein der Pfarrer im eigentlichen Sinne ist.

Wenn die Theilung während der Vakanz des Pfarr-Amtes erfolgen soll, so hat

dass der Bischof die ihm iure ordinario unterworfenen Pfarreien je nach Belieben kraft seiner bischöflichen oder kraft der ihm durch das Tridentinum delegirten päpstlichen Jurisdiktion zu theilen befugt ist (s. Th. I. S. 178. 179), eine Kontroverse darüber, ob, falls er von der päpstlichen Delegation Gebrauch macht, der Konsens des Kapitels erfordert werden muss oder nicht, s. z. B. Fagnan. n. 49 ff.; Bouix p. 269. Durch die von mir Th. I. a. a. O. dargelegte Bedeutung des Ausdrucks: *etiam tamquam apostolicae sedis delegati* wird diesem Streite jeder Boden entzogen. Will man aber an der bisherigen Auffassung jener Worte festhalten, so erscheint es richtiger, auch für den in Rede stehenden Fall die Einwilligung des Kapitels zu verlangen, weil das Trid. Sess. XXI. c. 4 de ref. auf c. 3 X. cit., damit also auch die früheren Normen des gemeinen Rechtes, nach denen der Konsens erforderlich ist, verweist, s. Fagnan. n. 53 ff.; Anal. iur. pont. 1855. p. 418, Arch. f. k. K. R. 2, 28 ff.; Bouix l. c. p. 272.

1 c. 50. 51. C. XVI. qu. 1 u. Glosse s. v. constitui zu c. 2. Dict. XCIX.

2 S. Glosse s. v. defensor zu Clem. 2 de reb. eccl. non alien. III. 4; Garcias l. c. P. XII. c. 3. n. 3; vgl. auch Acta s. sed. 3, 398.

3 Dipl. a. 1185 (Lacomblet niederrh. Urkdbch. 1, 149): „Sicque ex assensu nostro (des Erzbischofs v. Köln) et archidiaconi et decani et abbatis Tuiciensis (v. Deutz) Florentii et legitime pastoris de Walde hec capella ab omni subiectione et debito parrochialis aecclesiae de Walde . . . est exempta, salvo tamen in hoc iure eiusdem parrochialis aecclesiae, ut omnes in terminis eiusdem parrochiae habitantes, nisi in eodem loco servientes (es sollte bei der vom Parochial-Verbande befreiten Kapelle ein Kloster errichtet werden) omnia sacramenta a baptismali aecclesia percipiant, sicut ante emancipationem consueverant“; ep. Innoc. III. für das Kloster Segeberg a. 1198 (Leverkus' Urkdbch. d. Bisth. Lübeck S. 24); syn. Traiect. a. 1209 (Hartzheim 3, 490. 491); dipl. a. 1281 (Meckl. Urkdbch. 3, 20) u. a. 1295 (Guden cod. dipl. 1, 890).

4 Dipl. a. 1072 (Günther cod. Rheno-Mosell. 1, 145) a. 1136. 1195 (Hartzheim 3, 331. 463); dipl. Hermanni Zwerin. episc. a. 1270 (Meckl. Urkdbch. 2, 380): „ecclesiam in Vliz cum duabus villis . . . a matre ecclesia Mirowe eximimus consensu et voluntate rectoris eiusdem ad hos expressius accedente cui praedicti nobiles competentem refusionem redditum diligenti estimatione prehabita fecerunt pro mansis quibusdam . . . et pro ecclesiastica annona predicte ecclesie in dotem assignatis. Cives autem predictarum villarum seu parochiani sepulturam et baptismum parvulorum ac alia ecclesiastica sacramenta a sacerdote qui prefuerit dicte ecclesie Vlitz debent recipere et non a plebano in Mirowe qui de cetero et successores eiusdem in dicta ecclesia Vlitz et dote ipsius ac parochianis eiusdem nihil iuris sibi debent aliquatenus vendicare nec etiam parochiani predicti aliquid ad edificia ecclesie Mirow ex debito conferre teneantur, nisi velint seu de ipsorum procedat libera voluntate“; dipl. a. 1278 u. 1293 (ibid. 2, 576. 3, 483).

5 S. die Worte: „etiam invitis rectoribus“ in c. 4. cit. Sess. XXI (S. 402. n. 2), vgl. auch c. 3. X. III. 48. cit.

6 S. o. S. 304.

7 Leuren. l. c. P. I. qu. 157. n. 4; also das Kapitel, wenn ihm die zu dismembrirende Pfarrei habitualiter zusteht, Bouix l. c. p. 268; Molitor Arch. f. k. K. R. 7, 407.

der Bischof einen s. g. defensor, d. h. einen besonderen Vetreter der Rechte des Pfarr-Benefiziums ad hoc zu bestellen, und diesen vorzuladen [1].

Uebrigens gewährt selbst eine durch die Theilung erfolgende Verminderung der Einkünfte dem Pfarrer der Stammparochie kein absolutes Widerspruchsrecht [2]; selbstverständlich ist es aber, dass ihm stets ein auskömmlicher Unterhalt belassen werden muss.

b. Ausser dem Pfarrer sind ferner die Parochianen, da sie gleichfalls als Interessenten in Frage kommen, zu hören [3]. Es kommt indessen nur darauf an, dass ihnen Gelegenheit gegeben wird, ihre etwaigen Einwendungen darzulegen. Daher genügt schon die Zuziehung der zu ihrer Vertretung berufenen Organe, der Kirchenväter oder Kirchen-Aeltesten. Keineswegs ist aber, wie früher mitunter behauptet worden, der Konsens — ein solches Recht steht den Parochianen überhaupt nicht zu — der Majorität oder zweier Drittel derselben erforderlich [4].

c. Wenn das Pfarramt der zu theilenden Parochie einem Patronatrecht untersteht, so hat der Ordinarius auch den Patron vorzuladen. Der Laienpatron hat sogar ein Konsensrecht [5]. Dasselbe geht zwar nie so weit, die nothwendige Theilung zu hindern, indessen muss sein Widerspruch im Wege des rechtlichen Verfahrens für unbegründet erklärt und so beseitigt werden [6].

Nach der überwiegenden Meinung führt die Unterlassung der Citation der Betheiligten oder ihre Nichtanhörung die Nichtigkeit der trotzdem vorgenommenen Theilung herbei [7], und zwar ist diese eine absolute, sie kann also nur durch eine neue, den Erfordernissen entsprechende Division beseitigt werden [8].

Zur Ausführung der Theilung gehört:

[1] Nach Analogie von c. 1 in VI^to de reb. eccl. non alien. III. 9 u. Clem. 2 eod. tit. III. 4, s. auch Garcias l. c. n. 3 ff.; Bouix l. c. p. 268; Molitor a. a. O. S. 407.

[2] c. 3. X. III. 48 cit. s. v. quod praeter; Bouix l. c. p. 276. In manchen Diöcesen besteht die Praxis, den Pfarrern bei der Anstellung die Verpflichtung aufzuerlegen, sich die auf solche Art bewirkte Schmälerung ihrer Einkünfte gefallen zu lassen. Rechtlich nothwendig ist dies aber nicht und daher hat es auch das Prager Provinzial-Koncil v. 1860 tit. VI. c. 10 (Arch. f. k. K. R. 14, 88) für überflüssig erklärt.
Es werden mitunter dem Pfarrer der Stammparochie gewisse Einnahmen für seine Amtsdauer belassen, so dass der Pfarrer der abgezweigten erst beim Eintritt der Vakanz der ersteren in den Genuss dieser Einkünfte tritt.

[3] Fagnan. ad c. 3. cit. n. 29. 30. Die Doktrin hat diesen Grundsatz ebenfalls unter Heranziehung der über die Veräusserung des Kirchengutes geltenden Vorschriften festgestellt, s. Acta s. sed. 3, 376. — Wie die mittelalterlichen Urkunden der Einwilligung des Pfarrers erwähnen, so gedenken sie auch vielfach des Konsenses der Parochianen, s. das dipl. saec. XII. ex. bei Seibertz, Urkden zur westphäl. Gesch. 1, 134.

[4] Ueber diese Kontroverse vgl. Barbosa de off. et pot. episc. P. III. alleg. 68. n. 4; Slevogt l. c. diss. III. p. 112; Acta s. sed. 3, 398.

[5] c. 3. X. III. 48 cit. s. v. cum canonico fundatoris assensu. Diese Worte sind der richtigen Ansicht nach auf den Patron der Mutterkirche zu beziehen, s. Schilling, d. kirchliche Patronat S. 42; Michels quaestiones controversae de iurepatr. diss. Berolini 1857. p. 36. Andere, so Overkamp i. O. f. k. R. 36, 310, wollen darunter den Stifter und Patron der neuen Kirche verstehen. Endlich wird auch dem Patron das Konsensrecht abgesprochen, s. z. B. Bouix l. c. p. 269.

[6] Es folgt dies theils aus den Worten: canonicus assensus, theils aus der Analogie der über die Union der Patronatspfründen geltenden Regeln (s. §. 108).
Darüber, dass früher auch die Archidiakonen und Dekane bei Veränderungen von Benefizien zugezogen sind, vgl. S. 406. n. 3.

[7] Fagnan. ad c. 3. X. cit. n. 29; Bouix l. c. p. 267; Arch. f. k. K. R. 2, 29 ff. Hiergegen richtet sich die Ausführung in den Acta s. sed. 3, 399, wo aber übersehen ist, dass ein festes Gewohnheitsrecht für die Anwendung der Grundsätze über kirchliche Veräusserungen auf die Division spricht.

[8] Durch die blosse Unterlassung der Anfechtung seitens der Betheiligten wird mithin die Nichtigkeit nicht geheilt, s. auch Fagnan. l. c. n. 30; Ferraris, dismembratio n. 7 ff.

1. die Festsetzung der territorialen Gränzen für die alte und für die neue Pfarrei [1],

2. die Beschaffung der erforderlichen Kirche [2],

3. die Dotirung der neuen Parochie mit einem angemessenen Fond zur Bestreitung der Kosten des Gottesdienstes, des Unterhaltes des Geistlichen und der Bau- und Reparaturkosten für die Kirche. Mangels der Gewährung von Mitteln seitens dritter Personen [3] sind diese aus dem Vermögen der bisherigen Kirche zu entnehmen [4], namentlich die Oblationen und die Zehnten aus den abgezweigten Theilen der Parochie der neuen Pfarrkirche zu überweisen.

Ob der Bischof die Substanz des Vermögens der Stammparochie oder nur die Einkünfte desselben zur Dotation der neuen Pfarrei verwenden kann, erscheint zwar nach der Fassung des Tridentinums zweifelhaft, indessen wird richtiger Weise das erste anzunehmen sein. Das Koncil verordnet nur, dass dem Geistlichen der neuen Pfarrei aus den Einkünften der alten der genügende Unterhalt angewiesen werden soll, bestimmt aber nichts über die juristische Form, in welcher dies zu geschehen hat [5], und ebensowenig etwas über die Beschaffung der sonstigen Mittel für die neu begründete Pfarrei. Die näheren Festsetzungen in diesen Beziehungen bleiben also dem Ermessen des Ordinarius überlassen, nur darf dieser das Vermögen der alten Pfarrkirche nicht so weit schmälern, dass ihre Bedürfnisse aus den ihr verbliebenen Einkünften nicht mehr gedeckt werden können [6].

Durch die vom Bischof ausgesprochenen Ueberweisung einzelner Vermögensstücke an die neue Pfarrei wird das Eigenthum derselben auf diese übertragen. An und für sich hat sie aber keinen Anspruch auf irgend welchen Theil des Vermögens der Stamm-Parochie [7], und dies gilt auch insbesondere in Betreff des Zehntrechtes in dem abgezweigten Bezirk [8], wogegen das Recht auf Oblationen und Gebühren, welche für einzelne Handlungen geleistet werden, ohne Weiteres auf den Pfarrer der neuen Parochie übergeht [9].

1 Darüber, dass auch noch heute eine Abgränzung nach Familien nicht absolut ausgeschlossen ist, s. o. S. 293 u. Bouix l. c. p. 269.

2 Die Mittel dazu können aus dem Vermögen der bisherigen Pfarrei genommen werden, s. c. 3 X. III. 48. cit.

3 Solche Fälle s. in d. Acta s. sed. 3, 354; 4, 264.

4 c. 3 X. III. 48. cit.; Trid. l. c.

5 Die älteren, z. B. Fagnan. ad c. 3 cit. n. 32 sprechen nur von der Anweisung der „portio congrua pro sustentatione rectoris assignanda ex redditibus ad matricem ecclesiam quomodocunque pertinentibus", womit aber die Dotation der neuen Kirche nicht in vollem Umfange bewirkt werden kann. Zu c. 29 X. de decim. III. 30. n. 47 will derselbe Schriftsteller allerdings eine Uebertragung des dominium utile, nicht des directum an Vermögensstücken der alten auf die neue Kirche gestatten. c. 3. X cit. ergiebt nichts Näheres, daraus folgt aber gerade, dass die neue Pfarrei nicht blos auf die Einkünfte der alten fundirt zu werden braucht, sondern dass ihr auch gewisse Substanztheile des Vermögens der letzteren überlassen werden können. Ebensowenig nöthigen die Worte des Tridentinums: „ex fructibus ad ecclesiam matricem quomodocumque pertinentibus" blos an ein Recht auf Fruchtgenuss zu denken. Wenn v. Schulte, Lehrb. 3. Aufl. S. 259. n. 22 für seine entgegengesetzte Ansicht sich darauf beruft, dass die Abtrennung von Substanztheilen eine Veräusserung enthalte, so beweist dies nichts, da eine solche auch in der Ueberweisung bestimmter Früchte oder Einkünfte an die neue Kirche liegt.

6 Das ergeben c. 3 X. cit. u. Trid. l. c.; es folgt auch aus der Natur der Sache.

7 Hierfür sind gleichfalls die o. S. 400 hervorgehobenen Gründe massgebend; s. auch v. Schulte a. a. O. Drei Urtheile holländischer Gerichte, welche diese Frage vom Standpunkt des dortigen (französischen) Rechts aus in demselben Sinne entscheiden, i. Arch. f. k. K. R. 10, 67.

8 Ueber diese in der älteren Doktrin sehr bestrittene und verschieden beantwortete Frage vgl. Fagnan. ad c. 29 X. III. 30 cit. n. 31 ff., welcher sich auf Grund des Tridentinums für die Ansicht des Textes entscheidet. Uebrigens beweist auch c. 3 X. III. 48 cit. nichts für einen ipso iure stattfindenden Uebergang.

9 Weil solche Handlungen allein der Pfarrer der neuen Parochie vorzunehmen kompetent ist.

Sind bei der Theilung die nöthigen Anordnungen über die besprochenen Punkte unterlassen worden, so hat der Ordinarius die Regulirung derselben nachträglich vorzunehmen [1].

Für den Fall, dass bei einer nothwendigen Theilung die Stammpfarre wegen eigenen unzulänglichen Vermögens die Ausstattung der Zweigparochie nicht gewähren kann, ist diese nach Massgabe der oben S. 390 entwickelten Grundsätze zu beschaffen [2].

Die Dotation der neuen Pfarrei aus dem Vermögen der alten bewirkt die Entstehung eines Patronates der letzteren über die erstere [3], welches von dem jeweiligen Pfarrer der Stammpfarrei ausgeübt wird. Selbst wenn die Mutterkirche einem Patronatrecht untersteht, erwirbt der Patron derselben im Falle der Theilung niemals durch diese allein den Patronat über die neue Kirche, er hat also auch bei der Präsentation zu dem Pfarramte der letzteren seitens des Pfarrers der Stammkirche in keiner Weise zu konkurriren [4].

Wegen der besonderen Rechte und Privilegien der Stammkirche gilt dasselbe wie bei der Theilung der Bisthümer (s. o. S. 401). Nicht minder erhält die neue Pfarrei, ebenso wie das neue Bisthum, durch die Verfügung der Theilung die Rechte der juristischen Person.

Endlich soll der Ordinarius, welcher die Theilung vornimmt, zur Wahrung der Erinnerung an das ursprüngliche Verhältniss der neuen Pfarrei eine die hervorragendere Stellung der Mutterkirche (die matricitas) kennzeichnende Verpflichtung auferlegen [5]. Nach der Praxis besteht diese in einem, seiner Höhe nach ebenfalls vom Ordinarius zu bestimmenden jährlichen Zins, namentlich an Wachs oder Lichtern, in der Verbindlichkeit des Pfarrers und der Parochianen, an gewissen Festtagen in feierlicher Procession den Gottesdienst in der Mutterkirche zu besuchen, in der Pflicht zur Gestattung der wiederkehrenden Celebration einer feierlichen Messe seitens des Pfarrers der Mutterkirche in der Kirche der neuen Pfarrei, und Aehnlichem [6]. Im Uebrigen erlangt diese letztere, auch mangels einer besonderen, darauf bezüglichen Festsetzung, alle Parochial-Rechte [7], so weit sie nicht rein vermögensrechtlicher

[1] Wenn vorläufig der abgezweigten Pfarrei die Benutzung gewisser Einrichtungen der alten Kirche, z. B. des Kirchhofes belassen worden ist, so kann später die erstere nicht die actio communi dividundo anstellen; die Auseinandersetzung wegen derartiger Rechte ist juristisch nichts anderes als eine Nachtrags-Division oder Dismembration.

[2] Vgl. auch Leuren. l. c. P. I. qu. 159.

[3] Nach der allgemeinen Regel, c. 25 (Clem. III.) X. de iurepatr. III. 38 und nach c. 3. X. III. 48 cit.

[4] c. 3 X. cit., das von vielen, s. z. B. Schulte K. R. 2, 313. 314, dafür angeführt wird, beweist das nicht. Der hier vorgeschriebene canonicus assensus fundatoris ist auf die Vornahme der Theilung und die Neuerrichtung überhaupt, nicht aber auf die Präsentation in allen zukünftigen Vakanzfällen zu beziehen; Schilling a. a. O. S. 42; Michels l. c. p. 34 ff. Unklar hierüber Kaim, d. Kirchenpatronatrecht 2, 158. 159; falsch Lippert, Patronatrecht S. 70, der das Patronatrecht allein dem Patron der Mutterkirche zuschreibt, u. Overkamp i. Arch. f. k. K. R. 36, 311 u. 38, 472, nach welchem der letztere das Nominationsrecht, der Pfarrer der Stammkirche aber die blosse Vorstellung des Benannten haben soll.

Wenn die alte Pfarrei keine Mittel zur Errichtung der neuen hergegeben hat, so entsteht für sie selbstverständlich kein Patronat, Fagnan. ad c. 3. cit. n. 39; vielmehr erwirbt ein solches der Fundator der neuen Kirche, gleichviel, ob er Patron der Stammkirche oder ein Dritter ist.

[5] Nach ausdrücklicher Vorschrift des c. 3 X cit.

[6] Fagnan. ad c. 3. cit. n. 8; Ferraris s. v. dismembratio n. 21, s. auch die Entschdgn d. Congr. Conc. im Arch. f. k. K. R. 3, 442 u. Acta s. sed. 4, 264. Ist eine solche Festsetzung unterlassen, so kann sie der Pfarrer der Mutterkirche nöthigenfalls im Wege des Prozesses vor dem geistlichen Gericht erzwingen, weil der Ordinarius zur Wahrung der matricitas nach c. 3 cit. gemeinrechtlich verpflichtet ist.

[7] Weil der Zweck der Errichtung die Herstellung einer neuen Parochie ist, s. Fagnan. ad c. 3 cit. n. 10; Ferraris l. c. n. 22 ff. Die

Natur sind[1]. Beschränkungen in dieser Beziehung durch den Ordinarius, z. B. Entziehung des Rechtes, feierliche Taufen in der Pfarrkirche zu verrichten, die Todten auf eigenem Kirchhofe zu begraben, und Vorbehalt solcher Befugnisse für die Mutterkirche sind statthaft[2]. Nur dürfen die Beschränkungen nicht so weit gehen, dass die neue Parochie diejenigen Rechte entbehrt, welche für den Begriff der Pfarrei absolut wesentlich sind[3]. Man hat allerdings behauptet, dass die neue Kirche die Stellung einer Filiale erhalten könne und sogar gewöhnlich in ein solches Verhältniss zur Mutterkirche trete[4]. Dieser Ansicht steht indessen — abgesehen von der Vieldeutigkeit des Wortes: Filiale — entgegen, dass der Zweck der vorzunehmenden Theilung die Selbstständigkeit der neuen Pfarrei in allen wesentlichen Beziehungen und die Anstellung eines eigenen, in derselben residirenden Pfarrers erfordert. Als Vorstufe für die Theilung kann dagegen die Errichtung einer besonderen Kirche mit einem festen Benefizium zur Aushülfe in der Seelsorge vorkommen[5]. Eine solche ist der Ordinarius nach der allgemeinen Regel beim Vorliegen einer necessitas oder evidens utilitas vorzunehmen befugt[6]. Aber selbst wenn die Hülfskirche Vermögensfähigkeit erhält und der bei ihr angestellte Priester mit der Ausübung der Pfarr-Rechte in weitem Umfange betraut wird[7], bleibt er immer nur Vertreter und Gehülfe des eigentlichen Pfarrers, selbstständige geistliche Rechte erlangt weder er noch die Kirche, während das Filialverhältniss gerade in der letzteren Beziehung eine gewisse selbstständige Berechtigung voraussetzt[8].

Ueber die erfolgte Theilung ist ein Instrument auszufertigen, welches das Nähere über den Grund derselben, die Feststellung des letzteren, die Zuziehung der Betheiligten, die Errichtung der neuen Pfarrei, ihre Dotation und die Wahrung der matricitas ergiebt[9]. Eine wesentliche Formalität für die Gültigkeit der Theilung ist dasselbe nicht, sondern nur ein Beweismittel, das freilich auch durch andere ersetzt werden kann.

Gegen das Theilungs-Dekret steht den Betheiligten, welche sich für beschwert erachten, die Appellation zu, die aber hier nur Devolutiv-, nicht Suspensiv-Effekt hat[10]. Dieselbe ist, wenn der Bischof als Ordinarius, an den Metropoliten, wenn er als päpstlicher Delegat gehandelt hat, an den päpstlichen Stuhl zu richten, kann aber auch nach der Praxis im ersten Fall bei der Congregatio Concilii angebracht werden.

Endlich wird nach ausdrücklicher Vorschrift des Tridentinums die nothwendige Theilung von Pfarreien durch Reservationen, Affektionen, Provisionen u. s. w., welcher Art sie auch seien, **nicht** aufgehalten.

Die Theilung der übrigen Benefizien (also namentlich der Dignitäten und Kanonikate an Kathedral- und Kollegiatkirchen, der beneficia simplicia an denselben oder an Pfarrkirchen und Kapellen) darf nur beim Vorliegen einer causa ratio-

matricitas der alten Kirche ist daher auch nur eine uneigentliche, s. o. S. 307.

1 S. o. S. 407.

2 Fagnan. l. c. n. 8; Ferraris l. c. n. 23.

3 S. o. S. 307.

4 So Richter-Dove K. R. §. 179. n. 18.

5 S. o. S. 322. 323, namentlich n. 1.

6 S. o. S. 388.

7 S. o. S. 323.

8 S. u. §. 108.

9 Formulare dafür bei Barbosa, de off. et pot. episc. formularium n. 55 u. Bouix l. c. p. 673.

10 c. 3 X. III. 48 cit. schliesst jede Appellation aus, die Praxis hat sie aber mit der gedachten Beschränkung auf Grund von c. 53 X. de appell. II. 28 zugelassen, Fagnan. ad c. 3 cit. n. 12; Bouix l. c. p. 280.

nabilis erfolgen[1]. Als solche gilt eine Nothwendigkeit oder ein augenscheinlicher Nutzen, nicht aber die blosse Vermehrung des Gottesdienstes, wenn die vorhandene Zahl von Benefizien schon völlig ausreichend ist[2]. Die Vornahme steht, sofern es sich nicht um exemte oder um die S. 387 gedachten Aemter oder Kirchen handelt, dem Ordinarius[3] zu. Ausser dem hier ebenfalls erforderlichen Konsense des Kapitels[4] bedarf es aber nicht nur der Anhörung, sondern auch des Konsenses des Benefiziaten[5], dessen Pfründe getheilt werden soll. Derselbe besitzt ein festes, ihm nur aus bestimmten Gründen entziehbares Recht auf das Benefizium, und keine gesetzliche Anordnung gestattet die Schmälerung desselben für den Fall der Theilung. Weitere Bedingung der Zulässigkeit ist es, dass die Einkünfte des zu theilenden Amtes für den anständigen Unterhalt zweier Beneficiaten[6] ausreichen oder das daran fehlende aus anderweitigen Mitteln ergänzt werden kann.

Hinsichtlich des Patrons und etwaiger sonstiger Betheiligten endlich kommen die o. S. 406 gedachten Regeln, und hinsichtlich der rechtlichen Wirkung einer Verletzung der nothwendigen Voraussetzungen und Solennitäten die S. 406. 407 entwickelten Grundsätze zur Anwendung.

II. Die Dismembration im engeren Sinne wird von den Kanonisten als die Abtrennung einzelner Vermögensbestandtheile von einem Benefizium, um sie einem andern zu überweisen, definirt[7]. Ihr kann füglich die Abzweigung einzelner Distrikte von einem Territorial-Benefizium (einem Bisthum oder einer Pfarrei) behufs Zutheilung an ein anderes derartiges Amt an die Seite gestellt werden, weil es sich hierbei gleichfalls um den Verlust von Rechten, wenngleich nicht vermögensrechtlicher Natur[8], für das bisherige Benefizium handelt[9].

1. Die Dismembration der ersteren Art ist juristisch nichts anderes als Veräusserung von Kirchengut[10], und es gelten für sie, in Betreff der Kompetenz, der Vor-

[1] c. 26 (Innoc. III.) X. de praeb. III. 5; s. auch c. 8. 20. 36. X. eod. Die Theilung der Einkünfte, namentlich von Stiftspräbenden, um aus einem Benefizium mehrere zu machen, wird in diesen Stellen, s. ferner c. 12. Paris. a. 1212 (Hardouin VI. 2, 2003) mit dem Ausdruck: *sectio* bezeichnet. Ein Beispiel dipl. a. 1240 bei Miraeus opp. diplom. 1, 580: „Guido . . . Cameracens. ecclesiae episcopus . . . Ioanni praeposito totique capitulo b. Mariae in Antwerpia salutem . . . Magister Henricus concanonicus vester . . . nobis humiliter supplicavit, quod cum inter vos pro utilitate ecclesiae vestrae et ampliatione cultus divini provide tractatum fuerit unanimiterque consensum super sectione praebendarum in ecclesia vestra, sicut eas in futurum vacare contigerit facienda, eo quod propter paucitatem canonicorum in spiritualibus collapsum patitur ecclesiae suprascripta et in tantum . . . excreverint reditus ecclesiae, quod quaelibet praebenda sufficere possit ad duarum personarum sufficientem sustentationem et honestam, ut huiusmodi sectioni praebendarum benevolum impertiremur assensum. Nos ergo pensata utilitate et honestate dictae ecclesiae . . . huiusmodi praebendarum sectioni, quantum nobis est, consentimus".

[2] Garcias l. c. P. XII. c. 4. n. 5 ff.; Schmalzgrueber III. 5. n. 205.

[3] Denn über die in Frage kommenden Benefizien gebührt ihm die Verfügung.

[4] Garcias l. c. n. 7; s. auch o. S. 153 u. S. 389.

[5] Die gewöhnliche Meinung gewährt allerdings unter Berufung auf Trid. Sess. XXI. c. 4 cit. dem Benefiziaten nur dieselben Rechte, wie bei der Pfarrtheilung, s. z. B. Schmalzgrueber l. c. n. 208. Das Tridentinum bezieht sich indessen allein auf Theilungen, welche nothwendig sind, nicht auf solche, welche auch wegen blossen Nutzens vorgenommen werden, gestattet also keine analogische Anwendung.

[6] c. 26 cit. III. 5; Schmalzgrueber l. c. n. 206.

[7] Garcias l. c. c. 3. n. 1; Schmalzgrueber l. c. n. 201; Reiffenstuel III. 12. n. 24; Molitor i. Arch. f. k. K. R. 7, 401.

[8] Solche können allerdings dabei mit in Frage kommen, so z. B. wenn das Zehntrecht in dem abgetrennten Theile mit übertragen wird.

[9] Ginzel 2, 173 scheidet beide Fälle als zwei besondere Arten der Innovation, insofern mit Recht, als für beide verschiedene Rechtssätze zur Anwendung kommen.

[10] Barbosa de off. et pot. episc. P. III. alleg. 67. n. 16; Leuren. l. c. P. III. qu. 947; Schmalzgrueber l. c. n. 202; Reiffenstuel l. c. n. 27; Molitor a. a. O. S. 401. 407.

aussetzungen [1], der Zuziehung der Betheiligten u. s. w. die Regeln der letzteren. Daher ist die Zuständigkeit der kirchlichen Oberen hier eine andere wie bei der Neu-Errichtung oder sonstigen Veränderung der Benefizien, insofern als der Ordinarius die Dismembration solcher Aemter und Kirchen, wie der Dignitäten und Kollegiatkirchen, deren Errichtung und Veränderung dem Papst zusteht [2], vorzunehmen befugt ist [3].

In Betreff der Voraussetzungen ist besonders darauf hinzuweisen, dass, falls die Erhaltung von Kirchen oder Benefizien für die ordnungsmässige Abhaltung des Gottesdienstes oder die Verwaltung der Seelsorge nothwendig erscheint, die Mittellosigkeit derselben einen ausreichenden Grund bildet, um behufs ihrer genügenden Dotirung Vermögensstücke oder Einkünfte wohlhabender Kirchen oder Benefizien zu dismembriren [4]. Nur darf eine derartige Dismembration nicht in Betreff der Pfarrbenefizien zu Gunsten von beneficia simplicia erfolgen [5].

2. Die Dismembration der Sprengel der höheren Territorialämter steht ausschliesslich dem Papst [6] zu und unterliegt den allgemeinen Regeln von der Innovation, von denen der Papst allerdings in jedem gegebenen Fall absehen kann [7].

Dagegen besitzt der Ordinarius kraft seines Verfügungsrechtes über die niederen Benefizien die Kompetenz, einzelne Theile von Parochien abzuzweigen und diese anderen zuzulegen [8]. Die Voraussetzung bildet aber auch hier das Vorhandensein einer Nothwendigkeit oder eines augenscheinlichen Nutzens. Ferner sind mit Rücksicht darauf, dass dabei stets eine Schmälerung der Rechte des Benefiziums eintritt, dieselben Solennitäten, wie bei der Zertheilung der Pfarrbenefizien, zu beobachten. Allerdings beruft man sich vielfach dafür, dass der Bischof in denjenigen Fällen, wo er nach dem Tridentinum [9] neue Pfarreien errichten dürfe, auf Grund desselben keine Stücke von einer Parochie loszutrennen und mit einer andern zu vereinigen befugt sei, und zwar selbst nicht einmal unter Voraussetzung, dass die zu geringe Zahl der Parochianen, der Mangel der erforderlichen Geldmittel oder ein sonstiger Grund die Erektion einer neuen Pfarrei hindere, auf eine Entscheidung der Congregatio concilii ohne Datum [10]. Diese letztere ist aber missverstanden worden, sie spricht dem Bischof nicht überhaupt ein derartiges Recht ab [11], sondern nimmt nur an und zwar begrün-

[1] Vgl. hierzu noch c. 52 (Leo I.) C. XII. qu. 2.

[2] S. o. S. 388.

[3] Darüber u. in der Lehre von der Veräusserung der Kirchengüter.

[4] Den Anhalt dafür gewährt Trid. Sess. XXIV. c. 13 de ref. S. darüber die Entschdg. d. Congr. Conc. i. Richters Tridentinum S. 366. n. 1; Barbosa l. c. n. 19. 20; Schmalzgrueber l. c. n. 201; Reiffenstuel l. c. n. 28; Molitor a. a. O. 7, 400 ff.

[5] So die Congr. Conc. und die Doktrin auf Grund von Trid. Sess. XXV. c. 16. de ref., weil die Vorschrift desselben nicht nur für das Ganze, sondern auch für die Theile desselben gelten müsse, Barbosa l. c. n. 21; Garcias l. c. P. XII. c. 2. n. 88; Leuren. l. c. P. III. qu. 948. n. 2; Reiffenstuel l. c. n. 31.

[6] Beispiele dafür im bull. Roman. cont. 13, 104; 15, 36 ff. u. o. S. 347. n. 6.

[7] So ist mehrfach eine solche Dismembration bischöflicher Diöcesen in Folge politischer Veränderungen vorgekommen. Das Konsistorial-Dekret v. 29. August 1870 hat auf Ersuchen der preussischen Regierung 17 Pfarreien von der Diöcese Würzburg abgetrennt und der Diöcese Fulda überwiesen, in Folge der Cession der betreffenden bairischen Gebietstheile an Preussen durch den Friedensvertrag v. 22. August 1866 und den Recess v. 3. August 1867. §. 57. Weiter gehört hierher die mittelst der Konsistorial-Dekrete vom 10. u. 14. Juli 1871 bewirkte anderweite, den jetzigen politischen Grenzen entsprechende Diöcesantheilung von Elsass-Lothringen, s. Dove i. Ztschr. f. K. R. 11, 95 u. 13, 128.

[8] Die von Ginzel dafür angeführten Stellen c. 1. C. XIII. qu. 1; c. IX. de paroch. III. 29; Trid. Sess. XXIV. c. 13 de ref. beweisen dies freilich nicht.

[9] Sess. XXI. c. 4 de ref. cit.

[10] Fagnan. ad c. 3 X. n. 25; Bouix l. c. p. 264.

[11] Das Tridentinum hat das allgemeine Verfügungsrecht des Bischofs über die niederen Beneficien nicht beschränkt, vielmehr nur für einzelne

deter Weise, dass, wenn, er dieses ausübt, nicht die Vorschriften des Tridentinums über die Errichtung neuer Pfarreien zur Anwendung kommen [1].

Nach denselben Grundsätzen muss übrigens auch der Fall beurtheilt werden, dass das Gebiet einer schon bestehenden Pfarrei theilweise zur Errichtung einer Missionspfarrei [2] benutzt werden soll [3].

Wegen der auch auf die Divisionen und Dismembrationen sich beziehenden 13. Kanzleiregel vgl. u. §. 108.

§. 107. *c. Die Belastung der Benefizien mit Pensionen* *..

Ein der Theilung der Benefizien ähnliches Verhältniss entsteht dadurch, dass einer Person das Recht gewährt wird, eine pensio, d. h. einen bestimmten Theil der Benefizialfrüchte, zu beziehen.

Schon seit dem 5. Jahrhundert ist die Zuweisung von Sustentationen aus dem Vermögen einer Kirche an Geistliche, welche früher an derselben in Dienst gestanden hatten und nach Verlust ihres Amtes zu ihrem Lebensunterhalt einer Unterstützung bedurften, vorgekommen [4]. Sie unterscheidet sich aber dadurch von der späteren pensio, dass letztere von einem bestimmten Benefizium geleistet werden muss, während dies in der älteren Zeit, als die Theilung und Spezialisirung des kirchlichen Vermö-

Anwendungsfälle desselben besondere Normen aufgestellt. Ferner ist kein vernünftiger Grund abzusehen, warum das Koncil den Bischöfen dieses einfache Mittel, die aus einer unzweckmässigen Parochialeintheilung hervorgehenden Schwierigkeiten zu beseitigen, hätte entziehen sollen.

[1] Daher kann der Ordinarius, weil es ihm hierzu an der gesetzlichen Delegation des Tridentinum fehlt, eine solche Abzweigung nicht bei exemten Pfarreien vornehmen, vielmehr steht dieses Recht allein dem Papste zu. Die Neuerrichtung zweier exemten Pfarreien aus einer, wozu der Ordinarius kraft der gedachten Delegation competent ist, kann nicht als das die geringere Befugniss zur Dismembration enthaltende Maius angesehen werden. Im ersteren Falle bleiben beide, die alte und die neue Pfarre, exemt, im andern Falle wird aber häufig die Schwierigkeit eintreten, dass eine exemte Pfarrei, welcher die Trennstücke zugelegt werden könnten, nicht vorhanden ist. Sodann würde die Ertheilung des Rechtes an den Bischof, solche Theile einer exemten Pfarrei mit einer ihm unterworfenen zu vereinigen, ein zu starker Eingriff in die Rechte der Exemten gewesen sein.

Eine weitere Konsequenz der Nichtanwendbarkeit des Tridentinums ist es, dass der Bischof bei der Dismembration der Pfarrsprengel Vermögensstücke der dismembrirten Pfarrei der andern, welcher er Trennstücke der ersteren überweist, nur dann übertragen darf, wenn er dies auch unabhängig von der geographischen Dismembration nach den zu II. 1 entwickelten Grundsätzen zu thun berechtigt wäre. Hieraus ergiebt sich, dass das Zehntrecht über die abgezweigten Bezirke diesen nicht ohne Weiteres folgt, und dass der Pfarrei für die ihr in dieser Hinsicht durch die geographische Abtrennung erwachsenden Verluste eine Entschädigung gewährt werden muss.

[2] S. o. S. 363.

[3] Die Abzweigung einer Missionspfarrei von einer wirklichen Parochie in der Weise, dass der ehemalige Sprengel der letzteren nunmehr zwei verschiedene, einen der Stamm- und einen der Missionspfarre zugehörigen Bezirk, bildet, ist streng genommen dem Bischof nicht gestattet, denn das Trid. Sess. XXI. c. 4 de ref. setzt die Errichtung einer neuen ordentlichen Pfarrei voraus. Indessen sind in neuerer Zeit in der preussischen Diöcese Paderborn solche Neugründungen von Missionspfarreien mehrfach vorgekommen. Ob die Bischöfe dazu päpstliche Vollmacht besessen haben, ist mir unbekannt.

* Thomassin vet. ac nov. disciplina P. III. lib. 2. c. 29 ff.; van Espen J. E. U. P. II. tit. 28; eiusd. tract. de simonia circa beneficia, item de pensionibus ecclesiasticis in dessen opp.; Card. de Luca de pensionibus in seinem theatrum veritatis et iustitiae ed. Colon. Agripp. 1706. t. II; Ferraris prompta bibliotheca s. v. pensio, s. auch Dürr diss. de annis carentiae c. 1. §. 5 in Schmidt thesaur. 6, 214 ff.; Phillips K. R. 7, 303 ff.

[4] So bewilligte das Koncil v. Chalcedon v. 451 dem abgesetzten Bischof Domnus v. Antiochien auf Antrag seines Nachfolgers Maximus eine in das Ermessen des letzteren gestellte Sustentation aus dem Vermögen der dortigen Kirche, Mansi 7, 270 (über die bestrittene Echtheit des betreffenden Schriftstückes s. Hefele, Konciliengesch. 2, 472. n. 4). Dasselbe Koncil entschied act. XII (Mansi 7, 299) den Streit zwischen Bassianus und Stephanus über den Stuhl von Ephesus dahin, dass ein dritter zum Bischof gewählt werden, jeder der Prätendenten aber 200 aurei jährlich zu seinem Lebensunterhalt empfangen sollte.

gens noch nicht stattgefunden hatte, nicht möglich war. Als Gründe für die Bewilligung derartiger Unterstützungen kommen die Absetzung von Geistlichen [1], die Zurückweisung zweifelhafter Ansprüche von solchen auf ein Kirchenamt [2], die Vertreibung derselben durch Gewalt [3] und endlich die gerechtfertigte Resignation [4] vor.

Zufolge der Spezialisirung des Kirchenvermögens und der Ausbildung der Benefizien ergab sich von selbst die Nothwendigkeit, solche Unterstützungen oder Pensionen auf die Einkünfte der letzteren zu legen. Bald aber erfolgte eine derartige Belastung nicht mehr allein bei gerechtfertigten Veranlassungen, sondern auch zum Zwecke unerlaubter und simonistischer Bereicherung, namentlich zur Umgehung des Verbotes der Pluralität der Benefizien. Daher musste schon die kirchliche Gesetzgebung des 12. und 13. Jahrhunderts gegen die so entstandenen Missbräuche einschreiten [5]. Im Anschluss an dieselbe hat die Doktrin die nachstehenden Grundsätze über das Institut der Pensionen, welches heute allerdings, namentlich in Deutschland, keine erhebliche praktische Bedeutung besitzt, entwickelt.

Vor Allem ist die Auferlegung der Pension zu Lasten des Benefiziaten, d. h. auf die Zeitdauer der Amtsperiode des letzteren und die zu Lasten des Benefiziums selbst, welche ohne Rücksicht auf die Person des gegenwärtigen Benefiziaten auch dessen Nachfolger trifft, und hinsichtlich ihrer Dauer von dem Leben des Pensionarius oder anderen Umständen abhängig [6] ist, zu unterscheiden.

Das Recht, Pensionen jeder Art den Benefizien aufzulegen, kommt allein dem Papste zu, und dieser kann kraft der apostolischen Machtfülle [7] auch von dem Vorliegen eines gerechtfertigten Grundes absehen [8].

Das allgemeine, von der kirchlichen Gesetzgebung ausgesprochene Verbot, die Benefizien mit Pensionen zu belasten [9], bindet ihn nicht. Dagegen findet dasselbe Anwendung auf die Ordinarien. Diese sind dazu nur beim Vorhandensein eines ausreichenden Grundes befugt. Insbesondere ist ihnen die Auferlegung einer Pension gestattet zu Gunsten des Amtsinhabers, welcher ordnungsmässig auf sein Benefizium verzichtet [10], zu Gunsten des Coadjutors eines gebrechlich gewordenen Geistlichen [11],

1 Gregor. I. ep. III. 55 (opp. ed. Bened. 2, 665) u. vorige Note.

2 S. die citirte Note.

3 Gregor. I. ep. I. 45 (l. c. 2, 540); Joann. diacon. vita Gregor. M. III. 16. Die Unterstützungspflicht wurde hier den Kirchen anderer Bischöfe auferlegt.

4 Joann. diac. l. c. IV. 39; Gregor. ep. XIII. 5 (l. c. 2, 1218), vgl. auch Thomassin l. c. c. 29 und über die karolingische Zeit ibid. c. 30.

5 Freilich ist dies nicht von erheblichem Erfolg gewesen. Noch im 17. Jahrhundert wurde mit solchen Pensionen grosser Missbrauch getrieben, Ranke, Fürsten u. Völker v. Südeuropa. 3. Aufl. 4, 116. 153.

6 Fagnan. ad c. 21 X. de praeb. III. 5. n. 28; Barbosa de off. et pot. episc. P. III. alleg. 85. n. 1; Reiffenstuel III. 12. n. 85; Ferraris l. c. n. 9. Selbstverständlich ist hier nur von der sog. *pensio clericalis*, d. h. einer solchen, welche zu Gunsten eines Klerikers durch den kirchlichen Oberen auf ein Benefizium bestellt wird, nicht von der *pensio laicalis*, d. h. von Einkünften, welche Laien, z. B. Verwaltern kirchlicher Güter, Organisten u. s. w. gewährt werden, Ferraris l. c. n. 2, die Rede. Die p. clericalis scheiden die Kanonisten wieder in die p. clericalis schlechthin, die hier behandelt wird, und eine solche, welche als Titel für ein Benefizium, z. B. eine vicaria perpetua, bestellt wird, Ferraris l. c. n. 3. 4. Ueber die letztere s. c. 6 (Alex. III.) X. de cler. non resid. III. 4 u. den Schluss dieses §. Ihre Bestellung wird durch c. 30. i. f. X. de praeb. nicht im Allgemeinen, sondern nur dann verboten, wenn sie zur Verdeckung eines unerlaubten Verhältnisses erfolgt, Fagnan. ad c. 31. X. de rescr. I. 3. n. 41. Derartige Pensionen sind Benefizien im vollsten Sinne des Wortes, für welche die Regeln über die letzteren zur Anwendung kommen, s. Reiffenstuel III. 5. n. 90.

7 c. 2 (Clem. IV.) in VI^to de praeb. III. 4, Clem. 1 i. f. ut lite pendente II. 5.

8 Reiffenstuel III. 12. n. 86; Ferraris n. 10; Phillips 7, 307.

9 c. 7 (Later. a. 1179) X. de cens. III. 39; Clem. un. de supp. neglig. I. 5. s. v. eadem quoque.

10 Das Weitere in der Lehre von der Erledigung der Kirchenämter.

11 S. o. S. 253. 256. 324. 325.

behufs des Ausgleiches beim Tausch zweier in ihren Erträgen ungleichen Benefizien [1], zur friedlichen Vermittelung eines Rechtsstreites [2] (pro bono pacis), zur Unterstützung eines Klerikers in seinen Studien [3], zum Nutzen der Kirche und endlich zu Wohlthätigkeits- und Armenzwecken [4]. Dagegen ist es unzulässig, dass der Ordinarius ohne Weiteres bei der Verleihung eines Benefiziums, sei es für sich, sei es für einen Andern, eine Pension vorbehält [5].

Der Betrag der Pension darf niemals so hoch festgesetzt werden, dass dem Inhaber des belasteten Benefiziums der Genuss der Congrua entzogen wird [6]. In näherer Anwendung dieses Grundsatzes hat das Tridentinum alle Kathedralen, deren Einkünfte sich nicht auf mehr als 1000 und alle Pfarrkirchen, bei denen dieselben sich nicht auf mehr als 100 Dukaten belaufen, von der Auferlegung von Pensionen befreit [7] und die spätere päpstliche Gesetzgebung diese Befreiung auf alle Parochialkirchen und Parochialbenefizien überhaupt ausgedehnt [8].

Ferner soll der Ordinarius nicht befugt sein, die Pension nach einer bestimmten Quote, sondern nur zu einem festen Betrage zu bestimmen [9], was indessen keinen quellenmässigen Anhalt hat [10].

Darüber, ob das Recht desselben sich blos auf die Auferlegung einer Pension für die Amtsdauer des beschwerten Benefiziaten beschränkt oder auch auf die Konstituirung einer solchen zu Lasten des Benefiziums erstreckt, herrscht Streit [11]. Jedoch ist die erstere Meinung für die richtige zu erachten [12].

Bei der Auferlegung von Pensionen hat der Ordinarius [13] den Konsens des Kapitels einzuholen, weil in derselben stets eine Alienation im weiteren Sinne [14] liegt. Ferner ist die Zustimmung des Inhabers des zu belastenden Benefiziums erforderlich,

1 Arg. c. 6 (Clem. III.) X. de permut. III. 19. s. Barbosa l. c. n. 11; Ferraris n. 24; dagegen van Espen diss. cit. P. II. c. 4. §§. 3 ff.

2 c. 21 (Innoc. III.) X. de praeb. III. 5. In solchen Fällen darf aber, zur Vermeidung der Simonie und des Verdachtes derselben die Initiative zur Auferlegung der Pension nicht von den Parteien, sondern nur von den kirchlichen Obern, den Richtern und den Schiedsrichtern (letzteres ist freilich bestritten) ausgehen, vgl. Fagnan. ad c. cit. n. 3 ff.; van Espen l. c. c. 6; Phillips 7, 311.

3 Eine solche pensio wird *p. praestimonialis* oder *praestimonium* genannt, Reiffenstuel III. 5. n. 80 ff.; Ferraris s. v. praestimonium; Phillips 7, 283.

4 Barbosa l. c. n. 11; Ferraris l. c. n. 18 ff.

5 tit. X. ut eccles. benef. sine deminutione conferantur III. 12; Fagnan. l. c. n. 22. S. auch S. 413. n. 10.

6 Arg. c. 30 X. de praeb. III. 5; Phillips 7, 308.

7 Sess. XXIV. c. 3 de ref. s. v. Ad haec.

8 S. das Dekret Innocenz' XII. v. 1692 bei Ferraris l. c. n. 28 u. Reiffenstuel III. 12. n. 100 u. die const. Benedikt's XIII.: Quanta cura v. 1724 (bei Ferraris l. c.). Letztere macht aber schon im §. 3 zu Gunsten des Papstes folgende Ausnahme: „Reservata tamen nobis et Romano pontifici pro tempore existenti facultate ac auctoritate imponendi antedictis parochialibus ecclesiis eas pensiones quas beneficiorum proventus et locorum personarumque conditio imponi permiserint, in favorem dumtaxat et commodum fabricae earumdem ecclesiarum, ad hoc ut illae eiusmodi certo subsidio promptius reparari, opportune manuteneri et congruis etiam ornamentis, ut praefertur, augeri possint et valeant“. Selbstverständlich kann sich jeder Papst darüber hinaus von den Vorschriften der Konstitution entbinden.

9 Ferraris l. c. n. 17; Phillips 7, 310.

10 Der dafür angegebene Grund, dass c. 8 u. c. 28 X. de praeb. III. 5 eine sectio beneficiorum verbieten, und die Zuweisung einer Quote gegen diese Anordnung verstossen würde, beweist zu viel, weil dies auch bei quantitativer Festsetzung der Fall sein würde.

11 Vgl. Fagnan. l. c. n. 39 ff.; Reiffenstuel l. c. n. 91 ff.; Ferraris l. c. n. 20. 21; Dürr l. c. p. 219.

12 Weil c. 21 X. de praeb. III. 5. argum. a contrario die Auferlegung einer pensio über die Amtsdauer des Benefiziaten hinaus durch einen andern als den Papst ausschliesst. Das dagegen angeführte c. 5 (Alex. III.) de transact. I. 36 handelt ebenfalls nur von einer sich auf die Amtsperiode des Benefiziaten erstreckenden Verpflichtung. Im Uebrigen s. die ausführliche Begründung bei Fagnan. l. c.

13 Der General-Vikar bedarf für solche Verfügungen der Spezialvollmacht, s. o. S. 215. Wegen der Regular-Oberen s. Ferraris l. c. n. 32 ff.

14 Schmalzgrueber l. c. III. 12. n. 12; s. auch o. S. 153.

denn wider seinen Willen kann ihm sein Recht auf den vollen Genuss der Amtseinkünfte nicht geschmälert werden [1]. Soll die Pension aber während der Vakanz des Amtes auferlegt werden, so bedarf es ebenso wie bei der Veräusserung von Benefizial-Vermögen der Bestellung eines defensor [2]. Die Einwilligung des Patrons ist nur dann erforderlich, wenn das Benefizium vor der Wiederbesetzung belastet, oder wenn die Pension (was freilich ausserhalb der Kompetenz des Bischofs liegt), zu Lasten des Benefiziums konstituirt werden soll [3]. Der Papst kann allerdings kraft seiner gesetzgeberischen Machtfülle von der Einholung des Konsenses der Betheiligten absehen, indessen gelten päpstliche Verfügungen, welche den Rechten derselben nicht ausdrücklich derogiren, als erschlichen [4].

Die Auferlegung mehrerer Pensionen auf ein und dasselbe Benefizium wird sich für die Regel schon durch den Grundsatz verbieten, dass dem Benefiziaten der ausreichende Unterhalt verbleiben soll. Aber auch an diese Schranke ist der Papst nicht gebunden. Wenn indessen in dem päpstlichen Reskript die schon früher auferlegte Pension bei der Bestellung einer weiteren nicht erwähnt worden ist, so wird die letztere als erschlichen betrachtet, weil die Vermuthung dafür spricht, dass der Papst dasselbe Benefizium nicht habe doppelt belasten wollen [5].

Fähig zum Erwerbe einer Pension aus einem kirchlichen Benefizium ist nur ein Kleriker [6]. Es genügt jedoch der Besitz der Tonsur, und daraus folgt zugleich, dass der Betreffende kein höheres Alter als das vollendete siebente Lebensjahr zu haben braucht [7]. Für Laien bedarf es eines päpstlichen Indultes [8].

Das Recht des s. g. pensionarius auf die Pension, gleichviel ob sie zu Lasten des Benefiziaten oder des Benefiziums selbst auferlegt ist, ob sie in einer bestimmten Quantität oder Quote der Früchte oder in einer Geldsumme besteht, stellt sich als eine auf dem Benefizium haftende Reallast dar, welche den Benefiziaten zur Abgabe eines bestimmten Theils der Früchte desselben an den Pensionarius verpflichtet. Von einer persönlichen Verhaftung des Benefiziaten, welcher nur in seiner Eigenschaft als Inhaber und Verwalter des Benefiziums in Frage kommt, kann keine Rede sein [9]. Von diesem Standpunkt aus sind die vielen über das Recht des Pensionarius bestehenden Kontroversen, so über die Statthaftigkeit der Herabminderung der Pension bei

[1] Fagnan. ad c. 21 X. cit. n. 22; Schmalzgrueber l. c. n. 14. Eine Ausnahme tritt dann ein, wenn der Benefiziat zur Verwaltung des Amtes unfähig geworden und ihm ein Koadjutor zugeordnet werden muss, s. o. S. 324 ff.

[2] Fagnan. l. c. n. 23; Schmalzgrueber l. c. n. 14; Phillips 7, 308.

[3] Die gewöhnliche Meinung verlangt die Zustimmung des Patrones nur im letztgedachten Fall, s. Schmalzgrueber l. c. n. 15; aber auch in dem ersten erwächst demselben ein ihn beeinträchtigendes Präjudiz insofern, als ihm das Auffinden eines zur Annahme der Präsentation geneigten Kandidaten erschwert wird. Nur die Auferlegung einer Pension bei besetzter Stelle zu Lasten des Benefiziaten, welche mit dessen Amtsführung ihr Ende erreicht, berührt seine Interessen nicht.

[4] Schmalzgrueber l. c. n. 11.

[5] L. c. n. 11; Ferraris l. c. n. 106.

[6] Const. Pii V.: Sacrosanctum v. 1568 (M. Bull. 2, 287) u. Sixti V.: Cum sacrosanctum v. 1589 §. 2 (ibid. p. 713); Schmalzgrueber l. c. n. 21; Ferraris l. c. n. 34 ff.

[7] Schmalzgrueber l. c. n. 23; Ferraris l. c. n. 41.

[8] S. Note 6. Das Trid. Sess. XXV. c. 15 de ref. verbietet, dass der uneheliche Sohn eines Klerikers eine Pension aus dem von seinem illegitimen Vater ehemals oder zur Zeit besessenen Benefizium erhält. Weitere Kasuistik bei Ferraris l. c. n. 44 ff.; Schmalzgrueber l. c. n. 24 ff.

[9] Bei den älteren Kanonisten herrscht in dieser Frage völlige Unklarheit, s. z. B. de Luca l. c. disc. 19. n. 8 u. disc. 26. n. 2, welcher das Recht als ius quoddam reale bezeichnet und doch von einer actio personalis saltem causativa gegen den Besitzer des Benefiziums spricht; Garcias l. c. P. I. c. 5. n. 188 ff.; Leuren. l. c. P. III. qu. 548 ff.; Schmalzgrueber l. c. n. 26 und die Anführungen in den Acta s. sed. 5, 174 ff.

neuen Auflagen auf das Benefizium und bei gemindertem Ertrage desselben, über die Verhaftung der Nachfolger und Erben des Benefiziaten u. s. w., welche ich wegen ihres geringen praktischen Interesses übergehe, zu entscheiden [1]. Jedenfalls haftet aber der Pensionarius für die zur Zeit der Begründung seines Rechtes bestehenden Auflagen und gesetzlichen Verpflichtungen, also z. B. für Baulast, proratarisch neben dem Benefiziaten, sofern ihm nicht päpstlicherseits eine freie Pension bewilligt worden ist [2].

Da die Pension nur unter bestimmten, zur Person des Berechtigten in Beziehung stehenden Verhältnissen seitens des Ordinarius bestellt werden darf und auch die päpstliche Verleihung einer solchen stets eine mit Rücksicht auf die Person erfolgte Gnadenbewilligung ist, so kann der Pensionarius sein Recht der Substanz nach nicht an einen andern übertragen (transferre) [3], sondern nur zur Ausübung überlassen [4]. Das Erstere ist indessen nach der Praxis der Kurie mit Konsens des Papstes gestattet [5]. Im Falle einer solchen Translation wird der objektive Bestand des bisherigen Anspruchs nicht geändert, wohl aber der subjektive, weil er dann nicht mehr von der Person des Transferenten, sondern des s. g. *translatarius* abhängig ist [6]. Das Recht des Pensionärs erlischt (abgesehen von dem eben berührten Fall der Translation):

1. Mit dem Tode desselben, 2. mit dem Tode des Benefiziaten oder dem Verluste des Benefiziums seitens desselben, jedoch nur wenn die Pension zu seinen Lasten konstituirt ist, 3. mit dem Eintritt des Endtermins, 4. durch Verzicht des Berechtigten, wozu es jedoch nicht, wie bei der Resignation auf ein Kirchenamt, eines Konsenses des kirchlichen Oberen bedarf [7], 5. durch Ablegung der Profess in einem approbirten Orden [8], 6. durch Eingehung einer gültigen Ehe [9], 7. durch Aufgabe der Tonsur und der dem Kleriker geziemenden geistlichen Tracht [10], 8. durch Eintritt in den Soldatenstand [11], 9. durch die Konsekration in Folge der Promotion zu einem Residenzial- (nicht Titular-) Bisthum in Verbindung mit der Besitzergreifung desselben [12], 10. in Folge der Begehung solcher Vergehen welche mit dem Verlust

[1] S. die Citate i. d. vor. Note u. Ferraris l. c. n. 108 ff. Besondere Bestimmungen für Italien enthält das Dekret Pius' IX. v. 1871 de pensionibus ecclesiasticis pro rata portione imminuendis ob usurpationes et gravamina bonorum ecclesiae in Italia existentium i. d. Acta s. sed. 7, 325; s. auch ibid. p. 328 n. 8, 706.

[2] Ferraris l. c. n. 129—133.

[3] Also auch nicht verkaufen und zur Ablösung bringen, Ferraris l. c. n. 99.

[4] Schmalzgrueber l. c. n. 34; Ferraris l. c. n. 98 ff.

[5] Schmalzgrueber l. c. n. 37 ff.; Ferraris l. c. n. 74 ff. Ueber die den Kardinälen in dieser Beziehung zustehenden Privilegien s. Th. I. S. 354.

[6] Näheres s. bei den in der vor. Note citirten, vgl. auch Th. I. a. a. O.

[7] Denn der Pensionarius hat keine Amtspflichten und durch den Fortfall der Pension wird nur der regelmässige Zustand hergestellt, Schmalzgrueber l. c. n. 44.

[8] Nach c. 4 (Bonif. VIII.) in VIto de regul. III. 14, das den Verlust der Benefizien davon abhängig macht, Schmalzgrueber n. 43; die Ordensprofessen sind indessen fähig, Pensionen aus Regular-Benefizien zu erhalten, Ferraris l. c. n. 63. 64.

[9] Ebenfalls nach Analogie der bezüglichen Vorschriften in Betreff der Benefizien (Th. I. S. 161), vgl. Schmalzgrueber l. c. n. 41; über die Ausnahmen von dieser Regel Ferraris l. c. n. 61 ff.

[10] Const. Sixt. V.: Cum sacrosanctum u. Pastoralis v. 1589 (M. Bull. 2, 712. 714); die letztere nimmt aber diejenigen aus, welche eine nicht 60 Kammergulden überschreitende Pension haben, s. auch Ferraris n. 72.

[11] Nach der sich an c. fin. X. de cler. coniug. III. 3 anlehnenden Kurialpraxis, Ferraris n. 59.

[12] Schmalzgrueber n. 42; Ferraris n. 65 ff. Durch die Erlangung eines nicht zur Residenz verpflichtenden Kardinalbisthums, wie es die suburbikarischen Bisthümer sind (Th. I. S. 357), tritt aber der Verlust nicht ein.

des Benefiziums bedroht sind oder wegen deren derselbe durch Erkenntniss des geistlichen Richters ausgesprochen werden kann [1].

Ein kirchliches Benefizium ist die Pension nicht [2]. Mit ihr ist für den Berechtigten weder die Befugniss noch die Pflicht zur Ausübung kirchlicher Amtshandlungen verbunden. Ferner fehlt ihr auch die zum Wesen des Benefiziums erforderliche Perpetuität, da sie nur auf eine bestimmte, gewöhnlich durch die Amtsdauer des Benefiziaten oder das Leben des Pensionärs begränzte Zeit bestellt wird. Sie kann aber, wenn diese beiden fehlenden Momente, was ihrem Charakter an und für sich nicht widersprechend ist, hinzutreten, zum Benefizium werden [3].

Unter bestimmten Voraussetzungen ist sie geeignet, als Ordinationstitel zu dienen [4]. Ihr Besitz verpflichtet den berechtigten Kleriker, falls sie sich nicht auf nur 60 Kammergulden oder weniger beläuft, Tonsur und geistliche Kleidung zu tragen [5] und ferner täglich das officium parvum b. Mariae virginis zu beten [6].

d. Die Union der Kirchenämter.

§. 108. *a. Die Union im eigentlichen Sinne* *.

I. Das Recht zur Vornahme von Unionen (über den Begriff selbst s. o. S. 395) steht der allgemeinen Regel gemäss in Betreff der höheren Benefizien, sowie der Kathedral- und Kollegiatkapitel (s. o. S. 387) dem Papste, in Betreff der übrigen dem Ordinarius zu [7], mit welchem der erstere aber gleichfalls konkurriren kann [8]. Für den Ordinarius bedarf es des Konsenses des Kapitels [9]. Der General-Vikar ist statt seiner nur kraft Spezial-Vollmacht einzutreten befugt [10]. Der Kapitular-Vikar endlich kann derartige Verfügungen nur unter der Voraussetzung treffen, dass durch die Veränderung kein bischöfliches Recht verletzt wird [11].

II. Voraussetzungen. Als iustae causae für die Vornahme einer Union

[1] de Luca l. c. c. 8. n. 64; Acta s. sed. 9, 376.

[2] c. 4 (Bonif. VIII.) in VIto de praeb. III. 4. Weitläufig erörtert diese unter den Aelteren bestrittene Frage Fagnan. ad c. 31 X. de rescr. I. 3. n. 50 ff. 64 ff.; s. auch Garcias l. c. P. I. c. 5. n. 2 ff.; Reiffenstuel l. c. III. 5. n. 92 ff.; Phillips 7, 314.

[3] S. o. S. 413. n. 6 u. vorige Note.

[4] Th. I. S. 68.

[5] S. o. S. 416. n. 10 u. Th. I. S. 131.

[6] Const. Pii V.: Ex proximo v. 1571. §. 1. i. f. (M. Bull. 2, 369) u. Th. I. S. 143.

Es ist selbstverständlich, dass man aus diesen den Pensionären obliegenden Pflichten, wie manche ältere thun, s. die Citate bei Fagnan. l. c. nichts für den Benefizial-Charakter der Pension herleiten kann; ebensowenig daraus, dass nach der Praxis der Kurie die ein Benefizium nachsuchende Person zur Vermeidung der Folgen der Obreption einer etwaigen Pensionsberechtigung Erwähnung thun muss, Fagnan. l. c. n. 51 ff., sowie daraus, dass Pensionen unter der Bezeichnung: Benefizien in s. g. materia favorabili, d. h., wenn es sich um Vortheile handelt (z. B. um die Zuständigkeit des privilegium fori) mit einbegriffen gelten, Fagnan. l. c. n. 131 ff.; Reiffenstuel l. c. n. 97 ff.

* Jo. Bapt. Turicellius de beneficiorum unione ex sent. S. Romanae Rotae tract. Ferrar. 1674; Nic. Thilen, disput. inauguralis de unionibus ecclesiarum atque beneficiorum ecclesiast. Argentorati 1671; Slevogt, de unione ecclesiarum et beneficiorum. Jenae 1678 u. 1746; Phillips K. R. 7, 315 ff.; Foesser de unione speciatim de incorporatione beneficior. i. Arch. f. k. K. R. 21, 353; vgl. auch o. S. 400. n. *.

[7] c. 8 (Coelest. III.) X. de exc. prael. V. 31; Leuren. l. c. P. III. qu. 903; Ferraris s. v. unio n. 9. 14 ff. In Betreff der im Trid. Sess. XXIV. c. 15 de ref. erwähnten Unionen (s. unten) hat aber die Congr. Conc. mit Rücksicht darauf, dass das Koncil ausschliesslich der Bischöfe erwähnt, die praelati nullius dioecesis für unzuständig erklärt, s. Fagnan. ad c. 8. cit. n. 17. 18.

[8] S. o. S. 391. n. 4 u. Foesser l. c. p. 384.

[9] S. o. S. 153 u. Leuren. l. c. P. III. qu. 914.

[10] S. o. S. 215.

[11] S. o. S. 242. 244. 245. n. 1.

gelten gleichfalls die necessitas und die evidens utilitas[1], also z. B. die Unzulänglichkeit eines Benefiziums für den Unterhalt des Amtsträgers[2], die Unmöglichkeit der Reparatur einer verfallenden Kirche[3], die Entvölkerung einer Gegend in Folge des Klimas, kriegerischer Verwüstungen u. s. w.[4], die Zerstörung einer Kirche, deren Wiederherstellung wegen Mangel an Parochianen oder Diöcesanen oder aus anderen Gründen nicht ermöglicht werden kann[5], die geringe Entfernung zweier Kirchen von einander mit so unbedeutender Seelenzahl, dass ein Geistlicher sie zu leiten im Stande ist[6], die Beilegung hartnäckiger und langwieriger Streitigkeiten zwischen zwei Kirchen, falls ihre Union das einzige Mittel zur Beseitigung derselben ist[7], die Beschaffung von Ausstattungen und die Ergänzung derselben für Pfarrkirchen[8], Stifter und Seminarien[9].

Bei der Vornahme von Unionen ist der kompetente Obere insofern beschränkt, als 1. Aemter und Pfründen einer Diöcese nicht mit Benefizien und kirchlichen Instituten einer andern[10], 2. Seelsorgebenefizien nicht mit Klöstern, Dignitäten oder Präbenden der Dom- oder Kollegiatstifter, anderen einfachen Benefizien und Hospitälern oder Instituten geistlicher Ritterorden[11], 3. einfache Regular-Benefizien nicht mit gering dotirten Kathedral- und Kollegiatstifts-Pfründen[12], 4. Benefizien freier bischöflicher Verleihung nicht mit Patronatspfründen vereinigt werden dürfen[13].

Im Hinblick auf diese Verbote des Tridentinums, welche der eigennützigen Verfügung der Ordinarien über die Benefizien ihrer Diöcese Schranken setzen wollen und schon in früheren Anordnungen ihr Vorbild haben[14], hat die Doktrin und Praxis unter Berücksichtigung der sonstigen, in Frage kommenden Vorschriften folgende Grundsätze über die Statthaftigkeit, bez. die Unzulässigkeit von Unionen entwickelt:

1. Erlaubt ist die Vereinigung

a. von anderen als Seelsorgsbenefizien mit Klöstern und den oben zu 2. genannten Benefizien[15],

b. von Seelsorgsbenefizien mit Benefizien dieser Art,

c. von einfachen Benefizien mit letzteren[16], endlich

1 Vgl. überhaupt Barbosa de off. et pot. episc. P. III. alleg. 66. n. 15 ff.; Garcias l. c. P. XII. c. 2. n. 108. 109; Leuren. l. c. P. III. qu. 912; Slevogt l. c. c. 2. §§. 8 ff.; Schmalzgrueber l. c. III. 5. n. 185. 186; Reiffenstuel l. c. III. 12. n. 69 ff.; Ferraris l. c. n. 18 ff.

2 c. 33 (Honor. III.) X. de praeb. III. 5; Trid. Sess. XXI. c. 5 de ref.

3 Trid. Sess. XXI. c. 7; Sess. XXIV. c. 13 de ref.

4 Arg. c. 2 (Greg. I.) X. de relig. dom. III. 36.

5 c. 49 (id.) C. XVI. qu. 1.

6 c. 48 (id.) C. cit.; c. 3. §. 1 (Tolet. XVI. a. 693) C. X. qu. 3; const. Pii VII. v. 1818. §. 3 (bull. Rom. cont. 15, 36).

7 Entschdg. d. Congr. Conc. i. Richters Tridentinum S. 118. n. 2. Ein Beispiel der Vereinigung zweier Kirchen und Kapitel zu Besançon, welche über die maioritas und cathedralitas der einen stritten, v. 1254 i. Gallia christ. 15 app. p. 85; s. ferner dipl. saec. XII. l. c. t. 2 app. p. 10.

8 Trid. Sess. XXI. c. 5 cit.

9 L. c. Sess. XXIII. c. 18 de ref.; Sess. XXIV. c. 15 de ref. In diesen beiden Fällen ist aber die Befugniss auf die Vereinigung von beneficia simplicia beschränkt.

10 L. c. Sess. XIV. c. 9 de ref. Mangels eines solchen Verbotes würde der Bischof zweier aeque principaliter vereinigten Diöcesen (s. nachher) in der Lage sein, dergleichen Unionen vorzunehmen. Vgl. noch Leuren. l. c. P. III. qu. 898. Auf Bisthümer bezieht sich das Kapitel nicht, daher ist die Union derselben, auch wenn sie verschiedenen erzbischöflichen Provinzen angehören, nicht ausgeschlossen. Ein Beispiel bieten die vereinigten Bisthümer Sarzana und Brugnato, von denen das erstere exemt ist, das andere unter dem Erzbischof v. Genua steht, Acta s. sed. 2, 553.

11 L. c. Sess. XXIV. c. 13 de ref. Wegen der Seminarien s. Note 9.

12 L. c. c. 15 de ref.

13 L. c. Sess. XXV. c. 9 de ref.

14 S. die General-Reformdekrete sess. XLIII der Synode v. Konstanz c. 2 bei Hübler, Konstanzer Reformation S. 160, vgl. auch daselbst S. 94. 142.

15 Clem. 2 de reb. eccl. non alien. III. 4; Barbosa l. c. alleg. 66. n. 4; Ferraris l. c. n. 42. 51.

16 Trid. Sess. XXI. c. 5 de ref.

d. von Benefizien freier Kollatur mit Patronatspfründen, sofern der Patron zu diesem Zweck auf den Patronat verzichtet oder in eine alternative Besetzung durch Präsentation und freie Verleihung seitens des Kirchen-Oberen einwilligt oder endlich falls die Kirche des zu unirenden Benefiziums dem Verfall nahe oder keine ausreichenden Mittel zum Unterhalt des Benefiziaten vorhanden sind, sich zur Reparatur, bez. Dotation, verpflichtet[1].

2. Nicht statthaft ist die Vereinigung

a. sämmtlicher einfachen Benefizien der Diöcese durch den Ordinarius, selbst wenn er an der Union des einen oder andern rechtlich nicht gehindert wäre[2],

b. von einfachen Benefizien mit reich dotirten Stiftspräbenden[3],

c. von Dignitäten oder Kanonikaten zur Ergänzung der Einkünfte unzureichender Stiftspfründen[4] oder zur Beschaffung der für die Seminarien erforderlichen Einnahmen[5],

d. von einfachen Benefizien mit Kaplaneien der Kathedral- oder Kollegiatkirchen, mit der Fabrik dieser Kirchen und der mensa capitularis[6].

Päpstliche Reservationen, Affektionen und Expektanzen auf Benefizien stehen im Allgemeinen der Union derselben nicht entgegen[7]. Letztere ist indessen ausgeschlossen, wenn das einem solchen Vorbehalt unterliegende Benefizium vakant geworden, und ferner stets in Betreff derjenigen, welche, wie die ersten Dignitäten in den Kathedralstiftern, ein für alle Mal der päpstlichen Verleihung vorbehalten sind[8].

Was die erste Ausnahme betrifft, so erklärt sie sich daraus, dass nach dem mit der Vakanz eingetretenen Reservationsfall das existent gewordene Kollationsrecht des Papstes nicht mehr durch den Ordinarius geschmälert werden kann. Bei denjenigen allgemeinen Reservationen, deren Eintritt durch die Vakanz des Benefiziums nicht von selbst, sondern nur in Verbindung mit besonderen, vorher nicht zu übersehenden Ereignissen herbeigeführt wird (z. B. durch Tod des Inhabers in einem s. g. päpstlichen Monat), wird die vor der Vakanz verfügte Union wirksam, wenn die spätere Erledigung das Benefizium nicht der Reservation unterwirft (wenn also z. B. der Inhaber in einem nicht päpstlichen Monat stirbt), dagegen bleibt sie im umgekehrten

[1] S. die Entschdgen. der Congr. Conc. bei Ferraris l. c. 63. Die erste Ausnahme von dem Verbote des Tridentinums (s. S. 418. n. 13) ist nur eine scheinbare, die zweite ergiebt sich daraus, dass die Vorschrift es nur verhindern soll, dass Pfründen freier bischöflicher Kollation dieser entzogen und patronatspflichtig werden, diese Folge aber unter der angegebenen Voraussetzung nicht eintritt. Im dritten Falle endlich würde der Patron auch abgesehen von der Union durch die gedachten Handlungen den Patronat für das bisher freie Benefizium erwerben.

[2] Ferraris l. c. n. 50. 66, denn das Trid. spricht Sess. XXIII. c. 18 de ref. u. Sess. XXIV. c. 15 de ref. nur von aliquot beneficia simplicia. S. auch Riganti ad regul. cancell. XIII. n. 88 ff.; Leuren. l. c. P. III. qu. 889.

[3] Das Koncil Sess. XXIV. c. 15 de ref. stellt gering dotirte Pfründen und eine nicht ausreichende Distributionsmasse kopulativ als Bedingung der Union solcher Benefizien auf, und hat für den Fall, dass erstere gut ausgestattet sind, zur Schaffung und Erhöhung des Distributionsfonds besondere Vorschriften in c. 3 de ref. Sess. XXI gegeben, s. auch Riganti l. c. n. 146 ff.

[4] So die Congr. Conc. nach Ferraris l. c. n. 59; s. auch Fagnan. ad c. 33. X. de praeb. III. 5. n. 18 ff.

[5] Ferraris l. c. n. 68; Riganti l. c. n. 91. 92. Ueber die Streitfrage, wie weit die Errichtung des Seminars vorgeschritten sein muss, damit ihm gültiger Weise einfache Benefizien unirt werden können, s. Riganti l. c. n. 53 ff.; Leuren. l. c. P. III. qu. 888.

[6] Hier. Gonzalez ad reg. VIII. conc. gl. 37. n. 25; Fagnan. ad c. 33 cit. n. 24 ff.; Riganti l. c. n. 149 ff. Ferraris l. c. n. 55, 60, weil das Koncil die Union blos zu Gunsten von schlechtdotirten Kanonikaten gestattet. S. auch den Rechtsfall i. Acta s. sed. 7, 133. Vgl. ferner u. S. 421.

[7] Thielen l. c. p. 27; Fagnan. ad c. 8 X. V. 31. n. 22; Garcias l. c. P. XII. c. 2. n. 92. Die Reservation geht nur auf die Besetzung des Benefiziums, berührt aber seine Substanz nicht.

[8] Fagnan. l. c. n. 30; Garcias l. c. n. 93.

Fall so lange suspendirt, bis eine das Reservationsrecht des Papstes ausschliessende Erledigung des Benefiziums eintritt [1]. Sind päpstliche Anwartschaften auf ein vor der Vakanz unirtes Benefizium verliehen worden, so kommt es darauf an, ob die Union vor der Ertheilung oder nach derselben erfolgt ist. Im ersteren Fall schliesst die Vereinigung das Recht des Anwärters, sofern nicht vom Papste etwas anderes ausdrücklich angeordnet worden, aus, im letzten ist zwar die Union nicht ungültig, aber sie tritt erst dann in Wirkung, wenn der Expektant das kraft der Anwartschaft erworbene Benefizium wieder verliert [2].

Die zweite Ausnahme hat darin ihren Grund, dass die unter allen Umständen reservirten Benefizien weder bei ihrer Vakanz noch vor derselben wirksam unirt werden können, jenes nicht nach der ersten Ausnahmeregel, letzteres nicht, weil jede Erledigung nach dem vorhin Bemerkten stets die Wirkungen der Union suspendirt, mithin die letztere niemals zur Realisation gelangt [3].

Nach dem Tridentinum finden aber die eben gedachten Grundsätze in Betreff der Beschränkung der Ordinarien durch päpstliche Vorbehalte keine Anwendung auf die Unionen zu Gunsten armer Kuratbenefizien [4], gering dotirter Stiftspfründen [5] und zu Gunsten der Seminarien [6]. Die Unionen sind in diesen Fällen hinsichtlich ihrer Gültigkeit und des Eintrittes ihrer Wirksamkeit so zu behandeln, wie wenn es sich dabei um Benefizien handelte, welche keinem Vorbehalt unterworfen sind. In Betreff der Unionen zu Gunsten der Seminarien ist aber später die Aenderung eingetreten, dass die Bischöfe solche nur gültig vor der Vakanz reservirter Benefizien vornehmen dürfen [7], und selbst in diesem Fall nicht mit denjenigen, welche stets für den Papst reservirt oder affekt sind, gleichviel wann der Tod ihres Inhabers erfolgt [8].

In anderen als den hervorgehobenen Fällen ist die Wirksamkeit der päpstlichen

1 Fagnan. l. c. n. 23.

2 L. c. n. 24 ff.; Garcias l. c. n. 95 ff.

3 Leuren. P. III. qu. 902. n. 3.

4 Sess. XXI. c. 5 cit.

5 Sess. XXIV. c. 15 cit.

6 Sess. XXIII. c. 18 cit.

7 Das bezügliche Dekret Pius' V. und Gregors XIII. lautet: „In unionibus factis seu faciendis seminariis quod uniones de beneficiis reservatis validae sint, si modo fuerint factae ante ipsorum vacationem, quod si post vacationem factae reperiantur, nullae sint et provisi a sede apostolica mitti debent in possessionem dictorum beneficiorum", Garcias l. c. n. 102; Riganti l. c. n. 108.

8 Fagnan. l. c. n. 37: „Die 22 Febr. 1602 S. Congregatio (concilii) censuit, de caetero ad obviandam fraudem oportere decerni, ut non possint etiam ante vacationem uniri seminario beneficia quae obtinent personae, quae ob familiaritatem cardinalium vel aliam rationem tales sint, ut quocumque mense decedant, certum sit ea fore affecta sedi apostolicae. Die 26 Febr. 1602 ss. dom. noster (Clemens VIII.) ex sententia Congregationis decrevit, ut superius est adnotatum". Diese Dekrete sollen die Bischöfe an der ausschliesslichen Union solcher Benefizien, welche päpstlichen Vorbehalten unterliegen, hindern, und sie auch zu Unionen in Betreff der ihrer Kollation unterworfenen Benefizien zwingen. Uebrigens hat die Congr. Conc. wiederholt Unionen von Benefizien der ersten Art, welche Bischöfe vollzogen hatten, um die von ihnen zu vergebenden Benefizien nicht der Union zu unterwerfen, als in fraudem legis geschehen, für nichtig erklärt, s. Garcias l. c. n. 104 ff.; Riganti l. c. n. 112 ff.'

Nach den citirten Dekreten ist demnach das Tridentinum hinsichtlich der Union zu Gunsten der Seminarien insofern beseitigt, als die Union unter allen Umständen bei der „reservatio fixa, continua et invariabilis ita, ut quocumque tempore et loco succedat beneficiorum vacatio, eorum provisio spectet ad sedem apostolicam, ut sunt beneficia vacantia per obitum familiarium pontificis aut cardinalium, officialium, prothonotariorum" und ferner während, nicht aber vor der Vakanz bei der „reservatio discontinua et eventualis quae potest esse et abesse, ut est illa ratione mensis et loci" ausgeschlossen ist, s. Riganti l. n. n. 110. 111.

Durch ein Breve Urbans VIII. v. 1642 (Fagnan. l. c. n. 49) ist das Dekret Clemens' VIII. auch auf die Kardinäle und andere Personen, welche Indulte für die Verleihung von reservirten Benefizien besitzen, ausgedehnt. Wegen der Const. Bened. XIII.: Creditae nobis v. 1725 s. v. Quodsi (Acta conc. coll. Lacens. 1, 452), welche für Italien und die anliegenden Inseln die Dekrete Clemens' VIII. und Urbans VIII. beseitigt hat, s. Riganti l. c. n. 125 ff.

Reservationen durch das Tridentinum nicht eingeschränkt. Daher hat die Praxis z. B. die früheren Regeln in Betreff der Vereinigung der zuerst vakant werdenden Pfründen mit den Aemtern des Theologus oder des Pönitentiars behufs Ausstattung derselben, dann, wenn die erstere einer päpstlichen Reservation oder Affektion unterstand, zur Anwendung gebracht[1].

Die Devolution des Besetzungsrechtes auf ein Benefizium hindert den Ordinarius nicht an der Union des letzteren[2]. Diese tritt aber, wenn das Recht an den Papst devolvirt war, erst mit dem Zeitpunkt, in welchem der päpstliche ernannte Inhaber des Benefiziums dieses wieder verloren hat, in Wirksamkeit[3].

Endlich ist dem Bischof die Union von Benefizien zu Gunsten seiner oder der mensa des Kapitels, selbst mit Zustimmung desselben, bei der Strafe der Nichtigkeit untersagt[4]. Eine solche kann daher gültig nur mit päpstlicher Genehmigung vorgenommen werden[5].

Eine Union, welche der Ordinarius ohne das Vorhandensein der erforderlichen iusta causa bewirkt hat, ist absolut nichtig[6]. Dasselbe gilt, wenn sie den Vorschriften des Koncils von Trient zuwider erfolgt ist[7]. Das Vorhandensein einer Reservation oder Affektion kann die Union je nach Umständen nichtig machen oder blos suspendiren[8]. Der Papst vermag aber die Nichtigkeit in allen Fällen zu heben.

III. Das Verfahren bei der Union. 1. Der kirchliche Obere, welcher eine Union vorzunehmen beabsichtigt, hat zunächst durch Anstellung einer besonderen Untersuchung das Vorhandensein der erforderlichen iusta causa festzustellen[9]. Die Unterlassung derselben zieht die Nichtigkeit der Union nach sich, es sei denn, dass der genügende Grund nachträglich dargethan werden kann[10].

2. Es müssen diejenigen Personen, welche ein Interesse bei der Union haben, vorgeladen und mit ihren etwaigen Einwendungen gehört werden. Als Interessenten kommen in Frage:

[1] Riganti l. c. n. 163 ff.; Sentis, d. praebenda theologalis u. poenitentialis S. 28 ff. Auch in dieser Beziehung giebt die Const. Pastoralis Benedikts XIII. v. 1725 (coll. conc. cit. 1, 403) für Italien und die anliegenden Inseln besondere Ausnahme-Vorschriften.

Uebrigens handelt es sich hier nicht um eine Union im eigentlichen Sinne. Die Aemter des Theologus und Pönitentiars sind nur officia, und ihre Verbindung mit einer Kanonikatspräbende qualificirt die letztere nur in einer besonderen Weise, so dass allein eine mutatio status beneficii eintritt, s. Sentis S. 46.

[2] Fagnan. ad c. 8 cit. n. 19 ff.; Leuren. l. c. P. III. qu. 902.

[3] Fagnan. l. c. n. 21; Garcias l. c. P. XII. c. 2. n. 92. Mit dem Eintritt der Devolution ist das Benefizium zu Gunsten des Papstes affekt und es kann dann sein eigenes und das Recht des päpstlich Beliehenen nicht mehr ausgeschlossen werden.

[4] Clem. 2 de reb. eccl. non alien. III. 4.

[5] Fagnan. ad c. 33. III. 5 cit. n. 25; Leuren. l. c. qu. 891.

[6] Trid. Sess. VII. c. 6 de ref..; Garcias l. c. n. 113; Barbosa l. c. n. 16; Leuren. l. c. P. III. qu. 909; Reiffenstuel l. c. n. 71. Ueber die Bedeutung des effectum sortiri in c. 6 Trid. cit. s. unten Nr. V.

[7] S. o. S. 418. 419.

[8] S. o. S. 419. 420.

[9] Trid. Sess. VII. c 6 cit. Die 22. Kanzleiregel, welche bis auf Johann XXII. zurückgeht, Riganti ad reg. cit. n. 1: „Item voluit quod petentes beneficia aliis uniri, teneantur exprimere verum annuum valorem secundum communem aestimationem tam beneficii uniendi quam illius cui uniri petitur: alioquin unio non valebit. Et semper in unionibus commissio fiat ad partes vocatis quorum interest" ergiebt, dass die an Ort und Stelle zu veranlassende Untersuchung auch für die vom Papste vorzunehmenden Unionen die Regel bildet. Freilich kann der Papst davon absehen und die Union selbst in forma gratiosa sofort verfügen, Riganti l. c. n. 35; gegen eine solche ist indessen die exceptio ob et subreptionis zulässig, Garcias l. c. n. 116 ff. So ist im 15. Jahrh. die erschlichene Union von Paderborn mit Köln durch Martin V. wieder aufgehoben worden, J. H. Böhmer J. E. P. III. 5. §. 202 u. Hartzheim conc. 5, 743 ff.

[10] Trid. cit.; Barbosa J. E. U. III. 16. n. 51; Schmalzgrueber III. 5. n. 182; Foesser a. a. O. S. 388.

a. die Inhaber der zu unirenden Benefizien, jedoch nur unter der Voraussetzung, dass die Union während ihrer Amtszeit in das Leben treten soll [1], und zu diesem Behufe ihr Konsens oder ihre Verzichtleistung auf das zu unirende Benefizium erfordert wird. Da indessen die Benefiziaten zur Abgabe solcher Erklärungen nicht verpflichtet sind [2], so kann die Union für die Regel erst mit der Vakanz des Benefiziums Wirkung erlangen. Sie wird daher gewöhnlich von vornherein in dieser Weise verfügt, und wenn dies geschieht, bedarf es der Ladung des Benefiziaten nicht [3], nur soll er, wenn er freiwillig sich meldet, um Einwendungen gegen die beabsichtigte Union vorzubringen, gehört werden [4].

Bei der Union eines vakanten Amtes ist der kirchliche Obere nicht genöthigt, einen defensor zu bestellen oder den etwa schon vorhandenen zuzuziehen, obwohl dieser aus freien Stücken zu interveniren befugt ist [5].

Eine Nichtigkeit entsteht aus der unterlassenen Vorladung des Benefiziaten nur dann, wenn die Union noch während seiner Amtszeit in Wirksamkeit treten soll; ferner wenn der Benefiziat oder der defensor mit ihrer freiwilligen Meldung zurückgewiesen worden sind und ihre nachträglichen Einwendungen den Mangel der iusta causa darthun [6].

b. Ferner sind, falls Patronatsbenefizien unirt werden sollen, die betheiligten Patrone vorzuladen [7], weil durch die Union das ihrem Recht unterstehende Benefizium unter allen Umständen eine Veränderung erleidet. Die Unterlassung der Vorladung macht die Union nichtig [8]. Beim Laienpatronat ist sogar der Konsens des Patrones, und wenn mehrere vorhanden sind, aller [9] zur Union nothwendig [10]. Dem geistlichen Patron legt eine Ansicht dasselbe Recht, wie dem Laienpatron bei [11], eine andere verlangt dagegen nur seine Anhörung, und erachtet den kirchlichen Oberen für befugt, die Union auch trotz seines etwaigen Widerspruches vorzunehmen [12].

1 Nur unter dieser Voraussetzung haben sie ein Interesse.

Uebrigens gelten die im Texte angegebenen Grundsätze sowohl von höheren wie von niederen Benefizien, Leuren. P. III. qu. 918. n. 4; Riganti l. c. n. 52.

2 Denn die Union ist kein gesetzlich anerkannter Grund, ihnen wider Willen ihre Rechte auf das Benefizium zu entziehen, vgl. Trid. Sess. XXI. c. 5 de ref. s. v. sine praeiudicio tamen obtinentium; Glosse zu Clem. 2. III. 4 cit. s. v. vocatus; Garcias l. c. n. 98. 99; Barbosa l. c. n. 41; Schmalzgrueber l. c. n. 190, welche c. 4 X. de donat. analogisch heranziehen.

Dass der Konsens des Amtsinhabers bei sofort wirksamer Union in dem Falle, wo ihm die Congrua bleibt, nicht erforderlich ist (so Schulte K. R. 2, 310), ist eine durch Nichts gerechtfertigte Annahme.

3 Clem. 2. III. 4 cit.

4 Schmalzgrueber l. c. n. 190; Ferraris l. c. n. 28.

5 Clem. 2. III. 4 cit. u. die vorher Angeführten.

6 Die blosse Zurückweisung genügt nicht, denn eine Nichtigkeit blos in Folge derselben ist nirgends gesetzlich ausgesprochen. Der Grund, weshalb die Doktrin überhaupt die Anhörung verlangt, ist offenbar der, eine möglichst erschöpfende Erörterung aller in Frage kommenden Verhältnisse, insbesondere der Voraussetzungen der Union, herbeizuführen. Modificiren die Einwendungen der gedachten Personen das Resultat der ohne ihre Zuziehung stattgehabten Untersuchung nicht, so zeigt sich, dass die Verabsäumung ihrer Anhörung irrelevant gewesen ist.

7 Garcias l. c. n. 202 ff.; Barbosa l. c. n. 49; Riganti l. c. n. 41; Ferraris l. c. n. 25 ff.; Michels quaest. controv. de iurepatr. p. 15. 16.

8 S. die bei Garcias l. c. n. 205 u. Michels l. c. p. 16. n. 42 angeführten Entschdgen der Rota und der Congr. Conc.

9 Nicht blos der Majorität, s. Leuren. l. c. P. III. qu. 923. n. 2 u. Michels l. c. p. 17.

10 c. 20 (Alex. III.) X. de iurepatr. III. 38. Dies gilt auch, wenn ein legatus a latere die Union vornimmt, denn das Reservationsrecht desselben in Betreff von Benefizien, woraus man eine solche Befugniss für ihn hergeleitet hat, bezieht sich nur auf Benefizien geistlichen Patronats, s. Th. I. S. 515, Riganti l. c. n. 44; J. H. Boehmer III. 5. §. 200.

11 S. z. B. Schmalzgrueber l. c. n. 188; Barbosa l. c. n. 49; Leuren. l. c. P. III. qu. 923; Ferraris l. c. n. 26; Bouix tract. de parocho p. 293.

12 Riganti l. c. n. 45; van Espen J. E. U. P. II. tit. 29. c. 3. n. 9; Schulte K. R. 2, 310; Michels l. c. p. 16; Foesser a. a. O. S. 389.

Das Tridentinum, welches für diese letztere Meinung angeführt wird, beweist zwar direkt nichts dafür[1], indirekt aber insofern, als seine betreffende Vorschrift das Princip erkennen lässt, dass die allgemeinen Interessen der Kirche höher als die Individualrechte des geistlichen Patrones stehen. Mit Rücksicht auf diese gesetzlich sanktionirte Anschauung, welche sich auch daraus rechtfertigt, dass der geistliche Patron sein oder seiner Vorfahren Recht niemals auf eine Dotation aus eigenen, sondern höchstens aus kirchlichen Mitteln gründen kann[2], wird die zuletzt gedachte Ansicht, welche dem geistlichen Patron das Konsensrecht abspricht, für die richtige erachtet werden müssen[3].

Bestritten ist es, ob der Widerspruch des Laienpatrons die Union absolut zu verhindern geeignet ist, oder ob derselbe nicht nach festgestellter Grundlosigkeit der erhobenen Einwendungen durch den Papst oder die Congregatio concilii ergänzt werden kann. Die Kurialbehörden haben sich mehrfach die Befugniss, das Letztere zu thun, beigelegt und zwar mit Recht, weil auch das Recht des Laienpatrones, welcher dasselbe nicht einmal in allen Fällen durch die Union verliert, sich dem allgemeinen Bedürfniss der Kirche unterordnen muss[4]. Immerhin tritt Nichtigkeit der Union ein, wenn eine solche Supplirung des verweigerten Konsenses des Laienpatrones nicht erfolgt ist, jedoch kann die Nichtigkeit durch seine nachträglich ertheilte Zustimmung getheilt werden[5].

c. Falls die Verleihung des zu unirenden Benefiziums nicht dem Bischof, sondern einem andern Kollator zusteht, ist dieser letztere gleichfalls Interessent und muss jedenfalls bei den Verhandlungen über die Union zugezogen werden. Die Doktrin räumt ihm sogar ein Konsensrecht ein, jedoch kann dasselbe keinesfalls weiter gehen als das des weltlichen Patrons. Es wird also auch hier die Ergänzung der fehlenden Einwilligung für statthaft zu erachten sein[6].

d. Bei der Union von Pfarrkirchen bedarf es der Vorladung und Anhörung der Parochianen oder ihrer Vertretungsorgane[7], weil diese in solchen Fällen ebenfalls als Interessenten erscheinen. Die gewöhnliche Meinung geht allerdings dahin, dass eine Citation der Pfarreingesessenen nicht erforderlich sei, vielmehr die Entgegennahme ihrer Einwendungen, wenn sie sich freiwillig melden, genüge[8]. Indessen

[1] Denn dasselbe fordert Sess. XXIV. c. 15 de ref. nur für die Suppression, nicht aber für die Union den Konsens des Laienpatrons, so dass also die Einwilligung des geistlichen Patrons allein bei der ersteren für unnöthig erklärt wird.

[2] Glosse s. v Quempiam praesentare ad c. 28 X. de iurepatr. III. 38; c. 6 X. de off. leg. I. 30 entscheidet nichts, denn hier handelt es sich nicht um eine wider den Willen des geistlichen Patrons vorzunehmende Union. Endlich bezieht sich das ferner allgemein für das Konsensrecht des Patrons angeführte c. 20 X de iurepatr. III. 38 nur auf den Laienpatronat.

[3] Mit der Befugniss des Papstes, dem Patronatrecht zu derogiren, kann man sie, so z. B. Berardi l. c. diss. c. 3, ed. cit. 1, 279; Michels l. c. p. 16. n. 44, freilich nicht begründen; daraus folgt nur das Recht des Papstes, den Widerspruch des geistlichen Patrones in jedem Einzelfall zu beseitigen, nicht aber die Berechtigung des Bischofs, den letzteren überhaupt nicht zu beachten. Beim gemischten Patronat wird der Konsens des Laienpatrons zu erfordern, der geistliche Mitpatron aber nur anzuhören sein, Barbosa l. c. n. 50; Slevogt l. c. s. 2. c. 1. §. 15.

[4] Ueber diese Kontroverse s. Michels l. c. p. 16. 17.

[5] Leuren. l. c. P. III. qu. 922 n. 2. i. f.; Barbosa l. c. n. 50 i. f.; Schmalzgrueber III. 5. n. 189; Foesser l. c. p. 391. In einem solchen Falle wird nur das Interesse des Patrones verletzt, bei der Nichtzuziehung desselben ist aber eine im Interesse der ordnungsmässigen Untersuchung vorgeschriebene Form nicht gewahrt.

[6] Clem. 1. §. 6 de statu monach. III. 10; Leuren. l. c.; Schmalzgrueber l. c. n. 188; Barbosa l. c. n. 49.

[7] S. o. S. 406.

[8] Garcias l. c. n. 219. 220; Barbosa l. c. n. 40; Leuren. l. c. P. III. qu. 921; Riganti l. c. n. 60. 61; Reiffenstuel l. c. n. 76; Foesser l. c. p. 389. 390.

ist dabei übersehen, dass das Tridentinum ausdrücklich die Ladung der Interessenten vorschreibt[1], und dieser Anordnung gegenüber die Berufung darauf, dass die Parochianen ihren kirchlichen Oberen zu gehorchen, diese aber ohnehin das Interesse derselben bei der Prüfung der Statthaftigkeit der Union zu berücksichtigen hätten, keine Bedeutung haben kann. Demgemäss muss auch die Nichtzuziehung der Parochianen als ein die absolute Nichtigkeit der Union herbeiführender Mangel betrachtet werden.

Ebenso wie die Ordinarien nach dem Tridentinum befugt sind, kraft gesetzlicher apostolischer Delegation exemte Pfarrkirchen zu theilen, sind sie auch berechtigt, in Betreff derselben Unionen vorzunehmen[2]. Sie haben aber dabei die sonst geltenden Vorschriften zu beobachten[3].

Nur der Papst ist an dieselben nicht gebunden, weil er kraft seiner Machtfülle sich davon dispensiren kann[4]. Schliesslich braucht weder der Papst noch ein legatus a latere, wenn sie die Union solcher Benefizien verfügen, zu deren Vereinigung der Ordinarius kompetent ist, den Konsens des letzteren einzuholen, denn sie treten dabei kraft ihrer konkurrirenden Jurisdiktion an die Stelle desselben[5].

3. Durch die 22. Kanzleiregel[6] ist die Angabe des jährlichen Werthes oder Ertrages der zu unirenden Benefizien bei Strafe der Nichtigkeit vorgeschrieben[7]. Die Praxis und Doktrin wendet diese Anordnung aber nicht auf Unionen, welche die Ordinarien vornehmen, an[8].

4. Endlich ist die Aufnahme eines Instrumentes, welches das Ergebniss der Verhandlungen über die iusta causa der Union und die Zuziehung der Interessen konstatirt[9], üblich und des späteren Beweises wegen räthlich. Die Gültigkeit der Union ist indessen dadurch nicht bedingt[10].

IV. Die Wirkungen oder die verschiedenen Arten der Union. Die Wirkungen, welche die Vereinigung mehrerer Benefizien für diese herbeiführen soll, hat der kirchliche Obere bei der Vornahme der Union zu bestimmen. Nach denselben unterscheidet man die verschiedenen Arten der Union. Diese sind:

1 Sess. VII. c. 6 cit.

2 Trid. Sess. XXI. c. 5 de ref.

3 Denn nach dem citirten Kapitel sollen sie dabei iuxta formam iuris verfahren. Die Anhänger der hergebrachten Meinung, welche die Klausel: „etiam tamquam apostolicae sedis delegati“ auch auf die der ordentlichen Jurisdiction des Bischofes unterstehenden Benefizien bezieht, s. o. S. 404. n. 5, fordern in diesem Falle ebenfalls die Zustimmung des Kapitels, so z. B. Leuren. l. c. P. III. qu. 914. n. 2 u. Foesser l. c. p. 391.

4 Foesser l. c. p. 389.

5 Dies ist freilich nicht unbestritten, vgl. Garcias l. c. n. 221 ff.; Leuren. l. c. qu. 920; Foesser p. 389. Die im Text vertretene Ansicht wird gewöhnlich unrichtiger Weise damit motivirt, dass der Bischof beim Vorhandensein einer iusta causa die Union vornehmen müsse, mithin keinen Grund zum Widerspruch habe, wenn der Papst oder ein legatus a latere dies statt seiner thue.

6 S. o. S. 421. n. 9.

7 Damit die Nothwendigkeit oder Nützlichkeit der Union leichter beurtheilt werden kann.

8 Leuren. P. III. qu. 925; Riganti l. c. n. 33; Foesser l. c. p. 392 mit Rücksicht darauf, dass der Ordinarius den Werth der seiner Verfügungsgewalt unterstehenden Benefizien ohnehin genügend kenne. Die Regel findet demnach Anwendung auf die vom Papst oder einem legatus a latere in forma commissoria vollzogenen Unionen. Verfügt der Papst eine solche in forma gratiosa, so kann er von dem Erforderniss absehen, Riganti n. 35.

9 Formulare dafür bei Barbosa de off. et pot. episc. im formularium episc. n. 75—78. 80.

10 Slevogt l. c. §. 23. A. M. Leuren. P. III. qu. 926 u. Foesser p. 392 unter Berufung auf Garcias l. c. n. 224 ff., welcher allerdings einige für diese Ansicht sprechende Entscheidungen der Rota anführt. Indessen ist diese Folge gesetzlich nicht ausgesprochen, und daher lehren viele Kanonisten, dass die Union durch alle zulässigen Beweismittel dargethan werden kann, s. Ferraris l. c. n. 81. Allseitig anerkannt ist übrigens auch, dass der Nachweis der unvordenklichen Verjährung oder eines 40jährigen Besitzstandes auf Grund eines Putativtitels genügt, Garcias l. c. n. 231; Leuren. l. c. qu. 930; Foesser p. 393.

1. die s. g. unio aeque principalis oder *per aequalitatem*, d. h. die Vereinigung mehrerer Benefizien in der Art, dass dieselben nunmehr stets durch einen und denselben Amtsträger versehen werden [1]. Sie findet statt, wenn die Verwaltung der mehreren Benefizien durch eine Person zweckmässig erscheint oder wenn die Erträge der Einkünfte zwar den Fortbestand der Benefizien in ihrer bisherigen Selbstständigkeit gestatten, indessen nicht zum Unterhalt zweier oder mehrerer Benefiziaten ausreichen [2]. Am häufigsten kommt sie bei Bisthümern und Erzbisthümern vor [3], ist aber hinsichtlich der Pfarrbenefizien, sowie solcher und einfacher Benefizien keineswegs ausgeschlossen.

Bei dieser Art der Union bleiben beide Aemter in ihrer vollen Integrität, mit ihren Rechten, Privilegien, ihrem Vermögen und ihren Pflichten, vollkommen erhalten und getrennt bestehen [4].

Daher wird bei Bisthümern die Stellung der verschiedenen Kapitel nicht berührt [5], und es ist die Einsetzung besonderer General-Vikare [6], Weihbischöfe [7], Konsistorien und Offizialate [8], ebenso wie die Wahl besonderer Kapitular-Vikare in Vakanzfällen [9] für jede der unirten Diöcesen statthaft [10]. Stehen die letzteren unter verschiedenen Erzbischöfen, so bleibt auch diesen ihre bisherige Metropolitan-Jurisdiktion gewahrt [11].

Sind zwei Pfarreien derartig unirt, so zeigt sich ihre Selbstständigkeit z. B. darin, dass die Baulast für jede Pfarrkirche gesondert getragen wird [12], dass dieselben, falls sie zwei verschiedenen Diöcesen angehören [13], der Jurisdiktion ihrer bisherigen Bischöfe unterworfen bleiben, und dass, wenn in einer Pfarrei ein Vikar angestellt werden muss, derselbe nur aus den Einkünften dieser zu unterhalten ist [14].

Der Charakter der unio aeque principalis gestattet es auch, ungleichartige Benefizien, z. B. die Präpositur einer Kollegiatkirche mit dem Amt des Bischofs in dieser Weise zu vereinigen, denn es können dabei sowohl die bisherigen Einrichtungen des Bisthums, wie der Kollegiatkirche, z. B. die Kapitel, die beiderseitigen Vermögensmassen, gesondert neben einander fortbestehen [15].

Dagegen ergeben sich aus der Vereinigung beider Aemter in der Hand eines und desselben Amtsträgers folgende Konsequenzen:

a. Das eine Amt kann nicht ohne das andere vakant werden, und wenn das eine Amt erledigt wird, wird es auch stets das andere. Daher ist eine Resignation auf das eine allein seitens des Benefiziaten unzulässig [16].

[1] Glosse zu c. 48. C. XVI. qu. 1; Garcias l. c. n. 37; Fagnan. ad c. 1. X. ne sede vacante III. 9. n. 4; Leuren. l. c. qu. 880. n. 2 u. qu. 884; Ferraris l. c. n. 5; Foesser l. c. p. 399.

[2] Selbstverständlich muss die Union ausserdem nach den allgemeinen Regeln zulässig sein.

[3] Ferraris l. c.; Beispiele bieten die Vereinigung v. Bosnien u. Sirmium i. J. 1773, bull. propag. 4, 159; v. Posen und Gnesen, Bulle: De salute animarum v. 16. Juli 1821 s. v. episcopalem pariter ecclesiam Posnaniensem.

[4] S. Note 1.

[5] S. z. B. Bulle: De salute animarum l. c.

[6] Const. Pii VII. v. 1818 §. 10 für Belluno u. Feltre (bull. Roman. cont. 15, 38) u. o. S. 220.

[7] S. o. S. 180. n. 10.

[8] Fagnan. l. c. n. 9. So bestehen derartige Behörden gesondert für Posen und Gnesen.

[9] Const. Pii VII. v. 1818. §. 10 cit. u. o. S. 237. 238.

[10] Auch der Pfarrkonkurs wird für jede der Diöcesen mit besonderen Synodal-Examinatoren abgehalten, Richters Tridentinum S. 36. n. 9.

[11] Glosse cit. zu 48 C. XVI. qu. 1 u. o. S. 418. n. 10.

[12] Permaneder, kirchl. Baulast 2. Aufl. S. 69.

[13] Arg. c. 2 X de rel. dom. III. 36. Eine solche Union ist allerdings nur mit päpstlicher Dispensation von den Vorschriften des Tridentinums möglich, s. o. S. 418.

[14] Schmalzgrueber III. 5. n. 157.

[15] Fagnan. l. c.

[16] Schmalzgrueber l. c. n. 158.

b. Da beide Aemter nur gleichzeitig besetzt werden können, haben diejenigen Personen, welche vor der Union ein Recht zur Mitwirkung bei der Verleihung besessen haben, nunmehr gemeinschaftlich dabei zu konkurriren. Mithin müssen bei der Besetzung derjenigen Bisthümer, für welche die Domkapitel das Wahlrecht haben, diese zu einem Wahlkollegium zusammentreten[1]. Sind die unirten Aemter Patronatsbenefizien, so gehen durch die unio aeque principalis die Patronatrechte nicht unter[2], vielmehr bleibt jedem Patron sein Recht gewahrt, nur müssen sich die Patrone, da nur ein Kandidat für die vereinigten Benefizien präsentirt werden kann, über die Ausübung dieser Befugniss einigen, entweder in der Weise, dass sie stets gemeinschaftlich nach vorgängigem Benehmen einen Kandidaten vorschlagen oder dahin, dass sie alternativ in künftigen Vakanzfällen jeder für sich allein präsentiren[3]. Ein Kompatronat beider entsteht durch die Union nicht[4], keiner erlangt irgend welche sonstigen Befugnisse und Verpflichtungen in Betreff des dem Patronate des andern unterworfenen Benefiziums[5]. Wenn von den unirten Benefizien blos das eine patronatpflichtig ist, so bleibt nichts anderes als eine alternative Besetzung und zwar in dem einen Vakanzfalle durch freie Kollation des Ordinarius, in dem andern auf Präsentation des Patrones übrig[6].

c. Der etwaigen, ihm obliegenden Residenzpflicht genügt der Inhaber der unirten Benefizien schon, wenn er nur an einem der beiden Amtssitze residirt. Für die Bischöfe gilt der Grundsatz, dass sie ihre Residenz bei der vorzüglicheren Kathedrale, eventuell an dem für die Verwaltung geeignetsten Bischofssitz nehmen sollen. Die Inhaber der niederen Benefizien haben bei der hervorragenderen Kirche, eventuell in der bevölkertsten Parochie zu residiren. Treffen diese Regeln nicht zu, so steht dem Amtsträger die Wahl zwischen beiden Amtssitzen frei[7].

d. Der Benefiziat ist berechtigt, innerhalb des Sprengels des einen Benefiziums auch alle Amtsgeschäfte, welche Personen und Angelegenheiten des zu dem andern Amte gehörenden Bezirks betreffen, gültig und erlaubter Weise vorzunehmen[8]. Die Anwendbarkeit der allgemeinen Regeln über die Kompetenz[9] wird zwar durch die stattgehabte Union nicht ausgeschlossen, es ist aber für diesen Fall bei der Vereinigung beider Stellungen in einer Person die sonst für die Vornahme von Amtsfunktionen in fremden Sprengeln nothwendige Einwilligung des kirchlichen Oberen desselben

[1] Garcias l. c. n. 47. 48 u. o. S. 425. n. 5. Dasselbe muss auch gelten, wenn die Präpositur einer Kollegiatkirche mit dem bischöflichen Amte vereinigt ist. Unterstehen etwa die Benefizien verschiedenen, zu freier Kollation berechtigten Bischöfen, so haben sich beide über die Besetzung zu benehmen, Leuren. l. c. P. III. qu. 884. n. 3.

[2] Allerdings wird von Einzelnen angenommen, dass der in die Union einwilligende Patron damit ohne Weiteres auf seinen Patronat verzichte. Aus allgemeinen Rechtsgründen lässt sich indessen ein solcher Verzicht nicht begründen und durch c. 7 X de donat. III. 24, welches von einer Schenkung des Patronates handelt, wird diese Annahme ebensowenig gerechtfertigt, s. Michels l. c. p. 17. 18.

[3] Michels l. c. p. 21; Foesser l. c. p. 400.

[4] So behaupten Schilling, kirchl. Patronat S. 120 u. Permaneder K. R. §. 235.

[5] Es bleibt z. B. die cura beneficii getrennt, jeder kann nur von seiner Kirche Alimente beanspruchen und die Ehrenrechte in dieser verlangen, Michels l. c. p. 21.

[6] Michels l. c. p. 21. 22.

[7] Garcias l. c. P. III. c. 2. n. 179; Foesser l. c. p. 401. Bei den Bischöfen hat die Congr. Conc. übrigens stets darauf gedrungen, dass sie auch für kürzere Zeit, wenigstens an mehreren Festtagen, in ihrer andern Diöcese verweilen und hier die Pontifikalien, die Ordinationen und die Konsekration der heiligen Oele vornehmen sollen, s. Richters Tridentinum S. 34. n. 4 u. S. 35. n. 6. III. IV. Uebrigens kann der Papst auch verordnen, dass der Bischof jährlich die gleiche Zeitdauer in jeder seiner Diöcesen residirt, s. die S. 425. n. 6 citirte Const. Pius' VII.

[8] S. die Entscheidung bei Richter a. a. O. S. 35. n. 6.

[9] S. o. S. 43. 44. 269 ff.

selbstverständlich und darum entbehrlich. Der Bischof hat in seinen Akten, gleichviel, wo er amtirt, bei der Bezeichnung seiner Diöcesen stets den Namen derjenigen, auf welche sich die fragliche Angelegenheit bezieht, und wenn diese beide betrifft, den Namen derjenigen, in welcher er residirt, voranzusetzen. Sonst, d. h. wenn er z. B. ausserhalb beider Bisthümer eine allgemeine Verfügung trifft oder wenn sein Verhältniss zum Metropolitan in Frage steht, soll er sich vorbehaltlich einer besonders darüber getroffenen Bestimmung zuerst nach der hervorragenderen Kathedrale nennen [1]. Die Diöcesansynode kann der Bischof zwar abwechselnd für jedes seiner Bisthümer gesondert abhalten, jedoch auch, falls er es für angemessen erachtet, eine solche gemeinschaftlich für beide Diöcesen veranstalten, deren Beschlüsse dann für beide bindende Kraft haben [2].

Als s. g. *uniones inaequales* werden der unio aeque principalis die beiden unter Nr. 2 und 3 zu besprechenden Arten der Union gegenübergestellt.

2. Die zweite Art der Union bildet die s. g. *unio per subiectionem* oder *per accessionem* oder *u. subiectiva*, d. h. diejenige Vereinigung, bei welcher das eine Benefizium seine Selbstständigkeit zu Gunsten des andern verliert und zum Zubehör desselben wird [3]. Sie kommt gewöhnlich vor, wenn das eine Benefizium von so geringem Ertrage ist, dass damit ein eigener Benefiziat nicht unterhalten werden kann. Bei höheren Benefizien ist sie zwar an und für sich nicht ausgeschlossen [4], indessen findet sie am häufigsten bei Pfarrbenefizien statt [5], in der Weise, dass die eine Pfarrei als Nebenpfarrei oder s. g. *filia* oder *ecclesia filialis* in ein bestimmtes Abhängigkeitsverhältniss zu der anderen, der Hauptpfarrei, der s. g. (*ecclesia*) *mater* oder *matrix* [6], tritt.

Die Wirkung einer solchen Union — und zwar nennen sie die Kanonisten genauer *unio subiectiva* schlechthin oder *u. absoluta* [7] — besteht darin, dass die geistliche

[1] Richters Tridentinum S. 34. n. 6; S. 35. n. 6. XI—XIII; Foesser l. c. p. 401. Die Const. cit. Pii VII. bestimmt §. 10: „Bellunensis et Feltrensis episcopus censeatur et sit, praenominationem suscipiens ab actuum definiendorum pertinentia, et si quando communes ii sint, e loco dioecesis in quo moratur, servata quoad praenominationem in ipsius provisione mutua quadam et alterna vicissitudine adeo, ut qui primus ad cathedras moderandas adlegatur, Bellunensis et Feltrensis episcopus nuncupari debeat; qui vero post illum secundo loco ecclesiarum antistes electus fuerit, Feltrensis ac Bellunensis episcopus nominetur“.

[2] Richters Tridentinum S. 35. n. 6. I. II; S. 36. n. 7. 8. Dies erklärt sich daraus, dass hier eine alleinige Jurisdiktionshandlung des Bischofs vorliegt, denn die Diöcesansynode hat ihm gegenüber nur eine berathende Stellung. Deshalb lässt sich dieser Grundsatz nicht auf die Provinzialsynoden zweier vereinigten Erzbisthümer anwenden; hier muss für jede Provinz, damit nicht die Bischöfe der einen über Angelegenheiten der andern mit abstimmen, eine besondere Synode abgehalten werden.

[3] Glosse s. v. unire ad c. 48. C. XII. qu. 1; Fagnan. ad c. 1 X. ne sede vac. III. 9. n. 3; Garcias l. c. P. XII. c. 2. n. 12; Leuren. P. III. qu. 896. n. 2; Berardi l. c. ed. cit. 1, 271; Foesser l. c. p. 395.

[4] So sind z. B. in der hier fraglichen Weise die Bisthümer Capodistria mit Triest, Pola mit Parenzo, Macarsca mit Spalato durch die Const. Leos XII. v. 1828 (bull. Roman. cont. 17, 378) vereinigt werden. Jedoch kommen hier gewisse Besonderheiten mit Rücksicht darauf, dass die Kapitel der unirten Bisthümer oder der s. g. Konkathedralen fortbestehen geblieben sind, vor.

[5] Auch einfache Benefizien können in dieser Art mit Pfarrbenefizien vereinigt werden, Bouix tract. de parocho p. 289.

[6] Fagnan. l. c.; Hieron. Gonzalez ad reg. VIII. cancell. gloss. 5. §. 7. n. 15; J. H. Boehmer J. E. P. III. 5. §§. 180. 182. Hierher gehörige Urkunden (v. 1256 u. 1273) s. u. A. i. Meckl. Urkdbch. 2, 86. 87. 468.

Die Abhandlungen von Steph. Jac. Riess diss. de ecclesiis filiabus. Altorf 1701; Jo. Nic. Hert, de ecclesiis filiabus 1705 u. in dessen comment. ed. Hombergk. Francof. 1737. II. 2, 86; J. Chr. Baumgärtner, de ecclesia matre 1713 u. 1734; Mejer, z. Lehre v. kirchl. Filialverhältniss in Kliefoth u. Mejer, kirchl. Ztschr. (1859) 6, 385 behandeln das Verhältniss wesentlich mit Rücksicht auf das protestantische Kirchenrecht.

[7] J. H. Boehmer l. c. §. 181; Foesser l. c. p. 395.

Seite des unirten Benefizium ihre Selbstständigkeit einbüsst, also die Gesammtheit der amtlichen Rechte und Pflichten, welche mit demselben verknüpft sind, wenngleich sie materiell nicht untergeht, doch untrennbares Zubehör eines anderen Amtes wird [1]. Daher kann

a. das in dieser Weise unirte Amt nie mehr für sich allein weder erledigt [2] noch besetzt werden [3]. Es kommen folgeweise auch etwaige hinsichtlich der Qualität des Amtsinhabers bestehende, besondere Vorschriften in Wegfall und es gelten hinsichtlich der Fähigkeit des Erwerbers ausschliesslich die für das Hauptamt massgebenden Bestimmungen [4]. Derselbe Grundsatz kommt ferner für die Art der Besetzung zur Anwendung [5]. Sodann erlischt das Kollationsrecht für das die Nebensache bildende Benefizium [6], ebenso das Präsentationsrecht des Patrones des letzteren [7], nicht aber das Patronatrecht überhaupt [8], weil die Ausübung anderer im Patronate liegender Befugnisse nicht unmöglich wird [9]. Gleichgültig ist es dabei, ob das Hauptbenefizium der freien Kollation oder ebenfalls einem Patronate untersteht. Im letzteren Falle hat die Union auf die Stellung des Patrones keinen anderen Einfluss, als dass durch seine Präsentation für das Hauptbenefizium faktisch auch derjenige mitbestimmt wird, welcher das unselbstständig gewordene Nebenamt mit zu versehen hat [10].

b. Das unirte Benefizium nimmt alle Qualitäten des Hauptamtes an, sofern diese in Folge der Aufhebung der Selbstständigkeit der geistlichen Seite des ersteren nicht auf das letztere beschränkt bleiben können [11]. Wird daher ein exemtes oder ein Säkular-Benefizium mit einem nicht exemten oder regularen vereinigt, so wird es gleichfalls zu einem nicht exemten oder regularen und umgekehrt [12]. Eine gesonderte Jurisdiktion über die beiden unirten Benefizien kann nicht mehr ausgeübt werden, weil es an zwei verschiedenen, selbstständigen Objekten fehlt, vielmehr jede Ausübung der Regierungsgewalt in Betreff des unirten Benefiziums oder des Inhabers desselben auch zu-

[1] Daher ist die in den Entscheidungen der Rota und bei den früheren Kanonisten stehende Bemerkung: „unio unius beneficii facta alteri accessorie operatur exstinctionem et suppressionem nominis et tituli beneficii uniti, ita ut amplius beneficium dici non possit, sed iudicatur ut praedium eius cui fit unio", (s. z. B. Garcias l. c. n. 12; Barbosa de off. et pot. episc. III. alleg. 66. n. 34; Turricellius l. c. c. 4. n. 4; Leuren. l. c. qu. 883. n. 2) nicht ganz korrekt.

[2] Garcias l. c. n. 15; Reiffenstuel III. 12. n. 48.

[3] Schmalzgrueber III. 5. n. 154.

[4] Garcias l. c. n. 26; Schmalzgrueber III. 5. n. 155; Barbosa l. c. n. 41. 44.

[5] Z. B. über die Frage, ob der Konkurs nöthig ist oder nicht, Barbosa l. c. n. 42.

[6] Schmalzgrueber l. c. n. 154.

[7] Michels l. c. p. 23.

[8] Wie Einzelne annehmen, s. z. B. Leuren. l. c. qu. 883. n. 10 u. Foesser l. c. p. 398; dagegen Michels l. c. Wenn Foesser den Untergang des Patronates daraus herleitet, dass das unirte Benefizium die Qualität des Hauptamtes erhält, mithin das Patronatsbenefizium ein Benefizium freier Kollation wird, so ist das erstere nur insoweit richtig, als dies durch das Wesen der accessorischen Union nothwendig bedingt wird. S. auch N. 11.

[9] Besteht z. B. für das unirte Benefizium eine besondere Kirche, so ist der Patron trotz der Union in der Lage, die Ehrenrechte auszuüben.

[10] Michels l. c. p. 24. Unrichtig ist es, wenn J. H. Boehmer l. c. §. 188 für den Fall, dass auch die filia eine Patronatskirche ist, die beiden Patrone als Kompatrone behandelt, denn soweit es mit der Union verträglich ist, bleiben für jeden seine Rechte und Pflichten im früheren Umfange bestehen.

[11] Die Kanonisten fügen zwar diese Beschränkung nicht hinzu, s. z. B. Garcias l. c. n. 18; Barbosa l. c. n. 36; Reiffenstuel l. c. n. 44; Foesser l. c. p. 396; sie folgt indessen aus der Natur der Sache. Das unirte Benefizium erleidet durch die Union an und für sich keine allgemeine mutatio status und wird darum hinsichtlich seiner Qualität nicht völlig mit dem Hauptbenefizium identisch.

[12] Schmalzgrueber l. c. n. 153; Foesser l. c. p. 396; Phillips K. R. 7, 322. Von Manchen, s. Slevogt l. c. s. 3. c. 1. §. 7; Boehmer l. c. §. 185; Eichhorn K. R. 2, 671 wird zwar angenommen, dass wenn die filia in einer anderen Diöcese liegt, dem Bischof der letzteren die Jurisdiktionsrechte verbleiben, das dafür angezogene c. 2 X de relig. domib. III. 36 handelt aber von der unio aeque principalis.

gleich das Hauptamt und dessen mit dem letzteren identischen Amtsträger berührt[1].

Andererseits wird aber ein unirtes einfaches Benefizium durch die Vereinigung mit einem Pfarramt nicht ein beneficium curatum, denn durch den Uebergang der mit dem ersteren verbundenen Rechte und Pflichten auf den Pfarrer ist eine Aenderung dieser nicht nothwendig bedingt.

c. Das Vermögen des unirten Benefiziums muss dem Charakter der unio subiectiva gemäss in seinem bisherigen Zustande gesondert erhalten bleiben[2]. Es darf nicht mit dem Vermögen des Hauptbenefiziums konfundirt werden. Letzteres würde der Stellung des Nebenbenefiziums als eines Zubehörs widersprechen, weil der Begriff eines solchen ein Objekt gesonderter Existenz voraussetzt. Indessen tritt andererseits das Hauptbenefizium als berechtigter Inhaber und zwar kraft Universalsuccession in das Vermögen des Nebenbenefiziums ein. Daher hat der Amtsträger des ersteren dasselbe ebenfalls, aber getrennt, zu verwalten. Etwaige Ueberschüsse, welche sich bei dem Nebenbenefizium ergeben, müssen wegen seiner Zubehörqualität im Falle des Bedürfnisses zu Gunsten des Hauptbenefiziums, umgekehrt aber auch die des letzteren zum Besten des ersteren verwendet werden[3]. Von praktischer Bedeutung kann dies namentlich bei vereinigten Pfarreien, welche jede eine besondere Kirche besitzen, wenn sich eine Reparaturbedürftigkeit der einen oder anderen herausstellt, werden[4].

d. Die gottesdienstlichen Pflichten, welche auf den beiden unirten Benefizien ruhen, hat der Amtsträger, welcher sie in seiner Hand vereinigt, zu erfüllen, insbesondere ist der Pfarrer zweier unirten Parochien verpflichtet, für jede derselben eine besondere missa pro populo selbst oder durch einen Stellvertreter auf seine Kosten zu appliciren[5].

Ob bei der Vereinigung zweier Pfarreien in der Filiale eine besondere Kirche fortbestehen bleiben und der Pfarrer der Mater dort alle Parochialhandlungen für die Einwohner der Filia, die s. g. Filialisten, oder nur einzelne und welche vernehmen soll, darüber hat der Bischof das Nähere im Unionsdekrete zu bestimmen. Fehlt es an einer solchen Festsetzung, so ist anzunehmen, dass die Seelsorge in vollem Umfange in der Filia ausgeübt werden muss, weil die geistlichen Pflichten des unirten Amtes durch die Union nicht gemindert werden. Jedenfalls hat der Pfarrer aber bei der Hauptkirche Residenz zu halten[6].

[1] So z. B. die Bestrafung, insbesondere die Absetzung.

[2] Foesser l. c. p. 397. 415. 416; Schulte K. R. 2, 311. Der Text ergiebt den Gegensatz meiner Auffassung zu der von Richter-Dove K. R. §. 179 vertretenen, wo im Text gesagt wird, dass die Verhältnisse, insbesondere in Beziehung auf das Vermögen gesondert bleiben, und Note 7 hinzugefügt: „Es wird vermuthet, dass die vorherige Selbstständigkeit der Filiale in Beziehung auf alle Rechtsverhältnisse Bestand behalte, welche neben der Unterwerfung bestehen können. Möglich ist aber, dass die unio per subiectionem auch die Temporalien verschmilzt, Schulte II. S. 312. Dann muss aber die Individualität der letzteren wenigstens in Beziehung auf die Verwaltung der cura (ständiger Vikar) erkennbar bleiben". Hier wird unrichtiger Weise das Filialverhältniss als absolut identisch mit der u. per subiectionem betrachtet, während es einen verschiedenen juristischen Charakter haben kann, s. z. B. o. S. 307 u. S. 408, und nicht stets auf einer u. per subiectionem beruht. Vgl. auch die folgenden Ausführungen des Textes über die u. subiectiva secundum quid.

[3] Dies folgt daraus, dass die Hauptsache zur Unterhaltung der Nebensache und umgekehrt diese zu der der Hauptsache beizutragen hat.

[4] Ueber die Kontroverse in Betreff der Baulast der Filialisten ist die betreffende Lehre zu vergleichen.

[5] S. die Entschdgen der Congr. Conc. i. d. Acta s. sed. 1, 7; 5, 131.

[6] Allerdings kann das Unions-Dekret davon für besondere Fälle eine Ausnahme machen. Durch eine solche Residenz des Pfarrers bei der

Ist ihm die Versehung beider Aemter nicht möglich, so kann zur Aushülfe ein besonderer Vikar am Filialorte eingesetzt werden.

Der Union mit den eben besprochenen Wirkungen (der s. g. unio absoluta) wird von manchen Kanonisten noch eine besondere Art der Vereinigung, die s. g. *unio subiectiva secundum quid*, entgegengestellt [1]. Bei dieser sollen, nach der herkömmlichen Definition, die Funktionen und der Titel des unirten Benefiziums reservirt bleiben, und ein besonderer ständiger Vikar zur Verwaltung der Amtsgeschäfte unter Zuweisung einer Kongrua aus den Einkünften des Benefiziums eingesetzt werden. Allein dieser letzte Fall hat keinen besonderen juristischen Charakter [2]. Alle Verhältnisse werden hier ebenso, wie bei der absoluten Union beurtheilt, nur die Verwaltung der geistlichen Funktionen, welche sonst der Inhaber des Hauptbenefiziums kraft des unirten Nebenamtes vorzunehmen hat, ist insofern abweichend geregelt, als er sie nicht selbst oder durch einen revokablen Stellvertreter ausübt, vielmehr zu diesem Zweck ein eigener Benefiziat, welcher seiner Oberleitung untersteht, dauernd eingesetzt wird. Nicht minder beruht es auf einer Täuschung, dass es sich bei der u. s. secundum quid mit dem Titel des unirten Benefiziums eigenthümlich verhalte. Die geistliche Seite des Amtes verliert hier ebenso wie bei der u. absoluta ihre Selbstständigkeit und wird mit dem Hauptbenefizium vereinigt. Dies zeigt sich darin, dass das ständige Amt des Vikars nur ein Hülfsamt ist, dessen Inhaber allein die einem andern kraft eigenen Rechtes zustehenden Befugnisse und Verpflichtungen auszuüben hat. Das unirte Benefizium wird nicht in der vicaria perpetua forterhalten [3], sondern die letztere ist ein bei der Union neu gestiftetes Benefizium, dessen materielle Unterlage sowohl aus den Mitteln des unirten, wie auch aus den Mitteln des Hauptbenefiziums beschafft werden kann [4].

3. Die dritte Art der Union bildet die *unio per confusionem, u. translativa, u. exstinctiva, u. exstinctiva et plenaria*, d. h. diejenige Art der Vereinigung zweier Benefizien, wodurch beide in ihrer Existenz vernichtet werden und aus ihnen ein neues, drittes Benefizium entsteht [5], z. B. die Union zweier Pfarreien oder Bisthümer in der Weise, dass aus dem Bestande beider, ihren Rechten, Vermögensstücken, Bezirken u. s. w., eine neue Pfarrei oder ein neues Bisthum gebildet wird [6]. Von der Sup-

filia erhält diese dann selbstverständlich nicht die matricitas.

[1] S. z. B. J. H. Boehmer l. c. §. 181; Frey, Komment. üb. d. K.R. N. 2, 1071; Permaneder K. R. §. 235; Foesser l. c. p. 395.

[2] Daher erwähnen auch eine Reihe, namentlich älterer Kanonisten dieses angeblichen Unterschiedes nicht, s. z. B. Fagnan. l. c.; Turicellius l. c. c. 4; Leuren. l. c. P. III. qu. 883. n. 2; Reiffenstuel l. c. n. 42 ff.; Schmalzgrueber l. c. n. 153 ff.

[3] Das ist offenbar die Auffassung der Vertreter der hier verworfenen Ansicht.

[4] Da es sich hier mit dem unirten Benefizium ebenso, wie bei der u. absoluta verhält, muss auch das Präsentationsrecht des Patrons auf dasselbe fortfallen, und es ist unrichtig, wenn Michels l. c. p. 26. 27 dem letzteren das Vorschlagsrecht für die vicaria perpetua einräumt. Seine Ansicht beruht auf der irrigen Identificirung des beneficium unitum und der vicaria perpetua. Das Richtige bei Foesser p. 399, welcher allerdings die falsche Grundauffassung vertritt. Von dieser aus entscheidet er die Frage, ob der Bischof der Hauptpfarrei oder der mit der ständigen Vikarie versehenen Filiale die Jurisdiktion über die letztere habe, im Sinne der zweiten Alternative. Ein Grund, für diesen Fall von der o. S. 428 erwähnten Regel abzugehen, liegt indessen nicht vor. Auch hier ist die ständige Vikarie dem Bischof des principalen Amtes, dessen Inhaber die Oberleitung des Vikars hat, unterworfen.

[5] Glosse s. v. unire zu c. 48. C. XVI. qu. 1; Garcias l. c. n. 6; Fagnan. ad c. 1 X ne sede vac. III. 9 u. c. 33 X de praeb. III. 5. n. 34; Barbosa de off. et pot. episc. P. III. alleg. 66. n. 2; Reiffenstuel III. 12. n. 41; Ferraris l. c. n. 3.

[6] Wird blos ein Beneficium aufgehoben und dessen Vermögen zur Aufbesserung eines andern verwendet, so ist dies keine u. exstinctiva, sondern eine suppressio verbunden mit einer Schenkung, van Espen J. E. U. II. 29. c. 1. n. 9, J. H. Boehmer l. c. §. 192.

pression, verbunden mit der Erektion eines anderen Benefiziums, und somit von einem Fall, welcher nach der Meinung Einzelner korrekter Weise nicht unter den Begriff der Union zu stellen ist [1], ist hier deshalb nicht die Rede, weil die beiden Aemter in ihrer vollen Substanz verschmolzen [2], keineswegs aber in ihre einzelne Bestandtheile aufgelöst und diese für ein neues Benefizium verwendet werden [3].

Die u. per confusionem kommt selten vor. Sie erfolgt nur dann, wenn beide Aemter derartige Einbussen (an ihrem Vermögen, ihren Untergebenen) erlitten haben, dass sie nicht mehr gesondert fortbestehen könnnen.

Auf das neue Benefizium gehen in Folge der Vereinigung der beiden früheren deren sämmtliche Rechte und Privilegien über, und wenn diese etwa wegen ihrer widersprechenden Natur nicht neben einander ausgeübt werden können, bleiben die ausgedehnteren und vortheilhafteren bestehen [4]. Im Uebrigen werden hinsichtlich des neuen Benefiziums die bisherigen beiden Aemter nicht mehr nach ihren geistlichen Funktionen, ihren Vermögensmassen, ihren geographischen Distrikten und deren Einwohnern unterschieden, sondern sie bilden nach der Union ein untrennbares und einheitliches Ganze [5]. Bei einer derartigen Vereinigung zweier Bisthümer entsteht daher z. B. aus den beiden früheren Domkapiteln ein einziges [6], bei zwei Pfarreien werden die Verpflichtungen der Parochianen der neuen Parochie, insbesondere in Betreff der Baulast gemeinsam [7], nur muss in dem letzteren Falle selbstverständlich einer der bisherigen Pfarrkirchen jetzt ausschliesslich diese Qualität beigelegt und der anderen entzogen werden [8]. Sind die beiden vereinigten Aemter oder auch nur eins Patronatsbenefizien, so muss das Patronatrecht stets seiner Substanz nach erlöschen, denn da aus beiden ein neues Benefizium entsteht, so geht das Objekt des Rechtes unter [9].

4. Die vierte Art der Union endlich bildet die im §. 109 zu besprechende Inkorporation.

Andere als die aufgezählten Arten der Union kommen nicht vor [10]. Insbesondere

[1] Ueber diese Kontroverse s. Foesser l. c. p. 394; Michels p. 29.

[2] Deshalb müssen auch die vermögensrechtlichen Verbindlichkeiten beider auf das neue übergehen, s. Foesser l. c. p. 415.

[3] Möglich ist allerdings eine derartige Anordnung, mit der ein ähnliches, wenn auch nicht völlig gleiches Resultat, wie bei der u. per confusionem errichtet wird. Nothwendiger Weise tritt diese Wirkung, also eine wahre Suppression, stets dann ein, wenn zwei ihrer Natur nach verschiedene Benefizien, wie ein Pfarramt und ein beneficium simplex zur Errichtung eines neuen, z. B. eines beneficium curatum verwendet werden sollen, denn in einem solchen Fall können nur einzelne Theile des beneficium simplex, die Vermögensstücke desselben, verwendet werden, während die geistlichen Amtsfunktionen aufhören müssen.

[4] Darüber ist die Doktrin einig, s. die Anführungen in S. 430. n. 6 u. Phillips 7, 323. Gerade hierin liegt ein wesentlicher Unterschied von der Suppression. Bei letzterer erlöschen sämmtliche Privilegien und sie können nur durch ausdrückliche Uebertragung, welche juristisch einer Neuertheilung gleichsteht, erhalten werden.

[5] S. z. B. Foesser l. c. p. 394.

[6] Glosse s. v. unire zu c. 48. C. XVI. qu. 1.

[7] Permaneder, d. kirchliche Baulast. 2. Aufl. S. 66 ff.

[8] Die Neugründung von vicariae perpetuae für die stellvertretende Seelsorge, selbst mit dem Umfange der vor der Union selbstständigen Pfarrei ist nicht ausgeschlossen, und steht dem Begriff der unio per confusionem nicht entgegen, vgl. den Fall in den Acta s. sed. 1, 602, wo das Kapitel einer aus zwei Pfarreien neu errichteten Pfarr-Kollegiatkirche die habituelle Seelsorge hatte, und die aktuelle durch zwei ständige Vikare in der gedachten Weise ausüben liess. Hier entschied die Congr. Conc. i. J. 1864, dass die Applikation einer Pfarrmesse in der Kollegiatkirche für die ganze Pfarrei ausreiche.

[9] Michels l. c. p. 29; Foesser l. c. p. 394. 395.

[10] Abgesehen von der Inkorporation scheiden die Kanonisten seit der Glosse, s. die Citate auf S. 425. n. 1 u. Innoc. IV. app. in decret. ad c. 1 X. III. 9 nur 3 Arten der Union. Die Auffassung des Hostiensis, welcher fünf Species, nämlich ausser den genannten noch die Todtenverbrüderungen des Mittelalters, sowie die Erhebung einer Konventual-Kirche zur Kathedrale unter Vereinigung derselben mit einer andern,

mehrung des Gottesdienstes[1], 5. behufs der Fundation, Dotation, Vermehrung und Erhaltung aller zur Vertheidigung des katholischen Glaubens oder der Verbreitung der Wissenschaften dienenden Institute[2], 6. auf Grund eines Tausches oder eines sonstigen onerosen Geschäftes[3].

Ausdrücklich werden in der Kanzleiregel nur die unter 1. und 5. hervorgehobenen Fälle angeführt. Die übrigen sind ihnen von der Doktrin und Praxis mit Rücksicht darauf, dass bei denselben theils eine faktische, theils rechtliche Nothwendigkeit obwaltet, gleichgestellt worden[4].

Die Derogationsklausel der Regel ist so weit gefasst, dass eine vorgängige Beseitigung derselben durch den Papst für eine von ihm vorgenommene oder bestätigte Union erfolglos bleiben muss. Uebrigens ist es auch nicht möglich eine dessen Nachfolger bindende Formel zu finden[5]. Denn der letztere ist kraft seiner gesetzgebenden Gewalt und der in Ausübung derselben erfolgenden Publikation der Kanzleiregeln befugt, alle Akte seines Vorgängers, selbst wenn derselbe deren Kassation verboten hätte, wieder aufzuheben.

VI. Die Aufhebung der Union (*dissolutio unionis*). Eine solche kann, wie die Vornahme der Union, nur beim Vorliegen eines gerechtfertigten Grundes statthaben[6], wiewohl freilich hierbei nicht ein so strenger Massstab wie im umgekehrten Falle angelegt wird, weil es sich um Rückgängigmachung der Innovation und Wiederherstellung des früheren Zustandes handelt. Zulässig ist die Aufhebung 1. wenn der Grund, welcher die Veranlassung zur Union gegeben hat, fortgefallen ist[7], 2. wenn eine Nothwendigkeit für eine solche Massregel hervortritt[8], 3. endlich wenn ein entschiedener Nutzen von derselben zu erwarten steht[9], vorausgesetzt aber, dass in allen Fällen die Einkünfte, welche für die bei der Durchführung der Dissolution zu treffenden Einrichtungen erfordert werden, vorhanden sind[10].

Die Befugniss zur Auflösung steht denselben Organen zu, welche Unionen vorzunehmen berechtigt sind, also dem Papst ausschliesslich hinsichtlich der höheren Aemter (Bisthümer, Erzbisthümer, praelaturae nullius) und der exemten Benefizien[11], dem Ordinarius in Betreff der Benefizien seiner Diöcese oder Quasi-Diöcese. Wenn indessen eine Union der letzteren nicht von ihm, sondern vom Papst oder von einem

1 Also nicht blos behufs eines nur wünschenswerthen s. g. augmentum cultus divini oder behufs Herstellung eines feierlicheren Gottesdienstes z. B. durch Beschaffung besonders ausgebildeter Sänger, l. c. n. 176.

2 Riganti l. c. n. 190.

3 Leuren. l. c. n. 12; Riganti l. c. n. 196.

4 H. Gonzalez l. c. n. 46 ff.; Garcias l. c. n. 283 ff.; Riganti ll. cc.

5 Ueber derartige Versuche s. Riganti l. c. n. 6 ff.

6 Leuren. l. c. P. III. qu. 937. — Ueber die von selbst (ipso iure) eintretende Auflösung jeglicher Art von Union und Inkorporation in Folge unterlassener Zahlung der quindennia s. die Konstitutionen Pauls II.: Decet Romanum v. 1469, Pauls IV.: Decens esse v. 1559, Pius' V.: Apostolicae sedis v. 1567 u. Sixtus' V.: Camerae nostrae v. 1586 (M. Bull. 1, 384. 840; 2, 240. 577) u. Lotter. l. c. lib. I. qu. 29.

7 c. 1 X. de R. J. V. 41; Rebuff. l. c. tit. de unionis revoc. n. 1. 6; Garcias l. c. n. 305; Schmalzgrueber l. c. n. 180. Z. B. wenn die Union wegen starker Abnahme der Bevölkerung oder wegen eines andauernden Priestermangels erfolgt und nachher die erstere wieder stark angewachsen oder der Mangel an Geistlichen gehoben ist, Foesser l. c. p. 410; Slevogt l. c. s. IV. c. 1. §. 11.

8 c. 1 X. ne sede vac. III. 9; Rebuff. l. c. n. 3. 6; Garcias l. c. n. 305; Schmalzgrueber l. c.; wegen Unzuträglichkeiten, welche sich in Bezug auf die Verrichtung des Gottesdienstes und der Handhabung der Seelsorge zeigen. Jedoch müssen diese durch die Union selbst, nicht durch blos zufällig eintretende Umstände hervorgerufen sein. Die Nachlässigkeit und Unfähigkeit des Benefiziaten bildet also keinen Grund zur Dissolution, Slevogt l. c.

9 Rebuff. l. c. n. 6; Garcias, Schmalzgrueber ll. cc.

10 Rebuff. l. c. n. 29; Foesser p. 411. 412.

11 c. 1 X. III. 9 cit.; Slevogt l. c. §. 4; Foesser l. c. p. 412.

legatus a latere, und zwar kraft apostolischer Machtfülle, verfügt war, so hindert dieser Umstand die spätere Auflösung durch den Ordinarius [1]. Dem Kapitel oder dem Kapitularvikar ist das Recht zur Dissolution während der Sedisvakanz nicht abzusprechen [2].

Die Dissolution erfordert ebenso wie die Union eine vorgängige causae cognitio [3], und bedarf, falls sie vom Bischof ausgeht, der Zustimmung des Domkapitels [4].

Sodann ist die Vorladung und Anhörung der Betheiligten nothwendig [5]. Als solche kommen zunächst die Inhaber der unirten Benefizien und diejenigen, welche das Besetzungs- oder Patronatrecht auf dieselben haben [6], in Betracht. Für den Fall, dass die Dissolution erst nach dem Tode des Inhabers oder nach dem Verlust des Benefiziums seinerseits zur Ausführung kommen soll, entsteht ihm allerdings kein Nachtheil, nichtsdestoweniger muss ihm aber Gelegenheit gegeben werden, die Rechte des Amtes und seiner Amtsnachfolger wahrzunehmen, weil diesen durch die Dissolution präjudicirt wird. Diese Forderung, deren Begründetheit freilich in Abrede gestellt wird [7], rechtfertigt sich aus der ausdrücklichen Vorschrift, dass bei höheren Aemtern eine Dissolution nicht vor der Einsetzung eines Nachfolgers, also nicht während der Vakanz, erfolgen soll [8]. Für die niederen Benefizien fehlt es an einer positiven Anordnung. Hier bleibt also nur die Bestellung und Zuziehung eines defensor während der Vakanz übrig [9]. Soll dagegen die Dissolution schon bei Lebzeiten des Amtsinhabers in Wirksamkeit treten, so bedarf es des Konsenses desselben [10]. Bei Aufhebung der Union von Pfarrbenefizien endlich sind auch die Parochianen vorzuladen und zu hören [11]. Der Mangel der ordnungsmässigen Zuziehung muss auch in diesem Falle die Nullität der Dissolution herbeiführen.

Wie über die Union ebenso wird gleichfalls über die Aufhebung derselben des Beweises wegen ein öffentliches Instrument angefertigt [12].

Die Wirkung der Dissolution, welche mit dem Erlass der betreffenden Verfügung eintritt, ist die einer in integrum restitutio der früher unirten Benefizien [13], und und zwar, sofern nicht rechtsgültige Veränderungen hinsichtlich einzelner Gerechtsame derselben, z. B. Veräusserungen von Vermögensstücken, in der Zwischenzeit erfolgt sind, in den Zustand, in welchem sie sich vor der Union befunden haben.

[1] Garcias l. c. n. 303; Schmalzgrueber l. c. n. 199; Foesser l. c. p. 412. Dadurch dass der Papst kraft seiner konkurrirenden ordentlichen Gewalt eine gewisse Einrichtung in der Diöcese getroffen hat, ist dieselbe nicht für immer der Kompetenz und Einwirkung des Ordinarius entzogen. Bei der im Text hervorgehobenen Ausnahme handelt es sich dagegen um eine kraft der höchsten Leitungsgewalt des Papstes ergangene Anordnung, deren Umstossung nicht in der Macht des Ordinarius liegt. Selbstverständlich ist es, dass der Papst oder ein legatus a latere eine vom Bischof vorgenommene Union umstossen kann.

[2] Dies thut z. B. Schmalzgrueber III. 9. n. 28. Für die Ansicht des Textes z. B. Rebuff. l. c. n. 19; Slevogt l. c. n. 4; Foesser l. c. p. 412; c. 1. X. III. 9 cit. steht nicht entgegen, denn es handelt sich eben nicht um eine Union, und die bischöflichen Rechte werden durch die Dissolution nicht beeinträchtigt.

[3] Weil sie ebenfalls nur aus bestimmten Gründen stattfinden darf, s. auch c. 1. X. III. 9 cit.

[4] Rebuff. l. c. n. 24; Leuren. l. c. P. III. qu. 938. n. 2; s. auch o. S. 153.

[5] c. 1. X. III. 9 cit.

[6] Rebuff. l. c. n. 26 ff.; Leuren. l. c.

[7] S. z. B. Leuren. l. c. u. Foesser l. c. p. 413.

[8] Dies ist der Kern der Entscheidung in c. 1. X. III. 9 cit.

[9] So auch Leuren. l. c. Dagegen kann aus dem Mangel einer gesetzlichen Vorschrift nicht geschlossen werden, dass bei niederen Benefizien die Zuziehung des Rektors überhaupt nicht erforderlich ist. Der Grund für die Anhörung des Inhabers bei den höheren Amtern, die Vermeidung eines Präjudizes für die Zukunft, waltet auch hierob. Das erkennt selbst Foesser l. c. p. 412 an. Bei der Vornahme der Union steht die Sache kraft positiver Vorschrift anders.

[10] S. o. S. 422.

[11] S. o. S. 423.

[12] Foesser l. c. p. 413.

[13] c. 1. X. cit.

Jedes derselben nimmt seine frühere Natur wieder an[1], die suspendirten oder erloschenen Besetzungsrechte und Patronatsbefugnisse treten von Neuem in Wirksamkeit oder leben wieder auf[2], das Eigenthum an den einzelnen Vermögensstücken kehrt an dasjenige Benefizium, welchem es vorher zugestanden hatte, zurück, in derselben Weise sondern sich die vor der Union vorhanden gewesenen Schulden, während die nach derselben neu kontrahirten, falls die unio eine exstinctiva war, auf beiden wiederhergestellten Benefizien solidarisch haften bleiben[3].

Die Dissolution ist nicht mit der Division oder Dismembration von Benefizien zu verwechseln[4]. Bei der letzteren handelt es sich stets um die Errichtung mehrerer neuer aus einem Benefizium, bei der ersteren wird dagegen nur der bisherige Zusammenhang zwischen zwei vorhandenen, wenngleich nicht in voller Selbstständigkeit verbliebenen Benefizien wieder gelöst. Für die unio aeque principalis und die unio aequalis ist dies zweifellos. Was dagegen die unio exstinctiva betrifft, so bleibt zwischen der Dissolution derselben[5] und der Division immer der Unterschied bestehen, dass die letztere nothwendig die Errichtung eines neuen Benefiziums herbeiführt, die erstere aber nur das Wiederaufleben der in dem unirten latent gewesenen Benefizien zur Folge hat.

§. 109. β. *Die Inkorporation* *.

I. Geschichte. Eine Verbindung von Kirchen und Benefizien mit Klöstern, welche den geschichtlichen Ausgangspunkt für die spätere s. g. Inkorporation bildet, ist schon seit dem 9. Jahrhundert[6] beglaubigt[7], reicht also jedenfalls noch höher hinauf[8]. Freilich ergeben die betreffenden Nachrichten im Allgemeinen nichts Anderes, als dass die Klöster vielfach im Besitze von Kirchen erscheinen, oder dass ihnen solche mit den liegenden Gütern, auf welchen sie erbaut sind, von Königen, Bischöfen und anderen Personen geschenkt werden[9]. Indessen unterliegt es keinem

[1] Fagnan. ad c. 1 cit. n. 43. 44; Garcias l. c. n. 309; Schmalzgrueber l. c. n. 200.

[2] Rebuff. l. c. n. 39 ff.; Foesser l. c. p. 413; Michels l. c. 31. 32.

[3] Hinsichtlich der beiden anderen Arten der Union erledigt sich die Frage dadurch, dass bei der u. aeque principalis beide Benefizien selbstständig, bei der u. subiectiva aber die Vermögensmassen getrennt bleiben.

[4] Dies geschieht z. B. von J. H. Boehmer III. 5. §. 208.

[5] Diese fasst Michels l. c. p. 31 als divisio im eigentlichen Sinne auf, weil er die u. exstinctiva nicht als wirkliche Union gelten lässt, s. o. S. 430.

* Vgl. Thomassin, vetus et nova disciplina ecclesiae P. I. lib. II. c. 25 ff.; lib. III. c. 22; P. III. lib. I. c. 10; van Espen, diss. canon. de pristinis altarium et ecclesiarum incorporationibus. Lovan. 1759 u. i. d. Ausgab. seiner Werke, z. B. ed. Colon. 1729. 2, 327; Neller, diss. de genuina idea et signis parochialitatis primitivae eiusque principio, incorporatione etc. Trevir. 1752; Desselben diss. de iuribus parochi primitivi etc. Trevir. 1752; Schloer, diss. de ecclesiarum parochialium saecularitate earumque unione subiectiva monasteriis facta. Mogunt. 1753 (die 3 Dissertationen abgedruckt in Schmidt, thesaur. iur. eccles. 6, 441. 466. 502); Wasserschleben, Art. Inkorporation in Herzogs Encyklopädie 6, 649; Phillips, K. R. 7, 333; Foesser in d. S. 417. n. * angef. Abhdlg. p. 363; G. M. de Kujawa, de incorporatione beneficiorum. diss. inaug. Glacii 1872. Die hier dargelegten Auffassungen habe ich selbst schon früher in den „Festgaben für A. W. Heffter. Berlin 1873" S. 3 ff. veröffentlicht.

[6] Phillips S. 336 setzt das Aufkommen der Inkorporationen erst in das 11. Jahrh.

[7] Vgl. die im Folgenden citirten Urkunden.

[8] Falsch ist wohl die Urkunde König Dagoberts v. 646 für das von seiner Tochter gestiftete Kloster, nach welcher die letztere demselben „allodium suum . . . Loosa cum basilica una, Aneia cum capella praefatae basilicae subiecta" schenkt (Beyer, mittelrh. Urkdenbch 1, 9 u. Monum. Germ. dipl. 1, 169), ebenso d. dipl. a. 752 bei Beyer 1, 14, vgl. Sickel act. reg. et imper. Karol. 2, 407.

[9] Vgl. d. Urkden v. 820 (Lacomblet, niederrh. Urkdbch 1, 20), v. 835. 870 (Beyer 1, 69. 118); v. 888 (Günther, cod. Rheno-Mosell. 1, 49), s. auch Guérard, polyptyque d'Irminon III. 61. (2, 51); f. d. 10. Jahrh. d. Diplome bei Beyer 1, 290. 311. 323. 325; Lacomblet 1, 49. 50. 51. 55. 58. 60. 61. 67. 68. 75; D'Achery, spicileg. ed. nov. 3, 372; die o. S. 283. n. 3 u. 5 citirten Stellen.

Zweifel, dass die Klöster in diesen Fällen die Verfügungsgewalt über die ihnen zustehenden Kirchen, namentlich auch die Nutzungen der dazu gehörigen Vermögensstücke besessen und auch die Geistlichen für die Kirchen eingesetzt haben [1]. Ja mitunter übten sie auch eine darüber hinausgehende geistliche Leitung der zu einer solchen Kirche gehörigen Pfarreien aus [2]. Juristisch können diese Verhältnisse, ebenso wie diejenigen, welche durch die von den Klöstern auf eigenem Besitz vorgenommenen Gründungen entstanden sind [3], nur dahin charakterisirt werden, dass die Kirchen als des Eigenthums fähige Objekte und die Klöster als Inhaber dieses Eigenthums galten [4], wobei sie höchstens hin und wieder in der Weise eingeschränkt waren, dass zu der Einsetzung der von ihnen mit den geistlichen Funktionen an den Kirchen zu betrauenden Säkular- oder Regular-Kleriker die bischöfliche Genehmigung einzuholen war [5].

Frommer Eifer von Bischöfen, Königen, Fürsten und begüterten Grundherren, auch das Bestreben, begangene Beraubungen zu sühnen [6], hatten schon im 9. Jahrhundert zur Uebertragung einer nicht unbedeutenden Anzahl von Kirchen an Klöster geführt. Die Ermahnungen der kirchlichen Gewalten gegen die mit der Auflösung des karolingischen Reiches stärker hervortretenden Eingriffe der Laien in das Kirchengut hatten eine weitere Vermehrung des Klosterbesitzes zur Folge. Die Grossen liessen sich viel öfter bereit finden, die eigenmächtig okkupirten Güter an Klöster als an die beraubten Kirchen selbst zurückzugeben, und kirchlicherseits musste man sich damit, als dem immerhin geringeren Uebel, zufrieden geben [7]. Freiwillige Schenkungen an Klöster hörten daneben nicht auf [8], ja sie kamen vielfach zu dem Zwecke vor, nicht hinreichend dotirten oder verarmten Klöstern Einnahmequellen zu verschaffen [9]. Aber nicht blos Klöster, sondern auch, wenngleich freilich in

[1] Dass dieses Recht als ein Ausfluss des damals den Patronen zugeschriebenen Eigenthums an den Kirchen angesehen wurde, darüber s. unten in der Lehre vom Patronate §. 128. II. Dieselbe Auffassung zeigen die citirten Urkunden, s. ferner d. wahrscheinlich d. Bisth. Chartres angehörige Urk. a. d. 9. Jahrh. b. Rozière, recueil général des formules n. 554. 2, 692: „Episcopo . . . Gisleverto L. abbas et grex sibi commissus . . . salutem. Vestrae celsitudini hos dirigimus apices, quibus *ecclesiam nostram* quae est in villa illa, huic diacono, nomine illo, nos *dedisse* intimamus. Qua de re volumus atque honeste precamur, quatenus idem diaconus iam dictam ecclesiam per vestrae auctoritatis potestatem teneat et reget, et ut valeat ad huius honoris conscendere gradum, vestro nutu ac ministerio adimpleatur“.

[2] S. die Urk. v. 943, o. S. 283. n. 5. Nach dieser werden die innerhalb des Bezirks der einem Kloster zustehenden Pfarrkirche neu errichteten Filialen dem Recht (also dem Pfarr-Recht) desselben unterworfen und die Seelsorge soll durch einen vom Kloster-Konvent zu wählenden und abzusetzenden Mönch ausgeübt werden, ferner dipl. a. 955 (Urkdbuch des Landes ob d. Enns Bd. 2. n. 44): „ut predicta capella Celle dignitate plebane ecclesie fungeretur excepto pascali et pentecostali baptismo, ab abbate Manusense spiritali munere procuranda et procuratori per manum eius locanda“. Darüber, dass in jener Zeit die Regularen schon vielfach Geistliche gewesen und auch als Pfarrer verwendet worden sind, vgl. Thomassin P. I. lib. III. c. 16; Rettberg, Kirchengesch. Deutschlands 2, 692, namentlich c. 14. conc. Mogunt. a. 847 (Mansi 14, 907): „nullus monachorum . . . parochias ecclesiarum accipere praesumat sine consensu episcopi; de ipsis vero titulis in quibus constituti fuerint, rationem episcopo vel eius vicario reddant, ut convocati ad synodum veniant“.

[3] Guérard, polypt. d'Irminon II. 1. XX. 1. XXIII. 1. VI. 2. VII. 83 (2, 6. 208. 227. 52, 69) u. Polypt. Fossat. c. 9 (ibid. 2, 285).

[4] S. ausser den citirten die Urkden bei Meichelbeck, hist. Frising. I. 2, 91. 92. n. 120. 121; Guérard l. c. 1, 633, auch unten §. 128. II.

[5] Guérard l. c. 1, 633.

[6] S. z. B. die Urkde bei Beyer l. c. 1, 311.

[7] Phillips 7, 337 ff.; Foesser l. c. p. 373. Der im Text hervorgehobene Gesichtspunkt ist sowohl in dieser Zeit, c. 68 (in c.) C. XVI. qu. 1, wie auch noch später, c. 7 (Innoc. III.) X de his quae fiunt III. 10 massgebend gewesen.

[8] S. z. B. d. Urkden aus d. 11. Jahrh. bei Beyer 1, 355. 363. 415. 446; bei Lacomblet 1, 84. 85. 86. 104. 131; Muratori, antiqu. Ital. 6, 213.

[9] dipl. a. 1015, Lacomblet 1, 95, a. 1052, Beyer 1, 392.

geringerem Masse, Stifter[1] und einzelne Stellen in diesen[2] wurden mit derartigen Vergabungen von Kirchen bedacht.

Mit Bezug auf die eben charakterisirten Verhältnisse tritt in einzelnen Konzilien des 11. Jahrh.[3] eine bis dahin nicht vorkommende Unterscheidung von *ecclesia* und *altare* hervor.

Unter der ersteren Bezeichnung verstand man das Gebäude und das der Kirche zustehende Vermögen, unter der letzteren aber den Altar mit seinen geistlichen Funktionen und Rechten[4]. Offenbar war diese Trennung zweier wesentlich zusammengehöriger Seiten ein und derselben Sache erfunden worden, um den dringenden Anforderungen der Geistlichkeit auf Restitution der den Kirchen entzogenen Güter zu entgehen, indem man sich durch die Rückgabe des s. g. Altars an den Bischof, d. h. durch Zulassung der Einwirkung desselben auf die Anstellung der Geistlichen und auf die Verwaltung des Gottesdienstes, im Besitze der Kirchengüter zu erhalten suchte[5]. Indessen, nachdem einmal jene Scheidung aufgebracht war, wurde sie auch benutzt, um den Bischöfen einen grösseren Einfluss auf die in den Händen von Klöstern und Stiftern befindlichen Kirchen zu sichern. Schon im 11. Jahrh. bestimmten einzelne französische Synoden, welche auch darum merkwürdig sind, weil sie den ersten Versuch einer gesetzlichen Regelung dieser Verhältnisse darbieten[6], dass die Klöster und Stifter

[1] dipl. a. 941. 1067. 1085, Lacomblet 1, 53. 136. 153.

[2] Urk. des Bischofs v. Modena (Muratori l. c. 5, 191): „... Donavimus ordinantes plebem nostram in Siculo que dicitur s. Petri, consentiente sacerdotio et clero nostro necnon ipsius ecclesie populo Leoni archipresbitero nostro (d. h. dem Erzpriester an der Kathedrale), ea si quidem ratione, ut ipse locum regiminis teneat et secundum canonicam auctoritatem ministerium archipresbiteratus subministret, i. e. in sarta tectis ecclesiis restaurandis, in clericis congregandis, in scola habenda et officio divino persolvendo, cuius locum firma stabilitate ei concedimus, ut ... nullatenus ex huiusmodi firmitate possit amoveri, nisi forte talia perpetraverit que digna sint, canonico iuditio examinari. Annualem autem ipsius plebis nobis et successoribus nostris debitam pensionem quae est solidos XXX per singulos annos, statuimus per hanc noticiam, ut in pascha domini annualiter persolvatur, custodita solita consuetudine salvo pacto quod pro circanda paroechia semper IIIo anno nobis donetur.

[3] Rem. a. 1049. c. 2 (Mansi 19, 741): „Ne quis sacros ordines aut ministeria ecclesiastica vel altaria emeret aut venderet", s. auch c. 3 ibid.; c. 20. Claromont. a. 1095 (ibid. 20, 818): „interdictum est, omnibus laicis, ne amplius altaria vel ecclesias sibi retineant", s. auch c. 7 eod., ferner c. 1. Nemaus. a. 1096 (l. c. p. 933): „In Arvernensi concilio (s. c. 4. C. I. qu. 3 u. c. 3 Clarom. a. 1095, Mansi l. c p. 902) quaesitum est de episcopis qui altaria monasteriis data frequenter redimi pecunia compellebant. Quia quidam simoniacae pravitatis ramus in Galliarum partibus iam diutius inolevit, ut ecclesiae vel decimae quae vulgari vocabulo apud eos altaria nuncupantur monasteriis datae, saepius ab episcopis sub palliata avaritia venundentur, mortuis nimirum seu mutatis clericis quas personas vocant, nos ... hoc alterius fieri ... prohibemus ... Porro quaecumque altaria vel decimas ab annis XXX et supra sub huiusmodi redemptione monasteria possedisse noscuntur, ... sine molestia eis possidenda firmamus, salvo utique episcoporum censu annuo quem ex eisdem altaribus habere soliti sunt. Sane quia monachorum quidam episcopis ius suum auferre contendunt, statuimus ne in parochialibus ecclesiis quas tenent, absque episcoporum consilio presbyteros collocent. Sed episcopi parochiae curam cum abbatum consensu sacerdoti committant, ut eiusmodi sacerdotes de plebis quidem cura episcopo rationem reddant, abbati vero pro temporalibus ad monasterium pertinentibus debitam subiectionem exhibeant".

[4] Petr. de Marca diss. ad conc. Claromont. c. 7 (Mansi 20, 891); Du Cange glossar. s. v. altare; Hefele, Konciliengesch. 4, 682. 692 n. 2.

[5] ep. Abbonis abbat. Floriac. († 1004) ad reges Hugon. et Robertum (Mansi 20, 891): „Est etiam alius error gravissimus, quo fertur altare esse episcopi et ecclesiam alterius cuiuslibet domini, cum ex domo consecrata et altari unum quoddam fiat, quod dicitur ecclesia, sicut unus homo constat ex corpore et anima".

[6] c. 6. conc. Pictav. a. 1078 (Mansi 20, 498): „Ut abbates, monachi, canonici ecclesias quas numquam habuerunt, non emant, nec alio modo sibi vindicent nisi consentiente episcopo, in cuius fuerint dioecesi. In illis vero quas hactenus absque calumnia habuerunt, redditus beneficiaque obtineant. Presbyter tamen de cura animarum et de christianitatis ministerio episcopo respondeat"; c. 15. Iuliobon. a. 1080 (ibid. p. 562): „Si monachis donatur ecclesia, presbyter qui eandem tenet ecclesiam, honorifice teneat quidquid de

zwar das Eigenthum und die Verfügung über das Vermögen der betreffenden Kirchen behalten, die Geistlichen an denselben (die s. g. *personae* [1]) aber die Seelsorge im Einverständniss mit dem Abte vom Bischof übertragen erhalten, auch hinsichtlich ihrer Amtsverwaltung der Aufsicht des letzteren unterstehen sollten. Den Unterhalt hatten die Geistlichen aus den Einkünften der von ihnen verwalteten Kirchen zu empfangen, die Ueberschüsse aber an das Kloster, resp. Stift, abzuliefern [2].

Die gedachten Anordnungen, welche vom Boden der gegebenen Verhältnisse aus als vollkommen zweckmässig erscheinen, waren indessen nur für einzelne kirchliche Kreise ergangen, und liessen daher um so mehr für eine andere Entwickelung Raum, als sie nicht einmal ausdrücklich weiter gehende Rechte der Klöster und Stifter an ihren Kirchen ausgeschlossen hatten.

Jedenfalls haben sie aber zuerst einen neuen Gesichtspunkt, die Scheidung zwischen den Vermögens- und geistlichen Rechten der betreffenden Kirchen, hervorgehoben. Diese kommt auch bald anderweitig vor [3]. Eine bestimmte und feste juristische Gestaltung des Verhältnisses der religiösen Institute zu den ihnen überlassenen Kirchen wird freilich noch nicht damit bezeichnet [4], vielmehr ergeben die Urkunden

eadem ecclesia habuit, antequam monachi eam habeant . . . Eo autem mortuo vel aliquatenus deficiente abbas idoneum presbyterum quaerat et episcopo eum vel per se vel nuntium suum ostendat. Quem si recipiendus est, episcopus recipiat. Si vero presbyter cum monachis religiose vivere voluerit, videat, ut ecclesia quam episcopali licentia intravit, honeste tractetur, tam in vestimentis quam in libris et caeteris ecclesiae serviendae necessariis secundum eiusdem ecclesiae facultatem. Quodsi presbyter cum monachis vivere noluerit, tantum det ei abbas de bonis ecclesiae, unde et bene vivere et ecclesiae servitium convenienter valeat presbyter adimplere. Quodsi abbas facere noluerit, ab episcopo convenienter cogatur, ut faciat, presbyter vero episcopo suo iuste subditus sit et episcopales redditus persolvat. Quae vero superabundant, in usus monasterii sui abbas habeat. Hoc idem in ecclesiis canonicorum observetur".

[1] S. o. S. 110. n. 5.

[2] Aus dem ihm zugewiesenen Antheil der Einkünfte hatte der Geistliche die Abgaben an den Bischof zu zahlen, conc. Iuliobon. cit. Letzterer konnte wohl einen jährlichen Zins nehmen, dagegen war die Erhebung einer Abgabe beim Wechsel des Geistlichen, gewissermassen zur Auslösung des Altars, die s. g. redemptio altaris (Beispiel dafür d. dipl. a. 1090 bei Miraeus opp. diplom. 1, 361) untersagt, c. 4 (Clarom. a. 1095) C. I. qu. 3 u. c. 1. Nemaus. a. 1096 (s. S. 438. n. 3), vgl. auch ep. Honor. II. ad episc. Leod. a. 1128 (D'Achery, spicil. ed. nov. 3, 479). Daher bedeuten die Ausdrücke: „altaria libera ab omni servitio et persona" oder „libera et absque persona" in den Urkunden des 11. Jahrh. (s. dipl. a. 1089 in d. Analecta p. servir à l'histoire eccles. de la Belgique t. XIV. [1877] p. 16) u. des 12. Jahrh. (bei Miraeus l. c. 1, 676. 677. 678. 687) und „a personatu libera" (ibid. 1, 535), ferner „absque ulla emptione" oder „ulla servitute", ep. Alex. II. ad Bibbon. ep. Tull. a. 1061—1073, Anal. iur. pont. 1869. p. 408, soviel wie frei von der Zahlung einer Redemtion.

[3] Privileg. Lucius' III. für die Abtei Laach a. 1185—1186 (Günther, cod. 1, 446): „quia ad audientiam apostolatus pervenit, quod quedam parrochialis ecclesia Crufthe ad vestrum monasterium pertinens per vos vel per alios religiosos viros postulat gubernari, auctoritate vobis praesentium indulgemus, ut vacante ecclesia liceat vobis in ea III vel IV de fratribus vestris statuere, quorum unus episcopo praesentetur, qui ab episcopo curam animarum recipiens ei de *spiritualibus*, vobis autem de *temporalibus* debeat respondere"; dipl. archiepisc. Colon. a. 1197 (l. c. p. 489 u. Hartzheim conc. 3, 465): Monasterium in Euflia . . . ius patronatus habet in ecclesia de Reinbach et Yppellendorf ad eam pertinente. Hinc est quod conventus fratrum de monasterio quando vacat ecclesia de Reinbach libere pastorem invenit et producit ad suscipiendum *donum altaris* ab archidiacono. Ex tali presentatione et sequente investitura is qui ecclesia in Reinbach investitur, eodem iure quo tenet Reinbach, tenet Ypellendorf".

[4] So wird das im Privileg Lucius' III. (s. vorige Note) erwähnte Verhältniss im dipl. a. 1196 (Günther l. c. p. 482) dahin charakterisirt: „ut vacante ecclesia in Crufte abbas iam dicti monasterii ad quem *ius patronatus* eiusdem ecclesie libere pertinet, curam animarum in perpetuum habeat et de *spiritualibus* domino nostro Iohanni . . . Trevirorum archiepiscopo eiusque successoribus, nobis (dem Archidiakon) et nostris successoribus respondeat unumque de fratribus suis consensu et consilio capituli sui eidem ecclesie preficiat, qui si in aliquo negligenter egerit, alium idoneum loco suo substituat", also der Begriff des Patronatrechtes mit hineingezogen, wogegen die ebenfalls hierher gehörige bischöfliche Urkunde v. 1196 (l. c. p. 478) des Patronatrechtes nicht erwähnt, aber andererseits in Uebereinstimmung mit der eben citirten Urkunde die cura animarum dem Abt und den Mönchen beilegt, und ihnen das Ein- und Absetzungs-Recht des Geistlichen vindicirt. Das zweite in der vorigen Note citirte Diplom spricht ebenfalls von einem Patronatrecht

eine bunte Mannigfaltigkeit jener Beziehung. Mitunter erscheint die Leitung der Kirche mit der Würde des Propstes des betreffenden Stiftes verbunden [1], oder es wird dem Kloster, bez. dem Stifte eine vollkommene freie Administration und Verfügung in Betreff der geschenkten Kirche zugestanden [2]. In anderen Fällen hat aber der Bischof oder der Archidiakon bei der Anstellung des Priesters mitzuwirken. Bald überträgt der Bischof dem Abt selbst die Seelsorge [3], bald ertheilt er seine Genehmigung zu der vom Abte vorzunehmenden Einsetzung eines Priesters [4], bald ist das Recht des Stiftes oder Klosters nur auf die Präsentation an den Bischof beschränkt [5]. Endlich erscheint auch der Bischof [6] oder Archidiakon als derjenige, welcher dem Geistlichen die cura animarum ertheilt [7], während theils der Abt, theils der Dekan oder Erzpriester die Investitur, also die Uebertragung des Amtes und der damit verbundenen Einkünfte, vornimmt [8]. Wenngleich somit die Betheiligung der Diöcesan-

des Klosters. Dagegen lautet ein Schiedsspruch über die betreffende Kirche v. 1140 (Günther l. c.): „predictam ergo ecclesiam cum omnibus ad eam pertinentibus ad fratrum Monasteriensis ecclesie prebendam pertinere cognovimus . . . et eandem ecclesiam de manu fratrum debere suscipere sacerdotem qui ibi ministraverit, utrique tamen parti tam fratribus scilic. quam sacerdoti certam portionem designatam antiquitus pro vero percepimus. Omnia enim que ad eam ecclesiam pertinent, videlicet in Reinbach et Ippilindorf XXX iurnales arabilis terre, preterea inter Reinbach et Ippilindorf decime de VII mansis et dimidio et census mancipiorum ad ipsam ecclesiam pertinentium et census elemosinarum de diversis partibus. Est ibi altare unde solvuntur illi singulis annis ab ipsis habitatoribus ville V solidi preter cottidianas oblationes fidelium. Ipse vero sacerdos per omnia ecclesiam debet procurare et tam episcopo quam archidiacono et decano de omni iure eorum respondere et satisfacere".

1 S. o. S. 283. n. 6 u. dipl. a. 1105 (Miraeus l. c. 1, 80).

2 dipl. a. 1032 (Lacomblet 1, 104); dipl. archiep. Hermann. III Colon. a. 1094 (ibid. 2, 16): „ecclesiam de Baccharaca dedi ei sancto Andreae (Stift zu Köln) ut ad pium peragendum votum omnium quae ad ipsam appendent ecclesiam duae partes eiusdem b. apostoli ecclesiae fratribus pervenirent, tertia presbytero ibidem tunc temporis deservienti, post illum vero presbyterum tota prefata ecclesia in ipsorum fratrum ius cederet atque ditionem, communi videlicet tam prepositi quam decani et aliorum fatrum consilio administranda et constituenda, aliter in nullius prepositi potestatem umquam ventura"; dipl. episc. Leod. a. 1189 (Miraeus l. c. p. 190): „quod Godescalcus . . . ecclesiae vestrae canonicus ecclesiam de Monte Tienes sicut eam iuste et canonice, tamquam dominus fundi, tam in personatu ecclesiae eiusdem quam in decima et oblationibus fidelium et omni iure quo ipsam possidebat . . . ecclesiae vestrae contulit . . . et decedente praedictae ecclesiae persona decanus S. Ioannis (des bewidmeten Stiftes) assensu capituli personatum teneat et in ecclesia Thenensi canonicus eiusdem ecclesiae praepositus nominetur et per discretos sacerdotes . . . ecclesiae provideat".

3 Ep. Eugen. III für Springersbach v. 1152 (Beyer l. c. 1, 627): „Hillini Trevirensis archiepiscopi precibus inclinati statuimus, ut ecclesiae tuae abbas qui pro tempore fuerit, curam ecclesiae de Keymetha per manum tantum archiepiscopi Trevirensis accipiat, archidiaconus autem nihil parochialis iuris ibi requirat et nullam ibidem exactionem exerceat, salvo nimirum censu, qui quarto anno ei antiquo iure debet exsolvi".

4 dipl. a. 1118 (Muratori l. c. 3, 1127): „ut videlicet presbiter quem ibi abbas posuerit cum conscientia archiepiscopi constituatur, tanquam curam populi habiturus".

5 dipl. a 1106 (Miraeus l. c. p. 81): „ecclesias S. Leodegarii atque Laurentii martyrum et eorum episcopales redditus . . . concedimus, ita tamen, ut presbyteri qui in iis ecclesiis populo praeficiendi sunt, per manum canonicorum sive eorum praelatorum episcopo Atrebatensi semper offerantur et sicut canonicorum est, de honestate vitae suae episcopo professionem faciant et obedientiam promittant et sic curam populi suscipiant et gerant"; vgl. auch dipl. a. 1111 ibid. p. 370; ferner Priv. Urban. II. für S. Jean b. Soissons v. 1089 (Analect. iur. pont. 1869. p. 513).

6 dipl. Urban. II. a. 1095 für das Kloster zu Aurillac (Anal. iur. pont. 1869. p. 537): „liceat vobis seu fratribus vestris in ecclesiis vestris presbyteros eligere, ita tamen ut ab episcopis vel eorum vicariis animarum curam sine venalitate suscipiant".

7 dipl. episc. Mogunt. a. 1146 für d. Mainzer Domstift (Meyer, thesaur. iur. eccles. 4, 368): „Ad investituram ecclesie in Geisenheim libere hoc modo fratribus concessimus, ut presbitero electo a fratribus copia que sufficiens videatur, usibus illius deputatur, residuum vero communi fratrum cedat utilitati. Qui presbyter a decano investituram, ab archidiacono curam animarum suscipiat".

8 Ausser der vorigen Note s. dipl. episc. Trevir. a. 1154 (Beyer l. c. p. 637): „constituimus, ut sacerdos qui eidem aecclesiae deservire debet . . . de manu abbatis subnominandarum decimationes villarum cum omni integritate suscipiat . . . Idem vero sacerdos investituram de manu abbatis et curam animarum de manu archidiaconi suscipiat et ad episcopalem synodum iure pastorali veniat . . . Servitium vero quod archidiacono debetur abbas et sacerdos aequaliter amministrent".

Autorität bei der Anstellung des Priesters gewahrt, auch zum Theil die Aufsichts- und Visitationsbefugniss des Bischofs anerkannt [1], endlich auch für die Leistung der dem Bischof und Archidiakon zustehenden Abgaben Sorge getragen wurde [2], so geschah dies doch auf verschiedene Weise und in verschiedenem Umfange [3], und gerade dieser Umstand zeigt, dass es damals noch nicht gelungen war, die alte Anschauung vom Eigenthum an den Kirchen zu beseitigen. Bedeutsam ist es ferner, dass im 10. und 11. Jahrhundert noch nicht im Entferntesten die Auffassung hervortritt, dass das Amt, welches der von dem religiösen Institut angestellte Geistliche verwaltet, also vor Allem das Pfarramt, dem Kloster oder Stifte zustehe, und der Geistliche mithin nur die Stellung eines Vikars habe [4]. Vielmehr betrachtete man damals die Kirche mit ihren Dotationen als einen besonderen Vermögens-Komplex, dessen Einkünfte freilich zum grössten Theil dem religiösen Institute anheimfielen, das an der Kirche vorhandene Pfarramt aber immer noch als ein selbstständiges, allerdings mit dem Vermögen verbundenes Objekt.

Mit dem 12. Jahrhundert tritt jedoch eine Wendung ein. Gerade seit dieser Zeit werden die Uebertragungen von Kirchen an Klöster und Stifter immer zahlreicher. Sie werden dazu benutzt, um den vielfach zerrütteten Finanzen dieser Institute aufzuhelfen [5], und diese finanzielle Behandlung brachte es mit sich, dass man nunmehr die frühere Einrichtung, nach welcher dem Geistlichen feste Einkünfte aus den einzelnen Dotationsgütern der Kirche, aus ihren Grundstücken, Zehnten u. s. w. ausgesetzt waren [6], aufgab, und ihm statt dessen nur allgemein ein gewisses Quantum der Einkünfte zu seinem Unterhalte zuwies [7]. Da das letztere bei jeder neuen Anstellung verändert, namentlich gemindert werden konnte, so war diese neue Praxis allerdings für die berechtigten Institute zwar finanziell vortheilhafter, indessen musste sie, abgesehen von den später immer greller und krasser hervortretenden Nachtheilen für die Handhabung der Seelsorge in den Pfarreien, zur Zerstörung der bisherigen materiellen Grundlage der betreffenden Pfarr-Aemter führen.

In diesem Stadium der Entwicklung griff die päpstliche Gesetzgebung zum ersten Male regelnd in diese Verhältnisse ein. Zunächst schärfte sie, um der übermässigen Vermehrung eines derartigen Besitzes in den Händen der Klöster und Stifter entgegenzutreten, nach dem Vorgange einzelner Partikular-Synoden des 11. Jahrhunderts [8] die sich übrigens nach allgemeinen Rechtsgrundsätzen von selbst verstehende Einholung des Konsenses des Bischofs und des Kapitels zu solchen Uebertragungen von Kirchen wieder ein [9]. Des Weiteren gedenken die betreffenden Dekretalen einer Art

[1] S. dipl. a. 1196 (S. 439. n. 4).

[2] S. 440. n. 8; dipl. a. 1140 (S. 439. n. 4), S. 440. n. 3; van Espen diss. cit. c. 1. §. 2.

[3] So ist das Absetzungsrecht z. B. in dem dipl. v. 1196 (S. 439. n. 4) dem Abte belassen.

[4] Die später sehr häufige Bezeichnung solcher Geistlichen als vicarius kommt in jener Zeit noch nicht vor.

[5] S. z. B. Lacomblet a. a. O. 2, XIII u. Günther a. a. O. S. 62. 63.

[6] dipl. a. 1140 (S. 439. n. 4), a. 1119 bei Miraeus (l. c. p. 520). Vereinzelt kommt dies allerdings auch noch später vor, dipl. a. 1284 (v. Wyss i. d. Mitthlgen d. antiquar. Gesellsch. z. Zürich 8b, 256. 287).

[7] S. z. B. S. 440. n. 7.

[8] c. 6. Pictav. a. 1078; c. 15 Juliobon. cit.; c. 5 Melphitan. a. 1089 (Mansi 20, 498. 562. 723).

[9] c. 3 pr. (Later. III. a. 1179) X. de privileg. V. 33; wiederholt c. 31 (Later. IV. a. 1215) X. de praebend. III. 5; vgl. auch c. 11. 17 (Alex. III.) X. de iurepatron. III. 38, von denen das letztere das vorige Note citirte Koncil von Melfi reproducirt. Uebrigens haben die Bischöfe selbst die frühere Entwicklung mit befördert, denn sowohl in älterer Zeit (s. dipl. a. 893, s. S. 283. n. 5 u. a. 927, Lacomblet a. a. O. 1, 49) als auch später (dipl. a. 1143 bei Günther 1, 282 u. o. S. 440. n. 2 u. 3) haben sie solche Schenkungen an Klöster, Stifter und Stiftsstellen, theils aus Rücksicht für ihr Seelenheil, theils aber auch

der Zugehörigkeit von Kirchen zu jenen Instituten, welche sie mit dem Ausdrucke: „*non pleno iure pertinere*“ charakterisiren [1]. Sie regeln dieses Verhältniss dahin, dass das berechtigte Kloster (oder Stift) dem Bischof einen geeigneten Geistlichen zu präsentiren, letzterer aber dessen Einsetzung zu veranlassen, die Amtsführung desselben zu überwachen und zur Absetzung seine Genehmigung zu ertheilen hat, wogegen der Geistliche dem Kloster (oder Stift) zur Rechnungslegung über die Einkünfte (temporalia) verpflichtet sein soll. Es findet sich also hier die frühere Unterscheidung von altare und ecclesia nur in anderer Form wieder, da das „*non pleno iure pertinere*“ nur so viel bedeuten kann, wie: „quoad temporalia pertinere“, eine Bezeichnung, welche ihrerseits mit ecclesia in dem früher gedachten Sinne identisch ist.

Weit entfernt Uebertragungen von Kirchen mit weitergehenden Wirkungen zu verbieten, setzen die Dekretalen noch eine andere Art der Verbindung solcher mit Klöstern, Stiftern und Aemtern voraus, welche sie als „*pertinere pleno iure*“ oder „*utroque iure subiectam* (scil. ecclesiam) *esse*“ [2] kennzeichnen.

Dieselben Ausdrücke kommen auch wiederholt in Urkunden vor. Hier haben sie einmal die Bedeutung einer Verstärkung und sind also nur ein bekräftigender Ausdruck für die volle Uebertragung des gewährten Rechtes, keineswegs aber eine besondere Bezeichnung und Charakterisirung desselben; letztere ist vielmehr aus dem sonstigen Zusammenhang der Urkunde zu entnehmen [3]. Andererseits dient die Bezeichnung aber auch gerade zu dem eben erwähnten Zwecke, indem damit eine weiter gehende Verbindung einer Pfarrkirche mit einem religiösen Institut ausgesprochen wird [4],

aus anderen egoistischen Motiven, z. B. zur Unterstützung der ihnen ergebenen Klöster und Stiftsdignitäre und zur Erlangung bestimmter Vortheile und Gegenleistungen vorgenommen.

[1] c. 3. §. 2 (Later. III. a. 1179) V. 33 cit.: „In ecclesiis vero suis quae ad eos *pleno iure non pertinent*, instituendos presbyteros episcopis repraesentent, ut eis de plebis cura respondeant, ipsis vero pro rebus temporalibus rationem exhibeant competentem. Institutos etiam inconsultis episcopis non audeant removere“. Wiederholt mit Erweiterungen in c. 31 (Later. IV. a. 1215) X. III. 5. cit.; vgl. auch c. 12 (Alex. III.) X. eod., c. 2 (Clem. III.) X. de suppl. neglig. I. 10; der Ausdruck kehrt wieder conc. Magdeburg. a. 1403 (Hartzheim, conc. 5, 689).

[2] c. 21 (Innoc. III.) X. de privil. V. 33: „Quoniam ... Nepesinus episcopus ius episcopale percipit in ecclesia s. Blasii de Flagen. (*pars decisa:* ac per hoc eadem ecclesia non *pertinet* ad monasterium *pleno iure*), credimus quod non obstante illo capitulo privilegii, quod ipsi monasterio est indultum, ut nullus episcopus *ecclesias utroque iure illi subiectas* interdicto supponere vel monachum seu clericum eiusdem monasterii synodare vel excommunicare praesumat, praefatus episcopus possit interdicere dictam ecclesiam et excommunicare monachum seu clericum vestrum ad eius regimen deputatum, quum alterutrum de iure fuerit faciendum; quoniam illud capitulum esse intelligendum videtur de monachis aut clericis in ipso monasterio permanentibus vel ad ecclesias destinatis, *utroque iure sibi subiectas*“.

[3] dipl. archiep. Mogunt. a. 1265 (Würdtwein, dioec. Mogunt. 1, 478): „ecclesiam in Gensem nostre diocesis, cuius ad nos ius pertinet patronatus, vobis et successoribus vestris (abbati et conventui monast. S. Jacobi. Mogunt. O. S. Benedicti) de consilio et consensu capituli nostri tradimus et donamus *pleno iure*, dum vacaverit, in perpetuum obtinendam, iuribus nostris et successorum ac archidiaconi per omnia salvis, ita quod si quid super congruam et certam perpetuo idoneo vicario assignatam prebendam de redditibus eiusdem ecclesie potuerit provenire, id ad vestri conventus usus libere et licite perpetuo convertatis“. Da hier alle bischöflichen und Archidiakonats-Rechte reservirt werden, und ferner die Bestätigung Clemens' IV. v. 1266 (ibid. p. 479) das Verhältniss als: „ecclesiam vestris usibus applicare“ bezeichnet, so ist hier offenbar von einem pertinere non pleno iure im Sinn der Dekretalen die Rede; dasselbe gilt von dem dipl. a. 1284 (v. Wyss, Gesch. der Abtei Zürich i. d. Mittheilgen der antiquar. Gesellschaft zu Zürich 8b, 259): „Cum ecclesia in Altorf ... ad mensam nostram videl. abbatisse et nostri conventus spectet in temporalibus pleno iure“, und der Urk. v. 1266 bei Guden, cod. diplom. 1, 713.

[4] dipl. a. 1237 (Mecklenburg. Urkdbch. 1, 462), wonach ein Laie unter Zustimmung des Bischofs einem Kollegiatstift eine Kirche schenkt: „perpetuo possidendam, ita ut ... dicta ecclesia cum omni integritate sua et *pleno iure* ad ordinacionem et ad usum supradictorum canonicorum devolvatur libere sub hac forma, ut de redditibus eiusdem instituant prebendam specialem, reservata nichilominus congrua porcione vicario, qui de auctoritate domini Zwerinensis episcopi in eadem ecclesia pro tempore ministrabit“, vgl. ferner dipl. a. 1261 bei Lacomblet a. a. O. 2, 283; s. auch

deren nähere Natur für die Regel sich nur aus dem Zusammenhange ersehen lässt, mitunter indessen in bestimmten Ausdrücken genauer präcisirt ist[1].

Die letztere Art der Verbindung kann nur eine solche sein, bei welcher das kirchliche Institut eine grössere Einwirkung auf die ihm zustehende Kirche in geistlicher Beziehung, namentlich hinsichtlich der Anstellung des Geistlichen, besitzt, weil dasselbe als eigentlicher Träger und Inhaber des Amtes aufgefasst wird[2].

M. E. liegt in derselben ein Rest der ursprünglichen Auffassung des Verhältnisses vor, nur zum Theil modificirt durch die weitere Entwicklung. Trotz der im Interesse der bischöflichen Rechte aufgestellten Unterscheidung von ecclesia und altare war es nicht gelungen, überall das Recht der erwähnten Institute zur Anstellung der Geistlichen an ihren Kirchen zu beseitigen (s. oben S. 440), sondern höchstens eine Genehmigung des Bischofs bei der Ausübung dieser Befugniss praktisch durchzusetzen. Die Einwirkung auf die geistliche Seite der Kirche, die Spiritualien, war also zum Theil den Klöstern und Stiftern verblieben. Ferner musste man mit Rücksicht darauf, dass die materielle Unterlage des Pfarramtes durch die Sitte, den Geistlichen nur eine portio congrua zu gewähren, aufgelöst war und dem berechtigten Institute das gesammte Vermögen und alle Einkünfte zufielen, dazu geführt werden, das Kloster oder Stift in diesen Fällen nunmehr auch als Inhaber des geistlichen Amtes zu betrachten[3]. Nach der Aufstellung jener Scheidung von ecclesia und altare oder temporalia und spiritualia konnte es nämlich nicht mehr, wie früher, als selbstverständlich gelten, dass mit der Uebertragung des Eigenthums an einer Kirche auf das erwerbende Institut auch das Recht zur Einwirkung auf die Spiritualien, als Ausfluss des gedachten Herrschaftsverhältnisses, übergegangen sei, vielmehr bedurfte es

Würdtwein, subs. dipl. 10, 134 u. Arch. f. kath. K. R. 16, 154 ff.

[1] dipl. a. 1255 (Meichelbeck l. c. II. 2, 17): „quae ecclesia parochialis monasterium situm in terminis ipsius *tam in spiritualibus quam temporalibus pleno iure* respicit"; Urk. des Bischofs v. Ratzeburg zu Gunsten seines Domkapitels a. 1282 Meckl. Urkbch. 3, 53): „ecclesiam in Bergerdorpe cum iure patronatus eiusdem et cum *omnibus temporalibus et spiritualibus* eius *pleno iure* vobis vestrisque successoribus proprietatis tytulo conferimus perpetuo possidendam, concedentes, ut cum ipsam a preposito Nycolao Magnopolensi, qui eam de manu nostra in beneficio tenet, modo vacare contigerit, valeatis eius possessionem per vos vel per alium aut alios ingredi ac sine alia corporali inductione eam apprehendere et tenere, curam etiam fidelium animarum in ipsa regere vel alteri regendam committere sub temporali vel perpetua vicaria, dantes etiam vobis potestatem plenariam, ut proventus ipsius ecclesie in usus vestros possitis convertere, reservata tamen in sustentationem vicarii legitima portione".

[2] Ausser dem Diplom v. 1282 (vorige Note) gehören hierher dipl. archiep. Trevir. a. 1216 Neller, de genuina etc. bei Schmidt l. c. (6, 461): „ecclesiam de Hoyngen vacantem ad praesentationem domini Conradi, maioris ecclesiae et S. Simeonis praepositi, ad quem ius patronatus spectare dignoscitur, ecclesiae S. Simeonis ad opus refectorii per manum dilecti filii nostri Ioannis eiusdem loci archidiaconi contulimus et decano S. Simeonis suisque in posterum successoribus in eadem ecclesia curam commisimus animarum"; dipl. a. 1251 (Niesert, münster. Urkdensammlg. 2, 424): „Wilhelmus II. Monasteriensis ecclesiae praepositus et *pastor in Bekehem*", nicht aber die von Neller l. c. p. 463 angeführten Diplome, welche derselbe, veranlasst durch den nicht massgebenden Ausdruck: pleno iure (s. o. S. 442 im Text) hierher rechnet, obwohl dem Abt nur die repraesentatio des Vikars zugestanden und über die sonstige Stellung dieses letzteren bestimmt wird, dass er de spiritualibus dem Bischof, de temporalibus aber dem Abt Rechenschaft abzulegen verpflichtet sein soll. Freilich bleiben bei der kurzen und unklaren Fassung vieler Urkunden Zweifel übrig, ob sie die eine oder andere Art der Vereinigung aussprechen.

[3] Diese Auffassung tritt schon hervor i. d. dipl. a. 1201 (Lacomblet 2, 2): „ecclesiam de Geylenkirchen quae ad eorum pertinebat patronatum predicto coenobio vacantem conferre, ita videlicet, ut hanc ecclesiam cum omni fructu *omnique iure quo pastores utuntur ecclesiis*, sacer ille conventus se gaudeat in perpetuum possidere . . . Istorum nobilium piam institutionem . . . Albertus Leodiensis debita benignitate confovens, fratres illius claustri nomine ecclesie sue sibi presentatos dono altaris in Geylenkirchen investivit, quod eo tempore post obitum domini Ottonis archidiaconi ad eum pertinebat, *curam animarum* et custodiam reliquiarum eisdem fratribus de misericordia sua indulgens".

zur Erwerbung dieser Befugnisse eines besonderen Titels. Wollte man also diese bei der späteren Begründung derartiger Verhältnisse ebenfalls gewähren, so blieb kein anderes Mittel, als das bezeichnete, d. h. die ausdrückliche Uebertragung der Spiritualien, übrig[1].

Mochten auch die o. S. 441 gedachten Dekretalen die Absicht haben, die letztgedachten, weiter gehenden Rechte der geistlichen Institute auf das in jenen Anordnungen festgesetzte Mass zu reduciren, so lauteten sie doch dazu zu wenig bestimmt, und liessen für diese Entwicklung gerade deshalb Raum, weil sie dem non *pleno iure pertinere* ein anderes Verhältniss unter der Bezeichnung: *pleno* oder *utroque iure pertinere* gegenübersetzten, welches allein den weitesten Gegensatz dazu bildete, und die mittlere Stellung der in den Urkunden unter dem *pleno iure in spiritualibus et temporalibus pertinere* charakterisirten Gestaltungen gar nicht berührte.

Es ist entschieden irrig, anzunehmen[2], dass der letztere Begriff mit dem pleno iure pertinere der S. 442 n. 2 angeführten Dekretale identisch ist. Diese fasst vielmehr den Ausdruck als gleichbedeutend mit der Exemtion von der bischöflichen Jurisdiktion auf[3], während in denjenigen Urkunden, in welchen eine Uebertragung des Pfarramtes auf ein Stift oder Kloster erfolgt, weder eine solche Exemtion des letzteren oder der ihm überwiesenen Kirche ausgesprochen wird, noch auch die Natur der Sache bei einer derartigen Verbindung ein Heraustreten des Amtes aus dem Diöcesan-Nexus bedingte.

Demnach steht sowohl die ebengedachte Art der Vereinigung, als auch diejenige, bei welcher das religiöse Institut blos die Temporalien zu Eigenthum besitzt, im direkten Gegensatz zu der von in Dekretalen als pleno iure bezeichneten Verbindung, und die beiden ersten Arten unterscheiden sich von einander dadurch, dass bei der über die Temporalien hinausgehenden Vereinigung eine Vakanz des Amtes nicht möglich ist und dass das Institut als Amtsträger grössere Rechte in Bezug auf die Amtsverwaltung besitzt, weil hier nicht blos die materielle Unterlage des Amtes, die Kirche und das Vermögen, sondern auch der Komplex der zu dem Amt gehörigen geistlichen Rechte dem Institute zusteht.

Die dargestellte Entwickelung hat mit dem 13. Jahrhundert ihren Abschluss erreicht. Die Fixirung der veränderten Auffassung des Verhältnisses zeigt auch der Umstand, dass gerade zu derselben Zeit eine eigene Bezeichnung für dasselbe, näm-

[1] Das im Text Bemerkte wird auch dadurch bestätigt, dass erst seit der Zeit, wo sich die charakterisirte Umbildung vollzieht, der von dem kirchlichen Institut eingesetzte Geistliche als Vikar bezeichnet wird, s. c. 12 (Alex. III.) X. de praeb. III. 5; c. 2 (Clem. III.) X. de suppl. negl. I. 10; S. 442. n. 3 ff.

[2] So thut Wasserschleben bei Herzog 6, 650.

[3] c. 21 cit. X. V. 33 nimmt aus der Ausübung der bischöflichen Jurisdiktion ein Argument gegen das pertinere utroque oder pleno iure her. So versteht auch schon die Glosse zu dem erwähnten Kap. u. zu c. 3. cit. s. v. pleno iure den Ausdruck, indem sie das utroque iure als unterworfen sein hinsichtlich der Temporalien und Spiritualien, letztere aber im Sinn von bischöflicher Jurisdiktion genommen (vgl. c. 6. 7. X. de relig. dom III. 36) auffasst, s. auch Neller l. c. c. 2 §. 8. Dass dieser Sprachgebrauch der Dekretalen nicht neu ist, sondern bis in das 11. Jahrh. zurückgeht, zeigt das conc. Narbon. a. 1090. P. I. (Mansi 20, 729): „Item conquerebantur abbas et dicta pars conventus sui . . . quod . . . archiepiscopus Narbonensis et canonici S. Justi prioratum s. Martini, olim existens abbatia Crassensis propria, et ecclesias parochiales ac heremas et capellanos clericos et laicos parochianos dictarum ecclesiarum Crassensis monasterii, sitos in Narbonensi dioecesi, molestabant iniuste, eos de facto interdicendo et alio modo infestando, et quod nihil habebant in aliquo vel aliquibus de praedictis vel habere debebant *aliquo iure diocesano vel episcopali*, nisi unum sextarium tantum olei persolvendum . . ., cum omnia supradicta sint per privilegia s. Romanae ecclesiae *exempta ab omni iurisdictione episcopali* et dicto Crassensi monasterio *concessa iure pleno*“.

lich der noch heute übliche Ausdruck: „*incorporare*“, aufkommt[1]. Dieser, ebenso wie das in demselben Sinne häufig gebrauchte Wort: *unire*[2], lässt es klar erkennen, dass man die frühere Anschauung von einer Eigenthumsübertragung der Kirche, mit welcher ohne Weiteres die weltlichen und geistlichen Rechte an derselben auf den Erwerber übergingen, aufgegeben hatte, und nunmehr allein einen dem Gebiete des kirchlichen Aemterwesens angehörigen Rechtsakt, nicht mehr ein blosses privatrechtliches Geschäft, für ausreichend hielt, um derartige rechtliche Wirkungen hervorzubringen.

Seit dem 13. Jahrhundert wurden die Inkorporationen, je mehr das kirchliche Leben dem Verfalle entgegenging, immer zahlreicher[3], und die schlechte Besoldung der von den religiösen Instituten eingesetzten Vikare hatte eine immer grössere Verwahrlosung der Pfarr-Seelsorge im Gefolge[4]. Die Erneuerung der älteren Anordnungen über die Einholung des Konsenses der Kapitel zu Inkorporationen und die Nullitätserklärungen von solchen, welche ohne ausreichenden Grund vorgenommen waren, erwiesen sich der allgemeinen Strömung der Zeit gegenüber unwirksam, und konnten überdies um so weniger Erfolg haben, als die Bischöfe gerade vielfach zu Gunsten ihrer Kapitel und der Stiftsstellen derselben Inkorporationen vollzogen, und der erforderliche Grund, sobald man das Vorhandensein desselben vom Standpunkte der finanziell bedrängten Klöster und Stifter aus beurtheilte, stets obwaltete. Die Dekrete des Konstanzer Konzils[5], welche die vom Tode Gregors XI. ab ohne genügenden Grund stattgehabten Inkorporationen auf Antrag der Betheiligten revokabel erklärten, waren ebensowenig geeignet dem Uebel zu steuern. Das einzig durchschlagende Mittel, das weitere Umsichgreifen der durch die massenhaften Inkorporationen herbeigeführten, wahrhaft erschreckenden Zustände[6] zu hindern, ergriff viel-

[1] dipl. a 1282 (Lacomblet a. a. O. 2, 457): „redditus et proventus ipsarum ecclesiarum prebendis eisdem *incorporamus* in perpetuum“; a. 1291 (Böhmer, cod. diplom. Moenofrancofurt. S. 259): „quod ecclesia in Biscofesheim est *incorporata* et annexa ecclesie francofordensi“; a. 1297 (ibid. p. 312): „parochialem ecclesiam in monte Ursule *unimus*, *incorporamus*, unitam et incorporatam esse volumus“. Demnach sind Phillips 7, 334 und Kujawa l. c. p. 9 zu berichtigen, nach welchen der Ausdruck erst seit dem 14. Jahrhundert vereinzelt in Urkunden vorkommen soll. Gerade von dieser Zeit ab erscheint er sehr häufig in denselben, dipl. a. 1307. 1308 („*adunacio et incorporacio*“) a. 1314 („concedere, *unire*, annectere et *incorporare*“), a. 1320. 1334. 1352 (Binterim u. Mooren, die Erzdiöcese Köln 4, 69. 86. 96. 129. 170. 229), a. 1313 (Würdtwein, dioec. Mogunt. 1, 220), a. 1340 (Mone, Zeitschr. f. Gesch. d. Oberrheins 7, 469. 472), a. 1354 (Kopp, Nachrichten v. d. älteren etc. Verfassg d. geistl. Gerichte i. d. hess. kass. Land. Th. I. Beil. S. 45); vgl. ferner die Urkd. b. Würdtwein, subs. dipl. 10, 100. 109. 112. 135; bei Martène u. Durand, thes. nov. anecdot. 4, 628; c. 17. conc. Trevir. a. 1310 (Hartzheim 4, 132).

[2] Dasselbe findet sich theils neben dem Ausdruck: „incorporare“, s. die vorige Note, theils auch allein und zwar noch früher als das letztere, dipl. a. 1248 bei Lacomblet 2, 174, s. auch S. 210. 216; Guden, cod. dipl. 1, 898. Uebrigens wird incorporatio auch noch später für Union i. heut. Sinne gebraucht, s. die Schreiben v. 1434 bei Hartzheim 5, 745; ep. Clem. VII. a. 1531, Miraeus 2, 1279.

[3] S. o. S. 284, insbes. Note 5; s. ferner dipl. a. 1308, in welchem der Erzbischof v. Köln dem Stifte Xanten die Inkorporation von 11 Pfarrkirchen bestätigt (Binterim u. Mooren, Erzdiöcese Köln 4, 86), das Statut f. Barcelona (Martène u. Durand, thes. nov. anecd. 4, 628), nach welchem die Pfründen der 3 Archidiakonen, des Dekans und des Präcentors durch Inkorporationen von Pfarreien aufgebessert werden, s. auch dipl. a. 1334 (Binterim u. Mooren a. a. O. S. 165).

[4] Auch treten dieselben Erscheinungen, wie die o. S. 326 ff. erwähnten, hervor. S. ferner nachher.

[5] Sess. XLIII. c. 2; Hübler, Konstanzer Reformation. S. 160.

[6] S. die Schilderung der hundert Beschwerden deutscher Nation c. 86 (Gaertner, corp. iur. eccles. 2, 209): „Pleraeque item parochiales ecclesiae monasteriis, praelatis aliisque ecclesiarum curatarum rectoribus incorporationis . . . seu alio quopiam iure subditae sunt: quas, etsi ipsi iuxta canonum constitutiones per sese providere teneantur, ubi aliis elocant gubernandas, beneficiorum dotem ac decimas plerumque sibi ipsis reservant, et praeterea tam enormibus absentiarum pensio-

mehr erst das Konzil von Trient, indem es die Inkorporationen von Pfarrkirchen überhaupt verbot[1]. Danach durften dieselben in Zukunft nicht mehr ohne päpstliche Dispensation[2] vollzogen werden, und wenn auch einzelne bis in die neueste Zeit hinein vom apostolischen Stuhle vorgenommen worden sind[3], so konnte es sich seit jener Zeit nur immer um singuläre Fälle handeln, welche für die Aufrechterhaltung einer geordneten Pfarrseelsorge keine Gefahren mehr mit sich brachten.

Die zur Zeit des Tridentinums bestehenden Inkorporationen sind durch dasselbe nicht berührt worden. Da ferner auch noch heute neue Inkorporationen rechtlich nicht ausgeschlossen sind, so hat das Institut seine praktische Bedeutung nicht vollkommen verloren. In Deutschland, wo in Folge der Säkularisation des J. 1803 die kirchlichen, insbesondere auch die Kloster-Güter eingezogen, und später die Bisthümer und Kapitelsstellen staatlich dotirt worden sind, ist die Bedeutung freilich nur eine indirekte, weil hier praktisch allein die Succession der säkularisirenden Staaten in die durch die Inkorporation begründeten Befugnisse und die aus dieser Nachfolge entstandenen Rechte und Pflichten in Frage kommen.

II. Die Rechtsverhältnisse bei den Inkorporationen. Mit Rücksicht auf die geschichtliche Entwicklung und den Sprachgebrauch der Dekretalen unterscheidet die kanonistische Doktrin drei Arten der Inkorporation:

1. Die s. g. *incorporatio quoad temporalia* oder *minus plena*. Sie ist diejenige Art der Vereinigung eines Pfarramtes mit einem Kloster, einer religiösen Kongregation, einem Kathedral- oder Kollegiatstift, oder einem Amte in einem der letzteren (der Probstei, dem Dekanat etc.)[4], kraft welcher diesen Instituten oder Aemtern das Vermögen einer Pfarrkirche und die sämmtlichen Einkünfte der letzteren mit der Verpflichtung, daraus den Unterhalt des Geistlichen und die sonstigen kirchlichen Bedürfnisse zu bestreiten[5], zu eigenem Rechte übertragen werden. Wenngleich seit

nibus gravant atque onerant, ut conductitii isti parochi eorumque vicarii, viceplebani, sacellani, coadiutores caeterique conductarum ecclesiarum administratores competentem sustentationem decentiaque alimenta inde habere nequeant. Quo fit (nam unde conductitii isti pastores et mercenarii vivant, habeant oportet), ut illicitis exactionibus locatas sibi oviculas misere depraedent, dilaniant omnemque substantiam tantum non absumant. Postquam enim altaris baptismique sacramenta administranda sunt, primus, septimus, tricesimus anniversariusque dies peragendus, auricularis confessio audienda, mortui sepeliendi et quicquid denique reliquum est, quod ad vita functorum caeremonias observandas operae pretium arbitrantur, id gratuito faciunt nequaquam, sed tantum exigunt, extorquent, exugunt, quantum misera plebecula vel cum summo suo dispendio praestare difficulter potest talesque exactiones usque ad summum in dies augent atque accumulant, nonnumquam quoque excommunicationis fulmine ad solvendum adigunt plerosque etiam, quibus per inopiam non licet, ad celebranda vita functis obsequia, anniversarios et alias eius farinae ceremonias compellere conantur".

[1] Sess. XXIV. c. 13 de ref., in welchem der Ausdruck Union auch die Inkorporation mit umfasst.

[2] Bouix, tract. de iure regular. 2, 53.

[3] dipl. Bened. XIV. a. 1741 (Anal. iur. pont. 1855. p. 1628): „Perpetuo unimus, annectimus et incorporamus tum in spiritualibus tum in temporalibus VII parochiales ecclesias, nempe . . . illasque sic unitas, annexas, incorporatas abbati et monachis monasterii praedicti perpetuo subicimus; in quibus parochialibus ecclesiis sic subiective unitis modernus et pro tempore existentes abbates dicti monasterii Genzenbacensis semper teneantur deputare in vicarium ad sui nutum amovibilem pro unaquaque ex dictis ecclesiis unum presbyterum sive saecularem sive regularem praevio examine a venerabili fratre moderno seu pro tempore existente episcopo Argentinensi habendo idoneum repertum ad exercendam curam animarum" . . ., ein Fall a. d. J. 1844 s. l. c. 1861. p. 195.

[4] Dass es sich um diese Institute und Aemter handelt, ergeben die bisher citirten Urkunden, vgl. auch c. 11 conc. Prag. a. 1355 (Hartzheim 4, 328): „praelati seu canonici cathedralium et collegiatarum ecclesiarum saecularium et regularium, quorum dignitatibus, praebendis seu monasteriis parochiales ecclesiae incorporatae sint vel annexae" u. Trid. Sess. VII. c. 7 de ref.

[5] In den Urkunden wird freilich nur der Unterhalt des Geistlichen erwähnt, die Pflicht zur Bestreitung der kirchlichen Bedürfnisse folgt aber daraus, dass das übertragene Pfarrvermögen auch dazu bestimmt ist.

älterer Zeit regelmässig nur in Betreff der Pfarrkirchen derartige Vereinigungen vorgekommen sind, so schliesst der Begriff der Inkorporation eine solche hinsichtlich anderer Benefizien [1] nicht aus [2]. Von der Union im eigentlichen Sinne — selbstverständlich kommt allein die unio subiectiva in Betracht — unterscheidet sich die Inkorporation dadurch, dass bei der ersteren die geistliche und vermögensrechtliche Seite eines Benefiziums mit einem anderen als Pertinenz verbunden, bei der letzteren aber die natürliche Zusammengehörigkeit zerrissen und allein die Gesammtheit der materiellen Bestandtheile des Benefiziums dem berechtigten Institut überwiesen ist.

Demgemäss bleibt bei der Inkorporation einer Pfarrei das Pfarramt selbst seiner geistlichen Seite nach ebenso selbstständig wie vorher bestehen. Derjenige Kleriker, welcher dasselbe verwaltet, ist im rechtlichen Sinne Pfarrer, nicht, wenngleich er vielfach so bezeichnet wird, vicarius. Für das berechtigte Institut oder den Inhaber des berechtigten Amtes hat die spätere Doktrin den Namen: *parochus primitivus* [3] oder *parochus habitualis* [4] erfunden, deswegen, weil ihm das Eigenthum an der Pfarrkirche nebst dem Pfarrvermögen und somit der Titel des Pfarrbenefiziums zusteht, während ihm andererseits die Verwaltung der Pfarrseelsorge nicht gebührt [5].

Die letztere hat vielmehr der s. g. vicarius [6], als wirklicher Pfarrer, zu führen. Seine Präsentation steht in Folge der Inkorporation dem s. g. parochus primitivus zu, und ist heute an den Bischof zu richten [7]. Dieses Präsentationsrecht hat sich aus der älteren Anschauung, dass das Eigenthumsrecht an der Kirche auch die Anstellung des Geistlichen in sich schliesse, entwickelt, und ist als davon losgelöster Rest bestehen geblieben. Die Prüfung des präsentirten Vikars und die Uebertragung der Seelsorge auf denselben hat der Bischof, nicht der parochus primitivus vorzunehmen [8]. Von jenem, nicht von diesem erhält er das Recht auf seine Stellung und die damit verbundenen Befugnisse. Da durch die Inkorporation der rechtliche Charakter des Pfarrbenefiziums nicht verändert und dasselbe dadurch nicht zu einem beneficium regulare wird, so kann mit Rücksicht auf die Regel, dass beneficia saecularia nur von Weltgeistlichen vergeben werden dürfen [9], allein die Präsentation eines solchen [10] als zulässig erachtet werden, und der Ordinarius kann davon nur unter der Voraus-

[1] Das seltene Vorkommen derartiger Inkorporationen erklärt sich aus dem verhältnissmässig geringeren Vermögen dieser Benefizien.

[2] Nur auf Pfarreien beschränken die Inkorporationen Neller l. c. c. 2. §. 2 u. Foesser l. c. p. 364; der Meinung des Textes Schmalzgrueber III. 5. n. 191; Reiffenstuel III. 37. n. 2 ff.; Kujawa l. c. p. 10.

[3] van Espen diss. cit. c. 2. §. 5; Neller l. c. c. 1. §. 2; eiusd. diss. de iurib. parochi primit. c. 1. §. 6. Im Corpus iuris u. im Trident. kommt der Ausdruck nicht vor.

[4] Weil er blos das regimen in habitu hat, nicht aber in actum exire potest, so Neller de genuina etc. l. c. §. 3.

[5] Neller, de iurib. parochi c. 1. §§. 1. 2; über eine frühere das Princip nicht alterirende Ausnahme in Frankreich ibid. §. 6; Kujawa l. c. p. 30.

[6] Ueber die Zeit, seit welcher dieser Ausdruck gebraucht wird, s. o. S. 444. n. 1.

[7] S. o. S. 442. n. 1. Ueber die ältere Zeit vgl. S. 440. Die den Dekretalen gleichzeitigen, ebenso wie die späteren mittelalterlichen Urkunden erwähnen noch vielfach der Präsentation an die Archidiakonen, z. B. dipl. a. 1282 (Lacomblet 2, 457), dipl. a. 1352 (Binterim u. Mooren a. a. O. 4, 231), vgl. auch o. S. 197.

[8] Neller de iurib. parochi c. 1. §§. 4 ff.; Foesser l. c. p. 405.

[9] S. o. S. 373.

[10] Nur verhältnissmässig wenige Urkunden bestimmen etwas in dieser Beziehung, so dipl. archiep. Colon. a. 1235 (Lacomblet 2, 210): „personam ydoneam *clericum secularem*, qui residens sit in ecclesia ipsa pastor loci . . . presentantes"; dipl. archiep. Colon. a. 1352 (Binterim u. Mooren a. a. O. 4, 231): „ut . . . ipsum monasterium cum vicario ipsius ecclesie eo vivat quietius, abbati . . . ut *monachum* dicti monasterii ad dictam ecclesiam, quotiens vacaverit, loci archidiacono presentare valeat, non obstante quod dicta ecclesia regi consueverit per clericos seculares, presentibus indulgemus".

setzung, dass sich keine Säkulargeistlichen zur Uebernahme der Stelle bereit finden lassen, eine Ausnahme machen [1].

Endlich soll der Regel nach der Vikar als ständiger und nicht auf beliebigen Widerruf des Bischofs oder des parochus primitivus eingesetzt werden [2]. Gerade diese, auch in den Inkorporationsurkunden [3] öfters ausdrücklich wiederholte Anordnung ist vielfach nicht beobachtet worden [4]. Ja, selbst das Tridentinum [5] hat die Ständigkeit der Pfarrverwalter nicht einmal absolut vorgeschrieben, es vielmehr dem Ermessen des Ordinarius überlassen, falls es ihm für die Leitung der Pfarrei besser erscheint, auch ad nutum amovible Vikarien anzustellen. Ein nach dem Konzil [6] ertheiltes päpstliches Privilegium auf Einsetzung von widerruflichen Vikarien hebt sogar das Recht des Bischofs auf die Anstellung ständiger auf.

Als der berechtigte Inhaber des Pfarrbenefiziums hat der parochus primitivus dem Vikar zu dessen Unterhalt und zur Leistung der Abgaben an den Bischof (bezügl. an den Archidiakon und Dekan) eine portio congrua aus den Parochial-Einkünften auszusetzen [7]. Wird dem Vikar dagegen die Nutzung des Pfarrbenefiziums in vollem Umfange gewährt [8], so dürfen die ihm dafür zu Gunsten des berechtigten Institutes auferlegten Abgaben nie so hoch sein, dass sie ihm nicht den gedachten Betrag frei lassen [9]. Da indessen früher die Klöster und sonstigen Berechtigten aus den Inkorporationen den höchsten pekuniären Nutzen zu ziehen, und sich daher die Vikare so billig wie möglich zu verschaffen suchten, so traten auch hier die S. 326 erwähnten Missstände ein, und gerade dieses eigennützige Verfahren hat am meisten mit zum Verfall der Pfarrseelsorge und zur Diskreditirung der Inkorporationen beigetragen. Zwar hat die allgemeine kirchliche Gesetzgebung die vorhin gedachten Vorschriften wiederholt eingeschärft [10] und den Bischöfen das Recht beigelegt, selbst bei der Präsentation seitens exemter Prälaten einen Termin für die Festsetzung der portio congrua des Vikars anzuberaumen, sowie bei fruchtlosem Verlauf desselben die Anweisung ihrerseits vorzunehmen [11], indessen zeigen die vielfachen Wiederholungen der ge-

1 So Reiffenstuel III. 37. n. 6. 7; Foesser l. c. p. 404. Freilich ist dies nicht unbestritten, s. Engel colleg. iur. can. III. 37. n. 8 u. Bouix, tract. de iure regular. 2, 19. 20, wie denn auch früher die Bischöfe in dieser Hinsicht nach ihrem Belieben Bestimmungen getroffen haben, s. die vorige Note. Die Congr. Conc. befolgt die Ansicht des Textes, begründet diese aber dadurch, dass der Vikar ein ständiger sein soll und deshalb ein Mönch diese Funktionen nicht versehen dürfe, Richters Tridentinum S. 53. n. 12. Seit Jahrhunderten haben auch die Partikularsynoden, Mogunt. a. 1259; c. 8 Aschaffenb. a. 1292; c. 39 Prag. a. 1355; c. 21 Magdeburg. a. 1370 (Hartzheim 4, 577. 9, 392. 421); Magdeburg. a. 1403; c. 7 Colon. a. 1423 (diese unter Hervorhebung der im Text gedachten Ausnahme); Herbipol. a. 1446 (l. c. 5, 689. 220. 336), Colon. a. 1662. P. III. t. 5. c. 6 (l. c. 9, 1033) die Regularen, theils, um ihnen die Gelegenheit zu einem unkontrolirten Leben zu verschliessen, theils um eine die Weltgeistlichen beeinträchtigende Konkurrenz zu beseitigen, von der Verwaltung solcher Stellen ausgeschlossen. — Zu dem Ausnahmefall des Textes tritt selbstverständlich der weitere eines päpstlichen Privilegs hinzu, ein solches von Pius II. a. 1463, welches aber schon 1470 wegen der daraus hervorgehenden Missstände widerrufen ist, bei Binterim u. Mooren a. a. O. 4, 405. 417.

2 c. 31. X. de praeb. III. 5; c. 1. X. de capell. monach. III. 37; c. un. in VIto eod. III. 18.

3 Guden cod. dipl. 1, 458; Lacomblet 2, 158; Binterim u. Mooren 3, 220.

4 Das ergiebt die häufige Einschärfung in den Note 1 citirten Synoden.

5 Sess. VII. c. 7 de ref.

6 S. die Schlussklausel des cit. c. 7 de ref.

7 c. 12 (Alex. III.) X. de praeb. III. 5; derartige Urkunden bei Lacomblet 2, 158. 175. 210. 457 u. Binterim u. Mooren 4, 28. 96. 231.

8 Denn auch hier ist ebenso wie in den S. 326 erwähnten Fällen eine s. g. Lokation der Kirchen vorgekommen, s. z. B. dipl. a. 1247 bei Binterim u. Mooren 4, 35; c. 39. Prag. (Hartzheim 4, 392) u. S. 445. n. 6.

9 c. 2 (Clem. III.) X. de suppl. negl. I. 10.

10 c. 1 (Clem. IV.) in VIto de praeb. III. 4.

11 Clem. 1 de iurepatr. III. 12, das jede entgegenstehende Gewohnheit ausschliesst, und ferner eine Ausnahme für den Fall, wo herkömmlich der pastor primitivus die sonst auf der congrua lastenden Abgaben trägt, dahin macht, dass

meinrechtlichen Anordnungen durch die Partikularsynoden[1] und die besonderen, zu ihrer Durchführung ergangenen Bestimmungen[2], dass jene Missbräuche sich fort und fort erhalten haben[3]. Daher hat das Tridentinum die früheren Vorschriften nochmals und zwar unter Ausschluss jeder Exemtion und jedes Privilegs sowie mit der Massgabe erneuert, dass der Ordinarius die Höhe der Portion, je nach Umständen, auf ein Drittel der Einkünfte oder auch höher oder niedriger festsetzen und die Kongrua entweder auf einen Theil der Früchte oder auf eine bestimmte Sache (z. B. den Ertrag eines Grundstückes)[4] oder auch in einem festen Betrage von Geld, Korn u. s. w. anzuweisen befugt sein soll[5]. In die Kongrua sind dem Vikar die aus der Verwaltung der Seelsorge erwachsenden Emolumente, auf welche er einen Rechtsanspruch hat (die Stolgebühren), nicht aber die freiwilligen, ungewissen Gaben der Parochianen einzurechnen[6].

Einen anderen vermögensrechtlichen Anspruch als den auf die Kongrua besitzt der Vikar nicht, es sei denn, dass ihm etwa durch Stiftungen besondere Einnahmen zugewiesen sind[7]. Die sämmtlichen Einkünfte der Pfarrei, auch die Accidentalien (z. B. die Stolgebühren) gehören dem parochus primitivus, jedoch werden die letz-

dieser den Unterhalt in angemessener Weise bei Vermeidung des Zwanges durch bischöfliche Censuren festsetzen soll.

1 c. 11. Prag. a. 1355 (Hartzheim 4, 384); Herbipol. a. 1446; Eychstett. a. 1447; Constant. a. 1463 (ibid. 5, 328. 373. 460); c. 18 Hildes. a. 1539; c. 15 Leodiens. a. 1548; Colon. 1549 (ibid. 6, 323. 396. 545).

2 Z. B. Gewährung der Klage auf angemessene Erhöhung an die Vikarien selbst dann, wenn sie sich vorher mit einer unzureichenden Portion einverstanden erklärt haben, c. 26. Trevir. a. 1338; c. 22. Trevir. 1310 (l. c. 3, 360; 4, 134); Statuirung der Pflicht des parochus primitivus eidlich zu versprechen, dass er die bei der Präsentation des Vikars an den Bischof angegebene congrua nicht mindern werde, c. 21 Magdeb. a. 1370; Magdeburg. a. 1403 (l. c. 4, 421; 5, 589); Festsetzung der Pflicht, die durch Fortfall der Einkünfte verringerte Portion im Einverständniss mit dem Ordinarius auf den ursprünglichen Betrag zu erhöhen, Magdeburg. a. 1403 cit.; Nichtigkeitserklärung aller auf die Schmälerung der congrua abzielenden Verzichte und Verträge, Basiliens. a. 1503 (l. c. 6, 19).

3 S. die Stelle aus den hundert Beschwerden deutsch. Nation S. 445. n. 6.

4 Trid. l. c. Die const. Pii V.: Ad exequendum v. 1. Nov. 1567. §§. 2. 3 (M. bull. 2, 259) hat dies zwar dahin geändert, dass die congrua höchstens 100, mindestens 50 Scudi, falls aber die Einnahmen der inkorporirten Pfarrei geringer sind, nie mehr als diese selbst betragen, und die an den päpstlichen Stuhl zu entrichtenden quindennia proratarisch von der Portion des Vikars mit entrichtet werden sollen, indessen hat Gregor XIII. durch die const. In tanta rerum v. 1. Mai 1573 (l. c. p. 397) diese Vorschriften beseitigt und das Tridentinum wieder hergestellt. Dieses bezieht sich übrigens auch auf die amoviblen Vikare. Für letztere hat Benedikt XIV. const. Cum semper v. 19. Aug. 1744. §. 10 (bull. Bened. XIV. 1, 369) die Pianische Konstitution, jedoch allein in Italien, unter Beseitigung der das Gegentheil anordnenden const. Innoc. XIII.: Apostolici ministerii v. 1723. §. 12 (bull. Rom. 11, 261) für anwendbar erklärt, andererseits aber die Ordinarien ermächtigt, für den Fall, dass eine den Vorschriften der ersteren Konstitution entsprechende Festsetzung nicht stattgefunden hat oder dieselbe zu niedrig erscheint, nach Massgabe des Tridentinums zu verfahren. Uebrigens behaupten Hier. Gonzalez ad reg. VIII. canc. gloss. 5. §. 3. n. 79; Riganti ad reg. IX. canc. p. 1. §. 2. n. 78 (s. auch Bouix, tract. de iure reg. 2, 24), dass schon Gregor XIII. seine die Pianische beseitigende Konstitution vivae vocis oraculo aufgehoben hat.

5 Die Const. Pii V. interpretirt das Tridentinum l. c. dahin: „sive in quantitate aut quota fructuum pecuniaque numerata, fundo seu alia re stabili portio huiusmodi constituatur", s. auch van Espen diss. cit. c. 3. §§. 5 ff.

6 So ist die eben cit. Konstitution, welche eingerechnet wissen will die „incerta emolumenta et aliae obventiones communiter percipi solitae" zu verstehen, Pitonius discept. P. I. disc. 46. n. 4; Reiffenstuel III. 37. n. 13 ff.; Giraldi expos. iur. pont. 2, 830; Phillips 7, 360; Richters Tridentin. S. 54. n. 22.

7 S. z. B. dipl. a. 1352 (Binterim u. Mooren 4, 229): „Preter etiam ista (d. h. der Kongrua) volumus quod quecunque in antea legari vel donari pia intentione fidelium dicte ecclesie (d. h. der inkorporirten) in Dulken contigerit, sive huiusmodi donata vel legata fiant ecclesie sive vicario ecclesie coniunctim vel divisim, huiusmodi donata vel legata cedent perpetuo vicario ipsius ecclesie ad usus sue vicarie et non monasterio prelibato".

teren gewöhnlich dem Vikar, welcher sie sich auf seine Kongrua anrechnen muss [1], überlassen [2].

Demgemäss hat auch allein der pastor primitivus — selbstverständlich innerhalb der gemeinrechtlichen Gränzen — die Verwaltung der Temporalien zu führen und über die Art derselben zu bestimmen. Hat der Vikar einzelne Einkünfte zu erheben, so muss er darüber Rechnung legen und die Bestände abliefern. Indessen darf durch die Verwaltung des parochus primitivus die Kongrua des Vikars nicht geschmälert werden, und falls diese im Laufe der Zeit durch Zufall vermindert wird, ist ihm der Ausfall zu ersetzen [3].

Ausser der Gewährung der Kongrua liegt ferner dem parochus primitivus die Pflicht ob, die sonstigen, auf dem Pfarrvermögen ruhenden Lasten, namentlich die Baulast, zu tragen [4]. Die seitens der Pfarrer dem Bischof zu leistenden Abgaben hat der Vikar zu entrichten, jedoch muss die Höhe seiner Kongrua unter Berücksichtigung dieses Umstandes festgestellt werden.

Die erwähnten Pflichten des parochus primitivus hören dadurch nicht auf, dass das Vermögen der Pfarrei durch Zufall oder unwirthschaftliche Verwaltung verloren geht. Sie entstehen durch die Inkorporation, und da durch diese der gesonderte Vermögensbestand der Pfarrei vernichtet wird, so kann es auf das spätere Vorhandensein desselben nicht mehr ankommen. Ist der parochus primitivus nicht im Stande, mit seinem sonstigen Vermögen die erwähnten Verbindlichkeiten zu erfüllen, so ist so zu verfahren, wie wenn aus anderen Gründen die zur Unterhaltung eines Benefiziums erforderlichen Mittel fehlen, d. h. durch Vornahme von Unionen zu Gunsten des parochus primitivus oder Aufhebung der Inkorporation und Vereinigung der Pfarrei mit einer andern oder durch Suppression derselben zu helfen.

Anders liegt die Sache, wenn die inkorporirte Pfarrei gar kein Vermögen besessen hat, denn hier ist das Substrat, auf welchem die erwähnten Verpflichtungen ruhen, nicht an den Berechtigten gelangt [5]. In solchen Fällen muss der Unterhalt des Vikars auf andere Weise, nöthigenfalls durch die Parochianen beschafft werden, und diese haben auch die anderen Lasten, namentlich die Baulast, zu tragen [6].

Die geistliche Verwaltung der Pfarrei steht dem Vikar (lediglich unter Leitung des Ordinarius) zu. Er nimmt die Stellung eines wirklichen Pfarrers ein. Ist er ein

[1] S. o. S. 449. n. 6. Die Novalzehnten, welche dem parochus primitivus in einzelnen Inkorporationsurkden ausdrücklich zugesprochen werden, s. dipl. a. 1191 u. 1308 (Guden cod. dipl. 1, 303; Binterim u. Mooren 4, 87) stehen ihm kraft seiner Stellung zu, was freilich nicht unbestritten gewesen ist, van Espen l. c. c. 3. §. 8; c. 4. §. 4; Neller l. c. c. 3. §§. 4 ff.

[2] Neller de iurib. parochi c. 3. §. 3.

[3] Es folgt dies aus der auf den Temporalien der Pfarrei ruhenden Unterhaltungspflicht des Vikars, Berardi comment. ad decr. Greg. IX. lib. III. diss. 3. c. 3 (ed. Mediolani 1846. 1, 274). Wenn Phillips 7, 361 unter Berufung auf ihn dem Vikar den Zuwachs an Früchten zuspricht, so ist dies nur insofern richtig, als ihm oder der Vikarie Legate und Schenkungen — von diesem Fall spricht Berardi allein — zugewendet werden oder dem Vikar bestimmte Sachen zur Nutzung überlassen sind. Dolose oder schuldbare Verminderung der Congrua durch den Vikar macht diesen selbstverständlich dem parochus primitivus in civilrechtlicher Hinsicht ersatzpflichtig, berechtigt den letzteren aber nicht, die Congrua unter den zum Unterhalt erforderlichen Betrag zu schmälern, vielmehr nur nöthigenfalls im Einverständniss mit dem Ordinarius Sicherungsmassregeln für die Zukunft zu treffen, z. B. unter Entziehung der bisherigen Nutzung der vom Vikar devastirten Grundstücke diesem seine Portion in Geld auszuzahlen, schlimmstenfalls auch die Absetzung desselben herbeizuführen, denn die Unterhaltungspflicht des Vikars ist eine kirchlich-publicistische, welche im Interesse der Kirche, nicht der betheiligten Personen besteht.

[4] Foesser l. c. p. 403.

[5] Foesser l. c. p. 403 u. die dort n. 3 citirte Entsch. d. Congr. Conc.

[6] S. o. S. 390.

ständiger, so hat sein Amt die Natur eines wahren Benefiziums [1] und unterliegt bei der Besetzung, ebenso wie ein dem geistlichen Patronate unterworfenes Amt, dem Pfarrkonkurs [2]. Auch kann der Vikar nicht vom parochus primitivus, sondern nur vom Bischof seiner Stellung enthoben werden [3]. Wenn der Vikar dagegen ad nutum amovibel eingesetzt ist, so kommt das Recht zur Remotion ausser dem Ordinarius auch dem parochus primitivus unter der Voraussetzung zu, dass die Pfarrei einem Kloster inkorporirt ist, und zwar beiden unabhängig von einander, so dass der eine dem andern nicht einmal die Gründe der stattgehabten Entfernung darzulegen braucht [4].

Das auf einem Pfarrbenefizium haftende Patronatrecht wird durch die Inkorporation bis auf das Präsentations- und die Ehrenrechte suspendirt. Von einer cura beneficii kann bei der Vereinigung des Pfarrvermögens mit dem des parochus primitivus nicht mehr die Rede sein. Andererseits bleibt die geistliche Seite des Amtes unberührt und ohne Aenderung ihres rechtlichen Charakters bestehen. Der pastor primitivus muss also die darauf ruhenden Beschränkungen anerkennen, und kann dem Patrone sein Präsentationsrecht, um ein eigenes geltend zu machen, nicht entziehen [5]. Bei der Aufhebung der Inkorporation tritt der Patron wieder in alle früheren Rechte ein, ja selbst der parochus primitivus, welcher vor derselben schon das Patronatrecht besessen hat, kann in einem solchen Falle alle Patronatsbefugnisse wieder geltend machen. Sind auch diese in manchen Beziehungen den Rechten, welche die Inkorporation gewährt, gleich, so hat der Patronat doch nicht den Charakter eines der Inkorporation gleichartigen, nur geringeren Rechtes, welches durch Konfusion erlöschen könnte.

2. Die s. g. *incorporatio quoad temporalia et spiritualia*, von einzelnen auch *incorporatio plena* oder *pleno jure* [6] genannt, unterscheidet sich von der eben besprochenen Art dadurch, dass bei ihr das inkorporirte Amt sowohl in seinem vermögensrechtlichen, wie auch geistlichen Bestande auf die früher genannten Institute und Aemter übertragen wird, und diese letzteren dadurch die Stellung eines wirklichen Pfarrers erlangen.

In Betreff der mittelalterlichen Urkunden, welche der Entwicklungsperiode jenes Unterschiedes, dem 12. und 13. Jahrhundert angehören [7], ist eine Entscheidung über die gemeinte Art der Inkorporation oft sehr schwer. Der Gebrauch der technischen Bezeichnung kommt in jener Zeit äusserst selten vor [8], und für das einzig massgebende Kriterium, ob das Pfarramt in seiner Totalität oder blos in seiner vermögens-

[1] Neller l. c. c. 2. §. 11 ff.

[2] L. c. §. 14; so auch die Congr. Conc. s. Foesser l. c. p. 405. n. 5 u. Richters Tridentinum S. 53. n. 14.

[3] S. o. S. 442. n. 1; c. un. in VIto de capell. monach. III. 18; Neller l. c. §. 10.

[4] Const. Benedict. XIV. (eiusd. bull. 1, 435): Firmandis v. 6. Nov. 1744. §. 11, wodurch die von Bouix, tract. de iure regul. 2, 33 aus Ferraris prompt. bibl. s. v. vicarius parochialis n. 49 ausgeschriebene Behauptung widerlegt wird, dass ein solcher Vikar zwar von seinem Regular-Oberen ad libitum, indessen nicht vom Bischof ohne genügende Ursache entfernt werden könne. Auf sonstige parochi primitivi bezieht sich die Konst. nicht. Wenn sie das Recht zur Einsetzung eines widerruflichen Vikars haben, so können sie denselben auch removiren, werden aber dem Bischof auf Verlangen, falls nicht ein weiter gehendes päpstliches Privileg vorliegt, aus den S. 327. 321 angegebenen Gründen Rechenschaft über die Entfernung geben müssen.

[5] Foesser l. c. p. 404. Die mittelalterlichen Inkorporationsurkunden (vgl. ausser den o. citirten z. B. noch die v. 1342 u. 1346 bei Mone, Ztschr. f. Gesch. d. Oberrheins 7, 480 u. 80) ergeben, dass gewöhnlich solche Pfarreien, auf welche schon den parochi primitivi das Patronatrecht zustand, inkorporirt worden sind, und dass in andern Fällen die Patrone auf dasselbe verzichtet haben.

[6] Engel l. c. III. 37. n. 11; Reiffenstuel III. 37. n. 2; Foesser l. c. p. 364.

[7] S. o. S. 443.

[8] Ein Beispiel s. S. 443. n. 1.

rechtlichen Seite übertragen wird, liefert der Inhalt der Diplome in den kurzen und wenig präcisen Ausdrücken [1] vielfach keine genügenden Anhaltspunkte.

Die inc. qu. temp. et sp. steht in ihren vermögensrechtlichen Wirkungen der inc. qu. t. völlig gleich. Die Verschiedenheit liegt darin, dass das berechtigte Institut oder Amt (der s. g. *parochus habitualis* [2]) die Pfarrei selbst erhält, und die Stellung des Pfarrers einnimmt. Daher kann, so lange das Institut oder Amt existirt, eine Vakanz der inkorporirten Pfarrei niemals eintreten, das Präsentationsrecht des Patrons muss so lange suspendirt bleiben [3], und der die Pfarrseelsorge in Stellvertretung ausübende Geistliche ist lediglich als Vikar im eigentlichen Sinne anzusehen, weshalb auch bei seiner Anstellung der Pfarrkonkurs nicht beobachtet zu werden braucht.

Einen Vikar muss der parochus habitualis stets einsetzen [4]. Das Kloster oder Stift, welches diese Stellung einnimmt, ist als juristische Person zur Verwaltung des Pfarramtes unfähig, und wenn das letztere einem Amte inkorporirt ist, so befindet sich der Träger desselben namentlich wegen seiner Verpflichtung zur Residenz gleichfalls nicht in der Lage, die pfarramtlichen Funktionen zu versehen.

Der allgemeinen Regel nach [5] bestellt und ernennt der parochus habitualis den Vikar. Er, nicht der Ordinarius, nimmt die s. g. *institutio tituli collativa* oder *collatoria* vor. Der letztere hat nur die Fähigkeit und Tauglichkeit des in Aussicht genommenen Kandidaten auf Vorstellung des parochus habitualis zu prüfen, und ihm die Befugniss zur Ausübung der Seelsorge, die s. g. *institutio autorisabilis* zu ertheilen [6].

In Betreff der Ständigkeit der Vikare und der diesen zu gewährenden Kongrua gelten dieselben Grundsätze, wie bei der incorporatio qu. tempor. [7] mit der einzigen Abweichung, dass die Klöster berechtigt (nicht aber verpflichtet) sind, ihre ihnen qu. temp. et spirit. zustehenden Pfarreien durch ihre eigenen Mönche [8] versehen zu lassen, falls nicht die Inkorporationsurkunde etwas anderes bestimmt oder die Einsetzung eines weltgeistlichen Vikar seit unvordenklicher Zeit hergebracht ist [9].

[1] Eine Erörterung der einzelnen gebräuchlichen Wendungen bei Neller de genuina idea c. 2. §§. 16 ff.; Schloer l. c. c. 3. §§. 10 ff., s. auch das Gutachten v. Bluhme in Dove u. Friedberg, Ztschr. f. K. R. 4, 46 ff. u. namentlich das Gegengutachten von Schulte i. Arch. f. k. K. R. 16, 147 ff.

[2] Oder *principalis*, s. Foesser l. c. p. 366. Diese Bezeichnungen sind vollkommen passend. Andere (Phillips, Lehrb. §. 166 i. f.; Schulte K. R. 2, 280) gebrauchen für diesen Fall ausschliesslich den Ausdruck: *parochus primitivus*.

[3] Foesser l. c. p. 407.

[4] Auch hierdurch unterscheidet sich u. A. die inc. qu. t. et sp. von der unio subiectiva (o. S. 427), s. Foesser l. c. p. 365.

[5] S. o. S. 325 ff.

[6] Trid. Sess. XXV. c. 11 de reg.; Reiffenstuel l. c. n. 8; Neller, de iur. parochi c. 1. §§. 24 ff.; Foesser l. c. p. 406.

[7] S. o. S. 449 ff. Das Tridentinum Sess. VII. c. 7 de ref. macht hinsichtlich der beiden Arten keinen Unterschied. Seine Vorschriften sind auch den Johannitern gegenüber aufrecht erhalten worden, const. Pii V.: Etsi cuncta v. 29. Nov. 1568. §. 7 u. Exposcit v. 22. Sept. 1571; const. Gregor. XIV.: Quanta christianae v. 30. April 1591. §. 10 (M. bull. 2, 293. 371. 762). Das den Mendikanten und allen andern Mönchsorden (nicht aber den Frauenorden und Regular-Kanonikern, s. Bouix l. c. p. 34) auf Einsetzung amovibler Vikare von Pius V. in d. const. Ad exequendum v. 1567. §. 5 (M. bull. 2, 259) ertheilte Privileg hat Gregor XIII. in der const. In tanta v. 1573 (ibid. p. 347) widerrufen. (vgl. o. S. 449. n. 4). Manche Kanonisten, s. Reiffenstuel l. c. n. 8; Ferraris s. v. vicarius parochialis n. 8 ff.; Bouix l. c. p. 22 zählen noch andere Fälle der Statthaftigkeit amovibler Vikare auf, aber ohne gesetzlichen Anhalt, vgl. Neller l. c. c. 2. §. 2 ff., Foesser l. c. p. 408. So hat auch die Congr. conc. die Ansicht reprobirt, dass der Bischof die Anstellung eines ständigen Vikars nicht anordnen dürfe, wenn die Einsetzung eines widerruflichen seit unvordenklicher Zeit hergebracht sei.

[8] Bouix l. c. p. 32.

[9] Foesser l. c. p. 407. Der exponirte Regulare soll übrigens nicht ohne einen zweiten Genossen in der ihm zur Verwaltung übertragenen

Die Aufsicht über die Verwaltung der Seelsorge durch den Vikar kommt dem parochus habitualis zu, ferner aber auch dem Ordinarius, als dem mit der Jurisdiktion versehenen kirchlichen Oberen [1], und zwar selbst dann, wenn das Kloster, nicht aber die inkorporirte Pfarrei exemt ist. Bei einem etwaigen Widerspruch der beiderseitigen Anordnungen gehen die des Ordinarius vor [3]. Nicht minder kann der letztere alle seine Rechte über die Pfarrverweser, selbst wenn sie Ordensleute sind, wie über die anderen Pfarrer der Diöcese ausüben [4], und ebensowenig wird seine Jurisdiktion über die Parochianen durch die Existenz des parochus habitualis berührt [5].

Die Absetzung eines ständigen Vikars steht ausschliesslich dem Bischof zu, welcher dabei an die über die Deposition der Benefiziaten geltenden Rechtsnormen gebunden ist. Der widerruflich eingesetzte kann ebenso wie im Falle der incorp. qu. temp. sowohl vom Bischof, wie auch vom parochus habitualis entfernt werden [6].

3. Die dritte Art der incorporatio ist die s. g. *incorporatio plenissima* oder *plenissimo iure* [7], welche jedoch in den Dekretalen als *inc. pleno iure* [8] bezeichnet wird. Bei dieser ist die bischöfliche Jurisdiktion über die Pfarrei ausgeschlossen und es stehen die Rechte derselben ausschliesslich dem parochus habitualis über die Kirche zu [9], weshalb er auch in diesem Falle allein den Vikar einzusetzen und zu entfernen befugt ist [10].

Diese Art der Inkorporation, welche selten vorkommt, ist nicht mit dem Fall zu verwechseln, wo eine Pfarrkirche innerhalb des Bezirkes einer praelatura nullius nicht dieser letzteren, sondern einem anderen kirchlichen Institute inkorporirt ist. Eine solche Vereinigung kann sowohl eine incorp. quoad temp., wie auch eine incorp. qu. temp. et spirit. sein, nur übt der praelatus nullius diejenigen Befugnisse aus, welche unter gewöhnlichen Verhältnissen dem Bischof zustehen.

Ebensowenig kann eine Inkorporation, welche zu Gunsten des Dotationsgutes des Bischofs oder eines der gedachten Prälaten erfolgt ist, für eine inc. plenissima erachtet werden. Allerdings hat der Berechtigte in diesem Falle die bischöfliche Jurisdiktion über die Pfarrei, aber nur kraft seines Amtes, nicht aus einem mit der Inkorporation zusammenhängenden Grunde. Ja, hier erscheint eine solche Inkorpo-

Pfarrei residiren, c. 2 (Later. III. a. 1179), c. 5 (Innoc. III.) X. de statu monach. III. 35; c. 4 (Honor. III.) X. de cap. mon. III. 37. Die in der vorigen Note citirte Konst. Pius' V. §. 5 verlangt zwar 4 Genossen, sie ist aber durch die Konst. Gregors XIII., welche jedenfalls insoweit nicht beseitigt worden ist, aufgehoben, vgl. auch Reiffenstuel l. c. n. 9; Bouix l. c. 2, 32.

1 Trid. Sess. XXV c. 11 de reg.

2 c. 16 (Innoc. III.) X. de privil. V. 33, s. auch d. Entschdgen in Richters Tridentinum S. 413. n. 1 ff.

3 So auch die Congr. Conc., s. Foesser p. 406. n. 5, vgl. auch d. folgende Note.

4 S. Const. Gregors X V.: Inscrutabili v. 1622. §§. 2 ff. (bullar. Rom. V. 5, 1); Const. Bened. XIV.: Firmandis v. 6. Nov. 1744. §. 10 (eiusd. bull. 1, 435): „Uno verbo, quidquid episcopus a parocho saeculari exquirere atque exigere solet ac debet, id omne, regulari observantia unice excepta, a parocho regulari exquirere et exigere potest; atque ubi hunc muneri suo defecisse compererit, opportuna decreta condere et pronunciare ac meritas in eundem poenas statuere; in quo nihilominus episcopi facultates minime privativae sunt, sed praesul regularis ius cumulativum cum ipso habet, ita tamen, ut si aliter a superiore regulari, aliter ab episcopo decerni contingat, huius vero, non illius decretis sit standum: prout alias a congregatione Tridentini concilii interprete iudicatum fuit nosque auctoritate nostra probamus ... Privativum tamen episcopi ius est, in parochianorum mores inquirere ac si quae inter ipsos scandala oborta fuerint, auditis proborum ac prudentium virorum sinceris relationibus resecare et reformare nec enim superioribus regularibus in huiusmodi saeculares parochiae subditos ulla competit iurisdictio".

5 S. die vor. Note u. const. Firmandis §. 16.

6 S. o. S. 451.

7 Schmalzgrueber l. c. III. 37. n. 5; Engel III. 37. n. 12; Foesser l. c. p. 364. 405.

8 S. o. S. 442.

9 Fagnan. ad c. 3 X. de privil. V. 33. n. 4 u. Note 7.

10 c. 21 (Innoc. III.) X. de privil. V. 33. Trid. l. c.

ration sogar undenkbar. Denn sie setzt eine Exemtion von der Regierungsgewalt des Ordinarius voraus, diese ist aber, mit Rücksicht darauf, dass er selbst die Stellung des parochus primitivus, bez. habitualis einnimmt, nicht möglich.

Andere als die drei charakterisirten Arten der Inkorporation kommen nicht vor[1]. Welche derselben in einem gegebenen Falle gemeint ist, muss aus dem Inhalt der Stiftungsurkunde und unter Berücksichtigung der sonstigen Verhältnisse festgestellt werden. Im Zweifel ist für die am wenigsten umfassende, die incorporatio quoad temporalia zu vermuthen[2].

Das Recht zur Vornahme von Inkorporationen steht, soweit es sich um Pfarrbenefizien handelt, heute ausschliesslich dem Papste zu[3]. Im Uebrigen kommen hinsichtlich der Voraussetzungen und des Verfahrens die allgemeinen für die Union massgebenden Regeln zur Anwendung[4]. Dasselbe gilt auch von der Aufhebung. Die Befugniss dazu ist also hinsichtlich der Pfarreien dem Ordinarius nicht etwa deshalb entzogen, weil der Papst allein die Inkorporation gestatten kann. Die Aufhebung hat die gewöhnlichen Wirkungen, d. h. die früher inkorporirte Pfarrei wird wieder selbstständig, das etwa suspendirte Patronatrecht tritt wieder in volle Wirksamkeit

[1] Manche, s. z. B. Panormitan. ad c. 12 X. de praeb. III. 5. n. 5, van Espen diss. cit. c. 2. §. 1 zählen 5 Arten: die incorp. quoad ius patronatus, quoad collationem, quoad institutionem authorizabilem, quoad temp. und quoad temp. et spiritual. auf. Bei den drei ersten handelt es sich aber nur um bestimmte Befugnisse in Betreff der Aemterbesetzung, nicht um Inkorporationen, Neller de genuina idea c. 2. §. 5; Foesser l. c. p. 364; Kujawa l. c. p. 12.

Nicht zu den Inkorporationen gehören ferner die Fälle, wo das mit einer Kirche (Kathedrale oder Kollegiatkirche) verbundene Pfarramt dem bei derselben angestellten Kollegium oder dem Inhaber eines bestimmten Kapitelsamtes zukommt, s. o. S. 304. Hier ist die Pfarrei auf die Kirche fundirt, sie bildet keinen eigenen von derselben unterschiedenen selbständigen Titel. Es handelt sich daher hier nur darum, wer zur Ausübung der Seelsorge berechtigt und verpflichtet ist. Selbst wenn der betreffende Functionar aus einem besonders zu diesem Zwecke bestimmten Fond Einnahmen bezieht, ändert dies nichts. Denn der letztere braucht nicht ununterscheidbar mit dem Vermögen des Amtes, dessen Inhaber das Recht auf die Seelsorge hat, vereinigt zu sein. Aeusserlich haben allerdings diese Verhältnisse Aehnlichkeit mit der inc. qu. temp. et spirit., insofern der zum Pfarramt Berechtigte die cura actualis durch eine andere Person ausüben lässt. Uebrigens wendet die Praxis der Congr. conc. das Trid. Sess. VII. c. 7 de ref., welches nicht ausschliesslich von der Inkorporation handelt, auf die in solchen Fällen etwa eingesetzten Vikare an, zwingt aber andererseits die Kapitel nicht, wenn einmal die Anstellung ad nutum hergebracht ist, ständige Vikare zu ernennen, Anal. iur. pont. 1861. p. 856 ff. 867 ff., s. auch Bouix de capitulis p. 247 ff. Solche Vikare können vom Kapitel auch sine causa, nur nicht ex odio oder malitia, vom Bischof aber, welcher sie für die Regel zu approbiren hat, nur aus denselben Gründen, wie ständige amovirt werden, so die Praxis der erwähnten Congr. s. Garcias l. c. P. I. c. 2. n. 94; Fagnan. ad c. 6 X. de statu monach. III. 35. n. 39; Ferraris s. v. vicarius parochialis n. 49; Bened. XIV. de syn. dioec. XII. 1. n. 2; Bouix de parocho p. 423. Auch ist es nicht unzulässig, dass sich der parochus habitualis einzelne Akte der Seelsorge, sofern nicht ein entgegenstehendes Recht auf die cura actualis vorhanden ist, vorbehält, Anal. cit. 1866. p. 1601. Was die juristische Natur dieser Verhältnisse betrifft, so kann dieselbe verschieden sein. Steht dem Kapitel einer Kollegiats-Pfarrkirche die Seelsorge zu, so unterscheidet sich dieser Fall von der gewöhnlichen Einrichtung, dass an der Pfarrkirche der mit dem Pfarrbenefizium betraute Geistliche die cura ausübt, nur dadurch, dass diese nicht einer physischen, sondern einer juristischen Person zusteht, und es kann hier nicht einmal von einer Union die Rede sein. Dasselbe gilt, wenn das Domkapitel die cura habitualis der Dompfarrei besitzt. Wo dagegen das Recht darauf einer bestimmten Kapitelstelle gebührt, handelt es sich um ein mit derselben verbundenes officium, und ebenfalls nicht um eine Union, weil die Seelsorge schon durch die Natur des Titels, an welchem die in Frage kommenden Geistlichen fungiren, gegeben ist und kein besonderes Benefizium, welches mit einem andern hätte vereinigt werden können, existirt.

[2] Schloer diss. cit. c. 2. §. 4; Foesser l. c. p. 364.

[3] S. o. S. 446.

[4] S. o. S. 417, insbesondere auch die Vorschriften der Kanzleiregeln über die Unionen, s. o. S. 421. 424. 433, vgl. z. B. die Inkorporationsurkde Pius' II. v. 1463 (Binterim u. Mooren 4, 403). Uebrigens zeigen die citirten Diplome (s. auch dipl. a. 1259 bei Mone, Ztschr. f. Gesch. d. Oberrheins 7, 93), dass die Wirkung der Inkorporation der obigen Regel (S. 422) gemäss erst mit der Erledigung der inkorporirten Pfarrei eintreten soll.

und das noch vorhandene Vermögen geht aus dem Eigenthum des berechtigten Institutes wieder in das der Pfarrei über. Für das nicht mehr vorhandene haftet der parochus primitivus oder habitualis nicht, weil er in Folge der Inkorporation die Befugniss hatte, dasselbe für seine Zwecke zu verwenden. Freilich ist dadurch nicht ausgeschlossen, dass das durch Dolus oder Versehen der Verwalter Verlorene ersetzt werden muss, denn die desfallsige dem parochus primitivus oder habitualis erworbene Entschädigungsforderung fällt als Bestandtheil des Pfarrvermögens mit diesem an die in ihrer früheren Selbstständigkeit wieder auflebende Pfarrei.

§. 110. γ. *Die sonstigen Veränderungen der Kirchenämter.*

I. Ein Kirchenamt kann ferner durch die s. g. *mutatio vi erectionis* oder *transformatio* oder *alteratio beneficii* (s. §. 104. Nr. 5.) eine Veränderung erleiden. Dieselbe setzt sich aus zwei Akten, der Suppression des bisherigen Benefiziums und der Erektion eines neuen, zusammen [1]. Ihre Eigenthümlichkeit besteht nur darin, dass die Bestandtheile des supprimirten Benefiziums (insbesondere das Vermögen und der Bezirk oder einzelne Stücke davon) für den Akt der Errichtung verwendet werden.

Demgemäss finden auf die Mutation sowohl die für die Suppression, wie auch für die Erektion geltenden Regeln Anwendung. Ist die Kompetenz zur Vornahme einer der beiden die Mutation bildenden Massnahmen dem Ordinarius entzogen und dem Papste vorbehalten, so kann auch dieser allein mit Rücksicht darauf, dass beide Akte in untrennbarer Verbindung stehen, die Mutation verfügen. Obwohl z. B. der Bischof eine Pfarrkirche supprimiren darf [2], ist er doch nicht befugt, eine Kollegiatkirche zu errichten; soll daher die erstere eine solche Qualität erhalten, so kann dies nur durch den Papst geschehen.

Kraft positiver Bestimmung ist den Ordinarien die Befugniss entzogen, Kuratbenefizien in beneficia simplicia umzuwandeln [3].

Die Rechte, welche dem supprimirten Benefizium zustanden, gehen, soweit sie nicht mit dem beseitigten bisherigen Charakter desselben zusammenhängen und soweit sie mit der Natur des neuen Benefiziums vereinbar sind — also namentlich Vermögensrechte und Rechte Dritter — auf das neu errichtete über [4], aber allein kraft des Aktes des kirchlichen Oberen, durch welchen die Suppression und die Erektion in Beziehung gesetzt wird. Das Nähere in dieser Hinsicht ist aus dem Wortlaut des Mutations-Dekretes, eventuell aus dem Inhalte desselben und den sonst in Frage kommenden Umständen zu entnehmen. Die Schulden des alten Benefiziums müssen von dem neuen Amte übernommen werden, falls nicht etwa der Ordinarius eine Liquidation derselben veranlasst hat [5].

II. In Betreff der Veränderungen des *status beneficii* (§. 104. Nr. 6.) kommen ebenfalls die allgemeinen Grundsätze zur Anwendung. Da der Papst allein die Be-

[1] Leuren. for. benef. P. III. qu. 966 n. 2. In dem betreffenden Dekret wird daher zunächst die Suppression des zu verändernden Benefiziums ausgesprochen, s. z. B. den Fall der Umwandlung einer Kollegiatkirche in eine Kathedrale in den Act. s. sed. 9, 9.

[2] Leuren. l. c. qu. 964. n. 2.

[3] Trid. Sess. XXV. c. 16 de ref. Wohl aber kann der Ordinarius eine Kapelle mit einem beneficium simplex in eine Pfarrkirche umwandeln, Leuren. l. c. P. I. qu. 108.

[4] Acta s. sed. 9, 8 ff., wo das auf die Kanonikate der umgewandelten Kollegiatkirche zustehende Patronatrecht in Betreff der Kanonikate an der neuen Kathedrale durch die Congr. conc. aufrecht erhalten worden ist.

[5] S. den folg. §. 111.

fugniss besitzt, Dom- oder Kollegiat-Kapitel zu errichten [1], so ist er auch ausschliesslich berechtigt, die Qualität eines solchen als Säkular- oder Regularstiftes zu ändern [2]. Ebenso verhält es sich mit der Exemtion religiöser Institute von den regelmässigen kirchlichen Verbänden [3], wodurch das bisher mit den üblichen Rechten in Betreff derselben versehene Benefizium stets eine Veränderung erleidet. Selbst wenn es sich hierbei nicht schon an und für sich (wie bei der direkten Unterstellung eines bisher im Metropolitanverbande stehenden Bisthums unter den päpstlichen Stuhl) um beneficia maiora handelt, kann doch nur der Papst solche Verfügungen, welche stets dem gemeinen Recht widersprechende Einrichtungen herbeiführen, treffen.

Dagegen ist hinsichtlich der beneficia minora, welche nicht der päpstlichen Disposition unterliegen, der Bischof zu Status-Aenderungen befugt [4], soweit nicht einzelne Arten der letzteren durch das gemeine Recht ausgeschlossen sind oder ihn andere Grundsätze desselben hindern. Er wird daher beneficia inferiora regularia in saecularia verwandeln können [5], nicht aber umgekehrt, weil die Säkularität die gemeinrechtliche Regel bildet [6]. Ja, auch in ersterer Hinsicht ist seine Befugniss ausgeschlossen, wenn das Benefizium ausdrücklich als regulares fundirt worden war oder ein exemtes ist, denn er ist weder berechtigt, Stiftungsbedingungen abzuändern [7], noch über exemte Benefizien zu disponiren.

Ausser durch Verfügung des kirchlichen Oberen kann eine mutatio status beneficii auch durch Verjährung oder Ersitzung herbeigeführt werden. Dagegen erscheint die Begründung neuer Benefizien, ferner die Herbeiführung der in den §§. 105 bis 109 und unter I. des vorliegenden §. besprochenen Veränderungen auf diesem Wege unmöglich, weil für die betreffenden Massnahmen ein besonderer Akt der Kirchengewalt nothwendig ist und die ohne diesen vorgenommenen Handlungen, wenn zwar nicht stets nichtig, doch mindestens unerlaubt sind und somit keine rechtlichen Wirkungen erzeugen [8].

Statthaft ist eine Veränderung des status beneficii zunächst durch Ersitzung in Betreff der Gränzen der Territorial-Benefizien, jedoch kraft positiver Bestimmung nur insoweit, als die Gränzen nicht durch den kompetenten Oberen festgesetzt sind, bez. dafür kein Beweis erbracht werden kann [9]. Erforderlich ist für die Ersitzung

[1] S. o. S. 387.

[2] Leuren. l. c. P. III. qu. 964. n. 3.

[3] S. auch o. S. 152.

[4] Des Konsenses des Kapitels bedarf der Bischof gleichfalls, s. o. S. 153; bei der S. 421. n. 1 gedachten mutatio ist derselbe aber nicht erforderlich, weil er zur Errichtung der betreffenden officia kraft rechtlicher Vorschrift verbunden ist, s. o. S. 118. 121, Sentis die praebenda theologalis S. 37.

[5] Arg. c. 5 (Innoc. III.) X. de relig. dom. III. 36; Schmalzgrueber III. 5. n. 20.

[6] S. o. S. 374. c. 5 (Urb. III.) X. de eccles. aedif. III. 48 steht nicht entgegen, denn es erwähnt einmal der apostolischen Autorität und gehört ferner einer Zeit an, in welcher die Verfügung über Kollegiatkirchen noch nicht dem Papste vorbehalten war, s. o. S. 385.

[7] S. o. S. 393.

[8] Dadurch, das Jemand, selbst wenn er den erforderlichen ordo besitzt, in einer Diöcese oder Pfarrei Episkopal- oder Parochial-Handlungen ausübt, kann er nie ein neues Bisthum oder eine neue Pfarrei begründen oder die betreffenden Rechte für einen Theil dieser Sprengel erwerben und so ein der Division ähnliches Resultat herbeiführen. Wenn man zum Nachweise der Union einen 40jährigen Besitzstand auf Grund eines Putativtitels genügen lässt, s. S. 424. n. 10, so handelt es sich hierbei nur um einen Indicienbeweis für die vollzogene Union, nicht um ein durch Ersitzung herbeizuführendes derartiges Verhältniss.

Eine selbstverständliche Ausnahme macht allein die Veränderung in den Vermögensrechten, weil durch Acquisitiv-Verjährung dieser eine der Dismembration im eigentlichen Sinne (s. o. S. 410) gleiche Wirkung herbeigeführt werden kann.

[9] c. 3. 4 (Tolet. IV. a. 633) c. 5. 7 (inc.) c. 6 (Hispal. II. a. 619) C. XVI. qu. 3; c. 4 (Urb. III.) X. de paroch. III. 29. Wenn die kanonistische Doktrin jede Präskription und damit auch die unvordenkliche Verjährung für die Regel ausschliesst, s. z. B. Barbosa de off. et pot. episc.

der Besitz der aus dem betreffenden Amte herfliessenden Rechte, welcher sich in der Vornahme einzelner Amtshandlungen in dem fraglichen Theil des Sprengels zu manifestiren hat[1], ferner bona fides[2], und endlich ein 40jähriger Zeitraum, während dessen der Besitz fortgedauert haben muss[3]. Eines iustus titulus bedarf es dagegen nicht[4]. Ausserdem kann auch die unvordenkliche Verjährung als Beweis für die Begründung derartiger Rechte geltend gemacht werden.

Ferner ist durch Verjährung die Veränderung der Qualität eines Benefiziums insoweit zulässig, als dadurch die Verwandlung desselben aus einem Säkular- in ein Regular-Benefizium und umgekehrt herbeigeführt werden kann, wenn dasselbe die Verjährungszeit (also 40 Jahre) hindurch bona fide mit Säkular- bez. Regular-Geistlichen besetzt und von diesen verwaltet worden ist[5]. Die bona fides in Betreff der Qualität des Amtes muss sowohl auf Seiten der bei der Besetzung desselben Betheiligten (des zur Kollation oder Approbation berufenen Oberen und der zur Wahl, Ernennung oder Präsentation befugten Personen), als auch auf Seiten des angestellten Geistlichen vorhanden sein[6]. Zu dem erforderlichen animus possidendi gehört, dass die Absicht der bei der Verleihung mitwirkenden Personen auf die Vergabung des Benefiziums als eines saeculare, bez. regulare gegangen und die des Inhabers darauf gerichtet gewesen ist, dasselbe als solches anzunehmen[7]. Ein iustus titulus ist nur dann nöthig, wenn das fragliche Benefizium die ihm nach dem gemeinen Recht regelmässig zustehende Eigenschaft, nicht aber wenn es die ihm nur ausnahmsweise anhaftende Qualität ändern soll[8].

P. III. all. 131. n. 10, so ist das richtig, folgt aber schon aus dem allgemeinen Grundsatz, denn wenn die Festsetzung der Grenzen erwiesen ist, kann von einer unvordenklichen Verjährung nicht mehr die Rede sein, beides schliesst sich aus.

Die Regel des Textes bezieht sich nicht auf die Ersitzung von Rechten, z. B. des Eigenthums oder jurisdiktioneller Befugnisse in einem fremden Sprengel, Barbosa l. c. n. 6. 11.

[1] An Sachbesitz ist deshalb nicht zu denken, weil dieser der thatsächliche Ausdruck des Eigenthums ist, es aber hier sich gar nicht um das Eigenthum der Grenzen, sondern um die Ausübung kirchlich-publicistischer Rechte in den Grenzgebieten handelt.

[2] c. 20 (Later. IV. a. 1215) X. de praescr. II. 26.

[3] c. 4. 5 C. XVI. qu. 3 cit., welche noch die 30jährige Verjährung zulassen, sind durch das spätere Recht, c. 9 (Alex. III.) X. eod. beseitigt. Die singuläre Vorschrift des c. 1 (conc. Afric.) X. eod., über deren Verhältniss zur allgemeinen Regel s. Barbosa l. c. n. 13 ff., hat bei der heutigen Gestaltung der Missions-Einrichtungen keine praktische Bedeutung mehr.

[4] Denn die beiden Ausnahmefälle, in denen ein solcher verlangt wird, c. 1 (Bonif. VIII.) in VIto de praescr. II. 13, liegen hier nicht vor.

[5] c. 5 (Bonif. VIII.) in VIto de praeb. III. 4. Ueber die unrichtige Ansicht, dass zur Veränderung eines beneficium regulare in ein saeculare eine 10jährige Frist genügt, s. Garcias P. VII. c. 10. n. 35; Barbosa J. E. U. P. III. c. 4. n. 43 ff.; Schmalzgrueber III. 5. n. 15; Leuren. P. I. qu. 38. n. 5.

[6] Denn die Handlungen, welche die Natur des Benefiziums zu ändern geeignet sind, bestehen in der Verleihung und der Verwaltung des Benefiziums und sind von den gedachten Personen vorzunehmen, s. auch Schmalzgrueber l. c. n. 17. 18.

[7] Keineswegs kann aber, wie manche thun, die Absicht erfordert werden, dem Benefizium einen anderen Status aufzudrücken. Dies würde das Bewusstsein einer von der gewollten verschiedenen Qualität bedingen und das Requisit der bona fides ausschliessen, s. über diese Kontroverse Barbosa l. c. n. 68 u. Schmalzgrueber l. c. n. 18.

Wird die Verleihung dagegen in Folge der Dispensation eines ungeeigneten Klerikers (also z. B. eines Mönches für ein beneficium saeculare) vorgenommen, so kommt sie und eine darauf gegründete Verwaltung des Amtes nicht für die Verjährung in Betracht. Ebenso wenig macht eine aus bestimmten Gründen angeordnete Verwaltung eines Benefiziums durch Mönche dasselbe zu einem regularen, Acta s. sed. 10, 319.

[8] Dies folgt aus c. 1 in VIto II. 13 cit. Das Pfarramt, welches seiner Natur nach ein b. saeculare ist, kann daher nur auf Grund einer Verjährung mit iustus titulus ein b. regulare werden. Ein Pfarrbenefizium aber, welches bisher als Regular-Benefizium vergeben worden ist, wird in Folge 40jähriger Verjährung ohne Titel ein saeculare, Schmalzgrueber l. c. n. 17.

Uebrigens halten manche, so Leuren. l. c. qu. 62. 177 u. 33. n. 2 die hier besprochene Präskription auch für genügend, um die Perpetuität eines Benefiziums in Manualität und die letztere in die erstere zu verändern. Indessen wird c. 5 in VIto cit. als eine singuläre Vorschrift,

Endlich kann eine Veränderung des status beneficii auch dadurch eintreten, dass einem Benefizium gewisse Amtsbefugnisse, welche ihm zustehen, durch Verjährung oder Ersitzung seitens anderer Personen entzogen werden.

Eine solche ist hinsichtlich der bischöflichen Rechte — abgesehen von den reservirten iura ordinis[1] seitens eines nicht mit der Bischofsweihe versehenen Klerikers[2] — im Allgemeinen, also vor Allem hinsichtlich der Jurisdiktionsrechte, namentlich auch seitens der Untergebenen[3], statthaft[4], und zwar sowohl in Betreff der gesammten Jurisdiktion über eine oder mehrere Kirchen[5] als auch einzelner, in derselben enthaltener Befugnisse[6]. So unterliegt z. B. der Präskription das Recht zur Anstellung zu kirchlichen Aemtern[7], zur Verhängung von Censuren[8], Absetzung von Geistlichen[9], Verwaltung der streitigen Gerichtsbarkeit[10], Errichtung eines Taufsteines[11], Annahme von Todten zum Begräbniss[12] und Abhaltung des Gottesdienstes in den dem Bischof unterstehenden Kirchen[13], endlich das Recht zur Ertheilung der Absolution in leichteren Fällen[14].

Ihre Gränze hat aber die Statthaftigkeit der Ersitzung darin, dass dieselbe niemals gegen die Grundlagen der kirchlichen Disciplin gehen darf[15]. Daher ist die Ersitzung der Freiheit von jeder Obedienz gegen die kirchlichen Oberen und von jeder Visitation durch die letzteren[16] ausgeschlossen, und nur insoweit zulässig, als damit eine Unterwerfung unter einen anderen kirchlichen Oberen verbunden ist[17].

welche keine weitere analogische Ausdehnung gestattet, betrachtet werden müssen.

1 S. o. S. 40.

2 c. 4 (Innoc. III.) X. de cons. I. 4, denn es fehlt hier an einem für das Recht fähigen Subjekt, Barbosa de off. et pot. episc. P. III. all. 127. n. 8; Schmier, iurispr. can. civil. l. I. tr. 2. c. 4. n. 324 ff. Ueber die Möglichkeit der Ersitzung des ius benedicendi sine unctione s. ibid. n. 333.

Selbst die unvordenkliche Verjährung reicht nicht aus. Da sie den Nachweis der Erwerbung eines Rechtes ersetzt, so kann sie derjenige, welcher für ein solches überhaupt unfähig ist, nicht geltend machen, Fagnan. ad c. 4 cit. n. 20 ff.

3 In Frage kommen namentlich die praelati inferiores.

4 c. 15. 18 (Innoc. III.) X. de praescr. II. 26.

5 Fagnan. ad c. 15 cit. n. 1 ff.; Schmier l. c. n. 339. Es kann dann das Verhältniss entstehen, welches in den Dekretalen als incorporatio pleno iure, sonst plenissimo iure bezeichnet wird. Darüber, dass zur Begründung der Stellung eines praelatus nullius die gewöhnliche Ersitzung nicht ausreicht, s. o. S. 343. n. 5.

6 c. 18 X. cit.

7 c. 3. X. de instit. III. 7 u. c. 4. X. de off. arch. I. 23 stehen nicht entgegen. Ersteres verbietet nur die Usurpation von Benefizien ohne Konsens des Oberen, letzteres gehört der Zeit an, wo die Umbildung des Archidiakons zu einem Beamten mit selbstständiger Jurisdiktion noch nicht vollendet war, vgl. übrigens Barbosa l. c. n. 9; Schmier l. c. n. 342. Auch die institutio authorizabilis, das Approbationsrecht des Bischofs für die cura animarum, kann, was freilich bestritten, durch Verjährung ausgeschlossen werden. Barbosa l. c. n. 12; Schmier l. c. n. 347. 348. Das dagegen angeführte Trid. Sess. XXIII. c. 15 de ref. handelt von der Approbation zum Beichthören, nicht von der Verleihung der Kuratbenefizien.

8 Kober, Kirchenbann 2. Aufl. S. 77.

9 Nach dem Trid. Sess. XXIV. c. 20 de ref. nur dann, wenn es keiner Kriminaluntersuchung mehr bedarf, Kober, Deposition S. 319 ff.

10 Mit Ausnahme der Ehesachen, Trid. l. c.; Fagnan. ad c. 12. X. de exc. prael. V. 31. n. 3 ff.

11 Fagnan. ad c. 18. II. 26 cit. n. 17.

12 L. c. n. 25.

13 L. c. n. 27.

14 Nicht aber in den dem Bischof reservirten Fällen, Trid. Sess. XIV de sacr. poen. c. 7 u. Fagnan. l. c. n. 18 ff. Wegen des in c. 18. X. II. 26 cit. erwähnten Rechtes auf die Ordination, dessen Ersitzung gleichfalls in Folge der Vorschriften des Tridentinums, s. Th. I. S. 81. 97 beseitigt ist, vgl. Fagnan. l. c. n. 13 ff.

15 c. 5 (Innoc. III.) X. de cons. I. 4; Reiffenstuel II. 26. n. 49. 55.

16 c. 12. 16 (Innoc. III.) X. de praescr. II. 26; Reiffenstuel II. 26. n. 50. 55.

17 Gonzalez Tellez ad c. 12 cit.; Barbosa P. III. all. 128. n. 5 ff. Daher kann der eine kirchliche Obere diese Rechte auch gegenüber einem andern erwerben und letzteren von der Ausübung derselben ausschliessen, Reiffenstuel l. c. n. 53. 54. Nach c. 16 cit. ist die Möglichkeit einer Ersitzung der Freiheit von der Prokuration bei fortdauernder Befugniss zur Visitation ausgeschlossen, ob diese Vorschrift aber nicht durch Trid. Sess. XXIV. c. 3 de ref. (s. v. in iis vero) beseitigt ist, darüber herrscht Streit, s. den sich selbst widersprechenden Barbosa l. c. alleg. 73. n. 48 u. all. 130. n. 9 u. Schmier l. c. n. 351.

An und für sich sind die Pfarrrechte, ebensowenig wie die bischöflichen, der Verjährung und Ersitzung entzogen[1]. Jedoch kann eine solche, soweit es sich nicht um Befugnisse, welche (wie z. B. das Zehntrecht) zugleich einen Vermögenswerth haben, handelt, nur in viel beschränkterem Umfange Anwendung finden. Zunächst sind die Laien wegen des Mangels des erforderlichen Ordo gar nicht in der Lage, derartige Rechte zu ersitzen, auch ebensowenig die Exemtion vom Pfarrverbande durch Verjährung zu erwerben[2]. Eine Ersitzung der Freiheit von den noch jetzt dem Pfarrzwange unterworfenen Handlungen[3] ist (abgesehen davon, dass diese schon deshalb praktisch nicht gut möglich erscheint, weil sie für den Einzelnen während seiner Lebensdauer im Allgemeinen zu selten vorkommen) rechtlich unstatthaft, denn die betreffenden Vorschriften sind im Interesse der Aufrechterhaltung der kirchlichen Disciplin gegeben und können durch die Verjährung nicht beseitigt werden.

Endlich ist die Ersitzung von Pfarrrechten seitens einzelner Geistlicher, z. B. seitens der Inhaber von einfachen Benefizien an Kapellen, ebenfalls nicht denkbar. Darin läge eine Transformation der in Frage stehenden Benefizien und unter Umständen auch eine Division oder Dismembration derselben, welche nicht durch Verjährung herbeigeführt werden kann[4].

Rechtlich statthaft erscheint demnach nur die Ersitzung einzelner oder aller Pfarrrechte durch eine Pfarrkirche im Sprengel einer andern.

Im Uebrigen unterliegt die Ersitzung der bischöflichen und Pfarr-Gerechtsame den allgemeinen Regeln, erfordert demnach die Vornahme von Handlungen, welche sich als Manifestationen der einzelnen Rechte darstellen, d. h. den Besitz und zwar während eines 40jährigen Zeitraumes, ferner die bona fides, endlich aber auch einen iustus titulus, weil hier stets ein Bruch des gemeinen Rechtes oder eine dem Ersitzenden entgegenstehende Vermuthung in Betracht kommt[5]. Hinsichtlich des Umfanges der Ersitzung gilt der Satz: tantum praescriptum quantum possessum. Danach entscheidet es sich insbesondere, ob die Ersitzung eine s. g. privative oder kumulative ist, d. h. ob das Recht desjenigen, gegen welchen dieselbe vollendet worden, ganz beseitigt wird oder ob er die betreffenden Gerechtsame neben dem Ersitzenden (z. B. der Bischof neben dem praelatus inferior) noch in der Weise ausüben kann, dass bei der Konkurrenz beider die Prävention entscheidet[6].

§. 111. C. Die Aufhebung oder Suppression der Kirchenämter.

I. Die Befugniss zur Suppression. Die Aufhebung (*suppressio, extinctio*) der Kirchenämter steht, da sie nichts anderes als eine Innovation ist, gemäss der allgemeinen Regel dem Papste oder dem Ordinarius zu, je nachdem es sich um höhere oder niedere Benefizien handelt[7].

[1] Schmier l. c. n. 356. 357.

[2] Das wäre contra disciplinam ecclesiasticam c. 5. X. I. 4 cit.

[3] S. o. S. 300.

[4] S. o. S. 456.

[5] c. 1 in VI^to II. 13 cit.

[6] Fagnan. ad c. 15. X. cit. II. 26. n. 6 ff.; Barbosa l. c. P. III. all. 127. n. 14 ff.; Schmier l. c. n. 320 ff. Ueber die Unterbrechung und das Ruhen der Ersitzung kommen die allgemeinen Grundsätze zur Anwendung, unter denen hier auf die Regel besonders verwiesen werden mag, dass die Ersitzung während der Sedisvakanz ruht, c. 4 (Alex. III.) 15 (Innoc. III.) X. de praescr. II. 26, s. dazu Barbosa l. c. alleg. 132.

[7] S. o. S. 397. Ueber die exemten niederen Benefizien kann selbstverständlich der Papst ebenfalls allein in der gedachten Weise verfügen, jedoch haben die Bischöfe kraft gesetzlicher Delegation nach Trid. Sess. XXI. c. 7 de ref. die Befugniss zur Suppression solcher Pfarreien, welche nicht mehr forterhalten werden können.

Indessen besitzt der erstere ausschliesslich das Recht zur Suppression von Dom-[1] und Kollegiatkapiteln. Die einzelnen Kanonikate in denselben kann dagegen der Bischof supprimiren[2], mit Ausnahme der Dignitäten, in Betreff deren die Doktrin schon seit Jahrhunderten die Kompetenz des Papstes für begründet angenommen hat[3]. Der Bischof hat bei derartigen Massnahmen den Konsens des Kapitels einzuholen[4]. Der General-Vikar bedarf zu denselben eines Spezial-Mandates[5], wogegen sie während der Sedisvakanz weder vom Kapitel noch vom Kapitular-Vikar vorgenommen werden können[6].

II. Die Voraussetzungen der Suppression. Für die Suppression, welche die eingreifendste Art der Innovation ist, bedarf es eines ausreichenden Grundes, welcher nur in einer Nothwendigkeit oder in einem augenscheinlichen Nutzen bestehen kann[7]. Unter den ersten Gesichtspunkt fällt der Verlust der Einkünfte des Benefiziums, eine derartige Verminderung derselben, dass die Mittel für die erforderlichen sächlichen und persönlichen Ausgaben nicht mehr zureichen[8], der Eintritt von Umständen, welche die Erfüllung des Zweckes des Amtes hindern, unter den letzteren dagegen eine hervortretende Ungeeignetheit des Amtssitzes oder Beschränktheit des geographischen Amtssprengels oder das Obwalten thatsächlicher, das Ansehen des Amtes beeinträchtigender Verhältnisse[9].

Ausserdem hat das Tridentinum[10] die Bischöfe ermächtigt, einzelne Kanonikate an Kathedral- oder hervorragenderen Kollegiatkirchen, in welchen viele, aber in ihrer Höhe nicht der Bedeutung des Ortes und der Stellung der Kanoniker entsprechende Präbenden vorhanden sind, falls eine Verbesserung des Einkommens nicht durch Union einfacher Beneficien mit den Kanonikaten erzielt werden kann, zur Aufbesserung des für die Kanoniker bestehenden Distributionsfonds, jedoch unter Erhaltung der für den Gottesdienst und die Würde der Kirche genügenden Anzahl, zu supprimiren. Diese Vorschrift stellt sich als eine Ausnahmebestimmung dar, weil an und für sich die Dotirung von Präbenden, welche wohl zum Unterhalt der Kano-

[1] In Bezug auf diese auch deshalb, weil das Domkapitel nicht ohne Bisthum denkbar ist und nur der Papst ein solches aufheben kann.

[2] Gonzalez Tellez ad c. 12. X. de const. I. 2. n. 7 ff.; Schmalzgrueber III. 12. n. 53. Das Trid. Sess. XXIV. c. 15 de ref., welches diese Befugniss für einen gegebenen Fall erweitert, bestätigt diesen Grundsatz.

[3] Auf Grund des c. 8 (Innoc. III.) X. de const. I. 2, s. Glosse dazu s. v. confirmatum; Fagnan. ad c. cit. n. 5; Schmalzgrueber l. c. III. 12. n. 54 unterscheidet zwischen einer gemeinrechtlichen Dignität und einer statutarisch errichteten. Die erstere soll der Papst ausschliesslich, die letztere der Bischof, falls das betreffende Statut keine päpstliche Bestätigung erhalten hat, aufheben können. Die Unterscheidung ist indessen unhaltbar. Es giebt keine durch das gemeine Recht fest bestimmten Dignitäten. S. o. S. 113.

[4] S. o. S. 153.

[5] S. o. S. 215.

[6] S. o. S. 242.

[7] Leuren. l. c. P. III. qu. 967.

[8] c. 12 (Honor. III.) X. de const. I. 2; c. 33 (Greg. IX.) X. de V. S. V. 40; Trid. Sess. XXI. c. 7 de ref.; Pii VII. const. v. 27. Juni 1818. §. 2 (bull. Rom. cont. 15, 56): „In ipsius regis (utriusque Siciliae) ditione citra Pharum suppressis vel ob redditruum deficientiam vel ob locorum obscuritatem vel ob nimiam dioecesani territorii angustiam vel ob alias rationabiles causas variis episcopalibus sedibus“.

[9] Eiusd. const. v. 1. Mai 1818. §. 2 (ibid. p. 36): „Referebatur . . . binas episcopales ecclesias, Caprularum et Torcellanam eo esse loci, ut ob coeli gravitatem morari ibidem haud solerent antistites qui Venetiis, ut plurimum, degebant, sacrorum propterea administros perpaucos esse eosque fortuna egentes; squallere inopia canonicorum collegia eosque nonnisi ex pensione ex aerario vectitare; chorales proinde functiones festis duntaxat diebus vel nullo vel miserabili sane apparatu haberi; grandem vero esse incolarum egestatem, quorum mille ac biscentum Caprularum dioecesis percenset ac vix quindecim mille Torcellana; eam idcirco earumdem ecclesiarum esse conditionem, ut nequaquam episcopatus honorem posse ibidem sustineri pro dignitate palam sit, ideoque rogabamur, ut eas perpetuo supprimeremus ac patriarchali Venetiarum ecclesiae attribueremus“. S. auch die vorige Note.

[10] Sess. XXIV. c. 15 de ref.

niker ausreichen, aber keine den besonderen Verhältnissen einer hervorragenderen Kirche angemessene Höhe haben, nicht einen Grund zur Suppression von anderen Benefizien abgeben kann. Daher hat die Doktrin von jeher, und mit vollem Recht, diese Anordnung beschränkend ausgelegt, und dem Bischof die Befugniss zur Suppression von Dignitäten der Kapitel[1] und von Präbenden an kleineren und nicht bedeutenden Kollegiatkirchen abgesprochen[2], sowie die Vorschrift auf die praelati cum iurisdictione episcopali für unanwendbar erklärt[3].

Die päpstlichen Reservationen hindern die Suppression von Benefizien ebensowenig wie die Union derselben. Da aber die Suppression gleichfalls eine Innovation ist, so müssen auch hier dieselben Ausnahmen, wie hinsichtlich der Unionen, zur Geltung kommen (vgl. o. S. 419).

III. Das Verfahren bei der Suppression. Zur Gültigkeit der Suppression bedarf es der Feststellung des sie rechtfertigenden Grundes und der Zuziehung der betheiligten Personen[4]. Als solche kommen in Betracht namentlich:

1. der Inhaber des zu supprimirenden Benefiziums, welchem das Recht auf dasselbe nicht ohne seinen Konsens entzogen werden kann;

2. der Patron. Sein unbegründeter Widerspruch hindert aber die Suppression nicht absolut und unter allen Umständen[5], und zwar um so weniger, als diese für die Regel nur da vorgenommen wird, wo die Fortexistenz des Benefiziums unmöglich geworden ist. Selbstverständlich geht der Patronat bei ausdrücklich ertheiltem oder ordnungsmässig ergänztem Konsens des Patrons durch Suppression seiner Substanz nach unter;

3. die sonstigen kollationsberechtigten Personen;

4. die Parochianen, sofern es sich um Aufhebung der für ihre Zwecke bestimmten Benefizien handelt;

5. das Kollegiatkapitel bei der Suppression von Präbenden in demselben[6].

Ueber die Folgen der Verletzung der gedachten Vorschriften, sowie über die Ausstellung eines Suppressions-Dekretes gilt dasselbe, wie bei der Union[7].

IV. Die Wirkungen der Suppression. Die Suppression vernichtet das bisherige Benefizium seiner Substanz nach. Dadurch erlischt dasselbe auch in seinem geistlichen Bestande und die ihm anhaftenden Privilegien gehen unter.

Für das dem Benefizium gehörige Vermögen, die gottesdienstlichen Gebäude, die Pertinenzen und Geräthschaften derselben und den geographischen Distrikt fällt der

[1] Fagnan. ad c. 8. X. de const. I. 2. n. 7. 8; Reiffenstuel III. 12. n. 35.

[2] Barbosa de off. et pot. episc. P. III. all. 67. n. 2.

[3] L. c. n. 11.

[4] Vgl. Leuren. l. c. qu. 968 ff.

[5] Wenn das Trid. Sess. XXIV. c. 15 de ref. die Zustimmung des Laienpatrons unbedingt fordert, also in dem dort erwähnten Falle auch die Supplirung derselben ausschliesst, so erklärt sich das aus der singulären Natur der Bestimmung.

[6] Weil es ebenfalls dabei interessirt ist. Ob im Trid. Sess. XXIV. l. c. mit dem consensus capituli der des betheiligten, also auch der des Kollegiatkapitels oder aber in allen Fällen der des Domkapitels hat erfordert werden sollen, ist in Frage gezogen worden. Die erstere Annahme bei Barbosa de off. et pot. episc. l. c. n. 14. Sie ist aber nicht haltbar, denn der Ausdruck: episcopi cum consensu capituli kann nur auf das dem Bischof zur Seite stehende (Dom-) Kapitel bezogen werden. Als Betheiligter wird freilich der allgemeinen Regel gemäss auch das Kollegiatkapitel zu hören sein, ein die Massregel hinderndes Widerspruchsrecht, wie das Domkapitel, hat es indessen nicht.

[7] Weil es sich ebenfalls um eine Innovation handelt. Das positive Quellen-Material über die Suppression ist äusserst dürftig; nicht minder auch die Literatur, s. z. B. Garcias l. c. P. XII. c. 1; Schmalzgrueber l. c. n. 53. 54; Reiffenstuel l. c. n. 32 ff.; Phillips 7, 296. 297.

bisherige Mittelpunkt fort. Daher hat der kirchliche Obere bei der Suppression auch zugleich die nöthigen Anordnungen in Betreff dieser Gegenstände zu treffen.

Der frühere Sprengel eines aufgehobenen Territorial-Benefiziums ist, um die Befriedigung der religiösen Bedürfnisse der Einwohner sicher zu stellen, mit dem Bezirke eines anderen gleichartigen Amtes zu vereinigen[1]. Das für das supprimirte Benefizium bestimmte Gebäude, welches nunmehr entbehrlich wird, kann zu anderen kirchlichen Zwecken gewidmet werden[2], ist aber eine solche Verwendung nicht möglich und fehlt es an den Mitteln zur Unterhaltung desselben, so bleibt nichts übrig als dasselbe zu profaniren[3], damit es für andere weltliche Zwecke, welche aber anständige sein sollen, gebraucht oder abgebrochen werden kann[4]. Mit der Profanation tritt die Kirche wieder in den allgemeinen Rechtsverkehr, und daher ist auch eine Veräusserung derselben[5], und bei beschlossenem Abbruch, ein Verkauf des Baumaterials nicht unstatthaft.

Die zu einer solchen Kirche gehörigen Reliquien, Altarbilder, Geräthschaften können nach Befinden des kirchlichen Oberen anderen Kirchen überlassen werden; gewöhnlich geschieht dies an solche, auf welche etwaige andere an der supprimirten Kirche vorhandene, aber nicht selbst der Aufhebung unterliegende Benefizien übertragen werden.

Das etwaige Vermögen des zu supprimirenden Benefiziums kann der kirchliche Obere, da er auch zur Veräusserung desselben befugt ist, anderen, von ihm zu bestimmenden kirchlichen Instituten überweisen. Geschieht dies zeitlich noch vor der Aufhebung des Benefiziums, so ergiebt sich nicht die mindeste Schwierigkeit. Für den umgekehrten Fall oder wenn die Verfügung im Suppressions-Dekrete vorbehalten oder gar vergessen worden ist, entsteht die Frage, ob nicht mit der Vernichtung der juristischen Persönlichkeit des Amtes das in diesem Zeitpunkt vorhandene Vermögen bonum vacans wird. Indessen legen die kirchlichen Rechtsquellen den geistlichen Oberen die Befugniss bei, das Vermögen kirchlicher Institute, welche ihren Zweck nicht mehr erfüllen können, einer anderen Bestimmung zu widmen, und schliessen dadurch das Recht des Fiskus aus.

In die Schulden des supprimirten Benefiziums treten diejenigen Institute, welchen das Vermögen oder einzelne Vermögensstücke überwiesen worden sind, nicht ein, denn eine Universal-Succession liegt bei einem derartigen Erwerbe nicht vor. Andererseits hebt aber die Suppression die bestehenden Passiva zum Nachtheile der

[1] Trid. Sess. XXI. c. 7 de ref. Alles Nähere steht im Ermessen des Oberen. So kann er z. B. die Parochie einer supprimirten Pfarre dismembriren und die einzelnen Theile mit verschiedenen Pfarrsprengeln vereinigen, auch für einzelne ständige Vikare einsetzen.

[2] Z. B. an eine religiöse Kongregation oder Brüderschaft abgetreten werden, wobei dann diese nach der Praxis die Unterhaltung zu übernehmen hat.

[3] Trid. l. c. Es soll aber stets bei der Kirche ein Kreuz errichtet werden.

[4] Letzteres geschieht namentlich bei kleineren, verödet oder vereinzelt gelegenen Kirchen und Kapellen, um einen Missbrauch (z. B. als Schlupfwinkel für Gesindel oder Verbrecher) zu verhindern, vgl. Card. de Luca adnot. ad Trid. disc. 17. n. 3, Acta s. sed. 2, 461; 5, 184.

[5] In dem Acta cit. 5, 184 mitgetheilten Fall ist die profanirte Kapelle mit anderen Gegenständen in Emphyteuse gegeben worden. Immer soll aber der Obere bei der Veräusserung die grösste Vorsicht zur Verhütung eines späteren unanständigen Gebrauches anwenden, und falls letzteres nicht möglich erscheint, lieber der Verkauf unterbleiben. Hieraus erklärt sich das in der Entscheidung bei Richter, Tridentinum S. 121. n. 10 von der Congr. Conc. erlassene Verbot. Andererseits wird eine Veräusserung an den Staat oder eine Kommune um die Kirche wegen ihrer architektonischen Beschaffenheit als Kunstdenkmal zu erhalten oder sie als Museum oder zu ähnlichen Zwecken zu brauchen, nicht für ausgeschlossen erachtet werden können.

[6] Trid. Sess. XXIV. c. 15 de ref.; Sess. XXV. c. 8 de ref.

Gläubiger nicht auf: demnach kann nur das Vermögen selbst, soweit es ausreicht, nach Analogie des gemeinen Rechtes [1] für haftbar erachtet werden. Ja, es wird dem kirchlichen Oberen sogar die Pflicht aufgelegt werden müssen, in solchen Fällen, weil erst nach Berichtigung der Schulden überhaupt ein seiner Disposition unterliegendes Vermögen vorhanden ist, eine ordentliche Liquidation zu veranlassen, und da, wo es rechtlich gestattet ist, zur Deckung der Schulden die Ausschreibung von Umlagen anzuordnen, um auf diese Weise den Gläubigern Befriedigung zu verschaffen. Alles dies gehört zu einer ordentlichen Abwickelung des Suppressions-Geschäftes. Werden diese Massregeln versäumt, so können die Gläubiger sich nicht nur an die einzelnen Vermögensstücke halten, sondern auch wegen des durch Verletzung der gedachten Pflicht ihnen erwachsenen Schadens die kirchlichen Oberen auf Ersatz belangen.

Sind endlich mit dem zu supprimirenden Institut noch andere Benefizien (z. B. mit der Pfarrkirche einzelne einfache Benefizien) verbunden, deren Aufhebung nicht durch die des ersteren bedingt ist [2], so müssen diese vom kirchlichen Oberen auf andere Kirchen übertragen werden.

Die 13. Kanzleiregel [3] widerruft die bei Lebzeiten eines Papstes angeordneten, aber nach dessen Tode noch nicht in Wirksamkeit getretenen Suppressionen in dem Umfange, wie die Unionen (s. o. S. 433). Nur kann mit Rücksicht darauf, dass bei der blossen Aufhebung eines Benefiziums die Schaffung eines neuen ausser Frage steht, der Zeitpunkt, von welchem ab die Suppression nicht mehr dem in der Kanzleiregel ausgesprochenen Widerruf unterliegt, nicht wie bei der Union in den Moment der Besitzerlangung des Benefiziums verlegt werden [4], vielmehr wird als solcher der Zeitpunkt der thatsächlich durchgeführten Aufhebung gelten müssen.

Die *restitutio beneficii exstincti*, die Wiederherstellung des aufgehobenen Benefiziums, ist die Beseitigung einer früher vollzogenen Suppression. Da indessen durch die letztere das frühere Benefizium völlig vernichtet wird, so steht diese Wiederherstellung rechtlich der Neuerrichtung gleich. Es kommen mithin für dieselbe alle für letztere massgebenden Regeln zur Anwendung [5], und es leben die den supprimirten Benefizien anhaftenden besonderen Rechte oder Privilegien nicht von selbst wieder auf.

§. 112. *II. Das Recht der Altkatholiken.*

Für die Altkatholiken, welche sich als wahre Katholiken betrachten, müssen die in den §§. 103—111 entwickelten Grundsätze des katholischen Kirchenrechts als in Geltung stehend angesehen werden. Darüber indessen, wie diese gegenüber den aus der Stellung der Altkatholiken zur vatikanisch-katholischen Kirche und zum Papste sich ergebenden Schwierigkeiten zur Anwendung zu bringen sind, sind altkatholischerseits selbst mangels eines hervorgetretenen Bedürfnisses noch keine Festsetzungen getroffen worden. Praktisch wird diese Frage erst dann werden, wenn

[1] L. 11. D. de iure fisci XLIX. 14: „Non possunt ulla bona ad fiscum pertinere, nisi quae creditoribus superfutura sunt: id enim bonorum cuiusque esse intellegitur quod aeri alieno superest“.

[2] Dagegen kann bei Aufhebung eines Bisthums das Domkapitel nicht mehr unverändert fortbestehen bleiben, wohl aber in der Weise, dass es mit dem einer anderen Diöcese vereinigt wird.

[3] S. o. S. 433. n. 3.

[4] S. o. S. 433.

[5] Phillips K. R. 7, 286. 297. A. M. ohne nähere Begründung Schulte K. R. 2, 315, welcher den Bischof nicht für verpflichtet erklärt, hierbei irgend einen Interessenten zu hören.

sich die Nothwendigkeit der Bestellung eines zweiten altkatholischen Bischofs und damit der Theilung des bisherigen deutschen Gebietes in zwei Bisthümer geltend machen sollte [1].

Bei der Gestaltung der bisherigen Organisation ist nur die Errichtung und die Veränderung von Pfarreien in Frage gekommen. Auf diese macht die Uebertragung der Grundsätze des katholischen Kirchenrechtes keine Schwierigkeit, da die gedachten Massnahmen zur Kompetenz des Bischofs gehören und dem altkatholischen Bischof „alle Rechte und Pflichten zustehen, welche das gemeine Recht dem Episkopat beilegt“ [2]. Mangels eines Domkapitels fällt die Konkurrenz desselben fort, wohl aber wird die Synodal-Repräsentanz, welche dem Bischof bei der Leitung des altkatholischen Kirchenwesens überhaupt zur Seite steht [3], als berathende Behörde zuzuziehen sein.

§. 113. *III. Das staatliche Recht.*

Die katholische Kirche nimmt in den deutschen Staaten die Stellung einer öffentlichen Korporation ein, und ist als solche in ihren Gliederungen und in ihrem Aemter-Organismus mit einer Reihe staatlicher Privilegien ausgestattet. Die äussere Gestaltung der kirchlichen Einrichtungen, wodurch nicht nur die Kirche im staatlichen und öffentlichen Leben zur Erscheinung kommt, sondern auch überhaupt ihre Wirksamkeit und der Charakter der letzteren wesentlich mit bedingt wird, ist daher eine Angelegenheit, welche ihrer Natur nach die staatlichen Interessen berührt, und nicht allein der einseitigen, völlig freien Regelung der Kirche überlassen werden kann. Die Zahl der Bisthümer und Pfarreien, ihre gehörige Vertheilung und Abgränzung ist für den Staat, welcher mit der Gewährung der privilegirten Stellung an die Kirche die hohe Bedeutung ihrer Mission für das Volksleben anerkennt, nicht gleichgültig. Er hat ein Interesse daran, dass diese Organisationen für die Erfüllung der kirchlichen Aufgaben zweckmässig gestaltet werden, ferner aber auch daran, dass dies nicht in einer Weise geschieht, welche ihn und seine Unterthanen benachtheiligt und schädigt [4]. In dieser allgemeinen Bedeutung der kirchlichen Organisation für das öffentliche Leben liegt die Rechtfertigung für die Mitwirkung des Staates bei Neugestaltungen und Umänderungen derselben. Allerdings ist eine solche auch dazu erforderlich, weil die betreffenden Einrichtungen ohne diese die für die staatliche Sphäre wirksamen Rechte und Privilegien nicht erhalten können. Aber dies ist nicht das wesentliche Fundament der staatlichen Betheiligung. Wäre der letztere Gesichtspunkt allein massgebend, so müsste es der Kirche freistehen, dieselbe durch einen Verzicht auf jene Rechte und Privilegien abzulehnen. Die Gründung von solchen Bildungen rein kirchlichen Charakters, z. B. von blos kirchlichen, nicht staatlich anerkannten Bisthümern oder Pfarreien, erscheint indessen unter dem zuerst hervorgehobenen Gesichtspunkt unstatthaft. Wenn eine Kirche im Staate die Stellung einer öffentlichen Korporation hat, so ergreift dieser Charakter alle ihre Einrichtungen, und es ist unmöglich, diesen für einen Theil derselben auszuschliessen.

[1] Der gegenwärtige einzige altkatholische Bischof in Deutschland ist unter exceptionellen Verhältnissen gewählt worden. Das dabei beobachtete Verfahren kann daher unmöglich für weitere zukünftige bischöfliche Organisationen massgebend sein.

[2] Synodal- u. Gemeinde-Ordnung v. 1874. §. 5.

[3] A. a. O. §. 13.

[4] So z. B. durch übermässige Vermehrung der kirchlichen Aemter, welche eine Ueberbürdung der Bevölkerung mit kirchlichen Lasten herbeiführt.

Das Mitwirkungsrecht des Staates wird von den Gesetzgebungen der meisten Staaten, namentlich der deutschen, theils in grösserem, theils in geringerem Umfange in Anspruch genommen, wie ein solches auch früher schon von der weltlichen Gewalt ausgeübt worden ist [1]. Weil eine derartige Konkurrenz sich gerade bei den hier in Frage kommenden Massnahmen als förderlich erwiesen hat und oft in Folge derselben allein die nothwendigen Dotationsmittel haben beschafft werden können, ist die Kirche der Handhabung dieses Rechtes viel weniger als der anderer staatlicher Kirchenhoheitsrechte entgegengetreten.

Von den höheren Benefizien kommen in Deutschland nur die Erzbisthümer und Bisthümer in Betracht. Unter den betreffenden Gesetzgebungen weist allein die bairische eine allgemeine Bestimmung dahin auf, dass Anordnungen über die Eintheilung der Diöcesen nicht ohne Zustimmung der Staatsregierung stattfinden können [2]. Damit ist jede einseitige Veränderung der bestehenden bischöflichen Verfassung, möge sie den Charakter einer Neu-Errichtung, einer Union oder Suppression haben, verboten [3]. Jede unter Verletzung der Vorschrift erfolgte Massnahme ist daher sowohl für das staatliche, wie auch kirchliche Gebiet nichtig und von den Staatsbehörden, den kirchlichen Beamten und den Mitgliedern der Kirche als nicht existent zu betrachten [4].

In den übrigen deutschen Ländern (in Altpreussen, Hannover und der oberrheinischen Kirchenprovinz) ist die Bisthumsverfassung durch die Circumscriptionsbullen [5] nach vorgängiger Vereinbarung mit den Staatsregierungen eingerichtet und durch die überall ertheilte staatliche Genehmigung und die Publikation der Bullen sanktionirt worden. Eine einseitige kirchliche Aenderung ist daher rechtlich unmöglich, weil die Kirche nicht die Befugniss hat, die gesetzlich in den einzelnen Staaten bestehenden Organisationen einseitig aufzuheben [6].

[1] Ueber die Konkurrenz der Fürsten bei der Begründung von Bisthümern s. o. S. 380. Ueber die Mitwirkung bei der Errichtung anderer kirchlicher Aemter und Institute, sowie bei der Veränderung derselben im Mittelalter — diese ist sogar mitunter von den Fürsten zu einem selbstständigen Verfügungsrecht erweitert worden, so kommen z. B. einseitig von diesen vorgenommene Inkorporationen vor — vgl. Friedberg, de finium int. eccl. et civ. reg. iudicio. Lipsiae 1861. p. 232; Reinhardt meditat. de iure principum Germaniae circa sacra. Hal. Magdeb. 1717. p. 74 ff.; Warnkönig, staatsrechtl. Stellg. d. kath. Kirche S. 67. 99.

[2] Relig. Edikt v. 1818. §. 76: „Unter Gegenständen gemischter Natur werden diejenigen verstanden, welche zwar geistlich sind, aber die Religion nicht wesentlich berühren, und zugleich eine Beziehung auf den Staat und das weltliche Wohl der Einwohner desselben haben. Dahin gehören . . . Eintheilung der Diöcesen, Decanats- und Pfarrsprengel“. §. 77: „Bei diesen Gegenständen dürfen von der Kirchengewalt ohne Mitwirkung der weltlichen Obrigkeit keine einseitigen Anordnungen geschehen“. Eine noch umfassendere Bestimmung hat das österreich. Gesetz v. 7. Mai 1874. §. 20: „Zur Errichtung neuer Diöcesen und Pfarrbezirke, zu einer Aenderung in der Abgrenzung der bestehenden, dann zur Errichtung, Theilung oder Vereinigung von Pfründen ist die staatliche Genehmigung erforderlich“.

[3] Alle diese Verfügungen berühren die bestehenden Diöcesan-Verhältnisse. Die unio aeque principalis führt freilich keine Veränderung der Diöcesen selbst herbei. Das die bairische Diöcesan-Eintheilung regelnde Konkordat v. 1817 und die diese näher normirende Circumscriptionsbulle v. 1. April 1818 sind indessen durch die kön. Verfügung v. 15. Sept. 1821 (Weiss, corp. iur. eccles. p. 262) staatlich genehmigt worden. Da eine derartige Union immer eine Abänderung der dadurch festgesetzten Einrichtungen enthalten würde, so kann sie ebenfalls nicht ohne staatliche Mitwirkung gültig erfolgen.

[4] Dieselben Konsequenzen ergeben sich auch für Oesterreich, für welches übrigens das aufgehobene Konkordat v. 1855 Art. 18 schon Einvernehmen mit der Regierung bei Errichtung neuer Diöcesen und neuer Diöcesan-Circumscriptionen vorgeschrieben hatte.

[5] Sie sind S. 81. n. 2. 3 aufgeführt.

[6] Dasselbe muss natürlich für die Aenderung der mit den Bisthümern verbundenen Delegatursprengel (s. o. S. 362) gelten. Schwierigkeiten haben sich in Preussen nicht ergeben, für die hier vorgekommenen Diöcesan-Aenderungen (so z. B. die anderweite Diöcesan-Abgrenzung zwischen den Diöcesen Kulm und Ermland i. J. 1859, zwischen Würzburg und Fulda i. J. 1870) ist stets die königliche Genehmigung eingeholt worden.

Das für die Länder des französischen Rechtes, insbesondere also Elsass-Lothringen massgebende Konkordat v. 26. Mess. IX. Art. 2

Dieser Grundsatz kommt auch für diejenigen Länder zur Anwendung, in welchen die katholische Kirche nur mit bestimmten, gesetzlich festgestellten Verfassungseinrichtungen anerkannt ist, gleichviel, ob die Katholiken auswärtigen Bisthümern unterstehen [1] oder für dieselben im Inlande eine besondere kirchliche Leitungsbehörde besteht [2], desgleichen in den Staaten, in welchen den Katholiken nur ein genau bestimmtes Mass der Religionsübung zugesichert ist [3].

Dieselben Regeln müssen ferner für Veränderungen in den deutschen Domkapiteln gelten, denn diese sind gleichzeitig bei der Errichtung der Bisthümer durch die vorhin erwähnten, staatlich genehmigten kirchlichen Ordnungen eingesetzt worden [4].

Bei der Errichtung neuer Pfarreien und bei Pfarr-Innovationen ist in Altpreussen [5], in der preussischen Provinz Schleswig-Hol-

schreibt ebenfalls bei der Circumscription der Diöcesen das Einvernehmen mit der Regierung vor und die organischen Artikel setzen demgemäss (Art. 58. 59) die Bisthümer fest. Die späteren Abänderungen sind in Frankreich immer unter Mitwirkung der staatlichen Organe zu Stande gekommen.

[1] Hierher gehören Oldenburg, s. Th. I. S. 537. n. 4; Lippe-Detmold a. a. O. n. 5; Sachsen-Weimar, s. diesen Theil o. S. 285. n. 12; Schwarzburg-Rudolstadt s. Arch. f. k. K. R. 36, 411.

[2] Wie im Königreich Sachsen, s. Th. I. S. 537. n. 3. Das sächs. Ges. v. 23. August 1876. §. 29: „Neue geistliche Einrichtungen jeder Art, welche in irgend einer Hinsicht die staatlichen und bürgerlichen Verhältnisse berühren, dürfen nur mit Genehmigung der Staatsregierung ausgeführt werden. Die Genehmigung kann nur aus staatlichen Gründen versagt werden", kann seinem Zusammenhange nach kaum auf das Vikariat bezogen werden (s. auch Motive dazu i. Arch. f. k. K. R. 37, 114), würde anderenfalls aber nur das im Text Gesagte ebenfalls rechtfertigen.

[3] So in Braunschweig s. Th. I. S. 537. n. 2; in Waldeck, Arch. f. k. K. R. 9, 18 ff.; in Sachsen-Gotha, s. cit. Arch. 36, 215, von denen das erstere dem Bisthum Hildesheim (cit. Arch. 23, 246), die letzteren dem von Paderborn überwiesen sind. Ueber Mecklenburg o. S. 314. n. 1.

[4] Für die Länder des französ. Rechts vgl. organ. Artikel 35: „Les archevêques et évêques qui voudront user de la faculté qui leur est donnée d'établir des chapitres, ne pourront le faire sans avoir rapporté l'autorisation du gouvernement tant pour l'établissement lui-même que pour le nombre et le choix des ecclésiastiques destinés à les former".

[5] A. L. R. II. 11. §. 238: „Neue Parochien können nur vom Staate unter Zuziehung der geistlichen Oberen errichtet und die Grenzen derselben bestimmt werden". §. 239: „Bei Veränderungen in schon errichteten Parochien muss der Staat alle diejenigen, welche ein Interesse dabei haben, rechtlich hören, und die ihnen etwa zukommenden Entschädigungen festsetzen". Mit Rücksicht auf Art. 15 der Verf. Urk. v. 1850 überliess die Verwaltungspraxis hinsichtlich der Errichtung neuer Pfarreien den Bischöfen die Initiative und selbstständige Entscheidung, und erachtete eine staatliche Genehmigung (des Königs) nur insoweit erforderlich, als es sich um die Erlangung der staatlichen Rechte, juristische Persönlichkeit, Recht der administrativen Beitreibung der Pfarrabgaben etc. handelte, s. R. v. 8. Mai 1852 (Beiträge z. preuss. K. R. 2, 8. 9), vgl. auch Richter in Dove Ztschr. f. K. R. 1, 116. Das O. Trib. hat aber auch nach Erlass der Verf. Urk. daran festgehalten, dass die Gründung einer kirchlichen Parochie der Staatsbehörde zukomme (s. ang. Ztschr. 4, 207 u. Entschdgen 46, 31*). In der That war jene Unterscheidung der geistlichen und der staatlichen Seite der Pfarrei, welche sich bei der öffentlichen privilegirten Stellung der katholischen Kirche gar nicht trennen lassen, unhaltbar (s. o. im Texte S. 464 und meine preuss. Kirchengesetze des J. 1873. S. 144), und da der jetzt aufgehobene Art. 15 der Verf. U. der katholischen Kirche nur die selbstständige Verwaltung der ausschliesslich innerhalb der kirchlichen Sphäre liegenden Angelegenheiten zugesichert hatte, eine solche aber die Pfarrei-Errichtung und Veränderung nicht ist, so ist die Konkurrenz des Staates bei derartigen Massnahmen gesetzlich niemals beseitigt gewesen. Diesen Standpunkt hat nunmehr auch die Verwaltungspraxis wieder eingenommen, s. Reskr. v. 30. September 1874 (meine Kirchenges. v. 1874 u. 1875. S. 207), wonach die betreffenden Pfarr-Innovationsdekrete von den Staatsbehörden in Gemeinschaft mit den bischöflichen aufzustellen und zu vollziehen sind. Die Bestätigung ertheilt nach der K. O. v. 27. Juli 1874 (s. das cit. Reskr.) nicht mehr der König, sondern der Kultusminister. Die Voraussetzungen solcher Erektionen und Errichtungen regeln übrigens §. 176. a. a. O.: „Neue Kirchen können nur unter ausdrücklicher Genehmigung des Staats erbaut werden"; §. 177: „Eine Kirchengesellschaft kann auf diese Erlaubniss nur alsdann Anspruch machen, wenn sie erhebliche Gründe der Nothwendigkeit oder des Nutzens und zugleich hinlängliche Mittel zum Baue und zur Unterhaltung eines solchen neuen Kirchensystems, ohne besorglichen Ruin der gegenwärtigen und zukünftigen Mitglieder, nachweisen kann".

Für die ganze preussische Monarchie schreibt der §. 19 des Ges. v. 11. Mai 1873:

stein[1], in Baiern[2], im Königreich Sachsen[3], in Würtemberg[4], in Hessen[5], in Oldenburg[6], in Sachsen-Weimar[7], in Sachsen-Gotha[8] und in Braunschweig[9], ferner in den Ländern des französischen Reiches[10] und in Oesterreich[11] die Genehmigung der Staatsbehörden ausdrücklich vorgeschrieben. Dieselbe wird auch in den preussischen Provinzen Hannover, Kurhessen, Nassau, Hohenzollern[12] und in Baden[13], sowie in denjenigen Ländern, in denen bisher den Katholiken allein unter Zulassung und Anerkennung bestimmter Pfarreien das Recht zu kirchlicher Organisation gewährt worden ist[14], für erforderlich erachtet

„Die Errichtung von Seelsorgeämtern, deren Inhaber unbedingt abberufen werden können, ist nur mit Genehmigung des Ministers der geistlichen Angelegenheiten zulässig", die staatliche Mitwirkung bei der Begründung von Missionspfarreien (s. o. S. 363) vor.

1 R. v. 23. April 1864 (Dove, Ztschr. f. K. R. 6, 146): „Die Gründung von Kirchen und Gemeinden mit Parochialrechten . . . bedarf nach dem für die Landeskirche geltenden Massstabe der Genehmigung der Regierung". Ges. v. 14. Juli 1863 (Dove Ztschr. f. K. R. 4, 265) §. 1: „Den . . . Katholiken . . . ist, wie die private, so an denjenigen Orten, wo sie mit Genehmigung der Regierung zu einer kirchlichen Gemeinde zusammengetreten sind, auch die gemeinsame öffentliche Religionsausübung gestattet" . . . §. 2: „Die Genehmigung der Regierung (§. 1) ist zu ertheilen, sobald nachgewiesen ist, dass die zur Organisation einer Gemeinde erforderlichen Einrichtungen getroffen sind". Diese Vorschrift ist ebenfalls trotz der Einführung der preuss. V. Urk. bestehen geblieben, s. vor. Note.

2 Konkordat v. 1817 Art. 12: „Pro regimine dioecesium archiepiscopis et episcopis id omne exercere liberum erit, quod in vim pastoralis eorum ministerii sive ex declaratione sive ex dispositione ss. canonum secundum praesentem et ad s. sede adprobatam ecclesiae disciplinam competit ac praesertim . . . f) collatis cum regia maiestate praesertim pro convenienti redituum assignatione consiliis parochias erigere, dividere vel unire", s. auch S. 465. n. 2. Die Kreisregierung leitet hier die Verhandlungen unter Betheiligung des bischöflichen Ordinariates und legt die Akten dem Kultusministerium vor, welches die königliche Entscheidung einholt, Silbernagl, Verfassg. d. Religionsgemeinschaften i. Baiern S. 51. 52.

3 S. o. S. 466. n. 2. Vgl. auch die Bek. v. 5. Febr. 1849 bei Schreyer, Cod. des in Sachs. gelt. K. R. S. 695.

4 Art. 17 des Ges. v. 30. Jan. 1862: „Die Bildung neuer kirchlicher Gemeinden und die Abänderung bestehender kirchlicher Gemeinde- und Bezirkseintheilungen kann von dem Bischof nur im Einverständnisse mit der Staatsregierung verfügt werden. Dasselbe gilt von der Errichtung, Theilung und Vereinigung von Pfründen, auch wenn eine neue kirchliche Gemeindeeintheilung nicht damit verbunden ist".

5 Art. 5 des Ges. v. 23. April 1875 betr. d. Vorbildung etc. d. Geistlichen: „Die provisorische oder definitive Errichtung neuer Pfarrstellen, sowie die Aenderung bestehender Pfarrbezirke darf nur mit Genehmigung der Staatsregierung erfolgen".

6 Normat. v. 1831. §. 19 (Müller, Lex. des K. R. 2. Aufl. 5, 414): „Die Errichtung, Umwandlung, Vereinigung oder Theilung, Grenzbestimmung von Parochien oder geistlichen Benefizien kann nur im Einverständnisse zwischen der Kommission (d. h. der zur Wahrung des ius circa sacra eingesetzten Regierungsbehörde) und dem Offizialate (s. o. S. 227. n. 4) und unter landesherrlicher, auch so weit nöthig (§. 12 des Vertrages vom 5. Januar 1830) bischöflicher Genehmigung geschehen". Der letzterwähnte §. (s. a. a. O. S. 403) behält dem Bischof vor „Pfarreien zu dismembriren", womit ihm also auch die Suppression, soweit mit ihr die letztere Wirkung verbunden ist, reservirt ist.

7 Denn das Ges. v. 7. Okt. 1823 §. 3 schreibt das Placet für alle auch einzelne Gemeinden betreffende Anordnungen der Kirchengewalt vor und §. 62 erklärt die Vorschriften des preuss. A. L. R. Th. II. Tit. 11 (s. o. S. 466. n. 5) für subsidiarisch geltend (Müller a. a. O. S. 373. 393).

8 Regul. v. 1811. §. 8, welches das Placet in dem in der vorigen Note gedachten Umfange für den Staat in Anspruch nimmt, s. auch §. 23 (Arch. f. k. K. R. 36, 217. 220).

9 Th. I. S. 537. n. 2 u. Arch. f. k. K. R. 23, 246.

10 Konkordat Art. 9: „Les évêques feront une nouvelle circonscription des paroisses de leurs diocèses, qui n'aura d'effet que d'après le consentement du gouvernement"; organ. Artikel 62 (o. S. 294. n. 1). Für Preussen ist der Unterschied zwischen den eigentlichen Pfarreien und Sukkursalen (s. o. a. a. O.) principiell dadurch beseitigt, dass auch die letzteren (s. §§. 18. 19 Abs. 2) des Ges. v. 11. Mai 1873 dauernd besetzt werden sollen. Auf die Errichtung neuer findet der §. 19 Abs. 1 Anwendung. Die citirten Vorschriften des französischen Rechtes sind für die Rheinprovinz durch die Verf. Urk. v. 1850 nicht beseitigt worden. Die Gründe s. S. 466. n. 5.

11 S. o. S. 465. n. 2.

12 Denn für diese Landestheile sind die Pfarreien durch die staatlich genehmigten Circumscriptionsbullen bestimmt. Vgl. Permaneder K. R. §. 235. n. 7b.

13 Aus dem in der vorigen Note hervorgehobenen Grunde.

14 Hierher gehören z. B. Mecklenburg, s. o. S. 314. n. 1; Schwarzburg-Rudolstadt Arch. f. k. K. R. 36, 411; Anhalt.

werden müssen. Abgesehen worden ist von einer solchen Mitwirkung nur in Lippe-Detmold[1].

Die Nothwendigkeit einer Staatsgenehmigung zur Errichtung und Veränderung anderer Benefizien ordnen die Gesetzgebungen Würtembergs[2], Oldenburgs[3] und Oesterreichs[4] ausdrücklich an. In Baiern[5] ist die Zulassung von Kirchenpfründen für einen weltlichen Gegenstand erklärt, und es bedarf daher die Stiftung einer neuen Pfründe staatlicher Genehmigung[6]. In Betreff der Veränderung findet sich keine Bestimmung, die staatliche Mitwirkung erscheint aber auch hierbei insoweit, als damit eine Veränderung des Gottesdienstes[7] oder eine Veräusserung des Vermögens[8] verbunden ist — d. h. praktisch so gut wie immer — nothwendig.

Fehlt es an einer besonderen Vorschrift über derartige Massnahmen hinsichtlich der Benefizien und Pfründen, so muss nichtsdestoweniger eine staatliche Mitwirkung dann erfordert werden, wenn eine Aenderung der in den staatlich genehmigten Circumscriptionsbullen festgesetzten Pfründen[9] in Frage steht, so dann wenn es sich um eine Massnahme handelt, welche entweder die bestehende Pfarreintheilung berührt[10], oder welche zugleich die Errichtung eines neuen gottesdienstlichen Gebäudes bedingt und im ersteren Fall die staatliche Genehmigung zu Pfarr-Innovationen[11], im anderen zu der Erbauung eines solchen Gebäudes rechtlich nothwendig ist[12], ferner wenn das Benefizium die staatlichen Rechte und Privilegien für sein Vermögen und seinen Inhaber erlangen soll. Dasselbe gilt endlich für die Staaten, welche den Katholiken nur ein besonderes besimmtes Mass der Religionsausübung gewährt haben[13].

Ob die Mitwirkung des Staates auf dem Verwaltungswege oder nur auf dem Wege der Gesetzgebung zu erfolgen hat und welchen Behörden die betreffende

[1] Edikt v. 9. März 1854 (Beiträge z. preuss. K. R. 2, 82) Art. 2: „Insbesondere verstatten Wir dem Bischofe von Paderborn die Errichtung katholischer Pfarreien"; Art. 6: „. . . Dem Bischofe von Paderborn wird die Berechtigung gegeben, nach Gutbefinden die im Lande vereinzelt wohnenden katholischen Glaubensgenossen einer beliebigen katholischen Parochie zuzuweisen. Im Falle jedoch diese eine ausländische sein sollte, ist die Eintragung in die Kirchenbücher dem protestantischen Geistlichen des Wohnortes der betreffenden Personen mit der Verpflichtung zuzuweisen, die dafür zu entrichtenden Gebühren an diesen abzutragen, und wenn die Amtshandlung von dem protestantischen Geistlichen nicht selbst verrichtet worden ist, sich mit den Attesten des katholischen Geistlichen über die speciellen Fälle auszuweisen". In einem gegebenen Falle ist aber die landesherrliche Bestätigung eingeholt Arch. f. k. K. R. 9, 20. n. 1.

[2] S. 467. n. 4.

[3] S. 467. n. 6.

[4] S. 465. n. 2.

[5] Relig. Ed. v. 1818. §. 64: „Zur Beseitigung aller künftigen Anstände werden nach solchen Beziehungen als weltliche Gegenstände erklärt: . . . g) Bestimmungen über Zulassung von Kirchenpfründen".

[6] Silbernagl a. a. O. S. 355.

[7] Nach dem bair. Relig. Ed. §. 76 gehören alle Anordnungen über den äusseren Gottesdienst, dessen Ort, Zeit, Zahl etc. zu den Gegenständen gemischter Natur, für welche eine Mitwirkung der Staatsregierung nach §. 77 einzutreten hat.

[8] Vgl. Silbernagl a. a. O. S. 334.

[9] Z. B. der durch die Bulle: De salute animarum festgesetzten Pfründen des Kollegiatstiftes zu Aachen und der Domvikariate an den verschiedenen Kathedralen aus den o. S. 465 entwickelten Gründen.

[10] Also bei der Errichtung von Seelsorge-Kaplaneien.

[11] S. o. S. 466.

[12] Dies ist der Fall in Altpreussen, A. L. R. II. 11. §§. 176 ff., s. o. S. 466. n. 5. Diese Vorschriften, welche die frühere Verwaltungspraxis, soweit keine staatliche Anerkennung beansprucht wurde, durch die V. U. v. 1850 für beseitigt erachtet hat, Richter a. a. O. S. 117, sind durch dieselbe nicht aufgehoben worden, s. Reskr. d. Kult. Min. v. 22. Juni 1874 (u. A. abgedr. b. Koch A. L. R. 5. Aufl. S. 339), weil es sich hierbei immer um Einwirkung auf bestehende Kirchensysteme und auf die Parochianen, also stets um eine auch das Staatsinteresse berührende Massnahme handelt. Ferner in Holstein, Ges. v. 14. Juli 1864. §. 3: „Zur Erbauung neuer Kirchen ist die Allerhöchste Erlaubniss erforderlich"; in den Ländern des französ. Rechts, organ. Art. 44, Dekret v. 30. Sept. 1807 Art. 10 (Hermens Hdbch 3, 383), und in Sachsen-Weimar auf Grund der dort geltenden §§. 176 ff. II. 11. A. L. R. s. S. 466. n. 5.

[13] S. o. S. 466. n. 3.

Funktion zukommt[1], bestimmt sich nach dem Staatsrecht und den Ressortbestimmungen der einzelnen Länder. Im Allgemeinen handelt es sich aber hier um solche Akte des Kirchenhoheitsrechtes, welche innerhalb des principiell der Verwaltung anheimfallenden Gebietes liegen, insofern blos Anordnungen zur Regulirung besonderer und spezieller Verhältnisse in Frage stehen, welche nicht bezwecken, objektives Recht zu schaffen und es ihres Gegenstandes wegen auch nicht können. Nur wo besondere gesetzliche Bestimmungen vorliegen, wird also der Verwaltung das Recht zu derartigen Verfügungen ohne Mitwirkung der Landesvertretung abzusprechen sein[2].

Die in den erwähnten Ländern geforderte staatliche Mitwirkung hindert die kirchlichen Oberen nicht, bei den betreffenden Massnahmen die kanonischen Normen zu beachten. Wo besondere landesgesetzliche Vorschriften bestehen, müssen aber diese gewahrt werden, weil sonst die weltliche Behörde ihren Konsens nicht ertheilen kann. Derartige Vorschriften weist das preussische Landrecht, welches auch in Sachsen-Weimar zur Anwendung kommt[3], auf. Dasselbe schreibt in Uebereinstimmung mit dem kanonischen Recht vor[4], dass bei Parochialveränderungen die Interessenten[5] zu hören sind, überweist aber die Festsetzung der den letzteren etwa zukommenden Entschädigungen der ordentlichen richterlichen Kognition[6]. Entschä-

[1] Sie sind meistens in den S. 465 ff. gemachten Nachweisungen angegeben.

[2] Jedenfalls kann aus der staatlichen Genehmigung der preussischen, hannoverschen und oberrheinischen Circumscriptionsbullen nicht gefolgert werden, dass alle ihre, auf die Organisation der katholischen Kirche bezüglichen Bestimmungen Gesetzeskraft erhalten haben und demnach nur auch auf gesetzlichem Wege abgeändert werden könnten. Der Natur der Sache nach sind die einzelnen Anordnungen der Bulle nur insoweit Gesetze, als sie allgemeine rechtliche Normen, z. B. über Bischofswahlen, Besetzung der Domherrnstellen u. s. w. enthalten, nicht aber insoweit sie blos die Eintheilung der Diöcesen, die Zahl der Kapitelsmitglieder, die Zuweisung der Pfarreien zu einzelnen Bischofssprengeln u. Aehnliches festsetzen. Die Verwaltung hat also, sofern sie nicht etwa durch andere gesetzliche Vorschriften in der Ausübung des Kirchenhoheitsrechtes an die Mitwirkung der gesetzgebenden Faktoren gebunden ist, bei der Abänderung der zuletztgedachten Einrichtungen freie Hand. Dies ist auch bisher die von der Landesvertretung nicht angefochtene Staatspraxis in Preussen gewesen, wie die o. S. 465. n. 6 angeführten Fälle und die Errichtung der Feldpropstei durch königliche Anordnung (s. o. S. 340. 341) zeigen. Ohne nähere Begründung erachtet dagegen Thudichum, deutsch. Kirchenrecht 1, 288 im Zweifel ein Gesetz für Preussen erforderlich.

Was Baiern betrifft, so wird in dem „Rechtsgutachten üb. d. Frage d. Anerkennung des altkath. Bischofs etc. München 1874" (von Edel, Pözl u. s. w.) mit Rücksicht darauf, dass das bairische Konkordat nach §. 103 des Relig. Ed. v. 1818 mit letzterem selbst einen integrirenden Theil der bairischen Verfassungsurkunde bilde (S. 10), sowie dass Art. 2 des Konkordates die bairischen Bisthümer mit ihren Sitzen aufzählt, angenommen, dass eine Abänderung des letzteren nur auf dem Wege der Verfassungsänderung erfolgen könne (S. 22. 23). Nach dem Inhalte des Artikels 2 würde dies äusserstenfalls nur nöthig sein für die Errichtung eines neuen bairischen Bisthums oder für die Verlegung eines der bisherigen Bischofssitze, nicht aber zur Veränderung der Diöcesen, denn deren Circumscription ist nicht durch das Konkordat, sondern später durch eine besondere Bulle erfolgt. Dieser Ansicht steht aber entgegen, dass das Religions-Edikt selbst §§. 76. 77 jede Eintheilung der Diöcesen, welche Wirkung sie auch auf die vorhandenen Bisthümer äussern möge, als einen der Mitwirkung der weltlichen Obrigkeit unterliegenden Gegenstand bezeichnet, s. o. S. 465. n. 2. Da unter der letzteren sicherlich nicht die Landesvertretung verstanden werden kann, so ist gerade durch das dem Konkordat vorgehende Edikt den für die Ausübung des Kirchenhoheitsrechtes kompetenten Organen verfassungsmässig die Befugniss gewährt, die im Art. 2 des Konkordates getroffenen Einrichtungen ohne Konkurrenz der gesetzgebenden Faktoren zu ändern.

[3] S. o. S. 467. n. 7.

[4] §. 239 a. a. O. (S. 466. n. 5). Ueber die Gründe der Parochialveränderungen s. §§. 176 ff. (ebendaselbst). Wegen der Regulirung von Parochialverhältnissen in Folge von Gemeinheitstheilungen s. Reskr. v. 1842 (Vogt, preuss. K. R. 1, 254).

[5] Dies sind dieselben, welche nach kanonischem Recht zu hören sind, nicht etwa blos die Entschädigungsberechtigten. Die Gemeinde wird nach §. 57 des Ges. v. 20. Juni 1875 durch die Gemeindevertretung repräsentirt.

[6] §. 240. II. 11: „Alle dergleichen Streitigkeiten, sowie diejenigen, welche über die Grenzen zwischen zwei oder mehreren Parochien entstehen, müssen von der weltlichen Obrigkeit durch den ordentlichen Weg Rechtens entschieden werden". Ueber die Zulässigkeit der Veränderung selbst und andere dabei entstehende

digungsberechtigt sind nicht alle Personen, welche durch die bisherige Einrichtung irgend einen thatsächlichen Vortheil gehabt und diesen verlieren würden, sondern allein diejenigen, welche ein spezielles Recht, wie z. B. die Geistlichen und niederen Kirchendiener auf ihr Diensteinkommen, besitzen, oder denen Lasten, zu welchen sie rechtlich nicht verpflichtet sind, auferlegt werden [1]. Die Entschädigung haben diejenigen zu leisten, in deren Interesse die Veränderung erfolgt [2], falls dieselbe nicht, was statthaft erscheint, aus dem Fond der Kirche selbst gewährt werden kann [3].

Bei der Abzweigung einer neuen von einer bestehenden Pfarrei liegt die Unterhaltung der ersteren den ihr zugewiesenen Eingepfarrten ob. Die abgetrennte Pfarrei erhält nicht ohne weiteres einen Anspruch auf einen verhältnissmässigen Theil des Vermögens der Stammpfarrei, welcher mit der Theilungsklage geltend gemacht werden könnte, wohl aber sind die die Abzweigung leitenden Behörden befugt, eine den Verhältnissen angemessene Theilung des Vermögens vorzunehmen [4].

Ferner enthält das A. L. R. besondere Bestimmungen in Betreff der Mutter- und Tochterkirchen. Unter einer Kirche der letzteren Art versteht es eine solche, welche in einem Theile der Pfarrei für den Gottesdienst der dort wohnenden Parochianen errichtet ist und zugleich durch den Pfarrer der Hauptkirche mit versehen wird [5], gleichviel ob ausserdem ein besonderer Hülfsgeistlicher an der Nebenkirche fungirt oder nicht [6]. Will die Gemeinde einer solchen Kirche sich von der Haupt- oder Mutterkirche loslösen, so ist die Einwilligung der Hauptgemeinde [7] erforderlich. Dies wird indessen nur auf die freiwillige Trennung zu beziehen sein, nicht aber auf Fälle, wo eine Dismembration an und für sich gerechtfertigt ist, denn das Mutter- und Tochter-Verhältniss hat keine besonderen Eigenthümlichkeiten, welche die Anwendung der allgemeinen Grundsätze über Pfarrveränderungen auszuschliessen vermöchten.

Von den Unionen, welche es im Falle einer Nothwendigkeit [8] oder eines zu er-

Streitigkeiten ist der Rechtsweg ausgeschlossen, Erk. d. Kompet. Gerichtsh. v. 1864 (Just. Min. Bl. v. 1864. S. 191).

[1] S. d. Min. Reskr. v. 1829 u. 1851 (bei Vogt, preuss. K. R. 1, 253 u. Altmann, Praxis d. preuss. Gerichte i. Kirchensachen S. 335. n. 8). Demnach braucht sich also der Pfarrer im Gegensatze zum kanonischen Recht (s. o. S. 406) keine Schmälerung seiner Einnahmen, selbst wenn ihm noch die congrua bleibt, gefallen zu lassen, es sei denn, dass ihm bei seiner Anstellung eine derartige Verpflichtung auferlegt ist.

[2] Dies ist aber nicht ausschliesslich die neue Pfarrei. Tritt z. B. die Dismembration wegen übermässigen Anwachsens der Bevölkerung ein, so hat auch die Stammpfarrei Vortheil, insofern für sie Hülfsgeistliche entbehrt werden können.

[3] Weil die Ausstattung der neu errichteten Kirche mit Fonds der alten vom L. R. nicht verboten wird.

[4] Besondere Vorschriften fehlen, es kommen hier die o. S. 407 entwickelten Gründe ebenfalls zur Anwendung.

[5] §. 245 a. a. O.: „Wenn in einer Parochie ausser der Haupt- und ursprünglichen Pfarrkirche mehrere Nebenkirchen in entlegenen Gegenden zur Bequemlichkeit der daselbst wohnhaften Eingepfarrten errichtet worden: so werden dieselben Tochterkirchen genannt". §. 249: „Eigentliche Tochterkirchen aber sind von der Haupt- oder Mutterkirche abhängig und können sich von ihr ohne Genehmigung der Hauptgemeine nicht trennen". §. 250: „Im zweifelhaften Falle streitet die Vermuthung gegen die Eigenschaft einer Tochterkirche". §. 251: „Wenn erhellet, dass die eine Kirche aus den Mitteln der andern errichtet oder dotirt worden, so ist dies zum Beweise, dass jene eine Tochterkirche von dieser sei, wenn nicht das Gegentheil aus den vorhandenen Urkunden klar erhellet, hinreichend". Nach d. V. v. 2. Mai 1811 (G. S. S. 193) sollen die Küstereien an den Mutter- und Tochterkirchen getrennt und künftighin gesondert errichtet werden.

[6] Weil nach A. L. R. das Kriterium der Filia die Zugehörigkeit zur Parochie einer andern Kirche bildet, und diese durch die Anstellung eines Hülfsgeistlichen nicht beeinträchtigt wird.

[7] §. 249 a. a. O., welche durch die Gemeindevertretung repräsentirt wird, S. 469. n. 5.

[8] §. 752 a. a. O.: „Hat aber die Zahl der Eingepfarrten dergestalt abgenommen, dass die noch übrigen den ihnen obliegenden Beitrag ohne ihren zu besorgenden Ruin nicht mehr aufbringen kön-

wartenden Nutzens zulässt[1], gedenkt das A. L. R. nur der unio aeque principalis[2], wiewohl es die anderen Arten, so namentlich auch die unio subiectiva[3], nicht ausschliesst.

Bei allen in Folge von dergleichen Veränderungen stattfindenden Vermögensübertragungen von einem kirchlichen Institut auf das andere ist die Erfüllung der dafür civilrechtlich erforderlichen Formen nothwendig[4], weil die Kirche hinsichtlich ihres Vermögensverkehrs dem Civilrechte untersteht[5].

Die kanonisch-rechtliche Ersitzung der Parochialgränzen kennt das A. L. R. gleichfalls. Es hat dieselbe aber insoweit umgestaltet, als gegen die in öffentlichen Urkunden deutlich bestimmte Festsetzung unter Ausschluss der regelmässigen Verjährung nur die fünfzigjährige Ersitzung mit bona fides (ohne Titel) gestattet ist[6]. Anderenfalls entscheidet die gleichförmige Benutzung der einen oder anderen Pfarrkirche während eines 10jährigen Zeitraums durch die Bewohner der in dem streitigen Bezirke liegenden Grundstücke. Fehlt es auch an diesem Kriterium, so haben dieselben zu wählen, zu welcher Parochie sie sich halten wollen[7].

Auf die Suppression kommen die Grundsätze über Innovationen zur Anwendung. Jedoch bestimmt das preussische Recht die Voraussetzungen näher, bei deren Eintritt Pfarreien supprimirt werden sollen[8], und legt ferner dem Landesherrn, wo nicht besondere Landverfassungen und Traktate entgegenstehen, die Befugniss bei, über die Kirche und das Vermögen einer s. g. erloschenen Parochie in der Art zu verfügen, dass beides zum Vortheil derjenigen Religionspartei derselben Provinz, welcher die Parochie angehört hat, verwendet, das Gebäude aber ausnahmsweise und zwar zugleich mit dem etwa für seine Unterhaltung bestimmten Vermögen im Falle

nen, so müssen die Oberen des Staats eine solche Parochie zu einer andern benachbarten schlagen". §. 753: „Dergleichen zusammengeschlagene Parochien stehen im Verhältnisse gegen einander als Mutterkirchen".

[1] §. 246 a. a. O.: „Wenn aber nach Erforderniss der Umstände, und um die Kosten zur Unterhaltung des öffentlichen Gottesdienstes zu erleichtern, mehrere Parochien und deren Kirchen zusammengeschlagen werden, so heissen dieselben vereinigte Mutterkirchen".

[2] §. 247 a. a. O.: „Von dergleichen zusammengeschlagenen Mutterkirchen behält jede ihre ursprünglichen Rechte, und sie können, nach Beschaffenheit der Umstände, unter Genehmigung der geistlichen Oberen, wieder getrennt werden". §. 248: „Es ändert darunter nichts, wenngleich derjenigen Kirche, bei welcher der Prediger nicht wohnt, im gemeinen Sprachgebrauche der Name Tochterkirche beigelegt worden". Das Landrecht fasst danach den Begriff der mater und filia viel enger, wie das katholische Kirchenrecht (s. o. S. 307 u. S. 409) auf, da eine Kirche mit eigener Parochie nach ihm niemals eine Tochterkirche sein kann.

[3] Nirgends bestimmt es, dass die von ihm als Filial-Verhältniss behandelte Gestaltung allein durch Erektion und nicht durch Union entstehen kann.

[4] Also z. B. Tradition, Auflassung u. s. w.

[5] Daher reicht die in dem Erektions- oder Innovationsdekret erfolgte Zuweisung, die keine civilrechtliche Erwerbsart ist, nicht aus.

[6] §. 241 a. a. O.: „Sind die Grenzen eines Kirchspiels in öffentlichen Urkunden deutlich bestimmt, so findet dagegen die gewöhnliche Verjährung nicht statt" (Th. I. Tit. 9. §§. 660—663).

[7] §§. 242. 243. 293 a. a. O.

[8] §. 307 a. a. O.: „Dadurch, dass aus Mangel an Eingepfarrten in einer Kirche eine Zeit lang keine gottesdienstlichen Handlungen haben vorgenommen werden können, verliert dieselbe noch nicht die Rechte einer Parochialkirche". §. 308 a. a. O.: „Wenn aber aus Mangel an Eingepfarrten die Stelle des Pfarrers länger als zehn Jahre hindurch unbesetzt geblieben ist, so kann der Landesherr, wo nicht besondere Landesverfassungen oder Traktate entgegenstehen, über die vakante Kirche verfügen; und alsdann erlöschen auch die etwaigen Parochialrechte derselben". Diese letztere Bestimmung deklarirt das Gesetz v. 13. Mai 1833 üb. erloschene Parochien (bei Vogt a. a. O. S. 279) dahin: §. 1: „Eine Parochie ist als erloschen anzusehen, wenn binnen 10 Jahren: a) entweder gar keine Mitglieder ihrer Religionspartei in dem Pfarrbezirke einen ordentlichen Wohnsitz gehabt haben; b) oder gar kein Pfarrgottesdienst daselbst stattgefunden hat; oder c) endlich die Zahl der Eingepfarrten fortwährend so gering gewesen, dass zu einem ordentlichen Pfarrgottesdienst kein Bedürfniss vorhanden war". §. 2: „Entstehen Zweifel über das Dasein der im §. 1 aufgestellten Bedingungen, so sollen dieselben zu Unserer Allerhöchsten landesherrlichen Entscheidung vorgelegt werden".

des Bedürfnisses einer andern privilegirten christlichen Religionspartei an demselben Orte überwiesen wird[1]. Diese Vorschriften[2] schliessen keineswegs sonstige Veränderungen durch Suppressionen aus, sie heben nur gewisse Fälle der Nothwendigkeit besonders hervor, und gewähren ausserdem der Staatsgewalt, falls die kirchlichen Oberen unter den erwähnten Voraussetzungen mitzuwirken verweigern, die Befugniss, allein die erforderlichen Verfügungen über Kirchengebäude und Vermögen zu treffen.

In Baiern ist die Errichtung neuer katholischer Gemeinden freigegeben, wenn die Betheiligten „das erforderliche Vermögen zum Unterhalt der Kirchendiener, zu den Ausgaben für den Gottesdienst, dann zur Errichtung und Erhaltung der nöthigen Gebäude besitzen, oder wenn sie die Mittel hierzu auf gesetzlichem Wege aufzubringen vermögen“[3], d. h. unter diesen Umständen darf die staatliche Genehmigung[4] nicht verweigert werden. Bei Pfarränderungen sollen ebenfalls die Interessenten, also namentlich die Pfarrer und Gemeinden gehört werden[5].

[1] §§. 3—5 das cit. Ges.

[2] Sie können durch die Verf. Urk. v. 1850 Art. 16 nicht für aufgehoben erachtet werden. Sie sind nur eine nähere Anwendung der dem Gebiete des Civilrechts angehörigen Grundsätze über die Behandlung der herrenlosen Güter, A. L. R. II. 6. §§. 192 ff.; 19. §. 41.

[3] Rel. Ed. v. 1818. §. 88.

[4] S. o. S. 467. n. 2.

[5] Silbernagl a. a. O. S. 51. Bei einer Pfarrdismembration, d. h. bei blosser Auspfarrung oder bei voller Theilung müssen die Veranlassung, die Seelenzahl der zu dismembrirenden Ortschaft und Pfarrei, sowie derjenigen, zu Gunsten welcher die Einverleibung stattfinden soll, die in Frage kommenden Ortsentfernungen, die Schulverhältnisse des abzuzweigenden Theiles, die nach einem 10jährigen Durchschnitt aus dem zu dismembrirenden Orte an den Pfarrer und Messner fliessenden Einkünfte und der Revenüen-Ertrag der betheiligten Pfarreien festgestellt werden. Ferner ist in Erwägung zu ziehen, ob die Ausübung der Seelsorge für die zu erweiternde Pfarrei nicht zu beschwerlich werden würde, die Pfarrkirche für die vergrösserte Gemeinde ausreicht, in welcher Art dem etwaigen Recht der Ausgepfarrten auf hergebrachte Gottesdienste entsprochen werden kann, und ob endlich nicht ausnahmsweise die Ueberweisung der Revenüen aus dem dismembrirten Bezirke an den neuen Pfarrer abgesehen von den stets auf ihn übergehenden Stolgebühren, zu unterlassen und diese Einnahmen dem Pfarrer der Stammparochie ganz oder theilweise vorzubehalten sind, s. Min. Reskr. v. 13. Juli 1811 (Döllinger, Sammlg. 8, 479). Die Instruktion wird durch die Kreisregierung eingeleitet, welche nach Vernehmung des Ordinariates die Verhandlungen dem Cultusministerium zur Einholung der königlichen Genehmigung vorlegt. Silbernagl a. a. O. S. 51. 52.

Für die Länder des französischen Rechts vgl. in Betreff der Errichtung neuer Sukkursal-Pfarreien die kais. Dekrete v. 11 Prairial XII u. 5 Nivose XIII (Hermens Handbch 2, 271. 313), weg. der preuss. Rheinprovinz s. auch o. S. 467. n. 10, u. wegen Elsass-Lothringen Dursy, Staatskirchenrecht i. Elsass-Lothringen 1, 189 ff., ferner über die Errichtung von Kapellen und s. g. Annexkirchen kaiserl. Dekret v. 30. Sept. 1807 Art. 8—14 (Hermens a. a. O. S. 381) u. Staatsrathsgutachten v. 7—14. Dez. 1810 u. 5. Okt. bis 6. Nov. 1813 (a. a. O. 2, 509. 552; 3, 452). Unter Kapellen werden solche Nebenkirchen verstanden, welche für eine Kommune zu deren Bequemlichkeit (z. B. wegen zu grosser Entfernung von der Pfarrkirche) innerhalb eines Pfarrei- oder Sukkursalpfarreisprengels errichtet sind, unter Leitung eines der Aufsicht des Pfarrers oder Sukkursal-Desservants unterworfenen Vikars oder Kaplans (chapelain) stehen und von allen zur Kapelle gehörigen Einwohnern der Kommune (der s. g. Kapellengemeinde) unterhalten werden, wofür diese keine Beiträge zu den Kultuskosten der Pfarrkirche zu leisten haben, Annexkirchen (annexes) sind dagegen Nebenkirchen, welche auf Verlangen eines Theiles der Parochianen gegen deren durch privatrechtlichen Akt übernommene Unterhaltungspflicht gegründet werden, ohne dass die betreffenden Personen von ihren Beiträgen für die Hauptkirche frei werden, vgl. Hermens 3, 457. 551 u. 4, 831, Dursy a. a. O. S. 211; Vandenesch, d. Kapellen und Annexkirchen auf d. link. Rheinufer. Paderborn 1874.

Das österreichische Gesetz v. 7. Mai 1874 verordnet in Uebereinstimmung mit dem kirchlichen Recht (s. o. S. 407) §. 21: „Im Falle einer Umpfarrung wird der bisherige Pfarrer aller Ansprüche auf die den Parochianen als solchen obliegenden Leistungen verlustig, insoweit dem nicht privatrechtliche Titel entgegenstehen oder bei der Umpfarrung selbst etwas Anderes vereinbart wird. Unter denselben Beschränkungen ist überall, wo bisher ein Recht auf derartige Leistungen dem früheren Pfarrer verblieben ist, dasselbe unbeschadet des persönlichen Bezugsanspruches des derzeitigen Pfarrers zu übertragen“. Vgl. dazu Arch. f. k. K. R. 33, 357; 34, 363; 37, 80. Die Vorschrift erklärt sich daraus, dass in Oesterreich früher eine dort s. g. Exscindirung der Stolgebühren zu Gunsten des neuen Pfarrers bei der grundsätzlichen Abneigung der Ordinariate dagegen nicht durchzuführen war und in Folge dessen der Religionsfond den Ausfall an der Congrua des neuen Pfarrers zu decken hatte, s. die Motive zu dem cit. §. 21 (Gautsch

Wenngleich bei der Errichtung und Veränderung kirchlicher Aemter und Institute die Betheiligung der Staatsgewalt geboten ist, so hat andererseits auch die Kirche einen berechtigten Anspruch darauf, dass der Staat nicht einseitig ohne ihre Mitwirkung vorgeht. Diesen Grundsatz bestätigen die vorher angeführten Gesetzgebungen [1]. Die Kirche ist bei derartigen Massnahmen noch mehr als der Staat interessirt. Unter abnormen Verhältnissen können allerdings einseitige Eingriffe des Staates in die kirchliche Organisation, wie sie früher z. B. bei den Säkularisationen vorgekommen sind, auch in der Folgezeit sich wiederholen, für derartige Vorgänge lassen sich indessen der Natur der Sache nach, vom Standpunkt des formellen Rechtes aus keine Voraussetzungen aufstellen. Praktisch wird es sich dabei übrigens fast nur um Suppressionen handeln, denn für die Schaffung neuer positiver Gestaltungen wird es dem Staat für die Regel an den nöthigen kirchlichen Organen fehlen, welche die erforderlichen geistlichen Einrichtungen in das Leben rufen [2].

Die katholische Kirche selbst erkennt von ihrem Standpunkt aus einseitige Verfügungen der Staatsgewalt nicht als rechtsgültig an, und wenn es ihr auch an Macht fehlt, dieselben zu beseitigen, so sucht sie doch, so weit wie möglich, die stattgehabten Massnahmen zu ignoriren, und ihrerseits geeignete Vorkehrungen zur Wahrung ihres Standpunktes und zur Fürsorge für die kirchlichen Bedürfnisse der von solchen Massnahmen berührten Gläubigen zu treffen. Hinsichtlich aufgehobener niederer Benefizien ist dazu der Bischof, hinsichtlich solcher Bisthümer der Papst zuständig [3], welcher bei gehinderter bischöflicher Verwaltung zur Fortführung der letzteren apostolische Vikarien oder Nuntien ernennt [4]. Endlich bethätigt die Kirche ihre Auffassung dadurch, dass sie bei der Wiederherstellung geordneter Verhältnisse entweder die staatlich vorgenommenen Veränderungen ausdrücklich oder — und das ist die Regel — stillschweigend dadurch für ihr Gebiet legalisirt, dass sie etwaige neue unter ihrer Mitwirkung herbeigeführte, dem früheren Zustande widersprechende Massnahmen anerkennt [5].

v. Frankenthurm, confessionelle Gesetze S. 72).

[1] Die in Preussen (s. o. S. 471) für Suppressionen bestehende gesetzliche Ausnahme rechtfertigt sich dadurch, dass sie auf dem Gebiete des Vermögensrechtes liegt.

[2] Allerdings hat Preussen i. J. 1812 nach Suppression des Domkapitels zu Breslau in Folge der i. J. 1810 verfügten Säkularisation der geistlichen Güter einseitig ein neues Domkapitel errichtet, welches aber päpstlicherseits nie anerkannt worden ist, Mejer zur röm. deutsch. Frage 2. 2, 6.

[3] Nicht der Erzbischof auf Grund des Devolutionsrechtes, so Mejer, Propaganda 1, 259; 2, 248, deutsch. K. R. 3. Aufl. S. 345 u. zur Gesch. d. röm. deutsch. Frage 1, 13. Dasselbe findet nur unter bestimmten Voraussetzungen statt, s. o. S. 15 und ist ferner ganz abgesehen davon, dass hier keine culpa vorliegt, durch das dem päpstlichen Stuhl zukommende Verfügungsrecht über die Bisthümer, s. o. S. 257. 258 ausgeschlossen.

[4] Dies ist z. B. für die in Folge des westphälischen Friedens säkularisirten Bisthümer und Erzbisthümer geschehen, Mejer, Propaganda 2, 184 ff.

[5] So ist die Säkularisirung der früheren deutschen Bisthümer i. J. 1803 durch die Neuorganisation der Bisthumsverfassung in Folge der noch jetzt geltenden deutschen Circumscriptionsbullen seitens der katholischen Kirche stillschweigend anerkannt worden.

Drittes Kapitel.

Von der Besetzung der Kirchenämter *).

§. 114. *I. Die Voraussetzungen in Betreff des Amtes selbst. Die Vakanz desselben. Die Anwartschaften.*

Die Besetzung eines Kirchenamtes kann erst dann eintreten, wenn dasselbe erledigt (*vacans*) ist; sofern es sich nicht etwa um ein neugegründetes Amt handelt, also erst dann, wenn der bisherige Besitzer sein Recht auf dasselbe verloren hat [1].

Eine ausnahmslose Geltung hat dieser Rechtssatz indessen nicht zu erlangen vermocht, vielmehr ist gegen ihn seit früher Zeit und vor Allem vielfach im Mittelalter verstossen worden.

Schon im 3. Jahrhundert hat man Bischöfen, welche zur Leitung ihrer Diöcesen unfähig geworden waren, andere auf denselben Sprengel geweihte Bischöfe mit dem Rechte auf Nachfolge an die Seite gesetzt [2]. Als in Folge der Ausbildung der Institute der Koadjutoren und der Weihbischöfe dieses den kanonischen Regeln [3] widersprechende Verfahren aufgegeben worden war, bot später das Tridentinum dadurch, dass es ausnahmsweise [4] die Anstellung von coadiutores cum spe succedendi bei Kathedralkirchen und Klöstern gestattete, eine neue Handhabe für die Gewährung von Anwartschaften. Ja in den Ländern, in welchen Bischöfe und Aebte zugleich landesherrliche Rechte besassen, wurde, so namentlich in Deutschland seit dem 15. und 16. Jahrhundert [5], die Einsetzung von Koadjutoren mit dem Rechte auf Nachfolge auch ohne das Vorliegen eines kanonischen Grundes, lediglich aus politischen Motiven [6], Sitte.

Nicht minder sind im Mittelalter häufig Ertheilungen von Anwartschaften auf Kanonikate durch Kapitel und Päpste [7], sowie von Koadjutorien auf solche Stellen [8], endlich auch Gewährungen von Expektanzen auf niedere Benefizien seitens der letz-

* Die in diesem Kapitel darzulegenden Grundsätze beziehen sich nicht auf die Aemter, welche ihrem Wesen nach nur für Laien bestimmt sind, wie z. B. die der Kirchenvorsteher.

[1] c. 7. §. 1 (Greg. I.) C. II. qu. 1; c. 5. 6 (Cyprian.) c. 10 (Leo IV.) c. 40 (Greg. I.) C. VII. qu. 1; c. 1 (Gelas. I.) c. 2. (Lat. III. v. 1179) X. de conc. praeb. III. 8; c. 28 (Bonif. VIII.) in VI^{to} de praeb. III. 4.

[2] S. o. S. 250. 251.

[3] S. o. S. 39. 250. n. 6.

[4] S. 85. n. 1 u. S. 254.

[5] Vgl. das Verzeichniss der deutschen Bischöfe bei Potthast bibl. hist. med. aevi Suppl. S. 267.

[6] S. o. S. 253. Ein solcher Koadjutor trat sofort mit dem Wegfallen des Vorgängers in die Stelle ein, Moser, deutsch. Staatsrecht 12, 73. Es lag also in der Ertheilung der Koadjutorie eine anticipirte Verleihung des betreffenden Amtes. Demgemäss wandte man alle für die letztere geltenden Grundsätze, namentlich auch über die Wahl und Qualifikation, an. In Deutschland konnte deshalb die Bestellung nur durch Wahl des Kapitels erfolgen, nicht einseitig durch den Papst, Steck (S. 249. n. *) p. 18, und wenn es auch selbstverständlich war, dass der Bischof eine solche Ernennung nicht vornehmen durfte, so haben sich die Kapitel doch öfters ihr Recht durch die Bischöfe in den Wahlkapitulationen zusichern lassen, Beispiele bei Moser a. a. O. S. 59 ff.; v. Sartori, geistl. u. weltl. Staatsrecht d. Erzstifter etc. I. 2, 106. Ausserdem wurden auch abgesehen von den Grundsätzen über die Besetzung der Bischofsämter die Regeln über die Bestellung von Koadjutoren zur Anwendung gebracht, und die päpstliche Bestätigung des Gewählten, Ring-Studnitz (S. 249. n. *) p. 13; Moser S. 66; sowie vorher der Konsens des willensfähigen Bischofs eingeholt, Moser S. 58; v. Sartori S. 104. 105. Die Nothwendigkeit des letzteren war freilich nicht unbestritten, Steck p. 15. Wie die Bischöfe haben die Koadjutoren auch ihrerseits Wahlkapitulationen eingehen und beschwören müssen, ja vereinzelt eine für die Zeit ihrer Koadjutorie und eine andere für die Dauer der eigentlichen Amtsverwaltung, Moser S. 63 u. v. Sartori S. 123.

[7] S. o. S. 64. 65.

[8] S. 84. 85.

teren in Folge des beanspruchten obersten Besetzungsrechtes aller kirchlichen Aemter vorgekommen [1].

Heute sind solche Anwartschaften, namentlich in Deutschland, unpraktisch geworden [2]. Es steht jetzt der an die Spitze gestellte Grundsatz mit einer Ausnahme (s. am Schluss) in voller Geltung. Eine Verletzung desselben, d. h. die Besetzung eines rechtlich nicht erledigten Amtes zieht ohne Weiteres, ipso iure, die Nichtigkeit der Verleihung nach sich [3]. Ob derjenige, welcher sich das besetzte Amt hat übertragen lassen, die Nichterledigung desselben kannte oder nicht, ist gleichgültig. Wusste er, dass das Amt besetzt war, so soll er der Strafe der Exkommunikation unterliegen [4]. Hatte er keine Kenntniss davon, so kann die Verleihung, weil sie absolut nichtig ist, selbst nicht in Folge einer nachträglichen Erledigung des fraglichen Amtes gültig werden [5]. Der kirchliche Obere, welcher absichtlich oder fahrlässiger Weise eine solche nichtige Besetzung vornimmt, wird, wenngleich gesetzlich Strafen dafür nicht angedroht sind, doch wegen Verletzung seiner Amtspflichten mit arbiträrer Strafe belegt werden können.

Ebenso wie die Verleihung selbst, ist auch das Versprechen eines nicht vakanten Benefiziums für den Fall seiner Erledigung nichtig [6]. Auch die Zustimmung des zur Zeit der bewilligten Anwartschaft berechtigten Benefiziaten und die eidliche Bestärkung des Versprechens durch den Gewährenden selbst schliesst die Nichtigkeit nicht aus [7].

Anfänglich bezog sich das Verbot der Expektanz-Ertheilung nicht auf die allgemeine Zusicherung irgend eines Benefiziums bei passender Gelegenheit [8]. Da aber die Zulassung solcher Versprechen für die Umgehung des Verbotes ein nur zu geeignetes Mittel darbot, so dehnte Bonifazius VIII. das letztere auch auf derartige Zusicherungen aus und erklärte dieselben ebenfalls für nichtig [9]. Jedoch ist diese Erweiterung nicht auf die s. g. expectativa tacita einer Präbende, welche die in die Stifter als

1 S. darüber unt. die Lehre von der Reservation der Benefizien.

2 S. 81. 254.

3 S. 474. n. 1; Schmalzgrueber l. c. III. 8. n. 15. 16; Ferraris s. v. beneficium art. 3. n. 55.

4 c. 1. X. III. 8 cit. Nach d. const. Pii IX. v. 12. Okt. 1869 (Arch. f. k. K. R. 23, 326) ist die excomm. ferend. sententiae. Auf den blossen Versuch, z. B. die Bitte um ein besetztes Amt, ist die Strafe nicht anwendbar, Schmalzgrueber l. c. n. 18. Uebrigens ergiebt c. 7 X. eod. nicht (so Schmalzgrueber n. 17), dass derjenige, welcher sich wissentlich ein vakantes Benefizium hat übertragen lassen, dasselbe später nur mit päpstlicher Dispensation erwerben kann.

5 Schmalzgrueber l. c.

6 c. 2. X. cit. III. 8; Trid. Sess. XXIV. c. 19 de ref.; Reg. canc. 21: „Item si quis supplicaverit sibi de beneficio quocumque tanquam per obitum alicuius, licet tunc viventis, vacante provideri, et postea per obitum eius vacet, provisio et quaevis dispositio etiam vigore alterius novae supplicationis vel gratiae dicto supplicanti per obitum huiusmodi denuo faciendae nullius sint roboris vel momenti"; reg. 30: „Item voluit et ordinavit quod omnes gratiae quas de quibusvis beneficiis ecclesiasticis cum cura vel sine cura saecularibus vel regularibus per obitum quarumcumque personarum vacantibus in antea fecerit, nullius roboris vel momenti sint, nisi post obitum et ante datam gratiarum huiusmodi tantum tempus effluxerit, quod interim vacationes ipsae de locis in quibus personae praedictae decesserint, ad notitiam eiusdem ss. domini nostri potuerint pervenire". Vgl. auch Phillips 7, 535.

7 Weil das Verbot im öffentlichen Interesse der ganzen Kirche gegeben ist, also durch die Betheiligten nicht beseitigt werden kann, Schmalzgrueber l. c. n. 23. 30—32.

8 c. 14 (Innoc. III.) X. eod. III. 8 (aliud est, praelatum promittere beneficii collationem quum poterit, aliud quum vacabit). Zur Begründung dieser Auffassung wurde darauf hingewiesen, dass hier auch Benefizien, welche in Folge von Neuerrichtungen, Dismembrationen u. s. w. zu vergeben wären, in Frage kämen, also nicht die verbotene Erwerbung für den Fall des Todes eines Andern beabsichtigt werde, s. glossa ad c. 14 cit. s. v. casibus; Schmalzgrueber l. c. n. 27. Schriftliche derartige Zusicherungen nannte man *signaturae*, ibid.

9 c. 2 in VI^to eod. III. 7.

Kanoniker eintretenden Geistlichen zufolge ihrer Aufnahme erlangten, bezogen worden [1].

Das Tridentinum [2] hat die gemeinrechtlichen Verbote wiederholt. Die Doktrin ist aber darüber einig, dass dieselben nur die Lokal-Oberen treffen. Dagegen kommt dem Papste, weil er über dem ius commune steht, noch heute die Befugniss zur Ertheilung von Anwartschaften [3] (s. g. gratiae expectativae) zu.

II. Die Voraussetzungen in der Person des Erwerbers.

§. 115. *A. Nach dem Rechte der Kirche.*

I. Die persona idonea. Kirchenämter sollen nur an personae idoneae, an solche, welche die allgemein für alle sowie die speziell für das in Frage stehende Amt vorgeschriebenen, d. h. die s. g. kanonischen Eigenschaften besitzen, verliehen werden [4].

So lange die absoluten Ordinationen noch nicht Sitte geworden waren [5], fiel die Prüfung hinsichtlich der Tauglichkeit mit der der Erlangung der Weihe vorhergehenden zusammen. Im Wesentlichen genügten auch die für die letztere erforderlichen Voraussetzungen zum Erwerbe eines kirchlichen Amtes. Vollkommen deckten sich aber die Vorschriften nicht [6] und konnten sich nicht decken, weil die Erfordernisse für die Ordination nur negativer Art sind und die Ausschliessung unwürdiger Personen vom geistlichen Stande bezwecken, für die Erlangung kirchlicher Aemter aber, je nach der Art derselben, noch besondere positive Eigenschaften vorhanden sein müssen.

Am zweckmässigsten wird indessen die Frage, was persona idonea ist, durch Aufzählung der Gründe, welche der Erwerbung von Aemtern entgegenstehen, beantwortet. Ausgeschlossen von derselben sind:

1. alle unehelich geborenen Männer. Dies Hinderniss tritt im Zusammenhange mit den Vorschriften über die irregularitas ex defectu natalium hervor [7] und findet sich zuerst nur für die Priesterkinder [8] festgesetzt, wird indessen bald auf alle unehelichen ausgedehnt [9], da dieselben Gründe, welche vom Standpunkt der damaligen Anschauungen die Irregularität dieser Personen rechtfertigten, auch für ihre Fernhaltung von Benefizien massgebend sein mussten.

Eine spätere (kirchenrechtlich) gültige Legitimation [10] beseitigt die Unfähigkeit

[1] S. o. S. 65. n. 4; Reiffenstuel III. 8. n. 23 ff.; Phillips 7, 530 ff.

[2] Sess. XXIV. c. 19 de ref.

[3] Fagnan. ad c. 2. X. III. 8 cit. n. 82 ff.; Leuren. P. II. qu. 631; Riganti ad reg. XXVI. canc. n. 8 ff.; Schmalzgrueber l. c. n. 33 ff.; Reiffenstuel l. c. n. 40 ff. Auch bedarf es wegen des Vorbehaltes in c. 21 de ref. Sess. XXV. Trid. nicht einer besonderen Derogation des Koncils, Garcias de benef. IV. 5. n. 33; Ferraris l. c. n. 59. 60.

Für die Altkatholiken wird der allgemeine Grundsatz des Verbotes der Verleihung nicht vakanter Benefizien ebenfalls zur Anwendung kommen.

[4] c. 29 (Lat. IV. a. 1215) X. de praeb. III. 5.

[5] Th. I. S. 63 ff.

[6] Selbst nicht in den ältesten Zeiten. Nach der Zulassung der absoluten Ordinationen ist der Unterschied zwischen den beiderseitigen Vorschriften allerdings grösser geworden.

[7] Th. I. S. 11.

[8] c. 12 (Alex. II. a. 1073), c. 1. 13 (Urban. II.) Dist. LVI.

[9] c. 1 (Pictav. a. 1078) c. 18 (Greg. IX.) X. de fil. presb. I. 17; c. 7 (Later. a. 1179) c. 20 (Innoc. III.) X. de elect. I. 6.

[10] Also nicht eine durch Reskript des Landesherrn erfolgte, s. Th. I. S. 13.

im Allgemeinen [1], nicht aber für den Kardinalat [2] und solche Benefizien, für welche fundationsmässig die Geburt aus rechtmässiger Ehe gefordert wird [3].

Dieselbe Wirkung hat der definitive Eintritt in ein Kloster oder Regularstift, soweit es sich nicht um Prälaturen, gleichviel ob weltliche oder reguläre, ob dauernd oder zeitweilig zu besetzende handelt [4]. Unbegründeter Weise wird von Vielen [5] die Ausschliessung unehelich geborener Professen auch in Betreff der Kuratämter gefordert [6].

Für alle Aemter endlich kann das Hinderniss durch Dispensation beseitigt werden, und zwar durch päpstliche hinsichtlich der Dignitäten, Personate und Kurat-Benefizien, durch bischöfliche hinsichtlich der beneficia simplicia [7], sofern diese nicht einen höheren Weihegrad erfordern [8] und die für die Erlangung des letzteren nothwendige Dispensation des Papstes [9] noch nicht ertheilt ist [10].

Die Beseitigung der Irregularität durch Dispensation hebt nicht von selbst die Unfähigkeit zum Erwerbe kirchlicher Aemter auf. Es bedarf hierzu einer besonderen, darauf gerichteten Dispensation [11]. Eine solche ist in jedem Falle strikt zu interpretiren. Wenn sie daher ertheilt ist für ein Benefizium schlechthin, gilt sie nur für ein beneficium simplex, wenn für ein Kuratbenefizium, nicht für Dignitäten und Personate, wenn für Benefizien jedweder Gattung und Dignitäten, nicht für Dignitäten, mit denen eine cura animarum verbunden ist, wenn für Dignitäten des letzteren Charakters, nicht für die erste Dignität in Dom- und Kollegiatstiftern, wenn für Dignitäten jeglicher Art, nicht für den Episkopat und Kardinalat [12]. Derjenige, welcher eine Dispensation für ein bestimmtes Benefizium oder überhaupt für ein solches

1 Pignatelli consult. t. I. cons. 21. n. 6 ff.; a Boenninghausen, tract. de irregularitat. 3, 83. 94.

2 Th. I. S. 342.

3 Pyrrhus Corradus prax. dispens. apostol. III. 1. n. 7. Wo allgemeine Rechtsvorschriften die eheliche Geburt, wie z. B. c. 7. X. I. 6 cit., für das Bischofsamt verlangen, ist die Legitimation nicht ausgeschlossen. A. M. Boenninghausen p. 94.

4 So legt die Doktrin einstimmig das Verbot: praelationem vero nullatenus habeant in c. 1. X. I. 17 cit. aus, Fagnan. ad c. cit. n. 19 ff.; Schmalzgrueber lib. I. p. 3. t. 17. n. 9; Leuren. P. I. qu. 263; Boenninghausen p. 62. Die Anwendung des Satzes auf Nonnen in Betreff des Erwerbs von Aebtissinnen- und Prioratsstellen in Frauenorden ist freilich in Zweifel gezogen worden, Fagnan. l. c. n. 25 ff.; Schmalzgrueber l. c. n. 10 ff.

Das Hinderniss für Prälaturen kann nur durch päpstliche Dispensation gehoben werden, jedoch besitzen auch die Oberen einzelner Orden, z. B. der Jesuiten, ein Privileg zur Dispensation, s. const. Pauls III.: Licet debitum v. 18. Okt. 1549. §. 27 (M. bull. 1, 783), Boenninghausen p. 65 Note.

5 Vgl. hierüber Schmalzgrueber l. c. n. 9; Boenninghausen p. 62 ff.

6 c. 18. X. I. 17 cit. handelt von unehelichen Klerikern überhaupt, nicht von unehelichen Professen und c. 1. eod. gestattet den Erwerb anderer Aemter als Prälaturen, mithin auch der Kuratbenefizien.

7 c. 18. X. I. 17 cit.; c. 1 (Bonif. VIII.) in VI^to de fil. presb. I. 11.

8 Wie z. B. die Kanonikate.

9 Th. I. S. 14.

10 Diese beiden Gesichtspunkte werden weder in der älteren Literatur noch bei Boenninghausen p. 97 ff. genügend auseinander gehalten.

11 Vgl. Leuren. l. c. P. I. qu. 269. Streitig ist allerdings, ob die päpstliche Dispensation zur Erlangung der ordines maiores auch zugleich die für den Erwerb eines beneficium simplex in sich schliesst. Die bejahende Meinung (z. B. Schmalzgrueber l. c. n. 14; Reiffenstuel I. 17. n. 22) stützt sich darauf, dass der titulus beneficii der regelmässige sei, und auf c. 6. X. I. 17, welches es für ungerecht erklärt, dass der zum Subdiakon beförderte Sohn eines Priesters für immer eines Benefiziums entbehre. Andere wollen eine Dispensation der erwähnten Art nur auf den Erwerb des zum Titel dienenden Benefiziums ausdehnen, Nicollis, prax. canon. t. I. lit. F. de filiis presb. n. 6. Die dritte Ansicht endlich verneint die Frage, Garcias P. I. c. 6. n. 71; Barbosa de off. et pot. episc. P. II. all. 45. n. 6; Boenninghausen p. 109 ff., und mit Recht. Ganz abgesehen von der dafür in Bezug genommenen Praxis der Dataria wird sie durch den Satz gerechtfertigt, dass die Dispensation von einem Hinderniss jedes andere unberührt lässt.

12 Barbosa l. c. n. 11 ff.; Boenninghausen p. 112.

erlangt hat, kann nach Verlust des darauf hin erworbenen, nicht ohne nochmalige Dispensation ein neues erhalten[1].

Für das an die päpstliche Kurie zu richtende Dispensationsgesuch kommen dieselben Regeln, wie für den Fall der Irregularität ex defectu natalium zur Anwendung[2].

Da die Gründe der Ausschliessung der unehelich Geborenen nicht nur auf die Fälle passen, wo es sich um die Erwerbung von eigentlichen Benefizien handelt, sondern auch auf die, wo andere Kirchenämter, welche nicht blos eine die kirchlichen Funktionen unterstützende oder erleichternde Thätigkeit zum Gegenstande haben und mit Laien besetzt werden, namentlich Kirchenämter ohne Perpetuität[3], z. B. Stellen in den Missionsgebieten in Frage stehen, so kann es keinem Bedenken unterliegen, die dargelegten Regeln auf diese auszudehnen[4].

Eine Verleihung, welche den besprochenen Vorschriften zuwider erfolgt, ist absolut nichtig[5], und konvalescirt daher auch nicht[6] durch nachträgliche Legitimation, Professablegung oder Dispensation[7].

Während die frühere Gesetzgebung die Priesterkinder ohne Unterschied zwischen ehelich und unehelich geborenen nicht nur von der Erlangung der Weihen, sondern auch der Benefizien ausschloss[8], um das Erblichwerden der letzteren und eine Besetzung nach Familienrücksichten zu verhindern — war doch im 11. Jahrhundert weder das Cölibatsverbot praktisch durchgeführt noch als trennendes Ehehinderniss anerkannt[9] — hält das Dekretalenrecht die unehelichen Kinder der Geistlichen vom Erwerbe von Benefizien an derjenigen Kirche, an welcher der Vater ein solches besitzt oder besessen hat, fern[10], verbietet dagegen allen Kindern von Klerikern, d. h. praktisch den ehelichen, nur die unmittelbare Succession in das väterliche Benefizium[11].

Das Tridentinum[12] hat nach dem Vorgange einer Constitution Clemens' VII. v. J. 1530[13] die Vorschriften des Dekretalenrechts dahin verschärft, dass die unehelichen Kinder aller Kleriker niemals, auch nicht mehr mittelbar[14] an Kirchen, an denen ihre Väter Benefizien inne haben oder inne gehabt haben, ein solches, selbst wenn es von dem väterlichen verschieden ist, erlangen, ebensowenig irgendwelche

[1] Boenninghausen p. 111.

[2] L. c. p. 115 u. Th. I. S. 14.

[3] S. o. S. 365. 366. 368.

[4] Uebereinstimmend geschieht dies wenigstens hinsichtlich der Aemter der General- und Kapitular-Vikare, s. o. S. 211. 235; Leuren. P. I. qu. 263; Boenninghausen p. 64. n. 11.

[5] Arg. c. 20 X. I. 6 cit.

[6] Denn die Fähigkeit muss im Augenblick der Erwerbung des Amtes vorhanden sein, Passerini de electione canonica c. 25. n. 132; Boenninghausen p. 84. n. 30.

[7] Nur eine Dispensation, welche direkt auf Heilung oder Sanirung der Nichtigkeit ginge, würde ausreichen.

[8] c. 1. 12. 13 Dist. LVI. cit.

[9] Th. I. S. 154 ff.

[10] c. 2. 3. 4 (Alex. III.) X. h. t. I. 17 sprechen zwar allgemein von den filii, dagegen beschränken c. 15 (Innoc. III.) u. c. 16 (Lat. IV. a. 1215) X. eod. das Verbot auf die unehelichen Kinder, endlich verordnet c. 12 (Clem. III.) eod. hinsichtlich der a pontificibus generati: „quod si ex legitimo sint matrimonio procreati nec aliud canonicum obviat, licite possunt ad sacros ordines ascendere et in eisdem ecclesiis, in quibus praesunt vel etiam praefuerunt genitores eorum beneficium obtinere".

[11] c. 7. 9 (Alex. III.) X. erwähnen nur der filii, c. 11 (id.) eod. der filii sive geniti sint in sacerdotio sive non. Vergleicht man die in dieser und der vorigen Note citirten Stellen Alexanders III. mit den übrigen, so ergiebt sich, dass derselbe noch den früheren Standpunkt vertritt, und erst nach ihm die im Text gedachte Milderung zu Gunsten der ehelichen Kinder eingetreten ist, ohne dass dieselbe gleich vollkommene Durchführung erlangt hat.

[12] Sess. XXV. c. 15 de ref.

[13] Ad canonum conditorem (M. bull. 1, 684).

[14] Garcias l. c. P. VII. c. 3. n. 14; Richters Tridentinum S. 465. n. 2.

geistliche Dienste thun, noch Pensionen aus den Einkünften der väterlichen Benefizien beziehen dürfen, sowie dass alle zur Umgehung dieser Verbote vorgenommenen Handlungen, namentlich die Resignation der Väter zu Gunsten ihrer Söhne und die in Folge dessen stattgehabte Verleihung an letztere, null und nichtig sein sollen. Die Unfähigkeit trifft danach auch die unehelichen Kinder, welche der Kleriker vor seinem Eintritt in den geistlichen Stand erzeugt hat[1]. Ist der Vater an zwei unirten Kirchen angestellt, so steht das Hinderniss dem Sohne in Betreff der Benefizien beider entgegen, daher kann derselbe auch nicht an einer accessorisch unirten Kirche, deren Hauptkirche der Vater als Rektor inne hat, ein Benefizium, z. B. eine Vikarie, erhalten, selbst wenn er in Folge desselben keine Funktionen in der Mutterkirche vorzunehmen genöthigt ist[2]. Ebensowenig darf der Sohn geistliche Funktionen an der väterlichen Kirche ausüben, also auch nicht als Beichtvater an derselben amtiren[3].

Dagegen bezieht sich das Tridentinum nicht auf den Fall, wo der Vater kein beneficium im eigentlichen Sinne besitzt[4], ebensowenig auf den Erwerb des vom unehelichen Sohne früher besessenen Benefiziums seitens des illegitimen Vaters[5], endlich auch nicht auf die Kinder des unehelichen Sohnes, mögen diese ehelich oder unehelich sein[6].

Eine unter Verletzung der Vorschriften des Konzils erfolgte Verleihung ist nichtig[7].

Die Unfähigkeit kann beseitigt werden durch päpstliche Dispensation[8] und durch legitimatio per subsequens matrimonium (nicht aber durch eine per rescriptum pontificis[9]).

Die sonstigen Vorschriften des Dekretalenrechtes hat das Tridentinum nicht berührt, daher sind noch heute:

[1] So die Congr. Conc. s. Garcias l. c. n. 15; Boenninghausen p. 105.

[2] Die herrschende Meinung weicht von der im Text vertretenen Ansicht insofern ab, als sie mit der Congr. Conc. für die unio subiectiva eine Ausnahme zu Gunsten des Sohnes macht, Garcias l. c. n. 61 ff.; Fagnan. ad c. 11. X. h. t. I. 17. n. 34; Leuren. P. I. qu. 247; Boenninghausen p. 106. Aber mit Unrecht, denn auch bei dieser Art der Union sind die beiden Benefizien in der Hand des Vaters vereinigt, da das eine nur eine Pertinenz des andern bildet.

[3] Entschdg. d. Congr. Conc. bei Richter a. a. O. n. 3; weitere Kasuistik bei Boenninghausen p. 107.

[4] Z. B. ad nutum angestellt ist, Richter n. 1; Boenninghausen l. c.

[5] Richter a. a. O. n. 5; Bened. XIV. de syn. dioec. XIII. 24. n. 15. Andererseits wird der uneheliche Vater nicht gleichzeitig neben dem Sohn ein Benefizium an derselben Kirche erhalten können, denn das Tridentinum will offenbar das Amtiren beider neben einander verhindern, Garcias l. c. n. 30. 31; Leuren. l. c. qu. 280.

[6] Dies hat auch die Congr. Conc. freilich nach mehrfachem Schwanken angenommen, Fagnan. l. c. n. 35 ff.; Garcias l. c. n. 20. 27; Schmalzgrueber l. c. n. 23; Bened. XIV. l. c. n. 19; Boenninghausen p. 105.

[7] S. die citirte Stelle des Koncils. Dadurch ist c. 5 (Alex. III.) X. I. 17 in Betreff der Unehelichen aufgehoben. Dasselbe ordnet an, dass der Bischof, welcher einen Kleriker von der ihm verliehenen Kaplanei entfernt hat, weil dessen Vater an derselben Kirche angestellt gewesen war, den ersteren wieder einsetzen soll, wenn er von diesem Sachverhalt schon bei der Uebertragung des Benefiziums Kunde hatte, im umgekehrten Fall aber ihm das Benefizium allein dann entziehen kann, wenn er ihm ein anderes ausreichendes Amt verleiht. Schon früher ist streitig gewesen, ob sich das Kapitel nur auf eheliche, vor dem Eintritt in den Klerikalstand erzeugte, oder überhaupt auf uneheliche Kinder der Geistlichen bezieht, s. die Nachweisungen bei Fagnan. zum cit. cap. n. 1 ff. Die Stelle, welche allgemein von allen Kindern spricht, erklärt sich wohl daraus, dass zur Zeit ihrer Abfassung noch kein anderer als der titulus beneficii anerkannt war (Th. I. S. 64) und der Bischof dem geweihten Kleriker in den erwähnten Fällen zur Strafe nicht den Titel und damit den Lebensunterhalt entziehen sollte.

[8] Also selbst, wenn das beneficium ein simplex ist, denn der Bischof kann das gemeine Recht nicht aufheben.

[9] Das Koncil schliesst die non ex legitimo matrimonio nati aus, und den ehelich geborenen stehen allein die durch spätere Ehe legitimirten gleich, Fagnan. ad c. 11 cit. n. 33; Bened. XIV. l. c. n. 16; Boenninghausen p. 105.

2. die ehelichen Kinder der Geistlichen von der unmittelbaren Nachfolge in die Aemter ihrer Väter ausgeschlossen[1], sofern es sich um Benefizien im eigentlichen Sinne handelt[2]. Das Verbot trifft aber nicht die gleichzeitige Bekleidung von Benefizien an derselben Kirche[3], ebensowenig die unmittelbare Nachfolge des Vaters in das Benefizium des Sohnes[4]. Die Enkel sollen dagegen nach einer Meinung ebenso unfähig sein, wie die Söhne[5]; eine zweite Ansicht beschränkt dies auf den Fall, dass ihr Vater, also der Sohn des Inhabers des in Frage stehenden Benefiziums schon bei dem Tode des letzteren verstorben war[6], endlich wird von anderen[7] jede Erweiterung auf die Enkel abgewiesen, und mit Recht, da Verbotsgesetze strikt zu interpretiren sind.

Eine Besetzung, welche unter Nichtbeachtung des Hindernisses erfolgt, kann nicht für nichtig erachtet werden[8].

Die Dispensation von dem letzteren steht ausschliesslich dem Papste zu[9].

3. Ferner sind Laien zum Erwerbe kirchlicher Aemter[10] unfähig. In den ersten Jahrhunderten der christlichen Kirche sind indessen mehrfach angesehene Laien vom Klerus und Volk zu Bischöfen gewählt worden[11]. Sodann haben die germanischen Könige, welche in ihren Reichen einen weitgehenden Einfluss auf die Besetzung der Bisthümer erlangt hatten, oft genug ihre Würdenträger und Günstlinge weltlichen Standes zu Bischöfen befördert[12]. Hieraus erklärt es sich, dass schon früh besondere Verbote seitens der Synoden[13] und der Päpste[14] gegen die Erhebung von Laien zu Bischöfen erlassen worden sind, obwohl eine solche schon durch die Vor-

1 S. 478. n. 10. Die mittelbare Folge ist erlaubt, c. 7. X. I. 17 cit.

2 c. 8 (Alex. III.) X. eod. Auch wird nach c. 11 (Alex. III.) u. c. 13 (Clem. III.) ibid. der Personat und die vicaria perpetua in sofern wie ein und dasselbe Benefizium behandelt, als der Sohn nicht die Vikarie des Personates, welchen der Vater gehabt hat, erlangen soll.

3 c. 12 (Clem. III.) eod. Wegen der Kardinäle s. indessen Th. I. S. 342.

4 Leuren. l. c. P. I. qu. 3; Schmalzgrueber l. c. n. 19.

5 Die Vertreter dieser Meinung, welche sich darauf stützen, dass unter filii im weiteren Sinne die Enkel zu verstehen sind, aufgezählt bei Fagnan. ad c. 7. I. 17. n. 5.

6 So z. B. Hostiensis, summa aur. rubr. de fil. presb. n. 5. s. v. Sed numquid; Schmalzgrueber l. c. n. 21; Boenninghausen p. 105. n. 25, weil nur unter dieser Voraussetzung der Enkel dem Grossvater succediren könne.

7 Fagnan. l. c. n. 14 ff.

8 c. 5. X. cit. I. 17, s. S. 479. n. 7.

9 c. 9 (Alex. III.) I. 17; der päpstliche Legat bedarf eines besonderen Auftrages dazu, c. 17 (Honor. III.) X. eod. Uebrigens ist die Dispensation auch dann nöthig, wenn nur Mitglieder einer bestimmten Familie stiftungsgemäss das Benefizium erhalten können, Ferraris s. v. beneficium art. 5. n. 89.

10 Es kommen hier selbstverständlich solche Aemter, welche ihrem Charakter nach, wie z. B. die der Kirchenvorsteher, für Laien bestimmt sind oder doch üblicherweise mit Laien besetzt zu werden pflegen (s. o. S. 364 n. 5), nicht in Frage.

11 Z. B. Ambrosius v. Mailand, dict. Grat. zu c. 8. Dist. LXI; Germanus v. Auxerre Anfang d. 4. Jahrh. Herzogs Encykl. 5, 87; Nektarius v. Konstantinopel (a. 381; Socrat. hist. eccl. V. 8), Thalassius v. Cäsarea Cappadociä (a. 439; ibid. VII. 48). Vgl. ferner Thomassin P. II. l. 1. c. 85. n. 12. 13.

12 Ueber d. Westgothenreich s. Dahn, Könige d. Germanen 6, 404; üb. d. Frankenreich Gregor. Turon. hist. V. 43. 46. VI, 19. 36. VIII. 20. 32. 39. IX. 23. X. 31. n. 16; Löbell Gregor v. Tours (1. Aufl.) S. 349; Waitz, deutsche Verf. Gesch. 2. Aufl. 2, 293.

13 c. 10 (c. 10, *al.* 13 Sard. a. 343) Dist. LXI; c. 12 Rom. u. 402 (Bruns can. apost. I. 2, 280), c. 1. 2. Arelat. IV. a. 524; c. 9. Aurel. V. a. 549 (beide Koncilien verlangen wenigstens, dass vor der Beförderung ein Jahr seit Ablegung des Gelübdes der Enthaltsamkeit abgelaufen sein soll, s. Th. I. S. 148), c. 17 des Koncils unter Photius a. 861. b. Mansi 6, 547; s. Hefele, Concil. Gesch. 4, 234 (ferner ibid. S. 259. 391. 403. 445).

14 c. 4 (Innoc. I.), c. 7 (Coelest. I.), c. 5 (Leo I.), c. 2 (Hormisda) Dist. LXI; c. 3 ep. Symmachi ad Caesar. Arelat. a. 513 (Thiel epist. Rom. pont. 1, 725); Gregor. I. ep. II. 25. V. 53. 55. IX. 11. 106. 109 (= c. 1. Dist. cit.) 110 (ed. Bened. 2, 588. 782. 786. 938. 1008. 1014. 1017).

Auch die römische Kaisergesetzgebung verlangte, dass der Laie mindestens schon seit 3 (früher seit 6) Monaten in den geistlichen Stand eingetreten sein sollte, Justinian. Nov. VI. c. 1. §. 7. a. 535; Nov. CXXIII. c. 1. §. 2. a. 546.

schriften über die ordnungsmässige Folge der Weihegrade ausgeschlossen war [1]. Wie aber selbst Laien noch mehrfach im Mittelalter die päpstliche Würde erworben haben [2], so sind auch solche noch später auf die bischöflichen Stühle gelangt [3]. Allerdings waren derartige Fälle nicht häufig.

Ferner sah sich die Gesetzgebung seit dem 11. Jahrhundert veranlasst, gegen die Uebertragung der Bischofswürde an Kleriker niederer Grade einzuschreiten. Durch Partikularsynoden, so z. B. das Koncil von Benevent v. 1091 [4], wurde vorgeschrieben, dass allein Priester und Diakonen und blos ausnahmsweise, mit Erlaubniss des Papstes oder des Metropoliten, Subdiakonen zu Bischöfen gewählt werden sollten. In Folge der Einreihung des Subdiakonats in die Klasse der ordines sacri [5] wurde der letztere indessen von Innocenz III. für ausreichend erklärt [6]. Das Tridentinum hat diese Vorschrift nur insofern modificirt, als der Kandidat mindestens schon 6 Monate die gedachte Weihestufe inne haben muss [7]. Das ist auch noch heute geltendes Recht [8]. Eine Verletzung dieser Regeln zieht, falls keine päpstliche Dispensation gewährt worden ist [9], Nichtigkeit der Erwerbung des Amtes nach sich [10].

Von den übrigen Aemtern waren die Laien in den älteren Zeiten, als die kirchliche Anstellung noch mit der Ertheilung der Ordination zusammenfiel und die Amtsfunktionen sich nach dem erlangten Weihegrad bestimmten, schon durch die Nothwendigkeit des stufenweisen Aufsteigens von einem ordo zum andern ausgeschlossen. Da die Angehörigen mächtiger und angesehener Familien wohl häufig nach den Bischofssitzen strebten, die minder bedeutenden Stellungen der Priester und Diakonen ihren Ehrgeiz aber nicht reizten, so bedurfte es kaum besonderer Verbote [11] gegen die unmittelbare Beförderung der Laien zu solchen Aemtern. Noch viel weniger konnte aber in jener Zeit bei dem Zusammenfallen von Ordination und Anstellung von Vorschriften über die für die einzelnen kirchlichen Aemter erforderlichen Weihegrade die Rede sein. Daher beginnt die kirchliche Gesetzgebung in Betreff dieser Verhältnisse erst mit der Entstehung des heutigen Benefizialwesens und mit dem Aufkommen der absoluten Ordinationen thätig zu werden, vor Allem um die Verleihung von Benefizien an Personen zu verhindern, welche lediglich die Einkünfte derselben zu geniessen, sich aber der damit verbundenen Pflichten zu entziehen suchten. Es gehören hierher die früher schon erörterten Vorschriften über die für die verschiedenen

[1] Th. I. S. 111.

[2] Th. I. S. 244.

[3] So z. B. Graf Ansfried in Utrecht, Hirsch Heinrich II. 1, 350. n. 4; Sigeb. chron. a. 1009 (Th. I. S. 18. n. 1).

[4] c. 4. Dist. LX; c. 5 Claromont. a. 1095 (Mansi 20, 817); c. 4. Remens. a. 1131 (Jaffé, mon. Bamberg. p. 440; c. 8 bei Mansi 21, 459).

[5] Th. I. S. 6.

[6] c. 9. X. de aet. et qual. I. 14.

[7] Sess. XXII. c. 2 de ref.

[8] Das Tridentinum ist nicht, wie Barbosa de off. et pot. episc. P. II. all. 1. n. 37 unter Berufung auf c. 10 Dist. LXI cit.; c. 9 X. cit. u. Gregor. XIV. const. Onus apostolicae v. 15. Mai 1590 (M. bull. 2, 763) behauptet, aufgehoben. Die letztere will im §. 9 nur die vorgeschriebenen Erfordernisse aufzählen. Deshalb kann das: sacris ordinibus saltem ante VI menses ordinatus nicht heissen, dass der Kandidat alle ordines sacri, mithin auch den Presbyterat besitzen muss, vielmehr bedeutet es nichts anderes als das, was das Tridentinum l. c. mit den Worten: „in sacro ordine antea saltem VI mensium spatio constitutus“ ausdrückt, s. auch Leuren. P. I. qu. 314; Schmalzgrueber T. I. P. 3. tit. 14. n. 15.

[9] Denn nur durch diese kann das gemeine Recht abgeändert werden.

[10] Ueber die Verpflichtung des Gewählten, die weiteren Weihen zu nehmen, s. Leuren. P. I. qu. 315 u. unten §. 131.

[11] S. aber d. illyrische Synode v. 375 (Theodoret. eccl. hist. IV. 9: „Ὁμοίως τε καὶ πρεσβυτέρους καὶ διακόνους ἐξ αὐτοῦ ἱερατικοῦ . . . καὶ μὴ ἀπὸ τοῦ βουλευτηρίου καὶ στρατιωτικῆς ἀρχῆς“); c. 1. 2. Arel. IV. a. 524; c. 6 Aurel. III. a. 538; c. 20 Bracar. I. a. 563.

Stiftswürden, namentlich die Propstei[1] und den Dekanat[2], ferner die Kanonikate[3] und Archidiakonate[4] nöthigen Weihegrade[5].

Für die Erlangung von Pfarrbenefizien hat Alexander III. den Besitz des Subdiakonats erforderlich erklärt[6], und nur für Kleriker niederer Weihestufen, welche binnen kurzer Zeit zu Priestern geweiht werden könnten, eine Dispensation zugelassen, und das 3. Lateranensische Koncil (v. 1179[7]) den Verlust des Amtes an die Nichterlangung des für die Verwaltung des Benefiziums nothwendigen Priestergrades binnen der durch die Kanones vorgeschriebenen Frist[8] geknüpft.

Nach den theilweise durch die späteren Dekretalen und durch das Tridentinum abgeänderten Bestimmungen ist die Priesterweihe vorgeschrieben für Dignitäten, mit denen eine cura animarum verbunden ist (also für die blos eximirten Prälaturen, die praelaturae nullius, die Probsteien, die Stifsdekanate, die Abtsstellen[9]), für die Pfarr-Aemter und die Hälfte der Kathedral-Kanonikate, während für die andere Hälfte derselben der Diakonat, bez. Subdiakonat genügt[10]. Jedoch können Kleriker, welche den vorgeschriebenen Weihegrad nicht besitzen[11], die erwähnten Aemter erhalten, müssen denselben aber binnen Jahresfrist nach dem erlangten ruhigen Besitz derselben[12] erwerben[13]. Die schuldbare Versäumniss zieht den Verlust des Pfarramtes ipso iure, und falls der Erwerber dasselbe nur in der Absicht, sich den Fruchtgenuss zu verschaffen, nachgesucht hat, auch die Pflicht zur Wiedererstattung der genossenen Früchte nach sich[14]. Bei Stiftsämtern verliert der Inhaber dagegen nur das ihm etwa zustehende Stimmrecht im Kapitel und die Hälfte der Distributionen[15], kann indessen

[1] S. o. S. 95.

[2] S. o. S. 95, nam. Note 5.

[3] S. 66. 74.

[4] S. 189. 194. 200.

[5] Wegen der Laien, die derartige Pfründen erhalten haben, s. S. 66. n. 6; S. 76. 193. n. 2; S. 195. n. 2.

[6] c. 5. X. tit. cit. I. 14. Ueber die Adresse des Kapitels s. Phillips 7, 550.

[7] c. 7. §. 2 X. de elect. I. 6.

[8] Welche das Koncil im Auge hat, ist zweifelhaft. Die Vorschrift wird theils auf die tempora interstitiorum (Th. I. S. 112), theils auf die Ordinationszeiten (a. a. O. S. 114), theils auf die Kanones, welche eine einjährige Frist nach der Konversion zum Kleriker für den Erwerb des Diakonats und Presbyterats festsetzen (s. S. 481. n. 11), bezogen, vgl. glossa ad c. cit. s. v. a canonibus u. Gonzalez Tellez ad c. cit. §. 2. n. 5. Praktische Bedeutung hat die Kontroverse nicht, s. Note 11 ff.

[9] Für die Dignitäten ohne cura genügt gemeinrechtlich der Diakonat, weil das Trid. Sess. XXIV. c. 12 de ref. für diese nur das vollendete 22. Lebensjahr vorschreibt und deshalb die Priesterweihe (s. Th. I. S. 18) unmöglich verlangen kann, Fagnan. ad c. 1. X. h. t. I. 14. n. 6.

[10] c. 1 (Pictav. a. 1078) X. eod.; Trid. Sess. XXIV. c. 12 de ref. Das Nähere wegen der Kanonikate s. o. S. 66. 81. Der Pönitentiar muss, weil er das Bussakrament zu verwalten hat, Trid. Sess. XIV. c. 6 de poenit., Priester sein.

[11] Dies gilt ebenfalls für die Pfarrbenefizien, auch für diese ist blos der Besitz der Tonsur erforderlich, Fagnan. ad c. 5. X. I. 14. n. 2 ff., denn c. 5 X. cit. ist aufgehoben, s. c. 8 (Bonif. VIII.) in VI^to de praeb. III. 4; c. 2 (id.) in VI^to de instit. III. 6.

[12] Bez. von dem Tage, wo dieser hätte erlangt werden können und dies blos durch Schuld des Erwerbers unterblieben ist, c. 35 (Bonif. VIII.) in VI^to de elect. I. 6; Leuren. P. I. qu. 319. n. 2.

[13] c. 14 (Gregor. X. in conc. Lugd.) in VI^to de elect. I. 6; Clem. 2 de aet. et qual. I. 6; Trid. Sess. XXIV. c. 12 de ref.

[14] c. 14 cit., c. 35 (Bonif. VIII.) in VI^to de elect. I. 6. Auch darf das verlorene Amt dem Säumigen bei der in Folge seiner Nachlässigkeit eingetretenen Vakanz nicht wieder von Neuem übertragen werden, c. 35 cit. Weitere Kasuistik bei Leuren. l. c. qu. 320.

[15] Clem. 2 cit. u. Trid. Sess. XXII. c. 4 de ref. Durch dieses letztere ist c. 5. Sess. XLIII. conc. Constant. (Hübler, Constanzer Reformation S. 161): „Nos igitur sacro approbante concilio omnes dispensationes a quibuscunque pro pontificibus se gerentibus concessas quibuscunque electis confirmatis seu provisis ad ecclesias, monasteria, prioratus conventuales, decanatus, archidiaconatus et alia quaecunque beneficia quibus certus ordo debitus est vel annexus, videlicet ne munus consecrationis episcopi seu benedictionis abbatis aut ceteros debitos aut annexos ordines suscipiant, praeter illas quae secundum formam constitut. Bonifac. VIII. quae incipit: Cum ex eo (c. 34 in VI^to de elect. I. 6) factae sunt, revocamus, statuentes ut qui de praesenti illos vel illa obtinent infra VI menses a die publicationis huiusmodi constitutionis nostrae et qui imposterum obtinebunt infra terminum juris (d. h. binnen Jahresfrist), se faciant consecrari aut benedici sive

bei fortgesetzter Renitenz seines Amtes entsetzt werden [1]. Das letztere soll geschehen, wenn ihn in der Zwischenzeit ein vom Empfange des erforderlichen Weihegrades ausschliessendes Hinderniss (z. B. eine Irregularität) trifft [2], jedoch wendet die Doktrin diese Vorschrift nicht auf den Fall an, wo das Hinderniss ohne Schuld des Amtsinhabers eingetreten ist [3].

Für die einfachen Benefizien, in Betreff deren das gemeine Recht nichts besonderes festgesetzt hat, genügt es, wenn der Erwerber die Tonsur besitzt [4].

Die Regeln über die rechtzeitige Erlangung des ordo kommen auch dann zur Geltung, wenn derselbe nicht durch das gemeine Recht, sondern statutarisch, z. B. durch ein Kapitelsstatut oder durch eine Stiftungsurkunde, vorgeschrieben ist [5]. Jedoch bleibt es Sache der Auslegung festzustellen, ob der ordo durch solche Anordnungen dem Benefizium *respectu actus* oder *respectu aptitudinis* annektirt ist, d. h. schon im Augenblick der Verleihung oder blos für die Verwaltung des Benefiziums verlangt wird [6].

Wenn für ein Amt gar kein oder ein bestimmter ordo vorgeschrieben ist, kann der Ordinarius den Benefiziaten doch zur Erwerbung eines solchen, bez. eines höheren und zwar durch Entziehung der Früchte, schlimmstenfalls auch des Benefiziums selbst zwingen, sofern es die Nothwendigkeit oder der Nutzen der Kirche, z. B. der Mangel an Priestern bei derselben, bedingt [7].

Die Dispensation von den Vorschriften über die Nothwendigkeit eines bestimmten Ordos und die Erwerbung desselben binnen der gesetzlichen Zeit nach Erlangung des Amtes steht ausschliesslich dem Papste zu [8], welcher auch die Verleihung eines Benefiziums an einen Laien gestatten kann [9].

ad alium debitum ordinem promoveri: alioqui sint ipsis ecclesiis, monasteriis, dignitatibus, personatibus officiis et beneficiis praedictis ipso iure privati" . . ., welches die Clem. 2 cit. aufgehoben hatte, unter Wiederinkraftsetzung der letzteren beseitigt, jedoch nur hinsichtlich der im Trid. erwähnten Benefizien („dignitates, personatus, officia, praebendas, portiones ac quaelibet alia beneficia in dictis [i. e. cathedrali vel collegiali, saeculari vel regulari] ecclesiis"), nicht der übrigen, s. Fagnan. ad c. 7. §. 2. X. I. 6 cit. n. 35 ff.

1 Unter den Clem. 2 cit. anderweit vorbehaltenen Strafen kann nur eine nicht ipso iure erfolgende Privation verstanden werden, weil die sonst festgesetzten Strafen mit einem Verlust ipso iure unvereinbar sind, Fagnan. l. c. n. 39, Richters Tridentinum S. 160. n. 1. Dasselbe bestimmt c. 22 (Bonif. VIII.) in VIto de elect. I. 6 unter Ausschluss v. c. 14 cit. eod. für die Kollegiatkirchen, welche zugleich ecclesiae parochiales sind, jedoch ist dies durch das Konstanzer Koncil (s. vor. Note) wieder aufgehoben. A. M. Fagnan. l. c. n. 23 ff.

2 c. 1. X. h. t. I. 14.

3 Für diesen Fall wird nach denselben Regeln verfahren, welche bei einer schuldlos eintretenden Unfähigkeit des Benefiziaten gelten, Fagnan. ad c. 1. X. cit. n. 34 ff.; Schmalzgrueber l. c. n. 21; Reiffenstuel I. 14. n. 24.

4 Fagnan. l. c. n. 42; Schmalzgrueber l. c. n. 19.

5 So lautet z. B. Trid. Sess. XXIV. c. 12 de ref. ganz allgemein; Fagnan. l. c. n. 48.

6 Fagnan. n. 44 ff.; Leuren. l. c. P. I. qu. 311. 312.

7 c. 6 (Alex. III.) X. h. t. I. 14; Fagnan. ad c. cit. n. 2 ff. 46 ff. Die Dekretale ist ergangen, um die durch c. 1—4. 8. 9. Dist. LXXIV u. c. 3. C. I. qu. 6 hervorgerufenen Zweifel zu beseitigen, und bestimmt, dass den Klerikern, welche sich wegen geheimer Sünden weigern, die höheren ordines zu empfangen, ihre Benefizien mit Ausnahme des Falles, wo sie der Kirche andere als die durch ihr Amt bedingten Dienste von wesentlichem Nutzen leisten, entzogen und andere Geistliche statt ihrer angestellt werden sollen. Nähere Kasuistik bei Fagnan. l. c. n. 20 ff.

8 Es folgt dies aus der allgemeinen Regel, dass der Papst allein über dem ius commune steht. Die durch c. 5. X. I. 14 cit. dem Bischof eingeräumte Dispensationsbefugniss ist mit der Beseitigung der Nothwendigkeit des Subdiakonats für den Erwerb der Pfarrämter fortgefallen (S. 483. n. 11).

c. 34 (Bonif. VIII.) in VIto de elect. I. 6 gewährt den Ordinarien die Befugniss, den Inhabern derartiger Aemter, welche sich den theologischen Studien widmen wollen, die einjährige Frist für die Erlangung des Presbyter-Ordos, sofern sie nur innerhalb der letzteren den Subdiakonat nehmen, auf 7 Jahre zu verlängern und ihnen die Früchte der Benefizien abzüglich der für einen

Ueber die Qualifikation für den Kardinalat und die päpstliche Würde s. o. Th. I. S. 342 u. 379.

Was endlich diejenigen kirchlichen Aemter betrifft, welche nicht Beneficien im eigentlichen Sinne sind (s. o. S. 368), so gilt für die Qualifikation der Bischöfe in partibus dasselbe wie für die Residentialbischöfe. Im Uebrigen bestimmt sich der Ordo im Allgemeinen durch die geistlichen Funktionen, welche der Erwerber kraft seines Amtes wahrzunehmen hat, eventuell ist nur der Besitz der Tonsur erforderlich.

4. Unfähig zum Erwerbe kirchlicher Aemter sind sodann diejenigen, welche nicht das vorgeschriebene Alter besitzen. Für die einfachen Benefizien genügt nach neuerem Recht das angetretene 14. Lebensjahr [1], während man früher schon das zur Erlangung der Tonsur nothwendige Alter von 7 Jahren [2] für ausreichend erachtete [3]. Auf solche Benefizien, für welche die Fundationsbestimmungen ein niedrigeres Alter als 14 Jahre festsetzen, bezieht sich die neuere Vorschrift nicht, es können daher die ersteren auch noch heute bis auf die ältere gemeinrechtliche Grenze hinabgehen [4].

Für Kanonikate in den Kathedralstiftern, für welche ebenso wie für die der Kollegiatkapitel das Statutarrecht verschiedene Altersstufen festgesetzt hat [5], erfordert das Tridentinum dasjenige Alter, welches für den durch den Kanonikat bedingten Ordo verlangt wird [6]. Wo es indessen in dieser letzteren Beziehung an einer Bestimmung fehlt, genügt das angetretene 22. Jahr, weil die Kanoniker min-

Vikar auszusetzenden congrua zu belassen. Ob diese Vorschrift durch das Tridentinum aufgehoben ist, darüber herrscht Streit, s. Garcias tract. de benef. P. III. c. 2. n. 80 ff.; Fagnan. ad c. 5. X. de magistr. V. 5. n. 10 ff.; Barbosa de off. et pot. parochi I. 5. n. 22; Leuren. P. I. qu. 322; Schmalzgrueber III. 4. n. 61; Phillips 7, 552; Richter K.R. §. 181. n. 12. Die Vorschriften des Trid. Sess. V. c. 1 de ref.; Sess. VI. c. 2 de ref.; Sess. VII. c. 12 de ref.; Sess. XXIII. c. 1 de ref. sind mit c. 34 cit. nicht unvereinbar; wohl aber passt dasselbe nicht zu den Vorschriften über den Pfarrkonkurs in Sess. XXIV. c. 18 de ref., weil der letztere, ebenso wie die heute in Deutschland bestehenden Prüfungen (s. unten) die vorgängige wissenschaftliche Ausbildung der zukünftigen Pfarrer voraussetzen. Von praktischer Bedeutung ist somit die Frage nicht.

Unzweifelhaft steht aber dem Bischof das Dispensationsrecht zu, wenn ein bestimmter ordo nicht gemeinrechtlich, sondern nur durch Diöcesanverordnungen festgesetzt ist. Ebenso kann der Bischof von derartigen Vorschriften der Kapitelstatuten innerhalb der durch das gemeine Recht gesteckten Grenzen mit Zustimmung des Kapitels entbinden (o. S. 131 ff.). Im ersten Fall bedarf er nur des consilium capituli, s. o. S. 156; Schmalzgrueber T. I. P. III. t. 4. n. 20.

9 Ferraris s. v. beneficium art. 5. n. 5. Für untergeordnete Aemter, wie die der Kirchendiener, Glöckner u. s. w. ist eine solche aber da, wo diese Stellen mit Laien besetzt werden, nicht nöthig: ebenso wenig bei Stellen in der bischöflichen und Kapitelsverwaltung, welche, wie die Syndikate, Rendanturen u. s. w., nichts mit geistlichen oder jurisdiktionellen Funktionen zu thun haben.

1 Trid. Sess. XXIII. c. 6 de ref.; über die Auslegung der Worte: „nullus . . . ante XIV annum beneficium possit obtinere", s. die Entscheidungen bei Fagnan. ad c. 35 X. de praeb. III. 5. n. 15; Ferraris s. v. aetas n. 10.

2 S. Th. I. S. 106.

3 Namentlich auf Grund v. c. 9 (Bonif. VIII.) in VIto de rescr. I. 3; s. Glosse dazu s. v. aetatem, Fagnan. ad c. 7 pr. X. de elect. I. 6. n. 87; Leuren. P. I. qu. 212; Ferraris l. c. n. 11. 12. Uebereinstimmend hiermit verordnen auch mittelalterliche Partikularsynoden, dass pueri oder adolescentes nicht Seelsorge-Benefizien erhalten sollen, c. 1 Abrinc. a. 1172; c. 12. Montispessul. a. 1215 (Hardouin VI. 2, 1634. 2047). Dass aber auch diese Grenzen nicht beobachtet worden sind, zeigt z. B. ep. 235. Innoc. III. reg. XV. (ed. Baluze 2, 730), wo es von dem Bischof v. Melfi heisst: „nepotibus suis vagientibus in cunabulis, licet ad plus vix valentibus balbutire, nedum quod in ecclesia agerent vel cantarent, maiores praebendas tribuit et beneficia meliora, s. auch Friedberg, Grenzen zw. Staat u. Kirche 1, 46. 65.

4 So hat die Congr. Conc. wiederholt entschieden, Fagnan. ad c. 35. X. de praeb. III. 5. n. 15. 16; Ferraris l. c. n. 11; Schmalzgrueber l. c. t. 14. n. 6; Leuren. P. I. qu. 214. i. f.

5 S. o. S. 66. 67.

6 S. 66. 82. Ueber das heute zum Theil erforderliche Alter von 30 Jahren s. S. 82.

destens Subdiakonen sein sollen[1]. Hinsichtlich der Kanonikate an den Kollegiatkirchen hat das Tridentinum nichts bestimmt. Es genügt für dieselben daher das angetretene 14. Lebensjahr[2], indessen darf der Erwerber, sofern er nicht den Subdiakonat besitzt, für welchen das angetretene 22. Jahr nothwendig ist, und welchen er also vorher nur mit Dispensation erlangen kann, das Stimmrecht im Kapitel nicht ausüben[3].

Der Erwerb von solchen Dignitäten und Personaten, mit denen ihrem Wesen nach eine Seelsorge verknüpft ist, und von sonstigen Kuratbenefizien, also namentlich der Archidiakonate und der Pfarrämter, sowie die Leitung einer Pfarrkirche, setzt das angetretene 25. Jahr voraus[4]. Dagegen reicht für Dignitäten und Personate ohne cura animarum das vollendete 22. Jahr aus[5]. Gleichgültig ist es hierbei, ob es sich um ein Säkular- oder Regularstift handelt[6]. Für das officium des Pönitentiars ist das vollendete 40. Jahr vorgeschrieben[7].

Zur Erlangung der bischöflichen Würde ist das vollendete 30. Jahr erforderlich[8], weil der Bischof nothwendiger Weise den ordo episcopalis erwerben muss. Diese Vorschrift ist freilich schon in älterer Zeit bei Personen von besonders hervorragenden Verdiensten[9], und sodann im Mittelalter wegen der bei Besetzung der Bischofsstühle in Frage kommenden politischen Interessen nicht immer innegehalten worden[10]. Auch haben die Päpste mehrfach davon dispensirt[11].

In Betreff der übrigen Benefizien, für welche es an besonderen Vorschriften fehlt, kommt die Regel zur Anwendung, dass dasjenige Alter erfüllt sein muss, welches der

1 Trid. Sess. XXIV. c. 12 de ref.; Garcias P. VII. c. 4. n. 29; Schmalzgrueber l. c. n. 5. Dagegen soll nach Fagnan. ad c. 7. pr. X. I. 6. n. 71 ff. in diesem Falle das frühere gemeine Recht entscheiden, in Betreff dessen freilich die grosse Kontroverse bestand, ob das vollendete 7. oder das angetretene 14. Lebensjahr als Altersgrenze anzunehmen sei.

2 Wegen der allgemeinen Vorschrift des Trid. Sess. XXIII. c. 6 de ref.; Fagnan. l. c. n. 84; Ferraris l. c. n. 13. 14. Nach früherem gemeinem Recht wurde das vollendete 14. Jahr für erforderlich gehalten.

3 Trid. Sess. XXII. c. 4 de ref.

4 c. 7. §. 2. X. cit. I. 6; c. 14 (Gregor. X. i. conc. Lugd.) in VI^to de elect. I. 6. Unvereinbar mit diesen Bestimmungen ist c. 9 des Wiener Koncils v. 1267 (Hartzheim 3, 635): „ipsis quoque praelatis districte inhibemus, ne pueris minoris aetatis videl. XVIII annorum dignitates, personatus seu beneficia curam animarum habentia conferre praesumant vel ad ipsa recipere praesentatos, nisi cum eis super hoc a sede apostolica vel legatis eiusdem extiterit dispensatum". Das Trid. Sess. XXIV. c. 12 cit. wiederholt nur den gemeinrechtlichen Grundsatz. Dieser kommt indessen nicht für Dignitäten, mit denen blos ein Kuratbenefizium unirt ist, zur Anwendung. So hat die Congr. Conc. wiederholt entschieden, Fagnan. l. c. n. 38; Leuren. P. I. qu. 218; Ferraris l. c. n. 19, offenbar deshalb, weil der Dignitarius die Seelsorge nicht selbst ausübt.

5 Trid. l. c. u. Richters Tridentinum S. 351. n. 12. Damit ist der frühere Streit entschieden, ob mangels einer ausdrücklichen besonderen Vorschrift das 14. oder wegen c. un. (Bonif. VIII.) in VI^to de aetate I. 10 das 25. Jahr zu fordern sei, s. Fagnan. l. c. n. 34 ff. Ob die Dignität die erste ist oder nicht, bleibt sich gleich, l. c. n. 49.

6 Fagnan. l. c. n. 108 ff.

7 S. 122. n. 2.

8 c. 7. pr. X. I. 6 cit.; Fagnan. l. c. n. 18. Diese Grenze gilt auch für die Bischöfe, die eine höhere Jurisdiktion, bez. einen höheren Rang besitzen, d. h. für die Erzbischöfe, Primaten und Patriarchen, l. c. n. 16. 17. Für die hannoverschen Bisthümer ist die erwähnte Altersgrenze ausdrücklich in der Bulle Impensa Romanorum pontificum v. 1824 ausdrücklich festgesetzt, für die preussischen und oberrheinischen durch Bezugnahme auf das gemeine Recht in den Bullen De salute v. 1821 und Ad dominici v. 1827.

Wegen der päpstlichen und Kardinalswürde vgl. Th. I. S. 279. 280. 342.

9 Th. I. S. 17. n. 6; Riganti ad reg. canc. XXIV. §. 2. n. 14.

10 A. a. O. S. 18. n. 1; Riganti l. c. n. 15; Friedberg, Grenzen zw. Staat u. Kirche 1, 74.

11 J. J. Moser, teutsch. Staatsr. 11, 548; Riganti l. c. n. 28 ff. Mit der Dispensation ist der Fall nicht zu verwechseln, wo die Altersgrenze ein für alle mal vom Papst herabgesetzt worden ist, wie in dem Konkordat zw. Leo X. u. Franz I. v. Frankreich v. 1516. art. 6 (Nussi conventiones de rebus eccles. Mogunt. 1870. S. 22), vgl. ferner Th. I. S. 562. n. 6. Das in beiden Fällen vorkommende Alter von 27 Jahren erklärt sich wohl daraus, dass nach c. un. (Joann. XXII.) in Extrav. comm. de postul. I. 2 die Postulation von jüngeren Personen nichtig sein soll.

für das Amt nothwendige Ordo erheischt, eventuell aber das angetretene 14. Jahr genügt [1]. Das erstere gilt auch für diejenigen Aemter, welche nicht den Charakter von Benefizien im eigentlichen Sinne haben [2]. Ferner kommen für diese auch, soweit sie passen, die Vorschriften über die Seelsorge-Benefizien analogisch zur Anwendung [3].

Die Verleihung des Amtes an eine Person, welche nicht das gesetzliche Alter [4] besitzt [5], ist ipso iure nichtig, und wird auch durch spätere Erreichung desselben nicht gültig [6].

Die Dispensation von den gemeinrechtlich festgesetzten Altersstufen steht ausschliesslich dem Papste zu [7].

Was das Verhältniss zwischen den Erfordernissen des Alters und des Ordo anlangt, so kann, wie schon bemerkt, das erstere durch den letzteren bestimmt werden, umgekehrt aber muss stets das festgesetzte Alter vorhanden sein, wenngleich dasselbe höher ist, als das für die Erlangung des nothwendigen Ordo an und für sich ohne Rücksicht auf die Erwerbung eines Benefiziums erforderte [8]. Die Vorschriften über den Ordo können also niemals eine Erleichterung der das Alter betreffenden Regeln, wohl aber unter Umständen eine Erschwerung herbeiführen [9].

5. Dürfen nur solche Personen zu den kirchlichen Aemtern zugelassen werden, welche die erforderliche wissenschaftliche Bildung besitzen. Abgesehen von dem Masse, welches für die einzelnen Weihegrade und damit mittelbar auch für die Aemter vorgeschrieben ist [10], bestimmt das Tridentinum, dass für die Erwerbung des bischöflichen Amtes der Besitz der auf einer päpstlich approbirten Universität erlangten Würde eines Magisters oder Doktors oder Licentiaten der Theologie, bez. des kanonischen Rechtes oder der durch Beibringung eines Attestes einer solchen Anstalt [11] (bei Regularen eines Zeugnisses ihrer Oberen [12]) zu führende Nachweis über die Lehr-

1 Nach c. 6 Trid. Sess. XXIII. cit.

2 So z. B. für den Weihbischof, s. S. 177.

3 Wie dies die Doktrin und Praxis hinsichtlich des Generalvikars angenommen hat, s. o. S. 211. Wegen des Kapitular-Vikars s. S. 235.

4 Bez. die Wahl einer solchen.

5 Wegen einer Ausnahme s. u. n. 9.

6 c. 7. X. I. 6 cit.; c. 14 in VIto I. 6 cit.; c. 9 (Bonif. VIII.) eod. de rescr. I. 3; c. 29 (id.) eod. de praeb. III. 4. Vgl. Barbosa de off. et pot. episc. P. III. all. 60. n. 78; Leuren. P. I. qu. 225; Schmalzgrueber l. c. n. 11. Auch die bona fides des Erwerbers, also der Irrthum über sein Alter, schliesst die Nichtigkeit nicht aus.

7 Nach der allgemeinen Regel; c. un. in VIto cit. I. 10, welches dem Bischof die Dispensation von 20jährigen behufs Erlangung von Dignitäten und Personaten ohne cura animarum gestattet, ist durch das Tridentinum aufgehoben, weil dieses eine bestimmte Altersgrenze als die allgemein gültige hingestellt hat, Garcias l. c. n. 54 ff., Schmalzgrueber l. c. n. 10.

8 Deswegen, weil auch ein Subdiakon zum Bischof gewählt werden darf, wird z. B. das dafür nöthige Alter von 30 Jahren nicht auf 22 Jahre ermässigt.

9 Selbst dann, wenn der Ordo dem Benefizium blos respectu aptitudinis annektirt ist (s. S. 483). So ist für einen Kathedral-Kanonikat das 22. Jahr nothwendig; ist dieser aber ein Presbyteral-Kanonikat, so muss der Erwerber binnen eines Jahres die die Antretung des 25. Jahres voraussetzende Priesterweihe nehmen, also das 24. Jahr begonnen haben, s. Fagnan. ad c. 7. X. I. 6. n. 41. 42. Für einen Kathedral-Kanonikat ohne bestimmt vorgeschriebenen Ordo hat die Congr. Conc. allerdings den Antritt des 21. Jahr für ausreichend erachtet, mit Rücksicht darauf, dass der Subdiakonat innerhalb eines Jahres erlangt werden kann (Ferraris l. c. n. 68), indessen ist dies nur eine scheinbare Ausnahme, weil die Altersgrenze für diese Benefizien unmittelbar durch das Requisit des Subdiakonates vom Tridentinum festgesetzt ist und das letztere die von ihm vorgeschriebene Verbindung der ordines sacri mit den Kanonikaten ausdrücklich als eine respectu aptitudinis statuirte kennzeichnet, Sess. XXIV. c. 12 de ref.: „nisi qui eo ordine sacro aut sit initiatus, quem illa dignitas, praebenda aut portio requirit, aut in tali aetate, ut infra tempus a iure et ab hac synodo statutum initiari valeat“.

10 Th. I. S. 19. 20.

11 Trid. Sess. XXII. c. 2 de ref. Ein akademischer Grad, welcher von einer zur Verleihung solcher kraft päpstlichen Privilegs berechtigten Person erlangt ist, genügt nicht, const. Pii V.: Quamvis a sede v. 1. Juni 1568 (M. bull. 2, 273); Richters Tridentinum S. 150. n. 1 zu c. 2 cit.

12 Instruktion Urbans VIII. v. 1627 üb. d. In-

fähigkeit des Kandidaten nothwendig ist [1]. Ferner sollen die Domscholaster [2], die Archidiakonen [3], die Pönitentiare [4], die Dignitäre und die Hälfte der Kanoniker in den Dom- und hervorragenden Kollegiat-Stiftern [5] Graduirte sein [6]. Beim Bischof und beim Domscholaster ist das Vorhandensein des Erfordernisses nothwendige Bedingung des Amtserwerbes, die Inhaber der übrigen Stellungen brauchen aber ebensowenig wie die General- und Kapitular-Vikare [7] unter allen Umständen einen akademischen Grad zu besitzen [8].

Ausgeschlossen sind ferner vom Erwerbe von Benefizien:

6. alle verheiratheten Männer [9];

7. diejenigen, welche mit einer Irregularität behaftet sind [10] (also auch z. B. Personen, welche sich in Kriminal-Untersuchung befinden [11]);

8. die Ketzer und deren Descendenten, falls ihre Eltern in der Ketzerei verstorben sind. Die Unfähigkeit trifft die Descendenten der väterlichen Linie bis zum zweiten, die der mütterlichen nur bis zum ersten Grad [12]. Dasselbe gilt auch von den credentes, receptatores, defensores und fautores [13] der Ketzer und deren Descendenten. Endlich werden alle Kleriker, welche auf Bitten von Ketzern und der ihnen gleichgestellten Personen wissentlich Benefizien angenommen haben, nicht nur mit dem Verlust dieser, sondern auch mit der Unfähigkeit, kirchliche Aemter zu erlangen, bestraft [14].

9. In demselben Umfange wie die Ketzerei bildet auch die Apostasie ein Hinderniss [15].

formativprocess (Richters Tridentinum S. 497): „Nomine superiorum intelligendi sunt dumtaxat qui nullum sui ordinis superiorem agnoscunt sive ii cuiusvis ordinis abbates, magistri, ministri aut praepositi generales vel quarumlibet congregatiorum praesidentes sive definitores aut visitatores, capitulum generale repraesentantes sive alio quocunque vocabulo nuncupentur; et in eorum absentia ipsorum vicarii seu commissarii generales vel in Romana curia procuratores generales ordinum aut congregationum succedunt".

1 Während von den S. 485. n. 8 erwähnten Circumscriptionsbullen die für Preussen und die oberrheinische Kirchenprovinz in dieser Hinsicht auf das gemeine Recht verweisen, schreibt die hannoversche vor, dass der Kandidat: „studia in theologia et iure canonico cum laude absolverit, curam animarum aut munus professoris in seminariis egregie exercuerit aut in administrandis negotiis ecclesiasticis excelluerit".

2 Trid. Sess. XXIII. c. 18 de ref.

3 L. c. XXIV. c. 12 de ref.

4 L. c. XXIV. c. 8 de ref.; o. S. 122.

5 L. c. XXIV. c. 12 de ref.; o. §. 66 ff. 82.

6 Ueber die heute für Deutschland in Betreff der Kanoniker in Frage kommenden Vorschriften s. o. S. 82.

7 O. S. 211. 235.

8 Vgl. die Noten 2—5. — Wegen des Pfarrkonkurses s. unten.

9 c. 2 (Alex. III.) X. de cler. coniug. III. 3, welches diese Personen auch von den administrationes ecclesiasticae, also allen Aemtern ohne Benefizial-Qualität, sofern diese nicht überhaupt an Laien vergeben werden, ausschliesst; c. 5 (Innoc. III.) X. eod. u. Th. I. S. 161.

10 c. 2 (Coelest. III.) X. de cler. pugn. V. 14; c. 2 (Urb. III.) X. de cler. non ord. V. 28; Trid. Sess. XXII. c. 4 i. f. de ref. Ueber die allerdings nicht unbestrittene Ansicht, dass die an einen Irregulären erfolgte Verleihung ipso iuro null ist, s. Garcias l. c. P. VII. c. 11. n. 1 ff.; Leuren. P. I. qu. 335. 336; Boenninghausen tract. de irreg. 1, 34. Den Grund dafür bildet der Umstand, dass ein solcher nicht fähig ist, das Amt zu verwalten und ihm das beneficium nur propter officium gegeben wird. Allerdings vollzieht sich der Verlust des Amtes bei später eintretender Irregularität nicht ipso iure, c. 10 (Innoc. III.) X. de exc. prael. V. 31; Boenninghausen l. c. p. 29.

11 c. 4 (Gregor. I.) X. de accusat. V. 1; Th. I. S. 31. n. 11.

12 c. 2. §. 2 (Alex. IV.) c. 15 (Bonif. VIII.) in VIto de haer. V. 2, welche auch zugleich die Nullität der Verleihung aussprechen. Vgl. ferner Th. I. S. 21. 46; const. Pauls IV.: Cum ex apostolatus, v. 1559. §. 6; const. Gregors XIII.: In ecclesiis v. 1580 (M. bull. 1, 842. 2, 479). Weitere Kasuistik bei Leuren. l. c. qu. 297.

13 S. dazu Th. I. S. 47. Ueber die credentes, d. h. die dem Häretiker sich anschliessenden, aber sich nicht formell zu der betreffenden Sekte haltenden Personen, s. noch P. Avanzini, constitutio qua censurae latae sententiae limitantur. ed. II. Rom. 1871. p. 9. n. 1; p. 63.

14 c. 2. §. 3 in VIto V. 2 cit.

15 c. 13 eod.; const. Gregor. XIII. cit.

10. Nicht minder trifft die Unfähigkeit die Schismatiker[1].

Diese dauert bei ihnen, und den unter 8. und 9. gedachten Personen auch nach reumüthiger Unterwerfung fort und kann allein durch päpstliche Dispensation gehoben werden[2].

11. Ferner ist jede Uebertragung eines Benefiziums[3] oder anderen Amtes[4] an einen Exkommunicirten ipso iure[5] null, gleichviel, ob die Exkommunikation öffentlich bekannt gemacht worden ist, ob der Betroffene davon Kenntniss hatte oder nicht[6]. Wenn der Bann in der Zwischenzeit zwischen der erfolgten Verleihung und der Annahme derselben seitens des zukünftigen Amtsinhabers verhängt wird, beseitigt er die Möglichkeit, diese rechtsgültig zu erklären[7].

12. Den Exkommunicirten stehen die ab officio et beneficio, sowie die ab officio oder a beneficio Suspendirten[8], sowie

13. die Interdicirten[9] gleich.

14. Unfähig zur Erlangung eines jeden Benefiziums und Officiums sind weiter die Söhne und die von diesen erzeugten Enkel derjenigen, welche einen Kardinal feindlich verfolgt, gefangen gehalten, oder thätlich verletzt haben, welche die Anstifter oder Theilnehmer derartiger Vergehen gewesen, diese letzteren genehmigt oder die Thäter wissentlich bei sich aufgenommen oder vertheidigt haben[10]; schliesslich

15. diejenigen, welche ein die Unfähigkeit zum Erwerbe kirchlicher Aemter ohne Weiteres nach sich ziehendes Vergehen[11] begangen haben oder zu einer dieselbe Wirkung äussernden Strafe[12] rechtskräftig verurtheilt worden sind.

Ausser der absoluten setzt das kanonische Recht — abgesehen von dem schon o. S. 480 berührten Falle — eine relative Unfähigkeit fest:

1. für diejenigen, welche als Richter den Verlust eines Kirchen-Amtes ausge-

[1] c. 5 (Alex. III.) X. de elect. I. 6; const. Pauls IV.: Apostolatus cit.; Leuren. l. c. qu. 301. Auch hier ist die Verleihung ipso iure null, Gonzalez Tellez ad c. 5 cit. n. 10; Garcias P. XI. c. 10. n. 161.

[2] S. vor. Note. Dass es einer solchen für den alumnus collegii Germanici urbis nicht bedarf (so Mejer Propaganda 1, 74), sagt der dafür in Bezug genommene Pignatelli consult. can. noviss. P. II. c. 199 nicht.

[3] c. 7 (Innoc. III.) c. 10 (Gregor. IX.) X. de cler. excomm. V. 27; Kober, Kirchenbann 2. Aufl. S. 341. 342. Die Aelteren beschränken die Unfähigkeit vielfach auf beneficia non simplicia, Leuren. qu. 330. n. 3.

[4] Kober a. a. O. S. 342.

[5] Wegen c. 10 X. cit. V. 27 wird von manchen, s. Gonzalez Tellez ad c. cit. n. 7; Leuren. qu. 330. n. 2; Ferraris s. v. beneficium art. 5. n. 71, behauptet, die Wahl einer in der excommunicatio minor befindlichen Person sei nicht ipso iure nichtig, sondern erst durch Richterspruch zu annulliren. Da indessen die Nullitätserklärung einen rechtlichen Grund haben muss, diesen aber die Unfähigkeit des gewählten bildet, so liegt hierin kein Gegensatz; die Stelle verlangt die Annullirung der Wahl im Sinne der Konstatirung der Nichtigkeit, damit eine sichere Grundlage für eine Neuwahl geschaffen wird.

[6] Kober S. 344 ff.

[7] Vgl. über diese Streitfrage Kober S. 347.

[8] c. 8 (Innoc. III.) X. de consuet. I. 4; Ferraris s. v. suspensio art. 7. n. 2; Fagnan. ad c. 14. X. de temp. ord. I. 11. n. 9; Leuren. qu. 331. Bei der suspensio ab ordine tritt Ausschliessung ein, wenn der vom Amte erforderte ordo wegen der Suspension nicht ausgeübt werden kann, Leuren. l. c. n. 5. 6.

[9] Denn diese können ebenso wenig wie die Suspendirten wegen ihrer Ausschliessung von der aktiven Theilnahme am Gottesdienste und der Spendung der Sakramente das officium versehen, s. auch z. B. Leuren. qu. 333. 334; Ferraris s. v. beneficium art. 5. n. 70; Schulte K. R. 2, 320; Richter K. R. §. 181.

[10] c. 5 (Bonif. VIII.) in VIto de poen. V. 9. Da die gedachten Personen ebenfalls von der Irregularität betroffen werden, Th. I. S. 31, so sind sie auch aus diesem Grunde unfähig.

[11] S. z. B. c. 10. X. de iureiur. II. 24; c. un. in Extr. comm. de post. I. 2; Trid. Sess. XIV. c. 7 de ref.

[12] Z. B. zur Deposition, s. Kober, Deposition S. 197. Für die Regel wird in diesen Fällen auch der unter 7 aufgeführte Ausschliessungsgrund konkurriren.

sprochen haben, deren Verwandten, Affinen und Familiaren hinsichtlich des betreffenden Amtes [1];

2. für die Verwandten, Affinen und Familiaren des Kollators und Resignanten hinsichtlich eines durch Verzicht erledigten Amtes [2];

3. für denjenigen, in dessen Interesse eine Simonie begangen ist, in Betreff des ihm in Folge derselben angebotenen oder übertragenen Amtes, selbst wenn er von der begangenen strafbaren Handlung keine Kenntniss hat [3], es sei denn, dass die letztere blos aus Bosheit gegen ihn vorgenommen worden [4], oder er selbst die Simonie zu verhindern gesucht hat [5].

4. Schon o. S. 373 ist bereits bemerkt, dass die Regularen im Allgemeinen zum Erwerbe von Säkular-Benefizien, gleichviel, ob beneficia duplicia oder simplicia, ohne päpstliche Dispensation [6] unfähig sind [7]. Dies gilt auch von denjenigen, welche durch päpstliches Indult säkularisirt worden sind, ohne dass ihnen in demselben ausdrücklich die Fähigkeit beigelegt ist, weil die Säkularisation sie wohl von gewissen Pflichten des Regularstandes entbindet, ihre Qualität als Regularen aber nicht aufhebt [8].

Dagegen sind Mönche niemals von der Erlangung der päpstlichen, Kardinals- und Bischofswürde ausgeschlossen gewesen [9]. Im Gegentheil treten durch die Erwerbung eines solchen Amtes gewisse der Säkularisation ähnliche Folgen ein. Trotz der Pflicht zur Innehaltung der Mönchsgelübde [10] modificirt sich das Armuthsgelübde dahin, dass der Regulare nach seiner Promotion durch Erbschaft und auf andere Weise Vermögen für die Kirche, welcher er vorsteht, (nicht für sich oder für seinen Orden) erwirbt, die Verwaltung und den Niessbrauch desselben zu seinem persönlichen Unterhalt und zur Verwendung für fromme Zwecke überkommt [11] und nur mit päpstlichem Indult zum Nachtheil seiner Kirche darüber verfügen darf [12]. Das Gehorsamsgelübde verpflichtet ihn ferner nicht mehr gegenüber den Regular-Oberen, sondern nur dem Papst [13]. Die Tracht seines Ordens hat er beizubehalten [14], aber nur inso-

[1] Const. Pii IV.: Cupientes v. 1560 (M. bull. 2, 24).

[2] Const. Pii V.: Quanta ecclesiae v. 1568 (ibid. 2, 270). Die Erwerbung ist in beiden Fällen nichtig.

[3] c. 12 (Clem. III.) c. 59 (Gregor. IX.) X. de elect. I. 6.

[4] c. 27 (Coelest. III.) X. de simon. V. 3.

[5] c. 33 (Innoc. III.) X. eod.

[6] Leuren. l. c. P. I. qu. 46. 52; Bouix tract. de jure regular. 2, 55. Vgl. auch den Rechtsfall i. d. Acta s. sed. 9, 342. Ein allgemeines derartiges Indult für die Regularen der unterdrückten italienischen Klöster giebt das Dekret der Pönitentiarie v. 18. April 1867. §. 16 i. d. Acta s. sed. 3, 155.

[7] Fähig sind die Novizen vor der Professleistung, Leuren. l. c. qu. 48 und die Mitglieder der Kongregationen mit vota simplicia, Bouix l. c. p. 51. Auf Aemter ohne Benefizial-Qualität bezieht sich die Regel nicht, namentlich nicht auf Missions-Aemter, s. o. S. 354. Ueber die Fähigkeit, Generalvikar zu werden, s. o. S. 212. Die Theologal-Präbende soll nach einer Entscheidung der Congr. Rit. v. 1603 (bei Gardellini ed. I. 1, 27. n. 74) keinem Regularen übertragen werden. Ueber andere Fälle s. Bouix l. c. p. 2, 69. 71.

[8] S. die Abhandlung i. d. Acta s. sed. 4, 388 ff. 392.

[9] Zahlreiche Beispiele bei Thomassin vet. et nova disc. P. I. l. II. c. 43. n. 12, c. 44. n. 8; P. III. l. 2. c. 5; Hurter, Gesch. Papst Innocenz' III. 3, 238; die entscheidenden Stellen o. S. 374. n. 1.

[10] Barbosa de off. et pot. episc. P. I. t. 1. c. 4. n. 11; Ferraris s. v. episcopus art. 7. n. 2.

[11] c. 1. C. XVIII. qu. 1; die Entschdgen d. Congr. Conc. bei Ferraris l. c. n. 10 ff.; Bouix l. c. 2, 69. 71; Anal. iur. pont. 1867. p. 792. Zur Entschädigung seines Ordens muss er aber alles vorher von ihm besessene oder erworbene Vermögen seinem Kloster überlassen, c. 1 cit. u. Ferraris l. c. n. 17 ff.

[12] Ferraris l. c. n. 13 ff.; Anal. iur. pont. l. c. Diese Grundsätze finden auch Anwendung, wenn Mönche zulässiger Weise ein beneficium saeculare erworben haben, Bouix l. c. p. 50.

[13] Ferraris l. c. n. 2.

[14] Innoc. I. ep. ad Victor. Rotomag. c. 10 (Coustant. p. 753); c. 14 Londin. a. 1138 (Mansi 21, 513); c. 15 (Later. IV. a. 1215) X. de vita et hon. cler. III. 1; s. auch Thomassin l. c. P. III. l. 2. c. 50; Ferraris l. c. n. 4 ff.

weit, als sein der sonst üblichen bischöflichen oder Kardinals-Kleidung entsprechender Anzug die Farbe des Ordenshabites haben soll [1]. Legt ein dem Regularstand angehöriger Bischof oder Kardinal sein Amt nieder oder wird er abgesetzt, so muss er sich in ein Kloster seines Ordens zurückziehen [2], und ist fortan unfähig, Prälaturen, Superiorate oder auch blosse officia in dem letzteren zu bekleiden [3].

5. Nach der 20. Kanzleiregel [4] (*de idiomate*), welche auf Gregor XI. zurückführt [5], sollen diejenigen, welche ein zur Ausübung der Seelsorge verpflichtendes Benefizium erhalten, bei Strafe der Nichtigkeit der Verleihung, der Sprache der ihrer Leitung anvertrauten Gläubigen mächtig sein. Diese Vorschrift, welche theils eine gedeihliche Wirksamkeit des geistlichen Amtes zu sichern bezweckt, theils einen Schutz gegen die nachtheiligen Folgen der Herrschaft des Lateinischen als offizieller Kirchensprache [6] und gegen das Eindringen fremder der Landessprache und Landessitten unkundiger Geistlicher [7] bildet, bezieht sich auf Pfarrämter, ständige Pfarr-Vikarien und Bisthümer [8], gleichviel, auf welche Weise die Besetzung der letzteren erfolgt [9], nicht aber auf solche Benefizien, mit denen nur die Seelsorge habituell verbunden ist, und auf Mitglieder geistlicher Korporationen, welche eine solche besitzen, diese aber aktuell durch Vikarien ausüben lassen, weil in allen diesen Fällen den Berechtigten nicht, wie es die Kanzleiregel erfordert, das exercitium curae animarum obliegt [10]. Andererseits wird aber in solchen Fällen die Kenntniss der Sprache von den Vikarien, mögen sie ständig oder ad nutum amovibiles angestellt sein, verlangt werden müssen, denn der Grund der Vorschrift passt ebensowohl auf eigentliche Benefizien, wie auf andere Aemter. In Folge der unter Alexander VII. stattgehabten Erweiterung der Regel durch Einrückung der Worte: *tam in curia quam extra* sind die früheren Zweifel, ob sich dieselbe auch auf andere als von der Kurie verliehene Aemter beziehe, beseitigt worden [11].

[1] So nach d. Caeremon. Clement. VIII. lib. I. c. 1. Ueber die Kardinäle s. Th. I. S. 358. Wegen der Freiheit von den durch die Ordensregel auferlegten Pflichten zum Fasten, Chordienst, Schweigen u. s. w. Ferraris l. c. n. 1.

[2] Const. Benedict. XIII.: Custodes super v. 7. März 1726 (bull. ordin. Praedicat. 6, 582); Benedict. XIV. de syn. dioec. XIII. 16. n. 4. Nach der früheren Praxis war dies nur im Falle der Degradation nöthig, Barbosa l. c. n. 18; Ferraris l. c. n. 20. Den Unterhalt hat das Kloster zu gewähren, das indessen eine billige Entschädigung aus dem etwaigen Vermögen des Bischofs erhalten soll, Anal. iur. pont. 1860. p. 1619.

[3] Const. Pauls IV.: In sacra v. 1559 (M. bull. 1, 843).

[4] „Item voluit, quod si contingat tam in curia quam extra, alicui personae de parochiali ecclesia vel quovis alio beneficio exercitium curae animarum parochianorum quomodolibet habente, provideri, nisi ipsa persona intelligat et intelligibiliter loqui sciat idioma loci, ubi ecclesia vel beneficium huiusmodi consistit, provisio seu mandatum et gratia desuper quoad parochialem ecclesiam vel beneficium huiusmodi nullius sint roboris vel momenti". Vgl. dazu Symersky i. Arch. f. k. K. R. 33, 243 ff.

[5] Riganti comm. ad reg. cit. n. 1.

[6] Schon die karolingische Gesetzgebung hat die Predigt in der Volkssprache eingeschärft, s. o. S. 52. n. 5. Derselbe Gesichtspunkt tritt auch aus c. 14. X. de off. iud. ord. I. 31 (o. S. 40. n. 2) hervor.

[7] Mit Rücksicht auf die häufige Verletzung der Regel wird in den Centum gravamina nation. German. c. 21 bemerkt: „Qua subtili practica atque techna factum est, quod plurima aut certe pinguium beneficiorum magna, si non maxima portio, ex Germanorum manu Romam est tralata, quae beneficia hinc idiotis, inidoneis ac inhonestis etiam personis, non raro sunt collata et quidem nec Germanis sed barbaris qui Germanam linguam neque loquantur nec intelligant, ut inauditum dictu hoc inde sit sequutum, quod ovibus Christi praefecti sunt pastores, quorum etsi oves vocem forte audierint, non intelligant" (Gaertner corp. iur. eccles. 2, 170). Aehnliche Klagen sind in Frankreich schon ein Jahrhundert früher hervorgetreten, s. die Einleitung zur pragmatischen Sanktion v. 1438 bei Symersky a. a. O. S. 242.

[8] Riganti l. c. n. 20. 47; Symersky a. a. O. S. 256.

[9] Riganti l. c. n. 44 ff.

[10] L. c. n. 53. 61.

[11] L. c. n. 57 ff.

Die Dispensation, welche früher oft, zum Nachtheile einer gedeihlichen Seelsorge, ertheilt worden ist[1], kommt allein dem Papste zu[2].

Den Indigenat hat die Kirche dagegen niemals zur Bedingung für den Erwerb kirchlicher Aemter gemacht[3], wenngleich mitunter päpstliche Indulte auf ausschliessliche Anstellung einheimischer Kandidaten ertheilt worden sind[4].

6. Was dagegen die Frage betrifft, inwiefern die Zugehörigkeit zu einer bestimmten Kirche oder Diöcese für den Erwerb eines Amtes an der ersteren oder in der letzteren erforderlich ist[5], so haben viele ältere Synoden den Klerikern den Wechsel ihrer Kirchen und den Bischöfen die Anstellung fremder Geistlichen verboten[6], Bestimmungen, welche theils sich aus der Anschauung erklären, dass der Kleriker durch die Ordination an seine Kirche gebunden galt, theils aber dem Ehrgeiz der Geistlichen nach besseren und hervorragenderen Stellungen und einem nachtheiligen Wechsel in der kirchlichen Leitung entgegentreten wollten. Durch dieselben war die Zugehörigkeit zur Diöcese als regelmässige Voraussetzung weiterer Anstellung festgesetzt und eine solche in einem andern Bischofssprengel, nachdem der Geistliche einmal durch Empfang der niederen Weihen an eine bestimmte Diöcese gefesselt war, ausgeschlossen. Für absolut nothwendige Fälle hat man allerdings schon früh vereinzelt Ausnahmen gestattet[7] und seit dem 5. Jahrhundert hie und da die Entlassung des Klerikers aus der Diöcese in das Ermessen des Bischofs gestellt[8]. Immerhin war damit die Möglichkeit der Erlangung eines Amtes in einem fremden Sprengel gegeben, und ihr stand, falls die Loslösung von der ursprünglichen Diöcese glaubhaft nachgewiesen war, nichts entgegen[9].

1 S. S. 490. n. 7.

2 Riganti l. c. n. 64 ff.

3 c. 5 (Innoc. III.) X. de instit. III. 7; Anal. iur. pont. 1855. p. 2877. Beispiele der Besetzung, namentlich von Bischofsstühlen mit Fremden bis zum 11. Jahrh. in den Anal. l. c. p. 2486. 2502.

4 So seit dem 15. Jahrh., Riganti ad reg. XVII. canc. n. 125 ff. Ein solches Indult hat z. B. Leo X. zu Gunsten der Römer gewährt mit Ausnahme der Kanonikate von S. Giovanni in Laterano, S. Maria Maggiore u. S. Pietro, der Benefizien an den Kardinal-Titelkirchen, derjenigen Benefizien, auf welche zu Gunsten von Fremden verzichtet war, endlich der gewohnheitsmässig an Fremde verliehenen Aemter und Klöster; lange hat man sich aber an dieses Indult nicht gehalten, Analect. l. c. p. 2874 ff., Riganti l. c. n. 140 ff. Andere finden sich in den Konkordaten für beide Sizilien v. 1741. c. 8. §. 1 u. v. 1818. §. 8 (Nussi conventiones etc. p. 93. 181).

5 Vgl. de Prosperis, tract. de territorio separato (S. 343. n. *) qu. 22. p. 124: An beneficia unius dioecesis possint et debeant conferri clericis alterius dioecesis?

6 c. 15 Nicaen. a. 325 = c. 19. C. VII. qu. 1; c. 15 (14) apostol., c. 15 u. c. 18 (latein. Version) Sardic. a. 343; c. 4 Milevit. a. 402 (c. 90 cod. eccles. Afric.) c. 2. 21 Arel. I. a. 314; c. 12 Tolet. I. a. 400; c. 2 Tolet. II. a. 527 o. 531; c. 5 Epaon. a. 517; c. 6 Vallet. a. 524 verlangt sogar, dass der Kleriker bei der Ordination gelobt, localem se futurum. In allen diesen Stellen ist der Wechsel des Bischofs oder der Diöcese gemeint, wie dies deutlicher erhellt aus c. 16 Nicaen.; c. 3 Antioch. a. 341; c. 5. 20 Chalced. a. 451 (c. 26. C. VII. qu. 1; c. 4. Dist. LXXI). Wenn die älteren Kanones darüber Unklarheit lassen, ob das Verbot sich auch auf den Wechsel der Kirchen innerhalb derselben Diöcese bezieht, so erklärt sich dies daraus, dass die Ausbildung der Pfarreien erst in das 4. Jahrhundert fällt (s. o. S. 262). Bei der allgemeinen Fassung einzelner der citirten Anordnungen kann diesen aber füglich auch eine Beziehung auf ein und dasselbe Bisthum gegeben werden; dafür spricht c. 12 Emerit. a. 666 (o. S. 265. n. 3), welches einen festen Zusammenhang des Landpriesters mit seiner Kirche erkennen lässt.

7 c. 20 Chalcedon. a. 451 (c. 4. Dist. LXXI); Thomassin l. c. P. II. l. 1. c. 2. n. 7 ff.

8 c. 11 Turon. a. 461; c. 5 Epaon. a. 517.

9 c. 6 (Carth. I.) Dist. LXXI; c. 2 (Carth. III.) Dist. LXXII; c. 5 Aurel. a. 549 (Th. I. S. 93. n. 7); c. 1 (Trull. a. 692) C. XXI. qu. 2; c. 12 capit. Vern. a. 755 (LL. 1, 26); Paris. a. 829 C. I. c. 36 (Mansi 14, 561); c. 50 Meld. a. 845 (l. c. p. 830); c. 28 Tribur. a. 885 (Mansi 18, 146); c. 12 Gerund. a. 1078; c. 3 Benev. a. 1091 (Mansi 20, 520. 739). Während diese Kanones den Grundsatz dahin formuliren, dass fremde Kleriker nicht ohne Dimissorien angenommen, bez. angestellt werden sollen, verordnet c. 13 Clarom. a. 1095 (l. c. 817) noch: „ut omnis clericus ad eum titulum, ad quem primum ordinatus est, semper ordinetur“.

Seitdem gegen Ende des 12. Jahrhunderts die Sitte der absoluten Ordinationen gesetzlich anerkannt worden war [1], konnte durch die Weihe allein eine feste Verbindung des Klerikers mit der Diöcese des ordinirenden Bischofs nicht mehr hergestellt werden [2]. Eine solche entstand nunmehr erst durch die Ertheilung eines Benefiziums und unter Umständen auch durch die kirchliche Verwendung innerhalb eines bestimmten Bisthumssprengels. Damit ist die Zugehörigkeit zur Diöcese als regelmässiges Erforderniss der Anstellung fortgefallen, wohl aber setzt eine solche heute noch immer die vorherige Entlassung des fremden Klerikers aus seinem bisherigen Diöcesan-Verbande, die s. g. *excardinatio* [3], voraus [4].

Für den Erwerb der bischöflichen Stühle insbesondere galt in älterer Zeit der Grundsatz, dass der Kandidat derjenigen Kirche, deren Bischofsstuhl er einnehmen sollte, angehören oder *de gremio ecclesiae* sein müsse, sofern nicht etwa blos ungeeignete Kleriker an derselben vorhanden waren [5]. Die germanischen, insbesondere die fränkischen Könige haben indessen bei den von ihnen vielfach vorgenommenen direkten Ernennungen von Bischöfen keineswegs immer dieses Erforderniss beachtet, dagegen ist es von den Päpsten noch im 9. Jahrhundert festgehalten worden, wenngleich sie eine Verletzung desselben nicht als Nullitätsgrund betrachtet haben [6]. Im 10. und

[1] Th. I. S. 64.

[2] Wohl aber dann, wenn er ausdrücklich in die Diöcese aufgenommen wird, Trid. Sess. XXIII. c. 16 de ref.; Overkamp i. Arch. f. k. K. R. 36, 392.

[3] So nach römischem Sprachgebrauch, s. z. B. Acta s. sed. 5, 472 ff.; Lingen et Reuss, causae select. in s. Congr. Conc. Trid. interp. propos. Ratisbon. 1871. p. 4 ff. (in älterer Zeit, s. Gregor. I. ep. X. 17; XIV. 11, ed. Ben. 2, 740. 1268, *cessio* genannt). Die Bescheinigungen darüber heissen literae excardinatoriae oder remissoriales, auch dimissoriae. Das Recht zur Ertheilung der Exkardination steht nur dem Ordinarius zu, also nicht den Prälaten cum iurisd. quasi episcop., welche nicht nullius sind, Acta s. sed. 6, 485 ff. Ohne Zustimmung des betheiligten Klerikers ist sie nicht statthaft, c. 1 (Roman. a. 826) Dist. LXXII, und es muss ferner die Aufnahme in eine andere Diöcese desselben gesichert sein, s. Overkamp a. a. O. S. 389 ff.

[4] Fagnan. ad c. 4. X de renunt. I. 9. n. 15. 37.

[5] c. 12. 13 (Coel. I. a. 428) c. 15. 16. §. 1 (Gregor. I. a. 600 u. 602) Dist. LXI; ep. ad Leon. I. ad Anast. Thessal. a. 446? (Th. I. S. 586. n. 4 = c. 19 Dist. LXIII); Gregor. I. lib. II. ep. 25. 38; VII. 16; IX. 75. 87; X. 17; XIII. 15 (ed. Bened. 2, 588. 601. 863. 989. 995. 1052. 1229). Nach c. 15 cit. galt die Wahl aus einer fremden als ein schimpfliches Zeichen für den Klerus der vakanten Kirche. Die Regel ergiebt sich schon aus Siric. ep. ad Anys. Thessal. a. 385? (Coustant p. 642), wo allerdings auch gestattet wird, einen Kleriker der römischen Kirche zu wählen. In den älteren orientalischen Konzilien findet sich der Grundsatz nicht, vielmehr setzen c. 17. 18 Antioch. a. 341 (vgl. auch c. 37 apost.) voraus, dass der neue Bischof von auswärts zureist.

[6] ep. Nicol. I. ad episc. Senon. a. 866 (Mansi 15, 391): „Perhibes enim, te non de Senonensi ecclesia extitisse, sed de quodam monasterio ad episcopatum eiusdem ecclesiae pervenisse. Quod nos, ubicumque fiat, cum fit, malefice ferimus et graviter omnimodis ducimus, pro concalcatione scil. sacrorum canonum et aspernatione clericorum qui crescentes in sua ecclesia et virtutibus operam et bonis moribus honestatem ac sapientiae studiis diligentiam impendisse per singularum aetatum incrementa probantur. Quid autem suffragatur consensus episcoporum, ubi non pro regulis paternis, sed contra regulas adunatur. Tum quippe alter de altera eligendus est ecclesia, cum de civitatis ipsius clericis, cui est episcopus ordinandus, nullus dignus potuerit inveniri. Quod evenire in ampla dioecesi nec nos credimus nec praedecessores nostros . . . credidisse reperimus“; eiusd. ep. ad Carol. Calv. a. 866 (l. c. p. 392) u. ad Michael. imp. a. 870. c. 13 (l. c. 16, 167). Die 8. allg. Synode v. Konstantinopel a. 870. c. 13 (l. c. 16, 167) bestimmt hinsichtlich der Patriarchalkirche der gedachten Stadt gleichfalls: „ut magnae ecclesiae clerici qui in subiectis ordinibus morati sunt, ad maiores gradus ascendant, et si digni claruerint, melioribus perfrui mereantur honoribus . . . sed non ex illis qui foris sunt, aliqui se his innectentes, debitos eis qui multo tempore laboraverunt, dignitates vel honores recipiant“. Ueber die künstliche Art und Weise, wie dem Erforderniss bei der Erhebung Hinkmars auf den erzbischöflichen Stuhl von Rheims genügt ist, s. die ep. synod. conc. Tricassin. a. 867 (Mansi 15, 794) u. dazu Thomassin P. II. l. I. c. 86. n. 16. Uebrigens ergeben die beiden zuerst citirten Briefe Nikolaus' I. u. ep. Hincmari Rem. ad cler. et pleb. Bellov (Migne patrol. 126, 259), dass Kleriker aller innerhalb der Diöcese belegenen Kirchen zu Bischöfen befördert werden konnten. Die form. 1 Salom. Constant. (ed. Dümmler S. 1; Rozière, recueil n. 520) lässt in erster Linie aus den Kanonikern und demnächst aus dem Mönchs- oder Säkularklerus der Diöcese wählen. Dass

11. Jahrhundert hat es ebenfalls noch theilweise Anerkennung gefunden. Dies zeigt sich darin, dass in den seitens der deutschen Könige auf freie Wahl der Bischöfe ertheilten Privilegien diese, wie früher [1], noch mehrfach auf die derselben Kirche angehörigen Geistlichen unter der Voraussetzung ihrer Geeignetheit eingeschränkt wurde [2]. In Folge der verschiedenen, namentlich aber der politischen Interessen, welche sich im Laufe der Zeiten bei der Besetzung der Bischofsstühle immer mehr geltend machten, verlor die Regel allmählig ihre Geltung und schon im 13. Jahrhundert hatte sie nur noch die Bedeutung einer Direktive, nicht aber mehr einer rechtlich zwingenden Vorschrift für die Wähler [3].

Nach heutigem gemeinem Recht ist die Zugehörigkeit zu einer bestimmten Kirche oder Diöcese in keinem Falle mehr ein Erforderniss für den Erwerb eines Amtes an oder in derselben [4]. Andererseits kann aber auch noch heute bei der Fundation eines Benefiziums oder durch statutarische Festsetzung eine dahin gehende Bestimmung getroffen werden [5].

II. Die **persona digna und dignior**. Als persona digna, als ein zur Erlangung eines Amtes würdiger Kandidat, gilt derjenige, welchem keine der rechtlich vorgeschriebenen Voraussetzungen fehlt [6].

In Betreff der Besetzung der bischöflichen Stellen schreiben aber nicht nur die älteren [7], sondern auch die neueren Kanones vor [8], dass diese beim Vorhandensein mehrerer würdigen Kandidaten der persona dignior, d. h. derjenigen, welche sowohl an und für sich als auch mit Rücksicht auf das gerade in Frage kommende Bisthum nach allen ihren Eigenschaften als die geeignetste und würdigste erscheint [5], übertragen werden sollen. Nichtigkeit zieht die Verletzung dieser Anordnung nicht nach sich [9],

endlich der aus einem fremden Sprengel gewählte von seinem Bischof aus dem Diöcesan-Nexus entlassen werden musste, zeigen sowohl die Briefe Gregors I. (s. S. 492. n. 5) als auch ep. conc. Tricass. u. Hincm. citt.

1 Vgl. z. B. ep. Joann. VIII. ad cler. et pop. Genev. (Mansi 17, 207).

2 Priv. Ludw. d. Kindes für Freising. a. 906 (Mon. Boica XXVIII a, 139); Karl d. Einfält. für Trier a. 913 (Beyer, mittelrhein. Urkdbch 1, 220); Heinr. I. für Paderborn a. 935 (Erhard reg. hist. Westph. 1. cod. p. 42); Ottos I. für Würzburg a. 941 (Mon. Boica l. c. p. 177); Heinr. II. für Minden (Pistor. rer. germ. script. 3, 820); über Brandenburg s. dipl. a. 1186 bei Gercken, Stiftshistor. v. Brandenburg cod. dipl. p. 372. Daneben finden sich allerdings auch privilegia eligendi episcopum inter se vel aliunde, s. z. B. für Halberstadt a. 902 (Ludewig, reliqu. manuscr. 7, 427). Eine Anwendung der Regel durch Gregor VII. in dessen reg. VIII. 25 (ed. Jaffé p. 472).

3 Während d. dict. Gratian. vor c. 12 Dict. LXI. die rechtliche Bedeutung des Satzes noch zweifelhaft erscheinen lässt, wird er trotz seiner Anerkennung in c. 41 (Later. a. 1215) X. de elect. I. 6 doch schon in c. 21 (Innoc. III.) X. eod. nicht mehr zur Anwendung gebracht. Auch Innocenz IV. bemerkt in seinem Kommentar zu c. cit. s. v. ex aliis: „Et sic habes hic quod non est sufficiens causa appellationis, quod de ecclesia aliena eligatur". Die Glosse zu demselben s. v. aliam ergiebt allerdings, dass die Frage unter den Glossatoren streitig war. Vgl. auch Thomassin P. II. l. 1. c. 103. n. 5 ff.

4 Viele Kanonisten (z. B. Barbosa de pot. et off. ep. P. III. all. 60. n. 102; Ferraris s. v. concursus art. I. n. 36) behaupten freilich, dass unter mehreren Kandidaten bei Gleichheit aller Verhältnisse die Orts- oder Diöcesan-Angehörigen vorgezogen werden sollen. Dass dies aber eine absolute, bei Strafe der Nichtigkeit zu beobachtende Regel ist, ergeben die dafür angezogenen Stellen c. 13 Dist. LXI; c. 8 Dist. LXXI; c. 4 X. de postul. I. 5; c. 41 X. de elect. I. 6 und die 17. Kanzleiregel nicht. S. auch hierzu S. 492.

5 Ein älteres Beispiel i. dipl. a. 1248 bei Moser Urkdbch z. Osnabr. Gesch. n. 223 (Werke v. Abeken 8, 285). Vgl. ferner über diese s. g. Patrimonial-Benefizien o. S. 374 u. S. 392, und auch Garcias tract. de benef. P. VIII. c. 9.

6 Schmalzgrueber l. c. p. III. t. 15. n. 36; Reiffenstuel l. c. t. 6. n. 235.

7 c. 15 (Hieron.) C. VIII. qu. 1; c. 19 (Leo I.) Dist. LXIII; s. auch c. 7 (Later. III. a. 1179) X. de elect. I. 6.

8 Trid. Sess. XXIV. c. 1 de ref. u. dazu Innoc. XI. decr. v. 2. März 1679 bei Reiffenstuel l. c. n. 238.

9 Vgl. c. 19. 21. 22 (Innoc. III.) X. de elect. I. 6; Passerini de elect. canonica c. 29. n. 63 ff.; Schmalzgrueber l. c. n. 41; Reiffenstuel l. c. n. 248.

wohl aber machen sich diejenigen, welche sie wissentlich bei Seite setzen, einer Todsünde schuldig[1]. Die Regel gilt auch für die beneficia simplicia[2], und ist von der Doktrin weiter auf die Kardinalsstellen[3] und die nichtbischöflichen beneficia maiora, also die Aemter der Säkular- und Regular-Prälaten mit iurisdictio quasi episcopalis ausgedehnt worden[4].

Die Kuratbenefizien sind bisher nicht erwähnt, nicht deshalb, weil auf sie die Regel etwa keine Anwendung fände, sondern weil das Tridentinum für diese nach dem Vorbilde früherer vereinzelt vorgekommener Einrichtungen[5] behufs Ermittelung der persona dignior ein besonderes Verfahren, den Pfarrkonkurs (concursus parochialis[6]), eingeführt hat[7].

Der Konkurs ist für die Regel bei der Wiederbesetzung von Seelsorge-Benefizien, welche einem Laien-Patronate nicht unterstehen[8], abzuhalten. Er findet nicht statt bei der Anstellung der vicarii perpetui für quoad temporalia et spiritualia inkorporirte Pfarrkirchen[9], bei der Deputirung derjenigen Geistlichen, welche die den Dom- oder Kollegiat-Kapiteln zustehende Seelsorge wahrzunehmen haben[10], bei der Besetzung derjenigen Dignitäten, mit welchen für immer eine Seelsorge verbunden ist[11], bei der

1 Trid. l. c.

2 Allerdings ist das früher streitig gewesen, s. aber c. 2 (Tolet.?) X. de off. custod. I. 27; c. un. (Innoc. III.) X. ut eccl. benef. III. 12; Schmalzgrueber l. c. n. 42 ff.; Phillips 7, 568. Die verneinende Ansicht, s. z. B. Garcias P. VIII. c. 16. n. 16, stützt sich namentlich auf c. 29. X. de praeb. III. 5 u. Trid. Sess. VII. c. 3 de ref., aber mit Unrecht, denn diese Stellen sprechen ganz allgemein von der Verleihung an Würdige. Die Frage, ob durch Verletzung der Vorschrift eine Tod- oder lässliche Sünde begangen wird, gehört nicht hierher.

3 Auf Grund der citirten Stelle des Tridentinums s. v. Ea vero.

4 Schmalzgrueber l. c. n. 40; Reiffenstuel l. c. n. 240.

5 Die const. Benedikts XII.: Quoniam v. 1339 (M. bull. 1, 254) gedenkt eines Examens für die vom Papst zu verleihenden Benefizien und droht denjenigen, welcher die vorgeschriebene Prüfung durch andere auf ihren Namen ablegen lassen, Strafen an; ebenso die const. Paul's IV.: Inter caeteras v. 1557 (l. c. p. 332), welche auch einer besonderen Examinationskommission und insbesondere der beneficia curam animarum habentia erwähnt.

6 Vgl. über denselben Benedict. XIV. de syn. dioec. lib. IV. c. 7 ff.; Ferraris s. v. concursus; Berardi comm. in ius eccles. in lib. III. decr. diss. 5. p. c. 2 (ed. Mediolan. 1, 371); Bouix tract. de parocho. Paris. 1855. p. 335 ff.; Ginzel, d. Pfarrkonkursprüfung nach Staats- u. Kirchengesetz. Wien 1855; Kurze Darstellung d. Praxis d. Konkurses im Arch. f. k. K. R. 2, 385 ff.; Le concours i. d. Anal. iur. pont. 1867. p. 969 ff.; Phillips 7, 571 ff.

7 Sess. XXIV. c. 18 de ref. In Anschluss daran sind folgende päpstliche Erlasse ergangen: const. Pii V.: In conferendis v. 18. März 1567 (M. bull. 2, 234, Richters Tridentinum S. 576) u. Apostolatus officium v. 19. Aug. 1567 (Bull. Taur. 7, 605); Clement. XI. ep. encycl. v. 10. Jan. 1721 (M. bull. 8, 423); const. Bened. XIV.: Cum illud. v. 14. Dez. 1742 (Bull. Bened. XIV. 1, 220 u. Richter a. a. O. S. 578), in welcher auch die ep. Clement. XI. cit. u. ein unter Clemens XI. von Benedikt XIV. ausgearbeiteter Discursus (s. Richter a. a. O. S. 382. n. 29), letzterer allerdings mit manchen Veränderungen wiederholt wird; const. Benedict. XIV.: Redditae nobis v. 9. Apr. 1746 (eiusd. bull. 2, 24; Richter a. a. O. S. 586). Diese Erlasse auch bei Ginzel a. a. O. S. 157 ff. u. i. d. Acta s. sed. 7, 353 ff.

8 Trid. l. c. Bei Laienpatronats-Benefizien aber dann, wenn er fundationsmässig vorgeschrieben ist, und wenn der Bischof wegen Versäumniss der ordnungsmässigen Präsentation durch den Patron die Stelle zu besetzen hat, Ginzel a. a. O. S. 80; Fagnan. ad c. 37. X. de iurepatr. III. 38. n. 7, nicht aber bei mehreren vom Patron kumulativ präsentirten Kandidaten, so Fagnan. l. c. n. 10 u. Ginzel S. 79, weil der Konkurs die hier ausgeschlossene freie Konkurrenz voraussetzt, ebenso wenig nach der Praxis der Congr. Conc. bei einem dem ius patr. mixtum unterworfenen Benefizium, Richter a. a. O. S. 379. n. 2; Fagnan. l. c. n. 21.

9 Weil hier das Pfarramt selbst nicht vakant wird. Deshalb tritt die Ausnahme bei der incorp. quoad temp., bei welcher der ständige Vikar der eigentliche Pfarrer ist, nicht ein, Richter a. a. O. n. 1; vgl. ferner Reiffenstuel III. 5. n. 142; Bouix l. c. p. 349; Phillips 7, 577.

10 Garcias l. c. P. IX. c. 2. n. 179 ff.; Fagnan. ad c. 14 X. de aet. et qual. I. 14. n. 19 ff.; Nicollis, prax. canon. T. II. lit. P. de parocho n. 30; Ferraris s. v. beneficium art. 3. n. 41. Auch hier wird das Pfarramt, welches dem einzelnen nicht zusteht, nicht vakant.

11 Garcias l. c. n. 195; Fagnan. l. c.; Nicollis l. c. n. 31; Bouix l. c. p. 351. Es ist dies übrigens nicht ganz unbestritten gewesen, auch ist nach dem Note 7 citirten Discursus §. 19 (Richter a. a. O. S. 385) mitunter der Konkurs für solche Stellen ausgeschrieben worden.

Einsetzung ad nutum amovibler Pfarrer[1] und bei der Verleihung von Regular-Pfründen[2].

Eine allgemeine oder spezielle päpstliche Reservation oder Affektion hindert den Konkurs ebensowenig[3], wie ein Streit über das Besetzungsrecht[4]. Aber auch bei denjenigen Benefizien, welche an und für sich dem Konkurse unterworfen sind, wird der Konkurs nicht abgehalten, wenn sie durch Tausch erledigt werden[5], ferner wenn die Einkünfte so gering sind, dass sich die Anstellung nicht lohnt, wenn sich Niemand um das Benefizium bewirbt, endlich wenn die Aussetzung nach Lage der Verhältnisse zur Vermeidung erheblicher Streitigkeiten und Verwirrungen wünschenswerth erscheint[6]. In diesen Fällen hat indessen mit Ausnahme des ersteren der Ordinarius unter Beirath der Examinatoren (s. nachher) über die Unterlassung des Konkurses und die Anstellung einer anderen zweckensprechenden Prüfung zu befinden[7].

Das Recht zur Abhaltung des Pfarrkonkurses steht dem Bischof[8], welcher sich im Falle seiner Verhinderung durch den General-Vikar vertreten lassen darf[9], bei erledigtem bischöflichen Stuhle dem Kapitular-Vikar[10], ausserdem auch den Prälaten mit voller bischöflichen Jurisdiktion, welche zur Versammlung einer Diöcesansynode berechtigt sind[11], zu.

Die Bestellung der neben dem Ordinarius fungirenden Examinatoren, deren Zahl mindestens sechs sein soll[12], erfolgt auf seinen, bez. des Vikars Vorschlag für die Dauer eines Jahres seitens der Diöcesansynode. Zu Examinatoren sollen Magister oder Doktoren oder Licentiaten der Theologie oder des kanonischen Rechtes, auch andere geeeignete Säkular- oder Regular-Kleriker[13] genommen werden[14]. Nach ihrer Ernennung haben sie die unparteiische und gewissenhafte Ausübung ihres Amtes eidlich zu geloben[15]. Die Ableistung dieses Eides ist wesentlich in der Art, dass

[1] Wie der Wortlaut ergiebt, bezieht sich das Tridentinum nur auf feste Anstellungen, Bouix p. 350; Anal. iur. pontif. 1855. p. 1609. 1646. In den Missionsländern wird daher auch kein Konkurs abgehalten, s. syn. plen. Hibern. ap. Thurles a. 1850. XVIII. 18; conc. plen. Baltim. II. a. 1866. IV. n. 126 (coll. conc. Lac. 3, 787. 433).

[2] Garcias l. c. n. 195; Fagnan. ad c. 37 X. I. 6. n. 22; Ginzel S. 71.

[3] Trid. l. c.; Const. Bened. XIV.: Cum illud. §§. 19 ff.; Garcias n. 153; Riganti ad reg. IX. canc. P. I. §. 2. n. 39 ff.; Ginzel a. a. O. S. 73.

[4] Ginzel a. a. O. S. 77.

[5] Nach der Praxis der Congr. Conc., weil das Tridentinum von der vacatio ecclesiae per obitum vel resignationem spricht. Wenn aber eine zu grosse Ungleichheit der vertauschten Benefizien obwaltet oder die tauschenden Benefiziaten zu der Zeit, wo sie ihre Benefizien erhielten, nicht examinirt worden sind, oder wenn ein Pfarrbenefizium mit einem beneficium simplex vertauscht wird, soll jedoch ein Examen mit den in Frage kommenden Kandidaten, in letzterem Falle demjenigen, welcher das erstere erhält, angestellt werden, Garcias l. c. n. 162; Ginzel S. 75.

[6] Trid. l. c. i. f.

[7] Ibid.

[8] Ibid.

[9] Eine Specialvollmacht ist dazu nicht erforderlich, o. S. 216. n. 14; Garcias l. c. n. 117; Phillips 7, 579.

[10] O. S. 244. n. 11. Ueber den apostolischen Vikar, welcher einem Bischof an die Seite gesetzt ist, s. o. S. 249 ff. u. Ferraris s. v. concursus art. I. n. 3.

[11] S. o. S. 345 u. Ginzel S. 83.

[12] Trid. l. c. Eine Maximalzahl ist nicht bestimmt. Die Kanonisten, welche sich dafür auf eine Entscheidung der Congr. Conc. berufen, nehmen als solche 20 an; Ferraris l. c. art. 2. n. 32; Bened. XIV. de syn. dioec. l. c. n. 3. Wenn die Majorität der Synode die vom Bischof bezeichneten nicht billigt, muss dieser andere vorschlagen, Bened. XIV. l. c. Vgl. überhaupt Ginzel S. 90 ff.

[13] Mitglieder der Mendikanten-Orden sind nach dem Trid. nicht ausgeschlossen.

[14] Trid. l. c. Die Graduirten haben keinen Vorzug in der Art, dass erst bei ihrem Mangel andere ausgewählt werden dürften (so Ferraris l. c. n. 36 ff.; Ginzel S. 104), denn das Konzil stellt alle in gleiche Linie, Bened. XIV. l. c. n. 4; Phillips 7, 586.

[15] Trid. l. c. Der Eid kann sowohl vor der Synode als auch vor dem Ordinarius oder dessen Vikar abgeleistet werden.

das Abstimmen eines unbeeidigten Examinators beim Konkurse die Nichtigkeit desselben zur Folge hat[1]. Die Examinatoren dürfen weder vor noch nach dem Konkurse Remunerationen annehmen[2] und machen sich im entgegengesetzten Falle der Simonie[3] schuldig. Wegen ihrer Amtsführung können sie von der Provinzialsynode zur Rechenschaft gezogen und nöthigenfalls auch mit arbiträren Strafen belegt werden[4].

Ihr Amt erlischt nicht ohne Weiteres mit Ablauf des Jahres, für welches sie gewählt sind. Eine Wiederwahl ist statthaft. Falls die neue Synode nicht zu der vorgeschriebenen Zeit gehalten wird, dauern ihre Funktionen, sofern nur noch immer sechs vorhanden sind, fort, während sie andernfalls für alle erlöschen[5]. Scheiden dagegen einzelne während des eigentlichen Amtsjahres aus, so bleiben die übrigen, selbst wenn ihre Zahl weniger als sechs beträgt, im Amte, der Bischof hat aber keine Befugniss, andere zu ernennen[6]. Dies darf er vielmehr erst dann, wenn alle fortgefallen sind. Die auszuwählenden Examinatoren müssen ebenfalls die gesetzlichen Eigenschaften besitzen. Sie sollen zunächst aus denjenigen, welche schon früher von einer Diöcesansynode approbirt worden sind, genommen werden. Nur wenn solche überhaupt nicht oder nicht in der erforderlichen Zahl von sechs vorhanden sind, kann der Ordinarius andere unter Beistimmung des Kapitels bestellen. Die Amtsperiode dieser letzteren dauert aber nur bis zu der Zeit, zu welcher die neue Diöcesansynode abgehalten werden müsste[7]. Die Mitwirkung von Examinatoren, deren Amt nach den vorstehenden Regeln erloschen ist, macht den Konkurs nichtig[8].

In anderen als den hervorgehobenen Fällen bedarf der Ordinarius, um ohne die Diöcesansynode die nöthigen Examinatoren bestellen zu können, einer päpstlichen Fakultät, welche die Congr. Conc. und zwar gewöhnlich auf drei Jahre ertheilt[9]. Solche Ermächtigungen werden namentlich den Bischöfen in Deutschland gegeben, seitdem hier die regelmässige Abhaltung von Diöcesansynoden ausser Uebung gekommen ist. Die in Folge derselben ernannten Prüfungskommissare heissen im Gegensatz zu den von der Synode approbirten, den *examinatores synodales*, *examinatores prosynodales*.

Bei der Erledigung eines dem Konkurse unterworfenen Pfarrbenefiziums hat der Ordinarius den letzteren auszuschreiben[10]. Dies geschieht durch ein an die Thür der

[1] So nach der Praxis der Congr. Conc. Ferraris l. c. n. 42; Ginzel S. 105.

[2] Trid. l. c. Eine entgegenstehende Gewohnheit, wie sie sich z. B. früher in Spanien entwickelt hatte, ist von der Congr. Conc. für nichtig erklärt worden, Garcias l. c. P. V. c. 7. n. 11; Richters Tridentinum S. 382. n. 28; Anal. iur. pont. 1866. p. 2264.

[3] Von welcher sie nur nach Aufgabe ihrer Benefizien absolvirt werden können und welche künftige Inhabilität zum Erwerbe anderer nach sich zieht, Trid. l. c.

[4] Trid. l. c.

[5] Bened. XIV. l. c. n. 8.

[6] L. c.; Garcias P. IX. c. 2. n. 69. Es sind dann die noch übrigen, selbst ein einzelner, zur Abhaltung des Konkurses mit dem Bischof befugt.

[7] Dies Alles nach einem Dekrete Clemens' VIII. v. 1593 bei Garcias l. c. n. 72 u. Fagnan. de aet. et qual. I. 14. n. 54; Bened. XIV. l. c. n. 7. 8; Ginzel S. 92, welcher aber die verschiedenen Fälle nicht scharf genug auseinander hält.

[8] Bened. XIV. l. c. n. 9. 10.

[9] Bened. XIV. l. c. n. 9; Ginzel S. 94 ff. Statt der Approbation der Synode bedarf es der Approbation des Domkapitels. Derartige Fakultäten im Arch. f. k. K. R. 3, 744; Ginzel S. 183. Nach e. Entsch. d. Congr. conc. v. 1877 ist der vom Bischof zum Examinator vorgeschlagene Domherr bei der Abstimmung des Kapitels über seine Approbation vom Mitstimmen ausgeschlossen, Acta s. sed. 10, 273.

[10] Die Frist für diese Einleitung des Konkurses bestimmt sich mit Rücksicht darauf, dass bei der collatio libera das Benefizium innerhalb 6 Monaten vergeben werden muss, während in Fällen, wo eine päpstliche Reservation oder das Kollationsrecht einer anderen Person in Frage kommt, die Frist 4 Monate beträgt. Demnach muss die Ausschreibung und die Vornahme so zeitig erfolgen, dass die Wiederbesetzung mit einem der bestandenen Kandidaten innerhalb der erwähnten Fri-

Kathedrale und der vakanten Pfarrkirche anzuheftendes Edikt, wodurch etwaige Bewerber aufgefordert werden, sich binnen einer zehntägigen [1] oder anderen angemessenen, jedoch 20 Tage nicht überschreitenden Frist unter Vorlegung ihrer Zeugnisse beim Kanzler des Bischofs oder bei einer anderen von ihm bestimmten Person [2] zu melden. Daneben, und auch wenn ein solches Edikt nicht erlassen ist [3], kann der Ordinarius, der Kollator, der Patron und jeder andere geeignete Kandidaten, welche sich um das Benefizium bewerben wollen, nennen [4].

Für den Beginn des Konkurses hat demnächst der Ordinarius einen Termin anzusetzen [5] und dazu aus den Synodal-, bez. Prosynodal-Examinatoren die erforderliche Anzahl, d. h. drei [6] zu bestimmen, welche mit ihm oder seinem General-Vikar die Prüfung abzuhalten haben. Inzwischen ist in der Kanzlei des Ordinarius ein Verzeichniss der Kandidaten unter Hinzufügung der nöthigen Notizen über deren Leben, Eigenschaften und der sonst für ihre Brauchbarkeit in Frage kommenden Verhältnisse auf Grund der von ihnen eingereichten Papiere anzufertigen [7]. Der Prüfung haben der Bischof oder sein Vertreter [8], die Examinatoren, der bischöfliche Kanzler und Notar beizuwohnen. Die ihnen verdächtig erscheinenden Examinatoren [9], nicht aber den Bischof selbst [10], können die Kandidaten beim Vorliegen eines ausreichenden Grundes ablehnen. Die Art und der Gang des Examens sind zuerst durch die Encyklika Clemens' XI. [11] genau vorgeschrieben worden. Nach der Beendigung der Prüfung haben

sten erfolgen kann. Const. Pii V. cit.: In conferendis. §. 4; Ferraris l. c. art. 2. n. 4. 5; Arch. f. k. K. R. 2, 386.

[1] Const. Pii V. cit. In conferendis. §. 5. Nur bei vorliegender iusta causa kann nach der Praxis der Congr. Conc. diese Frist verlängert werden, Richters Tridentinum S. 380. n. 10. Dass das Edikt für die im Text gedachte Zeit affigirt geblieben, ist nicht nothwendig, Entsch. d. C. C. v. 3. März 1877, Acta s. sed. 10, 127.

[2] Trid. l. c.; Pii V. const. Apostolatus §. 2; const. Bened. XIV. cit. Cum illud §. 16. II.

[3] Denn absolut nothwendig ist es nicht, weil nach dem Tridentinum über den Publikationsmodus sowohl die Provinzialsynode, wie auch der Ordinarius das Erforderliche zu bestimmen hat, s. auch Phillips 7, 589.

[4] Trid. l. c.; Pii V. const. Apostolatus §. 2.

[5] Er darf aber nicht in die Anmeldungsfrist fallen. Sonst können alle diejenigen, welche sich nach dem Termin, aber noch innerhalb der Frist gemeldet haben, den etwa stattgehabten Konkurs als nichtig anfechten. Ferraris l. c. n. 12. 13. 18.

[6] Die Betheiligung einer grösseren Anzahl macht den Konkurs nicht nichtig, wohl aber die einer geringeren. Ferraris l. c. n. 29. 30, s. jedoch S. 496 n. 6.

[7] Const. Bened. XIV.: Cum illud cit. §. 16. III. Von diesem Verzeichniss soll der vorsitzende Ordinarius oder sein Stellvertreter und jeder der Examinatoren ein Exemplar erhalten.

Nicht berücksichtigt, also nicht zum Konkurse zugelassen, werden die sich bewerbenden Regularen, einschliesslich der Regular-Kanoniker, weil diese weltliche Parochial-Benefizien nur mit päpstlicher Dispensation erwerben dürfen, s. o. S. 373. n. 9, ebensowenig die Verwandten, die Affinen und Familiaren des Bischofs oder anderweitigen Kollators oder des Resignanten, wenn das Benefizium durch Verzicht erledigt worden ist, s. S. 489. n. 2; Richters Trid. S. 380. n. 13. Nicht derselben Diöcese angehörige Geistliche sind nicht ausgeschlossen, sofern sie nicht statutarisch den einheimischen nachstehen, Ferraris l. c. art. I. n. 33 ff. Ebensowenig Kuratgeistliche, Ferraris l. c. n. 35, Geistliche, welche im Verdachte eines Verbrechens stehen oder sich eines solchen schuldig gemacht haben, letztere deshalb nicht, weil der Bischof sie bei der Besetzung der Pfarrei nicht zu berücksichtigen braucht. Aus diesem Grunde bleibt aber, wenn sie zurückgewiesen worden sind, der Konkurs gültig, Fagnan. ad c. 4. X. de aet. et qual. I. 14. n. 19 ff.; Richter a. a. O. S. 381. n. 14—16.

[8] Die Anwesenheit des einen oder anderen ist zur Gültigkeit des Konkurses unerlässlich, Arch. f. k. K. R. 2, 389. Es ist nicht verboten, dass andere Personen als die genannten dem Konkurse beiwohnen, ja solche können sogar auch Fragen an die Kandidaten richten, sie dürfen aber bei Strafe der Nichtigkeit des Konkurses bei der Beurtheilung des Ausfalls des Examens kein Votum abgeben, Ferraris l. c. art. II. n. 42 ff.; Arch. f. k. K. R. 2, 389.

[9] Richters Trident. S. 380. n. 12.

[10] Ferraris l. c. art. I. n. 14.

[11] S. 494. n. 7. Das Examen erstreckt sich der Natur der Sache nach — das Tridentinum bestimmt darüber nichts — was die Kenntnisse betrifft, auf die theologischen Disciplinen, Dogmatik, Moraltheologie, Liturgik, Katechese, Homiletik und Kirchenrecht, Ginzel S. 111. Es zerfällt in eine schriftliche und mündliche Prüfung. Die erstere wird unter Klausur während der vom Ordinarius bestimmten Zeitdauer abgehalten. Alle Kandidaten behandeln dieselben Aufgaben, deren

die Examinatoren, sei es nach vorgängiger Berathung, sei es ohne eine solche, ihr Urtheil über die einzelnen Kandidaten abzugeben. Dabei sollen sie nicht blos die wissenschaftliche Bildung und Kenntnisse derselben, sondern auch ihre übrigen Eigenschaften, Sitten, Fähigkeit zur Verwaltung der Seelsorge, bisherige Verdienste u. s. w. in Betracht ziehen[1]. Das Votum haben sie in gemeinsamer Sitzung unter Leitung des Ordinarius oder seines Stellvertreters abzugeben[2]. Dasselbe darf sich nur auf die Tauglichkeit oder Untauglichkeit der einzelnen Kandidaten, nicht aber auf eine Klassifikation derselben nach ihrer Würdigkeit erstrecken[3]. Das Gesammturtheil über jeden einzelnen wird durch die Majorität der Stimmen festgestellt. Der Ordinarius oder sein Stellvertreter haben hierbei nur dann ein entscheidendes Votum, wenn unter den Examinatoren Stimmengleichheit vorhanden oder diese „singulares"[4] sind, müssen ein solches aber stets in derselben Sitzung, wo sich ein solches Resultat herausstellt, abgeben[5].

Die Auswahl (*praeelectio*) des würdigsten unter den approbirten Kandidaten (des s. g. *dignior*) steht allein dem Ordinarius[6] zu, vollkommen frei nach seinem pflichtmässigen Ermessen[7]. Unterliegt das ausgeschriebene Benefizium seiner freien Vergebung, so hat er dasselbe sofort dem ausgewählten Kandidaten zu verleihen. Bei einem päpstlich reservirten Benefizium muss er, sofern es sich um eine Reservation ratione mensium handelt, der Dataria behufs Verleihung des Amtes den tauglichsten anzeigen[8], sonst aber sich der Auswahl enthalten und die Konkursakten nach Rom

Bearbeitung in lateinischer Sprache zu erfolgen hat. Die Predigt über einen für alle gleichen Text ist dagegen in der Landessprache schriftlich abzufassen. Jede Arbeit ist von dem Verfasser zu schreiben und zu unterzeichnen, bei der Ablieferung auch von dem Ordinarius, den Examinatoren und dem Kanzler zu unterschreiben. An die schriftliche schliesst sich dann die mündliche Prüfung an, in welcher die Kenntnisse der Kandidaten namentlich unter Vorlegung von Stellen der h. Schrift, der Kirchenväter, des Koncils von Trient, des römischen Katechismus u. s. w. erforscht werden, const. Bened. XIV.: Cum illud. §. 16. IV.

1 Bened. XIV. const. cit. l. c. „et postquam demum deprehenderint, qua quisque polleat gravitate et elegantia sermonis in conciuncula scripto pariter exarata et textui evangelico vel alteri dato themati accommodata, parem, ni forte maiorem solertiam examinatores adhibeant in perscrutandis aliis qualitatibus regimini animarum consentaneis; morum honestatem inquirant, gravitatem, prudentiam, praestita hactenus ecclesiae obsequia, acquisitam in aliis muneribus laudem aliaque spectabilium virtutum ornamenta, doctrinae arcto foedere consocianda; hisque omnibus coniunctim expensis, inhabiles per sua suffragia reiiciant et idoneos episcopo renuncient", vgl. ferner §. 10 eod. u. Trid. l. c. Eine Prüfung und ein Votum allein hinsichtlich der Kenntnisse oder hinsichtlich der Fähigkeiten der Kandidaten machen den Konkurs nichtig, Richters Trid. S. 381. n. 17—19; Arch. f. k. K. R. 2, 391; Anal. iur. pontif. 1867. p. 973. 975.

2 Arch. f. k. K. R. 2, 390. Ob öffentlich oder geheim, ist gleichgültig, Richters Trid. S. 380. n. 6. S. 381. n. 14. Das Nähere darüber hat die Provinzialsynode zu bestimmen, Trid. l. c. Das Resultat des Votums wird in den Akten niedergeschrieben.

3 Trid. l. c. Bened. XIV. const. cit. §. 11; Richters Trid. S. 381. n. 20. 22. Ueber die Abstimmung mit s. g. „Points" s. Acta s. sed. 10, 128. 134.

4 Trid. l. c. Der letzte Fall liegt nur dann vor, wenn in Betreff eines oder mehrerer Kandidaten eine gleiche Anzahl von Stimmen approbirt, eine gleiche reprobirt und eine gleiche endlich weder approbirt noch reprobirt, nicht aber dann, wenn ein Examinator den Kandidaten für fähig, die übrigen ihn aber für unfähig erklären, Garcias l. c. n. 60; Phillips 7, 593; Ginzel S. 120.

5 Garcias l. c. n. 58; Bened. XIV. de syn. dioec. l. c. c. 8. n. 5.

Ueber die Abhaltung des Konkurses in Rom s. Th. I. S. 488. n. 8. S. 490; Anal. iur. pont. 1855. p. 2780; Arch. f. k. K. R. 2, 409.

6 Der General-Vikar bedarf dazu einer Spezialvollmacht, Ginzel S. 126.

7 Er braucht also nicht denjenigen Kandidaten auszuwählen, der einstimmig oder mit der grössten Majorität für tauglich erklärt ist, Arch. a. a. O. S. 391; Entsch. d. Congr. Conc. v. 3. März 1877, Acta s. sed. 10, 154.

Stirbt der Ordinarius vor der Auswahl, so kann der Kapitular-Vikar oder der neue Bischof diese auf Grund der Examinations-Akten vornehmen, Fagnan. ad c. 2. X. ne sed. vac. III. 9; Anal. l. c. 1867. p. 976.

8 Die Akten werden hierbei nur dann eingesendet, wenn es die Dataria verlangt, const. Bened. XIV. cit. §§. 19. 20.

einsenden[1]. Wenn die Stelle einem geistlichen Patronat unterworfen ist, wählt der Patron unter den approbirten den würdigsten aus; besitzt aber in diesem Fall ein anderer als der Ordinarius das Recht zur Institution, so hat der letztere die Präelektion und der Patron nur die Präsentation an den Institutionsberechtigten vorzunehmen[2].

Für diejenigen Kandidaten, welche sich durch ihre Verwerfung seitens der Examinatoren beschwert fühlten, liess schon das Tridentinum[3] eine Appellation zwar nicht mit Suspensiv-, aber doch mit Devolutiv-Effekt (*appellatio a mala relatione examinatorum*) zu. Pius V. führte demnächst eine solche, ebenfalls ohne aufschiebende Wirkung, auch gegen das vom Ordinarius in Betreff der persona dignior abgegebene Urtheil (*appellatio ab irrationabili iudicio episcopi*) ein[4]. Wegen der vielen Missbräuche, welche sich bei dieser Regelung des Beschwerderechtes geltend machten[5], sah sich Benedikt XIV. veranlasst, durch die angeführte Konstitution: Cum illud Reformen vorzunehmen, auf denen noch heute das geltende Recht beruht[6].

Der iudex ad quem ist der Erzbischof oder bei einem von einem solchen oder einem exemten Prälaten abgehaltenen Konkurs, der nächste Ordinarius als gesetzlicher Delegat[7]. Die Appellation hat ebensowenig wie früher Suspensiv-Effekt[8], und muss binnen eines zehntägigen, von der erfolgten Verleihung des Amtes an laufenden Fatales eingelegt werden[9]. Erst nach Eingang der über den angefochtenen Konkurs verhandelten Akten und auf Grund derselben hat der Appellationsrichter über die Beschwerden zu befinden[10]. Der iudex a quo ist aber befugt, dem letzteren und falls er ihn für suspekt hält, dem Präfekten der Congregatio Concilii[11] die etwaigen geheimen Gründe, welche ihn bestimmt haben, das Benefizium einem andern als dem Appellanten zu verleihen, mitzutheilen[12]. Im Falle einer Bestätigung der erstinstanzlichen Entscheidung ist jedes weitere Rechtsmittel ausgeschlossen. Trotz erfolgter Abänderung bleibt der Vorgezogene bis zur Rechtskraft des Appellations-Urtheils im Besitze des übertragenen Amtes. Denn es steht ihm in diesem Fall noch eine weitere einmalige Appellation an den päpstlichen Stuhl zu[13], in Folge welcher möglicher Weise die erstinstanzliche Entscheidung unter Aufhebung des Appellations-Urtheils

1 Const. cit. l. c. Nach §. 21 ibid. darf er indessen in einem vertraulichen Schreiben seine unmassgebliche Meinung über den Würdigsten kund thun, und auch auf etwaige geheime, in den Akten nicht enthaltene Unfähigkeitsgründe aufmerksam machen.

2 Trid. l. c.; Bened. XIV. const. Redditae cit. Ein Prüfungsrecht hinsichtlich der vom Patron vorgenommenen Auswahl steht dem Ordinarius nicht zu. Nur der Fall macht eine Ausnahme, wenn ein anderer Kandidat sich über die Wahl des Patrons beschwert. Hier hat sich der Ordinarius vor der Institution Gewissheit über die Begründetheit der Entscheidung des Patrons zu verschaffen. Gelangt er dabei zu demselben Resultat, wie dieser, so steht dem Beschwerdeführer nur die Appellation (s. unten) mit Devolutiv-, aber ohne Suspensiv-Effekt zu. Im umgekehrten Fall kann der Ordinarius den letzteren instituiren. Appellirt aber der vom Patron Ausgewählte rechtzeitig gegen seine Verwerfung, so muss dies unterbleiben und die Stelle bis zur definitiven Entscheidung interimistisch durch einen Vikar oder Oekonomen (s. o. S. 327) verwaltet werden. Const. Redditae cit.

3 Trid. l. c. s. v. In omnibus; vgl. auch Fagnan. ad c. 4 X. I. 14. n. 24.

4 Pii const. cit. In conferendis §. 7; dazu Bened. XIV. disc. cit. §. 2. (Richter a. a. O. S. 382).

5 S. den cit. disc. §§. 4 ff.; Phillips 7, 601. 605 ff.

6 Pii V. const. cit. §. 7.

7 Vgl. noch Hergenröther, d. Appellationen nach Dekretalenrecht. Eichstätt 1875. S. 23.

8 Trid. l. c.; Pii V. const. cit. §§. 7. 8; Bened. XIV. const. Cum illud. §. 15.

9 Encyklika Clemens' XI. v. 1721 (Richters Trid. S. 581).

10 Bened. XIV. const. cit. §. 16. VI.

11 Dieser hat dann das weitere in der Appellationsinstanz zu veranlassen.

12 Zu diesem Zwecke hat der Appellant dem iudex a quo die Trid. Sess. XXIV. c. 20 de ref. vorgeschriebene Mittheilung zu machen. Bened. XIV. const. cit. §. 16. VII.

13 Pii V. const. cit. §. 9.

bestätigt werden kann [1]. Bei erfolgter rechtskräftiger Aufhebung der im Konkurs abgegebenen Entscheidung muss das Benefizium dem Ausgewählten, wenn die Appellation gegen das irrationabile iudicium episcopi gerichtet war [2], wieder entzogen und dem Appellanten übertragen werden [3]. Dagegen wird bei erfolgreicher Berufung a mala relatione examinatorum die stattgehabte Verleihung des Benefiziums nicht rückgängig gemacht, sondern nur der dem Beschwerdeführer durch die Reprobation aufgedrückte Makel beseitigt [4].

Die Besetzung eines Seelsorge-Amtes ohne Abhaltung des Konkurses ist nichtig [5] und das Benefizium gilt trotz derselben rechtlich immer als erledigt [6].

Kraft partikularrechtlicher Vorschrift bedarf es auch bei der Vergebung anderer als der oben S. 494 gedachten Aemter der vorgängigen Abhaltung des Konkurses. So sind demselben unterworfen die Theologal- und Pönitentiar-Pfründen in den Bisthümern Italiens und der anliegenden Inseln [7], sowie in den spanischen [8] und in einzelnen österreichischen Kathedralen [9], in Oesterreich auch die gemeinrechtlich ausgenommenen, einem Laien-Patronate unterstehenden Seelsorge-Aemter [10].

In den meisten Diöcesen Deutschlands wird zwar ein s. g. Konkurs abgehalten, derselbe entspricht indessen seinem Wesen nach nicht dem Tridentinischen. Während der letztere den Zweck hat, die Tauglichkeit der Kandidaten gerade für ein bestimmtes Amt zu ermitteln, sind die in Deutschland üblichen Konkurse Prüfungen, durch welche die allgemeine Befähigung für die Bekleidung von Pfarrämtern ohne Rücksicht auf einen etwa obwaltenden Vakanzfall festgestellt wird. Diese Abweichung erklärt sich aus den Schwierigkeiten, welche mit der Abhaltung stets wiederholter Spezialkonkurse verbunden sind, und welche die Durchführung der Bestimmungen des Tridentinums in vielen Diöcesen überhaupt und umsomehr verhindert haben, als die Diöcesansynoden ebenfalls seit dem 17. Jahrhundert ausser Uebung

1 Bened. XIV. const. cit. §. 17.

2 Die Vorschrift der const. Pii V. cit. §. 7, dass der Beschwerdeführer und sein Gegner sich bei einer derartigen Appellation einem neuen Examen vor dem Appellationsrichter zu unterwerfen haben, ist durch die const. Bened. XIV.: Cum illud cit. aufgehoben, weil diese eine Rechtfertigung der Appellation nur auf Grund der Akten des abgehaltenen Konkurses zulässt.

3 Da aber die erste Verleihung immer gültig war, so behält der Ausgewählte die Amtseinkünfte der Zwischenzeit und braucht nur die vom Tage der ihm ungünstigen Sentenz abgezogenen Früchte zu restituiren, Garcias l. c. P. IX. c. 2. n. 238.

4 Bened. XIV. const. Redditae i. f.; Garcias l. c. n. 245; Ginzel S. 141.

5 Trid. l. c. Darüber, dass dies auch Anwendung findet, wenn die Pfründe an einen von den Universitäten präsentirten Kandidaten verliehen worden ist, d. h. dass die Vorschrift des Tridentinums über den Pfarrkonkurs der in Sess. VII. c. 13 de ref. vorgeht, s. Ginzel S. 144.

6 Const. Pii V. cit. In conferendis. §. 3.

7 Const. Benedict. XIII.: Pastoralis v. 1725 (Acta cons. Lacens. 1, 403). Diese erfordert 4 Examinatoren, welche indessen nicht Synodal-Examinatoren zu sein brauchen, vielmehr vom Bischof ernannt werden können.

8 Konkordat v. 1851, bez. 1859. Art. 18 (Arch. f. k. K. R. 7, 383), wonach auch die beiden andern Kanonikate de oficio (s. S. 123. n. 8) auf vorgängigen Konkurs zu besetzen sind.

9 So z. B. in der Erzdiöcese Prag nach d. Provinz. Concil. v. 1860. tit. VI. c. 5: „canonicus poenitent. et theol. ad modum a S. Conc. Trid. praescriptum et servata constit. Benedicti XIII. (s. Note 7) quanto citius constituantur". Das Konkordat v. 1855 art. 22. hat die Gewohnheit, Kanonikate auf stattgehabten Konkurs zu vergeben, da, wo sie bestand, aufrecht erhalten. §. 5 des Gesetzes v. 7. Mai 1874: „Für die Besetzung erledigter Kanonikate und weltgeistlicher Seelsorgepfründen ist ein Konkurs auszuschreiben. Die näheren Bestimmungen über denselben werden nach Einvernehmung der Bischöfe im Verordnungswege getroffen", ist noch nicht ausgeführt, doch soll die Neuregelung nach den Motiven nur im Sinne einer Revision der bestehenden Ordnungen erfolgen.

Ueber Kanonikate in Kollegiatstiftern, welche fundations- oder gewohnheitsmässig dem Konkurse unterstehen, s. Const. Pii VII. v. 1801. §. 4 (bull. Rom. cont. 11, 148; Anal. iur. pont. 1855. p. 2173).

10 S. vor. Note u. Art. 24 des Konkordates.

gekommen sind. Auch haben schon seit dem 16. Jahrhundert[1] die Regierungen ihrerseits vielfach die Regelung des kirchlichen Prüfungswesens in die Hand genommen[2]. Wenn auch dieser noch im Anfange unseres Jahrhunderts festgehaltene Standpunkt[3] etwa um die Mitte desselben staatlicherseits aufgegeben und die Ordnung der Anstellungs-Prüfungen in den meisten deutschen Ländern[4] den geistlichen Behörden wieder überlassen worden ist[5], so haben doch die erwähnten Schwierigkeiten die Einführung des Konkurses nicht gestattet[6], vielmehr die Beibehaltung der schon gedachten Einrichtungen bedingt, und diese ist sogar vielfach durch päpstliche Indulte[7] genehmigt worden.

[1] Friedberg, Grenzen zw. Staat u. Kirche 1, 194. 220.

[2] So z. B. unter Joseph II. in Oesterreich, s. Helfert, v. d. Besetzg. der Benefizien S. 124 ff.; Ginzel S. 5 ff. 16 ff. Das preuss. L. R. II. 11. §§. 61. 62 verlangte dagegen für die Zulassung zum geistlichen Amte nur eine genaue Prüfung der Kenntnisse und des Wandels der Bewerber, behielt aber das Weitere „den vom Staate genehmigten Grundgesetzen und Verfassungen der verschiedenen Religionsparteien vor".

[3] In Baiern wurde auf Grund des Religions-Ed. v. 1818. §. 64. lit. g der Pfarr- und Predigtamts-Konkurs von der Kreisregierung abgehalten, Silbernagl, Verfassg. sämmtl. Religionsgesellschaften S. 83. n. * u. Ginzel S. 20. Für die oberrheinische Kirchenprovinz verordnete das gemeinsame Edikt v. 30. Jan. 1830. §. 29: „In jeder Diöcese wird jährlich von einer durch die Staats- und bischöflichen Behörden gemeinschaftlich anzuordnenden Kommission eine Konkursprüfung mit denjenigen Geistlichen vorgenommen, welche zu einer Pfarrei oder sonst einer Kirchenpfründe befördert zu werden wünschen. Zu dieser Prüfung werden nur Geistliche zugelassen, welche wenigstens zwei Jahre lang in der Seelsorge als Hülfspriester angestellt waren und gute Zeugnisse ihrer Vorgesetzten über ihren Wandel vorlegen"; vgl. ferner Ginzel S. 27 ff. u. Longner, Rechtsverhältn. d. Bischöfe S. 265 ff. In Preussen war dagegen nur die „Beaufsichtigung der Prüfung, welcher die Kandidaten des geistlichen Standes seitens der geistlichen Behörden unterworfen werden", nach §. 4. Nr. 5 der Dienst-Instrukt. f. d. Provinzial-Konsistorien v. 23. Okt. 1817 (Heckert, Hdbch. d. kirchl. Gesetzgbg. Preussens 2, 65) den Oberpräsidenten übertragen, s. auch d. Cirk. Verf. d. Staatsminist. v. 31. Juli 1820 (Vogt, preuss. K. R. 1, 127).

[4] So in Preussen in seinem jetzigen Umfange mit Rücksicht auf die seit 1875 aufgehobenen Art. 15. 18 d. Verf. Urk. v. 1850, Richter in Dove, Ztschr. f. K. R. 1, 112; in Würtemberg ist in Folge des Konkordates i. J. 1857 die Abhaltung der Konkursprüfung dem Bischof überlassen worden, s. v. Vogt, Sammlg. kirchl. Verordn. f. d. Bisth. Rottenburg. Schwäb. Gmünd 1876. S. 417. n. 1; in Baden, wo das Ges. v. 9. Okt. 1860. §. 9 („Die Zulassung zu einem Kirchenamt ist regelmässig durch den Nachweis einer allgemeinen wissenschaftlichen Vorbildung bedingt"), wie auch die Motive anerkennen (Spohn, bad. Staatskirchenrecht S. 20), nichts über die theologischen Voraussetzungen der Zulassung zu Kirchenämtern bestimmt, und die V. v. 6. Sept. 1867 (a. a. O. S. 186, s. auch Maas im Arch. f. k. K. R. 9, 36; Friedberg, d. Staat u. d. kath. Kirche in Baden. S. 270) nur den erstgedachten Punkt regelt; im Grossbzthm. Hessen nach der 1866 beseitigten Konvention v. 1854 Art. 2. n. 2 (Dove u. Friedberg, Ztschr. f. K. R. 8, 349); in Lippe-Detmold, Edikt v. 9. März 1854. Art. 1. 2. 13 (Beiträge z. preuss. K. R. 2, 83).

In Oldenburg war schon durch den Vertrag v. 5. Jan. 1830. §. 24 (Müller, Lex. d. K. R. 2. Aufl. 5, 406) festgesetzt: „Pfarrbenefizien und Pastorate, die nicht etwa dem Patronatrechte einer Privatperson oder Kommune unterworfen sind, sollen durch Konkurs nach Vorschrift des Koncils von Trient vergeben werden und zwar insofern sie etwa dem landesherrlichen Patronatrechte unterworfen sein möchten, kraft einer allgemeinen dem Offizial hierzu ertheilten Vollmacht".

[5] Aber nicht in Baiern. Die Allerhöchste Entschliessung v. 8. April 1852. n. 8 hatte angeordnet: „Bedingungen zu Kirchen- und namentlich Pfarr-Pfründen sollen blos sein . . . die von dem Bischofe zu erprobende, theologische und seelsorgerische Befähigung, sodann Kenntnisse im bairischen Verfassungs- u. Verwaltungsrechte, im Schul-, Stiftungs- und Armenwesen. Wegen der desfallsigen aus Staats- und Kirchendienern zusammenzusetzenden gemeinschaftlichen Prüfungsbehörde ist Benehmen mit den Bischöfen vorbehalten". In Folge dessen ist d. V. v. 28. Sept. 1854, d. Konkurs-Prüfung d. kath. Pfarr- u. Predigtamts-Kandidaten betr. (Arch. f. k. K. R. 8, 422), ergangen, nach welcher (§. 5.) der Bischof die Prüfungs-Kommission aus einem Vorstande und 2—3 Mitgliedern des Domkapitels, 2—3 Professoren der Theologie an der Universität oder dem Lyceum, einem wirklichen Pfarrer und dem Regens des Diöcesan-Seminars zusammensetzt, und die Kreisregierung behufs des Referates über kirchenpolitische Gegenstände aus ihrem Schoosse einen Examinator katholischer Religion abordnet. Der Erlass v. 20. Nov. 1873 (b. Dove u. Friedberg a. a. O. 12, 259) hat daran nichts geändert.

[6] Auf dem vatikanischen Koncil sind deshalb auch mehrfache Anträge auf Abänderung der Vorschriften des Koncils gestellt worden, Martin, omnium conc. Vatican. . . . document. collectiv. ed. II. Paderborn. 1873. p. 178. 180 ff.

[7] So für Paderborn, Arch. f. k. K. R. 20, 96; Breslau a. a. O. 23, 465, Sauer, pfarramtl. Geschäftsverwaltg. 2. Aufl. S. 34; für Rottenburg,

Gewöhnlich wird jetzt oder wurde[1] die allgemeine Pfarrbefähigungs-Prüfung von Zeit zu Zeit, z. B. in der Diöcese Breslau und den österreichischen Bisthümern zweimal, in der Diöcese Paderborn ein- bis zweimal, in der Diöcese Ermland und den hannoverschen Bisthümern einmal im Jahre abgehalten[2]. Sie bezieht sich nur auf die wissenschaftlichen, namentlich theologischen Kenntnisse der Kandidaten. Dagegen erfolgt die Auswahl des dignior bei Erledigung einer bestimmten Stelle auf Grund der von den Bewerbern eingereichten Zeugnisse und des Attestes über die bestandene allgemeine Prüfung[3]. Neben dem Bischof oder seinem Vertreter konkurriren Synodal- oder Prosynodal-Examinatoren, in Betreff deren das gemeine Recht zur Anwendung kommt[4]. Zugelassen werden für die Regel nur solche Priester, welche bereits in der Seelsorge und der Verwaltung des Busssakramentes thätig gewesen sind[5]. Nach Ablegung der wissenschaftlichen Prüfung, über welche die Diöcesanverordnungen die näheren Vorschriften enthalten[6], kann der Geprüfte sich entweder für alle Folgezeit oder einen bestimmten Zeitraum, z. B. 6 Jahre, hindurch[7] um jede erledigte Seelsorge-Pfründe der Diöcese bewerben, und braucht nur dann einem nochmaligen Examen sich zu unterwerfen, wenn der Ordinarius Zweifel an der Fortdauer seiner Qualifikation hat und die Wiederholung der Prüfung verlangt. Uebrigens sind die Bischöfe kraft der erwähnten päpstlichen Indulte[8] auch ermächtigt, die fungirenden Synodal- oder Prosynodal-Examinatoren und diejenigen Geistlichen, welche

Arch. f. k. K. R. 23, 306; für Freiburg a. a. O. 9, 36; für Linz, Görz und Brixen, sowie die zur Prager Provinz gehörigen Bisthümer a. a. O. 2, 110; 3, 80. 740; 14, 82. Die letzteren stimmen mit dem bei Ginzel, Cod. d. österr. K. R. S. 161 mitgetheilten Formular für die österreichischen Bischöfe überein.

Die früheren österreichischen Staatsgesetze über den Konkurs sind in Folge der Anträge einer zu Wien 1849 abgehaltenen Versammlung der Bischöfe (Beiträge z. preuss. K. R. 2, 41. 52) mit Rücksicht auf das Patent v. 4. März 1849 durch V. v. 15. Juli 1850 (a. a. O. S. 38. 79) beseitigt und die Beschlüsse der Bischöfe über die Konkursprüfung genehmigt worden. Eine andere nach Erlass des Konkordates 1856 stattgehabte Bischofsversammlung hat dieselben ebenfalls angenommen (Schulte, stat. dioeces. p. 7) und ihre Befolgung ist durch die erwähnten päpstlichen Indulte gestattet worden. Vgl. ferner S. 500. n. 9.

Durch diese Indulte erledigen sich die Bedenken von Ginzel, Pfarrkonkurs-Prüfung S. 145 ff., dass die Nothwendigkeit des Tridentinischen Pfarrkonkurses weder durch Gewohnheit noch durch Dispensation seitens der Bischöfe beseitigt werden kann. Wo dieser letztere überhaupt nicht praktisch in das Leben getreten ist, wird man die ohne denselben erfolgende Verleihung von Benefizien nicht für nichtig erklären können, denn die Möglichkeit der Beobachtung dieses Erfordernisses ist damit ausgeschlossen, s. auch Schulte, K. R. 2, 338. n. 4.

[1] In den preussischen Sprengeln, deren Bischöfe entsetzt sind.

[2] S. die Anführungen in der vorvorigen Note u. Schulte, status p. 146.

[3] S. die Angaben in der citirten Note u. Ginzel, K. R. 2, 205, 206; ferner die freiburger erzbischöfliche V. v. 19. Jan. 1860, betr. d. Pfarrkonkurs-Prüfung in Verbindg. mit d. erzb. V. v. 30. Nov. 1861 üb. d. Verfahren b. d. Besetzg. erledigter Pfründen, §§. 4. 5. 6 (Arch. f. k. K. R. 9, 36; 7, 129), die Kölner erzb. V. v. 2. Jan. 1849 (Ginzel, Pfarrkonkurs-Prüfung S. 52), die Mainzer V. v. 9. Febr. 1854, die Rottenburger V. v. 16. Nov. 1858 (v. Vogt, Samml. d. Verordngen S. 421).

[4] Ihre Vereidigung z. B. ist also wesentliche Bedingung der Gültigkeit des Konkurses, Maas, Arch f. k. K. R. 9, 37. n. 1. Ebenso müssen auch die Regeln über die Appellation (S. 499) zur Geltung kommen, freilich ist gegen das in der allgemeinen Prüfung abgegebene Urtheil nur eine appellatio a mala relatione examinatorum denkbar. Wegen der Besonderheiten in Baiern s. S. 501. n. 5.

[5] Für Oesterreich ist vorgeschrieben, dass sie entweder 3 Jahre in der Seelsorge gearbeitet oder 5 Jahre als Beichtväter fungirt haben, Schulte, stat. p. 7; Ginzel, K. R. 2, 205; Arch. f. k. K. R. 14, 84; für Paderborn, dass die sich Meldenden mindestens schon 5 Jahre presbyteri curati gewesen sein, Arch. f. k. K. R. 20, 97; Gerlach, Paderborn. Diöcesanrecht. 2. Aufl. S. 19; für Rottenburg, dass sie wenigstens 2 Jahre lang im Kirchen-, bez. Lehrdienste verwendet worden sein müssen, cit. Arch. 23, 306; v. Vogt a. a. O. S. 421.

[6] Die Paderborner v. 8. Febr. 1857 ist ausgezogen bei Gerlach a. a. O. S. 19; vgl. auch die Prager Diöcesansynode v. 1863. c. 8 i. Arch. f. k. K. R. 14, 85.

[7] Diese Frist kommt z. B. in den österreichischen Diöcesen, der Breslauer, Freiburger und Rottenburger vor, s. d. Anführungen S. 501. n. 7 u. v. Vogt a. a. O. S. 418. 419.

[8] So z. B. in den vorgenannten Diöcesen.

sich in der kirchlichen Verwaltung hinreichend bewährt haben oder genügende wissenschaftliche Leistungen aufweisen können, von der regelmässigen Wiederholung der Prüfung zu dispensiren.

Das Verfahren, welches vorstehend in seinen Grundzügen dargestellt ist, kann als das heute im grössten Theile Deutschlands [1] und in Oesterreich übliche bezeichnet werden.

Die Altkatholiken erkennen die Grundsätze des gemeinen Kirchenrechtes über die Qualifikation zum Erwerbe der in ihrer Organisation bisher vorkommenden geistlichen Aemter der Pfarrer und Hülfspriester als massgebend an [2]. An Stelle der Pfarrkonkursprüfung tritt eine nach Zurücklegung des Universitätsstudiums abzulegende theologische Prüfung. Zur Abhaltung derselben werden jährlich von der Synode vier Theologen und zwei Kanonisten, von denen mindestens drei Universitäts-Professoren sein müssen, zu Synodal-Examinatoren gewählt. Aus diesen wird unter dem Vorsitze des Bischofs oder eines von ihm ernannten Stellvertreters von Fall zu Fall die Prüfungskommission durch Einberufung dreier Theologen und eines Kanonisten gebildet [3].

§. 116. *B. Die Voraussetzungen in der Person des Erwerbers nach staatlichem Recht.*

1. Die Staatsangehörigkeit. Schon seit dem 14. Jahrhundert haben staatliche Anordnungen in manchen Ländern fremde Unterthanen von dem Erwerbe kirchlicher Aemter ausgeschlossen [4]. Zwar sind dergleichen Beschränkungen vom päpstlichen Stuhl, obwohl er selbst mehrfach Indulte für die alleinige Berechtigung von Inländern gewährt hat (s. o. S. 491), wiederholt für nichtig erklärt worden [5], indessen hat die weltliche Gesetzgebung fort und fort [6] bis in die neueste Zeit an dem Grundsatz festgehalten, dass mindestens für die Regel nur Inländer zu kirchlichen Aemtern zugelassen werden sollen. Während man früher in den betreffenden Vorschriften ein Mittel sah, die vielen päpstlichen Provisionsmandate zu Gunsten von fremden und mit den einheimischen Verhältnissen nicht vertrauten Geistlichen unwirksam zu machen, sowie eine die Staatsinteressen nicht berücksichtigende oder

[1] In den preussischen Diöcesen und denen der oberrheinischen Kirchenprovinz, s. ausser den früheren Nachweisungen noch Schulte stat. p. 68. 127. 131. Das in Baiern, s. S. 501. n. 5, bestehende Verfahren unterscheidet sich wesentlich dadurch, dass hier keine Synodal- oder Prosynodal-Examinatoren mitwirken, die Staatsregierung einen Examinator absendet und die Prüfungszeugnisse vom Ministerium des Innern für Kirchensachen ausgefertigt werden. Von einer auch nur theilweisen Anwendung der Normen über den Tridentinischen Pfarrkonkurs kann demnach keine Rede sein.

[2] Synodal- u. Gemeinde-Ordnung v. 1874. §. 51. Für den Bischof ist das stillschweigend vorausgesetzt.

[3] A. a. O. §§. 31. 53.

[4] S. z. B. d. Verordn. König Philipps VI. v. Frankreich v. 1346, Riganti comm. ad reg. canc. XVII. n. 124; s. auch Dupin, manuel du droit public ecclésiastique français. Paris 1847. p. 44. 45; den s. g. Kolowrater Vergleich v. 1504, Laspeyres, Gesch. u. Verf. d. kath. Kirche Preussens S. 295; in Betreff Siziliens s. Sentis d. Monarchia Sicula S. 103; vgl. auch Thomassin P. II. l. I. c. 103. n. 7 ff. u. Analect. iur. pont. 1855. p. 2863.

[5] Riganti l. c. n. 123. 124.

[6] So ist es nach der Erwerbung Schlesiens durch Friedrich II. bei den Bestimmungen des Kolowrater Vergleichs geblieben, Laspeyres a. a. O. S. 373, vgl. ferner K. O. Friedrichs II. v. 1783, dass Ausländer in die geistlichen Stifter nicht aufgenommen werden sollen, bei Jacobson, Gesch. d. Quellen d. K. R. d. preuss. Staates. Bd. 1. Anh. S. 297. Denselben Standpunkt haben die Josephinische Gesetzgebung in Oesterreich und das bairische Mandat v. 1768 eingenommen, Helfert, v. d. Besetzung etc. d. Benefizien S. 16 u. v. Sicherer, Staat u. Kirche i. Baiern S. 10.

dieselben gefährdende Leitung und Verwaltung der kirchlichen Angelegenheiten zu verhindern, ist der letztere Gesichtspunkt gegenüber dem hervorragenden Einfluss, welchen die katholischen Geistlichen auf das öffentliche Leben im Staate ausüben können, und gegenüber der Gefahr, kirchliche Aemter Männern, welchen jede nähere Beziehung zu den nationalen Interessen fehlt, anzuvertrauen, noch für die neuere Gesetzgebung massgebend geblieben.

Im Allgemeinen gilt die Staatsangehörigkeit oder der Indigenat als staatliches Erforderniss für den Erwerb kirchlicher Aemter. Hinsichtlich der Ausdehnung desselben weisen aber die in Frage kommenden Normen der einzelnen Staaten wesentliche Verschiedenheiten auf. Die deutschen Staatsgesetzgebungen weichen auch insofern von einander ab, als sie theils nur den besonderen, theils den allgemeinen deutschen Indigenat für nothwendig erklären.

Um diesen letzteren Punkt vorweg zu erledigen, so genügt die deutsche Reichsangehörigkeit in Preussen[1], im Königreich Sachsen[2], im Grossherzogthum Hessen[3], in Mecklenburg-Schwerin[4] und in Elsass-Lothringen[5], dagegen in Baiern[6], Würtemberg[7], Baden[8], Oldenburg[9] und in Sachsen-Weimar[10] allein das Staatsbürgerrecht des betreffenden Landes. Das letztere wird auch in nicht deutschen Staaten, so namentlich in Oesterreich[11] und Frankreich[12] erfordert. In den kleineren deutschen Ländern, in welchen

[1] Ges. v. 11. Mai 1873. §. 1: „Ein geistliches Amt darf in einer der christlichen Kirchen nur einem Deutschen übertragen werden, welcher seine wissenschaftliche Vorbildung nach den Vorschriften dieses Gesetzes dargethan hat, und gegen dessen Anstellung kein Einspruch von der Staatsregierung erhoben worden ist"; Ges. v. 20. Mai 1874. §. 2. Dadurch sind die früher geltenden Bestimmungen (Richter i. Dove Ztschr. 1, 115 u. Vogt, preuss. K. R. 1, 283) beseitigt.

[2] Ges. v. 23. Aug. 1876. §. 19: „Ein geistliches Amt darf nur einem Deutschen übertragen werden, welcher seine wissenschaftliche Vorbildung nach den Vorschriften dieses Gesetzes dargethan hat, und nicht nach §. 24 Abs. 1 u. 2 zu Bekleidung eines geistlichen Amtes unfähig ist".

[3] Ges. v. 23. April 1875 betr. d. Vorbildg etc. v. Geistlichen Art. 1: „Ein Kirchenamt, welches mit einem Geistlichen zu besetzen ist, darf in einer der christlichen Kirchen nur einem Deutschen übertragen werden, welcher seine wissenschaftliche Vorbildung nach den Vorschriften dieses Gesetzes dargethan hat, und nicht von der Staatsregierung unter Angabe des Grundes als ihr in bürgerlicher oder staatsbürgerlicher Beziehung missfällig erklärt ist". S. auch S. 505. n. 12.

[4] Regulativ v. 25. Aug. 1846 bei (G. v. Schröter), d. kathol. Religionsübung i. Mecklenbg-Schw. Jena 1852. S. 63.

[5] Denn an Stelle der in den französischen Gesetzen (s. unten Note 12) vorgeschriebenen französischen Staatsangehörigkeit kann jetzt mit Rücksicht darauf, dass es keine besondere elsässisch-lothringische giebt, nur die deutsche treten, Laband, Staatsr. d. deutsch. Reichs 1, 594. 599.

[6] Entschl. v. 8. Apr. 1852. Nr. 8: „Bedingungen zu Kirchen- und Pfarrpfründen sollen blos sein: das Indigenat, bürgerlich und politisch tadelloser Wandel . . ."; in Betreff der Kapitelsstellen vgl. Art. 10 des Konkordats.

[7] Ges. v. 30. Jan. 1863. Art. 3: „Die Zulassung zu einem Kirchenamte ist durch den Besitz des würtemb. Staatsbürgerrechts . . . bedingt".

[8] Ges. v. 9. Okt. 1860. §. 9: „Die Kirchenämter können nur an solche vergabt werden, welche das badische Staatsbürgerrecht besitzen oder erlangen".

[9] Vertr. v. 5. Jan. 1830. §. 25 (A. Müller, Lexikon d. K. R. 2. Aufl. 5, 406: „Ein solcher Konkurs (s. o. S. 501. n. 4) wird nach bisheriger Weise durch den Offizial ausgeschrieben. Fremde können nicht daran Theil nehmen, ausser mit besonderer Genehmigung Sr. Kön. Hoheit. Es werden jedoch nicht als Fremde angesehen: Geistliche, die im Auslande geboren, aber mit Zustimmung der Regierung zum Oldenburgischen katholischen Clerus aufgenommen sind; desgleichen Inländer, die mit gleicher Zustimmung ausserhalb des Hzthms Oldenburg, aber innerhalb des Bisthums Münster als Kapläne oder Pfarrgehülfen fungiren". Hinsichtlich der nicht dem Konkurse unterstehenden, patronatischen Pfarrbeneflzien ist die Staatsbehörde in der Lage, Fremde auszuschliessen, dadurch, dass sie die erforderliche Approbation zur Verleihung verweigert.

[10] Ges. v. 7. Okt. 1823. §. 17 (Müller a. a. O. S. 377): „Was die Verleihung der katholischen Pfarreien und anderen kirchlichen Pfründen anlangt, so kann dieselbe ordentlicher Weise nicht anders als an Landeskinder geschehen".

[11] Ges. v. 7. Mai 1874. §. 2: „Von Staatswegen wird zur Erlangung kirchlicher Aemter und Pfründen erfordert: die österreichische Staatsbürgerschaft".

[12] Organ. Artikel 16: „On ne pourra être nommé évêque avant l'âge de 30 ans et si on n'est origi-

keine besonderen Bestimmungen in der fraglichen Hinsicht bestehen, ist den Regierungen, soweit ihnen — was regelmässig der Fall ist — eine Mitwirkung bei der Besetzung der Kirchenämter zusteht [1], dadurch die Möglichkeit gegeben, Ausländer fernzuhalten, was freilich praktisch nur hinsichtlich Nichtdeutscher vorkommen wird [2].

Was diejenigen Aemter betrifft, deren Erwerb durch die Staatsangehörigkeit in der einen oder andern Bedeutung bedingt wird, so sind dies in Würtemberg [3], Baden [4], Mecklenburg [5], Elsass-Lothringen [6], Oesterreich [7] und Frankreich [8] alle Kirchenämter, gleichviel, ob sie den Charakter von Benefizien im eigentlichen Sinne haben oder nicht [9] (s. o. S. 368). Es gilt also das Erforderniss auch für die Stellungen der Erzpriester, der Dekane, der General- und Kapitular-Vikare, der Mitglieder der Ordinariate und General-Vikare, sowie der Missions- und Militärpfarrer [10]. Andererseits werden der Tendenz der erwähnten Gesetzgebungen gemäss unter den Kirchenämtern nur diejenigen verstanden werden können, deren Wirkungskreis in der Ausübung der kirchlichen Gewalten besteht (s. o. S. 364), nicht solche, welche blos eine erleichternde oder unterstützende Thätigkeit für die Funktionen der letzteren Art zum Inhalt haben [11]. Da Aemter dieser letzteren Art in Deutschland blos durch Laien versehen werden, so gehört auch die hessische Gesetzgebung [12], welche die Reichsangehörigkeit allein für die mit Geistlichen zu besetzenden Kirchenämter verlangt, dieser Gruppe an.

Das preussische Gesetz von 1873 [13] und das sächsische [14] erfordern die Eigenschaft eines deutschen allgemein nur für geistliche Aemter, d. h. solche, welche gottesdienstliche, seelsorgerische und lehramtliche Funktionen umfassen, also

naire Français"; über die General-Vikare s. art. 21, ferner art. 32: „Aucun étranger ne pourra être employé dans les fonctions du ministère ecclésiastique sans la permission du gouvernement".

[1] Darüber unten in der Lehre von der Art der Besetzung der Kirchenämter.

[2] Weil diese kleinen Länder mit geringer katholischer Bevölkerung die Geistlichen nur aus andern deutschen Staaten, gewöhnlich aus denjenigen, an deren Diöcesan-Verband sie angeschlossen sind, erhalten können.

[3] S. 504. n. 7.

[4] S. 504. n. 8.

[5] S. 504. n. 4.

[6] S. 504. n. 5 u. 12.

[7] S. 504. n. 11.

[8] S. 504. n. 12.

[9] Die Beschränkung auf die Benefizien würde, wo sie nicht schon durch die Fassung, wie in den österreichischen und französischen Gesetzesvorschriften ausgeschlossen ist, sowohl dem Sprachgebrauch als auch dem Zwecke der Gesetze widersprechen.

In Würtemberg s. d. cit. Ges. v. 1862. Art. 4 und Baden, s. d. angeführte Ges. §§. 8. 9 u. Motive dazu (Spohn, bad. Staatskirchenrecht S. 166) ist zwar hinsichtlich der Besetzung der bischöflichen Stühle nichts geändert worden. Die massgebende Bulle für die oberrheinische Kirchenprovinz: Ad dominici gregis custodiam v. 1827 verlangt aber die Wahl aus dem Diöcesanklerus und die Fundationsinstrumente für Rottenburg v. 1828 (Reyscher, Sammlung würtemb. Gesetze 10, 1071) und Freiburg v. 1827 (Arch. f. k. K. R. 7, 48. n. 1) fordern, dass der Bischof Deutscher von Geburt und Bürger des Staates, letzteres in Uebereinstimmung mit dem gemeinsamen Edikt v. 30. Jan. 1830. §. 15, oder mindestens Bürger eines der an das Landesbisthum angeschlossenen Staaten sei.

[10] So auch die Motive zum würtemb. Gesetz, s. o. S. 210. n. 6; bad. Gesetz v. 19. Febr. 1874: „... Die Bestimmungen dieses §. (d. h. des §. 9 des Ges. v. 9. Okt. 1860) finden auch Anwendung auf den Kapitularvikar, den Generalvikar, die ordentlichen Räthe und Assessoren des Ordinariats, auch die Vorsteher und Lehrer des Seminars".

[11] Vgl. Motive zum bad. Gesetz §. 8 (Spohn S. 18). Es gehören hierher einmal die Aemter der sog. niederen Kirchendiener (Messner, Küster, Glöckner u. s. w.), ferner aber die der bei der Verwaltung des Kirchenvermögens betheiligten Kirchenvorsteher, über deren Bestellung für die Regel besondere Normen gegeben sind.

[12] S. 504. n. 3.

[13] S. 504. n. 1.

[14] S. 504. n. 2. Beseitigt ist dadurch die Minist. Bestimmg v. 19. Febr. 1853 (Schreyer, Cod. d. sächs. K. R. S. 757), vgl. Motive i. Arch. f. k. K. R. 37, 109.

für die Aemter der Bischöfe [1], der Weihbischöfe, der Kanoniker, der Domvikare [2], der Pfarrer, der Kapläne, der Vikare, der Kooperatoren, Sacellane, Expositen, Lokalisten [3] und Primissare. Indessen ist weder in Preussen noch in Sachsen von der Nothwendigkeit des Indigenates für alle reinen Jurisdiktionsämter ganz abgesehen. Nach dem preussischen Gesetz vom 20. Mai 1874 [4] muss auch derjenige die deutsche Reichsangehörigkeit besitzen, welcher in einem kanonisch oder staatlich erledigten Bisthum die mit dem bischöflichen Amte verbundenen Rechte und geistlichen Verrichtungen insgesammt oder einzeln, soweit sie nicht die Güterverwaltung betreffen, gleichviel, ob sie Ausflüsse des gedachten Amtes sind oder nur auf päpstlicher Delegation oder Subdelegation beruhen, ausüben will, eine Vorschrift, welche namentlich betrifft: die Kapitular-Vikare, die apostolischen Vikare oder Administratoren, ferner die General-Vikare, die Offiziale, die Kommissare und die Weihbischöfe solcher Bischöfe, welche staatlich ihres Amtes entsetzt sind [5]. Desgleichen wird in Sachsen für die Räthe des Vikariatsgerichtes und die Mitglieder des katholisch-geistlichen Konsistoriums die spezielle sächsische Staatsangehörigkeit erfordert [6].

In Baiern [7] und Sachsen-Weimar [8] bedarf es dagegen des Indigenats nur für den Erwerb von Kirchenpfründen, also für Benefizien im eigentlichen Sinne, in Oldenburg [9] allein für den von Kurat-Benefizien.

Um die Umgehung ihrer eben besprochenen und der sonstigen Bestimmungen über den Erwerb der Kirchenämter durch provisorische Verwaltungen derselben zu verhindern, haben mehrere der erwähnten, namentlich die neueren Gesetzgebungen [10]

[1] In Preussen sind durch das erwähnte Gesetz die besonderen darüber bestehenden Bestimmungen der Bulle: De salute animarum und das Breve: Quod de fidelium v. 16. Juli 1821 (Friedberg, Staat u. Bischofswahlen i. Deutschld. Aktenstcke S. 244) für Altpreussen, der Bulle: Ad dominici gregis custodiam v. 1827 für Fulda und Limburg, der Bulle: Impensa Romanorum pontificum v. 1824 für Hannover, der Fundations-Verordnung für Fulda v. 1829. Art. 2 (Walter, fontes p. 355) und des Fundationsinstrumentes für Limburg v. 1827 (Schematismus d. Diöcese Limburg. Bad Schwalbach 1863. S. 148), welche für den Bischof den Landesindigenat forderten, für Altpreussen aber auch die Wahl eines anderen Deutschen gestatteten, aufgehoben. Demnach kann jetzt unbedingt jeder Deutsche, ohne königliche Genehmigung, ein Nichtdeutscher aber auch nicht mit einer solchen zum Bischof in Altpreussen befördert werden. Wenn Friedberg, Staat u. Bischofswahlen. S. 379, das Gegentheil behauptet, so ist dies ebenso, wie seine Annahme (S. 392), dass das preussische Gesetz sich nicht auf die Besetzung der Bischofsstühle bezieht, irrig. Der §. 29 macht für diese nur in Betreff der Mitwirkung des Staates bei der Besetzung eine Ausnahme, also hinsichtlich des Einspruchsrechtes, nicht hinsichtlich der vorgeschriebenen Erfordernisse der Kandidaten.

[2] Die preussische Verwaltungspraxis erachtet die Aemter der Kanoniker und Domvikare nicht für geistliche Aemter im Sinne des Gesetzes, weil die Motive desselben allerdings „geistliches Amt“ und „Seelsorge-Amt“ identifiziren. Deshalb ist es aber noch nicht geboten, den an sich klaren und weiter gehenden Ausdruck des Gesetzes in dieser engern Weise zu interpretiren, s. meine preuss. Kirchengesetze der Jahre 1874 u. 1875. S. 21. Mit Rücksicht hierauf ist auch die Angabe o. Seite 82 zu berichtigen, dass der Landesindigenat in Preussen und in den hannoverschen Bisthümern für den Erwerb von Kapitelsstellen nothwendig ist.

[3] Sofern diese Hülfsgeistlichen ohne einen festen und dauernd abgegrenzten Kreis von Geschäften lediglich nach Anweisung des Pfarrers und in einem beliebig von diesem zu bestimmenden Umfange fungiren, haben sie kein Amt, s. o. S. 366. Es finden aber dann die besonderen, für diese Fälle bestehenden Vorschriften (s. nachher) auf sie Anwendung.

[4] §§. 2 u. 20.

[5] S. meine Kirchengesetze d. J. 1874 u. 1875 S. 48 u. 64. Das Erforderniss besteht also nicht für die Generalvikare, Offiziale, Offizialats- und General-Vikariatsräthe, bischöflichen Kommissare bei ordnungsmässig besetztem bischöflichem Stuhle, sowie für die etwaigen Oekonomen bei einer Erledigung desselben.

[6] Gesetz v. 23. Aug. 1876. §. 17.

[7] S. o. S. 504. n. 6. Für die Bischöfe ist nichts vorgeschrieben, das bestehende königliche Nominationsrecht gewährt aber das Mittel, Ausländer fernzuhalten.

[8] So S. 504. n. 10.

[9] S. o. S. 504. n. 9.

[10] Preuss. Ges. v. 11. Mai 1873. §. 2: „Die Vorschriften des §. 1 kommen zur Anwendung,

auch für Stellvertretungen und Hülfeleistungen dieselben Erfordernisse, wie für die definitive Anstellung in den gedachten Aemtern festgesetzt. Nach den in Preussen, Sachsen, Elsass-Lothringen, Hessen, Oesterreich und Frankreich geltenden Vorschriften ist das Erforderniss des Indigenats nothwendig: 1. wenn ein Amt, z. B. ein Pfarramt, welches seinem Wesen nach dauernd zu besetzen ist, einem Geistlichen nur auf Widerruf übertragen, oder ein kirchenrechtlich allein zu einer solchen Verleihung geeignetes Amt, z. B. eine Missionspfarre ad nutum vergeben wird [1]; 2. wenn ein Geistlicher den Amtsinhaber in allen Beziehungen vertreten und die Vertretung selbstständig führen, also ein vakantes Amt bis zur Wiederbesetzung, ein Amt, dessen Träger zur Fortführung desselben physisch unfähig oder auf längere Zeit abwesend ist, verwalten (d. h. im Falle der Stellvertretung); 3. wenn ein Geistlicher neben dem eigentlichen Amtsinhaber zu dessen Unterstützung, sei es auf längere Zeit oder gar dauernd fungiren und einzelne Funktionen des letzteren (wobei er natürlich, insoweit er solche ausübt, immer als Stellvertreter desselben handelt), vornehmen, oder 4. eine solche Funktion nur vorübergehend, z. B. bei obwaltender Gefahr im Verzuge ausüben [2] soll (im Fall der Hülfeleistung).

Aemterverleihungen oder Uebertragungen von Stellvertretungen und Hülfeleistungen, welche den gedachten Vorschriften zuwider nicht an Staats-, bez. Reichsangehörige oder an nicht naturalisirte Ausländer erfolgen [3], sind nichtig in all und jeder Beziehung [4], nach sächsischem [5] und österreichischem [6] Recht indessen nur

gleichviel, ob das Amt dauernd oder widerruflich übertragen worden oder nur eine Stellvertretung oder Hilfsleistung in demselben statthaben soll. Ist Gefahr im Verzuge, so kann eine Stellvertretung oder Hilfsleistung einstweilen und vorbehaltlich des Einspruchs der Staatsregierung angeordnet werden"; sächs. Ges. v. 23. Aug. 1876. §. 26: „Die Vorschriften in §§. 19 bis 25 kommen zur Anwendung, gleichviel, ob das Amt dauernd oder widerruflich übertragen oder nur eine Stellvertretung oder Hilfsleistung in demselben stattfinden soll. Auch einzelne geistliche Amtshandlungen dürfen nur von Personen vorgenommen werden, welche zu einem hierzu ermächtigenden Amte oder zur Stellvertretung oder zur Hilfsleistung in einem solchen Amte unter Beobachtung der §§. 19 bis 25 berufen worden sind"; hess. Ges. v. 23. April 1875 Art. 1 (s. o. S. 504. n. 3): „Diese Vorschriften finden Anwendung ohne Unterschied, ob das Amt dauernd oder widerruflich übertragen werden soll oder nur eine Stellvertretung in demselben statthaben soll. Ist Gefahr im Verzuge oder handelt es sich nur um Befriedigung eines vorübergehenden Bedürfnisses, so kann eine Stellvertretung oder Hilfeleistung einstweilen und vorbehältlich des Einspruchs der Staatsregierung angeordnet werden"; österr. Ges. v. 7. Mai 1874 (s. o. S. 504. n. 11): „Dieselben Eigenschaften werden bei jenen geistlichen Personen erfordert, welche zur Stellvertretung oder provisorischen Versehung dieser Aemter oder zur Hilfeleistung bei derselben berufen werden". Von den älteren Gesetzgebungen gehört hierher die französische, s. o. S. 504. n. 12.

[1] Für Oesterreich ergiebt dies die Erwähnung der provisorischen Versehung, sowie der Umstand, dass die „Erlangung kirchlicher Aemter" auch die Uebertragung solcher ad nutum in sich begreift.

[2] Für diesen letztern Fall bedarf es in Oesterreich des Indigenats nicht, da er nicht von der Vorschrift des §. 2 des cit. Gesetzes betroffen wird, s. S. 506. n. 10. Dass alle Fälle vom französischen Gesetz ergriffen werden, kann nicht zweifelhaft sein, da in allen eine Verwendung in den Funktionen des geistlichen Amtes vorliegt.

Die Ausnahmen des preussischen Gesetzes für die Fälle der Gefahr im Verzuge und des hessischen für diese und die Fälle vorübergehenden Bedürfnisses berühren das hier in Rede stehende Erforderniss nicht, sondern beziehen sich nur auf das staatliche Einspruchsrecht.

[3] Sofern nicht etwa Dispensation ertheilt ist, welche in Frankreich und Elsass-Lothringen nach d. organ. Art. 32, ebenso in Baiern, Oldenburg und Sachsen-Weimar, nicht aber in Preussen, Sachsen, Würtemberg, Baden, Hessen und Oesterreich offen gelassen ist.

[4] Die Nichtigkeit ist ausdrücklich festgesetzt in den preuss. Gesetzen v. 11. Mai 1873. §. 17 u. v. 20. Mai 1874. §. 4 Abs. 3, und in dem cit. hess. Ges. Art. 4. Für die übrigen Gesetzgebungen folgt dies daraus, dass der Indigenat wesentliches Erforderniss des Amtserwerbes ist.

[5] Ges. v. 23. Aug. 1876. §. 25 Abs. 4: „Eine den Vorschriften dieses Gesetzes zuwider erfolgte Uebertragung eines geistlichen Amtes gilt in allen staatlichen Beziehungen als nicht geschehen".

[6] Ausdrücklich spricht dies das österreich. Ges. v. 7. Mai 1874 nicht aus. Es ergiebt sich dies aber aus dem §. 8 dess., welcher für den Fall des

für den staatlichen, nicht für den kirchlichen Bereich[1]. Ausserdem haben einzelne der gedachten Gesetzgebungen, um die Durchführung dieser Wirkung zu sichern, besondere Repressivmittel exekutivischen und strafrechtlichen Charakters festgesetzt, von welchen, da sie sich auch auf die weiteren Erfordernisse, namentlich das staatliche Einspruchsrecht beziehen, besser bei der Erörterung des letzteren gehandelt wird.

2. In demselben Umfange, wie den Indigenat, erfordern die Gesetzgebungen Preussens, Sachsens[2], Würtembergs, Badens[3] und Hessens eine entsprechende allgemeine wissenschaftliche Vorbildung[4]. Nothwendig ist in dieser Beziehung in Preussen[5], Sachsen[6], Hessen[7]

a. die Ablegung der Entlassungs- oder Maturitätsprüfung auf einem deutschen Gymnasium, in Baden die Absolvirung einer solchen überhaupt ohne die zuletztgedachte Beschränkung[8], gleichviel, ob der Kandidat sich seine Vorbildung auf einem Gymnasium oder anderweitig, z. B. durch Privatstudium[9] erworben hat[10];

b. ein dreijähriges Studium auf einer deutschen Staatsuniversität, dessen Gegenstand in Preussen und Sachsen die Theologie sein muss[11];

c. in Preussen und Hessen nach vollendetem Universitätsstudium, in Baden schon nach $2^1/_2$jährigem die Ablegung einer wissenschaftlichen Staatsprüfung, in welcher der Kandidat die für seinen Beruf erforderliche allgemeine wissenschaft-

späteren Verlustes der Staatsbürgerschaft die staatliche Kultusverwaltung für berechtigt erklärt, die Entfernung aus dem Amte oder der Pfründe zu verlangen, und wenn dies nicht geschieht, die Erledigung für den staatlichen Bereich auszusprechen, sowie aus den Motiven zu §. 6 (s. Gautsch v. Frankenthurm, d. konfessionellen Gesetze etc. Wien 1874. S. 52), welche mit Bezug auf eine dem Einspruch zuwider erfolgte Besetzung bemerken: „Erfolgt sie dennoch, so gilt sie für den Staatsbereich als nicht geschehen . . . Es wird daher die an die staatliche Mitwirkung gebundene Temporal-Installation (§. 7) nicht stattfinden, die Einkünfte des Benefiziums werden auch fernerhin als Interkalarien in den Religionsfond eingezogen, die Matriken dem neuen Pfarrer nicht übergeben werden".

1 Kirchliche Funktionen kann also der Geistliche in den gedachten beiden Ländern ungehindert und erlaubter Weise vollziehen, was ihm in den andern nicht gestattet ist.

2 Hier nur für das geistliche Amt. Die Räthe der Jurisdiktionsbehörden (s. o. S. 506, n. 6) müssen dagegen die Qualifikation für das inländische Richteramt besitzen, §. 17 des Ges. v. 23. Aug. 1873 u. Motive dazu s. Arch. f. k. K. R. 37, 108.

3 Mit der Abweichung, dass während der Indigenat nur für die Erwerbung der Kirchenämter vorgeschrieben ist, die wissenschaftliche Bildung nach Art. 1 des Ges. v. 19. Febr. 1874 auch für die öffentliche Ausübung kirchlicher Funktionen erfordert wird.

4 S. im Allgemeinen die Anführungen in den Noten auf S. 504.

5 Ges. v. 11. Mai 1873. §. 4 ff.

6 Ges. v. 23. Aug. 1876. §. 21 ff.

7 cit. Ges. v. 23. April 1875 Art. 2.

8 Ges. v. 19. Febr. 1874 Art. 1. Bei erfolgter Absolvirung einer ausländischen Anstalt wird deren Zeugniss aber nur genügen, wenn diese das gleiche Bildungsziel, wie die deutschen Gymnasien, erstrebt, und die Abgangsprüfung den Zweck hat, darzuthun, dass der Examinande das betreffende Maass von Bildung besitzt.

9 Für die Zukunft ist aber nach dem preuss. Ges. §. 14, bad. Ges. Art. 2, hess. Ges. Art. 3 die Erwerbung der Vorbildung auf kirchlichen Knaben-Seminaren und Konvikten unstatthaft, da diese geschlossen werden sollen, bez. in Preussen und Baden schon geschlossen sind.

10 Von diesem Erforderniss kann blos in Sachsen dispensirt werden, indessen nicht zu Gunsten desjenigen, welcher in einem unter Leitung des Jesuiten-Ordens oder einer diesem verwandten religiösen Genossenschaft stehenden Seminare seine Vorbildung erlangt hat.

11 Auch davon kann dispensirt werden, in Preussen, in Sachsen in dem eben angegebenen Umfange, in Baden und Hessen, in beiden Ländern nicht zu Gunsten derjenigen, welche an einer Anstalt studirt haben, an welcher Jesuiten oder Mitglieder der diesen verwandten geistlichen Genossenschaften lehren. Eine ähnliche Beschränkung in der Ausübung des Dispensationsrechtes spricht die Verf. d. preuss. Kult. Min. v. 20. Febr. 1874 (s. meine Kirchengesetze v. 1874 u. 1875. S. 204) aus.

Während des Studiums dürfen in Preussen und Hessen die Studirenden keinem kirchlichen Seminare angehören. Die Ausnahmen, welche das preuss. Ges. §. 6 zu Gunsten des theologischen Studiums an nicht in Universitätsstädten belegenen Seminaren zugelassen hat, ist bei dem Widerstande der katholischen Kirche gegen die preussische Gesetzgebung nicht zur Ausführung gekommen.

liche Vorbildung darzuthun hat[1]. In Hessen wird die Staatsprüfung ersetzt durch eine auf einer deutschen Staatsuniversität bestandene Fakultätsprüfung.

Das sächsische Gesetz weist im Vergleich zu der im Wesentlichen gleichmässigen Regelung des Erfordernisses in den drei erwähnten Staaten die Besonderheiten auf, dass 1. bis auf weiteres die unter a. bis b. gedachten Bedingungen für diejenigen Theologen, welche auf dem wendischen Seminar in Prag gebildet werden[2], fortfallen, 2. eine besondere wissenschaftliche Prüfung nur für diejenigen nothwendig ist, welche den unter a. und b. erwähnten Anforderungen nicht genügt haben, selbst wenn sie auf dem gedachten Seminar studirt haben, und 3. die Prüfung mit der von dem katholischen geistlichen Konsistorium abzuhaltenden theologischen Amtsprüfung, bei welcher ein deputirter Staatskommissar entscheidende Stimme hat, verbunden werden kann[3].

In Würtemberg gilt die erforderliche wissenschaftliche Vorbildung[4] als dargethan, wenn der Kandidat den dort regelmässigen Bildungs- und Studiengang durchlaufen, d. h. an einem Landesgymnasium die vorbereitenden Studien gemacht, an der Landes-Universität den vollständigen, nicht blos auf die Theologie beschränkten Kursus zurückgelegt und demnächst eine Prüfung bei der katholisch-theologischen Fakultät der Universität bestanden hat. Wenn ein Geistlicher auf andere Weise seine Bildung erworben hat, so befindet die Staatsbehörde in jedem einzelnen Fall darüber, ob dieselbe als entsprechend erachtet werden kann[5].

Endlich gehört hierher die in Mecklenburg-Schwerin geltende Bestimmung, dass nur Geistliche, welche ihre Bildung in Deutschland erhalten haben und nicht Zöglinge des Collegium Germanicum in Rom gewesen sind, angestellt werden dürfen[6].

Die Nichtbeachtung des bisher besprochenen Erfordernisses zieht dieselben Folgen, wie die des unter 1. erörterten nach sich[7].

In Baiern werden von staatswegen nur Kenntnisse im bairischen Verfassungs- und Verwaltungsrecht, Schule, Stiftungs- und Armenwesen verlangt[8]. Zur Feststellung derselben dient die an Stelle des Tridentinischen Konkurses tretende Prüfung (s. S. 501. n. 5 u. 503. n. 1).

3. Der Staat ist ferner auch seinerseits zu fordern berechtigt, dass keine andere als sittlich und politisch unbescholtene Geistliche im Kirchendienst verwendet werden. Die gesetzliche Formulirung, die rechtliche Bedeutung dieses Grundsatzes und die rechtlichen Mittel, ihn zur Geltung zu bringen, sind aber

[1] Prüfungsgegenstände bilden in allen drei Ländern Philosophie, Geschichte und deutsche Literatur, in Baden ausserdem auch die alten Sprachen. Ueber die nähere Regelung s. die preuss. Instrukt. v. 26. Juli 1873 (u. A. in meinen Kirchengesetzen d. J. 1873. S. 163); die bad. V. v. 3. Mai 1874 (Arch. f. k. K. R. 32, 454), die hess. V. u. Reglement dazu v. 9. Nov. 1875 (hess. Reg. Bl. S. 654. 661).

[2] Vgl. dazu Motive des §. 21 des Ges. v. 23. Aug. 1876 i. Arch. f. k. K. R. 37, 109. 110.

[3] Arch. f. k. K. R. 37, 111. 120. 143.

[4] Ges. v. 30. Jan. 1862 Art. 3: „Die Zulassung zu einem Kirchenamt ist ... durch den Nachweis einer vom Staat für entsprechend erkannten wissenschaftlichen Vorbildung bedingt", s. dazu Hauber in Dove Ztschr. f. K. R. 2, 380; Golther, Staat u. kath. Kirche i. Würtemberg. S. 280 ff.

[5] Golther S. 284.

[6] S. o. S. 504. n. 4.

[7] S. o. S. 507. — Die Verheissung des österreichischen Ges. v. 7. Mai 1874. §. 30: „Die Einrichtung der katholisch-theologischen Facultäten wird durch ein besonderes Gesetz geregelt. In gleicher Weise wird bestimmt, in wie weit der Staat den Candidaten des geistlichen Standes eine besondere Art der Heranbildung vorschreibt", ist mit Rücksicht auf den herrschenden Priestermangel bisher nicht ausgeführt worden.

[8] O. S. 501. n. 5.

nach den einzelnen Gesetzgebungen wesentlich verschieden. In Sachsen und Baden hat er eine klare und fest begrenzte Präzisirung erhalten, da in dem ersteren Staate jeder von der Erlangung eines geistlichen Amtes[1] ausgeschlossen ist, welcher wegen eines Verbrechens oder Vergehens, das im Reichs-Strafgesetzbuch mit Zuchthaus oder Verlust der Ehrenrechte oder öffentlichen Aemter bedroht wird, verurtheilt worden ist oder sich in Untersuchung befindet[2], in dem letzteren von dem Erwerb eines Kirchenamtes und zwar für immer derjenige, welcher zu Zuchthausstrafe verurtheilt, — auf die im Urtheile bestimmte Zeit derjenige, welchem die bürgerlichen Ehrenrechte oder die Fähigkeit zur Bekleidung öffentlicher Aemter aberkannt worden sind[3]. Eine dem zuwider erfolgte Anstellung ist nichtig, in Sachsen nur für den staatlichen Bereich[4].

In Baiern[5] wird für Kirchenpfründen „ein bürgerlich und politisch tadelloser Wandel" und in Oesterreich[6] für kirchliche Aemter und die gleichgestellten Hülfsfunktionen „ein in sittlicher und staatsbürgerlicher Hinsicht vorwurfsfreies Verhalten" erfordert. Diese Vorschriften können bei ihrer Unbestimmtheit und mit Rücksicht darauf, dass allein die Staatsregierung in entscheidender Weise das Vorhandensein derartiger Qualifikationen feststellen kann und zu diesem Behufe nothwendig eine Erklärung abgeben muss, nicht in der Weise aufgefasst werden, dass ihre Verletzung schon an und für sich einen Nichtigkeitsgrund der Anstellung bildet[7], vielmehr erst dann, wenn eine solche dem Einspruche der Staatsregierung zuwider erfolgt ist.

Die übrigen Gesetzgebungen erwähnen des Erfordernisses als solchen nicht. Die Fernhaltung von bescholtenen Geistlichen kann hier, so namentlich in Preussen[8], Würtemberg und Hessen[9] nur im Wege des Einspruches, oder wo eine Bestätigung der kirchlichen Anstellungen, wie z. B. in Frankreich und Elsass-Lothringen vorkommt, im Wege der Versagung derselben erfolgen.

4. Unter den Angehörigen der geistlichen Orden und ordensähnlichen Kongregationen sind in ganz Deutschland[10] die Mitglieder des Jesuiten-Ordens und der Kongregationen der Redemptoristen oder Liguorianer, der Lazaristen oder Vincentiner und der Priester vom h. Geiste[11] von jeder Anstellung im Kirchendienst und jeder kirchlichen Funktion bei Strafe der Nichtigkeit ausgeschlossen. In Preussen[12] und Sachsen[13] gilt dasselbe von den Mitgliedern solcher Orden und Kongregationen, deren Thätigkeit den Zwecken der Seelsorge und Mission dient, und von den einer gesetzwidrig[14] eingeführten derartigen Genossenschaft oder

[1] Und von der Vornahme der S. 507 erwähnten geistlichen Funktionen.

[2] Cit. sächs. Ges. §. 24.

[3] Bad. Einführsges. z. R. Str. G. B. v. 23. Dez. 1871 Art. 14. VII.

[4] Cit. sächs. Ges. §§. 25. 26.

[5] Entschliessg. v. 8. Apr. 1852. Nr. 8. Vgl. auch R. v. 10. April 1866 i. Arch. f. k. K. R. 20, 297.

[6] Ges. v. 7. Mai 1874. §. 2. S. auch o. S. 506. n. 10.

[7] Das ergiebt auch §. 8 des österr. Ges. S. meine Ausführg bei Hartmann, Ztschr. f. Gesetzgebg d. öffentl. deutsch. Rechts. Bd. 2. S. 549.

[8] Ges. v. 11. Mai 1873. §. 16. Nr. 2.

[9] Auf Grund der bürgerlichen oder staatsbürgerlichen Missfälligkeit, s darüb. unten.

[10] Auch in Elsass-Lothringen.

[11] Reichsges. v. 4. Juli 1872, Bekanntmachg v. 5. Juli 1872 (R. G. Bl. S. 253. 254) u. 20. Mai 1873 (R. G. Bl. S. 109); für Elsass-Lothringen Ges. v. 8. Juli 1872 (G. Bl. f. Els.-Lothr. S. 506).

[12] Denn nach d. Ges. v. 31. Mai 1875 werden hier Orden und Kongregationen überhaupt nicht zugelassen, demgemäss ist auch jede Ordensthätigkeit unstatthaft. So auch Erk. d. O. Trib. v. 1877 bei Oppenhoff, Rechtsprechg. 18, 641.

[13] Ges. v. 23. Aug. 1873. §. 30: „Mitglieder von Orden oder ordensähnlichen Kongregationen dürfen auch als Einzelne ihre Ordensthätigkeit innerhalb des Königreichs nicht ausüben".

[14] Sei es gesetzwidrig deshalb, weil, wie in Preussen, Sachsen (Verf. Urk. §. 56) und Hessen (Ges. v. 23. April 1875. Art. 1) neue

einer gesetzwidrig gegründeten Niederlassung einer solchen angehörenden Mitgliedern [1]. In dem letztgedachten Umfange besteht die Unfähigkeit auch in Würtemberg [2], Baden [3] und Hessen [4]. In Mecklenburg-Schwerin dürfen nur Säkular-Geistliche angestellt werden [5].

5. Endlich sind partikularrechtlich noch besondere Erfordernisse für einzelne Aemter vorgeschrieben [6], so:

a. in Frankreich und Elsass-Lothringen ein Alter von 30 Jahren für das Amt des Bischofs und der General-Vikare [7];

b. ebenfalls in diesen Ländern für die Bischöfe, die General-Vikare, die Kapitularen, und die Pfarrer der Bezirks- und Kreishauptstädte der Grad eines Licentiaten der Theologie oder fünfzehnjährige Ausübung der Funktionen eines Haupt- oder Hülfspfarrers [8]. In Würtemberg endlich soll nur derjenige zum Bischof gewählt werden, welcher ausser den vorgeschriebenen kanonischen Eigenschaften entweder „die Seelsorge, ein akademisches Lehramt oder sonst eine öffentliche Stelle mit Verdienst und Auszeichnung verwaltet“ hat und „auch der inländischen Staats- und Kirchengesetze und Einrichtungen kundig“ ist [9]. Eine Verletzung dieser letzteren Vorschrift wird aber, weil dieselbe keine festen objektiven Kriterien aufstellt, keine Nichtigkeit begründen können, während dies hinsichtlich der vom französischen Rechte aufgestellten Erfordernisse anzunehmen ist.

Wenn endlich eine Reihe von Gesetzgebungen verlangen, dass der Anzustellende keine der Staatsregierung minder genehme oder keine ihr in bürgerlicher oder politischer Beziehung missfällige Person sein darf, so handelt es sich hierbei nicht um eine Eigenschaft in der Person der Kandidaten, sondern nur um ein Ausschliessungsrecht, dessen Erörterung in die Lehre von der Mitwirkung der Staatsregierungen bei der Besetzung der kirchlichen Aemter gehört.

Orden und Niederlassungen gar nicht oder wie in Würtemberg und Baden nicht ohne Staatsgenehmigung zugelassen werden dürfen.

1 Das ist die nothwendige Konsequenz des Verbotes der Zulassung der Genossenschaft.

2 Ges. v. 30. Jan. 1862. Art. 15.

3 Ges. v. 9. Okt. 1860. §. 11. Durch das Gesetz v. 2. Apr. 1872 (Dove u. Friedberg Ztschr. f. K. R. 11, 334) ist diese Konsequenz insofern gezogen, als es die Abhaltung von Missionen und die Aushilfe in der Seelsorge durch derartige Personen verbietet und unter Strafe stellt.

4 S. 510. n. 14.

5 Regul. v. 1846, o. S. 504. n. 4.

6 Das österreichische Ges. v. 4. Mai 1874 stellt derartige Vorschriften im §. 2 Abs. 4 („diejenige besondere Befähigung, welche für bestimmte kirchliche Aemter und Pfründen in den Staatsgesetzen erforderlich ist“) namentlich mit Rücksicht auf die Ordensämter in Aussicht, s. Motive a. a. O. S. 41.

7 Organ. Art. 16. 21. Praktische Bedeutung hat dies blos für den Generalvikar (s. o. S. 211), für den Bischof allein dann, wenn päpstlicherseits von dem kanonischen Alter von dreissig Jahren dispensirt worden ist. Die gleich hohe Altersgrenze für die Domherrn in Hannover o. S. 82 beruht auf der Bulle: Impensa Romanorum, also auf kirchlichen Vorschriften.

8 Dekr. v. 25. Dezemb. 1830 (Dursy, Staatskirchenr. i. Els. Lothr. 1, 58).

9 Fundations-Instrument für Rottenburg v. 1828 (Reyscher a. a. O. S. 1071), Ges. v. 30. Jan. 1862. Art. 4. Im übrigen ist die gleichlautende Vorschrift des gem. Ediktes v. 30. Jan. 1830. §. 15 und der Fundationsurkunden für die anderen zur oberrheinischen Kirchenprovinz gehörigen Bisthümer (s. o. S. 506. n. 1) durch die Vorschriften des preuss. Gesetzes v. 11. Mai 1873 und des wiederholt citirten badischen und hessischen Gesetzes über die erforderliche Vorbildung der Geistlichen aufgehoben, denn ein Mehr als hier festgesetzt ist, wird vom staatlichen Standpunkt aus auch nicht für das Bischofsamt verlangt.

Die besonderen desfalsigen staatlichen Vorschriften über die Erwerbung von Kapitelstellen in Würtemberg, Baden und Hessen s. o. S. 82, namentlich n. 1, die kirchlichen für Preussen und Hannover, welche mit den allgemeinen staatlichen Erfordernissen nicht in Widerspruch treten, s. ebendaselbst.

III. Die Befugniss zur Besetzung der Kirchenämter, sowie die Arten und Formen derselben.

A. Geschichte.

1. Die Besetzung der bischöflichen Stühle *.

§. 117. *a. Im römischen Reich* **.

Im Anschluss an die alte Uebung, dass die Presbyter von der Gemeinde unter vorwiegender Mitwirkung ihrer angesehenen Mitglieder gewählt wurden [1], gestaltete sich im dritten Jahrhundert, als das Bischofsamt zu einem besonderen und höheren Amt der geistlichen Regierung geworden war, die Besetzung desselben in der Weise, dass diese zwar ebenfalls von der Gemeinde und dem hervorragenderen und am meisten dabei interessirten Theil derselben, dem Klerus, vorgenommen wurde, dass aber andererseits auch die benachbarten Bischöfe einen entscheidenden Einfluss auf die Wahl erlangten [2], offenbar deshalb, weil der neu Gewählte von ihnen die Weihe erhalten musste und in Folge seines Amtes in die Gemeinschaft des christlichen Episkopates eintrat.

Die für die Besetzung entscheidende Auswahl des Kandidaten lag in der Hand des Klerus und der Gemeinde [3], sie hatten also das Wahlrecht. Aber nicht allein durch ihre Wahl, sondern erst durch die nach stattgehabter Prüfung hinzutretende Genehmigung der anwesenden, benachbarten Bischöfe und die demnächst seitens derselben vorzunehmende Weihe wurde das Amt übertragen [4]. Nach den Synoden des 4. Jahrhunderts [5], welche die inzwischen zur Ausbildung gelangte Metropolitanverfassung vor Augen haben [6], sollen die zuletzt gedachten Funktionen womöglich von allen, mindestens aber von drei Bischöfen der erzbischöflichen Provinz [7] unter schrift-

* Thomassin vetus et nova ecclesiae disciplina etc. P. II. l. 2. c. 1—43; F. A. Staudenmaier, Gesch. d. Bischofswahlen. Tübingen 1830.

** Hefele, d. Bischofswahlen i. d. ersten christl. Jahrhunderten, Beiträge z. Kirchengesch. 1, 140 ff. (fast wörtlich auch in desselb. Konciliengesch. 1, 366—369).

1 Ritschl, altkatholische Kirche. 2. Aufl. S. 364.

2 Cypriani ep. 67 (ed. Hartel p. 738): „coram omni synagoga iubet Deus constitui sacerdotem i. e. . . . ostendit ordinationes sacerdotales non nisi sub populi adsistentis conscientia fieri oportere, ut plebe praesente vel detegantur malorum crimina vel bonorum merita praedicentur et sit ordinatio iusta et legitima quae omnium suffragio et iudicio fuerit examinata“; (l. c. p. 739): „diligenter de traditione divina et apostolica observatione servandum est et tenendum quod apud nos quoque et fere per provincias universas tenetur, ut ad ordinationes rite celebrandas ad eam plebem cui praepositus ordinatur, episcopi eiusdem provinciae proximi quique conveniant et episcopus deligatur plebe praesente, quae singulorum vitam plenissime novit et uniuscuiusque actum de eius conversatione perspexit, quod et apud vos factum videmus in Sabini collegae nostri ordinatione, ut de universae fraternitatis suffragio et de episcoporum qu in praesentia convenerant quique de eo ad vos litteras fecerant iudicio episcopatus ei deferretur et manus ei in locum Basilidis inponeretur“; ep. 59 (l. c. p. 672): „nemo post divinum iudicium, post populi suffragium, post coepiscoporum consensum“; ibid. (p. 673): „quando episcopus in locum defuncti substituitur, quando populi universi suffragio in pace deligitur“; s. ferner Th. I. S. 217. n. 6. Auch Euseb. hist. eccles. VI. 10 erwähnt der Theilnahme der benachbarten Bischöfe bei Bestellung des Dios zum Bischof von Jerusalem.

3 Ueber die nähere Art der Vornahme der Wahl lässt sich nichts Sicheres feststellen, doch dürfte als wahrscheinlich anzunehmen sein, dass der Klerus einen entscheidenden Einfluss durch die Bezeichnung des Kandidaten ausübte.

4 So im wesentlichen auch van Espen J. E. U. P. I. t. 13. c. 1. n. 10; Hefele, Beiträge 1, 140.

5 Insbesondere nach c. 4 Nicaen. a. 325 = c. 1. Dist. LXIV. Darüber, dass hier sowohl die Bestellung als die Weihe gemeint ist, s. van Espen, scolia in omnes canones concil. P. II. c. 1. §. 7.

6 S. o. S. 1.

7 Das c. 20. Arel. I. v. 314 verlangt die Mitwirkung von sieben und, falls dies nicht möglich ist,

licher Einwilligung der abwesenden und unter Bestätigung des Metropoliten [1] wahrgenommen werden. Der Betheiligung der Gemeinde wird in den erwähnten Verordnungen nicht gedacht, und wenngleich eine solche in der That noch stattgefunden hat [2], so musste die Nichterwähnung derselben doch allmählich in Verbindung mit der hervorragenden Stellung der zur Wahl versammelten Bischöfe zu einer Abschwächung, ja auch zu völliger Beseitigung des Rechts der Gemeinde führen.

In demselben Jahrhundert hat aber die Stellung der christlichen Kirche im Staate eine wesentliche Aenderung erfahren. Nachdem ihr zunächst das Recht auf Existenz gewährt war, wurde sie später zur allein berechtigten Staatskirche. Die römischen Kaiser, welche die Stellung als Schützer und Hüter ihrer Lehre und Verfassung in Anspruch nahmen, übten seitdem, wie auf die Besetzung des römischen Bischofstuhles [3], so auch auf die der übrigen des Reiches einen massgebenden Einfluss aus [4]. Während der arianischen Streitigkeiten setzte Constantius nach eigenem Ermessen arianisch gesinnte Bischöfe auf die erledigten Sitze ein [5], und spätere Kaiser sind seinem Beispiele, theils zur Verhütung von Parteikämpfen und Zwistigkeiten, theils im Interesse der Kirche, um geeignete Männer auf die Bischofsstühle zu befördern, theils um eine entscheidende Einwirkung in den kirchlichen Angelegenheiten, namentlich in den die Kirche bewegenden Glaubensstreitigkeiten geltend zu machen, gefolgt [6]. Andererseits sind während dieser Zeit aber auch Besetzungen von Bischofsstühlen unter Mitwirkung der Bischöfe und des Volkes vorgenommen worden [7]. Ein ausschliessliches

von drei Bischöfen. Die Abhaltung einer Synode unter dem Vorsitz des Metropoliten behufs Vornahme der Wahl schreiben ebenso wie das Nicänum als das regelmässige vor c. 16. 23 Antioch. a. 341; — c. 12 Laod. a. 343—381 (c. 4 Dist. XXIV) erfordert das Urtheil des Metropoliten und der benachbarten (d. h. Komprovinzial-) Bischöfe nach Prüfung der Rechtgläubigkeit und des Wandels. — Das Koncil von Sardika c. 6 ordnet nach dem griechischen Text an, dass beim Nichterscheinen eines Bischofs derselbe zunächst schriftlich durch den Metropoliten vorgeladen und erst bei fernerem Ausbleiben ohne ihn zur Bischofswahl geschritten werden soll, sowie dass falls es sich um Bestellung des Metropoliten der Provinz handle, auch die Bischöfe der benachbarten Provinz (wahrscheinlich der grösseren Feierlichkeit wegen) einzuladen seien. Der lateinische Text des Dionysius, s. auch c. 9 Dist. LXV, weist dagegen die Vorschrift auf, dass wenn in einer viele Bisthümer umfassenden Provinz nur noch ein Bischof übrig geblieben, und dieser auf Ansuchen einer verwaisten Gemeinde mit den Bischöfen der benachbarten Provinz keinen neuen Bischof bestellen will, die letzteren dies auf weiteres Andringen der Gemeinde allein thun können. Darüber, dass auch dieser Version ein griechischer Text zu Grunde liegt und letzterer, nicht der erhaltene griechische, der ursprüngliche ist, s. Hefele, Konciliengesch. 1, 556 ff.

[1] Dass Cyprian (s. S. 512. n. 2) zwar der Bischöfe der Provinz, indessen nicht des Metropoliten erwähnt, erklärt sich wohl daraus, dass in Afrika diese Stellung nicht an einen bestimmten Sitz gebunden war, s. o. S. 2. Das c. 12 Carth. a. 387 o. 390 (c. 5 Dist. LXV) erfordert die Mitwirkung des Primaten, d. h. des Metropoliten.

[2] c. 16 Antioch. a. 341 (c. 8 Dist. XCII), c. 13 Laod. a. 343—381 (c. 6 Dist. LXIII), c. 12 Carth. a. 387 o. 390 sprechen nicht dagegen, s. auch Thomassin l. c. c. 2. n. 1 ff. 10; van Espen scolia i. canon. P. II. c. 1. §. 12 u. unten §. 127. Ueber die allerdings durch Ablehnung vereitelte Wahl des Eusebius von Cäsarea seitens des Volkes in Antiochien i. J. 330, s. Eusebii vita Constantini l. III. c. 60—62 (ed. Heinichen), über die durch die Initiative des Volkes erfolgte Wahl des noch nicht getauften Ambrosius zum Bischof v. Mailand i. J. 374 s. Theodoret. eccles. hist. IV. 7; Socrat. hist. eccles. IV. 25.

[3] S. Th. I. S. 218.

[4] Schon Constantin hat in dem in der Note 2 gedachten Falle den Antiochenern zwei Priester zur Auswahl für den Bischofssitz vorgeschlagen, Euseb. vita Constant. III. 62.

[5] So in Constantinopel den Bischof Eusebius v. Nikomedien i. J. 338 o. 339, Socrat. hist. eccl. II. 6; Sozomen. III. 4; vgl. Staudenmaier S. 32.

[6] Beispiele dafür Socrat. VII. 9 (Einsetzung des Proklus in Constantinopel durch Theodosius II.), Hefele Conciliengesch. 2, 584 (Einsetznng des Petrus Mongus in Alexandrien durch Zeno), Euagrii hist. eccl. III. 30. 33 (Einsetzung des Timotheus in Constantinopel und des Severus in Antiochien durch Anastasius). Vgl. auch Staudenmaier S. 37 ff.

[7] Ueber die Besetzung des Bischofssitzes zu Constantinopel i. J. 381 mit Gregor v. Nazianz s. Hefele 2, 6. 7, über dessen Nachfolger Nektarius Socrat. V. 8; Sozom. VII. 8 u. Th. I. S. 551. n. 5; über die Wahl des Chrysostomus i. J. 397 Sozom. VIII. 32; Theodoret. V. 26; des Stephan in Larissa Hefele 2, 722; vgl. ferner Baron. ad a. 610 n. 7. S. auch die folgende Note.

Recht der Ernennung des Kaisers ist trotz der wiederholten faktischen Ausübung nicht anerkannt gewesen, wohl aber muss es als unbestrittenes Rechtsbewusstsein der damaligen Zeit bezeichnet werden, dass ohne Genehmigung des Kaisers, mochte diese nun vorher in Form der Empfehlung einer bestimmten Persönlichkeit oder einer nachträglichen Zustimmung zur Wahl erfolgen, die Besetzung der bischöflichen Stühle nicht gültig zu Stande kommen konnte [1].

Unter den römischen Kaiser-Gesetzen enthalten zwei Novellen Justinians I. Anordnungen über die Besetzung der Bischofsstühle [2]. Danach sollen die Kleriker und die Vornehmen der vakanten Bischofsstadt drei, allein beim Mangel geeigneter Persönlichkeiten zwei oder auch blos einen Kandidaten auswählen, und darüber ein Wahl-Instrument oder Wahldekret ausstellen. Unter diesen soll derjenige, welchem die Weihe zusteht, den würdigsten zum Bischof ordiniren, und falls die Wahl nicht binnen 6 Monaten erfolgt, selbst den Kandidaten aussuchen. Die Beschränkung des ursprünglichen Wahlrechts des Volkes auf ein Vorschlagsrecht und zwar lediglich der Vornehmen hat nichts Auffälliges, wohl aber der Umstand, dass der Mitwirkung des Kaisers und der Komprovinzial-Bischöfe mit keinem Worte gedacht wird. Indessen ist eine Beseitigung derselben offenbar nicht beabsichtigt. Der Hauptinhalt der Verordnungen betrifft die Erfordernisse des zu Wählenden, und ihr wichtigster Zweck war, wie namentlich der von den Wählern erforderte Eid zeigt, von vornherein die Auswahl einer ungeeigneten Persönlichkeit zu hindern. Auch schliesst der festgesetzte Modus eine Einwirkung des Kaisers jedenfalls nicht aus [3]. Ebensowenig lässt sich die Beseitigung der Betheiligung der Komprovinzial-Bischöfe neben dem die Ordination für die Regel [4] vollziehenden Metropoliten annehmen [5], vielmehr erklärt sich die aus-

[1] So ist zu der Wahl des Ambrosius die Genehmigung Valentinians I. eingeholt, s. S. 513. n. 2; s. ferner Th. I. S. 551. n. 5; Schreiben der Synode v. Ephesus (431) an den Klerus v. Constantinopel nach der Absetzung des Nestorius (Mansi 4, 1227): „ὡς μέλλοντες καὶ λόγον ἀποδοῦναι τῷ κατὰ βούλησιν θεοῦ καὶ νεύματι τῶν εὐσεβεστάτων καὶ φιλοχρίστων ἡμῶν βασιλέων χειροτονηθησομένῳ τῇ Κωνσταντινουπολιτῶν ἐκκλησίᾳ“; s. auch das Schreiben an die Kaiser l. c. 4, 130 und dazu Hefele, Konc. Gesch. 2, 173. 185; ferner das mit dem erstcitirten fast wörtlich gleichlautende der Synode v. Chalcedon v. 451 wegen des Bischofsstuhles v. Alexandrien Mansi 6, 1095; rel. Epiphanii Constant. ad Hormisdam pp. a. 520 (Thiel, ep. Rom. pont. p. 923): „Deus ... post obitum ... archiepiscopi et patriarchae Johannis sedem sacerdotalem s. ecclesiae cathol. regiae urbis mihi conferre dignatus est, sententia et electione ... principis nostri Justini et piissimae reginae . . . sequentiumque eorum. His quibus est bona conversatio et qui regiis honoribus sunt sublimiores, simul et sacerdotum et monachorum et fidelissimae plebis consensus accessit“. Gregor. I. ep. II. 23. a. 591? (ed. Ben. 2, 585): „Quia . . . in persona Joannis fratris et coepiscopi nostri (v. Justiniana 1.) consensum omnium vestrum et serenissimi principis convenisse cognovimus“, s. auch c. 9 Dist. LXIII; Greg. I. ep. VII. 6. a. 596 (ed. cit. 2, 852). Vgl. überhaupt Thomassin l. c. c. 7. 9. 17.

Wenn auch dieses Mitwirkungsrecht des Kaisers in keinem Koncilsschlusse anerkannt ist, so erscheint andererseits doch gegenüber der feststehenden, unbestrittenen Ausübung desselben der c. 31 (29) apost., wonach der χρησάμενος κοσμικοῖς ἄρχουσι zum Bischof gewordene abgesetzt werden soll, als das Produkt einer tendenziösen Fälschung, nicht als Vorschrift eines alten Koncils, s. auch Hefele a. a. O. 1, 783. n. 2. Der c. 3 Nicaen. a. 787 (c. 7 Dist. LXIII, s. auch Th. I. S. 552. n. 4) zeigt gerade durch seine Opposition gegen die Eingriffe der Fürsten, in wie weitem Umfange diese stattgefunden haben.

[2] Nov. 123. a. 546. c. 1; Nov. 137. a. 564. c. 2.

[3] Eine solche hat Justinian z. B. bei Erhebung des Mennas in Konstantinopel i. J. 536, s. Hefele 2, 741 und in anderen Fällen, nicht minder seine Gemahlin Theodora, ausgeübt, Staudenmaier S. 46. 47. Von seinem Nachfolger Justin II. erzählt Euagr. hist. eccl. IV. 1. 5, dass er die kirchlichen Würden feil geboten. S. auch Note 1.

[4] S. o. S. 512. n. 7.

[5] Denn die Einleitung des c. 2. Nov. 137 bezieht sich ausdrücklich auf die Vorschriften der Kanones und in Nov. 123. c. 3 heisst es: „τοὺς δὲ μητροπολίτας τοὺς ὑπὸ τῆς ἰδίας συνόδου ἢ ὑπὸ τῶν μακαριωτάτων πατριαρχῶν χειροτονουμένους καὶ τοὺς ἄλλους ἅπαντας ἐπισκόπους τοὺς ἢ ὑπὸ πατριαρχῶν ἢ ὑπὸ μητροπολιτῶν χειροτονουμένους“. Hiernach ist es vollkommen zulässig unter dem Ordinator (ἐκεῖνος, ᾧ ἁρμόζει χειροτονῆσαι τὸν ἐπίσκοπον) des künftigen Metropoliten die Provinzialsynode, also deren bischöfliche

schliessliche Erwähnung des Ordinators ohne nähere Bezeichnung desselben daraus, dass in Folge der Entwicklung der Patriarchate und Exarchate den Metropoliten nicht überall das Recht zur Ordination der Bischöfe verblieben, sondern auf die über ihnen stehenden Patriarchen und Exarchen, welche ihrerseits nunmehr auch die Geeignetheit des Kandidaten zu prüfen hatten, übergegangen war[1].

Vorausgesetzt ist hierbei allerdings die zeitliche Trennung der beiden ursprünglich zusammenfallenden Akte, der Wahl oder Bestellung des Bischofs und der Ertheilung der bischöflichen Weihe. Eine solche war aber durch die Nothwendigkeit der Einholung der kaiserlichen Zustimmung, falls eine solche nicht etwa schon vorher gegeben war, bedingt, und wird durch die Vorschrift des Koncils von Chalcedon von 451[2] dargethan, dass die Metropoliten die Weihen der Bischöfe ohne dringende Gründe nicht länger als drei Monate vom Zeitpunkt der Erledigung des bischöflichen Stuhles ab verzögern sollen.

Was insbesondere die Verhältnisse in dem westlichen Theile des römischen Reiches betrifft, so kamen für dasselbe gleichfalls die erwähnten Vorschriften der allgemeinen Koncilien und das Bestätigungsrecht des Kaisers[3] zur Anwendung. Betont wird vor Allem die Nothwendigkeit der Zustimmung des Metropoliten[4]. Die Mitwirkung des Volkes, unter welchem als die massgebende Klasse die Vornehmen, d. h. die Grossgrundbesitzer und die durch Amt oder Ehrentitel ausgezeichneten Personen hervortreten[5], erscheint ebenfalls als wesentliches Erforderniss der gültigen Besetzung, jedoch hat sich dieselbe seit dem 5. Jahrhundert vielfach nur noch in einer Zustimmung zu der von den Bischöfen und dem Metropoliten getroffenen Wahl oder gar blos in der stillschweigenden, unwidersprochenen Anerkennung derselben geäussert[6], ohne

Mitglieder zu verstehen und zu dem als Ordinator bezeichneten Metropoliten die ihm assistirenden Komprovinzialbischöfe hinzuzudenken. Allerdings hat auch schon vor Justinian nicht in allen Fällen eine Mitwirkung der zur Provinzialsynode gehörigen Bischöfe stattgefunden, sondern mitunter auch die einer zufällig am Orte der Wahl anwesenden Mehrheit von Bischöfen, s. Th. I. S. 551 oder der σύνοδος ἐνδημοῦσα, ep. Anatolii episc. Constant. ad Leon. pp. a. 450 (opp. et Bull. 1, 953); Hefele 2, 515 (s. auch Th. I. S. 542. n. 5).

[1] S. Th. I. S. 540. 543. 549. 578 ff. Eine Mitwirkung der unteren bischöflichen Instanzen bei der Besetzung der Bischofsstühle war dadurch indessen nicht beseitigt, s. a. a. O.

[2] c. 25, auch in c. 2 Dist. LXXV.

[3] Jedoch ist dies wohl nicht in allen Fällen, sondern nur aus besonderen Anlässen und für bedeutendere Städte ausgeübt worden.

[4] Innoc. I. ad Vict. Roth. a. 404. c. 3 (Constant. 748) in c. 5 Dist. LXIV; c. 35 (Leo I.) Dist. LXIII; Hilar. I. ad Ascan. a. 465. c. 1 (Thiel 186), beide unter Berufung auf das Nicänum; c. 3 eod. („qualem te — der Metropolit — oporteat eligere et deceat consecrare"), ep. Gelas. I. ad episc. Dard. a. 495 in c. 6 Dist. LXIII; c. 5. 6. Arel. II. a. 443 o. 452. S. auch das Synodalschreiben des Siricius v. 386 (Th. I. S. 583. n. 13), in welchem unter der sedes apostolica der römische Bischof in seiner Eigenschaft als italienischer Metropolit, bez. Patriarch zu verstehen ist.

[5] c. 27 (Leo I.) Dist. LXIII: „vota civium, testimonia populorum, honoratorum arbitrium"; ep. episc. Tarrac. ad Hilar. a. 464 o. 465 (Thiel p. 158): „optimi et plurimi provinciales"; die Schreiben Gregors I. in Betreff der Bischofswahlen an italienische Stadtgemeinden tragen die stehende Adresse: clero, ordini et plebi, s. ep. I. 58. 60. 81; II. 9. 39; IV. 41; VII. 20; IX. 76. 88. 90; XIII. 14; ed. Ben. 2, 549. 550. 564. 574. 601. 721. 865. 989. 995. 996. 1227; ausserdem kommt vor: clero, nobilibus, ordini et plebi" ep. II. 6 (2, 572), in III. 15 (2, 635) erscheinen als wahlberechtigt die „priores vel populus". Ordo bedeutet den städtischen Adel, d. h. die possessores und honorati, priores, — wo zwischen nobiles und ordo geschieden wird, ersteres die honorati, letzteres die possessores, Hegel, Gesch. d. Städteverfassg. Italiens 1, 193 ff.

[6] c. 13 (Coelest. I. a. 428) Dist. LXI u. c. 26 (id.) Dist. LXIII; c. 19. 27. 36 (Leo I.), c. 11 (Gelas. I.) Dist. LXIII; ep. Hilar. ad Leont. Arel. a. 463 (Thiel p. 147); Sidon. Apollinar. ep. IV. 25 (über die Besetzung des Bisthums Chalons): „Quod ubi viderunt s. Patiens (Metropolit v. Lyon) et s. Euphronius qui rigorem firmitatemque sententiae sanioris praeter odium gratiamque primi tenebant, consilio cum coepiscopis prius clam communicato quam palam prodito strepituque furentis turbae despecto, iactis repente manibus arreptum . . . s. Joannem . . . stupentibus factiosis, erubescentibus malis, acclamantibus bonis, reclamantibus nullis, collegam sibi consecravere"; die massgebende Stellung

dass freilich überall die Initiative des Stadtklerus und des Volkes bei der Wahl beseitigt worden wäre[1].

§. 118. *b. Die Besetzung der bischöflichen Stühle in den Germanenreichen bis zum 8. Jahrhundert.*

Nur für das Westgothen- und Frankenreich liegen genauere Nachrichten über die Besetzung der Bischofsstühle vor[2].

Im Westgothenreich[3] wurden die Bischofsstühle durch die Wahl des Klerus und des Volkes, demnächstige Prüfung und Bestätigung des Metropoliten und seiner Komprovinzial-Bischöfe[4], sowie hinzutretende Genehmigung des Königs besetzt[5]. Gegenüber einer ihrem eigenen Bekenntniss feindlichen Kirche, welche die ihr im römischen Reiche gewährte Rechtsstellung mit allen ihren Privilegien behalten hatte[6], und gegenüber einem Klerus, welcher in der römischen Bevölkerung des bedeutendsten Ansehens genoss[7] und nach dem gleichfalls katholischen Frankenreiche hin gravitirte[8], konnten die arianischen Könige unmöglich auf ein derartiges Recht, welches schon die römischen Kaiser geübt hatten, verzichten. Nicht minder musste

der Bischöfe zeigen auch VII. 7. 9. ibid. — Conc. Arel. II. a. 443 o. 452 c. 54 ordnet an, dass die Bischöfe dem Klerus und Volk drei Kandidaten zur Auswahl vorschlagen sollen, dies scheint aber nicht beobachtet worden zu sein.

1 Namentlich nicht in Italien. Nach den S. 515. n. 5 citirten Briefen Gregors I. wählt vielmehr Klerus und Volk unter Leitung des Visitators (s. o. S. 230) und das über die Wahl aufgenommene Instrument (Dekret) wird mit dem Schreiben des letzteren nach Rom zur Einholung der Bestätigung gesandt, vgl. die stehende Formel z. B. in II. 39: „qui dum fuerit postulatus, cum solemnitate decreti omnium subscriptionibus roborati et visitatoris pagina prosequente, ad nos veniat ordinandus". Auch kommt eine Wahl durch Abgeordnete der Bischofsstadt in Rom, falls sich dort keine geeignete Persönlichkeit finden lässt, vor, Gregor. I. ep. III. 15. 35 (ed. cit. 2, 635. 649). Diese Verhältnisse erklären sich daraus, dass bei der langsamen Ausbildung der Metropolitanverfassung in Italien und dem weiten Metropolitanbezirk des römischen Bischofs (Th. I. S. 102. 558) von einer Mitwirkung der Komprovinzialbischöfe nicht die Rede war und dasjenige Element, welches die Rechte des Stadtklerus und des Volks schmälern konnte, nicht in Betracht kam. Uebrigens hat sich die Initiative des Volks auch ausserhalb Italiens erhalten, s. §. 118. Es ist daher nicht zutreffend, wenn bei Richter-Dove §. 183 blos von einer Zustimmung des Volks gesprochen wird.

2 Ob in Italien Odoaker und die Könige der Ostgothen während ihrer Zwischenherrschaft ebenso wie bei der Papstwahl (Th. I. S. 218 ff.), auch bei den Bischofswahlen eine Mitwirkung geübt haben, darüber ist nichts Näheres überliefert. Wegen der im Ostgothenreich von den Bischöfen zu zahlenden Abgabe s. Th. I. S. 219. Ueber die Mitwirkung der Könige bei den Burgundern vgl. Binding, d. burg. roman. Königreich. Leipzig 1868. 1, 137 ff. Auch in Baiern sind die Bischöfe unter entscheidender Theilnahme der Herzöge ernannt worden, ep. Gregor. II. ad Martin. v. 716. c. 3, LL. 3, 452; Gregor. III. ep. ad Bonif. v. 739, Jaffé, monum. Mog. p. 105; vgl. Riezler i. d. Forschgen z. deutsch. Gesch. 16, 418 ff. Lex Baiuav. I. 10: „episcopus, quem constituit rex vel populus elegit sibi pontificem", mag man die Entstehungszeit dieses Titels in das 7. Jahrhundert oder, was richtiger erscheint, unter Karl Martell oder unter Pippin zw. 748 u. 752 setzen, Riezler a. a. O. 412 ff., wird mit Rücksicht auf die Gestaltung im fränkischen Reiche sowohl unter den Merovingern wie unter den Karolingern (s. nachher) nur so verstanden werden können, dass der Bischof bald einseitig vom König, bald aber auch durch Wahl des Volkes, wobei freilich die königliche Bestätigung noch nicht wegen der Nichterwähnung — auch des clerus wird nicht gedacht — als ausgeschlossen anzusehen ist, bestellt wird. Ob neben dem Frankenkönig auch der bairische Herzog konkurrirte, lässt sich nicht mit Sicherheit entscheiden, vgl. auch Riezler a. a. O. S. 426. 427.

3 Vgl. darüber Thomassin l. c. c. 15. 18; Staudenmaier S. 76; Dahn, Könige der Germanen 6, 402 ff.

4 Barcin. II. a. 599. c. 3: „. . . ut duobus aut tribus, quos consensus cleri et plebis elegerit, metropolitani iudicio eiusque coepiscopis praesentatis, quem sors . . . monstraverit, benedictio consecrationis accumulet". An der Entscheidung durch das Loos ist aber nicht festgehalten worden, c. 19 Tolet. IV. a. 633: „nec ille deinceps sacerdos erit, quem nec clerus nec populus propriae civitatis elegit nec auctoritas metropolitani vel comprovincialium sacerdotum assensio exquisivit".

5 S. die Zeugnisse bei Dahn S. 402 ff. 411.

6 Dahn S. 378.

7 A. a. O. S. 391.

8 A. a. O. S. 372. 384.

nach dem Uebertritt Reccareds I. zum Katholicismus (587) bei der hervorragenden Bedeutung der Bischöfe für das Staatsleben [1], namentlich ihrer Mitwirkung bei der Gesetzgebung auf den Koncilien [2], der ihnen zustehenden weltlichen Gerichtsbarkeit [3] und dem wachsenden Reichthum ihrer Kirchen [4] die frühere Befugniss des Königs festgehalten werden. Nach der Einholung der königlichen Genehmigung erfolgte die Konsekration durch den vorgesetzten Metropoliten oder einen von ihm beauftragten anderen Bischof oder Erzbischof [5] unter Assistenz der übrigen Komprovinzial-Bischöfe oder mindestens zweier derselben bald in der Stadt des erledigten Bischofssitzes, bald in der erzbischöflichen Stadt, bald an einem anderen vom Metropoliten zu bestimmenden Orte [6]. Dieses im Anschluss an die ältesten Ordnungen der Kirche geordnete Verfahren ist aber nicht in allen Vakanzfällen innegehalten worden, vielmehr haben die westgothischen Könige bei der hohen politischen Bedeutung des Bischofsamtes und dem Zudrang des Laienadels zu den Bischofsstühlen, ebenso wie schon die römischen Kaiser, mitunter selbstständig und ohne Rücksicht auf das Recht der Gemeinden, des Klerus und der Bischöfe direkte Ernennungen vorgenommen [7].

Wenn nun auch die zwölfte Synode von Toledo (681) [8] die bisherige gesetzliche Ordnung nicht beseitigte [9], so gewährte sie doch mit Rücksicht auf die bei Beobachtung derselben eingetretenen langen Vakanzen und die daraus hervorgegangenen Missstände dem Könige das Recht, die Kandidaten für die erledigten Bischofssitze auszuwählen und durch den Erzbischof von Toledo nach vorgängiger Prüfung ihrer Würdigkeit konsekriren zu lassen [10], und gab demselben durch diese konkurrirende Befugniss ein Mittel, die Mitwirkung der bisher betheiligten Faktoren ganz auszuschliessen [11].

Im Wesentlichen dieselben Erscheinungen, wie im Westgothenreich, treten auch während der Merovinger-Herrschaft im Frankenreich [12] hervor.

Die Person des Kandidaten wird hier ebenfalls durch die Wahl des Klerus und des Volkes [13] unter Ausstellung einer besonderen Urkunde (decretum electionis) [14] be-

[1] A. a. O. S. 391.

[2] Auf diesen führten sie auch bei Königswahl die zahlreichsten Stimmen, a. a. O. S. 396.

[3] A. a. O. S. 398 ff.

[4] A. a. O. S. 385 ff.

[5] Dass auch hierbei der Wille des Königs entscheidend einwirkte, zeigt Emerit. a. 666. c. 4.

[6] Dies ergeben Tolet. IV. a. 633. c. 19; Emerit. cit. Der neue Metropolit sollte in der erzbischöflichen Stadt von den Komprovinzialbischöfen geweiht werden, Tolet. IV. cit. War der Bischof nicht in Gegenwart des Metropoliten und ausserhalb der Residenzstadt konsekrirt, so hatte er sich demselben binnen zwei Monaten vorzustellen, Tarrac. a. 516. c. 5; Emerit. cit.

[7] Dahn S. 404 ff.

[8] c. 6 (s. Th. I. S. 592. n. 2 u. c. 25. Dist. LXIII), vgl. auch c. 9. Tolet. XIII. a. 683.

[9] Dies ergiebt das „salvo privilegio uniuscuiusque provinciae".

[10] Der konsekrirte Bischof soll sich nachher binnen 3 Monaten seinem Metropoliten vorstellen, s. auch Note 6.

[11] Als diese Vorschrift sich deshalb unzureichend erwies, weil der Erzbischof von Toledo wegen Hochverraths abgesetzt wurde, trat das 16. Toletaner Koncil (693) selbst in dessen Funktionen insofern ein, als es die vom König vorgenommene Ernennung eines neuen Erzbischofes in Gemässheit des von ihm gemachten Vorbehaltes „cum consensu cleri et populi" bestätigte und zwei ferner erledigte Bischofsstühle unter Zustimmung des Königs besetzte. Tolet. XVI. decret. judic. ab univ. edit.

[12] S. Thomassin l. c. c. 13. 14. 18. n. 1 ff.; Staudenmaier S. 80 ff.; Sugenheim Staatsleben des Klerus im Mittelalter. Berlin 1839. 1, 89 ff.; Loebell, Gregor v. Tours S. 334 ff.; Raynouard, histoire du droit municipal en France. Paris 1829. 2, 61 ff.; Waitz, deutsch. Verfassgsgesch. 2. Aufl. 2, 389 ff.

[13] c. 2. Arvern. I. a. 535; c. 25. Rem. a. 624 o. 625; Gregor. Turon. hist. eccles. Franc. III. 2; IV. 6. 35; VI. 39; eiusd. vitae patr. XVII. 1. Fernere Nachweisungen bei Raynouard p. 79 ff. Unter den Laien werden auch hier wieder die principes, proceres, honorati, nobiles besonders hervorgehoben, Raynouard p. 84. 85. 89. 90. 92, mitunter neben dem populus urbanus noch des populus ruricola oder der plebs rustica l. c. p. 80. 86. 90 gedacht.

[14] c. 2 Arvern. I. a. 535; c. 5 Aurel. IV. a. 541; Gregor. Turon. IV. 26.

Dass der Bischof nicht der Bevölkerung wider ihren Willen aufgedrungen werden soll, betonen c. 11 Aurel. V. a. 549; c. 8 Paris. III. a. 557.

stimmt[1]. Demnächst hat die Bestätigung des Metropoliten und der übrigen Komprovinzial-Bischöfe hinzuzutreten[2]. Endlich bedurfte es zur vollen Gültigkeit der Wahl der Genehmigung des Königs, welche unter Uebersendung des von den Bischöfen mitunterzeichneten Wahldekretes eingeholt wurde[3]. Ein derartiges Recht haben die Frankenkönige vielleicht schon seit Chlodewig beansprucht[4]. Aehnliche Gründe, wie im Westgothenreich, das persönliche Ansehen der Bischöfe bei der ihnen untergebenen Bevölkerung, die hohe geistliche und politische Bedeutung ihres Amtes, und die Nothwendigkeit, sie als Träger und Bewahrer einer höheren Bildung als Rathgeber in politischen Dingen zuzuziehen, haben auch im Frankenreiche die Könige zur Geltendmachung eines derartigen Rechtes bewogen. Nicht minder aber ist hier von ihnen geradezu im politischen Interesse, namentlich zur Gewinnung einflussreicher Anhänger, zur Belohnung von Staats- und Hofbeamten eine unmittelbare Ernennung zu diesen viel begehrten, einflussreichen Stellungen unter Hintenansetzung der kirchlichen Bedürfnisse geübt worden[5]. Gegen derartige Missbräuche sind die fränkischen Synoden wiederholt aufgetreten, indem sie, freilich ohne einen Erfolg zu erreichen, Ernennungen unter Nichtbeachtug der Rechte des Klerus, des Volkes und der Bischöfe für nichtig erklärten[6], jedoch ist das königliche Bestätigungsrecht selbst von ihnen niemals in Frage gestellt worden[7]. Die Konsekration des neuen Bischofs konnte dem-

[1] Allerdings verordnet c. 3 Aurel. III. a. 538: „de comprovincialibus vero ordinandis cum consensu metropolitani, cleri et civium iuxta priorum canonum statuta electio et voluntas requiritur", c. 1 Paris. V. a. 614 o. 615: „quem metropolitanus ... cum comprovincialibus suis, clerus vel populus civitatis ... elegerint" und ähnlich auch c. 10 Cabilon. a. 644 o. 656, jedoch lässt sich aus dieser Fassung nicht entnehmen, dass damit absichtlich die Initiative in die Hände der Bischöfe hat gelegt werden sollen, wiewohl freilich thatsächlich der Kandidat auch mitunter durch diese dem Volke bezeichnet worden sein mag. Dagegen bezwecken wohl c. 7 Aurel. II. a. 533: „metropolitanus episcopus a comprovincialibus episcopis, clericis vel populis electus", c. 3 Aurel. III. a. 538: „Ipse tamen metripolitanus a comprovincialibus episcopis, sicut decreta sedis apostolicae continent, cum consensu cleri vel civium eligatur, quia aēquum est, sicut ipsa apostolica sedes dixit, ut qui praeponendus est omnibus, ab omnibus eligatur" den Bischöfen schon bei der Designation des Kandidaten einen entscheidenden Antheil zu gewähren. Dass aber das Verfahren in solchen Fällen ein anderes als bei der Vakanz einfacher Bischofssitze gewesen, lässt sich nicht feststellen.

[2] Wenn im Gegensatze zu c. 8 Paris. III. a. 557, c. 1. Paris. V. a. 614 o. 615, c. 25 Rem. a. 624 o. 625, c. 10 Cabilon. a. 641 o. 656 (vgl. auch c. 10 Aurel. V. a. 549) der Mitwirkung der Komprovinzialbischöfe neben dem Metropoliten in c. 2 Arvern. I. a. 535; c. 3 i. f. Aurel. III. a. 538 nicht gedacht wird, so ist diese, wie die Vorschriften über die Konsekration ergeben, wohl stillschweigend vorausgesetzt.

[3] Vgl. Gregor. Turon. IV. 26; Marculf. form. I. 7 (Rozière, recueil 2, 616). Die Bestätigung wurde durch eine besondere Urkunde, praeceptum oder decretum, ertheilt, Gregor, Turon. vit. patr. XVII. 1; form. Marculf. I. 5, Lindenbrog. no. 4 (Rozière 2, 618. 620) und zwar lautet der Ausdruck in den Formeln auf Uebertragung des Amtes (commisimus pontificalem dignitatem).

[4] Loebell S. 338.

[5] Gregor. Tur. III. 17; IV. 18; V. 47; VI. 7. 9. 15. i. f.; VIII. 2. 14. 20. 22. Dass praktisch der Wille des Königs das allein Entscheidende war, zeigen IV. 6. 7. 15. S. auch Roth, Gesch. des Benefizialwesens S. 270 ff. 333 ff.

[6] c. 10 Aurel. V. a. 549; c. 8 Paris. a. 557; c. 1 Par. a. 614 o. 615; c. 25 Rem. a. 624 o. 625; c. 10 Cabil. a. 644 o. 656; Gregor. Tur. IV. 26: „apud urbem Sanctonicam Leontius (v. Bordeaux) congregatis provinciae suae episcopis, Emerium ab episcopatu depulit (a. 563), adserens non canonice eum fuisse hoc honore donatum. Decretum enim regis Chlothacharii habuerat, ut absque metropolitani consilio benediceretur qui non erat praesens". Die Absetzung und die anderweit vorgenommene Wahl wurde aber vom König Charibert nicht anerkannt und Emerius von ihm restituirt.

[7] c. 10 Aurel. V. a. 549: „Ut nulli episcopatum praemiis aut comparatione liceat adipisci, sed cum voluntate regis iuxta electionem cleri ac plebis, sicut in antiquis canonibus tenetur scriptum, a metropolitano vel quem in vice sua praemiserit cum comprovincialibus pontifex consecretur". Der Beschluss des 5. Koncils v. Paris (614 o. 615) c. 1, welcher die Erlangung des Bischofsamtes durch die weltliche Gewalt (si potestate subrepat) für nichtig erklärt, richtet sich ebenfalls nicht gegen das Bestätigungsrecht als solches, auch ist dasselbe in dem Edikte Chlotars II. v. 614 o. 615 (LL. 1, 14): „ut episcopo decedente in loco ipsius qui a metropolitano ordinari debet cum provincialibus a clero et populo eligatur; et si persona condigna fuerit, per ordinationem principis ordinetur, vel certe,

nach erst nach der Kundgebung des königlichen Entschlusses erfolgen[1]. Sie sollte von dem Metropoliten oder einem Stellvertreter desselben in Gemeinschaft mit den Komprovinzial-Bischöfen[2] in der Stadt des erledigten Bischofssitzes[3], falls es sich aber um einen Metropoliten handelte, durch einen anderen Erzbischof unter Theilnahme derselben oder durch diese letzteren selbst vorgenommen werden[4].

§. 119. c. *Das angebliche Bestätigungsrecht des römischen Bischofs und die Ernennung des Bischofs durch seinen Vorgänger.*

I. Dass man von Anfang an dem römischen Bischofe als leitendem Oberhaupte der katholischen Kirche kraft seines Primates ein Recht der Ernennung, Bestätigung und Ordination aller Bischöfe zugestanden habe, und dass die Befugniss der bei der Besetzung der Bischofsstühle mitwirkenden Faktoren nur ein Ausfluss des gedachten Primatialrechtes gewesen sei, ist eine Auffassung, welche die geschichtlichen Thatsachen nicht unbefangen, sondern nur mit der Voreingenommenheit eines feststehenden dogmatischen Standpunktes beurtheilt[5]. Keine kirchliche Quelle jener Zeiten erkennt ein solches Recht des Papstes an. Allerdings haben die römischen Bischöfe in manchen Fällen[6] bei der Besetzung von Bischofsstühlen mitgewirkt, aber nicht auf Grund eines allseitig anerkannten derartigen Rechtes, von welchem sie nur mit weiser Mässigung Gebrauch gemacht hätten[7], und welches demnach für die Regel latent geblieben wäre, sondern theils, soweit Italien in Frage steht, kraft ihrer Metropolitan-, bez. Patriarchalrechte über die dortigen Bisthümer[8], theils aber weil es ihnen unter besonderen Verhältnissen gelungen ist, den schon damals beanspruchten Primat in einzelnen Gegenden und für einzelne Fälle zur Geltung zu bringen. So haben sie, weil es an anderweitigen Berechtigten fehlte, allerdings nur in seltenen Fällen Missionsbischöfe ernannt[9], und ferner mittelbar durch ihre Vikarien da,

si de palatio eligitur, per meritum personae et doctrinae ordinetur", welches die Beschlüsse der Synode bestätigt, ausdrücklich gewahrt, ja in dem letzten Satz kann füglich nichts anderes als ein Vorbehalt des Ernennungsrechtes des Königs aus der Hofgeistlichkeit gefunden werden, denn wenn man zu „de palatio eligitur" statt a principe ergänzen wollte: „a clero et populo", würde es an dem erforderlichen Gegensatz zu der vorangehenden Bestimmung fehlen.

1 Daher ertheilt der König auch den Auftrag zur Konsekration, s. Marculf. form. I. 6 (Rozière 2, 621).

2 c. 1 Aurel. II. a. 533; c. 3 Aurel. III. a. 538; c. 5 Aurel. IV. a. 541.

3 Doch konnte dies auch in einer andern Stadt, besonders derselben Provinz auf Anordnung des Metropoliten geschehen, c. 5 Aurel. IV. a. 541; Marculf. form. I. 6 cit.

4 c. 7 Aurel. II. a. 533; c. 3 Aurel. III. a. 538.

5 Sie ist in neuerer Zeit namentlich von Phillips K. R. 5, 361 ff. 371 ff. vertreten worden.

6 Ich berücksichtige im Folgenden wesentlich die Zusammenstellung von Phillips, um den tendenziösen Charakter seiner Auffassung darzuthun.

7 So Phillips 5, 381.

8 Th. I. S. 102. n. 10 u. S. 558. Von diesem Gesichtspunkt erklärt sich die Mittheilung des Cornelius in dem Brieffragment an Fabian v. Antiochien a. 251? bei Euseb. hist. eccl. VI. 43: „τῶν δὲ λοιπῶν ἐπισκόπων διαδόχους εἰς τοὺς τόπους ἐν οἷς ἦσαν, χειροτονήσαντες ἀπεστάλκαμεν", da die abgesetzten Vorgänger derselben, welche den Novatian konsekrirt hatten, italienische Bischöfe waren; überdies hat offenbar dabei auch die zu dieser Zeit in Rom abgehaltene Synode mitgewirkt. Ferner gehört hierher das Schreiben des Siricius v. 386 (S. 515. n. 4). Aus dem Ende des 6. u. dem Anfang des 7. Jahrh. geben für das im Text gedachte Recht des römischen Bischofs die Briefe Gregors I. eine grosse Anzahl von Belegen, s. S. 515. n. 5, S. 516. n. 1; vgl. ferner für das Prüfungs- u. Verwerfungsrecht der gewählten Kandidaten ep. V. 22; VII. 41; XIV. 11 (ed. Bened. 2, 752. 889. 1268); für das Bestätigungsrecht ep. II. 9 (2, 574), über die Ausübung von Patriarchalrechten durch die Bestätigung des zu Mailand gewählten Erzbischofs III. 29 (2, 644) und durch den Vorbehalt der Konsekration des unter Approbation des Erzbischofs v. Ravenna zu wählenden Bischofs v. Rimini VII. 19—21 (2, 865 ff.), s. indessen noch o. S. 4. n. 5. 6.

9 S. o. S. 351. u. Th. I. S. 616.

wo es diesen gelungen war, ihre Stellung zu praktischer Wirksamkeit zu bringen, einen Einfluss in der erwähnten Richtung ausgeübt[1]. Endlich gewährte die schon seit früher Zeit bestehende Sitte, dass die Bischöfe, insbesondere die Patriarchen, durch s. g. *epistolae synodicae*[2] von ihrem Amtsantritte ihren Kollegen, namentlich aber dem römischen Bischof, Mittheilung machten, und unter Ablegung ihres Glaubesbekenntnisses um Gewährung der christlichen und bischöflichen Gemeinschaft baten[3], den Päpsten ein Mittel zur Vergrösserung ihrer Machtstellung, insofern als während der dogmatischen Streitigkeiten jener Zeit und der dadurch hervorgerufenen Parteiungen die Haltung, welche Rom gegenüber einem neuen Bischof einnahm, nicht selten von entscheidender Bedeutung für die Behauptung seines Sitzes wurde, und die Bewilligung oder Verweigerung der Gemeinschaft thatsächlich in ihren Folgen der Ausübung eines etwaigen Bestätigungsrechtes[4] gleichkam.

[1] S. Th. I. S. 586 ff. Vgl. auch unten Note 4 a. E.

[2] Vgl. über diese Thomassin l. c. c. 8. n. 11; c. 19. n. 1; Phillips K. R. 3, 632.

[3] Ep. Hormisdae ad Epiphan. Constant. episc. a. 520 (Thiel p. 913): „Diu nos nuntiata tuae primordia dignitatis tenuere suspensos et in ipsa communis gratulatione laetitiae mirati admodum sumus, morem pristinum fuisse neglectum . . . Decuerat siquidem, . . . te legatos ad apostolicam sedem inter ipsa tua pontificatus initia destinasse, ut et quem tibi debeamus affectum, bene cognosceres et vetustae consuetudinis formam rite compleres". Auch die römischen Bischöfe selbst richteten solche Synodiken an ihre Amtsbrüder, s. Cyprian. ep. 45 (ed. Hartel p. 599. 602); Sixti III. ad Cyrill. Alexandr. a. 432 (Coustant. p. 1231); ep. Hilar. ad Leont. Arelat. a. 462 (Thiel p. 137).

[4] In den meisten Fällen, welche Phillips 5, 373 ff. als Beweis für ein solches Recht anführt, steht nichts anderes als die Gewährung der Kommunion in Frage. So soll Damasus eine neue Bischofswahl in Konstantinopel angeordnet und den geweihten Nektarius bestätigt haben. Das erstere ergiebt die ep. Damas. ad Achol. et Macedon. episc. a. 380 (Coustant. p. 537): „commoneo sanctitatem vestram, ut quia cognovi dispositum esse, Constantinopoli concilium fieri debere, sinceritas vestra det operam, quemadmodum praedictae civitatis episcopus eligatur, qui nullam habeat reprehensionem", nicht, umsoweniger als die Adressaten die Wahl gar nicht allein vornehmen konnten, ebensowenig ist in der ep. syn. Constant. ad Damas. a. 382 (l. c. p. 568): „ὅθεν τῆς μὲν ἐν Κωνσταντινουπόλει . . . ἐκκλησίας . . . Νεκτάριον ἐπίσκοπον κεχειροτονήκαμεν ἐπὶ τῆς οἰκουμενικῆς συνόδου μετὰ κοίνης ὁμονοίας ὑπ' ὄψεσι καὶ τοῦ . . . βασιλέως Θεοδοσίου παντός τε τοῦ κλήρου καὶ πάσης ἐπιψηφιζομένης τῆς πόλεως . . . ἐν Ἀντιοχείᾳ . . . τὸν ἐπίσκοπον Φλαβιανὸν οἵ τε τῆς ἐπαρχίας καὶ τῆς ἀνατολικῆς διοικήσεως συνδραμόντες κανονικῶς ἐχειροτόνησαν πάσης συμψήφου τῆς ἐκκλησίας . . . ἥνπερ ἔνθεσμον χειροτονίαν ἐδέξατο καὶ τὸ τῆς συνόδου κοινόν . . . Οἷς ὡς ἐνθέσμως καὶ κανονικῶς παρ' ἡμῖν κεκρατηκόσι καὶ τὴν ὑμετέραν συγχαίρειν παρακαλοῦμεν εὐλάβειαν", welche sich kurz vorher für das Verfahren bei der Bestellung der erwähnten Bischöfe auf die Vorschriften des Nicänums beruft und die gemeldeten Wahlen als kanonisch gültige und dadurch rechtlich zum Abschluss gekommene auffasst, eine Nachsuchung der Bestätigung zu finden. Diesem gleichzeitigen Berichte gegenüber würde die ferner angeführte ep. Bonifac. I. ad Ruf. a. 442 (Coustant. p. 1043) von keinem Belang sein; in der That aber spricht sie: „princeps Theodosius Nectarii ordinationem propter ea, quia in nostra notione non esset, habere non existimans firmitatem, missis e latere suo aulicis cum episcopis, formatam huic a sede Romana dirigi regulariter depoposcit, quae eius sacerdotium roboraret" von der Gewährung der Gemeinschaft seitens des apostolischen Stuhles und einer dadurch bewirkten Stärkung der Stellung des Nektarius. — Die angebliche Bestätigung des Maximian v. Konstantinopel in der ep. Coelestini I. ad eund. a. 432 (Coustant. p. 1206) ist ebenfalls nur ein blosses Antwort- und Gratulationsschreiben auf die Anzeige des Amtsantrittes. — Ferner kann von einer dem Anatolius von Konstantinopel durch Leo I. ertheilten Bestätigung (so Phillips 5, 376) ebenfalls keine Rede sein. In den ep. Leon. I. ad Theodos. II, ad Pulcher. Aug. u. ad presb. Constantinop. a. 450 (op. Leon. ed. Baller. 1, 1005. 1009. 1012) werden seitens des Papstes, ehe er die fraterna caritas ertheilen will, zuverlässige Nachrichten über die Orthodoxie des Bischofs gefordert, ein Verlangen, welches sich aus den damals obwaltenden dogmatischen Streitigkeiten von selbst erklärt. In der ep. ad Anatol. a. 451 (l. c. p. 1038) spricht Leo I. demselben seine Freude über dessen Orthodoxie aus. Berücksichtigt man ferner, dass das Brieffragment des Anatolius von Leo a. 450 (l. c. p. 581) nicht, wie Hefele 2, 374 meint, ein Gesuch um Bestätigung, sondern nur eine Anzeige über die Erhebung zum Bischof v. Konstantinopel durch die σύνοδος ἐνδημοῦσα enthält, so kann die Aeusserung Leos in seinem Briefe an Kaiser Marcian a. 452 (ed. cit. 1, 1143): „Satis sit praedicto, quod vestrae pietatis auxilio et mei favoris assensu episcopatum tantae urbis obtinuit", schwerlich anders als eine die Bedeutung der gewährten Gemeinschaft stark betonende Ausdrucksweise, nicht aber als Beweis für eine wirklich zwei Jahr vorher vom Papst ertheilte

II. Die Bestellung eines Nachfolgers durch den amtirenden Bischof bei seinen Lebzeiten als Art der Besetzung des erledigten Sitzes war zwar

Bestätigung aufgefasst werden. — Eine solche weisen ebensowenig in Betreff des Proterius v. Alexandrien die Briefe Leos an diesen, an Marcian und Julian v. Cos a. 454 (ed. cit 1, 1253. 1256. 1264) auf. — Dasselbe gilt von der ep. Simplicii a. 482 ad Acac. (ed. Thiel p. 207) hinsichtlich der Wahl des Calendio v. Antiochien, vielmehr enthält sie nur die Erklärung, mit demselben in Gemeinschaft treten zu wollen. Dagegen beweist die ep. eiusd. ad Acac. a. 482 (l. c. p. 208) über die Wahl des Johannes Talaja v. Alexandrien: „nihil omnino restare videbatur, nisi ut deo . . . gratias agentibus nobis . . . ut sine strepitu quod catholicus in defuncti ministerium successisset antistes, apostolicae quoque moderationis assensu votivam sumeret firmitatem: quum ecce secundum consuetudinem mihi talia disponenti . . . principis scripta sunt reddita, quibus memoratum . . . sacerdotio perhiberet indignum . . . Illico retraxi pedem et meam revocavi super eius confirmatione sententiam, ne quid contra tantum et ac tale testimonium praepropere fecisse iudicarer“ nur die auf Anstiften des Kaiser Zeno und des Acacius erfolgte Verweigerung der Kommunion, s. auch Hefele 2, 584. Auf die Gewährung der Gemeinschaft mit dem römischen Stuhl bezieht sich ferner die ep. Felic. III. ad Thalas. archimandr. Constant. a. 490 (Thiel p. 274): „Nec quisquam dilectioni tuae omnino persuadeat, iam nostram communionem illis partibus fuisse commissam, quum videas adhuc res in dubio constitutas et apud nos de illic creato pontifice omnia haberi prorsus incerta. Neque posset cum eo sociari communio cuius adhuc a nobis nec honor probatur esse susceptus nec fides atque intentio comprobata. Expectet ergo dilectio tua sedis apostolicae iussionem et sic ecclesiae Constantinopolitanae sacra se communione coniungat“. — Ebensowenig liegt in der ep. Felic. III. ad Flavit. episc. Constant. a. 490 (Thiel p. 267): „ad apostolicam sedem . . ., per quam largiente Christo omnium solidatur dignitas sacerdotum“ die Inanspruchnahme eines Bestätigungsrechtes aller Bischöfe, und wenn Liberatus breviarium c. 18 (Mansi 9, 691) von Flavitas erzählt: „non consensit sine Romano episcopo inthronizari, sed transmisit synodicam papae Romano Felici“, so ist damit nur die Nachsuchung der Aufnahme in die Gemeinschaft des römischen Stuhles gemeint. Uebrigens kann es nicht auffallen, dass mit Rücksicht auf die thatsächliche Bedeutung einer solchen und dem Bestreben, eine Oberherrschaft über die Patriarchen von Konstantinopel und überhaupt im Orient geltend zu machen, von den Päpsten mehrfach Ausdrücke gebraucht worden sind, welche eher für die Ertheilung einer Bestätigung angemessen gewesen wären.

Unter den weiteren Beweisen, die Phillips zusammenstellt, befinden sich eine Reihe von Fällen (s. 5, 371—373. 375. 378), in denen es sich nur um die Ausübung eines oberstrichterlichen Rechtes des Papstes handeln kann. Sodann ist die Behauptung, dass Papst Agapet dem Orient in der Person des Mennas einen Bischof gegeben hat (5, 381), ungenau. Nach dem Schreiben desselben an den Bischof Peter a. 536 (Mansi 8, 924) ist Mennas durch Wahl (ἐπιλογή) des Kaisers unter Zustimmung (συναίνεσις) des gesammten Klerus und Volkes Bischof v. Konstantinopel geworden, und nur vom Papst bei dessen dortiger Anwesenheit konsekrirt. — Nicht minder beweisunkräftig für ein päpstliches Bestätigungs- und Absetzungsrecht von Bischöfen ist Cyprian. ep. 68 (ed. Hartel) an Stephan I.: „Quapropter facere te oportet plenissimas literas ad coepiscopos nostros in Gallia constitutos, ne ultra Marcianum . . . collegio nostro insultare patiantur . . . Dirigantur in provinciam et ad plebem Arelate consistentem a te litterae quibus abstento Marciano alius in loco eius substituatur“. Sie enthält nur ein Ansuchen, auch mit der Autorität der römischen Kirche zur Abwehr der Häresie auf die Absetzung des dem Novatianismus ergebenen Maximus hinzuwirken. — Wenn ferner auf die Erklärung der päpstlichen Legaten in act. 10 i. f. conc. Chalc. a. 451 (Mansi 7, 270): „papa qui episcopum . . . Maximum Antiochenae ecclesiae confirmavit, iusto satis iudicio eius meritum approbare videtur“ Gewicht gelegt wird, so handelt es sich hierbei nicht um eine den Wahlakt zur Vollendung bringende Bestätigung, vielmehr war die Gültigkeit der Bestellung des Maximus vom Papst in Frage gestellt, weil sie von Anatolius v. Konstantinopel, welcher keine Rechte über den Patriarchalstuhl zu Alexander ausüben könne, zuwider dem Nicänum erfolgt sei. Die Intervention Leos in diesem Fall (vgl. noch ep. Leon. ad Martian. a. 452, ed. Ball. 1, 1143): „neque sibi aestimet — Anatolius — licuisse quod Antiochenae ecclesiae sine ullo exemplo contra statuta canonum episcopum ordinare praesumpsit, quod nos amore reparandae fidei et pacis studia retractare cessavimus“ stützt sich auf seine Stellung als Wächter der Kanonen der allgemeinen Koncilien, kraft deren er auch die Anerkennung der dem Bischof von Konstantinopel damals beigelegten Rechte, verweigerte (Th. I. S. 543).

Nach den Briefen Bonifazius' I. an Rufus v. Thessalonich a. 419 u. 422 (Coustant. p. 1019. 1021. 1035. 1039) war der zum Bischof von Patras ordinirte, aber von den Einwohnern der Stadt nicht zugelassene Perigenes demnächst von den Korinthern zu ihrem Bischof gewählt, und Bonifazius hat allerdings auf ihr Ansuchen diese Wahl bestätigt. Indessen stand hier der Vikariatsbezirk des Bischofs von Thessalonich in Frage (Th. I. S. 585), und es war die Statthaftigkeit der Translation von Patras nach Korinth mit Rücksicht auf das Verbot einer solchen in den älteren Kanonen angefochten worden (Th. I. S. 238. n. 3). Endlich hat Martin I. mittelst Schreibens v. 649 den Bischof von Philadelphia (Mansi 10, 805) zum päpstlichen Vikar mit der Befugniss, in den Patriarchaten von Jerusalem und Antiochien Bischöfe, Priester und Diakonen einzusetzen bestellt, jedoch charakterisirt er diesen Schritt selbst als eine kraft der Autorität des Apostels mit den Vorschriften der älteren Kanonen über die Bestellung der Bischöfe unvereinbar[1], ist indessen auch noch besonders im Orient für unstatthaft und nichtig erklärt worden[2], offenbar, um ausdrücklich zu betonen, dass jede Möglichkeit, die Bischofsämter auf diesem Wege in gewissen Familien erblich zu machen, ausgeschlossen sein sollte[3]. Ja, dieser Gesichtspunkt veranlasste sogar eine unter dem Vorsitze des Papstes Hilarus 465 zu Rom abgehaltene Synode die gedachte Vorschrift wegen einer in Spanien dagegen verstossenden, weitverbreiteten Praxis aus Anlass eines dortigen Falles zu erneuern[4], in welchem die übrigen wahlberechtigten Faktoren dem vom verstorbenen Bischof bezeichneten Kandidaten ihre Zustimmung gegeben hatten[5]. Bei dem wenig festen Gefüge der kanonischen Ordnung in den damaligen Germanenreichen ist es freilich nicht gelungen, jenes Verbot zu ausnahmloser Geltung zu bringen[6].

§. 120. *d. Die Besetzung der Bischofsstühle im karolingischen Reich**.

Während der sinkenden Herrschaft der Merovinger wurde das königliche Ernennungsrecht für die Bisthümer seitens der karolingischen Hausmeier noch mehr als früher nach rein politischen Gesichtspunkten ausgeübt. Sie behandelten die Bisthümer nebst den dazu gehörigen umfangreichen Besitzungen als Mittel sowohl für die Gewinnung und Belohnung ergebener Anhänger, wie auch zur Deckung der durch die Kriege hervorgerufenen Lasten und Bedürfnisse. Ihren Höhepunkt erreichte die dadurch bewirkte Verweltlichung der Bisthümer und ihrer Leiter, welche nicht selten erst in den geistlichen Stand getreten waren, um den ihnen zugedachten Bischofssitz zu erlangen, unter Karl Martell[7]. Wenn sich gleich die von seinen Söhnen begünstigten Reformbestrebungen des Bonifazius gegen diese und andere aus der Verwilderung der fränkischen Kirche hervorgegangenen Missstände richteten, so hat man doch auf den unter seiner Betheiligung in den vierziger Jahren des 8. Jahrhunderts abgehaltenen Koncilien das königliche Ernennungsrecht nicht nur nicht angetastet,

Petrus „διὰ τὴν στένωσιν τοῦ καθ' ἡμᾶς καιροῦ καὶ τὴν συνοχὴν τῶν ἐθνῶν“, d. h. zur Bekämpfung des dort verbreiteten Monotheletismus vorgenommene Massregel.

1 Wegen des päpstlichen Stuhles s. Th. I. S. 227.

2 Conc. Antioch. a. 341. c. 23: „Ἐπίσκοπον μὴ ἐξεῖναι ἀντ' αὐτοῦ καθιστᾶν ἕτερον ἑαυτοῦ διάδοχον, κἂν πρὸς τῇ τελευτῇ τοῦ βίου τυγχάνει· εἰ δέ τι τοιοῦτο γίγνοιτο, ἄκυρον εἶναι τὴν κατάστασιν“.

3 Can. apostol. 76 (75): „Ὅτι οὐ χρὴ ἐπίσκοπον τῷ ἀδελφῷ ἢ υἱῷ ἢ ἑτέρῳ συγγενεῖ χαρίζεσθαι πάθει ἀνθρωπίνῳ· οὐ γὰρ τὴν τοῦ θεοῦ ἐκκλησίαν ὑπὸ κληρονόμους ὀφείλει τιθέναι (*al.* τῷ συγγενεῖ χαριζόμενον εἰς τὸ ἀξίωμα τῆς ἐπισκοπῆς χειροτονεῖν ὃν βούλεται· κληρονόμους γὰρ τῆς ἐπισκοπῆς ποιεῖσθαι οὐ δίκαιον τὰ τοῦ θεοῦ χαριζόμενον πάθει ἀνθρωπίνῳ): εἰ δέ τις τοῦτο ποιήσει, ἄκυρος μενέτω ἡ χειροτονία“.

4 Decret. syn. c. 3 (Thiel p. 162): Hilarus ... dixit: „... nova et inaudita, sicut ad nos missis de Hispaniis epistolis ... pervenit ... perversitatum semina subinde nascuntur. Denique nonnulli episcopatum ... non divinum munus sed haereditarium putant esse compendium, et credunt, sicut res caducas, ita sacerdotium velut legati aut testamenti iure posse dimitti. Nam plerique sacerdotes in mortis confinio constituti in locum suum feruntur alios designatis nominibus subrogare: ut scilicet non legitima exspectetur electio, sed defuncti gratificatio pro populi habeatur assensu ... hanc licentiam generaliter de ecclesiis auferamus“ ...; ep. Hilar. ad Ascan. a. 465 (Thiel p. 167).

5 Epist. ep. Tarrac. ad Hilar. a. 464 o. 465 (l. c. p. 157).

6 Gregor. Turon. vita patr. VIII. 3: „Quo (rege Childeberto) veniente, ait episcopus: ... rogo, ut Nicetius presbyter, nepos meus, ecclesiae Lugdunensi substituatur episcopus. Respondit rex: Fiat voluntas dei. Et sic pleno regis et populi suffragio episcopus Lugdunensis ordinatus fuit“.

* Thomassin l. c. c. 20 ff.; Staudenmaier S. 108 ff.; Sugenheim S. 91 ff.

7 ep. Bonifac. a. 742 (Jaffé, mon. Mogunt. p. 112): „maxima ex parte per civitates episcopales sedes traditae sunt laicis cupidis ad possidendum vel adulteratis clericis, scortatoribus et publicanis, seculariter ad perfruendum“; Rettberg, Deutschlds Kirchengesch. 2, 606; Roth, Gesch. des Benefizialwesens S. 333; Breysig, Jahrb. d. fränk. Reichs v. 714—741. S. 121.

im Gegentheil haben sogar die Majoresdomus ohne Widerspruch des Bonifacius die auf dessen Veranlassung stattgehabte Errichtung neuer Metropolitan- und anderer Bischofssitze und die Besetzung derselben lediglich als auf Grund ihrer eigenen Anordnungen hervorgegangen bezeichnet[1], und damit jede Anerkennung einer Berechtigung des Bonifacius zu diesen Massnahmen auf Grund seiner Legatenstellung und der dazu ertheilten päpstlichen Genehmigung[2] abgelehnt[3].

Auch nach der Erlangung der fränkischen Königskrone durch die Karolinger ist keine Aenderung eingetreten. Insbesondere hat Karl d. Gr.[4] an dem Besetzungsrechte der Bisthümer, ebenso wie die früheren Könige aus dem Geschlechte der Merovinger, festgehalten, wenngleich seinerseits[5] ein den kirchlichen Interessen entsprechender Gebrauch davon gemacht worden ist. Selbst in denjenigen Fällen, wo er einzelnen Kathedralkirchen — soweit bekannt, stehen lediglich italienische in Frage — Privilegien auf Wahl des Bischofs ertheilt[6], oder wo sich ausnahmsweise das alte Wahlrecht des Klerus und des Volkes erhalten hat[7], ist doch von ihm ein Bestätigungs- oder Mitwirkungsrecht in Anspruch genommen worden[8]. Nachdem mehrere Jahrhunderte hindurch von den fränkischen Königen bei der Besetzung der Bischofsstühle ein massgebender Einfluss geübt worden war, und im nationalen Rechtsbewusstsein feste Wurzeln geschlagen hatte, konnte ein solcher um so weniger aufgegeben werden, als nunmehr eine Mitwirkung des Herrschers durch die Stellung, welche die Kirche innerhalb der weiteren Verfassungsgestaltung des fränkischen Reiches eingenommen hatte, noch viel gebieterischer als früher, gefordert wurde. Nicht nur war die politische Bedeutung der Bisthümer und Bischöfe wegen des gegen früher noch erheblich vermehrten Güterbesitzes gewachsen, nicht nur hatte sich der thatsächliche Antheil der letzteren an den Staatsgeschäften, namentlich unter den Nachfolgern Karls d. Gr., wesentlich vermehrt, sondern die Bischöfe waren auch bei dem zunehmenden Ver-

[1] S. o. S. 382. n. 2; cap. Pippin. Suession. a. 743 o. 744. c. 3 (LL. 1, 20): „Idcirco constituimus per consilio sacerdotum et optimatum meorum et ordinavimus per civitates legitimos episcopos“, s. auch o. S. 7. n. 4.

[2] Vgl. Bonifac. ep. ad Zachar. a. 742 u. ep. Zachar. ad eund. a. 743 (Jaffé l. c. n. 111. 117). Die in den päpstlichen Bestätigungsbriefen für die Bischöfe von Buraburg und Würzburg a. 743 (l. c. p. 123. 125) ausgesprochene Anordnung „ut nullus audeat ordinare episcopum post vestram de hoc seculo evocationem, nisi is qui apostolice nostrae sedis in illis partibus praesentaverit vicem“, welche einen Versuch enthält, ähnlich wie bei den früheren Vikariaten das Einsetzungsrecht der Bischöfe als päpstliches Primatialrecht geltend zu machen, war ein Eingriff in das damalige fränkische Staatsrecht, und ist übrigens auch erfolglos geblieben.

[3] Rettberg 1, 356; Hahn, Jahrb. d. fränk. Reichs 741—752. S. 35.

[4] Das angebliche cap. I. Aquisgr. 803. c. 2 (Walter corp. iur. germ. 2, 171), welches die Wahl der Bischöfe durch den Klerus und das Volk vorschreibt, ist eine irrige Bestimmung des eine Anordnung Ludwigs d. Fr. (s. unten) wiedergebenden c. 78. l. I. Ansegis. (s. auch Bened. Lev. add. III. 2), vgl. Rettberg 2, 606; Waitz, deutsch. V. G. 3, 355. n. 2. Andererseits unterliegt aber auch die Unächtheit des Privilegiums Hadrians I. (c. 22 Dist. LXIII) keinem Zweifel, s. Th. I. S. 229. 230. n. 3; Bernheim i. d. Forschgen z. deutsch. Gesch. 15, 618. Nicht minder enthält der Bericht in ep. 81 inter ep. Lupi Ferrariens. (ed. Baluze p. 123): „non esse nocivum aut temerarium quod ex palatio honorabilioribus maxime ecclesiis procurat (der König) antistites. Nam Pippinus . . . exposita necessitate huius regni Zachariae Romano papae in synodo, cui martyr Bonifacius interfuit, eius accepit consensum“ eine falsche Auffassung der Vorgänge des Koncils von Soissons (s. o. Note 1).

[5] Monach. Sangall. I. 4. 5. 6 (SS. 2, 732), dazu Waitz a. a. O. S. 356; ferner Hugon. Flavin. chron. SS. 8, 351.

[6] So für Reggio 781, Ughelli Italia sacr. 2, 244; für Aquileja 792, Migne, patrolog. 98, 1447; Cappelletti, le chiese d'Italia 8, 92.

[7] Wie in Chur dipl. a. 772—774, Eichhorn episcop. Curiens. cod. prob. p. 11; ferner in Ravenna ep. Hadrian. I. a. 788?; Jaffé mon. Carol. p. 267.

[8] Die Diplome für Chur und Aquileja behalten ein solches ausdrücklich vor; auch in Ravenna hat es Karl durch Kommissarien, freilich unter Protest des Papstes, üben lassen, s. die vorigen Noten.

falle der Gemeinfreiheit in Folge der Ausbildung der Immunitäten, der Vasallität und des Seniorates zu Faktoren im Staatsleben geworden, von welchen das Kaiser- und Königthum der späteren Karolinger bei seiner geschwächten Macht immer abhängiger wurde und auf welche sich dasselbe vielfach gegenüber den weltlichen Grossen stützen musste. Die Berücksichtigung politischer Gesichtspunkte bei der Besetzung der Bischofsstühle, insbesondere die Beförderung ergebener Anhänger der Könige auf dieselben, war unter solchen Umständen erst recht zu einer durch die Staatsklugheit gebotenen Nothwendigkeit geworden. Allerdings trafen die schlimmen Folgen der Verquickung der weltlichen und kirchlichen Verhältnisse im Frankenreiche seit der Regierung Ludwigs d. F. die Kirche und die Geistlickkeit am härtesten, und gerade von der letzteren wurden eine Reihe von Reformen, welche den Schutz der Kirche vor weltlicher Vergewaltigung und die Sicherung der kirchlichen Interessen durch Unterordnung des Staates unter die Kirche bezweckten, am lebhaftesten gefordert. Indessen trat hierbei ein entschiedener Widerstand gegen die Mitwirkung der Könige bei der Besetzung der Bisthümer nicht hervor, vielmehr liess sich die Kirche eine solche gefallen, ja sie erkannte sie sogar innerhalb gewisser Gränzen als berechtigt an. Wenn Ludwig d. Fr. auf Verlangen des Aachener Reichstages von 817 die Zusicherung ertheilte, dass die Bischofssitze künftighin nach vorgängiger Wahl des Klerus und des Volkes unter Berücksichtigung von Verdienst und Würdigkeit besetzt werden sollten [1], so hat andererseits damals weder die Geistlichkeit einen Verzicht auf jede königliche Mitwirkung gefordert noch der letztere die Absicht gehabt, einen solchen abzugeben [2]. Dass man geistlicherseits allein Gewicht darauf legte, dass kirchlich qualifizirte Männer ohne irgend welche Simonie zu jenen Stellen befördert wurden, und lediglich den Ausschluss ungeeigneter Persönlichkeiten durch die Beseitigung einer rein einseitigen und königlichen Ernennung zu erreichen dachte, zeigt die auf der Pariser Synode von 829 hervortretende Mahnung an den König, nur gute Hirten und Leiter den Kirchen vorzusetzen [3], denn damit wird demselben offenbar zugleich die Berechtigung auf eine entscheidende Mitwirkung zugestanden [4]. Auch auf den fränkischen Synoden unter den Nachfolgern Ludwigs d. Fr. tritt dieselbe Anschauung hervor [5], und nicht minder findet sie sich in den Schriften fränkischer

[1] Cap. Aquisgr. a. 817. c. 2 (LL. 1, 106): „adsensum ordini ecclesiastico praebuimus, ut scilicet episcopi per electionem cleri et populi secundum statuta canonum de propria diocesi, remota personarum et munerum acceptione, ob vitae meritum et sapientiae donum eligantur".

[2] Simson, Jahrb. d. fränk. Reichs u. Ludw. d. Fr. 1, 97.

[3] III. 22, Mansi 14, 601; vgl. auch LL. 1, 347.

[4] Thatsächlich hat Ludw. d. Fr. auch eine solche geübt, Einhard. ann. 823 (SS. 1, 211): „Drogonem fratrem eius sub canonica vita degentem Mettensi ecclesiae clero eiusdem urbis consentiente et eligente rectorem constituit eumque ad pontificatus gradum censuit promoveri".

[5] Die Synode von Diedenhofen richtet 844 an die Brüder Lothar I., Ludwig II. u. Karl II. das Ansuchen c. 2, LL. 1, 381: „ut sedes quae vestra discordia . . . sine sacro episcopali ministerio et sine episcopis viduatae manent, submota funditus peste symoniacae haereseos, sine dilatione iuxta auctoritatem canonicam . . . episcopos a deo datos et a vobis regulariter designatos et gratia s. spiritus consecratos accipiant"; conc. Vern. a. 844. c. 10, ibid. 385: „Aurelianensis etiam ecclesia confusione maxima noscitur laborare. Tamen quia superiore anno archiepiscopus Wenilo suis annitentibus suffraganeis ex eodem loco Agium, presbyterum palatii vestri, memorat. ecclesiae ordinavit, probabilium canonicorum et laicorum attestatione instructus et petitione impulsus et eadem ecclesia nostro et vestro vacat periculo, huius rei alium exitum non videmus, nisi ut vestra pietas (Karl d. Kahle) . . . ratam esse permittat", s. auch c. 9 eod. u. c. 3 syn. Suess. a. 853, ibid. 417 mit Hefele 4, 176; conc. Valent. a. 855. c. 7, Mansi 15, 7: „ut si . . . alicuius civitatis episcopus . . . decesserit, et a . . . principe supplicando postuletur, ut canonicam electionem clero et populo ipsius civitatis permittere dignetur. Atque ita aut in clero aut in dioecesi certe ipsa vel si opus fuerit, in vicinia ipsius probata et officio digna persona quaeratur,

Geistlichen der damaligen Zeit ausgesprochen [1]. Ja, selbst von einzelnen Päpsten ist jenes Recht der fränkischen Könige ausdrücklich und zwar auch in Betreff italienischer Bisthümer [2], selbst nach der 8. allgemeinen Synode zu Konstantinopel (870), welche die Einmischung der Laien in die Bischofswahlen verbot [3], anerkannt worden [4].

Demnach entsprach eine durch die Betheiligung der Geistlichkeit und des Volkes eingeschränkte Besetzung der Bischofsstühle seitens des Königs dem allgemeinen Rechtsbewusstsein der damaligen fränkischen Kirche und wurde von ihr als eine den kanonischen Vorschriften entsprechende Wahl anerkannt [5]. Im Uebrigen, namentlich in weltlichen Kreisen und bei den Herrschern, blieb dagegen die frühere Auffassung massgebend, dass die Ernennung der Bischöfe ein aus der königlichen Gewalt herfliessendes Recht sei [6], und eine Beschränkung desselben durch die Mitwirkung anderer Faktoren nur aus besonderer Gestattung des Königs hervorgehen könne. Daraus erklärt sich das nicht seltene Vorkommen von einseitigen königlichen Beförderungen auf die Bischofssitze in der Zeit nach Karl d. Gr. [7], sowie der Umstand, dass die Er-

quae inventa consensu totius cleri et populi . . . civitati ipsi praeficiatur. Sed et si a servitio pii principis nostri aliquis clericorum venerit, ut alicui civitati praeponatur episcopus, . . . examinetur primum cuius vitae sit, deinde cuius scientiae . . . et vigore ecclesiastico . . . agat metropolitanus in hac parte, episcopis . . . adiutorium ferentibus . . . Si necessarium idem metropolitanus viderit, ne tantum malum cogatur agere, ut indebito honorem bonis tantum debitum tradat, instruat populum, informet clerum, potius adire clementiam imperialem et ipse cum coepiscopis quibus valuerit modis adeat, ut ecclesiam dei . . . imperator digno honoret ministro“.

1 Flori (diac. Lugd. cc. 850) de electionibus episcopor. c. 4, Agobardi opp. ed. Baluze 2, 256: „Quod vero in quibusdam regnis postea consuetudo obtinuit, ut consultu principis ordinatio fieret episcopalis, valet utique ad cumulum fraternitatis propter pacem et concordiam mundanae potestatis, non tamen ad complendam veritatem vel auctoritatem sacrae ordinationis, quae nequaquam regio potentatu, sed solo dei nutu et ecclesiae fidelium consensu cuique conferri potest . . . Unde graviter quilibet princeps delinquit, si hoc suo beneficio largiri posse existimat, quod sola divina gratia dispensat, cum ministerium suae potestatis in huiusmodi negotium peragendo adiungere debeat, non praeferre“; c. 7. p. 258: „Quae omnia non ideo dicimus, quasi potestatem principum in aliquo minuendam putemus vel contra religiosum morem regni aliquid sentiendum persuadeamus, sed ut clarissime demonstratur, in re huiusmodi divinam gratiam sufficere, humanam potentiam, nisi illi consonat, nihil valere“; Hincmar. Rem. de ordine palatii c. 9, Walter corp. iur. germ. 3, 764: „ideo quia res ecclesiasticas divino iudicio tuendas et defensandas suscepit (rex) consensu eius electione cleri ac plebis et approbatione episcoporum provinciae quisque ad ecclesiasticum regimen absque ulla venalitate provehi debet“. Charakteristisch ist es auch, dass Pseudo-Isidor in seinen Dekretalen trotz seiner Reformtendenzen die Besetzung der bischöflichen Stühle nicht berührt, mithin das königliche Mitwirkungsrecht nicht in Frage stellt.

2 c. 16. 17 (Leo IV. 850—852), c. 18 (Stephan. VI. 886) Dist. LXIII; ep. Joann. VIII. ad presb. Vercell. 879, Mansi 17, 166: „Carolomannus . . . rex istius Italici regni ipsum Vercellensem episcopatum more praecessorum suorum regum et imperatorum concessit . . . Consperto . . . praesentibus missis nostris nostramque apostolicam clementiam suis est literis deprecatus, ut eum vobis episcopum consecraremus . . . Nos hunc ipsum . . . Vercellensi ecclesiae . . . apostolica dumtaxat auctoritate episcopum consecravimus“, vgl. dazu Dümmler, ostfränk. Reich 2, 106; ferner Thomassin P. II. lib. II. c. 24. n. 4. Das conc. Roman. 826. c. 5, LL. 2. app. p. 15: „Episcopum . . . consecrari non convenit nisi a clericis et populo fuerit postulatus. Unde Celestinus papa dicit: Nullus invictus (invitis) ordinetur episcopus“ schliesst, indem es das Recht des Klerus und Volks wahrt, allein eine einseitige königliche Ernennung, aber auch nicht mehr, aus.

3 c. 22, s. auch c. 1. 2 Dist. LXIII.

4 Anweisung Hadrians II. v. 869 an die französischen Bischöfe b. Hugon. Flavin. chron. SS. 8, 354: „ut non alios ordinarent episcopos nisi quibus imperator (Ludwig II.) episcopum concederet et ordinari mandaret“; ep. Joann. VIII. ad Hincmar. Rem. 876, Mansi 17, 226: „electum et de Laudunensis ecclesiae clero, virum idoneum, et in quo omnium vota consentiant eidem ecclesiae praefice prorsus episcopum. Cui electioni volumus etiam missum . . . imperatoris interesse, ut sine saecularium strepitu omni latere talis eligatur, qui aptus . . . approbetur“; eiusd. ep. ad archiep. Ebredun. 877, l. c. 58.

5 S. die Ausdrücke in den Citaten S. 524. n. 1 u. n. 5.

6 Vergl. S. 523. n. 4 u. die Polemik des Florus (s. Note 1) gegen diese Auffassung.

7 Solche Ernennungen sind vorgenommen worden von Ludw. d. Deutsch. 840 für Halberstadt, annal. Saxo a. 840, SS. 6, 575; 841 für Würzburg, Dümmler 1, 159; 845 für Hildesheim, ep. conc. Tricass. 867 ad Nicol. I., Mansi 15, 794: „Hludovici largitione regis Germaniae . . . episcopium Hildenesheim vacans obtinuit“,

theilung des Wahlrechtes durch Privileg des Königs erfolgt[1], und zwar unter Voraussetzung des Bestätigungsrechtes desselben[2]. In Uebereinstimmung damit steht es ferner, dass für die Kirchen, welche kein derartiges Privileg besassen, eine besondere Bewilligung zur Wahl[3] seitens des Königs erforderlich war[4], sowie dass die

Dümmler 1, 247; 845 für Osnabrück, querimonia Egilmari b. Erhard reg. hist. Westf. I cod. dip. p. 36: „cum interim Gozbertus episcopus de gente Sueonum . . . eiectus esset . . ., Cobbonem adiit, quo impetrante et rege concedente suscepit . . . eundem episcopatum"; für Mainz Rudolf. Fuld. ann. a. 856, SS. 1, 370: „successit Karolus (Neffe Ludw. d. D.) magis ex voluntate regis et consiliariorum eius quam ex consensu et electione cleri et populi", Dümmler 1, 390; üb. Bajeux vgl. conc. ap. Sapon. 859 lib. proclam. Karoli II. c. 12, LL. 1, 463: „Wenilo (v. Sens) apud fratrem meum Hludowicum obtinuit, ut vacans episcopatus Baiocensis . . . civitatis, propinquo suo, clerico meo . . . Tortoldo donaretur, qui eundem episcopatum . . . consensu Hludowici accepit"; über die Vergebung Kammerichs durch Lothar II. 863 Dümmler 1, 472; über Trier Regin. chron. a. 869, SS. 1, 581: „inito autem rex (Karl d. K.) cum optimatibus consilio Bertulfum . . . ecclesiae Trevirorum praefecit, über Karl d. Dicken und Arnolf Dümmler 2, 280. 353. 473.

1 Solche Privilegien sind ertheilt von Ludw. d. Fr. f. Worms 814 Schannat. hist. episc. Worm. 2, 3; für Modena 822, Ughelli Ital. sacr. 2, 95; von Karl III. für Genf, ep. Joann. VIII. ad cler. Genev. 882, Mansi 17, 207: „qualiter idem . . . imperator eidem ecclesiae electionem perenniter de proprio clero donaverat"; 885 für Chalons und Orleans, Baluze conc. Narbon. p. 34 der Anm. u. p. 72 d. Urkden; für Paderborn 885, Schaten, annal. Paderborn. 1, 193: „Paterbrunnensis ecclesiae clerus potestatem habeat inter se eligendi pontificem, donec inter ipsos talis inveniri poterit, qui ad illud officium dignus reperiatur", s. auch vit. Meinwerci c. 6, SS. 11, 109; Arnolf für Bremen 888, Ehmck, brem. Urkdb. 1, 8: „clero ibidem constituto licentiam tribuamus eligendi sibi episcopos inter se sive aliunde"; Ludw. d. Kind für Halberstadt 902, Ludewig, reliqu. manuscr. 7, 427: „ut habeant cui eiusdem clerici sedis canonice atque ecclesiastice seu inter se seu aliunde digne ad hoc et convenienter eligendi episcopum liberam . . . facultatem"; für Freising 906, Meichelbeck, hist. Frising. I. 1, 152; mon. boica 28a, 140: „ut eiusdem episcopatus plebs et familia . . . securam habeant potestatem inter se eligendi episcopum, si talem inter se invenire queant, qui . . . idoneus sit, si autem talis inter eos nequeat inveniri infra regiam curtem illis aptum quaerant et eligant"; Karl d. Einf. für Trier 913, Beyer, mittelrh. Urkdb. 1, 220: „ut . . . quemcunque Trevirensis clerus et populus de propriis eiusdem ecclesiae filiis pari consensu elegerit, . . . ille . . . eis detur episcopus nec ulterius . . . quemquam non optatae personae cogantur suscipere pastorem. Et si forte . . . in ipsa ecclesia talis inveniri non poterit, qui huiusmodi honori aptus sit mancipari nec propterea infracto privilegio nostro illis denegetur electio sed potius a regali maiestate suscipiant quemcunque voluerint, aliunde eligere. Si hoc quoque evenerit, quod in quorumdam episcoporum electionibus iam contigisse dinoscitur, ut vota eligentium divisa dissenserint, ei parti qua clerus et melioris intentionis viri consenserint . . . regalis faveat auctoritas et secundum eorum electionem super eos optatus constituatur antistes".

2 Dies zeigt das Folgende.

3 Beispiele von Beförderungen auf Bischofssitze, welche nicht durch einseitige königliche Ernennung erfolgt sind, bieten die Erhebung Drogos, S. 524. n. 4; Hinkmars v. Rheims 845, ep. Hincm. Rem. ad conc. Suess. c. 4, opp. Hincm. i. Migne patrol. lat. 126, 53: „in synodo plurimorum archiepiscoporum et episcoporum apud Bellovacum dioeceseos Remorum habita, a clero et plebe ipsius metropolis sed et ab episcopis eiusdem provinciae petitus et ab archiepiscopo tunc meo et proprio episcopo necnon a coepiscopis ipsius provinciae . . . cum consensu abbatis mei et fratrum monasterii in quo degebam, episcopis Remensis provinciae et clero ac plebi ipsius metropolis per canonicas literas traditus et cum decreto canonico praesentia vel consensu omnium suffraganeorum ipsius metropolis et a metropolitano meo qui me illis tradiderat, sum in eadem ecclesia, omnibus acclamantibus absque nullius contradictione . . . canonice et secundum decreta sedis Romanae pontificum ordinatus: ipsaque ordinatio mea non solum Remorum provinciae episcoporum, ordinatorum meorum . . . subscriptionibus est roborata, vere et omnium pene Galliarum . . . sed et edicto domni regis Caroli manu propria confirmato . . . est comprobata"; ep. eiusd. ad Nicol. I. pap. l. c. p. 81; eiusd. de praedestin. diss. poster. c. 36, patrol. cit. 125, 393; Rabans v. Mainz 847, Dümmler 1, 303; Annos v. Freising, dipl. a. 854 b. Meichelbeck l. c. I. 2, 350: „contigit . . . plebem elegisse sibi Annonem episcopum quod . . . rex Ludovicus assentit", Rimberts v. Bremen 865, vit. Rimb. c. 11, SS. 2, 770; vgl. ferner für Troyes a. 839 Gallia christ. 1 app. p. 119, für Orange 914 ibid. p. 131 und Raynouard l. c. 2, 93 ff.

4 Vgl. die Allokution der behufs Leitung einer Bischofswahl abgesendeten Missi Ludwigs d. Fr., Baluze cap. 2, 601; Rozière recueil 2, 630: „Notum sit omnibus . . . qui in ista parochia consistunt, ideo nos huc missos fuisse, ut ab eo (Hludovico imperatore) potestatem inter vos eligendi sacerdotem adnuntiaremus" . . ., so auch bei der Wahl eines Erzbischofs v. Sens 828 Frothar. epist. n. 15—17 b. Bouquet rec. 6, 392; s. ferner conc. Valent. a. 855. c. 7, S. 524. n. 5; S. 527. n. 2; Flodoard. hist. eccles. Rem. IV. 5. — Sogar Nikolaus I., welcher den unter Verletzung der Metropolitanrechte Hinkmars v. Rheims von Lothar in Kammerich eingesetzten Hilduin nicht anerkennt, beauftragt 863 die Bischöfe Lothars,

Prüfung des Gewählten dem König zustand [1] und bei Ablehnung desselben das einseitige königliche Ernennungsrecht wieder in Kraft trat [2]. Ueber dasjenige Mass von Einwirkung, welches die kirchliche Reformpartei den weltlichen Herrschern hatte zugestehen wollen, ging demnach die Staatspraxis derselben weit hinaus. Es kann daher nicht befremden, dass kirchlicherseits Versuche gemacht worden sind, bei günstiger Lage der Umstände und gegenüber schwachen Regenten die Ordnung der Bischofswahl, welche man damals als die kanonische betrachtete, d. h. die Wahl durch den Klerus und das Volk mit hinzutretender königlicher Genehmigung (s. S. 525), wieder praktisch zur Geltung zu bringen. Mehrfach ist dies seitens des Rheimser Metropoliten Hincmar geschehen. Im Interesse der durch die königliche Ernennung oder Einwirkung beeinträchtigten Metropolitanrechte [3] kämpfte er unter Beru-

diesen zu bewegen „quatenus . . . ex se eligendi iuxta sacros canones episcopum clero et plebi ipsius ecclesiae licentiam tribuat", Mansi 15, 350, und stellt c. 4 Dist. LXIII diese Uebung nicht in Frage, ebenso wenig Hinkmar in seinem Brief an Karl d. K. wegen der Wiederbesetzung von Senlis, Migne patrol. lat. 126, 267.

[1] Vgl. Dümmler, ostfränk. Reich 2, 638. 639 und die folgende Anm.

[2] ep. Caroli Calvi ad Nicol. I. 867, Mansi 15, 797: „Eo (Vulfario episcopo Remensi) defuncto et ab imperatore secundum sacrorum canonum institutionem plebi electione concessa, contigit eos . . . Gislemarum . . . ad pontificatus honorem elegisse . . . Cum autem ipsum aliquatenus legere, nihil tamen intelligere omnes pariter cognovissent, reprobatus ac . . . ab omnibus est deiectus. Tunc vero . . . imperatori visum est, ut . . . Ebo . . . ad iam dictum promoveretur episcopatum. Quod cum plebi atque omnibus sane sapientibus esset relatum, placere sibi omnes unanimiter affirmavere ac sic secundum canonicam institutionem est archiepiscopus ordinatus"; Formel 1 für ein königl. Wahlprivileg (im Formelbuch Salomons III. v. Konstanz, her. v. Dümmler S. 1, bei Rozière rec. 2, 625): „per auctoritatem nostrae potestatis eidem ecclesiae hoc pacto in eodem clero vel etiam in ipsa parochia ius eligendi sibi episcopum in elemosynam nostram concessimus: i. e. si inter ipsos canonicos ingenui et nobiles homines divinae auctoritatis eloquiis et sinodalium decretorum constitutis instructi et bonis moribus adornati fuerint inuenti, per consensum sacrorum ordinum et natu maiorum nobiliumque laicorum qui dignus ex eis electus fuerit, ad nostrae serenitatis deducatur aspectum, ut per nostram comprobationem clericis et monachis et omni populo acceptus et honorabilis habeatur. Quodsi inter eos talis inveniri nequiuerit, sunt . . . monasteria in eadem diocesi nobilibus et eruditis viris referta: inde dignum . . . rectorem invenientes nostro conspectui perducant eligendum, ut per nos archiepiscopo commendatus officii sui auctoritatem per nostram obtineat potestatem. Si hoc noluerint, de tota parochia unum quemlibet clericum natalibus et doctrina pollentem cum consensu populi eligentes nobis videndum et comprobandum praesentantes petitionem suam apud clementiam nostram se obtinere confidant. Si vero . . . personam servili iugo notabilem uel publicis exactionibus debitam aut etiam uitiis suis consentaneam uel ipsi sine populo eligere uel nobis absque idoneis parrochiae testibus assignare praesumpserint, liceat nobis potestate regia uti et iuxta scientiam nobis divinitus concessam ecclesiae dei dignum sacerdotem constituere" vgl. auch Dümmler a. a. O. S. 87. 88. In der S. 526. n. 4 gedachten Allokution heisst es ferner: „Si forte aliquis per vestrum praemium aut per aliquam malitiosam artem hanc sedem subripere conaverit et hoc vobis malum consentientibus ut in illum electio veniat, hoc nequaquam consentiemus vobis, sed domno imperatori adnuntiemus et ille sine ullo periculo et cum licentia canonum, undecunque et cuicumque clerico voluerit, dare potuerit et tunc merito auferetur a vobis potestas eligendi". Ausnahmsweise ist für Sens in dem S. 526. n. 4 erwähnten Falle nach Verwerfung der ersten Wahl eine zweite gestattet worden. Bedeutsam ist es ferner, dass die Privilegien (s. S. 523. n. 6 u. S. 526. n. 1) meistens das Recht der Wahl auf den Klerus der Kirche, bez. der Diöcese beschränken, mithin wenn dort kein geeigneter Geistlicher vorhanden war, das königliche Ernennungsrecht wieder eintreten musste, wie das die Vorschrift für diesen Fall im Freisinger Privileg v. 906 und die ausdrückliche Ablehnung dieser Folge im Privileg für Trier v. 913 zeigt. Wenn Nikolaus I. ep. ad Carol. Calv. 866, Mansi 15, 393 u. ad Egilon. Senon. archiep., ibid. 391 darauf dringt, dass die Bischöfe wo möglich nur aus der Geistlichkeit der vakanten Kirche genommen werden sollen, so richtet sich dies offenbar ebenfalls gegen den alleinigen königlichen Einfluss, Dümmler, ostfränk. Reich 1, 656. Auch bei zwiespältigen Wahlen entscheidet der König, s. das cit. Privil. f. Trier.

[3] So aus Anlass der Ernennung Hilduins für Kammerich durch Lothar II. 863, ep. Nicolai I. ad episc. Loth. u. ad Loth. reg. Mansi 15, 349. 350; Dümmler 1, 472. 507; s. ferner Flodoard. hist. Rem. eccl. III. 23: „Item (Hincmar. scripsit) de ordinatione Williberti cui rex episcopium Cathalaunense dederat, ne in ipsius ordinatione ab ordine debito declinaret, intimans quod irrationabiliter Cathalaunenses post obitum sui episcopi de sua ipsa necessitate fecerint et quod ad regem litteras suas pro electione praefati Willeberti miserint, decretum vero suum ad archiepiscopum, sicut mittere debuerant, ut inde quae agenda essent canonice ageret, non miserint";

fung auf die alten Kanones[1] für die freie unbeeinflusste Wahl des Klerus und des Volkes[2], indem er bei erfolgter Wahl eines unwürdigen Kandidaten kraft Devolutionsrechtes die Besetzung für den Metropoliten und dessen Komprovinzialbischöfe in Anspruch nahm[3] und das einseitige königliche Ernennungsrecht läugnete[4]. Seitens der Päpste selbst hat die damalige fränkische Praxis principiell keine Anfechtung erlitten, vielmehr sind sie nur in einzelnen Fällen, wo ihre Intervention besonders angerufen worden ist[5] oder die Besetzungsfrage mit anderen vor ihr Forum gebrachten Angelegenheiten im Zusammenhang stand[6], zu Gunsten der Bestrebungen der kirchlichen Reformpartei im Frankenreiche eingetreten. Wenngleich in einzelnen Fällen[7] die gedachten Versuche die von den Königen beabsichtigten Besetzungen erfolgreich durchkreuzt haben, so waren sie doch zu vereinzelt, um die feststehende und eingewurzelte Praxis dauernd umzugestalten[8].

Was des Näheren das Verfahren bei der Besetzung betrifft, so ist zunächst zwischen den beiden vorkommenden Arten derselben, der königlichen Ernennung und der Wahl zu unterscheiden. Erstere geschah seitens des Königs direkt, vielfach wohl nach stattgehabter Berathung mit seinen gewöhnlichen Rathgebern oder mit weltlichen

sodann in Betreff des nach Verwerfung mehrerer von der Geistlichkeit und dem Volke von Beauvais gewählten Kandidaten seitens der Synode zu Fimes unter dem Einfluss Karls III. 881 gewählten und von diesem eingesetzten Odoaker, ep. Hincm. ad Ludovic. III. c. 6, Migne 126, 114: „Quod scripsistis, vota omnium qui commorantur in Belvacensi ecclesia in Odoacrum concordare, non est mirum, si stulti et improbi ac cupiditate caecati toties taliter agunt, non correcti de reiectione pravae suae electionis in Fromoldum et reprobato Rodulfo et a se electo Honorato ... episcopali ordini ... incongrua, perdiderunt electionem ... et per sacras regulas non ulterius illorum, sed episcoporum esse electionem, quam non praeire sed subsequi et non se ab ea debere excidere, et nunc contra regulas et leges sine visitatore praesumpserunt electionem", eiusd. ep. ad eund. et ad episc. Rem. dioec. l. c. p. 117. 245, Dümmler 2, 200.

[1] S. die in der Angelegenheit von Beauvais geschriebenen Briefe.

[2] ep. 1 cit. ad Ludov. III. c. 3, l. c. p. 111: „si quod a quibusdam dicitur, ut audivi, quando petitam apud vos electionem conceditis, illum debent episcopi et clerus ac plebs eligere, quem vos vultis et quem jubetis".

[3] S. 527. n. 3.

[4] ep. I. cit. ad Ludov. III. c. 4, l. c. p. 112: „Sunt qui dicunt, ut audivi, quia res ecclesiasticae episcopiorum in vestra sint potestate ut cuicumque volueritis eas donetis. Quod si ita est, ille malignus spiritus, qui ... primos parentes nostros perdidit, perditionem vestram in aures vestras susurrat", c. 1. p. 110: „ut sicut sacrae leges et regulae praecipiunt, archiepiscopis et episcopis collimitanearum dioeceseon electionem concedere dignemini, ut undecunque, secundum formam regularem electionis, episcopi talem eligant, qui et sanctae ecclesiae utilis et regno proficuus et vobis fidelis ac devotus cooperator existat: et consentientibus clero et plebe cum vobis adducant, ut secundum ministerium vestrum res et facultates ecclesiae, quas ad defendendum et tuendum vobis dominus commendavit, suae dispositioni committatis et cum consensu ac litteris vestris eum ad metropolitanum episcopum ac coepiscopos ipsius dioeceseos qui eum ordinare debent transmittatis", c. 3. p. 112: „Attendendum est ... qualiter hoc imperiale capitulum (das Aachener v. 817, s. S. 524. n. 1) sacris regulis et antiquorum imperatorum legibus congruat, ostendens, quoniam ... in electione episcopi assensio regis sit, non electio, in episcoporum vero exsecutione sit electio, sicut et ordinatio". Ein Bestätigungs- und Mitwirkungsrecht des Herrschers läugnet demnach auch Hinkmar nicht.

[5] So Nikolaus I. im Kammericher Fall, S. 526. n. 4; andererseits suchte Karl d. Kahle freilich erfolglos den Widerstand Hinkmars gegen die Beförderung Wulfads, welcher von Ebbo nach seiner Absetzung geweiht war, zum Erzbischof von Bourges, durch Anrufung der Intervention Nikolaus' I. zu brechen, s. die Briefe v. 866 bei Mansi 15, 707 ff.; Dümmler 2, 588 ff., und sah sich daher veranlasst, denselben eigenmächtig einzusetzen, Hincm. ann. a. 866 (SS. 1, 472).

[6] Hierher gehört der Fall Wulfads (s. vor. Note), ferner wohl auch das Brieffragment an Lothar II. in c. 4. Dist. LXIII, welches in Verbindung mit der Angelegenheit der Bischöfe Günther v. Cöln und Thietgaud v. Trier steht, Dümmler 1, 518, und Lothar II. anweist für beide Bisthümer nicht ohne vorgängigen Bericht an den Papst eine Neuwahl zu gestatten. Das S. 527 n. 2 citirte Schreiben Nikolaus' I. ist aus Anlass der Ertheilung des Palliums ergangen.

[7] So in den vorhin erwähnten Fällen von Kammerich und Beauvais, nicht aber in dem von Bourges, Dümmler 1, 586; 2, 200; 1, 669. In Noyon hat Hinkmar nur durch eine schleunig veranstaltete Wahl seinen Kandidaten durchgesetzt, Flodoard. hist. Rem. eccl. III. 19; Dümmler 2. 199.

[8] Vgl. auch Dümmler 2, 639. n. 42.

und geistlichen Grossen[1], und zwar wohl nicht selten unter Darreichung des Bischofsstabes[2]. Darauf erfolgte die Konsekration durch den Metropoliten und dessen Suffraganbischöfe auf Anweisung des Königs[3]. Eine Prüfung der Tauglichkeit durch diese geistlichen Würdenträger konnte hierbei freilich nicht ganz ausgeschlossen werden, jedoch wäre ein Widerspruch[4] gegenüber dem entschiedenen Willen eines kräftigen Regenten wohl meistens nutzlos gewesen. Mitunter wurde auch die Ernennung den Grossen und dem Volk sofort bekannt gemacht[5], wobei diesen selbstverständlich nichts anderes als eine Akklamation übrig bleiben konnte.

Schritt der König nicht zu einer direkten Ernennung, so musste zunächst bei ihm die erforderliche Erlaubniss zur Vornahme der Wahl, falls eine solche nicht ein für alle Mal durch Privileg gestattet war, nachgesucht werden[6]. Der König bestellte darauf die Wahlkommissarien, — als solche fungirten Königsboten (missi)[7] oder auch der vom König oder wenigstens mit dessen Genehmigung ernannte Provisor des Bisthums[8]. An der Wahl nahmen die Geistlichen der Diöcese, nicht blos der Stadt, und ferner die Diöcesanen, vor Allem die königlichen Beamten und die grossen Grundbesitzer des Sprengels, Theil[9]. Ueber die stattgehabte Wahl wurde ebenso wie in

[1] S. die Berichte über Mainz und Trier S. 525. n. 7; lib. proclam. Karol. II. c. 2. a. 859, LL. 1, 462: „vacabat tunc pastore metropolis Senonum, quam iuxta consuetudinem praedecessorum meorum regum, Weniloni tunc clerico meo in capella mea mihi servienti: .... consensu sacrorum episcoporum ipsius metropolis ad gubernandum commisi et apud episcopos, ... ut eundem archiepiscopum ordinarent, obtinui". Dümmler 1, 728.

[2] Vgl. vita Rimberti, geschr. zw. 888 u. 909, c. 11, SS. 2, 770: „susceptusque ab eo (Ludwig d. D. 875) honorifice, cum pontificalis baculi iuxta morem commendatione episcopatus est sortitus (Rimbert) dominium".

Dass schon in karolingischer Zeit, wie später, jeder Bischof bei der Uebertragung des Bisthums einen Treueid geleistet hat, so Montag, Gesch. d. deutsch. staatsbürgerl. Freiheit. Bamberg 1812. I. 2, 180 ff. und Bernheim, Lothar III. u. d. Wormser Konkordat. Strassburg 1874. S. 61, ist nicht nachweisbar. Die angeführten Stellen handeln nur von den allgemeinen, namentlich bei Thronveränderungen und bei speziellen Anlässen geleisteten derartigen Eiden. S. auch Waitz 3, 260; 4, 209.

[3] conc. Valent. a. 855. c. 7, S. 524. n. 5. Ein Formular dafür im Formelbuch Salomons v. Konstanz, her. v. Dümmler n. 27. p. 30 (bei Rozière rec. 2, 622).

[4] Sehr vorsichtig drückt sich darüber das cit. conc. Valent. a. 855. c. 7 aus. In dem Falle des von Arnulf für Passau ernannten Wiching, ann. Fuld. a. 899, SS. 1, 414: „Wihingus Alemannus ... contra instituta patrum, prius Maravensis ab apostolico destinatus episcopus, rege concedente successit. Sed non multo post a Deotmaro archiepiscopo (v. Salzburg) ceterisque suffraganeis suis contra voluntatem regis canonicali iudicio abiectus ac Rihharius ad eandem sedem episcopus ... ordinatus est" setzen die Bischöfe ihren Willen nur in Form der Absetzung wegen Verletzung der Vorschriften über die Translation von Bischöfen (s. Th. I. S. 238) durch.

[5] Vgl. die in Betreff der Wahl Ebos S. 527. n. 2 citirte Stelle, ferner annal. Fuldens. a. 856, S. 525. n. 2.

[6] S. 526, und zwar durch die Geistlichkeit des vakant gewordenen Sitzes, so scheint es, was auch das Natürlichste ist, nach c. 7 conc. Valent. a. 855 cit. oder den Erzbischof, s. das Schreiben Hinkmars an Karl d. K. wegen der Wahl in Senlis, Migne patrol. 126, 267.

[7] S. die S. 526. n. 4 citirte Allokution und die ep. Frothar., sowie ep. Joann. VIII. a. 876, S. 525. n. 4.

[8] S. o. S. 231. n. 4. Wer die Leitung bei einer durch Privileg ein für alle Mal gestatteten Wahl hatte, ergiebt sich nicht aus den Quellen. Indessen haben wohl hierbei ebenfalls die genannten Beamten fungirt.

[9] Am genauesten darüber Hinkmar in ep. ad Hedenulph. Laudun. episc., Migne, patrol. 126, 268): „Quae electio non tantum a civitatis clericis erit agenda, verum et de omnibus monasteriis ipsius parochiae et de rusticanarum parochiarum presbyteris occurrant vicarii, commorantium secum concordia vota ferentes, sed et laici nobiles ac cives adesse debebunt, quoniam ab omnibus debet eligi, cui debet ab omnibus obediri". Sonst werden erwähnt clerus et plebs ecclesiae oder metropolis bei der Wahl Hinkmars, S. 526. n. 3, der Wahl in Senlis, Migne l. c. p. 267, der beabsichtigten Wahl für Kammerich, S. 526. n. 4, in den Privilegien für Trier, S. 526. n. 1, die filii ecclesiae in dem Privileg für Paderborn und die plebs et familia in dem für Freising, s. a. a. O., schlechthin ohne nähere Bezeichnung der clerus et populus im cap. Aquisgr. a. 817, S. 524. n. 1. Wenn andererseits nur des clerus und populus civitatis conc. Val. S. 524. n. 5, oder blos des clerus oder der clerici, Privil. für Bremen und Halberstadt, S. 526. n. 1 und bei der Wahl Drogos, S. 524. n. 4, der canonici et laici probabiles, conc. Vern. a. 844. c. 10, a. a. O. n. 5, oder

früherer Zeit [1] ein s. g. Wahldekret aufgesetzt [2] und dieses entweder an den König [3] oder, wie die kirchliche Reformpartei forderte, um eine vorgängige Prüfung durch den Metropoliten und seine Komprovinzial-Bischöfe zu ermöglichen, an diesen letzteren [4] eingesandt. Nach der sei es auf direktem Wege, sei es durch Vermittelung des Metropoliten bewirkten Zustellung des Wahlprotokolls an den König ertheilte dieser die Bestätigung [5], übertrug dem Kandidaten das Bisthum [6], und gab die Anweisung zur Konsekration [7], welche von dem Metropoliten und den Bischöfen der Provinz vorzunehmen war [8].

§. 121. *e. Die Besetzung der bischöflichen Stühle in Deutschland und in Frankreich nach dem Verfall der karolingischen Monarchie bis zum 11. Jahrhundert.*

I. Im deutschen Reich blieb nach dem Aussterben der Karolinger die bisherige Art der Besetzung der Bisthümer im Wesentlichen bestehen. Der Franke Konrad I., die Herrscher aus dem sächsischen Hause, nicht minder Heinrich II., Konrad II. und Heinrich III. haben in noch grösserem Umfange als die karolingischen Könige ein direktes und uneingeschränktes Ernennungsrecht ausgeübt [9]. Wie es dem-

gar nur der plebs, Privil. für Aquileja, S. 523. n. 6 u. ep. Caroli a. 867, S. 527. n. 2 gedacht wird, so sind dies offenbar ungenaue Ausdrücke, wie namentlich die allocutio der missi (S. 526. n. 4) zeigt, welche sich an alle fideles, qui in ista parochia; d. h. Diöcese, o. S. 38. n. 4, consistunt, wendet. S. auch Waitz, deutsche Verf. Gesch. 7, 271. Freilich hatten die Stadt- und vor allem die Kathedral-Geistlichen und nach ihnen die an Stellung hervorragenden Diöcesanen der Natur der Verhältnisse nach den entscheidenden Einfluss, falls nicht etwa von vornherein seitens des Königs ein bestimmter Kandidat bezeichnet war, s. S. 528. n. 2.

1 S. o. S. 517.

2 Vgl. den Bericht über die Wahl Hinkmars v. Rheims, S. 526. n. 3; Hincmari lib. expostulat. adv. Hincm. Laudun. c. 3, Migne patrol. 126, 569; eiusd. ep. ad Hedenulph. Laud. episc. u. ad cler. Camerac., l. c. p. 269; cleri et pleb. Laudun. ad Hincm. Rem. l. c. p. 270.

3 Flodoard. III. 23, S. 527. n. 3.

4 S. die vorhergehenden Noten, den S. 528. n. 4 citirten Brief Hinkmars c. 1 und die Form. 1 Salom., S. 527. n. 2. Wenn hier auch die Bischöfe als Wähler erwähnt werden, so soll damit wohl nur das entscheidende Prüfungsrecht derselben betont werden, jedenfalls war es nicht ausgeschlossen, dass dieselben und auch Bischöfe anderer Diöcesen bei der Wahl gegenwärtig waren. Sind doch solche Wahlen mehrfach, wie z. B. die Hinkmars v. Rheims, während der Abhaltung von Synoden vorgenommen worden, s. S. 526. n. 3.

5 Vgl. den vorige Note citirten Brief Hinkmars c. 1. Wurde die Bestätigung vom König verweigert, so konnte es nun je nach den Umständen zu einer direkten Ernennung oder zu der Gestattung einer weiteren Wahl, s. S. 526. 527, in den schon erwähnten Formen kommen.

6 S. S. 529. n. 2.

7 S. die S. 529. n. 3 citirte Formel.

8 Bericht üb. die Wahl Hinkmars, S. 526. n. 3; s. ferner S. 528. n. 4; Hincm. lib. expost. adv. Hincm. Laudun. c. 3, l. c. p. 569, ep. ad Advent. Mettens. l. c. p. 186. Die Weihe des Metropoliten erfolgte durch die Bischöfe der Provinz oder durch einen benachbarten Erzbischof unter Assistenz der letzteren. Auch diesen bestimmt mitunter der König, vita Rimberti c. 11, SS. 2, 770: „In cartis autem apostolicorum Romanae Sedis pontificum (für Hamburg-Bremen) . . . . hoc continetur, ut quia propter novellam eiusdem sedis institucionem . . . suffraganei non habentur episcopi, a quibus decedente uno alter archiepiscopus consecretur, palatinae interim providentiae succedentium per tempora pontificum consecratio sit commissa, donec numerus suffraganeorum episcoporum canonice eum consecrare debentium ex gentibus suppleatur. Cum huius ergo ad ordinandum tenoris insinuacione... Rimbertum . . . rex direxit ad Liudbertum Mogonciensem archiepiscopum a quo iussu eius est ita consecratus, ut provide actum sit, quatinus in adiutorium consecrationis non unius metropolis, sed duarum convenirent suffraganei (nämlich aus der Kölner und Mainzer Provinz) . . ., quos ita permixtim adesse placuit, ut . . . huius consecrationis actio . . . in signum esset futuris temporibus, quod ad nullam nominatim condioecesitatem quorumcumque episcoporum pertineat, ad hanc sedem consecrare episcopum, sed tantum . . . . palatinae hoc commissum sit providentiae".

9 Konrad I. hat 916 Unni für Bremen ernannt, Adam. Brem. gest. Hammab. pont. I. 56, SS. 7, 303; — Heinrich I. 923 Ulrich für Augsburg, Gerh. vita Oudalr. c. 1, SS. 4, 387, u. Bernhard für Halberstadt, Thietm. chron. I. 12. SS. 3, 741, — 925 Berwin für Verdun, Flodoard. ann. 925. SS. 3, 376; — Otto I. 945 Hugo für Lüttich, Flodoard. ann. 945, SS. 3, 393, — 956 Heinrich

selben im 10. Jahrhundert nicht an der päpstlichen Anerkennung gefehlt hat, so ist auch damals in den sonstigen kirchlichen Kreisen keine Opposition dagegen hervorgetreten [1]. Vielmehr galt die Besetzung der Bisthümer als Ausfluss des königlichen und kaiserlichen Rechtes [2]. Die Könige haben es daher nicht nur an Andere zur Ausübung in ihrer Stellvertretung [3], sondern auch zu eigenem Rechte übertragen [4].

für Trier, Othl. v. Wolfk. c. 7, SS. 4, 528; — 965 Volkmar für Köln, Thietm. chron. II. 16, SS. 3, 751; — 968 Adalbert für Magdeburg, decr. de inthroniz. archiep. Magd., LL. 2, 560; vgl. auch Köpke-Dümmler, Jahrb. Otto d. Gr. S. 528 ff.; — Otto II. 975 Willigis für Mainz, Thietm. chron. III. 3, SS. 3, 759; — 976 Rotard für Kammerich, gest. episc. Camer. I. 102, SS. 7, 443; — Otto III. 995 Erluin für Kammerich, gest. cit. I. 110, SS. 7, 449 und Ansfried für Utrecht, Alpert. de diversit. temp. l. 12, SS. 4, 706, — 999 u. 1000 Erfo, Razo, Burchard für Worms, vit. Burch. episc. c. 4, SS. 4, 834; 1000 Alawich für Strassburg, Herim. Augiens. chron. a. 1000, SS. 5, 118; — Heinrich II. 1009 Thietmar für Merseburg, Thietm. chron. VI. 27, SS. 3, 817; 1013 Gerhard für Kambray, gest. ep. Camer. I. 122, SS. 7, 454, — 1014 u. 1019 Gunzo und Walter für Eichstädt, anomyn. Haserens. c. 25. 26, SS. 7, 260. 261; 1018 Wolpodo für Lüttich, Anselm. gesta ep. Leod. II. 33, SS. 7, 207, Rup. chron. s. Laur. Leod. c. 15, SS. 8, 267; Heribert für Mailand, Arnulfi gesta ep. Med. II. 1. 1. c. p. 11; 1023 Hunfrid für Magdeburg, ann. Quedlinburg. a. 1023, SS. 3, 89: „inibi turba desolata diversis episcopis catervatim illum convenerat, unusquisque pastoris sui nece corde tenus sauciatus. Cuius providentiae cura imperiali potestate committerentur regendi, omnes trepida curarum ambage suspensi manebant. Verum imperator inito destinationis decreto cum his quos summis habuit in consiliis, induxit animum, Hunfrithum Geronis archiepiscopi vicarium constare“. — Konrad II. 1025 Udalrich für Basel, Wipon. v. Chuonr. imp. c. 8, SS. 11, 263; — 1038 Thietmar für Hildesheim, ann. Saxo a. 1038, SS. 6, 682. — Heinrich III. 1042 Gerhard für Eichstädt, anomyn. Haserens. c. 34, SS. 7, 263, Odulrich für Lyon, chron. s. Benign. Divion., SS. 7, 236, Eberhard für Aquileja, Herim. Aug. chron. a. 1042, SS. 5, 124; 1044 Widger für Ravenna, Herim. Aug. chron. a. 1044, SS. 5, 125; 1045 Wido für Mailand, Arnulf. gest. III. 2, SS. 8, 17; 1047 Hunfried für Ravenna, Dietrich für Konstanz, Herrand für Strassburg, Theodorich für Verdun, Herim. Aug. chron. SS. 5, 126; 1048 Hezekin (Hartwig), 1054 Adalbert für Bamberg, Lamb. ann. a. 1048, Herim. Aug. chron. a. 1054, SS. 5, 133. 154; Anselm. Leod. II. 66, SS. 7, 229: „qui (Heinrich III.) eiusmodi homo esset, qui sibi super episcopos potestatem nimis carnaliter, ne dicam ambitiose quereret usurpare“.

[1] ep. Joann. X. ad Herm. Colon. 921, Mansi 18, 320: „cum prisca consuetudo vigeat, qualiter nullus alicui clerico episcopatum conferre debeat, nisi rex, cui divinitus sceptra collata sunt“, eiusd. ep. ad. Carol. III. reg., ibid. 322; die Synode von Rheims 975, ibid. 19, 59, exkommunicirte unter dem Vorsitz eines päpstlichen Legaten den Theobald von Amiens, mit Rücksicht auf „tyrannicam ... vim, qua infulatus es contra regium velle“.

[2] Vgl. Thietmar. († 1019) chron. I. 15, s. u. n. 4; Arnulf. gest. arch. Mediolan. (saec. XI. ex.) III. 21, SS. 8, 23: „Vetus quippe fuit Italici regni condictio perseverans usque in hodiernum, ut defunctis ecclesiarum praesulibus, rex provideat successores Italicus, a clero et populo decibiliter invitatus“; Rupert. († 1130) chron. S. Leod. c. 15, SS. 8, 267 (ad a. 1018): „adhuc enim non electione, sed dono regis episcopus flebat“; Rudolf. gest. abb. Trudon. (geschr. 1114 o. 1115) V. 7, SS. 10, 254 (ad a. 1099): „adhuc enim imperator hoc in toto regno suo iure antiquo possidebat, ut absque dono eius nullus in eo constitueretur episcopus“. Ueber die Unechtheit des angeblichen Privilegs Leos VIII. in Betreff der Papst- und Bischofswahlen s. Th. I. S. 240 ff. und Bernheim, Forschgen z. deutsch. Gesch. 15, 618. Die Angabe der annal. Roman. (Th. I. S. 246. n. 4), dass Heinrich III. mit dem Patriciat ausser dem Ernennungsrecht des Papstes auch das der episcopi regaliam habentium ertheilt worden sei, steht unter den betreffenden Quellen vereinzelt da, und erscheint als eine tendenziöse Behauptung dieses Werkes, welches auch die falschen Privilegien Hadrians I. und Leos VIII. aufweist und sich als eine kaiserlich gefärbte Parteischrift aus den letzten Jahren Heinrichs IV. darstellt, s. Steindorff, Jahrb. Heinr. III. 1, 468 ff.; Bernheim i. d. Forschgen z. deutsch. Gesch. 15, 635.

[3] So Otto I. an seinen Bruder Brun, Widric. vit. Gerardi c. 3, SS. 4, 493: „Erat tunc temporis ... Bruno Agrippinae ecclesiae summus pontifex, qui in tota Germania sibique finitimis partibus imperiales agebat vices .... Bruno ad se primos cleri (von Toul i. J. 963) convocat, eis coepiscopi sui ... Gauzlini transitum flebilem notificat, quemque illi successorem dignum subroget, familiariter consultat. ... Mox decanus ... haec reddidit: .... Gerardum huic gradui prae caeteris idoneum veridico assero testimonio ..... (Gerardus) coram iam dicto archipraesule deducitur et sub iussione obedientiae pontificalem apicem suscipere compellitur. ... Leucham (Toul) adducitur .... ac sicut mos exigebat, praesulari sedi intronizatur“.

[4] Arnulf Herzog von Baiern hat dieses Recht für sein Herzogthum von K. Heinrich I. übertragen erhalten, Liudprand. antapod. II. 23, SS. 3, 293: „tibi concedatur, scil. quatinus Bagoariae pontifices tuae subiaceant dicioni, tueque sit potestati, uno defuncto alterum ordinare. Conivens igitur Arnaldus. ... Heinrici regis miles efficitur et ab eo ... concessis totius Bagoariae pontificibus honoratur“. Thietmar. chron. I. 15, SS. 3, 742: „Arnulfus ... qui omnes episcopatus in hiis partibus constitutos sua distribuere manu singula-

Diese Auffassung, welche schon während der karolingischen Herrschaft entstanden war (s. o. S. 525), musste in der hier fraglichen Zeit von den Königen um so mehr festgehalten werden und auch im ganzen Reiche um so tiefere Wurzeln schlagen, jemehr in Folge der weiteren, unter den Karolingern angebahnten Entwicklung der Verfassung des deutschen Reiches die Bisthümer ihren ursprünglichen Charakter als rein kirchliche Organisationen verloren und dadurch, dass ihnen ausser beträchtlichen Schenkungen an Reichsgut auch politische und öffentliche, so Immunitäts-, Münz-, Markt- und Zollrechte, sogar Grafschaften verliehen wurden, sich zu Territorien politischen Charakters umbildeten, welche denen der weltlichen Fürsten gleichstanden, und von welchen ebenso wie von diesen erhebliche Lasten, namentlich die Kriegsleistungen, zu Gunsten des Reiches aufzubringen waren [1]. Nur unter der Voraussetzung des entscheidenden Einflusses auf die Besetzung der Bischofsstühle war gerade von hervorragenden Herrschern dieser Zeit (von Otto I. und vor Allem von Heinrich II.) in bewusster Weise jene politische Machtstellung der Bisthümer gefördert worden, um bei der sich herausbildenden Erblichkeit und Unabhängigkeit der weltlichen Territorialgewalten eine feste Stütze an den davon nicht berührten geistlichen Gewalten zu gewinnen. Je weiter die Entwicklung in der bezeichneten Richtung vorschritt, desto weniger konnte das deutsche Königthum und Kaiserthum dieses Recht ohne eine empfindliche Schwächung seiner Stellung aufgeben.

Wie in karolingischer Zeit, sind auch in dieser an einzelne Kirchen Privilegien auf Wahl ihres Bischofs ertheilt worden [2], indessen verstand sich hierbei nicht nur

rem habuit potestatem, sed . . . non successoribus suis tantum reliquit honorem. Quin potius reges nostri et imperatores summi rectoris vice in hac peregrinacione prepositi, hoc soli ordinant meritoque prae caeteris pastoribus suis presunt, quia incongruum nimis est, ut hii quos Christus sui memores huius terrae principes constituit, sub aliquo sint dominio". Vgl. ferner Arnulfi g. episc. Med. II. 7: „Contigit . . . Laudensem mori pontificem cumque archiepiscopus (v. Mailand) sua investitura, quemadmodum ab imperatore susceperat, alium subrogare decerneret, indignati Laudenses insolitam sui episcopatus constitutionem audacter despiciunt. . . . Heribertus (v. Mailand) elegit (1025) Ambrosium . . . . Cui primo tradens virgam et anulum, deinde . . . . consecravit episcopum"; dipl. Heinrichs IV. v. 1081 betr. Parenzo, b. Stumpf, Reichskanzler. Innsbruck 1865. III. 3, 78: „. . . predicto patriarche (v. Aquileja) et successoribus suis . . . . . Parentinum episcopatum . . . nostra regia auctoritate attribuimus, attribuendo in proprium donamus et in perpetuum transfundimus. Ita quidem, ut . . . patriarcha suique successores quicquid ad nostri iuris opus pertinebat, ipsi presideant et teneant. Statuimus etiam nostra auctoritate, ut episcopus eiusdem Parentine civitatis et clerus et populus per totum episcopatum nobis debitum Aquilegensi patriarchae impendant et quando episcopus eiusdem loci nature debitum persolverit... patriarcha nostro iure, nostro more, nostra lege alium in locum eius eligendo pastorale virga et episcopali annulo investiat, investiendo intronizet, intronizatum more solito ordinet".

[1] Dümmler, ostfränk. Reich 2, 641; Köpke-Dümmler, Jahrb. Ottos d. Gr. S. 530—533; Waitz, deutsch. V. G. 7, 187. 243. 255 ff. 261 ff.

[2] Von Otto I. 935 an Paderborn, Erhard reg. 1. cod. p. 42: „concessimus fratribus in loco . . . Paderbrunno deo famulantibus, ut in eligendis episcopis inter se propria electione iuxta pristinam morem fruantur, si talem inter se . . . probatum invenerint, qui eidem officio aptus dinoscatur"; 937 an Halberstadt, Höfer, Ztschr. f. Archivkunde 2, 336: „aecclesiae concedimus, ut habeant eiusdem sedis clerici canonice et ecclesiastice seu inter se seu aliunde digne ad hoc et convenienter eligendi episcopum liberam et propriam facultatem"; 941 für Würzburg, mon. Boic. 28a, 178: „clero in loco . . . vuirciburg. . . . licentiam damus eligendi inter se quemcumque voluerint ad pastoralis officii regimen . . . . ut nullus successorum nostrorum alium eis nisi quem ipsi elegerint antistitem constituat"; von Otto II. 979 für Magdeburg, Sagittar. ducat. Magdeb. (Boysen, histor. Magazin) 1, 179: „ut Coloniensis et aliae ecclesiae per nostrum regnum diffusae . . . in potestate concessum tenent, praefati loci clero . . . ius speciale quotiescunque successionis usus exigat, ac singulare arbitrium eligendi inter se pastorem . . . firmiter concessimus".

Nach der vita maior Bardonis c. 11, SS. 11, 327, Jaffé, mon. Mogunt. p. 540 sind bei der Besetzung des Mainzer Stuhls i. J. 1031 Konrad II. Privilegien für Fulda vorgelegt, wonach dieses Kloster den je dritten Erzbischof von Mainz zu bestellen habe: „fuit aliquis ibi qui diceret, ex privilegii censura Fuldensem exigi pastorem; eo quod tercium antistitem sedis Mogontiae mittere Fuldense deberet ovile. . . . Consulta . . . privilegia eadem loquebantur et priodie königliche Bestätigung auch ohne einen ausdrücklichen Vorbehalt[1] von selbst[2], sondern oft genug setzten sich die Könige über dieses Wahlrecht hinweg und ernannten statt der gewählten ihnen geeigneter erscheinende Persönlichkeiten[3]. Aber auch ohne ein besonderes Privileg sind Wahlen vorgenommen worden und zwar theils, wie schon in karolingischer Zeit, nach eigends dazu eingeholter Erlaubniss des Königs[4] oder gar nach stattgehabter Designation oder Empfehlung des Kandidaten durch denselben[5], theils aber auch ohne eine derartige Genehmigung. Im letzteren Fall erscheint die Wahl jedoch nur als Bezeichnung eines lokalen Kandidaten, welche in der

rum regum in hoc consensum testabantur". Schon die kanonistische Abnormität dieses Privilegs muss die Angabe völlig unglaubwürdig machen. Auch passt die Anwendung desselben auf die Vakanz nach Aribos Tode 1031 nicht, da dessen Vorgänger erst aus Fulda genommen war. Wenngleich letzteres mehrfach bei der Besetzung von Mainz geschehen, Köpke-Dümmler S. 443, so ist doch eine Beobachtung des angeblichen Privilegs ebenfalls nicht nachweisbar, Hirsch, Jahrb. Heinr. II. 2, 306. Dazu kommt endlich, dass die ganze Erzählung über die Erhebung Bardos zum Erzbischof v. Mainz unrichtig ist, Wattenbach SS. 11, 322, und dass in der Bestätigung der Privilegien Fuldas durch Konrad II. v. 1031, Schannat, hist. Fuldens. p. 158, nichts davon erwähnt wird.

1 Ein solcher in dem Privileg Heinrichs II. v. 1009 für Minden, Pistorius-Struve, rer. Germ. ss. 3, 820: „concessimus eisdem fratribus licentiam eligendi inter se pastorem dignum et idoneum, salvo tamen regis sive imperatoris consensu"; v. 1013 für Hildesheim, Scheid, orig. Guelfic. 4, 433: „ut habeant eiusdem sedis clerici canonice et ecclesiastice seu inter se seu aliunde episcopum eligendi liberam et propriam facultatem aequo consensu regis".

2 So sagt Erzbischof Lievizo v. Bremen zu den Kanonikern: „vestra electione communi et munere regali . . . succedebam (988)", Thietm. chron. VI. 53, SS. 3, 832. Ueber die Wahlen in Köln 965 u. 976 s. Thietm. chron. II. 16; III. 2, SS. 3, 751. 759. Ferner waren bei solchen Wahlen auch Kommissare des Kaisers oder Königs anwesend, so bei der Wahl Hildewards in Halberstadt, annal. Sax. a. 968, SS. 6, 621; 953 bei der Wahl Bruns zu Köln, vit. Brun. c. 11, SS. 4, 258; Köpke-Dümmler S. 220.

3 So Konrad I. 916 trotz des S. 526. n. 1 erwähnten Privilegs für Bremen, Adam. Brem. gest. Hammab. pont. I. 56, SS. 7, 303: „memoriae traditum est . . .: Leidradum Bremensis chori praepositum a clero et populo electum . . . . Rex . . . . contempta Leidradi specie parvulo Unni quem retro stare conspexerat, virgam pastoralem optulit"; und ebenso Heinrich II., Thietm. chron. VI. 54, SS. 3, 832: „Oddo clericis comitantibus ac laicis supplex venit et regis gratiam . . . ad complecionem eleccionis . . . postulat. Quos rex nullatenus audit, sed cappellano suo Unwano . . . episcopatum dedit . . . iussu regis et presentia eiusdem a Gerone archipresule (Magdeb.) cum consensu et auxilio episcoporum Ekkihardi (Sleswic.) et Thurgati (Scarae) Unwan ungitur archiantistes"; Otto II. 981 für Magdeburg (S. 532. n. 2), Thietm. III. 8, SS. 3, 762; Heinrich II. 1023 für Magdeburg und Halberstadt (S. 526. n. 1), annal. Quedlinb. a. 1023, SS. 3, 88—89. S. auch S. 530. n. 9. Mitunter ist auch vor der Wahl durch Beeinflussung des Königs diese auf eine demselben genehme Persönlichkeit gelenkt worden, s. z. B. Thietmar. chron. V. 24, SS. 3, 802 über die Wahl Tagінos in Magdeburg 1004; Walthrads daselbst 1012, l. c. VI. 42: „(rex) ad nos Hericum antistitem misit, ut electio a nobis non fiat, sed tantum unanimis consensus"; Geros ebendaselbst 1012 l. c. VI. 49: „regali peticione et salva in posterum electione Gero communiter eligitur".

4 929 Metz, mirac. s. Glodesind. c. 46, SS. 4, 237: „a principe electione petita et impetrata virum magni post futurum praeconii Adelberonem haec sedes adepta est". Hierher gehören auch die zu Arnstadt in Gegenwart Ottos I. 954 vorgenommene Wahl Wilhelms zum Erzbischof von Mainz, contin. Regin., SS. 1, 623: „Cui successit regis filius Willihelmus a populo et clero (d. h. einer Deputation aus Mainz) in Arnestat concorditer electus", Jaffé, mon. Mogunt. p. 706, und solche Fälle, wo ein Vertreter des Königs anwesend ist und die Wahl auf einen bestimmten Kandidaten lenkt, annal. Hildes. a. 968, SS. 3, 62: „Egillulfus Herveldensis abba transmissus est ex parte imperatoris de Italia . . . . adiit Mogontiam, ut ille clerus simulque totus populus Hattonem . . . sibi constituerent in dominum pontificalis honoris".

5 So 972 in Regensburg Wolfgang, Oth. v. Wolfkang. c. 14, SS. 4, 531: „Tunc arrepto itinere cum his qui missi fuerunt ab imperatore, perrexerunt ad Ratisponam; ubi clerus et populus, ut imperator petiit, secundum morem ecclesiasticum unanimiter s. Wolfkangum elegerunt"; Arnold. de s. Emmer. II. 3. 4, SS. 4, 557, Köpke-Dümmler S. 496; 962 Theodorich in Metz, vit. Deodor. c. 3, SS. 4, 465: „Is (Bruno v. Köln) . . . utile duxit consobrinum suum Deodericum . . . . . . illic incardinari . . . . . Concordante itaque cleri et tociusque plebis unanimi consensu, annitente etiam cuncto palatinorum senatu, intronizari eum fecit in . . . Mettensium sede"; über die Beförderung Rathers (v. Verona) zum Bischof v. Lüttich 953 s. SS. 4, 262. n. 11, die Odelrichs 962 (favente Lothario rege cum regina matre praefatoque Brunone) Flodoard. ann. a. 962, SS. 3, 406. Die Wahl war also vielfach eine blosse Scheinwahl.

Hoffnung auf Zustimmung des Königs erfolgt[1]. Eine bindende Kraft hat sie nicht[2], wenngleich mitunter bei der Verletzung der Interessen einflussreicher Kandidaten dem königlich ernannten Bischof selbst bewaffneter Widerstand geleistet worden ist[3]. Als Betheiligte bei allen derartigen Wahlen erscheint nach den Wahlprivilegien (S. 532. n. 2) zwar nur der Klerus des Stiftes, die Berichte über die einzelnen Wahlen erwähnen dagegen wiederholt des clerus und populus[4], und heben besonders die primores oder primates civitatis[5], die milites[6], die familia[7], auch die magnates[8] hervor. Den entscheidenden Einfluss hatten demnach die Kanoniker des Domstifts[9] und die Vasallen desselben, und neben ihnen auch, namentlich bei der Designation eines Erzbischofes, die Grossen der Provinz[10], während der Antheil der niederen Kleriker und des gewöhnlichen Volkes offenbar nur auf eine Akklamation beschränkt war.

Dagegen ist von einer Theilnahme des Papstes bei der Besetzung der deutschen

1 Ueber die Wahl in Kammerich 965 gest. episc. Camer. I. 90, SS. 7, 438: „(Wiboldum) primores Cameracensium . . . . una eademque voluntate acclamant directisque imperatori epistolis cum multo favore sibi donari episcopum expostulant. Nec difficile imperator . . . . precibus eorum . . . adquievit"; über die nach 5 tägiger Bedenkzeit genehmigte Wahl Heinrichs 973 in Augsburg: vita s. Oudalrici c. 28, SS. 4, 415; über die Wahl in Mailand, wo 1045 vier Kandidaten dem Kaiser bezeichnet werden, Arnulf. g. ep. Med. SS. 8, 37. 75.

2 Flodoard. ann. a. 927, SS. 3, 377: „Heinricus episcopium Mettensium contempta electione ipsorum . . . dedit . . . . Bennoni"; g. episc. Camer. I. 92, SS. 7, 438: „Qui (Rotbertus 972) . . . . . primates civitatis pretio conveniendus estimavit et ut illum communi suffragio episcopum sibi ab imperatore fieri postularent, magna largitus eis munera . . . Qui legationem imperatori miserunt et ut sibi quem legerunt pontificem, ipse etiam consentiens dignetur concedere rogaverunt. Videns vero imperator, quod quia antea Wiboldum (s. vor. Note) secundum suam electionem . . . eorum precibus attribuit, ideo etiam admittendi episcopum facultatem suo vellent fortasse arbitrio reservari, cum omni profecto refragatione eorum legationi effectum impertire negavit. . . . Tetdonem . . . ad pastoralis regiminis sublimavit officium".

3 So 1008 in Trier, wo Adelbero gewählt, aber Megingaud von Heinrich II. ernannt wurde, vgl. Hirsch, Jahrb. Heinr. II. 2, 202 ff.

4 S. S. 533. n. 4 u. 5, vgl. auch Waitz 7, 271. n. 3.

5 S. o. Note 1 u. 2.

6 Vit. s. Oudalr. c. 28, SS. 4, 415: „Quidam clerici, advocato et aliis quibusdam militibus de eodem episcopatu (Augsburg 973) secum comitantibus ad curtem imperatoris baculum episcopalem ferendo iter agere coeperunt . . . . Cumque milites refutarent et longa inter se locutione contenderent, reversi ad Heinricum cum quibusdam clericis elegerunt eum super se esse episcopum, quidam vero eum non eligentes pervenerunt ad caeteros fratres. Cumque ad Augustum pervenirent sic sequestrati in electione eius, venit . . . comes Wolveradus . . . cum aliis quibusdam hominibus, quasi legationem ab imperatore ferendo ad congregationem dicens: Imperator . . . postulavit, ut . . . Heinricum . . . vos . . . antistitem vobis eligere unanimiter non renuatis. Legatio autem haec fraudulenti consilio composita erat. Cui respondentes dixerunt: Veniat ille cum vobis ad capitulum nostrum ad audiendum responsa nostra. Cumque vix obtinuissent, ut in capitulum intrarent, legebant canonicas lectiones de electione antistitum . . . Heinricus cum audisset de lectionibus in praesentia recitatis, quod in potestate esset canonicorum eum eligere vel refutare, cum venia humilitatis postulavit, ut eum episcopum eligere non dedignarentur . . . . Qui . . . quidam sponte, quidam vero dissensiones devitando, omnes tamen in commune decreverunt, eum esse episcopum. Haec electio cum in aecclesia militibus et familiae nota facta fuisset . . . . ab omnibus confirmabatur"; Thietm. chron. V. 24, SS. 3, 802, über die Wahl Taginos in Magdeburg 1004: „Mane Arnulfus episcopus (v. Halberstadt) a rege ad confratres et milites . . . gratia Taginonem eligendi remittitur"; Lantberti vit. Heriberti c. 4, SS. 4, 743.

7 S. vorige Note.

8 Vit. Brunon. c. 11, SS. 4, 258, in Betreff der Wahl Bruns in Köln 933: „Plebs autem destituta pastore . . . . . unicum unice optatum in domno Brunone . . . sibi delegit solatium, secuta magnatum et tocius cleri consilium".

9 Anselm. gest. episc. Leod. c. 49 ad a. 1037, SS. 7, 218: „Hunc (Wazonem) . . . maxima pars filiorum aecclesiae sibi episcopum fieri praeoptabant, quorum ille sententiam, ut a se longissime removeret, multum redarguendo eos qui sibi, maioris aecclesiae praeposito, eligendi praesulis primatum praeripuissent, Nithardum custodem in episcopum elegit, omnem clerum et populum in sententiam suam venire coegit", Lantberti vita Heriberti c. 4. SS. 4, 743.

10 S. Note 8; dipl. Joann. XIII. v. 967, Mansi 18, 499 in Betreff des 958 gewählten Erzbischofs Friedrich v. Salzburg (vgl. Köpke-Dümmler S. 295): „electione et postulatione omnium pene nobilium Bavvariorum scilicet clericorum et laicorum s. Romana . . . ecclesia suae autoritatis privilegio . . . Fridericum . . . fieri esseque archiepiscopum omnium decreverit".

Bisthümer in jener Zeit nicht die Rede gewesen[1]. Das Verfahren bei der Besetzung der Bisthümer gestaltete sich dahin[2]:

Nach dem Tode des Bischofs begab sich eine Gesandtschaft der Bischofsstadt, gewöhnlich aus angesehenen Geistlichen und Laien bestehend, an den königlichen Hof, um die Erledigung des Bisthums anzuzeigen und die Wiederbesetzung nachzusuchen[3]. Sie überbrachte dabei zugleich den Bischofsstab[4], später auch den Bischofsring des Verstorbenen[5], und falls eine Wahl erfolgt war, das darüber abgefasste Dekret[6]. Im letzteren Falle erschien der Gewählte ebenfalls beim König[7], ferner fanden sich auch etwaige sonstige Bewerber um das Bisthum bei ihm ein[8]. Wie bei der Erledigung anderer Reichsangelegenheiten berieth der König mit seinen Räthen, und gewöhnlich auch mit den weltlichen und geistlichen Reichsgrossen[9] über die Vergebung des Bisthums. Mitunter wurden auch die Mitglieder der an den Hof gelangten Gesandtschaft befragt[10] oder von diesen Wahlen unter dem Einflusse des Königs vorgenommen[11].

Hatte der letztere seinen Entschluss über die Besetzung gefasst, so übertrug er in der Regel in eigener Person[12], nur ausnahmsweise durch einen Vertreter[13], in

[1] Die Intervention des Papstes in dem in der vorigen Note erwähnten Fall erklärt sich daraus, dass die Vertreibung des Vorgängers Friedrichs von seinem Sitze der Rechtsgültigkeit ermangelte, Köpke-Dümmler S. 248. 268. 272. 295. 322. Wenn ferner Thietmar chron. II. 14, SS. 3, 750 von dem 968 von Otto I. ernannten ersten Erzbischof v. Mainz, Adalbert, sagt: „Aethelbertumque . . . ad archiepiscopatus apicem . . . apostolica auctoritate promovit“, so bezieht sich dies auf die Ertheilung des Palliums an ihn, nicht auf eine Mitwirkung des Papstes bei der Ernennung, Köpke-Dümmler S. 448. n. 2.

[2] Ebon. vit. Otton. episc. Bamberg. (u. 1151) I. 7, Jaffé, mon. Bamb. p. 595, zu 1101: „Cum quilibet antistes viam universe carnis ingressus fuisset, mox capitanei civitatis illius anulum et virgam pastoralem ad palacium transmittebant; sicque regia auctoritas communicato cum aulicis consilio orbate plebi idoneum constituebat presulem. Itaque cum . . . virga pastoralis et anulus episcopi Premensis imperatori offerretur, mox ille, arcessito Ottone, munera hec ei conservanda tradidit“; vit. Chuonr. archiep. Salisb. (zw. 1170 u. 1171) c. 5 zu 1106, SS. 11, 65: „Forma vero electionis quae tunc flebat episcoporum et regalium abbatum talis erat. Defuncto ecclesiae cuiuslibet episcopo vel monasterii abbate, mox ad palatium proficisci non differunt prepositus, decanus, magister scolarium et prior monasterii, et cum eis maioris et sanioris consilii personae de civitate, anulum episcopalem secum portantes et baculum communicatoque consilio cum his quos in palatio circa imperatorem episcopis, cancellario et capellanis, secundum bene placitum et favorem imperatoris, qui sustinendus erat, eligebatur“.

[3] Adam. Brem. gest. Hammab. pont. I. 56, SS. 7, 303; G. episc. Camer. I. 92, S. 534. n. 2; vit. Brunon. c. 12, SS. 4, 258; vit. Meinwerci episc. Patherbrun. c. 11, SS. 11, 111. 112; Lantberti vit. Heriberti c. 4, SS. 4, 743.

[4] Vit. Oudalr. c. 28, S. 534. n. 6; Anselm. gest. episc. Leod. c. 50, SS. 7, 219: „invitus unanimiter a cunctis eligitur, Ratisbonam mittitur, ubi forte Heinricus (III.) tunc rex, postea imperator . . . aderat. Virga episcopalis cum aecclesiae nostrae litteris praesentatur, res agenda in crastinum differtur; postera die a rege cum episcopis et reliquis palatii principibus consulitur“.

[5] Dieser wird erst später erwähnt, s. Note 2.

[6] Lantberti vit. Heriberti c. 4, SS. 4, 743.

[7] G. episc. Camer. I. 90 (S. 534. n. 1); Thietm. chron. VI. 53. 54, SS. 3, 382; S. 533. n. 3; o. Note 2 oder wurde zu ihm berufen, Lantberti vit. Heriberti c. 5, SS. 4, 743.

[8] Thietm. chron. I. 12, SS. 3, 741; vit. Burch. ep. Wormat. c. 4, SS. 4, 834.

[9] S. 533. n. 5; 534. n. 10; Note 2 dieser Seite u. Ann. Quedlinb. a. 1023 (S. 530. n. 9); Cosmae chron. Boem. I. 31 ad a. 997, SS. 9, 54: „Hunc (Theadag) . . . omnis regiae aulae senatus et ipse caesar . . . in pontificem Pragensis ecclesiae eligit et collaudat“; anom. Haser. c. 34, SS. 7, 264; vita Meinwerci c. 11, SS. 11, 112.

[10] S. S. 531. n. 3.

[11] S. o. S. 533. n. 5.

[12] Dies ergeben die bereits citirten Stellen, s. z. B. solche S. 531. n. 1, ferner S. 533. n. 3, zur Genüge. Selbst nach Italien sind Bischöfe zu diesem Zwecke gereist, g. episc. Camerac. I. 91, SS. 7, 438: „Wiboldus (s. S. 534. n. 1) de consensu imperatoris certior factus . . . ad imperatorem qui tunc temporibus in partibus Italiae morabatur, ad tantum munus suscipiendum ire festinat“; Anselm. g. episc. Leod. c. 49, SS. 7, 219: „cum electo (Nithard a. 1038) et virga episcopali imperatorem Cuonradum adiit, qui tunc forte in Italia hiemabat“.

[13] S. o. S. 531. n. 3; vit. Ann. archiep. Colon. c. 9, SS. 11, 481: „eo tempore (1055), quo (Egilbert) Mindonensi praeficiendus aecclesiae annulum et insignia reliqua rege transmittente susceperat“.

öffentlicher Versammlung[1], vielfach in der Kirche[2], dem ausersehenen Kandidaten das Bisthum[3], und zwar gewöhnlich unter Ueberreichung des an den Hof gebrachten Bischofsstabes des Vorgängers[4], während der so Beförderte seinerseits die Mannschaft (das *hominium*) und den Treueid zu leisten hatte[5]. Durch diesen Akt, welcher nach dem Vorgange bei Lehnsertheilungen seit Mitte des 11. Jahrhunderts — nicht früher — als: *investitura* bezeichnet wird[6], wurde das Bischofsamt und Bisthum mit allen seinen kirchlichen und weltlichen Rechten erworben[7].

[1] G. episc. Camer. I. 110, SS. 7, 448; Alpert. de divers. temp. I. 12, SS. 4, 706; vit. Burch. episc. c. 5, SS. 4, 834. 835; vita Meinwerci c. 11, SS. 11, 112; Lantberti vit. Heriberti c. 5, SS. 4, 743.

[2] Namentlich, wenn der König am Sitz des erledigten Bisthums anwesend war. Thietm. chron. V. 24, SS. 3, 802 über die Wahl Taginos in Magdeburg 1004: „in maiorem convenientibus aecclesiam cunctis rex baculo Arnulfi presulis (v. Halberstadt) clerum et populum Taginoni ... cum redditura summo iudici racione, commisit eundemque in cathedram episcopalem ipse constituit"; ibid. VI. 49: „et in aecclesia se primitus altari tradens . . . baculum a rege accepit pastoralem et mox inthronizatur", ibid. VI. 27.

[3] Die mittelalterlichen Schriftsteller gebrauchen dafür die Ausdrücke episcopatum oder episcopium dare Thietm. chron. V. 25; VI. 54, SS. 3, 803. 832 (S. 533. n. 3), Flodoard. ann. a. 927, SS. 3, 377; concedere ibid. a. 926; Anselm. g. ep. Leod. c. 49, SS. 7, 219; contradere Lamb. ann. a. 1048, SS. 5, 154; praesulatum donare, Herim. Aug. chron. a. 1054, SS. 5, 154. Die Verleihung wird auch als donum, s. S. 531. n. 2 u. munus regis, Thietm. III. 2 u. VI. 53, SS. 3, 759. 832, S. 533. n. 2 bezeichnet.

[4] Der virga pastoralis, Adam. Brem. g. I. 56, o. S. 533. n. 3; vit. Burch. ep. c. 4, SS. 4, 834; des baculus pastoralis Thietm. chron. VI. 49, SS. 3, 830; andere Stellen bei Waitz V. G. 7, 280, mitunter auch des Bischofsstabes eines anwesenden Bischofs, Thietm. V. 24, s. o. Note 2 (des baculus Petri bei der Beförderung Heriberts von Köln 999 gedenkt Lantbert. c. 5, SS. 4, 744). Daneben wird auch der Ring (anulus) als Zeichen der Vermählung mit der Kirche, aber erst seit den Zeiten Heinrichs III. gebraucht, anom. Haser. c. 34, SS. 7, 264. Von Heinrich II. ist der Ring als Zeichen eines bindenden Versprechens auf Verleihung des Bisthums gegeben worden, Thietm. VI. 44, SS. 3, 825: „egressus tunc Walterdus anulum portat in manu sua et ostendens nobis: Ecce habetis, inquid, pignus subsecuturae pietatis. Et tunc omnes nos in presentiam venientes, examinatione regis ipso primitus eum laudante, predictum patrem elegimus et . . . mox a rege accepit baculum pastoralem". Auch noch unter Heinrich IV. 1057 erscheint der Ring in dieser Bedeutung. Gundekar von Eichstädt wird im August zu Tribur anulo investitus, ein Akt, der vorher als designatio bezeichnet wird, und erhält im Oktober zu Speier die virga pastoralis, vita Gundekar. SS. 7, 245. 246. Ende des 10. Jahrh. kommt auch die Inful als Zeichen der Uebertragung vor, Alpert. de divers. temp. I. 12, SS. 4, 706; g. episc. Camer. I. 102, SS. 7, 443: „Rothardo infulam praesulatus impertivit"; auch einmal bei der Verleihung von Paderborn an Meinwerk 1009 durch Heinrich II. der Handschuh, vit. Meinwerci c. 11. SS. 11, 112.

[5] Thietm. VI. 44, SS. 3, 825: „a rege accepit baculum pastoralem. Post sacramentum regiae potestati exhibitum introductus est ad aecclesiam . . . et laus domino a praesentibus canitur"; Gerhard. vit. Oudalrici c. 1, s. Note 6; Thietm. VI. 27, SS. 3, 817: „me ad capellam Bennonis episcopi, ubi rex eundem exspectabat, duxit et paratus ad missam regi me per manus tradidit". Vgl. auch Bernheim, Lothar III. u. d. Wormser Konkordat. Strassburg 1874. S. 66. 69. Diese Neuerung im Vergleich zur karolingischen Zeit (s. o. S. 529. n. 2) erklärt sich m. E. einmal aus dem Wegfall des allgemeinen Treueides, ferner aus der in Folge des Lehnwesens herbeigeführten Auffassung des Uebertragungsaktes als Belehnung.

[6] Alle von Waitz 7, 283. n. 4 beigebrachten Stellen gehören dieser späteren Zeit an, wie denn auch das Wort investitura auf lehnrechtlichem Gebiete für die Uebertragung des Lehns, die Konstituirung des Rechtes an demselben, gerade erst im 11. Jahrhundert gebräuchlich geworden ist, vgl. Heusler Gewere. Weimar. 1872. S. 288. 290. In Gerhardi (u. 982) vit. Oudalrici c. 1, SS. 4, 387: „Heinrico regi praesentatus (d. h. Ulrich) . . . supplicatumque est, ut praefato . . . Oudalrico episcopalis potestas ab eo concederetur. Rex . . . regio more in manus eum accepit munereque pontificatus honoravit. His . . . peractis . . . de rege revertentes et ad Augustam pervenientes secundum regis edictum potestativa manu vestituram episcopatus sibi perfecerunt", kann vestitura nicht, wie Waitz 7, 283 n. 2 u. 4 annimmt, die Investitur im Sinne von Uebertragung des Bisthums bedeuten — diese liegt in dem „munere pontificatus honoravit" — vielmehr ist damit *vestitura* im alten Sinne von *Besitzeinweisung*, Stobbe, deutsch. Pr. R. II. 1, 11; Heusler a. a. O. S. 23, also die Inthronisation (s. S. 537 im Text), gemeint.

[7] Dass in dem Bewusstsein der damaligen Zeit zwischen der bischöflichen Regierungsgewalt, jurisdictio, und den weltlichen mit dem Bischofsamt bez. Bisthum verbundenen Rechten nicht unterschieden worden ist, zeigen ausser den bisher schon angeführten Stellen, s. o. Note 3, die Ausdrücke: „clerum et populum commisit"; Thietm. V. 24, s. Note 2; „episcopatum et anime curam fideliter commendavit, curam cum baculo pastoralem commisit", ibid. II. 16; VI. 27, SS. 3, 751. 817; „regimen pastorale commiserat",

Erst auf Grund desselben erfolgte demnächst die Besitzeinweisung des Belehnten in das Bisthum in Form der Inthronisation, der Besteigung der bischöflichen Kathedra in der Domkirche seines nunmehrigen Bisthums[1], und darauf, wie wohl mitunter auch vorher[2], die Konsekration zum Bischof. Diese letztere wurde gewöhnlich von dem Metropoliten[3] und seinen Komprovinzial-Bischöfen oder mehreren derselben[4], bei Erzbischöfen dagegen von den letzteren vollzogen[5]. Wegen der vorangehenden königlichen Uebertragung des Bisthums war die Ertheilung der Bischofsweihe, deren der Ernannte in der Regel noch bedurfte[6], nur eine rein formelle Funktion, denn von einer Prüfung der Tauglichkeit des zu Konsekrirenden, wie in früher Zeit[7], konnte dabei nicht mehr die Rede sein. Einwendungen gegen dieselbe mussten vor der Ernennung geltend gemacht werden, und wenn auch die Bischöfe und vor Allem der betreffende Metropolitan vom König bei der Berathung über die Besetzung zugezogen wurden, so nahmen sie dabei doch nur die Stellung politischer und geistlicher Rathgeber des Königs ein, keineswegs erschienen sie aber als Kirchenobere,

g. episc. Camer. I. 110, SS. 7, 449; „episcopus ab imperatore promovetur", Herim. Aug. chron. a. 1000, SS. 5, 118; „sublimavit ad pastoralis regiminis officium", s. S. 534. n. 2, vgl. auch Waitz 7, 284. A. M. Ficker, Eigenthum des Reichs am Reichskirchengut. S. 133.

[1] Sie ward durch den König selbst oder in seinem Auftrage, wenn er nicht anwesend war, vorgenommen, s. S. 531. n. 3; S. 536. n. 2 u. 6; vit. Brunon. c. 13, SS. 4, 259; vit. Deoder. c. 3, s. S. 533. n. 5. Othlon. vita s. Wolfkangi c. 14, SS. 4, 531: „Imperator . . . reluctanti (Wolfgang 972) episcopatum commendavit. Deinde cum comitatu fideli multorum remissus, Ratisponam est ingressus . . . atque more pontificum inthronizatur . . . necnon a Friderico archiepiscopo (v. Salzburg) illiusque suffraganeis post aliquot dies in sacerdotem apostolicum ibidem consecratur". Otton. I. mandat. de inthronizatione Adalbert. archiep. Magd. a. 968, LL. 2, 561; Anselm. g. episc. Leod. II. 51, SS. 7, 220; vit. Gundekar. SS. 7, 245. 246.

[2] So bei Burchard v. Worms i. J. 1000, vita Burch. c. 6, SS. 4, 835: „Post aliquos autem dies (nach seiner Ernennung) . . . cum archiepiscopo (v. Mainz) in locum Helingunstat pervenit ibique sacerdotalis officii infulam accepit (er wird, weil er noch Diakon war, zunächst zum Priester geweiht). Sequenti autem die pontificalis benedictionis unctione venerabiliter consecratus est. Deinde . . . ab archiepiscopo . . . dimissus sibi commissum episcopatum visitavit Wormaciamque venit"; Thietmar v. Merseburg 1009, Thietm. chron. VI. 27, SS. 4, 817: „ad Novam Urbem (Neuburg a. d. Donau) venimus. Ibi tunc . . . a predicto archipresule (v. Magdeburg), Hilliwaldo (v. Zeitz) confratre nostro adiuvante et coepiscopis non minus quam 4 asspirantibus in regis presentia crismate in sacerdotem perunctus sum 8 Kal. Mai"; c. 29, p. 818: „ad invadendam episcopalem cathedram iussu regis ego precedebam". Mitunter ist auch die Inthronisation und Weihe an demselben Tage vorgenommen worden, Lantb. vita Herib. Colon. c. 6, SS. 4, 744.

Auch über den Akt der Inthronisation schweigen die karolingischen Quellen. Wahrscheinlich hängt die besondere Ausbildung desselben in der oben angegebenen Bedeutung ebenfalls mit der sich entwickelnden lehnrechtlichen Auffassung der Verleihung der Bisthümer zusammen.

[3] S. die beiden vorigen Noten, ferner S. 533. n. 3; vit. Deoder. c. 3, SS. 4, 465; g. episc. Camer. I. 102, SS. 7, 443; Anselm. g. episc. Leod. II. 52, SS. 7, 220; Annal. Saxo SS. 6, 682. In Ausnahmefällen ist auch die Ordination durch den Papst erfolgt, g. episc. Camer. I. 110, SS. 7, 449: „Per idem . . . tempus Arnulfus Remensium archiepiscopus . . . ab episcopali gradu depositus erat, in cuius vice Gerbertus . . . subrogatus . . . Unde quia inter eos diuturna contentio habebatur, Romam . . . cum imperatore (996) . . . Erluinus (995 zum Bischof v. Kammerich ernannt) profectus est a papa ordinandus . . . Ab hoc (Gregor. V.) . . . sumpsit Erluinus . . . culmen pontificalis sacerdotis". Dieses Verfahren zeigt, dass das Recht des Metropoliten auf die Konsekration seiner Suffragane im Princip anerkannt war.

[4] S. Note 1; neben diesen fungirten mitunter auch andere Bischöfe, s. dieselbe Note, Flodoard. ann. a. 962, SS. 3, 406; vit. Gundek. SS. 7, 246.

[5] Das war die Regel Thietm. chron. II. 16, SS. 3, 751; Lantbert. vit. Heribert. c. 6, SS. 4, 744. Als Konsekrator fungirt dann der älteste Suffragan, ein anderer nur mit seiner Erlaubniss, Thietm. V. 26, SS. 3, 803: „Tagino . . . accepta ab Hilderico antistite licentia, qui primus horum in ordine fuit confratrum, a Willigiso, archipresule Magontino consecratus est . . . omnibusque coepiscopis ad haec faventibus". Mitunter hat freilich der König einen anderen Erzbischof zum Konsekrator bestimmt, Thietm. VI. 54, SS. 3, 832.

Der Ort der Konsekration ist verschieden, jedenfalls nicht mehr immer die Kathedrale des neuen Bischofs oder seines Erzbischofes, s. die vorhergehenden Noten.

[6] Translationen eines Bischofs auf ein anderes Bisthum sind in dieser Zeit äusserst selten.

[7] S. o. S. 529.

welche, wie dies ehemals der Fall war, ein selbstständiges Prüfungs- und Entscheidungsrecht zu üben hatten [1].

II. Während in Deutschland und in Italien die deutschen Könige und Kaiser zufolge ihrer Machtstellung gegenüber den Fürsten und der Kirche, insbesondere auch gegenüber dem Papstthum, das Ernennungsrecht zu den Bisthümern sich seit dem Ausgang der karolingischen Zeit ungeschmälert bewahrt hatten, ja dasselbe in noch freierer Weise ausübten, gelang dies dem schwachen Königthum, welches den Karolingern in Frankreich folgte, nicht, vielmehr musste es seinen Einfluss auf die Besetzung der Bisthümer mit den von ihm unabhängigen Grossvasallen theilen, welche die Landesherrlichkeit über die in ihren Territorien gelegenen Bisthümer erwarben [2], mitunter auch die Lehnsherrlichkeit über letztere wegen der an dieselben ausgeliehenen Güter erlangten, ja endlich sogar an einzelnen Bisthümern Eigenthumsrechte geltend machten [3]. Wenngleich der König und die gedachten Machthaber, manchmal sogar nicht ohne Einverständniss mit der höheren Geistlichkeit, in der willkührlichsten Weise mit den Bisthümern zu schalten und die Vergebung derselben als Einnahmequelle zu benutzen trachteten [4], so glückte ihnen dies doch nicht immer, vielmehr scheiterten diese Ver-

[1] Die ep. Aribon. archiep. Mogunt. ad clerum, militiam et familiam Wormac. v. 1025, Giesebrecht, Gesch. d. deutsch. Kaiserzeit 2, 675: „Invitatis me ad vestram voluntatem peragendam in cauda, qui primus fore in electione praesulis Wormaciensis ecclesiae aut cum primis esse debueram. Vix . . . credere potuissem . . . regem, quae nostri iuris sunt et antecessorum nostrorum fuerunt, nobis absente velle invadere et a nobis eligendum et consecrandum episcopum sine nostro consilio et consensu statuere" betont offenbar die Stellung des Metropoliten in einer Weise, die den thatsächlichen Verhältnissen nicht entspricht.

[2] Vgl. Warnkönig u. Stein, französische Staats- und Rechtsgesch. 2. Ausg. 1, 222. 240; W. Schäffner, Gesch. d. Rechtsverfassg. i. Frankreich. 2. Ausg. 2, 149. 165 ff. 173. 621.

[3] So setzt 990 der Vicegraf Wilhelm von Beziers die civitas Biterris cum ipso episcopatu zur Ausstattung für seine Tochter, die civitas Agatha cum ipso episcopatu zum Witthum für seine Frau aus, Histoire générale de Languedoc. Paris 1730. I. 2 preuv. p. 146; Graf Pons v. Toulouse bestimmt 1037 ebenfalls zum Witthum episcopatum Albiensem et civitatem et medietatem de episcopatu de Nemauso, a. a. O. p. 200; vgl. auch Ficker, das Eigenthum des Reichs etc. S. 38. 39.

[4] Rudolfi Glabri histor. II. 6, Du Chesne, hist. Franc. scr. 4, 17: „ipsi reges qui sacrae religionis idonearum decretores personarum esse debuerant, munerum largitione corrupti, potiorem ad regimen ecclesiarum vel animarum diiudicant, illum videlicet a quo ampliora munera suscipere sperant; ep. canonicor. eccl. Carnot. ad Leother. Senon. archiep. a. 1029, l. c. p. 195: „miramur . . . quod nobis pastore carentibus in altero substituendo primum bene favisti et postremo sententiam tuam depravasti, alium quam nos elegeramus, ordinando. Ne autem dicas, ignorasse te electionem nostram, mandavimus tibi per diaconos nostros . . . elegisse nos A. decanum cum literis nostris idipsum continentibus . . . Quodsi post haec alium tibi obtulerunt vel rex vel aliqui ex nostris minus sapientibus, oportuisset te causam diligenter attendere et inter ipsos diiudicare, quorum sanior haberetur electio . . . Volumus autem scire te, quod ipsam electionem nostram mandavimus regi per suos monachos, Hernaldum priorem et Restaldum praepositum s. Dionysii. Quibus etiam obicientibus de Theoderico ordinando regiam voluntatem, iniunximus, ut dicerent regi, ne id temere fieri iuberet. Vocaret autem nos antea, si sibi placeret ad curiam suam vel suae voluntati consensuros vel cur dissentiremus ostensuros. His vero dictis nostris ipse domnus rex contemptis, qualem sibi libuit personam absque nostra petitione ordinari violentus acceleravit"; ep. Fulberti episc. Carnot. 132, l. c. p. 197; über die Besetzung des Bisthums Langres 1031 s. Gallia christ. 4, 556 u. Chronic. S. Benigni Divion. bei D'Achery spicileg. 2, 390: „in eius locum (Lamberti) substituit Rotbertus rex episcopum Richardum . . . tamen contra voluntatem cleri et plebis totius . . . Rex autem iterum dedit episcopatum cuidam clerico Carnotensis ecclesiae. Hugo hic erat dictus . . . itaque Hugonis ordinatione instante . . ."; Graf Wilhelm von Toulouse verkauft 990 das Bisthum Cahors an den Meistbietenden in Uebereinstimmung mit dem Metropoliten, Histoire générale de Languedoc 2, 128, jedoch wurde nach dem Rücktritt des betreffenden Kandidaten später unter wesentlicher Beeinflussung des Grafen und des Erzbischofs ein anderer Kandidat gewählt, s. den Wahlbericht bei D'Achery, spicil. 3, 379; das Bisthum Le Puy ist 1053 durch König Heinrich I, obwohl er die Anerkennung der Wahl versprochen, nicht dem von dem clerus, der militia und dem populus erwählten Kandidaten, sondern auf Anstiften des Grafen von Toulouse und in Folge stattgehabter Bestechung, einem anderen verliehen worden, Gallia christ. 2, 699. Um 1040 wird das Bisthum Albi von zwei Brüdern, dem Vicecomes und dem Bischof von Nimes, in der Weise verkauft, dass es dem Käufer nach dem Tode des damaligen Bi-

suche oft an dem Widerstand der übrigen Grossen und der Geistlichkeit [1]. Das Ernennungsrecht des Königs und der Grossvasallen konnte daher keine so unbestrittene Anerkennung, wie in Deutschland und in Italien, erlangen, vielmehr blieb daneben immer das Wahlrecht der Geistlichkeit, des Adels und des Volkes in Geltung [2], dessen Ausübung freilich vielfach von den weltlichen Machthabern beeinflusst worden ist [3]. Immerhin hat sich aber das Recht der karolingischen Zeit [4] insoweit erhalten, als ohne den Willen des Königs oder des betreffenden Grossvasallen keine Wahl für ein Bisthum vorgenommen werden konnte [5], und der Gewählte der Zustimmung des

schofs auf Lebenszeit gehören soll, gleich viel, ob er sich selbst oder einen anderen zum Bischof weihen lassen will, Gallia christ. 1, instr. p. 4. Vgl. auch Bouquet, recueil 11, CCXXVIII.

[1] c. 48 hist. episc. Autissiodor. (a. 997), Labbé, nov. bibl. manuscr. 1, 447: „nonnulli clericorum quos altitudo saeculi ad hoc illiciens impulit, qualiter in episcopalem cathedram tam fastu parentelae quam promulgatione pecuniae inveherentur, cumque regi Roberto de quibusdam ac praecipue de quodam Guidone nimium secularissimo per Henricum ducem suasum fuisset, ut consecraretur episcopus et rex quemadmodum eum hortabatur, assensum praeberet, ac iam metropolitanus Senonum pontifex ... Seuuinus vocatus esset, ut de more perficeret, cessari contigit. Conquerebatur ergo super hoc tota unanimis concio canonicorum ac reliqui totius plebis sanum sapientes, abusive fieri testabantur, idcirco maxime quod clericorum electione, ut antiquus mos habet, deberet institui pastor ecclesiae: quod comperiens archiepiscopus ad propria rediit ... Interea mittitur ad regem; aperitur ei querela simul et commune decretum utriusque condicionis hominum sexus et ordinis, nempe Joannem voto illorum omnium idoneum fore pontificem, quod rex .... annuens ... nec revera contra ius fasque absque cleri electione vel plebis episcopum volebat constituere; mox vero, ut comperta est regis voluntas a civibus ... revocatur archipraesul et sic ex more sacratus Joannes in sede pontificali ... constituitur“. Der in Le Puy 1053 eingesetzte Bischof (s. vorige Note) musste später wieder auf Beschwerde der Wähler bei Leo IX. einem von diesem geweihten Bischof weichen.

[2] Bericht über die Wahl Gerberts zum Bischof von Rheims 991, Mansi 19, 106: „Nos igitur episcopi Remorum dioeceseos ... favore et conniventia utriusque principis nostri ... Hugonis ... et regis Roberti assensu quoque eorum qui dei sunt in clero et populo eligimus nobis archiepiscopum abbatem Gerbertum“; c. 49 hist. episc. Autissiodor. (a. 999) l. c. p. 449: „favente Henrico duce atque annuente Roberto rege electus est ex more Hugo ac consecratus in ecclesia ... indeque principali sedi Autissidiori datus episcopus“; Fulberti Carnot. ep. 8 v. 1020 (Bouquet, recueil 10, 460): „sic tibi substitutus est Franco eligente clero, suffragante populo, dono regis, approbatione romani pontificis per manum metropolitani Senonensis“. Als wahlberechtigt erscheinen dieselben Personenklassen, insbesondere auch die Domgeistlichkeit und die militia oder die Vasallen, wie in Deutschland, s. auch die folgenden Noten, insbesondere Note 5; jedoch tritt vielfach die Betheiligung des Erzbischofs und der Komprovinzialbischöfe in entscheidender Weise hervor, s. den Bericht über die Wahl Gerberts und die folgende Note.

[3] So wurde Arnulf 988 auf Veranlassung Hugo Kapets zum Erzbischof von Rheims erwählt, Mansi 19, 93. 94; Hefele, Konciliengesch. 4, 606; über die Wahl in Cahors (s. S. 538. n. 4) heisst es bei D'Achery l. c.: „per consensum et voluntatem Guilelmi, comitis Catorcensis recepimus in nostro episcopali numero atque collegio ... Gausbertum et electum episcopum in ipsam sedem ... ecclesiae Caturcensis episcopum exaltavimus et ... inthronizavimus et ipsi ecclesiae pastorem praefecimus“.

[4] S. o. S. 526.

[5] In den vorher citirten Stellen, s. namentlich Note 1 u. 2, sind mit Rücksicht auf die frühere Zeit und sowie auf das seit dem 12. Jahrhundert in Frankreich feststehende Recht der Nothwendigkeit der königlichen Erlaubniss zur Wahl, Schaeffner a. a. O. S. 622, Warnkönig u. Stein a. a. O. S. 221, die Ausdrücke annuente rege, favore regis u. s. w. nicht blos auf die Person des Gewählten, sondern auch auf die Vornahme der Wahl überhaupt zu beziehen. Vgl. auch den ep. cleri Lemovic. ad Wilhelm. Aquitan. comit. a. 1052, Gallia christ. 2 instr. p. 173: „Quare tuam rogamus pietatem, ne propter mundiale lucrum vendas s. Stephani locum, quia si tu vendis episcopalia, ipse nostra manducabit communia ... quaeramus tibi episcopum, non rapacem lupum“, und dazu das Schreiben der Bischöfe an Erzbischof von Bourges v. 1052, Mansi 19, 805: „clericorum et optimatum plures ... Guillelmum comitem adiimus ... utque deo dignum episcopum ... ecclesiae Lemovicensi provideret, rogavimus. Ipse ... super eligendo antistite haesitans huc illucque animum vertens, totius Aquitaniae primorum et ecclesiae nostrae clericorum et casatorum (d. h. vasallorum) commune expetiit consilium, si quem ... reperiret idoneum ... postremo sententia cleri et populi necnon et comitis totiusque Aquitaniae potestatis in unum convenit, ut ... Icterium ... elegerunt ... atque episcopum acclamaverunt. Elegimus ergo illum ... ex voluntate ... Guillelmi comitis et Adomari vicecomitis omniumque procerum et casatorum atque totius populi clericorum quoque, decani ... praepositi ... et omnium archidiaconorum, cantoris atque totius cleri. Igitur, domine Bituricensis metropolitane, ante vestram praesentiam caeterorumque episcoporum ... hic adunatorum venimus postulantes ..., ut hunc clericum a deo praeelectum, a nobis autem accla-

Regenten bedurfte [1]. Nach der Wahl oder bei der Ernennung fand ebenso wie in Deutschland eine Uebertragung des Bisthums durch den letzteren an den Neugewählten oder Ernannten [2], und zwar wohl gleichfalls unter Uebergabe des Bischofsstabes, sowie auch des Bischofsringes [3], statt. Aber im Gegensatz zu Deutschland ist es der Geistlichkeit gegenüber dem schwachen Königthum wenigstens theilweise gelungen, die Konsekration, welche der alten Regel gemäss von dem Metropoliten unter Zuziehung der Komprovinzial-Bischöfe vollzogen wurde [4], vor die Verleihung des Bisthums seitens des Königs oder der Grossvasallen zu verlegen [5].

matum, ab apostolico Romano et ab omnibus comprovincialibus episcopis collaudatum, ab comite . . . et omnibus optimatibus adiudicatum, nobis ordinetis episcopum".

[1] S. die vorangehenden Noten.

[2] Hist. episc. Autissiodor. c. 50 (a. 1048), Labbé l. c. 1, 451: „Heribertus II. . . ., quem antecessor eius Hugo in pontificem elegit, cui postmodum rex Heinricus . . . episcopatum ex more dedit"; ep. Fulberti, S. 539. n. 2.

[3] Bei der Absetzung Arnulfs von Rheims 991 concil. Rem. c. 53, Mansi 19, 152, wird erzählt: „resignat ergo regi, quae a rege acceperat, deponit quoque sacerdotalis dignitatis insignia" und vorher c. 45, l. c. p. 148, heisst es: „Arnulphus . . . in sua promotione annulum et baculum acceperat . . . haec eum reddere debere". Dazu kommt, dass der Bischofsstab schon in karolingischer Zeit bei der Verleihung der Bisthümer vom König gebraucht ist, s. o. S. 529. Vgl. auch die zweitfolgende Note.

[4] ep. a. 1029, S. 538. n. 4 u. S. 539. n. 1; die Wahldekrete für Arnulf und Gausbert a. a. O. n. 3; c. 5 conc. Roman. a. 998 o. 999, Mansi 19, 226: „Stephanus s. Vallavensis (von Le Puy) ecclesiae dictus episcopus, ut omni ordine sacerdotali careat, auctoritate apostolica edicimus eo quod a Widone vivente episcopo et avunculo et praedecessore suo sit electus sine cleri et populi voluntate ac post eius mortem a duobus tantum episcopis non comprovincialibus sit ordinatus". Ferner wird anf der römischen Synode v. 998 der Bischof von Auch abgesetzt, weil er von einem fremden Metropoliten sich hatte weihen lassen, Mansi l. c. p. 228.

In Ausnahmsfällen hat sich auch der Papst die Konsekration vorbehalten, s. die erstcitirte Synode c. 7: „ut clerus et populus civitatis Vallavorum licentiam habeant eligendi episcopum iudicatum est; ut electus a domno papa consecretur in episcopum, iudicatum est", hier weil der Erzbischof von Bourges ebenfalls an der unrechtmässigen Weihe des Stephan (c. 5) Theil genommen und deshalb suspendirt war (c. 6 ibid.). Auch Jvo Chartres ist von Urban II. geweiht, weil sein Metropolit die Konsekration nicht vornehmen wollte, s. ep. 8 Ivon. Carnot. ed. II. Paris. 1610. p. 16; ep. Urban. II. a. 1090, Mansi 20, 650.

[5] Direkte Beweisstellen dafür fehlen allerdings, wenngleich die angeführten Berichte und Wahlprotokolle S. 539. n. 3 ff. kaum dahin ausgelegt werden können, dass die Verleihung des Bisthums vor der Konsekration erfolgt ist. Dagegen lässt sich nicht bezweifeln, dass die hohe Geistlichkeit, deren Mitglieder vielfach noch bei Lebzeiten zu Gunsten ihrer Verwandten und Anhänger über ihre Bisthümer verfügten (s. o. Note 4 u. S. 538. n. 4; ein anderes Beispiel bei Mansi l. c. p. 741) und diesen die Nachfolge auch durch simonistische Mittel zu sichern suchten, in der obengedachten Weise die Rechte der Regenten zu schmälern unternommen haben. Ferner kommt in Betracht, dass der Abt Suger v. S. Denis de vita Ludov. grossi c. 9, Du Chesne l. c. 4, 289, den Erzbischof v. Trier, den Gesandten Heinrichs V., zu Chalons 1107 dem Papst Paschalis' II. erklären lässt: „Temporibus antecessorum nostrorum ss. et apostolicorum virorum magni Gregorii et aliorum hoc ad ius imperii pertinere dinoscitur, ut in omni electione hic ordo servetur: antequam electio in palam proferatur ad aures domini imperatoris perferre et si personam deceat, assensum ab eo ante factam electionem assumere, deinde in conventu secundum canones petitione populi, electione cleri, assensu honoratoris proferre, consecratum libere nec simoniace ad d. imperatorem pro regalibus, ut annulo et virga investiatur redire, fidelitatem et hominium facere. Nec mirum, etenim civitates et castella, marchias, thelonea et quaeque imperatoriae dignitatis nullo modo aliter debere occupare". Eine solche irrige Darstellung des in Deutschland üblichen Besetzungsverfahren, s. o. S. 535, kann der Bischof von Trier unmöglich gemacht haben, s. auch Hefele a. a. O. 5, 258. Offenbar legt ihm aber Suger seine eigene, aus der Kenntniss der früheren französischen Verhältnisse entnommene Auffassung in den Mund. Denn der behauptete vorgängige Bericht vor der Wahl war in Frankreich behufs Erlangung der Wahlerlaubniss nöthig, und dass hierbei auch über die dem König genehmen Kandidaten verhandelt wurde, liegt in der Natur der Sache. Passt der erste Theil des Berichtes für Frankreich, so ist nicht minder anzunehmen, dass auch dafür der letzte über das Verhältniss der Konsekration zur Belehnung, hinsichtlich dieser selbst, des Fidelitätseides und des hominium zutreffend ist. — Andererseits soll nicht geleugnet werden, dass auch die Ertheilung der Investitur vor der Konsekration stattgehabt hat, s. die S. 538. n. 4 citirte Stelle des Chron. S. Benigni.

f. Die Besetzung der bischöflichen Stühle vom 11. Jahrhundert ab.

aa. Der Kampf des Papstthums und der weltlichen Fürsten um die Besetzung der bischöflichen Stühle.

§. 122. *α. In Deutschland (Investiturstreit).*

Gegen den bedeutenden Einfluss der weltlichen Fürsten auf die Besetzung der Bisthümer, welcher freilich bei der hervorragenden Berücksichtigung der politischen Interessen manche Uebelstände zur Folge gehabt hatte[1], ist bis zur Mitte des 11. Jahrhunderts eine entschiedene Opposition nicht hervorgetreten. Gerade die deutschen Kaiser hatten trotz mancher missbräuchlichen Ausübung ihres Ernennungsrechtes eine Reihe ausgezeichneter und tüchtiger Männer auf die Bischofssitze erhoben und mit ihnen für die Reformation des Papstthums und der Kirche gewirkt. Vor Allem war es Heinrich III., welcher die von den Clugniacensern ausgegangenen Reformbestrebungen auf Beseitigung der aus weltlicher Gesinnung und weltlichem Leben hervorgegangenen Schäden der Kirche unter Mitwirkung des von ihm wieder erhöhten Papstthums beförderte, und in Folge dessen sich, im Gegensatze zu seinen Vorgängern[2], jeder simonistischen Vergebung der Bisthümer enthielt[3]. Wenn daher Leo IX., von denselben Anschauungen erfüllt, mit den von ihm abgehaltenen Synoden ebenfalls gegen das damals auch unter der Geistlichkeit allgemein verbreitete Laster der Simonie einschritt[4], so hat er doch das Ernennungs- und Investiturrecht des deutschen Kaisers nicht angetastet, während der unter seinem Vorsitz auf der Synode von Rheims 1049 beschlossene Kanon, dass Niemand ohne die Wahl des Klerus und des Volkes zu einem kirchlichen Leitungsamt erhoben werden sollte[5], sich unzweifelhaft gegen die einseitige Besetzung der Bischofsstühle durch den König von Frankreich und die französischen Grossvasallen richtete[6].

Innerhalb der zu Rom tonangebenden Reformpartei trat aber in jener Zeit eine immer mächtiger werdende Strömung hervor, welche die Kirche von dem Einfluss der weltlichen Gewalt durch Vernichtung desselben befreien und die Leitung der Reform nicht nur in die Hände des Papstes legen, sondern auch die weltlichen Herrscher, vor Allem das deutsche Kaiserthum, dem Papstthum als der entscheidenden und massgebenden Macht, unterwerfen wollte[7]. Die Vertreter dieser Richtung

[1] Vgl. die Klagen Attos v. Vercelli († cc. 960) depressuris ecclesiasticis P. II, Migne patrolog. 134, 69. 72. 74, welche sich allerdings auf die italienischen Verhältnisse zur Zeit Berengars und seiner Nachfolger beziehen.

[2] Waitz 7, 292 ff.

[3] Wipon. vit. Chuonr. imp. c. 8, SS. 11, 263: „dum rex et regina a quodam clerico . . . Uodalrico, qui ibi tunc (Basel 1025) episcopus effectus est, immensam pecuniam pro episcopatu susciperent, postea rex in poenitentia motus voto se obligavit pro aliquo episcopatu vel abbatia nullam pecuniam amplius accipere, in quo voto pene bene permansit. Sed filius eius III us Heinricus . . . optime et sine omni scrupulo patrium votum expiavit, quia in omni vita sua pro omnibus dignitatibus ecclesiasticis unius oboli precium non dicitur adhuc accepisse“.

[4] S. Th. I. S. 151. n. 2; conc. Rem. a. 1049, Mansi 19, 737 ff.; Hefele 4, 689 ff.

[5] c. 1, Mansi 19, 741: „Ne quis sine electione cleri et populi ad regimen ecclesiasticum proveheretur“. Desgleichen hat Viktor II. für die durch Simonie verwüstete Kirche von Embrün „secundum electionem cleri et populi ad petitionem quoque religiosorum principum et ad suggestiones primatuum circumiacentium provinciarum“ einen Bischof geweiht, ep. ad Winimann. 1057, Mansi 19, 859. Das von seinen Legaten 1056 abgehaltene Koncil von Toulouse c. 1, l. c. p. 847 trifft nur die Bischöfe, welche andere Bischöfe und Kleriker gegen Geld weihen.

[6] Vgl. über das vorhergehende und nachfolgende Giesebrecht im Münchner histor. Jahrbuch f. 1866. S. 93 ff.; Meltzer, Papst Gregor VII. u. d. Bischofswahlen. 2. Aufl. Dresden 1876.

[7] Als Programm dieser Partei kann, wie Giesebrecht a. a. O. S. 106. 107 nachgewiesen hat, vgl. auch Meltzer S. 37, die Schrift des Kardinalbischofs Humbert v. Silva-Candida ad-

sehen in einer solchen Stellung der Kirche das alleinige Mittel, die Schäden innerhalb derselben zu beseitigen. Als Hauptübel betrachten sie die Simonie, insbesondere die Besetzung der Bisthümer durch die Fürsten und die Benutzung des kirchlichen Vermögens für staatliche Zwecke [1], und fordern daher namentlich die Beseitigung der Investitur mit Stab und Ring durch Laienhand, weil diese Symbole die Zeichen des bischöflichen Amtes sind und die Laien mit der Uebertragung desselben ebensowenig etwas zu thun haben dürfen, wie mit der Spendung der Sakramente [2].

Mit der Erhebung Nikolaus' II. in dem günstigen Zeitpunkt, wo an der Spitze des deutschen Reiches ein schwaches Kind stand, begann die praktische Durchführung dieses Programmes. Zunächst wurde allerdings die Verwirklichung desselben auf der römischen Synode von 1059 in einer noch wichtigeren Beziehung durch die Aufstellung eines Wahlmodus, welcher die Besetzung des päpstlichen Stuhles jeder Mitwirkung des römischen Adels und Volkes entzog und die bisherigen Rechte des Kaisers in empfindlicher Weise schwächte [3], unternommen. Die gedachte Synode untersagte zwar gleichzeitig den Geistlichen, Kirchen aus der Hand eines Laien anzunehmen, erwähnte dabei indessen noch nicht ausdrücklich der Bisthümer [4], und ebenso wiederholte die erste unter Alexander II. 1063 zu Rom abgehaltene Synode

versus simoniacos libri III a. 1058, Martène u. Durand thes. nov. anecdot. 5, 633; Migne patrolog. 143, 1005 ff. betrachtet werden. Hier heisst es III. 21: „qui sacerdotium et regalem dignitatem vult irreprehensibiliter et utiliter conferre, dicat sacerdotium in praesenti ecclesia assimilari animae, regnum autem corpori, quia invicem sese diligunt et invicem sese indigent suamque sibi operam vicissim exigunt et impendunt. Ex quibus sicut praeeminet anima et praecipit corpori, sic sacerdotalis dignitas regali, ut puta coelestis terrestri... sacerdotium tamquam anima praemoneat quae sunt agenda; regnum deinde, tamquam caput, sui corporis omnibus membris praeemineat et ex quo expedit, praecedat. Sic enim regum est ecclesiasticos sequi, sic laicorum quoque reges suos ad utilitatem ecclesiae et patriae ... Caeterum intra ecclesiam potestates necessariae non essent, nisi ut quod non praevalet sacerdos efficere per doctrinae sermonem, potestas hoc imperet per disciplinae terrorem".

1 Vgl. hiezu besonders Humbert. II. 36; III. 1. 6: „Nonne saeculi principes prius vendiderunt et vendunt ecclesiastica sub falso nomine investitionis, deinde metropolitani sub tenore consecrationis"?, III. 15. 20. 21. Diese Zusammenwerfung der Simonie und der Investitur ist dem Vorbereitungsstadium und dem ersten Stadium des Investiturstreites eigen. Später, im Beginne des 12. Jahrhunderts, ist man sich schon über den Unterschied klar geworden, vgl. Schum, d. Politik Papst Paschal's II. gegen Kaiser Heinrich V. Erfurt 1877. S. 115. (Separatabdruck aus d. Jahrb. d. Akademie d. gemeinnützigen Wissenschaft zu Erfurt. Hft. 8).

2 Humbert. III. 6: „Haec cum ita venerabiles omni mundo et summi pontifices spiritu sancto dictante decreverint, cum metropolitani iudicio electio clerici, principis autem consensu expetito, plebis et ordinis confirmetur, ad ... totius christianae religionis conculcationem, praepostero ordine omnia fiunt suntque primi novissimi et novissimi primi. Est enim prima in eligendo et confirmando saecularis potestas, quam velit, nolit, subsequitur ordinis, plebis clerique consensus, tandemque metropolitani iudicium. Unde taliter promoti, sicut superius praedicatur, non sunt inter episcopos habendi: quia substitutio eorum capite pendet deorsum, quia quod debuit eis fieri postremum, factum est primum et ab illis quorum interest nihilum. Quid enim ad laicas pertinet personas sacramenta ecclesiastica et pontificalem seu pastoralem gratiam distribuere, camuros scilicet baculos et annulos quibus praecipue perficitur, militat et innititur tota episcopalis consecratio?... Quicunque ergo his duobus aliquem initiant, procul dubio omnem pastoralem auctoritatem hoc praesumendo sibi vindicant. Nam post haec encaenia, quod liberum iudicium de talibus rectoribus iam datis clerus, plebs et ordo seu metropolitanus eos consecraturus, habere poterunt, quid tantum superest rei, nisi connivent? Sic encaeniatus prius violentus invadit clerum, plebem et ordinem dominaturus quam ab eis cognoscatur, quaeratur aut petatur. Sic metropolitanum aggreditur, non ab eo iudicandus, sed ipsum iudicaturus; neque enim iam requirit aut recipit eius iudicium, sed solum exigit et extorquet servitium, quod ei solum in oratione et unctione est relictum".

3 Th. I. S. 248 ff.

4 c. 6: „Ut per laicos nullo modo quilibet clericus aut presbyter obtineat ecclesiam nec gratis nec pretio", Mansi 19, 898. Auf den unter dem Vorsitz des römischen Legaten 1060 abgehaltenen Koncilien zu Vienne und Tours wurde das Verbot der Simonie ebenfalls wiederholt, aber in einer Fassung, welche zwar die Vergebung der Bisthümer ausdrücklich erwähnt, aber direkt nur eine solche durch die Geistlichkeit, nicht durch die weltlichen Herrscher trifft, c. 1, l. c. p. 925. 926: „... quicumque deinceps pecunia aut aliqua interveniente conventione saeculari aut quo libet modo contra canonicam censuram episcopatum,

dieses Verbot nur in derselben allgemeinen Fassung [1]. Der Zusammenstoss mit dem deutschen Hofe erfolgte erst im Jahre 1068, als bei der Erledigung des Mailänder Bischofsstuhles der König, dessen Mutter und Rathgeber die Bisthümer in der früheren Art vergeben hatten [2], einem gewissen Gottfried die Investitur ertheilte, das Volk aber auf Veranlassung der Kurie, namentlich Hildebrands, einen kanonisch mit Roms Zustimmung gewählten Bischof verlangte [3]. Heinrich IV. und seine Räthe gaben nicht nach [4]. Gregor VII., welcher inzwischen Alexander II. gefolgt war, begnügte sich zunächst damit, auf der Synode von 1074 die früheren Verbote gegen die Simonie mit der Verschärfung, dass die Strafen auch auf die Mitschuldigen ausgedehnt wurden, erneuern zu lassen [5]. Unter den obwaltenden Umständen gewannen diese Vorschriften allerdings eine spezielle Beziehung auf den König und seine Räthe, indessen wollte der Papst offenbar in der Erwartung, dass der König sich seinen Forderungen fügen würde, es damals noch nicht zum vollständigen Bruch treiben [6]. Erst im folgenden Jahre, als dieser letztere sich zwar den päpstlichen Legaten gegenüber entgegenkommend gezeigt, aber in der Mailänder Sache nicht nachgegeben hatte [7], und ferner die deutschen Bischöfe der Abhaltung eines von den Legaten beabsichtigten Konzils zur Ausführung der auf der römischen Synode gefassten Beschlüsse entschiedenen Widerstand entgegengesetzt hatten [8], eröffnete Gregor VII. den Kampf,

abbatiam, archidiaconatum seu archipresbyteratum . . . vel beneficium ... dare vel accipere quolibet modo canonibus contrario tentaverit et dans a proprio decidat gradu et dignitate, et accipiens ministerium seu beneficium male usurpatum nunquam recuperaturus amittat"; c. 2: „Si qui episcopus aut praelatus quilibet contra praefixam regulam aliquod ecclesiasticum ministerium seu beneficium . . . ordinare aut dare voluerit, libere liceat clericis contradicere et vicinorum episcoporum iudicium vel si necesse fuerit, i p s a m q u o q u e s e d e m a p o s t o l i c a m a p p e l l a r e". Die auf einer ferneren römischen Synode v. 1059 oder 1060 von Nikolaus II. vorgenommene Uebergabe des Bischofsringes an den Erzbischof Wido von Mailand nach Ableistung des Obedienzeides seitens desselben, Arnulfi g. archiep. Mediolan. c. 15 SS. 8, 21, kann ebenfalls nur als eine neue päpstliche Investitur des die Oberhoheit Roms anerkennenden Bischofs aufgefasst werden.

[1] c. 6 in c. 20 C. XVI. qu. 7.

[2] Und zwar wieder in der Weise, dass Gunst und Geld dabei entschieden, s. Lamberti annal. a. 1065, SS. 5, 171: „successit ei in episcopatu (Bamberg) Herimannus, ... qui legationem praemisit ad necessarios suos . . . petens, ut sibi ad episcopatum quaqua possent ratione, aditum patefacerent. Quod et sedulo fecerunt, profuso in coemptionem eius argenti et auri inaestimabili pondere". a. 1066, ibid. p. 173, s. aber dazu vita Conradi Trev. c. 2, SS. 8, 214, gesta Trever. c. 9. l. c. p. 182. 183, annal. Altah. maior. a. 1067, SS. 20, 818. Vgl. Meltzer S. 68.

[3] Arnulfi g. archiep. Mediolan. c. 21. 22, SS. 8, 23.

[4] 1073 wurde Gottfried auf Befehl des Königs von den Suffraganbischöfen der Mailänder Provinz geweiht, Arnulfi g. archiep. Mediolan. IV. 3. SS. 8, 26.

[5] Mariani Scotti chron. SS. 5, 560: „decrevit quoque, ut sub sententia s. Petri cum Simone damnaretur non solum emptor et venditor uniusque consecrationis officii ecclesiastici i. e. episcopatus, presbiteratus, diaconatus, prepositurae, decanatiae, ecclesiae vel decimationis, sed socius transgressoris"; apologeticus Bernoldi c. 10, Mansi 20, 403; vgl. Meltzer S. 203.

[6] Noch 1073 setzte er die Weihe des Anselm von Lucca auf Veranlassung von Heinrich IV. aus, weil er (Hugon. Flavin. chron. II, SS. 8, 411): „episcopatus aelectionem solam, non autem donum per regiam acceperat investituram"; vgl. Meltzer S. 55. 57.

[7] Meltzer S. 65. 67. 74 ff. Dass Gregor VII. nicht gesonnen war, von seinen Forderungen abzugehen, zeigt die Weihe der Bischöfe von Macon und Die, welche er selbst gegen den Willen König Philipps I. von Frankreich, beziehentlich Heinrichs IV. vornahm, s. Gregor. reg. I. 76. 69. ep. collect. 7, Jaffé monum. Gregor. p. 95. 87. 527, Meltzer S. 79. 210. n. 16. Ebenso ist das Recht Heinrichs in dem Schreiben an den Grafen, den Klerus und das Volk von Montefeltro und Gubbio l. c. II. 41. p. 154, wonach die päpstlichen Kommissare die dortige Bischofswahl leiten und den Gewählten zur Konsekration nach Rom schicken sollen, ignorirt. In dem Brief über die Bischofswahl in Fermo l. c. II. 38 p. 151 enthält der Passus „donec . . . cum nostra sollicitudine tum regis consilio et dispensatione idonea ad regendam ecclesiam et episcopalem dignitatem persona idonea repperiatur" keine Anerkennung des Investiturrechtes des Königs mehr, und wenn überhaupt noch einer Betheiligung des letzteren gedacht wird, erklärt sich dies wohl aus der kaiserlichen Gesinnung des ersten Adressaten. Vgl. Meltzer S. 78. 79. Ueber weitere in Betracht kommende Momente s. denselben S. 82 ff.

[8] Meltzer S. 76; Hefele, Konciliengesch. 5, 23. Dafür wurden sie zur Verantwortung über

welcher beinahe fünfzig Jahre währte und herkömmlich mit dem Namen des Investiturstreites bezeichnet wird. Auf einer im Februar 1075 zusammenberufenen römischen Synode wurden die früheren Verbote erneuert, aber mit der wichtigen zusätzlichen Anordnung, dass das Volk die geistlichen Funktionen der Uebertreter derselben zurückweisen sollte[1]. Die ausgedehnte Verbreitung, welche diesen Kanonen gegeben wurde[2], konnte keinen anderen Zweck haben, als das Volk, namentlich in Deutschland, im Interesse der päpstlichen Politik gegen den bisher nicht gefügigen und kaiserlich gesinnten Episkopat, über dessen Mitglieder wegen ihres ablehnenden Verhaltens im Vorjahre zugleich Suspensionen verhängt wurden[3], aufzuregen und durch diesen Druck die geistlichen Fürsten von dem König zu trennen[4]. In einem weiteren Kanon[5] endlich wurde dem König das Recht der Investitur der Bisthümer abgesprochen, und damit das Verbot der Simonie zum ersten Mal direkt auf die Besetzung der deutschen und italienischen Bisthümer angewendet. Mit diesem Angriff auf ein althergebrachtes und früher päpstlicherseits anerkanntes Königsrecht war der Versuch gemacht, die Verfassung des deutschen Reichs in ihren Grundvesten zu erschüttern und der königlichen Macht eine ihrer Hauptstützen zu entziehen. Die Bischöfe in Deutschland und Italien waren zwar kirchliche Beamte, aber diese ihre Eigenschaft trat gegenüber ihrer weltlichen und politischen Stellung entschieden zurück. Als Reichsfürsten waren sie mit grossem, ihren Kirchen zustehenden Allodial- und Lehnbesitz, nicht minder mit einer Fülle von Hoheitsrechten ausgestattet, und hatten von ihren Bisthümern den bedeutendsten Theil der Reichslasten zu tragen. In ihnen fand das Königthum, weil es die geistlichen Fürstenthümer frei und ungehindert durch Erbansprüche an ergebene Anhänger verleihen konnte, die Hauptgrundlage seiner Macht, wie sie andererseits gerade ihrem Verhältniss zum Königthum die Vermehrung ihres weltlichen Besitzes und ihrer Rechte zu danken hatten. Das einzige rechtliche Band zwischen diesen mächtigen Fürsten und dem Königthum bildete in einer Zeit, in welcher an Stelle des allgemeinen Unterthanenverbandes überall lehnsrechtliche und lehnsähnliche Abhängigkeitsverhältnisse getreten waren, die Investitur mit Treueid und Mannschaft, und ein solches war schon damals ohne die persönliche Ergebenheit des Verpflichteten nicht mehr stark genug, die Erfüllung der dem Reich und dem König zukommenden Leistungen zu sichern. Die Investitur, sowie das in ihr liegende königliche Ernennungsrecht bildeten somit nicht nur das Fundament, auf welchem das geistliche Fürstenthum erwach-

ihren Lebenswandel und ihre Beförderung zum Bischofsamt (introitus) nach Rom vorgeladen, und Heinrich aufgefordert, Gesandte zu schicken, „qui nos fideliter doceant et de ingressu et de vita eorum", l. c. II. 30. p. 143.

[1] Gregor. VII. ep. collect. 3—5, l. c. p. 523: „in nostra synodo sententiam dedisse: ut hi qui per symoniacam heresim, h. e. interventu precii ad aliquem sacrorum ordinum graduum vel officium promoti sunt, nullum in s. ecclesia ulterius locum ministrandi habeant, illi quoque qui ecclesias datione peccuniae obtinent, omnino eas perdant, ne deinceps vendere aut emere alicui liceat . . . statuimus etiam, ut si ipsi contemptores fuerint nostrarum, immo ss. patrum constitutionum populus nullo modo eorum officia recipiat". Dass diese Kanones der Synode von 1075, nicht der von 1074 angehören (so Hefele 5, 19; Jaffé l. c.), hat Giesebrecht S. 127 nachgewiesen, s. auch Meltzer S. 203 ff.

[2] S. die in der vorigen Note citirten Kommunikationsschreiben und reg. II. 62; Meltzer S. 68.

[3] Reg. II. 52a, p. 170.

[4] Meltzer S. 86.

[5] Ueber diesen berichtet allein Arnulf g. archiep. Mediolan. IV. 7, SS. 8, 27: „praefatus papa habita Romae synodo palam interdicit regi, ius deinde habere aliquod in dandis episcopatibus omnesque laicas ab investituris ecclesiarum submovet personas. Insuperfacto anathemate cunctos regis clamat consiliarios, id ipsum regi comminatus, nisi in proximo huic obediat constituto". Es ist das Verdienst Giesebrechts, s. a. a. O. S. 127 ff. 186 ff., diese Sache klar dargestellt zu haben, vgl. auch Meltzer S. 89. 213.

sen und in den Organismus der Reichsverfassung eingeordnet war, sondern auch die Grundlage, auf welcher die Macht des Königthums wesentlich ruhte. Das Verbot der Investitur bedeutete demnach Zerstörung einer der Hauptstützen des Königthums, Zerreissung des die Abhängigkeit und die Reichsleistungen der geistlichen Fürsten bedingenden rechtlichen Bandes, sowie Uebertragung der mit den geistlichen Fürstenthümern verbundenen materiellen Besitzthümer und politischen Hoheitsrechte an Machthaber, welche ohne jede Beziehung zum Königthum standen. Welche positiven Neugestaltungen nach Durchführung dieser, die bisherigen Einrichtungen vernichtenden Massregel an deren Stelle eintreten sollten, darüber spricht sich der Kanon nicht aus. Dass sein Urheber indessen die frühere s. g. kanonische Wahl durch Klerus und Volk unter Mitwirkung des Metropoliten und seiner Suffragane im Auge hatte [1], kann nicht zweifelhaft sein, ebensowenig aber, dass er durch das formale Zurückgreifen auf dieses Verfahren, welches unter den damaligen politischen und kirchlichen Verhältnissen eine vollkommen andere Wirkung als früher äussern musste, nicht die Herstellung eines kanonisch korrekten Rechtszustandes, sondern die Ausdehnung der päpstlichen Macht auf ein anderes Gebiet bezweckte, welches durch den Streit um das Investiturrecht ebenfalls berührt werden musste.

Die Wiedererneuerung des kanonischen Wahlverfahrens konnte im Sinne Gregors VII. nichts anderes bedeuten, als Unterwerfung des Episkopates unter den Papst. Aus der Wahl einer von den nationalen und staatlichen Interessen durch Durchführung des Cölibates [2] losgelösten Stiftsgeistlichkeit, welche, falls selbst die dabei betheiligten Laien nicht wie die Patarener in der Lombardei päpstlich-römisch gesinnt waren, doch immer die entscheidende Stimme hatte, konnten kaum andere als derartige Bischofs-Kandidaten hervorgehen. Sodann wurde durch das wieder in Kraft gesetzte Prüfungsrecht des Metropoliten, welches in Folge der Investitur seine Bedeutung verloren hatte, jede Möglichkeit eines anderen Ausfalles der Wahl so gut wie verhindert, wenn der Metropolit, worauf ebenfalls weitere Massregeln Gregors [3] abzielten [4], in gebührender Abhängigkeit vom päpstlichen Stuhle gehalten wurde. Schliesslich aber liess sich bei der Prüfung der Wahlen der Metropoliten, weil es

[1] Dafür spricht die Stelle S. 542. n. 5 in der Schrift des Kardinals Humbert, ferner c. 6 der römischen Synode v. 1080, reg. VII. 14 a. p. 400; Mansi 20, 533: „Quoties defuncto pastore alicuius ecclesiae alius est ei canonice subrogandus instantia visitatoris episcopi qui ei ab apostolica vel metropolitana sede directus est, clerus et populus, remota omni saeculari ambitione, timore atque gratia apostolicae sedis vel metropolitani sui consensu pastorem sibi secundum deum eligat. Quodsi corruptus aliquo vitio aliter agere praesumpserit, electionis perperam factae omni fructu carebit et de caetero nullam electionis potestatem habebit. Electionis vero potestas omnis in deliberatione sedis apostolicae sive metropolitani sui consistat. Si enim is, ad quem consecratio pertinet, non rite consecrando . . . gratiam benedictionis amittit, consequenter is qui ad pravam electionem declinaverit, eligendi potestate privatur". Auch Rudolf v. Schwaben musste bei seiner Wahl 1077 versprechen: „ut episcopatus non pro pretio nec pro amicitia daret, sed unicuique ecclesiae de suis electionem, sicut iubent canones, permitteret", Bruno de bello Sax. c. 91, SS. 5, 365. Wie das verstanden wurde, zeigt Berthold. ann. a. 1078 l. c. p. 309: „Illic qui revera primum canonicae a clero et populo et a meliori et maiore parte aecclesiasticae militiae electus est, in episcopum Augustensis aecclesiae . . . Wigoldus, electione et suffragio cardinalis Romani, metropolitani et archiepiscopi sui Mogontini nec non aliorum qui ibi convenerant IX episcoporum, . . . canonice in episcopum consecratus et ordinatus est".

[2] Th. I. S. 153.

[3] Wie schon seiner Vorgänger, s. S. 542. n. 4 a. E. Hierher gehört die von Wibert von Ravenna 1073 verlangte Ableistung des dem Lehnseide nachgebildeten Obedienzeides, die Formel bei Deusdedit. coll. can. IV. 162.

[4] So die Abforderung von Obedienzeiden der gedachten Art, s. den Eid des Patriarchen von Aquileja v. 1079, Gregor VII. reg. VI. 17a, p. 354; die Anordnung, dass die Metropoliten das Pallium in Rom persönlich nachsuchen sollten, s. o. S. 29.

hier an der erzbischöflichen Mittel-Instanz, welche diese sonst vorzunehmen hatte, fehlte [1], wie auch in anderen Fällen, ein direkter Einfluss des Papstes [2] geltend machen. Die Inanspruchnahme eines direkten päpstlichen Besetzungsrechtes statt des königlichen hätte offenbar überall als eine unerhörte Neuerung und Anmassung auf lebhaften Widerstand stossen müssen, die Rückkehr zu der kanonischen Wahl erschien dagegen als eine durch die ehrwürdigen, alten Gesetze der Kirche gerechtfertigte Reform, während in der That damit praktisch im Wesentlichen derselbe Erfolg erreicht wurde.

Dass die so gewählten Bischöfe und Erzbischöfe ihre bisherigen Rechte, die Verwaltung und Nutzniessung der ihren Kirchen zustehenden Allodien und Lehne, nicht minder die den Bisthümern übertragenen Hoheitsrechte beizubehalten hätten, wurde von Gregor VII. als selbstverständlich vorausgesetzt. War dies aber der Fall, so stand die bedeutende Macht, welche die geistlichen Reichsfürsten besassen, vollkommen zur Verfügung des päpstlichen Stuhles und von ihm hing es ab, welches Maass von Leistungen er überhaupt noch zu Gunsten des Reiches gestatten wollte [3]. Der Papst war dann den geistlichen Fürsten gegenüber thatsächlich in die Stelle des Kaisers und Königs getreten, und konnte, wie bisher der letztere, auch über den geringsten Bisthumsvasallen gebieten [4].

[1] Die Erwähnung des Papstes neben dem Metropoliten in c. 6 conc. Roman. a. 1080, S. 545. n. 1, kann nicht anders erklärt werden, als dass dieser beim Nichtvorhandensein oder bei einer Verhinderung des Metropoliten eintreten sollte. Dass er die Rechte des Metropoliten in der eigentlichen römischen Provinz auszuüben befugt sei, würde keiner speciellen Hervorhebung bedurft haben. Die Unbestimmtheit des Kanons in der berührten Beziehung ist übrigens schon an und für sich bezeichnend genug und kann kaum als eine blosse inkorrekte und nachlässige Fassung angesehen werden. Wie der Kanon lautete, liess sich in geeigneten Fällen durch ihn immer das päpstliche Eingreifen bei der Besetzung eines Bisthums rechtfertigen. Für diese Auffassung sprechen auch die in der folgenden Anm. hervorgehobenen Momente. Vgl. ferner Meltzer S. 166 ff.

[2] Dass Gregor VII. einen solchen beabsichtigt hat, zeigt die Absendung von Kommissarien nach Montefeltro, das nicht zur römischen Provinz gehörte, s. S. 543. n. 7; vgl. ferner reg. II. 50 p. 166 in Betreff des Bisthums Jaca in Arragonien: „si vero infirmitas et debilitas corporis sui (des damaligen Bischofs) adaucta fuerit . . ., apostolicae sedi eius (conversatio) tuis et episcopi litteris necnon sub testimonio cleri eiusdem ecclesiae denuncietur et de ordinatione ecclesiae deliberato consilio certa vobis et salubris . . . responsio dabitur", Meltzer S. 82; ep. ad Rodulf. reg. 1076 über die Wiederbesetzung von Magdeburg, ep. coll. 26. p. 552: „domus dei dignum dispensatorem per ostium introducere, cum communi . . . tam archiepiscoporum quam episcoporum nec non etiam clericorum et laicorum consensu et electione procurate. Quodsi meis vultis acquiescere consiliis, audio inter vos esse quosdam boni testimonii viros, A scilicet . . . G. . . . H. . . . quorum unum me praecipiente et consentiente eligite et in archiepiscopum . . . . ordinate. Si vero in his III bus qui dignus sit, non poterit inveniri . . . orando . . . ad deum convertimini, rogantes, ut sua revelante gratia persona quae huic negotio sit conveniens, possit ostendi", Meltzer S. 154. 155; reg. VI. 21 v. 1079, p. 358, betr. das Erzbisthum Arles: „misimus ad vos . . . Leodegarium Wapincensem episcopum, quatenus cum illius consilio aut talem personam . . . eligatis, quam vicarius noster Hugo Diensis episcopus litteris suis nobis commendet aut si apud vos . . . digna inveniri persona non potest, in manu . . . Leodegarii . . . firmetis, illum vos suscipere in pastorem, quem . . . vobis ex parte s. Petri miserimus"; Meltzer S. 118. 120. 155. 156. 172. 175; Giesebrecht S. 143.

[3] Vgl. Reg. V. 5. p. 292 über Aquileja v. 1077: „ceterum quod ad servitium et debitam fidelitatem regis pertinet, nequaquam contradicere aut impedire volumus". S. übrigens auch unten das S. 548. n. 6 über die zweite Synode von 1078 Bemerkte.

[4] Mit Ficker, Eigenthum von Reichskirchengut S. 130 ff., Meltzer S. 90 ff., Maassen, neun Capitel über freie Kirche. Gratz 1876. S. 168 ff., welche beide dem ersteren folgen, stimme ich darin überein, dass bei dem Investiturstreit nicht blos das Recht der Laien, insbesondere des Königs auf Besetzung der Aemter, sondern auch die Dienstbarmachung des Kirchengutes für kirchliche und hierarchische Zwecke und die Beseitigung des bisherigen Verfügungsrechtes des Königs darüber in Frage gestanden hat. Ich halte es aber nicht für richtig, dies dahin zu fassen, dass es sich um die Vernichtung des Ober-Eigenthums am Reichskirchengute und die Uebertragung desselben auf die römische Kirche oder den Papst gehandelt habe. Ich erachte die Behauptung Fickers, dass ein solches Ober-Eigenthum überhaupt an dem Allodialbesitz

Während Gregor VII. den die Simonie betreffenden Kanones der Synode von 1075 (S. 544. n. 1) die ausgedehnteste Verbreitung gab, ist dies mit dem Investiturverbote nicht geschehen [1]. Offenbar deshalb nicht, weil er fürchtete, dass ein derartiges rücksichtsloses Vorgehen, bei welchem er als der angreifende Theil erscheinen musste und welches selbst, falls sich Heinrich IV. wirklich der gröbsten Simonie bei Vergebung der Bischofsstühle schuldig gemacht hätte [2], nicht gerechtfertigt erscheinen konnte, den Zeitgenossen über seine Ziele die Augen öffnen und eine allseitige Parteinahme für den König, namentlich unter der von dem Verbote betroffenen höheren Geistlichkeit in Deutschland, zur Folge haben würde [3]. Vorsicht war bei dem Angriff auf ein althergebrachtes Recht zu einer Zeit, wo der König noch nicht isolirt dastand, geboten, und so eröffnete der Papst mit demselben zunächst neue Verhandlungen, um ihn unter dem Drucke des erlassenen Verbotes zum Nachgeben zu bewegen [4]. Diese führten zu keinem Resultat, Heinrich IV. hielt vielmehr an dem

der Bisthümer in Deutschland anerkannt gewesen sei (s. S. 52 ff.), nicht für erwiesen. S. dagegen auch Waitz, V. Gesch. 7, 194 u. in d. götting. gel. Anzeigen 1873. S. 821 ff.; Richter-Dove K. R. S. 1102. n. 8. Uebrigens scheidet diese Auffassung entgegen der damaligen Anschauung m. E. unberechtigterweise ein einziges Recht, das Eigenthumsrecht an den dessen überhaupt fähigen Vermögensmassen aus, und beachtet nicht, dass das Bisthum als ein zusammengehöriger Komplex verschiedenartiger kirchlicher Hoheits- und Privatrechte bis zum Investiturstreit angesehen worden ist (vgl. übrigens auch die Urk. Heinrichs IV. v. 1081, o. S. 531. n. 4), und dass die Investitur sich nicht blos auf das Eigenthumsrecht an den Gütermassen allein bezogen hat. Eine Unterscheidung zwischen der Kirche, d. h. dem Bisthum und ihren Gütern tritt erst in der Zeit der Simonie-Verbote hervor, s. Petrus Damian. ep. I. 13, Migne patrol. 144, 219, wo er gegen die Behauptung der Kapellane des Herzogs Gottfried polemisirt: „nec emitur sacerdotium, sed possessio praediorum. Sub hac enim praestatione opes tantum, non honoris vel ecclesiae redimitur sacramentum . . . (p. 221). Sane cum baculum ille tuis manibus tradidit, dixitne: Accipe terras atque divitias illius ecclesiae? an potius, quod certum est: Accipe ecclesiam . . . quod si ecclesiam suscepisti, quod omnino negare non potes, procul dubio factus es simoniacus", und gerade die kirchlich und päpstlich gesinnte Partei sucht sie als nichtig zu erweisen. Im Verlaufe des Investiturstreites sind es umgekehrt die Anhänger des Kaisers gewesen, welche die Unterscheidung zwischen den spiritualia und temporalia (regalia) zur Vertheidigung der kaiserlichen Rechte aufgestellt haben. Wenn Gregor VII., wie Ficker S. 155 mit Recht bemerkt, und die Inanspruchnahme mehrerer weltlichen Reiche für das ius und die proprietas s. Petri beweist, reg. I. 7. p. 16, IV. 28. p. 286 (Spanien), II. 74. p. 198 (Russland), II. 13. p. 128 (Ungarn), die Gründung einer feudal-hierarchischen Universalmonarchie bezweckte, so bedurfte es für die Oberlehnsherrlichkeit in dieser nicht auch des Obereigenthums gewisser in den einzelnen Staaten belegenen Gütermassen, inbesondere war in Deutschland ein wichtiger Schritt zur Ausführung dieses Planes schon dann geschehen, wenn das Band zwischen den Bischöfen und dem Kaiser zerrissen, die Besetzung der Bischofsstühle mit päpstlich gesinnten Bischöfen durch päpstlichen Einfluss gesichert und eine Vergebung der Bisthümer erreicht war, welche von den höheren kirchlichen Würdenträgern mit den früher vom König gebrauchten Symbolen, dem Stabe und dem Ringe, vorgenommen wurde. Nach der Auffassung der damaligen Zeit musste damit ein dem lehnrechtlichen ähnliches Verhältniss der Bischöfe zum Papst, auch ohne dass dieser das Obereigenthum an den Kirchengütern beanspruchte, begründet werden. Die Forderung an den Bischof von Trient „ut ad servitium b. Petri pro posse tuo milites mittere studeas", ep. coll. 13 v. 1076, p. 535 und das Versprechen im Obedienzeide des Patriarchen von Aquileja: „Romanam ecclesiam per saecularem militiam fideliter adiuvabo, cum invitatus fuero" v. 1078 kann nicht mit Ficker S. 158. 159 zum Beweise dafür angeführt werden, dass Gregor VII. sich als Obereigenthümer alles Kirchengutes betrachtete. Auf ein solches, damals nicht anerkanntes Recht konnte er doch sicherlich dergleichen Ansprüche nicht gründen, wohl aber auf die Pflicht der Prälaten, das für kirchliche Zwecke bestimmte Gut auch zu solchen — und dazu gehörte nach seiner Auffassung sicherlich die Vertheidigung der römischen Kirche — nutzbar zu machen.

1 Giesebrecht a. a. O. S. 129; Meltzer S. 89.

2 Darüber, dass dies nicht der Fall gewesen, und Heinrich IV. selbst nicht den kirchlichen Reformbestrebungen entgegengetreten ist, s. Meltzer S. 67. 101. 105. 207. Die früher herrschende gegentheilige Auffassung, s. z. B. Phillips K. R. 3, 147, kann jetzt als abgethan erachtet werden.

3 Giesebrecht in d. Münchner Jahrb. 1866. S. 129; Meltzer S. 96 ff.

4 Reg. III. 5. 7. 10 p. 209 ff.; Meltzer S. 99. 216; vielleicht auch unter Bewilligung einer scheinbaren Konzession, welche in der Sache nichts änderte. Vgl. reg. III. 10 p. 221.

Investiturrechte fest[1]. Erst nunmehr, Ende des J. 1075, erfolgte der definitive Bruch zwischen dem Papste und dem Kaiser, und demnächst Anfang des J. 1076 die Entsetzung des ersteren durch das Konzil zu Worms[2]. Damit gewann der Streit eine viel umfassendere prinzipielle Bedeutung. Er bewegt sich von dieser Zeit an um das Verhältniss zwischen Königthum und Papstthum überhaupt[3], und naturgemäss tritt die Frage des Investiturrechtes, welches die Veranlassung gegeben hatte, zurück. Der Papst hielt in dieser letzteren aber an seiner Auffassung fest[4]. Auf der römischen Synode von 1078 wurde das Investiturverbot in der verschärften Fassung erneuert, dass Laien und Kleriker, welche den kanonischen Vorschriften zuwider Bisthümer, Abteien, andere kirchliche Aemter und Zehnten Geistlichen oder anderen Personen zu Lehn geben würden, dem Banne unterliegen sollten[5], und auf einer ferneren Synode desselben Jahres der Empfang der Investitur von Bisthümern, Abteien und Kirchen aus der Hand des Kaisers, eines Königs oder einer anderen Person durch Geistliche mit Nichtigkeit und Exkommunikation bedroht[6]. Eine scharfe

[1] Im Jahre 1075 besetzte er das Bisthum Bamberg in der bisherigen Weise, Lambert. ann. 1075, SS. 5, 236; ferner ernannte er unter Nichtberücksichtigung des früher von ihm eingesetzten Bischofs einen neuen für Mailand, Arnulf. g. archiep. Mediolan. V. 3. 5, SS. 8, 29 u. Landulfi hist. Med. III. 32 l. c. p. 99; endlich auch Bischöfe für Spoleto und Fermo, reg. III. 10. p. 219.

[2] In dem Dekret über die Absetzung Gregors VII. wird unter den Gründen der Absetzung der Angriffe auf das Investiturrecht nicht gedacht, LL. 2, 46. Ebensowenig geschieht dieser Angelegenheit Erwähnung in dem gegen Heinrich IV. päpstlicherseits ausgesprochenen Banne, reg. III. 10a p. 223.

[3] Vgl. Reg. IV. 3 p. 245 (1076): „Non ultra putet (Heinrich) s. ecclesiam sibi subiectam ut ancillam, sed praelatam ut dominam. Non inflatus spiritu elationis consuetudines superbiae contra libertatem s. ecclesiae inventas defendat".

[4] Der Gegenkönig Rudolf musste bei seiner Wahl auf Verlangen der päpstlichen Gesandten die kanonische Wahl zugestehen, S. 545. n. 1; vgl. auch Meltzer S. 113; reg. IV. 22. p. 272 v. 1077, betreffend die Besetzung von Kambray. Meltzer S. 116 ff.; reg. V. 5. p. 292 v. 1077, betr. die von Aquileja.

[5] Berthold. ann. 1078, SS. 5, 308: „In laicos quoque cuiuscumque dignitatis data est sententia anathematis, sive clericos nec non in omnes personas, quicumque contra sacrorum canonum decreta episcopatus, abbatias, praeposituras, qualescumque ecclesias, decimas vel quascumque aecclesiasticas dignitates cuilibet clerico seu cuicumque personae iuxta usurpationem suam antiquam in beneficium dare et quod domino deo prius canonica et legittima traditione in proprietatem et servitium legaliter delegatum est, hoc quasi proprium quiddam et hereditarium laica et non consecrata deo manu, consecratis deo altaris et aecclesiasticae dispensationis ministris procurandum et ordinandum contradere seu praestare omnino praesumpserint". Vgl. Giesebrecht S. 137; Meltzer S. 137, welche aber beide das ecclesiasticas dignitates nicht richtig durch kirchliche Gerechtsame wiedergeben. Es sind damit die s. g. dignitates, die angeseheneren Kirchenämter, wie die z. B. sonst häufig neben episcopatus, abbatias genannten archipresbyteratus und archidiaconatus (s. z. B. S. 542. n. 4) gemeint. Die Vorschrift ist die erste, welche für die Verletzung des Verbotes den Bann androht. Wenn Berthold weiter l. c. p. 310 über die Erhebung des Wigold, S. 545. n. 1, erzählt: „Cui rex post peracta legittime omnia quae ad ordinationem ipsius pertinebant, videlicet anulo et virga pastorali et cathedra episcopali ab archiepiscopo Mogontino susceptis, ex sua parte quicquid regii iuris fuerit in procurandis bonis aecclesiasticis diligenter commendavit. Cavebat namque, ut oboedientissimus erat in omnibus quod in Romana synodo nuper canonice diffinitum est et post datam iudicialiter sententiam sub anathemate interdictum et prohibitum est, ne quis laicorum aecclesias et aecclesiasticas decimas et dignitates personis aliquibus quasi proprium suum praestiterit, sive contra canones sibi usurpare praesumpserit", so kann darin schwerlich mit Meltzer S. 139 ein Verzicht des Gegenkönigs auf alle bisherigen kaiserlichen Rechte am Kirchengut gefunden werden, vielmehr ist die Uebertragung derjenigen Rechte, welche von dem durch Berthold mitgetheilten Verbote der Synode nicht betroffen wurden, gemeint, s. auch Bernheim zur Geschichte des Wormser Concordats. Göttingen 1878. S. 7. n. 21.

[6] Reg. VI. 5b, p. 332: „Quoniam investituras ecclesiarum contra statuta ss. patrum a laicis personis in multis partibus cognovimus fieri . . . decernimus: ut nullus clericorum investituram episcopatus vel abbatiae vel ecclesiae de manu imperatoris vel regis vel alicuius laicae personae, viri vel feminae suscipiat. Quodsi praesumpserit, recognoscat, investituram illam apostolica auctoritate irritam esse et se usque ad condignam satisfactionem excommunicationi subiacere" (auch in c. 13. C. XVI. qu. 7). Während das Verbot der früheren Synode dieses Jahres wohl mit Rücksicht auf die politische Lage aus Vorsicht, namentlich um nicht bei den davon Betroffenen zu grossen Anstoss zu erregen, absichtlich nicht verbreitet

Durchführung dieser Anordnung hielt der Papst indessen mit Rücksicht auf die damals zwischen ihm und Heinrich IV. schwebenden Friedensverhandlungen nicht für angezeigt [1]. Erst als sich die auf diese letzteren gesetzten Hoffnungen zerschlagen hatten, wiederholte er auf der Fastensynode von 1080 in noch unzweideutigerer Fassung die früheren Verbote, und publicirte zugleich eine Anordnung über das Besetzungsverfahren, welches an Stelle der verpönten Investitur treten sollte. Der erste Kanon schärfte die Bestimmung der zweiten römischen Synode von 1078 über die Geistlichen, welche die Investitur aus Laienhänden empfangen, von Neuem ein [2], der zweite drohte den Kaisern, Königen, sowie anderen weltlichen Machthabern und Personen, welche die Investitur eines Bisthums oder anderer geistlicher Würden vornehmen, den Bann an [3], und ein dritter, der sechste, bestimmt, dass die Wiederbesetzung eines erledigten Bisthums auf Veranlassung eines vom päpstlichen Stuhle oder vom Metropoliten bestellten Visitators durch Wahl des Klerus und Volkes ohne jede weltliche Rücksicht mit Konsens des Papstes oder des Erzbischofs zu erfolgen habe, widrigenfalls die Wahl ungültig sein, das Wahlrecht verloren gehen und die Besetzung dem päpstlichen Stuhle oder dem Erzbischof anheimfallen sollte [4]. Die Synode hat insofern eine besondere Bedeutung, als sie die Anforderungen der Kirche klarer und umfassender wie die früheren in gesetzgeberischer Form aufgestellt hat. Einer weiteren Entwicklung dieser Vorschriften in legislatorischer Beziehung bedurfte es nun nicht mehr, vielmehr kam es jetzt lediglich auf die praktische Durchführung

worden ist, Giesebrecht S. 138, ist dies mit dem letzteren geschehen, s. a. a. O. S. 140. Die Ergänzung zu diesem Kanon bildet der weitere, l. c. p. 333: „Ordinationes quae interveniente pretio vel obsequio alicuius personae ea intentione impenso vel quae non communi consensu cleri et populi secundum canonicas sanctiones fiunt et ab his ad quos consecratio pertinet, non comprobantur, irritas esse diiudicamus". In den ferneren Kanonen der Synode, p. 332: „ut nulli episcopi praedia ecclesiae in beneficium tribuant sine consensu papae, si de sua sunt consecratione. Caeteri autem sine consensu archiepiscopi sui et fratrum suorum hoc idem non praesumant. Si autem praesumpserint, ab officio suo suspendantur; et quod venditum est vel datum beneficium ecclesiae reddatur, omnino evacuata omni venditione vel in beneficium traditione" und „Quicunque militum vel cuiuscunque ordinis vel professionis persona predia ecclesiastica a quocunque rege seu seculari principe vel ab episcopis invitis seu abbatibus aut ab aliquibus ecclesiarum rectoribus suscepit vel susceperit vel invasit, vel etiam de rectorum depravato seu vitioso eorum consensu tenuerit, nisi eadem praedia ecclesiis restituerit, excommunicationi subiaceat" (c. 4 C. XII. qu. 2), vgl. auch dazu reg. VI. 5. p. 329 und VI. 19. p. 356, tritt die mit dem Investiturverbot beabsichtigte Einwirkung auf die den Bisthümern zustehenden weltlichen, insbesondere auf die Vermögensrechte klar hervor, ihr weltliches Gut wird als kirchliches Eigenthum betrachtet, über dessen Verwaltung und Vergebung nur der Papst und die Erzbischöfe, nicht aber mehr der König zu entscheiden hat, und welches principiell nicht mehr zu staatlichen Leistungen von diesem in Anspruch genommen werden soll, denn die Ausleihung zu Benefizium war bisher gerade zur Ermöglichung dieser erfolgt.

[1] Auf der Synode von 1079, reg. VI. 17[a], p. 352 hat er die Investitur nicht wieder zur Sprache gebracht und seinen Legaten ertheilt er die Anweisung ep. coll. 31 p. 557: „volumus autem, ut de causa regum vel regni sive etiam de Trevirensi, vel Coloniensi et Augustensi electis vel de omnibus istis qui investituram per manum laicam acceperunt, nullum praesumatis exercere iudicium; summumque vobis studium sit, si rex adquieverit vobis de statuendo colloquio et pace firmanda in regno et de restituendis episcopis in sedibus suis, et hec eadem cito ad nos aut per vos ipsos aut per certos legatos annunciare".

[2] c. 1, Reg. VII. 14[a]. p. 398, Mansi 20, 531: „ut si quis deinceps episcopatum vel abbatiam de manu alicuius laicae personae susceperit, nullatenus inter episcopos vel abbates habeatur nec ulla ei ut episcopo seu abbati audientia concedatur. Insuper etiam ei gratiam s. Petri et introitum ecclesiae interdicimus quo usque locum, quem sub crimine tam ambitionis quam inobedientiae, quod est scelus idolatriae, cepit, resipiscendo non deserit. Similiter etiam de inferioribus ecclesiasticis dignitatibus constituimus" (c. 12. pr. C. XVI. qu. 7).

[3] „Item si quis imperatorum, regum, ducum, marchionum, comitum vel quilibet saecularium potestatum aut personarum investituram episcopatuum vel alicuius ecclesiasticae dignitatis dare praesumpserit, eiusdem sententiae vinculo se obstrictum esse sciat. Insuper etiam, nisi resipiscat et ecclesiae propriam libertatem dimittat, divinae animadversionis ultionem in hac praesenti vita tam in corpore suo quam ceteris rebus suis sentiat; ut in adventu domini spiritus salvus fiat" (c. 12. §. 1 cit.).

[4] S. 545. n. 1 u. S. 546. n. 1.

derselben an, und diese hing wesentlich von dem Ausgange des allgemeinen, durch die Synode von Neuem aufgenommenen, über den Tod Gregors VII. hinaus dauernden Kampfes zwischen Königthum und Papstthum ab. Die Erneuerung der Verbote unter den folgenden Päpsten, unter Viktor III. auf der Synode zu Benevent 1087 [1], unter Urban II. zu Melfi 1089 [2], zu Piacenza [3] und Clermont 1095 [4], zu Bari 1098 [5], zu Rom 1099 [6] und unter Paschalis II. im Lateran 1102 [7], beweist, dass die Nachfolger Gregors die Bestrebungen desselben weiter verfolgten, aber auch zugleich, dass dieselben noch keinen durchschlagenden Erfolg hinsichtlich der Besetzung der Bisthümer aufzuweisen hatten. Dazu reichte es nicht hin, dass in Deutschland theilweise kanonische Wahlen in der von Gregor VII. gewollten Bedeutung abgehalten wurden [8], die Einwirkung des Papstes auf die Besetzung einzelner Bischofsstühle, namentlich der Erzbisthümer, vermehrt worden war [9] und manche Erzbischöfe und Bischöfe die Konsekration

[1] Petri chron. Mont. Casin. III. 72, SS. 7, 752; Mansi 20, 640; lediglich eine Reproduktion der beiden Kanones der Synode v. 1080, s. S. 549. n. 2 u. 3.

[2] c. 8, Mansi 20, 723: „ut nullus in clericali ordine constitutus, nullus monachus episcopatus aut abbatiae aut cuiuslibet ecclesiasticae dignitatis investituram de manu laici suscipere audeat. Quodsi praesumpserit, depositione mulctetur“.

[3] Mansi l. c. 807, wiederholt c. 8 Melfit., s. vor. Note.

[4] c. 15: „Ut nullus ecclesiasticorum aliquem honorem a manu laicorum accipiat. Ut clericus nullum ecclesiae honorem a laicali manu recipiat“; c. 16: „Interdictum est, ne reges vel alii principes aliquam investituram de ecclesiasticis honoribus faciant“; c. 16: „Ne episcopus vel sacerdos regi vel alicui laico in manibus ligium fidelitatem faciat“ (Mansi 20, 817).

[5] ep. Paschal. II. ad Anselm. Cant. 1102, Mansi 20, 1061: „Adversus illam venenosam simoniacae pravitatis radicem, ecclesiarum videlicet investituram . . . apud Baram . . . reminiscuntur . . . in eandem pestem excommunicationis est probata sententia“.

[6] Eadmer. hist. nov. II. 55, Mansi 20, 965: „in adversarios s. ecclesiae excommunicationis sententiam cum toto concilio papa intorsit, quae sententia omnes quoque laicos, investituras ecclesiarum dantes et omnes easdem investituras de manibus illorum accipientes necnon omnes in officium sic dati honoris huiusmodi consecrantes pari modo involvit“, s. auch ep. Anselm. Cantuar. ad Paschal. pp. ibid. p. 966.

[7] ep. Paschal. II. ad Anselm. Cant. 1102, Mansi 20, 1020: „synodo nuper ad Lateranense consistorium celebrata patrum nostrorum decreta renovavimus . . . interdicentes ne quis omnino clericus hominium faciat laico aut de manu laici ecclesias aut ecclesiastica bona suscipiat“.

[8] So namentlich in dem Machtbereich der Gegenkönige, s. o. S. 545. n. 1; Berthold ann. a. 1079, SS. 5, 323. S. auch die folgende Note.

[9] Landulf. iun. c. 1, SS. 20, 21: „Armanus . . . monachus, quasi cardinalis Romanus et a parte Brisiensium civium atque favore comitissae Matildis in ecclesia Brisiensi electus episcopus, defuncto Arnulfo archiepiscopo Mediolanensi (1097) ad alium eligendum venit. Qui ubi sensit, nobilem multitudinem Mediolanensium convenire ad Landulfum de Badagio . . . in archiepiscopum . . . substitit et electioni illi non consensit. Corona unde vulgi, gratia Romane ecclesie et Brisiensis ac Matildis comitisse favore putans, illum fore virum religionis, mox ubi sensit, illum Armanum huic electioni abesse, cepit adversus electionem insanire et clericos et sacerdotes pugnis et fustibus vehementer lacerare ... Armanus autem ille ... statim elegit sibi et illis in archiepiscopum Anselmum de Buis, hominem simplicem et canonice s. Laurentii prepositum. Hic vero, ut se sensit electum a Brisiensi illo Armano et populo impetuoso conlaudatum, illico cathedram archiepiscopatus ascendit et sedit. Et deficientibus sibi sufraganeis episcopis omnes ecclesiasticos ordines usque ad presbiteratum, ordinationem quoque ab extraneis episcopis suscepit. Virge quoque pastorali per munus comitissae Matildis adhesit, stollam autem per legatum domini Urbani pape sibi delatam induit. Deinde homo iste effectus prudens, neglexit Obertum . . . qui propter Brixiensis episcopatus quem a rege suo Henrico susceperat, Armano repugnabat et Armanum qui se in archiepiscopum elegit, in episcopum Briensem ordinavit“. Ein schlagenderer Beweis, dass die von den Päpsten betonte kanonische Wahl blos Mittel zum Zweck war, lässt sich schwerlich erbringen. Der päpstliche Legat setzt unter Vergewaltigung der Mailänder Geistlichkeit und mit Beihülfe des Pöbels einen unbedeutenden Menschen ein; dieser empfängt, was man dem König Heinrich IV. verwehrte. und zum schweren Verbrechen anrechnete, die Investitur von Mathilde und konsekrirt dann, nachdem er selbst unkanonischer Weise von anderen als den Suffraganbischöfen die Bischofsweihe erhalten hat, den päpstlichen Legaten auf das Bisthum Brixen, welches der König schon einem andern verliehen hatte. Dagegen musste 1077 unter Gregor VII. der vollkommen kanonisch erwählte Gerhard von Kambray, weil er die Investitur von Heinrich erhalten, obwohl er das Investiturverbot nicht zu kennen behauptete, auf das Bisthum resigniren und erhielt es nur unter der Bedingung, seine Nichtkenntniss zu beschwören, durch den Papst zurück, reg. Gregor. VII. IV. 22. p. 272; Meltzer S. 115 ff. Im übrigen s. über die Zeit Gregors VII. o. S. 546. n. 2.

bei ihm nachsuchten[1], sondern es bedurfte ferner dazu der ausdrücklichen Anerkennung der kirchlichen Neuordnung seitens des Königthums. Eine solche war aber von Heinrich IV. nicht zu erlangen, vielmehr hat derselbe in allen Phasen seines wechselvollen Schicksales mit unerschütterlicher Festigkeit an seinen angetasteten königlichen Rechten festgehalten und keins derselben preisgegeben[2]. Durch seinen zähen Widerstand hat er die Verwirklichung der von Gregor VII. geplanten feudal-hierarchischen Universalmonarchie vereitelt, andererseits hat er es aber nicht verhindern können, dass das reformirte Papstthum sich eine vom Kaiserthum unabhängige Weltstellung errang, und ebenso das weltliche, wie das geistliche Fürstenthum zu selbstständiger und entscheidender Macht erstarkte.

Ebensowenig, wie sein Vater, war Heinrich V., auf dessen Nachgiebigkeit die päpstliche Partei sich bei seiner Erhebung Hoffnung gemacht hatte, gewillt, die königlichen und kaiserlichen Rechte zu opfern. Trotz der Erneuerung des Investitur-Verbotes auf der Synode von Guastalla 1106[3] fuhr er fort, die Bisthümer in der bisherigen Weise zu vergeben[4]. Die vom Papst Paschalis II. beabsichtigte Beilegung des Kirchenstreites in Deutschland auf dem von ihm nach Troyes 1107 ausgeschriebenen Koncile scheiterte an dem Widerstande Heinrichs V. und der deutschen Bischöfe, welche dort nicht erschienen[5]. Wenngleich nunmehr der Papst auf dieser Synode[6], ebenso wie auf der zu Benevent[7] 1108 und auf einer Lateransynode[8] 1110

[1] So erhielt Otto v. Bamberg 1106 die Konsekration von Paschalis in Anagni, weil er sich nicht von seinem schismatischen Erzbischof weihen lassen wollte, Ebon. vit. Otton. I. 10. 11, Jaffé monum. Bamberg. ep. 600. 601. Aus demselben Grunde wurde Herrand von Halberstadt von Urban II. 1094 konsekrirt, cod. Udalr. 82, l. c. p. 163. Vgl. auch Th. I. S. 103. n. 2.

[2] In Betreff der Bischofsbesetzungen behielt er auch nach dem Investitur-Verbot von 1075 (s. o. S. 544) dieselbe Praxis wie seine Vorfahren bei: über Bischofsernennungen gegen die Wahl des Klerus und Volks s. Berthold. ann. 1077, SS. 5, 301 (für Augsburg und Aquileja), u. a. 1079 l. c. p. 323 (Chur), über die direkte Ernennung in Trier 1079, gesta Trevior. add. c. 11, SS. 8, 184: „Quibus finitis dixit rex: Quia iam diu in eligendo episcopo concordare non possumus, saltem in hunc conveniamus . . . rex ergo nihil moratus investivit eum, dans ei anulum et baculum"; über die Verleihung an den von Klerus und Volk in Kambray 1094, cont. g. ep. Camer. c. 7, SS. 7, 502, und in Minden 1105 gewählten, annal. Hildes. a. 1105, SS. 3, 108. Bezeichnend ist chron. Gozec. I. 22, SS. 10, 149: „Ipsis temporibus (1089) Guntherus episcopus Cicensis moritur et omnis clerus . . . abbatem Fridericum pari consilio elegerunt et electum . . . in cathedram tunc temporis episcopalem Cice perduxerunt". c. 23: „At . . . idoneis tam clericorum quam laicorum personis assumptis protinus ad regem Heinricum IV pro investitura properavit . . ." c. 24: „Qui ubi causam itineris eius audit, aegre tulit, quod sine eius permissione electus fuerit . . . Itaque Cicensis ecclesiae responsalibus pro electo suo regem interpellantibus dure respondetur his sermonibus: Quoniam quidem contra antecessorum nostrorum decreta augustorum ad iniuriam Romani imperii qualemcunque personam eligere praesumpsistis, tam regnum quam personam nostram offendistis. Pro hoc quidem secundum leges augustorum poenas solvere merebamini temerariorum. Sed ne potestate videamur uti potius quam pietate, electionem quidem factam ignoscimus, sed irritam fore censemus. Quod non ad iniuriam ecclesiae vestrae vel electae personae fieri noveritis, verum ne in regno exemplo sitis talis ac tantae praesumptionis". Ein Wahlprivileg für Minden a. 1059: „concessimus quoque eisdem fratribus licentiam eligendi inter se pastorem . . . idoneum, salvo tamen regis sive imperatoris consensu" bei Erhard reg. West. 1. cod. prob. p. 117.

[3] Mansi 20, 1211: „patrum ergo nostrorum constitutionibus consentientes ecclesiarum investituras a laicis fieri omnimodo prohibemus. Si quis autem huius decreti temerator extiterit . . . clericus quidem ab eiusdem dignitatis consortio repellatur, laicus vero ab ecclesiae liminibus arceatur".

[4] Annal. Saxo a. 1107, SS. 6, 745: „Reinhardus Halberstadensis electus imperio Heinrici regis, consilio quoque principum".

[5] Hefele, Konc. Gesch. 5, 257 ff.; Giesebrecht, Gesch. d. deutsch. Kaiserzeit 3, 754 ff. Ueber die Erklärung der Gesandten Heinrichs V. s. auch S. 540. n. 5.

[6] c. 1, Mansi 20, 1223: „Qui ab hac hora investituram episcopalem seu aliquam spiritalem dignitatem a laicali manu susceperit, si ordinatus fuerit, deponatur, simul et ordinator eius".

[7] Petri chron. Casin. IV. 33, SS. 7, 777: „In qua (synodo) videlicet vestigia praedecessorum suorum secutus constituit, ut quicumque investituram ecclesiae vel ecclesiasticam dignitatem de manu laici acceperit et dans et accipiens communione privetur".

[8] In der Fassung des Koncils von Troyes, s. o. Note 6, Annal. Saxo a. 1110, SS. 6, 748.

das Investitur-Verbot wiederholte, so erreichte er doch Heinrich V. gegenüber nichts. In Deutschland war die Zahl der Anhänger des Papstes nach dem Tode Heinrichs IV. zusammengeschmolzen, man sehnte sich nach Frieden, auch hatten die Fürsten endlich einsehen gelernt, dass das Investitur-Verbot die Rechte des Reiches antastete, und traten der Vertheidigung derselben durch den König nicht mehr entgegen.

Inzwischen war in einer Reihe theoretischer Streitschriften, allerdings zunächst mehr die principielle Frage über das Verhältniss des Kaiserthums und des Papstthums, als das Investiturrecht und das Investitur-Verbot, erörtert worden [1], aber immerhin wurde dadurch die Bedeutung dessen, worum es sich bei dem Investiturstreit handelte, klarer gestellt und die Beilegung desselben ermöglicht. Der richtige Gedanke, welcher dem von Petrus Damiani bekämpften Einwand, dass es keine Simonie sei, wenn für ein Bisthum Geld gegeben werde, weil nicht die Weihe, sondern die Güter des Bisthums gekauft würden [2], zu Grunde lag, die Scheidung zwischen der geistlichen und weltlichen Seite des Bisthums, arbeitete sich in Folge jener Erörterungen erst zu voller Klarheit durch [3]. Für die überhaupt zur Versöhnung geneigten Parteien war damit die Basis zu ausgleichenden Vorschlägen gegeben, und in der That traten solche auch Ende des 12. Jahrhunderts und Anfangs des folgenden hervor [4].

Die königliche Partei ging dabei von der schroffen Unterscheidung zwischen dem Amt und dem Kirchenvermögen aus, und indem sie den Einfluss des Königs auf die Wahlen gewahrt wissen wollte, machte sie andererseits nur das Zugeständniss, dass die königliche Investitur sich blos auf das Kirchenvermögen beziehen, aber wie bisher zur Wahrung der königlichen Macht vor der Weihe statthaben sollte [5].

[1] Vgl. über den allgemeinen Charakter dieser Literatur Bernheim i. d. Forschgen z. deutsch. Gesch. 16, 281. Die einzelnen Schriften aufgezählt bei Helfenstein, Gregors VII. Bestrebungen nach den Streitschriften seiner Zeit. Frankfurt 1856. In dieser Zeit (1084—1087) sind auch die falschen Privilegien Hadrians I. und Leos VIII. (s. Th. I. S. 229. 240) entstanden, Bernheim i. d. Forschgen 15, 618. 635.

[2] S. 546. n. 4.

[3] Wido Ferrar. episc. de scismate Hildibrandi (zw. 1086—1092) lib. II, SS. 12, 285: „Duo siquidem iura conceduntur episcopis omnibus, spirituale vel divinum unum, aliud seculare et quidem coeli, aliud vero fori. Nam omnia quae sunt episcopalis officii spiritualia sunt, divina sunt, quia licet per ministerium episcopi, tamen a s. spiritu conceduntur. At vero iudicia secularia et omnia quae a mundi principibus et secularibus hominibus aecclesiis conceduntur, sicut sunt curtes et praedia omniaque regalia, licet in ius divinum transeant, dicuntur tamen secularia quasi a secularibus concessa. Itaque divina illa a s. spiritu tradita imperatoriae potestati constat non esse subiecta. Quae vero sunt ab imperatoribus tradita, quia non sunt aecclesiis perpetuo iure manentia, nisi succedentium imperatorum et regum fuerint iteratione concessa, dicuntur profecto quodammodo regibus et imperatoribus subdita, quia nisi per succedentes imperatores et reges fuerint aecclesiis confirmata, revertuntur ad imperialia iura. . . . Quo circa satis visum est utile, ut imperialia iura et regalia semel aecclesiis tradita, crebra regum et imperatorum investicione firmentur, quae ex concessione alicuius unius imperatoris vel regis perpetim illis manere non possunt. . . . Unde succedentibus postea temporibus salubriter est a posteris Romanae sedis episcopis institutum et imperatoribus concessum, ut aecclesiarum investituras habeant, non dico parietum sacrorum et altarium quae non sunt eorum, sed aecclesiasticarum rerum". Die Aeusserung, welche g. Trevir. add. c. 11, SS. 8, 184 zu 1079 dem Eigilbert, nachmals Bischof v. Trier in den Mund legt: „imperatori licere, nec idcirco ecclesiae consorcium amittere, si non spiritualia, sed regalia sua gratis preciove cui voluerit inpendat" ist offenbar aus der Anschauung des 12. Jahrhunderts herausgedacht.

[4] Vgl. Bernheim, Zur Geschichte des Wormser Concordates. Göttingen 1878. S. 12 ff.

[5] Hierher gehört der Verfasser des früher mit Unrecht dem Bischof Walram von Naumburg zugeschriebenen Traktates de investituris, geschrieben um 1109 (vgl. darüber Bernheim i. d. Forschgen z. deutschen Gesch. 16, 281 ff., edirt von Goldast apologiae. Hanov. 1611 u. von Kunstmann i. d. Tübing theolog. Quartalschrift. Jahrgg. 1837. S. 184; J. 1839. S. 337). Vgl. folgende Stellen ed. Goldast p. 229: „Nil enim refert sive verbo sive praecepto sive baculo sive alia re, quam in manu tenuerit, investiat aut inthronizet rex et imperator episcopum qui die consecrationis veniens anulum et baculum ponit super altare et in curam pastoralem singula suscipit a stola et ab auctoritate s. Petri. Sed congruum magis est per

Eine vermittelnde Partei suchte dagegen eine noch schärfere Trennung der geistlichen Momente bei der Wahl und der Investitur durchzuführen. Sie verlangte, indem sie das Verfügungsrecht des Königs über die Temporalien anerkannte, Aufgeben des fürstlichen Einflusses auf die Wahlen, also Gestattung derselben in kanonischer Form und Verzicht auf die Uebergabe der Symbole des geistlichen Amtes. Dagegen wollte sie dem Fürsten das Bestätigungsrecht der Wahl und die Investitur durch weltliche Symbole gewähren, und ebensowenig widersetzte sie sich der Leistung der Lehnspflichten durch die Prälaten sowie der Vornahme der Weihe und der geistlichen Investitur mit Ring und Stab durch den Metropoliten nach stattgehabter Uebertragung der Temporalien seitens des Fürsten[1].

baculum qui est duplex i. e. temporalis et spiritualis" . . . l. c. p. 227: „ut non consecretur episcopus qui per regem vel imperatorem non introierit pure et integre exceptis quos papa Romanus investire debet . . . cum illis quae vocantur regalia i. e. a regibus et imperatoribus data pontificibus Romanis in fundis et reditibus" . . . p. 230: „Praecedens investitura per regem in fundis et rebus ecclesiae contra tyrannos et raptores quieta et pacifica reddit omnia. Sequitur autem consecratio, ut bannus episcopalis banno regali conveniens in communem salutem operetur, et si episcopis faciendum est regibus hominium et sacramentum de regalibus, aptius est ante consecrationem . . . Postquam autem a Silvestro per christianos reges et imperatores dotate et ditate . . . sunt ecclesiae in fundis et aliis mobilibus et iura civitatum in theloneis, monetis, villicis et scabiniis, comitatibus, advocatiis, synodalibus bannis per reges delegata sunt episcopis, congruum fuit et consequens, ut rex qui est unus in populo et caput populi investiat et intronizet episcopum et contra irruptionem hostium sciat cui ius suum in donum illorum transtulerit". Der Verfasser verlangt also Besetzung der Bischofsstühle durch Wahl des Klerus und des Volks unter Kontrole des Königs (— dass er diesem auch bei zwistigen Wahlen ein Entscheidungsrecht beigelegt wissen will, ergiebt sich daraus, dass er dies Recht dem König sogar bei den Papstwahlen vindicirt —), darauf folgende Bestätigung der Wahl und Investitur mit den Temporalien unter Anwendung des Stabes oder des Scepters als Zeichen der weltlichen Gewalt und in Verbindung mit Leistung der Lehnspflicht seitens des Prälaten, ferner Entgegennahme des Ringes und Stabes als der Symbole des geistlichen Amtes vom Altar und endlich Konsekration durch den Metropoliten. S. Bernheim Wormser Concordat S. 14 ff. Noch weiter geht der allerdings mit Rücksicht auf England schreibende Hugo von Fleury in seinem u. 1100 verfassten tractatus de regia potestate et sacerdotali dignitate bei Migne patrol. t. 163, indem er nicht nur die Wahl in Gegenwart des Fürsten, und Bestätigung derselben, sondern auch sogar die Ernennung durch ihn im Einverständniss mit dem Metropoliten für zulässig erklärt, dagegen bei zwistigen Wahlen die Entscheidung der Synode zuweist, vgl. l. 5. l. c. p. 947: „ubi vero eligitur episcopus a clero vel populo secundum morem ecclesiasticum, nullam vim ac perturbationem eligentibus rationabiliter rex per tyrannidem debet inferre, sed ordinationi legitimae suum adhibere consensum . . . rex instinctu spiritus sancti potest . . . praesulatus honorem religioso clerico tribuere"; l. c. lib. II. p. 968: „opportunum esse speramus, ut si rex aut quislibet pius princeps praesulatus honorem viro sancto ordinabiliter tribuere vult, ne hoc suo solo faciat arbitrio, sed consilio et consensu metropolitani episcopi"; l. c.: „solet saepe dissensio pullulare . . . unde nobis cautum fore videtur, ut si res huiusmodi pravorum studiis obstantibus competenter minime perfici potuerit, ut tamdiu differatur, donec in generali synodo . . . terminetur"; ibid. I. 5. p. 947: „post electionem autem non anulum aut baculum a manu regia, sed investituram rerum saecularium antistes debet suscipere, et in suis ordinibus per anulum et baculum curam animarum ab archiepiscopo suo". Vgl. Bernheim a. a. O. S. 16. 17.

[1] Ihr Haupt ist Ivo von Chartres. S. ep. 60, ed. Juret. II. Paris. 1610. p. 109: „Quod tamen si factum esset (scil. Daimbertum — 1098 — electum investituram episcopatus de manu regis accepisse), cum hoc nullam vim sacramenti gerat in constituendo episcopo vel admissum vel omissum, quid fidei, quid sacrae religioni officiat, ignoramus: cum post canonicam electionem reges ipsos apostolica auctoritate a concessione episcopatuum prohibitos minime videamus. Legimus enim . . . summos pontifices aliquando apud reges pro electis ecclesiarum, ut eis ab ipsis regibus concederentur episcopatus ad quos electi erant, intercessisse, aliquorum quia concessiones regum nondum consecuti fuerant, consecrationem distulisse . . . Papa Urbanus reges tantum a corporali investitura excludit . . . non ab electione, in quantum sunt caput populi vel concessione, quamvis VIII a synodus (o. S. 525) solum prohibeat eos interesse electioni, non concessioni. Quae concessio (damit ist die weltliche Investitur, die Uebertragung der Temporalien im Gegensatz zu der mit der Konsekration verbundenen geistlichen Investitur gemeint) sive fit manu sive nutu sive lingua sive virga, quid refert? cum reges nihil spirituale se dare intendant, sed tantum aut votis petentium annuere aut villas ecclesiasticas et alia bona exteriora, quae de munificentia regum obtinent ecclesiae, ipsis electis concedere", wogegen er die Investitur in der früheren Bedeutung einer Uebertragung des Bisthums in der Totalität seiner geistlichen Rechte durch die bischöflichen Insignien, Ring und Stab

Die Anhänger der streng kirchlichen Partei endlich forderten neben der Freiheit der Wahlen unter Verwerfung jedes fürstlichen Bestätigungsrechtes die bischöfliche Konsekration vor der von ihnen noch allenfalls zugelassenen weltlichen Investitur mit den Temporalien [1]. Ferner wurde in diesen Kreisen innerhalb der kirchlichen Temporalien im Hinblick auf den Ursprung derselben ein Unterschied zwischen den Oblationen, den Zehnten und dem aus Privatschenkungen herrührenden Vermögen der Kirchen, also den eigentlichen res ecclesiasticae einerseits und den von den Königen und dem Reich herrührenden Gütern und Rechten andererseits, also zwischen unmittelbarem und zwischen Reichs-Kirchengut, gemacht, und die Beschränkung der Investitur auf das letztere verlangt, während das Recht auf die erst gedachten Vermögensstücke mit der geistlichen Investitur erworben werden sollte [2].

verwirft, vgl. die sich auf das Konkordat von Sutri und die zu Anse beabsichtigte Synode beziehenden ep. 233 p. 405 und ep. 236 p. 409. S. ferner ep. 190 p. 334: „reclamante curia (sc. regis) plenariam pacem impetrare nequivimus nisi per manum et sacramentum eam fidelitatem regi faceret (der Erzbischof v. Rheims), quam praedecessores suis regibus Francorum antea fecerant omnes Remenses archiepiscopi et caeteri regni Francorum quamlibet religiosi et sancti episcopi". Hierzu Bernheim a. a. O. S. 12.

[1] Hierher gehört Gottfried von Vendome (epistolae, opuscula etc. in J. Sirmond opera varia. Paris. 1696. p. 612), vgl. l. c. p. 889: „Alia utique est investitura quae episcopum perficit, alia vero quae episcopum pascit: illa ex divino iure habetur, ista ex iure humano. Subtrahe ius divinum — spiritualiter episcopus non creatur, subtrahe ius humanum — possessiones amittit, quibus ipse corporaliter sustentatur. Non enim possessiones haberet ecclesia, nisi a regibus donarentur"; ep. 11. p. 739: „episcopus sine canonica electione est quasi arbor sine radice ... tota itaque ordinatio episcopi in sola electione consistit"; l. c. p. 890: „Possunt itaque sine offensione reges post electionem canonicam et consecrationem per investituram regalem in ecclesiasticis possessionibus concessionem ... episcopo dare, quod quolibet signo factum extiterit, regi vel pontifici seu catholicae fidei non nocebit"; l. c. p. 889: „Investituram per virgam et anulum accipere nisi a suo consecratore, manifestum est, esse damnosum". Vgl. auch Bernheim a. a. O. S. 17.

[2] So Placidus von Nonantula in seinem gleich nach 1111 geschriebenen Werke de honore ecclesiae (bei Pez) thesaur. anecdotor. novor. II. 2, 73 u. Migne patrolog. 163. p. 623 ff. Derselbe betrachtet allerdings principiell alles Kirchenvermögen als untrennbares Eigenthum der Kirche. c. 43, Migne p. 634: „Sunt autem qui dicunt ecclesiis non competere nisi decimas, primitias et oblationes, in mobilibus tantum scilicet rebus. Nam immobilia, videl. castra, villae vel rura ei non pertinent, nisi de manu imperatoris pastor susceperit. Quod male eos dicere multis modis et diversis sanctorum sententiis supra docuimus"; c. 150, p. 684: „Sunt vero nonnulli qui dicant: ecclesia quidem et circuitus eius deo consecratus ... pertinet nisi deo et eius sacerdotibus, ea vero quae ecclesia possidet, ... i. e. ducatus, marchias, comitatus, advocatias, monetas publicas, civitates et castra, villas et rura et caetera huiusmodi ita ad imperatorem pertinent, ut nisi pastoribus semper, cum sibi succedunt, iterum dentur, nequaquam ea habere debeant". — Indessen macht er doch aus praktischen Rücksichten die im Text gedachte Koncession, c. 85 p. 660: „Si vero imperator fidelis vel aliquis princeps quod sibi iure competit, pastori ecclesiae dare voluerit, investitura caeteris hominibus consueta concedere debet, non pastorali virga seu episcopali anulo"; c. 92 p. 663: „cum pastor ecclesiae canonice electus, investitus (d. h. geistlicherseits mit Stab und Ring) et consecratus fuerit, tunc per se et suos fideles imperatorem adeat et de rebus ecclesiis sibi commissis imperiale praeceptum expetat. Quod ei piissimus imperator ... concedens firmare dignetur quod sui praedecessores illi ecclesiae concessisse manifestum est"; c. 81 p. 652: „Ordinatus autem et sacratus si quid ecclesia quam suscepit antiquitus canonice debet imperatori, nisi forte imperator pro remedio animae suae remiserit, solvere per omnia curet". Ferner gehört hierher der Verfasser der von Schum (s. S. 542. n. 1) S. 67 ff. herausgegebenen, 1112 geschriebenen „disputatio vel defensio quorundam catholicorum cardinalium", wahrscheinlich Lambert von Ostia (Schum S. 43 ff.), vgl. a. a. O. S. 85: „Novimus etenim quod anulus et virga pontificalia sunt insignia et per ea spiritualia conferuntur dona et per ea animarum cura et divina designantur sacramenta. Hec enim nec regem tangere nec ad eum pertinere cuius manus plene sunt sanguine, irrefragabili ratione profitemur. Sicut enim in ecclesia pastoralis virga est necessaria, quia regitur et ecclesiastica distinguuntur officia, sic in domibus regum et imperatorum illud insigne sceptrum quod est imperialis vel regalis virga, quia regitur patria, ducatus comitatus et cetera regalia distribuuntur iura. Si ergo dixerit, quod per virgam pontificalem et anulum sua tantum regalia velit conferre, aut sceptrum regale deserat aut per illud regalia sua conferat", — eine Stelle, welche auch darum bemerkenswerth ist, weil hier zum ersten Male der Vorschlag der Investitur mit dem Scepter bestimmt auftritt —, s. ferner p. 70, wo es mit Bezug auf das gleich im Text zu erwähnende Konkordat von Sutri heisst: „Illud etiam pro pace perficienda adiunctum est, ut, si rex vellet,

Als Heinrich V. i. J. 1111 nach Italien zog, um die Kaiserkrönung zu erlangen, waren somit die bei dem Investiturstreit in Frage kommenden Gesichtspunkte insoweit erörtert, dass eine Ausgleichung möglich war. Es ist weiter nicht zu übersehen, dass mit der Unterscheidung zwischen den Spiritualien und den Temporalien sowie der weiteren zwischen den beiden Arten der letzteren dem Klerus der Verzicht auf das rein weltlichen Zwecken dienende Kirchengut nahe gelegt war, und wenn Papst Paschalis II. selbst mehrfach die kirchliche und politische Doppelstellung der deutschen hohen Geistlichkeit verurtheilt hatte, so war es erklärlich, dass er gerade auf dieser Basis einen Vergleich mit dem König herbeizuführen suchte [1]. Derselbe kam in dem Konkordate von Sutri (1111) zum Abschluss [2]. Seitens des Königs wurde versprochen, bei seiner Krönung auf die Investitur und auf die nicht dem Reiche gehörigen Kirchengüter zu verzichten [3], dagegen verpflichtete sich der Papst den Bischöfen die Rückerstattung aller dem Reiche angehörigen Rechte und Besitzungen anzubefehlen [4]. Heinrich V. hatte aber die Zustimmung der deutschen Fürsten zu seiner Verzichtleistung vorbehalten [5], und als die dem Vertrage gemäss abgefasste Urkunde des Papstes beim Beginn des Krönungsaktes vor ihrer feierlichen Verlesung den Bischöfen kund gegeben wurde, erregte das Verlangen des Papstes [6] bei ihnen solche Entrüstung, dass die Krönungshandlung abgebrochen werden musste. Dem der Gewalt des Königs anheimgegebenen Papst blieb nunmehr nichts anderes übrig, als demselben mit der Krönung auch zugleich das Investiturrecht schlechthin eidlich zu bewilligen [7] und

res ad regalia pertinentes reciperet et ipse ecclesiis oblationes, patrimonia, emptiones, donationes et omnes earum res quietas dimitteret".

Beide Schriften fallen allerdings nach dem gedachten Konkordat, aber offenbar ist die Unterscheidung schon früher gemacht. Hat doch schon der Gregorianer Manegold (1083—1085) behauptet, dass Gregor VII. mit seinem Investiturverbot nicht alles Kirchengut, sondern nur die Oblationen und die zu Pietätszwecken bestimmten Zehnten, der Verfügung der Laien habe entziehen wollen, vgl. Giesebrecht i. Münchner histor. Jahrb. 1866. S. 138. n. 42.

[1] Schum a. a. O. S. 10 ff.

[2] Ueber die Vorgänge und Verhandlungen s. Ekkehard chron. a. 1111, SS. 6, 244; Petr. chron. Casin. IV. 35 ff., SS. 7, 778; Annal. Roman. a. 1111, alle diese bei Watterich pontif. Roman. vitae 2, 48; die Aktenstücke LL. 2, 65 ff. Gegen die hergebrachte Auffassung, dass Heinrich das Konkordat in der Erkenntniss seiner Unausführbarkeit geschlossen, um den Papst zu weiterem Nachgeben zu veranlassen, s. z. B. Hefele, Konc. Gesch. 5, 266; vgl. die Ausführungen von Schum S. 7 ff.

[3] Heinr. reg. promiss. formula, LL. 2, 66: „Rex scripto refutabit omnem investituram omnium ecclesiarum in manu domni papae, in conspectu cleri et populi, in die coronationis suae. Et postquam domnus papa fecerit de regalibus sicut in alia carta scriptum est, sacramento firmabit, quod numquam se de investituris alterius intromitteret et dimittet ecclesias liberas cum oblationibus et possessionibus quae ad regnum manifeste non pertinebant".

[4] Paschalis pp. promissio l. c. p. 67: „Si rex adinpleverit domno papae, sicut in alia conventionis cartula scriptum est, domnus papa precipiet episcopis presentibus in die cororationis eius, ut dimittant regalia regi et regno quae ad regnum pertinebant tempore Karoli, Lodovici, Heinrici et aliorum praedecessorum eius et scripta firmabit cum anathemate auctoritate sua et iustitia, ne quis eorum vel praesentium vel absentium vel successores eorum intromittant se vel invadant eadem regalia i. e. civitates, ducatus, marchias, comitatus, monetas, teloneum, mercatus, advocatias regni, iura centurionum et curtes quae manifeste regni erant, cum pertinentiis suis, militia et castra regni".

[5] Ekkehard. chron. l. c. p. 244: „Prebuit rex assensum, sed eo pacto quatinus haec transmutatio ... consilio quoque vel concordia totius aecclesiae ac regni principum assensu stabiliretur, quod etiam vix aut nullo modo fieri posse credebatur".

[6] LL. 2, 68.

[7] LL. 2, 72: „... dilectioni tuae concedimus et presentis privilegii pagina confirmamus, ut regni tui episcopis vel abbatibus libere preter symoniam et violentiam electis, investituram virgae et anuli conferas. Post investitionem vero canonicam consecrationem accipiant ab episcopo ad quem pertinuerint. Si quis autem a clero et populo preter tuum assensum electus fuerit, nisi a te investiatur, a nemine consecretur. Sane episcopi et archiepiscopi libertatem habeant, a te investitos episcopos vel abbates canonice consecrandy.. Predecessores enim vestri ecclesias regni tui tantis regalium suorum beneficiis ampliarunt, ut regnum ipsum maxime episcoporum presidiis vel abbatum oporteat communiri, populares dissensiones que in electionibus sepe contingunt, regali oporteat maiestate compesci".

das Verbot, für welches seine Vorgänger den langen Kampf geführt hatten, aufzuheben. Dauernd war indessen der Erfolg, welchen der Kaiser errungen hatte, nicht. Auf Andringen seiner der kirchlichen Reformpartei angehörigen Umgebung erklärte der Papst, um den dem König geleisteten Eid nicht zu brechen, auf der Lateransynode v. 1112, dass er mit der h. Schrift, den Kanones der Apostel und den vier ersten ökonomischen Synoden auch die Dekrete der früheren Päpste, namentlich die Gregors VII. und Urbans II. festhalte, und was diese verworfen hätten, ebenfalls verwerfe und untersage [1], und erneuerte so mittelbar das Investitur-Verbot. Ferner liess er es geschehen, dass die Synode selbst das dem Kaiser gewährte Investitur-Privilegium als ungültig kassirte [2]. Noch weiter ging die Reformpartei unter dem gallikanischen Klerus. Die zu Anse zur Verurtheilung des Verhaltens des Papstes beabsichtigte Synode kam zwar nicht zu Stande [3], dagegen erklärte die von dem päpstlichen Legaten Guido, Erzbischof von Vienne (nachmals Kalixt II.) daselbst abgehaltene Synode die Laien-Investitur für Häresie und das päpstliche Privileg für nichtig, exkommunicirte den Kaiser und verlangte die Bestätigung ihrer Beschlüsse vom Papst [4], welcher unter dem Drucke der Reformpartei diesem Ansuchen, wenngleich freilich nur in allgemeinen Wendungen, nachgab [5]. Ferner veranlasste der päpstliche Legat, Kuno, Kardinalbischof von Palästrina, gleiche Erklärungen auf verschiedenen anderen, von ihm in Griechenland, Ungarn, Frankreich und Deutschland abgehaltenen Synoden [6], insbesondere auf denen zu Beauvais [7] 1114 und Rheims [8] 1115, während die päpstliche Partei in Deutschland nach den Niederlagen Heinrichs V. in seinem Kampfe mit den Sachsen neue Kraft und Stärke gewonnen hatte, und der auf Veranlassung der Sachsen herbeigerufene, mit einer Legation in Ungarn betraute Kardinal Dietrich auch seinerseits auf einer Synode zu Goslar 1115 die Exkommunikation des Kaisers verkündigte [9]. Wenngleich der Papst auf einer 1116 von ihm im Lateran abgehaltenen Synode nicht dazu zu bewegen war, die von seinen Legaten gegen den Kaiser wiederholt ausgesprochene Exkommunikation direkt und unzweideutig zu genehmigen [10], so widerrief er doch nunmehr unter Beziehung auf die

[1] Ekkehard. chron. a. 1112, SS. 6, 246: „amplector . . . precipue decreta domni mei pp. Gregorii VII. et b. m. pp. Urbani. Quae ipsi laudaverunt laudo, quae ipsi tenuerunt, teneo, quae ipsi confirmaverunt, confirmo, quae dampnaverunt, dampno, quae repulerunt, repello, quae interdixerunt, interdico, quae prohibuerunt prohibeo in omnibus et per omnia; et in his semper perseverabo"; s. auch Mansi 21, 50 ff.; Hefele, Konc. Gesch. 5, 284 ff.; Schum a. a. O. S. 32. Eine direkte Erklärung des Papstes, dass das Investiturprivileg ungültig sei, findet sich in dem Brief an Guido v. Vienne, Mansi 20, 1008, welcher nicht mit Jaffé reg. n. 4678 in das Jahr 1111, sondern in das J. 1112 zu setzen ist, Schum a. a. O. S. 34.

[2] Ekkehard. l. c.: „Privilegium illud, quod non est privilegium, sed vere dici debet pravilegium, pro liberatione captivorum et aecclesiae a domno Paschale p. per violentiam regis Heinrici extortum, nos omnes in hoc s. concilio congregati, canonica auctoritate iudicio s. spiritus dampnamus et irritum esse iudicamus et omnino ne quid auctoritatis et efficacitatis habeat, penitus excommunicamus; et hoc ideo dampnatum est, quia in eo privilegio continetur, quod electus canonice a nemine consecretur, nisi prius a rege investiatur; quod est contra spiritum s. et canonicam institutionem. Perlecta carta, acclamabant omnes: Amen, amen"; Schum a. a. O. S. 33.

[3] Th. I. S. 305. n. 1; Schum a. a. O. S. 26 ff.

[4] Mansi 21, 74 ff.; Schum a. a. O. S. 35.

[5] Das Schreiben bei Mansi 21, 76; vgl. dazu Schum a. a. O. S. 36.

[6] Ekkehard. chron. a. 1116, SS. 6, 251: „domnus Prenestinus subiunxit, qualiter pro sedis illius legatione Hierosolimis audierit, regem Heinricum post sacramenta obsides et oscula in ipsa b. Petri aecclesia domnum papam tenuisse captum . . . pro huiusmodi facinoribus, aecclesiae Hierosolimitanae concilio . . . animatus excommunicationis sententiam in regem dictaverit, et eandem in Grecia, Ungaria, Saxonia, Lotharingia, Francia, in quinque conciliis consilio praedictarum aecclesiarum renovando confirmaverit".

[7] Mansi 21, 121 ff.

[8] L. c. p. 130.

[9] Ekkehard. chron. a. 1115, SS. 6, 249.

[10] Vgl. Hefele, Konc. Gesch. 5, 300.

früheren Verordnungen Gregors VII. das von ihm 1111 gewährte Investitur-Privilegium [1]. Einen anderen Erfolg erzielte Heinrich V., welcher inzwischen nach Italien gegangen war und wegen der politischen Lage in Deutschland einen Ausgleich mit dem Papste suchte, durch die von ihm schon vor der Synode eröffneten Verhandlungen nicht. Auch nachher ist weder mit Paschalis II. noch mit dessen Nachfolger Gelasius II. (1118 u. 1119), welchem der Kaiser den Erzbischof Burdinus von Braga als Gegenpapst gegenübergestellt hatte, eine Einigung erreicht worden, vielmehr sprachen Gelasius II.[2] und sein Legat in Deutschland [3] von Neuem den Bann über den Kaiser aus. Erst unter Kalixt II. wurden bei dem allseitigen Verlangen nach Beilegung des Streites die Friedensverhandlungen i. J. 1119 wieder aufgenommen. Der Kaiser erklärte sich namentlich durch den Hinweis der päpstlichen Gesandten, dass die französischen Bischöfe auch ohne die Investitur dem König zu gleichen Leistungen, wie die deutschen, verpflichtet seien [4], zum Verzichte auf dieselbe bereit, es wurden später auch sogar die vom Kaiser und Papst auszustellenden Urkunden entworfen [5], indessen scheiterte das beabsichtigte Friedenswerk, dessen Abschluss für die damals zu Rheims tagende Synode in Aussicht genommen war, an den aus Anlass der Fassung der erwähnten Urkunden entstandenen Differenzen [6]. Und wenn auch der Papst mit der Synode den Bann gegen Heinrich V. erneuerte, so war es doch für die Anbahnung des Friedens bedeutungsvoll, dass ein zunächst vorgeschlagener Kanon, wonach die Investitur aller Kirchen und kirchlichen Güter durch Laienhand verboten werden sollte [7], auf den dagegen vielfach von Geistlichen und Laien erhobenen Widerspruch nur in der beschränkten Fassung eines Verbotes der Laien-Investitur der Bisthümer und Abteien zur Annahme gelangte [8], und damit die

[1] Ekkehard. chron. a. 1116, SS. 6, 250: „apostolicus concilii causam . . . his verbis exposuit: Postquam dominus . . . me populumque Romanum tradidit, in manus regis, videbam cotidie passim fieri rapinas et incendia, cedes et adulteria. Haec et huiusmodi mala cupiebam avertere ab aecclesia . . . Fateor me male egisse . . . Illud autem malum scriptum quod in tentoriis factum est, quod pro pravitate sui pravilegium dicitur, condempno sub perpetuo anathemate, ut nullius unquam sit bonae memoriae, et rogo vos omnes ut idem faciatis. Tunc ab universis conclamatum est: fiat! fiat! . . ." p. 251: „Pravilegium investiturae, quod in tentoriis concessisse videbatur, oblitterare volens, iterans sententiam pp. Gregorii VII investituram aecclesiasticarum rerum a laica manu rursus excommunicavit, sub anathemate dantis et accipientis".

[2] Auf einer Synode zu Capua, Ekkehard. chron. a. 1118, SS. 6, 254.

[3] Zu Cöln und Fritzlar, Mansi 21, 175. 177.

[4] Hesson. scholast. relatio de conc. Rem. SS. 12, 423: „Venerunt ad regem apud Argentinam episcopus Catalaunensis et abbas Cluniacensis, acturi cum eo de pace et concordia inter regnum et sacerdotium. A quibus cum rex consilium quaereret, quomodo sine diminutione regni sui hoc exequi posset . . . respondit episcopus: Si veram pacem . . . habere desideras, investituram episcopatuum et abbatiarum omnimodis dimittere te oportet. Ut autem in hoc nullam regni tui diminutionem pro certo teneas, scito me in regno Francorum episcopum electum, nec ante consecrationem nec post consecrationem aliquid suscepisse de manu regis; cui tamen de tributo, de milicia, de theloneo et de omnibus quae ad rem publicam pertinebant antiquitus, sed a regibus christianis aecclesiae dei donata sunt, ita fideliter deservio, sicut in regno tuo tibi episcopi deserviunt, quos huc usque investiendo hanc discordiam immo anathematis sententiam incurristi. Ad haec rex . . . hoc responsum dedit: Eia . . . sic fiat, non quaero amplius".

[5] L. c. p. 424: „Ego H. . . . dimitto omnem investituram omnium aecclesiarum . . . possessiones autem aecclesiarum et omnium qui pro aecclesia laboraverunt, quas habeo, reddo; quas autem non habeo, ut rehabeant fideliter adiuvabo. Quodsi quaestio inde emerserit, quae ecclesiastica sunt, canonico, quae autem saecularia sunt, saeculari terminentur iudicio. . . . Ego Calixtus . . . do veram pacem H. Romanorum imperatori augusto et omnibus qui pro eo contra aecclesiam fuerunt vel sunt; possessiones eorum quas pro werra ista perdiderunt, quas habeo reddo", das Folgende wie vorher.

[6] L. c. p. 425; Giesebrecht, Gesch. d. K. z. 3, 886 ff.; Hefele 5, 316 ff.; Stutzer, z. Kritik d. Investiturverhdgen i. J. 1119 i. d. Forschgen z. deutsch. Gesch. 18, 223 ff.

[7] Hesson. l. c. p. 427: „Investituram omnium aecclesiarum et aecclesiasticarum possessionum per manum laicam fieri omnibus modis prohibemus".

[8] L. c. p. 427: „Episcopatuum et abbatiarum per manum laicam fieri penitus prohibemus; quicumque igitur laicorum deinceps investire

Investitur der Temporalien durch die Laien im Princip anerkannt wurde. Nachdem der Bürgerkrieg in Deutschland von Neuem ausgebrochen war, trat aber bald sowohl bei den deutschen Fürsten, wie auch beim Kaiser und Papst der Gedanke an einen neuen Versuch der friedlichen Beseitigung des Streites hervor. In der kirchlichen Frage wurde derselbe 1122 trotzdem, dass der Kaiser sich Anfangs hartnäckiger als drei Jahre zuvor, zeigte, durch das zu Lobwisen[1] vereinbarte, zu Worms verkündete Konkordat mit Zustimmung der Fürsten beigelegt[2]: und zwar auf der Grundlage der Unterscheidung der geistlichen und weltlichen Seite des Bischofsamtes (s. o. S. 552) und der am Anfang des Jahrhunderts von den verschiedenen Parteien gemachten Vorschläge (s. o. S. 552 ff.) in der Weise, dass die Vereinbarung den Charakter eines Kompromisses zwischen den letzteren trägt.

In dem Konkordate verzichtete der Kaiser zu Gunsten der Kirche auf die bisherige Investitur des Bischofsamtes in seiner Totalität durch Stab und Ring und gestattete in allen Kirchen des Reiches die Besetzung durch kanonische Wahl und freie Konsekration des Gewählten. Der Papst seinerseits machte dagegen das Zugeständniss, dass die Wahl der zum deutschen Königreich gehörigen Bischöfe und Aebte in Gegenwart des Kaisers jedoch ohne Simonie und Gewalt vorgenommen werden durfte, und dass der Kaiser dem Gewählten, d. h. also vor der Konsekration,

praesumpserit, anathematis ultioni subiaceat. Porro qui investitus fuerit, honore quo investitus est, absque ulla recuperationis spe omnimodis careat" (auch Mansi 21, 235).

[1] Bei Lorsch, nicht zu Worms, vgl. Annales Patherbrunenses von Scheffer-Boichorst. Innsbruck 1870. S. 195.

[2] Ueber die Texte der beiden, vom Kaiser und Papst ausgestellten Urkunden vgl. Bernheim, zur Gesch. d. Wormser Konkordates S. 33; solche bei Ekkeh. chron. a. 1122, SS. 6, 260; Anselm. Gemblac. a. 1122, l. c. p. 378; und in den LL. 2, 75. 76. Ich gebe den Text nach Ekkehard mit den Abweichungen der anderen beiden.

„Ego Heinricus . . . dimitto (*A.* remitto) deo et ss. eius apostolis Petro et Paulo sanctaeque catholicae aecclesiae omnem investituram per anulum et baculum et concedo in omnibus aecclesiis (*A.* u. *LL.* quae in regno et imperio meo sunt canonicam) fieri electionem et liberam (*A.* fieri) consecrationem. Possessiones et regalia s. Petri quae a principio huius discordiae usque ad hodiernum diem sive tempore patris mei sive etiam meo ablata sunt, quae habeo, eidem sc. Romanae aecclesiae restituo; quae autem non habeo, ut restituantur (*A.* reddantur), fideliter iuvabo. Possessiones etiam omnium aliarum aecclesiarum et principum et aliorum tam clericorum quam laicorum (*LL.* que in guerra ista amisse sunt) consilio principum et iusticia quae habeo, reddam, quae non habeo, ut reddantur (*LL.* restituantur), fideliter adiuvabo (*LL.* u. *A.* iuvabo). Et do veram pacem Calisto sanctaeque Rom. aecclesiae et omnibus qui in parte ipsius sunt vel fuerunt. Et in quibus s. Rom. aecclesia (*LL.* mihi) auxilium postulaverit, fideliter adiuvabo (*LL.* u. *A.* iuvabo) (*LL.* et de quibus mihi fecerit querimoniam, debitam sibi faciam iustitiam)".

„Ego Calistus . . . concedo, electiones episcoporum et abbatum Teutonici regni qui ad regnum pertinent, in presentia tua fieri absque symonia et aliqua violentia; ut si qua inter partes discordia emerserit, metropolitani et comprovincialium consilio vel iudicio saniori parti assensum et auxilium praebeas. Electus autem regalia (*LL.* absque omni exactione) per sceptrum a te recipiat (*A.* accipiat), exceptis omnibus quae ad Romanam ecclesiam pertinere noscuntur (in *LL.* fehlt hier: exceptis — noscuntur) et quae ex iure tibi debet, faciat. Ex aliis vero partibus imperii consecratus infra VI. menses regalia (*LL.* absque omni exactione) per sceptrum a te recipiat (*LL.* et que ex his iure tibi debet, faciat exceptis omnibusque ad Romanam ecclesiam pertinere noscuntur). De quibus vero mihi querimoniam feceris (*A.* u. *LL.* et auxilium postulaveris), secundum officii mei debitum auxilium meum (statt dessen *A.* u. *LL.* tibi) praestabo. Do tibi veram pacem et omnibus qui in parte tua sunt vel fuerunt tempore huius discordiae". Der authentische Text lässt sich bei den geringen Abweichungen, die diese Texte und die übrigen bieten, leicht herstellen. Als einzige Interpolation ist der mehrmals in der Urkunde Kalixt's vorkommende Zusatz: absque omni exactione anzusehen, da Heinrich V. nicht auf die Investitur und also auch nicht auf die dabei vorkommende Huldigungsgabe verzichtet hat, Bernheim a. a. O. S. 35. Der Satz exceptis omnibus quae ad Rom. ecclesiam etc. gehört wohl an die ihm in den LL. angewiesene Stelle, da gerade dort von den ausserdeutschen Bischöfen die Rede ist und in diesen Zusammenhang die Erwähnung der Exemtion des römischen Patrimoniums allein passt, Bernheim S. 34. Einen eigenthümlichen Text weist Cod. Udalrici n. 214, Jaffé, monum. Bamb. p. 387. 388 auf. Vgl. darüber unten, wo die Behandlung streitiger Wahlen durch Heinrich V. näher besprochen ist.

Das Schreiben vom 13. Dezember 1122, in welchem Kalixt II. das von seinen Legaten abgeschlossene Konkordat genehmigt hat, bei Mansi 21, 280.

die Investitur der Regalien unter Entgegennahme der Leistung der Lehnspflicht und unter Gebrauch des Scepters zu gewähren befugt sein sollte[1]. Bei zwiespältigen Wahlen sollte der Kaiser nach dem Urtheil des Metropoliten und der Komprovinzial-Bischöfe der verständigeren Partei zustimmen und ihr Unterstützung gewähren[2]. Für die anderen Theile des Kaiserreiches, d. h. Italien und Burgund, wurde dagegen dem König kein Recht auf Betheiligung bei der Wahl zugestanden, vielmehr sollte der Gewählte die Investitur der Regalien bei ihm binnen 6 Monaten nach erfolgter Konsekration nachsuchen[3].

Mit dem Wormser Konkordat hatte die Kirche und das Papstthum nach langem Kampfe den Sieg über das Kaiserthum erfochten. Das letztere war gezwungen worden, den von der Kirche begonnenen Streit über ein Jahrhunderte lang unangetastet ausgeübtes Recht durch einen Vergleich beizulegen, welcher einen Verzicht auf dasselbe enthielt, und dadurch die Emancipation des Papstthums von der früheren kaiserlichen Oberherrschaft und seine Stellung als selbstständiger politischer Macht zu besiegeln. Gegenüber dieser principiellen Bedeutung des Konkordates erscheint es gleichgültig, dass die päpstliche Partei auch ihrerseits in der speziellen Frage der Bischofs-Investituren nicht alle ihre Forderungen durchzusetzen vermocht hatte. Jedenfalls war es ihr gelungen, das alte und sichere Fundament des Reichsherkommens in Betreff der Besetzung der Bischofsstühle zu beseitigen, und dem neuen Reichsrecht eine Basis zu geben, welche dem Papstthum einen unbestreitbaren Anspruch gewährte, an der Weiterbildung desselben theilzunehmen. Dieser Erfolg war um so bedeutsamer, als das Wormser Abkommen die kirchlichen und kaiserlichen Rechte, wie weiter unten dargelegt werden wird, nur in den allgemeinsten Grundzügen und in zweideutiger Fassung festgesetzt, die nähere Ausgestaltung des neuen Besetzungsmodus aber der Praxis überlassen hatte. Trotzdem war ein Theil der extrem kirchlich gesinnten Partei von dem Erreichten nicht befriedigt, und machte bei der Kaiserwahl i. J. 1125 den Versuch, dem Kaiser auch die Rechte, welche ihm das Konkordat gelassen hatte, zu entziehen. Der von ihr aufgestellte Kandidat, Lothar der Sachse, musste vor der Wahl versprechen, jeder anderen Befugniss, als der Ertheilung der Investitur nach der Konsekration und der Forderung eines allgemein gehaltenen Treueides, zu entsagen[4]. Zu der dadurch beabsichtigten Aufhebung des Wormser Vertrages ist es

[1] Diese Bestimmung des Konkordats entspricht der Forderung der oben S. 552 gedachten beiden, der königlichen und vermittelnden Partei, insofern die Investitur nur mit den Regalien und vor der Konsekration erfolgen soll, den Vorschlägen der letzteren und einzelner Anhänger der streng kirchlichen, insofern die Wahl frei sein soll und ihr der König, was für keine Beeinträchtigung ihrer Freiheit gehalten wurde, beiwohnen darf, s. z. B. Placidus von Nonantula l. c. c. 37, Migne 163, 632. Ueber das Scepter s. o. S. 554. n. 2.

[2] Die gedachte Anordnung, welche theils als Beschränkung des Königs, andererseits aber auch mit Rücksicht auf die von Gregor VII. neben dem Metropoliten für den päpstlichen Stuhl in Anspruch genommene Konkurrenz als Sicherungsmittel gegen Eingriffe der Kurie erscheint, entspricht ebenfalls den Anschauungen der kirchlichen Partei, s. Placidus Nonantula l. c. c. 81, Migne 163, 652: „Cuius electionis discretio non alicui humanae potestati, sed metropolitano episcopo a deo collata est". Auch Hugo von Fleury will den König allerdings bei einseitiger Ernennung des Bischofs an den Beirath des Metropoliten gebunden wissen, s. o. S. 552. n. 5.

[3] Für diese Länder ist also das Programm der streng kirchlichen Partei zur Ausführung gebracht worden, s. o. S. 554.

Wenn endlich jede Investitur der römischen Suffraganbischöfe durch die Klausel im Konkordate: exceptis omnibus etc. (s. S. 558. n. 2) vom König aufgegeben worden und diese somit dem Papst überlassen ist, so entspricht dies der Anschauung der kaiserlichen Partei, s. S. 552. n. 5.

[4] Narratio de elect. Lothar. c. 6, SS. 12, 511: „Concordantibus itaque in aelectione regis universis regni principibus, quid iuris regiae dignitatis imperium, quid libertatis reginae caelestis i. e. ecclesiae sacerdotium habere deberet, stabili ratione prescribitur, et ceptus utrique honoris modus . . .

indessen nicht gekommen. Lothar, welchem die anderen, namentlich auch die weltlichen Fürsten zur Seite standen und welcher wohl schwerlich die Zustimmung derselben zu seinem Verzichte erhalten hätte [1], setzte sich über die Köpfe der extremen Partei hinweg mit dem Papste selbst in Verbindung [2] und unterliess die Ausführung seines Versprechens [3], hielt sich aber in der Praxis streng an die Bestimmungen des Wormser Konkordates.

So ist das Wormser Konkordat die Grundlage für die weitere Entwicklung im deutschen Reich geblieben. Nach demselben sollte die Besetzung der Bisthümer nicht mehr, wie nach dem früheren Reichsherkommen, durch die kaiserliche oder königliche Ernennung und die mit dieser verbundene Investitur, sondern durch freie und kanonische, in Gegenwart des Kaisers vorzunehmende Wahl erfolgen. Unter der kanonischen Wahl konnte nichts anderes als die Wahl durch Klerus und Volk [4], d. h. durch das Zusammenwirken der Domherren, der Stifts- und Kloster-Geistlichkeit, des Adels, der Vasallen und der Ministerialen des Bisthums, sowie der Bürger der Bischofsstadt, also derjenigen Gesellschaftsklassen, welche bisher schon, wenn es zu einer Wahl kam, dabei betheiligt gewesen waren [5], verstanden werden [6]; und demgemäss ist auch zunächst in der Praxis verfahren worden [7].

Wenn das Konkordat dem Kaiser das Recht einräumte, bei der Wahl gegenwärtig zu sein und die für die Bisthümer des deutschen Reiches Gewählten, mithin vor der Bischofsweihe zu investiren, so war dadurch trotz des Zugeständnisses der freien Konsekration mindestens ein Recht der Ausschliessung missliebiger Kandidaten zu Gunsten

prefigitur. Habeat aecclesia libertatem quam semper optaverat; habeat et regnum iustam in omnibus potentiam, qua sibi per karitatem quaecunque sunt cesaris sine cede subiciat. Habeat aecclesia liberam in spiritualibus aelectionem, nec regio metu extortam, nec presentia principis ut ante coartatam vel ulla peticione restrictam: habeat imperatoria dignitas electum libere, consecratum canonice, regalibus per sceptrum, sine precio tamen, investire sollempniter, et in fidei suae ac iusti favoris obsequium, salvo quidem ordinis sui proposito, sacramentis obligare stabiliter". Vgl. hierzu Bernheim, Lothar III. u. das Wormser Konkordat S. 1 ff. 10 ff. Diese an Lothar gestellte Forderung entsprach dem für Italien und Burgund verwirklichten Programm der kirchlichen Partei, Bernheim, Wormser Konkordat S. 42 ff.

1 H. Witte, Forschungen z. Gesch. des Wormser Konkordates. Th. I. Göttingen 1877. S. 103.

2 Bernheim, Lothar III. S. 16 und Wormser Konkordat S. 43 ff.

3 Ann. Stadens. a. 1126, SS. 16, 322: „dicunt etiam, quod promisisset (Lotharius) plura quae non persolvit". Die frühere Annahme, dass Lothar sein Versprechen ausgeführt und somit das Wormser Konkordat beseitigt hat, so z. B. Jaffé, Gesch. d. deutsch. Reichs u. Lothar d. Sachs. S. 35; Sugenheim a. a. O. S. 153 ff.; Phillips, K. R. 3, 174; Hefele, Konc. Gesch. 5, 346, ist durch die Ausführungen Friedbergs in den Forschgen z. deutsch. Gesch. 8, 77 ff. und Bernheims a. a. O. S. 13 ff., welche nachweisen, dass Lothar die im Wormser Konkordate dem Kaiser zugestandenen Rechte während seiner ganzen Regierung ausgeübt hat (s. auch unten), widerlegt. Vgl. ferner H. Witte a. a. O. S. 92 ff. Dagegen spricht auch der kurz nach Lothars Krönung an diesen gerichtete Brief Innocenz' II. v. 1133, Jaffé, mon. Bamb. p. 523: „Nos igitur, maiestatem imperii nolentes minuere, sed augere, imperatoriae dignitatis plenitudinem tibi concedimus et debitas et canonicas consuetudines praesentis scripti pagina confirmamus. Interdicimus autem, ne quisquam eorum, quos in Teutonico regno ad pontificatus honorem vel abbatiae regimen evocari contigerit, regalia usurpare vel invadere audeat, nisi eadem prius a tua potestate deposcat, quod ex his quae iure debet tibi, tuae magnificentiae faciat", welcher zwar nur eine sehr vage Anerkennung der konkordatmässigen Rechte des Kaisers enthält, Bernheim S. 42, indessen bei einem Verzichte Lothars auf dieselben unmöglich gewesen wäre, s. auch Wichert in d. Forschgen 12, 110. Die ganze Erzählung der Narratio Loth. für unglaubwürdig zu erklären, so Friedberg a. a. O. S. 77 ff. u. Wichert a. a. O. S. 109, scheint mir kein hinreichender Grund vorzuliegen, vgl. auch Bernheim, Lothar III. S. 10 ff. und Wormser Konkordat S. 49. 50.

4 S. o. S. 545. n. 1; Gregor. VII. ep. ad Rodulf. a. 1076, S. 546. n. 2.

5 S. o. S. 534.

6 Die Ausschliessung der Laien hätte allerdings in der Konsequenz der damaligen kirchlichen Anschauung gelegen; durch das Wormser Konkordat ist sie aber noch nicht erfolgt. Weder der Wortlaut des letzteren noch die damalige Uebung berechtigt, anzunehmen, dass schon in dieser Zeit als kanonische Wahl die Wahl durch die Domkapitel betrachtet worden ist.

7 S. darüber unten §. 124.

des Kaisers anerkannt[1]. In der That haben aber die Kaiser im 12. Jahrhundert vielfach einen über dieses negative Recht hinausgehenden Einfluss[2] bald durch Bezeichnung und Empfehlung der ihnen erwünschten Kandidaten[3], bald durch Ertheilung ihrer Genehmigung zu der erfolgten Wahl[4] ausgeübt. Entweder fand die Wahl bei Anwesenheit des Kaisers in der vakanten Bischofsstadt und nach Berathung mit demselben statt[5], oder es begab sich ein Theil der Wähler an den Hof, um dort die Wahl vorzunehmen[6]. Endlich haben auch Wahlen ohne Rücksicht auf die Anwesenheit

[1] Die Gegenwart des Kaisers ohne ein Recht desselben, gegen den Kandidaten Einwendungen zu machen, hätte keine Bedeutung gehabt. Das Recht auf Investitur vor der Konsekration ergiebt namentlich der Gegensatz, welcher zwischen den Bischöfen des deutschen und der anderen Reiche gemacht wird. Gerade diese Koncession war die praktisch werthvollste insofern, als der Kaiser einen gewählten, ihm nicht genehmen Kandidaten durch Verweigerung der Investitur vom Bisthum fern halten konnte.

[2] Heinrich V. selbst hat auch noch nach dem Wormser Konkordat sogar Bischöfe ernannt, z. B. 1124 in Trier, gest. Godefr. arch. c. 2, SS. 8, 200: „misit (Gottfried) ergo per secretarios suos Heinrico . . . mille centum et ultra, ut dicitur, marcas argenti et ita eum sibi conciliavit, ut cum Traeberenses venirent et dari sibi episcopum expeterent et quidam illius ineptiam pretenderent, rex non eo minus omitteret, quin eum episcopum constitueret . . . eligere eum episcopum formidabant,. set tamen vellent, nollent, intronizatus est“.

[3] So unter Lothar d. S. für Magdeburg 1126: „consilio regis“, Annal. Saxo a. 1126, SS. 6, 763, vita Norberti c. 18, SS. 12, 694; für Kambray 1131: „obtentu regis“, gest. episc. Camer. cont. c. 14, SS. 7, 506; für Basel 1133: „per consilium regis“, Annal. Saxon. a. 1133, SS. 6, 768; für Kambray 1136, g. episc. Camer. cont. c. 16, SS. 7, 507: „ut per gratiam imperatoris idoneum ecclesiae Cam. episcopum providerent“; unter Konrad III. für Mainz 1138, Annal. Disibod. a. 1136, SS. 17, 25: „data a rege praeceptione“; unter Friedrich I. für Mainz 1153, vita Arnoldi, Jaffé, mon. Mogunt. p. 610: „imperatore cooperante“, u. Annal. Colon. max. a. 1153, SS. 17, 764: „rex Arnoldum cancellarium suum substituit“; für Passau 1170, chron. Magni presb. a. 1170, SS. 17, 496: „ex collaudatione imperatoris“ u. a. 1172, ibid. p. 497: „ex consensu et collaudatione imperatoris“. Auch Bitten der Kapitel auf Bestellung eines Kandidaten durch den Kaiser sind vorgekommen, Arnold. Lubec. chron. Slavor. III. 6, SS. 21, 148: „Quem (Friedrich I. 1183) adierunt canonici Lubecenses . . . rogantes, ut per eius ordinationem episcopum habere potuissent. Qui designavit virum quendam religiosum, Alexium . . . Quem illi unanimiter contradixerunt . . . Qui communicato consilio familiarium dedit eis Conradum capellanum suum . . . Accepta igitur pontificali investitura apud Egere, castrum imperatoris, domnus electus veniens in parrochiam suam . . .“

[4] Lothar 1134 für Magdeburg, Annal. Saxo a. 1134, SS. 6, 769: „Conradus . . . inperatore consentiente generali electione cleri et populi episcopus constituitur“; Konrad III. für Köln 1151, epist. eiusd. ad Eugen. III. pap. v. 1151, Ennen u. Eckertz, Quellen z. Gesch. d. Stadt Köln 1, 533: „donec electionem canonice et concorditer factam regio more confirmaremus“; Friedrich I. für Kambray 1167, g. episc. Camer. cont. c. 20, SS. 7, 508: „imperatoris etiam factae electionis accessit assensus“.

[5] So unter Lothar in Trier 1131, c. 10 Balderici gest. Alberon. SS. 8, 248; in Köln 1131, Annal. Disib. a. 1131, SS. 17, 24; in Basel 1133, Annal. Saxo, SS. 6, 768; in Magdeburg 1134, ibid. p. 769; unter Konrad III. in Mainz 1138, Annal. Disib. SS. 17, 25; Otton. Fris. chron. VII. 22, SS. 20, 260; unter Friedrich I. ebendaselbst, Ann. Colon. max. SS. 17, 764; in Passau 1170, chron. Magni presb. a. 1172, SS. 17, 497. Bei dem Wahlakt selbst scheint aber nach den citirten Berichten der Kaiser in der Regel nicht zugegen gewesen zu sein.

[6] So ist Norbert, Erzbischof von Magdeburg, 1126 in Speier gewählt, s. o. N. 3; vgl. ferner über die Wahlen der Bischöfe von Kambray 1131 u. 1136, g. episc. Camer. cont. I. c. 14. 16, SS. 7, 506. 507; Christians von Mainz 1162, Annal. Disib. SS. 17, 30.

Die Unterscheidung eines längeren Wahlmodus, bestehend aus 1) der im engeren Kreise des Kapitels oder der Klostergeistlichkeit stattgehabten Vorwahl, 2) der Präsentation und Wahl bei Hofe in Gegenwart des Königs und 3) der feierlichen, formellen Nachwahl in der Bischofsstadt durch Volk und Klerus und eines kürzeren Modus, bei welchem die Vorwahl wegfiel, sowie die Behauptung, dass die feierliche Nachwahl nie gefehlt habe, vgl. Bernheim, Lothar III. S. 24. 25, halte ich für unbegründet. Dass vor der Wahl unter den einflussreichen Persönlichkeiten der Wähler Verhandlungen stattgefunden haben, ist selbsverständlich, aber von juristischer Bedeutung waren diese nicht. Somit lässt sich nur die Wahl in der Bischofsstadt und die an einem davon verschiedenen Orte in Anwesenheit des Kaisers durch eine als dazu ermächtigt zu denkende Deputation scheiden. Wenn im letzteren Falle noch von einem von Bernheim Nachwahl genannten Akte die Rede ist, so hat dieser nur den Zweck, die Zufriedenheit des Klerus und des Volkes mit dem bei Hofe Gewählten festzustellen und damit der alten kanonischen Vorschrift, dass der Bischof der Bevölkerung nicht wider Willen aufgedrungen werden solle, s. o. S. 515. n. 6, zu genügen. Nur so kann die von Bernheim citirte Stelle über die Wahl Alberos von Verdun, Laurentii g. episc. Virdun. c. 29, SS. 10, 10, verstanden werden: „At hi qui capita Virdunensis ecclesiae et populi ibi (zu Lüttich) reperti sunt, mox ab

des Kaisers stattgefunden[1]; in solchen Fällen ist aber während der Regierung Lothars eine Präsentation des Gewählten an den letzteren zur Bestätigung erfolgt[2], offenbar deshalb, weil man damals ohne eine solche die vorgenommene Wahl als konkordatswidrig und nicht gültig betrachtete[3]. Unter seinem Nachfolger Konrad III., welcher sich den Prätensionen der kirchlichen Partei gegenüber nur allzunachgiebig zeigte, suchte die letztere zwar die Wahlen in Abwesenheit des Kaisers zur Regel zu machen[4], und so durch Schaffung vollendeter Thatsachen[5] den Kaiser zur Ertheilung der Investitur an die Gewählten zu nöthigen, indessen hat Friedrich I. das kaiserliche Recht auf Anwesenheit bei der Wahl[6] oder doch mindestens das Recht der Zustimmung für Fälle, wo er nicht gegenwärtig sein konnte[7], ebenso wie die sonstigen konkordatmässigen Befugnisse des Kaisers, wieder energisch zur Geltung gebracht.

imperatore iussi, ut de tanto conventu, quem meliorem nossent, eligerent et praesentarent sibi. Illi . . . Alberonem . . . in praesulem elegerunt. Electionem eius curia laudavit, principum . . . coetus acclamavit, imperatoria maiestas confirmavit, datis ei per sceptrum temporalibus episcopii. Apostolicus et ipse approbavit utque omnia canonice procederent, electam personam ad Virdunensem ecclesiam remisit, ut cum ipsius ecclesiae et potissimum vener. abbatis Laurentii assensu et testimonio sibi Parisius occurreret, imperavit, ut sic eidem sibi visa suorum publica electione, confirmaret spiritualia pontificii. Virdunensis civitas et ecclesia . . . venientem cum gaudio suscepit, eum cum testimonio publici assensu ad papam Parisius Franciae misit. A quo . . . in episcopum est consecratus", denn Albero hatte schon vorher die Investitur erlangt, d. h. seine Berechtigung auf das Bisthum war durch die Wahl bei Hofe vollkommen wirksam begründet, ohne dass es noch einer „endgültigen Ratifizirung" (Bernheim S. 26. n. 12), welche juristisch bedeutungslos war, bedurfte. Ganz dasselbe trifft zu für den Bericht über Norberts Wahl, Chron. Magdeburg. Meibom, rr. German. 2, 326: „qui mox cum sacramento regi debito regalibus ab eo per sceptrum investitus ac missione eius Magdeburg. . . . deductus ibidem . . . a clero et populo cum ingenti gloria suscipitur, ab omnibus eligitur". Im Annal. Saxo a. 1136, SS. 6, 770: „Lotharius . . . Goslarie conventum habuit, cui Gerhardus cardinalis interfuit. Ibi Rodolfus Halberstadensis eclesie vicedominus, canonice eligitur, et . . . Erpesford in episcopum consecratus", wird die in Gegenwart des Kaisers zu Goslar doch sicherlich nicht von sämmtlichen Wahlberechtigten des Bisthums Halberstadt vorgenommene Wahl als eine kanonische bezeichnet, und es ist, ebenso wie in vielen anderen Berichten, von einer Nachwahl in der Bischofsstadt keine Rede, vgl. auch H. Witte a. a. O. S. 13. n. 1.

[1] Unter Lothar wurde dies noch als eine dem Konkordat widersprechende Unregelmässigkeit empfunden, chron. episc. Merseburg. c. 14, SS. 10, 188: „Meyngotus (1126) . . . tam unanimi quam concordi electione . . . nobis . . . pater eligitur . . . Electione facta, cum electo Lotharii regis praesentia expetitur, sed nihilominus electus regi et a melioribus regni ob personalem acceptionem, ob morum commendationem, ob unanimem electionem commendatur. Ergo regis dono . . . sublimatur et honoratur".

[2] Laurentii g. episc. Virdun. c. 28, SS. 10, 507: „Virdunensis ecclesia (1129) . . . sibi Ursionem . . . in episcopum elegit. . . . Ierat si quidem ad curiam regis gratia suae confirmationis"; Canon. Wissegr. contin. Cosmae a. 1135, SS. 9, 141: „electus s. Pragensis ecclesiae Johannes ad imperatorem profectus est, quatenus electio sua imperiali assensu et approbatione corroboraretur".

[3] Eine derartige Wahl eine Vorwahl oder Designation zu nennen, s. Bernheim S. 25; H. Witte S. 13. 81, halte ich für schief und verwirrend. Denn eine weitere eigentliche Wahl ist in solchen Fällen nicht erfolgt. Der Vorwahl genannte Akt ist derjenige, welcher an sich das Recht auf das Bisthum gewährt, und die ihm wegen mangelnder Anwesenheit des Königs anhaftende Anfechtbarkeit wird durch die nachfolgende königliche Bestätigung beseitigt.

[4] Vgl. die Zusammenstellung bei H. Witte a. a. O. S. 22 ff. 88. Die einzige nachweisbare Ausnahme bildet die Wahl in Mainz 1138, s. S. 561. n. 5.

[5] Bei der auf Arnold II. in Köln gefallenen Wahl hat dieser allerdings selbst die Annahme der letzteren bis zur Ankunft des Königs verschoben, um das Bestätigungsrecht desselben zu wahren, Otton. Fris. g. Frider. I. 62, SS. 20, 388; H. Witte S. 81.

[6] Von den Mainzern hat er sich ein eidliches Versprechen auf Beachtung dieses Rechtes geben lassen, Annal. Disib. a. 1157, SS. 17, 29: „imperator effecerat arte, ut abbates et praepositi et meliores quidam de ministerialibus Moguntiae ecclesiae fidem in manum regis et in manus quorundam amicorum eius darent, ut cum suus episcopus Arnoldus quovis casu defecisset, alium non elegerint, nisi consilio eorum ipse medius interesset", und die Bestätigung und Belehnung des unter Verletzung dieser Zusage gewählten Rudolf zurückgewiesen, l. c. p. 29. Vgl. auch S. 561 n. 5. u. vit. Arnoldi Jaffé, mon. Mog. p. 610 (Mainz 1153).

[7] Annal. Colon. max. a. 1159, SS. 17, 771 (Köln), g. episc. Camer. cont. I. 20, SS. 7, 508; Lamb. Waterlos ann. Camer. a. 1167, SS. 16, 540 (Kambray). Zur Wahl Hermanns von Hildesheim

Für den Fall einer zwiespältigen Wahl — und solche sind bei den Gegensätzen der kirchlichen und der politischen, namentlich der hohenstaufischen und welfischen Parteien, sowie bei den verschiedenen Interessen der benachbarten Dynasten, der Vasallen der Bisthümer und der Bürger der Bischofsstädte im 12. Jahrhundert nicht selten vorgekommen — hatte das Konkordat die ebenfalls zweideutige Bestimmung getroffen, dass der Kaiser nach dem Urtheile des Metropoliten und der Komprovinzial-Bischöfe der verständigeren Partei zustimmen und ihr Unterstützung gewähren sollte [1]. Hiess dies soviel, dass der Metropolit mit seinen Suffraganen die eigentlich massgebende Entscheidung haben und der König dieser nur beitreten sollte, oder sollte umgekehrt der letztere eine solche fällen und sich dabei allein des Rathes der Bischöfe bedienen? Nicht minder fehlte es an einer Bestimmung darüber, was zu geschehen habe, falls wegen Unregelmässigkeiten des Verfahrens oder aus andern Gründen keinem der aus einer streitigen Wahl hervorgegangenen Kandidaten die Bestätigung ertheilt werden konnte. War in solchen Fällen eine Neuwahl anzuordnen oder sollte hier etwa das königliche Ernennungsrecht kraft Devolution eintreten? Die Unklarheit und Unzulänglichkeit der betreffenden Anordnung bot somit der durch das Konkordat nicht befriedigten, extrem kirchlichen Partei einen genügenden Anhalt dafür, das kaiserliche Entscheidungsrecht so viel als irgend möglich zu beschränken. Auch für die Kurie war dadurch die nicht unerwünschte Gelegenheit zum Eingreifen bei der Besetzung der Bisthümer, trotzdem, dass offenbar ein solches durch das Konkordat hatte ausgeschlossen werden sollen (s. o. S. 559. n. 2), gegeben. Denn dasselbe hatte andererseits die mindestens gemischt kirchliche Natur einer streitigen Wahl-Angelegenheit und die Betheiligung der kirchlichen Autoritäten bei der Erledigung derselben anerkannt. War gleich in demselben allein des Erzbischofs und der Bischöfe, nicht auch des Papstes gedacht, so konnte doch der letztere, gestützt auf das schon seit Jahrhunderten in Anspruch genommene Entscheidungsrecht aller wichtigeren Sachen oder auf Appellation des unzufriedenen Theiles, derartige Streitigkeiten vor sein Forum ziehen und der kaiserlichen Entscheidung vorgreifen, wenn sie nicht ganz ausschliessen.

Unter diesen Umständen ist es erklärlich, dass eine feste, gleichmässige Praxis sich während des 12. Jahrhunderts in Betreff des erwähnten Verhältnisses nicht gebildet hat. Diese war vielmehr eine verschiedene und die Verschiedenheit ist wesentlich durch die allgemeine Stellung der einzelnen Kaiser zur Kirche und zum Papstthum hervorgerufen worden.

Heinrich V., welcher das Konkordat nur als ein ihm durch die Noth abgedrungenes Zugeständniss auffasste, hat — freilich im Widerstreit auch mit jeder noch durch den Wortlaut gestatteten, den kaiserlichen Rechten günstigsten Auslegung — die Befugniss in Anspruch genommen, bei streitigen Wahlen unter Uebergehung der in Frage gekommenen Kandidaten einem beliebigen Dritten das Amt zu übertragen [2],

1162 war vorher die Zustimmung des in Italien weilenden Kaisers eingeholt worden, chron. Hildesh. c. 22, SS. 7, 856. Ueber das Erbitten von Kandidaten s. S. 561. n. 3 i. f.

[1] S. o. S. 559.

[2] Casuum S. Galli cont. II. c. 8, SS. 2, 160: „Audiens rex huiusmdi allegationes et dissensiones inter se discordantium partium, ex sententia curiae obtinuit, neutram istarum partium iuri suo resistere, quin libere hanc potestatem posset, in quemcunque vellet, ex iure transferre. Die Stelle bezieht sich zwar auf die streitige Abtswahl von 1123 in St. Gallen (Bernheim, Wormser Konkordat S. 38. 65), indessen stellt das Konkordat die Bischofs- und Abtswahlen gleich.

und zwar nicht einseitig, sondern sogar unter Billigung seiner Räthe und auch wohl eines Theiles der Grossen des Reiches [1].

Lothar d. S. hielt dagegen wohl an dem kaiserlichen Entscheidungsrecht fest, aber in Gemässheit seiner auf friedliches Einvernehmen mit der Kirche gerichteten Politik war er bemüht, unter Mitwirkung nicht blos der Bischöfe [2], sondern auch etwaiger gerade anwesender päpstlicher Legaten [3], mitunter sogar durch Benehmen mit dem Papste [4] selbst, andererseits auch unter Zuziehung seiner weltlichen Rathgeber und der weltlichen Fürsten [5], dergleichen Angelegenheiten zu erledigen, gewöhnlich in der Weise, dass er eine neue einmüthige Wahl durch die Wähler anordnete und herbeizuführen suchte [6]. Für diese hat er mitunter auch den ihm genehmen Kandidaten bezeichnet, aber niemals einseitig unter Verhinderung der Wahl eine Ernennung nach seinem ausschliesslichen Belieben vollzogen.

Trotzdem ist sein Verhalten, welches einerseits die kaiserlichen Befugnisse wahrte, andererseits aber auch den berechtigten kirchlichen Forderungen und Interessen volle Rechnung trug, von der extrem kirchlichen Partei als unbefugter Uebergriff be-

[1] S. vorige Note. Ueberhaupt sind diese noch stets bei der Besetzung der Bischofsstühle, weil eine solche ebenso wie früher als Reichsangelegenheit behandelt wurde, zugezogen worden, s. S. 561. n. 6. u. S. 562. n. 1.

Dass zu dieser Behandlung streitiger Wahlen der Text des Wormser Konkordates im Codex Udalrici n. 214, Jaffé, mon. Bamberg. p. 388, in dem es nur heisst: „ut si qua inter partes discordia emerserit, saniori parti assensum et auxilium praebeas" und die Worte: ‚metropolitani et comprovincialium consilio vel iudicio" ausgelassen sind, in Beziehung steht, worauf Bernheim, Wormser Konkordat S. 38 ff. hinweist, kann nicht zweifelhaft sein, ebensowenig dass darin eine bewusste Fälschung im königlichen Interesse liegt, wenn man weiter erwägt, dass in demselben Text auch die Erwähnung des Scepters als Symbols der Investitur und der besonderen Rechte der römischen Suffraganbisthümer, sowie das Versprechen der Hilfeleistung auf Anrufen des päpstlichen Stuhles in hac discordia fehlt. An und für sich hat für die mittelalterlichen Verhältnisse eine solche Fälschung nichts auffälliges, Bernheim a. a. O. S. 40. Dagegen erscheint aber andererseits die Annahme Bernheims S. 41, dass diese Fälschung schon 1123 vorgelegen habe, bedenklich. Ich halte es für wahrscheinlicher, dass sie erst nachher — das Entstehungsjahr des Codex ist 1125 — zur Rechtfertigung der Praxis Heinrichs V. gemacht worden ist. Heinrich V. hat sich auch sonst nicht streng an das Konkordat gehalten (S. 561. n. 2), und für den St. Galler Fall, einen solchen, wo der Kaiser keine Partei für die sanior erachtete, enthielt dasselbe keine Bestimmung, sodass bei Ernennung eines Kandidaten durch den Kaiser eine zweifellose Verletzung des Konkordates nicht einmal behauptet werden konnte.

[2] Annal. Erphesford. a. 1129, SS. 6, 537; s. auch die folgenden Noten.

[3] Vita Norberti c. 18, SS. 12, 694: „futuri pontificis lectio turbata est, dominatis in eadem electione tribus eminentibus personis; a quibus cum desistere nollent electores, res ad audientiam . . . Lotarii . . . delata est. Erat . . . cum imperatore cardinalis Roman. sedis legatus Gerardus nomine . . . Huius consilio, cum praedicti electores concordare non possent . . . imperator Norbertum . . . ecclesiae Magdeburgensi praeficere disponebat antistitem, adhibitis consilio suo Adelberto Maguntino archiepiscopo, Alberone Mettensi primicerio. Vocatis itaque electoribus post multas verborum ambages . . . imperator Norbertum ipse assignavit archiepiscopum; legatus quoque . . . auctoritate domni papae confirmavit ipsius imperatoris sincerum et laudabile factum statimque . . . principi praesentatur (Norbertus), acclamantibus cunctis Magdeburgensis ecclesiae magnatibus: Hunc . . . in episcopum omnes eligimus, hunc pastorem nostrum approbamus". Annal. Colon. max. a. 1132, SS. 17, 756: „Rex natale Coloniae celebrat, in cuius presentia gravissime partes fiunt utriusque ordinis cleri scil. et populi in electione . . . Godefridi Santensis prepositi, presidentibus 3 cardinalibus s. Rom. ecclesie legatis . . . Tandem iudicio regis et principum et ipsorum cardinalium ad unanimitatem ecclesia perducitur atque saniori consilio, Godefrido cessante, . . . Bruno prepositus s. Gereonis, Coloniensi cathedra inthronizatur"; Annal. Saxo a. 1136, S. 561. n. 6.

[4] In Betreff der zwiespältigen Wahl in Halberstadt 1136 schreibt Lothar an Innocenz II., Jaffé, monum. Bamb. p. 524: „Quia vero in partibus Saxonie maxime in prefata ecclesia imperialis dignitas consistit, saltem adhuc paternitas tua nobis adquiescat, et audita utraque parte, ita nobis eos remittas, ut salva libertate electionis, nos pro consilio archiepiscopi et suffraganeorum, adhibitis religiosis personis, talem provideamus qui ecclesie et inperio expediat".

[5] S. o. Note 1 u. 3.

[6] S. o. Note 3; Brief der Trierer Geistlichkeit an Innocenz II. von 1131, Balderici g. Alberon. SS. 8, 248: „numquam (rex) se . . . promisisse testatus est, quod aliquam de eligenda illa persona (Albero) bonam voluntatem habuisset, nisi per assensum et concordiam omnium tam laicorum quam clericorum fieri potuisset".

trachtet worden[1], und es gelang derselben dem schwächeren Konrad III. gegenüber, unter Mitwirkung der römischen Kurie, namentlich durch Appellationen an die letztere, dem Papst eine oberstrichterliche Stellung bei zwiespältigen Wahlen über dem Kaiser zu verschaffen[2].

Der kräftige Friedrich I., nicht minder sein Sohn Heinrich VI. wahrten dagegen wieder die kaiserlichen Rechte und nahmen von Neuem, mit Zustimmung der königlichen Kurie und der Fürsten des Reiches, indem sie bewusster Weise auf die Praxis unter Heinrich V. zurückgriffen[3], das Recht in Anspruch, ihrerseits unter Mitwirkung der geistlichen und weltlichen Grossen die Entscheidung bei

1 Brief Adelberts v. Mainz an Otto I. v. Bamberg v. 1134; Jaffé, mon. Bamb. p. 451: „Quid enim restat ad cumulum doloris nostri? cum videamus canonicas episcoporum electiones ad nutum principis cassari et pro beneplacito suo ipse substituat, quos libuerit. Hoc in Basiliensi ecclesia facta est". Dass das letztere nicht wahr ist, darüber s. Bernheim Lothar III. S. 32.

2 Dies zeigt vor Allem der Verlauf des Utrechter Wahlstreites von 1150 u. 1151. Annal. Egmund. a. 1150, SS. 16, 456: „de eligendo episcopo grandis discordia tam inter clericos quam inter laicos facta est, aliis Frithericum filium Adolfi comitis de Huovele, aliis Heremannum praepositum s. Gereonis de Colonia eligentibus. Comites siquidem, ecclesie homines ... Hermannum investiri instantissime laboraverunt. Omnes autem ministeriales et cives civitatis Traiectensis et Davantriae et omnes agricultores et cuiusque officii homines Fritherico devotissime faverunt... Sed pars nobilium ... alteram depressit et comes Holtlandensis bellica manu Hermannum in episcopium introduxit. Deinde uterque episcopus cum suis fautoribus Leodium ad cardinalis iudicium pervenit. Cuius iudicio Frithericus reprobatus, Hermannus investitus est, etiam Conrado rege parti ipsius consenciente"; Otton. Fris. g. Frider. I. I. 62, SS. 20, 388: „grave scisma ibidem oritur, quibusdam Fridericum ... aliis Herimannum ... in illius praesulem eligentibus. Illi vero qui Herimannum elegerant, alios praeoccupantes, principem ... adeunt ab eoque investituram regalium suscipiunt. Quos altera pars subsecuta inducias ab eo usque ad proximos dies rogationum in palatium Noviomagense accepit... Quos rex in causa ponens ad pacemque cum adversariis suis sine litis contestatione recovare volens, cum hoc modo procedere non posset, tandem eis iuris districtionem obtulit. Illi viaticum redeundi postulaverunt, dicentes se eo quod causa ipsa tanquam ecclesiastica ad ecclesiasticum iudicem, i. e. ad aures summi pontificis translata esset, respondere coram cincto iudice non posse". c. 63, l. c. p. 389: „Inde (rex) in Gallias rediens, Traiectensium negotium, revocatis omnibus ad subiectionem Herimanni cum imperii honore terminavit ac ne aliquis in posterum facti scrupulus habeatur, a Romana sede ratishabitionem obtinuit"; Conradi reg. ep. ad Eugen. III, Jaffé, mon. Corbeiens. p. 453: „misimus eis cum praeceptis regalibus legatos, imperantes eis, quatinus ... nostro se conspectui presentarent, accepturi ex regio more contentionum finem et urbis suae dominum qui melioribus suffragiis iuvaretur. Venit itaque ... Herimannus ad presentiam nostram cum suis electoribus, set illi qui iuvenem elegerant ... neque venerunt neque canonicam excusationem neque legitimam transmiserunt... adhibito episcoporum et principum et virorum prudentium ac religiosorum consilio, consideravimus, electores predicti H. prepositi sanioris esse consilii de persona a canonicis institutionibus non discrepante ... Itaque ... indicatum est ab episcopis et principibus: nullam nos debere moram probabilibus desideriis inserere, set personam absque vi et ulla mala machinatione electam et in sacris ordinibus aetate congrua inventam provehere. Proinde celsitudinem sacerdotii vestri ... attente monendo rogamus, ut opus a nobis laudabiliter inchoatum benedictione sacrae manus vestrae perficere et confirmare non abnuatis". Hält man diese Nachrichten zusammen, so ergiebt sich, dass Konrad nach Vorladung der Parteien in Uebereinstimmung mit dem Konkordat unter Zuziehung der Bischöfe zu Gunsten des einen Theils entschieden und darauf diesem die Investitur ertheilt hat. Zum Präjudiz der kaiserlichen Rechte erbittet er indessen noch die Bestätigung des Papstes, welche er nicht einzuholen verpflichtet war. Inzwischen appellirt die unterliegende Partei. Dagegen protestirt der König, trotzdem, dass er dazu berechtigt war, nicht, und nun wird der Streit nochmals durch den päpstlichen Legaten in einer höheren Instanz untersucht und entschieden, freilich in derselben Weise, wie vorher. Vgl. H. Witte S. 71 ff. Ueber Beeinträchtigungen der kaiserlichen Rechte bei zwistigen Abtswahlen s. a. a. O. S. 51 ff. 63 ff. 68 ff. Ueber die Doppelwahl im Bisthum Konstanz fehlt es an sicheren Quellen, a. a. O. S. 28 ff.

Die Tendenz, ein oberstes päpstliches Entscheidungsrecht bei der Besetzung der Bischofsstühle in Anspruch zu nehmen, zeigt auch ep. Eugen. III. ad cler. Colon. v. 1152, Ennen u. Eckertz, Quellen z. Gesch. Kölns 1, 535, in welcher er auf Bitte Konrads um Ertheilung der Konsekration an den einstimmig gewählten Arnold II. von Köln eine Bestätigung desselben ausspricht („electionem, quam de ipso ... unanimiter feceratis, post diligentem examinationem ratam habentes ... vobis in archiepiscopum consecravimus"). Ein Fall der Verwerfung einer Wahl in Osnabrück durch den Erzbischof von Köln Annal. Colon. max. a. 1141, SS. 17, 760.

3 Das zeigt die in der folgenden Anmerk. angeführte Stelle Ottos von Freisingen, bei welchem ein Irrthum in Betreff der Vorschriften des Kon-

zwiespältigen Wahlen zu fällen [1]. Bald ist von ihnen der eine der beiden aus einer solchen Wahl hervorgegangene Kandidat als der rechtmässig gewählte anerkannt worden [2], bald haben sie eine Neuwahl theils unter Gewährung voller Freiheit, nur mit Wahrung des kaiserlichen Rechtes auf Anwesenheit bei der Wahl [3], theils aber auch unter direkter Bezeichnung und Empfehlung eines ihnen genehmen Kandidaten [4], oder mindestens unter Erklärung des vorgängigen Einverständnisses mit einer bestimmten Person [5]

kordates nicht anzunehmen ist, und welcher den Inhalt desselben in der durch die gedachte Praxis festgestellten Auffassung angiebt, Bernheim, Wormser Concordat S. 55 ff.

[1] Otton. Fris. g. Frider. I. II. 6, SS. 20, 392: „Tradit enim curia et ab ecclesia eo tempore quo sub Heinrico V. de investitura episcoporum decisa fuit inter regnum et sacerdotium controversia, sibi concessum autumpnat, quod obeuntibus episcopis, si forte in eligendo partes fiant, principis arbitrii esse, episcopum quem voluerit ex primatum suorum consilio ponere nec electum aliquem ante consecrandum, quam ab ipsius manu regalia per sceptrum suscipiat"; Gesta Trevir. c. 93, ed. Wyttenbach et Müller 1, 274: „ubi iudicio principum sancitum fuit, quod imperator per consilium principum, si in electione discordarent, quam vellet idoneam personam subrogaret"; und in Betreff Heinrichs VI. Gislebert. chron. Hannon. a. 1191, SS. 21, 573: „quia imperator asserit quod in discordia partium sibi licet episcopatus et abbatias cui voluerit conferre".

[2] Für Köln 1156. Otto Fris. l. c. II. 31, SS. 20, 415: „Procedunt Colonienses, advocatos exposcunt, de sua utrique electione per triduum coram principe decertant. Tandem princeps . . . consilio et iudicio quos secum habebat episcoporum aliorumque principum praedictam causam ad curiam Ratisponensem . . . producendam decrevit"; c. 32: „. . . antequam haec curia terminaretur, praesentata sibi iterum de Coloniensi ecclesia utraque parte alteram electionem eam videl. quae a canonicis maioris ecclesiae facta fuit, validiorem iudicans, Fridericum Adolfi comitis filium de regalibus investivit sicque eum a Romano pontifice consecrandum ad urbem misit". Gislebert. chron. Hannon. a. 1191, SS. 21, 577: „imperator (Heinrich VI.) acceptis occulte a domino Johanne archidyacono Cameracensi, ex una parte capituli Cameracensis, 3 milibus marchis puri argenti, ab ipso Johanne et a Walchero scolario, ex alia parte electo . . . requisivit, ut ambo super episcopatu Cameracensi sue voluntati et arbitrio prorsus se submitterent. Quod quidem Johannes satis certus pro data pecunie summa facere non recusavit, Walcerus eciam, cui . . . imperator episcopatum promiserat . . . animo letanti concessit . . . vero imperator episcopatum Cameracensi Johanni contulit", vgl. Toeche, Kaiser Heinrich VI. S. 222. 222; annal. Egmund. a. 1196, SS. 16, 471: „Baldwinus Traiectensis episcopus obiit et duo a diversis partibus sunt electi, Theodericus vid. frater eiusdem episcopi . . . praepositus maioris ecclesiae . . . et Arnaldus praepositus Davantriae. Episcopatus vero Theoderico . . . ab Heinrico imperatore committitur"; vgl. auch g. episc. Traiectens. c. 11, SS. 23, 407.

[3] So in Trier 1183, als der Propst Rudolf und der Archidiakon Folmar gewählt worden waren. Gesta Trevir. c. 93, ed. cit. p. 274: „At ipse (Friedrich I.) optionem electionis iterum in praesentia sua eis concessit ita, si praeteritae electionis discordiam deponere vellent. Ubi Folmarus interesse nolens, discessit. Alii vero, quamvis pauci, Rudolfum praepositum iterum electum praesentaverunt et ab imperatore investitum ad propria reduxerunt". Vgl. auch Scheffer-Boichorst, Kaiser Friedrichs I. letzter Streit mit der Kurie. Berlin 1866. S. 34. 40.

[4] Für Magdeburg 1152, Otto Fris. l. c. II. 6, SS. 20, 392: „Dumque alii eiusdem ecclesiae praepositum Gerhardum, alii decanum eligerent . . . regem . . . adire disponunt. Quos dum . . . ad unitatem et vinculum pacis princeps reducere satageret ac proficere non valeret, alteri parti i. e. decano cum suis persuasit, ut Gwichmannum Cicensem episcopum . . . eligerent eique accersito regalia eiusdem ecclesiae concessit". Vgl. auch Reuter, Alexander III. 2, 165; für Mainz 1161, Annal. Disib. a. 1160, SS. 17, 29: „cum clero licet coacto, Ruodolfum, filium ducis Cunradi de Zeringen episcopum substituerunt" . . . a. 1161, p. 30: „frustra perrexit (in Longobardiam), quin Cunradus palatinus alium nomine Cristianum episcopum levavit, et rex munera Rudolfi et aurum sprevit" . . . a. 1162: „Imperator . . . Cristiano priore electo interim neglecto cum electione priorum Moguntinae ecclesiae, qui tunc inibi plures praesentes affuerunt, episcopum constituit Moguntinae sedi Cuonradum, fratrem Ottonis palatini"; Reuter a. a. O. S. 156. Nach Annal. Stad. a. 1168, SS. 16, 346: „duo sunt electi Sifridus . . . et Obertus decanus. Et factus est maximus tumultus in Brema . . . Imperatore curiam habente in Babenberg duo electi Bremenses destituti sunt et de voluntate ducis (Heinrich d. Löwen) Baldewinus Halberstadensis praepositus est intrusus", scheint es, als ob eine einseitige Ernennung erfolgt ist, indessen heisst es in dem hierher gehörigen Schreiben Alexanders III. v. 1169, Lappenberg, Hamb. Urkdbch. 1, 215: „quod cum laici quidam et clerici electioni antistitis vestri se ipsos indiscrete aliquando interponant", es muss also der beschlossenen Erhebung Baldewins eine Wahl vorangegangen sein.

[5] So in Kambray 1167, Lamberti Waterlos annal. Camer. a. 1167, SS. 16, 540 ff., p. 543: „Mandabat (imperator) rursus propter duas electiones quae ante sese praesentatae ab altercatoribus extiterant, unam et meram electionem infra spatium dierum LX agerent, hoc spatium a . . . rege obtinentes eligendi quemcunque vellent. In litteris suis post rex discribi iusserat de Petro Theodorici comitis Flandriae filio, si placeret ecclesiae personis et civibus, non illud sibi displiceret,

angeordnet. Auch die sofortige Ernennung eines nicht bei der Wahl in Frage stehenden Dritten ist unter Heinrich VI. vorgekommen [1].

Wie Eugen III. schon in den Utrechter Wahlstreit unter Konrad III. eingegriffen hatte [2], so versuchte er dies in der Magdeburger Angelegenheit [3] auch Friedrich I. gegenüber auf die Appellation des einen der unterlegenen Kandidaten, aber erfolglos [4]. In dem Trierer Wahlstreit [5] setzte Lucius III. auf die Berufung des vom Kaiser verworfenen Folmar die von dem ersteren verlangte Weihe des bereits investirten Rudolf aus, indem er die Nothwendigkeit der Anhörung beider Parteien betonte, mithin eine nochmalige Prüfung der Angelegenheit in Anspruch nahm. In diesem Falle hat Friedrich I. insofern, als er Rudolf anwies, sich dem Papste zu stellen [6], nachgegeben. Nachdem aber später Urban III. in der bis dahin verschleppten Angelegenheit in übereilter Weise zu Gunsten Folmars entschieden und diesen zum Erzbischof von Trier konsekrirt hatte [7], erkannte Friedrich I. diese Akte des Papstes nicht an [8] und protestirte auf dem Reichstage zu Gelnhausen unter Beistimmung der Fürsten gegen diese, wie gegen andere Anmassungen des Papstes [9]. Der inzwischen zum päpstlichen Legaten [10] ernannte Folmar, welcher sich durch gewaltthätiges Verfahren das Erzbisthum Trier zu erhalten versucht hatte [11], wurde demnächst durch Gregor VIII., da dessen Politik von dem Streben nach dem Einverständnisse zwischen Papstthum und Kaiserthum beherrscht war, von dem Rechte, in seiner Diöcese Exkom-

imo complaceret, et assensum suum per omnia sane praeberet in eiusdem praedicti electione . . . unanimes tam clerici quam laici effecti Petrum . . . elegerunt". Vgl. auch Reuter a. a. O. 3, 31 ff.

1 Gislebert. chron. Hannon. SS. 21, 577: „Albertus de Retest, Leodiensis ecclesie maior prepositus et archidyaconus cum . . . imperatore morabatur, expectans donum episcopatus Leodiensis. Quod quidem quamvis ab una parte electus esset, tamen fieri non poterat quousque alii Alberto, fratri ducis Lovaniensis, ipsius ecclesie archidyacono, ab alia parte electo, esset electio abiudicata . . . Alberto autem de Retest cum sua licet minore parte resistente, . . . imperator (1192) super discordia electionis sententiam a principibus requisivit. Quod quidem iudicium . . . Brunoni Coloniensi electo et . . . Conrardo Maguncieusi archiepiscopo et . . . Johanni Treverensi archiepiscopo et Monasteriensi, Metensi, Tullensi, Argentinensi, Spirensi, Herbipolensi, Balbobergensi, Basiliensi episcopis commissum est, Woldenensique et Lonensi et Prumensi abbatibus. Sententiam autem Monasteriensis episcopus protulit et inde alios omnes sequaces habuit, quod episcopatus Leodiensis in manus . . . imperatoris devenisset, dandus ad voluntatem suam . . . imperator accepta nimia pecunia a Lothario clerico, viro nobili, preposito Bonnensi, fratre comitis de Hostade, cancellariam suam . . . ei vendidit. Secunda autem die a donatione illa . . . eidem s. sub testimonio predictorum principum . . . episcopatum Leodiensem contulit. Que quidem donatio et scandalum in ecclesia et in populis multis fecit"; vgl. Toeche a. a. O. S. 219. 223.

2 S. S. 565. n. 2.

3 S. S. 566. n. 4.

4 Das Verlangen, dass der Kaiser in solchen Fällen eine völlig freie Neuwahl gestatten solle (ep. Eugen. III. bei Otto Fris. g. Frider. I. II. 8, SS. 20, 393), war ungerechtfertigt. Friedrich I. hatte aber, was der Papst ebenfalls hervorhebt, in dem Magdeburger Fall gegen das kanonische Recht insofern verstossen, als die Erhebung Wichmanns eine dadurch für die Regel verbotene Translation von Zeitz nach Magdeburg in sich schloss, s. Th. I. S. 238. n. 4. Die beabsichtigte Untersuchung durch die Legaten Eugens III. und seines Nachfolgers Anastasius' IV. liess der Kaiser nicht zu, Reuter a. a. O. 2, 166.

5 S. 566. n. 3.

6 Gesta Trevir. c. 93 ed. cit. p. 274; Scheffer-Boichorst a. a. O. S. 42. 56. 65.

7 c. 95 g. Trevir. p. 276; Scheffer-Boichorst S. 91.

8 Indem er Rudolf aufforderte, entweder mit Entschiedenheit seine Rechte als Erzbischof von Trier geltend zu machen oder durch Resignation eine anderweitige Besetzung zu ermöglichen, c. 97. g. Trevir. p. 281; Scheffer-Boichorst S. 111.

9 ep. Wichmanni archiep. Magdeb. ad Urban. III., de Ludewig reliqu. manuscr. 2, 447; Mansi 22, 507; Watterich, vitae romanor. pontif. 2, 675: „videretur imperium demembrationem et maximam sui iuris diminutionem incurrisse, presertim cum nulla antecessorum suorum ab aliquo antecessorum vestrorum factum fuisse antiquitatis curiosa reportet memoria, quod episcoporum quispiam in regno Teutonico consecrationem prius quam regalia per sceptrum imperiale receperit, quod quidem rationi non derogans, in hec usque tempora usus approbatus celebritate conservavit"; Scheffer-Boichorst S. 114. 116.

10 g. Trevir. c. 97, p. 281.

11 g. Trevir. c. 95—97. p. 279 ff.; Scheffer-Boichorst.

munikationen und Absetzungen ohne Zustimmung des Papstes zu verhängen, suspendirt[1], und endlich von Clemens III. abgesetzt[2]. So hatte das Kaiserthum auch in diesem Falle den Sieg errungen, freilich erst nach langem Kampfe und ohne irgend eine Anerkennung des von ihm geltend gemachten Entscheidungsrechtes streitiger Wahlen zu erlangen. Im Gegentheil nahm die Kurie ein solches bei den aus Anlass der Lütticher[3] und Utrechter Wahlstreitigkeiten[4] unter Heinrich VI. erhobenen Appellationen von Neuem in Anspruch und Cölestin III. entschied in dem ersteren Falle zu Ungunsten des vom Kaiser Investirten[5], während in dem anderen der kaiserlich Belehnte wohl nur die Weihe erhielt, weil sein Gegner während der Appellationsverhandlungen gestorben war[6]. Die erstgedachte Angelegenheit, in welcher Heinrich VI. allerdings seinen Standpunkt mit Entschiedenheit wahrte[7], erledigte sich ebenfalls bald dadurch, dass der von ihm ernannte Lothar nach der Ermordung seines Gegners Alberts von Brabant seinen Frieden mit dem Papste machte und sich der von demselben wider ihn verhängten Absetzung unterwarf[8].

Nur mit grossen Anstrengungen hatten sich demnach die beiden Staufer in dem Besitze des ihnen bestrittenen Rechtes erhalten können. Andererseits war aber fort und fort vom päpstlichen Stuhle ein höchstes Entscheidungsrecht in Anspruch genommen worden, auf dessen erfolgreiche Geltungmachung gegenüber einem machtlosen Kaiserthum nach dem bisherigen Verlaufe der Dinge mit Sicherheit gerechnet werden konnte.

Ausser dem Mitwirkungsrecht bei der Bestimmung der Kandidaten für die erledigten Bisthümer hatte das Konkordat dem Kaiser die Befugniss zur Investitur der Regalien vorbehalten[9]. Unter den letzteren kann im Allgemeinen nur die Gesammtheit aller den einzelnen Bisthümern zugehörigen Gütermassen und Rechte ohne Unterschied ihres Erwerbstitels und ihres Charakters, d. h. ohne Rücksicht darauf, ob die Güter der Kirche zu Eigenthum oder Lehn zustanden und ob die Rechte rein privatrechtlicher oder publicistischer oder hoheitlicher Natur waren, verstanden werden[10].

[1] ep. Gregorii VIII. v. 1187, de Ludewig l. c. p. 428; Watterich 2, 690.

[2] g. Trevir. c. 99. 100, p. 286 ff.; Scheffer-Boichorst S. 160. 163. Bei der streitigen Wahl in Verdun 1185 hat Friedrich I. ebenfalls das Entscheidungsrecht geübt, gest. episc. Virdun. SS. 10, 520.

[3] S. S. 567. n. 1.

[4] S. S. 566. n. 2 i. f.

[5] Gisleb. chron. Hannon. a. 1192, SS. 21, 580: „Albertus ducis Lovaniensis frater, Leodiensis electus peractis in curia Romana ad voluntatem suam negotiis suis, ad propria reversus est, . . . satis etenim leviter causas suas ad votum suum promovere potuit, cum nemo sibi adversaretur in curia, quia Lotharius totam spem suam ... in ... imperatore posuerat, et . . . papa potestati et dignitati, quam dominus imperator in ecclesiis episcopalibus et abbatiis maioribus habebat, valde erat contrarius. Unde Albertus super promotione sua executores habuit . . . Brunnonem Coloniensem archiepiscopum et . . . Willelmum Remensem archiepiscopum . . . Unde eciam . . . Willelmo Remensi archiepiscopo, s. Sabiae cardinali, apostolice sedis legato iniunctum fuit, ut ipsum Albertum in sacerdotem ordinaret et in episcopum consecraret. Unde ... archiepiscopus ... Albertum in sacerdotem ordinavit et . . . in episcopum consecravit“, jedoch hatte der Erzbischof von Köln, der als Metropolitan zunächst päpstlicherseits mit der Konsekration beauftragt war, diese aus Furcht vor dem Kaiser abgelehnt, Sigebert. cont. Aquicint. a. 1192, SS. 6, 429.

[6] Annal. Egmund. a. 1197, SS. 16, 471: „Theodericus et Arnaldus, qui Romam profecti fuerant, longam disceptationem coram apostolico de sua substitutione habuerunt, cum tamen Theodericus anulo et virga imperiali episcopalia suscepisset. Sed cum more diutinae disceptationis protrahantur, Arnaldus mense Junio moritur, Theodericus consecratur“; g. episc. Traiectens. c. 11, SS. 23, 407.

[7] Toeche a. a. O. S. 244.

[8] Gislebert. chron. Hannon. a. 1192, SS. 21, 582.

[9] S. o. S. 559.

[10] Dies zeigen die dem Abschlusse des Investiturstreites vorangegangenen theoretischen Erörterungen und Vorschläge zur Beilegung desselben, s. o. S. 552 ff. In diesen werden schlechthin der geistlichen Seite des Bischofsamtes die dazu gehörigen weltlichen Güter und Rechte gegenüber-

Ob das eigentliche Kirchengut im engeren Sinne (Oblationen, Zehnten und Privatschenkungen, s. o. S. 554) von den Regalien und damit von der Investitur ausgeschlossen werden sollte, ist zwar nach dem Wortlaut des Konkordates nicht ganz klar, indessen deutet das Wort regalia und die mit der betreffenden Anordnung in Verbindung gebrachte Vorschrift über die Lehnspflicht darauf hin [1], wiewohl praktisch namentlich hinsichtlich der an Laien weiter verliehenen Zehnten und derartigen Grundstücke diese Scheidung nicht durchführbar war und auch wohl nicht durchgeführt worden ist [2].

Die Investitur selbst geschah seit dem Konkordate nicht mehr durch die Symbole der geistlichen Gewalt des Bischofs, den Bischofsstab und den Ring, sondern durch das Scepter [3]. Dass bei dem Akte der zu Belehnende, wie früher [4], ausser dem allgemeinen Treueid auch die Mannschrift, das *homagium* oder *hominium*, zu leisten hatte, ist zwar nicht direkt im Konkordate ausgesprochen, aber die Vorschrift, dass der *electus quae ex his (regalibus) tibi debet, faciat*, kann nur darauf, sowie auf die dem Bisthum obliegenden Reichslasten bezogen werden [5]. Dem hat auch die Praxis des

gesetzt. Dagegen können unter den Regalien nicht blos Hoheitsrechte, etwa die in der constitutio Friderici I. de regalibus v. 1158, LL. 2, 111 aufgezählten, verstanden werden. Eine verschiedene Behandlung zwischen den blossen Hoheitsrechten der Bisthümer und ihrem Güterbesitz und innerhalb dieses wieder des Allodial- und Lehngutes tritt nirgends hervor, im Gegentheil wird die Investitur mit den Regalien auch als Uebertragung der Temporalien bezeichnet, Laurentii g. episc. Virdun. c. 29, S. 561. n. 6, vgl. Ficker, Eigenthum des Reichs am Reichskirchengut S. 57; Bernheim Lothar. III. S. 52 ff.; v. Schulte, deutsche Reichs- und Rechtsgesch. 4. Aufl. S. 191. Wie früher bei der Investitur das Bisthum mit allen seinen geistlichen und weltlichen Rechten den Gegenstand der kaiserlichen Verleihung bildete, o. S. 536. n. 7, so war dies jetzt die Gesammtheit der letzteren. Der Bischof erlangt durch einen einheitlichen Akt die Befugniss und die Legitimation, alle dem Bisthum zustehenden Rechte je nach dem Charakter derselben sowie der der bischöflichen Kirche zukommenden Berechtigung auszuüben. Mit der Erledigung eines Bisthums fällt die Person, welche diese Rechte wahrzunehmen hatte, fort, und ihr Nachfolger wird durch die kaiserliche Investitur bestimmt. Diese Auffassung zeigt sich klar bei Placidus v. Nonantula c. 43. 150, s. o. S. 554. n. 2, und ebenso in der Stelle des Wido, S. 552. n. 3, welcher allerdings die Investitur zugleich als einen Bestätigungsakt in Betreff der Rechte des Bisthums ansieht. Immerhin folgt aber aus dieser hier in Uebereinstimmung mit Ficker vertretenen Ansicht über den Begriff der Regalien noch nicht, dass auch die Allodialbesitzungen der Reichskirchen als Eigenthum des Reiches betrachtet werden müssen. Das Recht des Königs an diesen geht dahin, die zur Ausübung des Eigenthums der Kirche berechtigte Person zu bestellen, und deshalb stehen auch solche Güter zur Disposition des Reiches und des Kaisers. Eine ähnliche Auffassung, wie die hier vertretene, schon bei Montag, Gesch. d. deutsch. staatsbürgerl. Freiheit. 2, 441 ff.

[1] Bedeutsam ist es ferner, dass das Konkordat von Sutri, nach welchem das vom Reich herrührende Kirchengut demselben zurückgegeben werden sollte, und welches für die Bestimmung des letzteren einen in die Zeit Karls des Gr. zurückdatirten Termin festsetzt, s. o. S. 555. n. 4, sich des Ausdruckes: regalia bedient, sowie dass das Wormser Konkordat in der Urkunde Heinrichs V. neben den possessiones auch die regalia b. Petri hervorhebt. Vgl. auch Bernheim, Wormser Konkordat S. 27.

[2] Bernheim Lothar III. S. 55 ff.

[3] S. o. S. 561. n. 6; S. 566. n. 1; S. 567. n. 9, gleichbedeutend damit: virga imperialis, s. S. 568. n. 6. Der hier daneben erwähnte Ring braucht nicht der Bischofsring zu sein, es ist wahrscheinlich der des Kaisers gemeint. Dass der Ring auch abgesehen von der Uebertragung der Bisthümer bei der Investitur vorgekommen ist, zeigen die Citate bei Du Cange, glossarium s. v. investitura. In canon. Wissegr. cont. Cosmae SS. 11, 141 (den Anfang s. S. 562. n. 2 i. f.): „Quo postquam ventum est, tanto culmine honoris honoratus est, ut imperator . . . ipse ei obviam exierit. Postquam vero pontificales dignitates i. e. baculum et annulum sibi tradidit, ad archiepiscopum Moguntinum misit illum, ut . . . praesulem ordinaret", ist sibi auf den Kaiser (Lothar d. S.) zu beziehen und das Subjekt zu tradidit ist der episcopus electus. Dieser überbringt dem Kaiser in alter Weise die Amtsinsignien seines Vorgängers und der erstere verweist ihn an den Bischof von Mainz, so auch Bernheim Lothar III. S. 33. n. 32. Friedberg i. d. Forschgen z. deutsch. Gesch. 8, 82 u. Ficker, Reichsfürstenstand S. 282 finden in der Stelle allerdings eine Investitur mit Ring und Stab und nehmen eine Verletzung des Konkordates durch Lothar an.

[4] S. o. S. 536.

[5] Dies bestätigt Gerhoh v. Reichersperg, welcher de investigatione antichristi, opp. adhuc inedita cur. Scheibelberger 1, 70 den Inhalt des Konkordates dahin angiebt: „Imperator . . . electiones atque investituras liberas ecclesiae

12. Jahrhunderts entsprochen[1], freilich hat es nicht an Versuchen des Papstthums und der streng kirchlichen Partei gefehlt, diese Verpflichtung zu beseitigen[2].

Nicht minder ist es dem Kaiserthum gelungen, den nach dem Konkordat begründeten Anspruch auf Ertheilung der Investitur vor der Konsekration praktisch zur Geltung zu bringen[3]. Ja, Friedrich I. hat sogar, um Burgund und Italien wieder fester an das Reich zu ketten, die den Prälaten dieser Länder im Konkordate gewährte Ausnahmestellung nicht geachtet, vielmehr, was bis dahin nicht geschehen war, von diesen die Entgegennahme der Investitur und die Leistung des Hominiums vor der Konsekration gefordert[4]. Bei der wichtigen präjudiziellen Bedeutung, wel-

remisit, ita ut electus vel consecratus de manu imperatoris vel regis regalia per sceptrum acciperet facta sibi hominio et fidelitate iurata", vgl. hierzu Bernheim Lothar S. 58 ff. und Wormser Konkordat S. 27. 28.

[1] So bei der Investitur Norberts durch Lothar d. S., S. 561. n. 6; s. ferner vita Conradi archiep. Salisb. c. 5, SS. 11, 66: „hominii et iuramenti praestationem, quam regibus exhibebant episcopi et abbates vel quisquam ex clero pro ecclesiasticis dignitatibus" u. narratio de electione Lotharii c. 7, SS. 12, 511: „Denique rex Lotharius electus ab omnibus ... sequenti die in principum contione consedit et primo ab episcopis universis, sc. 24 qui tum aderant et abbatibus quam plurimis pro imperii reverentia, pro confirmanda regni ac sacerdotii unanimi concordia et pace perpetua, fidelitatem non indebitam de more suscepit, a nullo tamen spiritalium, ut moris erat, hominium vel accepit vel coegit. Deinde confluebant hinc inde regni principes, fidelitatem suam tam in hominio quam sacramento regi firmaverunt", wonach Lothar nicht, wie vielfach angenommen wird, s. z. B. noch Scheffer-Boichorst a. a. O. S. 12, auf die Mannschaft der Bischöfe verzichtet, sondern nur den damals bei ihm anwesenden die wiederholte Leistung bei seiner Thronbesteigung erlassen hat, namentlich mit Rücksicht auf die von der streng kirchlichen Partei behauptete Unstatthaftigkeit der Leistung von Eiden in die ungeweihten und blutigen Hände der Laien seitens der bereits konsekrirten Bischöfe, wie denn auch der Erzbischof Konrad von Salzburg sowohl Lothar als auch Konrad III. aus diesem Grunde nicht nur die Mannschaft, sondern auch den Treueid verweigert hat, vita Conradi Salisb. c. 5 cit. Vgl. hierzu Waitz in d. Forschgen a. a. O. S. 90; Bernheim S. 59. 72; für die Zeit Friedrich I. s. ep. Hadrian. IV. pp. ad Frider. bei Sigebert. cont. Aquic. a. 1157, SS. 6, 408: „ab ... episcopis hominagium requiris fidelitatem exigis, manus eorum consecratas manibus tuis innectis" und die Antwort darauf: „ab his autem, qui ... regalia nostra tenent, cur hominagium et regalia sacramenta non exigamus? ... aut ... episcopi regalia nobis dimittant aut si haec sibi utilia iudicaverint, que dei deo et que cesaris sunt, cesari reddant". Weitere Belege bei Bernheim S. 73 u. Scheffer-Boichorst S. 12. n. 2. 3.

[2] S. die vorige Note.

[3] Beobachtet ist diese Reihenfolge unter Lothar z. B. bei der Besetzung von Merseburg 1126, S. 562. n. 1; von Magdeburg 1126, S. 561. n. 6; von Lüttich 1128, Annal. Disib. a. 1128, SS. 17, 24 u. Chron. Abb. s. Trud. XII. 5, SS. 10, 306; von Verdun 1131. S. 561. n. 6. Auch darf sie für alle Fälle, wo blos der Bestätigung des Kandidaten durch den Kaiser und der erst dann folgenden Konsekration gedacht wird, angenommen werden, Bernheim Lothar III. S. 29 ff. 44; unter Konrad III. in Betreff Kölns 1151, S. 561. n. 5 u. S. 562. n. 5 und Utrechts 1151, S. 565. n. 2. S. ferner H. Witte a. a. O. S. 23. 25. 26. 33 ff. und auch die folgende Note; unter Friedrich I. in Betreff von Magdeburg 1152, S. 566. n. 4; von Mainz 1153, S. 561. n. 3; von Köln 1156, Otton. Fris. g. Frid. I. II. 32, SS. 20, 415 u. 1159, annal. Colon. max. SS. 17, 772. 779; von Kambray 1175, g. episc. Camer. cont. c. 23, SS. 7, 509; von Halberstadt 1180, g. episc. Halberstadt. SS. 23, 109; Lübeck 1186, Arnold. chron. Slav. III. 24, SS. 21, 157; unter Heinrich VI. in Betreff von Passau, Chron. Magni presb. a. 1191, SS. 17, 518; und Halberstadt 1193, g. episc. Halberstadt. SS. 23, 110. 111. Vgl. ferner S. 567. n. 9.

Friedrich I. hat den für Salzburg gewählten Bischöfen Konrad II. 1164 und Adalbert 1168 die Investitur verweigert, weil sie Anhänger Alexanders III. waren und den kaiserlichen Gegenpapst Paschalis III. nicht anerkannten, Franklin, d. Reichshofgericht i. Mittelalter 1, 83. 85; Reuter a. a. O. 3, 67 ff.

[4] Vgl. Otton. Fris. g. gesta Frid. I. III. 11, SS. 20, 423: „denique (bei der Besitzergreifung Burgunds) quod modo viventium excedit memoriam hominum aliquando contigisse, Stephanus Viennensis archiepiscopus etc. Friderico fidelitatem fecerunt et hominium"; Beschwerde des Papstes Hadrians ibid. IV. 30. p. 461: „episcopos Italiae solum sacramentum fidelitatis sine hominio facere debere domno imperatori", vgl. ferner l. c. p. 462. Offenbar mit Rücksicht auf dieses Verfahren Friedrichs I. giebt Otto v. Freisingen chron. VII. 16, SS. 20, 256, das in zweiter Umarbeitung 1156 herausgegeben ist, Wilmans SS. 20, 92. n. 14 den Inhalt des Wormser Konkordats dahin an: „ut electi tam Cisalpini quam Transalpini non prius ordinentur episcopi quam regalia de manu eius sceptrum suscipiant, scripto confirmatur. Hoc pro bono pacis sibi soli (Heinrico V.) et non successoribus datum dicunt Romani". Vgl. Bernheim, Wormser Konkordat S. 56. 60.

che die Reihenfolge der beiden Akte für die Rechte des Kaisers und die der Kirche hatte, war es indessen natürlich, dass die Kurie und ihre Anhänger im Interesse der von ihnen begehrten kirchlichen Freiheit auch gegen diese kaiserliche Befugniss ankämpften und unter günstigen Umständen die Gelegenheit benutzten, dem Kaiser durch schnelle Konsekration der Kandidaten das mit der vorgängigen Investitur nothwendig verbundene Verwerfungsrecht zu schmälern [1]. Ja, von den Päpsten sind sogar mitunter Wahlen aus dem Grunde kassirt worden, weil der Gewählte die Investitur vor der Konsekration empfangen hatte [2]. Zur Beschönigung für diese offenbare Verletzung des Konkordates und zur Ermuthigung für seine Nichtbeachtung war schon zur Zeit Friedrichs I. in Rom die Auffassung geltend gemacht worden, dass die vorgängige Investitur allein Heinrich V. für seine Person, nicht aber für seine Nachfolger bewilligt worden sei [3].

Mit der Investitur erhielt der Gewählte die Verwaltung der ihm übertragenen Regalien und die Disposition darüber, selbstverständlich unter den aus seiner Stellung überhaupt sich ergebenden Beschränkungen [4]. Sodann aber hat sich, wohl aus Anlass der früheren Uebung vor dem Konkordat, die Anschauung erhalten, dass der Investirte zugleich die Befugniss erlange, auch die Rechte der bischöflichen Jurisdiktion auszuüben [5].

[1] Der bei der streitigen Wahl in Trier 1131 von der Minorität gewählte Albero liess trotzdem, dass Lothar die Wähler auf eine einträchtige Wahl verwiesen, und deshalb die Investitur verweigert hatte, sich vom Papst Innocenz II., welchem seine Person erwünscht war, konsekriren. Erst nach hinreichender Rechtfertigung erhielt er die Investitur von Lothar, Balderici g. Alberon. c. 10. 12. 13, SS. 8, 248. 250; Bernheim Lothar III. S. 29. Dass der letztere auch sein Recht bei der vom Erzbischof von Salzburg vorgenommenen Weihe des 1132 in Regensburg gewählten Heinrich, welcher erst nachher von ihm bestätigt, also auch investirt worden ist, gewahrt hat, Bernheim Lothar III. S. 31, erscheint danach mindestens wahrscheinlich.

Die meisten Verletzungen des kaiserlichen Rechtes sind gegenüber dem schwachen Konrad III. vorgekommen, und zwar ist in Sachsen, wo seine Autorität niemals sicher befestigt war, sowie ferner in der erzbischöflichen Provinz Salzburg, in welcher die extrem kirchliche Partei herrschte, mehrfach die Investitur, wenn überhaupt, erst nach der Konsekration eingeholt worden, Witte a. a. O. S. 23 ff. 41. 60. 86. 87.

Dagegen hat Friedrich I. sein Recht energisch festgehalten, s. vorige Note, S. 566. n. 1 und Otton. Fris. g. Frider. I. II. 28, SS. 20, 411: „Impetitur ibi (in curia Ratisponensi a. 1155) Hardewicus, qui noviter per electionem cleri et populi et metropolitani sui consecrationem pontificatum eiusdem civitatis acceperat. Regalia si quidem, quae iuxta rationes curiae nulli episcoporum militi, antequam de manu principis suscipiantur, tradere licet, ipse huius rei nescius impraemeditate, morante adhuc in Italia principe, tradiderat, ob ea in causa positus, dum et factum inficiari qualitatemve facti defendere nequit, compositionis incurrit noxam".

[2] So von Alexander III. die Wahl Bertrams von Bremen 1179, Annal. Stadens., SS. 16, 348: „Examinantur Bremenses per duos cardinales . . . et inventi sunt discordare. Papa in consistorio suo sententiatus est: . . . electionis modus displicet, praesertim quia est infra sacros ordines, non dico subdiaconum, sed acolitum, quo gradu, secundum rigorem iuris licet contrahere matrimonium, quod canonicis obviat institutis . . . Insuper denuo se fecit eligi et secunda electio cassavit primam. Praeterea electus vester ante sacros ordines suscepit regalia de manu imperatoris. Haec non admittunt dispensationem de facili . . . Inde est, quod electionem vestram infirmamus et irritam iudicamus". Bezeichnend ist die Hervorhebung des dritten Grundes neben dem ersten berechtigten. Vgl. Reuter a. a. O. 3, 359. 435. Auch bei der Utrechter Wahl nahm die Kurie daran Anstoss, dass der eine der Kandidaten schon die Investitur erhalten hatte, s. S. 568. n. 6.

[3] Vgl. S. 570. n. 4 a. E.

[4] Otton. Fris. g. Frider. I. II. 28, s. o. Note 1 i. f.

[5] So berichtet Arnold. Lubec. chron. Slavor. III. 6, SS. 11, 148 von dem 1183 blos investirten Bischof Konrad II. von Lübeck, der niemals die Weihe erhalten hat: „domnus electus veniens in parochiam suam decenter statum ecclesie sue ordinare cepit, informans clericos ad religionis honestatem . . . laicos vero . . . tanta prudentia moderabatur, ut eum supra omnes, qui ante eum fuerant, revererentur. Non permittebat aliquem clericum de alieno episcopatu in sua diocesi parrochiam tenere . . . Et quemlibet parrochianum semper paratum esse ad visitationes et unctiones infirmorum et ad cetera spiritalis cure officia et in cena domini ad penitentes introducendos et crismatis consecrationem pontifici suo assistere affirmabat. Super hoc etiam auctoritate apostolici utebatur. Quia dum cum imperatore Veronam ivis-

Die Konsekration, welche konkordatmässig der Investitur nachzufolgen hatte [1], geschah zwar in der Regel noch gemäss dem alten Rechte durch den vorgesetzten Erzbischof [2], bei vakanten Erzbisthümern durch einen, gewöhnlich den ältesten Suffragan [3] oder einen Metropoliten [4], indessen kommt in dieser Zeit häufiger als früher eine Konsekration durch den Papst oder einen Legaten desselben vor, und nicht nur in solchen Fällen, wo die Besetzung des Bisthums bei der Kurie zur Erörterung gelangt [5] war, oder wegen Weigerung des kompetenten Konsekrators eine Ausnahme gemacht werden musste [6], sondern auch sonst [7], namentlich wenn Erzbischöfe [8] in Frage standen.

Der Inthronisation wird ebenfalls noch erwähnt. Ihren früheren Charakter als die im Auftrage des Kaisers nach der Investitur erfolgende Besitzeinweisung in das Bisthum hat sie indessen verloren. Sie wird bald bei der Konsekration, falls diese in der Bischofsstadt geschieht [9], bald nach Rückkehr des Konsekrirten in seine bischöflichen Residenz [10], bald auch gleich nach der Wahl und noch vor der Investitur vollzogen [11], und kann also in dem letzten Falle nur die Bedeutung einer augenfälligen Konstatirung des Wahlabschlusses haben, in den beiden anderen dagegen den Akt der Besitzergreifung der kirchlichen Rechte repräsentiren [12].

set, detulit litteras Lucii pape super eodem negotio (vgl. Leverkus, Urkdbch d. Bisth. Lübeck 1, 17), omnimodis precipiens, ut si quis clericorum de alieno episcopatu in sua diocesi ecclesiam tenere voluisset, aut stationem in ea faceret aut a beneficio cessaret. Necdum tamen consecrationem pontificalem susceperat, quam tamen non sine causa differebat. Forte statum ecclesie, quam regere ceperat, prius explorare volebat et vires suas pretemptare. ... Et resignans ei (archiepiscopo Bremensi) curam, quam ab ipso acceperat, rescripsit clero suo ... absolvens eos ab obedientia sibi ab eis facta". Der letzte Satz, welcher den Verzicht auf die Seelsorge, die Konrad vom Erzbischof empfangen hat, aus Anlass der Resignation des ersteren erwähnt, ist dunkel, da der Erzbischof diese nicht an den Suffraganbischof zu verleihen hatte. Wahrscheinlich ist damit darauf hingedeutet, dass der Bischof vom Erzbischof inthronisirt war.

Reinald v. Dassel ist 1159 vom Kaiser investirt, aber erst 1165 konsekrirt, annal. Colon. max. a. 1159 u. 1165, SS. 17, 771. 779, und muss, wenngleich er während dieser Zeit vielfach in Italien war, doch in seinem Bisthum seine bischöflichen Rechte ausgeübt haben, Ficker, Reinald v. Dassel. Köln 1850. S. 142 ff.

1 War der Erwählte noch nicht Priester, so erhielt er vorher in schneller Aufeinanderfolge noch die erforderlichen ordines, s. Laurentii g. episc. Virdun. a. 1131, SS. 10, 508; chron. Magni presb. a. 1172. 1191, SS. 17, 497. 518.

2 Chron. episc. Merseburg. a. 1126, SS. 10, 188; g. episc. Camer. cont. vers. gall. c. 40, SS. 7, 524; über Basel (1133) s. Bernheim Lothar III. S. 32; Prag 1135 canon. Wissegr. cont. Cosmae SS. 9, 141; vgl. ferner g. ep. Camer. cont. c. 16. 23, SS. 7, 507. 509; gesta episc. Halberstadt. a. 1180 u. 1194, SS. 23, 110. 111; Arnold. chron. Slavor. III. 14, SS. 21, 157; Annal. Ratisp. a. 1187, SS. 17, 589 oder im Auftrage desselben chron. Magni presb. a. 1170, SS. 17, 497. Eine Konsekration durch die Mitsuffragane Arnold. chron. Slav. SS. 21, 126.

3 Annal. Disib. a. 1138, SS. 17, 25; Annal. Colon. max. a. 1168, SS. 17, 771. 783.

4 Annal. Colon. max. a. 1197, SS. 17, 802: „Bruno in archiepiscopum Colonie consecratur a Johanne Trevirensi archiepiscopo et episcopo Virdunense. Cui consecrationi aepiscopi Traiectensis et Monasteriensis ... interesse nolebant, eo quod sui iuris esse affirmabant, quod ipsi eum iure suffraganeorum ordinare deberent".

5 S. o. S. 567. n. 7; S. 568. n. 5.

6 Vgl. g. Godefrid. arch. Trevir. c. 2 (1125), SS. 8, 201; Helmold. chron. Slav. I. 79, SS. 21, 73.

7 Albero v. Verdun ist vom Papst 1131 in Paris konsekrirt, Laurentii g. episc. Virdun. a. 1131, SS. 10, 508; Albero von Trier 1131 in Vienne, Balderici g. Alberon. c. 10, SS. 8, 248. Die päpstliche Konsekration kommt ferner für solche Bischöfe vor, deren Bisthümer, wie z. B. Bamberg in temporeller Beziehung dem römischen Stuhle unterworfen waren (o. S. 331. n. 1), Jaffé reg. Rom. pont. n. 6273; Jaffé, Konrad III. S. 294.

8 Annal. Colon. max. a. 1132 u. Annal. Disib. a. 1132, SS. 17, 756. 724 (Köln und Trier durch einen Legaten); ep. Eugen. III. und cler. et pop. Colon. a. 1152, Ennen u. Eckertz, Quellen z. Gesch. v. Köln; Jaffé, mon. Corbeiens. p. 481 (durch den Papst selbst auf Bitten der Kölner); vita Arnoldi Mogunt., Jaffé mon. Mogunt. p. 612; Otton. Fris. g. Frid. II. 32, SS. 20, 415 (auf Veranlassung des Kaisers).

9 Vita Arnoldi Mog., Jaffé, mon. Mogunt. p. 612, vgl. auch Annal. Colon. max. a. 1132, SS. 17, 756.

10 Chron. Magni presb. a. 1191, SS. 17, 518.

11 Lambert. Waterlos ann. Camer. a. 1167, SS. 16, 543.

12 Die Umwandlung erklärt sich wohl aus der

Endlich galten die Befugnisse, welche das Kaiserthum sich in dem Wormser Konkordat bewahrt hatte, nicht als unveräusserliche Hoheitsrechte, daher sind mehrfach Uebertragungen derselben, namentlich an einzelne Fürsten, so z. B. unter Friedrich I. an Heinrich den Löwen hinsichtlich der Bisthümer Lübeck, Schwerin und Ratzeburg, vorgekommen [1].

Die beiden Staufer hatten eine den kaiserlichen Rechten günstige Auslegung des Wormser Konkordates nur unter beständigem Kampfe mit der römischen Kurie aufrecht zu erhalten vermocht. Bei der am Ende des 12. Jahrhunderts in Deutschland eintretenden Veränderung der politischen Lage und der dadurch bedingten Stellung des Kaiserthums war eine erfolgreiche Behauptung dieses Standpunktes nicht mehr möglich. Zwar haben weder Otto IV. (1209) [2], noch Friedrich II. (1213 u. 1219), noch endlich Rudolf I. in ihren den Päpsten ertheilten Zusicherungen [3] jemals auf die konkordatmässigen Befugnisse verzichtet [4], wohl aber ist es dem immer mächtiger werdenden

veränderten Bedeutung der Investitur, welche jetzt nicht mehr die Uebertragung des bischöflichen Amtes in seiner Totalität darstellt.

[1] Nachdem Heinrich d. Löwe dem Erzbischof v. Bremen das Recht bestritten hatte, in den von ihm eroberten Territorien Bisthümer zu errichten, Helmoldi chron. Slav. I. 69, SS. 21, 63. Die betreffenden Urkunden v. 1154 Mecklenburg. Urkdbch 1, 47, Urkdbch des Bisth. Lübeck v. Leverkus 1, 1 lassen sich zwar in ihrer vorliegenden Fassung anzweifeln, Ficker, Reichsfürstenstand S. 274, indessen ist an der Thatsache nach dem Berichte Helmolds nicht zu zweifeln, l. c. I. 87. p. 81: „obtinuit apud cesarem auctoritatem episcopatus suscitare, dare et confirmare in omni terra Sclavorum, quam vel ipse vel progenitores sui subiugaverint in clipeo suo et iure belli. Quamobrem vocavit . . . Geroldum Aldenburgensem, . . . Evermodum Racisburgensem . . ., Bernonem Magnopolitanum, ut reciperent ab eo dignitates suas et applicarentur ei per hominii exhibitionem, sicut mos est fieri imperatori". Fälle der Ausübung dieses Rechtes bei Arnold. chron. Slav. I. 13. II. 7. V. 24, SS. 21, 125. 130. 201. Mit der Entsetzung Heinrichs ist aber das Recht für seine Nachfolger verloren gegangen, Ficker a. a. O. S. 275.

Auch Berthold IV. v. Zähringen hat das Recht der Investitur der drei burgundischen Bisthümer Genf, Lausanne und Sitten von Friedrich I. erhalten, jedoch ist dieses Verhältniss noch im 12. Jahrhundert gelöst, Ficker S. 292; für das letztere haben es die Grafen von Savoyen bis 1189 ausgeübt, wo Heinrich VI. es sich wieder selbst vorbehalten hat, Gallia christ. 12 instr. p. 434, Ficker a. a. O. S. 297.

Ferner gehört hierher dipl. a. 1160 für Aquileja in Betreff des Bisthums Belluno, Ughelli Ital. sacra 5, 151: „patriarchae Pelegrino . . . Bellunensem episcopatum, quem antecessores nostri . . . habuerunt, cum toto comitatu et arimaniis et omni iurisdictione et cum omni integritate iuris et honoris pleniter dedimus et concessimus . . . praecipimus, ut quicumque de caetero in Bellunensi episcopatu substitui ac praesidere debet, a . . . patriarcha . . . investituram episcopatus recipiat et de omni iure regalium nostrorum ei vel successoribus respondeat".

Im J. 1198 endlich hat Ottokar von Böhmen, nachdem schon vorher 1193 Herzog Wladislaw dem Bisthum Prag seinen Kapellan als Bischof aufgedrängt und ihm unter Verletzung der kaiserlichen Rechte gegen Ableistung des Mannschaftseides die Investitur ertheilt hatte, Ficker a. a. O. S. 271; Winkelmann, Philipp v. Schwaben 1, 46, mit der Königskrone von Philipp von Schwaben auch, wie der bestätigende Freiheitsbrief Friedrichs II. v. 1212, Huillard-Bréholles, hist. dipl. Frid. II. Paris 1852 ff. 1, 216 ergiebt, das „jus . . . investiendi episcopos regni sui" verliehen erhalten, Ficker S. 283; Winkelmann 1, 138.

[2] „Illum igitur abolere volentes abusum, quem interdum quidam praedecessorum nostrorum exercuisse dicuntur in electionibus praelatorum, concedimus et sancimus, ut electiones praelatorum libere ac canonice fiant, quatenus ille praeficiatur ecclesiae viduatae quem totum capitulum vel maior vel sanior pars ipsius duxerit eligendum, dum modo nihil ei obstet de canonicis institutis", LL. 2, 216.

[3] LL. 2, 224. 231. 405, gleichlautend wie die Ottos IV., abgesehen von unbedeutenden Wortverschiedenheiten.

[4] Dies nehmen Staudenmaier, Gesch. d. Bischofswahlen S. 247. 248; Friedberg diss. de fin. inter eccles. et civit. reg. iud. p. 170; Berchtold, Entwicklg. d. Landeshoheit in Deutschld. München 1863. 1, 62 hinsichtlich des Rechts auf Anwesenheit bei den Wahlen und auf Investitur vor der Konsekration, an. Die betreffenden Erklärungen sprechen nur von einer missbräuchlichen Beschränkung der Wahlfreiheit. Als solche konnte indessen die Ausübung der konkordatmässigen Rechte nicht gelten, s. auch Sugenheim, Staatsleben d. Klerus S. 161. Die später unbestrittene Ausübung eines Theiles der letzteren, vor Allem die Vornahme der Investitur vor der Weihe, spricht ferner gegen einen solchen Verzicht. Der von Berchthold beliebte Hinweis auf die Verhältnisse in Sizilien ist um so weniger entscheidend, als die Erklärung gleichlautend schon von Otto IV. und später von Rudolf

Papstthum gelungen, den werthvollsten Theil jener Rechte zu beseitigen, und den dem Kaiserthum verbliebenen Rest derselben seiner ursprünglichen Bedeutung zu entkleiden. Der Streit der hadernden Kronprätendenten, die Zerwürfnisse des Kaiserthums mit der römischen Kurie, nicht minder die dynastischen und Familien-Interessen der bei der Besetzung der Bisthümer wesentlich betheiligten adligen Familien führten wiederholt zu zwiespältigen Wahlen[1], weil die verschiedenen Parteien unter dem Klerus, den Fürsten und Grossen des Reiches die erledigten Bisthümer in die Hände ihrer Anhänger zu bringen suchten. Bei der Schwäche des Kaiserthums wandten sich die streitenden Theile nunmehr unter Nichtachtung der konkordatmässigen Bestimmung über die Austragung solcher Wahlen und fast immer unter Umgehung des Erzbischofs[2] um so eher an die römische Kurie, als der Kaiser vielfach selbst bei derartigen Streitigkeiten nicht uninteressirt war. Dadurch wurde derselben die Möglichkeit gegeben, das schon im 12. Jahrhundert in Anspruch genommene Entscheidungsrecht streitiger Wahlen (s. o. S. 563) sowohl für die Erzbisthümer[3], für welche das Konkordat keine ausdrückliche Bestimmung aufwies[4], wie auch für die einfachen Bisthümer zur Geltung zu bringen und dasselbe ohne jede Mitwirkung, ja ohne jede Rücksicht auf den Kaiser, auszuüben[5]. Auch dadurch wurde der päpstliche Einfluss auf die Besetzung der Bisthümer vermehrt, dass aus den oben hervorgehobenen Gründen viel häufiger als früher Kandidaten, denen die kanonische Qualifikation fehlte, gewählt wurden[6], und es für diese nach der damals schon feststehenden Rechtsanschauung der päpstlichen Dispensation bedurfte. Bei der Verwerfung solcher Kandidaten schritt ferner die Kurie, ebenso wie bei der Zurückweisung beider aus einer streitigen Wahl hervorgegangenen Prätendenten mitunter ihrerseits zur selbstständigen Besetzung der betreffenden Bisthümer ohne Rücksicht auf die Rechte der Wähler und des Kaisers[7].

abgegeben ist. Unter dem abusus kann nur eine bis zur Aufdrängung von Kandidaten gehende Betheiligung bei den Wahlen, und die Entscheidung bei streitigen Wahlen, bez. das unter Ausschluss der Wahl in solchen Fällen in Anspruch genommene kaiserliche Devolutionsrecht auf Ernennung oder Anordnung einer Neuwahl gemeint sein.

[1] So in Mainz 1200, in Münster 1204, Winkelmann, Philipp v. Schwaben u. Otto v. Braunschweig 1, 190. 305; in Regensburg 1225, notae s. Emmerani SS. 17, 574. 575 u. annal. s. Rudberti Salisb. 9, 783; in Lüttich 1238 ann. Fossens. SS. 4, 32; in Hildesheim 1246, chron. Hildesh. SS. 7, 861; in Worms 1257 SS. 17, 52; in Bremen 1258 ann. Hamb. SS. 16, 384; in Bremen 1306, ann. Lubec. 16, 420; in Merseburg 1320 chron. ep. Merseb. SS. 10, 195.

[2] S. die in der vorigen Note citirten Fälle. Nur bei dem Wahlstreite in Worms 1257 haben die Kandidaten die Entscheidung des Erzbischofs von Mainz angerufen. Der Streit ist durch Verzicht des einen der Gewählten erledigt worden.

[3] Für diese nimmt schon Innocenz III. 1202 in c. 33 X. de elect. I. 6, reg. V. 14 (opera ed. Migne 1, 968), falls sich die Wähler beider Parteien der Wahl unwürdig gemacht haben, ein Devolutionsrecht in Anspruch.

[4] S. o. S. 559.

[5] So ist namentlich der Umstand, dass der Gewählte bereits die Investitur vom Kaiser erhalten hatte, nicht mehr päpstlicherseits beachtet worden, notae s. Emmerani SS. 17, 575 über die Wahl in Regensburg 1225: „dissensio non modica de electione alterius tam inter canonicos quam ministeriales facta est. Pars canonicorum cum ministerialibus Gottfridum prepositum eligunt; ipse regalia a puero Heinrico rege accipiens . . . Perhtoldus abbas s. Emmerammi . . . cum primis chori Romam adiit, Sigfridum cantorem Maguntinum ab apostolico consecratum episcopum accipiunt“.

[6] So mehren sich vor Allem in dieser Zeit die Wahlen oder genauer Postulationen von Bischöfen und die dadurch bedingten Translationen auf andere Bisthümer, welche früher verhältnissmässig selten stattfanden. Fälle solcher Postulationen sind z. B. vorgekommen in Mainz 1200, in Salzburg 1201, Aquileja 1204, Bremen 1208, Winkelmann a. a. O. S. 196. 236. 307. 446; Utrecht 1227, g. ep. Traiect. SS. 23, 410; Postulationen von Kandidaten ohne das vorgeschriebene Alter in Bamberg 1203, Winkelmann S. 304, in Hildesheim 1261, chron. Hildesh. SS. 7, 863, in Salzburg 1290, Herman. Altah. ann. SS. 17, 415; von unehelich Geborenen in Augsburg 1202, in Merseburg 1203, Winkelmann S. 302. 303.

[7] In Passau 1265, ann. s. Rudb. Salisb. SS. 9, 797: „Ulricus archiepiscopus (v. Salzburg) cessit oneri et honori, cessionem suam pape litteris transmittens, quam papa et curia acceptavit . . .

Desgleichen haben die Päpste schon im Laufe des 13. Jahrhunderts, als die Theorie von ihrer obersten Machfülle auch auf die Verleihung aller kirchlicher Aemter angewendet wurde, bei Verzichten auf Bisthümer sich die Wiederbesetzung derselben vorbehalten [1]. Auf diese Weise erweiterte sich der Einfluss des päpstlichen Stuhles seit dem 13. Jahrhundert immer mehr und äusserte sich in vielen Fällen in einer direkten Ernennung zu den Bischofssitzen [2].

Das ehemalige konkordatmässige Recht des Kaisers, den Wahlen der Bischöfe in Person oder durch Kommissarien beizuwohnen, hatte im Laufe der hier in Frage stehenden Zeit, während welcher die Stärke der streitenden Parteien entschied, der Kaiser aber nicht mehr, wie früher, eine ausschliesslich massgebende Autorität in die Wageschale werfen konnte, und auch eine in seinem Sinne erfolgte Wahl keineswegs mehr vor einer Kassation in Rom sicher war, seine praktische Bedeutung eingebüsst, und ist, wenn es auch theoretisch während des Bestehens des deutschen

Otto Passaviensis episcopus obiit. Papa sibi reservans provisionem utriusque ecclesie, Wlodezlaum ducem Polonie (der in Passau postulirt war) prefecit ecclesie Salzburgensi et magistrum Petrum . . . ecclesie Pataviensi. Die Bulle für Passau bei Herm. Altah. ann. SS. 17, 404; in Metz 1282, g. ep. Mett. cont. III. SS. 10, 551; in Salzburg 1290, s. S. 574. n. 6; in Hildesheim 1331, Chron. Hildesh. SS. 7, 869.

[1] Ann. s. Rudb. Salisb. SS. 9, 795 a. 1259: „Episcopus Ratisponensis pro sua iniquitate deponitur, prepositus eiusdem ecclesie eidem succedit . . . Prepositus Ratisponensis voluntarie cessit electioni et dominus papa providit ecclesie Ratisponensi per fratrem Albertum (II.) ordinis predicatorum"; Clem. IV. ep. ad Werlodizlaum Salzburg. a. 1265 in Herm. Altah. ann. SS. 17, 403: „Ulricus quondam Salzburgensis archiepiscopus . . . advertens, quod ipse, qui iam vergens in senium multa proprii corporis debilitate gravari dicitur, in commisso sibi plebis gubernaculo . . . se fructuose gerere . . . non valebat . . . ipsius ecclesie regimini elegit sponte cedere . . . deposcens . . . ut cessionem ipsius . . . de benignitate apostolica recipere dignaremur. Nos autem . . . cessionem ipsius duximus admittendam. Per huiusmodi vero cessionem in manibus nostris factam eadem Salzpurgensi ecclesia pastore vacante, ordinationem nobis specialiter reservantes, inhibuimus expresse capitulo Salzpurgensi, ne ad electionem seu postulationem aut nominationem aliquam procederent de archiepiscopo illa vice . . . non obstante defectu quem in ordinibus pateris et etate, te, nunc prepositum Wisegradensis ecclesie . . . prelibate Salzb. ecclesie in archiepiscopum prefecimus" (s. dazu auch vorige Note); über eine fernere Reservation Gregors X. in Betreff Lüttichs 1274 s. ann. Foss. SS. 4, 33, u. ann. Blandin. SS. 5, 32.

[2] So namentlich bei Absetzung des Vorgängers wie in Mainz 1251, ann. Erphord. SS. 16, 39; in Salzburg 1257, Herm. Alt. ann. SS. 17, 397, bei Kassation einer Wahl 1296 in Lüttich, ann. s. Jac. Leod. SS. 16, 643. Andere Beispiele in Herm. Altah. ann. 1246, SS. 17, 394 (1246 in Regensburg); ann. s. Rudb. Salisb. SS. 9, 759. 795 (Regensburg 1247 u. 1259), ann. s. Viton. Virdun. SS. 10, 528 (Verdun 1253), ann. Colm. mai. SS. 17, 213 (in Mainz u. Basel 1286), cont. monach. s. Petri, SS. 9, 839 (in Freising 1381). In einzelnen Fällen ist die Besetzung so schnell erfolgt, dass die Kapitel nicht einmal durch Mittheilung derselben von der Wahl abgehalten werden konnten, ann. s. Rudb. Salisb. a. 1247, SS. 9, 789: „Papa ignorans electionem in ecclesia Salzburgensi esse factam, quendam Purchardum de Zigenhagen nescientibus canonicis et ministerialibus archiepiscopatui prefecit et consecravit. Qui post modicum tempus non adepta potestate vel inthronizatione, diem clausit extremum. Unde papa ad peticionem et instantiam tam parentum et amicorum domini Philippi quam capituli et ministerialium, electionem de . . . Philippo factam confirmavit"; g. Alberti II. ep. Halberstad. SS. 23, 123: „maior pars capituli (1324) numero elegit . . . Lodewicum de Neyndorp in episcopum, qui postea ex provisione p. Johannis XXII. factus est episcopus Brandeburgensis, alia vero pars capituli, puta V. numero, elegit Albertum de genere Ducum in Brunswik progenitum. Papa vero Johannes XXII. providit domno Ghisekoni ex genere nobilium de Holzacia procreato. Sed licet predicti duo a partibus capituli electi, provisionem pape ignorantes, . . . coram archiepiscopo Moguntino . . . disceptassent, tandem . . . sententiatum fuit . . . pro domno Alberto et eius eleccio per archiepiscopum . . . est confirmata . . . Post confirmacionem et investituram . . . est . . . in episcopum . . . consecratus, ita quod tempore litis et post confirmacionem et ante consecrationem nec etiam post consecracionem sibi nichil certi apparuit de provisione pape, prout idem papa sub bulla sua protestabatur". Uebrigens ist auch mitunter den päpstlich ernannten Kandidaten ein heftiger und erfolgreicher Widerstand geleistet worden, so in Passau 1387, cont. mon. s. Petri, SS. 9, 841: „Hermannus eiusdem ecclesie decanus eligitur. Qua electione non obstante Urbanus p. VI duci de Monte providit de eodem, cui provisioni canonici se opposuerunt et civitas Pataviensis contra canonicos sibi adhesit. Tandem . . . dux transfertur ad episcopatum Padenburgensem (Paderborn) et consensu canonicorum accedente . . . Georius comes de Hohenloech ad episcopatum instituitur".

Reichs römischer Nation anerkannt blieb, jedenfalls äusserst selten geübt worden[1]. Vielmehr suchten die Kaiser theils durch Empfehlungen an die Domkapitel, bald im Einverständniss mit dem Papste, falls gleiche Interessen vorlagen, bald auch ohne ein solches den ihnen genehmen Kandidaten den Zutritt zu den Bisthümern zu verschaffen[2]. Ja, im Laufe des 14. und 15. Jahrhunderts, als die Stellung des Papstthums durch seine Uebersiedelung nach Avignon und durch das Schisma geschwächt war, machten sie das päpstlicherseits geübte Recht der einseitigen Ernennung ihren Interessen in der Weise dienstbar, dass sie stattgehabte Wahlen von der Kurie vernichten und durch den Papst die von ihnen begünstigten Bewerber ernennen liessen[3]. Ja Ludwig der Baier war in seinem Kampfe mit der Kirche sogar zu einseitigen Ernennungen geschritten[4], welche freilich bei der Gegenüberstellung anderer Kandidaten durch den Papst oder durch die päpstlich gesinnten Parteien in den Domkapiteln vielfach wirkungslos blieben.

Trotz der seit dem 13. Jahrhundert eingetretenen Veränderungen, welche in den vorstehenden Erörterungen dargelegt sind, ist doch die Bestimmung des Wormser Konkordates, dass der gewählte, nunmehr auch der päpstlich ernannte Kandidat, falls er nicht schon Bischof war, vor seiner Konsekration, also nach der Konfirmation seitens des Erzbischofs oder seitens des Papstes, die Investitur der Regalien beim Kaiser nachzusuchen hatte, in fortdauernder Geltung geblieben[5]. Ein Interesse, dagegen so energisch wie früher anzukämpfen, hatte das Papstthum jetzt nicht mehr. Einmal hatte man bei der Kurie sich im Laufe der Zeit der Ueberzeugung nicht verschliessen können, dass die Loslösung der geistlichen Fürsten aus dem Lehnsverbande praktisch unausführbar war. Ferner konnte, seitdem die Päpste selbst, wie dargelegt worden ist (s. S. 574), einen bedeutenden Einfluss auf die Besetzung der Bischofsstühle erlangt hatten und die seitens des Kaisers vorgenommene Investitur nicht mehr als eine Schranke ihres Prüfungs- und Kassationsrechtes zu betrachten brauchten, die Verweigerung derselben vom Kaiser blos noch als Mittel angewendet werden, um einen konfirmirten oder auch selbst konsekrirten Bischof vom Genuss der Temporalien seines Bisthums fernzuhalten. Für die Regel war die Investitur persönlich beim Kaiser[6]

[1] v. Sartori, geistl. und weltl. Staatsr. d. deutsch. Erz- etc. Stifter. I. 2, 225.

[2] cont. Cremifan. a. 1215, SS. 9, 549; Meichelbeck, hist. Frising. 2, 151; Staudenmaier S. 315.

[3] So Karl IV. 1368 und 1371 in Magdeburg, Rathmann, Gesch. von Magdeburg; 1372 in Würzburg, Ussermann, episc. Wirceburg. p. 113; Wenzel 1385 in Merseburg, chron. episc. Merseburg., SS. 10, 201 (wo irrthümlich der bereits verstorbene Karl IV. genannt ist); Siegismund 1413 in Augsburg, Braun, Gesch. d. Bischöfe v. Augsburg 2, 524. Vgl. auch Staudenmaier S. 316; Sugenheim S. 166 ff.

[4] Mannert, Kaiser Ludwig IV. S. 463.

[5] Reineri ann. a. 1200, SS. 16, 655; g. episc. Halberstad. a. 1201, SS. 23, 115; g. episc. Traiect. a. 1215 u. 1217, SS. 23, 410. 416; Chron. Hildesh. a. 1247 u. 1279, SS. 7, 861. 865; dip. a. 1261 u. 1275 für Köln, Lacomblet, niederrh. Urkdbch. 2, 286. 391; s. auch o. S. 574. n. 5 u. S. 575. n. 2, und die folgenden Noten; ferner Sachsenspieg. II. 59; Rechtsbuch nach Distinktionen VI. 13, Eisenacher Rechtsbuch II. 4. ed. Ortloff p. 323. 684.

[6] dipl. Frideric. II. a. 1245, Warnkönig, flandrische Staats- u. Rechtsgesch. 1, Anh. S. 96: „. . . maiestati nostre humiliter supplicavit, ut . . . de feudis . . . que a nobis et imperio tenet . . . investire dignaremur. Nos autem licet moris sit imperii, ut huiusmodi supplicantes personaliter ad pedes nostros se conferant pro debito et consulto nobis sacramento prestando". Ging der König oder Kaiser ausser Landes, so ernannte er daher einen Stellvertreter für die Ertheilung der Investitur, annal. Hamb. a. 1260, SS. 16, 384: „Richardus rex in Angliam . . . redit et investituram episcoporum archiepiscopo Coloniensi commisit". Auch wurde aus besonderer Vergünstigung das persönliche Erscheinen erlassen und ein Vertreter zur Entgegennahme des Lehnseides ernannt, dipl. Adolphs v. Nassau für Passau 1297, mon. Boica XXIX. 2, 592: „. . . ne in veniendo ad nos pro investitura regalium feudorum sue ecclesie obtinenda, ad expensarum onera et viarum dispendia conpellatur"; Albrechts I. für

und zwar binnen bestimmter Frist nachzusuchen [1], sowie dabei das Treugelöbniss und der Lehnseid zu leisten [2]. Erst mit der Erfüllung dieser Verpflichtung erlangte der neue Bischof ebenso wie schon früher (s. o. S. 571) die Befugniss, die Temporalien des Bisthums, insbesondere auch die Regierungsrechte, auszuüben [3].

Während es somit hinsichtlich der Investitur im Wesentlichen bei dem früheren Zustande verblieben ist, trat dagegen in Betreff der Konfirmation und Konsekration der Erzbischöfe und Bischöfe im Laufe der fraglichen Zeit ebenfalls eine der Erweiterung der päpstlichen Macht günstige Aenderung ein. Zwar haben die Erzbischöfe in Uebereinstimmung mit dem Dekretalenrecht [4] noch wiederholt ihren Suffraganen die Konfirmation und die Konsekration ertheilt [5], indessen nahmen die Päpste nicht nur hinsichtlich der zu erzbischöflichen Stühlen beförderten Kandidaten diese letzteren Funktionen kraft ihrer Stellung als unmittelbarer kirchlicher Oberer, sowie kraft ihrer Befugniss zur Ertheilung des Palliums und zu Reservationen von Benefizien bei der Bedeutungslosigkeit der Provinzialsynoden in Anspruch [6], sondern sogar auch hinsichtlich der einfachen Bischöfe. In Betreff dieser boten die

Metz 1299, Calmet, hist. de Lorraine 2. pr. 551: „. . . regalia feuda principatus pontificalis . . . tibi de benignitate regia transmittimus et eundem investimus praesentibus de eisdem sic tamen, quod . . . Johanni . . . comiti Haynonensi . . . tanquam imaginario nostrae praesentiae vice nostra et nomine exhibeas fidelitatis et homagii iuramentum“, Heinrichs VII. für Passau 1310, mon. Boica XXX. 2, 46: „. . . debilitatis et infirmitatis tue defectibus coram nobis . . . propositis . . . de iuribus regalibus que a nobis et Romano imperio petere et recipere deberes in persona propria, te absentem investimus in his scriptis de gracia speciali. Mandamus igitur tibi, quatenus . . . Salczburgensi archiepiscopo . . . fidelitatis et homagii, quo nobis et Romano teneris imperio quam primum poteris prestes nostro et imperii nomine sacramentum“; Wenzels für Strassburg 1398, Petzel, Lebensgesch. K. Wenceslaus' II. ed. 2. Urk. p. 38. Ueber derartige ein für alle Mal für die an den Gränzen des Reich residirenden Bischöfe ertheilte Privilegien vgl. Sugenheim S. 164, und überhaupt Friedberg, diss. cit. p. 172. n. 3. In der späteren Zeit ist allerdings die Uebertragung der Regalien durch einen kaiserlichen Kommissar die Regel geworden, v. Sartori, geistl. u. weltl. Staatsr. I. 2, 374. 377. 378.

[1] Dabei wurde, wie früher, das Scepter gebraucht, s. z. B. dipl. Karls IV. für Passau 1266, mon. Boica XXX. 2, 266; Wenzels für Münster 1379, Niesert, Beiträge I. 2, 29.

[2] Ausser den S. 576. n. 6 citirten Urkunden Du Chesne, hist. de la maison de Bethune, preuv. 58 (v. 1215 für Cambrai); mon. Boica XXIX. 2, 509 (für Salzburg, Passau und Regensburg v. 1274), Niesert, Beiträge I. 2, 16 (für Münster 1275), (v. Wölkern), hist. Norimb. dipl. Diplom. Historie S. 215 für Eichstädt 1305: „nobis . . . fidelitatis homagii et obedientiae debita et solita praestitit iuramenta“. Für die spätere Zeit s. v. Sartori a. a. O S. 283.

[3] Doch ist auch hiervon durch besondere Privilegien eine Ausnahme gestattet worden, Niesert, Beiträge I. 2, 25 (für Münster 1310): „tibi . . . indulgemus, quod administrationem temporalium et feodorum tuorum a data praesentium per annum valeas exercere, non obstante quod nondum feoda tua de nostris sceptigeris manibus recepisti“.

[4] S. o. S. 14.

[5] Chron. mont. Seren. SS. 23, 173. 187 (1207 u. 1216); ann. s. Rudb. Salisburg, SS. 9, 784. 785 (1228 u. 1232); bell. Waltherian. c. 1, SS. 17, 105 (1260); chron. episc. Merseb. SS. 10, 192 (1265), cont. Zwetlens. III. SS. 9, 666 (1321). Bei Erledigung des erzbischöflichen Stuhles ertheilte das Metropolitankapitel die Konfirmation, chron. episc. Merseb. SS. 10, 193: „Qui (Heinricus de Amendorff) tunc (1283) vacante sede Magdeburgensi per mortem . . . archiepiscopi per capitulum eiusdem ecclesiae fuit confirmatus“; ann. Augustun. min. a. 1288, SS. 10, 10: „Wolfhardus electus ecclesie Augustensis vacante sede Moguntina per . . . Hugonem filium comitis silvestris et . . . Wernherum de Lewenstein canonicos, transmissos ex parte capituli Moguntinensis ecclesie . . . in episcopum confirmatur“.

[6] Diese Praxis, — welche durch das Dekretalenrecht sanktionirt ist, c. 18 (Innoc. III.) de elect. I. 6, c. 16 (Nicol. III.) in VI^to eod. I. 6, vgl. auch pars decisa in c. 28 (Innoc. III.) X. eod.: „quum . . . de metropolitanis Angliae, Franciae, Alemanniae et aliarum partium remotarum, qui concorditer sunt electi, Romana ecclesia patiatur, ecclesiarum utilitate pensata, quia, si tanto tempore, quousque posset electus confirmationem cum pallio a sede apostolica obtinere, regalia non reciperet, ecclesia quae interim administratore careret, non modicum incurreret detrimentum“ — ergeben für Deutschland annal. s. Rudbert. Salisb. SS. 9, 789 (S. 575. n. 2; ibid. p. 799. 809. 821. 822 (1272 u. 1273. 1285. 1312. 1316), chron. episc. Merseb. SS. 10, 197 („et per Clementem VI. propter reservaciones sedis apostolice nuper factas rite confirmatur“). 198. 202. 203 (1341. 1357. 1394. 1407. 1411).

Ausübung des obersten Entscheidungsrechtes kraft Devolution und die Reservationen (s. o. S. 575) ebenfalls das Fundament dar [1].

Selbst gegenüber den im 15. Jahrhundert hervorgetretenen Reformbewegungen und der hierbei versuchten Beschränkung ihrer Kollationsrechte ist es den Päpsten gelungen, durch Aufopferung anderer Reservationen sich das Konfirmationsrecht zu allen Bischofswahlen zu bewahren und sogar die ausdrückliche Anerkennung desselben in den Konkordaten der deutschen Nation zu erlangen [2]. Allerdings betraf dieselbe nicht das Recht der Konsekration. Aber auch dieses konnten sie seitdem ungehindert selbst oder durch Stellvertreter ausüben [3], weil das letztere ohne das Konfirmationsrecht jeder selbstständigen Bedeutung entbehrte, und die früher berechtigten Erzbischöfe nunmehr keine Veranlassung hatten, irgendwie für die Erhaltung jener Befugniss einzutreten.

§. 123. β. *Die Besetzung der bischöflichen Stühle in den anderen Reichen, in Frankreich, in England (in den skandinavischen Ländern), in Italien, (in Spanien und in Ungarn).*

I. In Frankreich hatten die kirchlichen Synoden unter dem Einfluss der Reformpartei schon seit Mitte des 11. Jahrhunderts wegen der herrschenden Missbräuche bei der Vergebung der Bisthümer [4] Verbote gegen die Simonie erlassen [5] und die kanonische Besetzung der Bischofssitze durch die Wahl des Klerus und Volkes eingeschärft [6]. Trotzdem erlangte der Handel mit Aemtern und Pfründen unter der Regierung Philipps I. (1060—1108) eine viel grössere Ausdehnung, wie zuvor [7].

[1] Und zwar nicht nur in Fällen dieser Art (s. z. B. S. 574. n. 5), oder falls der erzbischöfliche Stuhl schismatisch war, g. episc. Halberstad. SS. 23, 115 (1201) u. ann. Argent. 1202, SS. 17, 89 (1207), sondern auch da, wo keine solche Veranlassung vorlag, ann. Wormat. SS. 17, 51 (1247), ann. Suev. ibid. p. 283 (1275), ann. Basiliens. l. c. p. 198 (1275), contin. Vindob. a. 1280, cont. Claustroneoburg. VI. SS. 9, 711. 712. 746, ann. Colmar. maior. a. 1286, SS. 17, 213.

[2] Konstanzer Konkordat v. 1418, c. 2; Hübler, Konstanzer Reformation S. 175: „In ecclesiis cathedralibus et etiam in monasteriis apostolicae sedi immediate subiectis fiant electiones canonicae quae ad sedem apostolicam deferantur, quas etiam ad tempus constitutum in const. Nicolai III. quae incipit: Cupientes (c. 16 in VI^{to} de elect. I. 6) papa exspectet, quo facto si non fuerint praesentatae vel si praesentatae minus canonicae fuerint, papa provideat, si vero canonicae fuerint, papa eos confirmet, nisi ex causa rationabili et evidenti et de fratrum consilio de digniori et utiliori persona duxerit providendum: proviso quod confirmati et provisi per papam nihilominus metropolitanis et aliis praestent debita iuramenta et alia quae de iure tenentur". Darüber, dass das „apostolicae sedi immediate subiectis" im Anfang sich nur auf monasteriis, nicht aber auch auf ecclesiis cathedralibus bezieht, s. Hübler a. a. O. n. 29; s. ferner Mainzer Acceptations-Instrument des Baseler Koncils (vgl. sess. XII. u. XXIII. desselben) von 1439, Gaertner, corp. iur. eccles. 1, 45; Münch, Konkordate 1, 65, das s. g. Aschaffenburger oder Wiener Konkordat v. 1448, Münch a. a. O. S. 91, Nussi, conventiones de reb. eccles. int. s. sed. et civil. potest. Mogunt. 1870. p. 17. — In der Zeit der s. g. Neutralität der deutschen Nation während des Baseler Koncils, als diese zwischen dem Koncil und den Päpsten Eugen IV. und Felix V. stand, haben die Kapitel bei Bischofswahlen die Konfirmation theils bei den Metropoliten, theils beim Koncil selbst, (Bremen bei dem Erzbischof von Magdeburg mit Rücksicht auf den von den Inhabern dieses Stuhles beanspruchten Primat) eingeholt, Palm i. d. Forschgen z. deutsch. Gesch. v. 1877. 17, 257 ff.

[3] Koch, sanctio pragmatica Germanorum illustrata . . . Argentor. 1789, p. 76; Neller, de certis s. conc. Basileens. decr. u. de sacr. elect. proc. bei Schmidt, thes. 1, 286. 287 u. 4, 31.

[4] S. o. S. 538.

[5] Conc. Rotomag. a. 1048 c. 2 (Mansi 19, 751, s. auch Hefele 4, 677): „Ut illa perniciosa consuetudo . . . eradicetur, qua multos perniciosa munera undecumque collegisse audivimus, quibus principem regni et familiares eius corrumpere valeant, ut ad episcopatus honorem valeant pervenire"; Turon. a. 1060. c. 1, s. o. S. 542. n. 4.

[6] Conc. Rem. a. 1049, o. S. 541. n. 5.

[7] Vita S. Galteri Abbat. S. Martin c. 9 bei Mabillon, acta ss. O. S. B. saec. VI. 2, 817; Guibert. Novig. bei Bouquet 12, 241 ff.

Noch früher, als gegen den deutschen Heinrich IV., schritt Gregor VII. gegen ihn mit Androhung kirchlicher Strafen ein, ohne freilich zunächst das Genehmigungs-, sowie das Investiturrecht des Königs in Frage zu stellen [1]. Erst später, als sich der Konflikt verschärft hatte [2], und das Investitur-Verbot gegen Heinrich IV. schon ausgesprochen war, wurde der päpstliche Legat Hugo von Die 1077 beauftragt, auf einer nöthigenfalls wider Willen des Königs abzuhaltenden Synode [3] dasselbe gleichfalls in Frankreich zu verkünden [4]. Dies geschah auf den zu Autun (1077) [5] und Poitiers (1078) [6] abgehaltenen Koncilien, und sowohl gleichzeitig als nachher suchte Gregor durch seine Legaten die kanonische Wahl in seinem Sinne (s. o. S. 545) unter Ausschluss der bisherigen königlichen Rechte überall durchzuführen [7]. Obwohl sich der König nicht fügte [8] und Gregor [9] die Exkommunikation aller durch

[1] Reg. I. 35 (1073), Jaffé, mon. Gregor. p. 53: „ut scilicet Augustodunensem archidiaconum, unanimi cleri et populi consensu, ipsius etiam, ut audivimus, regis assensu electum, episcopatus dono gratis concesso, ecclesiae (v. Macon) praefici patiatur. Quod si facere noluerit, indubitanter noverit, nos . . . ex auctoritate bb. apostolor. Petri et Pauli duram inobedientiae contumaciam canonica auctoritate cohercircituros. Nam aut rex ipse, repudiato turpi symoniacae heresis mercimonio, idoneas personas ad sacrum regimen personas promoveri permittet aut Franci . . . generalis anathematis mucrone percussi, illi ulterius obtemperare recusabunt"; I. 36. l. c. p. 54: „ut ipse (Bischof v. Chalons s. Saone), nostra functus legatione, praefatum regem conveniat, quatenus ipse . . . electionem Matisconensium non solum non impediat, sed eum quem debet assensum praebeat. Qui si . . . neque exhortationi nostrae parere voluerit, praecipimus, ut fraternitas tua (Erzbischof v. Lyon) neque pro odio neque gratia alicuius dimittat, quin electum ab eis . . . archiepiscopum seu per te seu per suffraganeos tuos ordinare studeat". Der erwählte Bischof ist schliesslich von Gregor VII. „intervenientibus quibusdam rationabilibus causis" (wohl wegen des fortgesetzten Widerstandes des Königs) geweiht worden, reg. I. 76, l. c. p. 95.

[2] Reg. II. 5, l. c. p. 113.

[3] Reg. IV. 22, l. c. p. 273.

[4] L. c. p. 274: „inter cetera quae tua fraternitas suscepit, hoc attentissime exequi studeat, ut congregatis omnibus et in conventu residentibus manifesta et personanti denunciatione interdicat, ut conservanda deinceps in promovendis episcopis canonica et apostolica auctoritate, nullus metropolitanorum aut quivis episcoporum alicui qui a laica persona donum episcopatus susceperit, ad consecrandum illum imponere manum audeat; nisi dignitatis suae honore officioque carere et ipse velit. Similiter etiam: ut nulla potestas aut aliqua persona de huiusmodi donatione vel acceptione alterius se intromittere debeat, quod si praesumpserit, eadem sententia et animadversionis censura, quam b. Adrianus (II.) papa in octava synodo (870) de huiusmodi praesumptoribus firmavit (s. o. S. 525), se astrictum ac ligatum fore cognoscat". Vgl. hierzu Meltzer, Papst Gregor VII. u. d. Bischofswahlen. 2. Aufl. S. 126.

[5] Der Wortlaut des Kanons ist nicht erhalten. Dass er publicirt ist, ergiebt aber der Brief Manasses v. Rheims an Gregor VII. bei Mansi 20, 486.

[6] c. 1, Mansi 20, 498: „ut nullus episcopus, abbas, presbyter vel quaelibet persona de clero accipiat de manu regis vel comitis vel cuiuslibet laicae personae donum episcopatus vel abbatiae vel ecclesiae vel aliquarum rerum ecclesiasticarum. Sed episcopus a suo metropolitano, abbas, presbyter et ceterae inferiores personae a proprio episcopo".

[7] Reg. IV. 14. 15 v. 1077. l. c. p. 261. 262, Aufforderung an Klerus und Volk v. Chartres, statt des abgesetzten simonistischen Bischofs einen neuen zu wählen und an den Erzbischof v. Sens und dessen Suffragane, die Wahl zu leiten und den Gewählten zu konsekriren, mit der Drohung: „si illud timore aut gratia cuiusquam (d. h. des Königs) praetermiseritis, nos tamen inordinatum eum nullatenus relinquemus"; ibid. IV. 18 v. 1077, Aufforderung an die Kanoniker von Le Puy en Velay, zu einer Neuwahl für den gleichfalls wegen Simonie abgesetzten Bischof nach dem Rathe des päpstlichen Legaten zu schreiten, eine gleiche Aufforderung an Klerus und Volk von Rheims nach der Entsetzung Manasses Rheims 1080, wobei sogar die Zustimmung des Legaten verlangt wird, ibid. VIII. 17—19. p. 447. 449. 450.

[8] So haben z. B. die Bischöfe von Senlis und Chalons s. Saone 1077 u. 1078 die Investitur von Philipp erhalten, ep. Hugon. Diens. ad Greg. VII., Mansi 20, 488; Gregor. ep. coll. 32, Jaffé l. c. p. 560.

[9] Gregor ep. 32 cit.

Wenn Sugenheim S. 196 behauptet, dass Gregor VII. das Verbot der Laien-Investitur in Frankreich nicht in dem Sinne, welcher seiner Abfassung zu Grunde lag, habe publiciren lassen, vielmehr damit nur „die Spielerei der Belehnung mit Ring und Stab" durch den König habe beseitigen wollen, so ist dies eine völlig unerwiesene Annahme. In dem Schreiben an Philipp I. wegen der Wiederbesetzung von Rheims (s. Note 7) ist von irgend welchem Rechte des Königs auf Mitwirkung bei der Besetzung gar keine Rede, reg. VIII. 20. p. 452: „Ex parte apostolica iubemus, ut electionem quam praefatae Remensis ecclesiae clerus et populus . . . facturus est, nullo ingenio aut studio, quominus canonice flat, inpedias, sed et, si quis inpedire aliquo studio saeculari temptaverit, illi omni modo contradicas

Laien-Hand auf ihre Sitze beförderten Bischöfe seinem Legaten einschärfte, hat doch der Streit über die Investitur in Frankreich nicht den heftigen Charakter und die weittragende Bedeutung, wie in Deutschland, angenommen. Das mit der Investitur verbundene königliche Ernennungsrecht hatte in Frankreich niemals so allgemeine Anerkennung wie dort erlangt, vielmehr theilte der König dasselbe mit einer Anzahl von Grossvasallen, welche eine wesentlich andere Stellung wie die deutschen Fürsten einnahmen und das gleiche Interesse mit dem König in der Investiturfrage hatten. Ueberdies stand auch in manchen Bisthümern das Wahlrecht des Klerus und Volkes, wenngleich beschränkt durch die Mitwirkung des Königs und der Vasallen, in Geltung. Ferner wurde den Forderungen des Papstes nicht ein so fester und zäher Widerstand, wie in Deutschland, entgegengesetzt. Ja, das rücksichtslose Vorgehen Gregors VII. und seiner Legaten gegen die französischen Bischöfe erregte selbst unter dem der Reform günstigen Klerus und Adel erhebliches Misstrauen, und verhinderte ein geschlossenes und energisches Vorgehen ihrer Partei. Bei einer solchen Sachlage, bei den weniger gespannten Verhältnissen, konnte sich daher der Konflikt in Frankreich nicht zu einem principiellen Kampfe über das Verhältniss der geistlichen, insbesondere der päpstlichen zur weltlichen Gewalt zuspitzen. Da dieser in der That vorerst mit dem deutschen Kaiserthum zum Austrag gebracht werden, und ein glücklicher Ausgang auch ohne Weiteres für die übrigen Länder von der weitgreifendsten Bedeutung sein musste, so vermieden es die Nachfolger Gregors VII. durch schroffe Massregeln grössere Verwicklungen herbeizuführen, umsomehr, als sie in dem Streite mit Deutschland und den deutscherseits aufgestellten Gegenpäpsten der französischen Hülfe bedurften und es die Lage der Verhältnisse ermöglichte, bei den einzelnen Vakanzfällen etwaige günstige Umstände zum Eingreifen und zur Durchführung der päpstlichen Forderungen zu benutzen.

Zur Zeit Urbans II., während welcher sich das französische Königthum in seiner vollen Ohnmacht zeigte, gewannen die gregorianischen Anschaunngen wiederum einen mächtigen Einfluss auf die französische Geistlichkeit und das französische Volk. In Folge dieser Bewegung erstarkte die Macht der Reformpartei der Art, dass das Verbot der Investitur und des Vasalleneides der Bischöfe auf dem Koncil von Clermont ohne Widerspruch von Neuem aufgestellt werden konnte [1], und dass seitdem der König und die Grossvasallen nicht mehr in der Lage waren, das Investiturrecht in seiner früheren Bedeutung als eines freien Ernennungs- und Uebertragungsrechtes festzuhalten. Wohl aber bewahrten sie sich, indem sie dem freilich noch mehrfach wiederholten Verbote [2] nachkamen, und durch Gewährung des Wahlrechtes an Klerus und Volk die Anforderungen der kirchlichen Reformpartei der Hauptsache nach befriedigten [3], nicht nur die Befugniss, zu der Vornahme der Wahlen ihre Erlaubniss und zu den erfolgten ihre Zustimmung zu geben [4], sondern auch unter geschickter Benutzung der in jener Zeit hervorgetretenen Anschauung

atque illi, quem pars fidelior et religiosior elegerit, adiutorium tuum impendas".

[1] S. o. S. 550. n. 4; in Zusammenhang damit steht auch die Ertheilung eines Privilegs Urbans II. 1097 auf freie Bischofswahl für Clermont, Analect. iur. pont. 1869. p. 561: „Nec cuiquam omnino liceat in eamdem ecclesiam personam quamlibet ingerere, sed libera clericis facultas sit . . . concordi et canonica electione sibi antistitem providere remota prorsus laicalis potestatis oppressione vel invasione".

[2] So zu Troyes, S. 551. n. 6 und Rheims, S. 557. n. 8.

[3] S. die Zusammenstellung bei Raynouard, histoire du droit municipal en Fance 2, 101 ff. und die folgende Note.

[4] Ivon. Carnot. ep. 8, ed. Juret. II. Paris 1610. p. 16 (seine eigene Wahl in Chartres 1090

über die Scheidung der Spiritualien und Temporalien (oder Regalien) des Bisthums das Recht, diese letzteren dem neugewählten Bischof zu übertragen[1]. Ferner blieb die Pflicht zur Leistung des hominium und des allgemeinen Fidelitätseides, von denen das erstere jetzt seine spezielle Beziehung auf die Temporalien erhielt[2], bestehen. Die Konsekration fand nach der Uebertragung der Regalien statt[3]. Im Laufe des 12. Jahrhunderts ist sie jedoch mit Rücksicht darauf, dass ausser der Erlaubniss des Königs zur Vornahme der Wahl noch eine königliche Bestätigung des Gewählten erforderlich war[4], und die Ertheilung der Konsekration an den vom König Bestätigten den Rechten des ersteren keinen Eintrag thun konnte, auch nach derselben erfolgt[5]. In Folge des von der Kirche gegen die Beschränkung der Wahl-

betreffend): „cum clericorum primo ingenio, postea violentia regi fuissem praesentatus et inde cum virga pastorali a rege mihi intrusa ad ecclesiam Carnotensem adductus“, ep. 54. p. 97 (über die Wahl in Orleans 1096): „conari coeperunt, ut Joannem quendam archidiaconum cum consensu regis haberent in episcopum . . . reliquus clerus, qui erat numero longe amplior . . . saniore consilio . . . elegit sibi cum consensu regis in episcopum Sanctionem quendam ecclesiae decanum . . . Cum ergo adiunctis precibus regis instanter postularet ecclesia electum suum sibi consecrari, praetendens irreparabiles ecclesiae minas futuras, si id non fieret“; ep. 104. p. 198 (über die Wahl in Beauvais 1100): „Belvacenses clerici, praecedente consilio vestro (Paschalis' II.), consilio optimatum dioecesis suae et laude populi . . . Galonem . . . in episcopum sibi elegerunt. Pauci tamen ex clericis . . . huic electioni non adsenserunt . . . regem adierunt, quaedam verbo auribus eius instillaverunt . . . addentes quod a sanctitate vestra fuerit electus et quod magnus ei futurus esset adversarius, si in regno aliquando fieret episcopus. Rex itaque . . . ab omni bona voluntate turbatus non vult electioni assensum praebere nec electo bona episcopalia dimittere“; ep. 144. p. 251 (über die Besetzung von Paris 1104 an Paschalis II.): „ut . . . Galonem . . . de Belvacensi episcopatu per manum Senonensis archiepiscopi transferre iubeatis in Parisiensem episcopatum, quem ei gratanter et devote concedunt pro vestro amore rex et regis filius. Qualiter autem in eum cleri et plebis vota conveniant, dicet vobis praesentium portitor“; conc. Trec. a. 1104, Mansi 20, 1179: „Eo . . . se Ambianorum legati conferunt . . . unanimiter a clero et populo electum asserunt Godefridum rege quoque assentiente“; Sugerii vita Ludov. grossi c. 13, Du Chesne hist. Franc. ss. 4, 293: „Rudolfi, qui domini regis eo quod absque eius assensu electus et inthronizatus fuerat sede Remensi (1106), gravissimas et periculosas incurrerat inimicitias“.

[1] Vgl. Ivon. Carnot. ep. 8. cit. S. auch o. S. 553. n. 1.

[2] Der wider Willen des Königs 1106 gewählte Erzbischof v. Rheims (S. 580. n. 4. a. E.) erhielt die Temporalien nicht eher, als bis er das hominium geleistet hatte, Ivon. Carnot. ep. 190. p. 334 (o. S. 553. n. 1). Dass das hominium für die Regel erforderlich war, zeigt auch das Privileg Ludwigs VI. v. 1137 für die Bisthümer der Provinz Bordeaux (Urkden i. d. Ordonances des rois de France I. 7: „in episcoporum et abbatum suorum electionibus canonicam omnino concedimus libertatem absque hominii, iuramenti seu fidei per manum datae obligatione“). Hieraus ergiebt sich, dass die Annahme Bernheims, Lothar und das Wormser Konkordat S. 70, dass Urban II. auf dem Koncil zu Klermont 1095 die Abschaffung des hominiums durchgesetzt hat, irrig ist. Alle Bischöfe, welche die Investitur der Regalien empfingen, hatten vielmehr auch noch später den Lehnseid zu leisten, G. J. Phillips, das Regalienrecht in Frankreich. Halle 1873. S. 25. n. 27. Gegenüber den Zeugnissen Ivos und der späteren nachweisbaren Uebung lässt sich nicht annehmen, dass die Erklärung des Bischofs von Chalons (s. o. S. 557. n. 4), dass er weder vor der Konsekration noch nach derselben eine Belehnung mit den Temporalien erhalten hat, den allgemeinen Rechtszustand wiedergiebt. Dass ein Theil der streng gesinnten Geistlichkeit das Konsensrecht des Königs in Frage zu stellen versucht hat, ergeben die S. 580. n. 4 und am Anfang dieser Note angeführten Stellen, es kann daher nicht Wunder nehmen, dass auch die Weigerung des hominiums erfolgt und manchmal nachgesehen worden ist, zumal in einer Zeit, wo sich gegenüber den Investitur-Verboten in Frankreich erst eine neue feste Praxis ausbilden musste.

[3] Dies ergeben die in den vorigen Noten citirten Stellen aus Ivo, s. auch Bernardi Claravall. ep. 164, ed. Horst. 1, 299: „homo qui et consecrationem fugerat et electionem refutarat, festinavit ad regem, regalium investituram accepit“.

[4] ep. capituli Carnot. ad Suger. a. 1149, Du Chesne l. c. 4, 498: „Noverit dilectio vestra, quod accepto a vobis regia licentia loco domini regis . . . convenimus in capitulum . . . pari voto unanimique consensu elegimus . . . in episcopum . . . Galenum . . . id ipsum approbantibus viris religiosis abbatibus qui praesentes erant omnique applaudente populo . . . Rogamus . . . ut huic nostrae electioni . . . quam vobis et viva voce et scripto praesentare curavimus, assensum praebere et electo nostro regalia reddere vice domini regis dignemini“.

[5] ep. Sugerii ad capitul. Carnot. (s. vor. Note): „Nos autem quantum ex parte domini regis, cuius vices agimus, facere habemus huic electioni libenter assensum praebemus. De regalibus vero, sicut in curia dominorum Francorum mos antiquus fuisse dinoscitur, cum episcopus conse-

freiheit durch das königliche Bestätigungsrecht[1] fortgesetzt geführten Kampfes[2] wurde das letztere noch Ende des 12. Jahrhunderts seitens der weltlichen Gewalt fallen gelassen[3]. So ist der Einfluss der Könige zwar hinsichtlich der Bestimmung der Personen der Kandidaten immer mehr abgeschwächt worden, dagegen suchten sie denselben, soweit es sich dabei um die Vergebung der den Bisthümern zustehenden Regalien oder Temporalien handelte, zu erhöhen, indem sie die letzteren, auf Grund der ihnen zustehenden Verleihung, sowie mit Rücksicht auf das von den Bischöfen zu leistende homagium und auf die den Gütern der Bisthümer obliegenden staatlichen Lasten, nach lehnrechtlichen Grundsätzen behandelten und seit der Mitte des 12. Jahrhunderts das Recht geltend machten, in Erledigungsfällen die Temporalien der Bisthümer in Beschlag zu nehmen und während der Vakanz bis zur Investitur eines ordnungsmässig, namentlich unter Einholung der vorgängigen königlichen Wahl-Erlaubniss bestellten Nachfolgers die Früchte zu ziehen[4]. Seit dem 13. Jahrhundert ist dieses s. g. Regalienrecht auf die im Machtbereiche der Könige belegenen Bisthümer zu voller Anerkennung gelangt[5]. Die Besetzung der Bischofsstühle erfolgte nunmehr in der Weise, dass zunächst zu der Abhaltung der Wahl die Erlaubniss des Königs einzuholen war, widrigenfalls derselbe die Uebertragung der Temporalien verweigern konnte[6], und dass dann der Gewählte nach seiner Konfirmation

cratus et in palatium ex more canonico fuerit introductus, tunc ei reddentur omnia. Hic est enim redditionis ordo et consuetudo, ut, sicut diximus, in palatio statutus regi et regno fidelitatem faciat et sic demum regalia recipiat".

[1] Die Bestätigung ist übrigens mitunter schon vorweg in der Weise ertheilt, dass bei der Gestattung der Wahl eine bestimmte Persönlichkeit vom König ausgeschlossen und im Uebrigen aber den Wählern volle Freiheit gestattet wurde, chron. Guilelmi de Nangiaco bei d'Achery spicileg. 3, 6: „Rex (Ludwig VII. 1141) concesserat ecclesiae Bituricensi libertatem eligendi episcopum quem vellent, excepto Petro".

[2] ep. Bernard. Claravall. 282, l. c. 500: „... domine rex, non est quod debeatis reprobare factas electiones, quibus ut fierent, semel vos assensisse constiterit". In Bourges (s. vor. Note) setzte man sich über die Exklusion des Königs, welcher seinen Kanzler Cadurque erhoben zu sehen wünschte, hinweg, ein Theil der Domherrn wählte den ausgeschlossenen Peter (von la Châtre) und Innocenz II. weihte denselben. Der darüber zwischen Papst und König entstandene Streit, in dessen Verlauf Frankreich mit dem Interdikt belegt wurde, ist erst unter Cölestin II. beendet worden; vgl. Gallia christ. 2, 51; Sugenheim, Staatsleben S. 202.

[3] S. die Verordnung (s. g. Testament) Philipps II. Augustus v. 1190 über die Reichsverwaltung während seines Kreuzzuges (Duchesne 5, 30; Bouquet 17, 30): „Si forte contigerit sedem episcopalem vel aliquam abbatiam regalem vacare, volumus, ut canonici vel monachi monasterii, veniant ad reginam et archiepiscopum (Wilhelm v. Rheims), sicut ante nos venirent et liberam electionem ab eis petant et nos volumus, quod sine contradictione eis concedant. Nos vero tam canonicos quam monachos monemus, ut talem pastorem eligant qui deo placeat et utilis sit regno. Regina autem et archiepiscopus tandiu regalia in manu sua teneant, donec electus sit consecratus et benedictus et tunc regalia sine contradictione ei reddantur".

[4] Ich verweise in dieser Beziehung auf G. J. Phillips, das Regalienrecht in Frankreich. Halle 1873. S. 23 ff., welcher die Belegstellen vollständig mittheilt.

[5] S. die nachfolgenden Anmerkungen. Auch die Päpste selbst haben dasselbe nicht in Frage gestellt, s. ep. Clement. IV. a. 1267 ad Ludov. IX., (Pithou) Preuves des libertés de l'égl. gall. c. 16. n. 19: „quia tu ea ratione, vid. quod vacantes confers in ecclesia ipsa (Remensi) praebendas a tempore eandem ecclesiam pastoris regimine contingit destitui, donec substitutus illi archiepiscopus regalia recipiat a te"; dipl. Gregor. IX. a. 1375, Gallia christ. inst. p. 39: „idemque Petrus electus qui ... Carolo regi Francorum ratione temporalitatis dictae Rotomagensis ecclesiae homagium et fidelitatis debitae iuramentum ... praestare tenetur, pro ipsis praestandis eiusdem regis praesentiam adire nequeat de praesenti ... idem rex intendens ... regaliam hac vice eidem archiepiscopo remittere et ipsum ad praestandum homagium et fidelitatis iuramentum per procuratorem ... admittere ... nos haec grata habentes volumus, quod per huiusmodi remissionem regaliae ... nullum in posterum praeiudicium generetur". Vgl. übrigens hierzu G. J. Phillips a. a. O. S. 80 ff.

[6] dipl. Aymerici ep. Lemovic. a. 1245 in add. Baluzii ad Petri de Marca concord. sacerd. et imp. VIII. 25: „Notum facimus quod post electionem de nobis ... unanimiter factam, a domino Bituricensi confirmatione obtenta, ad ... regem ... accessimus regalia petituri et parati eidem facere, quod predecessores nostri ... electi ... facere consueverant, ... in quo se ... rex ... opponebat, quia capitulum eligendi licentia ab ipso

durch den Metropoliten bei dem Könige die Belehnung mit den Temporalien nachzusuchen [1], sowie ihm persönlich binnen bestimmter Zeit das homagium und den Fidelitätseid zu leisten [2] hatte, um die Befugniss zur Verwaltung der zeitlichen Güter und Gerechtsame des Bisthums zu erlangen [3].

In derselben Weise gestalteten sich die Rechte der Grossvasallen über die ihnen unterstehenden Bisthümer, so in der Normandie, in der Bretagne, in Aquitanien und in der Grafschaft Toulouse [4], jedoch sind sie demnächst in den beiden letztgedachten Ländern durch Verzicht und Privileg im Interesse der Freiheit der Kirche aufgegeben worden [5].

II. In England war das althergebrachte Recht der Bischofswahlen mit Rücksicht auf die in Folge der Mission Augustins (s. o. S. 350) stattgehabte Organisation des katholischen Kirchenwesens nicht zur Geltung gekommen, vielmehr hatten die beiden Erzbischöfe von Canterbury und York mit ihren Suffraganen einen massgebenden Einfluss bei der Besetzung der Bischofsstühle erlangt [6]. Neben ihnen übten aus-

non petierit, in illa forma in qua aliae regni ecclesiae cathedrales quae propter electionem suam . . . regis praesentiam adeunt, consuetae sunt eligendi gratiam obtinere"; Urk. Wilhelms v. Chalons v. 1294, Gallia chr. 4 inst. p. 252: „nos obligamus . . . in manu . . . Philippi regis Fr. omnia bona temporalia episcopatus Cabilonens. pro emenda eidem regi ad voluntatem suam facienda pro eo quod capitulum nostrum . . . processit ad electionem nostram celebrandam . . . regis licentia minime requisita, nisi . . . capitulum pro se super hoc legitime . . . excusare se possit". Urkden betr. die Einholung der Erlaubniss für Chalons v. 1315 u. 1415, l. c. 8 inst. p. 375. 384; für Rouen v. 1306, l. c. 11 inst. p. 187; für Auxerre 1362, l. c. 12 inst. p. 187; Privilegien auf Befreiung von der gedachten Verpflichtung für Arras v. 1203, l. c. 3 instr. p. 100; für Macon v. 1206 Martène et Durand vet. mon. coll. ampl. 1, 1037; für Toulouse v. 1286 gegen Zahlung einer Abfindung an den König bei Martène et Durand thes. anecdot. 1, 1208. Hieraus ergiebt sich, dass die Garantirung der Freiheit der Bischofswahlen in der pragmatischen Sanction Ludwigs IX. c. 4, Mansi 23, 1259 bis c. 2: „Item ecclesiae, cathedrales et aliae regni nostrae liberas electiones et earum effectum integraliter habeant", nur unter Vorbehalt des erwähnten königlichen Rechtes zu verstehen ist.

1 c. 32 (Innoc. III.) X. de elect. I. 6 (pars decisa).

2 Dipl. Mauritii ep. Cenoman. a. 1223, Martène et Durand coll. 1, 1172: „Item requirit rex, quod electus Cenomanensis erit confirmatus a metropolitano vel ab eo qui potestatem habet confirmandi, ipse tradet ei regalia sua per nuntios deferentes litteras patentes de confirmatione eius. Ipse tamen electus tenebitur bona fide adire dominum regem infra 40 dies, si fuerit in regno, post susceptionem regalium et eidem sacramentum fidelitatis praestare. Et si infra 40 dies . . . non venerit, dominus rex poterit saisire regalia sua et ea tandiu tenere, quousque . . . regi fidelitatem suam fecerit", eine fast gleichlautende Urk. d. Bischofs Wilhelm v. Angers v. 1223 bei (Pithou) Preuves c. 16. n. 16; s. auch S. 582. n. 5 u. weitere Nachweisungen bei Sugenheim S. 209 u. Friedberg, diss. de fin. i. eccl. et civ. reg. iud. Lips. 1861. p. 173. 175. Die Aenderung, dass der Lehnseid jetzt vor der Konsekration geleistet wird, erklärt sich daraus, dass mit dem Fortfall der Bestätigung die Erlaubniss zur Wahl nicht mehr von vornherein auf eine bestimmte Person ertheilt werden konnte, s. o. S. 581.

3 Urk. Erzb. Peters v. Lyon v. 1272, Gallia chr. 4 inst. p. 32: „cum nos . . . Philippo Francorum regi . . . offerremus fidelitatem debitam, edictum fuit nobis ex parte . . . regis, quod nobis non licuit gerere administrationem bonorum temporalium ecclesiae Lugdun. . . . ante exhibitionem fidelitatis praedictae"; sogar auch auf die geistlichen Befugnisse ist dieser Grundsatz ausgedehnt worden, conc. prov. ap. S. Quint. a. 1235 bei Marlot, hist. metrop. Rem. 2, 520: „(rex) inhibuit episcopo Suessionensi, ne eam (abbatissam) benediceret, nisi prius receptis ab ipso regalibus".

4 G. J. Phillips a. a. O. S. 44—54.

5 A. a. O. S. 52 u. 54, s. auch d. dipl. v. 1137 o. S. 581. n. 2.

6 Bedae ven. hist. eccles. II. 4. 8. III. 22. IV. 6. Auf der Synode von Becancelde 694 erklärte König Witfred von Kent, Mansi 12, 87: „Ubi vero contigerit episcopum . . . vita cedere, nuncietur archiepiscopo atque eius consilio et prae ceteris eligatur, qui dignus fuerit . . . neque ullo modo electus sit aliquis aut ad munus tam sacrum consecratus absque archiepiscopi consilium. Regum est constituere comites, duces . . . et archiepiscopi est episcopos . . . eligere et constituere". In Uebereinstimmung mit der hier dem Erzbischof zugewiesenen Stellung heben auch die Berichte über die Besetzung der Bisthümer fast ausschliesslich die Thätigkeit desselben hervor, s. Matthaei Par. chron. maior. a. 603. 663. 690. 737. ed. Luard. London 1872. 1, 260. 294. 311. 337; Guillelm. Malmesbur. gest. pont. Angl. lib. II. u. IV., Migne patrol. 179, 1517. 1603 (a. 670 u. 673). Von einer Wahl durch Klerus und Volk konnte in den ersten Zeiten nach begonnener Missionsthätigkeit Augustins nicht die

serdem allein die Könige eine entscheidende Mitwirkung aus [1]. Hieraus erklärt es sich, dass schon im 9. und 10. Jahrhundert die Vergebungen der Bischofssitze in der Regel durch den König unter Beirath der geistlichen und weltlichen Grossen, des Witenagemot oder der curia regis, vorgenommen und von ersterem die Bischofsstühle mittelst Stab und Ring verliehen worden sind [2].

Nach der Eroberung Englands behielt Wilhelm I. (1066—1087), obwohl er bei derselben vom Papst unterstützt worden war und sich im Allgemeinen den damaligen kirchlichen Reformbestrebungen geneigt zeigte, diese Praxis bei, um so mehr, als die englischen Bisthümer von ihm bedeutenden Lehnsbesitz zur Ausstattung empfangen und von diesen, wie von den früheren Besitzungen die staatlichen und Lehnslasten zu tragen hatten [3]. Doch enthielt er sich des bisher üblich gewesenen Pfründenwuchers und besetzte die Bischofsstühle mit tüchtigen Männern [4]. Die Belehnung der neuen Bischöfe, bei welcher sie den Lehns- und Treueid zu leisten hatten, ging ebenso wie in Deutschland der Konsekration voran [5].

Rede sein. Erst später kommt eine Betheiligung beider oder der Mönche bei den Kathedralen, aber in untergeordneter Weise, vor, s. Note 2.

[1] Vgl. die vor. Note, Beda l. c. III. 28. 29. IV. 3. 27. Matthaei Par. l. c. a. 666. l. c. 1, 294 (Kauf des Bisthums Winchester vom König).

[2] Ingulph. hist. abb. Croyland († 1109) in rer. Angl. ss. ed. Fulmann iussu J. Fell. Oxon. 1684. 1, 63: „nunciatur in aula eius (Eduards d. Bekenners 1048) obitus Brithmeri abbatis monasterii Croilandensis . . . A multis itaque annis retroactis nulla electio praelatorum erat mere libera et canonica, sed omnes dignitates tam episcoporum quam abbatum per annulum et baculum regis curia pro sua complacentia conferebat". Beispiele solcher Ernennungen bei Guill. Malmesb. l. c. lib. II. l. c. p. 1451 (Canterbury 942), ibid. p. 1453 (Canterbury 959), ibid. p. 1528 (Winchester 963), p. 1457. 1458 (Canterbury 1006. 1050. 1051. 1052); Matth. Paris. a. 958, l. c. 1, 461 (London); Guill. Malmesb. l. c. II. p. 1516. 1538 (London 1044 u. 1051, Canterbury 1051, Sherborn von 1065); s. ferner Florent. Wigorn. a. 1044. 1045. 1047. 1054. 1060 (ed. Thorpe. London 1848. 1, 199. 209. 218). Daneben kommt allerdings auch eine Wahl durch die Kleriker in der Bischofsstadt vor, nach welcher der Kandidat dem König präsentirt wird, Guill. Malmesb. l. c. III. p. 1584 (Lindesfarne 1020) oder die Wahl wird in Gegenwart desselben auf einem Koncil vorgenommen, Matth. Par. a. 905 l. c. p. 438. Vgl. auch Philipps, Versuch e. Gesch. d. angelsächs. Rechts. S. 232.

[3] Phillips, Gesch. d. angels. Rechts S. 85. 138; desselb. engl. Reichs- und Rechtsgesch. 2, 14; Gneist, Gesch. d. Selfgovernment in Engld. Berlin 1863. S. 52. 53. 65. 66. 115. 116.

[4] Eadmer hist. nov. lib. I, Migne patrolog. 159, 352: „Usus atque leges quas patres sui et ipse in Normannia habere solebant, in Anglia servare volens de huiusmodi personis episcopos, abbates . . . per totam terram instituit de quibus indignum iudicaretur, si per omnia suis legibus, postposita omni alia consideratione, non obedirent"; Orderic. Vital. hist. eccl. IV. 9, Migne patrol. 188, 322: „dum pastor quilibet . . . de mundo migraret . . . princeps prudenter legatos ad orbatam domum mittebat omnesque res ecclesiae, ne a profanis tutoribus dissiparentur, describi faciebat. Deinde praesules et abbates aliosque sapientes consiliarios convocabat et eorum consilio quis melior et utilior tam in divinis rebus quam in saecularibus ad regendam dei domum videretur, summopere indagabat . . . illum, quem pro vitae merito et sapientiae doctrina provisio sapientum eligebat, . . . rex . . . rectorem episcopatus vel abbatiae constituebat. Hunc . . . observationem 56 annis custodivit, quibus regimen in ducatu Normanniae seu regno Angliae tenuit"; ibid. VII. 12 l. c. 548; Gervasii Cantuar. de disc. i: mon. Cant. etc. in (Twysden et Selden) hist. Angl. ss. X. Lond. 1652. p. 1327: „Petivit (Lanfrancus) regem, ut sibi donationem abbatiae concederet, sicut omnes praedecessores suos constat habuisse. Respondit rex . . . se velle omnes baculos pastorales Angliae in manu sua tenere". Einzelne Besetzungsfälle Matth. Par. chron. mai. a. 1085. l. c. 2, 20 (1067 Dorchester), Guill. Malmesb. g. pont. Angl. l. I. p. 1459. II. p. 1531. 1550. III. p. 1574. 1585. II. p. 1516 (1070 Canterbury, Winchester, Selsey, York, 1071 Durham, 1075 Canterbury), Matth. Par. hist. minor ed. Madden. Lond. 1866. 1, 32 (London, Norwich, Chester); wegen der Normandie vgl. Order. Vit. IV. 2. p. 308; IV. 13. p. 338; IV. 17. p. 347. Die englischen und normannischen Schriftsteller bezeichnen übrigens vielfach die erwähnte Art der Vergebung als eligere, electio, s. z. B. Guill. Malmesb. I. p. 1459.

[5] Vgl. über die freilich erst unter Wilhelm II. erfolgte Verleihung des Erzbisthums Canterbury an Anselm 1093. Eadmer. hist. nov. l. c. p. 572: „Ille igitur more et exemplo praedecessoris sui inductus pro usu terrae homo regis factus est et . . . de toto archiepiscopatu saisiri iussus est. Venit post haec Cantuarium . . . atque immensa monachorum clericorum totiusque plebis alacritate susceptus ad regendam ecclesiam dei locum pontificis magno deductus honore conscendit". Wie in Deutschland in der Ottonischen Zeit (s. o. S. 537) folgt der Belehnung der königliche Auf-

Nichtsdestoweniger hat Gregor VII. offenbar, um die ganze Wucht seines Angriffes ungetheilt gegen Deutschland richten zu können und Wilhelm I. nicht auf die Seite seiner Gegner zu drängen, von der Geltendmachung des Investiturverbotes gegen ihn abgesehen [1]. Ja selbst in dem Streite zwischen Anselm von Canterbury und Wilhelm II. (1087—1100) ist die königliche Vergebung der Bisthümer nicht in Frage gestellt worden [2], obwohl der letztere mit denselben in eigennütziger und simonistischer Weise schaltete und im Gegensatz zu seinem Vorgänger während der Vakanz die Güter einziehen und zum Besten der königlichen Kasse verwalten liess [3]. Erst dadurch, dass Anselm dem Könige Heinrich I. (1100—1135) nach seiner Thronbesteigung die Ableistung des Lehnseides verweigerte [4], gewann die Investiturfrage für England praktische Bedeutung. Bei der durch die Fortdauer des Kampfes in Deutschland bedingten Versöhnlichkeit des Papstes, welcher allerdings die Forderung des Königs, ihm die Investitur durch besonderes Privileg zu gewähren, ablehnte [5], kam es indessen schon 1105 zu einem Vergleiche [6], welcher durch die im J. 1107 zu London abgehaltene Reichsversammlung genehmigt wurde. Der König verzichtete seinerseits auf die Investitur mit Stab und Ring, dagegen behielt er das Recht, den Lehnseid von den Prälaten zu verlangen [7]. Somit war der Lehnsverband der Bischöfe

trag zur Besitzeinweisung in das Bisthum, und dann als diese die Inthronisation, wie Order. Vital. hist. eccl. VIII. 8, Migne patrol. 188, 582 diesen Akt nennt (bei Guillelm. Malmesbur. gest. pont. Angl. lib. I, Migne 179, 1485 heisst es: „regalia pro more illius temporis faciens principi VII Kal. Oct. Cantuariae assedit, sed pridie non. Dec. ab omnibus episcopis Angliae solemnia episcopalia suscepit").

[1] Vgl. darüber und über die im Laufe der Zeit schroffer hervortretenden Versuche Gregors VII., ohne principielle Bestreitung des Investiturrechtes das in seinem Sinne kanonische Wahlverfahren für die französischen Theile von Wilhelms Reich zur Geltung zu bringen Reg. Gregor. VII. V. 19. 22. VII. 23. ep. coll. 16, Jaffé mon. Greg. p. 315. 318. 414. 541 u. Meltzer, Papst Gregor VII. u. d. Bischofswahlen. 2. Aufl. S. 132.

[2] Phillips, engl. Reichsgesch. 1, 115; Hefele, Konciliengesch. 5, 187 ff.

[3] Guill. Malmesb. gest. reg. Angl. IV. §. 314, Migne patrol. 179, 1278: „namque audita morte cuiuslibet episcopi vel abbatis confestim clericus regis eo mittebatur qui omnia inventa scripto exciperet omnesque in posterum redditus fisco regio inferret. Interea quaerebatur quis idoneus in loco defuncti substitueretur, non pro morum sed pro nummorum experimento dabaturque tandem honor, ut ita dicam, nudus, magno tamen emptus. Haec ideo indigniora videbantur, quod tempore patris post decessum episcopi vel abbatis omnes redditus integre custodiebantur substituendo pastori resignandi, eligebantur personae religionis merito laudabiles"; Order. Vital. hist. eccl. VIII. 8 l. c. p. 581: „Antequam Normanni Angliam obtinuissent . . . archiepiscopus episcopii res, antistite defuncto, servabat et pauperibus vel structuris basilicarum vel aliis bonis operibus cum consilio domesticorum eiusdem ecclesiae distrahebat. Hunc profecto morem Guillelmus Rufus ab initio regni sui . . . abolevit et metropolitanam Cantuariae sedem sine pontifice III bus annis esse fecit eiusque redditus suis thesauris intulit", vgl. hierzu Eadmer. hist. nov. lib. I, Migne 159, 361. 362. 365. 367, lib. V. l. c. p. 487 u. Guill. Malmesb. gest. pont. Angl. lib. I, Migne 179, 1479. 1481, sowie S. 584. n. 4.

Ueber Verleihungen einzelner Bisthümer s. Guill. Malm. l. c. lib. II. p. 1519 (1091 Tetford), Eadmer. hist. nov. lib. II. p. 159 u. Guill. Malm. lib. IV. p. 1594 (1096 Winchester und Herford), S. 584. n. 5.

[4] Eadmer. hist. nov. lib. III. p. 454: „postulatus est (Anselmus 1100) pro consuetudine antecessorum suorum regi hominium facere et archiepiscopatum de manu eius recipere. Quibus cum ille nequaquam se aut velle aut posse assensum praebere responderet . . ."; die beiden Briefe Anselms von Paschalis II. b. Mansi 20, 966. 967; Hefele a. a. O. S. 236.

[5] ep. Pasch. II. ad reg. Henr. v. 1101 u. 1103, Mansi 20, 1058. 1000, ad Anselm. v. 1102 l. c. p. 1019 u. 982; Hefele a. a. O. S. 236. 240. 247.

Nicht gegen den König selbst, sondern nur gegen die „consiliarios qui ad investiturae flagitium illum impellunt et eos qui ab eo investiti sunt" wurde der Bann verhängt, ep. ad Anselm. v. 1005 l. c. p. 1062; Hefele S. 248.

[6] Hefele S. 248; ep. Pasch. II. ad Anselm. v. 1106, Mansi 20, 1003: „eos qui aut investituras accepere vel investitos benedixere aut hominia fecere . . . vice nostrae auctoritatis absolvito . . . Si qui vero deinceps praeter investituras ecclesiarum praelationes assumpserint, etiamsi regi hominia fecerint, nequaquam ob hoc a benedictionis munere arceantur, donec per omnipotentis dei gratiam ad hoc omittendum cor regium tuae praedicationis imbribus molliatur".

[7] Concil. Lond. a. 1107, Eadmer. hist. nov. lib. IV. l. c. p. 159, 465, Mansi 20, 1229: „Dehinc praesente Anselmo, adstante multitudine, annuit rex et statuit, ut ab eo tempore in reli-

nicht in Frage gestellt. Der König hatte nur auf eine Formalität, welche an sich keine Bedeutung beanspruchte, verzichtet, und war als Sieger aus dem Kampfe hervorgegangen. Im Uebrigen übte er während seiner ganzen Regierung bei der Vakanz [1] und bei der Besetzung der Bisthümer [2] dieselben Rechte wie sein Vorgänger aus. Erst sein Nachfolger Stephan, 1135—1154, welcher der Geistlichkeit als Stütze seiner Herrschaft bedurfte, begab sich des Rechtes, die Bisthumsgüter während der Vakanz zu eigener Nutzung einzuziehen [3], und wenn er dabei zugleich die Besetzung durch kanonische Wahl in Aussicht stellte, so ist trotzdem statt dieser als wesentlich entscheidender Faktor die Bestimmung der Kandidaten durch die Bischöfe an Stelle des bisher massgebenden Einflusses des Königs getreten [4]. Heinrich II. (1154—1189) machte dagegen die von seinem Vorgänger aufgegebenen Befugnisse wieder geltend, indem er allerdings den angeseheneren Geistlichen der vakanten bischöflichen Kirche, wohl um das bischöfliche Uebergewicht zu schwächen, einen Antheil bei der am königlichen Hofe vorzunehmenden Auswahl der Bischöfe einräumte, und liess diese Rechte als althergebrachte Gewohnheiten des Königreichs in den Konstitutionen von Clarendon 1164 fixiren [5]. Auch nach Beilegung des Streites

quum numquam per dationem baculi pastoralis vel annuli quisquam de episcopatu vel abbatia per regem vel quamlibet laicam manum investiretur in Anglia, concedente quoque Anselmo, ut nullus in praelationem electus pro hominio quod regi faceret, consecratione suscepti honoris privaretur"; Guill. Malmesbur. g. reg. Angl. lib. V. §. 417. p. 1371: „rex . . . investituram annuli et baculi indulsit in perpetuum retento tantum electionis (d. h. Ernennung, s. S. 584. n. 4) et regalium privilegio".

Wenn nach dem dem 3. Jahrzehnt des 12. Jahrh. angehörenden tractat. de leg. et consuet. regni Angliae von Glanvilla IX. 1. §. 10 „episcopi vero consecrati homagium facere non solent domino regi etiam de baroniis suis, sed fidelitatem cum iuramentis interpositis ipsi praestare solent. Electi vero in episcopos ante consecrationem suam homagia sua facere solent", so führt die erstere Vorschrift wohl ebenfalls auf diese Zeit zurück, da dadurch das Bedenken der strengkirchlichen Partei, dass die geweihten Hände bei der Leistung des Lehnseides von den ungeweihten und blutigen der Fürsten berührt wurden, entfiel. Die Konsekration sollte auch nach dem Vergleiche, wie in früherer Zeit, der Belehnung nachfolgen.

1 Eadmer l. c. lib. V. p. 488: „ubi . . . Anselmus . . . in beatitudinem vitae permanentis translatus est (1109), omnia ad episcopatum quidem Cantuariensem pertinentia morem fratris sui Willhelmi regis secutus in suum dominium rex Henricus redigi praecepit".

2 Eadmer l. c. IV. p. 474. V. p. 496 (York 1109 u. 1114), V. p. 494 (St. Davids 1115), p. 491 (Rochester 1115), VI. p. 519 (Coventry 1121), Guillelm. Malmesbur. g. pont. Angl. lib. IV, l. c. p. 1595 (Worcester 1115 u. 1125), Matth. Par. hist. min. l. c. 1, 245 (Carlisle 1132); über die Normandie s. Guillelm. Malmesbur. hist. nov. I. 28, Migne 179, 1401. Wegen der Besetzung von Canterbury 1114, bei welcher der König den erst von ihm in Aussicht genommenen Kandidaten fallen liess und den von den Bischöfen vorgeschlagenen acceptirte, nachdem er die Uebereinstimmung der Mönche, des Klerus und des Volks festgestellt hatte, vgl. Eadmer l. c. V. p. 489. 490, Mansi 21, 91, Guillelm. Malmesb. g. pont. Angl. l. I. p. 1505. 1506. Die Besetzung von Rochester 1108, welche nach Eadmer. l. c. IV. p. 473 von Anselm in capitulo praesentibus ecclesiae fratribus et multis aliis tam monachis quam clericis necnon et laicis vorgenommen ist, kann demnach kaum ohne vorgängigen Konsens des Königs erfolgt sein.

Aus diesen Verhältnissen erklärt es sich auch, dass Hugo von Fleury ein königliches Ernennungsrecht, das mit Beirath des Erzbischofs geübt wird, nicht verwirft, s. o. S. 552. n. 5.

3 Carta de libert. eccl. Angl. v. 1136 i. statutes of the realm. 1, 3, Guill. Malmesb. hist. nov. I. §. 15 l. c. p. 1405: „dum vero sedes propriis pastoribus vacuae fuerint, ipsas et earum possessiones omnes in manu et custodia clericorum vel probrorum hominum eiusdem ecclesiae committam, donec pastor canonice substituatur".

4 Matth. Paris. chron. maior. a. 1138, 2, 169: „Ubi (auf dem Londoner Koncil) . . . Theobaldus abbas Beccensis in archiepiscopum Cantuar. ab episcopis electus est, priore ecclesiae Cantuar. Ieremia praesente, qui ab ipso consecratus legato Romam profectus est, ubi a papa Innocentio pallium suscepit"; Koncil zu Northampton 1138 Mansi 21, 498; hist. pontif. c. 19, SS. 20, 532. Bei der Besetzung von London 1151 liess sich Stephan die Erlaubniss zur Wahl abkaufen, l. c. c. 40, SS. 20, 545.

5 Matth. Paris hist. min. a. 1164, 1, 325, auch bei Mansi 21, 1196: „Cum vacaverit archiepiscopatus vel episcopatus vel abbatia vel prioratus in dominio regis, debet esse in manu ipsius et inde percipiet omnes redditus et exitus sicut dominicos redditus suos. Et cum ventum fuerit ad consulendum ecclesiae, debet rex mandare potiores personas ecclesiae et in capella ipsius regis debet fieri electio, assensu ipsius regis et consilio

mit Thomas Becket und der Kurie trat hierin, obwohl der König versprochen hatte, die während seiner Regierungszeit zum Nachtheil der Kirchen eingeführten Gewohnheiten aufzuheben [1], bei der Zweideutigkeit des Ausdrucks, welcher freilich im Sinne der Kurie auf die Beschlüsse von Clarendon bezogen werden sollte, keine Aenderung ein [2]. Dabei blieb es auch während der Regierung Richards I. (1189—1199) [3] und nicht minder zunächst unter der Herrschaft seines Nachfolgers Johann, welcher in der rücksichtslosesten Weise seinen Willen bei der Besetzung des Bisthümer zur Geltung brachte [4]. Als aber die zwiespältige Besetzung des Erzbisthums Canterbury nach 1205 [5] zu einer Appellation der Parteien nach Rom geführt hatte, benutzte

personarum regni quas ad hoc faciendum vocaverit; et ibidem faciet electus homagium et fidelitatem regi, sicut ligio domino suo, de vita sua et membris et de honore terreno, salvo ordine suo, priusquam consecretur".

Damit stimmen die Berichte über die Besetzung von Canterbury 1161 u. 1173 bei Matth. Par. chron. min. 1, 316 u. 375 überein: „Congregato clero et populo totius provinciae Cantuariensis apud Westmonasterium Thomas regis cancellarius ipso rege effectuose pro ipso petente, sollempniter nemine reclamante, electus est in archiepiscopum"; „suffraganei Cant. ecclesiae et eiusdem loci sanior pars conventus elegerunt in archiepiscopum Ricardum . . . Electus igitur ille fidelitatem iuravit, salvo ordine suo, nulla prorsus habita mentione de regni consuetudinibus conservandis. Acta autem sunt haec apud Westmonasterium in capella s. Katerinae, justiciario (Stellvertreter des Königs) assensum praebente"; vgl. auch Koncil zu Windsor 1184, auf welchem ein Streit zwischen den Mönchen und den Bischöfen wegen des Antheils der ersteren an der Wahl des Erzbischofs von Canterbury beigelegt wurde, Mansi 21, 494, Hefele 5, 645.

Thatsächlich war freilich der Wille des Königs das Entscheidende Petri Blesensis ep. 66. ed. Giles. Oxon. 1847. 1, 195: „Quum autem iuxta regni (Angliae) consuetudinem in electionibus faciendis potissimas et potentissimas (rex) habeat partes".

1 Koncil zu Avranches 1172, Mansi 21, 135. Wenn Matth. Par. hist. min. a. 1173, l. c. 1, 174 erzählt: „Per idem tempus ad instantiam cardinalium Alberti et Theodiri rex Henricus liberas fieri electiones vacantium ecclesiarum concessit", und ebenso Roger de Wendower chron. a. 1173 ed. Coxe. London 1841. 2, 370, so kann, falls diese Nachricht begründet ist, darin nur ein Verzicht auf eine einseitige Ernennung, nicht auf jede Betheiligung des Königs bei der Wahl verstanden werden. Eine Wahlfreiheit der letzteren Art hat Heinrich II. jedenfalls thatsächlich nicht gestattet, s. die vor. und die nachfolgende Note.

2 Auf dem Koncil zu Woodstock 1175 sind die Stühle von Norwich und Lincoln unter wesentlicher Mitwirkung des Königs besetzt worden, Mansi 21, 145; des Konsenses seines Vertreters, des Grossjustitiars, erwähnt Roger de Wendower a. 1173 l. c. 2, 370. Auch in der Normandie hat Heinrich II. die Bisthümer selbst vergeben oder doch nur ihm genehme Wahlen anerkannt, dipl. a. 1183, Bessin conc. prov. Rotomag. Rotomag. 1717. 2, 33: „capitulum elegit Robertum de Novoburgo. Rex . . . noluit sustinere hoc et elegit Galterum de Constantiis . . . Capitulum vero pro posse suo contradixit. Tandem canonici videntes regem turbatum, interrogaverunt eum, utrum hoc vellet fieri de iure regio vel precibus. Rex vero dixit: *volo et precor*, ut ita fiat. Capitulum vero acquiescens voluntati regis, receperunt Galterum . . . et eum constituerunt archiepiscopum"; Bened. Petroburg. a. 1181 b. Bouquet recueil 17, 448. Die Berichte, welche schlechthin v. electiones von Bischöfen berichten, s. z. B. Matth. Par. hist. min. a. 1173. 1183, l. c. 1, 374. 426 widersprechen dem nicht, denn das eligere wird bei den englischen Chronisten auch geradezu von der königlichen Ernennung gebraucht, s. S. 584. n. 4, und wo diese Annahme ausgeschlossen ist, vgl. z. B. Roger de Wendower a. 1192. 1194 l. c. 3, 54. 83, ist nach allem Mitgetheilten mindestens die Einholung der königlichen Zustimmung wahrscheinlich.

3 Matth. Par. a. 1189, l. c. 2, 10: „Rex . . . apud Pipwelle archiepiscoporum et episcoporum et aliorum magnatum suorum fretus consilio benigne concessit Gaufrido fratri suo archiepiscopatum Eboracensem, Godefrido de Lusy episcopatum Wintoniensem, Ricardo . . . Londoniensem, Huberto . . . Sarisberiensem, Willelmo de Longocampo Elyensem. Qui rite electi in episcopos consecrantur", und Mansi 21, 588. Demnach ist wohl noch eine freilich nur formelle Nachwahl unter Zuziehung des betheiligten Klerus der einzelnen Diöcesen erfolgt.

4 Innoc. III. ep. ad Joann. reg. 1203, ed. Migne 1, 1176, Bouquet 19, 424: „In celebrandis . . . electionibus indebitam tibi vindicans potestatem et proventus ecclesiarum tuis usibus applicas, electiones niteris impedire illosque tandem ad quos spectat electio illicita vexatione compellis, ut eligant iuxta tui arbitrii voluntatem, sicut de Lincolniensi ecclesia fecisse dignosceris, in qua electionem fieri non permittis, ut redditus eius qui magni sunt, in tuis valeas manibus diutius detinere; ac de canonicis Sagiensis ecclesiae, quorum bona per servientes tuos occupari fecisti . . . quoniam in electione celebranda iuxta mandatum tuum minime processerunt" . . . Vgl. ferner Matth. Par. chron. mai. a. 1204, l. c. 2, 489 u. hist. min. a. 1204 l. c. 1, 102.

5 Die Mönche hatten, um die Suffraganbischöfe von der Wahl auszuschliessen, trotz des vorgängigen Protestes derselben eiligst ohne deren Vorwissen und Genehmigung den Subprior Reginald gewählt und diesen zur Einholung der päpstlichen Bestätigung nach Rom geschickt. Als die Bi-

Innocenz III. diese Gelegenheit, um dem König gegenüber die Machtfülle des päpstlichen Stuhles geltend zu machen. Unter Verwerfung der beiden streitenden Kandidaten[1] und unter Nichtachtung der königlichen Rechte[2] ernannte er den dem König feindlich gesinnten Kardinal Stephan Langton zum Erzbischof, indem er ihn von den in Rom anwesenden Mönchen von Canterbury wählen liess[3], und ertheilte ihm auch, trotz der mangelnden Zustimmung Johanns, die bischöfliche Konsekration[4]. In dem in Folge dessen entbrennenden Kampfe trieb Johann durch unkluge Gewaltmassregeln die englischen Prälaten auf die Seite des Papstes[5] und musste schliesslich, nachdem der Papst das Interdikt über England verkündet und dem König Philipp August von Frankreich Aussichten auf den englischen Thron eröffnet hatte, schimpflich nachgeben[6]. Er versprach 1213 vor Allem, das britische Reich vom päpstlichen Stuhle gegen einen jährlichen Tribut von 1000 Pfund Sterling zu Lehn zu tragen[7]. Hinsichtlich der Besetzung der damals vakanten Bischofsstühle erhielt der päpstliche Legat die Ermächtigung, dieselben nach seinem Ermessen unter Zustimmung des Königs durch Wahl der Kapitel besetzen zu lassen[8]. Beide, der Legat und der König, schalteten nunmehr nach Belieben mit den Bisthümern[9], und die von den englischen Bischöfen deswegen erhobenen Appellationen wurden in Rom nicht beachtet[10]. Im Jahre 1215 suchte Johann, bei der sich steigernden allgemeinen Unzufriedenheit des Adels und der Geistlichkeit über sein Verhalten gegenüber dem Papst, die letztere dadurch zu beschwichtigen, dass er die Freiheit der Prälatenwahlen nach vorher bei ihm eingeholter Erlaubniss und bei Verweigerung der letzteren auch ohne eine solche zugestand[11], und sich zu der erfolgten Wahl seine nur aus gerechtfertigten Gründen zu versagende Genehmigung vorbehielt[12], ein Zugeständniss, das in der

schöfe demnächst nach Rom appellirt hatten, kassirten die Mönche, um den König zu besänftigen, ihre frühere Wahl und wählten den ihnen vom König auf ihre Bitte als genehm bezeichneten Kandidaten, Johann Gray Bischof von Norwich, indem die Bischöfe sich für dieses Mal der Ausübung des Wahlrechtes begaben; Matth. Par. chron. mai. a. 1205 l. c. 2, 492 ff.; hist. min. l. c. 1, 104 ff.; ep. Innoc. III. ad prior. Cant. IX. 34 v. 1206, Migne 2, 834; Sugenheim S. 225 ff.; Hefele 5, 725.

1 ep. ad prior. Cant. u. ad reg. Angl. a. 1206, IX. 205. 206, l. c. 2, 1043. 1044; Matth. Par. hist. min. a. 1207, l. c. 1, 110, indem er den Suffraganbischöfen das Recht zur Theilnahme an der Wahl absprach.

2 ep. X. 206 cit.: „Licet autem in electionibus praesulum, quae apud sedem apostolicam celebrantur, non consueverit saecularis principis expectari consensus".

3 S. Note 1.

4 Innoc. ep. X. 113 l. c. p. 1209; Sugenheim S. 227.

5 Matth. Par. hist. min. a. 1207. 1208, l. c. 1, 112. 114 ff.; Sugenheim S. 227 ff.

6 Hurter, Gesch. Innocenz' III. 2, 483 ff.; Hefele 5, 728.

7 Matth. Par. chron. mai. a. 1213, l. c. 2, 544 ff.

8 Ep. Innoc. III. v. 1213. XVI. 138, ed. Migne 3, 928, Matth. Par. l. c. p. 570: „quatenus episcopatus et abbatias Angliae nunc vacantes facias cum tuo consilio de personis idoneis per electionem vel postulationem canonicam ordinari, quae non solum vita et scientia sint praeclarae, verum etiam regi fideles et regno utiles necnon ad consilium et auxilium efficaces et assensu regio requisito. Cum ergo vacantium ecclesiarum capitulis nostris demus litteris in praeceptis ut tuo consilio adquiescant . . .".

9 Matth. Par. hist. min. a. 1213 l. c. 2, 146: „Legatus . . . accepto tali mandato, facto de rege tiranno, spreto archiepiscopi et episcoporum consilio cum clericis regis et ministris ad vacantes accedens ecclesias secus quam deceret eas de minus idoneis personis ad libitum ordinare praesumpsit, multa multis iniuriosa inferens gravamina".

10 Matth. Par. l. c.; Hefele 5, 729.

11 Hefele 5, 729; Hurter 2, 601.

12 Charta Joann. a. 1215, Matth. Par. chron. mai. l. c. 2, 609, statutes of the realm 1, 5: „de caetero in universis et singulis ecclesiis et monasteriis, cathedralibus et conventualibus totius regni Angliae liberae sint in perpetuum electiones quorumcumque praelatorum, maiorum et minorum, salva nobis et haeredibus nostris custodia ecclesiarum et monasteriorum vacantium quae ad nos pertinent. Promittimus etiam quod nec impediemus . . . quin . . . quemcumque voluerint libere sibi praeficient electores pastorem, petita tamen a nobis prius et haeredibus nostris licentia eligendi, quam non denegabimus nec differemus. Et si forte assit, quod denegaremus vel differemus, nihilominus procedant electores ad electionem canonicam faciendam. Et similiter post cele-

Magna charta von demselben Jahre wiederholt wurde[1], aber an den sonstigen, namentlich lehnsrechtlichen Verhältnissen der Bischöfe nichts änderte[2]. Seitdem trat zwar die entscheidende Mitwirkung der letzteren bei der Besetzung der Bisthümer zurück, und diese erfolgte nunmehr nach vorgängig ertheilter Erlaubniss des Königs[3] durch die Wahl der Domkapitel oder der von alter Zeit her bei den Kathedralkirchen bestehenden Mönchskonvente[4], aber weder unter Johann selbst noch unter seinen Nachfolgern war von einer wirklichen Freiheit der Wahlen die Rede. Die Nothwendigkeit der Einholung des königlichen Konsenses zur Vornahme derselben und der Genehmigung des gewählten Kandidaten[5] wurde von den Königen benutzt, die ihnen genehmen Kandidaten den Wählern aufzudrängen[6], ja erstere fanden mit ihren etwaigen Appellationen nicht einmal in Rom Gehör, weil England hauptsächlich die pekuniären Mittel zur Bekämpfung der Hohenstaufen lieferte und auch später während des 14. Jahrhunderts bedeutende Summen für die Kurie aufbrachte, vielmehr leisteten die Päpste selbst wiederholt durch Kassationen von Wahlen und Anordnung neuer[7] oder durch Ernennung der von den Königen gewünschten Personen[8] der Beeinträchtigung der Wahlfreiheit Vorschub[9]. Gerade dieses Verfahren erleichterte es den Päpsten,

bratam electionem noster requiratur assensus quem non denegabimus, nisi aliquid rationale proposuerimus et legitime probaverimus, propter quod non debemus consentire". Die päpstliche Bestätigung bei Matth. Par. l. c. 607 in ep. Innoc. III. 207, bei Migne 4, 146.

1 Matth. Par. chron. mai. a. 1215, l. c. 2, 590. 591 u. Rymer foedera. London 1816. I. 1, 131 ff.

2 Honorii III. ep. ad episc. Pictav. v. 1222, Rymer I. 1, 169: „regem, cuius homo ligius esse debes"; ibid. II. 2, 750; Friedberg diss. de fin. reg. etc. p. 173. n. 5.

Hinsichtlich des Regalienrechts wurde in der Magna charta — ähnlich schon von Heinrich I. in der charta v. 1100, statutes of the realm 1, 1 — die Zusicherung ertheilt, dass die Custodie der vakanten Bisthümer nicht verkauft werden sollte.

3 Matth. Par. hist. min. a. 1215. 1226. 1228, l. c. 2, 166. 286. 302; Thom. Walsingham hist. brev. a. 1320. 1374 in Camden, Anglica, Normannica etc. Francof. 1603. p. 112. 188; dipl. Eduard III. v. 1374 bei Rymer III. 2, 995: „Vacante nuper ecclesia cathedrali b. Petri Eborac. . . . capitulum . . . Alexandrum de Neville . . . petita prius a nobis licentia eligendi, prout moris est, et obtenta, elegerunt in suum archiepiscopum nobisque cum instantia supplicarunt, ut huiusmodi electioni suae assensum regium praebere curemus".

4 Es wählen z. B. die Kanoniker in York, London, Lincoln und Salisbury, Matth. Par. hist. min. a. 1215. 1228. 1235, l. c. 2, 166. 305. 376, chron. mai. a. 1228 l. c. 3, 145. 164; s. auch vorige Note a. E.; die Mönche in Canterbury, Durham, Ely, Rochester, Norwich, Winchester und Worcester, Matth. Par. hist. min. a. 1227. 1228. 1231. 1232. 1233. 1235. 1238. 1239. 1241. 1250, l. c. 2, 286. 302. 305. 337. 340. 345. 355. 356. 377. 412. 420. 448; 3, 86. 87; chron. mai. a. 1228. 1237, l. c. 3, 164. 388; Thom. Walsingham a. 1313. 1320. 1374, l. c. p. 103. 112. 188; in Coventry-Lichfield nach päpstlicher Entscheidung alternativ die Mönche und Kanoniker unter steter Theilnahme des Mönchs-Priors von Coventry, Matth. Par. hist. min. a. 1228, 2, 300 u. chron. mai. a. 1239, 3, 525. 531. 541. Sehr selten wird bei der Wahl der Acclamation des sonstigen clerus et populus erwähnt, l. c. p. 541.

5 Präsentationen des Gewählten an den König erwähnt bei Matth. Par. hist. min. a. 1231. 1232. 1243, l. c. 2, 337. 340. 345. 469. 473; chron. mai a. 1228, l. c. 3, 164, Bestätigung u. Belehnung ibid. u. a. 1238, 3, 388; hist. min. a. 1228. 1240. 1249, l. c. 2, 305. 429; 3, 60; Matth. Par. abbrev. chron. a. 1253 ed. Madden 3, 331, vgl. auch Note 3 a. E. Bei Annahme der Wahl ohne seinen Konsens hat der König mitunter sogar das Vermögen des Bischofs konfiscirt, Matth. Par. hist. min. a. 1245, l. c. 2, 505.

6 Matth. Par. l. c. a. 1223. 1241. 1250, 2, 255. 448; 3, 86; Thom. Walsingham a. 1400, l. c. p. 364. Fügten sich die Wahlberechtigten dem königlichen Willen nicht, so wurden auch öfters Gewaltmassregeln gegen sie verhängt, l. c. a. 1238. 1241, 2, 410. 449. 445; chron. mai. a. 1238, 3, 493 ff.; Thom. Walsingham a. 1374 l. c. p. 188. Ja selbst einseitige königliche Besetzungen sind vorgekommen, s. den Geheimenrathsbefehl v. 1426 in den Proceedings und Ordonnances of the privy council of England. London 1834. 3, 180 über die Besetzung von 6 Bisthümern.

7 So schon unter Johann, Matth. Par. chron. mai. a. 1215, l. c. 2, 629 u. ep. Innoc. III. ad cap. Ebor. ibid.; über die Zeit Heinrichs III. vgl. ibid. a. 1226, 3, 113; hist. min. a. 1226. 1228. 1239, 2, 286. 301. 417. 448.

8 Matth. Par. hist. min. a. 1228. 1229, 2, 302. 310; chron. mai. a. 1229, 3, 171; Thom. Walsingham a. 1313. 1333. 1395, l. c. p. 103. 133. 352.

9 Ging doch Gregor IX., ep. a. 1239 bei Rymer I. 1, 238 so weit, den Kapiteln die Wahl von dem König nicht genehmen Personen zu untersagen.

auch in England das schon seit dem 12. Jahrhundert bei der Besetzung der Bischofsstühle in Anspruch genommene Prüfungsrecht der Wahlen [1] und das Recht der Konfirmation der Erzbischöfe [2], sowie das seit dem 13. Jahrhundert geübte Devolutionsrecht bei Vakanzfällen in Folge von Resignationen [3], Translationen [4] und Postulationen [5], endlich auch das Reservationsrecht hinsichtlich der Bisthümer [6] zur Geltung zu bringen.

Thatsächlich entschieden demnach bis zur Reformation trotz der zugesicherten Wahlfreiheit über die Besetzung der englischen Bisthümer in erster Linie der König und dann der Papst [7], welcher, wenngleich er vielfach seine Machtbefugnisse nach den Wünschen des ersteren ausübte, doch dabei auch mitunter wider den Willen desselben handelte [8]. Nicht minder wurde das Regalienrecht oder die Custodie der Bisthümer entgegen den in der Magna charta gegebenen Zugeständnissen zur rücksichtslosesten Aussaugung und zum finanziellen Ruin derselben seitens der Könige ausgeübt [9].

Die wiederholten Forderungen der englischen Geistlichkeit auf Abstellung dieser Missbräuche [10], namentlich auf Durchführung der Wahlfreiheit [11], blieben völlig

1 So bei Appellation des Gewählten wegen verweigerter Konfirmation des Erzbischofs, Matth. Par. hist. min. a. 1235. 1238. 2, 377. 406.

2 L. c. 1232. 1233. 1243, 2, 340. 341. 345. 355. 472; Thom. Walsingham a. 1280. 1295, l. c. p. 49. 62.

3 Matth. Par. hist. min. a. 1221, 2, 248.

4 Ibid. a. 1228. 1231, 2, 300. 337 (im letzten Fall Kassation trotzdem, dass der König schon die Belehnung ertheilt hatte), Thom. Walsingham a. 1333. 1407, l. c. p. 133. 376 (auf Wunsch des Königs), a. 1333 p. 133 (auf Bitten des Königs von Frankreich gegen den Willen des Königs von England), a. 1368. p. 183.

5 Matth. Par. hist. min. a. 1250, 3, 86. 107.

6 Thom. Walsingham a. 1295. 1313. 1320. 1329. 1333. 1389. 1395, p. 62. 103. 119. 130. 133. 336. 352.

7 Matth. Par. hist. min. a. 1222, 2, 231 (Besetzung durch den päpstlichen Legaten), a. 1237, 2, 473 (Zulassung der Versetzung eines Bischofs wider Willen des Königs), chron. mai. a. 1237, 3, 388 (Bestätigung und Konsekration eines einfachen Bischofs durch den Papst), s. auch Note 4 und 6.

8 Vgl. die vor. Note.

9 Matth. Par. hist. min. a. 1239, 2, 416: „tenuit idem rex curiam suam apud Wintoniam . . . Episcopatus enim Wintoniae, quem in manu sua tenuit, licet indecens hoc fuisset, omnia ei abundanter ministravit"; a. 1249, 3, 44: „rex episcopatum (Dunelmensem) in manus suas ilico suscepit et ab omnibus ipsius episcopatus hominibus magnam cepit pecuniam"; Merton. conc. a. 1258, Mansi 23, 981; Lambeth. a. 1261, ibid. p. 1069: „Accidit etiam aliquando, quod . . . rege vel alio magnate ecclesiarum cathedralium vel conventualium de regni consuetudine custodiam exercente, cum . . . tantummodo rationabiles exitus capere debeat et rationabiles consuetudines ac rationabilia servitia talis custos, et hoc sine destructione, dissipatione et vasto rerum et hominum: ballivi tamen regis vel magnatis tutelam sive custodiam exercentes praeter tallagia immoderata quae imponunt hominibus et tenentibus ecclesiarum vacantium minus iuste, bona mobilia et immobilia plerumque hominum et tenentium . . . sic vacantis ecclesiae in tali custodia seu cruciatu potius constitutae, consumunt prodigaliter et dirimunt violenter; parcos, nemora et vivaria destruentes et domos, habitationes et grangias ceteraque aedificia quae sustineri deberent in bono statu, ex negligentia vel malitia dissipari et ruere permittentes, bona dilapidant, pauperes et alios male tractant, non solum ad ea quae ratione custodiae obtinere consueverant, manus extendunt, sed etiam ad bona superstitum et ad ea de quibus conventus ecclesiarum ipsarum sustentari deberet et ad ea etiam quae ratione baroniae ad dominum regem vel magnates alios vel ad eorum administrationem seu dispositionem, cum sint spiritualia vel annexa spiritualibus, pertinere non possunt, utpote ad decimas, oblationes altaris, episcopatibus seu monasteriis appropriatas et ad similia quae profanis usibus applicari non debent". Im Jahre 1425 wurde die custodia des Erzbisthums York an zwei weltliche Herren für jährlich 2000 Mark Silber verpachtet, Proceedings and ordonnances of the privy conncil of England 3, 166, vgl. auch Sugenheim S. 302 ff.

10 S. vorige Note, und die Beschlüsse der Versammlungen zu Merton 1258 und Lambeth 1261, Mansi 23, 775. 1059.

11 Auf der Synode von London 1257, Mansi 23, 955, werden als abzustellende Missbräuche bezeichnet art. 3: „Item cum electiones in ecclesiis cathedralibus seu conventualibus debeant esse liberae, tot et tales preces regales interveniunt, quibus electores perterriti saepius divinae humanam proferunt voluntatem"; art. 4: „Item celebratis electionibus et praesentatis regi electis interdum differt adhibere consensum electo et electioni absque causa rationabili se opponens, ut sic electi per timorem cedere vel electores precibus regis et voluntati acquiescere compellantur", gravamina cleri von 1309, Wilkins, conc.

erfolglos, da die Päpste[1], ebenso wie die Könige unter den obwaltenden Verhältnissen ein grösseres Interesse an der Aufrechterhaltung des bestehenden Zustandes, als an der Beseitigung desselben hatten[2].

Magnae Britanniae 2, 317; art. praelat. Angl. obl. Eduardo II. v. 1316. c. 14, Mansi 25, 565: „Item si vacet aliqua dignitas ubi electio est facienda: petitur quod electores libere possint eligere absque incussione timoris a quacunque potestate saeculari; quod cessent preces et oppressiones in hac parte. Responsio: Fiant libere iuxta formam statutorum et ordinationum"; Thom. Walsingham a. 1373, l. c. p. 187: „Hoc anno in parliamento erat decretum, quod ecclesiae cathedrales suis gauderent electionibus et quod rex de cetero contra electos non scriberet, sed per literas suas ad eorum confirmationem iuvaret, sed tamen hoc statutum in nullo profecit".

1 Die Bitte der englischen Prälaten um Bestätigung der Beschlüsse von Merton und Lambeth (S. 590. n. 10) schlug Urban IV. ab, ep. ad Henr. III. reg. v. 1263 bei Rymer I. 1. 424: „procuratore tuo apud sedem apostolicam se super hiis tuo nomine opponente ac asserente quod eadem statuta tibi et iuri tuo praeiudicialiter videbantur, nos ipsa coram nobis fecimus exhiberi; quae licet ex forma viderentur honestatem et iustitiam continere, tamen celsitudini tuae deferre volentes illa distulimus confirmare".

2 Was Schottland und Irland betrifft, so war im erstgedachten Lande zwar die alte kanonische Ordnung der Bischofswahl durch Klerus und Volk zur Geltung gekommen, indessen übten auch hier die Könige einen massgebenden Einfluss durch Bestimmung des Kandidaten, Eadmer, hist. nov. lib. IV, Migne, patr. 159, 474: „electus est (1109) ab Alexandro rege Scotiae et clero et populo . . . Turgodus ad episcopatum s. Andreae", und das Belehnungsrecht aus. Um den Investitur-Verboten nicht direkt entgegenzutreten, wurde bei der Verleihung der Bisthümer der Bischofsstab auf den Altar gelegt und seitens des neuen Bischofs von diesem in Gegenwart des Königs an sich genommen, l. c. lib. V. p. 511. Ja, König Wilhelm der Löwe, setzte sogar trotz der Wahl des Johannes Scot durch das Domkapitel i. J. 1178 seinen Kaplan Hugo zum Bischof ein und nöthigte die Provinzial-Bischöfe diesen zu konsekriren, Roger de Hoveden ann. Angl. a. 1180, ed. Stubbs. Lond. 1868. 2, 208 ff. Alle Massregeln Alexanders III. zum Schutze des vom Domkapitel erwählten und nachher auch konsekrirten Kandidaten, selbst die Verhängung des Interdikts über Schottland, vgl. ep. Alex. III. ad episc. Scot. u. ad reg. Wilhelm. v. 1180, Mansi 21, 912—914, waren erfolglos, Reuter, Gesch. Alexanders III. 3, 485 ff., und erst unter Lucius III. endete der Streit damit, dass der königliche Kandidat das Bisthum behielt, vgl. Staudenmaier S. 251, überhaupt Sugenheim S. 218. Ebenso wie die englischen Könige haben auch die schottischen das Regalienrecht geübt, Sugenheim S. 308.

In Irland entschied bei der Besetzung der Bisthümer ebenfalls der König in Gemeinschaft mit dem Klerus und Volk, Eadmer l. c. lib. II., Migne 159, 393 (Besetzung von Dublin 1096), mitunter auch unter Zuziehung anderer Bischöfe, l. c. p. 395 (Besetzung des neu errichteten Bisthums Waterford 1096). Bei der Wahl des Erzbischofs war die Zuziehung der Suffraganen üblich, ep. Innoc. III. ad archiep. Cashel. a. 1210, reg. XIII. 48, Migne 3, 235: „nullus ad eandem ecclesiam in archiepiscopum eligatur, nisi quem suffraganei episcopi et canonici eiusdem ecclesiae vel maior pars consilii sanioris, sicut est hactenus observatum, . . . providerint eligendum". Die Beschränkung der Wahlberechtigung auf die Kapitel hat schon Innocenz III. (s. vorher) erstrebt.

In den skandinavischen Reichen stand die Besetzung der bischöflichen Stühle von der Zeit ab, wo die Umbildung der dortigen kirchlichen Einrichtungen aus dem Missionszustande in die regelmässige Organisation vor sich ging, bis zur völligen Durchführung derselben, d. h. während des 11. und bis in das 12. Jahrhundert hinein, wesentlich in der Hand der Könige, da diese die neu errichteten Bisthümer gegründet und dotirt hatten. In Dänemark und in Schweden war das königliche Ernennungsrecht in Geltung, chron. Ripens. Langebek, ss. rer. Danic. Havn. 1772 ff. 7, 192: „Antiquis temporibus erant electiones episcoporum apud regem"; anonym. Roskild. chron. l. c. 1, 380. 383. a. 1124 u. 1134; Münter, Kirchengesch. von Dänemark u. Norwegen. Leipzig 1831. II. 1, 1 ff. 61. 265. 275. 288; Dalin, Gesch. des Reiches Schweden, übers. v. Dähnert 2, 15. Die Uebertragung des Bisthums erfolgte durch Uebergabe des Ringes und Stabes, Münter S. 84, Dalin a. a. O., die nachher cit. ep. Honor. III. 1220, wobei die Bischöfe dem König den Lehnseid und Treueid zu leisten hatten (dies ergiebt sogar noch für die spätere Zeit, ep. Urban. IV. ad Jacob. archiep. Lund. v. 1264; Liljegren, Svenskt diplomat. Stockholm. 1829 ff. 1, 418; Langebek 5, 610: „Cristofero regi Daniae secundum morem et consuetudinem regni sui ligium homagium feceris"; dipl. Eric. reg. a. 1306, Langebek 6, 401: „cum idem episcopus homagium nobis fecerat et fidelitatis praestiterat iuramentum"). Bei der Bestimmung des Kandidaten konkurrirte wohl auch, wie dies für Norwegen nachweisbar ist, vgl. Zorn, Staat und Kirche in Norwegen. München 1875. S. 30 ff., das Volk, s. Adam. Brem. g. episc. Hammaburg. IV. 33, SS. 7, 383: „Inter Nortmannos et Sueones . . . adhuc nulli episcopatus certo sunt limite designati, sed unusquisque episcoporum a rege vel (= et) populo assumptus, communiter edificant ecclesiam", vor Allem aber die weltlichen Grossen des Reiches, Alex. III. ep. ad Colon. Lingacop. ep. a. 1171 o. 1172, Mansi 21, 939: „clerus et populus eiusdem loci de assensu . . . archiepiscopi et regis atque ducis terrae, te in . . . episcopum suum unanimiter et concorditer elegerunt"; Honor. III. ep. ad reg. Suec. v. 1220, Liljegren 1, 209: „tacti sumus dolore cordis intrinsecus, quod . . .

III. Für Italien, soweit dessen Gebiete innerhalb der deutschen Machtsphäre belegen waren, hatte das Wormser Konkordat die Mitwirkung des Kaisers bei der

tu et principes et magnates tui ... quoties ecclesiam cathedralem vacare contingit ... capitulum, ad quod electio pertinet successoris, ad electionem procedere non sinentes, contra canonicas sanctiones quem vultis, intruditis in ecclesiam viduatam dando intruso annulum et baculum pastoralem"; Innoc. IV. ep. ad archiep. Upsal. v. 1250, l. c. 1, 348: „cum dudum in regno Suetie quedam consuetudo que corruptela dicenda est verius, inolevit, vid. ut cathedralibus ecclesiis ipsius regni non preficerentur aliqui nisi quos in eis institui vel destitui potius per secularis potestatis potentiam regis scil. et baronum nec non ad clamorem tumultuantis populi regni praedicti ... contingebat". In Island wurde die Wahl von der Landgemeinde vorgenommen und zwar unter entscheidender Betheiligung des überlebenden der beiden Bischöfe der Insel, Zorn a. a. O. S. 34.

Es war natürlich, dass bei den Anschauungen, welche im 12. Jahrhundert über das Verhältniss der weltlichen Macht zur geistlichen in Rom massgebend waren, und welche immer weitere Verbreitung unter dem Klerus der einzelnen Länder fanden, auch in den nordischen Ländern der Versuch gemacht wurde, das kanonische Recht in Betreff der Bischofswahlen zur Geltung zu bringen und den königlichen Einfluss dabei zu beseitigen.

In Dänemark (einschliesslich Schonens) erlangten in Folge dieser Strömung die inzwischen gebildeten Domkapitel und einzelne Mönchskonvente an den Kathedralen (z. B. das in Odense) etwa seit Mitte des 12. Jahrhunderts das Wahlrecht, im Wesentlichen offenbar in Folge der Konnivenz der Könige, daneben auch durch besondere, mitunter erkaufte königliche Genehmigung, chron. Ripens. a. 1171 bei Langebek 7, 189 oder zufolge Privilegs, so Odense 1140, Langebek 7, 219; Pontoppidan, annales eccles. Danic. Copenhagen. 1741 ff. 1, 364 (Bestätigung dieses Privilegs durch Alexander IV. 1255 bei Suhm, historie af Danemark. Kiöbenhavn 1782 ff. 10, 271 und durch König Erich Glipping 1286 bei Langebek 1, 294; 7, 225). Wenngleich die bei der Wahl zunächst stattfindende Konkurrenz des übrigen Klerus und des Volkes der Bischofsstadt, anonym. Roskild. chron. bei Langebek 1, 386, sehr bald fortgefallen zu sein scheint, so haben sich die Könige doch bis zum 13. Jahrh. ein Zustimmungs- und Mitwirkungsrecht bewahrt, Münter S. 63 ff. 337. 362. Von jener Zeit ab suchte indessen die immer mehr erstarkende Hierarchie diese Befugniss des Königs zu beseitigen, chron. Ripens. a. 1215 bei Langebek 7, 192: „Hic (Tuvo) primus de capitulo fuit electus ad episcopatum sed rege invito", und schon im 13. Jahrhundert erfolgten die Wahlen in vielen Fällen ohne oder geradezu wider Willen des Königs; — so wird dem Erzbischof Jacob Erlandsen von Lund (1253—1274) vom König Christoph I. vorgeworfen, „quod factus est archiepiscopus rege invito; item, quod confirmat electiones episcoporum eo irrequisito et consensu suo non obtento", Langebek 5, 585; ibid. 7, 194 ff., Münter S. 67, ja seit Ende des gedachten Jahrhunderts hört die Betheiligung des Königs fast völlig auf. Allerdings hat nachmals Christian I. 1454 die Zusicherung des Papstes erhalten, dass ohne seine Genehmigung Niemand von der Kurie zum Bischof oder Erzbischof konfirmirt, und Christian II. 1514 eine dahin gehende, dass das Erzbisthum Lund nicht wider seinen Willen besetzt werden sollte, Werlauff, tre Afhandlinger til Christian I historie. Kjövenh. 1819. p. 45; Pontoppidan l. c. 2, 744.

Auch in Norwegen gelangte die Kapitelswahl seit der Mitte des 12. Jahrh. zur Geltung, vielleicht in Folge ausdrücklicher Bewilligung des Königs aus Anlass der durch den päpstlichen Legaten, Kardinal Nikolaus von Albano bewirkten Organisation des Erzbisthums Nidaros (Drontheim), Zorn a. a. O. S. 93, jedoch blieb daneben ein Genehmigungs- oder Ausschliessungsrecht des Königs bestehen. Trotz der Machtstellung, welche die Kirche und die hierarchische Partei durch die Zugeständnisse im Jahre 1164 bei der Krönung Königs Magnus Erlingsen erlangt hatte, gelang es dem energischen Prätendenten und nachmaligen König Sverrir (1177—1202), die auf Beseitigung der königlichen Exklusive gerichteten Versuche eines Theils der höheren Geistlichkeit und des Papstes, vgl. ep. Erici archiep. pr. 1190 u. 1192 in v. Lange och Unger, diplomatar. Norweg. Christiania 1847 ff. 6, 5 u. ep. Coelest. III. v. 1194. ibid. 2, 2; Zorn S. 137 ff. 141 ff., zu vereiteln, Zorn S. 129. 130. 138. 147. Auch seine Nachfolger bis auf Magnus Lagabaetir (Gesetzverbesserer 1263—1280) haben dieselbe noch geübt, a. a. O. S. 150. 159. 176. 190. 192. Erst der letztere unterliess bei seiner allgemeinen Nachgiebigkeit gegenüber den Forderungen der Kirche die Geltendmachung jenes Rechtes, a. a. O. S. 199. 200, ja 1273 verzichtete er sogar in dem Konkordate von Bergen auf jeden Einfluss bei der Besetzung der Bischofsstühle, Keyser och Munch, Norges gamle love Christiania 1845 ff. 2, 459: „item quod in electionibus episcoporum vel abbatum Nidrosiensis provincie nulla vis, nulla potentia, nulla auctoritas regis vel principis interveniat nec favore ipsorum quisquam officium ecclesiasticae prelationis obtineat". Nachdem indessen die Ausführung des Konkordates wegen der sonstigen vom Papste verlangten Zugeständnisse nicht zu Stande gekommen war, Zorn S. 218 ff. und die weitgehen-Forderungen der Kurie dem König die Augen geöffnet hatten, behielt sich derselbe in dem 1277 mit dem Erzbischof Jon von Nidaros zu Tunsberg abgeschlossenen Konkordate das Recht vor, dass ihm jede erfolgte Wahl vor der Konfirmation angezeigt werde und vor der letzteren der Gewählte sich ihm persönlich vorzustellen habe, Keyser och Munch l. c. 2, 464: „denunciantes ante confirmationem electionem factam domino regi ... per canonicos eiusdem ecclesie vel decens nuncium et honestum, nisi presens fuerit (scil. rex) vel in via per quam fuerit ad confirmacionem transiturus (scil. electus), ut tunc prout mo-

Besetzung der Bisthümer ausgeschlossen, und die Befugnisse desselben auf die Investitur mit den Regalien nach erfolgter Konsekration des Gewählten beschränkt (s. o. S. 559). Dieses Recht ist zwar noch von den Kaisern im 12. und den folgenden Jahrhunderten für einzelne Bisthümer der Lombardei [1], der Romagna und Aemilia [2], der Mark Ancona und Tuscien [3] geübt worden, aber es ist hier in Folge des Umstandes, dass die aufstrebenden städtischen Communen den Bischöfen die Hoheitsrechte mehr und mehr entwanden, immer bedeutungsloser geworden [4].

Die Besetzung der Bisthümer selbst erfolgte seit dem Konkordate durch Wahl [5], auf welche der Kaiser bei günstiger Lage der Verhältnisse höchstens faktisch ein-

ris est, regio aspectui personaliter se presentet", um die Möglichkeit zu haben, eine missliebige Wahl vor erfolgter Konfirmation rückgängig zu machen, Zorn S. 225. Schon der Nachfolger Königs Magnus' Erich hielt sich aber nicht mehr an das Konkordat, und griff auf das vor den Konkordaten geltende Staatsrecht zurück, Zorn S. 242 ff. Wenngleich trotzdem thatsächlich nicht in allen Fällen ein Zustimmungsrecht zu den Bischofswahlen ausgeübt worden ist, Münter S. 70, so wurde dasselbe doch principiell noch im 15. Jahrhundert von den Königen in Anspruch genommen, ep. Christian. I. reg. Dan. ad Alfons. reg. Arrag. v. 1456 bei Langebek 8, 368: „Nam s. Olavus rex . . . totum regnum convertit, fundatis et dotatis ex ere regio insigni metropoli et XIII ecclesiis suffraganeis. Quapropter summi pontifices et concilia generalia religiosa pro vicissitudine . . . statuerunt, quod in archiepiscoporum et episcoporum institucionibus et confirmacionibus regis pro tempore, tamquam fundatoris patroni et votum et consensus expectetur per papam: ex eo per maxime, quod omnes ecclesie Noricane ultra dotem priorem feudis regalibus potiantur".

In Schweden blieb im Gegensatz zu den beiden anderen nordischen Reichen trotz aller päpstlichen Remonstrationen (s. die beiden oben S. 591 u. 592 Anm. citirten Schreiben Honorius' III. v. 1220 und Innocenz' IV. v. 1250, von denen das zweite ausser der Einmischung weltlicher Personen auch die Ableistung des Homagiums und Treueides verbietet) das unter Beirath der Grossen geübte königliche Ernennungsrecht der Bischöfe — die päpstliche Ernennung des Bischofs von Westerås 1181 ist auf Wunsch des Königs erfolgt, s. ep. Luc. III. ad Kanut. reg. Liljegren l. c. 1, 117 — bis in das 13. Jahrhundert hinein in Uebung, und als im Laufe desselben die Domkapitel das Wahlrecht erlangt hatten, Dalin a. a. O. 2, 169, hat sowohl der königliche Einfluss, welcher wiederholt bis zur Aufdrängung von Kandidaten ging, wie auch die Einwirkung der weltlichen Grossen fortgedauert, Johan. XXII. pp. ep. ad arch. Lund. a. 1317, Celse, apparatus ad histor. Suev. Gothic. Holm. 1782. p. 106: „Significarunt nobis . . . electus et capitulum Upsal. quod nonnulli nobiles et domini temporales infra regnum Sueciae constituti, cum in cathedralibus et aliis ecclesiis dicti regni vacantibus electiones imminent faciendae, illas per impressionis audaciam et secularis potestatis abusum procurant indebite fieri contra canonicas sanctiones"; chron. vet. episc. Upsal. eccles. bei Benzelius, monum. hist. eccles. Suev.-Goth. p. 21. 41 ff.; Dalin a. a. O. S. 492. 496.

In Island endlich wurden die Bisthümer nach ihrer Einverleibung in den Drontheimer Metropolitanverband seit dem 13. Jahrhundert nur an Norweger vergeben und dadurch dem Erzbischof die Beseitigung der altnationalen Art der Besetzung sowie die Erlangung des Nominationsrechtes für jene bischöflichen Stühle erleichtert, Zorn S. 267, jedoch ist dem Domkapitel zu Nidaros bei der Ausübung desselben, sowie bei der Besetzung der bischöflichen Stühle von Grönland, der Färöer und Hebriden in dem mit dem Erzbischof Joerund abgeschlossenen Vergleich von 1297, v. Lange och Unger, diplomat. Norveg. 3, 44; Thorkelin, diplomat. Magn. Arnaean. Havn. 1786. 2, 193; Zorn S. 261. n. 12, ein Recht der Berathung des Erzbischofs zugestanden worden.

[1] Ficker, Reichsfürstenstand, S. 312 ff.; Ughelli, Italia sacra 5, 305.

[2] Otton. Fris. g. Frid. I. imp. II. 20, SS. 20, 403: „Anshelmus Havelbergensis episcopus . . . Ravennatensem archiepiscopatum per cleri et populi electionem, simul et eiusdem provinciae exarchatum . . . a principe accepit"; Ficker a. a. O. S. 315. Friedrich I. hat übrigens noch den in Ravenna postulirten Wido trotz der Verwerfung der Postulation desselben durch den Papst investirt, dipl. v. 1160 bei Ughelli 2, 371. Vgl. auch o. S. 570.

[3] Ficker a. a. O. S. 317. In Tuscien verliehen früher, d. h. im 11. Jahrhundert, die Markgrafen die Temporalien der Bisthümer.

[4] Ficker, Forschgen z. Reichsgesch. Italiens 2, 265; Bernheim, Wormser Konkordat S. 25.

[5] Bei welcher im 12. Jahrh. meistens noch der Klerus und das Volk, oder wenigstens der erstere mit konkurrirte, s. Note 2; ep. Gelasii II. pp. für Ravenna v. 1118, Mansi 21, 168; Mailand im 12. Jahrh. catal. arch. Mediol., SS. 8, 105 u. Ughelli 3, 141; ep. Eugen. III. v. 1148 für Piacenza, Mansi 21, 665; Ravenna 1159 Otton. Fris. g. Frider. imp. IV. 16, SS. 20, 455; ep. Alex. III. v. 1176 für Alessandria, Ughelli 4, 314; für Verona 1188, l. c. 5, 811; ep. Gregor. VIII. für Bergamo v. 1187, Lupi cod. dipl. Bergam. 2, 1383; 1199 Treviso, Ughelli 5, 535; ep. Innoc. III. v. 1198 für Pavia I. 326, ed. Migne 1, 292; für Ivrea u. Gubbio 1206. IX. 172. 186. l. c. 2, 1004. 1025; 1212 für Brescia reg. XV. 142. l. c. 3, 657; 1213 für Novara XVI. 51. l. c. 3, 854; für Aquileja 1203, Winkelmann, Philipp v. Schwaben 1, 307; für Padua

wirken konnte. Andererseits zeigte sich aber seit dem 12. Jahrhundert ein stets wachsender Einfluss der Päpste. Abgesehen von der Besetzung der Kardinal- und der römischen Suffraganbisthümer [1], sowie der einzelnen hinsichtlich ihrer Temporalien dem päpstlichen Stuhl zugehörigen Bisthümer [2], welche durch den letzteren, bez. die Kardinäle erfolgte, tritt dies in der Bestätigung der Erzbischöfe [3], und selbst bei nicht eximirten Bisthümern in der Konfirmation von Wahlen an Stelle des Erzbischofs [4], sowie in der direkten Besetzung bei Renunciation, Absetzung [5] oder Translation [6] des bisherigen Bischofs oder in Fällen von nicht rechtzeitigen [7] und nicht ordnungsmässigen Wahlen [8] oder endlich bei Wahlen von Unfähigen [9] und zwiespältigen Wahlen [10] hervor.

In dem im südlichen Italien und auf Sizilien gegründeten Reiche der Normannen unterstanden die Bischöfe, ebenso wie in der Normandie und in England, dem Lehnsnexus und wurden thatsächlich durch die Herrscher ernannt [11]. Zwar hatte Roger II. schon 1139 bei dem Friedensschluss mit Innocenz II. die Gestattung freier Wahlen versprochen [12], jedoch keineswegs auf jegliche Betheiligung bei denselben verzichtet [13]. Ein Mitwirkungsrecht musste demnächst auch Hadrian IV. 1156 in dem für ihn ungünstigen Frieden mit Wilhelm I. dem Bösen ausdrücklich anerkennen. Nachdem zwischen beiden geschlossenen Konkordate von Benevent sollte die Besetzung der Bisthümer zwar durch Wahl des Stiftsklerus erfolgen, aber solange ge-

1214, Ughelli 5, 444; dipl. v. 1216 für Pisa, Ughelli 3, 424; ep. Honor. III. v. 1221 für Pola, Ughelli 6, 479; ep. Gregorii IX. v. 1233 für Ventimiglia, Ughelli 4, 303.

1 Schon bezeugt für das 11. Jahrh. von Bonithon. lib. ad amic. V, Jaffé, mon. Gregor. p. 634; für das 12. Jahrh. Baron. ann. a. 1126. n. 9; Ughelli, Ital. sacra 1, 209, für das 13. Jahrh. l. c. 1, 168. 206. Ueber die Bestimmung des Wormser Konkordates hinsichtlich dieser Bisthümer s. o. S. 559. n. 3.

2 ep. Innoc. II. v. 1139 für Ferrara, difesa IIa del dominio tempor. della sede apost. sopra . . . Comacchio. Roma 1711. p. 334: „iuxta tenorem privilegiorum Ferrariensium episcopum (a cardinalibus s. ep. Coelest. III. a. 1143. ibid. p. 337) eligendum et per romanae sedis antistitem consecrandum decrevimus atque Ferrariensem ecclesiam sub iure et dominio apostolicae sedis manere statuimus"; ep. Luc. III. a. 1144, Savioli annal. Bologn. Bassano 1784. I. 2, 203: „episcopum a cardinalibus nostris eligendum et a rom. sedis antistite consecrandum decrevimus atque Ferrar. ecclesiam sub iure et dominio sedis apost. de cetero manere sanximus".

3 Gelas. II. ep. a. 1118 für Ravenna, Mansi 21, 168; c. 3 (Inn. III. 1201) X. de post. I. 5. u. Innoc. III. reg. V. 6 v. 1202, ed. Migne 1, 955.

4 Eugen. III. ad Moys. Ravenn. a. 1148, Mansi 21, 665, für Piacenza, hier freilich noch salvo iure metropolitani. Für das Ende des 12. und des 13. Jahrh. s. Ughelli 5, 536. 811; 4, 547. 548. 712; 5, 190. 300. 446. 841; Annal. Foroi. a. 1287, SS. 19, 203.

5 Ep. Hadriani IV. ad cler. et pop. Placent. v. 1155, Ughelli 2, 216; Mansi 21, 819, wodurch den gerade in Rom anwesenden geistlichen und Laien-Deputirten von Piacenza die Wahl eines Nachfolgers gestattet wird; ep. Innoc. IV. a. 1244, Ughelli 4, 305 für Ventimiglia.

6 ep. Alex. III. v. 1176 für Alessandria und dipl. a. 1180, Ughelli 4, 314. 315; Gregor. X. für Vercelli 1272, l. c. p. 798.

7 Innoc. IV. ep. v. 1252 für Mantua, Ughelli 1, 867; ep. Innoc. IV. v. 1251 für Bergamo, Ughelli 4, 475.

8 In Mailand unter Innoc. III. 1213, Ughelli 4, 177; Cremona 1217, l. c. p. 606; Como 1227, Ughelli 5, 300; Vicenza 1271. l. c. p. 1053.

9 Ravenna 1159, Otton. Fris. g. Frider. IV. 17, SS. 20, 455; Innoc. III. v. 1213 für Novara XVI. 52, ed. Migne 3, 834.

10 ep. Innoc. IV. v. 1250 für Cremona, Ughelli 4, 607; Honor. IV. v. 1286, für Florenz Ughelli 3, 128.

11 dipl. comit. Roger. I. a. 1091, Pirri Sicilia sacra, ed. Mongitore, Panorm. 1733. 1, 520: „per diversa Siciliae loca idonea ecclesias aedificavi iussu summi pontificis apostolici et episcopos ibidem collocavi, ipso eodemque Romanae sedis apostolico et laudante et concedente et ipsos episcopos consecrante"; ibid. 1, CVI; hist. pontif. c. 32, SS. 20, 538: „Rex (Roger II.) . . . nec alicubi patiebatur electiones libere celebrari, sed prenominabat quem eligi oporteret et ita de officiis ecclesiasticis, sicut de palatii sui muneribus disponebat"; Petri Blesensis de instit. episc., opp. Paris. 1667. p. 451.

12 Hist. pont. c. 32, SS. 20, 538.

13 Die in der vor. Note citirte Quelle sagt darüber nichts, nach Lage der Verhältnisse ist es aber durchaus unwahrscheinlich, dass Roger II., welcher den Papst gefangen hatte, Sentis, die Monarchia Sicula. Freiburg 1869. S. 76, jedes königliche Recht bei der Besetzung der Bischofsstühle aufgegeben haben sollte.

heim gehalten werden, bis die Zustimmung des Königs in Betreff der designirten Person eingeholt war [1], und erst nach Ertheilung derselben die Konsekration des Gewählten seitens des römischen Stuhles statthaben [2]. Die Vorschrift des Konkordates, dass die Genehmigung des Königs wegen Feindschaft und Missfälligkeit des Gewählten, sowie wegen eines anderen in der Person des letzteren liegenden Grundes verweigert werden dürfe, bot bei ihrer Unbestimmtheit jeder königlichen Willkühr Raum, und in der That ist in der Folgezeit kaum von einer Wahl die Rede gewesen [3]. Erst Tancred, welcher sich seinem Widersacher, Kaiser Heinrich VI. gegenüber, auf den apostolischen Stuhl stützen musste, verzichtete in dem mit Cölestin III. 1191 geschlossenen Konkordat auf jenen weitgreifenden Einfluss und liess sich eine Beschränkung des königlichen Zustimmungsrechtes dahin gefallen, dass die Verwerfung eines Gewählten nur wegen Verrätherei oder notorischer Feindschaft und zwar unter Prüfung der Ausschliessungsgründe seitens des Papstes statthaft sein sollte [4]. Noch weiter gehende Zugeständnisse erlangte Innocenz III. von der Kaiserin Konstanze 1198, als diese die Regierung über das sizilische Reich antrat und die oberlehnsherrliche Bestätigung für ihren unmündigen Sohn nachsuchte [5]. Danach sollten die Kapitel wählen und die Gewählten vor der Bestätigung des Papstes sich der bischöflichen Verwaltung nicht unterziehen dürfen. Andererseits hatte das Kapitel die eingetretene Vakanz sofort dem Herrscher anzuzeigen, und dieser nach erfolgter und publicirter Wahl seine vor der Inthronisation einzuholende Genehmigung zu geben. Damit war dem König nur eine rein formale Betheiligung gelassen. Von einem Verwerfungsrechte wie bei den früheren Konkordaten war jetzt nicht mehr die Rede, und eine Ausschliessung des gewählten Kandidaten konnte nunmehr allein im Einverständniss mit dem Papste erreicht werden. Nach dem bald erfolgten Tode der Kaiserin übte Innocenz III. selbst als Vormund des jungen Friedrich II. die gedachten königlichen Rechte aus [6].. Letzterer suchte dann später zuwider der von seiner Mutter abgeschlossenen Vereinbarung einen grösseren Einfluss auf die Wahlen geltend zu machen [7], und wenn er sich auch 1212 dazu verstand, die Wahlfreiheit der Kapitel von Neuem

[1] Watterich, vit. rom. pontif. 2, 354: „De electionibus quidem ita fiet: Clerici convenient in personam idoneam et illud inter se secretum habebunt, donec personam illam excellentiae nostrae pronuntient et postquam persona celsitudini nostrae fuerit designata, si persona illa de proditoribus aut inimicis nostris vel haeredum nostrorum non fuerit aut magnificentiae nostrae non extiterit odiosa vel alia in ea causa non fuerit, pro qua non debeamus assentire, assensum praestabimus".

[2] L. c. p. 353.

[3] Petr. Blesens. ep. 10, ed. Giles 1, 25: „intendit (rex) episcopare fratrem comitis et ipsum reclamante capitulo violenter intrudit", eiusd. de instit. episcop. ed. cit. p. 454. Auch hielten die Könige an der normännischen Sitte fest, dass ihre Erlaubniss zur Vornahme der Wahl nachgesucht werden musste, Pirrus l. c. 1, CVI.

[4] Vgl. den allein erhaltenen Auszug aus dem Konkordat bei Watterich 2, 722: „de electionibus in toto regno libere faciendis, ita quod facta electio praesentetur regi, cui rex praestabit assensum, nisi electus esset de proditoribus vel notis inimicis et tales dictus papa ad regis instantiam reprobabit".

[5] Ep. Innoc. III. ad Constant. v. 1198. I. 411, ed. Migne 1, 389: „Sede vacante capitulum significabit vobis et vestris haeredibus abitum decessoris. Deinde convenientes in unum . . . eligent canonice personam idoneam; cui requisitum a vobis praebere debeatis assensum et electionem factam non different publicare. Electionem vero factam et publicatam denuntiabunt vobis et vestrum requirent assensum. Sed antequam assensus regius requiratur, non inthronizetur electus nec decantetur laudis solemnitas quae inthronizationi videtur annexa nec antequam auctoritate pontificali fuerit confirmatus, administrationi se ullatenus immiscebit". Vgl. eiusd. ep. ad Frider. II. v. 1208. XI. 208, ed cit. 2, 1523; Hurter, Innocenz III. 1, 141 ff.; Sentis, Monarchia Sicula 82. 83.

[6] c. 18 (für Capua) X. de elect. I. 6; ep. ad cler. et pop. Regiens. v. 1199. II. 174, ed. cit. 1, 724.

[7] ep. Innoc. III. ad Frider. II. cit.; Sentis S. 83.

anzuerkennen[1], so setzte er sich doch im Verlaufe seiner Streitigkeiten mit den Päpsten, namentlich nachdem Honorius III. ohne Beachtung seiner Rechte fünf lange vakant gebliebene Bisthümer aus päpstlicher Machtfülle besetzt hatte[2], über seine Versprechungen hinweg. Auf die alte normännische Sitte zurückgreifend, machte er die Vornahme von Neuwahlen von seiner Erlaubniss abhängig[3], liess die Einkünfte der vakant gehaltenen Bischofssitze für die königliche Kasse einziehen und nahm einseitige Ernennungen von Bischöfen vor[4].

Als später nach der Vernichtung des hohenstaufischen Geschlechtes das Königreich beider Sizilien vom Papst Clemens IV. 1265 Karl von Anjou zum Lehn gegeben wurde, musste dieser auf jede Betheiligung bei der Besetzung der Bischofsstühle durch Wahl oder päpstliche Provision, ferner auf die Geltungmachung der von Friedrich II. thatsächlich geübten Regalie und auf die Forderung des Treueides, soweit derselbe nicht nach althergebrachter Gewohnheit von einzelnen Prälaten bisher geleistet worden war, verzichten[5], und gleiche Versprechungen gab im J. 1372, nachdem es den französischen Königen nicht gelungen war, die im Jahre 1282 auf der Insel Sizilien begründete Herrschaft der Arragonier zu beseitigen, Friedrich III. für diese letztere aus Anlass des mit Johanna von Neapel und Gregor XI. abgeschlossenen Friedens ab[6].

[1] Huillard-Bréholles, hist. dipl. Frider. II. Paris. 1852. I. 1, 202: „Electiones autem ... per totum regnum canonice fiant, de talibus quidem personis, quibus nos et heredes nostri requisitum a nobis prebere debeamus assensum"; eiusd. dipl. a. 1212, ibid. p. 203, dessen Erklärung die Formulirung in dem Briefe Innocenz' III. 1198 (s. S. 595. n. 5) wiederholt. Die zu Eger abgegebene Erklärung Friedrichs II. von 1213 (o. S. 573. n. 3), hinsichtlich deren es bestritten ist, ob sie sich auch auf Italien bezieht, Sentis S. 84. n. 2, enthält nur ein Versprechen auf Abstellung von Missbräuchen bei den Wahlen und eine Garantie der Freiheit der Wahlen, erwähnt aber nicht des assensus regius. Ein Verzicht auf diesen für das sicilische Reich kann indessen nicht angenommen werden, weil das gedachte königliche Recht selbst von Innocenz III. in dem erwähnten Briefe nicht als Beeinträchtigung der Wahlfreiheit betrachtet wurde, sagt er doch in demselben: „Sic enim honori vestro volumus condescendere, ut libertatem canonicam observemus ... Rogamus ergo serenitatem regiam ..., quatenus contra praescriptam electionis formam nec vos veniatis de caetero nec cogatis alios nec patiamini qualibet occasione venire, sed taliter in hoc nobis studeatis et ecclesiasticae libertati deferre" etc.

[2] Ep. eiusd. ad Frider. v. 1225, Ughelli 1, 490: „videntes, quod diutina Capuanae, Salernitanae, Brundusiae, Consanae ac Aversae ecclesiarum vacatio in grave ... animarum periculum redundabat ... curavimus providere ipsas ecclesias respectu ad solum deum habito de personis tibi merito acceptandis" ...

[3] Huillard-Bréholles l. c. V. 1, 335 (ep. Gregor. IX. v. 1239), 462. 502. 597 (Mandate Friedrichs II. v. 1239).

[4] Albert v. Beham, her. v. Höfler. Stuttgart 1847. S. 62: praesules ac inferiores prelatos et clericos coepit instituere ac destituere in ecclesiis iuxta velle; Raynald. annal. a. 1221. n. 32. Alles dies wird Friedrich II. auch in der vom Koncil zu Lyon 1245 erlassenen Exkommunikations-Sentenz, Mansi 23, 616, vorgeworfen.

[5] Belehnungsbrief bei Lünig, cod. Italiae diplom. 2, 961: „Item omnes ecclesiae tam cathedrales quam aliae regulares et seculares nec non et omnes praelati et clerici ac universae personae ecclesiasticae seculares et religiosae ac quaecumque religionis loca cum omnibus bonis suis in electionibus, postulationibus, nominationibus, provisionibus et omnibus aliis plena libertate gaudebunt, nec ante electionem sive in electione vel post regius assensus vel consilium aliquatenus requiretur. Quam utique libertatem ipse et sui in regno haeredes semper manutenebunt ... dictaeque ecclesiae ac personae utentur libere omnibus bonis et iuribus suis salvo ei et suis in regno haeredibus iure patronatus in ecclesiis in tantum quantum in hac parte patronis ecclesiarum canonica instituta concedunt, ubi antiqui reges, Siciliae huiusmodi ius patronatus in ipsis ecclesiis habuerunt ... Sacramenta fidelitatis praestabuntur secundum antiquam et rationabilem consuetudinem, prout canonica instituta permittunt, ab illis ecclesiarum praelatis, quorum praedecessores antiquis illa Siciliae regibus praestiterunt ... (p. 962) sacra semper citra ecclesias cathedrales et alias regulares et seculares ac personas et loca ecclesiastica tam in faciendis provisionibus et electionibus confirmandis quam in omnibus quibuscumque aliis Romani pontificis et ecclesiae Romanae iurisdictione ac auctoritate plenaria et libera potestate .... Item in ecclesiis vacantibus rex nulla habebit regalia nullosque fructus, reditus et proventus, nullas etiam obventiones ac nulla prorsus alia percipiet ex eisdem, custodia earumdem ecclesiarum interim libere permanente penes personas ecclesiasticas iuxta canonicas sanctiones". Vgl. hierzu Sentis S. 97.

[6] Bulla Gregorii XI. de nexu quo Siciliae utriusque regna sedi apostolicae obstricta sunt, v. 1372,

Auf dem Festlande ist zu Folge der erwähnten Zusicherungen im Allgemeinen die Besetzung durch Wahl der Kapitel üblich geworden [1], jedoch ist das Wahlrecht derselben durch einseitige päpstliche Ernennungen, welche nicht nur bei Kassation statthafter Wahlen [2], sondern auch in Folge von Resignationen [3], ferner bei den gerade vielfach auf die unteritalienischen Bisthümer erfolgten Translationen [4] und auch in anderen Fällen [5] vorgekommen sind, wesentlich geschmälert worden [6], während ein Einfluss der Könige auf die Wahl und die Besetzung seltener hervortritt [7].

In Sizilien wurden dagegen die Zusicherungen Friedrichs III. von König Martin I., nachdem dieser seine Herrschaft fest begründet hatte, nicht beachtet, vielmehr machte er in Uebereinstimmung mit seiner ganzen auf die Betonung der staatlichen Rechte gerichteten Kirchenpolitik ein Besetzungsrecht auf die bischöflichen Stühle geltend [8], indem er dasselbe theils auf sein königliches Hoheitsrecht, theils auf das in Folge der Errichtung und Dotirung der Kirchen durch seine Vorgänger erworbene Patronatrecht, theils auf päpstliches Indult gründete [9]. Obwohl der päpstliche Stuhl diesen Ansprüchen fort und fort entgegentrat, insbesondere den königlichen Kandidaten die Bestätigung und Konsekration versagte [10] und auf Grund des Reservationsrechtes die bereits königlich besetzten Benefizien anderweit vergab [11], gelang es doch den Königen unter Zustimmung des Parlaments, namentlich dadurch, dass sie die päpstlich ernannten Bischöfe an der Besitzergreifung ihres Amtes hinderten [12], das behauptete Patronatrecht zu wahren [13]. Ja Ende des Jahrhunderts musste Innocenz VIII. sich dazu verstehen, Ferdinand dem Katholischen ein Indult [14] auf die Besetzung aller Dignitäten und Benefizien in Sizilien zu gewähren.

Wenngleich die Arragonischen Könige Alphons und Ferdinand i. J. 1443 und 1458 bei der Erwerbung des festländischen Theiles des Königreiches beider Si-

Lünig l. c. p. 1127. 1128 (im Wesentlichen gleichlautend mit der in der vor. Note angeführten Stelle, nur dass in der die Rechte des Papstes und der römischen Kirche wahrenden Klausel auch der „reservationes de ipsis ecclesiis faciendae" gedacht wird).

1 dipl. für Bari v. 1280, Ughelli 7, 629; ep. Martini IV. v. 1284 für Tricarico ibid. 7, 150; ep. Joann. XXII. v. 1325 für Catanzaro, ibid. 9, 372, vgl. ferner für das Ende des 13. u. 14. Jahrhunderts, ibid. 6, 120. 124; 7, 641 ff.; 9, 138. 220.

2 Solche Fälle aus dem 13. u. 14. Jahrh. ibid. 6, 344. 538. 569. 612. 740. 743; 7, 429. 627. 844; 9, 217. 221. 328.

3 ep. Nicol. III. v. 1279 für Nicastro l. c. 9, 404.

4 L. c. 6, 131 ff. 138. 340. 341. 345. 501. 584. 815; 7, 44. 428; 9, 140. 141. 217. 220.

5 Vgl. ibid. 7, 51; 9, 143.

6 Uebrigens macht sich ein solches päpstliches Eingreifen schon nach dem Tode Friedrichs II., wenn auch nicht in dem weiten Umfange, wie unter den französischen Königen, bemerkbar, s. Innoc. IV. ep. v. 1252 für Capua, 1253 für Giovenazzo, 1254 für Aglona ibid. 6, 335. 336; 7, 727. 84; s. auch 7, 221.

7 dipl. Caroli II. v. 1299 ibid. 1, 955; für das 14. u. 15. Jahrh. s. l. c. 6, 119. 143. 282.

8 Sentis S. 92.

9 dipl. a. 1396 für Girgenti, Pirrus l. c. 1, 712: „ecclesiam Agrigentinam .... eidem nostro confessori auctoritate apostolica specialiter in hac parte nobis tradita ac nostra regia auctoritate, maxime cum dictae ecclesiae constitutae et dotatae per praedecessores nostros simus veri patroni, cum potestate plenissima duximus committendam"; andere ähnliche Ernennungspatente für Catania l. c. 1, CVII. 545, für Palermo l. c. 1, 168; dipl. a. 1408: „pateat universis, quod auctoritate apostolica nobis concessa per bullas speciales, quod beneficia et dignitates ecclesiasticas ... vacantes seu vacantia personis idoneis ... conferamus", l. c. p. CVIII. Das Indult rührte von Petrus de Luna (Benedikt XIII.) her, l. c. p. 712. Dass Martin auch Bischöfe willkührlich von dem Verhältnisse zu ihren bisherigen Sitzen entbunden habe, wie Sentis S. 93 behauptet, ist nicht nachweisbar. Die von ihm dafür angezogene Stelle bei Pirrus l. c. 1, 712 ist ein päpstliches, nicht ein königliches Dekret v. 1401.

10 Pirrus l. c. 1, 629.

11 Pirrus l. c. 1, 549.

12 S. vor. Note; Sentis S. 101. 110.

13 Sentis S. 101. 102.

14 v. 1487, Pirrus l. c. 1, CVIII, nachdem schon Sixtus IV. dem König 1483 ein solches auf ein Supplikationsrecht für die spanischen Bisthümer ertheilt hatte, l. c.

zilien noch die Freiheit der Bischofswahlen in demselben Umfange, wie Karl von Anjou und Friedrich III.[1], hatten anerkennen müssen, so konnten doch die Päpste diesen Zustand in Neapel, als letzteres an dieselben Herrscher, welche in Sizilien und in Spanien die Staatshoheit über die Kirche energisch handhabten, gekommen war, nicht lange aufrecht erhalten, vielmehr musste Clemens VII. die Ansprüche, welche hier auf Grund des Patronates und der päpstlichen Anerkennung desselben königlicherseits geltend gemacht wurden, in einem erweiternden Indulte von 1530 für alle erwähnten Reiche anerkennen[2], und seitdem sind auch in dem festländischen Theile des Königreiches die Bisthümer auf königliche Präsentation vergeben worden[3].

[1] S. die Bullen Eugens IV. v. 1443 und Pius' II. v. 1458 bei Lünig l. c. 2, 1242. 1272. 1273.

[2] Pirrus l. c. 1, CIX: „cum diversi Romani pontifices praedecessores antiquis et modernis temporibus . . . Ferdinando Regi et Elisabet reginae et aliis Castellae et Legionis ac Aragonum regnorum regibus eorum praedecessoribus necnon . . . Carolo V. imperatori . . . dictorum regnorum regi . . . ius patronatus presentandi personas idoneas ad cathedrales et metropolitanas ecclesias et quaecumque monasteria consistorialia . . . ratione illorum fundationis ac recuperationis earundem de manibus infidelium et ex diversis aliis caussis per diversas litteras concesserint . . . jus patronatus et praesentandi personas idoneas ad cathedrales et metropolitanas ecclesias ac quaecunque monasteria consistorialia in Castellae et Legionis, Aragonum et Valleolit necnon Cathaloniae et ubi aliter ius praesentandi non competebat in caeteris Hispaniarum regnis ac dominiis respective consistentes et consistentia quoties illas et illa quovismodo et ex quacunque etiam eorundem cardinalium persona praeter quoad illa monasteria, in quibus de novo eidem Carolo . . . ius patronatus conceditur, videlicet eo casu quo in dicta curia vacare contigerit . . . concedimus, decernentes ius patronatus et praesentandi huiusmodi illius naturae et efficaciae existere et quoad omnes effectus eiusdem iuris censeri debere, cuius ius patronatus ex fundatione et dotatione regum existit, ac reservationis, affectionis, unionis mandata de ecclesiis et monasteriis huiusmodi per romanos pontifices . . . facta, ne praesentare possent, nullatenus se extendere, sed illa invalida penitus existere, ac irritum et inane, si secus super his a quoque quavis auctoritate apostolica et per nos scienter vel ignoranter contigerit attentari, non obstantibus quibusvis ecclesiasticis de cathedralibus et metropolitanis ac monasteriis consistorialibus huiusmodi per nos et sedem praedictam pro tempore factis reservationibus seu affectionibus specialibus vel generalibus necnon et cancellariae apostolicae regulis editis et pro tempore edendis et quibusvis constitutionibus et ordinationibus" etc. Die Bestätigungsbullen von Sixtus V. v. 1586 und Gregor XV. v. 1621 bei Pirrus l. c. p. CX. CXI. u. Lünig l. c. p. 1263. Vgl. auch Sentis §. 102 ff.

[3] Beispiele bei Ughelli, Italia sacra 6, 284. 791; 7, 63. 441. 734; 9, 146.

Was Spanien betrifft, so haben die dortigen Könige, welche die Araber nach und nach zurückgedrängt und in den diesen wieder entrissenen Landstrichen die zerstörten Bischofssitze von Neuem ausgestattet hatten, zunächst ein unbestrittenes Ernennungsrecht auf dieselben ausgeübt, Masdeu, historia critica de España. Madrid. 1783 ff. 13, 60; Sugenheim, Staatsleben etc. S. 241. Wenngleich vereinzelt im 11. Jahrhundert in den an Südfrankreich angränzenden katalonischen Gebieten eine Betheiligung der Provinzialbischöfe, des Klerus und des Volkes bei der Besetzung der Bischofsstühle (dipl. a. 1017 für Roda bei Villanueva, viage literario à las iglesias de España. Madrid 1803 ff. 10, 292: „episcoporum electione, cleri ac populi acclamatione") vorgekommen ist, so verfügten doch die Machthaber der spanischen Mark im Allgemeinen über die Bisthümer wie über ein der Nutzung unterstehendes Privateigenthum, vgl. testam. Bernard. comit. Bisuldun. a. 1020, P. de Marca, Marca Hispana. Paris 1688 p. 1027: „Et a filio suo Aienricho post discessum Gaufredi episcopi remaneat ipsum episcopatum s. Salvatoris . . . . in tali vero conventu, ut si ad XXV um annum pervenerit et officium clericatus cum religione duxerit, habeat illum per donitum fratris sui. Et si deus ei alium episcopatum dederit, habeat suprascriptum episcopatum, cui . . . Guillermus frater suus . . . concesserit"; dipl. des Grafen Raimund-Berenguer I. v. Barcelona für seine Gemahlin v. 1056, Florez etc. España sagrada 43, 372: „Dono etiam tibi episcopatum S. Mariae sedis Gerundae cum omnibus suis pertinentiis et cum abbatiis quae ad praedictum comitatum vel episcopatum pertinent"; Vertrag zwischen dem gedachten Grafen und dem Vicegrafen v. Beziers v. 1067 bei P. de Marca l. c. p. 1136: „Et si dederit pretium aut datum fuerit per ipsum episcopatum, per nullum ingenium habeat Raymundus vicecomes . . . vel uxor eius aut infantes eorum medietatem de ipso pretio vel de ipso dono".

Eine Investitur der neu ernannten Bischöfe ist in den spanischen Reichen zwar nicht üblich gewesen, indessen hatten dieselben doch, wie in den meisten übrigen abendländischen Staaten, dem Herrscher den Huldigungs- und Lehnseid zu leisten, Le Bret, Magazin der Staaten- u. Kirchengeschichte 3, 152. Gregor VII. suchte auch hier die kanonische Wahl in seinem Sinne (s. o. S. 545), d. h. eine vom päpstlichen Stuhl beeinflusste Wahl durchzusetzen, ad Adefons. VI. Legion. et Castil. reg. a. 1081, reg. VIII. 25, Jaffé, mon. Gregor. p. 472: „ut cum consilio praefati legati nostri . . . aliorumque religiosorum viro-

So mannigfache Abweichungen die Gestaltung der Bischofswahlen in den besprochenen Ländern von der Entwickelung in Deutschland zeigt, so ist doch während

rum eligatur inde, si inveniri potest, sin autem, aliunde expetatur talis persona cuius religio et doctrina ecclesiae vestrae et regno decorem conferat et salutem"; V. 21. a. 1078. l. c. p. 317: „abbatem, sicut rex Hispania rogavit . . . episcopum consecravimus"; vgl. auch reg. II. 50. a. 1075. l. c. p. 165 und hierzu Meltzer, Papst Gregor VII. u. die Bischofswahlen. 2. Aufl. S. 82. 143. 174, trat aber einer formellen Mitwirkung des Königs nicht direkt entgegen. Im 12. Jahrhundert ist zwar in Folge dieser päpstlichen Bemühungen die Wahl durch den Klerus und das Volk Sitte geworden, dipl. a. 1102 für Vich, Florez etc. España sagrada 28, 302: „Nos Ausonensis clerici ac monachi cum communi consensu, pari voto, concordi acclamatione magnatum terrae et circumstantis populi . . . A. Amerensem abbatem in Ausonensem episcopum eligimus"; a. 1133 für Avila, 1134 für Salamanca, l. c. 20, 539. 562; a. 1195 für Vich, Villanueva l. c. 7, 241; a. 1214 u. 1230 für Gerona, España sagr. 44, 259 u. 43, 395; ep. Paschalis II. für Burgos v. 1115, Mansi 20, 1036; ep. Alex. III. ad canon. Pampilon. a. 1163 l. c. 21, 1163; ep. Coelest. III. ad canon. Pampilon. a. 1163. l. c. 21, 1163; ep. Coelest. III. ad canon. Urgel. a. 1195, Mansi 22, 615, indessen gelang es nicht, den Einfluss der Könige vollkommen zu beseitigen. Während diese früher unter Berathung mit ihren geistlichen und weltlichen Grossen, wie dies auch in anderen Reichen der Fall gewesen ist, die Bischofsstühle besetzten, Roderici Tolet. chron. Hispan. VI. 24 (betreffend die Besetzung von Toledo i. J. 1086) bei Schott, Hispania illustr. Francof. 1603. 2, 105: „Convocavit regni proceres et maiores episcopos et abbates et viros religiosos", blieb es auch nach dem Aufkommen der Wahl durch Klerus und Volk sogar päpstlich anerkannter Grundsatz, dass eine solche nur gültig mit Zustimmung des Königs erfolgen konnte, ep. cit. Pasch. II. v. 1115: „literas . . . accepimus, quibus idem Paschalis archidiaconus tuo quidem consilio sed rege nesciente et populo ignorante, significabatur electus. Sed post illam illius electionem populo expectante, universo clero consentiente, rege quoque volente ipsius regis germanus asserebatur ad pontificatum Burgensi ecclesiae destinatus", und im 12. Jahrhundert gestaltete sich das Verfahren so, dass vom König vorher die Erlaubniss zur Wahl und nachher die Bestätigung des Gewählten eingeholt werden musste, dipl. Alonsos II. v. Castilien v. 1133. 1152, Florez, España sagr. 20, 539; 41, 311; Ferdinands II. v. Leon v. 1181, Memorias de la real academia de la Historia. Madrid 1796 ff. t. IV. memor. 4. p. 27. In Aragonien, wo dasselbe Recht von den Königen in Anspruch genommen wurde, hat allerdings Peter II. 1207 aus besonderer Rücksicht für Innocenz III. auf dieses verzichtet und nur die Präsentation des Gewählten nach der Wahl verlangt, ep. Innoc. III. ad archiep. Aragon. v. 1207. X. 144, ed. Migne 2, 1243: „. . . In litteris . . . Petri . . . regis . . . sic de verbo ad verbum perspeximus contineri: . . . pessimam consuetudinem a nobis hactenus observatam, qua electionem praelatorum sine nostro consilio et assensu procedere non permittebamus, . . . relaxamus vobisque et universis successoribus vestris (den Prälaten des Reichs) et conventibus . . . liberam eligendi facultatem . . . assensu regis minime requisito in perpetuum indulgemus, hoc solum nobis et successoribus nostris reservantes, ut libere et canonice electus in signum regiae fidelitatis nobis et successoribus nostris debeat praesentari. Nos igitur devotionem regiam . . . commendantes et approbantes in hac parte statutum ipsius, illud auctoritate apostolica confirmamus". Jedoch ist dieser Verzicht schon von seinem Nachfolger nicht mehr beachtet worden, Sugenheim S. 246. Das erwähnte Recht haben einzelne der spanischen Könige, so z. B. Alfons X., dazu benutzt, den Wählern die ihnen genehmen Kandidaten aufzudrängen, Raynald. ann. eccles. a. 1279. n. 25. Später nahmen sie aus ähnlichen Titeln wie in Sizilien — hatte doch Alexander II. und Gregor VII. schon den Königen von Aragonien in den von diesen den Mauren entrissenen Gebieten die Besetzung aller neu errichteten Kirchen, freilich mit Ausnahme der Bischofssitze, zugestanden, Mansi 20, 621 — eine Mitwirkung bei der Besetzung derselben in Anspruch und verweigerten wiederholt den von den Päpsten kraft erfolgter Reservation ernannten Bischöfen die Anerkennung, Friedberg, Gränzen zw. Staat u. Kirche. Tübingen 1872. S. 539. 540; ja, Peter der Grausame von Kastilien erliess 1367 ein Gesetz, wonach der Papst Niemanden ohne königliche Genehmigung zum Bischof ernennen durfte, Mariana, hist. general de España, lib. XVII. c. 11. ed. Valencia. 1783 ff. 6, 200. Ausgangs des 15. Jahrhunderts mussten sich die Päpste schliesslich dazu verstehen, Ferdinand dem Katholischen und Isabella, sowie ihren Nachfolgern die schon o. S. 598. n. 2 erwähnten Indulte auf das Patronatrecht und die Präsentation zu den Bisthümern des Reiches zu gewähren, nachdem die ersteren zunächst ein solches von Innocenz VIII. für das Königreich Granada erhalten hatten, Mariana, hist. general de España, ed. cit. VIII, ap. p. XL (mit dem unmöglich richtigen Jahr 1480): „plenum ius patronatus et praesentandi personas sedi apostolicae ad cathedrales ecclesias nec non quorum fructus et proventus CC. florenor. auri de camera . . . valorem annuum excedunt, monasteria et prioratus conventuales in eisdem locis regni Granatae per Ferdinandum regem et Elisabeth reginam hactenus acquisitos et quae tam per eos quam eorum successores acquiri et populari de novo contigerit in futurum . . . nec non maiores post pontificales in eisdem cathedralibus et principales in collegiatis . . . dignitates, canonicatus et praebendas earumdem integras et dimidias portiones cathedralium ecclesiarum et collegiatarum in eisdem locis iam erectarum et aliarum quae in eis erigi contigerit . . . tenore praesentium indulgemus".

Für Ungarn hatte Stephan der Heilige i. J. 1000 in Anerkennung seiner Verdienste um die

der besprochenen Zeit das päpstliche Konfirmations- und Konsekrationsrecht der Bischöfe in denselben, ebenso wie in Deutschland, zur Geltung gelangt.

Schon seit dem 12. Jahrhundert ist die Konfirmation und die Konsekration der Erzbischöfe in Italien[1], und insbesondere auch im Königreich beider Sizilien[2], ferner in Frankreich[3] und in England[4] mehrfach seitens der Päpste

katholische Kirche vom Papste Silvester II. unter anderen ihm gewährten Berechtigungen auch die Befugniss, die Bischofsstühle des Landes zu besetzen, eingeräumt erhalten (s. Th. I. S. 518). Wie in Deutschland war auch hier die Uebersendung des Bischofsstabes und des Ringes des verstorbenen Bischofs an den königlichen Hof und die Investitur des Nachfolgers durch den König unter Ableistung des Treu- und Lehnseides seitens des ersteren üblich geworden, Fessler, Gesch. d. Ungern. 1. Ausg. Leipzig 1815 ff. 1, 660 ff. In Folge der kirchlichen Investitur-Verbote verstand sich zwar König Koloman dazu, die Investitur mit Stab und Ring auf Andrängen Paschalis' II. 1106 aufzugeben, s. die auf dem Koncil zu Guastalla dem Papste zugestellte Erklärung bei Mansi 20, 1211: „unde et investituram episcoporum hactenus a maioribus habitam iuxta admonitionem vestram dimisimus et si quid in electione huiusmodi minus canonice retractatum est, de caetero . . . cavebimus", indessen blieb das bisherige königliche Ernennungsrecht und die lehnrechtliche Verpflichtung der Bischöfe in fortdauernder Uebung, Katona, hist. crit. reg. Hung. Pest. 1789 ff. 3, 219 ff.; Fessler a. a. O. 1, 662, und zwar selbst auch noch dann, als Geisa II. und sein Nachfolger Stephan III. auf die einseitige Absetzung und Translation der Bischöfe, sowie auf die ebenfalls in Ungarn aufgekommene Regalie verzichtet hatten, dipl. Steph. III. v. 1169, Fejér, cod. dipl. Hung. Budae 1829 ff. II, 180. 181, vgl. auch Fessler a. a. O. 2, 1024. Nur in den im 12. Jahrhundert mit Ungarn vereinigten Ländern Dalmatien und Kroatien galt nach ausdrücklicher Zusicherung Kolomans, dipl. a. 1111 b. Koller, hist. episc. Quinqueeccl. Poson. 1782. 1, 183: „decrevimus quoque . . . investituras ecclesiarum quam episcoporum et abbatum absque regis consilio . . . fieri debere", und seiner Nachfolger, dipl. Geisas II. für Spalatro v. 1112 und Belas IV. für Trau 1242, Fejér l. c. II, 118; IV. 1, 247, welche die einflussreiche Geistlichkeit zu gewinnen suchen mussten, das Wahlrecht des Klerus und des Volkes, ohne dass freilich die Könige sich stets der Einwirkung auf die Besetzung der Bischofsstühle enthielten, vgl. Alex. III. ep. ad Belam III. reg. b. Fejér l. c. II, 197: „Significantibus nobis . . . clero et populo Spalatino nobis innotuit, quod cum ecclesia Spalatina diu pastore vacaverit et usque ad haec tempora . . . liberam electionem habuerit, tu in ea episcopum . . . eligi non permittis. Volentes igitur regiae saluti consulere et indemnitati praefatae ecclesiae . . . providere, monemus regiam excellentiam . . . quatenus eam libere et sine contradictione de persona idonea ordinari permittas". Im 13. Jahrhundert, als König Emmerich, um seinem unmündigen Sohne Ladislaus die Thronfolge zu sichern, der päpstlichen Hülfe bedurfte, gelang es Innocenz IV. und seinen Nachfolgern, das bisherige Ernennungsrecht der Könige auf ein Zustimmungsrecht derselben zu den Wahlen herabzudrücken, ep. Innoc. IV. ad Caloc. archiep. v. 1245, Fejér l. c. IV. 1, 364: „Ex parte . . . regis Ungariae . . . nobis est oblata querela, quod cum de antiqua et approbata regni sui consuetudine hactenus pacifice observata in electionibus pontificum assensus regius debeat postulari, canonici Vesprimiensis ecclesiae contra consuetudinem huius temere venientes, assensu eius, sicut debuit, minime requisito, qui commode requiri poterat et de iure debeat, magistrum Zelandinum . . . in episcopum elegerunt. Quia vero eiusdem regis gravamina, quem speciali praerogativa prosequimur, sustinere nolumus nec debemus" etc., vgl. auch Fessler a. a. O. 2, 1024 ff. Seit dem 14. Jahrhundert begannen aber die Könige wieder die früheren weiter gehenden Befugnisse auszuüben, vgl. z. B. über Karl I. Raynald, a. 1338. n. 22, ohne dass dies seitens der Geistlichkeit und des päpstlichen Stuhles gehindert werden konnte. Ja, König Sigismund liess sich i. J. 1409 das königliche Besetzungsrecht aller geistlichen Würden durch den Reichstag bestätigen, Katona l. c. 11, 616. 618, und wahrte dasselbe damit für seine Nachfolger, welche es freilich oft genug auf unerhörte Weise gemissbraucht haben, Fessler a. a. O. 5, 635. 636; 6, 222. 223, vgl. auch Sugenheim S. 258; Staudenmaier S. 310. 373.

Ueber die Besetzung der Bischofsstühle in Polen vgl. Ign. de Czapski, de iure patron. regio. diss. inaug. Berol. 1869. p. 80 ff.; Hüppe, Verfassg. d. Republik Polen. Berlin 1867. S. 217. 220.

[1] ep. Gelas. II. für Ravenna v. 1118, Mansi 21, 168; Luc. III. für Ravenna v. 1144, Rubei histor. Ravennat. lib. X. Venet. 1590. p. 329; dipl. a. 1184 für Fermo, Ughelli, Ital. sacra 2, 695; Alex. III. pr. 1170—1176 c. 5. X. de elect. I. 6.

[2] Konkordat zwischen Hadrian IV. und Wilhelm I. v. 1156; Watterich, vit. rom. pontif. 2, 353: „Consecrationes et visitationes libere Romana ecclesia in omni regno nostro habebit . . . . In Sicilia quoque Romana ecclesia consecrationes et visitationes habeat"; ep. Alex. III. v. 1169, Pirri Sicil. sacr. 1, 104, worin er die Weihe des Erzbischofs von Palermo den Suffraganen dieses Erzbisthums aufträgt, „licet in memoria nostra non existat, ut aliquis praedecessorum praefati electi unquam fuerit, nisi a Romano pontifice consecratus".

[3] ep. Hadrian. IV. für Narbonne v. 1156, Gallia christ. 6 instr. p. 40; Lyon 1165. ep. S. Thomae bei Duchesne, hist. Franc. ss. 4, 633.

[4] York 1147, Chron. de Mailros b. Fell, rer. anglic. ss. Oxon. 1684. p. 167; Canterbury 1174, Gervasii chron. b. (Twysden u. Selden) hist. angl. ss. London. 1652. 1, 1426, s. auch o. S. 590.

vorgenommen worden. Nachdem diese Uebung im folgenden Jahrhundert ihre Sanktion durch das Dekretalenrecht [1] erhalten hatte, fand sie auch bald in den übrigen Ländern Anwendung [2]. Seit derselben Zeit, insbesondere seit dem 14. Jahrhundert, ist ferner in Folge des obersten Entscheidungsrechtes bei streitigen Wahlen, des Devolutionsrechtes und der Reservationen, sowie den von den Fürsten bei der Kurie wiederholt über die Köpfe der Wahlberechtigten hinweg nachgesuchten Bischofs-Ernennungen und bei der Bedeutungslosigkeit der Provinzialsynoden auch die Konfirmation und Konsekration der einfachen, nicht dem römischen Stuhle direkt unterstehenden Bischöfe [3], allmählich zum ausschliesslichen Rechte des Papstes geworden [4], welches im Anfang des 15. Jahrhunderts wenigstens in Betreff der Konfirmation in dem Konstanzer Konkordat der drei romanischen Nationen, der Italiener, Franzosen und Spanier [5], seine ausdrückliche Anerkennung gefunden hat.

§. 124. bb. *Die Beschränkung der Wahlberechtigung auf die Domkapitel (Wahlkapitulationen).*

Gregor VII. hatte gegenüber dem fast in allen abendländischen Reichen gehandhabten fürstlichen Ernennungsrecht [6] die in den ältesten Zeiten der christlichen Kirche übliche Wahl als die nach kirchlichen Anschauungen allein berechtigte Art der Besetzung der bischöflichen Stühle wieder zur Geltung zu bringen gesucht [7]. Nach vielfachen Kämpfen ist dies seinen Nachfolgern im 12. Jahrhundert gelungen, wenngleich sie die Betheiligung der weltlichen Fürsten bei der Bestellung der Bischöfe allerdings nicht völlig auszuschliessen vermocht haben [8]. Seitdem ist die Wahl abermals, wie schon in der älteren Zeit, der gemeinrechtliche Modus der Besetzung der Bisthümer geworden. In der Bewilligung der Wahl und in dem Verzicht auf das Ernennungsrecht seitens der Fürsten lag ferner zugleich das Anerkenntniss, dass es sich dabei um eine wesentlich kirchliche Angelegenheit handele, und die nähere Regelung des

n. 2. Ueber Dalmatien vgl. ep. Innoc. II. v. 1139 bei Fejér, cod. dipl. Hung. 2, 113.

1 S. 577. n. 6.

2 Vgl. z. B. für das dänische Reich incert. auctor. chron. bei Ludewig, reliqu. manuscr. 9, 93: „Hic (Trugotus v. Lund 1277) primus inter archiepiscopos consecratus est a papa . . . Antecessores autem sui a suffrag(an) iis intra provinciam consecrationem ceperunt“.

3 Ueber diese vgl. z. B. für Italien Ughelli 1, 486. 1184; für Spanien Florez, España sagrada 20, 21. 26. 28.

4 Für Sizilien war das Recht sogar schon in dem Konkordate v. 1156 anerkannt, s. S. 600. n. 2; über England s. S. 590. u. Thomas Walsingham hist. Angl. bei Camden, Anglica, Normannica etc. Francof. 1603. p. 178: „Ao 1373 . . . rex Edwardus misit ambassiatores ad . . . papam, rogans eum, ut super reservatione beneficiorum in curia sua facta in Anglia de cetero supersederet, ut etiam clerici ad episcopales dignitates suis electionibus pleno iure gauderent et ut a suis metropolitanis, prout antiquitus fieri consuevit, idem clerici confirmari valerent“; über Frankreich vgl. Sugenheim, Staatsleben des Klerus i. Mittelalter S. 211 ff.; Dänemark und Norwegen Münter, Kirchengesch. v. Dänemark und Norwegen II. 1, 70 ff.

5 c. 2 bei Hübler, Konstanzer Reformation S. 198: „necnon (de) cathedralibus ecclesiis electiones ad sedem apostolicam deferentur“, das Folgende im Wesentlichen wie im deutschen Konkordat, s. S. 578. n. 2.

Das Basler Koncil Sess. XII. decr. 2; Sess. XXII. decr. 5, Mansi 29, 61. 120 hat hieran nichts geändert, wohl aber die pragmatische Sanktion Karls VII. v. 1438 für Frankreich in Betreff der Konsekration bestimmt tit. 2 bei Durand de Maillane, dictionnaire de droit canonique. 2 éd. Lyon 1770. 4, 774: „quod summus pontifex habeat remittere unumquemque per ipsum aut ipsius auctoritate, ut praemittitur, ad promovendum ad suum immediatum superiorem pro munere consecrationis aut benedictionis ab eo vel eius auctoritate consequendo, nisi dictus promotus sit praesens in curia et velit ibi consecrari“.

6 S. 531 (Deutschland), S. 538 (Frankreich), S. 584 (England), S. 591 (Schweden), S. 594 (Sizilien), S. 598 (Spanien) u. S. 600 (Ungarn).

7 S. 545. 579.

8 S. 558. 580. 590. 598 ff.

Wahlverfahrens der kirchlichen Gesetzgebung gebühre. Das aufstrebende Papstthum konnte sich nunmehr dieser Aufgabe unterziehen, und in der That hat es die ihm gewährte Freiheit, offenbar nicht blos um die fühlbaren Lücken in den vorhandenen kirchlichen Anordnungen auszufüllen, sondern auch um den fortwährend von Neuem hervortretenden Bestrebungen der Fürsten auf Vermehrung ihres Einflusses bei den Wahlen entgegenzutreten [1], sofort und so energisch benutzt, dass die kirchliche Gesetzgebung über das Wahlverfahren im Wesentlichen schon im 13. Jahrhundert ihren Abschluss gefunden hat [2]. Die im 12. und 13. Jahrhundert erlassenen Normen bilden zum grössten Theile das noch heute für die Bischofswahlen massgebende Recht, und da dieselben bei der Darstellung des letzteren (vgl. u. §. 131) ihre Berücksichtigung finden müssen, so wird an dieser Stelle von einem weiteren Eingehen darauf abgesehen werden können.

Einer näheren Erörterung bedarf dagegen die allmählige Beschränkung des Kreises der Wahlberechtigten.

Nicht nur in der ältesten Zeit [3], sondern auch noch bis in das 12. Jahrhundert hinein erscheinen, soweit eine Wahl nicht überhaupt durch die fürstliche Ernennung ausgeschlossen gewesen ist, bei der ersteren Klerus und Volk, insbesondere die höhere Geistlichkeit des Stiftes und die einflussreicheren weltlichen Gesellschaftsklassen betheiligt [4].

Ja selbst, als das Papstthum den Kampf mit den Fürsten wegen des einseitigen Ernennungsrechtes und der Investitur begonnen hatte, wird seinerseits ebenfalls noch die Wahl durch Klerus und Volk gefordert, und weder das Wormser Konkordat [5] noch die sonst im 12. Jahrhundert [6] abgegebenen fürstlichen Zusicherungen der Wahlfreiheit enthalten irgendwelche, den Kreis der Wahlberechtigten beschränkende Bestimmungen.

In der Konsequenz der auf Ausschliessung des fürstlichen Einflusses gerichteten Bestrebungen des Papstthums lag allerdings auch die Beseitigung jedes Antheils der Laien an der Wahl [7]. Diese konnte es aber nicht im Beginne des Kampfes fordern. Einem solchen Verlangen standen die alten Kanones, auf welche es sein Recht zur Bekämpfung des kaiserlichen und fürstlichen Ernennungsrechtes stützte, entgegen. Auch hätte ein gleichzeitiges Vorgehen gegen die Laien die letzten Ziele der päpstlichen Politik zu deutlich enthüllt, und gerade die dadurch in ihren Interessen ebenfalls gefährdeten, mächtigeren weltlichen Klassen den Herrschern als Bundesgenossen in ihrem Streite mit dem Papstthum zuführen müssen.

Hieraus erklärt es sich, dass die kirchliche Gesetzgebung erst im 12. Jahrhun-

[1] S. vor. Note.

[2] Vgl. namentlich die Titel de electione X. u. in VIto. I. 6.

[3] S. o. S. 512.

[4] S. o. S. 59. n. 4; S. 516. 517. 523. 524. 527. 529. 534. 539. Uebrigens auch da, wo die Wahl nur den Charakter einer den Fürsten nicht bindenden Bezeichnung der Person trug, s. o. S. 533. 534.

[5] S. o. S. 558. Mit Recht bezeichnet es Bernheim, Wormser Konkordat S. 5. n. 12 als eine literarische Sage, dass von Gregor VII. die Einführung der Kapitelswahlen datire.

[6] Z. B. für England 1136 und für Sizilien 1156, s. o. S. 586. n. 3 u. 595. n. 1.

[7] Daher will auch schon Placidus von Nonantula den Laien nur noch ein nichts sagendes Zustimmungsrecht einräumen, de honore ecclesiae c. 81, Migne patrol. 163, 652: „Vere enim haec fictio disciplinae est, cum quisque ideo se putat sacrandum, quia a populo electus et a rege investitus est, cum disciplina spiritus sancti sit, unumquemque pastorem solummodo pro salute animarum pure et simpliciter ab omnibus clericis eligi, quibus consentire omnes filii illius ecclesiae, quae ordinanda est, et obedire pro salute animarum devotissime debent".

dert mit dem Versuche, den Kreis der Wahlberechtigten zu beschränken und die Laien von der Wahl auszuschliessen, hervorgetreten und dabei mit grosser Vorsicht, ja mit einer gewissen Schüchternheit, verfahren ist. Das II. Lateranensische Koncil unter Innocenz II. v. J. 1139 gab durch seine Vorschrift, dass die Kanoniker bei der Bischofswahl die Mönche der Diöcese nicht ausschliessen, und die ohne Zuziehung der letzteren erfolgten Wahlen nichtig sein sollten [1], nur indirekt zu verstehen, dass eine mangelnde Betheiligung der Laien keinen Nichtigkeitsgrund bilde, und dass diesen also keine entscheidende Stimme bei der Wahl zukomme. Andererseits lässt es trotz der Betonung des Rechtes der Mönche erkennen, dass diese eine andere Stellung bei der Wahl haben sollen, als die Kanoniker. Letztere erscheinen als die allein zur massgebenden Bestimmung des Kandidaten berechtigten. Den Mönchen wird nur die Befugniss zugesprochen, ihren Rath bei der Ermittelung und Auswahl geeigneter Personen zu ertheilen, und nachher behufs Feststellung ihrer Mitwirkung zu der vom Kapitel vorgenommenen, rechtlich entscheidenden Wahl ihre Zustimmung (assensus) zu geben [2]. Ein Stimmrecht haben sie also nicht. Sie können vielmehr nur einen Widerspruch gegen eine nicht ordnungsmässige Wahl und gegen einen unfähigen Kandidaten erheben [3]. Ein solcher macht die Wahl an und für sich nicht nichtig, sondern verpflichtet den berechtigten kirchlichen Oberen nur zur Prüfung der Begründetheit desselben.

Wie das erwähnte Koncil blos mittelbar die Laien von der Betheiligung an der Wahl ausgeschlossen hatte, so erklärte es durch seine weitere Bestimmung in Betreff der Mönche das Domkapitel ebenfalls nur indirekt für die ausschliesslich wahlberechtigte Körperschaft, indem es hierbei an die bedeutende Stellung der Kanoniker unter der Stiftsgeistlichkeit und das hervorragende Interesse derselben bei der Neubesetzung der Bischofsstühle anknüpfte, sowie dem allgemeinen Zuge in der Entwickelung, welcher auf eine immer engere Begrenzung des Kreises der bei der Diöcesanverwaltung betheiligten Geistlichkeit hinausging [4], Rechnung trug. Wenn es endlich unter der sonstigen Stiftsgeistlichkeit allein den Mönchen eine genauer bestimmte Mitwirkung bei der Wahl einräumte, so hat es wohl dem Umstande Rechnung getragen, dass gerade jene Reform der Kirche, welche zur Erringung der Wahlfreiheit geführt hatte, wesentlich von dem Mönchthum gefordert war, und dass die Betheiligung von Angehörigen des Regularstandes als Berather der Kanoniker eine gewisse Garantie dafür bot, dass die Bischofswahlen im Sinne der Reformpartei ausfielen.

Auf dem durch das Lateranensische Koncil gelegten Fundamente hat die kirch-

[1] c. 28, Mansi 21, 533, auch in c. 35 D. LXIII: „Obeuntibus sane episcopis, quoniam ultra III menses vacare ecclesias prohibent patrum sanctiones, sub anathemate interdicimus, ne canonici de sede episcopali ab electione episcoporum excludant religiosos viros, sed eorum consilio honesta et idonea persona in episcopum eligatur. Quodsi exclusis eiusdem religiosis electio fuerit celebrata, quod absque eorum assensu et conniventia, factum fuerit, irritum habeatur et vacuum“.

[2] Vgl. ausser der eben citirten Stelle auch Gerhoh von Reichersperg de corrupto statu ecclesiae o. S. 59. n. 4 und ep. capit. Carnot. v. 1149 o. S. 581. n. 4.

[3] So fasst Alexander III. ihre Stellung auf, ep. ad cap. Brem. 1169, Lappenberg, Hamburg. Urkdbch 1, 216: „quod licet in electione pontificis favor principis debeat assensusque requiri, ad electionem tamen laici admitti non debent. Sed electio est per canonicos ecclesiae cathedralis et religiosos viros qui in civitate sunt et diocesi, celebranda. Nec tamen ita hoc dicimus, quod religiosorum contradictio canonicorum votis debeat praevalere, nisi forte electioni aut electo inpedimentum manifestum et canonicum obviaret. Si ergo laici se voluerint talibus immiscere, illius canonis memores existentes . . . docendus est populus, non sequendus, illis exclusis in electione concorditer et canonice procedatis“.

[4] S. o. S. 59 ff.

liche Gesetzgebung, ohne jemals dem sonstigen Klerus und dem Volke jede Antheilnahme zu verwehren, in derselben behutsamen Weise fortgebaut. In den Einzelfällen, welche zur Entscheidung des päpstlichen Stuhles gelangten, wurden seitdem die Kanoniker als die nach gemeinem Rechte zur Vornahme der electio in dem oben erwähten Sinne ausschliesslich legitimirten Personen betrachtet [1], und die in dieser Zeit ergangenen allgemeinen Normen über das Wahlverfahren gehen ebenfalls von dieser Voraussetzung aus [2]. Eine weitere Konsequenz dieses von den Päpsten eingenommenen Standpunktes ist es endlich, dass sie schon Ende des 12. Jahrhunderts, falls andere Geistliche eine Stimmberechtigung bei der Wahl beanspruchten, den Nachweis eines besonderen Titels für dieselbe verlangten [3], während deren Antheilnahme in den meisten Fällen aus dem früheren, allgemein anerkannten Mitwirkungsrecht des gesammten Stiftsklerus hervorgegangen war.

Eine völlig unbestreitbare gemeinrechtliche Geltung erlangte jene Anschauung demnächst in Folge der Publikation der mit Gesetzeskraft ausgestatteten Dekretalensammlung Gregors IX., in welche ein Theil der sie vertretenden Dekretalen und Koncilsbeschlüsse Aufnahme gefunden hatte [4].

Aus diesem Gange der päpstlichen Gesetzgebung erklärt es sich einmal, dass eine Reihe von Dekretalen der gedachten Zeit in Uebereinstimmung mit den kirchlichen Schriftstellern eine nachträgliche, in der Form der Zustimmung sich äussernde Betheiligung des Volks nach der vom Domkapitel vorgenommenen Wahl mit Rücksicht auf den alten Satz, dass der Bischof dem Volke nicht aufgedrängt werden solle [5], nicht für unstatthaft erklärt haben [6].

Ferner hängt es mit dem leise auftretenden Charakter jener Gesetzgebung zusammen, dass, obwohl die im 13. Jahrhundert von verschiedenen Fürsten ertheilten Zusicherungen über die Beachtung der Wahlfreiheit die Domkapitel ebenfalls als wahl-

[1] ep. Alex. III. ad Petr. apost. sed. legat. v. 1175, Mansi 21, 969: „quatinus archiepiscopo et canonicis dicas, quod pro te non dimittant, quin eidem ecclesiae (Meaux) personam idoneam provideant in episcopum et pastorem"; c. 3 (Innoc. III. 1200 betr. die Wahl in Sutri) X. de caus. poss. II. 12: „quum . . . secundum statuta canonica electiones episcoporum ad cathedralium ecclesiarum clericos regulariter pertinere noscantur"; c. 56 (Gregor. IX.) de elect. I. 6: „Edicto perpetuo prohibemus, ne per laicos cum canonicis pontificis electio praesumatur. Quae si forte praesumpta fuerit, nullam obtineat firmitatem, non obstante contraria consuetudine quae dici debet potius corruptela".

[2] So z. B. c. 42 (c. 24 Later. IV. a. 1215) X. de elect. I. 6: „ut is collatione habita eligatur, in quem omnes vel maior et sanior pars capituli consensit".

[3] c. 3 X. de caus. poss. cit. Als ein solcher Titel wird hier die Ersitzung des Wahlrechtes, in c. 28 X. eod. (Innoc. III. für Armagh) ein Privileg, in ep. Innoc. III. v. 1210 reg. XIII. 48 (s. S. 591 Anm.), v. 1205 reg. VIII. 78, ed. Migne 2, 662, c. 4 X. de postul. I. 5 in Betreff des Theilnahmerechtes der Suffraganen an der Bischofswahl für einzelne Erzbisthümer in Irland und Ungarn die Gewohnheit anerkannt, vgl. auch c. 50 (Greg. IX.) XI. 6.

Ihrerseits haben allerdings die Päpste mitunter offenbar, um eine Wahl in dem von ihnen gewünschten Sinne zu sichern, den Kapiteln aufgegeben, dabei sich des consilium von bestimmt bezeichneten Geistlichen, Aebten und Bischöfen zu bedienen, c. 52 (Gregor IX.) X. de elect. I. 6 u. ep. eiusd. ad cap. Mantuan. v. 1235, Ughelli Italia sacra 1, 866.

[4] S. die vorigen Noten.

[5] c. 13 Dict. LXI, s. auch o. S. 515.

[6] c. 19 (Innoc. III.) X. de elect. I. 6: „quum universus populus ad ecclesiam advenissent et audissent, qualiter a vobis (dem Kapitel) electio fuerat celebrata, factum vestrum communiter approbarunt"; c. 20 (id.) eod.: „faciebant . . . ad id (für Ertheilung der Dispensation) non modicum concors capituli Vigorniensis electio, petitio populi, assensus principis" etc.; Innoc. III. ad ep. Gebennens. v. 1212 bei Migne 2, 695: „canonici Ebredunensis ecclesiae . . . cum tractatum diutinum habuissent, tandem . . . cleri, populi et suffraganeorum desideriis concurrentibus, te in suum archiepiscopum et pastorem unanimi postulavere consensu".

Auch Gerhoh, s. o. S. 59. n. 4, gewährt den honorati das Recht des assensus, bemerkt aber, dass die Verweigerung desselben nicht zur Kassation der Wahl führen könne.

Die o. Note 1 citirte Dekretale Gregors IX. verbietet nur eine für die Abstimmung selbst mitentscheidende Betheiligung der Laien.

berechtigt voraussetzen [1], eine entscheidende Mitwirkung der übrigen Faktoren doch zum Theil bis weit in das 13. Jahrhundert hinein vorgekommen ist, und bis dahin mannigfache Verschiedenheiten bestanden haben.

In Deutschland hatte man nach dem Wormser Konkordat auf das alte Recht zurückgegriffen, und demnach nahmen hier der Klerus und das Volk an den Wahlen Antheil [2]. Thatsächlich war aber eine wirkliche Abstimmung dieser nicht scharf begrenzbaren Klassen, ebenso wie früher, unmöglich, und daher der Kreis der wirklich bei der Wahl in der einen oder anderen Weise entscheidenden Personen auf die Geistlichen und die Laien von hervorragender Stellung, die *capita ecclesiae et populi* [3], beschränkt, so dass dem niederen Klerus und Volk nur eine nicht weiter rechtlich und faktisch bedeutsame Akklamation oder Zustimmung zu der von den ersteren vorgenommenen Wahl, und falls bei einer solchen ein Zwiespalt hervortrat [4], zu der Wahl des einen oder anderen in Frage kommenden Kandidaten übrig blieb [5].

Die entscheidende Bezeichnung des Kandidaten, d. h. eine Stimmberechtigung im modernen Sinne, stand natürlich den Domherren [6], ausserdem aber vielfach auch den Prälaten der angeseheneren Kollegiatstifter und anderen Geistlichen von hervorragender Stellung, z. B. den Aebten gewisser Klöster [7], den s. g. *maiores* [8], *magnates* [9], *praelati* [10], *priores ecclesiae* [11] zu. Im 12. Jahrhundert erscheinen in einzelnen Fällen auch Mönche als wahlberechtigt im eigentlichen Sinne [12].

Unter den Weltlichen, welche bei der Wahl mit in Frage kommen, werden die *honorati* [13] und *proceres patriae* [14], insbesondere die *duces* [15], *comites* [16], *nobi-*

[1] S. o. S. 573. n. 2 u. 3; S. 595. n. 5.

[2] Ueber das 12. Jahrh. vgl. Balderici g. Alberon. c. 10, S. 564. n. 6; Ann. Colon. max. a. 1132, a. a. O. n. 3; Annal. Saxo a. 1133, SS. 6, 768: „canonica electione cleri et populi"; ibid. p. 769: „generali electione cleri et populi"; gleiche oder ähnliche Wendungen in Otton. Frising. chron. VII. 20, SS. 20, 260; eiusd. g. Frider. I. imp. II. 28, ibid. p. 411; Helmold. chron. Slav. I. 79, SS. 21, 71. Ueber das 13. Jahrh. vgl. Reiner. annal. a. 1229, SS. 16, 680: „ab universo clero, a ducibus et comitibus et nobilibus, a militibus et plebeiis . . . eligitur in episcopum Leodiensem . . . Johannes".

[3] Dieser Ausdruck in Laurent. g. ep. Virdun. c. 29, S. 561. n. 6.

[4] Für das 12. Jahrh. s. Laurent. g. Virdun. l. c.; g. episc. Camer. c. 16, SS. 7, 507; vita Arnoldi b. Jaffé mon. Mogunt. p. 610: „clero Moguntiae metropolis unanimi eligente, populo acclamante"; Arnold. Lubec. chron. Slav. I. 13, SS. 21, 125; für das 13. Jahrh. g. episc. Halberstad. a. 1201, SS. 23, 115: „Ad electionem igitur considentes (sc. fratres, d. h. die Domherrn) vota sua in . . . C. maiorem prepositum coniecerunt et consensu unamini totius cleri et populi acclamatione in . . . episcopum concorditer elegerunt".

[5] ep. Loth. ad Innoc. II. v. 1135, Jaffé mon. Bamb. p. 524.

[6] ep. Lothar. cit.; Arnold. chron. I. 13, SS. 21, 125; s. Note 4; vgl. auch die folgende Note.

[7] Nach der ep. Coloniens. ad Eugen. III. v. 1151 erscheinen als bei der Wahl betheiligt „decanus, archidiaconi, abbates, prepositi, clerus, honorati et universus populus" und zwar „votis concordibus et pari cunctorum acclamatione", so dass also auch hier abstimmende und zustimmende unterschieden werden; nach Otton. Fris. g. Frider. I. imper. II. 31, SS. 20, 414 die Pröpste der Kollegiatstifter und die Aebte, nach Lamberti Waterlos a. 1167, SS. 16, 541 die abbates und quidam archidiaconi, nach Balderic. g. Alberon. c. 10, SS. 8, 249 der Propst eines Kollegiatstiftes in Trier.

[8] Annal. Saxo a. 1126, SS. 6, 763.

[9] vit. Nortbert. c. 18, S. 564. n. 3.

[10] Chron. Magni presb. a. 1191, SS. 17, 518: „Wolfkerus . . . electus unanimiter a Pataviae choro et praelatis omnibus eiusdem episcopatus, ministerialibus quoque et plebe".

[11] Dieser Ausdruck ist in Köln gebräuchlich gewesen, Ficker, Engelbert d. Heilige, Köln 1853. S. 12. 13. 206.

[12] Annal. Erphesf. a. 1129, SS. 6, 537: „In episcopatu Halberstadensi II episcopi per dissensionem clericorum et regularium statuuntur"; vgl. auch ep. Loth. cit. b. Jaffé l. c. p. 525; nur des Assensus eines Abtes nach vollzogener Wahl gedenken Laur. g. Virdun. c. 29. S. 561. n. 6.

[13] S. o. Note 7.

[14] Lamberti Waterlos a. 1167, SS. 66, 540.

[15] S. oben n. 2 a. E. über die Wahl Brunos IV. in Köln 1205 dial. clerici et laici zw. 1205 u. 1208 bei Boehmer, fratri 3, 403: „Si electio enim fieri poterat, illa celebrari non debuit, nisi presentibus nobilibus terrae, beneficiatis hominibus s. Petri et summis officialibus episcopis quorum est electionem approbare . . . Aderat enim comes de Seine maioris ecclesiae advocatus, cuius prima vox est in assensu prestando . . . Aderat dux de Limburg et alii nobiles quam plures et populus multus nimis".

[16] S. vor. Note; g. episc. Traiect. c. 18 a. 1215,

les[1], die *barones*[2], die *milites*[3], die *ministeriales*[4], die *beneficiati*[5], ferner die Advokaten der Kirche[6] und andere höhere bischöfliche Beamte[7], endlich die *cives*[8], also alle diejenigen, welche in Folge ihrer Stellung oder ihrer Aemter oder Lehne zu dem Bisthum in Beziehung stehen und ein besonderes Interesse an der Bestellung des neuen Bischofs haben, hervorgehoben.

Eine Stimmberechtigung im eigentlichen Sinne gewährte man den erwähnten Personen aber nicht mehr[9], sie traten daher auch nicht als Mitglieder in das durch die höhere Geistlichkeit gebildete Wahlkollegium ein[10], vielmehr hatten sie blos das Recht, den Wahlberechtigten Namens des Volkes genehme Kandidaten in nicht bindender Weise zu nennen (*petere*)[11], ferner aber auch die Befugniss, zu der von dem Wahlkollegium vorgenommenen Wahl ihre Zustimmung (*assensus*) zu geben. Nach der damals in Deutschland herrschenden, freilich von der strengkirchlichen Richtung verworfenen[12] Anschauung bedurfte es dieser zum Abschluss, d. h. zur Gültigkeit der Wahl[13], und falls sie nicht ertheilt war, galt der von den Geistlichen auserlesene Kandidat nicht als rechtmässig gewählt[14].

Diese Rechte waren immerhin bedeutsam genug, um einen weitgehenden Einfluss auf die Besetzung der Bischofsstühle zu ermöglichen. Bald waren es die mächtigen Dynasten-, Grafen- und Adelsgeschlechter[15], bald die Vasallen und Ministerialen[16],

SS. 23, 410: „predicte comites . . . Traiectum conveniunt. . . Unde ad instanciam eorum Otto II. . . . eligitur in episcopum". Vgl. auch c. 11 ibid. l. c. p. 407 u. die vor. Note.

1 S. S. 605. n. 2 u. 15.

2 Balder. g. Alberon. c. 18, SS. 8, 248: „Sane cum rex esset in civitate nostra et cum eo . . . provinciae nostrae barones, facto conventu ad eligendum pastorem, quinque nominavimus, ut facilius per concordiam unus illorum ab omnibus eligeretur. His nominatis barones et omnes laici a nobis pro capiendo consilio . . . secedentes, moxque ad nos reversi, nullum de quinque sibi prenominatis, sed omnes . . . Gebehardum petierunt; et quamvis . . . tamen . . . adeo in ea peticione perseveraverunt, quod plerique fratres nostri illis concordare ceperunt".

3 S. 605. n. 2.

4 S. 605. n. 10; contin. Admont. a. 1200, SS. 9, 589: „communi electione cleri et ministerialium", s. auch S. 574. n. 5; S. 575. n. 2.

5 S. 605. n. 15.

6 Balder. g. Alberon. c. 10, SS. 8, 248: „cum ad faciendam electionem conveniremus, palatinus comes qui est aecclesiae nostrae (v. Trier) advocatus ceterique nobiles et populus, ubi intentionem nostram persenserunt, facta turba et tumultu, penitus nos disturbaverunt, et tunc omnes dominum Godefridum . . . qui primus de quinque erat nominatus, sibi dari petierunt"; S. 605. n. 15.

7 S. 605. n. 15.

8 Lamberti Waterlos ann. Camer. a. 1167, SS. 16, 541, d. h. wohl die Vertreter der Bürgerschaft; annal. Egmund. a. 1198, SS. 16, 473: „Theodericus praepositus de Masdrecht cleri electione favore comitum Theoderici et Ottonis et consensu civium . . . in episcopatu successit".

9 Wo in den vorstehend citirten Berichten von ihrer electio die Rede ist, bedeutet electio, das ganze Wahlverfahren, die Auswahl der Person durch die stimmberechtigten und die hinzutretende Thätigkeit der anderen, bei der Wahl betheiligten Personen, vgl. z. B. g. episc. Halberstad. S. 605. n. 4 u. 15.

10 Diese Scheidung zeigen die S. 605. n. 4. 7. 10, die diese S. n. 2 u. 6 citirten Stellen und Gisleb. chron. Hann. SS. 21, 573.

11 Dieses s. g. petere erwähnt Gerhoh v. Reichersperg, s. o. S. 59. n. 4; vgl. auch o. Note 2 u. 6.

12 S. o. S. 603.

13 Dies zeigt schon allein die regelmässige Erwähnung der Betheiligung des Volks in den Berichten über stattgehabte Wahlen, vgl. ferner die Note 10 citirten Stellen.

14 Chron. Hildesheim. 1199, SS. 7, 859: „(Herbertus) communi et canonico tocius capituli et cleri consensu, omnibus laicis omnino contradicentibus, in episcopum electus est, propter quod nostra ecclesia multos et graves labores, expensa, pericula . . . perpessa est. Tandem eo iam in episcopum consecrato et ad episcopium nostrum, unde per annum et amplius eiectus fuerat, revertente".

15 So z. B. im 13. Jahrhundert in Köln die Grafen von Berg, Ficker, Engelbert S. 14 ff.; in Mainz die Familien von Bolanden und Eppstein, Winkelmann, Philipp v. Schwaben 1, 191 Note 2; über Utrecht s. S. 605. n. 16; Note 8 dieser Seite.

16 Notae s. Emmerani a. 1235, SS. 17, 574 über Regensburg: „Dissensio gravis inter chorum et ministeriales oritur. Pars chori minor Gotfridum prepositum eligunt. Res episcopales miro modo vastantur. Contraria pars chori cum abbate s. Emmerani . . . Romam adeunt et . . . apud Gregorium VII. (d. h. IX.) Sigifridum . . . elegerunt et in episcopum . . . ab ipso apostolico con-

welche eine selbst bis zu direkter Einmischung in die Wahl ausgedehnte Einwirkung, und zwar nicht blos mit Rücksicht auf ihre politische Parteistellung, sondern mit Rücksicht auf ihre lokalen, persönlichen und Familieninteressen übten, und auch vielfach um so leichter üben konnten, als die geistlichen Wähler aus denselben Gesellschaftsklassen und Familien, denen sie selbst angehörten, hervorgingen.

Im Laufe des 13. Jahrhunderts tritt indessen, wenngleich das städtische Element in Folge seiner Erstarkung vorerst in steigendem Maasse eine Berücksichtigung insofern erzwang, als es sich wiederholt missliebigen, von der Geistlichkeit gewählten Kandidaten widersetzte und sich derselben zu entledigen suchte[1], eine entschiedene Wendung ein. Bei dem nicht selten vorkommenden Antagonismus zwischen den Domkapiteln und der übrigen bisher wahlberechtigten Säkular- und Regular-Geistlichkeit[2], und dem Bestreben der ersteren, die Theilnahme an der Verwaltung der Bisthümer ausschliesslich in ihre Hände zu bekommen, bot die schon im Beginne des 13. Jahrhunderts bei der Kurie feststehende, die ausschliessliche Wahlberechtigung der Kapitel als Regel anerkennende Praxis (s. o. S. 604) eine erfolgreiche Handhabe, allmählich die Mitwirkung der hervorragenden Geistlichkeit des Stifts und der Diöcese zu beseitigen. Das Vorschlags- und Zustimmungsrecht der mächtigen und einflussreichen Laien und die durch dieselben herbeigeführten Wirren[3] hatten ebenfalls oft genug so schädliche Folgen für die einzelnen Bisthümer gehabt, dass die Kapitel schon ihrer selbst wegen genöthigt wurden, auf die Ausschliessung dieses Elementes von der Antheilnahme an den Wahlen hinzuwirken. Dies liess sich um so leichter durchführen, je mehr die Mitglieder jener Dynasten- und adligen Familien in die Domkapitel eindrangen[4], und deren Interessen im Schoosse der Kapitel eine einflussreiche Vertretung gewannen. Die Betheiligung des niederen Klerus und des Volks endlich hatte schon früher ohnehin nur dadurch Bedeutung gehabt, dass die hervorragenden Mitglieder beider Klassen diese Massen zur Durchführung ihrer Pläne benutzten, und musste von selbst, sowie deren Führer ihre Rechte nicht mehr geltend machten, in sich zusammenfallen.

Alle diese Umstände führten dazu, dass mit Abschluss des 13. Jahrhunderts auch für Deutschland der schon viel früher päpstlich anerkannte Grundsatz, dass die Bischofswahlen für die Regel allein und ausschliesslich von den Domkapiteln vorzunehmen seien, zu praktischer Durchführung gekommen, und die frühere, rechtlich bedeutsame Mitwirkung des übrigen Klerus und der Laienschaft verschwunden ist[5].

secratum secum adduxerunt. Ne autem de cetero quid tale contra electiones a laicis praesumatur ministerialibus, asserentibus electionem pontificalem in suo debere consistere plus quam cleri arbitrio, sciant omnes . . . quod omnis adversa pars . . . omnes ab ecclesiasticis beneficiis et chori consortio sub pena excommunicationis sunt sequestrati"; vgl. ferner Sugenheim S. 195; Ficker a. a. O. S. 112. 113.

[1] Vgl. bellum Waltherian. c. 32, SS. 17, 113: „ad preces civium (v. Strassburg 1262) elegerunt (canonici) in episcopum concorditer . . . Heinricum"; Sugenheim S. 193. 194; dipl. des Bischofs Georg v. Passau v. 1389, Monum. Boica XXX. 2, 389: „. . . cum vacante ecclesia nostra . . . capitulum . . . eligentes. Ortaque inter idem capitulum et civitatem nostram Pataviensem materia guerrarum ac populo eiusdem civitatis a debito regimine deviante dictum capitulum ac ecclesiam multis iniuriis afficientes iura ecclesie multipliciter invaserunt, nonnullos presbyteros ceperunt, . . . multoque alia enormia . . . fecerunt et commiserunt, parati etiam castra et bona ecclesie, quantum in eis erat et facultatem habuissent, bellicis actibus invadere et pro se ipsis, prout publice se iactarunt, tenere et occupare".

[2] Vgl. z. B. Gisleb. chron. Hann. SS. 21, 573; Ficker a. a. O. S. 17.

[3] Sugenheim S. 191 ff.; Hurter, Innocenz III. 3, 229 ff.

[4] S. o. S. 67 ff.

[5] Die der nicht zum Kapitel gehörigen Geistlichkeit früher, als die der Laien, so sind z. B. in Passau 1246 nur die Kanoniker, neben ihnen aber noch die Ministerialen bei der Wahl betheiligt, ann. s. Rudbert. Salisb. a. 1246, SS. 9, 789.

In Italien, wo der päpstliche Einfluss sich stärker geltend machen konnte, ist die Beschränkung des Wahlrechtes auf die Domkapitel ebenfalls im 13. Jahrhundert, theilweise sogar schon zur Zeit Innocenz' III.[1], und im Allgemeinen früher als in Deutschland erreicht worden[2], und dieselbe Uebung hat sich im Königreich beider Sizilien[3], in Frankreich[4], England[5], Dänemark[6], Norwegen[7], Schweden[8] und Ungarn[9] während des gedachten Jahrhunderts fixirt, wogegen in Spanien noch in dieser Zeit eine Betheiligung des übrigen Klerus und der Laienschaft vorgekommen ist[10].

Eine schon rein passive Stellung des Klerus und Volkes zeigt der Bericht über die Bischofswahl in Lübeck v. 1259, Leverkus, Urkdbch des Bisthums Lübeck S. 133: „sollempniter electionem publicavimus (die Domherrn), eandem . . . deinde viris religiosis, clero et populo qui electionem expectando desiderabant, sicut congruit exponentes". Die chron. episc. Merseburg. c. 21 ff., SS. 10, 191 ff. erwähnen v. J. 1240 ab nur der Wahl durch das Kapitel allein, ebenso wählt dasselbe in Regensburg 1226, ann. s. Rudb., SS. 9, 783; in Worms ann. Wormat. a. 1247, SS. 17, 51; in Hamburg-Bremen, ann. Hamburg. a. 1258, SS. 16, 384; in Strassburg 1262, s. S. 607. n. 1.

1 c. 21, 36 (Innoc. III.) X. de elect. I. 6 für Novara u. Cremona, eiusd. ep. IX. 172, für Ivrea und IX. 186 für Gubbio v. 1206, Migne 2, 1004. 1025; XVI. 51 für Novara v. 1213, wiewohl allerdings auch noch zu seiner Zeit einer Betheiligung des clerus, der consules und des populus in Pavia, ep. I. 326 v. 1198, l. c. 1, 292 des clerus et populus in Piacenza ep. II, 111 v. 1199, l. c. 1, 666; der assentientes nobiles et ministeriales in Aquileja ep. VII. 99 v. 1204, l. c. 2, 383 gedacht wird.

Eine Stimmberechtigung von Prälaten, Aebten, Kanonikern der Kollegiatkirchen, und anderen Geistlichen bei der Bischofswahl im Domkapitel hat sich bei einer Reihe von italienischen Kathedralen erhalten oder ist wenigstens beansprucht worden, Innoc. III. ep. IX. 186 cit. für Gubbio, XV. 112 v. 1212 für Mailand l. c. 3, 623; c. 50 (Gregor. IX.) X. de elect. I. 6 (für Como? v. 1227?); Honor. IV. ep. v. 1286 für Marsico, Ughelli Ital. sacra 1, 910.

2 Für Pisa dipl. a. 1216 bei Ughelli 3, 444; ep. Honor. III. v. 1221 für Pola l. c. 5, 479; ep. Gregor. IX. für Ventimiglia und Mantua v. 1233 u. 1235, l. c. 4, 303 u. 1, 866; für Concordia u. Aquileja annal. Foroiul., SS. 19, 206, wiewohl freilich in Oberitalien die Bürgerschaften wiederholt einen Einfluss auf die Wahlen auszuüben versucht haben, s. syn. Bergam. a. 1311 für die Mailänder Provinz rubr. 17, Mansi 25, 493: „. . . experientia manifestat, quod laici praesentes in electionum tractatu non permittunt eligentes plerumque habere liberum arbitrium eligendi et eis incutientes timores inducunt ipsos ad eligendum personas, quas alias nullatenus nominarent. Quapropter . . . ordinamus, quod . . . illi ad quos spectat electio . . . convenient in aliquem locum . . . idoneum et ante ipsum tractatum . . . omnes laicos de ipso loco eiusque clausura licentient et expellant et . . . ad tractatum ipsum et ad electionem procedant legitime, . . . electionem quae vero aliter celebrari contigerit, ex nunc decernimus nullam esse . . . ex electione quippe aliqua ius aliquod electo decernimus non acquiri, pro quo eligendo, dummodo non in fraudem, scilicet ut ipsius eligendi electio vitietur, alicui vel aliquibus minae vel terrores seu iniuriae fuerint irrogatae vel pro quo eligendo armatorum multitudo, electionis tempore, accesserint ad locum . . . ad terrorem incutiendum illis, ad quos electio pertinebit, aut propter quem eligendum eius agnati vel amici minas intulerint eligentium consanguineis vel propinquis".

3 S. 595. n. 5; c. 17 (Innoc. III. für Penna), c. 18. 19 (derselbe für Capua) X. de elect. I. 6; S. 597; ep. eiusd. v. 1212, XV. 235 für Melfi, l. c. 3, 777.

4 Hier theilweise schon Ende des 12. Jahrhunderts, S. 582. n. 3, vollständig im Laufe des 13., a. a. O. n. 6, vgl. ferner die Dekretalen Innocenz III. für Bajeux, Toulouse, Terouane und Lyon, und Gregors IX. für Nevers und Chalons in c. 19. 30. 32. 34. 53. 56. X. de elect. I. 6; ebenso in der Normandie s. ep. Luc. III. für Rouen v. 1191, Mansi 22, 480; S. 587. n. 2; c. 48 (Gregor. IX.) X. lit. cit.; Raynouard, histoire du droit municipal en France. 2, 105 ff. 137. Auch in Frankreich hat es übrigens ebensowenig wie in Deutschland und Italien an Versuchen der einflussreichen Laienschaft, gewaltsam einen Einfluss auf die Wahlen der Kapitel auszuüben, gefehlt, Hurter, Innocenz III. 3, 230; conc. Bituric. a. 1276. c. 1, Mansi 24, 167: „. . . Asserebant, quod in regno Franciae . . . his diebus in electionibus celebrandis . . . pro libertate datur impressio . . . adeo quod quando in certis locis electiones pastorum imminent faciendae, multitudine populi per iniquitatis filios concitata in electores impetum faciente, electiones ipsae in nonnullis ecclesiis aut ad tempus impediuntur totaliter aut in locis hactenus consuetis nequeunt celebrari, prout in Lugdunensi, Burdegalensi et Carnotensi ecclesiis nuper dignoscitur esse factum".

5 S. 589. n. 4.

6 S. 592.

7 S. 592.

8 S. 593.

9 S. 600.

10 So in Gerona 1214, Florez etc. España sagrada 44, 259: „Clerus et populus Gerundensis urbis atque diocesis . . . assensu et magnatum voluntate et totius reliqui vulgi communi aclamatione elegerunt Raimundum . . . in praefatae sedis episcopum"; a. 1230, l. c. 43, 395: ‚Clericorum maioresque nobilium laicorum tam comites

§. 125. cc. *Die Entwickelung des fürstlichen Nominations- oder Präsentationsrechtes seit dem 15. Jahrhundert. (Nominationsrecht der Erzbischöfe von Salzburg.)*

Dem Papstthum war es nach vielfachen Kämpfen gelungen, die im Beginne des Mittelalters herrschende Anschauung, dass die Vergebung der Bisthümer ein aus der Herrschergewalt herfliessendes fürstliches Recht sei, zu beseitigen. Seit dem 12. Jahrhundert galt die Besetzung der bischöflichen Stühle wieder als eine wesentlich

ibidem commorantes quam cetera omnis plebs simul in uno concordantes uno sensu unaque voluntate omnes in uno positi . . . eligentes"; andererseits s. Innoc. III. ep. v. 1211. XIV. 122 für Pamplona, ed. Migne 3, 478.

Nachdem die Domkapitel die ausschliessliche Wahlberechtigung der Bischöfe erlangt hatten, liessen sich dieselben sehr bald von den zu wählenden Kandidaten bestimmte, die Verwaltung des Bisthums betreffende Zusicherungen ertheilen und die Beobachtung derselben eidlich versprechen, c. 27 (Innoc. III. für Todi) X. de iureiur. II. 24; annal. Erphord. a. 1233, SS. 16, 28: „Sifridus Maguntinus habito consilio cum canonicis Maguntinis pro sui predecessoris debitis, quibus episcopatus iam dudum Rome fuerat obligatus, in tota sua diocesi redituum vicesimam partem a personis ecclesiasticis colligi mandavit, ac super hoc privilegio, se numquam a clero suo diebus suis quicquam amplius petiturum. Canonici etiam matricis eccclesie Moguntiae fide iuratoria confirmaverunt, se de cetero nullum pontificem electuros, nisi in idem privilegium consensurum". Schon Innocenz III. und später Nikolaus III. (1277—1280) c. 1 in VI^to^.eod. II. 11 haben dergleichen Vereinbarungen, soweit sie auf etwas rechtlich unzulässiges oder der kirchlichen Freiheit widersprechendes gerichtet waren, für nichtig erklärt. Ein allgemeines Verbot solcher Verabredungen war aber damit nicht aufgestellt, und in Folge dessen dauerte diese Sitte nicht nur fort, vielmehr dehnte sich dieselbe in Deutschland schon im 15. Jahrhundert fast auf alle Domkapitel aus. Während solche Wahlgedinge anfänglich sich nur auf einzelne Punkte bezogen, und vor Allem den Zweck hatten, die Verschleuderung des Bisthums- und Stiftsgutes oder die Beschwerung des Bisthums und des Klerus mit neuen Abgaben und Lasten zu verhüten, brachten die Kapitel im Laufe der Zeit dabei immer mehr ihr eigenes Interesse zur Geltung und nöthigten die neuzuwählenden Kandidaten, ihnen, und zwar in besonders aufgesetzten Urkunden, den s. g. Wahlkapitulationen, eidliche Versprechungen in Betreff der Bestätigung ihrer Rechte und Privilegien, der Gewährung neuer Freiheiten und neuer Vermögensmassen, sowie der Führung der geistlichen und weltlichen Regierung des Stiftes zu gewähren, v. Sartori, geistl. u. weltl. Staatsrecht d. deutschen . . . Erz-Stifter. I. 2, 166 ff. 174 ff.; J. J. Moser, teutsch. Staatsrecht 11, 438. 440. 441. Die dadurch den Bischöfen auferlegten Beschränkungen gaben sehr bald zu vielen Klagen Veranlassung (vgl. die hundert Beschwerden der deutschen Nation v. 1522 u. 1523. c. 85, bei Gaertner, corp. iur. eccles. cath. 2, 208: „Illicitum est et hoc pleneque iniquum, quod canonici ecclesiarumque cathedralium praeeminentiores, quorum in manu potior ecclesiasticorum iudiciorum, synodorum ac censurarum pars sita est, . . . nullum in episcopum eligunt, nisi se prius iureiurando adstrinxerit planeque devoverit, literis quoque interdum instrumentis que sigillo probe munitis caverit, ipsis ipsorumque ordinatis iudicibus ab officialibus in nullo utcunque gravi vel inhonesto intolerabilique proposito se contrarium fore. Ac si quando eos delinquere contigerit, impune eis per ipsum, ut hoc sibi liceat"). Auch versuchten die Bischöfe mehrfach, sich ihrer Versprechungen dadurch zu entledigen, dass sie bei dem päpstlichen Stuhle die Lossprechung von denselben nachsuchten. Dieser erklärte nicht nur in dergleichen Fällen die Wahlkapitulationen als der kirchlichen Freiheit widersprechend für nichtig, v. Sartori S. 175. 178. 182 ff. 185. 198, sondern schritt auch durch allgemeine Verbote dagegen ein. So wiederholte Gregor XIII. in der Bulle: „Inter apostolicas vom 7. September 1584 (Bull. Taur. 8, 489) im Wesentlichen die Vorschriften der vorhin citirten Konstitution Nikolaus' I. und nachdem sich dies erfolglos erwiesen hatte, verbot Innocenz XII. durch die Bulle: Ecclesiae catholicae v. 22. September 1695 (l. c. 20, 716) die Eingehung von Kapitulationen überhaupt, indem er gleichzeitig verordnete, dass eine selbst eidliche Bestärkung derselben nicht bindend sein sollte. Wenngleich der Kaiser diese Bulle ebenfalls anerkannte, v. Sartori a. a. O. S. 189, so blieb es doch bei der im deutschen Reich hergebrachten Uebung. Die Bischöfe waren, da die Verfassung der geistlichen Territorien zum Theil auf den Wahlkapitulationen beruhte, oft genug genöthigt, diese bei ihrer Wahl zu acceptiren, und mussten auch nach derselben, um ihre Stellung gegenüber dem Kapitel und ihrem Lande nicht zu verderben, von der Nachsuchung einer Kassation bei der römischen Kurie absehen. Dazu kam, dass die gedachte Uebung nicht nur in dem westfälischen Frieden, instrum. pac. Osnabr. art. V. §. 17 reichsgesetzliche Anerkennung gefunden hatte, sondern auch später durch das in den kaiserlichen Wahlkapitulationen (Art. 14 §. 1) enthaltene Versprechen, die hergebrachten Gewohnheiten der Domkapitel schützen zu wollen, eine weitere Sanktion erhielt. Vgl. über die Wahlkapitulationen Petr. Gallade, diss. de capitulatione episcopo Germaniae . . . proposita. Heidelb. 1758, bei Schmidt, thes. iur. eccles. 2, 767; J. J. Moser a. a. O. 430 ff. und damit kirchliche Angelegenheit [1], und im folgenden hat sowohl das ausschliessliche Wahlrecht der Domkapitel [2], wie auch das von den Päpsten bei den Bischofswahlen in Anspruch genommene Entscheidungs- und ihr Mitwirkungsrecht bei der Besetzung der Bischofsstühle praktische Anerkennung gefunden [3]. Einen völligen Ausschluss der Betheiligung der weltlichen Fürsten bei der Wahl und bei der Verleihung der Bisthümer hat jedoch das Papstthum nicht erreichen können [4]. Nicht nur durch diese ist seit der gedachten Zeit die Wahlfreiheit der Domkapitel mehrfach gefährdet worden [5], die Päpste selbst haben vielmehr das Wahlrecht derselben wiederholt durch einseitige Ernennungen von Bischöfen namentlich kraft des in Anspruch genommenen obersten Besetzungs- und Reservationsrechtes [6] beeinträchtigt.

Der vermehrte und weitgehende Einfluss, welchen die Päpste zunächst im Interesse der Erhöhung ihrer Macht geltend zu machen gewusst hatten, wurde während der durch die Uebersiedelung nach Avignon und durch das Schisma erschütterten Stellung des Papstthums seitens der weltlichen Fürsten, deren Unterstützung dasselbe vielfach bedurfte, — so von den deutschen Kaisern [7], den Königen von England [8], Frankreich [9] und Spanien [10] benutzt, um gerade durch päpstliche Kassationen stattgehabter Kapitelswahlen und päpstliche Ernennungen ihnen genehme Kandidaten auf die Bischofsstühle zu befördern. In Ungarn [11], sowie im Königreich beider Sizilien und in Spanien musste das Papstthum sogar das Zurückgreifen der Fürsten auf das alte frühere Ernennungsrecht der Bischöfe dulden, und im 15. und 16. Jahrhundert den Herrschern der beiden zuletzt erwähnten Reiche das Patronat- und Präsentationsrecht auf die Bisthümer durch Indulte zugestehen [12]. Ebenso erlangte Kaiser Friedrich III. von Nikolaus V. das Ernennungsrecht auf einzelne Bisthümer seiner Länder [13], und der Kurfürst Friedrich II. von Brandenburg ein solches für die Bisthümer Havelberg, Brandenburg und Lebus [14]. Nicht minder bewil-

wesentlich identisch die Erörterung in desselben persönl. Staatsrecht derer deutsch. Reichsstände, Th. I. S. 89 ff.; v. Sartori a. a. O. S. 159 ff. (hier S. 222 auch weitere Literatur); Kress, Erläuterung d. Archidiakonalwesens. Helmstedt 1725. 1, 60 ff.; Gehring, d. kath. Domkapitel Deutschlands. Regensburg 1851. S. 27. 157 ff.; Vering, K. R. S. 553. n. 12.

1 O. S. 601.

2 O. S. 607.

3 O. S. 574. 590. 594. 597.

4 O. S. 601.

5 O. S. 590. 597.

6 O. S. 575. 594.

7 O. S. 576.

8 O. S. 589.

9 Sugenheim S. 212. 213.

10 Hergenröther i. Arch. f. k. K. R. 10, 11.

11 O. S. 600 Anm. 2.

12 O. S. 597. 599 Anm.

13 Indult v. 1447 für Brixen, Gurk, Triest, Chur, Seben Chmel reg. Frider. IV. (imper. III.) Wien 1838. n. 2019, Erneuerung desselben durch Paul II. 1469 in Betreff der drei erstgenannten Bisthümer und Gewährung für Wiener-Neustadt, l. c. n. 5592, Indult Pius' II. 1463 für Laibach l. c. n. 4008 (der Wortlaut ist dort nicht mitgetheilt).

14 a. 1447, Riedel, Cod. dipl. Brandenburg. I. Hauptthl. 2, 501: „Quia vacantibus Brandeburgensi, Avelbergensi et Lubucensi ecclesiis aut earum aliqua nonnulla scandala hactenus in illis partibus intelleximus fuisse suborta, propterea, quod ipsis ecclesiis de personis vel populis vel principibus . . . minus gratis per electionem vel alias provisum extiterat, ne tuo tempore similia contingant, quociescumque predictas ecclesias aut earum aliquam vacare contingerit, curabimus et volumus de personis ydoneis tibi gratis et fidelibus, quas nobis nominaveris et pro eisdem supplicaveris, ipsis ecclesiis providere ad tempora vite tue“. Ein Beispiel solcher Ernennung i. J. 1459 bei Raumer, cod. dipl. Brandenb. contin. 1, 224. Auch die Nachfolger Friedrichs haben dieses Recht ausgeübt, Riedel l. c. p. 419. Dass aber neben der Nomination mitunter, freilich nicht immer (s. Raumer l. c.) eine Scheinwahl konkurrirte, zeigt die Erklärung des Domkapitels zu Havelberg v. 1522 bei Riedel l. c. 3, 125: „Attendentes quod quia bona, census et reditus ecclesie Havelb. sub territorio, dominio, iurisdictione et defensione . . . electoris marchionis Brandenburg. . . . sita existunt, quodque nec nos nec subditi nostri cum eorum bonis sine dicti principis protectione subsistere possint, et quia principis Brandenburgensis . . . de eligendo aut postulando episcopo Havelberg. multum intersit, ut gratie sue non suspectus sed placidus, acceptus et gratus et idoneus preficiatur episcopus dicte ecclesie, prout et nos et capitulum nostrum post

ligte Leo X. in dem mit Franz I. 1516 abgeschlossenen Konkordate, durch welches die Kurie nach vielfachen vergeblichen Bemühungen die pragmatische Sanktion von Bourges zu beseitigen gedachte[1], das Nominationsrecht für die französischen Bisthümer mit Ausnahme des Falles einer Erledigung derselben in curia Romana[2].

Auf diese Weise hat sich neben der gemeinrechtlichen Art der Besetzung der Bischofsstühle durch Kapitelwahl eine zweite Art derselben, die Besetzung auf fürstliche Nomination oder Präsentation entwickelt[3], welche noch heute in manchen Ländern in Geltung steht[4].

Nominationsrechte anderer Personen kommen allerdings ebenfalls, aber vereinzelt vor, und ihr historischer Ursprung ist ein anderer, als der der eben erwähnten. So haben die Erzbischöfe von Salzburg seit dem 11. Jahrhundert durch kaiser-

obitum quondam ... Conradi episcopi Havelb. dominum ... Gans, deinde dominum B. de Alnensleben ac de post ... O. de Konigsmarke et post eius obitum J. de Schlaberndorf ... ad nominationem supradicti ... marchionis ... successive eligi in episcopos et post obitum dicti J. ad nominationem eiusdem ... marchionis ... dominum H. ..., tandem vero ... ad eiusdem ... marchionis ... nominationem ... in ... B. de Alnensleben ... una cum prefato ... H. ecclesie nostre ... pastore in coadiutorem recipi et assumi consensimus, nos nostrosque successores canonicos perpetuo obligamus per presentes, quoties ecclesiam Havelb. vacare ... contigerit, ad electionem seu postulationem sine dicti principis ... assensu, scientia et voluntate, attento, quod olim, sede Havelb. vacante, priusquam principis ... consensus fuerit requisitus ad electionem vel postulationem non sit processum, minime procedere velle, sed vacatione occurrente, quantocius gratie sue eandem intimare ac ab eligendo et postulando, donec gratia sua illustrissima aliquem vel aliquos, quem vel ex quibus in vel extra capitulum d. ecclesie in pastorem eligi, postulari et preffici velit, nobis intra tempus a iure ad electionem vel postulationem statutum nominandum duxerit, volumus abstinere".

[1] Friedberg, Gränzen zwischen Staat und Kirche. S. 489 ff.

[2] Nussi, conventiones ... inter s. sedem et civilem potestatem. p. 22: „Quod cathedralibus et metropolitanis ecclesiis in regno, Delphinatu et Comitatu praedictis ... etiam per cessionem in manibus nostris et successorum nostrorum ... sponte factam vacantibus, illarum capitula et canonici ad electionem seu postulationem inibi futuri praelati procedere non possint, sed ... rex Franciae pro tempore existens unum gravem magistrum seu licentiatum in theologia aut in utroque seu in altero iurium doctorem aut licentiatum in universitate famosa et cum rigore examinis et in XXVII suae aetatis anno ad minus constitutum et alias idoneum, infra VI menses a die vacationis ecclesiarum earumdem computandos, nobis ... seu sedi praedictae nominare et de persona per regem huiusmodi nominata per nos et successores nostros ... provideri. Et si contingeret praefatum regem personam totaliter non qualificatam ad dictas ecclesias sic vacantes nominare, per nos ... seu sedem huiusmodi de persona sic nominata eisdem ecclesiis minime provideri debeat, sed teneatur rex infra III alios menses a die recusationis personae non qualificatae, solicitatori nominationem non qualificatam prosequenti consistorialiter factae intimandae, computandos alium supradicto modo qualificatum nominare, alioquin ut dispendiosae ecclesiarum huiusmodi vacationi celeriter consulatur, ecclesiae tunc sic vacanti per nos et successores nostros ... de persona qualificata: necnon ecclesiis per obitum apud sedem praedictam vacantibus semper etiam nulla dicti regis praecedente nominatione libere provideri possit: decernentes electiones contra praemissa attentatas ac provisiones per nos et successores nostros ... factas nullas et invalidas existere".

Seit Anfang des 16. Jahrhunderts sind wiederholt solche Indulte für Nominations- oder Präsentationsrechte ertheilt worden, so z. B. 1529 von Clemens VII. an Franz Sforza, Herzog v. Mailand für das Bisthum Vigevano, Ughelli 4, 818: „insuper praefato Francisco et pro tempore existenti duci Mediolani iuspatronatus et praesentandi ... Romano pontifici ... personam idoneam ad eandem ecclesiam Viglevanensem, quotiens illam ... vacare contigerit, per ... Romanum pontificem eidem ecclesiae in episcopum preficiendam ac etiam praesentandi eidem episcopo Viglevan. alias personas idoneas ad archipresbyteratum, archidiaconatum et decanatum ac singulos canonicatus et praebendas erectas ... per ipsum episcopum Viglevan. ad praesentationem huiusmodi instituendas ... reservamus, concedimus et assignamus, decernentes iuripatronatus huiusmodi ac si illud eidem duci ratione verae fundationis seu plenae dotationis competeret, etiam per sedem praedictam, etiam consistorialiter, derogari non posse nec derogatum censeri, nisi ad hoc ipsius ... ducis Mediolani expressus accesserit assensus"; v. Alexander VIII. i. J. 1690 und Clemens XI. i. J. 1716 an die Könige von Portugal, bull. Taurin. 20, 56. 59; 21, 726; endlich eine Reihe von Indulten an die österreichischen Herrscher für ungarische, österreichische und lombardische Bisthümer in der zweiten Hälfte des vorigen und Anfangs dieses Jahrhunderts, s. die Aufzählung bei Ginzel K. R. 2, 20. n. 2.

[3] Die Frage, in wiefern ein Patronatrecht im eigentlichen Sinne von Bisthümern anzunehmen ist, kann erst in der Lehre vom Patronat erörtert werden.

[4] Vgl. unten §. 133.

liche und päpstliche Bestätigung das Recht, die Bischöfe der ihnen unterstehenden Suffragan-Bisthümer Gurk, Seckau, Lavant und Chiemsee zu ernennen und zu konsekriren, mit Rücksicht auf die Stiftung derselben aus den Gütern und Einkünften ihres Erzbisthums, erlangt[1], und sich diese Befugnisse trotz mannigfacher Streitigkeiten mit dem Domkapitel[2] bis auf den heutigen Tag bewahrt. Nur ist das Ernennungsrecht für das Bisthum Gurk seit dem 16. Jahrhundert auf jeden dritten Erledigungsfall beschränkt[3] und für Chiemsee in Folge der Auflösung dieses Bisthums i. J. 1805 bei der Abtretung des Landes an Baiern erloschen.

Die erwähnten Befugnisse des Erzbischofes von Salzburg sind, wie die vorstehende Darstellung ergiebt, nicht Reste seiner früher ausgedehnteren Metropolitangewalt, sie sind ihm vielmehr, soweit das Bisthum Gurk in Frage steht, durch den Kaiser zu einer Zeit gewährt, wo das Recht desselben zur Gründung von Bisthümern und zur

1 Bulle Alexanders II. v. 1070 für Gurk b. (Kleinmayern) Juvavia Anh. S. 257: „quia ecclesia tua tam ample diffusa est, quod per te solum non possis eam in chrismate aliisque pluribus quibus episcopali officio indiget decenter ac racionabiliter regere . . . concedimus . . . in quocunque loco tibi melius visum fuerit, episcopatum in tua parrochia constituere et ad procurandam salutem animarum adiutorem tibi tua consideratione praeponere, ita tamen ut episcopatus ille ecclesie tue tibique vel tuis successoribus nunquam subtrahatur et nullus ibi episcopus quandoque sive per investituram, ut dici assolet, vel quocunque pacto inibi constituatur, nisi quem tu vel tui successores prompta voluntate elegerint, ordinaverint et consecraverint"; fast wörtlich damit übereinstimmend die Bestätigungsurkunde Heinkichs IV. v. 1072, ibid. p. 258, vgl. auch unten S. 613 n. 1; beide Urkunden auch in vita Gebehard. c. 5, SS. 11, 37. Für Chiemsee vgl. die Erlaubniss Friedrichs II. v. 1213, Monum. Boica 2, 12, v. Meiller, Regesten z. Gesch. d. Salzburger Erzbischöfe. Wien 1866. S. 204: „indulsimus ei episcopum qui citra montes archiepiscopi Salzburgensis existat vicarius in memorato monasterio ordinare, qui tantum ad Salzburg. archiepiscopos et non ad imperium in regalibus et investitura debeat habere respectum", s. die fernere Bestätigung Friedrichs II. v. 1215, Monum. Boica 2, 25 u. v. 1218 bei Pusch u. Froelich, diplomat. ducat. Stiriae 1, 194; die päpstliche Bestätigungsbulle v. 1215 („ita quod electio ac investitura eiusdem episcopi ad te ac successores tuos pertineat") bei v. Meiller S. 208, vgl. übrigens auch a. a. O. S. 216. n. 200, 523. n. 60 u. 525. n. 68; Ficker, Reichsfürstenstand 1, 287; für Seckau die Bullen Honorius' III. v. 1218 u. 1225, Pusch u. Froelich l. c. 1, 299 u. v. Meiller S. 236, in denen der Passus über das Ernennungsrecht des Erzbischof ebenso wie in der Chiemseer v. 1215 lautet; s. ferner die erzbischöfliche Urkunde v. 1228 bei Pusch u. Froelich l. c. 1, 203 u. die Bestätigungsurkde K. Friedrichs II. v. 1218, ibid. 1, 194; vgl. dazu auch Meiller S. 529. n. 84; für Lavant die Bulle Honorius' III. v. 1225 bei (Kleinmayern) Juvavia S. 263, u. die erzbischöfl. Urk. v. 1228, ibid.; Bestätigungsbullen dieser Rechte von Nikolaus V. 1447 u. 1448; Paul II. v. 1466 u. Clemens VII. bei Hansiz, Germania sacra 2, 480. 518. 589. Im Allgemeinen s. noch (Kleinmayern) Juvavia S. 260 ff.; Benedict. XIV. de syn. dioeces. XIII. 7. n. 4 ff. u. Zallwein, princip. iur. eccles. T. IV. qu. 4. c. 1. §§. 8 ff.

2 Mit Rücksicht auf die erzbischöfliche Konstituirungsurkunde für Gurk v. 1072, Eichhorn, Beiträge z. Gesch. d. Herzth. Kärnthen 1, 194, welche dem Kapitel ein Wahlrecht zugesteht, hat dasselbe Ende des 12. und im Anfang des 13. Jahrh. dem Erzbischof das Ernennungsrecht wiederholt bestritten, (Kleinmayern) Juvavia S. 246 ff.; Ficker, a. a. O. 285, namentlich v. Meiller S. 485. n. 22 u. n. 25. Sowohl Alexander III. 1179, v. Meiller S. 133. n. 27, als auch Lucius III. 1184, a. a. O. S. 144 haben aber das erzbischöfliche Ernennungsrecht bestätigt. Allerdings ist unter Vermittelung Innocenz' III. ein den Ansprüchen des Kapitels günstigerer Vergleich versucht worden, a. a. O. S. 192. 516. n. 42 und 1232 eine neue, soweit erhellt, nicht päpstlich bestätigte Vereinbarung zu Stande gekommen, a. a. O. S. 550. n. 151, wonach der Erzbischof dem Kapitel von Gurk drei Kandidaten zur Auswahl vorschlagen sollte, indessen haben die Nachfolger des damaligen Erzbischofs Eberhard wieder das volle Ernennungsrecht ausgeübt und dafür auch mehrfache päpstliche Bestätigung erhalten, (Kleinmayern) Juvavia S. 249. n. a. Kaiserliche Bestätigungsurkunden und Hofgerichtsurtheile, welche dem Erzbischof das Recht der Investitur des Gurker Bischofs mit den Regalien zusprechen, bei Ficker a. a. O. S. 286.

3 In Folge eines zwischen dem österreichischen Hause und den Erzbischöfen abgeschlossenen Vergleiches v. 1535, (Kleinmayern) Juvavia S. 256: („. . . dass dieselbe Person, so durch uns oder unsern Erben zu dem Stifft Gurgg fürgenommen, einem Erzbischof zu Salzburg präsentirt und die geistlichen Orth als confirmation, consecration, investitur und dergleichen von dem Stift Salzburg . . . ersucht und genomen werde") präsentirt jetzt der Kaiser von Oesterreich in den beiden anderen Vacanzfällen, wogegen der Erzbischof die Bestätigung zu ertheilen, und die Konsekration zu vollziehen hat. Ueber die Besetzung der erwähnten Bisthümer wird übrigens jedesmal an den Papst berichtet.

Bestellung der Bischöfe unbestritten als Ausflüsse seines Herrscherrechtes galten und stellen sich demgemäss als Uebertragung dieser Rechte [1], in Betreff der übrigen Bisthümer als Uebertragung des dem Kaiser auch nach dem Wormser Konkordate verbliebenen Rechtes der Investitur mit den Regalien dar [2].

§. 126. 2. *Die Besetzung der Kapitels-Stellen (der Kathedral- und Kollegiat-Kanonikate)**.

In den ersten Zeiten nach der Entstehung der zum gemeinsamen Leben vereinigten Genossenschaften von Geistlichen an den Kathedral- und anderen Kirchen lag die Entscheidung über die Aufnahme neuer Mitglieder in der Hand des Vorstehers, d. h. bei den Domstiftern in der des Bischofs, und bei den sonstigen Kirchen in der des Propstes [3]. Ob die übrigen Mitglieder der Genossenschaft dabei in irgend einer Weise mitzuwirken hatten, darüber fehlt es zwar an bestimmten Nachrichten, indessen darf eine berathende Theilnahme mindestens derjenigen, welche die höheren ordines besassen, der s. g. *seniores* [4], angenommen werden [5]. Denn jedenfalls handelte es sich bei der Aufnahme neuer Mitglieder immer um eine allgemeine Angelegenheit der ganzen Genossenschaft, vor Allem darum, ob die Zahl der Personen, welche aus dem gemeinsamen Vermögen unterhalten werden konnten, nicht überschritten wurde [6], und ferner in manchen Fällen auch um die Ertheilung der Ordination, also nach damaligem Recht zugleich um die Anstellung als Kleriker, für welche der Bischof sein Presbyterium — die der Genossenschaft angehörigen Geistlichen der höheren Weihegrade — zuzuziehen hatte [7].

Seit der Ende des 9. Jahrhunderts eintretenden Auflösung der vita communis und der beginnenden Auftheilung der Stiftsgüter zwischen dem Bischof und den Kanonikern [8] gelang es den letzteren, ebenso wie bei der Verwaltung des Vermögens, auch bei der Vergebung der Kapitels-Stellen grössere Rechte zu erringen. Theils erwarben sie ein Zustimmungsrecht zu der vom Bischof vorzunehmenden Besetzung [9],

[1] Bestätigungsurk. Heinrichs IV. (s. S. 612. n. 1): „. . . consultu fidelium nostrorum . . . decrevimus et annuimus, ut infra barrochiam suam adiutorem sui operis episcopum et sedem episcopalem constitueret. Igitur in loco . . . Gurca . . . placuit nobis ut cathedram episcopalem faceret et eidem novae sedi partem barrochiae suae et de prediis et decimis quantum sibi conveniens videretur attribueret et ad eandem sedem episcopum ex sua consideratione ordinaret, ea videlicet ratione, ut . . . nullus ibi episcopus quandoque sive per investituram sive quocumque modo constituatur nisi quem predictus archiepiscopus suique successores elegerint, ordinaverint, consecraverint". Wegen der Einholung der päpstlichen Bestätigung s. o. S. 383. n. 2.

[2] Vgl. darüber, dass diese Befugnisse damals nicht als unveräusserliche Hoheitsrechte betrachtet worden sind, o. S. 531. 573.

* Thomassin, vetus et nova ecclesiae disc. P. II. lib. I. c. 36. n. 10 ff.; Phillips K. R. 7, 474 ff.; Huller, d. jur. Persönlichkeit d. kathol. Domkapitel i. Deutschld. Bamberg 1860. S. 94 ff.

[3] Aachener Regel v. 816 o. 817 (o. S. 52) c. 118, Mansi 14, 230: „Cavendum summopere praepositis ecclesiarum est, ut in ecclesiis sibi commissis non plures admittant clericos, quam ratio sinit et facultas ecclesiae suppetit".

Bei der Gemeinsamkeit des Vermögens konnte selbstverständlich von der Erlangung einer Pfründe (s. o. S. 62) durch die Reception nicht die Rede sein.

[4] O. S. 62. n. 9.

[5] Nach der admonitio, s. g. capit. eccles. v. 789. c. 71, LL. 1, 65: „. . . alii canonici observantiae ordinis vel monachici propositi congregationes obsecramus, ut . . . non solum servilis conditionis infantes, sed etiam ingenuorum filios adgregant sibique sociant" wird die Kongregation als bei der Aufnahme handelnd vorausgesetzt.

[6] S. Note 3 u. o. S. 62. 63.

[7] O. S. 50. n. 7. Ob der Bischof bei der Reception neuer Mitglieder der Kollegiatkapitel betheiligt war, ergeben die Quellen nicht, jedenfalls hatte er aber dieselben zu Klerikern zu ordiniren und anzustellen.

[8] O. S. 55 ff. 124 ff.

[9] In diesem Falle standen sich Bischof und Kapitel stelbstständig gegenüber und das Kapitel

theils aber auch sogar das selbstständige Verleihungsrecht der Kanonikate[1]. Das letztere wurde entweder durch gemeinschaftliche Wahl oder durch Nomination, bez. Präsentation seitens der einzelnen Kapitelsglieder nach einem bestimmten Turnus[2] ausgeübt. Andererseits haben sich aber die Bischöfe im Besitze des Kollationsrechtes mancher Kapitels-Stellen erhalten oder dasselbe durch eigene Stiftung von Kanonikaten und durch Schenkung seitens der Stifter der letzteren erlangt[3], sowie auch selbst Kanonikatsstellen in den Stiftern erworben, und aus diesem Grunde an der dem Kapitel zustehenden Wahl mit einer Virilstimme theilgenommen[4]. Endlich konnten die Kanonikate den sehr verschiedenartig gestalteten Patronatrechten[5], dem s. g. Rechte der ersten Bitte[6] oder päpstlichen Vorbehalten[7] unterliegen.

Nicht ganz so mannichfaltig, aber immerhin keineswegs gleichmässig, hat sich die Verleihung der s. g. Stifts-Dignitäten und Personate gestaltet, für welche meistens die Kapitel — in manchen Stiftern freilich erst nach langen und hartnäckigen Streitigkeiten[8] — das Wahlrecht erlangt haben.

Eine feste subsidiarische Norm über die Besetzungsart der Kanonikate, welche nicht nur im Allgemeinen, sondern auch häufig in Betreff der einzelnen Stellen in demselben Stift eine verschiedene war[9], hat das gemeine Recht nicht aufgestellt. Wohl aber hat die Doktrin in Anschluss an einzelne Kapitel in der Gregorischen Dekretalensammlung[10], freilich anfänglich, besonders in der Glossatorenzeit, noch unter mannichfachem Widerspruch, den nunmehr seit Jahrhunderten unangefochtenen Grundsatz entwickelt, dass die Dignitäten, Personate und Kanonikate der Kathedralstifter nach gemeinem Recht der gemeinschaftlichen Vergebung des Bischofs und des Kapitels, dem s. g. *ius simultaneae collationis*, unterliegen[11], in den Kollegiatstiftern aber durch

gab dem ersteren seine Willensmeinung durch Beschlussfassung über die in Frage stehende Persönlichkeit kund, c. 15 (Innocenz III.) X. de conc. praeb. III. 8; c. un. §. 1 (Bonif. VIII.) in VI^to ne sede vac. III. 8; c. 11 (id.) eod. de app. II. 15; c. 13 (id.) eod. de rescr. I. 3. Allerdings ist die gemeinschaftliche Besetzung mitunter auch in der Weise vorgenommen worden, dass die alleinige Vergebung per turnum zwischen dem Bischof und dem Kapitel alternirte, dipl. v. 1219 für Bajeux, Gallia christ. 11. app. p. 98; Riganti, comm. ad regul. II. canc. §. 3. n. 31.

[1] Also unter Beseitigung des Bischofs, so schon freilich selten im 9. Jahrh., s. o. S. 56; vgl. ferner c. 31 i. f. (Innoc. III.) X. de elect. I. 6; c. 8 (id.) de conc. praeb. III. 8; dipl. a. 1253 (Regensburg) Mayer thes. iur. eccles. 2, 48; Martène u. Durand, thesaur. 4, 598.

[2] O. S. 137 ff.

[3] c. 5 (Innoc. III.) X. de conc. praeb. III. 8; dipl. a. 1220 b. Miraeus opp. diplom. 1, 411 u. v. 1274 b. D'Achery spicileg. ed. nov. 3, 679.

[4] c. 15 X. III. 8 u. c. 11 in VI^to II. 15 cit.

[5] Vgl. unten.

[6] S. §. 129.

[7] Vgl. unten.

[8] Für Köln Ficker, Engelbert d. Heilige. S. 30. 34; für Soest Seibertz, Urkdbch. z. Gesch. Westfalens 1, 144. 145. 186 ff. 201. 209; Koncession des Wahlrechts für die Propstei dipl. v. 1195 (Mainz) b. Mone, Ztschr. f. Gesch. d. Oberrheins 21, 30, die Stelle des Dekans dipl. a. 1125 (Chartres) b. D'Achery, l. c. 3, 480. Ueber die Ausschliessung des Turnus bei diesen Stellen s. o. S. 138. 139; bischöfliche Besetzung der Propstei zu Limburg dipl. v. 1260, Guden cod. dipl. 1, 672; der Stelle des Dekans dipl. v. 1263 (Diöcese Chartres) Gallia christ. 8 app. p. 370. Stiftungsmässige Zuweisungen des Wahlrechts zu den gedachten Stellen an die Kanoniker bei D'Achery spicil. 3, 616. 679; Mecklenb. Urkdbch 1, 317; Würdtwein dioec. Mogunt. 1, 69; Miraeus l. c. 1, 445. Gemeinschaftliche Besetzung durch Bischof und Kapitel c. 5 (Innoc. III.) X. de suppl. neglig. I. 10.

[9] Z. B. in Basel, dipl. v. 1369, Gallia christ. 15 app. p. 282.

[10] So namentlich c. 31 X. de elect. I. 6 u. c. 15 de conc. praeb. III. 8.

[11] Vgl. Glosse zu c. 31 cit. s. v. Postulavit u. o. S. 154. Eine Zusammenstellung der verschiedenen älteren Meinungen b. Garcias tract. de benef. P. V. c. 4. n. 11 ff. u. Fagnan. ad c. 31 n. 2 ff. Der Kardinal de Luca bemerkt schon in seinem discursus de benef. I. n. 26: „Ista opinio non recipit amplius controversiam". Für den Satz die Rota (Entschdgen bei Garcias l. c. n. 14 u. Bouix tract. de capitulis p. 244); Hieron. Gonzalez, comm. ad reg. VIII. cancell. gl. 45. n. 35; Riganti comm. ad reg. II. canc. §. 3. n. 324; Lotter. de re benef. l. II. qu. 21. n. 8 ff.; Leuren. for. benef. P. II. qu. 670. n. 1. 2; Barbosa de canonicis et dignitatibus c. 14. n. 1. 2; Bouix l. c. p. 224. 228; hauptsächlich mit Berufung darauf, dass Bischof

Wahl des Kapitels einschliesslich des Prälaten desselben, und die darauf folgende Institution des Bischofs besetzt werden[1].

Gewisse Besonderheiten in Betreff der Besetzung der Kapitels-Stellen endlich brachte auch das im 13. Jahrhundert fixirte s. g. Optionsrecht (*ius optandi*)[2] der Kanoniker[3] mit sich. In einer nicht unbeträchtlichen Anzahl von Stiftern bestand statuten- oder observanzmässig die Einrichtung, dass beim Eintritt der Vakanz einer Präbende die Dignitarien des Kapitels, dann der dem Senium nach älteste, eventuell die in der Anciennität folgenden Stiftsherren, einer nach dem andern, die erledigte Pfründe, unter Aufgabe ihrer bisherigen, binnen einer bestimmten Frist[4] wählen (*optare*) konnten[5]. Bei erheblicher Verschiedenheit der einzelnen Pfründen im Ka-

und Kapitel ein corpus bilden und präsumtiv die Kanonikate aus den dem Bischof und Kapitel gemeinschaftlichen Vermögen gestiftet worden seien. Dagegen behaupten Berardi comm. ad l. III. decret. diss. V. P. I. c. 2 (ed. Mediolan. 1, 332); Phillips K. R. 7, 477, dass die Vermuthung für den Bischof spreche, der erstere verlangt aber ausserdem das consilium oder den consensus capituli (s. dazu o. S. 153. n. 6), während der letztere die Betheiligung des Kapitels völlig unbestimmt lässt.

1 Ueber frühere Kontroversen darüber s. Garcias l. c. n. 58 ff.; Fagnan. ad c. 1. X. de elect. I. 6. n. 1 u. c. 31 eod. n. 39; s. ferner c. 1 (Lucius?) X. de elect. I. 6; c. 11 (Alex. III.) X. de praeb. III. 5; Glosse zu c. 18 in VIto de elect. I. 6 in pr. u. s. v. devolvetur; Barbosa l. c. n. 15; Bouix l. c. p. 264.

2 Ueber die Literatur s. u. §. 134. III. 6.

3 c. 4 (Bonif. VIII.) in VIto de consuet. I. 4; Regensburg. Statut v. 1262, Mayer thes. 2, 6. 51: „ut quandocunque . . . chorale beneficium unum vel plura vacare contigit . . . primo prepositus, secundo decanus potestatem habeant vacans seu vacancia beneficia pro censu ex antiquo huiusmodi beneficiis imposito assumendi in scriptis seu eciam eligendi, deinde per fratres de capitulo in ecclesia nostra residentes, secundum introitum non secundum locum et stallum in choro et in capitulo eleccio seu assumpcio beneficiorum vacantium currat, quousque omnes fratres de capitulo elegerunt successive, prout eleccionis per vacacionem beneficiorum obtulit se facultas“.

4 c. 4 in VIto cit. lässt indirekt höchstens 20 Tage als längste Frist zu.

5 syn. Trident. a. 1336 c. 26 (Hartzheim 4, 647): „Statuentes . . . quod tunc liceat seniori canonico per se vel procuratorem suum infra XX dies a die decessus huiusmodi computandos, prebendam ipsius defuncti, relicta sua, si sibi placuerit, adoptare, sub illo vel illi ascribi consorcio vel colonello, sub quo vel cui idem defunctus antea noscebatur ascriptus. Si vero post lapsum eiusdem termini duxerit adoptandum ex nunc prout ex tunc talis adopcio inefficax et nullius sit momenti. Et sic singulis canonicis gradatim liceat, si voluerint suas prebendas relinquere et alias infra eundem terminum, sicut de iure debuerint adoptare. Nichilominus eciam prebenda sic relicta et ultimo vacans alii conferatur vel per capitulum fiat electio de novo canonico ad eandem. Et qui ad eam electus vel eam quavis auctoritate de iure fuerit consecutus, sub illo colonello seu consortio censeatur, sub quo erat ipsam proxime deserens“; Statut für Belluno v. 1385. §. 16 (Analect. iur. pontif. 1861. p. 438): „Quandocumque aliquam canonicalem praebendam in ecclesia Bellunensi vacare contigerit, sive aliquis canonicus Bellunensis ipsam propria auctoritate dimiserit vel amiserit, decanus canonicus praebendatus in ecclesia Bell., qui nunc est vel pro tempore fuerit praebendatus, possit et potestatem habeat prae ceteris canonicis et ante ipsum praebendatum, si sibi placuerit, dimissa parte sua quam obtinet, quae statim post optationem in capitulo factam dimissa intelligatur, integram accipere et obtinere partem seu praebendam vacantem quam obtinuerat canonicus ipse cedens vel decedens seu amittens. Quam optationem decanus praefatus teneatur facere intra V dies a notitia ipsius vacationis computandos et hoc teneatur dicere et exprimere in capitulo intra dictum spatium. Si autem non dixerit vel expresserit in capitulo vel non optaverit, maiores et antiquiores canonici secundum suarum receptionum ordinem gradatim et successive post ipsum decanum canonice praebendatum possint vacantes optare praebendas, cuilibet eorum IIIum dierum ex nunc per statu(tu?)m ipsum termino assignato, qui terminus computetur post dies V ipsi decano praebendato ad optandum per statu(tu?)m assignatos, ita tamen quod tempus omnium optionum XXV dierum spatium non excedat“. Weitere Nachweisungen bei Du Fresne du Cange s. v. optari.

Da das Optionsrecht den schon länger im Dienst einer Kirche stehenden Kanonikern Gelegenheit geben sollte, bei Vakanzen die besseren Präbenden vor den neu eintretenden zu erlangen, so kann dasselbe vor der Ausscheidung bestimmter Pfründen aus dem ehemals gemeinsamen Vermögensfond nicht entstanden sein, Schmitt b. Mayer thes. 1, 308. n. t. Mit Rücksicht hierauf, sowie in Anbetracht des Umstandes, dass die vita communis jedenfalls im 11. Jahrhundert aufgehört hat (o. S. 56), das Optionsrecht aber andererseits im 13. Jahrhundert völlig entwickelt erscheint (s. Note 3), muss seine Entstehung in das 12. Jahrhundert gesetzt werden. Nachdem einmal die einzelnen Pfründen in den Kapiteln ausgesondert und hinsichtlich ihrer Erträge verschieden geworden waren, lag der Gedanke, welcher im Optionsrecht Ausdruck gefunden hat, und seine praktische Ausführung um so näher, als schon frühere Kanonen, s. z. B. c. 5 (conc. Agath. v. 506) Dist. LXXIV eine Bevorzugung

pitel wurde daher, falls eine der besseren erledigt war, gewöhnlich mehrfach nach einander von allen Optionsberechtigten, welche eine schlechtere Stelle hatten, gewählt, und die geringste Pfründe für den neu eintretenden Kanoniker offen gelassen. Daher konnte in Folge der Option die Eigenthümlichkeit eintreten, dass nicht die vakant gewordene Stelle, sondern eine andere, welche sich durch die Art der Ausübung des gedachten Rechtes bestimmte, zur Verleihung kam.

Ob bei der Option blos die Pfründe oder der Kanonikat mit der Pfründe zusammen aufgegeben werden musste, hing von der Kapitels-Verfassung oder sonstiger rechtsgültiger Bestimmung ab. War die Pfründe untrennbar mit einem bestimmten Kanonikat verbunden — was allerdings seltener vorgekommen ist — so konnte eine Dimission der ersteren ohne den letzteren nicht eintreten. Im umgekehrten Falle war die Aufgabe der Pfründe allein statthaft [1], und bei der nach Ausübung des Optionsrechtes vorzunehmenden Verleihung wurde dann der erledigte Kanonikat, in Verbindung mit einer durch das Endresultat der Option bestimmten, also jedenfalls anderen als der von dem ausgeschiedenen Kanoniker besessenen Pfründe, vergeben.

§. 127. 3. *Die Besetzung der niederen Aemter.*

Nach der Entwickelung des bischöflichen Amtes und der Bildung eines besonderen Klerikal-Standes lag die mit der Ordination zusammenfallende Anstellung der Geistlichen an der bischöflichen Kirche in der Hand des Bischofs [2], welcher dabei den Beirath des Presbyteriums einzuholen hatte [3]. Auch eines Antheiles des Volkes, d. h. der Gemeinde, wird gedacht [4]. Dieselbe hatte nicht nur Zeugniss über die Würdigkeit des in Aussicht genommenen Kandidaten abzulegen oder Hinderungs- und Unfähigkeitsgründe in Betreff des letzteren anzuzeigen [5], sondern auch ihre Zustimmung zu der von dem Bischof und dem Presbyterium getroffenen Auswahl zu geben [6]. Diese Befugniss ist ebenso wie die noch Jahrhunderte lang fortdauernde Betheiligung der Laien bei der Bischofswahl [7], ein Ueberbleibsel des ursprünglichen Rechtes der Gemeinde auf Wahl ihrer Vorsteher [8].

der jüngeren vor den älteren Kanonikern verboten hatten, und in den Klöstern, deren Einrichtungen das Vorbild für die Regelung der vita communis waren, eine Option der Zellen der verstorbenen Mönche durch die ältesten überlebenden üblich war, Helfert, von d. Besetzung d. Beneficien S. 225.

1 Vgl. hierzu Hieron. Gonzalez l. c. gl. 34. n. 50ff.; Barbosa de canonicis c. 30. n. 2; Lotter. de re benefic. l. I. qu. 19. n. 22 ff.; Anal. iur. pont. 1861. p. 440.

Wenn im Kapitel eine feste Rangordnung der Kanonikate und Pfründen bestand und diese sich nach dem Senium richtete, so konnte bei der nothwendigen gleichzeitigen Dimission beider für den eine bessere Stelle optirenden Kanoniker der Nachtheil entstehen, dass er seine bisherige Anciennität verlor, s. o. S. 86.

2 Th. I. S. 80. 86.

3 S. o. S. 50. n. 7; wegen der Chorbischöfe o. S. 162.

4 Possidius vita Augustini c. 21, ed. Bened. X. 2, 272: „In ordinandis . . . sacerdotibus et clericis consensum maiorum christianorum et consuetudinem ecclesiae sequendam esse arbitrabatur“, c. 4. l. c. p. 260: „Qui Valerius episcopus cum flagitante ecclesiastica necessitate de providendo et ordinando presbytero civitati plebem dei alloqueretur et exhortaretur, iam scientes catholici Augustini propositum et doctrinam, manu iniecta eum tenuerunt et ut in talibus consuetum est, episcopo ordinandum intulerunt, omnibus id uno consensu et desiderio perfici petentibus“; syn. Hippon. a. 393. c. 20 = c. 2. Dist. XXIV; stat. eccles. ant. saec. V. c. 22 = c. 6. l. c; c. 13 conc. Laodic. per 343 u. 381 (= c. 6. Dist. LXIII): „Περὶ τοῦ μὴ τοῖς ὄχλοις ἐπιτρέπειν τὰς ἐκλογὰς ποιεῖσθαι τῶν μελλόντων καθίστασθαι εἰς ἱερατεῖον“.

5 So Thomassin P. II. l. I. c. 33. n. 16.

6 Das ergeben die Stellen in Note 4. Darüber, dass das Koncil v. Laodicea nur die massgebende Entscheidung bei der Bestellung der Kleriker dem Volk entzieht und hauptsächlich tumultuarische Einsetzungen von Geistlichen verbietet, aber der Gemeinde nicht jeden Antheil absprechen will, kann kein Zweifel sein, s. o. S. 512. n. 7.

7 S. S. 512.

8 Der damals noch gleichstehenden Bischöfe oder Presbyter, Ritschl, Entstehg. d. altkath. Kirche. 2. Aufl. S. 364.

Nicht minder stand dem Bischof die Uebertragung der besonderen Aemter, welche sich, wie der Archidiakonat und der Archipresbyterat, schon früh innerhalb des Presbyteriums gebildet hatten [1], ferner auch die Deputirung der Seelsorge-Priester auf das Land und nachmals die Besetzung der Pfarreien in der Diöcese zu [2].

Die Betheiligung der Gemeinde bei der Bestellung der städtischen Geistlichen und der Landpfarrer hat sich vereinzelt [3] noch bis in das neunte Jahrhundert erhalten [4]. Das Recht der Mitwirkung des Presbyteriums ist dagegen auf die Domkapitel übergegangen und äusserte sich bis zum 13. Jahrhundert in der Befugniss derselben, das consilium bei der Verleihung der Benefizien seitens des Bischofs abzugeben [5]. Seit jener Zeit ist indessen die Konkurrenz des Kapitels fortgefallen [6]. Die Domherren besassen, nachdem sie wichtige Rechte in Betreff der Besetzung der Kanonikate erlangt hatten, kein Interesse mehr, ihre früheren Befugnisse bei der Vergebung der niederen Benefizien der Diöcese [7] wahrzunehmen, und zwar um so weniger, als gewöhnlich nur ein Theil derselben zur freien Verfügung des Bischofs geblieben war, während die übrigen entweder durch die Archidiakonen verliehen wurden [8], oder einem Patronate unterworfen, oder Klöstern und anderen kirchlichen Instituten inkorporirt waren [9].

In den Zeitraum, innerhalb dessen die Mitwirkung der gedachten beiden Faktoren verschwunden ist, fällt die Entstehung der kirchlichen Benefizien und das Aufkommen der absoluten Ordinationen. Dadurch ist die Aenderung eingetreten, dass die früher zusammengehörige Ordination und Anstellung der Kleriker sich in zwei selbstständige Akte geschieden hat und dem Bischof von der ihm früher zustehenden Befugniss, beide zusammen vorzunehmen, nur die Verleihung der Benefizien seiner Diöcese verblieben ist, weil die Sitte der absoluten Ordinationen eine Neuregelung des Ordinationsrechtes auf Grundlage der Trennung desselben von dem Recht der Benefizien-Verleihung bedingte [10]. Dem Bischof konnte seitdem nicht mehr die ausschliessliche Ordination der in seiner Diöcese anzustellenden Geistlichen belassen, wohl aber musste ihm die Besetzung aller Benefizien in derselben gewahrt bleiben. Er galt nunmehr nur noch als der ordentliche Verleiher (*ordinarius collator*) der letzteren, und diese Stellung legt ihm auch das heutige gemeine Recht bei [11]. Zugleich

1 O. S. 183. 184. 302.

2 O. S. 262 ff.

3 Thomassin l. c. c. 34. n. 10.

4 Gelöbnissurk. für Lucca v. 746, Muratori antiqu. Ital. 6, 411: „spondeo ... tivi venerabili Walprand episcopus pro eo cot (quod) me une cum filiis ecclesie s. Petri in loco Mosciano presbyterum hordinasti et in omnium ris (res) ecclesie confirmasti cum consenso Ratperti et Barbula centinariis vel de tota plevem congrecata"; conc. Rom. v. 826. c. 8 (o. S. 266. n. 8 v. S. 265); c. 4 conv. Ticin. v. 855 (o. S. 269. n. 4); c. 20 Dist. LXIII. (s. a. a. O.); Auxilii lib. de ordinationibus II. 4 b. Morinus, comm. de sacr. ordinat. Antv. 1695. p. 297: „de presbyteris ... et diaconibus praefixum est, ut si civium suorum electio vellet, in eosdem gradus a quibus depositi sunt, iterum a papa Stephano consecrarentur"; g. Aldrici Cenom. episc. c. 1, Baluze, misc. ed. Luc. 1, 80): „Diaconus Aldricus non ausus est divinam repellere benedictionem ad quam vocabatur a Drogone episcopo et eligente eum clero et populo presbyter est ordinatus"; auch das seiner Herkunft nach zweifelhafte, wohl dem 9. Jahrh. angehörige c. 1. X. de elect. I. 6 erwähnt in der pars decisa der Mitwirkung der Parochianen. — Dass in allen diesen Stellen nicht von einem Gemeinde-Patronate die Rede sein kann, liegt auf der Hand.

5 c. 4. X. de his quae fiunt a prael. III. 10 (o. S. 156. n. 1).

6 Berardi l. c. p. 332; Phillips 7, 478.

7 Nur solche kamen noch in Frage, nachdem die Bischöfe in Folge der Exemtionen der Klöster ihren Einfluss auf die Besetzung der Abts- und Aebtissinnen-Stellen verloren und auch vielfach die Archidiakonen nicht mehr zu bestellen hatten, s. o. S. 200. 201.

8 O. S. 194. 197.

9 O. S. 283. 284.

10 Th. I. S. 87 ff.

11 c. 11 (Later. I. v. 1123) C. XVI. qu. 7; c. 3 (Alex. III.) X. de instit. III. 7; c. 12 i. f. (Innoc. III.) X. de haeret. V. 7; c. 16 (Honor. III.) X. de off. iud. ordin. I. 31; Phillips 7, 461.

spricht nach demselben die Vermuthung dafür, dass die Verleihung des Bischofes, so weit nicht die Kanonikate in Frage stehen (s. den vorigen §.), eine freie, durch Rechte anderer Personen nicht eingeschränkte ist, weil einerseits die in früherer Zeit neben ihm in Frage kommende Betheiligung des Kapitels und der Gemeinden unpraktisch geworden, und eine sonstige Mitwirkung anderer Personen, wie z. B. der Patrone, nur auf Grund eines besonderen, von diesen nachzuweisenden Titels stattfinden kann [1].

Die geschilderte Entwicklung thut dar, dass das Verleihungs- oder Kollationsrecht ein Ausfluss der bischöflichen Leitungs- oder Jurisdiktionsgewalt ist. Die mittelalterliche Doktrin hat dasselbe allerdings als eine besondere, dem Bischof kraft positiver gesetzlicher Vorschrift [2] zustehende Berechtigung betrachtet, und es zu den Früchten des bischöflichen Amtes im weiteren Sinne gerechnet [3]. Indessen ist diese schiefe Auffassung nur durch eine zu enge Begriffsbestimmung der iurisdictio und die unhaltbare Eintheilung der bischöflichen Rechte in die lex iurisdictionis und die lex dioecesana [4], sowie durch die Annahme, dass die Kollation eines Amtes eine vom Bischof abhängige Gnadenbezeigung sei, hervorgerufen worden [5].

4. Die Betheiligung dritter Personen bei der Besetzung der Kirchenämter.

§. 128. *a. Die Entwickelung des Patronatrechts**.

I. Die ältesten Spuren patronatähnlicher Gerechtsame. Im Orient hat die Gesetzgebung des 5. und 6. Jahrhunderts [6] den Stiftern von Kirchen und frommen Anstalten sowie ihren Erben das Recht zugestanden, für das zu den gedachten Zwecken ausgesetzte Vermögen die Verwalter zu ernennen, und auch die etwaigen Geistlichen, sofern die Gewährung des Unterhaltes derselben auf die erwähnten Fonds übernommen war, anzustellen. In Betreff der Verwalter hatte der Bischof das Aufsichtsrecht, einschliesslich des Entsetzungsrechtes; den ernannten Geistlichen ertheilte er die Weihe, falls sie qualifizirt waren, anderenfalls konnte er seinerseits geeignete Kandidaten anstellen [7]. Im Abendland sind zuerst ähnliche

[1] c. 6 (Innoc. III.) X. de except. II. 25.

[2] Vor Allem c. 10 (Aurel. v. 511) C. XVI. qu. 7.

[3] O. S. 241. 242; ebenso noch manche spätere Kanonisten, z. B. Gonzalez Tellez comm. ad c. 2. X. ne sede vac. III. 9. n. 4; Lotter. de re benef. l. II. qu. 2. n. 5 ff.; Leuren. for. benef. P. II. qu. 169.

[4] O. S. 41.

[5] S. die citirten, namentlich Lotter. l. c.

* Fr. Florens, tract. de antiquo iure patronatus, in opp. ed. Doujat 2, 78; Fr. de Roye ad tit. de iure patr. l. III. decret. Andegav. 1661. Neap. 1763; Oesterley diss. de iurispatr. notione ex decret. Gregor. IX. hausta. Gotting. 1824; Lippert, Versuch e. hist. dogmat. Entwicklg. d. Lehre v. Patronatrechte. Giessen 1829; A. Ypeij, geschiedenes van het patronaatsregt sins de vroegste tijden tot op de tegenwoordigen tijd. Breda 1829, tweede stuk Breda 1829; J. Kaim, das Kirchenpatronatrecht. Th. I. Rechtsgeschichte. Leipzig 1845; O. Mittelstaedt, diss. de iurepatron. quod reale dicitur origine. Vratislav. 1856; Clem. Schmitz, Natur u. Subjekt d. Präsentation i. ihren allgemeinrechtl. Grundzügen. Regensburg 1868; Pétur Pétursson, de iure ecclesiar. in Islandia ante et post reformationem. Hafniae 1844; Thurgren, om patronatet. Stockh. 1855; Thomassin vet. et nova discipl. P. II. l. I. c. 29 ff.; van Espen J. E. U. P. II. tit. 25. c. 1; J. H. Boehmer J. E. P. l. III. t. 38; vgl. ferner die Kommentatoren zu C. XVI. qu. 7 u. tit. X. (III. 38) de iurepatron.

[6] l. 15 (Zeno) C. de ss. eccles. I. 2; l. 46 (Justin. a. 530) C. de episc. I. 3; Nov. 131. c. 10 (a. 545).

[7] Nov. 123. c. 18 (a. 546): „Εἴ τις εὐκτήριον οἶκον κατασκευάσει καὶ βουληθείη ἐν αὐτῷ κληρικοὺς προβάλλεσθαι ἢ αὐτὸς ἢ οἱ τούτου κληρονόμοι, εἰ τὰς δαπάνας αὐτοὶ τοῖς κληρικοῖς χορηγήσουσι καὶ ἀξίους ὀνομάσουσι, τοὺς ὀνομασθέντας χειροτονεῖσθαι· εἰ δὲ τοὺς παρ' αὐτῶν ἐπιλεγέντας ὡς ἀναξίους κωλύσουσιν οἱ θεῖοι κανόνες χειροτονηθῆναι, τηνικαῦτα ὁ τῶν τόπων θειότατος ἐπίσκοπος οὓς ἂν νομίσοι καλλίονας προβάλλεσθαι φροντιζέτω". Die Nov. 57 c. 2 (v. 537) verordnet „πρὸς τιμὴν καὶ σέβας" des Stuh-

Rechte[1] des Stifters durch das Koncil von Orange im J. 441 anerkannt worden[2]. Nach demselben ist der Bischof, welcher in der Diöcese eines anderen eine Kirche erbaut hat, berechtigt, dem letzteren die für dieselbe erforderlichen Geistlichen zur Ordination und Anstellung, und wenn sie schon geweiht sind, zu letzterem Behufe vorzuschlagen. Mit Rücksicht darauf, dass in dem angeführten Koncile der Errichtung von Kirchen durch Laien zwar gleichfalls gedacht, aber eines Vorschlagsrechtes derselben nicht ausdrücklich erwähnt wird, hat man vielfach angenommen, dass ein solches in jener Zeit nicht anerkannt gewesen sei[3], und zur Unterstützung dieser Auffassung auf Quellen-Aussprüche hingewiesen, welche den Laien an den von ihnen erbauten und dotirten Kirchen keine weiter gehenden Befugnisse als allen übrigen Gläubigen zugestehen[4]. Wenngleich das letztere nicht in Frage gestellt werden

les von Konstantinopel, dass die Stifter von Kirchen die von ihnen ausgewählten Geistlichen nicht ohne Weiteres anstellen und dem Patriarchen zur Ordination zuführen dürfen, vielmehr „προςαγομένους αὐτοὺς ἐξετάζεσθαι παρὰ τῆς σῆς ἁγιωσύνης, γνώμῃ τε τῇ σῇ καὶ τοῦ τὸν ἱερατικὸν θρόνον ἐπιτροπεύοντες ἀεὶ τούτους δέχεσθαι τὴν χειροτονίαν οἵπερ ἂν τῇ τε σῇ μακαριότητι καὶ τοῖς μετ' αὐτὴν ἐπιτήδειοι δόξαιεν καθεστάναι καὶ τῆς τοῦ θεοῦ λειτουργίας ἄξιοι . . .“ von dem Patriarchen geprüft und mit dessen Willen gewählt werden sollen. Da die Novelle demnach allein für Konstantinopel die Stifter auf ein Vorschlagsrecht beschränkt, so müssen diese im Allgemeinen schon damals weiter gehende Rechte, wie sie Nov. 131. c. 10 anerkennt, besessen haben. Nicht in Frage kommt Nov. 58 v. 537, welche blos von der Zuziehung von Priestern zum Gebet in Privatoratorien handelt. L. 10 C. de haeret. I. 5. v. 510 endlich verbietet bei Strafe des Heimfalls an den Fiskus jede Uebertragung solcher „praedia, res immobiles in quibus orthodoxae fidei et ecclesiae vel oratoria constituta sunt“ durch die domini possessoresve an Ketzer und kann nicht (so J. H. Boehmer l. c. §. 11) ausschliesslich auf Privatoratorien bezogen werden, weil sie verhindern will, dass solche Gebäude „omnibus sacris et solitis viduari mysteriis, nullis populorum conventionibus, nullis clericorum observationibus celebrari“. Lässt sich auch nicht bestreiten, dass diese Kirchen als Privateigenthum des Grundherrn betrachtet worden sind (s. auch Brinz, Pandekten 2, 1048), so findet sich doch in der römischen Gesetzgebung kein Anhalt dafür, dass die im Text gedachten Befugnisse als Ausflüsse des Eigenthums gegolten haben.

1 Es ist ein grobes Missverständniss von Kaim a. a. O. S. 28, wenn er c. 10 conc. Tolet. I. v. 400: „Clericos, si obligati sunt vel pro aequatione vel genere alicuius domus, non ordinandos, nisi probatae vitae fuerint et patronorum consensus accesserit“ als frühes Zeugniss der Anerkennung des späteren Patronates auffasst. Die Stelle handelt von der zur Ordination des Freigelassenen erforderlichen Zustimmung des Patrons, c. 46 capp. Martini Bracar. v. 572 (c. 7 Dist. LIV); J. H. Boehmer l. c. §. 13; Schulte K. R. 2, 662. 663; Dahn, Könige der Germanen 6, 184. n. 3 u. 4.

2 c. 10 (c. 1. C. XVI. qu. 5): „Si quis episcoporum in alienae civitatis territorio ecclesiam aedificare disponit vel pro fundi sui negotio aut ecclesiastica utilitate vel pro quacumque sua opportunitate, permissa licentia aedificandi, quia prohibere hoc votum nefas est, non praesumat dedicationem quae illi omnimodis reservatur in cuius territorio ecclesia assurgit, reservata aedificatori episcopo hac gratia, ut quos desiderat clericos in re sua videre, ipsos ordinet is cuius territorium est, vel si ordinati iam sunt, ipsos habere acquiescat. Et omnis ecclesiae ipsius gubernatio ad eum in cuius civitatis territorio ecclesia surrexerit, pertinebit. Quod si etiam saecularium quicumque ecclesiam aedificaverit et alium magis quam eum in cuius territorio aedificat, invitandum putaverit, tam ipse cui contra constitutionem ac disciplinam gratificari vult quam omnes episcopi qui ad huiusmodi dedicationem invitantur a conventu abstinebunt“. Das conc. II Arelat. v. 443 o. 452 c. 36 wiederholt diese Vorschriften bis zu den Worten: surrexerit, pertinebit, und fügt dann hinzu: „et si quid ipsi ecclesiae fuerit ab episcopo conditore collatum is in cuius territorio est, auferendi exinde aliquid non habeat potestatem. Hoc solum aedificatori episcopo credidimus reservandum“; c. 37 a. a. O. ist übereinstimmend mit dem Schluss von c. 10. Araus. cit.

3 So z. B. Thomassin l. c. c. 29. n. 2—5. 10; Lippert a. a. O. S. 9; Schulte a. a. O. S. 662; de Czapski, diss. de iure patr. quod vocant regium. Berol. 1869. p. 4.

4 c. 26. C. XVI. qu. 7: „Piae mentis amplectenda devotio est, qua re Julius nobis in re Juliana sui iuris fundasse perhibetur ecclesiam quam in honorem S. Viti confessoris eius nomine cupit consecrari. Hanc ... si ad tuam dioecesim pertinere non ambigis, ex more convenit dedicari, collata primitus donatione solemni, quam ministris ecclesiae destinasse se praefati muneris testatur oblator, sciturus sine dubio praeter processionis aditum qui omni christiano debetur, nihil ibidem se proprii iuris habiturum“; c. 27 ibid.: „nihil tamen sibi fundator ex hac basilica noverit vendicandum, nisi processionis aditum“. Dass in diesen Stellen, welche trotz der auf Gelasius I. lautenden Inskriptionen diesem allerdings wohl mit Unrecht, Thiel ep. Roman. pontif. 1, 41. 448. 449; Phillips 7, 614. n. 6 abgesprochen werden, aditus processionis nichts anderes als Theilnahme am Gottesdienst bedeutet, Florens l. c. p. 84; Thomassin l. c. n. 8;

kann [1], so bietet doch der Kanon des Koncils von Orange keine Veranlassung, den Laien das Vorschlagsrecht abzusprechen. Er richtet sich gegen die Uebergriffe des Bischofs, welcher eine Kirche in einer fremden Diöcese errichtet hat, und wie er dessen Recht zur Einweihung der Kirche verneint, so verbietet er dem Laienstifter, statt des zuständigen einen beliebigen Bischof zur Vornahme dieser Handlung aufzufordern. Der Zweck des Kanons ist die Wahrung der Diöcesanrechte des Bischofs, und er erwähnt bei seiner Vorschrift nur gelegentlich des Präsentationsrechtes des bischöflichen Erbauers. Demnach kann aus dem Kanon nicht geschlossen werden, dass den Laien ein derartiges Recht habe versagt werden sollen. Ja, aus dem Umstande, dass dem Nichtbischof nur die Bestimmung der Person des Konsekrators entzogen sein soll, folgt gerade umgekehrt, dass ihm wenigstens eine andere Befugniss hinsichtlich der gestifteten Kirche zugestanden wird. Diese kann allein die Präsentation sein, weil sie dem Bischof mit Rücksicht auf die Stiftung der Kirche beigelegt wird, und kein innerer Grund erfindlich ist, warum eine solche für den Laien nicht dieselben rechtlichen Folgen, wie für den Bischof, nach sich ziehen sollte. Der Kanon legt also Zeugniss dafür ab, dass auch im Abendlande im 5. Jahrhundert die Stiftung einer Kirche, gleichviel, ob durch einen Bischof oder Laien, als Erwerbsgrund des Vorschlagsrechtes des Geistlichen angesehen worden ist [2].

Der Gedanke, dass dem Stifter einer Kirche als Aequivalent für seine Aufwendung ein rechtlicher Einfluss bei der Anstellung der Geistlichen und auch bei der Vermögensverwaltung zu gewähren sei, hat sich, wie die vorstehende Erörterung zeigt, in Gallien im 5., im Orient im 6. Jahrhundert bethätigt. Wenn sich dagegen andererseits in Italien in der letztgedachten Zeit keine Spur eines derartigen Rechtes des Stifters findet [3], so können die Anfänge des nachmals s. g. Patronatrechtes doch nicht höher hinauf als in das 5. Jahrhundert verlegt werden. Die angeführten Stellen ergeben in ihrer Gesammtheit, dass hier kein in der morgenländischen Kirche zuerst entstandenes und mit den dortigen Verfassungseinrichtungen auf das Abendland übertragenes Recht in Frage steht, dass vielmehr jene an sich nahe liegende Anschauung gleichzeitig in verschiedenen Theilen der Kirche selbstständig und unabhängig von der Entwickelung in den anderen hervorgetreten ist [4]. Selbst in Italien zeigt sich der-

Baluze bei Rozière, liber diurnus p. 37. 380; Phillips 7, 615, ergeben Gelas. I. ep. ad episc. Lucan. v. 494. c. 25; Thiel p. 376, ep. 25 l. c. p. 391 (c. 5 Dist. I de consecr.), ep. ad episc. Soran. l. c. p. 448 (c. 7 Dist. cit.), ep. ad Victor. l. c. p. 495, ad Coelest. l. c. p. 485 (c. 3 Dist. XXIV), liber diurnus n. 23, ed. Rozière p. 50: „oratorium memoratum (in einem Kloster) solita benedictione sacrabis, sic tamen ut non illic publica processione a conditore aliquatenus teneatur, nisi forte congregationi tantummodo quae illic esse noscitur, sacra mysteria celebrabis".

[1] Die gedachten Stellen, ferner lib. diurn. n. 10, l. c. p. 37: „Promitto . . . nihil mihi de eodem loco ulterius vindicandum, nisi processionis gratia quae christianis omnibus in commune debetur, Gregor. I. ep. II. 5, ed. Bened. 2, 572: „enunciaturus ex more, nihil illic conditoris iuri ulterius deberi, nisi processionis gratiam quae christianis omnibus in commune debetur" sprechen allerdings nur ausdrücklich dem Stifter das Eigenthum am kirchlichen Gebäude und Grundstück ab, verneinen indessen immerhin stillschweigend auch ein etwaiges Präsentationsrecht, vgl. übrigens auch l. c. diurnus n. 41, p. 70. Die Beweise, welche Thomassin l. c. c. 30. n. 5 aus den Briefen Gregors I., namentlich X. 19, für ein weltliches Patronatrecht beibringt, sind nicht durchschlagend.

[2] So de Roye l. c. c. 2. n. 2; van Espen l. c. n. 8; am ausführlichsten Schmitz a. a. O. S. 31 ff.

[3] Indessen ist doch hier schon im 5. Jahrhundert mitunter dem Stifter deswegen eine gewisse Begünstigung gewährt worden, c. 10 (Gelas. I., Thiel 1, 388) Dist. LIV.

[4] Daher kann man die Entstehung des Patronates nicht mit Kaim S. 4. 16 ff. in die Zeit des Urchristenthums setzen. Wenngleich vor der Anerkennung des Christenthums im römischen Reich der Gottesdienst oft in Räumlichkeiten, welche Eigenthum der Gemeindeglieder waren, abgehalten worden ist, so folgt doch daraus nicht im Ent-

selbe Gedanke wenigstens insofern folgenreich, als die Päpste den Stiftern von Klöstern ein Mitwirkungsrecht bei der von den Mönchen vorzunehmenden Abtswahl zugestanden haben [1].

Seit dem 7. Jahrhundert ist die Präsentationsbefugniss des Stifters auch in der spanischen Kirche anerkannt [2]. Hier ist sie ebenfalls, nachdem es gelungen war, eine andere Anschauung, welche in den übrigen germanischen Reichen bestimmend gewirkt hat (s. unter II.), zu beseitigen, auf die vermögensrechtliche Zuwendung gegründet worden [3]. Dabei tritt eine Eigenthümlichkeit insofern hervor, als das Recht auf die Person des Stifters beschränkt erscheint [4], und unter Verneinung des Eigenthumsrechtes des Stifters und seiner Erben an der erbauten Kirche und deren Dotation [5], diesen letzteren nur die Aufsicht über die Vermögensverwaltung vorbehalten wird [6].

II. Die Entwickelung in den germanischen Ländern, insbesondere in Frankreich und Deutschland bis zum 12. Jahrhundert. Während die Einräumung patronatähnlicher Befugnisse nach den ältesten Zeugnissen sich als eine dem Stifter für seine Verdienste um die Kirche gewährte Begünstigung darstellt, hat sich in den germanischen Reichen mit Ausnahme des westgothischen eine andere, rein privatrechtliche Auffassung geltend gemacht [7]. Sie geht

ferntesten, dass letztere zur Ernennung der Presbyter ausschliesslich berechtigt gewesen wären. So lange als die Gemeinde ihre Beamten wählte und sich ein spezifischer Unterschied zwischen den Gliedern der Gemeinde und den kirchlichen Amtsträgern nicht entwickelt hatte, war für das Patronatrecht überhaupt kein Boden vorhanden. Die Einräumung eines besonderen Rechtes auf Grund der Stiftung einer Kirche setzt vielmehr einen eigenen kirchlichen Beamtenstand voraus, und daher findet sich bis zum 4. Jahrhundert kein auf patronatähnliche Befugnisse deutendes Quellenzeugniss, ja die hom. 18 in act. apost. des Chrysostomus, ed. Montfaucon 9, 151, in welcher er zur Erbauung von Kirchen auffordert und unter den den Stiftern daraus erwachsenden Vortheilen keine derartige Rechte erwähnt, spricht gegen die Existenz derselben. Ebensowenig lassen sich solche in Sozom. hist. eccles. VIII. 17 finden, wohl aber möglicher Weise in Cyrilli vita b. Eutymii abbatis b. Baronius annal. a. 455. n. 22 (s. auch a. 460. n. 24), nach welcher die Kaiserin Eudoxia eine Kirche und ein Kloster gestiftet hat und „Gabriellio (presbytero) committit praefecturam monasterii Stephani protomartyris“ und (l. c. a. 455. n. 23): „Bassa (matrona) Andream... pastorem effecit et praefectum monasterii, quod ab ea fuit aedificatum“, was mit der im Text vertretenen Auffassung keineswegs in Widerspruch treten würde.

[1] c. 4 (Pelag. I., 555—560) C. XVIII. qu. 2; Gregor. I. ep. III. 63 (ed. Bened. 2, 673); A. M. Phillips 7, 618 ff. S. auch Gregor. I. ep. XIII. 8. p. 1222 für das von Brunhild gestiftete Kloster zu Autun: „ut obeunte abbate atque presbytero supradicti xenodochii atque monasterii non alius ibi... ordinetur, nisi quem rex eiusdem provinciae cum consensu monachorum elegerit ac praeviderit ordinandum“. Nicht hierher gehört ep. Joann. IV. (640—642), Mansi 10, 698 = c. 1. C. XVI. qu. 2: „... decrevimus ut amodo ecclesiae monachis traditae per suos sacerdotes instituantur. divinae ... leges habent et saeculares, ut cuius est possessio, eius fiat institutio ... omnino licentiam monachis damus, suarum ecclesiarum investitores fieri“. In diesem Briefe, der wegen der fränkischen Ausdrücke: investitores und vestitura kaum Johann IV. angehören kann, Phillips 7, 624, wird die Einsetzung der Geistlichen nicht auf die Stiftung, sondern darauf gegründet, dass gewisse Kirchen an Mönche übergeben sind, ein Gedanke, welcher freilich mit der germanischen Auffassung des Patronates als eines Ausflusses des Eigenthums in naher Verwandtschaft steht.

[2] c. 2. Tolet. IX. v. 655 (c. 32. C. XVI. qu. 7): „Quia ... fieri ... cognoscitur, ut ecclesiae parochiales vel sacra monasteria ita quorumdam episcoporum vel insolentia vel incuria horrendam decidant in ruinam, ut gravior ex hoc oriatur aedificantibus moeror, quam in construendo gaudii extiterat labor, ... decernimus, ut quamdiu earumdem fundatores ecclesiarum in hac vita superstites extiterint pro eisdem locis curam permittantur habere sollicitam et sollicitudinem ferre praecipuam atque rectores idoneos in eisdem basilicis iidem ipsi offerant episcopis ordinandos“.

[3] Die in der vor. Note angeführte Stelle zeigt, dass die dem Stifter gewährten Rechte zugleich auch zum Schutze seiner Stiftung gegen Uebergriffe und Nachlässigkeiten des Bischofs dienen sollten.

[4] c. 2 Tolet. IX. cit.

[5] c. 33 Tolet. IV. a. 633; c. 1 Tolet. IX. (c. 31 C. cit. qu. cit.).

[6] S. vor. Note. Ein aus der Stiftung der Kirche herfliessendes, eigenthümliches Recht des Stifters und seiner Nachkommen auf Alimentation bei unverschuldeter Armuth hat nicht bestanden; c. 38 Tolet IV. (c. 30. C. XVI. qu. 7) gewährt jedem „quicumque fidelium de facultatibus suis ecclesiae aliquid devotione propria contulerit“ einen solchen Anspruch.

[7] Dass dies anfänglich auch im westgothischen

von dem Herrschaftsverhältniss des Grundherren über die auf seinem Eigen befindlichen Sachen aus [1] und gewährt dem Eigenthümer eine bis zur Einsetzung des Geistlichen, ja auch bis zur Absetzung des letzteren gehende Verfügungsgewalt über die auf seinem Grund und Boden erbaute Kirche. Schon das Koncil von Orleans schreitet im J. 541 gegen Missbräuche der Gutsherren bei der Anstellung der Geistlichen an den Oratorien und Pfarrkirchen, und gegen die Beeinträchtigung der Korrektionsgewalt der Archidiakonen ein, stellt aber principiell weder das Eigenthum der Gutsherren an den kirchlichen Gebäuden und den meistens aus Grundstücken und Immobiliarrechten bestehenden Dotationen dieser Kirchen, noch das Besetzungsrecht der letzteren in Frage [2]. Dieselbe Auffassung hat auch die karolingische Zeit [3] beherrscht. Die Kirchen werden als *propria ecclesia* [4], *ecclesia propriae hereditatis* [5] des Stifters oder in ähnlicher Weise [6] bezeichnet, und auf dieselbe Art und in denselben Formen wie andere Immobilien veräussert und übertragen [7]. Dabei behalten sich die Veräusserer öfter ihr Eigenthum bis zum Tode vor [8] oder legen dem Erwerber besondere Bedingungen auf [9]. Die Kirchen werden ferner zu Benefizial- oder ähnlichem

Reiche geschehen, zeigen c. 6 Bracar. II. v. 572; c. 33 Tolet. IV. u. c. 1 Tolet. IX. cit., welche dem Stifter und seinen Erben jede „potestas" oder proprii iuris potestas" über die erbaute Kirche und ihr Vermögen absprechen, und c. 19 Tolet. III. v. 589, wonach das Verlangen des Fundators auf Ausschliessung der bischöflichen Verfügung über die Dotation der Kirche für unzulässig erklärt wird. Bei der übermächtigen Stellung der Kirche im westgothischen Reich und ihrem bedeutenden Einfluss auf die weltliche Gesetzgebung ist es derselben offenbar gelungen, für die kurze Zeit, welche jenes Reich bestanden hat, die Entwicklung von dem Ausgangspunkt, durch welchen sie in den übrigen germanischen Staaten bestimmt worden ist, abzudrängen.

[1] Phillips K. R. 7, 631.

[2] c. 7: „Ut in oratoriis domini praediorum minime contra votum episcopi ad quem territorii ipsius privilegium noscitur pertinere, peregrinos clericos intromittant, nisi forsitan quos probatos ibidem districtio pontificis observare praeceperit"; c. 26: „Si quae parochiae in potentum domibus constitutae sunt, ubi observantes clerici ab archidiacono civitatis admoniti secundum qualitatem ordinis sui fortasse quod ecclesiae debent, sub specie domini domus implere neglexerint, corrigantur secundum ecclesiasticam disciplinam; et si ab agentibus potentum vel ab ipsis rei dominis de agendo officio ecclesiae in aliquo prohibentur, auctores nequitiae a sacris caerimoniis arceantur..."; c. 33: „Si quis in agro suo aut habet aut postulat habere dioecesim, primum et terras ei deputet sufficientes et clericos qui ibidem sua officia impleant, ut sacratis locis reverentia condigna tribuatur". Für das 7. Jahrh. vgl. conc. Cabilon. v. 644 o. 656. c. 14.

[3] Zu dem Folgenden vgl. auch Rettberg, Deutschlds. Kirchengesch. 2, 616 ff.

[4] Meichelbeck hist. Frising. I. 2. n. 158. 329.

[5] L. c. n. 208.

[6] L. c. n. 225: „propriam hereditatem meam ... hoc est cum ecclesia"; n. 739: „dedi ... episcopus ... praefato nobili viro in proprietatem habendam ... aecclesiam, curtem, domum"; n. 413: „quod episcopus ... postea ipsam ecclesiam sibi in propriam ab episcopo datam usque ad obitum vitae suae"; n. 120: interpellans Liudfridum abbatem de parrochia et ecclesias ad eandem parrochiam pertinentia, quod contra canonicam institutionem in suum dominium retineret ... Tunc ... convenientiam fecerunt ... ut Liutfrid abbas habeat III aecclesias, qui sic nominantur ... et quartam ecclesiam ad totinhusin".

[7] L. c. n. 32. 82. 83. 86. 91. 106. 190. 198. 222. 265. 267. 291. 293. 302; mon. Boica 8, 363; Muratori antiqu. Ital. 1, 581. 1003.

Darüber, dass dieselben Verhältnisse auch in Betreff der Klöster obgewaltet haben, vgl. capitul. a. 783(?) c. 6. LL. 1, 46; c. 4. C. XX. qu. 3; Abel, Jahrb. d. fränk. Reichs 1, 277; Waitz, deutsche Verfassgsgesch. 4, 130. 180; Sickel, Beiträge z. Diplomatik III, Sitzgsber. d. Wiener Akad. XLVII. 1, 206; Muratori de monasteriis in benefic. datis l. c. 6, 301 ff.; E. Löning, Gesch. d. deutsch. Kirchenrechts 2, 374. 638.

[8] Meichelbeck l. c. n. 6. 14. 29. 32. 47. 48. 60. 173; Muratori l. c. 5, 747.

[9] Meichelbeck l. c. n. 147: „Ego ... Egilricus presbyter tradidi propriam hereditatem meam in loco ... P ... in basilicis, in domibus, in territorio ... seu de omnibus quae pater meus et mater mea mihi reliquerunt et mihi proprio iure contingebant, ad altare Mariae ad Frigisingas et in manu episcopi Attoni et placitavit, ut post obitum eius Oadalker presbyter quem ille ab infantia nutrivit et ... usque ad honorem presbyterii perduxit, cum tale censu haberet, sicut episcopo placuerit"; n. 179; n. 330: „Tunc antistes consecravit hanc ecclesiam necnon et altarem, ... eo modo quod ipsam ecclesiam extra episcopatu s. Mariae licentiam nec potestatem tradere habuisset", wo es freilich zweifelhaft bleibt, ob diese Bedingung vom Stifter und Schenker der Kirche oder vom Bischof aufgestellt ist.

Rechte [1] nicht blos an Geistliche, sondern auch an Laien [2], sogar an Frauen [3] verliehen. Sie werden vererbt [4], können im Miteigenthum mehrerer Personen, namentlich von Miterben, stehen, denen in diesem Fall zugleich ein Antheil an der betreffenden Dotation und den Einkünften gebührt [5]. Endlich sind sie Gegenstand der Vindikation [6]. Die Konsekration der Kirche ändert nichts in den Rechten des Eigenthümers [7]. Diesem verbleibt vielmehr trotz derselben seine Verfügungsgewalt über die Kirche und ihre Dotation, in welcher das Nutzungsrecht an der letzteren, so weit sie nicht für die sächlichen und persönlichen Kosten des Gottesdienstes erfordert wird [8], und das Anstellungsrecht des Geistlichen [9] enthalten ist.

Auf demselben Standpunkt steht auch die weltliche und kirchliche Gesetzgebung des Frankenreichs. Dieselbe erkennt ebenfalls ausdrücklich ein Privateigenthum an Kirchen an [10], und ist nur den übertriebenen, für die kirchliche Verwaltung sich als

[1] L. c. n. 79. 103. 212. 269. 306. 336. 349. 406. 429. 472; mon. Boica XXVIII. 2, 36.

[2] Meichelbeck l. c. n. 418. 428.

[3] L. c. n. 339: „Constat . . . qualiter Atto episcopus . . . olim in beneficium praestavit quedam femine Mezcundae nomine ecclesiam cum rebus ad eam pertinentibus in loco Filusa vocato". Hieraus ergiebt sich, dass die Benefizial-Verleihung nicht als gleichzeitige Anstellung eines Geistlichen an der betreffenden Kirche aufgefasst werden kann.

[4] Dies zeigen eine Reihe der schon citirten Urkunden, s. z. B. 60. u. 147 (S. 622. n. 9); Muratori l. c. 1, 275: „illam portionem quam mihi pater meus moriens reliquid in ipsa capella".

[5] Meichelbeck l. c. n. 319: „qualiter Cundhart comis in propria alode ecclesiam construxit et in alode uxoris suae Adalfrit . . . in loco . . . Mosetha . . . atque Attonem episcopum illuc invitavit ad consecrandam ipsam ecclesiam ipseque Atto . . . inquirens coram populo, quid . . . Cundhart comis de eadem ecclesia agere voluisset ipseque respondens: ego vere volo meam partem nunc coram istis cunctis ad domum s. Mariae pro remedium anime meae in manus vestras tradere et confirmare volo eo modo, ut post obitum meum uxor mea Adalfrit, si me supervixerit, habere liceat, tamen si ipsa suam partem de iam dicta ecclesia domni s. Mariae vult tradere"; n. 414. 443. 680. 681, s. auch vorige Note. Ein Process unter mehreren Miteigenthümern l. c. n. 129. Dass die verschiedenen Antheile auch verschiedene rechtliche Schicksale haben konnten, ergiebt n. 472 ibid.: „ille . . . dixit, ipsam ecclesiam suam hereditatem ex medietate fuisse et ex aliam medietatem in beneficium dominicum habere".

[6] L. c. n. 368. 434. 470. 472. 473. 610.

[7] Dies zeigen ebenfalls die schon citirten Urkunden, s. z. B. n. 319, Note 5.

[8] dipl. a. 759, Muratori l. c. 2, 1023: „nam alias res meas in integrum sit potestate suprascripte ecclesie, sic tamen, ut dum advivere meruero, in mea sit potestate in ipsa ecclesia sacerdotem ordinandi et usufructuandum suprascriptas res et regendum una cum ipso presbytero"; ibid. 1, 671. S. auch die folgende Note.

[9] Meichelbeck l. c. n. 240 (saec. VIII ex. o. saec. IX ineunt.): „hi fuerunt par partem habentes in ipso loco Furihulze, quorum nomina Alpheri Pollo Oato, ipsique dodaverunt ipsam ecclesiam propria hereditate illorum et tunc cum consilio episcopi primo *posuerunt presbyterum*, cui nomen Lipolf, post illum Cozuni, tertius Hetto, quartus Deotrih, quintus Alpuni, sextus Perhthram, septimus Seliperht"; a. 801, Muratori l. c. 1, 669: „Manifestum est mihi Sichimundo filio Siculi quia in proprio territorio meo . . . aedificavi ecclesiam in honore dei et b. s. Marie . . . Hec omnia suprascriptas casas . . . deo et tibi suprascripte s. Marie offero . . . tali enim tenore, ut donec ego advixero ipsa dei ecclesia cum omni suprascripta re, quam ibidem depotavi esse, in mea sit potestatem per sacerdotem gubernandi adque secundum deum disponendi qualiter voluero. Post vero meum decessum volo ut ipsam dei ecclesiam s. Marie sit in potestate Sichelmi . . . episcopi, filii mei, similiter imperandi, regendi adque secundum deum qualiter melius visum fuerit. Et post eius obitum similiter volo, ut iam dicta dei ecclesia cum rebus suis sit in potestate Richimundi clerici, filii mei, abendi possedendi, regendi et de nepotibus meis ordinandi, qualem ipse secundum qui opus dei et ipsius ecclesie peragere possat, ipsum ordinare et ibidem preponere abeat licentiam. Et si ipse Richimundus post obitum etiam dicti Sichelmi episcopi filii mei talem de nepotibus meis non invenerit, quem ibidem recto moderamine ordinare, etiam de aliis parentibus nostris et de aliis hominibus sacerdotem ibidem reponendi et ordinandi qui officium divinum faciat pro nostris facinoribus deum deprecare et missas cantare debeat. Et qualiter ab ipso Richimundo filio meo ordinata fuerit, stabili ordine maneat semper. Et ille qui a predicto Richimundo filio meo fuerit ibidem ordinatus in eadem ecclesia ordinationem faciendi secundum deum recto ordine de heredibus et propinquis nostris ita ut semper in potestate heredum meorum permaneat ipsa dei ecclesia s. Marie cum rebus suis ordinationem secundum deum de sacerdote faciendi *** reddat et pro nobis domini misericordiam deprecetur". Vgl. auch ibid. 3, 565.

[10] Cap. Francof. v. 794. c. 54, LL. 1, 75: „De ecclesiis quae ab ingenuis hominibus construuntur, licet eas tradere, vendere, tantummodo, ut

schädlich erweisenden Konsequenzen desselben entgegengetreten. So wurde die Anstellung der Geistlichen und ihre willkührliche Entfernung durch die Grundeigenthümer ohne Zustimmung des Bischofs [1], die Forderung von Geschenken seitens der ersteren bei der Einsetzung der Kleriker [2], die Theilung von Kirchen unter mehrere Miteigenthümer [3], die Bestattung von Todten in den Kirchen auf Grund des Eigenthumsrechtes [4], und die Innehabung und Leitung derselben durch Laien [5] verboten. Andererseits ist aber das Verfügungsrecht der Eigenthümer nicht mehr eingeschränkt worden, als dies im Interesse der Erhaltung des gottesdienstlichen Einrichtungen und der Bewahrung der Würde der einmal errichteten und geweihten Kirchen nothwendig war [6], ja sogar insofern besonders geschützt, als den Bischöfen verboten wurde, die von den Eigenthümern für die Anstellung in Aussicht genommenen Kleriker, wenn sie die erforderlichen Eigenschaften besassen, zurückzuweisen [7].

So fremdartig die eben besprochenen Verhältnisse für unsere Zeit erscheinen, so liegt doch die Erklärung für ihre Entstehung sowie für ihre Jahrhunderte lange Fortdauer nahe genug.

Die kirchlichen Gebäude waren grösstentheils auf den Herrenhöfen der Grundherren errichtet. Anfänglich wurden in ihnen nur Messen gelesen, dagegen weder Pfarrgottesdienste gehalten noch die Sakramente gespendet [8]. Zunächst konnten da-

ecclesia non destruatur, sed serviantur cotidie honores"; cap. v. 817. c. 4, l. c. p. 214: „ad cuius potestatem vel illa ecclesia vel illa villa pertinet"; cap. Olon. v. 823. c. 2, o. S. 270. n. 3; cap. Wormat. v. 829. c. 2, LL. 1, 350: „ad nostrum beneficium ecclesiae pertinentes"; conv. Ticin. v. 855. c. 11, ibid. p. 432; conc. Roman. v. 826. c. 21 (l. c. 2 app. p. 16, c. 33. C. XVI. qu. 7): „monasterium vel oratorium canonice constructum a dominio constructoris invito non auferatur".

1 Cap. gen. v. 769—771. c. 9; edict. pro episc. v. 800; cap. Aquens. v. 802. c. 13; cap. v. 817. c. 9, cap. Worm. v. 829. c. 1; ed. Pist. v. 864. c. 2, LL. 1, 33. 81. 106. 207. 350. 489; c. 37 (conc. Mogunt. v. 813). c. 38 (Cabilon. v. 813) C. XVI. qu. 7; c. 49. 57. Wormat. v. 868, c. 4 Vienn. v. 892, Mansi 15, 878 u. 18, 122.

2 Conc. Mogunt. v. 813. c. 30, Mansi 14, 72; ep. Hincmar. ad cler. Laudun., Migne patrol. 126. 272. Das Geben von Geschenken seitens der Priester verbieten Hincmar. cap. dat. presbyt. c. 5 u. cap. ad presb. paroch. c. 17, Mansi 15, 496. 479.

3 c. 26 conc. Cabil. v. 813 (c. 1 X. de iurepatr. III. 38); c. 35 (cap. Wormat. v. 829 c. 2) C. XVI. qu. 7; conv. Mogunt. v. 852. c. 5, syn. Suess. v. 853. c. 2, LL. 1, 412. 419; c. 2 (Tribur. v. 895) X. eod., wodurch verboten wird, dass jeder der Miteigenthümer für seinen Antheil einen besonderen Geistlichen anstellt, und bis zur Einigung über die Einsetzung eines gemeinsamen Geistlichen der Bischof zur Inhibirung des Gottesdienstes angewiesen wird.

4 Conc. Sparnac. v. 846. c. 72, LL. 1, 392; Hincmar. cap. super add. c. 2, Mansi 15, 492.

5 In der Weise, dass diese willkührlich über die Abhaltung des Gottesdienstes entschieden, diesen entweder ganz eingehen oder durch beliebig damit beauftragte, nicht festangestellte Geistliche abhalten liessen. Das bedeutet wohl cap. Langob. v. 783 (?) c. 2, LL. 1, 41: „De ecclesiis babtismalibus, ut nullatenus eas laici homines tenere debeant, sed per sacerdotes fiant . . . gubernatas".

6 Da sich aus c. 2 cap. Olon. v. 823 (o. S. 270. n. 3) u. c. 21 conc. Rom. v. 826 (s. o. vor. Note 1) ergiebt, dass das Eigenthum an einer Taufkirche durch die Konsekration nicht erlischt, so kann c. 21 cap. Ticin. v. 801 (?, s. Boretius, Capitularien i. Longobardenreich S. 121), LL. 1, 86: „Ecclesiae . . . quae aedificantur per singula loca, nullus episcopus audeat sine dote eclesiam sacrare, queque sacratae fuerint, sint in potestate episcopi. Quod si quiscumque laicus exinde portionem querere presumpserit, ipse ecclesiae claudantur" nicht dahin gedeutet werden, dass damit das Eigenthumsrecht von Laien an Kirchen überhaupt ausgeschlossen werden soll, vielmehr nur dahin, dass dem Bischof allein das Recht zu Anordnungen in Betreff der bestimmungsmässigen kirchlichen Benutzung des Gebäudes zugesprochen und die theilweise Wegnahme der Oblationen durch den Eigenthümer verboten wird. Vgl. auch Hincm. ep. ad cler. Laudun., Migne l. c. 126, 274: „ecclesias quoque in proprietatibus liberorum hominum ac cohaeredum consistentes, ut suae tradantur ecclesiae, non debet (episcopus) cogere, sed secundum synodalia et imperialia capitula quae regularia esse probat ecclesia, quatenus dotis immunitatem, sicut ceterae ecclesiae auctoritate regia habeant, et ipsae ab eisdem liberis hominibus potiantur".

7 c. 22. 1. I. conc. Par. v. 829, Mansi 14, 554; c. 5 cit. Hincm. cap. dat. presb., c. 49 cit. conc. Wormat. v. 868; cap. v. 819. c. 9 cit., cap. Wormat. v. 829. c. 15, LL. 1, 337. Das cap. de villis v. 811, LL. 1, 181, bestimmt sogar: „non alii clerici habeant ipsas ecclesias, nisi nostri aut de familia aut de capella nostra".

8 O. S. 263 ff.

her aus der Verfügungsgewalt der Stifter und Eigenthümer keine so grellen Missstände hervorgehen, dass die Kirche sich hätte veranlasst zu finden brauchen, die Anschauung von dem Eigenthum des Stifters und seiner Nachfolger an den kirchlichen Gebäuden zu bekämpfen. Als dann im Laufe der späteren Entwickelung mit der Verbreitung des Christenthums und der Zunahme der Bevölkerung die Oratorien vielfach die Rechte von Pfarrkirchen erlangt hatten [1], war jene Anschauung im Bewusstsein des Volkes längst eingewurzelt [2]. Gegen dieselbe konnte eine Reaktion während der Säkularisationen des 8. Jahrhunderts, durch welche eine Menge kirchlicher Güter mit den darauf befindlichen Gotteshäusern in die Hände der Laien kamen, sich um so weniger geltend machen, als die Erwerber von Benefizialgütern über die dazu gehörigen Kirchen in derselben Weise, wie die Grundeigenthümer über solche, verfügten [3].

Endlich kam der Umstand hinzu, dass bei dem Mangel jeglicher rechtswissenschaftlichen Bildung die bischöflichen Amtsbefugnisse in manchen Beziehungen wie reine Privatrechte behandelt wurden [4]. In Folge dessen nahm man auch ein Eigenthumsrecht der Bischöfe an den ihnen von Stiftern und Grundherren übertragenen Kirchen an [5]. Der Gedanke, dass diesen letzteren eine selbstständige vermögensrechtliche Persönlichkeit zukomme und sie nur der dem Bischof kraft seines Amtes zustehenden Leitungsgewalt unterworfen seien [6], ist in der karolingischen Zeit ebenso wenig wie die Unterscheidung zwischen dieser und der rein privatrechtlichen Verfügungsgewalt der Laien zum klaren Bewusstsein gelangt [7], und daher ist es begreiflich, dass die Gesetz-

1 O. S. 268. 278.

2 Dies zeigt die schon hervorgehobene Thatsache, dass ein Eigenthum des Stifters an den Tauf- und Pfarrkirchen nicht beanstandet worden ist, s. o. S. 270. n. 3 u. S. 624. n. 6.

3 Mit Recht hebt dies Schulte K. R. 2, 665 hervor.

4 So die Vergebung der der bischöflichen Verleihung unterstehenden Kirchen und Aemter, dipl. v. 757, Muratori l. c. 3, 1008: „ego Andreas episcopus (v. Pisa) . . . Atoni ecclesiam s. Mamiliani sita in loco Collinem, quam mihi da (*sic*) Rotpertu quondam presbiter cum monasterio vel campis . . . quidquid ad ipsa ecclesia vel ad ipsum presbiterum pertenuit, vel nunc presenti tempore habere vel possidere videtur, in tua Attoni giure dominioque concedo habendi, dominandi, possidendi, ordinandi omnibus diebus vite tue livere et inconcusse firmiter valeas possidere . . . Nepotis autem ipsius quondam Rotperti presbiteri, qui nunc ividem abitare videntur . . . monacas ambas, dum advivere meruerunt, liceat earum ambabus cum sis (statt ris oder res) suas ividem vivere et abitare. Post obitum earum vertatur omnia ad ipsa ecclesia et Atoni vel quem ivi sese constitueret. Postea vero post decesso Attoni vel quem Ato ordinaret, ideo postea revertatur ad potestatem s. Marie matris ecclesie vel episcopo qui pro tempore in civitatem Pisanam fuerit ordinatus"; dipl. v. 807, l. c. 2, 776: „Manifestum est mihi Alperto clerico . . . quia per hanc cartulam ad continendum et meliorandum dare videor tibi Walprando presbytero . . . ecclesiam s. Terentii . . . quas in mea potestate per cartulam confirmavit domnus Jacobo episcopo (v. Lucca) ipsa dei ecclesia una cum casis et omnibus rebus ad eam pertinentibus, qualiter mihi ab ipso domno episcopo obvenit, in tua potestate sit regendi, gubernandi, lavorandi et meliorandi atque usufructuandi et in ipsa dei ecclesia per te aut per alium sacerdos officium et luminaria ibidem die noctuque fieri debeat . . . et pro iustitia exinde per singulos annos . . . tu mihi reddere X solid. de argento", — hier verleiht also der Priester, welchem der Bischof eine Kirche übertragen hat, diese weiter und zwar mit der Befugniss für den Beliehenen, den Gottesdienst auch durch einen andern Priester verrichten zu lassen; s. ferner dipl. v. 801, l. c. 6, 217 u. v. 847, ibid. 3, 375, wo der Bischof für sich und seine Successoren eine Strafe von 200 Solidi im Falle der Verletzung des dem Priester gewährten Rechtes verspricht.

5 Das zeigen die vielen Urkunden in Betreff der Schenkung von Kirchen an Bischöfe, s. auch Bened. Levit. II. 69: „Et si eas (ecclesias) dotare noluerint, quorum sunt aut subtracta reddere noluerint, episcopus proprius ad dominium suae sedis ecclesias revocet futuris temporibus possidendas".

6 Nur daraus erklärt es sich, dass in den Urkunden öfters erst die gestiftete Kirche als das mit Schenkungen ausgestattete Subjekt, dann aber selbst auch als Objekt der Schenkung erscheint, Meichelbeck l. c. n. 146. 320. 329. 352.

7 Deshalb kennt jene Zeit auch die Inkorporation nicht als ein besonderes Rechtsinstitut, so o. S. 437. 444. 445, ebensowenig wie ein Patronatrecht im heutigen Sinne (s. gleich nachher im Text). Beide Institute haben sich vielmehr aus dem Eigenthumsrecht der weltlichen Herren und der Klöster an kirchlichen Anstalten entwickelt und lassen sich in karolingischer Zeit noch nicht unterscheiden.

gebung die principielle Grundlage, aus welcher die von ihr bekämpften Missstände hervorgegangen waren, nicht in Frage gestellt hat[1]. Ein Patronatrecht im heutigen Sinne hat demnach in karolingischer Zeit noch nicht existirt, sondern nur ein freilich im kirchlichen Interesse durch die Gesetzgebung eingeschränktes Eigenthumsrecht weltlicher Personen an Kirchen. Daher ist die übliche Bezeichnung für den Berechtigten der ein Herrschaftsverhältniss bedeutende Ausdruck: *senior*[2], während das spätere *patronus* sehr selten im 9. Jahrhundert vorkommt[3]. Ebensowenig ist in dieser Zeit[4] die nachmalige Unterscheidung von Präsentations- und Anstellungsrecht schon vollständig ausgebildet[5], vielmehr sind die Versuche, das letztere auf ein blosses Vor-

[1] Das conc. Valent. v. 855 c. 9, Mansi 15, 8: „. . . quia possessiunculae vel dotes basilicis collatae irreverenter auferuntur . . . placuit, ut ipsi presbyteri sub episcopis quibus adiutores sunt, maneant et sub matre ecclesia liberi et quieti officium ecclesiasticum exequantur: dotes vero a fidelibus designatae basilicis ad hoc quod statutum est, ab eis vendicentur nullaque redhibitio census inde a quolibet saeculari exigatur, sed quod canonice tantum ordinatum est, suppleatur . . . Sed et ipsi saeculares et fideles laici, si condere voluerint basilicas in praediis suis . . . unam colonicam vestitam cum III bus mancipiis donationis causa eis conferant moxque episcoporum iuri et sanctae matri ecclesiae basilicam submittant. Aliter vero nos earum consecrationes sciant non impleturos. Illi autem qui dotes ecclesiarum auferre, dure servitium ab eis exigere, insuper non metuunt periculum sacerdotibus intentare, si actiones non melioraverint, eorum excommunicationi nos addere noverint destructionem penitus talium basilicarum locumque alium sub pace meliori situm quaesituros ibique pacificam basilicam consecraturos" sucht Abhülfe dadurch zu schaffen, dass es seitens des Stifters die Unterstellung der Kirche unter das Recht des Bischofs und der Kathedrale verlangt. Will man darunter selbst die Forderung einer Uebertragung des Eigenthums an die letztere verstehen, so beruht diese Anordnung immer auf privatrechtlicher Auffassung des Verhältnisses. In der That ist aber nur eine Dispositionsbefugniss des Bischofs im kirchlichen Interesse statuirt, welche nicht das Eigenthum des Stifters zu beseitigen, wohl aber die willkührliche Verwendung und Verschleuderung der Dotation zu verhindern bezweckt. Dies zeigen c. 3 conc. Wormat. v. 868: „Attamen unusquisque episcopus non prius dedicet ecclesiam, nisi antea dotem basilicae et obsequium ipsius per donationis chartulam confirmatum accipiat"; c. 55 ibid. (= conc. Tolet. III. v. 589 c. 19): „Multi contra canonum constituta ecclesias quas aedificarunt et ab episcopo postulaverint consecrari, dotem quam eidem ecclesiae contulerunt, ad episcopi ordinationem putant non pertinere: quod factum et in praeterito displicet et in futuro prohibetur. Ergo omnia secundum constitutionem antiquam ad episcopi potestatem pertineant", Mansi 15, 869. 878, wiederholt durch c. 4 Mogunt. v. 888, l. c. 18, 65; c. 4 Colon. v. 887, l. c. 18, 47: „Ut nullus laicus . . . praesumat aliquid de rebus deo dicatis vel ecclesiae facultatibus i. e. nec dandi basilicas nec auferendi sine consensu episcopi habeat potestatem neque ex dote ecclesiae i. e. ex uno manso et IV mancipiis census exigatur, sed iuxta concil. Aurel. I. 19 omnes basilicae quae per diversa loca constructa sunt vel quotidie construuntur, placuit . . . ut in eius ordinatione et potestate persistant, in cuius territorio positae sunt". Auch bei Benediktus Levita, dessen Fälschungen den Uebergriffen der Laien in das Gebiet der kirchlichen Verwaltung entgegenzutreten beabsichtigen, findet sich ausser den oben S. 624 citirten Vorschriften der karolingischen Gesetzgebung (I. 43. 87. 98. 99. 147. 148; II. 105) und einer Anzahl sich im Allgemeinen gegen die Beraubung der Kirchen und ihrer Güter richtenden Stellen (I. 182. 208. 403; III. 261. 265. 267. 275. 411. 419; add. III. 1) kein ausdrückliches Verbot des Eigenthumsrechts der Laien an den dem öffentlichen Gottesdienst gewidmeten, insbesondere an den Parochialkirchen, vielmehr wird III. 292. 468 nur die Vorschrift des conc. III. Tolet. cit. wiederholt, welche dem Bischof die Verfügung über die dos wahrt. Dass sich hierin eine Reaktion gegen die schädlichen Konsequenzen der Eigenthums-Theorie zeigt, ist klar, dagegen lässt sich darin m. E. keineswegs eine bewusste Verneinung der Statthaftigkeit des Eigenthumsrechtes an Kirchen finden (so Richter-Dove §. 188), welches sogar der die bischöflichen Befugnisse energisch vertretende Hinkmar (S. 627. n. 1) anerkennt (S. 624. n. 6).

[2] c. 10 cap. v. 817; Anseg. cap. I. 142; c. 8 ed. Pist. v. 869, LL. 1, 207. 288. 510; senior saecularis in Hincmar. cap. presbyt. paroch. c. 17, Mansi 15, 479; c. 16 Nannet., Mansi 18, 171 (das freilich auch in das 7. Jahrh. gesetzt wird, Hefele, Konc. Gesch. 3, 97); c. 2 Mettens., Mansi 18, 78.

[3] c. 5 cit. cap. Hincmar. dat. presbyt., Mansi 15, 497. In den dem 9. Jahrhundert angehörigen c. 1 u. 2 X. de iurepatr. III. 38 ist das Wort patronus wahrscheinlich von Raimund a Peñaforte interpolirt, Phillips 7, 641.

[4] Dies behauptet Richter-Dove §. 188.

[5] Die Ausdrücke presbyteros ponere, ordinare, constituere, ecclesias dare in den S. 623. n. 10 u. S. 624. n. 1 u. 7 citirten Stellen, welche von Laien gebraucht werden, lassen diese als die Vergabungsberechtigten erscheinen. Das ed. pro presbyt. v. 800, LL. 1, 81: „ita ut presbyteros . . . praesentare episcopis denegetis", u. c. 9 cap. v. 817,

schlagsrecht zu beschränken und dem Bischof eine dem späteren s. g. Devolutionsrecht ähnliche Befugniss zu vindiziren, nur sehr vereinzelt hervorgetreten[1]. Auch in den nächstfolgenden Jahrhunderten ist in dem geschilderten Zustande keine Aenderung eingetreten[2]. Die germanische Rechtsauffassung, welche sich in den nordischen Rechtsquellen noch deutlicher als in den karolingischen ausgeprägt findet[3], war nicht leicht zu überwinden[4], und die im 11. Jahrhundert durch die damals herrschenden

LL. 1, 207: „Et si laici, clericos probabilis vitae et doctrinae episcopis consecrandos suisque in ecclesiis constituendos obtulerint" lassen sich allerdings für die gegentheilige Annahme verwerthen. Dieser stehen aber die anderen Stellen entgegen. Ausserdem bedingt die Auffassung des Verhältnisses als Eigenthum, dass der Eigenthümer anzustellen und den Bischof nur vorher um die Prüfung des Klerikers anzugehen hat. Bestätigt wird die hier vertretene Anschauung auch dadurch, dass die karolingische Gesetzgebung weder ein Recht des Bischofs statt des säumigen Eigenthümers einzuschreiten, noch eine Pflicht des letzteren die Anstellung binnen bestimmter Frist vorzunehmen, kennt, vgl. auch Mittelstaedt l. c. p. 15. 16.

[1] Vgl. Hincmar. ep. ad Teudolf. comit. bei Flodoard. hist. Rem. III. 26, ed. Duaci. 1617. p. 525: „Si autem vis ibi habere presbyterum, adduc mihi talem clericum qui aptus sit sacro ministerio et ego illum inquiram et illi ecclesiam dabo et tunc illum ordinabo, si mihi satisfactionem fecerit, quod nullum pretium inde donaverit" u. l. c. p. 535: „Item pro loco vacante sine presbytero ubi s. Patricia requiescit, monens, ut quantocius ministris ecclesiasticis clericum sacro ministerio aptum (sc. Bertrannus comes) ostendat, qui valeat ibi ordinari, sciens pro certo, quia post ordinationem quae fieri debebat in proximo, ipsum locum sine presbytero non dimitteret, quia nec cum mercenario nec sine pastore proprio ipsos homines audebat dimittere: et si ipse non praesentaverit eum, qui dignus possit inveniri, ille ordinaturus esset, qualem meliorem potuisset invenire". Das conc. Roman. v. 826. c. 24, LL. 2 app. p. 16: „Sunt quaedam pia loca . . . in diversis regionibus inventa, quae ita . . . sacerdotibus destituta nulloque debito ibidem resonant nec existunt officia, ut . . . nunc . . . ut aliae domus utilitate secularium hominum sordidae inveniuntur. Itaque si proprio iure eclesiae subiecta episcopus ibidem sine intermissione presbiterum cum sufficientiae suae utilitatis opes constituat, et si secularium hominum sunt iure constituta, ab episcopo illius dioeceseos admoneantur et si admoniti presbiterum infra III mensium spatium ibidem neglexerit constituere, curam exinde habens episcopus absque neglecta principi suggerat, quatenus eius emendetur sententia", enthält nicht (so Richter-Dove §. 188 n. 20) die allgemeine Festsetzung einer 3monatlichen Präsentationsfrist für die Laien, weist vielmehr dem Bischof nur für den besonders erwähnten Fall, d. h. wenn die Laien den Gottesdienst in ihren Kirchen während des erwähnten Zeitraums nicht wieder einrichten, an, sich an die weltliche Gewalt zu wenden, damit diese die Laien dazu zwinge, vgl. auch Mittelstaedt l. c. p. 25. n. 2.

[2] S. z. B. Ennen, üb. d. Patronat i. d. Kirche m. bes. Rücks. auf d. bergische Land. Köln 1850. S. 16 ff.

[3] In Island ist auch nach der Einführung des Christenthums u. d. J. 1000 der Bau, die Dotirung und Unterhaltung der Kirchen, wie dies vorher in Betreff der heidnischen Tempel der Fall gewesen war, Privatsache geblieben. Die Kirche galt als Eigenthum ihres Erbauers oder des Rechtsnachfolgers des letzteren. Wenn der Eigenthümer nicht selbst die Weihe nahm, so war er berechtigt, aber auch verpflichtet, einen Geistlichen auf eigene Kosten zu beschaffen und zu unterhalten. Dem Bischof stand nur die Befugniss zu, die Einweihung einer nicht ausreichend dotirten Kirche abzulehnen und den vom Eigenthümer ernannten Geistlichen die Ordination zu ertheilen oder im Falle der Unfähigkeit zu versagen, Pétur Pétursson, de iure eccles. p. 53. 57; K. Maurer, Bekehrg d. norweg. Stammes zum Christenthum 2, 209 ff. 453; desselb. Recension von Islenzkur Kirkjurjettur af Jóni Pjeturssyni. Reykjavík 1863 i. d. krit. Vierteljahrsschr. Bd. 7 (1865) S. 185. 186; Thurgren l. c. p. 128.

[4] Placitum v. 945 b. Muratori antiqu. Ital. 1, 463: „. . . dedi eis responsum, quod ecclesia ipsa cum omni sua integritate et pertinencia et cum omni redicione . . . ad meam haberet et detineret proprietatem: sed non malo ordine pro eo quod ego et quidem quondam Unrocho comes, genitor meus, heas habuissemus et detinuissemus ad nostram proprietatem per annos XXX . . . pro eo quod inventum et inquisitum habemus, quod ecclesia ipsa cum omni sua integritate et pertinencia cum predicta redicione . . . tua Rodulfi propria esse debet, et nobis nec parti ipsius episcopio nichil pertinet ad abendum nec requirendum nec pertinere debet nisi cum lege, nisi tantummodo presbiteris et diaconibus qui ibi ad ipsam ecclesiam ministrantibus a presule istius episcopio consecrantur et crismata benedicentur, quo modo ipsis sacerdotibus inibi in ipsa ecclesia s. Faustini illorum ministerium adimplere possunt; ita et ut pro tempore sinodum nostre ecclesie custodiant, quam nos propter triduum consuetudo vetare non possumus . . . Iudicaverunt . . . ut amodo in antea ipse Rodulfus iam dicta ecclesia cum omni sua integritate et pertinencia aberet et detineret"; dieselbe Anschauung i. d. Diplomen aus d. 10., 11. und Anfang des 12. Jahrh. ibid. 2, 187; 3, 177. 1067. 1075; 5, 171. 399; dipl. v. 1076 für Toul b. Hartzheim 3, 181: „ecclesiam b. Mariae cum sua capella de castro ita liberum a dominis et a principibus castri taliter constitutam fuisse, quod nec censum nec respectum aliquem ecclesiae Tullensi debeat. Ita ut tamen, quod clericus a comitissa vel successoribus eius de praebenda s. Mariae investitus

Reformtendenzen[1] hervorgerufenen und stets wiederholten Verbote, Benefizien aus der Hand von Laien anzunehmen[2] und den Kirchen ihre Einkünfte zu entziehen[3], zeigen, dass die Grundherren noch immer dieselbe Verfügungsgewalt über die Kirchen und ihre Dotationen, wie früher, beanspruchten.

III. Die Entstehung des heutigen Patronatrechtes. 1. Der Wendepunkt in der Zeit Alexanders III. Im 11. Jahrhundert ist in den kirchlichen Kreisen allerdings die Ansicht vertreten worden, dass die Konsekration einer Kirche die Dispositionsbefugniss der Laien über dieselbe beseitige[4]. Wenngleich die schon erwähnten Synodalverordnungen gegen die willkührlichen Verfügungen über Kirchen und Kirchengüter durch diese Anschauung wohl mit beeinflusst worden sind, so hat doch die kirchliche Gesetzgebung selbst noch im 12. Jahrhundert, als die Kirche nach Beendigung des Investiturstreites den Kampf in Betreff der niederen Benefizien unter günstigeren Verhältnissen als vorher fortsetzen konnte, ihre Bestrebungen auf Beseitigung der früheren Rechte der Grundeigenthümer sowie auf Sicherung der Mitwirkung der geistlichen Oberen bei der Besetzung der kirchlichen Stellen und der entscheidenden Betheiligung derselben bei der Verfügung über das Kirchengut so gut wie gar nicht durch den Hinweis auf die Konsekration und ihre Wirkungen zu rechtfertigen versucht[5]. So nahe an sich die Berufung darauf lag[6], so hätte doch eine derartige principielle Begründung der kirchlichen Forderungen gegenüber der

Tullum veniret et a sede nostra curam animarum suscipiat et pro christianitate conservanda fidelitatem faciet"; Orderic. Vitalis hist. eccles. P. II. l. III. ad a. 1059—1061, Migne patrol. 188, 263: „Baldericus . . . sororem suam Fulconi . . . in coniugium dedit et ecclesiam s. Nicolai quam pater suus construxerat cum adiacenti fundo in mariagio concessit"; selbst das Koncil v. Seligenstadt v. 1022 c. 12, Hartzheim 3, 57: „ut nullus laicorum alicui presbytero ecclesiam suam commendet praeter consensum episcopi, sed eum prius mittat suo episcopo vel vicario, ut probetur, si scientia, aetate et moribus talis sit, quod sibi populus dei digne commendari possit", verlangt ebenso wie die Synode von Ingelheim v. 948 c. 4 u. Augsburg v. 952 c. 9, Mansi 18, 421. 438, nur den Konsens des Bischofs und beschränkt den Patron nicht auf eine blosse Präsentation. Aehnlich auch c. 22 Bituric. v. 1031; c. 4 Turon. v. 1060; c. 9 Juliobon. v. 1080 u. c. 6 Turon. v. 1096, Mansi 19, 505. 927; 20, 557. 924.

[1] S. o. S. 439.

[2] c. 6 Roman. v. 1059 (Mansi 19, 898); c. 20 (Alex. II. a. 1063) c. 12 (Greg. VII. a. 1080) C. XVI. qu. 7; c. 15 Placent. v. 1095; c. 8 Nemaus. v. 1096; c. 3 Pictav. v. 1100; Guastall. v. 1106, Mansi 20, 806. 936. 1123. 1210; c. 16. 17 (Paschalis II.) C. cit.; c. 4 London. v. 1125, c. 5 London. v. 1138; c. 25 Later. II. v. 1139, Mansi 21, 331. 511. 532.

[3] c 5 Confluent. v. 922, Mansi 18, 343: „Si laici capellas proprias habuerint, a ratione et auctoritate alienum habetur ut ipsi decimas accipiant"; c. 11 Tolos. v. 1056, Mansi 19, 849: „de ecclesiis in alodiis laicorum constitutis, ut tertia pars decimarum cum primitiis et presbyterio et ceteris in potestate presbyteri ad servitium ipsius ecclesiae sub episcopi vel clericorum ditione permaneant"; c. 13 Gerund. v. 1078; l. c. 20, 520: „Scimus quidem laicis ecclesias non competere, sed ubi illae ex toto auferri non possint, saltem oblationes missarum aut altarium seu primitias laicis omnino prohibemus. De coemeteriis autem et sepultura et baptisteriis exactionem fieri omnino prohibemus"; c. 4 Juliobon. v. 1080, l. c. 20, 556: „Nullus laicus in redditibus altaris vel in sepultura vel in tertia parte decimae aliquid habeat nec pecuniam pro horum venditione vel donatione aliquid habeat"; vgl. ferner c. 3 Coyac. v. 1050; c. 20 Claromont. v. 1095; c. 4 Later. v. 1123, c. 6 Claromont. v. 1130; c. 7. 15 Rem. 1130 u. c. 10 Later. v. 1139, l. c. 19, 787; 20, 818; 21, 282. 439. 459. 461. 528.

[4] Vgl. z. B. Placidi Nonantulani (u. 1070) lib. de honore ecclesiae c. 7, Pez, thes. anecdotor. II. 2, 88: „Quod semel ecclesiae datum est, in perpetuum Christi est, nec aliquo modo alienari a possessione ecclesiae potest, in tantum, ut etiam idem ipse fabricator ecclesiae, postquam eam deo voverit et consecrari fecerit, in ea deinceps nullum ius habere possit. Non enim per eum ordinari, non investiri ulterius potest".

[5] Vgl. allerdings c. 10 Rem. v. 1131, Mansi 21, 465 u. Jaffé, mon. Bamberg. p. 411: „Ecclesias ex quo consecratae fuerint, liberas et absolutas a manu laicorum esse, dispositum est".

[6] Sie kommt vor in einem Urtheil des Bischofs von Ravenna in einem Prozess zwischen dem Archidiakon und den Kanonikern von Reggio v. 1141, Muratori antiqu. Ital. 5, 159: „. . . Capellam preterea s. Jacobi ab archidiacono fundatam quam sibi vendicabat, que, ut leges divine et humane censent, in bonis nullius esse, quod est, divini iuris, ad episcopi solius et canonicorum pro velle episcopi dispositionem proprie iudicavit pertinere".

festeingewurzelten Sitte keinen grösseren praktischen Erfolg, als die in demselben Jahrhundert oft genug erneuerten allgemeinen Verbote [1], haben können. Die entscheidende Wendung wurde vielmehr dadurch herbeigeführt, dass Alexander III. mit Rücksicht auf die Entwickelung in England, wo Prozesse in Betreff der s. g. Advokatie, d. h. der grundherrlichen Rechte über kirchliche Anstalten, dem weltlichen Gerichte zugewiesen waren [2], die bis dahin unbekannte Anschauung geltend machte, dass das ius patronatus ein *ius spirituali annexum* sei [3], d. h. dass die kirchliche Grundlage des Institutes die Gestaltung desselben beherrschen müsse, während in der bisherigen Entwickelung gerade die weltliche Seite das massgebende und bestimmende Moment gewesen war. Als praktische Folge ergab sich daraus die Ausdehnung der Zuständigkeit der geistlichen Gerichte auf die Streitigkeiten über die betreffenden Rechte der Grundherren [4], und die Möglichkeit, durch die kirchliche Rechtsprechung die schon früher erlassenen, und unter Alexander III. wiederholten Verbote, sowie die Anordnungen desselben und seiner Nachfolger, zur Wirksamkeit zu bringen.

Des Näheren verneinten diese letzteren das bisher anerkannte Eigenthum der Grundherren an ihren Kirchen, indem sie die Verleihung von einzelnen Theilen der Kirchen seitens der Eigenthümer für einen Missbrauch der den Stiftern angeblich bisher von der Kirche gewährten Befugnisse [5], und eine einseitige Uebertragung von Kirchen [6] kraft der von den Laien beanspruchten Verfügungsgewalt für nichtig erklärten. Ferner verbieten sie, dass Geistliche die von ihren Vorfahren erbauten Kirchen kraft Erbrechtes in Besitz nehmen [7], sowie dass die Grundherren die Kir-

[1] O. S. 628. n. 3; c. 4 Later. v. 1123, Mansi 21. 282, c. 8 ibid. = c. 25. C. XVI. qu. 7.

[2] Konstit. v. Clarendon v. 1164. c. 1, Mansi 21, 1187: „De advocatione et praesentatione ecclesiarum si controversia emerserit inter laicos et clericos vel inter clericos in curia domini regis tractetur et terminetur", vgl. hierzu Buch IV des tractat. de legibus et consuetudinibus regni Angliae v. Ranulph v. Glanvilla, bei Phillips, engl. Reichs- und Rechtsgesch. 2, 369 ff., welches von dem Verfahren bei Streitigkeiten über die s. g. Advokatie handelt u. dazu Phillips a. a. O. S. 161 ff. Auch in der Normandie und England ist die Grundanschauung über die Stellung des Stifters zu seiner Kirche dieselbe, wie in Deutschland gewesen, Brunner, Entstehg d. Schwurgerichte. Berlin 1872. S. 233; Konc. v. Westminster v. 1173 c. 1: „Nullus praesumat intrare ecclesiam absque praesentatione advocati ecclesiae et impersonatione dioecesani episcopi vel officialis eius per ipsum"; c. 6: „Nullus det ecclesiam in dotalitium"; c. 23: „Wallenses non vendant ecclesias vel dent in dotem", Mansi 22, 142 ff.; c. 9 Londin. v. 1175, l. c. p. 149: „Nulli liceat ecclesiam nomine dotalitii ad aliquem transferre vel pro praesentatione alicuius personae pecuniam vel emolumentum pacto interveniente accipere. Quod si quis fecerit ... patrocinio eiusdem ecclesiae in perpetuum privari statuimus". Die Ausdrücke: advocatio ecclesiae, advocatus, welche sich auch in den Dekretalen Alexanders III. und Lucius' III., c. 6. 23 X de iurepatr. III. 38, finden, und noch heute in der englischen Bezeichnung des Patronates als right of advowson sich erhalten haben, sind von dem dem Grundherrn zukommenden Schutzrecht und seiner Schutzpflicht in Betreff der Kirche und ihrer Güter hergenommen. In Deutschland ist ius advocatiae in dieser Bedeutung nicht gebräuchlich gewesen, vielmehr hier im Wesentlichen auf die Vogtei über Klöster und Stifter beschränkt geblieben, obgleich diese auch vielfach auf Grund der Fundation entstanden ist, R. Happ, de advocatia ecclesiastica diss. inaug. Bonn. 1870. p. 8, und somit die Vögte auch gleichzeitig Patrone gewesen sind. Wenn in den englischen Rechtsquellen das Recht des Grundherrn in Betreff der Besetzung des Kirchenamtes mit dem Worte: praesentatio bezeichnet wird, so lässt sich doch daraus nicht schliessen, dass damals die Beschränkung der Befugniss des Patrons auf eine blosse Präsentation im heutigen Sinne allgemein anerkannt gewesen ist. Dem widersprechen einzelne der vorhin citirten Stellen und c. 5. 8. 10. 11. 21 (Alex. III.) X. eod. Vgl. auch Kaim a. a. O. 1, 192. n. 4.

[3] c. 14 decret. Alex. III. tit. 53, Boehmer corp. iur. can. 2 app. p. 302, das nicht in die Gregorische Sammlung aufgenommen ist; c. 16 X. de iurepatr. III. 38, in welches der Ausdruck von Raimund a Peñaforte aus der citirten Dekretale eingeschaltet worden ist; vgl. auch c. 3 (Alex. III.) X. de iud. II. 1. Irrigerweise schreibt Vering K. R. S. 484 das c. 16 cit. Lucius III. zu.

[4] c. 3 cit.: „Causa vero iurispatronatus ita coniuncta est et connexa spiritualibus causis, quod nonnisi ecclesiastico iudicio valeat definiri".

[5] c. 3 (Later. III. v. 1179) X. de iurepatr.

[6] Z. B. in der Form: „concessi, dedi ecclesiam", c. 5 (Alex. III.) eod.

[7] c. 15 (id.) ibid.

chen mit Abgaben belasten, verkaufen oder sonst veräussern [1]. Sie betonen weiter, dass der vom Grundherrn für die Kirche bestimmte Geistliche diese und das Amt nicht durch einen alleinigen Akt des ersteren, sondern erst durch die hinzutretende auctoritas des Bischofs erlange [2], weil der Grundherr keine Befugniss zu einseitiger Vergebung der Kirche habe, und ein Recht, welches er nicht selbst besitze, auch nicht auf andere übertragen könne [3]. Daher soll der später dem Bischof vorgeschlagene, aber von ihm eingesetzte Geistliche dem früher blos vom Patron präsentirten vorgehen [4], selbst wenn der letztere sich schon im Besitze des Amtes befindet [5], und der Patron berechtigt sein, dem Bischof mehrere Geistliche nach einander für die Kirche vorzuschlagen [6]. Endlich steht es mit dieser Auffassung in Verbindung, dass für die Ausübung des dem Patron belassenen Vorschlagsrechtes eine bestimmte, eine drei-, später viermonatliche Frist vorgeschrieben [7] und bei Nichtinnehaltung derselben, insbesondere auch wegen mangelnder Einigung der mehreren Patrone, das freie Besetzungsrecht des Bischofs anerkannt wird [8].

Durch diese Vorschriften war das ursprüngliche Besetzungsrecht des Grundherrn in ein blosses Vorschlags- oder Präsentationsrecht, wie es schon im Verlaufe der kurz vorgehenden Darstellung hat bezeichnet werden müssen, umgewandelt worden, das heisst: der Patron hat noch die Initiative bei der Besetzung und Verleihung, nicht mehr aber das Recht zu der letzteren selbst behalten, und seine Bezeichnung des Kandidaten erlangt erst durch die Mitwirkung des Bischofs volle Kraft. Seitdem bedurfte es neben der Thätigkeit des Patrons einer besonderen Handlung des kirchlichen Oberen, der Uebertragung des Amtes, um dieselben rechtlichen Folgen, welche früher mit der Ernennung des Geistlichen durch den Patron eingetreten waren, herbeizuführen.

Mit Ausnahme des schon erwähnten Satzes, dass das Patronatrecht ein ius spirituali annexum sei, ist in allen diesen päpstlichen Anordnungen der bisher herrschenden Anschauung kein neues allgemeines Princip entgegengestellt [9], indessen liessen sich ihnen gegenüber die früher von den Patronen geübten Befugnisse nicht mehr als Ausflüsse des Eigenthums an der kirchlichen Anstalt betrachten, vielmehr konnten sie in ihrer Gesammtheit nunmehr allein als ein besonderes Recht, welches einer Person für sich und ihre Nachkommen in Folge der Stiftung eines kirchlichen Institutes von der kirchlichen Gesetzgebung zugestanden wurde [10], charakterisirt werden.

Seit dem Ende des 12. Jahrhunderts hat die aufblühende kanonistische Wissenschaft diese Anschauung geltend gemacht und im Verein mit der von ihr beherrschten Rechtsprechung der geistlichen Gerichte zur praktischen Anerkennung zu bringen gesucht [11]. So ist das Institut in der gedachten Zeit im Wesentlichen wieder auf den

1 c. 16 (id.) c. 23 (Luc. III.) X. eod.

2 c. 4 (Later. III. v. 1179) X. ibid.

3 c. 11 (Alex. III.) X. l. c.

4 c. 5 (id.) X. l. c.

5 c. 10 (id.) eod.

6 c. 24 (Luc. III.) eod. Die Kontroverse über das s. g. Variationsrecht des Patrons, welche sich an diese Stelle angeschlossen hat, ist erst bei der systematischen Darstellung der Lehre vom Patronate zu erörtern. Jedenfalls ist es vollkommen begründet, wenn Mittelstaedt l. c. p. 24 behauptet, dass dem Patrone in älterer Zeit ein solches Recht nicht zugestanden haben kann, denn damals nahm er selbst die Besetzung kraft seines Eigenthumsrechtes vor.

7 Darüber, dass vorher eine solche Frist unbekannt war, s. o. S. 627. n. 1.

8 c. 3 (c. 17 Later. III. v. 1179; Mansi 22, 227), c. 12 (Alex. III.), c. 27 (Innoc. III.) X. h. t. Ueber das ältere Recht s. S. 624. n. 3. Im Uebrigen s. u. § 138.

9 Mittelstaedt l. c. p. 22 ff.

10 Vgl. z. B. summa Bernhardi Papiensis III. 33. §. 1, ed. Laspeyres p. 120: „Est iuspatronatus ius quod habet quis ex ecclesiae vel religiosae domus fundatione, dotatione vel soli collatione".

11 Gerade diese beiden Momente sind, wie insbesondere die weitere Entwickelung in Frankreich und England zeigt, von wesentlicher Bedeutung geworden.

Grundgedanken, welcher seine ersten Anfänge beherrscht hat (s. o. S. 618), zurückgeführt worden.

Der Wendepunkt kennzeichnet sich deutlich dadurch, dass von der Mitte des 12. Jahrhunderts an sich die noch heute übliche Terminologie, der Gebrauch der Bezeichnungen: *ius patronatus* und *patronus* für das Recht und den Inhaber desselben [1], sowie des Ausdruckes: *praesentare* für die Befugniss des Patrons hinsichtlich der Besetzung des Amtes [2] festgestellt hat.

Wenngleich der Sieg der Kirche über die germanische Rechtsanschauung mit dem Ende des 12. Jahrhunderts entschieden war, so gelang es ihr andererseits doch nicht, die Grundlagen derselben vollkommen zu beseitigen.

Die Kirchen der Patrone waren meistens auf den Gütern derselben belegen, und ebenso wurde für die Stiftung neuer Gotteshäuser zum Herrengute gehöriges Land als Bauplatz angewiesen. Galt früher die Kirche als Bestandtheil des Gutes, an welchem dem Grundherrn und Patron das Eigenthum ebenso wie an seinen übrigen Besitzungen zustand, so wurde nunmehr das an Stelle des Eigenthums an der Kirche getretene Patronatrecht über die letztere als Accessorium des Gutes betrachtet, was um so natürlicher war, als die Patrone in vielen Fällen auf die der Kirche zur Dotation überwiesenen Güter gewisse, namentlich Zins- und Zehntrechte ausübten [3]. So hat sich als Rest der früheren Anschauung die Dinglichkeit des Patronates erhalten [4], und diese ist durch die kirchliche Gesetzgebung nicht in Frage gestellt worden [5]. Noch heute giebt es in den germanischen Ländern, namentlich in Deutsch-

[1] dipl. v. 1147, s. u. Note 5; v. 1169, Guden. cod. dipl. Mogunt. 1, 106; c. 3 (Later. III. v. 1179). c. 9. 12. 13. 14. 19. 20. 22 (Alex. III.) X. tit. cit. In Gregor. VII. reg. VI. 8, Jaffé mon. Gregor. p. 338 kann das Wort: patronus auch blos Schutzherr bedeuten.

[2] S. z. B. c. 5. 6. 7. 8. 18 (Alex. VIII.) eod.; c. 31 (Gregor. IX.) X. ibid.: „quum ex vi iurispatronatus non concessio sed praesentatio pertineat ad patronum".

[3] Vgl. darüber im Texte weiter unten.

[4] Diese Auffassung, welche im Wesentlichen ebenfalls von J. H. Boehmer J. E. P. III. 38. §. 107; Richter-Dove §. 188; Phillips K. R. 7, 660; v. Schulte, Lehrb. d. kath. K. R. 3. Aufl. S. 307; Mittelstaedt l. c. p. 28 ff. getheilt wird, verwirft noch neuerdings Walter-Gerlach K. R. 14. Aufl. S. 525. n. 34. Wenn es daselbst §. 234. V. S. 523 heisst: „Dieses Patronatrecht klebte ursprünglich, wenn auch Zubehör des Herrenhofes, am Stamme, weil auch der Herrenhof zum Stamme gehörte und nicht leicht ausserhalb des Geschlechts veräussert werden konnte. Im Laufe der Zeit entstand jedoch, wie bei vielen anderen Gerechtsamen der germanischen Verfassung die Wendung, dass es zu einem rein dinglichen Zubehör des Gutes wurde", so darf man wohl angesichts des S. 622 ff. mitgetheilten Gesetzes- und Urkunden-Materials fragen, wie „jene Wendung entstanden" ist, um so mehr als im Texte jenes §. auch berichtet wird, dass die karolingische Gesetzgebung ein Eigenthum des Stifters an einer konsekrirten Taufkirche anerkannt habe (o. S. 624. n. 6), und die Behauptung, dass das Patronatrecht früher „am Stamme geklebt habe", völlig unklar ist.

[5] c. 13 (Alex. III.) X. h. t. („ratione feudorum emptorum aliterve acquisitorum"), vgl. dazu meine Abhdlg bei Dove, Ztschr. f. K. R. 2, 423; Rosshirt, Arch. f. kath. K. R. 4, 4 ff. bestreitet dagegen überhaupt die Existenz eines dinglichen Patronates und erklärt (S. 18), dass die Dinglichkeit desselben nichts anderes sei, als dass zum Erwerbe neben der allgemeinen Fähigkeit des Patrons und der speciellen Koncession auch noch der Besitz eines eigenen Gutes gehöre. Dies ist deshalb unrichtig, weil der Erwerb eines solchen Patronates sich gerade ohne Weiteres durch den Erwerb des berechtigten Gutes vollzieht, wie c. 13 cit. deutlich ergiebt. Bestätigt wird die herrschende Ansicht übrigens nicht nur durch Urkunden, welche der Uebergangszeit angehören, s. z. B. dipl. v. 1147, Urkdbch des Landes ob der Enns. Wien 1856. 2, 237: „ecclesias quasdam quas tam ipse quam patres sui in territorio patrimonii sui fundaverant, cum omni iure quod in eis ratione fundi habuit, ius scilicet patronatus et dotem earundem ecclesiarum supradicto monasterio donavit", dipl. v. 1156, Ussermann episc. Wirceburg. cod. prob. p. 39: „ius fundi, unde sacerdotem in eadem parochia ponere debuit", sondern auch aus späterer Zeit, dipl. v. 1267, Meichelbeck hist. Fris. II. n. 88 (hier wiederholt: „fundus et iuspatronatus ecclesiae in Herranstein" und „dominus fundi et patronus"), dipl. v. 1275, Lacomblet, niederrh. Urkdbch 2, 394: „curtim . . . cum omnibus iuribus suis et pertinentiis, cui etiam curti . . . annexum est . . . iuspatronatus ecclesie predicte", vgl. ferner v. Wyss, Gesch. der Abtei Zürich . . . i. d. Mitthlgen d. antiqu. Gesellsch. in Zürich. 8b. 53 u. c. 16. Mogunt. v. 1261, Hartzheim 3, 599:

land, eine grosse Anzahl dinglicher Patronatrechte, ja diese überwiegen hier sogar über die s. g. persönlichen, d. h. diejenigen, welche nicht mit einem Grundstücke verbunden sind[1].

In Frankreich und England gelang es dagegen nicht, die von Alexander III. beabsichtigte Reform[2] durchzuführen. Der Grundsatz, dass das Patronatrecht ein ius spirituali annexum sei, fand hier keine Anerkennung, vielmehr blieb die frühere Zuständigkeit der weltlichen Gerichte in Patronatsstreitigkeiten bestehen[3], und in beiden Ländern bewahrten sich die Patrone, weil der Patronat auch noch ferner als nutzbares Privatrecht angesehen wurde, ihren früheren massgebenden Einfluss auf die Besetzung der Aemter[4].

Dass indessen auch in Deutschland, wo die weltliche Macht nicht, wie in den eben erwähnten Ländern, für die Rechte der Patrone eingetreten ist, die Anordnungen Alexanders III. nur allmählich praktischen Erfolg gehabt haben, ergiebt zunächst der Umstand, dass noch Jahrhunderte hindurch die Provinzialsynoden sich genöthigt sahen, den Patronen die selbstständige Verleihung der Benefizien[5], die Besitznahme und Detention der Kirchen in Erledigungsfällen[6], sowie die Verminderung der Dotationen derselben[7], namentlich bei der Wiederbesetzung[8], zu verbieten, kurz gegen die Uebung der Rechte, welche aus der früheren Eigenthumstheorie hergeleitet wurden, einzuschreiten[9]. Noch deutlicher zeigen dies die Urkunden. Abgesehen

„praedium cui ius attinet patronatus“, und die interessante Urkunde v. 1345. S. 633. n. 3, in welcher ein Patronat bestimmten Grundstücken als Pertinenz zugeschlagen wird.

[1] S. unten.

[2] Zu der gerade die englischen Verhältnisse den äusseren Anstoss gegeben hatten, wie der Umstand zeigt, dass die meisten Dekretalen Alexanders III. im tit. X. de iurepatr. nach England gerichtet sind.

[3] Für Frankreich Beaumanoir, coutumes de Beauvoisis v. 1283 ed. Beugnot 1842. c. 11; Dove, diss. de iurisdictionis ecclesiast. progressu. Berol. 1855. p. 147; Kaim a. a. O. 1, 185; G. J. Phillips, d. Regalienrecht i. Frankreich S. 167; über die eigenthümliche, 1207 in der Normandie eingeführte inquisitio vor einer aus Laien und Geistlichen bestehenden Jury in Patronatsstreitigkeiten, in denen eine Kirche Partei ist, vgl. Brunner, Entstehung der Schwurgerichte S. 373; für England ausser Glanvilla (s. o. S. 629. n. 2) Kaim a. a. O. S. 195 u. Friedberg, Grenzen zw. Staat u. Kirche. S. 735.

[4] Pragmat. Sanktion Ludwigs IX. v. 1268. c. 1, Durand de Maillane, dictionnaire de droit canonique. II. éd. 4, 767: „ut ecclesiarum regni nostri praelati, patroni et beneficiorum collatores ordinarii ius suum plenarie habeant“; c. 30 Avenion. v. 1326, Mansi 25, 761; literae Caroli VI. de reparatione ecclesiar. v. 1385, Pithou, preuves des libertez de l'église Gallicane. II. éd. Paris 1651. 2, 816 ff.; Kaim a. a. O. S. 180 ff. Für die Normandie vgl. acte des barons de Normandie v. 1205, Pithou l. c. 2, 1262: „quod si ecclesia pertinens ad donationem laicam vacaret, si ille ad quem donatio ecclesiae pertinebat, praesentaret idoneam personam... archiepiscopus vel episcopus eandem personam de iure recipere tenebatur... si vero de iure patronatus contentio oriretur, archiepiscopus vel nunquam posset alicui conferre ecclesiam illam nec aliquem recipere ad eandem ecclesiam, donec contentio in curia regis vel in curia illius, de cuius feudo movet ecclesia, terminaretur. Quando vero causa terminata esset ... deberet recipere idoneam personam, quam praesentaret ille cui adiudicatum esset iuspatronatus illius ecclesiae“; für England vgl. Kaim a. a. O. S. 192 ff.

[5] c. 11. conc. Vienn. v. 1267; c. 18 Salzburg. v. 1281; c. 14 Herbipol. v. 1287 Hartzheim 3, 635. 656. 728; c. 8 Aschaffenb. v. 1292, l. c. 4, 10.

[6] c. 4 Fritzlar. v. 1246; c. 24 Mogunt. v. 1261, l. c. 3, 573. 603; Magdeburg. v. 1403, c. 51 Salzburg. v. 1420; Herbipol. v. 1446; Eystett. v. 1465, l. c. 5, 690. 196. 329. 474; Havelberg. v. 1512, l. c. 6, 88 u. 93.

[7] c. 12 Herbipol. 1287, l. c. 3, 728.

[8] c. 11 Vienn. cit. v. 1261; c. 14 Magdeb. v. 1315, l. c. 3, 800; Magdeb. v. 1403, c. 20. 26 Salzburg. v. 1420; c. 27 Patav. v. 1470; c. 30 Bamberg. v. 1491, l. c. 5, 700. 180. 182. 482. 613; c. 69 Mogunt. v. 1549, l. c. 6, 582 u. c. 22 Mogunt. v. 1610, l. c. 9, 78.

[9] Noch das conc. Osnabrug. v. 1628. P. II. c. 5. §. 6. l. n. 2, l. c. 9, 463 erklärt: „Cum longo usu et deploranda corruptela praecedentium temporum irrepserit, quod patroni praesertim laici qui ius nominandi vel praesentandi habuerant, nimis libere ac contra iuris rationem ac primaevas institutiones ac fundationes de beneficiis iurispatronatus tamquam de familiaris patrimonii ac privati iuris bonis hactenus fere disposuerunt ...“

davon, dass die der früheren Anschauung entsprechenden Ausdrücke sich noch über das 12. Jahrhundert[1] hinaus erhalten haben[2], erscheint das Patronatrecht fort und fort als ein mit Einkünften verbundenes Recht[3], welches Gegenstand des Vermögensverkehrs und insbesondere auch Gegenstand lehnrechtlicher Verleihung ist. Bei dieser letzteren insbesondere wird bald die Kirche mit ihren Gütern und dem Patronatrecht[4],

[1] dipl. v. 1144, Lacomblet, niederrh. Urkdbch 1, 235: „partibus quas in ecclesia Millenensi haereditario iure eatenus possidebant"; dipl. saec. XII. exeunt. Meichelbeck l. c. I. 2. n. 1356: „allodium nostrum in A cum omnibus pertinentiis suis, videl. ecclesia, villa"; n. 1357: „divinae et humanae leges hoc habent, ut cuius sit possessio, eius etiam sit institutio, maius enim est possessionem dare quam investituram", s. o. S. 621. n. 1, v. 1360: „duas nostri iuris ecclesias" und die pars decisa in c. 9 (Alex. III.) X. h. t.: „uxorem in cuius patrimonio ecclesia illa consistit".

[2] dipl. v. 1209, Lacomblet a. a. O. 2, 15: „quod cum conventus de G. per nos obtinuit patronatum et ecclesiam de H. cum omnibus attinentibus eidem ecclesiae, videl. domum lapideam . . . dotem et doti attinentia, nemora, agros et pascua . . ."; v. 1253, Leuckfeld, antiqu. Walkenrid. P. I. c. 11. §. 7. lit. g.: „ecclesiam in villa M. quae ad nostram pertinebat dominationem, conferimus . . . conventui in W. . . . cum omni iure, quocumque nomine vocatur, quo nobis eadem ecclesia pertinebat".

[3] dipl. a. 1255, Lacomblet 2, 224: „quod ego Methildis de Holte . . . iuspatronatus ecclesie in st., hereditario iure pertinens ad me, cum dote, agris et omnibus eius attinentiis, locum molendini et piscinam . . . monasterio b. Marie . . . contuli"; dipl. v. 1244, v. Wyss a. a. O. S. 84: „abbatissa . . . iuspatronatus ecclesie kamo . . . nobis nostrisque successoribus (dem Bischof v. Konstanz) . . . contulit perpetuum possidendum ita quod proventus ipsius ecclesie ad nostram nostrorumque successorum mensam de cetero pertineant", wogegen der Bischof bestimmte ihm zustehende Zehnten gewährt; dipl. v. 1252, meckl. Urkdbch 2, 27: „iuspatronatus ecclesie seu parochie in Wittenburg cum omni proprietate sive iuri suo"; Urkde der Aebtissin von Zürich v. 1345, v. Wyss l. c. p. 338: „so haben wir den kilchensatz der kilchen ze sant Peter, so Zürich in der minren stat gelegen ist, mit zehenden, kleinen und grossen, mit widmen, mit nügerüten, mit swinen, mit kornezinsen, mit hüsern, mit hofstetten, mit garten, mit wisen, mit matten, mit boumgarten, mit pfenningzinsen, mit holtze, mit velde, mit wanne, mit weide und mit allem dem rechte, friheit, sitten und gewonheit, so zuo der selben kilchen ze sant Peter und ze dem kilchensatze gehört und alles daz recht, so die stift unsers gotzhus an der selben kilchen . . . ie gewan, daz wir daz alles einmueteliche frilich und ledelich ufgeben in die wisen, der man sprichet der Ebtischin wise . . . und ist dieselbe wise, dar in nu dirre kilchensatz gehört und iemer mere hören sol, mit einem hage umbefangen . . . durch das aller mangelich wisse . . . daz diu selbe wise ein sunderig geistlich guot ist, dar in wir den vorgeschriben kilchensatz der kilchen ze s. Peter ze Zürich geben haben als vorgeseit ist. Und von der vorgenanden unsers gotzhus kumbers und geltschulde wegen, so haben wir die selben wisen mit dem kilchensatze der kilchen ze s. Peter Zürich, so nu in die selben wisen gehört und iemer mer gehören sol, für fri, ledig, eigen mit aller der rechtunge, sitten und gewonheit, so zuo der kilchen und ze dem kilchensatze ze s. Peter gehört und ein kilchherre und daz lüpriestes (o. S. 291. n. 10 a. E.) ampt der selben kilchen untz her ingenommen und genossen hat, frilich, ledeklich und unbetwungenlich nach geistlichen und nach weltlichem geschriben rechte mit wiser pfaffen rate, ze kouffene geben Ruodolf Brun, burgermeister der stadt Zürich umb 211 Mark guotes silbers züricher gewichte, der wir alle gemeinlich ze unser und unsers gotzhus wegen gewert sin und dem selben unserm gotzhus grosse geltschulde und wachsenden schaden da mit abgeleit haben. Und setzen mit disem kouffe den selben Ruodolf Bruon und alle sine erben und nachkomen in nutzlich gewer des kilchensatzes der kilchen ze s. Peter ze Zürich, und sunderlich der pfruonde der früegen Tagmesse s. Katherinen Altares in der selben kilchen mit aller der rechtunge, so die selbe pfruonde gestiftet, geordnet und verbrievet ist, mit rechter gewer und mit friier eigenschaft iemer mere zu habenne und ze besetzenne, ze lichenne und alle ding da mit ze tuonne, so ein ebtischin und ein fürstin unsers Gotzhus untz her getan hat"; (die bischöfliche Bestätigung dieses Verkaufs, sowie eine ähnliche Urkunde von 1345 ibid. p. 391 u. 386). Andere Urkden aus dem 12. Jahrh. bei Lacomblet a. a. O. S. 15. 29. 195. 214. 224. 343.

[4] dipl. v. 1277, Leuckfeld, hist. Beschreibg v. Kelbra. Leipz. 1721 p. 129 n. f.: „nos H. comes de H . . . recognoscimus, quod ecclesiam in Thyrungen quam fratres de Sondershausen a nobis feudali titulo possederunt"; dipl. Carls IV. v. 1346, Brower ann. Trevir. 2, 218: „quod . . . a Balderico archiepiscopo Treverensi recepimus in feudum 72 ecclesias matrices cum iuribus patronatus, decimis et aliis eorum pertinentiis"; v. 1453, Kuchenbecker analect. Hass. collect. 7. Marbg 1732 p. 83: „nachdeme nu solche egenannte pfarr-kirche von uns und unsern fürstenthume zu lehin geht", noch spätere Beispiele bei v. Buri, ausführl. Erläutrg d. Lehnrechts. 1, 516; ein Fall wo ein derartiges Lehn als subfeudum weiter vergeben wird, bei Leuckfeld antiqu. Walkenrid. P. I. c. 11. §. 7. lit. 9 u. dazu Boehmer J. E. P. III. 38. §. 47.

bald aber auch dieses letztere selbst mit den etwaigen Einkünften und Gerechtsamen [1] als Lehn behandelt [2].

Bei der Tendenz des Mittelalters, alle möglichen Verhältnisse zu feudalisiren, kann es endlich nicht befremden, dass auch das dem Patron in Bezug auf die Besetzung zustehende Recht als eine Verleihung der Kirche und der Benefizialgüter an den Geistlichen aufgefasst und das Wort: *ius patronatus* durch die deutsche Bezeichnung: *Kirchenlehn* wiedergegeben worden ist [3].

2. Verhältniss des Patronatrechtes zur Inkorporation. Aus den Erörterungen o. S. 439 u. S. 621 ff. ergiebt sich, dass der Patronat und die Inkorporation aus ein und derselben Wurzel, dem Eigenthumsrecht an kirchlichen Anstalten, hervorgegangen und erst in Folge des Eingreifens der kirchlichen Gesetzgebung im 11. und 12. Jahrhundert zwei selbstständige, von einander verschiedene Institute geworden sind. Den Laien musste die Möglichkeit eines Eigenthums an der Kirche und damit der Rechtstitel für beliebige Verfügungen über dieselbe und die dazu gehörigen Güter gänzlich abgesprochen werden, wenn man die entstandenen Missbräuche und Uebergriffe überhaupt beseitigen oder wenigstens vermindern wollte. Ihnen gegenüber waren die besprochenen Anordnungen Alexanders III. (o. S. 629) vom kirchlichen Standpunkt aus geboten. Ebenso war es nothwendig, den Erwerb des Amtes an der Kirche erst durch einen besonderen Akt des kirchlichen Oberen eintreten zu lassen, d. h. das frühere Anstellungsrecht des Eigenthümers, kraft dessen dieser das Amt übertragen hatte, auf ein blosses Präsentations- oder Vorschlagsrecht herabzudrücken (o. S. 630). Gegenüber den Klöstern, Stiftern und einzelnen kirchlichen Amtsträgern brauchte man aber nicht so weit zu gehen, denn die diesen inkorporirten Kirchen blieben immer in kirchlichen Händen, hier lag schon an und für sich die Entfremdung der Güter zu rein weltlichen Zwecken ferner, und endlich war es hier leichter, gegen etwaige Missbräuche der Berechtigten einzuschreiten. Es bedurfte der völligen Negirung des Eigenthums nicht, sondern es genügte, die privatrechtliche Unterlage desselben in der schon o. S. 443 erörterten Weise umzugestalten.

So lange es während der Uebergangsperiode den Grundherren gelang, sich eine ausgedehnte Disposition über die Patronatskirchen und deren Dotationsgüter zu bewahren, war ein praktischer Unterschied zwischen ihrer Stellung und der des kirchlichen Institutes bei der s. g. incorporatio quoad temporalia et spiritualia so gut wie nicht vorhanden. Hieraus erklärt sich, dass in der gedachten Zeit wegen der sowohl dem Patrone wie auch dem inkorporationsberechtigten Institut zustehenden Mitwir-

[1] dipl. v. 1213, v. Wyss a. a. O. p. 53: „iudices assignaverunt et tradiderunt dictum iuspatronatus advocato de Rapreswilare perpetuo sub nomine pheudi a comite illo de chiburg et suis successoribus tenendum et possidendum sibi et suis heredibus", in den bei v. Buri a. a. O. S. 564 nachgewiesenen Lehnbriefen aus dem 15. bis 18. Jahrh. finden sich die Wendungen: „mit Lehnschafften der Kirchen und andern Gottesgaben"; „den Kirchensatz zu L. mit dem Leyen-Zehenden und aller anhangenden Gerechtigkeit", „zu Lehnrecht verliehen haben den Kirchensatz zu Tannhausen".

[2] Vgl. hierzu überhaupt noch Eisenhart, vom Kirchenlehn in dessen kleineren Schriften. Erfurt 1781. 2, 171.

[3] So schon in der fast gleichzeitigen Uebersetzung des dipl. v. 1203 bei de Ludewig, reliqu. manuscr. 1, 22 u. 23; vgl. ferner Weber, Hdbch d. Lehnrechts 2, 377 ff.; J. H. Boehmer l. c. §. 39. Der Patron hiess daher Lehn-Herr. Dass diese Anschauung schon sehr früh hervorgetreten ist, zeigt c. 21 conc. Bituric. v. 1031, Mansi 19, 505: „ut saeculares viri ecclesiastica beneficia quod fevos presbyteriales vocant, non habeant super presbyteros". Ebenso wie die Kirchen selbst sind auch die in einzelnen Kirchen gestifteten Altäre nebst ihren Dotationen, den s. g. altaragia als Lehne behandelt worden. Ueber diese s. g. Altarlehne s. v. Buri a. a. O. 1, 527; Weber a. a. O. S. 129.

kung bei der Anstellung des Geistlichen an der Patronats- oder inkorporirten Kirche der Ausdruck: ius patronatus auch für die nachmals s. g. Inkorporation gebraucht wird[1].

Andererseits tritt aber, sowie die Gesetzgebung und die Doktrin zu einer Unterscheidung des Patronates und der Inkorporation gelangt waren, dies auch in der Praxis hervor. Seit dem 13. Jahrhundert finden sich eine grosse Anzahl von Urkunden des Inhalts, dass gerade solche Kirchen, über welche den geistlichen Instituten schon das Patronatrecht zustand, diesen noch ausdrücklich inkorporirt werden[2].

[1] S. die o. S. 439. n. 3 u. 4 mitgetheilten Urkunden. — Bernhard von Pavia leitet in seiner summa decretalium lib. 3 den Titel 33: „de iurepatronatus et ecclesiis a laicis concessis" mit den Worten ein: „Egimus in superiori titulo de iurepatronatus in specie, scil. quod competit monachis et aliis religiosis; nunc communiter et in genere de iurepatronatus agamus". In dem vorhergehenden Titel (32), als dessen Gegenstand er selbst das Patronatrecht der Klöster bezeichnet, behandelt er aber die Fundation von Kapellen durch die letzteren sowie den Erwerb von Kirchen durch Schenkung, und schreibt zwar im erstern Falle dem Bischof die institutio spiritualium und dem Kloster die institutio temporalium zu, legt indessen bei der Uebertragung von Kirchen dem bewidmeten Kloster die institutio spiritualium et temporalium unter der Voraussetzung bei, dass die Verleihung cum omni iure unter Autorität des Bischofs erfolgt ist. Er betrachtet also Inkorporation und Patronatrecht als verschiedene Species des Patronates im Allgemeinen. —

In eigenthümlicher Bedeutung kommt iuspatronatus in den Urkunden der mecklenburgischen und pommerschen Bisthümer vor, vgl. z. B. Urk. des Bischofs v. Cammin für das Kloster Dargun a. 1232, mecklenburg. Urkdbch 1, 405: „*iuspatronatus*, *quod bannum* vocamus, in ecclesiis sue iurisdictionis, videlicet Rokeniz, Kalenth, Polchov et non solum in constructis, verum etiam in construendis . . . cum assensu capituli nostri contulimus perpetuo possidendum"; Urk. des Hermann v. Below a. 1299, l. c. 4, 101: „quod cum impetravimus consensum . . . prepositi, priorisve et conventus sanctimonialium monasterii Campi Solis . . . ad hoc, ut in villa Belowe cymeterium pro sepultura, baptismum parvulorum et capellam ad usus divini officii habere possemus, ipsis promisimus, quod *iuspatronatus sive bannum* super ea nunquam nobis, successoribus nostris vel heredibus condicemus, sed siue haec capella maneat filia parrochialis ecclesie in Techentin siue specialis fiat parrochia, iura predicta apud memoratum monasterium in perpetuum remanebunt"; vgl. dazu auch dipl. a. 1300. l. c. 4, 135; dipl. a. 1265, ibid. 2, 262: „super *iurepatronatus et banno* ecclesie parrochialis Butzowensis". An irgend welche nutzbare Herrschafts- oder Jurisdiktionsrechte des Patrons, was zunächst angenommen werden könnte, ist hier nicht zu denken. In der letztcitirten Urkunde, welche einen Vergleich zwischen dem Kloster Rühn und dem Stift Bützow enthält, heisst es weiter: „Et vicarius seu persona dicte ecclesie vel alterius, si una vel plures in parrochia aedificate vel fundate fuerint in futurum . . . decano (des Stiftes) reverenciam et obedienciam debitam faciet et curam de manu ipsius recipiet ac alia que ad subiectionem debitam pertinent, exhibebit". Diese näheren Festsetzungen über den Inhalt des iuspatronatus in Verbindung mit dipl. a. 1282, l. c. 3, 47: „contulit (der Bischof v. Cammin dem Kloster Dargun) *iuspatronatus*, quod *bannum* sive *ius synodale* vocamus, in ecclesiis eorum nostre dyocesis, videl. Kalent, Rokeniz . . ." und mit dipl. a. 1177, l. c. 1, 118: „ius *synodale, quod bannum* vocatur, ad abbatis curam pertinebit", a. 1232, l. c. p. 410: „ecclesiarum vero dispositio infra terminos constitutos et sacerdotum constitutio vel baptismus et *ius synodale, quod bannum vocant*, ad abbatis providentiam pertinebit" (vgl. ferner auch die beiden Diplome v. 1237 u. dipl. a. 1247, l. c. p. 468. 470. 562) lassen unter fernerer Berücksichtigung des Umstandes, dass alle citirten Urkunden sich auf Klöster und Stifter beziehen und in der Urkunde v. 1232 auch von dem „iuspatronatus, quod bannum vocamus" in Betreff erst später zu errichtender Kirchen die Rede ist, die Annahme gerechtfertigt erscheinen, dass iuspatronatus in dem erwähnten Urkunden-Kreise die auf einzelne Klöster übertragenen Archidiakonal-Rechte (s. o. S. 199) bedeutet, umsomehr als die Bezeichnung: bannum auch sonst (s. a. a. O. S. 200 n. 1 u. Lüntzel, die ältere Diöcese Hildesheim S. 187 n. 28 u. S. 190) in diesem Sinne vorkommt. Vielleicht hat die den Archidiakonen bei der Besetzung der Benefizien zustehende Mitwirkung (o. S. 194 u. 197) die Veranlassung zu dem gedachten Gebrauch des Ausdrucks: iuspatronatus gegeben.

[2] dipl. v. 1205, Lacomblet 2, 10; v. 1217, ibid. p. 34: „quod penuriam sanctimonialium in Gerisheim relevare cupientes, de consensu . . . archidiaconi . . . super ecclesie in Linse cuius *iuspatronatus* ad eiusdem loci pertinet . . . abbatissam . . . ordinationem ipsis necessariam indulgere . . . decrevimus sub hac forma. Post obitum Lamberti pastoris in Linse, quemcumque sacerdotem idoneum eiusdem loci abbatisse presentaverit, ab archidiacono est . . . . instituendus et in eodem loco cura animarum sine contradictione recepta in sacerdotali officio serviturus. Et ne aliqua dissensio inter predictum cenobium et pastorem possit oriri super portione sibi assignanda . . . ipsi pastori assignavimus omnem portionem quam nunc habet C. eiusdem ecclesie perpetuus vicarius et preterea totam decimam vini . . . cum minuta decima totius parochiae. Omnes autem alii proventus tam in vino quam annona cedent cenobio predicto"; dipl. v. 1246, l. c. p. 157;

Was die reale Bedeutung dieser nachträglichen Inkorporationen betrifft, so kann sie nicht darin gefunden werden, dass bei dem Patronate das berechtigte Institut gar keine Nutzungsrechte an dem Vermögen der seiner Präsentation unterliegenden Kirche besass, und diese erst durch die Inkorporation erlangte. Trotz der Umgestaltung des Verhältnisses der Grundherren zu den auf ihren Gütern erbauten Kirchen ist das Patronatrecht im Mittelalter in vielen Fällen noch ein vermögenswerthes Recht geblieben, weil die Grundherren oder Patrone aus den Dotationen der Kirchen früher die verschiedenartigsten Nutzungen gezogen und sich, als die ursprüngliche Grundlage der letzteren, das Eigenthum, von der kirchlichen Gesetzgebung negirt worden war, doch im Besitze derselben erhalten hatten und diese Berechtigungen nunmehr als Pertinenzen des Patronates erschienen[1]. Immerhin unterstand indessen nicht das ganze Pfarr- oder sonstige Benefizial-Vermögen der unbeschränkten Gewalt des Patrones, vielmehr musste dieses für die Zwecke der Kirche und des Amtes, soweit derartige Nutzungsrechte, wie die eben gedachten, nicht vorhanden waren, verwendet werden. Mit der Inkorporation hörte aber die Selbstständigkeit des Vermögens der betreffenden Kirche und seine bisherige Zweckbestimmung auf. Das berechtigte Institut durfte nunmehr über das gesammte Vermögen für seine eigenen Bedürfnisse verfügen, und hatte davon nur das Erforderliche für die Unterhaltung der inkorporirten Kirche und ihres Geistlichen abzugeben[2]. In der Erwerbung dieses Dispositionsrechtes lag offenbar das Interesse der Klöster und Stifter, sich nicht mit dem Patronate über die einzelnen Kirchen zu begnügen, sondern auch noch die Inkorporation derselben zu erlangen.

3. Das geistliche Patronatrecht. Der dargelegte Zusammenhang zwischen dem Patronate und der Inkorporation giebt ferner die Aufklärung für die Erscheinung, dass sich bis zum Anfang des 13. Jahrhunderts keine Spur der heute geläufigen Unterscheidung zwischen dem s. g. Laien- und dem s. g. geistlichen Patronatrecht findet. Erst seitdem man bewusster Weise die Eigenthumstheorie, nach welcher Jahrhunderte lang das Verhältniss sowohl der Laien, als auch der Klöster

„ad ... H. abbatis ... supplicationem ... fructus trium ecclesiarum ... Suthele, Embe et Elisdorp, quarum *iuspatronatus* ad abbatem dicti monasterii pertinet, eidem abbati et monasterio suo, cum ipsas ecclesias vacare contigerit, in elemosynam perpetuo duximus concedendos, ad hospitum et pauperum sustentationem, ita tamen, quod clerici, dictarum ecclesiarum perpetui vicarii per abbatem prefati monasterii presentandi, curam animarum habentes et ipsas ecclesias officiantes, competentem habeant sustentationem"; v. 1248, l. c. p. 174: „Cum ... Elysa abbatissa et capitulum eccl. ss. virginum in Colonia preces ... direxerint ..., ut ecclesiam parochialem de Kelse que ad earum ecclesiam pertinere dinoscitur et in qua abbatissa *ius* obtinet *patronatus*, ipsi ecclesie ss. virginum *uniamus*, nos ... ecclesiam ... de consensu H. loci archidiaconi, maioris prepositi Coloniensis, qui nunc ipsam obtinet, memorate ecclesie ss. virginum *aduniviwus* in augmentum prebendarum et ad sustentationem canonicarum ac canonicorum ibidem deo servientium. Statuentes ... ut ad dictam ecclesiam, cum eam vacare contigerit, ... sacerdos idoneus ... per abbatissam presentetur et institutus personaliter in ipsa ecclesia deserviat, qui competentem portionem ... et vite congruam habeat sustentationem". Andere hierher gehörige Urkunden aus dem 14. Jahrh. bei Mone, Ztschr. f. Gesch. d. Oberrheins 7, 80. 480 u. bei Binterim u. Mooren, die Erzdiöcese Köln 4, 96. 130; eine Urkunde, nach welcher gleichzeitig die Uebertragung des Patronates über eine Kirche mit der Inkorporation der letzteren erfolgt, s. o. S. 443. n. 1.

1 S. 633. n. 3.

2 dipl. v. 1242, Lacomblet 2, 143: „considerantes ... numerum prebendarum et tenuitatem earumdem ... donamus predicto capitulo (Domkapitel) iuspatronatus in ecclesiis ... Uodinkirchen, Richerode et Menedin cum omni integritate, quam nos et predecessores nostri hactenus habuisse dinoscuntur ... ordinantes, ut quandocunque ecclesiarum aliquam vacare contigerit, decanus maior ... preficiat ibi sacerdotem, qui curam animarum gerat et competentem ei redditum et oblationum portionem assignet ... Residuum vero convertatur in usus canonicorum b. Petri". Dass durch eine derartige Erweiterung der Rechte des Patronates eine Inkorporation entstand, kann nicht dem mindesten Zweifel unterworfen werden. Vgl. ferner dipl. v. 1265 u. epist. Clement. IV. pp. a. 1267 bei G. L. Boehmer, observ. iur. canon. p. 291. 292.

oder anderer geistlicher Institute zu den ihnen unterstehenden Kirchen bemessen worden war, zu bekämpfen begonnen, und für die Beseitigung der bisherigen Missbräuche, je nachdem es sich um das Recht der Laien oder um das der kirchlichen Anstalten handelte, verschiedene Wege eingeschlagen hatte, konnte sich der Gedanke geltend machen, dass zwischen einem blossen Patronatrechte in Laienhänden und dem Patronate der Klöster und anderen geistlichen Institute insofern eine Verschiedenheit obwaltete, als letztere zum Erwerbe von kirchlichen Rechten überhaupt und von Eigenthumsrechten an Kirchen insbesondere, an sich nicht unfähig waren. Ueberdies waren die Rechte, welche die kirchlichen Anstalten und Amtsträger auf Grund der Inkorporation besassen, thatsächlich denjenigen, welche aus ihren Patronaten herflossen, sehr ähnlich. Hieraus erklärt es sich, dass einmal beide Verhältnisse während der Uebergangszeit nicht genau geschieden worden sind[1], ferner aber auch, dass die kirchliche Gesetzgebung seit Beginn des 13. Jahrhunderts für die in geistlichen Händen befindlichen Patronate besondere Normen erlassen hat, welche von dem für die Inkorporation massgebend gewesenen Gesichtspunkt ausgehen, dass einerseits ein weiteres Eingreifen der geistlichen Oberen, wie bei den Laienpatronaten, mit Rücksicht auf die kirchliche Stellung der Patrone stattfinden[2], andererseits aber den geistlichen Patronen auch wieder ein grösserer Spielraum gewährt werden könne[3], und somit die Einwirkung der letzteren mehr nach Analogie der Verleihung geistlicher Aemter zu behandeln sei. Im Anschluss an diese Vorschriften hat die Doktrin noch in dem erwähnten Jahrhundert die Unterscheidung zwischen dem Laien- und geistlichen Patronate entwickelt[4], und diese letztere hat schon am Ende desselben die ausdrückliche gesetzliche Anerkennung erhalten[5].

IV. Wahlrecht der Gemeinden kraft Patronates. In neuerer Zeit ist wiederholt auf die Thatsache hingewiesen worden, dass im Mittelalter eine Anzahl von Gemeinden das Recht zur Wahl ihrer Pfarrer besessen haben[6]. Der Grund dieser Erscheinung liegt darin, dass in solchen Ländern, wo eine Grundherrlichkeit bevorrechtigter Stände nicht entwickelt war, die freien Land- und Bauer-Gemeinden ihre Kirchen auf ihrem Gemeindeboden erbaut hatten, und in Folge dessen als Eigenthümer derselben das Besetzungsrecht durch die Wahl der vollberechtigten Gemeindeglieder ausübten[7]. Es tritt also hier derselbe treibende Grundgedanke wie in den-

[1] S. o. S. 635. n. 2.

[2] Vgl. z. B. c. 6 (Innoc. III.) X. de off. legati I. 30; c. 28 (id.) X. de iurepatr. III. 38.

[3] Dies zeigt namentlich die Uebertragung der bei der Verleihung der Benefizien regelmässigen 6monatlichen Frist auf die Präsentation des geistlichen Patrons. Vgl. unten in der Lehre vom Patronatrechte.

[4] Vgl. z. B. Notabilia decret. (zw. 1234 u. 1241) bei v. Schulte, Beiträge z. Literatur der Dekret. Gregors IX. S. 62; Hostiensis summa aurea (zw. 1250 u. 1261) de iurepatr. n. 10: In quibus differant ecclesiastici et saeculares patroni.

[5] c. un. (Bonif. VIII.) in VI^to de iurepatr. III. 19.

[6] Richter-Dove, K. R. §. 188. n. 18; Friedberg, de fin. int. eccles. et civit. reg. iud. p. 176. n. 3; meine Abhandlg. in Dove, Ztschr. f. K. R. 2, 421.

[7] Sehr deutlich ergiebt sich dies aus dem Rüstringer Sendrecht (Diöcese Bremen saec. XIII. bei v. Richthofen, frisische Rechtsquellen S. 127). Die Stelle lautet in hochdeutscher Uebertragung: „Das gebot S. Willehad, der erste Bischof zu Bremen . . ., dass wir Gotteshaus bauten und rechtes Christenthum hielten. Und alle Friesen müssen . . . auf ihrem freien Gute Gotteshaus bauen ohne Ansprache des Bischofs und Propstes, und die Leute, welche das Gotteshaus erben (auf die es erblich übergeht) und die Bauung thun . . ., die haben die Priester zu kiesen binnen dem Lande und nicht ausser Landes, und der Propst hat ihm den Altar zu leihen"; vgl. ferner Farnesumer Sendbrief v. 1325. §. 4, a. a. O. S. 293: „weert sake, dat een prester woirde ghekoren tot enen kerckheere van den ganschen kerckspelluden ofte van den meesten deel dere meenten (Gemeinde) ende kerspelluyden, de sal to der kercken worden laten, ende ock so sal hy niet bekommert werden ghenerleye van den provest"; für das Gebiet des nordischen Rechts s. c. 2 des Schonischen Kirchenrechts des Bischofs

jenigen Gebieten hervor, wo die Kirchenstiftungen in der Regel von den Grundherren ausgegangen waren. Selbst aber auch in den letzteren kommen derartige Wahlrechte von Kirchengemeinden vor[1], welche wohl ebenfalls, wie dies wenigstens für einzelne Fälle nachweisbar ist, in der Erbauung und Stiftung von Kirchen ihren Grund haben.

Nicht minder haben endlich in manchen deutschen Städten oder in einzelnen Pfarreien derselben die Stadtbürger das Pfarrwahlrecht geübt[2], welches sich zum

Anskil v. 1162, Corpus iuris Sueo-Gotorum antiqu. 9, 357 nach d. latein. Uebersetzg. ibid. p. 382: „Ecclesia cum vacat pastore, eligant presbiterum parrochiani in voluntate episcopi. Si presbiter forefecerit, emendet iniuriam passo et retineat beneficium altaris sui: parrochiani non depellant presbyterum suum nec licet presbitero causa dicioris beneficii ad aliam se transferre ecclesiam invitis parrochianis", u. Uplandslagen Kirkubalkaer c. 5. l. c. 3, 21 (in deutscher Uebertragung): „Nun sind die Kirchen geweiht, da kommen die Priester und werden für sie begehrt. Das wäre Recht, dass alle sie nehmen. Die Parochianen sollen mit ihm zum Bischof ziehen. Die Bischöfe mögen seine Kenntnisse und seinen Weihebrief prüfen"; vgl. auch Thurgren l. c. p. 60 ff., ferner Zorn, Staat u. Kirche in Norwegen S. 63, wonach dort ebenfalls das Wahlrecht der Bauern für die s. g. Bezirkskirchen in alter Zeit anerkannt war. Dieselbe Erscheinung findet sich auch in den den deutschen Ansiedlern zu vollem Eigenthum überwiesenen Distrikten Siebenbürgens, Teutsch, Zehntrecht in Siebenbürgen. Schässburg 1858. S. 9. 10; s. den goldenen Freiheitsbrief Königs Andreas II. von 1224, a. a. O. S. 118: „sacerdotes vero suos libere eligant et electos representent", ein Recht, welches sich das ganze Mittelalter hindurch behauptet hat, Teutsch, z. Gesch. d. Pfarrwahlen i. d. evang. Landeskirch. in Siebenbürgen. Hermannstadt 1862.

[1] dipl. Arnoldi episc. Osnabrug. v. 1187, s. o. S. 306. n. 7. Beispiele für die Wahl eines Geistlichen, welcher an der für einen bestimmten Distrikt der Parochie errichteten Nebenkirche einen Theil der seelsorgerischen Funktionen auszuüben hat, bieten die zusammengehörigen Urkunden v. 1159. 1213. 1217, Möser, Osnabrück. Gesch. Urkdenbch. n. 57. 107. 112 (sämmtl. Werke herausg. v. Abeken 8, 85. 158. 162); ferner dipl. von 1148 bei Lüntzel, d. ältere Diöcese Hildesheim S. 375; über die Wahl eines Kaplans ohne die gedachten Befugnisse s. dipl. v. 1224 bei Lacomblet, niederrh. Urkdbch. 2, 63. Dass in allen diesen Fällen die Gemeinde die Nebenkirche oder die Kapelle gestiftet hat, unterliegt wohl keinem Zweifel. Das Zustimmungsrecht des Pfarrers der Mutterkirche zur Wahl und die Einsetzuug des Hülfsgeistlichen durch den letzteren erklärt sich aus dem Matricitätsverhältniss der Pfarrkirche über diese Nebenkirchen. Aus den Prozessurkunden v. 1148 bei Muratori, antiqu. Ital. 3, 29 (Possessorium) und 5, 565 (Petitorium), in denen die Kircheingesessenen behaupten, „quod de iure sibi competeret sacerdotem vel clericum qui illi ecclesiae b. Mariae deserviret, petere vel eligere et ipsam electionem solummodo . . . archiepiscopo (v. Mailand) . . . repraesentare, ut ab eo confirmaretur", die Gegenpartei, ein Nonnenkloster aber geltend macht: „ecclesiam ad ius et dominium iam dictae abbatissae eiusque sororum spectare, ita quod inibi sacerdotes vel clericos inconsultis vicinis libere et sine eorum contradictione ponere possit", erhellt zwar das Fundament des behaupteten Wahlrechtes nicht, aber auch hier ist kaum etwas anderes als Stiftung durch die Gemeinde denkbar. Ein singulärer Fall des Erwerbes des Wahlrechtes im dipl. von 1149, Seibertz, Landes- u. Rechtsgesch. des Herzogth. Westfalens 2, 64.

Derartige Wahlrechte haben sich zum Theil bis auf unsere Zeit erhalten, so z. B. in der Diöcese Münster, s. Arch. f. kath. K. R. 24, 260 und meine preuss. Kirchengesetze v. 1874 u. 1875. S. 32. n. 48; und in Ober-Italien, vgl. die Entscheidg. der Congr. conc. v. 1861 für die Diöcese Udine in d. Anal. iur. pontif. 1861. p. 570 und Arch. f. k. K. R. 32, 246.

c. 24 (Innoc. III.) X. de elect. I. 6 erkennt ein solches Wahlrecht, soweit dadurch eine patronatische Präsentation ausgeübt wird, als zulässig an.

[2] So in Freiburg im Breisgau, Stiftungsbrief Conrads v. Zähringen v. 1120. §. 34, Gaupp, deutsche Stadtrechte des Mittelalters 2, 24: „Nullum dominus per se debet eligere sacerdotem nisi qui communi consensu omnium civium electus fuerit et ipsi praesentatus. Plebanus autem sacristam habere non debet, nisi de communi civium voluntate; vgl. auch Stadtrodel für Freiburg saec. XIII. ineunt. §§. 8. 9, ibid. p. 29; in Lübeck, dipl. Frider. I. v. 1188, Lübecker Urkdbch. 1, 10: „mortuo sacerdote cives quem voluerint, vice patroni sibi sacerdotem eligant et episcopo repraesentent", u. dazu dipl. v. 1275 u. 1286, Urkdbch. d. Bisth. Lübeck S. 235. 332. Das Wahlrecht ist ferner bezeugt für Prag, iura Teutonic. in suburbio v. 1065, Rössler, deutsche Rechtsdenkmäler aus Böhmen 1, 188; Frankfurt a. M., dipl. Frider. II. v. 1219, Böhmer, cod. dipl. Moeno-Francof. 1, 29; Braunschweig, Statut des 13. Jahrh. §. 55, Gengler, deutsch. Stadtrechte des Mittelalters S. 40 u. dipl. Otton. IV. imp. von 1204, G. L. Boehmer, opusc. iur. can. p. 287: „quod . . . cives nostri de . . . Brunswik petebant, ut daremus eis in ecclesia nostra . . . s. Martini, que forensis dicitur, ius instituendi sacerdotem . . . . Similiter . . civibus nostris . . ecclesiam s. Marie tradidimus et ius instituendi sacerdotem auctoritate regia . . . donavimus"; Holzminden, dipl. v. 1245. §. 1, Gengler a. a. O. S. 206; Köln, dipl. v. 1298 u. 1300, Ennen u. Eckertz, Quellen z. Gesch. v. Köln 4, 437. 445 u. 447 und Ennen, Gesch. d. Stadt Köln 2, 447. n. 2. In Hirschberg i. Schl. besteht ein solches Wahlrecht noch heute. Arch. f. kath. K. R. 31, 35 ff.

Theil auf die durch die Gründung der Stadt erworbenen patronatischen Gerechtsame des Stifters der ersteren und die nachherige Uebertragung seitens desselben auf die Bürger zurückführen lässt.

§. 129. *b. Das Recht der ersten Bitte* (*Jus primariarum precum*)*.

I. Begriff und Geschichte. Seit dem 13. Jahrhundert haben die deutschen Kaiser mit Rücksicht auf ihre Krönung sowohl zum deutschen König, wie auch zum Kaiser das Recht geübt[1], einmal nach derselben[2] von jedem zur Verleihung von

* Jo. a Chockier, scholia in prim. prec. imperat. Colqn. Agr. 1621 u. 1674; Gerh. von Stoekken, de precibus primar. imperat. Argent. 1673 u. Lips. 1733; Jo. Schilter, de imperial. et regal. prim. prec. iure. Argent. 1702; Jo. Ehrenfr. Mayer, tract. de iure prim. prec. Quedlinbg. 1704 u. 1717; Conr. Oligenius, de primar. precibus imper. Friburg. 1706 und Leod. 1707; Ad. Corterii, repraesentatio iur. prim. prec. imperatoribus sine praevio pontific. assensu competentis. Magdeb. 1706 u. Francof. 1707 (auch in eiusd. corp. iur. publ. imper. German. T. I. P. 6. p. 93); G. H. Ayrer, comm. de iur. prim. prec. Gotting. 1740; Jo. Andr. Brand, diss. de iure caes. prim. prec. Wirceburg. 1749 (in Schmidt, thes. iur. eccles. 5, 112); G. H. Ayrer, de origine iur. prim. prec. Gotting. 1752; eiusd., diss. de iure prim. prec. caes. in fundationibus imper. mediatis. Gotting. 1752; P. ab Ickstatt, diss. de caesareo prim. prec. iure 1765 in Schmidt, thes. cit. 5, 228; Jo. Phil. Hederich, diss. de vero ac genuino statu hodierno prim. prec. caesar. Bonn 1778; Jo. Lomberg (resp. Jo. Ant. Böse), diss. de imp. prim. prec. iure ultra iustos limites non extend. Bonn 1778; H. Chr. de Senkenberg, tr. de iure prim. prec. regum German. imperatorumque indulto populi haud indigente. Frankof. 1784 (nachgelassenes Werk her. von Ren. Carol. de Senkenberg); Jo. Nep. Endres, diss. insinuationis prim. prec. caes. necessitatem et effectum sistens. Wirceb. 1778 (bei Schmidt l. c. 7, 299); F. A. Schmelzer, üb. d. Wirkg. kaiserl. Ersten Bitten nach d. Tode d. Verleihers. Helmstädt 1792; Haller ab Hallerstein (praes. Deinlin), de iure prim. prec. imperatrici augustae competenti. Altorf 1743; Gottl. A. Jenichen, Abhdlg. v. d. Recht d. erst. Bitte e. röm. Kayserin. Giessen 1757; J. F. Runde, comm. de augustae imperatric. iure prim. prec. s. l. Gott. 1784; M. H. Griebner, progr. de prec. prim. princip. imper. Viteb. 1711 (auch in eiusd. opusc. iur. publ. 1, s. VI. p. 181); eiusd., de prec. prim. vicariorum imperii. Viteb. 1708 u. 1717 (ebenfalls l. c. 2, s. II. p. 105); A. F. Schott, disp. de iure prim. prec. uxoribus ordin. imperat. competente. Lips. 1770; Sugenheim, Staatsleben d. Klerus i. Mittelalter. Berlin 1839. 1, 170 ff.; Friedberg, diss. de fin. int. eccles. et civit. reg. iudicio etc. p. 180.

[1] Das älteste Beweisstück dafür bildet das Schreiben König Konrads IV. an das Domkapitel zu Hildesheim v. 1242, in welchem sich derselbe als „romanorum in regem delectus" bezeichnet bei Senkenberg l. c. cod. prob. p. 9 u. Sugenheim a. a. O. 1, 171. n. 87: „Si primitias precum nostrarum devotioni vestre offerimus pro his qui grati sunt nostro culmini et accepti, tanto reverentius illas a vobis credimus admittendas, quanto in eis cum sint nobiles et honesti, videtur et vobis et ecclesie salubrius provisum fore. Hinc est quod pro filio comitis Ludovici de Eberstein primitias precum nostrarum vobis duximus offerendas, rogantes et monentes attente, quatenus eundem clericum . . . in ecclesia vestra recipiatis in canonicum et in fratrem, providentes ei de prebenda, si qua vacat ad praesens vel quam primum vacare contingerit, pro nostre reverentia maiestatis, ut exinde petitiones vestras, quotiescunque nobis oblate fuerint, teneamur facilius exaudire". In dem Briefe Heinrichs IV. an Bischof Otto v. Bamberg v. 1105, Jaffé, mon. Bamberg. p. 233 u. im chron. abbat. Urspergens. vita Otton. IV.: „Fuerat autem consuetudo principum, ut hilariter et prompte beneficia seu ecclesias conferrent primis petentibus, quod iste nequam facere voluit", Stellen, welche als Beweis für die Ausübung des gedachten Rechts von den Aelteren, s. z. B. Brand l. c. c. 1. §. 12 a u. d; Senkenberg l. c. p. 23, angeführt werden, ist offenbar von Lehnen die Rede. Auch Innoc. III. reg. VII. 70 v. 1204, ed. Migne 2, 348, beweist nichts (a. M. Richter-Dove §. 196 n. 5), denn das Kapitel, welchem der Papst schreibt: „cum precum nostrarum primicias, quas pro . . . R. . . . vobis porreximus, repulistis. Ut autem preces et praeceptum nostrum, utcunque possetis eludere, imperatorum indulgentiam allegastis" stützt sich nach dem weiteren Inhalt des Briefes auf das ihm vom Kaiser verliehene Wahlrecht.

[2] Die Schreiben Richards v. 1257, Mon. Boica 11, 231, u. Rudolfs I. v. 1273 u. 1281, Senkenberg, cod. prob. p. 10. 11, sind von diesen als römischen Königen erlassen, im dipl. Alberti I. v. 1298, Würdtwein, subsid. diplom. 2, 5, heisst es: „preces . . . nobis ex novitate ioconde creationis nostre competentes", ebenso im dipl. Heinr. VII. von 1309, Lacomblet, niederrh. Urkdbch. 3, 57; s. ferner die Schreiben a. d. 14. Jahrh. b. Würdtwein l. c. p. 26. 30, u. 12, 112.

Der Kaiserkrönung erwähnen die Schreiben Ludw. d. Baiern v. 1314, Senkenberg l. c. p. 18, v. 1322, Würdtwein 12, 112, v. 1328, ibid. p. 110, — beider Krönungen dipl. Wenceslai v. 1376, Würdtwein 2, 35; decret. conc. Basil. v. 1347, ibid. p. 42, dieser und auch der Krönung zum König v. Italien priv. Caroli IV. v. 1362, Senkenberg l. c. p. 29.

Benefizien und Pfründen oder zur sonstigen Verfügung über solche berechtigten Stift oder Kloster[1] im deutschen Reich die Uebertragung einer Pfründe auf eine von ihnen bezeichnete Person oder die Aufnahme derselben als Kanoniker, Mönch oder Nonne zu verlangen[2] (*ius primariarum precum*[3], *oder Recht der ersten Bitte*[4]).

Was den Ursprung dieses Rechtes betrifft, so lässt sich dasselbe jedenfalls nicht auf päpstliche Verleihung zurückführen[5]. Die deutschen Kaiser haben sich in den ersten Jahrhunderten seiner nachweisbaren Ausübung niemals auf ein solches Indult, sondern stets nur auf die althergebrachte Gewohnheit und auf das Recht des Reiches bezogen[6]. Ueberdies sind die frühesten kaiserlichen Bittbriefe älter als die erste, sehr zweifelhafte Erwähnung eines päpstlichen Privilegs[7].

Andererseits wird sich die Entstehung des Rechtes schwerlich mit Sicherheit fest-

[1] In den älteren Schreiben erscheinen als verpflichtete, a. 1257, mon. Boica 11, 231: „ecclesia collegiata", a. 1274, l. c. p. 251: „quodlibet monasterium", a. 1273, Würdtwein l. c. 2, 1: „quaelibet ecclesia in nostro rom. imperio constituta, ad quam beneficiorum ecclesiasticorum pertinet collatio"; v. 1309, Lacomblet 3, 57: „singulae ecclesiae et monasteria nobis et rom. subiecta imperio"; v. 1314, Senkenberg l. c. p. 18: „omnes ecclesiae cathedrales, collegiatae et conventuales"; noch umfassender a. 1347, Würdtwein 2, 26: „in singulis tam cathedralibus quam aliis collegiatis et conventualibus ecclesiis ac monasteriis utriusque sexus necnon ad prelatos et quascunque alias ecclesiasticas personas tam seculares quam regulares, etiamsi pontificali vel alia praefulgeant dignitate"; für die folgende Zeit vgl. ibid. p. 35. 42. 76. 101. S. übrigens auch d. Verzeichniss der 1322 v. Ludw. d. Baiern ertheilten preces b. Oefele, ss. rer. Boic. 1, 735, u. Würdtwein l. c. 2, 8.

[2] Die älteren Schreiben verlangen die Uebertragung eines bestimmten Benefiziums, so Aufnahme als Kanonikus und Ertheilung einer Präbende, Senkenberg l. c. p. 10. 13. 14. 15. 16. 20; Böhmer, cod. dipl. Francof. 1, 411; die Aufnahme als Nonne, Würdtwein l. c. 2, 28, oder schlechthin d. Verleihung e. beneficium ecclesiasticum, Senkenberg p. 11. 12; Würdtwein 2, 1, oder eines beneficium ecclesiasticum cum cura vel sine cura, l. c. 2, 30. 37 u. Senkenberg p. 21.

[3] In den ältesten erhaltenen Schreiben kommt ausschliesslich der Ausdruck primitiae precum nostrarum vor, s. o. S. 639. n. 1; mon. Boica 11, 231 u. Würdtwein 12, 99; an letzterem Ort (Privileg Rudolfs I. ohne Datum) auch schon die Bezeichnung: primariae preces, welche sich ebenfalls i. dipl. v. 1273, Würdtwein 2, 1, findet, und dann die gewöhnliche wird, Würdtwein 2, 5; 12, 97. 111. 113, und die in diesen beiden Bänden, sowie bei Senkenberg, cod. prob. mitgetheilten Urkunden; die erstere kehrt allerdings wieder im dipl. Frider. pulchri v. 1313, Senkenberg l. c. p. 20.

[4] dipl. Sigism. von 1418: „unser ersten Bett Briefe"; Frider. III.: „Unser kaiserlich erst Bete", Senkenberg p. 36. 52.

[5] So noch Müller, Lexik. d. K. R. 2. Aufl. 4, 558; die älteren Vertreter — hierher gehören namentlich Chockier u. Oligenius (S. 639. n. *) — dieser Ansicht angeführt bei Ayrer l. c. p. 43 ff.

[6] 1257, mon. Boica 11, 231: praedecessorum nostrorum regum et imperatorum roman. vestigiis inhaerentes"; 1273, Würdtwein 2, 1: „ex antiqua et approbata ac a divis imperatoribus et regibus ad nos producta consuetudine", vgl. ferner die Schreiben Rudolfs I. l. c. 12, 97—100; mon. Boica 11, 249; Senkenberg l. c. p. 11—13. Das v. Baseler Koncil für K. Sigismund erlassene Dekret v. 1437, l. c. p. 38, Würdtwein 2, 42: „pro parte tuae celsitudinis nobis oblatae petitionis series continebat, quod licet ex privilegio antiqua et approbata ac olim laudabiliter conservata consuetudine comprobato romani reges et imperatores . . . post ipsorum susceptas per eos regales et imperiales infulas singulis collatoribus et collatricibus . . . suas preces sive nominationes primarias dirigere . . . ac sedes apostolica et romani pontifices . . . ipsis rom. imperatoribus et regibus pro ipsarum precum debita executione et implemento assistere atque favere consuevissent . . . ordinamus, quod ex nunc caesarea Maiestas tua, semel quoad vixerit, nec non singuli alii romani reges et imperatores, qui ex nunc in antea fuerint, canonice tamen intrantes privilegio et consuetudine imperiali huiusmodi quoad preces sive nominationes . . . uti et gaudere possint" erwähnt ebenfalls nicht eines päpstlichen Privilegiums.

[7] Durantis specul. iur. l. IV. p. 3. rubr. de praeb. §. 2. n. 7: „not. quod imperator habet privilegium quod ego vidi bullatum, quod in qualibet ecclesia Alemanniae possit facere unum recipi, unde . . . coram me sic libellus conceptus fuit . . . propono contra P. quod cum ad primitias precem . . . R. regis romanorum receptus fuerim in canonicum". Ob damit ein päpstliches Privileg gemeint ist, steht dahin. Da Durantis sein Werk vor 1276 vollendet hat und die zweite Ausgabe desselben nicht nach 1286 fällt, v. Schulte, Gesch. d. Quellen u. Literatur d. kanon. Rechts 2, 149, so kann der erwähnte rex R. nur Richard v. Cornwallis oder Rudolf v. Habsburg sein. Uebrigens führt selbst die noch unten zu erwähnende Bulle Innocenz' IV. v. 1248 das Recht nicht auf päpstliche Verleihung, sondern auf die Gewohnheit zurück.

stellen lassen. Einige Aufklärung darüber gewährt indessen der Umstand, dass die betreffende Befugniss nicht ausschliesslich dem deutschen König und Kaiser zugestanden hat. In Frankreich ist ein solches Recht (nachmals *droit de joyeux avénement* genannt)[1] gleichfalls seit dem 13. Jahrhundert von den Königen, ohne dass sich dasselbe auf päpstliche Verleihung zurückführen lässt[2], geübt worden[3]. Dasselbe gilt für England[4]. Ferner haben die deutschen Reichsfürsten, sowohl geistliche, wie auch weltliche, z. B. die Erzbischöfe von Mainz[5], Trier[6] und Magdeburg[7], die Bischöfe von Regensburg[8], Basel[9], Verden[10] und Meissen[11], der Abt von Murbach[12], die Herzöge von Oesterreich[13] und Braunschweig[14], die Kurfürsten von Brandenburg[15] und Sachsen[16], das Recht der ersten Bitte nach ihrem Regierungsantritt hinsichtlich der in ihren Diöcesen oder Ländern belegenen Stifter und Klöster zur Geltung gebracht. Ja, selbst von Fürstinnen, z. B. von den deutschen Kaiserinnen[17] und den Königinnen von Eng-

[1] Vgl. Pinsson, traité singulier des régales. Paris 1688. 1, 177 ff.; d'Aguesseau oeuvres 5, 344 ff. (Mémoire sur le droit de joyeux avénement à la couronne etc.).

[2] Die Nachricht des Thom. Walsingham, ypodigma Neustriae ad a. 1148, Anglica, Normannica, Hibernica etc. ed. G. Camden, Francof. 1603. p. 445: „Cui (Ludwig VII. v. Frankreich) cum quidam clericus papale privilegium attulisset, quod in omni ecclesia cathedrali regni sui primam praebendam vacaturam haberet cum fructibus medio tempore provenientibus, ille confestim combussit litteras" betrifft, abgesehen davon, dass ihr Gewährsmann erst i. 15. Jahrh. gelebt hat, nur ein Privileg auf Verleihung gewisser Aemter ohne Rücksicht auf die erfolgte Krönung, wie solche mehrfach, vgl. z. B. Rainald. a. 1297. n. 46, d'Aguesseau l. c. p. 347 ff., vorgekommen sind.

[3] Arrêt v. 1274, betr. d. Kloster Coucy, d'Aguesseau p. 351: „cum dominus rex utendo iure suo proprio in principio sui regiminis post suam coronationem in abbatia sui regni de guardia sua possit ponere, vid. in monasterio monachorum unum monachum, in monasterio monialium unam monialem . . ."; Innoc. III. reg. XV. 23 v. 1212, ed. Migne 3, 561: „alii (canonici) . . . ad preces . . . Ludovici nati . . . Philippi (II.) regis Francorum . . . ad dictam praebendam Henricum . . . nominarunt . . . Petrus quoque Senonensis . . . nobis porrexit literas continentes quod cum ipse pro praefato Henrico vobis precum suarum primitias porrexisset, antequam pro praedicto W. mandatum ad vos apostolicum emanasset, vos, licet plures vacaverint praebendae . . . nec mandatum nostrum nec preces ipsius effectui mancipastis", wo dem mit dem Mandate des Papstes versehenen Kandidaten der Vorrang und damit die streitige Präbende zugesprochen wird, würde nur dann hierher gehören, falls feststände, dass der Sohn des Königs die Bitte in Folge Uebertragung seitens seines Vaters ausgeübt hätte.

[4] breve 11 Edward I., Blackstone, comment. on the laws of England b. I. ch. 11, ed. London 1826. 1, 381: „Scribatis episcopo Karl. quod . . . Roberto de Icard pensionem suam quam ad preces regis praedicto Roberto concessit, de caetero solvat et de proxima ecclesia vacatura de collatione praedicti episcopi quam ipse Robertus acceptaverit, respiciat", Thomassin l. c. n. 8.

[5] Ebenfalls unter Berufung auf althergebrachte Gewohnheit, dipl. v. 1323, Würdtwein, subs. dipl. 3, 2; 1346, Ayrer l. c. app. p. 220; 1381 u. 1419, Würdtwein 3, 6. 8; 1419, Guden, cod. dipl. 3, 787; 1440. 1471. 1476. 1484. 1485. 1504. 1584, Würdtwein 2, 9. 10. 12. 13. 15. 22. 38; 1540, l. c. 3, 20: „non modo subiectos, sed etiam extra dioecesim existentes beneficiorum collatores benivolentiae officii monitos facerent rogarentque, ut vacantibus beneficiis de eorum collatione et dispositione pendentibus personis in precibus nominatis providerent".

[6] dipl. v. 1439 u. 1756, Würdtwein l. c. 3, 73. 75, gleichfalls mit Bezugnahme auf die feststehende Gewohnheit.

[7] dipl. v. 1387 u. 1515, de Ludewig reliqu. manuscr. 12, 352 u. 393, ebenfalls unter Angabe desselben Fundamentes, die auch in den in den folgenden Noten citirten Schreiben fast regelmässig wiederkehrt.

[8] dipl. v. 1341, Ried, cod. episc. Ratisbon. 2, 849.

[9] dipl. v. 1456, Würdtwein l. c. 12, 133.

[10] dipl. v. 1427, Riedel, cod. dipl. Brandenb. I. 16, 471.

[11] (Klotzsch u. Grundig), Sammlung vermischter Nachrichten z. sächs. Geschichte 2, 354 ff. u. dipl. v. 1519, ibid. 4, 369.

[12] dipl. v. 1456, Würdtwein l. c. 12, 133.

[13] Schreiben Bonifaz' IX. v. 1399, worin derselbe dem H. Leopold verspricht, das fragliche Recht nicht zu beschränken, Kurz, Oesterreich unter Albert IV. 1, 185.

[14] dipl. v. 1392, Leibnitz ss. rer. Brunsvic. 2, 397.

[15] dipl. v. 1412, Raumer, cod. dipl. 1, 133; v. 1428, Riedel l. c. I. 16, 342.

[16] Indult Innocenz' VIII. v. 1484, Arndt, neues Arch. d. sächs. Gesch. 1, 133.

[17] Vgl. hierzu die S. 639. n. * citirten Schriften. Bittbrief d. Gemahlin Karls IV., Anna Augusta, bei Ayrer l. c. p. 269 u. Senkenberg l. c. cod. prob. p. 31; der Kaiserin Elisabeth von 1369, Senkenberg p. 32; der Kaiserin Eleonora v. 1459. 1464, ibid. p. 55 u. 56, der Kaiserin Blanca v. 1494, Jenichen l. c. p. XX;

land[1] ist das Recht geübt worden. Auch ist die Ausübung nicht blos auf den Fall der Thronbesteigung beschränkt geblieben, sondern auch bei anderen Anlässen, in Braunschweig z. B. bei der Verheirathung der Herzöge[2], in Oesterreich sogar aus Anlass des ersten Wochenbettes der Herzoginnen[3], erfolgt.

Wegen dieser Verschiedenheit der berechtigten Personen und der Veranlassung der Ausübung des Rechtes, sowie der in allen Fällen vorkommenden Berufung auf die Gewohnheit als Entstehungsgrund des Rechtes kann dasselbe weder aus der Lehnsherrlichkeit noch aus irgend welchen staatlichen Hoheits- oder kirchlichen Regierungsrechten hergeleitet werden. Dagegen haben alle Fälle, in denen das Recht der ersten Bitte nachweisbar stattgefunden hat, das Gemeinsame, dass es sich in ihnen um ein freudiges und bedeutsames Ereigniss für den Berechtigten handelt, und dass davon auch die ihm in weltlicher oder kirchlicher Hinsicht unterstehenden Personen mitberührt werden. Dass letztere einerseits bei derartigen Gelegenheiten ihre Theilnahme durch besondere Begünstigungen dargethan und sich auf diese Art das Wohlwollen der weltlichen und geistlichen Herrscher zu erwerben gesucht, letztere aber ihrerseits auch solche Beweise kraft ihrer Stellung beansprucht haben, hat für die mittelalterlichen Verhältnisse nichts Auffallendes. Aller Wahrscheinlichkeit nach verdankt dieser Anschauung das Recht der ersten Bitte seine Entstehung. Vermuthlich ist die Initiative dabei von den Herrschern ausgegangen. Diese hatten einmal ein grösseres Interesse als die Stifter und Klöster, von denen die Vergebung einer Pfründe verlangt wurde. Sodann giebt auch die Bittform einen Fingerzeig dafür, dass die nachmals berechtigten Personen die erwähnten Anlässe zunächst benutzt haben, um auf dem Wege freundlichen Ersuchens einen Einfluss auf die Pfründenverleihung zu gewinnen. Die Bitte muss indessen bald einen verpflichtenden Charakter angenommen haben, und dies erklärt sich daraus, dass diejenigen, an welche sie gerichtet wurde, sowohl wegen des Anlasses des Ersuchens wie auch wegen der Stellung der Bittenden für die Regel nicht in der Lage waren, Widerspruch zu erheben[4], ja sogar durch die Gewährung der Bitte ihre eigenen Interessen zu fördern hoffen durften. So konnte das, was zunächst nur thatsächliche und regelmässige Folge der ersten Bitte war, bald als rechtliche Nothwendigkeit beansprucht werden.

Die Anfänge des Institutes endlich werden sich nicht über das 12. Jahrhundert zurück verlegen lassen, wenn man das Schweigen der Quellen und die Gestaltung des Benefizialwesens in den früheren Jahrhunderten in Betracht zieht. So lange das gemeinsame Leben in den Dom- und Kollegiatstiftern herrschte, und die Zahl der aufzunehmenden Mitglieder unbestimmt war (o. S. 62. 63), lag keine Veranlassung zur

v. 1495, Dolp, Bericht v. d. Reichsstadt Nördlingen, app. n. 27; v. 1496, Senkenberg l. c. p. 62. Auch in diesen Schreiben wird auf die althergebrachte Gewohnheit Bezug genommen.

[1] ep. abbat. s. Cornelii bei Thomassin l. c. n. 8. Ueber die Gemahlinnen der deutschen Fürsten vgl. Ayrer l. c. c. 5. §§. 5 ff. u. J. H. Boehmer I. E. P. l. c. §. 105.

[2] dipl. v. 1342, Leibnitz l. c.: „. . . Des gelik ghift me ok dem vorsten ene provende wanne se echte vrowen nemet und nicht mer unde umme anders neuer Zake willen, vor wene ze na der clostere chezette, wonheit und rechte denne biddet. Und weme we der provende welk gevet, de wille we benomen in unseme breve. Vorkofte he de provende gemende, den Koper schullet de closter nenewys entfangen und de vorkoper schal der provende verlustich wesen; und de bede umme de provende vor enen andern schal weder to uns komen“.

[3] dipl. Beatric. coniug. Alberti III, Ayrer l. c. app. p. 291: „Wan von alter löblicher und guter gewonhait aller unser vorvordern hertzoginn ze Oesterreich . . . an uns komen ist, daz ihr yeckliche von ihr ersten gepurde von irn undertanen geert und erhört werden sol umb ein erst pett, darumb si pittent pesunderlich um ein gotgabe“.

[4] Dass ein Widerstand allerdings mitunter vorgekommen ist, ergeben die Anführungen S. 644 u. S. 648. n. 3.

Ausbildung eines derartigen Rechtes, dessen Hauptgegenstand die Kanonikate und die mit ihnen verbundenen Pfründen waren, vor. Wohl aber hatte ein solcher Einfluss seit dem 12. Jahrhundert, als die Kanonikatspfründen mit besonderen Einkünften dotirt worden waren und die Kapitel als Versorgungs-Anstalten der Söhne der höheren Gesellschaftsklassen benutzt wurden (o. S. 58. 67), einen realen Werth[1]. Allerdings sind auch wiederholt Bittbriefe auf die der Verleihung eines Stiftes oder Klosters unterstehenden Kurat- und einfachen Benefizien ertheilt worden. Indessen setzt diese Uebung gleichfalls voraus, dass die erwähnten kirchlichen Institute eine grössere Anzahl von Benefizien zu verleihen hatten, und ein solcher Zustand ist erst im 12. Jahrhundert, als eine Reihe von Neben- (Vikarien-, Mansionarien- und Kapellan-) Benefizien in den Stiftern gegründet und letzteren ebenso wie den Klöstern eine erhebliche Menge von Seelsorg-Pfründen inkorporirt worden waren (o. S. 77 ff. u. S. 445), eingetreten[2].

Die vorhandenen Urkunden lassen, soweit sie zurückreichen, erkennen, dass, wenngleich die Befugniss als Recht der ersten Bitte bezeichnet wird, es sich dabei doch um ein Ersuchen handelte, welches eine rechtliche Pflicht zur Folgeleistung bedingte[3]. Für den Fall der Nichterfüllung der Bitte stellen die älteren Diplome nur

[1] Für die Klöster gilt das Gleiche. Auch sie mussten erst in eine Lage gekommen sein, wo sie nicht mehr unbeschränkt Mitglieder aufnehmen konnten und die Annahme eines solchen als Versorgung betrachtet wurde.

[2] Jedenfalls hat die im Text entwickelte Ansicht mehr innere Wahrscheinlichkeit, als die von den Aelteren beliebten Herleitungen des Rechtes aus dem ius circa sacra, der Advocatie, der Stiftung und Dotation von Kirchen, der Krönung zum König oder gar aus der Domherrn-Qualität des Königs und Kaisers in einzelnen Stiftern (s. o. S. 76), s. die Aufzählung bei Ayrer l. c. c. 1. §§. 5 ff. Meiner Auffassung am nächsten steht Sugenheim a. a. O. S. 172, welcher auf die Bulle Innocenz' IV. v. 1248 für Wilhelm v. Holland hinweist: „Cum igitur sicut ex parte tua fuit propositum coram nobis nonnulli prelati et capitula Alemannie precum tuarum ut ab antiquo consuetum est, exaudientes primicias promiserunt se quibusdam clericis in beneficiis provisuros, nos nolentes antiquam imperii consuetudinem derogari, ... excellentie tue ... concedimus, ut singuli clerici quibus per precum tuarum primicias providere promissum est aut etiam promittetur in assecutione provisionum omnibus aliis pro quibus nos vel legati nostri scripsimus sive scribimus praeferantur"; nur ist m. E. der schon bei den Aelteren auftauchende Gedanke, dass das Recht der ersten Bitte „eine Schadloshaltung für das verlorene, von früheren deutschen Kaisern gehandhabte unbeschränkte Ernennungsrecht zu den bischöflichen und abteilichen Würden" gewesen sei, von der Hand zu weisen. Manche französische Schriftsteller, z. B. d'Aguesseau l. c. p. 351 ff., führen das Recht auf die Lehnsherrlichkeit des Königs über die Güter der Bisthümer und Abteien zurück. Indem sie darauf hinweisen, dass dem Könige auch aus Anlass des von den Bischöfen bei ihrem Amtsantritte geleisteten Fidelitätseides die erste Bitte in Betreff eines von den letzteren zu verleihenden Kanonikates zugestanden habe, Pinsson l. c. p. 205 ff., und dass das Recht des joyeux avénement zunächst nur — später freilich nicht mehr, d'Aguesseau l. c. p. 356. 369 — gegen die Bisthümer und Abteien, welche der guardia regis (der lehnsherrlichen Verwaltung während der Vakanz) unterworfen gewesen seien, geübt worden, finden sie in diesen Verhältnissen ein Analogon zu den Lehnsabgaben bei Veränderungen in der herrschenden und dienenden Hand. Dabei bleibt es aber völlig unerklärt, dass in dem letzten Fall die Besetzungsrechte der Kapitel berührt worden sind, und dass die s. g. nomination royale pour le serment de fidelité sich nur auf die Kanonikate, nicht aber auf die von den Aebten zu vergebenden Stellen bezogen hat. Wenn man ferner in Rücksicht zieht, dass der König von Frankreich auch die Befugniss besass, in denjenigen Kapiteln, denen er als Kanonikus angehörte, Pinsson l. c. p. 98. 99, aus Anlass seines ersten Eintrittes in das Kapitel eine Person für den demnächst vakant werdenden Kanonikat zu bezeichnen (s. g. droit de joyeuse entrée dans les églises), l. c. p. 204; Mémoires du clergé 11, 1231 ff., so erscheint es wahrscheinlicher, dass der im Text angegebene Grundgedanke auch in Frankreich für die Entstehung aller dieser Befugnisse bestimmend gewesen ist. — Uebrigens haben auch die Könige von England ein der französischen nomination royale pour le serment de fidélité ähnliches Recht ausgeübt, lit. pat. Edward. I. ad episc. London. v. 1303, constit. reg. Angl. p. 1044: „Cum vos ratione novae creationis vestrae teneamini uni de clericis nostris quem vobis duxerimus nominandum, in quadam pensione annua de camera vestra percipienda, quousque sibi per vos provisum fuerit de ecclesiastico beneficio competenti ac dilectum nostrum de Clare vobis nominavimus ad pensionem huiusmodi obtinendam, vobis mandantes rogamus ..", vgl. auch ibid. p. 1045. 1046. 1050. 1117 und Thomassin l. c. n. 8.

[3] Dies ergiebt schon d. älteste Diplom S. 639. n. 1.

im Allgemeinen Zwangsmassregeln in Aussicht[1], dagegen sind seit dem 14. Jahrhundert schon besondere Kommissarien mit der Ausführung der kaiserlichen Bittbriefe beauftragt und nöthigenfalls zur Beschlagnahme der den Verpflichteten zustehenden Temporalien ermächtigt worden[2]. Erforderlich war dies, weil mitunter dem kaiserlichen Begehren Widerstand geleistet wurde[3]. Andererseits war aber auch die Wirksamkeit der ersten Bitten durch die grosse Anzahl päpstlicher Reservationen und die von Rom ertheilten Expektativen vielfach in Frage gestellt. Der letztere Umstand veranlasste Kaiser Sigismund, sich von der Synode von Basel i. J. 1437 ein ausdrückliches Anerkenntniss des Rechtes ertheilen zu lassen[4]. Die ersten päpstlichen Indulte auf Ausübung desselben sind Kaiser Friedrich III. ertheilt worden[5], und wenn demnächst seine Nachfolger mehrfach solche erlangt[6] und sich bei der Ausübung des Rechtes nicht mehr blos auf die althergebrachte Gewohnheit, sondern zugleich auch auf die päpstliche Bestätigung derselben bezogen haben[7], so lag darin nicht etwa das Zugeständniss, dass die feststehende Gewohnheit des Reiches keinen ausreichenden Titel bilde, vielmehr sind die erwähnten Indulte deshalb nachgesucht worden, um den kaiserlichen ersten Bitten den Vorrang vor den päpstlichen Reservationen und Expektativen, sowie ihre Exekution durch kirchliche Censuren sicher zu stellen[8]. Für Friedrich III. insbesondere kam noch die Rücksicht auf die während seiner Regierung abgeschlossenen s. g. Konkordate der deutschen Nation in Frage, weil diese einen Theil der päpstlichen Vorbehalte anerkannten, des Rechtes der ersten Bitte aber nicht gedachten[9]. Die Kurie hatte keine Veranlassung, derartige Indulte zu verweigern, da durch diese letzteren der Schein erregt wurde, als ob die fragliche kaiserliche Prärogative von ihrer Bewilligung abhängig sei[10], und gerade durch die

[1] dipl. v. 1298 u. 1308, Würdtwein l. c. 2, 5 u. 12, 106.

[2] dipl. Ludov. IV. v. 1338, Böhmer, cod. dipl. 1, 554: „ir si an iren gulten und guten angriffend und fur die versmehe die si uns getan habent, Leonhardum von iren gulten ierlichen gebent XX phunt haller als lange biz si ime ein ledig phrund gern geben", diplomata Caroli IV, Senkenberg, cod. prob. p. 22. 23.

[3] S. vor. Note, dipl. Alberts I. bei Würdtwein 12, 99 ff. u. Senkenberg l. c. p. 15 ff.; Ludw. IV. v. 1330, Würdtwein l. c. p. 111 u. Friedrichs v. Oesterreich, Senkenberg l. c. p. 20.

[4] Senkenberg l. c. p. 36 u. Würdtwein l. c. 2, 40. Ob die in demselben enthaltene Beschränkung: „quodque pro simplicibus non graduatis concedendae preces seu nominationes huiusmodi ad curata beneficia ultra III milia communicantium habentia se non extendant et quod collatores et collatrices ultra V beneficia ecclesiastica conferre aut de eis disponere non habentes cum precibus seu nominationibus huiusmodi nisi ultronei voluerint, non arctentur" einer früheren Uebung entspricht, muss dahin gestellt bleiben.

[5] Von Nikolaus V. 1451 und von demselben 1454 ein zweites deklarirendes, von Kalixt III. 1455, Würdtwein l. c. 2, 57. 61. 70; von Pius II. 1459, Senkenberg p. 52.

[6] Maximilian I. 1491 u. 1493 von Innocenz VIII., Karl V. 1520 von Leo X. u. Clemens VII., Ferdinand I. 1531 und 1532 von demselben, Maximilian II. 1564 von Pius IV., Rudolf II. 1577 von Gregor XIII., Matthias 1612 von Paul V., Ferdinand II. 1620 von demselben, Ferdinand III. 1638 von Urban VIII., Würdtwein 2, 88. 106. 135. 164. 199. 224. 248. 257. 274; Moser, teutsch. Staatsr. 3, 334 ff. 343. 349; über die Abweichungen im Text der Indulte ebendaselbst S. 355. 359.

[7] Soweit ich sehe, zuerst Karl V., Würdtwein l. c. 2, 101. 123, dann Ferdinand I., Maximilian II., Rudolf II., Ferdinand II. und Ferdinand III. ibid. p. 182. 193. 212. 238. 270. 281.

[8] Dies ergiebt sich daraus, dass Friedrich III. das Recht schon vor der Ertheilung des ersten Indultes ausgeübt, dipl. v. 1442, Senkenberg l. c. cod. prob. p. 53, und sich nachher nicht darauf berufen hat, ebensowenig Maximilian I., l. c. p. 52. 58. Innocenz VIII. hat sich sogar dazu verstanden, das gegen die Ausübung des Rechtes durch letzteren erlassene Inhibitorium zurückzunehmen, Senkenberg l. c. §. 46. Selbst Karl V. hat nicht immer das päpstliche Indult in Bezug genommen, dipl. v. 1555, l. c. cod. prob. p. 67. Uebrigens ist es auch keineswegs erwiesen, dass die Kaiser stets ihrerseits solche Indulte nachgesucht haben, l. c. §§. 44 ff.

[9] Ob das Recht durch die Konkordate beseitigt worden sei, darüber hat man früher viel gestritten, vgl. Ayrer l. c. c. 2. §. 1; Brand l. c. c. 2, Senkenberg l. c. §§. 39 ff.

[10] Hat doch Leo X. 1519 ein Privileg auf Exemtion von der kaiserlichen Bitte für eine Kollegiatkirche in Halle ertheilt, de Ludewig,

wiederholten päpstlichen Anerkenntnisse die Ansicht, dass das Recht lediglich auf der Verleihung der Kurie beruhe, eine wesentliche Unterstützung erhielt[1]. Als aber die protestantischen Reichsstände diese Meinung in ihrem Interesse zu verwerthen begannen, indem sie aus der Suspension der katholisch-geistlichen Jurisdiktion auch zugleich die Befreiung der evangelisch gewordenen Stifter ihrer Länder von dem angeblich auf päpstlichem Privileg ruhenden kaiserlichen Recht der ersten Bitte herleiteten[2] und so dasselbe von zwei Seiten in Frage gestellt wurde, blieb den Kaisern nichts anderes übrig, als die Berufung auf die päpstlichen Indulte fallen zu lassen. Nach langen Verhandlungen gelang es ihnen[3], im Westfälischen Frieden[4] die Protestanten zur Anerkennung des Rechtes zu bewegen. Seitdem unterliessen sie die Einholung der päpstlichen Indulte und beriefen sich in ihren Bittbriefen nur, wie dies früher geschehen war, auf die althergebrachte Gewohnheit[5]. Anfangs des 18. Jahrhunderts protestirte mit Rücksicht auf diese, ebenfalls von Joseph I. befolgte Praxis[6] sowohl der päpstliche Nuntius in Köln[7], wie auch der Papst, Clemens XI., selbst[8], weil die Ausübung der ersten Bitte nur auf Grund päpstlicher Verleihung stattfinden dürfe. Der dadurch entstandene Streit[9], welcher kurz vor dem Tode des Kaisers nur vorläufig beigelegt wurde[10], fand erst seine definitive Erledigung dadurch, dass sich Clemens XI. dazu verstand, die deutschen Stifter zur Annahme der kaiserlichen Bitten anzuweisen[11], ohne dass der Kaiser ein päpstliches Indult annahm[12]. Karl VII. stellte zwar durch Entgegennahme eines solchen diesen Erfolg seines Vorgängers wieder in Frage[13], indessen gelang es doch Franz I. die unter Karl VI. beobachtete Praxis, wodurch eine principielle Entscheidung des Streites vertagt und beiden Theilen die Festhaltung ihres Standpunktes ermöglicht wurde[14], wieder einzuführen, und diese ist seitdem bis zur Auflösung des deutschen Reiches herrschend geblieben[15].

reliqu. manuscr. 11, 435, vgl. auch Senkenberg l. c. §. 57.

[1] S. 640. n. 5.

[2] Senkenberg l. c. §§. 58. 59; Pfeffinger, Vitriarius illustrat. l. III. t. 2. §. 10, 3, 94.

[3] Senkenberg l. c. §§. 60 ff.; Moser a. a. O. S. 359 ff.

[4] Instr. Caes. Suec. art. V. §. 18: „Ubi . . . caesarea maiestas ius primariarum precum exercuit, exerceat etiam imposterum, dummodo decedente Augustanae confessioni addicto in eius religionis episcopatibus Aug. confessioni addictus ad normam statutorum et observantiae idoneus precibus fruatur. In mixtis vero ex utraque religione seu episcopatibus seu aliis locis immediatis precibus primariis praesentatus non gaudeat, nisi beneficium vacans religionis consors possederit".

[5] S. die Schreiben Ferdinands III. v. 1653 u. Leopolds I. v. 1703, Senkenberg l. c. cod. prob. p. 76. 82; Würdtwein, subs. dipl. 2, 285.

[6] dipl. v. 1706, Würdtwein l. c. 2, 289, ein anderes bei Senkenberg l. c. p. 83.

[7] Das Schreiben bei Moser a. a. O. S. 364.

[8] Schreiben v. 1706 a. a. O. S. 365 und bei Würdtwein l. c. p. 294, in welchem insbesondere auch behauptet wird, dass die Konkordate der deutschen Nation der Geltendmachung des Rechtes ohne Indult entgegenständen.

[9] Senkenberg l. c. §§. 73 ff.; Ayrer l. c. c. 1. §. 22. p. 52.

[10] Senkenberg §. 76 u. cod. prob. p. 85 ff.

[11] Breve v. 1714 bei Würdtwein l. c. 2, 305.

[12] Daher wird in seinen Bittbriefen auch als Titel des Rechtes blos die inveterata consuetudo oder diese, etiam pacificatione Osnabrugensi confirmata, Würdtwein p. 307; Senkenberg, cod. prob. p. 88, bezeichnet.

[13] Senkenberg l. c. §§. 80 ff. u. cod. prob. p. 89 ff.; Würdtwein p. 313.

[14] Senkenberg l. c. §§. 84 ff. Das von Benedikt XIV. nach dem Vorbilde des von Clemens XI. gegebenen an die deutschen Stifter erlassene Breve v. 1746 bei Würdtwein 12, 132; Senkenberg, cod. prob. p. 96. Als der Kölner Nuntius in seinem darauf bezüglichen Notifikationsschreiben von 1746, Senkenberg l. c. p. 97, erklärt hatte: „Placuit summo pontifici concedere imperatori preces . . . primarias", protestirte der Kaiser in einem Cirkular an die deutschen Bischöfe v. 1747 gegen diese Usurpation, l. c. p. 98, Würdtwein l. c. 2, 322. Benedikt XIV. billigte indessen die Auffassung des Nuntius in einer Instruktion für denselben v. J. 1747, welche eine ausführliche, die ältere Literatur und die Kontroversen berücksichtigende Darstellung des Streites enthält; sie ist abgedruckt in lateinischer nach dem Italienischen gemachter Uebersetzung bei Senkenberg, cod. prob. p. 99.

[15] Schmelzer a. a. O. S. 63. 64; Wiese, Hdbch. des K. R. 2, 881. Ein den Breven Clemens' XI. und Benedikts XIV. ähnliches von Cle-

Mit dem Aufhören der ehemaligen deutschen Kaiserwürde ist das kaiserliche Recht der ersten Bitte erloschen, und das landesherrliche haben die einzelnen Regierungen bei der Wiederaufrichtung der in Folge der Säkularisation des J. 1803 [1] und der französischen Fremdherrschaft zerstörten Kirchenverfassung nicht wieder in Anspruch genommen [2].

II. Die Ausübung des Rechtes der ersten Bitte. Das Recht der ersten Bitte konnte von dem Berechtigten oder von demjenigen, auf welchen es seitens desselben übertragen war [3], nur einmal bei dem betreffenden Anlass [4] gegen jedes dem Rechte unterworfene Stift oder Kloster [5] und zwar hinsichtlich aller zur Disposition desselben stehenden Stellen [6], insbesondere seiner Pfründen oder Beneficien [7] ausgeübt werden. Der s. g. *precista,* d. h. die Person, zu dessen Gunsten die preces, das Bitt- oder Ersuchungsschreiben, erlassen war, erhielt die Befugniss, die Uebertragung eines gerade vakanten oder erst später vakant werdenden Beneficiums oder Amtes [8] der vorhin gedachten — oder falls dasselbe im Bittbrief näher bestimmt

mens XIII. für Joseph II. v. 1765 bei Würdtwein 2, 324. Bittbriefe Josephs II. und Leopolds II. l. c. p. 325; Senkenberg l. c. p. 125; Gaertner, corp. iur. eccl. 2, 445.

1 Nach dem Reichsdeputationshauptschluss v. 1803. §. 58 sollten die kaiserlichen Precisten, welche ihre Preces den aufgehobenen Stiftern schon präsentirt hatten, bei künftigen Erledigungsfällen eine verhältnissmässige Pension erhalten.

2 So sind insbesondere für Preussen die Vorschriften des A. L. R. II. 11. §§. 1094—1098 über das Recht der ersten Bitte zufolge der Bulle: De salute animarum bedeutungslos geworden.

3 Die Zulässigkeit der Uebertragung war allgemein anerkannt. Eine solche kommt schon im 13. Jahrh. seitens des Kaisers, namentlich auf geistliche Fürsten für den Umfang der bischöflichen Diöcese oder erzbischöflichen Provinz vor, Urk. v. 1286 u. 1298, Würdtwein 2, 4. 5; v. 1309, Lacomblet, niederrh. Urkdbch. 3, 57; v. 1315, Boehmer, cod. dipl. 1, 411; v. 1346, Würdtwein 2, 26; vgl. auch Senkenberg, cod. prob. p. 27; Urk. v. 1346, Würdtwein l. c. p. 34 (Uebertragung auf d. Pfalzgrafen b. Rhein). — Auch die Reichsvikarien haben das Recht auszuüben versucht, Ayrer l. c. app. p. 210 ff.; über ihre desfallsige Befugniss ist indessen viel gestritten worden, l. c. c. 3.

4 Gerade deshalb war eine Konkurrenz mehrerer Berechtigter ohne zu grosse Beschwerung der verpflichteten Institute möglich. Ueber die sich an den westfälischen Frieden anschliessende Streitfrage, betreffend die Berechtigung des Kaisers gegen die Mediatstifter, s. J. H. Boehmer, l. c. §. 111; Moser a. a. O. S. 380; Ayrer l. c. c. 2. §§. 7 ff.; Brand l. c. c. 3. Wegen des Verhältnisses mehrerer Precisten, welche ihr Recht von demselben Berechtigten herleiten, Ayrer l. c. c. 6. §. 11.

5 Jedoch sind auch kaiserliche Exemtionsprivilegien für einzelne kirchliche Anstalten ertheilt worden, Würdtwein 2, 29. 31; Senkenberg §§. 30. 35; Pfeffinger l. c. 3, 88. n. e.

6 Gleichviel, ob diese Stellen durch Wahl oder durch Turnus zu besetzen waren, oder blos einem geistlichen Patronatrecht unterstanden. Eine desfallsige Zusammenstellung aus einer Anzahl von Diplomen bei Ayrer l. c. c. 6. §. 1; vgl. auch Chockier l. c. p. 40. 42 ff.; Leuren. for. benef. P. II. qu. 607. n. 4 ff. Die Stellen laikalen Patronates waren nach der gemeinen Meinung ausgenommen, Leuren. l. c. qu. 608. n. 3; Ayrer l. c.; s. aber Moser a. a. O. S. 404.

7 S. o. S. 640. n. 1; decr. conc. Basil. v. 1437, Würdtwein 2, 42: „pro unico beneficio ecclesiastico cum cura vel sine cura, etiamsi canonicatus et praebenda in metropolitana aut cathedralibus seu collegiatis ecclesiis foret"; Urk. v. 1521. 1532. 1534. 1703. 1766, Würdtwein l. c. 2, 102. 154. 182. 286. 327: „beneficium ecclesiasticum tam regulare quam seculare cum cura vel sine cura etiamsi canonicatus et prebenda, dignitas, personatus, administratio vel officium fuerit"; vgl. auch Ayrer l. c. c. 6. §. 1. Als frei von dem Rechte galten allgemein die s. g. beneficia monocularia (s. o. S. 375), vgl. Ayrer l. c., Leuren. l. c. qu. 608. n. 2; die päpstlichen Indulte treffen aber nach dem Vorgange des Baseler Dekrets (o. S. 644. n. 4) die weitere Beschränkung: „ac ipsi collatores et collatrices saltem IV. beneficia conferre habeant". Ihrer Qualität nach wurden dem Rechte für nicht unterworfen erachtet die Bischofsämter und Regular-Prälaturen, nicht aber die in den päpstlichen Monaten erledigten Benefizien. Näheres hierüber bei Chockier p. 38; Leuren. qu. 607. 608; Brand l. c. c. 5, wobei indessen zu beachten ist, dass die Schriftsteller, welche das Recht aus päpstlicher Verleihung herleiten, die Tendenz haben, die Ausnahmen möglichst zu erweitern.

8 S. o. S. 639. n. 1; dipl. v. 1526. 1642. 1706. 1742. 1766, Würdtwein 2, 125. 282. 291. 315. 328: „quod ad presens sive proxime vacare contigerit". In Betreff der Art der Vakanz heisst es in den neueren Bittbriefen, s. die 3 zuletzt citirten, gewöhnlich: „beneficium, quod ... in quocunque mense per obitum, decessum vel

war[1] — der bezeichneten Art von dem Verleihungsberechtigten zu verlangen, selbstverständlich unter der Voraussetzung, dass er die nach den allgemeinen gesetzlichen Bestimmungen und den besonderen statutarischen Festsetzungen erforderliche Qualität besass[2]. Sein Recht begann gegenüber dem Berechtigten mit der Annahme der Ertheilung der ersten Bitte, d. h. für die Regel mit dem Empfang des ausgestellten Bittbriefes. Die Verpflichtung des Stiftes oder sonstigen Kollators trat aber erst mit der erlangten authentischen Kunde von der Begründung des Rechtes des Precisten ein[3]. Zu diesem Behufe hatte der letztere das Originaldiplom dem Verleihungsberechtigten selbst oder durch einen gehörig bevollmächtigten Stellvertreter zu insinuiren[4]. Die Folge der Insinuation war, dass er nunmehr die Uebertragung einer ihm passend erscheinenden Stelle beanspruchen (nach der älteren Ausdrucksweise eine solche optiren oder acceptiren) konnte[5], sofern er diese innerhalb Monatsfrist nach bekannt gewordener Erledigung von dem Kollator gefordert hatte[6]. Mit der Stellung des betreffenden Antrages bei dem letzteren wurde aber für den Precisten die Möglichkeit, ein anderes Benefizium zu fordern (das s. g. Variationsrecht), ausgeschlossen[7]. Andererseits hatte aber der Verpflichtete die Uebertragung der Stelle oder, falls ihm diese nicht selbst zukam, die die Verleihung ermöglichenden, ihm rechtlich zustehenden Handlungen, z. B. die Präsentation, vorzunehmen[8]. Die erste Bitte gewährte dem-

resignationem alicuius vacare contigerit"; die Doktrin schloss indessen die durch Verzicht zu Gunsten eines Dritten oder durch Tausch erledigten Benefizien aus, Leuren. qu. 608. n. 8. 9; Ayrer l. c. c. 6. §. 2; Dürr de benef. per eccles. author. episc. permutato ad effect. prec. prim. haud vacante Mogunt. 1773 bei Schmidt thes. 5, 273.

[1] Dies kommt namentlich in den älteren Bittbriefen vor, s. o. S. 640. n. 2.

[2] Ayrer l. c. c. 6. §§. 4—8; Brand l. c. c. 6. §§. 1 ff.; Leuren. l. c. qu. 610. Für die Beobachtung der besonderen statutarischen Bestimmungen bei Ausübung des Rechts haben sich die Stifter mitunter auch Privilegien vom Kaiser ausstellen lassen, ein solches v. Carl IV. v. 1362 bei Senkenberg l. c. cod. prob. p. 29.

[3] C. A. Hartmann de potestate collatoris ordinarii ante insinuationem prec. primar. restricta. Viennae 1782, auch bei Mayer thes. nov. iur. eccles. 2, 251.

[4] Ayrer l. c. c. 6. §. 9; Brand l. c. §. 6; Endres l. c. §. 3. Ein Insinuationsprotokoll bei Würdtwein 2, 83. Eine Frist für die Bewirkung der Insinuation bestand nicht, ihre Unterlassung hinderte nur die Ausübung des Rechtes.

[5] Verpflichtet war er dazu nicht. Daher stand es ihm auch frei, falls ihm das erledigte Benefizium nicht genehm war, den Erledigungsfall mehrere Male vorübergehen zu lassen. Ueber die Kollision dieses Auswahlsrechtes mit der für manche Kapiteln bestehenden statutarischen Anordnung, dass die kaiserlichen Precisten sich mit der letzten Domicellarstelle begnügen und erst der gewöhnlichen Reihe nach in das Kapitel einrücken sollten, s. Wolfgang Schmitt bei Mayer thes. 1, 307; Schmelzer a. a. O. S. 19. 20.

[6] Eine darauf bezügliche Klausel „quod per se vel per procuratorem suum infra mensem a die notatae sibi vacationis duxerit acceptandum", findet sich stehend in den Bittbriefen, Würdtwein 2, 102. 125. 154. 187. 195. 213. 216. 239. 242. 255. 272. 282. 287. 292.

Darüber, ob das öffentliche Bekanntwerden oder nur die besondere individuelle Kunde von der Vakanz für den Beginn des Fristenlaufes genügte, ebenso darüber, ob der Precist die Kassirung einer vor der Insinuation erfolgten Besetzung der Stelle verlangen konnte, wenn er sein Diplom noch vor Ablauf der Monatsfrist gehörig insinuirt und das Benefizium optirt hatte, ist viel gestritten worden, vgl. Schmelzer a. a. O. S. 41. 42.

[7] Brand l. c. c. 6. §§. 11—13.

[8] Mit Rücksicht hierauf lauten die Bittbriefe und zwar die älteren, s. Würdtwein 2, 216: „quod (beneficium) . . . cum omnibus et singulis suis iuribus et pertinentiis conferatis et assignetis ac ipsum seu . . . procuratorem . . . ad illius veram realem et corporalem possessionem iuriumque et pertinentiarum omnium eiusdem inducatis et admittatis et quantum in vobis fuerit induci et admitti faciatis et si canonicatus et praebenda fuerit, assignando sibi stallum in choro et locum in capitulo"; die späteren, l. c. 2, 272. 287. 292. 311. 315. 328: „prout ad vos spectat, ad illud (beneficium) eligatis, nominetis, praesentetis ac ei illud conferatis et assignetis atque etiam de eo provideatis, ponendo eum in pacifica et quieta possessione, stallum in choro et locum in capitulo ei assignando cum plenitudine iuris canonici et fructuum perceptione". Seinerseits musste aber der Precist die von jedem Bewerber erforderten, namentlich die für die Erlangung der Kanonikate statutarisch vorgeschriebenen Handlungen (s. o. S. 69 ff.) vornehmen, Schmitt l. c. p. 305.

nach den Precisten eine Anwartschaft auf ein künftig zu erledigendes Benefizium, dessen nähere Bestimmung allerdings für die Regel von der s. g. Acceptation oder Option des Precisten abhängig war[1]. Eine unter Verletzung dieses Rechtes des letzteren vorgenommene Besetzung der von ihm gewählten Stelle war nichtig[2], und die Durchführung der preces wurde durch weltliche und geistliche Exekutionsmassregeln[3] erzwungen.

Starb der Precist vor der an ihn erfolgten Uebertragung der Stelle, so konnte der Berechtigte, weil die preces nicht zur Wirkung gelangt waren, nochmals für eine andere Person von seinem Rechte Gebrauch machen[4]. Die Frage dagegen, ob die preces mit dem Tode des Verleihers hinfällig wurden, falls dieser vor Erlangung eines Amtes seitens des Precisten erfolgt war, ist, mit Rücksicht auf die kaiserlichen Bitten, Gegenstand lebhafter Kontroversen gewesen. Indessen hat sich die Reichspraxis für die Wirksamkeit der Bittbriefe über den Tod des Kaisers hinaus entschieden[5]. Einen Widerruf der gewährten ersten Bitte durch den Berechtigten liess man nur wegen groben Undankes mit Rücksicht auf die Grundsätze über die Revokation von Schenkungen zu[6].

1 Daher ist auch früher die Frage aufgeworfen worden, ob das Verbot der Expektativen (Trid. XXIV. c. 19 de ref.) auch das Recht der ersten Bitte beseitigt habe, Ayrer l. c. c. 2. §. 2. Die überwiegende Meinung verneinte dies, namentlich deshalb, weil auch die Congr. concilii mit Rücksicht darauf, dass das Koncil keine Beschränkung des Kaisers ausdrücklich ausgesprochen habe, in dem gedachten Sinne entschieden hatte, Fagnan. ad c. 2 X. de conc. praeb. III. 8. n. 10.

2 Schmelzer a. a. O. S. 26 und die dort angeführten Entscheidungen und Kassationsdekrete des Reichshofsraths. Auch über die Zuständigkeit für derartige Streitfälle herrschte keine Einstimmigkeit, Ayrer l. c. c. 6. §. 16; Brand l. c. c. 8. §§. 10 ff.; jedoch wurde im Allgemeinen die Kompetenz des Reichshofsrathes angenommen, wenn die Rechte des Precisten aus einem andern Grunde als der mangelnden Befugniss des Kaisers zur Ertheilung der preces in Frage gestellt waren.

3 Für die Anordnung und Leitung derselben wurden vielfach besondere Exekutoren ernannt, vom Kaiser zu solchen namentlich geistliche Fürsten, s. o. S. 644. n. 2; dipl. v. 1442 bei Würdtwein 2, 52. Im letzteren Falle konnten die Exekutoren, ebenso wie in dem Falle, wo der Kaiser ein päpstliches Indult erhalten hatte, mit geistlichen Censuren, Exkommunikation, Suspension und Interdikt einschreiten, vgl. die Diplome bei Würdtwein l. c. p. 103. 184. 188. 196. 214. 217. 240. 243. In den Bittbriefen des 18. Jahrhunderts lautet die allerdings schon theilweise früher vorkommende Exekutionsandrohung, Würdtwein l. c. p. 312. 316. 321. 329: „executores a nobis deputati sub poena gravis indignationis nostrae vos realiter et cum effectu ad parendum iuxta constitutiones imperii moneant et compellant, contumacia vero vestra aut contemptu . . . per mensem continuum a die requisitionis numerandum durante, vos omnibus et singulis privilegiis, gratiis, libertatibus et donationibus a romanor. imperatoribus et regibus ac a nobis et aliis praedecessoribus nostris vobis concessis et ipso iure privatos et nostra tuitione exutos declarent, quae et quas ex nunc prout a die contumaciae vestrae tenore praesentium revocamus, cassamus et irrita esse volumus et vos taliter contumaces a beneficiis maiestatis nostrae reddimus alienos, prout etiam ex nunc prout ex tunc privamus et a protectione nostra excludimus". Dass auch Geldstrafen und exekutive Immissionen verhängt wurden, zeigt das Reichshofsraths-Protokoll bei Ayrer app. p. 199; s. auch Schmelzer a. a. O. S. 36 n. p. Ueber die früher angewandten Zwangsmittel vgl. o. S. 644. Wegen der Exekutoren s. auch Brand l. c. c. 8. §§. 1 ff.; Schmelzer S. 109.

4 Ayrer l. c. c. 6. §. 13; Brand l. c. c. 7. §. 3. Ein Beispiel derartiger subrogirter preces bei Ayrer l. c. app. p. 248; Würdtwein l. c. 2, 6. Dieselbe Folge trat ein, wenn der Precist vorher auf sein Recht resignirt hatte oder zur Erlangung der Stelle unfähig wurde, z. B. heirathete oder zu einer andern Konfession überging, Ayrer l. c. §. 14; Brand l. c. §§. 4 ff.

5 Schmelzer a. a. O. S. 84 ff. Die Schrift desselben ist der Erörterung dieser Streitfrage gewidmet. Er entscheidet sie in der im Text angegebenen Weise, und stützt sich namentlich darauf, dass Handlungen, welche vom Regenten in seiner Eigenschaft als Staatsoberhaupt vorgenommen werden, auch über seinen Tod hinaus wirken, und deshalb die aus solchen Handlungen erworbenen Rechte ebenfalls fortdauern müssten, S. 62 ff. 70. Ja er geht so weit, anzunehmen, dass der Precist selbst dann das Recht erwerbe, wenn der Kaiser vor Ausfertigung des Diploms über die bereits ertheilte Bitte sterbe, S. 96. Uebrigens haben einzelne Kaiser ausdrücklich erklärt, dass die noch unversorgten Precisten ihres Vorgängers den Vorrang vor den eigenen haben sollten, s. a. a. O. S. 84 u. die dipl. Karls IV. v. 1740 u. 1745 bei Würdtwein 2, 306. 310.

6 Ayrer l. c. §. 14; Brand l. c. §. 2.

Eine Cession der Rechte des Precisten seitens des letzteren an eine andere Person war statthaft, jedoch bedurfte es dazu der Einwilligung des Verleihers, und daher war zur Legitimation des Cessionars eine Transscription des ersteren auf den letzteren erforderlich[1].

B. Das geltende Recht.

§. 130. 1. *Begriff, Arten und Formen der Besetzung, bez. Verleihung**.

I. Begriff. Terminologie. Die Besetzung der Kirchen-Aemter erfolgt nach dem kirchlichen Recht durch die im Fall ihrer Erledigung unter Autorität der rechtmässigen geistlichen Oberen vorzunehmende Uebertragung an die qualificirten Personen, Verleihung[2], *provisio*[3], im weiteren Sinne auch *institutio*[4] oder *collatio*[5] genannt[6].

Das Recht zur Besetzung, bez. Verleihung, steht den kirchlichen Oberen und zwar für die Regel demjenigen zu, dessen Jurisdiktion das in Frage stehende Amt direkt unterworfen ist.

Mit Rücksicht darauf, dass seit früher Zeit die verschiedenen, die Verleihung bildenden Handlungen, die Auswahl des Kandidaten und die Uebertragung des Amtes an den letzteren getrennt worden sind, und die erstere für manche Fälle den Charakter einer dem Verleihungsrecht des kirchlichen Oberen gegenübertretenden selbstständigen Befugniss angenommen hat, hat sich zum Theil schon in der Zeit zwischen der Abfassung der Dekretalen Gregors IX. und der des liber Sextus die nachstehende Terminologie gebildet.

1 Ayrer l. c. §. 15; Brand l. c. §. 7 ff.; Schmelzer S. 44. 103. Eine Cessionsurkunde v. 1605 bei Würdtwein 3, 52.

* Phillips K. R. 7, 481 ff.

2 Das Wort: Besetzung bedeutet die Wirkung der Verleihung in Betreff des vakanten Amtes, Verleihung die in der Uebertragung desselben bestehende Handlung.

3 Allgemein gebraucht c. 42 (Gregor. IX.) X. de rescr. I. 3; von bischöflicher Verleihung c. 27 (Inn. III.) X. eod.; von Wahlpfründen c. 13. 14 (id.) X. de conc. praeb. III. 8. Wenn die Glosse zu Clem. 8 de elect. I. 3 s. v. provisioni darunter nur die Nomination, Präsentation, Postulation und Collation versteht, so hängt dies mit einer später aufgekommenen, engeren Bedeutung des Wortes: provisio, sowie damit zusammen, dass sie die Besetzung durch Wahl mit Rücksicht auf die päpstlichen Provisions-Mandate, c. 16. §. 1 in VI^to de praeb. III. 4 ausschliessen will. Ueber den im Text bezeichneten Sprachgebrauch vgl. auch Hieron. Gonzalez ad reg. 8 canc. gl. 17. n. 1 u. Fagnan. ad c. 1. X. de elect. I. 6. n. 22.

4 Rubr. III. 7. X de instit.; c. 1 in VI^to de R. J. (allgemein); c. 8 (Inn. III.) X. de const. I. 2 (kraft päpstlichen Devolutionsrechtes), c. 31 (id.) X. de elect. I. 6 (Kanonikatverleihung durch den Bischof). Bei dem Worte institutio liegt der Ton auf der Wirkung der Verleihung für die Person des Anzustellenden.

5 In den Dekretalen gebraucht für die Besetzung von Benefizien im Allgemeinen, c. 28 (Later. IV. v. 1215) X. de praeb. III. 5; ferner auch für Besetzung durch den Bischof oder einen anderen Prälaten, c. 5. 14 (Inn. III.) X. de conc. praeb. III. 8, durch den Papst in Folge von Devolution c. 37 (Greg. IX.) X. de praeb. III. 5, endlich für Vergebung der Kanonikate u. Präbenden durch Wahl, c. 7 (Alex. III.) X. de rescr. I. 3, c. 4. 15 (Inn. III.) X. III. 8; c. 13 (Bonif. VIII.) in VI^to de praeb. III. 4. In denselben verschiedenen Bedeutungen kommt auch donatio vor, s. ausser den zuerst citirten beiden Stellen c. 8 (Inn. III.) X. de const. I. 2; c. 37. X. III. 5 cit.; c. 9 (Inn. III.) X. III. 8; c. 7. X. I. 3 cit.; c. 12 (Inn. III.) X. de sent. et re iud. II. 27; c. 31 (Inn. III.) X. de elect. I. 6; c. 15. X. III. 8 cit.

6 Weitere in den Dekretalen sich findende Bezeichnungen sind: concessio c. 1 (Alex. III.) X. de appell. II. 28; c. 10 (id.) X. de iurepatr. III. 38; c. 6 (Inn. III.) X. de instit. III. 7; c. 4 (id.) X. de conc. praeb. III. 8; assignatio c. 4 cit. c. 14 X. eod. tit.; largiendi potestas (für Verleihungsbefugniss), c. 28. X. III. 5 cit.; tribuere ecclesiastica ministeria seu beneficia seu ecclesias, c. 2 (Later. III. v. 1179) X. de conc. praeb. III. 8; investitura, vgl. unten S. 654. n. 7.

Das Verleihungsrecht, welches voll und ungetheilt in der Hand des kirchlichen Oberen ruht, wird als *provisio plena* bezeichnet. Wenn aber die Designation des Kandidaten einer anderen Person als derjenigen zusteht, welche die Uebertragung des Amtes vorzunehmen hat, so nennt man die jedem der konkurrirenden Betheiligten zukommende Befugniss *provisio minus plena*.

Bei den höheren Kirchen-Aemtern, deren Besetzung im Mittelalter und noch heute vielfach in Deutschland durch Wahl, *electio*, erfolgt, heisst die durch den kirchlichen Oberen, jetzt regelmässig durch den Papst erfolgende Bestätigung *confirmatio* [1], in dem Falle aber, wo eine Benennung des Kandidaten durch einen Drittberechtigten, eine s. g. *nominatio* (so z. B. durch die Landesherrn für Bisthümer), vorkommt, *institutio canonica* [2]. Dagegen hat sich kein besonderer technischer Ausdruck für die freie Besetzung der höheren kirchlichen Aemter seitens des geistlichen Oberen, insbesondere des Papstes [3], gebildet.

Für die Verleihung der niederen Kirchen-Aemter durch den Bischof oder einen exemten Prälaten wird hauptsächlich das Wort: *collatio* gebraucht. Ist der Bischof bei derselben unbeschränkt, so heisst die Verleihung *collatio libera* oder *collatio* schlechthin [4]. Wenn er dagegen an die Wahl, Ernennung oder Präsentation anderer Personen gebunden, seine Kollation eine s. g. *collatio non libera* oder *necessaria* ist, so wird die Uebertragung des Amtes an den durch den Dritten bestimmten Kandidaten *institutio* [5] *collativa* [6] genannt.

Ausnahmsweise kann aber das freie Verleihungsrecht auch einem anderen als dem zuständigen geistlichen Oberen zukommen [7]. So hatten z. B. im Mittelalter die Archidiakonen in Folge der Erweiterung ihrer Befugnisse zu einer der bischöflichen untergeordneten iurisdictio ordinaria ein derartiges Recht in Betreff aller oder gewisser Benefizien ihrer Sprengel erlangt [8], und desgleichen stand ein solches den s. g. parochi habituales hinsichtlich der ihnen quoad temporalia et spiritualia inkorporirten Pfarreien zu [9]. In solchen Fällen hat der kirchliche Obere, insbesondere der Bischof, keine institutio collativa vorzunehmen, wohl aber das Recht, die Uebertragung zu prüfen und die Befugniss zur Ausübung der Funktionen des Amtes (die s. g. *missio canonica*) zu ertheilen [10]. Die oben besprochene Terminologie war hier nicht anwend-

[1] Schon in der spanischen Uebersetzung des c. 4 Nicaen. v. 325, s. c. 1. Dist. LXIV; vgl. ferner c. 11 (Alex. III.), c. 32 (Innoc. III.) X. de elect. I. 6.

[2] Bair. Konkordat Art. 9, französ. v. 1801, italien. v. 1803, sicil. v. 1818 u. haitisch. v. 1860, Nussi, conventiones p. 140. 143. 186. 346.

[3] Hier kommen hauptsächlich die Ernennungen (creatio) der Kardinäle, Th. I. S. 339, der Inhaber der Kurialämter, sowie der Weih- und Missionsbischöfe in Frage, o. S. 177. n. 4.

[4] c. 16. §. 2 (Bon. VIII.) in VIto de praeb. III. 4: „quum autem inter collationem, praesentationem et institutionem differentia magna esse noscatur"; glossa ad rubr. III. 6 in VIto: „collatio proprie dicitur, quando beneficium est liberum et in mera dispositione episcopi"; glossa zu c. 1 in VIto de R. J. s. v. beneficium.

[5] Glossa ad rubr. III. 6 in VIto: „quando beneficium non est liberum, sed est in iurepatronatus alicuius quia patronus praesentat et ad praesentationem patroni episcopus instituit, illud proprie dicitur institutio".

[6] Die Glosse zu c. 1 in VIto de R. J. s. v. beneficium: „Dicendum, quod triplex est institutio. Quaedam est tituli collativa, alia est auctorizabilis, quoad commissionem curae animarum, alia est institutio realis et actualis, quae vocatur investitura vel inductio in possessionem realem et corporalem", spricht zwar von der Institution in dem oben gedachten weiteren Sinne, die spätere Doktrin hat aber den Ausdruck: institutio collativa hauptsächlich in dem im Text gedachten Sinne beschränkt, Reiffenstuel ius can. III. 7. n. 6; Ferraris s. v. institutio n. 9. Im Gegensatz zur institutio corporalis (s. nachher) wird sie auch verbalis genannt.

[7] Dies setzt auch das Trid. Sess. XXIV. c. 18 de ref. („quum vero institutio ab alio quam ab episcopo erit facienda") voraus.

[8] S. o. S. 197.

[9] S. o. S. 452.

[10] v. Schulte Lehrb. d. K. R. 3. Aufl. S. 294. n. 13. Darüber, dass die Archidiakonen allmählig trotz entgegenstehender Vorschriften (o. S.

bar, und die Doktrin hat deshalb für die Gewährung jener Befugniss, sofern sie sich auf ein Seelsorge-Amt bezieht, also eine approbatio pro cura ist, die Bezeichnung *institutio autorizabilis* geschaffen [1].

Mit Rücksicht darauf, dass die Verleihung, gleichviel ob sie frei oder beschränkt ist, nicht immer durch die dazu nach dem gemeinen Recht berufene Person, sondern unter gewissen Umständen auch durch eine andere erfolgt, unterscheidet die Schule ferner zwischen der *provisio* oder *collatio ordinaria* und der *provisio* oder *collatio extraordinaria*.

Die ausserordentliche Verleihung tritt ein, wenn die ordentliche Provision von dem dazu Berechtigten nicht den kirchlichen Vorschriften gemäss vorgenommen oder ganz unterlassen worden ist, und geht in diesem Falle kraft der s. g. Devolution für die Regel auf den höheren kirchlichen Beamten über [2]. Ferner wird die durch den Papst auf Grund der Reservationen vollzogene Besetzung von Kirchen-Aemtern gewöhnlich ebenfalls als eine weitere Art der provisio extraordinaria betrachtet [3]. Endlich rechnen auch Manche die Fälle, in welchen ausnahmsweise ein Dritter das volle Verleihungsrecht besitzt, hierher [4].

Die Besetzungsform ist verschieden, je nachdem die Auswahl des Kandidaten (designatio personae) und die Uebertragung des Amtes in derselben Hand vereinigt, oder die erstgedachte Befugniss von dieser losgelöst ist. Innerhalb der letzteren Fälle hat die Bezeichnung der Person durch Wahl die Eigenthümlichkeit, dass es besonderer Regeln für die Ermittelung des zu designirenden Kandidaten bedarf, während die freie und die blos an den Vorschlag einer bestimmten Person gebundene Verleihung sich darin gleichstehen, dass derartige Vorschriften — mindestens für die Regel — nicht erforderlich sind [5].

194. n. 3) auch diese Befugniss des Bischofs beseitigt haben, o. S. 197. n. 7.

[1] So schon die S. 650. n. 6 citirte Glosse u. das summar. zu c. 4. X. de off. arch. I. 23, u. danach fast alle späteren, z. B. Fagnan. ad c. 3 X. de causa propr. II. 12. n. 30; Schmalzgrueber III. 7 pr.; Reiffenstuel III. 7. n. 7; Leuren, for. benef. P. II. qu. 7; Ferraris l. c. n. 10. Wenn van Espen J. E. U. P. II. tit. 22. c. 4. n. 21 ff. und nach ihm Walter K. R. §. 238. n. 10; Phillips K. R. 7, 488 behaupten, dass die institutio autorizabilis mit der institutio collativa oder canonica im allgemeinen Sinne des c. 1 in VI^to de R. J. identisch zu fassen sei, so ist daran allerdings so viel richtig, dass das c. 4. X. cit. wohl die Uebertragung eines Seelsorge-Amtes im Auge hat, also das Summarium dem Text nicht entspricht, weil das letztere die Verleihung des Amtes und die Uebertragung der Seelsorge sondert, indem es für diese jenen Ausdruck wählt. An und für sich ist aber die Scheidung sachlich begründet und deshalb kann die unrichtige Anknüpfung der einmal fest eingebürgerten Bezeichnung an das erwähnte c. 4 keinen Grund abgeben, sie zu verwerfen oder gar die institutio autorizabilis mit der institutio collativa zu identificiren.

[2] Für die Besetzung im Wege der Devolution wird im Mittelalter der Ausdruck: provisio auch schlechthin gebraucht, Glosse zu rubr. III. 6 in VI^to: „provisio vero dicitur, quando fit iure devoluto".

[3] So namentlich von den neueren, s. z. B. Permaneder K. R. §§. 255. 256; Phillips Lehrb. 2. Aufl. S. 143; Schulte K. R. 2, 323, welcher aber im Lehrbuch 3. Aufl. S. 294 ebenso wie Walter K. R. §§. 222. 232. 237, nur den Fall der Devolution als provisio extraordinaria bezeichnet. Vom Standpunkt der mittelalterlichen Theorie über das dem Papste an allen Benefizien zustehende Besetzungsrecht, ist es richtig, die Verleihung in Folge von Reservationen als provisio ordinaria zu behandeln. Indessen ist, wenngleich jene Theorie erst jüngst durch die Sanktionirung des päpstlichen Universal-Episkopates und der päpstlichen iurisdictio ordinaria et immediata über alle Kirchen und Diöcesen seitens des vatikanischen Koncils, s. Pii IX. const. Pastor aeternus v. 18. Juli 1870 c. 3 approbirt worden ist, doch die päpstliche Provision historisch betrachtet, ein Eingriff in die begründeten Rechte der lokalen Kirchengewalten gewesen, und praktisch bildet dieselbe auch heute wieder nur die Ausnahme.

[4] S. z. B. Helfert, v. d. Besetzg. etc. d. Benefizien S. 27, was vollkommen korrekt ist, wenn man die Provision, welche der vom gemeinen Recht dazu berufene kirchliche Obere vornimmt, als ordinaria auffasst.

[5] So stellen auch c. 1 (Innoc. IV.), c. 4 (Gregor. X.), c. 24 (Bonif. VIII.) in VI^to de elect. I. 6 der electio und postulatio die provisio schlechthin, also alle anderen Besetzungsformen, gegenüber.

Was das Verhältniss der verschiedenen Arten und Formen der Verleihung betrifft, so durchkreuzen sich dieselben mannichfach. Die freie oder beschränkte Verleihung ist nichts der provisio ordinaria Eigenthümliches, vielmehr kann eine designatio personae auch bei der ausserordentlichen Verleihung im Fall der Devolution vorkommen, weil diese an den Rechten des Dritten nichts ändert. Ebensowenig sind etwa bestimmte Besetzungsformen entweder mit der ordentlichen oder der ausserordentlichen Verleihung ausschliesslich verbunden, denn eine Wahl ist z. B. auch bei der kraft Devolution stattfindenden provisio extraordinaria möglich.

Selbst der verschiedene Charakter der Benefizien, welcher für die Bestimmung des die provisio ordinaria vornehmenden kirchlichen Oberen massgebend ist, äussert heute keinen durchgreifenden Einfluss mehr auf die Besetzungsform [1], während allerdings im Mittelalter mit wenigen Ausnahmen die höheren Benefizien (so der päpstliche Stuhl und die Bisthümer) durch Wahl, die niederen durch Ernennung des kirchlichen Oberen oder anderer Personen [2] besetzt worden sind [3].

II. Der Erwerb des Amtes. Der Unterschied zwischen ius ad rem und ius in re. Die Verleihung des Amtes ist vollendet, wenn der dazu berechtigte kirchliche Obere die Uebertragungshandlung [4] vorgenommen hat und der Konsens des Beliehenen, falls dieser nicht schon vorher erklärt worden, hinzugekommen ist.

Für diejenigen Fälle, wo die Designation in der Hand eines anderen als des verleihungsberechtigten Oberen liegt, bedurfte es besonderer Normen darüber, ob und welche Rechte durch die Bezeichnung oder Wahl der für das Amt in Aussicht genommenen Person für die letztere entstanden. Die kanonistische Theorie und Gesetzgebung hat die erforderliche Regelung unter Entwickelung der Lehre vom s. g. *ius in re* und *ius ad rem* in Anlehnung an die Doktrin der älteren Feudisten vorgenommen.

Die letzteren fassten die s. g. investitura abusiva [5], davon ausgehend, dass die Lehns-Investitur an und für sich, d. h. ohne Besitzübertragung, kein dingliches Recht begründen könne [6], als eine Handlung auf, wodurch der Vasall eine nöthigenfalls durch Realexekution zu erzwingende Forderung gegen den Herrn auf Einweisung in den Besitz des Lehngutes, die Gewere, erlange [7]. Da aber andererseits diese letztere

[1] Die Kardinalstellen werden vom Papst frei vergeben. Die Bisthümer und Prälaturen werden durch Wahl, die ersteren aber auch theilweise vom Papste frei, theilweise auf landesherrliche Nomination, die letzteren auch durch Ernennung seitens der Ordensoberen besetzt. Die niederen Benefizien verleiht zwar für die Regel der Bischof, jedoch machen hiervon die Kanonikate, für welche vielfach die Wahl vorkommt, eine Ausnahme.

[2] Z. B. der s. g. parochi perpetui. Darüber, dass die Stellen in den Stiftern in der ersten Periode ihrer Entwickelung durch den Bischof vergeben worden sind, s. o. S. 613.

[3] Gerade in den im Text hervorgehobenen Verhältnissen liegt die Schwierigkeit, die Lehre von der Aemterbesetzung völlig befriedigend zu disponiren. Wegen der Durchkreuzung der Arten und Formen der Besetzung ergeben sich, mag man die Unterscheidung zwischen ordentlicher und ausserordentlicher, zwischen freier und beschränkter Verleihung oder zwischen höheren und niederen Benefizien zu Grunde legen, immer Schwierigkeiten, welche durch die nothwendige Berücksichtigung der geschichtlichen Entwicklung und des Einflusses der Staatsregierungen bei der Besetzung der Aemter noch vermehrt werden.

[4] Also je nach Umständen die institutio canonica, die confirmatio, die collatio oder die institutio collativa.

[5] II Feudor. 2 pr.: „Investitura quidem proprie dicitur possessio, abusivo autem modo dicitur investitura, quando hasta vel aliud corporeum quodlibet porrigitur a domino feudi, se investituram facere dicente"; vgl. dazu Eichhorn, deutsch. Priv. R. §. 205. n. c u. Phillips, deutsch. Pr. R. 3. Aufl. 2, 403. n. 2.

[6] v. Brünneck, üb. d. Ursprung des s. g. ius ad rem. Berlin 1869. S. 39 ff.

[7] S. die Nachweisungen a. a. O. S. 46. n. 9.

als ein rein faktischer Akt nicht zur Erzeugung eines dinglichen Rechtes für ausreichend erachtet wurde [1], so erklärten die Feudisten das mit der investitura abusiva entstehende Recht für einen schwächeren Grad des durch die eigentliche Investitur, d. h. der Investitur mit gleichzeitiger Einräumung der Gewere, begründeten *ius in re* [2] und bezeichneten diese schwächere Berechtigung mit dem Ausdruck: *ius ad rem* [3].

Dieser letztere tritt auch in einzelnen Dekretalen, welche Bonifacius VIII. angehören [4], sehr bald, nachdem er bei den Feudisten in Gebrauch gekommen war [5], hervor. Im Gegensatz zu dem mit der vollendeten Verleihung des Amtes erworbenen Rechte, d. h. der für den Beliehenen begründeten Zuständigkeit desselben und der daraus herfliessenden Befugnisse, dem s. g. *ius in re* [6] oder *ius in beneficio* [7], nahm man einen durch die Designation erworbenen Anspruch der bezeichneten Person auf Verleihung des Amtes an, und nannte diesen *ius ad rem* oder *ad beneficium, praebendam* [8].

1 A. a. O. S. 49.

2 A. a. O. S. 48—50.

3 Zuerst Jacobus de Ravanis (etwa 1250—1296, v. Savigny, Gesch. d. R. R. 5, 607 ff.) summa super usibus feudor., tit. quot modis feud. acqu.: „Sed certe ego puto, etiam per investituram verbalem et baculi porrectionem quae abusiva investitura dicitur ... feudum esse acquisitum etiam ante traditionem possessionis, cum investito dominus praecise cogatur tradere possessionem ... Licet enim ante traditam sibi possessionem investitus ius non habeat in re, habet tamen ius ad rem. Nam minus est investituram facere, quam etiam possessionis traditione perficere X. de his quae fiant a maiore parte capit. (III. 11) c. (3) ex ore et de dona (III. 24) c. (5) per tuas; XVI. qu. 2. c. 1".

4 Anscheinend zuerst in zwei wahrscheinlich gleichlautenden Dekretalen v. 27. Dezember 1294, welche die von Nikolaus IV. u. Coelestin V. ertheilten Gnaden widerrufen, vgl. Glosse zu c. 8 in VI[to] de conc. praeb. III. 7. s. v. constitutione u. Barthol. de Cotton, hist. Anglic. ed. Luard. London 1859. p. 258, Potthast reg. pontif. roman. 2, 1923. 1928 (n. 24061), von denen nur Fragmente in der Glosse enthalten sind, nämlich s. v. verba zu c. 39 in VI[to] de praeb. III. 4: „Omnes collationes, provisiones, reservationes super canonicatibus, dignitatibus, personatibus, praebendis, officiis, portionibus, praestimoniis, ecclesiis parochialibus, ruralibus vel aliis necnon super quibuscunque beneficiis ecclesiasticis vacaturis cum cura vel sine cura, in quibus non sit ius quaesitum in re, licet ad rem, per dictum antecessorem nostrum seu eius auctoritate factas concessas seu commissas et ea quae ab ipso super his vel circa ea quomodolibet processerunt, apostolica auctoritate in fratrum nostrorum praesentia VI Kal. Jan. cum adhuc ... essemus Neapoli, omnino cassavimus", u. ibid. s. v. si is cui. Vgl. ferner c. 8 (Bonif. VIII.) in VI[to] de conc. praeb. III. 8, welches die erwähnten Konstitutionen deklarirt.

5 Dass diesen die Priorität zukommt, kann wohl nicht bezweifelt werden. Es ist kaum anzunehmen, dass Jacobus de Ravanis, welcher nur Dekretalen aus der Sammlung Gregors IX. anführt, seine Summa erst in den drei letzten Jahren seines Lebens geschrieben hat und die Dekretalen Bonifacius' VIII. v. 1294 vor dem Erscheinen des Werkes erlassen worden sind. Ein Anklang an die gedachte Terminologie findet sich allerdings schon bei Innoc. IV. comm. ad c. 31. X. de rescr. I. 3. n. 1: „nam si pro pecunia vel aliquo temporali renunciaret litteris, cum ex eis habeat ius ad petendum spirituale beneficium, esset simonia" u. ad c. 5 X. de off. leg. I. 30: „quia ex collatione omnia consequitur institutus, sed ex praesentatione non consequitur ius in re, licet consequatur ad rem petendam et personalem actionem contra episcopum".

6 S. die vorher citirten Dekretalen Bonifazius' VIII.

7 c. 17 (Bonif. VIII.) in VI[to] de praeb. III. 4: „Si tibi absenti per tuum episcopum conferatur beneficium, licet per collationem huiusmodi, donec eam ratum habueris, ius in ipso beneficio, ut tuum dici valeat, non acquiras, ipse tamen episcopus vel quicunque alius de ipso beneficio, nisi consentire recuses, in personam alterius ordinare nequibit. Quod si fecerit, eius ordinatio facta de beneficio non libero, viribus non subsistet"; c. 3 (id.) eod. de conc. praeb. III. 7: „... nisi acceptator ille dignitatem, praebendam, personatum seu beneficium, taliter acceptatum et reservatum per collationem vel institutionem postmodum factam de vacanti, iam adeptus vel ei ius in ipso fuerit acquisitum". Andere ähnliche Ausdrücke c. 39 (id.) eod. III. 4: „iure quod in canonicatu .... fuerat assecutus"; c. 40 (id.) ibid.: „ius vero quod secundo ad praebendam, non in praebenda huiusmodi competebat"; c. 18 (id.) eod.; c. 4 (Joann. XXII.) de praeb. in Extr. comm. III. 2.

8 S. o. Note 4; c. 18. 40 in VI[to] III. 4 cit.; c. 13 eod.: „eo ipso quod canonicus auctoritate apostolica fuisti effectus, ius ad obtinendam praebendam proximo vacaturam ibidem tibi acquisitum extitit"; c. 6 (Joann. XXII.) de off. iud. del. in Extr. comm. I. 6, auch als c. 1 de conc. praeb. in Extr. Joann. XXII. tit. 4: „quod ... per divisionem (der Diöcese) .., ius ad rem exspectantibus dicta beneficia ante competens, ex ratione immutari non debet".

Aus dem c. 8 cit. III. 7, welches die von den Vorgängern Bonifacius' VIII. ertheilten Gnadenverleihungen insoweit widerruft, als die Berechtigten nur ein ius ad rem, aber kein ius in re er-

Das Wesen desselben besteht darin, dass dem Berechtigten, unter der Voraussetzung, dass er die vorgeschriebenen Eigenschaften besitzt oder dass eine gewisse Eventualität, z. B. die erforderliche Vakanz, eintritt, das Amt selbst in der Art verfangen ist[1], dass jede unter Beeinträchtigung seines Rechtes erfolgende anderweitige Besetzung der rechtlichen Wirksamkeit entbehrt[2].

III. Die Einweisung in den Besitz des Amtes. Durch die Kollation oder Institution erhält der Beliehene zwar das Amt und damit zum Schutze seines ius in re auch die actio in rem, den Besitz des Amtes[3] darf er indessen bei Strafe des Verlustes des letzteren nicht gewaltsamer Weise ergreifen[4], vielmehr muss er sich diesen durch eine besondere Handlung des zuständigen kirchlichen Oberen, *institutio corporalis*[5], *installatio*[6] oder auch *investitura*[7] genannt, übertragen lassen.

worben hatten, und nach diesem Princip eine Reihe zweifelhafter Fragen entscheidet, ergiebt sich, dass der Papst bei der Aufnahme von Kanonikern über die festgesetzte Zahl ein ius ad rem als vorliegend annimmt: 1) für diejenigen päpstlich ernannten Stiftsherrn, welche erst die Erledigung einer bestimmten Präbende abzuwarten haben, 2) für diejenigen, welche zwar in Bezug auf Kapitel, Chor und Distributionen die Rechte der Kanoniker besitzen, aber vorläufig bis zur Vakanz eines Kanonikats innerhalb der statutarisch bestehenden Zahl blos eine Expektanz auf die allein mit der Stelle eines Numerar-Kanonikers verbundenen Dignitäten und Personate erlangt haben, und zwar in Betreff dieser letzteren Würden (c. 39 in VI^to III. 4), 3) für diejenigen, welchen der wenn auch erledigte Kanonikat noch gar nicht übertragen war. Dagegen ist nach der betreffenden Dekretale bereits ein ius in re begründet: 1) wenn es sich für einen schon recipirten Kanoniker in einem Kapitel ohne bestimmte Präbenden blos um einen durch Abgang eines andern sich vergrössernden Antheil an der gemeinschaftlichen Präbendenmasse, oder 2) um eine sonstige Präbende handelt (dieser letztere Fall erklärt sich durch das o. S. 65. n. 4 Bemerkte). Abgesehen von den päpstlichen Expektanzen (vgl. auch noch c. 39 cit. u. c. 40 eod. tit.) entsteht das ius ad rem ferner durch das Angebot eines Benefiziums seitens des verleihungberechtigten Oberen für die Zeit bis zur Acceptation oder Zurückweisung durch den Kandidaten, c. 17. III. 4 cit.; durch Bestellung eines coadiutor cum futura successione, s. o. S. 85. 253. 325; durch Präsentation seitens eines geistlichen Patrones, durch die Annahme der Wahl seitens des gewählten Kandidaten, endlich durch die Erlangung von primae preces, falls dem Verpflichteten selbst die Verleihung des optirten Benefiziums zusteht, s. o. S. 647.

1 Daher nennt c. 17 cit. III. 4 ein solches Amt ein beneficium non liberum.

2 c. 17. c. 40 cit.; vgl. auch die Darstellung der in der S. 653. n. 8 erwähnten Rechtsinstitute. Die Wirkung des kanonischen ius ad rem geht somit weit über die von den Feudisten und später auch von den Legisten für das Lehn- und Civilrecht angenommenen Folgen hinaus. Nach ihrer Lehre sollte das ius ad rem des Vasallen oder des Erwerbers einer Sache (z. B. des Käufers) stets durch die mit Besitzeinräumung verbundene Investitur eines jüngeren Vasallen oder durch die Tradition der Sache an den jüngeren Erwerber erlöschen, und später hat man davon nur für die Fälle eine Ausnahme gemacht, dass der jüngere Vasall oder Erwerber das schon begründete ius ad rem des anderen kannte, oder das Lehn oder die Sache durch einen lukrativen Titel erwarb, v. Brünneck a. a. O. S. 55. 56. 82. 91 ff. Die davon abweichende Behandlung des ius ad rem im kanonischen Recht erklärt sich durch den besonderen Charakter seiner Objekte. Auf dem Gebiete des Lehn- und Civilrechtes konnte bei der Verletzung des ius ad rem dem Berechtigten eine Entschädigungsforderung gewährt werden. Das ius ad rem auf ein Kirchenamt liess sich aber nicht in Geld schätzen. Ferner war es auch nicht möglich, statt einer Entschädigung in Geld dem Verletzten einen Anspruch auf Uebertragung eines anderen Amtes zu gewähren (s. z. B. c. 29. X. de iurepatr. III. 38), weil nicht in jedem Augenblicke erledigte Aemter gleicher Art zur Verfügung desjenigen, welcher das ius ad rem verletzt hatte, standen. Sollte also das letztere einen wirksamen Rechtsschutz geniessen und der Anspruch nicht in vielen Fällen illusorisch werden, so blieb nichts anderes übrig, als diesen mit der im Text gedachten Rechtsfolge auszustatten.

3 c. 22 (Inn. III.) X. de praeb. III. 5; c. 4 (id.) de conc. praeb. III. 8.

4 c. 18 (Bonif. VIII.) in VI^to de praeb. III. 4, wonach auch der Verlust des ius ad rem bei gewaltsamer Besitzergreifung des demselben unterworfenen Amtes eintritt. Eigenmacht ohne Gewalt wird blos mit poena arbitraria bestraft, Reiffenstuel III. 7. n. 55.

5 c. 7. §. 5 (Inn. III.) X. de archid. I. 23; glossa cit. zu c. 1 in VI^to de R. J. s. v. beneficium.

6 c. 7 (Inn. III.) de conc. praeb. III. 8; Reiffenstuel l. c. n. 43.

7 In den Dekretalen bedeutet der Ausdruck nicht Besitzeinweisung, vielmehr die gewöhnlich unter Anwendung von Symbolen erfolgende Uebertragung des Amtes, c. 4 (Inn. III.) X. de conc. praeb. III. 8 („per annulum investivit"), vgl. dazu Phillips 7, 498; c. 12 (id.) X. de sent. et re iud. II. 27 („dictum P. de archidiaconatu per suum annulum investivit, in

In Folge dieser Besitzeinweisung erlangt der Amtsinhaber

1. das Recht zur Geltendmachung der possessorischen Rechtsmittel [1].

2. Nach der s. g. regula de *annali* (sc. *possessione*) [2], welche wohl von Eugen IV. aufgestellt ist, in ihrer jetzigen Fassung aber von Julius III. herrührt [3], ist er nach einjährigem ruhigen und unangefochtenen Besitz des Benefiziums [4] gegen jedes päpstliche Provisionsmandat, welches etwa auf dasselbe wegen seiner angeblichen Erledigung ertheilt worden ist, insofern geschützt, als der Impetrant eines solchen Mandates in der Impetration den Namen und die Stellung des Besitzers, die Zeit des Besitzes, sowie die Gründe der Unrechtmässigkeit des letzteren anzugeben hat, sodann ferner den Besitzer nicht nur binnen 6 Monaten gerichtlich belangen, sondern auch den Prozess binnen Jahresfrist von der stattgehabten Citation an [5] bis zur Schlusssentenz verfolgt haben muss [6]. Falls dem einen oder anderen Erfordernisse von dem Impetranten nicht Genüge geleistet worden ist, wird das Provisionsmandat auf Antrag

locum archidiaconi corporaliter illum inducens"), c. 3 (id.) X. de his quae fiunt a mai. III. 11; c. un. X ut eccles. benef. III. 12 („eundem H. de cancellaria investisti per librum"), c. 24 (ibid.) X. de praeb. III. 5. Desgleichen im mittelalterlichen Sprachgebrauch überhaupt, wie die Verwendung des Wortes für die Uebertragung der Bisthümer und bei den Investiturverboten, s. o. S. 536. 548 ff., zeigt, vgl. ferner die Urkunden o. S. 439. n. 3. S. 440. n. 7; dipl. v. 1293, Seibertz Urkdbch z. Landesgesch. v. Westfalen 1, 546: „Praepositus vero vestri monasterii unum de confratribus sui conventus archidiacono loci ad ipsam ecclesiam praesentabit, qui investiat praesentatum", v. 1380, G. H. Boehmer obs. iur. can. p. 309: „Ad quam vicariam . . . H . . . duximus praesentandum, . . . supplicantes, quatenus eundem H. cum investitura vestri annuli investire dignemini". Während die Glosse noch die Investitur in der gedachten Bedeutung auffasst, wurde das Wort aber schon im 13. Jahrhundert namentlich mit Rücksicht auf II. Feud. 2 pr. (S. 652. n. 5) im Sinne von Besitzeinweisung erklärt und gebraucht, Hostiensis summa aurea rubr. de instit. n. 2: „Quid sit investitura? In corporalem possessionem vel quasi inductio sive traditio sec. Da(masum) et Ala(num), Goffr(edum) . . . ergo proprie dicitur ille investiri cui traditur baculus vel festuca vel anulus loco institutionis, i. e. positionis in possessionem", indem man dabei zugleich der Investitur im älteren Sinne, deren Gleichstellung mit der Kollation aus den Quellen deutlich genug hervorging, den Begriff einer symbolischen Besitzübertragung (s. g. *institutio verbalis*) unterschob. Die Auffassung der Investitur als Besitzeinweisung hat sich seitdem mehr und mehr eingebürgert, Covarruvias variar. resol. l. III. t. 2. c. 16. n. 10 ff.; Gonzalez Tellez ad c. 2. X. de renunc. I. 9. n. 5 und so ist die ursprüngliche völlig zurückgetreten, vgl. Barbosa J. E. III. 13. n. 5; Schmalzgrueber III. 7. n. 48 ff.; Engel, coll. un. iur. can. III. 7. n. 4. 5; Richter-Dove §. 194; Schulte K. R. 2. 521. Vgl. hierzu Phillips 7, 524.

[1] S. z. B. c. 28 (Bonif. VIII.) in VIto de praeb. III. 4.

[2] Reg. XXXV. cancellar. apost.: „Item ss. D. N., ut improbi lites exquirentium motus reprimantur, voluit, statuit et ordinavit, quod quicumque beneficium ecclesiasticum tunc per annum praecedentem pacifice possessum et quod certo modo vacare praetenditur, deinceps impetraverit, nomen, gradum et nobilitatem possessoris eiusdem et quot annis ipse illud possederit ac specificam et determinatam, ex qua clare poterit constare, quod nullum ipsi possessori in dicto beneficio ius competat, causam in huiusmodi impetratione exprimere et infra VI menses ipsum possessorem ad iudicium evocari facere causamque ex tunc desuper infra annum usque ad sententiam diffinitivam inclusive prosequi debeat et teneatur. Alioquin impetratio praedicta et quaecumque inde sequuta nullius existant firmitatis. Et idem impetrans de damnis et interesse possessorem praedictum propterea contingentibus ei satisfacere et si possessorem ipsum iniuste, frivole et indebite molestare repertus exstiterit, L. florenos auri persolvere Camerae apostolicae sit obstrictus nec alius quam praemissae vacationis modus, etiam per litteras si neutri aut subrogationis aut alias sibi quoad hoc, ut beneficium huiusmodi ea vice consequi aut obtinere valeat, quomodolibet suffragetur illudque nullatenus in antea ligitiosum propterea censeatur. Quod etiam extendi voluit ad impetrantes beneficia ecclesiastica cuiuscumque qualitatis per privationem et amotionem vel alias propter commissa excessus et crimina vacantia vel vacatura et similiter ad impetrantes beneficia tanquam vacantia per devolutionem". Vgl. hierzu ausser dem Kommentar von Riganti noch Leuren. for. benef. P. II. qu. 828 ff. u. Petr. Gallade, emolumenta ex benef. eccles. possessione a. 1756. c. 2, Mayer thes. nov. 2, 372.

[3] Riganti ad reg. cit. n. 1 ff.

[4] Nach anfänglichem Schwanken hat sich die Ansicht festgesellt, dass ein Titel für den Besitz nicht erforderlich ist, Riganti l. c. n. 70.

[5] Riganti l. c. n. 31 ff.

[6] L. c. Bei einem in der Person des Richters oder des Impetranten eintretenden Hinderniss läuft aber die Frist nicht, l. c. n. 51 ff.

des Besitzers des Benefiziums[1] für nichtig erklärt und der erstere hat demselben für den ihm verursachten Schaden Ersatz zu leisten[2].

Auf die von den Ordinarien verliehenen Aemter und die beneficia consistorialia bezieht sich die Regel nicht[3].

3. Die *regula de triennali possessione*[4], von Calixt III. herrührend[5], schliesst die Belästigung eines jeden aus, welcher aus einem eine kirchliche Verleihungsart bildenden Titel, sofern er den letzteren nicht durch Simonie erlangt, und sich bei gewissen Benefizien (s. nachher) nicht in dieselben eingedrängt, ein solches erhalten und dasselbe ruhig und ungestört drei Jahre lang besessen hat. Die Regel soll nach einer verbreiteten Meinung[6] eine dreijährige Ersitzung auf Grund eines iustus titulus und der bona fides oder auch nur auf Grund eines s. g. titulus coloratus eingeführt haben. Indessen ist diese Ansicht nicht haltbar. Nach dem Wortlaut der Regel genügt zunächst ein nicht simonistischer Titel der letzteren Art, d. h. ein solcher, welcher dem äusseren Anschein nach rechtsgültig, in der That aber nichtig ist[7], ferner ein dreijähriger ruhiger und unangefochtener Besitz des Benefiziums[8] auf Grund des Titels, wenn der Besitzer, falls das Amt einer im Corpus iuris canonici festgesetzten Reservation untersteht, sich nicht eingedrängt, d. h. nicht sich vor Ausfertigung der päpstlichen Verleihungsurkunde in den Besitz gesetzt hat[9]. Bona fides auf Seiten des

[1] L. c. n. 57.

[2] Die Strafe von 50 Kammergulden, welche die Regel für frivole Belästigung festsetzt, ist nicht praktisch l. c. n. 118, desgleichen die Schlussbestimmung, dass der Beweis einer andern Erledigungsart, als der in der Impetrationsschrift angeführten, nicht hinreicht, um dem Besitzer das Benefizium zu entziehen, l. c. n. 119—121.

[3] L. c. n. 100. 104. Andere Ausnahmefälle ibid. n. 101—103. 105 ff. Ueber die mitunter übliche Derogation des ersten Theils der Regel l. c. n. 9.

[4] Reg. canc. apost. XXXVI: „Item statuit et ordinavit idem D. N. quod si quis quaecunque beneficia ecclesiastica, qualiacumque sint absque simoniaco ingressu ex quovis titulo apostolica vel ordinaria collatione aut electione et electionis huiusmodi confirmatione seu praesentatione et institutione illorum ad quos beneficiorum huiusmodi collatio, provisio, electio et praesentatio seu quaevis alia dispositio pertinet, per triennium pacifice possederit (dummodo in beneficiis huiusmodi, si dispositioni apostolicae ex reservatione generali in corpore iuris clausa reservata fuerint, se non intruserit) super eisdem beneficiis taliter possessis molestari nequeat nec non impetrationes quaslibet de beneficiis ipsis sic possessis factas, irritas et inanes censeri debere decrevit, antiquas lites super illis motas penitus extinguendo". Vgl. dazu ausser Riganti auch Gallade l. c. c. 3.

[5] Riganti l. c. n. 9. Einen Anklang an die Regel enthält schon c. 1. X. de praescript. II. 26 (c. 11 Carth. v. 418 o. c. 119 cod. can. Afric.) und eine Vorschrift wesentlich gleichen Inhalts tit. de pacif. possess. Sess. XXIII. conc. Basil., übergegangen in das deutsche Acceptations-Instrument v. 1439 tit. 10, Gaertner corp. iur. eccles. 1, 31, in die pragmatische Sanktion Karls VII. v. 1438. tit. 7, Durand de Maillane dictionnaire de droit canonique II. ed. 4, 782 und in das Konkordat zw. Franz I. u. Leo X. v. 1516 c. 19, Nussi conventiones p. 31.

[6] Berardi comm. ad l. III. decretal. P. II. c. 1. ed. Mediol. 1846. 1, 370; Helfert a. a. O. S. 225; Phillips 7, 522; v. Schulte Lehrb. d. K. R. 3. Aufl. S. 295.

[7] Einen solchen bildet z. B. die Verleihung eines in einem päpstlichen Monat erledigten Amtes durch den Bischof oder die Kollation durch einen der grossen Exkommunikation unterliegenden Ordinarius, ferner die Provision durch den letzteren, wenn er das Recht dazu durch Devolution verloren hat, nicht aber eine Verleihung durch den Legaten ausserhalb seiner Provinz oder durch den Kapitularverweser während der Vakanz, weil beiden ein Kollationsrecht überhaupt nicht zusteht, Riganti l. c. n. 100 ff.

[8] Als ruhiger Besitz gilt ein solcher, welcher weder durch eine faktische Störung noch durch Anstellung des Possessoriums oder Petitoriums in Frage gestellt ist. Die Erhebung der zuletzt gedachten Klagen wirkt übrigens nur zu Gunsten des Klägers, ein dritter kann sich dem Besitzer gegenüber nicht darauf berufen, Leuren. for. benef. P. II. qu. 852; Riganti l. c. n. 54 ff. Eine accessio possessionis findet nicht statt, weil der Besitzer seinen Titel immer nur von dem verleihungsberechtigten Oberen, niemals aber von seinem Besitzvorgänger ableiten kann, Riganti l. c. n. 41 ff.

Auf Manualbenefizien findet die Regel keine Anwendung, Riganti l. c. n. 194, wohl aber auf Abteien, Konsistorial-Benefizien und solche, welche als commendae perpetuae verliehen sind, l. c. n. 32 ff.

[9] Leuren. l. c. qu. 862. n. 2. Der Spoliator hat den Schutz der Regel nicht, weil er den Besitz nicht nach den Vorschriften derselben erlangt hat, Riganti l. c. n. 147 ff.

Was die Fähigkeit des Besitzers zum Erwerbe des

Besitzers wird nicht verlangt[1]. Ebensowenig bestimmt die Regel, dass ein ihren Vorschriften entsprechender Besitz den Mangel der rechtsgültigen Erwerbung des Amtes ersetzt, vielmehr soll allein die Anfechtung desselben auf Grund päpstlicher Mandate und durch Klagen dritter Personen[2] ausgeschlossen sein. Demnach bleibt immer eine Untersuchung des zuständigen Oberen über die Rechtsgültigkeit des Titels und falls diese eine solche nicht ergiebt, die Entfernung des Besitzers aus dem Amte zulässig[3]. Das letztere ist aber mit der Annahme einer Ersitzung ebenso unverträglich, wie die Unerheblichkeit der bona fides.

Die Kanzleiregel gewährt endlich nicht mehr Rechte auf das Benefizium, als eine ordnungsmässige Verleihung. Daher kann derjenige, welcher später das Amt aus einem kanonischen Grunde verliert, Ansprüche, welche auf diesen letzteren Umstand gegen ihn erhoben werden, nicht durch die Berufung auf die Regel zurückweisen[4].

2. Die Besetzung durch ordentliche Verleihung.

a. Die Besetzung der höheren Kirchenämter.

§. 131. *aa. Durch Wahl, bez. Postulation**).

Im Laufe des Mittelalters hatte sich als gemeinrechtlicher Modus der Besetzung der bischöflichen und erzbischöflichen Stühle die Wahl durch die Domkapitel festgestellt[5]. Heute kommt dieselbe nur noch vor in der preussischen

von ihm besessenen Amtes betrifft, so können sich solche Personen, welche, wie z. B. Laien, Juden, Frauen (diese mit Ausnahme der Aebtissinnenstellen) absolut unfähig zur Erlangung von Benefizien sind, nicht auf die Regel berufen, wohl aber andere, denen blos ein Hinderniss für die Erwerbung des Amtes, sofern dasselbe nicht durch das Tridentinum vorgeschrieben ist (vgl. z. B. Sess. XXV. c. 15 de ref.), entgegensteht, so nach wiederholten, päpstlich bestätigten Entscheidgen d. Congr. concil., Riganti l. c. n. 196 ff. 155; Leuren. l. c. qu. 860.

1 Nach der überwiegenden Meinung, welcher der Wortlaut der Regel zur Seite steht, Leuren. l. c. qu. 857; Riganti l. c. n. 210.

2 Gleichviel ob possessorischer oder petitorischer, Leuren, l. c. qu. 858; Riganti l. c. n. 18.

3 Weil die Regel zwar den Besitzer gegen Belästigungen schützen will, keineswegs aber den Grundsatz des c. 1 in VI[to] de R. J., dass ein Benefizium nur durch kanonische Institution erworben werden kann, beseitigt hat, Riganti l. c. n. 160; Leuren. l. c. 827. n. 2 u. qu. 851; van Espen J. E. U. P. II. t. 26. c. 4. n. 29. 30.

4 van Espen l. c. n. 31.

* Preclarum ac insigne opus conficiendarum electionum directorium accitum: multas atque iurium varias decisiones complectens tam circa eligentes quam eligendos necnon formam in electionibus iuxta sacrorum canonum Basileique concilii decreta observandam. Venumdatur Parisiis a Johanne parvo in vico divi Jacobi s. a. 8[o]; Mandagotus electionum praxim et formas 25 instrumentorum . . . ante oculos ponens . . . Paris 1506; Guil. Mandagotus tract. de electionibus novorum praelatorum. Colon. 1573, cum addit. Nicolai Boerii 1662; Luc. Castellinus de electione et confirmatione canonica praelator. Romae 1625; P. Laymann quaestiones canonicae de praelatorum electione, institutione et potestate. Dilling. 1627; Franc. Hallier de sacris electionibus. Paris 1636; Petr. M. Passerini de Sextula tract. de electione canonica. Rom. 1661. 1693. Colon. 1692. 1695; Fr. Schmier de modis acquirendi vel amittendi praelaturas ecclesiasticas. Salisb. 1709; Jer. Eberh. Linck de electione. Argent. 1733; Neller diss. de sacrae electionis processu. Trev. 1756 (b. Schmidt thes. iur. eccles. 2, 697); eiusd. de s. election. successu diss. altera. Trev. 1756 (ibid. 4, 1); Barthel opuscul. iurid. Bamberg. 1756. p. 154. 410; J. J. F. Brocke (praes. Behlen) diss. ad conc. germ. de elect. archiep. et episc. Mogunt. 1767; Gehring, d. kathol. Domkapitel Deutschlands. Regensburg 1851 S. 165 ff.; Neller collectio method. de postulatione praelator. Trev. 1756 (b. Schmidt l. c. 2, 733); Jo. Chr. Koch diss. de votis duplo maioribus. Giess. 1776 (l. c. 7, 387); F. E. de Boenninghausen diss. inaugur. de c. 3. X. (I. 5) de postulatione praelatorum. Monast. 1852.

5 S. o. S. 601. 607. Allgemein ist die Wahl vorgeschrieben in c. 28 Later. II. v. 1139 = c. 35. Dist. LXIII. und wird im tit. 6. l. I. X. de elect. als gemeines Recht vorausgesetzt. c. 1 (saec. IX?) X. eod. u. c. 25 (Clem. III.) X. de iurepatr. III. 38 endlich ordnen die Wahl für alle Kirchen, bei denen ein collegium besteht, an. Die son-

Monarchie[1], in den Staaten der oberrheinischen Kirchenprovinz[2], in der Schweiz[3], in Belgien[4] und in Holland[5], sowie in den Erzdiöcesen Salzburg[6] und Olmütz[7]. Die Wahlen geschehen, abgesehen von einzelnen im Laufe der Darstellung hervorzuhebenden Abweichungen nach den vom kanonischen Recht vorgeschriebenen Regeln[8].

I. Die Wahl. A. Begriff. Die Wahl ist die seitens der dazu berechtigten Personen nach einem bestimmten Verfahren erfolgende, entscheidende Bezeichnung des zukünftigen Inhabers des erledigten Amtes[9]. Ihr Wesen besteht darin, dass der Kandidat durch den Willen der Wahlberechtigten bestimmt wird. Dass den letzteren die Auswahl unter allen überhaupt fähigen Personen zusteht, ist nicht nothwendig. Einen massgebenden Einfluss üben die Wähler vielmehr noch in dem Falle aus, wo ihnen auch nur zwischen einzelnen, ja selbst nur zwischen zwei Personen die freie Entscheidung offen gelassen ist[10].

stigen, heute bei Bisthümern vorkommenden Besetzungsarten beruhen auf besonderen Festsetzungen, und daher kann selbst die freie päpstliche Ernennung, welche jetzt nicht selten statt hat, nicht als Form des ius commune gelten, s. auch v. Schulte, Lehrb. 3. Aufl. S. 243. n. 8.

1 Für die Bisthümer der älteren Provinzen Bulle: De salute animarum v. 16. Juli 1821: „statuimus quod alia quacumque ratione vel consuetudine necnon electionis et postulatione, nobilitatisque natalium necessitate sublatis capitulis praedictis . . . facultatem tribuimus, ut in singulis illarum sedium vacationibus per antistitum respectivorum obitum extra Romanam curiam vel per earum sedium resignationem et abdicationem . . . infra consuetum trimestris spatium dignitates ac canonici capitulariter congregati et servatis canonicis regulis novos antistites ex ecclesiasticis quibuscunque viris regni Borussici incolis, dignis tamen et iuxta canonicas sanctiones idoneis servatis servandis ad formam sacrorum canonum eligere possint, ad huiusmodi autem electiones ius suffragii habebunt canonici tam numerarii quam honorarii", wodurch in Verbindung mit der Kab. Ordre v. 23. August 1821 die Vorschriften des A. L. R. II. 11. §§. 1051 ff. über die Bischofswahlen aufgehoben sind. Weiteres unter Nr. III.

Für die Bisthümer in der Provinz Hannover (Osnabrück und Hildesheim) Bulle: Impensa Romanorum pontificum v. 26. März 1824: „Quotiescumque vero aliqua ex supradictis sedibus episcopalibus . . . vacaverit illius cathedralis ecclesiae capitulum intra mensem a die vacationis computandum regios ministros certiores fieri curabit de nominibus candidatorum a clero totius regni selectorum quorum unusquisque XXX um suae aetatis annum ad minimum compleverit et indigenatu sit praeditus, studia in theologia et iure canonico cum laude absolverit, curam animarum aut munus professoris in seminariis egregie exercuerit aut in administrandis negotiis ecclesiasticis excelluerit, optima fama gaudeat, sana doctrina et integris sit moribus. At si forte aliquis ex candidatis ipsis gubernio sit minus gratus, capitulum e catalogo eum expunget, reliquo tamen manente sufficienti candidatorum numero, ex quo novus episcopus eligi valeat. Tunc vero capitulum ad canonicam electionem in episcopum unius ex candidatis qui supererunt, iuxta consuetas formas procedet ac documentum electionis in forma authentica intra mensem ad summum pontificem perferri curabit"; wegen Fulda und Limburg s. die folgende Note.

2 Bulle: Ad dominici gregis v. 11. April 1827: „Quotiescumque sedes archiepiscopalis vel episcopalis vacaverit, illius cathedralis ecclesiae capitulum intra mensem a die vacationis computandum summos respectivi territorii principes certiores fieri curabit de nominibus candidatorum ad clerum dioecesanum spectantium quos dignos et idoneos iuxta sacrorum canonum praescripta iudicaverit ad archiepiscopalem vel episcopalem ecclesiam sancte sapienterque regendam; si forte vero aliquis ex candidatis ipsis summo territorii principi minus gratus extiterit, capitulum e catalogo eum delebit, reliquo tamen manente sufficienti candidatorum numero ex quo novus antistes eligi valeat; tunc vero capitulum ad canonicam electionem in archiepiscopum vel episcopum ex candidatis u. s. w. wie in der in der vor. Note citirten Bulle für Hannover.

3 Const. Leon. XII.: Inter praecipua v. 7. Mai 1828, Nussi convent. p. 248; die Konvention v. 1845, ibid. p. 269, betreffend die Bisthümer Basel und St. Gallen; vgl. auch Attenhöfer i. Arch. f. k. K. R. 19, 66; 20, 50.

4 Konkordat v. 1827, Nussi l. c. p. 233.

5 Const. Pii IX: Ex qua die v. 4. März 1853, Acta Pii IX. Rom. 1854. 1, 416.

6 Leon. XII. const. Ubi primum v. 1825, Bull. Roman. contin. 16, 304.

7 Pii VI. const. Suprema v. 1777. §. 5, l. c. 5, 428; Gautsch v. Frankenthurm, d. (österr.) confessionellen Gesetze v. 1874. S. 42. 43.

8 Darauf verweist die Mehrzahl der vorstehend angeführten Erlasse ausdrücklich.

9 Passerini l. c. c. 1. n. 38; Schmalzgrueber I. 6. n. 1; Schulte, d. Rechtsfrage d. Einflusses d. Regierung b. d. Bischofswahlen etc. Giessen 1859. S. 8 ff.

10 Nicht nur die römischen Rechtsquellen, l. 10. §. 6 D. de iure dot. XXIII. 3; l. 112 D. de V. O. XLV. 1 und in Uebereinstimmung mit ihnen c. 70 in VI[to] de R. J. brauchen gerade für den letztgedachten Fall das Wort: eligere, sondern

B. Das Wahlrecht steht den im Kapitel sitz- und stimmberechtigten Kanonikern zu[1]. Jedoch müssen sie den Gebrauch ihrer Geisteskräfte haben[2] und mindestens Subdiakonen sein[3]. Ferner dürfen sie nicht dem grossen Banne[4] oder der suspensio ab officio[5] unterliegen[6], auch nicht durch Erkenntniss des Stimmrechtes für verlustig erklärt[7] oder wegen einer mit der infamia iuris[8] bedrohten Handlung verurtheilt sein[9]. Nicht ausgeschlossen sind Blinde[10] und Irreguläre[11].

Was die rechtlichen Folgen der Theilnahme eines Unfähigen an der Wahl betrifft, so gestalten sich diese nach der Art der Unfähigkeit verschieden.

Nicht gezählt, weder bei der Berechnung der überhaupt in Betracht kommenden Stimmen noch bei Feststellung der Majorität, wird die Stimme des Geisteskran-

auch die älteren Kanonisten nehmen an, dass die Auswahl zwischen zweien genügt, Passerini l. c. c. 2. n. 16; Schmalzgrueber l. c. n. 65; weitere Anführungen bei Schulte a. a. O. S. 10 u. Friedberg, d. Staat u. d. Bischofswahlen. Leipzig 1874. S. 397. Pius IX. hat zwar aus Anlass des Freiburger Streites mit der badischen Regierung in dem Breve v. 4. Mai 1868, Dove u. Friedberg Ztschr. f. K. R. 8, 357, erklärt: „id tamen ea lege concedimus, ut novi antistitis electio a vobis fieri nunquam possit, nisi ab eodem gubernio tres saltem in elencho relicti fuerint, qui eligi possint", indessen entspricht dies nicht dem gemeinen Recht. Vollends unhaltbar ist es, wenn Vering Arch. f. k. K. R. 19, 347; Rosner ebend. 30, 451 die Nothwendigkeit einer Auswahl unter 3 Personen aus c. 14. X. de elect. I. 6 herleiten, welches die Abhängigmachung der Wahl vom Belieben eines Dritten ausschliesst, s. auch Schulte a. a. O. S. 13.

Dagegen ist beim Vorhandensein einer einzigen Person eine Wahl nicht mehr möglich, hier haben die Wähler keine Freiheit der Entschliessung. Dies verkennt Friedberg, d. Veto d. Regierungen b. Bischofswahlen. Halle 1869. S. 43, welcher das wesentliche Moment der electio allein in die Mehrheit der Wählenden setzt. Seine Berufung auf d. Entsch. d. Congr. Conc. b. Richter Tridentinum. S. 373, dass selbst das einzige Mitglied des Kapitels, welches die Doktorwürde besitze, zum Kapitularvikar gewählt werden müsse, beweist nichts, da andere Entscheidungen im entgegengesetzten Sinne erlassen sind, und überdies die Wahl des Kapitularvikars keine electio im eigentlichen kanonischen Sinne ist, o. S. 235. 236.

[1] Nach der heutigen Organisation der Kapitel in den erwähnten Ländern fast ausschliesslich den wirklichen Domherren, s. o. S. 81. 124; über die früheren Verhältnisse s. S. 61. 601. In den altpreussischen Diöcesen nehmen an der Bischofswahl auch Theil die Ehrendomherrn S. 83. n. 8, desgleichen in Limburg der Stadtpfarrer v. Frankfurt a. M. in seiner Eigenschaft als Ehrendomherr des dortigen Kapitels, Arch. f. k. K. R. 21, 346; in Salzburg die Domicellaren, const. Leon. XII. v. 1825 cit. §. 2: „itemque duobus canonicis appellandis domicellaribus qui licet praebenda carentes, voce tamen activa et passiva in capitulo gaudebunt et ius habebunt optionis in vacationibus canonicorum iuniorum". In Basel haben die nicht residirenden Kanoniker kein Stimmrecht bei der Bischofswahl, o. S. 84. n. 2, wohl aber die canonici foranei (o. rurales o. titulares) in St. Gallen, Nussi l. c. p. 269. 270.

In Betreff der unirten Bisthümer vgl. o. S. 426.

[2] Gloss. ad c. 32 in VI^to de elect. I. 6. s. v. discretione; Passerini l. c. c. 10. n. 10 ff.; Schmalzgrueber l. c. n. 9.

[3] S. o. S. 66; jetzt ist in Deutschland der Besitz eines höheren Ordos schon zum Erwerb eines Kanonikates erforderlich S. 81. Die Theilnahme eines impubes — übrigens auch durch c. 32 (Bonif. VIII.) in VI^to de elect. I. 6 verboten — ist daher nicht möglich.

[4] c. 23 (Alex. III.) de appell. II. 28; c. un. (Bonif. VIII.) in VI^to ne sede vac. III. 8; Kober, Kirchenbann 2. Aufl. S. 368.

[5] c. 8 (Inn. III.) X. de consuet. I. 4; c. 16 (id.) X. de elect. I. 6; c. un. in VI^to cit. Die suspensio ab ordine oder a beneficio entzieht das Wahlrecht nicht, da dasselbe weder ein Ausfluss des ordo noch des beneficium ist, Kober, Suspension S. 107.

[6] Die überwiegende Meinung erklärt auch die mit dem Personal-Interdikt belegten für unfähig, Passerini l. c. n. 99; Schmalzgrueber l. c. n. 9; Ferraris s. v. electio art. 2. n. 12; Ginzel K. R. 2, 182. Das angeführte c. 16. X. de elect. I. 6 trifft allerdings nur eine Entscheidung über die Suspendirten, immer aber sind die Interdicirten indirekt von der Wahl ausgeschlossen, weil sie die Kirche, den regelmässigen Wahlort, nicht betreten und nicht an den gottesdienstlichen Handlungen (der der Wahl vorhergehenden Messe) Theil nehmen dürfen.

[7] c. 2 (Inn. III.) X. de post. prael. I. 5; c. 43 (Later. IV. v. 1215) X. de elect. I. 6; Passerini l. c. n. 126 ff.

[8] Th. I. S. 31.

[9] Weil die infames der Fähigkeit der Vornahme von actus legitimi entbehren und zu diesen die Wahl, c. 2 in VI^to de sent. excomm. V. 11, gerechnet wird, so nach der communis opinio, gloss. ad c. 4 eod. de elect. I. 6 s. v. eligentium; Passerini l. c. n. 141 ff.; Leuren. for. benef. P. II. qu. 279; Reiffenstuel I. 6. n. 173; Ferraris l. c. n. 15.

[10] Passerini l. c. n. 16.

[11] Wie einzelne, die bei Passerini n. 102 Angeführten, Reiffenstuel n. 172, Ginzel a. a. O. annehmen. c. 18. §. 2 (Bonif. VIII.) in VI^to de sent. excomm. V. 11: „Is vero qui scienter in loco celebrat supposito interdicto . . . irregulari-

ken[1], des nicht Sitz- und Stimmberechtigten, des des Stimmrechts Beraubten und des Infamen[2]. Die Theilnahme eines Laien macht dagegen die Wahl nichtig[3], ebenso die eines Censurirten, falls er wissentlich zugelassen worden ist[4], oder nach der Konstitution Martins V.: Ad evitanda von 1418 der Umgang mit ihm zu meiden gewesen wäre. Sonst wird blos seine Stimme nicht berücksichtigt[5]. Dies gilt auch dann, wenn in den beiden eben erwähnten Fällen die Entfernung solcher Unberechtigter aus der Wahlversammlung nicht möglich gewesen und die übrigen Wähler gegen ihre Betheiligung protestirt haben[6].

Durch die neueren, oben angeführten päpstlichen Konstitutionen ist die Wahlberechtigung für die einzelnen Bisthümer genau geregelt worden. Die Kapitel können daher die darauf bezüglichen Bestimmungen weder allein noch mit dem Bischof allgemein abändern, ebensowenig aber bei einer einzelnen Wahl andere als die für berechtigt erklärten Personen zulassen.

C. Anberaumung und Ort der Wahl, Ladung der Wähler. Die Wahl muss binnen drei Monaten vom Tage der Erledigung des Bischofsstuhles[7] und bei einer solchen ausserhalb des Bischofssitzes vom Tage der erlangten sicheren Kenntniss der Vakanz[8] vorgenommen werden. Bei schuldbarer Verzögerung devol-

tatem incurrit . . . et adeo efficitur inelegibilis, quod nec ad eligendum cum aliis debeat admitti", entzieht nur für einen bestimmten Fall neben der Statuirung der Irregularität das aktive Wahlrecht, s. auch Passerini l. c. n. 103 ff.; Leuren. qu. 278; Schmalzgrueber l. c. n. 14.

1 Passerini l. c. n. 12.

2 Eine die Nichtigkeit des Wahlaktes selbst anordnende Vorschrift existirt nicht, insbesondere entscheidet c. 50 (Greg. IX.) de elect. I. 6 nichts hinsichtlich dieser Frage. Demgemäss muss der Satz: „utile non vitiatur per inutile", c. 37 in VIto de R. J., zur Anwendung kommen. Nichtig ist aber die Wahl bei wissentlicher Zulassung des nichtberechtigten arg. c. 15. X. de procur. I. 38, Fagnan. ad c. 56. X. I. 6. n. 31 ff. Dagegen muss die Stimme desselben sogar gezählt werden, wenn er sich bona fide im Besitze eines Kanonikates oder der Wahlberechtigung befunden hat, arg. c. 24. 55. X. de elect. I. 6; Passerini l. c. c. 14. n. 27; Leuren. qu. 242; Schmalzgrueber l. c. n. 10.

3 c. 56 (Greg. IX.) X. I. 6. Verträge über die Zulassung eines Laien verbietet c. 51. X. eod., ebenso ist ein auf Einführung der Mitwirkung eines solchen gehendes Gewohnheitsrecht unwirksam. c. 56 cit. Somit kann Laien das Recht, einen Einfluss auf die Wahl zu üben, nach kanonischem Recht nur durch päpstliches Privileg gewährt werden.

4 Arg. c. 15. X. cit. I. 38; Passerini l. c. n. 65 ff.; Reiffenstuel I. 6. n. 168.

5 Passerini l. c. n. 75 ff. — Dass die tolerati ihr Stimmrecht behalten, so Schmalzgrueber l. c. n. 13, ist eine irrige Annahme, denn die Konstitution Martins V. hat die Wirkungen der Exkommunikation nicht zu Gunsten des davon Betroffenen beseitigt.

6 Was die nicht zum Kapitel gehörigen Geistlichen betrifft, so kann ihnen allerdings nach gemeinem Recht durch päpstliches Privileg oder durch Konsens aller Wähler im einzelnen Falle ein Theilnahmerecht an der Wahl eingeräumt werden, c. 40. X. de elect. I. 6; Passerini l. c. c. 3. n. 34; Leuren. qu. 245; Reiffenstuel l. c. n. 161. 162; ferner ist nach c. 50. X. cit. u. c. 3 (Inn. III.) X. de causa poss. II. 12 auch die Ersitzung des Wahlrechtes durch solche Personen zulässig, Passerini l. c. n. 22 ff.; Leuren. l. c. qu. 244; Schmalzgrueber l. c. n. 7. Vgl. auch o. S. 604. Die Anwendung dieser gemeinrechtlichen Grundsätze bleibt aber in denjenigen Staaten, wo die Bischofswahlen im Einverständniss mit den Staatsregierungen geregelt und dabei die Wahlberechtigten bestimmt worden sind, ausgeschlossen, weil eine Abänderung der betreffenden Vorschriften von den Regierungen ohne ihre Zustimmung nicht geduldet und von ihnen eine denselben zuwider vorgenommene Wahl nicht anerkannt zu werden braucht.

7 So schon c. 35 (Later. II. v. 1139) Dist. LXIII. und demnächst c. 41 (Later. IV. v. 1215) X. I. 6, nachdem es zweifelhaft geworden war, ob die durch das 3. Lateranensische Koncil festgesetzte 6monatliche Kollationsfrist nicht auch hier Anwendung zu finden habe, c. 12 (Inn. III.) X. de conc. praeb. III. 8. Die Frist wird kalendermässig berechnet, Leuren. qu. 328.

8 Passerini l. c. c. 13. n. 16 ff. Dieselbe Frist ist auch durch die citirten Bullen für Altpreussen ausdrücklich vorgeschrieben, für Hannover und die oberrheinische Kirchenprovinz in Folge der Bezugnahme auf das kanonische Recht massgebend.

Darüber, dass eine Wahl vor der Beerdigung des verstorbenen Bischofs trotz c. 7 (vita Bonif. III. in libr. pont.) LXXIX, c. 3 (Antioch.) C. VIII. qu. 1; c. 36 (Inn. III.) X. I. 6 gültig ist, vgl. Passerini l. c. n. 13 ff.; Gonzalez Tellez comm. ad c. 36 cit. n. 6.

virt das Recht der Besetzung an den Papst [1], jedoch steht es demselben immer frei, dem Kapitel noch die Ausübung des Wahlrechtes zu gestatten [2].

Einzuladen sind alle wahlberechtigten Personen, auch diejenigen, welche nicht am Bischofssitze anwesend sind [3].

Der Ort der Wahl ist der herkömmliche Versammlungsort des Kapitels, also gewöhnlich eine Räumlichkeit in oder neben der Kathedrale [4], wohin sich die Wähler nach Abhaltung einer H. Geist-Messe [5] begeben.

D. Der Wahlakt. Die Wahl wird von dem Vorsitzenden des Kapitels oder seinem Stellvertreter geleitet. Sie kann, abgesehen von dem Falle, wo alle anwesenden Wahlberechtigten sofort übereinstimmend — *quasi per inspirationem* — einen Kandidaten bezeichnen [6], durch Abstimmung, *scrutinium*, oder durch Kompromiss, *compromissum*, erfolgen [7].

a. Erfolgt die Wahl [8], was das Regelmässige ist, durch Skrutinium, so sind

[1] Früher an den Erzbischof, so lange diesem noch die Bestätigung der Bischofswahlen zustand, c. 41. X. cit. spricht allgemein von der Devolution an den unmittelbaren kirchlichen Oberen.

[2] Ein für alle Mal ist eine solche Gewährung im Voraus in den erwähnten Bullen für Hannover und die oberrheinische Kirchenprovinz ausgesprochen und dadurch das päpstliche Devolutionsrecht ausgeschlossen.

[3] c. 35. 36 (Inn. III.) X. I. 6; vgl. ferner o. S. 125. 126; Neller l. c. 2, 709 ff. Zur Zeit des früheren deutschen Reichs wurden alle im deutschen Reiche sich aufhaltenden Stimmberechtigten geladen, Neller p. 711. Der nicht gehörig Geladene, der s. g. contemptus, c. 28. X. eod. hat das Recht, die Wahl als nichtig anzufechten, s. o. S. 126.

Vor der Abhaltung der Wahl sollen vom Kapitel öffentliche Gebete in der ganzen Diöcese angeordnet werden, Trid. Sess. XXIV. c. 1 de ref.

[4] c. 14. X. eod. spricht vom „convenire in unum locum", c. 28 cit.: „quum iuxta constitutiones canonicas, si fieri potest, in cathedrali ecclesia electio debeat celebrari". Die Vornahme der Wahl an einem anderen Orte macht also die Wahl nicht nichtig. Für Ausnahmefälle steht dem Kapitelsvorsitzenden die Bestimmung des Ortes kraft seines Leitungsrechtes zu. Falls über die Zulässigkeit einer Abweichung von der Regel Streit unter den Wählern entsteht, muss dieser durch Kapitelsbeschluss entschieden werden, o. S. 128 ff. Einen solchen können die Ausgebliebenen oder Ueberstimmten nach Massgabe der sonst geltenden Grundsätze anfechten, o. S. 129. 130, und wenn dies geschieht, wird selbstverständlich dadurch auch die ihrem Proteste zuwider vorgenommene Wahl ebenfalls mit in Frage gestellt. Vgl. überhaupt Passerini l. c. c. 12. n. 1 ff.; Leuren. qu. 320; Neller p. 714.

Die Wahl an einem interdicirten Orte ist gültig, Passerini l. c. n. 16.

[5] c. 14. X. cit. Selbstverständlich ist diese nicht wesentlich für die Gültigkeit der Wahl.

[6] Anerkannt c. 42 (Later. IV. v. 1215) X. I. 6. Ein Beispiel aus d. J. 1828 bei Eichhorn, d. Ausführg. d. Bulle: De salute animarum. S. 81. Die Meinung, dass, wenn ein zu Unrecht nicht eingeladener Wähler eine solche Wahl nicht anficht, dennoch von einer electio quasi per inspirationem nicht die Rede sein könne, weil zu präsumiren sei, er genehmige die Wahl nur in Folge des Vorganges der anderen Wähler, nicht aus eigenem, durch den h. Geist ihm eingegebenen Entschluss, Passerini l. c. c. 23. n. 2 und die hier angeführten, ist unhaltbar, denn der nicht eingeladene, aber auch deswegen nicht protestirende Wähler hat auf sein Wahlrecht verzichtet und kommt gar nicht in Betracht.

Eine geheime oder schriftliche Abstimmung, wenn sie auch einstimmig erfolgt ist, ist keine electio quasi per inspirationem, Th. I. S. 283; Ferraris l. c. art. I. n. 32.

[7] c. 42 cit. Von der ersteren handeln c. 48. 50. 55. 57 X. eod., von der letzteren c. 21. X. eod. u. c. 29 eod. in VI^to I. 6. Im Wahltermine kann sofort zu dem einen oder andern Modus geschritten werden, und es ist nicht erforderlich, „dass bei Gefahr der Annullirung berathende Verhandlungen über die etwa zu wählenden Personen vorangehen müssen", so Walter K. R. §. 226 unter Berufung auf Ferraris l. c. art. 4 n. 5. Eine Verpflichtung dazu ist nicht, namentlich auch nicht in c. 21. 30. 52. 55 X. eod. vorgeschrieben, ebensowenig, dass die Wahl das Ergebniss reiflicher Erwägung aller Wahlberechtigten mit einander sein soll. Vgl. auch Schmalzgrueber l. c. I. 6. n. 39.

[8] Der Akt der Wahl beginnt der Regel nach mit der Feststellung der anwesenden Wähler, der etwaigen Bevollmächtigten der abwesenden und der Prüfung der Vollmachten derselben. Dann wird das Zimmer verschlossen, und von dem Vorsitzenden die Ermahnung ausgesprochen, „ne quis adsit excommunicatus, suspensus aut interdictus". Darauf schwört er selbst und nach ihm die Kapitularen, dass sie einen würdigen Kandidaten wählen wollen, Ferraris l. c. art. 4. n. 6.

vorerst drei *scrutatores* [1] aus dem Wahlkollegium [2] behufs Einsammlung der Stimmen zu bestellen [3]. Diese sollen glaubwürdige Männer sein. Desshalb kann jeder Wähler wegen des Mangels dieser Eigenschaft gegen eine der bezeichneten Personen Einspruch erheben, und falls er sofort den Beweis für seine Behauptung erbringt, die Ausschliessung derselben von der gedachten Funktion verlangen [4].

Die Abstimmung muss geheim erfolgen [5]. Sie kann in der Weise geschehen [6], dass die drei Skrutatoren [7] gemeinschaftlich [8] mündlich den Willen jedes einzelnen Wählers [9] erforschen, also seine Stimme entgegennehmen, oder so, dass die Wähler die Namen der Kandidaten auf Stimmzettel schreiben [10] und diese zusammengefaltet nach einander den Skrutatoren zur vorläufigen Niederlegung in eine Urne übergeben [11]. Nicht jede dabei begangene Indiskretion, z. B. Zeigen des bereits beschriebenen Zettels an den Nachbar, Mittheilung an denselben, wie man gestimmt habe, macht die geheime Wahl zu einer öffentlichen und dadurch ungültig, vielmehr kommt es darauf an, ob das Geheimniss in der Art verletzt worden ist, dass die Wähler den Gang und den Verlauf der Wahl übersehen oder, soweit sie noch nicht gestimmt hatten, durch die bekannt gewordenen Abstimmungen beeinflusst werden konnten [12].

Die Ordnung der Abstimmung ist nicht gesetzlich bestimmt, sie ist also die im Kapitel überhaupt hergebrachte. Bei mündlicher Abstimmung erscheint es aber angemessen, dass die Skrutatoren zuerst in der Weise stimmen, dass zwei von ihnen das Votum des Dritten entgegennehmen [13].

Die mündlich abgegebenen Stimmen werden von den Skrutatoren zu Protokoll genommen [14] oder schriftlich verzeichnet [15]. Ist die Wahl durch Stimmzettel erfolgt, so werden diese zuerst gezählt, und wenn ihre Zahl der der anwesenden und vertretenen Wähler entspricht [16], geöffnet, sowie von den Skrutatoren gelesen. Gleichzeitig

[1] c. 42. X. cit. Dass die Zahl drei zur Gültigkeit der Wahl erforderlich ist, ist die gemeine Meinung, Fagnan. ad c. 42 cit. n. 43; Passerini l. c. c. 16. n. 18 ff.; Schmalzgrueber l. c. n. 45. Da, wo die Bestellung von dreien bei der geringen Zahl der überhaupt vorhandenen oder erschienenen Wähler nicht möglich ist, muss natürlich davon abgesehen werden.

[2] Auch das ist wesentlich, Fagnan. l. c. n. 45; Passerini l. c. n. 17.

[3] c. 42. X. cit. sagt: „assumantur", nicht „eligantur". Deshalb ist hier eine Wahl ohne Beobachtung der im c. 42 vorgeschriebenen Formen und nur mit relativer Majorität, s. o. S. 129, statthaft, ebenso freundschaftliche Vereinigung, Bestellung durch Akklamation, stillschweigende Zustimmung der Wähler zu der Ausübung der Funktionen der Skrutatoren durch einzelne unter ihnen; Bezeichnung derselben durch den Vorsitzenden ohne Widerspruch dagegen; ja selbst eine ein für alle Mal durch das Kapitelsstatut darüber getroffene Festsetzung wäre nicht unzulässig, Passerini l. c. c. 16. n. 5 ff.

[4] Passerini l. c. n. 31 ff. — Eine Vereidigung der Skrutatoren ist nicht vorgeschrieben, aber auch nicht ausgeschlossen, l. c. c. 18. n. 2. In den preussischen Kapiteln ist sie üblich.

[5] c. 42. X. cit., und zwar ist dies wesentlich, Fagnan. l. c. v. 47.

[6] Das c. 42 schreibt nichts Näheres vor.

[7] Zwar angesichts der Wahlversammlung, aber doch so, dass die nicht stimmenden nicht die Stimmabgabe hören können, Passerini l. c. c. 18. n. 3.

[8] Das ist nothwendig, weil allein dadurch die Stimmabgabe sicher konstatirt werden kann.

[9] Denn bei diesem Modus ist die gemeinschaftliche Stimmabgabe mehrerer Wähler nicht mehr geheim, Passerini l. c. n. 4.

[10] Dies ist die jetzt fast überall, insbesondere in den preussischen Kapiteln gebräuchliche Form. Wegen der unpraktischen Kontroverse, ob eine Abstimmung mit Bohnen, Kugeln u. s. w. zulässig ist, vgl. l. c. n. 13.

[11] Ueber die Frage, wie Abwesende ihr Votum abgeben können, s. o. S. 126.

[12] Ueber einzelne hierher gehörige Fragen ist viel gestritten worden, s. Passerini l. c. c. 17. n. 9 ff.

[13] Weil sie später die Voten der übrigen kennen, l. c. c. 18. n. 48 ff. Auch bei der Zettelwahl ist es üblich, dass sie ihre Stimmzettel zuerst in die Urne legen.

[14] Oder auch von einem zugezogenen Notar, welcher nicht Kleriker zu sein braucht, Passerini l. c. c. 16. n. 36 ff.; Fagnan. ad c. 42 cit. n. 53.

[15] Diese schriftliche Fixirung ist wesentlich. Während der Verzeichnung der Stimmen brauchen die Wähler nicht gegenwärtig zu sein, Passerini l. c. c. 19. n. 4.

[16] Im umgekehrten Fall sind die Zettel zu verbrennen und es muss ein neues Skrutinium angestellt werden, Passerini l. c. c. 18. n. 65;

erfolgt die Verzeichnung der abgegebenen Stimmen. Bis zu der demnächst[1] von den Skrutatoren in Gegenwart des Kapitels vorzunehmenden Veröffentlichung der Stimmabgebung, der *publicatio scrutinii*[2], kann bei der mündlichen Wahl jeder Wähler seine Stimme widerrufen und einem anderen Kandidaten geben[3] (*variare*).

Stimmen, welche alternativ, bedingt, unbestimmt (z. B. auf denjenigen, welcher die Majorität haben wird), auf eine absolut unfähige Person oder gar auf Niemand[4] abgegeben werden, sind nichtig[5] und zählen auch für die Feststellung der Majorität nicht mit[6].

Der Stimmsammlung folgt die ebenfalls wesentliche *collatio votorum*, die Zusammenstellung des Ergebnisses der Abstimmung für jeden der in Frage stehenden Kandidaten[7].

Ergiebt sich dabei für einen derselben die absolute Majorität der gültigen Stimmen[8], so gilt dieser als gewählt[9], denn die Vermuthung spricht dafür, dass die pars maior auch zugleich die pars sanior sei[10]. Demnächst[11] ist aber bei Strafe der Nich-

Leuren. qu. 364. Die Wahl kann indessen nicht angefochten werden, wenn sich bei der etwa vorgenommenen Eröffnung der Stimmzettel ergeben hat, dass der Gewählte so viel Stimmen mehr über die erforderliche Majorität erhalten hat, als überschüssige Zettel vorhanden sind, Ferraris l. c. art. IV. n. 27.

1 Die Bedeutung des Wortes: „mox" in c. 42 cit. („vota mox publicent in communi"), welches die Kontinuität des Aktes vorschreibt, ist vielfach von den Aelteren erörtert worden, Fagnan. ad c. 42 cit. n. 56; Passerini l. c. c. 19. n. 2; Leuren. qu. 367.

2 Auch diese gehört zu den Essentialien der Wahl, jedoch ist es nicht wesentlich, dass sie die Skrutatoren selbst vornehmen, Fagnan. l. c. n. 55.

3 c. 58 (Greg. IX.) I. 6. Bei der Wahl mit Zetteln ist dies, falls nicht etwa einstimmig die Vornahme eines neuen Skrutiniums beschlossen wird, allein für denjenigen, welcher seinen Wahlzettel zuerst in die Urne gelegt hat, und auch nur so lange möglich, bis noch kein anderer hinzugethan worden ist. Nur bis dahin lässt sich sein Zettel ohne Verletzung des Wahlgeheimnisses herausnehmen, Passerini l. c. c. 18. n. 33.

4 Z. B. durch Ueberreichung eines unbeschriebenen Zettels.

5 c. 2 (Innoc. IV.) in VIto de elect. I. 6. Die blos der Form nach bedingte, materiell aber unbedingte Stimme, z. B. „eligo N. in episcopum, si habeat legitimam aetatem" ist indessen gültig.

6 c. 2 in VIto cit.: „voce illorum qui non pure consenserint, ea vice in aliis residente". Wenn also bei 11 Wählern 3 ungültige Zettel abgegeben worden sind, so entscheidet die absolute Majorität nicht von 11, sondern von 8, Passerini l. c. c. 18. n. 24; Leuren. qu. 360. Falls ein zweiter Wahlgang nöthig wird, kann das Stimmrecht von den betreffenden Wählern wieder ausgeübt werden.

7 c. 42. X. cit.: „ut is collatione habita eligatur in quem omnes vel maior et sanior pars capituli consensit"; c. 58 (Greg. IX.) X. eod. Wegen c. 55 (id.) ibid. („nec plene numeri ad numerum . . . nec zeli ad zelum nec meriti ad meritum collatio facta fuerit") verlangen die älteren Kanonisten, dass die Zusammenstellung und Vergleichung nicht nur blos unter Berücksichtigung der Zahl der Stimmen, sondern auch der Absicht und der Motive der Wähler, sowie der Verdienste und Würdigkeit der Kandidaten vorgenommen werden soll. Dies hängt damit zusammen, dass die Dekretalen ausser dem Requisit der Majorität ferner erfordern (s. o. S. 130), dass die pars maior auch zugleich die sanior sei, vgl. Fagnan. l. c. n. 57; Passerini c. 19. n. 7 ff.; Reiffenstuel l. 6. n. 132. Die Kollation in den beiden zuletzt erwähnten Beziehungen ist aber ausser Uebung gekommen. Bei der Stimmzettelwahl, bei welcher die Abstimmung jedes Wählers geheim bleibt, ist die collatio zeli ad zelum nicht möglich. Die collatio meriti ad meritum erscheint deshalb unausführbar, weil es an einem unparteiischen, mit der Entscheidungsbefugniss ausgerüsteten Organe im Kapitel fehlt. Ferner hat c. 9 (Greg. X.) in VIto eod. angeordnet, dass eine mit mehr als zwei Drittel der Stimmen erfolgte Wahl von der Minorität nur wegen einer dabei begangenen Nichtigkeit, nicht aber deshalb, weil die Majorität nicht die pars sanior gewesen sei, angefochten werden könne. Im Uebrigen s. o. S. 130. Hiernach zu berichtigen Phillips Lehrb. 2. Aufl. S. 301.

8 S. Note 5. Dass bei der Berechnung der Majorität auch die contempti, diejenigen, welche unrechtmässiger Weise nicht geladen sind, mit in Anschlag gebracht werden müssten, wird zwar vielfach behauptet, Passerini l. c. c. 11. n. 112; Schmalzgrueber l. c. n. 23; Phillips a. a. O. S. 301, indessen hat dies keinen gesetzlichen Anhalt, vielmehr bleibt den contempti auch für diesen Fall nur das o. S. 130 besprochene Anfechtungsrecht offen. Vgl. übrigens c. 36 (Inn. III.) X. I. 6.

9 c. 42. 48. 50. 55. X. u. c. 23 (Bonif. VIII.) in VIto I. 6.

10 S. o. 130.

11 D. h. unter Bewahrung der Kontinuität der Wahlhandlung, c. 46 (Honor. III.) X. I. 6.

tigkeit noch festzustellen [1], dass der Ausfall der Wahl das Resultat der gemeinschaftlichen Wahlhandlung des Kapitels, also der ordnungsmässig geäusserte Wille der Gesammtheit, ist. Zu diesem Behuf wird das Kapitel darüber befragt und darauf von einem der Mitglieder, gewöhnlich einem der Skrutatoren, der betreffende Kandidat als der vom Kapitel gewählte proklamirt [2].

Falls keine absolute Majorität erreicht worden ist (z. B. wenn die verschiedenen Kandidaten eine gleiche Anzahl von Stimmen erhalten haben), muss das Skrutinium, sei es an demselben, sei es an einem andern Tage, wiederholt werden und zwar so oft, bis dasselbe zu einem Resultat führt oder das Wahlrecht in Folge Ablaufes der dreimonatlichen Frist erloschen ist [3].

b. Die Wahl *per compromissum* besteht darin, dass die Wähler ihr Wahlrecht nicht selbst ausüben, sondern bestimmte Personen, s. g. *compromissarii*, mit der Vornahme der Wahl an ihrer Statt beauftragen. Dieser Modus kann gültiger Weise nur dann angewendet werden, wenn sämmtliche Wähler damit einverstanden sind [4].

Die Kompromissarien brauchen nicht Mitglieder des Kapitels zu sein [5], müssen aber dem geistlichen Stande angehören [6]. Ihre Zahl kann von den Wählern beliebig, selbst auf einen einzigen [7] festgesetzt werden.

Was die Bestellung der Kompromissarien betrifft, so erfolgt sie entweder direkt durch die Wahlberechtigten selbst [8] oder durch eine oder mehrere Personen, welche zu diesem Behufe von den letzteren bestimmt werden [9].

Je nachdem den Kompromissarien bestimmte Beschränkungen in Betreff der Wahl gesetzt werden oder nicht, unterscheidet man ein *compromissum limitatum* [10] oder *illimi-*

[1] c. 42. 55. 58. X. l. c.; c. 21 in VIto I. 6 u. c. 4 eod. de sent. et re iud. II. 14.

[2] Dies ist die c. 42. 55. 58 erwähnte electio (communiter celebranda). Die vorhergehende Stimmabgebung wird in c. 48 u. c. 55. X. I. 6. durch die Worte: „singulares in singulares personas consentiunt", und „singulares vel particulares consensus" bezeichnet. Die electio in dem eben erwähnten Sinne hat demnach etwa so zu lauten: „Ego nomine meo et totius capituli", bei getheilter Wahl: „nomine mihi adhaerentium eligo in episcopum ecclesiae N. talem NN. electumque pronuncio", Neller l. c. p. 718.

[3] Ein Access wie bei der Papstwahl (Th. I. S. 286) findet nicht statt. Nach c. 29 (Inn. III.) X. I. 6 beseitigt vielmehr ein Beitritt nach publicirter Wahl die Ungültigkeit derselben nicht. Dass ein solcher — freilich ist er kein accessus im eigentlichen Sinn — vor der Publikation unter Umständen möglich ist, ergiebt das S. 663 über die Zulässigkeit der Variation der Stimme Bemerkte.

[4] Weil Niemand gezwungen werden kann, auf sein Wahlrecht zu verzichten, Passerini l. c. c. 22. n. 19; Neller p. 719.

[5] c. 42: „vel saltem eligendi potestas aliquibus viris idoneis committatur qui vice omnium ecclesiae viduatae provideant de pastore", vgl. auch c. 37 (Bonif. VIII.) in VIto I. 6: „in episcopo si ad eligendum fiat compromissarius", A. M. Phillips Lehrb. S. 302; Schulte K. R. 2, 228.

[6] Weil Laien keine kirchlichen Angelegenheiten besorgen, namentlich nicht an kirchlichen Wahlen theilnehmen sollen, S. 660. n. 3. Die Doktrin ist darüber einig, Passerini l. c. c. 22. n. 3; Gonzalez Tellez ad c. 8. I. 6. n. 7; Leuren. qu. 394; Schmalzgrueber l. c. n. 53.

[7] Ein allerdings nicht die Bischofswahl betreffendes Beispiel in c. 8 (Alex. III.) X. I. 6; s. auch c. 37 cit. in VIto I. 6.

[8] Dies muss, sofern nicht etwa schon vorher, z. B. bei dem Beschlusse über die Vornahme der Wahl durch Kompromiss der Modus für die Bestellung der Kompromissarien einstimmig festgesetzt ist, gleichfalls einstimmig geschehen. Denn so wenig der einzelne gezwungen werden kann, sich seines Wahlrechtes überhaupt durch Kompromiss zu entäussern, ebensowenig darf ihm die Bestimmung über die Personen, zu deren Gunsten dies geschehen soll, entzogen werden, Passerini l. c. c. 22. n. 22.

[9] Ein solcher Fall: c. 30 (Inn. III.) X. I. 6.

[10] Manche, s. Passerini l. c. n. 5, verstehen darunter in Anschluss an c. 32 (Inn. III.) X. u. c. 29 (Bonif. VIII.) in VIto eod. blos ein solches, bei welchem die Kompromissarien den von der Mehrheit des Kapitels genannten zu wählen haben. Ein solches ist nur dann gültig, wenn diese Majorität die pars maior et sanior, also die absolute ist, c. 23. 29 in VIto cit. Da indessen nur die im Text gedachten beiden Wahlarten zulässig sind, c. 42. X.; c. 23 in VIto cit., so müssen in einem solchen Falle bei Strafe der Nichtigkeit auch die Formen des Skrutiniums beobachtet werden, Passerini l. c. n. 6 ff. Die Kompromissarien nehmen hier materiell die Stellung von Skrutatoren ein und dürfen daher auch nicht weniger als drei sein. Nur der einzige Unterschied

tatum. Bei dem letzteren sind die Komprommissarien hinsichtlich der Auswahl[1] und des Verfahrens nur an die allgemein geltenden Regeln gebunden. Daher entscheidet bei der von ihnen vorgenommenen Wahl ebenfalls die absolute Majorität, wie beim Skrutinium[2]. Die Wahl eines der Kompromissarien ist nicht ausgeschlossen[3], nur darf sich der etwa allein bestellte Kompromissar nicht selbst seine Stimme geben[4].

Limitirungen des Kompromisses sind nur insoweit unstatthaft[5], als sie gegen bestehende Verbotsgesetze verstossen[6] oder eine Vermischung der Form desselben und des Skrutiniums herbeiführen[7]. Jede einer zulässigen Beschränkung zuwider vorgenommene Wahl der Kompromissarien ist nichtig.

Die formelle electio wird ebenfalls für das Kompromiss erfordert, und muss bei Strafe der Nichtigkeit von einem Kompromissar Namens der übrigen vorgenommen werden[8].

Das Kompromiss und die Vollmacht der Kompromissarien erlischt: 1) wenn sie die Wahl vollzogen haben (ob dies innerhalb ihres Auftrages oder nicht, ob wirksam oder unwirksam[9] geschehen, ob die Wahl wissentlich oder unwissentlich auf einen Unfähigen gerichtet worden[10], ist gleichgültig); 2) wenn die von den Wählern den Kompromissarien vorher gestellte Frist abgelaufen ist[11]; 3) wenn einer der letzteren vor vollendeter Wahl stirbt[12]; 4) wenn die Wähler — was ihnen, so lange als noch res integra vorliegt, d. h. als die Kompromissarien nicht zu Vorberathungen zusammengetreten sind, freisteht — das Kompromiss widerrufen haben[13].

besteht zwischen diesem Falle des Kompromisses und dem Skrutinium, dass die formelle electio nach den Regeln des ersteren, nicht denen des letzteren zu geschehen hat. Wegen der hervorgehobenen Aehnlichkeit dieser Art des Kompromisses mit dem Skrutinium soll die Anwendung der ersteren auch durch Majoritätsbeschluss festgesetzt werden können, so Passerini l. c. c. 20; Leuren. qu. 396. n. 2; Reiffenstuel l. c. n. 76, weil dadurch keinem der Wähler ein Präjudiz erwachse. Wenn dies auch thatsächlich der Fall ist, so steht dieser Ansicht doch immer der Umstand entgegen, dass die gesetzliche Form, auf welche jeder Wähler ein Recht hat, allein das Skrutinium ist und ihm dieses nicht wider seinen Willen entzogen werden kann.

1 Sie sind also nicht berechtigt, eine unfähige Person, c. 37 (Bonif. VIII.) in VIto I. 6, wohl aber ausserhalb des Schoosses des Kapitels zu wählen, Passerini l. c. c. 22. n. 51 und statt der Wahl im eigentlichen Sinne eine Postulation vorzunehmen, c. 30 (Inn. III.) X. eod.; Schmalzgrueber I. 6. n. 58.

2 Schmalzgrueber l. c. n. 58; Neller l. c. p. 719.

3 Ja, dieser darf sogar, wenn sich keine absolute Majorität ergeben hat, durch seine Stimme zu seinen Gunsten den Ausschlag geben, c. 33 (Inn. III.) X. eod.; Neller p. 720, weil die specielleren Regeln über das Skrutinium keine Anwendung finden und somit auch der Access gestattet ist, Passerini l. c. c. 40 ff.

4 c. 9 (Greg. I.), C. VIII. qu. 1; s. auch c. fin. (Inn. III.) X. de instit. III. 7; Passerini l. c. n. 39.

5 Zulässig ist z. B. Festsetzung der Einstimmigkeit der Kompromissarien, Wahl de gremio capituli oder aus den Kompromissarien selbst.

6 Weil sonst das Kompromiss und die von den Kompromissarien vollzogene Wahl nichtig sind.

7 Vgl. den in c. 23 in VIto cit. erwähnten Fall.

8 Also nicht von allen, c. 21 (Bonif. VIII.) eod. Sie hat deshalb zu lauten: „Ego N. vice mea et sociorum meorum compromissariorum virtute compromissi eligo N. etc.".

9 Z. B. weil der Gewählte die Wahl nicht angenommen, c. 37 (Bonif. VIII.) eod.

10 Den Kompromissar, welcher nicht die bischöfliche oder eine höhere, z. B. die Kardinalswürde, besitzt, trifft, wenn er wissentlich einen unwürdigen gewählt hat, eine dreijährige Suspension von seinen Aemtern, die er an der durch Wahl wieder zu besetzenden Kirche inne hat, jedoch gilt die Strafvorschrift nur für Wahlen der Bischöfe und anderer Oberen der Kompromissarien, c. 37 in VIto cit.

11 c. 52 (Gregor. IX.) X. I. 6.

12 Nach Analogie der Regeln von der Delegation Th. I. S. 194.

13 Arg. c. 30 (Inn. III.) X. eod. Fast allgemein wird zum Widerruf ein mit absoluter Majorität gefasster Kapitelsbeschluss verlangt, Passerini l. c. n. 27; Leuren. qu. 398. n. 1; Schmalzgrueber l. c. n. 62; Neller l. c. p. 723. Mit Rücksicht auf das oben S. 129 Bemerkte wird indessen schon die relative Majorität ausreichen. Jedenfalls ist aber einerseits der Widerruf eines Wählers nicht genügend, denn dadurch wird der früher auf das Kompromiss gerichtete Wille des Kapitels noch nicht beseitigt, andererseits bedarf es aber auch nicht der Einstimmigkeit, weil durch einen solchen Beschluss besondere Rechte der einzelnen nicht berührt werden.

Wenn bei dem Zusammenfallen des Kompromisses keine Wahl zu Stande gekommen ist, kann diese stets noch durch die Wahlberechtigten selbst vorgenommen werden [1]. Haben aber die Kompromissarien schuldhafter Weise gezögert und ist die dreimonatliche Frist bereits verstrichen, so devolvirt die Wahlberechtigung, wie in anderen Fällen, an den kompetenten Oberen [2].

Die von den Kompromissarien gültig vollzogene Wahl sind die Wahlberechtigten anzuerkennen verpflichtet [3].

E. Allgemeine, auf die Wahl bezügliche Vorschriften. 1. Bei ordnungsmässiger Ansetzung und gehöriger Vorladung der Wähler kann die Wahl erfolgen, wenn die nach den Statuten, eventuell nach dem gemeinen Rechte (s. o. S. 128) zur Beschlussfähigkeit erforderliche Zahl von Wahlberechtigten anwesend ist [4]. Dasselbe gilt auch, falls ein Theil der Erschienenen sich vor Beginn der Wahl wieder entfernt hat [5]. Ist dagegen die Vorladung einzelner Wähler überhaupt verabsäumt, so hat das Kapitel die Pflicht, die Wahl auszusetzen [6]. Eine Vertagung der letzteren kann in anderen Fällen nicht verlangt werden, mag auch die noch laufende Frist so geräumig sein, dass die Gefahr einer Devolution nicht vorliegt.

Bei mangelnder Beschlussfähigkeit sind die erschienenen Wähler nicht berechtigt, zum Wahlakt zu schreiten [7]. Wenn es indessen im Kapitel überhaupt, z. B. in Folge von Todesfällen oder Verlustes der Wahlberechtigung, an einer beschlussfähigen Zahl von Wahlberechtigten fehlt, so ist die Wahl seitens der übrigen Kanoniker statthaft, denn unter solchen Umständen haben sie allein das Kapitel zu vertreten, und daher kann auch ein etwa allein vorhandener Wahlberechtigter die Wahl vornehmen [8], nur darf er sich nicht selbst wählen [9].

2. Jede Entscheidung der Wahl durch Loos ist unerlaubt und nichtig [10].

[1] c. 37 in VI^to cit.

[2] c. 26. 37 cit. eod.

[3] c. 8 (Alex. III.) X. eod.

[4] Dass nicht alle zu erscheinen oder ihr Wahlrecht auszuüben brauchen, ergiebt c. 42. X. cit. Die Aelteren verlangen zur Beschlussfähigkeit theils die Anwesenheit von zwei Dritteln sämmtlicher Berechtigter, theils einer solchen Anzahl, welche für die Herstellung der absoluten Majorität bei der Wahl, die Stimmen der contempti mit eingerechnet, erforderlich wäre, Passerini l. c. c. 11. n. 110 ff.; Leuren. qu. 311; Schmalzgrueber I. 6. n. 23. Alles dies hat nicht den geringsten quellenmässigen Anhalt, s. o. S. 128; Neller p. 722.

[5] Diese stehen den Abwesenden gleich.

[6] Ja eine trotz des desfalsigen Widerspruches eines Wählers stattgehabte Wahl kann als nichtig angefochten werden, denn diese ist ordnungsmässig vorzunehmen und jedes Mitglied des Wahlkollegiums hat das Recht, auf eine derartige Wahl zu dringen.

[7] Für den Fall aber, dass wegen des bevorstehenden Ablaufes der Frist die Anberaumung eines anderen Wahltermins nicht mehr möglich ist, soll nach vielen älteren, Passerini l. c. n. 93 ff.; Leuren. qu. 311. n. 1; Reiffenstuel l. c. n. 202, die Minorität zur Wahl befugt sein. Der dafür angeführte Grund, dass den Anwesenden ihr Wahlrecht durch das Ausbleiben oder die Entfernung der übrigen nicht entzogen werden dürfe, beweist zu viel, weil damit das Recht der Minorität auch im Falle einer noch ausreichenden Frist dargethan sein würde. Uebersehen wird, dass eine Handlung der Regel nach nur dann als Willensakt eines Kollegiums gelten kann, wenn mindestens eine bestimmte Anzahl von Mitgliedern desselben dabei mitgewirkt hat, gleichviel, ob die übrigen unentschuldigt oder entschuldigt ausgeblieben sind. Eine Nothwendigkeit, für die hier in Rede stehenden Wahlen, wie bei der Papstwahl, von dem gedachten Grundsatz abzugehen (Th. I. S. 289), liegt nicht vor, weil es nicht an einem weiteren Organ, an welches die Besetzung devolviren kann, fehlt. Uebrigens erklärt sich auch die Vorschrift in c. 3 (Bened. XI.) de elect. in Extr. comm. I. 3 nur unter der Voraussetzung, dass nicht eine beliebig geringe Zahl die Wahl vorzunehmen befugt ist.

[8] Passerini l. c. n. 93. 94.

[9] S. S. 665. n. 4.

[10] c. 3 (Honor. III.) X. de sortil. V. 21, wonach auch die Bestimmung der Kompromissarien durch Loos nichtig ist. Wenn die letztere auf Grund dieser Stelle von Aelteren, s. z. B. Gonzalez Tellez ad c. cit. n. 3 zwar für unerlaubt, aber nicht für nichtig erklärt wird, so ist dabei ausser Acht gelassen, dass die Worte: „electionem celebratam de ipso ad gratiam confirmationis admittimus" auf einen Gnadenakt hindeuten, so auch die Glosse ad c. cit. s. v. gratiam.

In früherer Zeit hat man übrigens die Entscheidung durch Loos für statthaft erachtet, conc. Barcin. II. v. 599, o. S. 516. n. 4.

3. Das Verbot der Geheimhaltung der Wahl [1] bezieht sich nur auf die Sekretirung des Resultates der letzteren, nicht aber auf die Geheimhaltung des Tages und des Ortes, sowie die geheime Vornahme der Wahlhandlungen [2].

4. Jede durch Simonie zu Stande gekommene Wahl ist nichtig, wenn auch der Gewählte selbst sich einer solchen nicht schuldig gemacht hat [3].

5. Dasselbe gilt von einer Wahl, welche unter Einwirkung von Laien, namentlich auch unter der der Staatsgewalt, zu Stande gekommen ist [4]. Die Dekretalen erklären indessen die Einholung der Zustimmung des Staatsoberhauptes zu einer abgeschlossenen und verkündeten Wahl nicht für unerlaubt [5], und ebensowenig ist eine andere auf besonderer gesetzlicher Bestimmung, insbesondere päpstlicher Anordnung beruhende Betheiligung der Staatsregierungen ausgeschlossen.

6. Die Wahlberechtigten haben die Pflicht, ihre Stimme nur einer persona idonea [7] und zwar auch der dignior [8] zu geben. Die Wahl eines Unfähigen ist jedenfalls insofern nichtig, als sie demselben kein Recht auf das Amt gewährt. Ferner werden diejenigen, welche wissentlich einen solchen, d. h. einen *indignus* [9], wählen, mit Verlust ihres Wahlrechtes [10], aber nur für die nächstfolgende Wahl, selbst wenn diese keinen Effekt hat [11], bestraft. Diese Strafe tritt ipso iure ein [12]. Ausserdem kann auch neben ihr die dreijährige Suspension von kirchlichen Benefizien verhängt werden [13]. Beide Strafen sind aber gegen diejenigen, welche noch vor der Publikation des Wahlergebnisses von dem unwürdigen Kandidaten Abstand genommen haben, ausgeschlossen [14].

Wenn sämmtliche Wähler in der erwähnten Weise ihre Pflicht verletzt haben, so hat die Wahl gar keinen Bestand und das Recht der Besetzung devolvirt dann an den päpstlichen Stuhl [15]. Ist dies aber nur von der Mehrheit der Berechtigten geschehen, so kann die Minorität entweder die Bestätigung ihres Kandidaten verlangen, weil

[1] c. 42. §. 2. X. I. 6 cit.: „Electiones quoque clandestinas reprobamus, statuentes, ut quam cito electio fuerit celebrata, solenniter publicetur".

[2] Passerini l. c. c. 12. n. 19 ff. Der Zweck der Vorschrift geht dahin, die Möglichkeit einer Abänderung des Wahlresultates auszuschliessen.

[3] c. 12 (Clem. III.), c. 59 (Greg. IX.) X. de elect. I. 6; c. 2 (Paul. II.) de simon. in Extr. comm. V. 1. Der Unschuldige soll zwar nicht auf das betreffende Amt an derselben Kirche, kann aber auf ein gleiches an einer anderen befördert werden, s. auch c. 11. §. 3 (Inn. III.) X. de renunc. I. 9.

[4] c. 43 (Later. IV. v. 1215) X. I. 6, wonach für den zustimmenden Gewählten Verlust der Wählbarkeit und Unfähigkeit zur Erlangung von Dignitäten, für die Wähler aber Suspension vom officium und beneficium auf drei Jahre, sowie Verlust des Wahlrechtes auf gleiche Zeit als Strafen festgesetzt sind. Vgl. auch o. S. 660. n. 3.

[5] c. 14 (Coelest. III.) c. 18 (Inn. III.) c. 28 (id.) X. eod.

[6] Vgl. weiter unten im Text.

[7] S. o. S. 476.

[8] S. o. S. 493.

[9] Denn indignus ist derjenige, welchem die vorgeschriebenen Erfordernisse fehlen, Passerini l. c. c. 30. n. 6.

[10] c. 7. §. 3 (Later. III. v. 1179) c. 25 (Inn. III.) c. 40 (id.) X. de elect. I. 6. Die Unkenntniss hat nöthigenfalls der Wähler, welcher der persona indigna seine Stimme gegeben hat, zu beweisen, denn seine Pflicht, einen geeigneten Kandidaten zu wählen, schliesst zugleich die Verbindlichkeit in sich, sich über die Eigenschaften der in Aussicht genommenen Personen zu unterrichten und es muss daher die Erfüllung dieser Pflicht vermuthet werden, c. 20 (Inn. III.) X. eod. („parcentes non modicum ... capitulo, quod ... nec probare cogimus ignorantiam quam allegant"); Glosse ad c. cit. s. v. ignorantiam; Passerini l. c. c. 29. n. 55 ff.; A. M. Neller l. c. p. 709.

[11] S. d. vor. Note; Passerini l. c. n. 79; Reiffenstuel I. 6. n. 258; Neller p. 706. Dies gilt auch von den Kompromissarien, o. S. 665. n. 10.

[12] S. die Stellen in Note 10; c. 18 (Bonif. VIII.) in VI^to eod.

[13] S. 665. n. 10; Passerini l. c. n. 84 ff.; Kober, Suspension der Kirchendiener S. 251 ff. Latae sententiae ist diese Censur jetzt nicht mehr, s. const. Pii IX.: Apostolicae sedis v. 12. Oktober 1869, Arch. f. k. K. R. 23, 326.

[14] c. 7 (Greg. X.) in VI^to eod.: „adeo in eo perstiterint quod ex votis eorum communis electio subsequatur".

[15] c. 18 (Bonif. VIII.) ibid.

die Stimmen der andern mit Rücksicht darauf, dass sie bei der Wahl und durch dieselbe ihr Stimmrecht verloren haben, nicht mitgezählt werden[1], oder auch wegen der Nichtigkeit der gemeinsamen Wahl eine neue anstellen[2]. Nur, wenn die Majorität vor der formellen electio ihren Kandidaten fallen gelassen hat[3], muss sich die Minorität stets der Vornahme einer neuen Wahl fügen[4].

[1] c. 22 (Inn. III.) X. eod. Selbstverständlich muss aber einer der in der Majorität verbliebenen Wähler namens seiner Genossen die formelle electio (s. o. S. 664) vorgenommen haben.

[2] c. 53 (Inn. III.) X. eod. Von dieser ist die des Stimmrechts beraubte Majorität ausgeschlossen. Dass sie indessen mit einstimmiger Erlaubniss der Minorität zugelassen werden darf, nehmen fast alle älteren Kanonisten auf Grund des c. 25. X. cit. eod. an. Glosse zu c. cit. s. v. admiserant, Leuren. qu. 252; Schmalzgrueber I. 6. n. 21.

[3] Dies steht ihr trotz der Vorschrift über die Variation bei der Stimmabgabe (s. o. S. 663) frei.

[4] Unter der gedachten Voraussetzung ist der Verlust des Stimmrechtes nicht eingetreten. Andererseits ist aber ein Uebertritt der Majorität zur Minorität nach der Publikation des Skrutiniums, weil darin ein unzulässiger Access läge, ausgeschlossen. Dies muss aus dem gedachten Grunde auch gelten, wenn blos einzelne Mitglieder der schuldigen Majorität zur Minorität übergehen.

Was die Protestationen und Appellationen bei Wahlen betrifft, so hindert weder die vorherige Einlegung der einen noch der anderen die bevorstehende Wahl, indessen kann letztere in Folge einer Appellation bis zur Entscheidung des Papstes ausgesetzt werden, c. 16 (Inn. III.) c. 21 (id.) X. I. 6; Neller l. c. p. 724. 725. Bedingt ist die Appellation durch ein Interesse des Appellanten (z. B. Nichtbeachtung seines Widerspruchs gegen die Vornahme der Wahl im Wege des Kompromisses), c. 19 (id.) X. eod. Unstatthaft erscheint eine allgemeine Appellation gegen jede Wahl, und eine appellatio, ne fiat electio praeterquam canonica, hindert eine ordnungsgemäss vorzunehmende Wahl nicht.

Appellationen nach vollendeter und publicirter Wahl. Sie betreffen die gewählte Person oder das Wahlverfahren und es können dabei entweder zwei verschiedene, von den gegenüberstehenden Parteien für gültig erklärte Wahlen oder blos eine Wahl, gegen welche Einspruch erhoben wird, in Frage kommen. Um eine längere Erledigung von Bisthümern zu hindern, sind derartige Appellationen — und gleichgestellt ist ihnen die Appellation gegen die zukünftige Wahl einer bestimmten Person, c. 20 (Bonif. VIII.) in VI^to eod. — durch das spätere Dekretalenrecht den in der Folge erwähnten Beschränkungen unterworfen worden. Diese kommen indessen nur zur Anwendung, wenn Einwendungen gegen die Form der Wahl oder wegen Mängel in der Person des Gewählten geltend gemacht werden, nicht aber, wenn sich der Widerspruch auf das „ius ecclesiae vel opponentis personae“ stützt (z. B. darauf, dass allein de gremio ecclesiae gewählt werden darf oder dass der Appellant ein Nominations- oder Präsentationsrecht besitzt), Clem. 4. eod. I. 3, welche c. 4 (Gregor. X.) eod. in VI^to deklarirt.

In der in beglaubigter Form auszustellenden Appellationsschrift sind alle Einwendungen des Appellanten gegen die Wahl oder die Person des Gewählten genau anzugeben, und die etwaigen dem letzteren vorgeworfenen Vergehen und Defekte ihrem Thatbestande nach genau zu spezificiren. Zugleich hat der Appellant eidlich zu erhärten, er glaube, dass das Angeführte wahr sei und er den Beweis dafür führen könne, c. 4 in VI^to cit.; c. 19 (Bonif. VIII.) ibid.; Clem. 4 cit. Bedient sich der Appellant eines Prokurators, so muss dessen Vollmacht sowohl eine genaue Angabe der geltend zu machenden Einwendungen, wie auch die Ermächtigung zur Ableistung des gedachten Eides in die Seele des Machtgebers enthalten, c. 38 (Bonif. VIII.) eod. Neue Oppositionsgründe dürfen später nur unter der Voraussetzung vorgebracht werden, dass der Appellant sie früher nicht gekannt oder erst nachher die Beweise dafür erlangt hat, oder dass sie neu entstanden sind, und dies eidlich erhärtet wird, c. 4 in VI^to cit. Dagegen sind Nova blos zum Zwecke der näheren Spezifirung einer bei der Appellation generell erhobenen Einwendung immer unstatthaft, Clem. 4 cit., weil diese Vorschrift eine allgemeine und unsubstantiirte Anbringung einer solchen überhaupt ausschliesst. Stehen indessen etwaige Oppositionsgründe durch Geständniss des Appellanten oder Beweis (eines anderen Appellanten, welcher seine Appellation vorschriftsmässig verfolgt hat), fest, so kommen sie doch ohne Rücksicht darauf, dass der erste Appellant die Formen nicht gewahrt hat, in Betracht. Clem. 4 cit.

Ausgeschlossen von der Appellation ist derjenige, welcher dem Gewählten im Skrutinium seine Stimme gegeben oder der Wahl sonst zugestimmt hat, es sei denn, dass er, was er gleichfalls eidlich zu erhärten hat, die Einwendungsgründe erst später in Erfahrung gebracht habe oder diese erst später entstanden seien, c. 8 (Greg. X.) in VI^to eod.

Die Frist zur Einlegung der Appellation ist das gemeinrechtliche decendium, angerechnet vom Tage der erlangten Kenntniss des beschwerenden Umstandes, c. 8 (Bonif. VIII.) in VI^to de appell. II. 15. Trotzdem devolvirt aber die Angelegenheit erst an den päpstlichen Stuhl, wenn die Einlegung binnen Monatsfrist in authentischer Weise kundgethan worden ist, Clem. 3 de elect. I. 3. Binnen gleicher, vom letzgedachten Zeitpunkt aber laufender Frist (c. 1, Inn. IV., in VI^to eod. in Verbindung mit Clem. 3) ist die Beschwerde beim päpstlichen Stuhl persönlich oder durch einen Stellvertreter zu überreichen, und darüber, wenn nach der Anbringung 20 Tage verflossen sind, selbst beim Ausbleiben der Gegenpartei, zu verhandeln, c. 1. §. 1 cit. Zuerst soll die Erör-

F. Das weitere Verfahren bis zur Einsendung der Akten nach Rom. Nach der Verkündung der electio im eigentlichen Sinne (o. S. 664) wird sofort über den Wahlakt ein Protokoll, *decretum* oder *instrumentum electionis*, gewöhnlich durch einen zu diesem Behufe zugezogenen Notar aufgenommen [1], und demnächst das Wahlresultat in der Kirche dem versammelten Klerus und Volk feierlich kund gethan [2].

Ferner ist das Wahlkollegium verpflichtet, wenn irgend möglich, binnen 8 Tagen den Gewählten über die Annahme der Wahl zu befragen [3]. Vor der Erklärung

terung auf die etwaigen leichter beweisbaren oder evidenten Mängel, welche der Person des Gewählten vorgeworfen worden sind, gerichtet werden. Erweist sich aber dabei das Vorbringen des Appellanten als unwahr, so wird er auch mit seinen sonstigen Einwendungen, wie wenn er auch in Betreff dieser beweisfällig geworden wäre, ausgeschlossen, c. 11 (Greg. X.) in VIto eod. Im Falle, dass bei zwiespältiger Wahl einer der Prätendenten während des Verfahrens stirbt, muss dennoch immer in Betreff des Ueberlebenden befunden werden, ehe eine gültige Neuwahl vorgenommen werden darf, c. 10 (Honor. III.) X. de arbitr. I. 43.

Der Appellant, welcher seine Opposition gegen das Wahlverfahren nicht darthut, wird in die Kosten, derjenige aber, welcher in Betreff der Einwendungen gegen die Person des Gewählten beweisfällig bleibt, auch zu dreijähriger Suspension von seinen kirchlichen Aemtern verurtheilt, c. 1. §. 2 cit. eod. Daher darf Jemand, welcher dem Gewählten einen offenbaren Mangel vorgeworfen hat, seine Appellation später nicht zurücknehmen, c. 31 (Bonif. VIII.) in VIto eod.

Endlich ist eine Adhäsion desjenigen, welcher diese auf ein ihm mit dem Appellanten gemeinsames Interesse stützt, ausgeschlossen, wenn letzterer die betreffenden Oppositionsgründe nicht in der vorgeschriebenen Weise geltend gemacht hat, Clem. 4 cit. Vgl. übrigens über die Appellationen bei Wahlen auch Hergenröther, d. Appellation nach d. Dekretalenrecht. Eichstätt 1875. S. 53.

Die erwähnten Vorschriften beziehen sich nur auf die Extrajudizial-Appellation, d. h. auf diejenige, welche sich nicht gegen eine Beschwerde durch richterlichen Spruch, sondern durch andere ausserhalb eines Rechtsstreites vorgekommene Umstände und Handlungen richtet. Wenn dagegen aus Anlass einer Wahl ein Process zwischen zwei Prätendenten entstanden ist, und in diesem appellirt wird, so kommen die allgemeinen Regeln der processualischen oder Judizial-Appellation zur Anwendung, c. 41 (Bonif. VIII.) in VIto eod.

Andererseits sollen aber dadurch, dass statt der Extrajudizial-Appellation der Weg der Remonstration (simplex querela) gewählt wird, die Anordnungen der vorhin erwähnten Dekretalen nicht illusorisch gemacht werden. Deshalb darf der Beschwerdeführer, auch wenn er seine erst eingereichte Appellation nicht weiter verfolgt oder sie zurücknimmt, keine Anführungen, hinsichtlich deren die gedachten Formen nicht gewahrt sind, geltend machen, Clem. 4 cit.

Endlich gehören noch hierher die Bestimmungen des

c. 10 (Greg. X.) in VIto eod., dass alle Streitigkeiten über Bischofswahlen als causae maiores der Entscheidung des päpstlichen Stuhles unterliegen, dieselben aber an ihn bei der Extrajudizial-Appellation nur, falls diese sich auf eine causa probabilis gründet, bei einer solchen ex causa expressa manifeste frivola aber an den unteren Richter (Metropoliten) devolviren sollen, sowie dass in allen Fällen die noch nicht nach Rom gebrachte Appellation, falls keine pravitas hierbei obwaltet (z. B. die Rückziehung nicht durch Simonie veranlasst ist), worüber der untere Richter zu befinden hat, zurückgenommen werden kann;

des c. 44 (Bonif. VIII.) ibid., dass bei Unterlassung der eben gedachten Feststellung im Falle einer Rücknahme der Appellation die Bestätigung der Wahl durch den unteren kirchlichen Würdenträger nichtig, und derjenige, welcher in einem solchen Fall den Kandidaten bestätigt oder konsekrirt hat, ein Jahr von diesem Rechte suspendirt sein soll.

Beide Dekretalen sind indessen mit Rücksicht darauf, dass nach neuerem Rechte dem Papste die Konfirmation aller Bischöfe zusteht, gegenstandslos geworden. Die päpstliche Behörde, zu deren Ressort die hier in Rede stehenden Angelegenheiten gehören, ist die Congregatio consistorialis Th. I. S. 366.

[1] Absolut wesentlich ist dies nach gemeinem Recht nicht, Passerini l. c. c. 21. n. 2, denn das Wahldekret dient nur dazu, behufs der für die Bestätigung erforderlichen Prüfung der Wahl den Hergang derselben festzustellen, ohne dass ein anderer Beweis ausgeschlossen ist. Die Circumscriptionsbullen ordnen dagegen ausdrücklich die Einsendung eines derartigen Dekretes an.

Wo ein solches angefertigt wird, bedarf es übrigens nicht der Unterschrift sämmtlicher Wähler, namentlich dann nicht, wenn dasselbe von einem Notar aufgenommen worden ist, Passerini l. c. n. 4 ff.

[2] Darüber, dass diese nothwendig ist, s. S. 667. n. 1 u. 2. Mit der Konstatirung derselben schliessen jetzt gewöhnlich die deutschen Wahlprotokolle.

[3] c. 16 (Nicol. III.) in VIto I. 6 s. v.: „ceterum si eligentes electiones ipsas concorditer vel in discordia celebratas, infra VIII dies, postquam commode poterunt, electis praesentare distulerint" etc. Dieselbe Constitution schliesst diejenigen, welche die Anfrage schuldbar verzögern, von dem Recht, die Gültigkeit ihrer Wahl zu verfolgen, aus, und bedroht sie mit der jetzt freilich nicht

des letzteren darüber sind die Wähler — und zwar vom Zeitpunkt der erfolgten formellen electio (S. 664) ab — an die Wahl gebunden, und jede weitere innerhalb dieses Schwebezustandes vorgenommene Wahl ist nichtig[1].

Der Gewählte hat sich innerhalb Monatsfrist nach der an ihn gerichteten Aufforderung zu erklären, widrigenfalls er jedes Recht aus der Wahl verliert[2], wie wenn er dieselbe abgelehnt hätte[3].

Mit der rechtzeitigen Annahme der Wahl erlangt er das s. g. ius ad rem auf das erledigte Bisthum[4], d. h. ein persönliches Recht auf Uebertragung desselben, welches, vorausgesetzt, dass ihm keine kanonischen Hindernisse entgegenstehen, jede anderweite Besetzung hindert[5].

Ein Zwang zur Annahme der Wahl besteht nicht[6]. Durch eine im Voraus erklärte Acceptation wird die nachherige Annahme nicht ersetzt, ja, wenn eine solche formell vorher eingefordert oder abgegeben ist, tritt Nichtigkeit der Wahl ein[7].

Binnen drei Monaten[8] nach der Annahme hat der Gewählte die päpstliche Bestätigung (*confirmatio*) in Rom nachzusuchen[9]. Versäumt er die Frist ohne entschuld-

mehr ipso iure (s. o. S. 667. n. 13) eintretenden dreijährigen Suspension von den Aemtern an der wieder zu besetzenden Kirche. Dadurch ist die Vorschrift des c. 6 (Lugden. v. 1274) ibid., wonach nur die möglichst schnelle Einholung der Erklärung angeordnet wird, näher bestimmt worden, Passerini l. c. c. 20. n. 9 ff.

Ist der Gewählte bei der Wahlhandlung gegenwärtig, so wird er sofort befragt, und im Falle seiner auf der Stelle erklärten Annahme wird diese gleich im Wahldekret konstatirt, sowie auch bei der feierlichen Publikation der Wahl bekannt gemacht.

1 c. 21 (Inn. III.) X. I. 6.

2 c. 6 in VI^to cit., jedoch mit der Ausnahme: „nisi forsan ea sit electae personae conditio, ut electioni de se celebratae absque superioris sui licentia ex prohibitione seu quavis provisione sedis apostolicae consentire non possit“, d. h. des Falles, wo der Gewählte, wie z. B. der Mönch, die Erlaubniss seines Oberen zur Annahme der Wahl einholen muss. Mit der Versagung dieser Einwilligung fällt das Recht aus der Wahl zusammen und die Wähler können zu einer anderweitigen schreiten, c. 2 (Bened. XI.) de elect. I. 3 in Extr. comm. Ablehnen darf der Religiose ohne Konsens seines Oberen.

Dass in den hier fraglichen Fällen bei ertheilter Einwilligung für den Gewählten noch eine einmonatliche Frist von der letzteren ab läuft, so d. Glosse zu c. 6 cit. s. v. conditio u. Schmalzgrueber I. 6. n. 70, ist unrichtig.

3 In diesen beiden Fällen hat eine Neuwahl zu erfolgen. Die Frist ist dieselbe, wie wenn eine abermalige Vakanz eingetreten wäre, c. 26 in VI^to cit.

4 S. o. S. 653.

5 Die ältere, offenbar mit der o. S. 571 hervorgehobenen mittelalterlichen Auffassung zusammenhängende Meinung, dass der Gewählte damit schon das ius praelaturae, d. h. das ius in re, nur nicht das exercitium praelaturae erlangt, Glosse s. v. relatio zu c. 10 Dist. LXIII; Fagnan. ad c. 4 de off. iud. ord. I. 31. n. 52 stützt sich unzulässiger Weise auf den nachher zu erwähnenden Ausnahmefall, in welchem der Gewählte schon als solcher bestimmte Funktionen seines Amtes auszuüben befugt ist. Ihr stehen ferner entgegen c. 16 (Inn. III.) X. de accus. V. 1 („Sed quum opponitur — sc. crimen — ut quis a promotione officii vel beneficii excludatur, si ante confirmationem obiicitur, non cogitur quisquam inscribere, quia crimen hoc modo probatum impedit promovendum, sed non deiicit iam promotum“) u. c. 26 cit. in VI^to, wonach der Gewählte auch nach der Annahme frei auf sein Recht verzichten kann, nicht aber wie derjenige, welcher bereits das ius in re hat, des Konsenses des Oberen bedarf. Durch Verzicht oder Tod des Gewählten tritt endlich keine neue Vakanz des betreffenden Bisthums ein, vielmehr gilt die frühere als fortdauernd, vgl. c. 26 cit. In Uebereinstimmung damit heisst es in c. 4 (Inn. III.) X. de translat. I. 7: „spirituale foedus coniugii quod est inter episcopum et eius ecclesiam, quod electione initiatum, ratum in confirmatione et in consecratione intelligitur consummatum“, s. auch c. 21 X. I. 6. Vgl. hierzu Passerini l. c. c. 33. n. 6 ff.; Leuren. qu. 424. 425; Schmalzgrueber I. 6. n. 71; Schmier, iurisprud. canon. civil. l. I. tr. 3, c. 1. n. 481; Neller l. c. 2, 742 u. 4, 2. 3.

6 Vgl. c. 26 (Bonif. VIII.) in VI^to cit. Indessen wird der Papst beim Mangel geeigneter Kandidaten, wenn es das Interesse der Kirche bedingt, den Gewählten nöthigenfalls auch durch Censuren dazu anhalten können, weil jeder Geistliche die Pflicht hat, nach Kräften das Wohl der Kirche unter Zurücksetzung seiner persönlichen Neigungen zu fördern, Schmier l. c. c. 490. Die gewöhnlich angeführten c. 3. C. I. qu. 6 u. c. 7. Dist. XL sind allerdings nicht beweiskräftig.

7 c. 46 (Honor. III.) X. I. 6; Passerini c. 20. n. 2 ff. Die einzelnen Wähler sind dagegen nicht gehindert, sich vorher vertraulich darüber zu informiren, ob der in Aussicht genommene Kandidat eine etwaige Wahl annehmen will.

8 c. 6 in VI^to cit.

9 Die für unmittelbar dem Papst unterstehende Bisthümer gewählten Kandidaten sollen für die

bares Hinderniss[1], so geht er des durch seine Annahme erworbenen ius ad rem ohne Weiteres verlustig[2], und das Kapitel kann zu einer Neuwahl schreiten.

Vor der erhaltenen Bestätigung ist der Gewählte nicht befugt, sich der Verwaltung des Bisthums zu unterziehen oder sich irgendwie in dieselbe einzumischen. Jede derartige Handlung ist nichtig[3], und zieht, selbst wenn sie auch nur eine interimistische Verfügung gewesen ist, zur Strafe den ipso iure eintretenden Verlust des ius ad rem nach sich[4].

Die Regel findet indessen keine Anwendung 1) auf denjenigen, welcher eine besondere päpstliche Ermächtigung, ein s. g. *breve administrationis* oder *placet pontificium*, erhalten hat[5], und 2) kraft einer ein für alle Mal durch das Gesetz ertheilten Dispensation auf denjenigen, welcher in einträchtiger Wahl[6] auf ein ausserhalb Italiens belegenes Bisthum gewählt ist[7]. In solchen Fällen kann der Gewählte alle Akte

Regel persönlich in Rom erscheinen, c. 44. §. 2 (Later. IV. v. 1215) X. I. 6. Dagegen verordnet c. 16 (Nicol. III.) in VI^to cit., dass bei solchen Wahlen zu Kathedral- und Regularkirchen, welche wegen der unmittelbaren Unterwerfung der letzteren unter den päpstlichen Stuhl oder wegen einer eingelegten Appellation der Konfirmation oder Infirmation des Papstes unterliegen, der Gewählte innerhalb Monatsfrist nach Annahme der Wahl die Reise nach Rom antreten, und binnen eines weiteren, mit Rücksicht auf die Entfernung zu bemessenden Zeitraumes dort mit den nöthigen Beweisstücken sich einfinden, sowie endlich innerhalb 20 Tagen nach Ablauf der zuletztgedachten Frist die Bestätigung persönlich bei der Kurie nachsuchen solle, widrigenfalls er sein Recht aus der Wahl verliert, sofern er nicht etwa selbst oder durch einen genügend bevollmächtigten und instruirten Stellvertreter innerhalb der 20tägigen Frist einen ausreichenden Hinderungsgrund anzeigt und binnen weiteren 15 Tagen beweist. Derselbe Nachtheil trifft den Gewählten, wenn die erforderlichen Beweisstücke nicht von ihm oder seinem Stellvertreter mitgebracht worden sind, und keine genügende Veranlassung obwaltet, die Vorlegung an einem anderen Orte als in Rom zu gestatten. Ausserdem sollen zur Ermöglichung einer genauen und eingehenden Prüfung bei einträchtiger Wahl sich zwei Wähler mit genügender Information und ausreichendem Beweismaterial binnen der erwähnten Zeit in Rom und zwar auf Kosten der zum Unterhalt des Prälaten der erledigten Kirche bestimmten Vermögensmassen, falls aber solche nicht ausgesondert sind, auf Kosten des gemeinschaftlichen Vermögens, bez. des Kapitels einfinden. Bei zwiespältiger oder streitiger Wahl sollen dagegen zwei, jeder Partei angehörige Wähler auf Kosten der beiden, bez. des etwa allein Gewählten, sofern diese nicht arm sind, bei der Wahl eines Kandidaten, gegen welchen Einspruch erhoben worden ist, zwei Vertreter der Partei des Opponenten auf dessen Kosten erscheinen. Die Verletzung dieser Vorschriften zieht für die Wähler und Opponenten, wenn nicht ein in der geringen Zahl der Kapitularen oder der Parteigänger oder in sonstigen Verhältnissen begründeter Entschuldigungsgrund vorliegt — in einem solchen Fall genügt das Erscheinen eines genügend informirten Stellvertreters — den Verlust der Befugniss, ihre Rechte geltend zu machen und ferner dreijährige Suspension vom Genusse der Benefizial-Einkünfte an der erledigten Kirche nach sich, ohne dass jedoch daraus dem Gewählten ein Nachtheil für sein aus der Wahl entstandenes Recht erwächst. Letzteres verliert er vielmehr nur dann, wenn er sich ohne genügenden Grund weigert, die Kosten für die nach Massgabe der gedachten Vorschriften zu entsendenden Vertreter zu zahlen. Obwohl diese Konstitution in dem sog. Aschaffenburger Konkordate v. 1448, Münch Konkordat 1, 91; Nussi conventiones p. 17 auch auf die dem Papst nicht unmittelbar unterworfenen Bisthümer ausgedehnt worden ist, haben doch nach dieser Zeit die Kandidaten der deutschen und anderer entfernter Bisthümer, ebenso wie schon nach früherer Praxis, ihre Bestätigung nicht persönlich, sondern blos durch einen Bevollmächtigten oder Agenten nachgesucht, Neller l. c. 4, 8. In Anschluss an dieses, auch noch heute für Oesterreich massgebende Gewohnheitsrecht, Pachmann K. R. 3. Aufl. 2, 30, Schulte K. R. 2, 231. n. 4 bestimmen die neueren Circumscriptionsbullen für Hannover und die oberrheinische Kirchenprovinz, dass nur die Einsendung des Wahlinstrumentes und zwar innerhalb einer einmonatlichen Frist erforderlich ist, wogegen die preussische: De salute animarum letztere mittelbar („de more") auf drei Monate festsetzt, s. S. 658. n. 1 u. 2.

[1] Als solches gilt aber nicht die Vakanz des päpstlichen Stuhles, Clem. 2. §. 5. I. 3.

[2] c. 6. 16 in VI^to cit. I. 6. Wer in zweimaliger aus Anlass derselben Vakanz erfolgten Wahl gewählt ist, hat sich bei Nachsuchung der Konfirmation zu entscheiden, für welche Wahl er die letztere fordern will, und kann nachher, wenn z. B. diese Wahl für nichtig erklärt wird, nicht auf die andere zurückgreifen, c. 25 (Bonif. VIII.) ibid.

[3] c. 9 (Alex. III.) c. 17 (Inn. III.) X. eod.

[4] c. 5 in VI^to eod.

[5] c. 42 (Bonif. VIII.) in VI^to eod., Neller l. c. 4, 4.

[6] Also auch in einer nur mit Majorität erfolgten, aber nicht angefochtenen Wahl, Leuren. qu. 431. n. 10.

[7] c. 44. §. 2 (Later. IV. 1215) X. eod.

der bischöflichen Regierungsgewalt mit Ausnahme von Veräusserungen des Kirchengutes, und wenn er schon die bischöfliche Konsekration besitzt, z. B. Weihbischof ist, auch die die Weihe voraussetzenden Handlungen vornehmen [1]. Von dieser Befugniss haben die deutschen Bischöfe früher auf Grund einer feststehenden, sich an die gedachte gesetzliche Vorschrift anschliessenden Gewohnheit nicht selten Gebrauch gemacht [2]. Unter den heutigen völlig veränderten Verhältnissen geschieht dies aber nicht mehr [3].

G. Der Informativprocess [4]. Vor der Ertheilung oder der Verweigerung der Bestätigung bedarf es, falls die Gründe für die Zurückweisung des Kandidaten nicht klar zu Tage liegen, einer besonderen Untersuchung darüber, ob die Wahl ordnungsmässig und rechtsgültig vorgenommen und der Gewählte eine taugliche Person ist [5]. Diese heisst *processus inquisitionis* oder *informativus*. Sie erfolgt, was schon das Tridentinum gestattet [6], extra curiam, wenn die Besetzung von Bisthümern nicht freier päpstlicher Kollation ausserhalb Italiens und der dazu gehörigen Inseln in Frage steht [7]. Betraut wird damit der päpstliche Legat oder Nuntius der betreffenden Provinz oder der Ordinarius des Kandidaten, und in Ermanglung des letzteren einer der benachbarten Ordinarien, nöthigenfalls auch ein besonders vom päpstlichen Stuhl ernannter Bevollmächtigter [8]. In Altpreussen soll jedoch ein preussischer Erzbischof oder Bischof [9], in Hannover [10] und in der oberrheinischen Kirchenpro-

[1] c. 1 (Bonif. VIII.) eod. in Extr. comm. I. 3, wiederholt in den Konstitutionen Alexanders V. v. 1410 u. Julius' II. v. 1505, bull. Taurin. 2, 655; 5, 408 — auch noch neuerdings in Const. Pii IX.: Romanus pontifex suo munere v. 28. Aug. 1873, Arch. f. k. K. R. 31, Acta s. sed. 7, 401 — wonach kein Prälat vor Empfang der päpstlichen Bestätigungsurkunde von seiner Kirche Besitz ergreifen und die Vermögensverwaltung an sich nehmen soll, hat als späteres allgemeines Gesetz die zu 2 des Textes gedachte Ausnahme nicht beseitigt, Schmier l. c. n. 493 ff.; Neller l. c. 4, 6. Die entgegengesetzte Ansicht, vgl. z. B. Passerini l. c. c. 33. n. 35, haben freilich einzelne päpstliche Nuntien, um die Gebühren für die brevia administrationis zu erhalten, zur Geltung zu bringen gesucht, Beschwerde d. deutsch. Erzbischöfe v. 1769 n. 17 b. Gaertner corp. iur. eccles. 2, 339, s. auch Th. I. S. 528.

[2] Ditterich, primae lineae iur. publ. eccles. p. 62 ff.; Neller l. c. 4, 4. 5; v. Sartori geistl. Staatsrecht I. 2, 369 ff.

[3] Weil die feste Regelung der Befugnisse des Kapitularvikars und ferner die veränderten Verkehrsmittel jedes Bedürfniss dafür beseitigt haben.

[4] A. Lutterbeck, d. Informativprocess. Giessen 1850; d. Mainzer Bischofswahl u. d. Informativprocess. Mainz 1850; d. Informativprocess, e. kirchenrechtl. Abhdlg. Mainz 1850; Beleuchtung d. Schrift: d. Informativprocess u. s. w. Mainz 1850 (diese Schriften sind aus Anlass der Verwerfung der Wahl des Giessener Professor Schmidt zum Bischof von Mainz entstanden).

[5] Solche Untersuchungen sind selbstverständlich immer da angestellt worden, wo nicht jede entscheidende Mitwirkung der geistlichen Gewalten ausgeschlossen war, c. 3 (Greg. I.) X. I. 6. Die im Text angegebene Bezeichnung tritt schon in dem S. 671. n. 9 analysirten c. 16 (Nicol. III.) in VI^{to} eod. hervor, dessen Vorschriften die Ermöglichung einer ausreichenden Untersuchnng seitens der Kurie bezwecken.

Die neueren Vorschriften enthalten in Anschluss an Trid. Sess. XXII. c. 2 de ref. u. Sess. XXIV. c. 1 de ref. die Konst. Gregors XIV.: Onus apostolicae v. 15. Mai 1591 u. d. Instruktion Urbans VIII. v. 1627, beide u. A. abgedruckt in Richters Tridentinum S. 489. 494. In Betreff der durch die Propaganda zu besetzenden Bisthümer vgl. const. Bened. XIV.: Gravissimum apostolicae v. 18. Januar 1757, Magn. bull. 19, 264, im Auszuge bei Bangen, röm. Kurie S. 475.

[6] S. vor. Note.

[7] Bei allen anderen Bisthümern wird der Informativprocess bei der Kurie von dem Auditor Sanctissimi, Th. I. S. 492 vorgenommen, Bangen a. a. O. S. 87.

[8] Trid. Sess. XXII. c. 2 de ref., const. Gregor. XIV. §. 5. Die Instruktion Urbans VIII. autorisirt aber die Legaten und Nuntien dazu in erster Linie, worüber die o. Note 1 gedachte Beschwerde n. 16 gleichfalls Klage führt.

[9] Bulle De salute animarum: „ex processu inquisitionis deinde a Romano pontifice in singulis casibus alicui ex archiepiscopis vel episcopis intra fines regni Borussici existentibus committendo et ad formam instructionis iussu s. m. Urbani VIII . . . editae diligenter exarando". Jetzt kann auch ein preussischer Bischof in den neuen Provinzen ausgewählt werden.

[10] Bulle Impensa Romanorum: „Confectio autem processus informativi . . . vel episcopo alterius sedis non vacantis vel ecclesiastico illius regni viro in dignitate constituto a Romano pontifice committetur et ad formam instructionis ab apostolica sede in singulis casibus transmittendae exarabitur".

vinz[1] ein Bischof des Landes, bez. der erzbischöflichen Provinz oder ein geistlicher Dignitar des Landes oder der vakanten Diöcese zum Kommissar bestellt werden, während in Baiern und in Oesterreich[2] die betreffenden Nuntien als solche fungiren[3]. Der Untersuchungskommissar hat die Untersuchung persönlich zu führen und darf nur ausnahmsweise zu einzelnen Akten, z. B. Zeugenvernehmungen, Subdelegaten ernennen[4]. Er hat die erforderlichen Nachforschungen durch Abhörung glaubwürdiger Zeugen und Einforderung der nöthigen Atteste über die Personalien, Geburt, Alter, Weihen, bisherige Verwendungen und Anstellungen, Lebenswandel, Leumund und Bildung des Kandidaten vorzunehmen[5], sowie genaue Information über das wieder zu besetzende Bisthum[6] einzuziehen. Die Zeugenaussagen müssen notariell aufgenommen und die Atteste im Original oder beglaubigter Abschrift beigebracht werden. Ferner hat der Kommissar selbst oder der von ihm zu subdelegirende, dem Wohnort des Kandidaten nächste Ordinarius letzterem die professio fidei[7] vor Notar und Zeugen abzunehmen und den Akt nach der Unterzeichnung durch den Kandidaten mit dem Notar und den Zeugen zu unterschreiben.

Nachdem aus dem so beschafften Material von dem zugezogenen Notar ein Instrument zusammengestellt worden ist, und der Kommissar unter demselben oder in einem besonderen Schreiben sein Gutachten über den Werth der Zeugen und Atteste, über die sonstigen Ermittelungen und über die Person des Kandidaten abgegeben hat, werden die sämmtlichen Akten der Kurie übersandt[8]. Hier findet auf Grund derselben eine nochmalige Prüfung durch die *congregatio consistorialis*[9] statt. Wenn das Resultat ein günstiges ist und der Papst sich mit der Beförderung des Kandidaten einverstanden erklärt hat, erfolgt in einem demnächst abzuhaltenden Konsistorium[10] die Verkündigung derselben, die *praeconisatio*, welche die Bestätigung des Gewählten ent-

[1] Bulle Provida sollersque: „Confectio processus informativi ... a Romano pontifice ad formam instructionis ... Urbani pp. VIII ... uni episcoporum provinciae vel ecclesiastico respectivae dioecesis viro in dignitate constituto committetur".

Für die hannoverschen und die preussisch gewordenen Bisthümer der oberrheinischen Kirchenprovinz wird jetzt auch jeder preussische Bischof bestellt werden können, denn die Bullen haben offenbar den Zweck, die Regierungen dagegen zu sichern, dass die Untersuchung ausländischen Geistlichen anvertraut wird.

[2] Schulte K. R. 2, 234; Ginzel K. R. 2, 187.

[3] Das Kommissorium zur Vornahme des Prozesses wird durch ein Dekret der congregatio consistorialis ertheilt, Mejer in Jacobson u. Richter Ztschr. f. d. R. d. Kirche. Hft. 2. S. 235.

[4] Const. Greg. XIV. §. 7; instructio Urban. VIII.

[5] S. die citirte Konst. u. Instruktion.

[6] Ueber die Lage und Grösse der Bischofsstadt, die Bauart der Kirche, den Namen des Heiligen derselben, die Zusammensetzung des Domkapitels, die Zahl der sonstigen Geistlichen, das etwaige Vorhandensein eines bischöflichen Palastes, den baulichen Zustand des letzteren, die Einkünfte der bischöflichen Mensa, die Zahl der Pfarr- und Kollegiatkirchen in der Bischofsstadt, die Grösse der Diöcese u. s. w., s. die Instruktion.

[7] Ueber diese s. unten.

[8] S. die cit. Instruktion; Mejer a. a. O. S. 236.

[9] Hat der Auditor Sanctissimi die Untersuchung vorgenommen, S. 672. n. 7, so übermacht er derselben ebenfalls die darüber aufgenommenen Akten, Bangen S. 88; Mejer a. a. O. S. 237.

Früher wurde vor der congregatio noch ein weiteres förmliches Untersuchungsverfahren, der s. g. processus definitivus angestellt, Plettenberg notitia congregat. Hildes. 1693. p. 145 ff.; Bangen S. 78. Dasselbe, ebenso auch das im Trid. Sess. XXIV. c. 1 de ref. vorgeschriebene Verfahren, findet jetzt nicht mehr statt, vielmehr prüft ein Referent blos die Akten und trägt die Sache dann in der Sitzung vor. Sind indessen in Rom Priester anwesend, welche den Kandidaten kennen, so werden diese noch vorher vernommen, Mejer S. 236; Schulte K. R. 2, 234. Ueber das von den italienischen Bischöfen abzulegende Examen s. Th. I. S. 367.

[10] Zu diesem Behufe wird die s. g. propositio oder schedula consistorialis angefertigt, welche die Absicht des Papstes die erledigte Kirche dem betreffenden Kandidaten zu verleihen berichtet, und in der zugleich der s. g. status materialis der Diöcese, sowie die Personalien des zu Befördernden angegeben werden. Ein Beispiel bei Bangen S. 477.

hält[1]. Nach derselben wird die Konfirmationsbulle durch die apostolische Kanzlei ausgefertigt[2].

Nothwendig ist der Informativprocess nicht. Insbesondere hat der Gewählte kein Recht auf die Vornahme desselben. Das Verfahren hat den Zweck, die nöthigen Unterlagen für das Urtheil des Papstes zu beschaffen. Erachtet sich derselbe aber auf andere Weise genügend informirt, worüber selbstverständlich jede Kognition ausgeschlossen bleibt, so bedarf es weiterer Ermittelungen nicht[3].

H. Die Konfirmation muss dem Gewählten, falls er die kanonischen Eigenschaften besitzt und seine Wahl rechtsgültig erfolgt ist, ertheilt werden. Jedoch steht es dem Papste frei, selbst unter diesen Umständen die Bestätigung zu versagen, wenn dafür gewichtige Gründe vorliegen[4]. Diese Befugniss — sie ist übrigens mitunter das einzige Mittel, eine an sich fähige, aber gerade nicht für das fragliche Bisthum passende Persönlichkeit auszuschliessen — folgt aus der Machtfülle des Papstes, kraft welcher er das bestehende Recht ändern und die Besetzung aller Benefizien vornehmen kann[5]. Macht er von seiner Befugniss ausnahmsweise Gebrauch, so ernennt er selbst zu dem betreffenden Bisthum[6]. Für die altpreussischen, die hannoverschen und oberrheinischen Bischofsstühle ist indessen die Ausübung dieses Rechtes ausgeschlossen[7].

Bei einer fehlerhaften Wahl oder bei der Wahl eines untauglichen Kandidaten kann der Papst dem Gewählten zwar ebenfalls auf Grund seiner Machtfülle das Bisthum übertragen[8], das Regelmässige ist aber die Kassation der Wahl. In diesem Falle tritt dann die freie Besetzung des Papstes kraft Reservation ein[9]. Ist aber die

1 Die Formel lautet: „Auctoritate dei omnipotentis patris et filii et spiritus sancti et bb. apostolor. Petri et Pauli ac nostra ecclesiam N. de persona N. providemus ipsumque illi in episcopum praeficimus, curam et administrationem ipsius eidem in spiritualibus et temporalibus plenarie committendo". Die Bischöfe der Propaganda werden nicht im Konsistorium präconisirt, Th. I. S. 365. Da in Folge dessen bei ihnen auch keine provisio per schedulam stattfindet, so spricht man in diesen Fällen von einer provisio per breve, Bangen S. 89. n. 3.

2 Auf Grund der schedula, ebenso auch etwaige sonst nöthige (z. B. Dispens-) Bullen, Jacobson i. Weiske Rechtslexikon 2, 220. S. auch Th. I. S. 441.

3 Vgl. auch Trid. Sess. XXII. c. 2 de ref. Nach den citirten deutschen Circumscriptionsbullen haben aber die Regierungen ein Recht, auf den Informativprocess zu dringen, denn der Papst hat sich ihnen gegenüber verpflichtet, die Tauglichkeit des Kandidaten auf diese Weise festzustellen, Friedberg, Staat u. Bischofswahlen. S. 383. 404.

4 Diese Befugniss hat die Baseler Synode Sess. XXIII anerkannt, und nach ihr das Mainzer Acceptations-Instrument v. 1439, Gaertner corp. iur. eccles. 1, 45; Münch Konkordate 1, 65: „Verum tamen si forte aliquando contingat, electionem aliquam etiam alias canonicam fieri, quae tamen in perturbationem ecclesiae aut patriae vel boni publici vergere timeatur, summus pontifex cum ad ipsum confirmatio delata fuerit, si talem urgentissimam causam adesse manifeste cognoverit, ea prius mature discussa ac parte plene defensa, accedente postea Romanae ecclesiae cardinalium aut maioris partis subscriptione, huiusmodi causam veram sufficientemque fore attestantium, reiecta tali electione, ad capitulum vel conventum remittat, ut infra tempus iuris vel aliud iuxta loci distantiam ad aliam, ex qua evenire talia non formidentur, electionem procedant". Die hier gegen den Missbrauch dieses Rechtes festgesetzten Kautelen hat indessen das sog. Aschaffenburger Konkordat v. 1448, Münch 1, 91: „si vero canonicae (electiones) fuerint, papa eas confirmet, nisi ex causa rationabili et evidenti et de fratrum consilio de digniori et utiliori persona duxerit providendum" fallen lassen. Uebrigens ist zur Zeit des ehemaligen deutschen Reichs über missbräuchliche Geltendmachung dieses Rechts keine Klage erhoben worden, Neller 4, 12; v. Sartori I. 2, 36.

5 S. auch Schmalzgrueber l. c. n. 73; Schulte K. R. 2, 232. 234.

6 So schreibt das Konkordat v. 1448 vor.

7 Denn die Circumscriptionsbullen sprechen ausdrücklich aus, dass die Konfirmation demjenigen, welcher nach angestelltem Informativprocess als tauglich befunden ist, ertheilt werden wird. S. auch Friedberg, Staat etc. S. 383.

8 Ein Beispiel in c. 3 X. de sortil. cit. Wegen der Form s. Riganti comm. ad reg. XLI cancell. n. 28. Darüber, dass der Papst den Unfähigen von dem ihm entgegenstehenden Hinderniss dispensiren kann, besteht kein Zweifel, Schmalzgrueber l. c. n. 75.

9 Diese Reservation ist ausgesprochen in der const. Benedict. XII.: Ad regimen v. 1335, c. 13 de praeb. in Extr. comm. III. 2, übergegangen in

Vernichtung etwa auf Antrag eines nicht gehörig geladenen Wählers oder wegen unwissentlicher Wahl eines Unwürdigen erfolgt, so hat das Kapitel eine Neuwahl vorzunehmen [1]. In den Bisthümern des ehemaligen Königreichs Hannover und der oberrheinischen Kirchenprovinz muss dagegen der Papst mit Rücksicht auf die Circumskriptionsbullen eine solche immer, gleichviel, aus welchem Grunde die erste Wahl kassirt ist, gestatten [2]. Für die altpreussischen Bisthümer ist in der Bulle De salute animarum eine solche Verpflichtung zwar nicht übernommen, andererseits hat aber die preussische Regierung weder bei den Verhandlungen über die Bulle noch später den Eintritt des päpstlichen Devolutionsrechtes anerkannt. Für solche Fälle bedarf es also einer besonderen Vereinbarung zwischen der Staatsregierung und der Kurie, und unter allen Umständen verbleibt der ersteren das Recht, minder genehme Personen auszuschliessen [3].

Nach einer päpstlichen Kassation wegen Nichtigkeit des Verfahrens ist es dem Domkapitel, sofern es nochmals zu wählen hat, gestattet, den früheren Kandidaten wieder zu wählen [4], was ihm bei Verwerfung der ersten Wahl wegen mangelnder Idoneität des Gewählten nicht zusteht [5].

Mit der Ertheilung der Konfirmation treten folgende Rechtswirkungen ein:

1. Es entsteht eine feste unauflösliche, der Ehe vergleichbare Verbindung des Konfirmirten mit der bischöflichen Kirche, welche allein durch den Papst gelöst werden kann [6].

2. Der Konfirmirte erlangt damit das *ius in re*, das bischöfliche Amt. In Folge dessen erwirbt er die bischöfliche Jurisdiktion in spiritualibus et temporalibus [7], jedoch darf er diese erst vom Tage der Zustellung der Bestätigungsbulle an ausüben [8]. Dagegen kann er bischöfliche Weihehandlungen vor der Konsekration, wenngleich er das Recht zur Vornahme derselben einem andern zu übertragen befugt ist [9], nicht selbst vollziehen [10].

die erste Kanzleiregel und nach ihrer Beseitigung durch das Baseler Koncil im Wiener oder Aschaffenburger Konkordat restituirt, Münch 1, 65. 89.

[1] In dieser Weise hat die Praxis die allgemeine Reservation (s. vor. Note) beschränkt, Riganti ad reg. I. §. 3. n. 9. Nach dem Aschaffenburger Konkordat war dagegen die Reservation auch für die im Text hervorgehobenen Ausnahmsfälle anerkannt. Gebrauch ist freilich davon nicht gemacht worden, Riganti n. 10; Neller 4, 13.

[2] A. M. Rosner, Arch. f. k. K. R. 34, 120. Die Ansicht von Friedberg, Staat etc. S. 405. 410, dass bei gar nicht erfolgter Wahl Devolution an den Papst eintritt, ist für den Fall richtig, dass das Kapitel zu einer solchen nicht hat bewogen werden können. Dagegen wird eine nicht rechtzeitig vorgenommene oder tumultuarisch erfolgte Wahl von dem Verzicht auf die Devolution in den Bullen mit betroffen. Abweichend Rosner a. a. O. S. 102 ff.

[3] Thatsächlich ist bald nachträgliche Wahl durch das Kapitel, bald Besetzung durch den Papst unter Zustimmung der Regierung erfolgt, Friedberg a. a. O. S. 388 ff.

[4] c. 12 (Clem. III.) X. I. 6.

[5] Später, wenn das Hinderniss z. B. durch Veränderung der Umstände gehoben worden ist, kann auch in diesem Falle eine abermalige Wahl der betreffenden Person erfolgen, Reiffenstuel I. 6. n. 229 ff.

[6] S. o. S. 670. n. 5; c. 2 (Inn. III.) X. de translat. I. 7.

[7] c. 15 (Coelest. III.) X. I. 6.

[8] S. o. S. 245. Die Besitzergreifung oder Besitzeinweisung ist aber dazu nicht nöthig, falls nicht etwa eine desfalsige statutarische Festsetzung oder ein gültiges Gewohnheitsrecht besteht, Pirhing ius canon. I. 6. n. 341; Neller 4, 16.

[9] Denn diese Uebertragung ist ein Akt der Jurisdiktion, Th. I. S. 166. 167. 169. 94.

[10] S. o. S. 40, daher auch nicht die degradatio actualis eines Klerikers. Vielfach wird gelehrt, dass der noch nicht konsekrirte, aber konfirmirte Bischof, Geistliche weder absetzen noch degradiren kann, s. z. B. Neller 4, 14; Schulte K. R. 2, 232. n. 3; Richter-Dove K. R. §. 184. n. 20. Das dafür angezogene c. 15 X. cit. untersagt dem „confirmatus ea quae maioris inquisitionis discussionem exigunt et ministerium consecrationis desiderant". Wenn man unter dem ersteren auf Grund von c. 5 (Carth. III.) u. c. 7 (Hispal. II.) C. XV. qu. 7 die Kriminalanklagen gegen Presbyter und Diakonen, sowie die Absetzung von Klerikern verstehen will, so geht dies — ganz abgesehen davon, dass die betreffenden

Weiter ist für den Konfirmirten der freie beliebige Verzicht auf das erlangte Amt ausgeschlossen [1]. Wird er zur Verwaltung seiner Stellung unfähig, so sind dieselben Grundsätze massgebend, wie für einen konsekrirten Bischof [2]. Die durch seinen Tod oder einen anderen Grund herbeigeführte Vakanz gilt nicht mehr als derselbe Erledigungsfall, aus dessen Anlass er gewählt ist, sondern als ein neuer [3]. Auch hinsichtlich seines Gerichtsstandes vor dem Papst steht er dem konsekrirten Bischof gleich [4]. Nicht minder endlich kommen ihm die bischöflichen Privilegien, soweit sie nicht mit dem ordo zusammenhängen [5], zu [6].

3. Vom Augenblick der erlangten Konfirmation ab darf er sich zwar nicht schlechthin: Bischof, wohl aber erwählter und bestätigter Bischof nennen [7].

I. Die Konsekration*. Zur Ausübung der iura ordinis bedarf der Gewählte ausser der Konfirmation auch noch der bischöflichen Weihe. Die Ertheilung derselben ist, wie schon o. S. 577 ff. 600 ff. dargelegt, im Laufe der Zeit Reservatrecht des Papstes geworden. Für die Regel vollzieht sie der letztere jedoch nicht selbst, vielmehr wird damit ein anderer Bischof, welchen der Konfirmirte gewöhnlich selbst auszuwählen ermächtigt wird [8], beauftragt.

Die Konsekration soll binnen drei Monaten nach erlangter Kunde von der Bestätigung erfolgen, widrigenfalls der Konfirmirte die aus dem Bisthum inzwischen gezogenen Früchte zu restituiren hat, und falls er schuldbarer Weise noch drei weitere Monate zögert, auch das bereits erworbene bischöfliche Amt ipso iure verliert [9]. Die gedachten Fristen können indessen vom Papst verlängert werden [10].

Bei der Konsekration müssen dem die Weihe vollziehenden Bischof zwei andere Bischöfe assistiren [11]. Statt ihrer dürfen aber mit päpstlicher Erlaubniss auch zwei andere zum Gebrauch der Pontifikalien berechtigte Prälaten eintreten [12].

Vorschriften theilweise unpraktisch sind — zu weit. Es ist völlig unbegreiflich, warum der Konfirmirte nicht dieselben Rechte, wie der praelatus nullius (o. S. 344 ff.) und der Kapitularvikar (o. S. 244) haben soll. Die mittelalterliche und ebenso die spätere Doktrin, Innoc. IV. ad c. 15 X. cit. n. 2, Glosse dazu s. v. talibus; Leuren. qu. 443. n. 3, hat daher die erwähnte Ausnahme lediglich auf die iura ordinis beschränkt, zu denen auch die degradatio actualis gehört, Kober Deposition S. 334. Dabei müssen allerdings die citirten Worte dahin ausgelegt werden, dass sie dem Konfirmirten die Erledigung von Angelegenheiten, welche eine genaue Untersuchung erfordern, d. h. von solchen, welche durch die Konsekration bedingt sind, verbieten. Wenngleich dieser Interpretation der Vorwurf der Gewaltsamkeit nicht erspart bleiben kann, so ist doch andererseits ebensowenig der Beweis zu führen, dass unter den Angelegenheiten quae maioris inquisitionis discussionem desiderant, gerade die in den citirten Dekretsstellen erwähnten zu verstehen sind.

1 c. 2 (Inn. III.) X. de transl. I. 7; Barbosa J. E. U. I. 9. n. 27.

2 Neller 4, 14.

3 Schmalzgrueber I. 6. n. 74.

4 Er kann also nur vom Papst abgesetzt werden, c. 2. X. I. 7 cit.

5 S. o. S. 677. n. 4.

6 So das Vorrecht der Befreiung von der väterlichen Gewalt und in Betreff der Wirksamkeit der Censuren, o. S. 46.

7 Schmalzgrueber l. c. n. 74; Neller 4, 16. Indessen haben sich zur Zeit des ehemaligen deutschen Reiches die deutschen Bischöfe vielfach schlechthin: Bischof genannt, v. Sartori a. a. O. I. 2, 323.

* Th. I. S. 101. 116; Locherer, d. Bischofsweihe i. d. Jahrb. f. Theologie u. Philosophie. Frankfurt a. M. 1835. 5, 241 ff.

8 Barbosa l. c. n. 45; v. Schulte, Lehrb. 3. Aufl. S. 247. n. 45.

9 Trid. Sess. XXIII. c. 2 de ref. in Anschluss an c. 11 (Greg. I.) Dist. L; c. 2 (Chalced. v. 451) Dist. LXXV; c. 1 (Ravenn. a. 877) Dist. C; c. 7. §. 1 (Later. 1179) X. de elect. I. 6. Die Strafbestimmung bezieht sich auch auf diejenigen Bischöfe, welche Kardinäle sind.

10 Noch im 17. u. 18. Jahrh. haben einzelne deutsche Erzbischöfe und Bischöfe theils überhaupt nicht, theils erst nach einer langen Reihe von Jahren die Konsekration genommen, um sich beim Aussterben der Agnaten ihrer Häuser die Succession in die weltlichen Fürstenthümer und die Verheirathung offen zu halten, v. Sartori a. a. O. I. 2, 320, dazu Th. I. S. 160. n. 1 u. 9.

11 Th. I. S. 101. n. 6.

12 Z. B. zwei infulirte Aebte. Auch kommen Indulte für die Assistenz von Priestern, welche eine Dignität bekleiden, vor, s. die Bulle Impensa für Hannover.

Vor der Konsekration hat der zu Weihende den Eid des Gehorsams gegen den Papst, den s. g. Obedienz-Eid [1], zu leisten [2].

Wenn der Gewählte noch nicht Priester ist, so muss er vor der bischöflichen Konsekration erst die ihm noch fehlenden Weihegrade empfangen [3].

Mit der Konsekration erwirbt der Konfirmirte die ihm noch fehlenden bischöflichen Rechte, namentlich die Fülle der Weihegewalt und den Gebrauch der Pontifikalien [4].

K. Der Konsekration pflegt endlich die feierliche Besitznahme des Bisthums, die s. g. *inthronisatio* zu folgen, zu welcher der Konfirmirte nach Empfang der Konfirmationsbulle und kraft derselben berechtigt ist [5].

II. Die Postulation, *postulatio**, ist die Vereinigung der Wähler auf eine mit einem kanonischen Hinderniss behaftete Person, welche wegen des letzteren Umstandes nicht durch die Wahl im eigentlichen Sinne designirt werden kann. Sie findet statt, wenn der in Frage stehende Kandidat bereits Bischof einer anderen Diöcese ist [6] oder der erforderlichen kanonischen Eigenschaften entbehrt [7]. Im ersteren Fall steht derselbe schon in einer nur durch den Papst wieder aufzuhebenden Verbindung mit seiner bisherigen bischöflichen Kirche und kann deshalb nicht frei gewählt wer-

Die Gültigkeit der Konsekration ist von der Mitwirkung der Assistenten nicht abhängig, Devoti inst. can. l. I. t. 4. §. 4. n. 1. S. überhaupt Fagnan. ad c. 7 X. de temp. ord. I. 11. n. 8 ff.; Benedict. XIV. de syn. dioeces. XIII. 13. n. 4 ff.; Ferraris s. v. episcopus art. 2. n. 25 ff.

1 Ueber diesen s. weiter unten.

2 Zur Entgegennahme des Eides wird für die Regel der Konsekrator ermächtigt, Pontificale roman. de consecr. electi in episcopum.

3 Also eventuell den Diakonat und den Presbyterat, s. o. S. 537. n. 2, S. 572. n. 1. Daher lautet in einem solchen Fall die Konfirmationsbulle: „postquam tamen ad sacros diaconatus et presbyteratus ordines te promoveri feceris"; vgl. auch Const. Bened. XIV.: In postremo v. 20. Okt. 1756. §. 14, Magn. bull. 19, 259. Eine Verlängerung der dreimonatlichen Frist für die Erlangung der Konsekration tritt hier nicht ohne Weiteres ein. Der Gewählte muss also die früheren Weihegrade so zeitig nehmen, dass er die Frist wahren kann, Leuren. P. I. qu. 315. Ueber die Möglichkeit dazu Th. I. S. 113.

4 S. o. S. 40. 47. Von da ab hat er auch das Recht auf die Anrede: venerabilis frater seitens des Papstes, o. S. 47; Bened. XIV. const. cit. §. 20, ibid. p. 262. Ferner tritt die in c. 25 (Gelas. I.) C. XXV. qu. 2 angedrohte Strafe erst gegen den konsekrirten Bischof ein, da in materia poenali unter Bischof ein solcher, nicht der blos konfirmirte zu verstehen ist, Fagnan. ad c. 7. X. de rescr. I. 3. n. 16. 17.

5 c. 1 in Extr. comm. I. 3. Das Ritual ergiebt das Caeremoniale episcopor. l. I. c. 2. Ritus possessionis in ecclesia capiendae. Mitunter hat der Bischof vor der Inthronisation dem Landesherrn den Huldigungseid zu leisten. S. unten.

* S. o. S. 657. n. *; Lippert, über die Admission der Postulirten in seinen Annal. d. K. R. Hft. 2. S. 68 ff.

6 Gleich steht der episcopus in partibus, o. S. 177; A. M. Neller 2, 744; Helfert, Besetzg d. Benefizien S. 57; de Boenninghausen p. 15, weil solche faktisch keine gläubige Gemeinde, also auch keine lebendige Kirche haben, ein Grund, welcher die principielle Auffassung der katholischen Kirche von der Stellung dieser Bischöfe verkennt. Dagegen sind wählbar und brauchen mithin nicht postulirt zu werden, weil sie noch nicht in eine unauflösliche Verbindung zu ihrer Diöcese getreten oder weil diese schon gelöst ist: der bischöfliche Coadjutor, selbst wenn er mit dem Rechte zur Nachfolge bestellt ist, der bereits gewählte, aber noch nicht konfirmirte Bischof (o. S. 670 u. 675) und der Bischof, welcher mit päpstlicher Genehmigung sein bischöfliches Amt niedergelegt hat, c. 2 pr. X. I. 7 cit.; de Boenninghausen p. 12. 17.

7 Wenn indessen dem Unfähigen schon vorher Dispensation durch ein s. g. päpstliches breve eligibilitatis, wie dies bei Personen hoher Geburt zu geschehen pflegt, ertheilt worden ist, so findet die Wahl i. eig. S., keine Postulation statt. Ein solches Breve für d. österreich. Erzherzog Rudolf v. 1819, bull. Rom. cont. 15, 200, §. 3: „ut etiamsi ecclesiasticae militiae adscriptus non reperiaris, per memoratum capitulum (v. Olmütz), quamquam de suo gremio non sis nec alias iuxta dispositiones statutorum, privilegiorum et consuetudinum ipsius ecclesiae qualificatus existas, servatis alias servandis in archiepiscopum eligi et sic electus electioni huiusmodi consensum praestare libere, licite et valide possis, ita ut electio de persona tua ad dictam metropolitanam ecclesiam . . . valida et efficax sit tibique suffragetur in omnibus et per omnia, perinde ac si in sacris ordinibus constitutus et de gremio capituli esses et vocem activam et passivam in eo haberes itemque iuxta illius statuta, privilegia atque consuetudines et alias debite qualificatus reperireris auctoritate apostolica tenore praesentium concedimus ac tecum desuper de speciali dono gratiae dispensamus".

den, im zweiten Falle aber wäre seine Wahl wegen Mangels der vorgeschriebenen Qualifikation nichtig. Seine Zulassung ist daher im Gegensatz zu der Bestätigung des in eigentlicher Wahl Designirten eine Gnadensache, und sie kann vom Kapitel beim Papste, welcher allein die Macht zur Beseitigung des Hindernisses besitzt, nur erbeten werden. Aus dieser principiellen Verschiedenheit zwischen der Wahl und der Postulation erklären sich die besonderen Grundsätze, welche das kanonische Recht in Betreff der letzteren entwickelt hat[1].

A. Voraussetzung der Postulation. Das kanonische Hinderniss, welches der zu postulirenden Person entgegensteht, muss ein solches sein, von welchem nicht nur dispensirt werden kann, sondern auch nach der Praxis der Kirche dispen-

[1] Der Postulation in der im Text besprochenen Bedeutung, auch postulatio solennis genannt, setzen die Aelteren die postulatio simplex o. impropria gegenüber. Unter der letzteren verstehen sie diejenige Wahl, bei welcher der Gewählte zur Annahme derselben der Genehmigung eines anderen oder der Entlassung aus seinem bisherigen Verhältniss bedarf, Schmalzgrueber I. 5. n. 2; Neller 2, 737. Es gehören hierher die Mönche, s. o. S. 670 n. 2, die nicht die Bischofsweihe besitzenden Kardinäle, — dieser Fall wird aber von Manchen mit Rücksicht auf c. 3 (Inn. III.) X. de postul. I. 5, vgl. darüber Florens de postulatione opp. ed. Doujat 1, 107 u. die Dissertation von de Boenninghausen, S. 657. n. *, als postulatio solennis aufgefasst, Fagnan. ad c. 3 cit. n. 19; Passerini l. c. c. 24. n. 37; Reiffenstuel I. 5. n. 44; — und endlich die einer anderen Diöcese angehörigen Geistlichen, denn die Kardinalpriester und Kardinaldiakonen bedürfen der päpstlichen Entbindung von ihren Amtspflichten, Neller 2, 737; Helfert S. 62 und fremde Geistliche der Entlassung aus dem bisherigen Diöcesanverbande seitens ihres Ordinarius, o. S. 492. Indessen ist die postulatio simplex keine besondere Art der Besetzung der Bisthümer oder eine eigene Art der Postulation, vielmehr ist sie nichts anderes als eine eigentliche Wahl. Die genannten Personen sind wegen ihres Subjektions-Verhältnisses nicht unfähig, das Bischofsamt zu bekleiden. Dasselbe steht der Wahl an sich nicht entgegen, sondern nur der willkührlichen Annahme der letzteren. Daher wird auch hier keine Dispensation seitens der höchsten Gewalt in der Kirche, sondern nur der Konsens des Berechtigten erfordert, um das der Acceptation entgegenstehende Hinderniss zu beseitigen.

Das Wort postulatio (postulare) bedeutet in den älteren Quellen die Forderung, dass Jemandem die bischöfliche Weihe und Würde auf Grund der durch die Geistlichkeit und das Volk vorgenommenen Wahl übertragen werde, mithin auch diese Wahl selbst, c. 13 conc. Sardic. v. 343 (c. 10. Dist. LXI); ferner auch den Antrag an den Fürsten auf Ertheilung seiner Zustimmung zur Wahl, form. Marculf. I. 7, Rozière recueil 2, 616. Schon Gratian macht aber aus missverständlicher Auffassung des c. 10 u. c. 11 Dist. cit., von denen der erstere sich beim Verbot der Wahl eines Laien u. s. w. des Ausdruckes: postulatus bedient, und der zweite für die Weihe des postulirten, d. h. gewählten Bischofs ein Wahldekret verlangt, einen Unterschied zwischen Wahl i. eig. Sinn und postulatio, s. dict. nach c. 10 cit.: „aliud est postulari, aliud eligi. Postulatur nexibus curiae adstrictus ab imperatore, clericus alterius civitatis a suo episcopo, sed non eligitur aliquis nisi in sacris ordinibus constitutus. Fit enim electio cum solennitate decreti omnium subscriptionibus roborati, postulatio simplici postulatione“. Die postulatio ist nach Gratian die vorläufige Anfrage an den in Aussicht genommenen Kandidaten oder denjenigen, zu welchem der erstere oder die Wähler in einem Subjektionsverhältniss stehen, darüber, ob das Hinderniss gehoben werden könne (also der Laie die erforderlichen Weihen nehmen, der Bischof oder der Fürst die Einwilligung zur Erwerbung des Bischofsamtes geben wolle). Die Gratian folgenden Kanonisten haben seine Auffassung festgehalten, dabei aber doch nicht verkannt, dass postulatio soviel wie electio bedeute, Bernardi Papiens. summa de electione II. 1. §. 1, ed. Laspeyres p. 308; Glosse zu dict. Gratian. cit. s. v. sed aliud, und mit Rücksicht darauf die postulatio als Bezeichnung einer Person, welche zwar nicht vollkommen passiv wahlfähig, aber nicht absolut inhabil sei, gefasst, so Hostiensis summa aurea rubr. de postul. n. 1. 2, bis dann die weitere Behandlung der postulatio durch die päpstlichen Dekretalen — die frühesten in X. I. 5 rühren von Innocenz III. her —, insbesondere die Feststellung eigenthümlicher Regeln über das bei der Postulation zu beobachtende Verfahren, sowie die Betonung der Dispensationsgewalt des Papstes hinsichtlich der Verbindung der Bischöfe mit ihren Diöcesen, Veranlassung gegeben hat, die Fälle der nachmals s. g. postulatio simplex als etwas begrifflich verschiedenes auszusondern. Es erinnert an Gratian, wenn noch Barbosa J. E. U. I. 19. n. 14 u. Passerini c. 24. n. 4 unter der postulatio non solennis oder simplex die Bitte an den nicht zur Konfirmation berechtigten Oberen um Hebung des Hindernisses verstehen, und bemerken, dass für diese keine bestimmte Form verlangt werde, sowie dass deren Bewilligung die Wirkung habe, dass der Postulirte nunmehr gewählt werden könne. Diese Definition setzt den Gegensatz zur postulatio solennis in den Mangel der Form und wirft die nachmalige postulatio simplex und den Fall der Ertheilung eines Breves de eligibilitate zusammen.

sirt zu werden **pflegt**. Dies ist der Fall in Betreff der Verbindung mit einem anderen Bisthum [1] und des Mangels der unehelichen Geburt [2], der höheren Weihen [3], des Alters [4], der erforderlichen akademischen Würde [5] und der besonderen, durch die Circumscriptionsbullen und sonstige specielle kirchliche Anordnungen vorgeschriebenen Eigenschaften [6].

Dagegen werden nicht dispensirt und können demnach auch nicht postulirt werden diejenigen, welche wegen geistiger oder körperlicher Mängel zur Verwaltung eines Bisthums untauglich sind (Kinder, Unmündige, Geisteskranke), völlig ungebildete [7] und mit einem erheblichen defectus corporis behaftete [8] Personen, ferner nicht diejenigen, welche wegen ihrer persönlichen Verhältnisse des bischöflichen Amtes unwürdig erscheinen, Verbrecher [9], insbesondere Ketzer, Schismatiker, Simonisten, Wucherer, Ehebrecher, Infame, Anrüchige [10], Exkommunicirte, Suspendirte, und solche, welche das Interdikt oder die Gehorsamspflicht gegen den Papst verletzt haben [11]. Endlich sind diejenigen ausgeschlossen, in Betreff deren zwar an und für sich eine Dispensation möglich wäre, aber doch nach der Praxis der Kurie nicht gewährt wird, insbesondere Personen unter 27 Jahren [12], bigami [13], im Incest oder Ehebruch Erzeugte [14], verheirathete Männer [15], Bischöfe, welche sich wegen eines Vergehens unter Niederlegung ihrer Würde zur Busse in ein Kloster zurückgezogen haben [16], und schliesslich nach neuerer Uebung Laien [17].

B. Die Postulation tritt unter der erwähnten Voraussetzung an Stelle der Wahl. Sie ist daher nur dann zulässig, wenn eine solche überhaupt vorgenommen werden kann. Soweit nicht besondere Ausnahmen festgesetzt sind, finden auf sie alle Regeln über die electio Anwendung, also:

1. hinsichtlich der Berechtigung zur Postulation [18], ferner in Betreff ihrer Vorbereitung, sowie der Frist und des Ortes ihrer Vornahme.

2. Die Postulationsformen sind dieselben, wie die Wahlformen. Demnach erfolgt die Postulation gleichfalls quasi per inspirationem, oder per scrutinium oder per compromissum [19]. Bei der Abstimmung müssen sich indessen die Stimmenden des Wortes: *postulo* bedienen. Der Gebrauch solcher Formeln, welche es unklar erscheinen lassen, ob eine Wahl oder Postulation gemeint ist (z. B. *eligo et postulo, eligo postulandum*),

1 c. 6 (Honor. III.) X. de postul. I. 5.

2 c. 20 (Inn. III.) X. de elect. I. 6, jedoch darf der Kandidat nicht in einem sich etwa sonst noch als Verbrechen charakterisirenden Beischlaf erzeugt sein.

3 c. 22 (Inn. III.) X. eod.

4 c. un. (Joann. XXII.) de postul. I. 2 in Extr. comm., s. aber unten Note 12.

5 S. o. S. 486.

6 Also der besonderen hinsichtlich der Vorbildung festgesetzten Requisite.

Auf etwaige durch die Staatsgesetzgebungen bestimmte Eigenschaften findet dies aber keine Anwendung, weil der Papst davon nicht dispensiren kann. Eine solchen Vorschriften zuwider vorgenommene Wahl kann im kanonischen Sinne sowohl eine electio wie auch eine postulatio sein, es steht aber der Staatsregierung das Recht zu, sie als nichtig zu behandeln und dem Gewählten, selbst wenn er die päpstliche Bestätigung erhalten hat, die Anerkennung als Bischof zu versagen.

7 c. ult. (Honor. III.) X. de aet. et qual. I. 14.

8 Arg. c. 6 (Inn. III.) X. de corp. vit. I. 20.

9 c. un. (Greg. I.) Dist. LXXXV.

10 c. ult. (Greg. IX.) X. de temp. ord. I. 11; c. 87 in VIto de R. J.

11 c. 1 (Inn. III.) X. de post. I. 5.

12 O. Note 4.

13 c. 2 (Luc. III.) X. de bigam. I. 21, vgl. auch Th. I. S. 23.

14 Arg. c. 10. §. 6 (Inn. III.) X. de renunc. I. 9.

15 Th. I. S. 160.

16 c. 11 (Inn. III.) I. 9.

17 Vgl. überhaupt noch Reiffenstuel I. 5. n. 34 ff., Neller l. c. p. 739.

18 c. 4 (Inn. III.) X. de post. I. 5: „omnes quorum consensus in electione vel postulatione requiritur"; c. 30 (id.) X. de elect. I. 6.

19 Das folgt aus dem die Postulation beherrschenden allgemeinen Princip, s. auch Koch l. c. 7, 393 ff.

macht die Stimmabgabe nichtig. Nur wenn gegründete Zweifel darüber bestehen, ob der Kandidat wahl- oder postulationsfähig ist, kann eine alternative Fassung (wie *eligo et postulo, prout potest melius de iure valere*) gewählt werden [1]. Ebensowenig ist es statthaft, für einen Wahlfähigen mit dem Worte: *postulo* und umgekehrt für einen Postulationsfähigen mit: *eligo*, zu stimmen [2].

Wenn eine Wahl auf dem Wege des Kompromisses beschlossen ist, so haben die Kompromissarien, falls ihre Vollmacht nicht ausdrücklich beschränkt worden ist, die Befugniss, statt der Wahl eine Postulation vorzunehmen [3].

Als postulirt gilt derjenige, welcher von den mehreren in Frage stehenden postulationsfähigen Kandidaten die absolute Majorität erhalten hat [4]. Wenn aber ein Theil der Wähler postulirt, der andere wählt, so geht die Postulation der Wahl allein unter der Voraussetzung vor, dass der Postulirte zwei Drittel sämmtlicher Stimmen auf sich vereinigt hat [5], oder mit anderen Worten, er steht dem Gewählten nach, sobald auf diesen nur mehr als ein Drittel der Stimmen gefallen ist [6].

Diese Regeln kommen indessen nicht zur Anwendung, wenn die Postulation durch Kompromiss erfolgt, vielmehr genügt für eine solche immer die absolute Stimmenmehrheit der Kompromissarien [7].

Streitig ist, ob bei der Postulation die Wahrung aller in Betreff der electio gel-

[1] c. un. (Bonif. VIII.) in VI^to de post. I. 5. Die Stimme wird also weder bei Feststellung der Gesammtzahl der Stimmen, noch als Stimme für eine Wahl oder eine Postulation in Rechnung gebracht.

[2] c. un. cit. Ueber die rechtliche Folge gilt das in der vor. Note Bemerkte.

[3] Dies ergiebt sich aus c. 30 (Inn. III.) X. de elect. I. 6 u. c. 11 (id.) X. de renunc. I. 9.

[4] Nach der allgemeinen Regel (o. S. 663), welche für die Postulation nicht ausgeschlossen ist.

[5] c. 40 (Inn. III.) X. de elect. I. 6 („duplo maior numerus"). Vgl. Koch p. 399 ff. Gegen die Ansicht (so z. B. Neller 2, 749), dass es beim Vorhandensein von mehr als 2 Kandidaten genügt, dass die Zahl der postulirenden Stimmen zweimal so gross ist, als die der wählenden, s. Koch p. 404 ff.; de Boenninghausen p. 24 ff. Besteht also das Kapitel aus 24 abstimmenden Mitgliedern und postuliren 14 den A, wählen aber 7 den C und zersplittern 3 andere ihre Stimmen, so wäre nach jener Meinung der A gültig postulirt, während er in der That dies nicht ist, da er nicht 16, d. h. zwei Drittel aller Stimmen erhalten hat. Von diesem letzteren Standpunkt aus hat auch die Kurie i. J. 1688 die Postulation des Bischofs v. Strassburg, auf welchen von 24 Stimmen 13 gefallen waren, während der Herzog von Baiern 9 Stimmen erlangt und sich die beiden übrigen zersplittert hatten, verworfen, und die Wahl des letzteren als gültig erachtet, Pfeffinger Vitriarius illustr. l. I. t. 14. n. 5, 1, 1053 ff.; Koch p. 403 ff.

[6] In der Regel wird dies eine Stimme sein, es genügt aber schon ein ein Drittel übersteigender Bruchtheil. Haben z. B. von 47 Wahlberechtigten 16 gewählt, die übrigen 31 postulirt, so hat der Gewählte gesiegt, obgleich 16 nur ein Drittel mehr ist, als das Drittel von 47, d. h. $15^2/_3$. Für den Fall, dass mehr als zwei Kandidaten in Frage stehen und der Postulirte nicht einmal die absolute Majorität erhalten hat, gilt nur derjenige als gewählt, welcher diese letztere für sich hat. Denn die Postulation würde unter dieser Voraussetzung nicht einmal als Wahl in Betracht kommen und an den Regeln über die Wahl kann durch eine solche Postulation nichts geändert werden. Wenn demnach von 24 Wählern 11 postuliren, während 9 den A und 4 den B wählen, hat weder eine gültige Postulation noch Wahl stattgehabt. Dabei ist es gleichgültig, wenn mehrere neben einander postulirt werden, weil die Stimmen, welche auf sämmtliche Postulirte gefallen sind, nicht zusammengerechnet werden können. Postuliren bei 24 Wählern 8 den A, 5 den B und wählen die übrigen 11 den C, so ist für die Postulation von A und B zusammen zwar die absolute Majorität erreicht, trotzdem kann C nicht für seine Wahl geltend machen, dass er mehr als ein Drittel der Stimmen erhalten hat, denn seine Gegner haben jeder einzeln nicht einmal die zur Wahl erforderliche Stimmenzahl auf sich vereinigt. Vgl. hierzu Koch p. 413.

Die Konkurrenz der Postulation mit der Wahl wird durch die collatio votorum (s. o. S. 663) konstatirt. Dass die Postulirenden ausserdem noch eine der formellen electio entsprechende formelle postulatio vornehmen müssen, ist nicht erforderlich. Jener Akt ist nur dazu bestimmt, das gewonnene Resultat als Willensmeinung der Wahlberechtigten festzustellen. Wenn dies von einer Seite oder einer Partei geschehen ist, so ist dem Erforderniss genügt. Die Gegenpartei braucht nicht auch ihrerseits das Ergebniss ihrer Abstimmung in formeller Weise zu publiciren, um ihre Rechte zu wahren. Vgl. darüber gegen Neller l. c. p. 748 die Ausführung von Koch p. 413.

[7] c. 30 (Inn. III.) X. de elect. I. 6; Neller p. 748; Koch p. 394.

tenden Formen nothwendig ist[1] oder diese ohne die Beobachtung derselben gültig vorgenommen werden dürfe[2]. Die Vertreter der letzteren Ansicht stützen sich darauf, dass das erstere durch keine ausdrückliche Anordnung geboten sei. Dieser Grund trifft aber deshalb nicht zu, weil die Postulation, wie schon bemerkt, an Stelle der Wahl tritt und daher auch für sie die Vorschriften über das Verfahren bei der electio zur Anwendung gebracht werden müssen[3].

3. Die auf die Wahl eines Unwürdigen gesetzten Strafen treffen auch diejenigen, welche ihre Postulation auf einen nicht postulationsfähigen Kandidaten gerichtet haben[4]. Ist dies seitens aller Wahlfähigen geschehen, so devolvirt das Besetzungsrecht für den vorliegenden Erledigungsfall an den päpstlichen Stuhl, anderenfalls an diejenigen, welche ihres Wahlrechtes nicht verlustig gegangen sind[5].

4. Die Postulation darf nicht aus Gunst gegen den Kandidaten erfolgen, kann vielmehr nur im Hinblick auf das Wohl und den Vortheil des erledigten Bisthums vorgenommen werden[6].

C. Für die Mittheilung der erfolgten Postulation an den Postulirten und die Erklärung desselben über die Annahme laufen dieselben Fristen, wie bei der Wahl[7]. Der Postulirte kann seine Zustimmung nur unter dem Vorbehalte der erforderlichen Dispensation von dem ihm entgegenstehenden Hinderniss ertheilen[8]. Weil er erst durch die letztere zum Erwerbe des Amtes fähig wird, erlangt er mit der Annahme der Postulation noch kein ius ad rem[9]. Demgemäss darf er sowohl seinerseits die Acceptation[10], wie auch andererseits das Wahlkollegium die Postulation zurückziehen[11], so lange die letztere nicht der päpstlichen Kurie unterbreitet worden ist[12].

D. Das Gesuch um Zulassung, *admissio*, des Postulirten hat nicht der letztere, sondern das Kapitel an den päpstlichen Stuhl zu richten[13]. In demselben müssen die Gründe für die Postulation und die Mängel, von denen Dispensation erbeten wird, angegeben sein[14].

E. Die Gewährung der Zulassung, welcher gleichfalls die Anstellung des Informativprocesses vorausgeht, steht im Ermessen des Papstes, ist also eine Gnadensache[15]. Vor derselben darf der Postulirte die bischöfliche Jurisdiktion nicht aus-

1 Innoc. IV. ad c. 30. X. I. 6. n. 1; Schmalzgrueber I. 5. n. 17; Schmier l. c. c. 2. n. 113.

2 Hostiensis summa aurea rubr. de postul. n. 10; Passerini l. c. c. 24. n. 8; Fagnan. ad c. 58. X. I. 6. n. 50; Leuren. l. c. P. II. qu. 205. n. 1; Reiffenstuel I. 5. n. 59.

3 Um so mehr, als die Postulation die Ausnahme bildet und der Wahl gegenüber durch die besondere Regel über das nothwendige Stimmverhältniss erschwert ist. Bei der jetzt üblichen Zettel-Abstimmung wird übrigens die Form der Wahl schon deshalb beobachtet werden müssen, weil es vorher ungewiss bleibt, ob es zu einer Wahl oder Postulation kommt.

4 c. 1 (Inn. III.) X. de post. I. 5; c. 40 u. f. (id.) X. de elect. I. 6. Auch die übrigen S. 667 erwähnten Strafen treten ein, Neller l. c. p. 743, s. ferner c. un. cit. in Extr. comm. I. 2.

5 S. o. S. 667. Die abermalige Postulation des schon einmal Postulirten wird, wenn derselbe wegen eines vitium personae nicht zugelassen ist, gleichfalls mit Verlust des Wahlrechts bestraft, c. 2 (Inn. III.) X. de post. I. 5.

6 c. 3 (Inn. III.) X. eod.

7 c. 6. 16. in VIto de elect. I. 6; s. o. S. 669.

8 c. 16 cit. s. v. denique; Passerini l. c. c. 24. n. 13 ff.

9 c. 5 (Inn. III.) X. de post. I. 5.

10 Weil diese nur eine provisorische ohne Rechtswirkungen ist.

11 c. 4 (Inn. III.) X. eod.; Passerini l. c. n. 16 ff.

12 Später nur mit Zustimmung des Papstes, weil ihm die Entscheidung der an ihn gebrachten Angelegenheit nicht mehr entzogen werden kann, c. 4 X cit.

13 c. 16 in VIto I. 6. cit.

14 Arg. c. 20 (Inn. III.) X. de elect. I. 6; c. 1. 2 (Bonif. VIII.) in VIto de fil. presb. I. 11; Passerini l. c. n. 23.

15 c. 3. 5. X. de post. I. 5 u. c. 16 i. f. in VIto I. 6, s. auch Neller l. c. p. 754. 757; Lippert a. a. O. S. 71 ff.

üben[1]. Wird die Postulation verworfen, so geht das Besetzungsrecht für den betreffenden Fall auf den Papst über[2].

Die gemeinrechtlichen Grundsätze über die Postulation kommen auch in den deutschen Diöcesen mit Ausnahme der altpreussischen zur Anwendung. Für die letzteren ist der Unterschied zwischen Wahl und Postulation ausdrücklich beseitigt worden[3]. Dadurch sind alle postulationsfähigen Kandidaten, gewissermassen kraft eines allgemeinen breve eligibilitatis für wahlfähig erklärt und sämmtliche Eigenthümlichkeiten der Postulation aufgehoben[4].

III. Rechte der Staatsregierungen bei der Besetzung der Bisthümer durch Wahl oder durch Postulation*. In den mehrfach angeführten Circumscriptionsbullen für Hannover[5] und für die oberrheinische Kirchenprovinz[6] ist, und zwar in der ersteren der Regierung, in der letzteren dem Landesherrn, das Recht gewährt, einen minder genehmen Kandidaten (*candidatus*

1 Auch selbst wenn in voller Eintracht postulirt worden ist, c. 23 (Inn. III.) X. de elect. I. 6; c. 4 (id.) X. de transl. I. 7. Die zu Zeiten des deutschen Reiches von den Kapiteln vorgenommenen Postulationen sind fast niemals verworfen worden, und daher haben die postulirten Bischöfe mehrfach ebenso wie die Gewählten, vor ihrer Zulassung die Verwaltung übernommen, Beispiele bei Pfeffinger l. c. 1, 1055.

Nach der Admission bezeichnet sich der Postulirte als: episcopus postulatus.

Die Frage, ob der Papst eine blos mit absoluter Mehrheit erfolgte Postulation zulassen dürfe, wird von Neller l. c. p. 751 bejaht, weil die durch päpstliches Gesetz festgesetzte Zweidrittels-Majorität auch durch päpstliche Dispensation beseitigt werden könne und die Hebung des kanonischen Hindernisses bei der Postulation das maius im Vergleich zu einer solchen sei. Indessen ist dies nur insoweit richtig, als der Papst den neben dem Postulirten konkurrirenden Gewählten nicht zu bestätigen braucht (s. o. S. 680) oder befugt ist, das bestehende Recht abzuändern und dadurch die Wahlbefugniss des Kapitels zu beseitigen.

2 c. 23 (Inn. III.) X. de elect. I. 6; c. 18 (Bonif. VIII.) in VI^to eod. I. 6; jedoch nur in denjenigen Fällen, wo diese Folge auch bei Verwerfung einer Wahl eintritt, o. S. 667. 674; A. M. Schulte K. R. 2, 233. Besondere Vorschriften sind nicht vorhanden und daher müssen auch hier die Regeln in Betreff der Wahl entscheiden.

Die hannoverschen und oberrheinischen Kapitel werden ebenso wie nach reprobirter Wahl auch nach verworfener Postulation, s. o. S. 675, die Vornahme einer Neuwahl beanspruchen können, denn die Circumscriptionsbullen schliessen die Devolution an den Papst bei der electio aus (s. o. S. 674), und dieses Wort begreift in ihnen zugleich die Postulation mit, s. auch Lippert a. a. O. S. 83.

3 S. o. S. 658. n. 1. Lippert S. 82 fasst die betreffende Stelle der Bulle de salute animarum dahin auf, dass sie die Postulation überhaupt für unzulässig erklärt. Dies verstösst aber gegen den Wortlaut der Bestimmung, welche den Kapiteln das Wahlrecht unter Aufhebung des Unterschiedes zwischen Wahl und Postulation gewährt, und damit nur die Verschiedenheiten der Postulation beseitigt. So auch Eichhorn K. R. 2, 700; Richter-Dove §. 184. n. 30; Schulte 2, 230. n. 7; de Boenninghausen tract. de irregularit. 3, 124. n. 17. Die Praxis steht mit dieser Auffassung in Einklang, denn wiederholt sind Weihbischöfe in den preussischen Diöcesen gewählt und nicht postulirt worden.

4 Also die Nothwendigkeit der Zweidrittel-Majorität; der Mangel des ius ad rem und das Erforderniss der admissio, an deren Stelle vielmehr die confirmatio tritt.

* Vgl. hierzu die aus Anlass der Streitigkeiten über die letzte Kölner und Freiburger Erzbischofswahl (1864 u. 1868) entstandene Literatur: O. Mejer, d. Veto deutsch. Staatsregiergen geg. kath. Bischofswahlen. Rostock 1866; Le gouvernement Badois et le chapitre de Fribourg. Liège 1868, deutsch Mainz 1868; v. Ketteler, d. Recht d. Domcapitel u. d. Veto d. Regierungen b. d. Bischofswahlen i. Preussen u. d. oberrh. Kirchenprovinz. Mainz 1868; E. Herrmann, d. staatl. Veto b. Bischofswahlen i. d. oberrh. Kirchenprovinz. Heidelberg 1869; H. Brück, d. Erzbischofswahl i. Freiburg u. d. bad. Regierg. Mainz 1869; O. v. Waenker, d. Recht in Bezug auf d. Bischofswahlen d. oberrh. Kirchenprovinz. Freiburg 1869; d. Erzbischofswahl zu Freiburg v. e. prakt. Juristen. Mainz 1869 (abgedruckt aus d. Arch. f. k. K. R. 21, 177); d. Verhdlgen d. Regiergen d. oberrh. Kirchenprovinz m. d. h. Stuhle üb. d. Bischofswahlen. Mainz 1869; J. Hirschel, d. R. d. Regiergen bez. der Bischofswahlen i. Preussen u. d. oberrh. Kirchenprovinz. Mainz 1870; Rosner Arch. f. k. K. R. 30, 425; d. Abhdlg ebendaselbst 20, 265 ff., die o. S. 658. n. 9 u. 10 citirten Schriften von Schulte u. Friedberg; F. v. Sybel, d. R. d. Staates b. Bischofswahlen i. Preussen, Hannover u. d. oberrh. Kirchenprovinz. Bonn 1873; vor allem Friedberg, d. Staat u. d. Bischofswahlen i. Deutschld m. Aktenstücken. Leipzig 1874. Dagegen Rosner Arch. f. k. K. R. 33, 92. 272; 34, 90; 35, 67. 393.

5 O. S. 658. n. 1.

6 S. 658. n. 2. Ueber das dazu ergangene Breve Leos XII. v. 1827 s. u. S. 683. n. 7.

minus gratus) von der Bischofswahl auszuschliessen. Die Bulle: De salute animarum für die altpreussischen Bisthümer gedenkt eines solchen Rechtes nicht, jedoch ist dasselbe dem König durch eine besondere päpstliche Anweisung an die preussischen Domkapitel, keine derartige Persönlichkeit zu wählen, durch das Breve Pius' VII. *Quod de fidelium* v. 16. Juli 1821 [1], ebenfalls eingeräumt worden.

Für die Geltendmachung dieses Rechtes ist in Hannover und der oberrheinischen Kirchenprovinz der s. g. irische Wahlmodus [2] eingeführt, d. h. es wird der Regierung oder dem Landesherrn eine vom Domkapitel angefertigte Liste der in Aussicht genommenen Kandidaten vorgelegt, und nachdem die minder genehmen auf derselben gestrichen sind, hat das Kapitel aus den übrigen zu wählen.

Die Beschlussfassung des Kapitels über die Aufstellung dieser Liste ist keine Wahl i. eig. S. Deshalb kommen dafür, z. B. in Betreff der Einladung der Mitglieder, Abstimmung u. s. w., nicht die besonderen Bestimmungen über die Bischofswahlen, sondern die allgemeinen Vorschriften über die Abfassung gültiger Kapitelsbeschlüsse [3] zur Anwendung. Die Einreichung der Liste an die Regierung hat innerhalb eines Monats, vom Tage der Vakanz angerechnet, zu erfolgen, jedoch geht das Recht zu späterer Einreichung bei Nichtbeobachtung der Frist keineswegs verloren [4].

Von den auf die Liste gesetzten Kandidaten kann der Landesherr [5] die nicht genehmen verwerfen oder streichen, doch muss er nach dem Wortlaut der Bullen noch eine zur Vornahme der Wahl genügende Anzahl, d. h. zwei Kandidaten [6] stehen lassen. Die aus Anlass der Freiburger Erzbischofswahl streitig gewordene Frage, ob es in der oberrheinischen Kirchenprovinz trotzdem nicht dem Landesherrn gestattet sei, alle Kandidaten bis auf einen oder sämmtliche zu streichen und eine Ergänzung oder Erneuerung der Liste zu verlangen, ist zu bejahen [7]. Hinsichtlich

[1] S. unten S. 686.

[2] So genannt, weil derselbe i. J. 1806 bei der beabsichtigten Wiederherstellung der irischen Domcapitel zuerst vorgeschlagen ist, Mejer Propaganda 2, 17 ff.; desselb. Veto S. 8; Schulte Rechtsfrage S. 15; Friedberg Staat u. Bischofswahlen S. 53; vgl. namentlich das Reskript des Kardinals Litta v. 1815, a. a. O. u. Schulte S. 15. Uebrigens hat dieser Modus in England keine Geltung erlangt.

[3] Darüber o. S. 128. Wegen der Theilnahme des allein in Limburg vorkommenden Ehrendomherrn gilt das hinsichtlich der Honorar-Kanoniker in den altpreussischen Kapiteln S. 685 Bemerkte.

[4] Da diese Folge in den Bullen nicht vorgeschrieben ist. Von einer Devolution des Rechtes zur Aufstellung der Liste an den Papst, — eine solche nimmt Friedberg Staat etc. S. 406. 410 an — kann um so weniger die Rede sein, als das Devolutionsrecht auch sonst nach den fraglichen Bullen ausgeschlossen ist, o. S. 674. Die Fristbestimmung erscheint vielmehr lediglich als Ordnungsvorschrift, deren Verletzung für die schuldigen Kapitels-Mitglieder höchstens arbiträre Disciplinarstrafen nach sich ziehen könnte, s. auch Rosner a. a. O. 35, 407.

[5] Die hannoversche Bulle spricht zwar allein von der Regierung, indessen ist das Recht von jeher ebenfalls durch den König selbst ausgeübt worden.

[6] S. o. S. 658. n. 10. Die daselbst erwähnte Ansicht der Kurie lässt sich ebensowenig wie auf das gemeine Recht auf die dem Erlass der Bulle vorhergegangenen Verhandlungen und das Wesen des irischen Wahlmodus stützen. In den ersteren ist von der Zahl 3 nicht die Rede gewesen, und die Bemerkung des preussischen Gesandten Niebuhr in einer 1820 an seine Regierung gerichteten Note, dass das Uebrigbleiben von 3 Kandidaten dem erwähnten Modus entsprechend sei, beweist selbstverständlich nichts, Mejer Veto S. 31. 34. 50; Schulte S. 16. 25. 75; Friedberg Veto S. 37 ff. u. Staat etc. S. 395 ff.

[7] Verneint wird sie in den von ultramontaner Seite ausgegangenen Schriften, namentlich von Ketteler, Brück. Diese haben jedoch durch die angeführten Schriften von Herrmann, Schulte und Friedberg ihre Widerlegung gefunden und die dagegen gerichteten Ausführungen von Waenker, Hirschel und Rosner — über die Schrift von Hirschel vgl. auch die Recension Schultes i. Reusch, theolog. Literaturbl. 1870. S. 581 ff. — sind nicht geeignet, das gedachte Resultat zu erschüttern.

Den Kernpunkt des Streites bildet das Verhältniss der Bulle Ad dominici und des dazu erlassenen Breves Leos XII.: Re sacra v. 28. Mai 1827, u. A. bei Herrmann S. 72, Friedberg Staat, Aktenst. S. 244, (in der Ausfertigung für Rottenburg v. 22. März 1828 im Arch. f. k. K. R. 2, 279), das an der entscheidenden Stelle lautet: „Cum porro ex Ivonis Carnotensis monitu

der **hannoverschen** Bisthümer steht der Regierung oder dem Landesherrn ein solches Recht nicht zu[1], vielmehr nur die Befugniss, alle auf der Liste stehenden

florere inspiciatur et fructificare ecclesia, quando regnum et sacerdotium inter se conveniunt, vestrarum erit partium eos adsciscere quos ante solemnem electionis actum noveritis praeter qualitates caeteras ecclesiastico iure praefinitas, prudentiae insuper laude commendari nec serenissimo principi minus gratos esse". Die ultramontanen Schriftsteller vertreten die Ansicht, dass das Breve den Regierungen keine Rechte über die Bewilligungen der Bulle hinaus einräume und nur eine Ermahnung an die Kapitel enthalte, keine persona minus grata zu wählen. Eine solche Auffassung ist aber mit der Entstehungsgeschichte des Breves unvereinbar, vgl. darüber Herrmann S. 24. 49. Die Regierungen hielten ihre Interessen durch die Vorschrift der Bulle nicht genügend gesichert, weil, wie ausdrücklich in ihrer Note vom 4/7. September 1826 hervorgehoben wird, diese die Möglichkeit nicht ausschliesse, dass personae minus gratae auf die Bischofsstühle gelangen könnten, und verlangten deshalb nach dem Vorbild des für Preussen ergangenen Breves (s. S. 683) den Erlass eines solchen an die Kapitel, wonach diese sich hätten „à s'entendre avec les gouvernements respectifs avant l'élection aux sièges episcopaux ... afin que le choix ne tombe que sur des personnes qui aient l'agrément des gouvernements", Herrmann S. 58; Friedberg Aktenst. S. 151. Diese Forderung ist von der Kurie zugestanden worden, indem sie allerdings, wie schon früher, darauf hinwies, dass Kandidaten, welche die in der Bulle vorgeschriebenen Eigenschaften besässen, auch stets dem Landesherrn nicht minder genehm sein würden, Herrmann S. 63 ff.; Friedberg, Staat etc. S. 176. Das Breve ist demnach ein integrirender Bestandtheil der mit den Regierungen vereinbarten Organisationseinrichtungen der oberrheinischen Kirchenprovinz, und hat die Bedeutung, die Vorschriften der Bulle in dem Sinne zu erläutern, dass die Wahl einer persona minus grata überhaupt ausgeschlossen sein solle, während eine solche Interpretation der Bulle gegenüber nicht unanfechtbar war, ja der Wortlaut derselben ihr sogar entgegenstand. „Das Listenverfahren der Bulle ist der Modus, wie die Abwesenheit eines minus gratus konstatirt wird", Schulte S. 76, und „das Breve selbst tritt als Princip auf, welches das ganze Verhalten des Kapitels zu regeln hat", Friedberg, Veto S. 58; dessen Staat etc. S. 416. Die Regierungen brauchen daher eine Verletzung des ihnen in dem Breve eingeräumten Rechtes nicht zu dulden und sind befugt, eine Liste, welche nur die Wahl einer persona minus grata offen lässt, dem Kapitel zur Ergänzung oder Erneuerung zurückzugeben, umsomehr, als die Bulle, welche keineswegs blos eine einzige Liste vorschreibt, die Möglichkeit der Anfertigung einer neuen nicht ausschliesst, vgl. auch Herrmann S. 80; Friedberg Staat S. 414; derselben Ansicht Dove in Richter K. R. 7. Aufl. S. 531. Von ultramontaner Seite wird diesen Ausführungen entgegengehalten, dass damit den Regierungen ein direkter Einfluss auf die Wahlen eingeräumt werde, obwohl ein solcher gerade hätte vermieden werden sollen, und dass den letzteren nur das Recht zustehen könne, bei etwaiger Wahl einer missfälligen Person seitens des Kapitels den Papst im Beschwerdewege um Verweigerung der Bestätigung anzugehen (so auch Vering K. R. S. 539). Die erstere Behauptung ist haltlos, weil dem Kapitel, nach Feststellung der genehmen Kandidaten durch vorgängige Verhandlungen mit den Regierungen, mindestens die Auswahl unter zweien bleiben muss. Die Verweisung auf eine Beschwerde an den päpstlichen Stuhl widerspricht der Absicht, von welcher die Regierungen bei der Extrahirung des Breves geleitet worden sind, und eine solche würde praktisch auch erfolglos sein, da der Papst wegen des dem Gewählten zustehenden ius ad rem nach kanonischem Recht für die Regel die Konfirmation nicht verweigern kann, namentlich nicht aus dem Grunde, weil der Kandidat principi minus gratus ist, wie dies die Kurie übrigens ausdrücklich bei Ablehnung eines von Preussen geforderten Vetos gegen die vollzogenen Bischofswahlen erklärt hat, Schulte S. 31. n. 32.

Es ändert endlich an diesem Resultat nichts, ob man, wie Schulte, Herrmann, Friedberg und Dove davon ausgeht, dass die Konkordate und die mit der Kurie wegen der Circumscriptionsbullen getroffenen Vereinbarungen rechtsverbindliche Verträge zwischen dieser und dem Staate sind, oder ihre Rechtsverbindlichkeit bestreitet. Vorläufig haben die Regierungen, was ihnen freisteht, die Vereinbarungen noch als massgebend anerkannt, auch haben die Bullen ihre landesgesetzliche Geltung allein durch die publicirten Zustimmungen der Regierungen erhalten. Eine einseitige Interpretation derselben durch die Kurie, wie sie mehrfach zur Beschränkung der staatlichen Rechte im Verlaufe des Streites versucht worden ist, Friedberg Veto S. 49, brauchen sich die Regierungen daher nicht gefallen zu lassen. Die Breven für Preussen und die oberrheinische Kirchenprovinz sind allerdings nicht publicirt worden, aber ihr Erlass ist die Bedingung für die Anerkennung der vom Papst geschaffenen Organisation gewesen, und demnach haben die Bullen nur in der durch dieselben festgestellten Bedeutung landesgesetzliche Kraft erlangt, welche ihnen durch einseitigen Widerruf des Papstes nicht entzogen werden kann, und zwar jetzt umsoweniger, als die Regierungen kraft des Rechtes, ihrerseits allein gesetzliche Vorschriften über die Ausübung ihres Kirchenhoheitsrechtes bei den Bischofswahlen zu treffen, dem durch die Breven gewährten Exklusionsrecht in ihren neueren Gesetzen, badisch. v. 9. Oktober 1860. §. 8; würtemb. v. 30. Januar 1862. Art. 5; preuss. v. 11. Mai 1873. §. 29; hessisch. v. 23. April 1875, betr. d. Vorbildung d. Geistlichen. Art. 6, eine staatsrechtlich unanfechtbare Grundlage gegeben haben, vgl. Thudichum, deutsches Kirchenrecht 1, 274. 424.

[1] Hannover hat ein besonderes Breve neben der Bulle Impensa nicht erhalten. Ueber die Ver-

Kandidaten bis auf zwei auszuschliessen, sofern nicht etwa das Kapitel absichtlich blos personae minus gratae oder blos eine nicht missfällige [1] oder überhaupt so wenig Kandidaten auf die Liste gesetzt hat, dass die Ausübung der staatlichen Exklusive unmöglich wird [2].

In Betreff der altpreussischen Bisthümer haben sich die Wähler ebenfalls vor der Wahl darüber Gewissheit zu verschaffen, dass die für diese letztere in Aussicht zu nehmenden Persönlichkeiten dem Könige nicht missfällig sind [3].

Ueber die Berathung des Kapitels zur vorläufigen Auswahl der Kandidaten gilt das o. S. 683 Bemerkte, nur müssen dazu die Ehrendomherrn, welche in dem altpreussischen Kapitel wahlberechtigt sind [4], zugezogen werden [5]. Ein bestimmter Modus der Verständigung mit dem Landesherrn behufs Feststellung der genehmen und nicht genehmen Kandidaten ist nicht vorgeschrieben [6]. Seit 1841 ist allerdings die Ein-

handlungen in Betreff der letzteren vgl. Mejer, Veto S. 11; Herrmann S. 15; Friedberg Veto S. 36 und Staat etc. S. 63 ff.; auch Mejer, zur Gesch. d. röm. deutsch. Frage. Rostock 1874. S. 62 ff.

[1] Die Vorschrift der Bulle hat den Zweck, die Regierung gegen die Aufdrängung missfälliger Personen zu schützen, daher darf das Kapitel sein Recht nicht absichtlich in einer Weise ausüben, welches die Exklusive der Regierung von vornherein vereitelt. Diese Auffassung steht vollkommen in Einklang mit der für den Abschluss der Verhandlungen entscheidenden Note Consalvi's v. 27. Mai 1820, in welcher hervorgehoben war, dass in Folge der zu erfordernden Qualifikation der Kandidaten andere als schon bei einer früheren Anstellung für personae regi gratae erachtete Geistliche überhaupt nicht auf die Listen kommen würden, Mejer Veto S. 21; Friedberg Staat etc. S. 86.

[2] Ueber die Minimalzahl ist nichts festgesetzt, nur war in der in der vor. Note gedachten Mittheilung von Consalvi bemerkt, dass jedenfalls mehr als ein Kandidat auf der Liste bleiben müsse, Friedberg Staat etc. S. 86. Wenn die Regierung mindestens zwei als numerus sufficiens stehen lassen muss, so wird sie auch andererseits befugt sein, ihrerseits zwei zu streichen, und eine Liste mit wenigstens 4 Kandidaten zu verlangen, denn bei dreien ist die Ausübung der Exklusive so gut wie illusorisch, Friedberg Veto S. 44 u. Staat etc. S. 403.

[3] Das Nähere s. unten.

[4] O. S. 659. n. 1.

[5] So auch d. Minist. Reskr. v. 9. April 1842 bei v. Sybel a. a. O. S. 27 u. Friedberg Staat S. 242. Das Schreiben des Kardinals Lambruschini an das Trierer Kapitel v. 1837, Schulte S. 63; Friedberg, Staat, Aktenst. S. 162: „Cum ergo tractatus istiusmodi in bonum electionis tendant atque eo potissimum spectent, ut perpensis eligendorum meritis ius suffragii rite exerceatur, minime dubitari posse videtur, quin canonicis honorariis instante saltem electionis actu ea debeant patefieri, de quibus praecedenter a capitulo in rem fuerit consultatum“ beschränkt dagegen die Rechte der Ehrendomherrn unzulässiger Weise. Wenn ihnen von den eigentlichen Domherrn blos eine Mittheilung über das Resultat der Vorberathung in Betreff der dem König zu bezeichnenden Kandidaten zu machen ist, so wird ihnen die in ihrem Wahlrecht liegende Befugniss, auf die Feststellung der überhaupt zur Wahl gelangenden Kandidaten einen Einfluss zu üben, geschmälert, da sie namentlich durch ihre Stimmen die Berücksichtigung von Kandidaten, welche sonst nicht in Betracht gezogen werden würden, herbeiführen können. Das Breve: Quod de fidelium (s. folgende Note) ist freilich nur an die Kapitel gerichtet, aber in Bezug auf die Bischofswahl sind die Ehrendomherrn vollberechtigte Mitglieder derselben.

[6] Die Bulle: De salute animarum gewährt das Wahlrecht den Kapiteln von Köln, Trier, Breslau, Paderborn und Münster, und hält hinsichtlich der Kapitel von Ermland, Culm und Gnesen-Posen den bisherigen Modus aufrecht. In Ermland wurde schon früher vom Kapitel gewählt, jedoch war diese Wahl ebenso wie in Breslau eine Scheinwahl, da der Landesherr dem Kapitel den zu wählenden Bischof bezeichnete, Mejer Veto S. 37; Laspeyres Gesch. d. kath. Kirchenverfassg Preussens 1, 369; in Culm und Gnesen übte der Landesherr die Nomination, was vom päpstlichen Stuhle deshalb unbeanstandet zugelassen wurde, weil das Kapitel den Nominirten durch einen feierlichen, als Wahl bezeichneten Akt annahm und der Papst die Ernennung ohne Erwähnung dieser s. g. Wahl oder der Nomination vollzog, Mejer a. a. O.; Friedberg Veto S. 1. 5; Eichhorn, Ausführg d. Bulle De salute animarum. S. 78. 106; Friedberg Staat S. 44 ff. Diese Verschiedenheit ist aber durch eine Vereinbarung zwischen der Regierung und der Kurie v. 1841 beseitigt und für die gedachten 3 Bisthümer der hinsichtlich der übrigen geltende Besetzungsmodus eingeführt worden, Friedberg Veto S. 15. 76, Staat S. 61.

Bei der Negozürung der Bulle De salute hatte die preussische Regierung eingehende Verhandlungen behufs Erlangung eines staatlichen Einflusses auf die Besetzung der Bischofsstühle mit der Kurie geführt, Friedberg Veto S. 1 ff. Schliesslich einigte man sich i. J. 1820 dahin, dass in der Circumscriptionsbulle selbst nur der Wahlen durch die Kapitel gedacht werden, der Papst aber diese durch ein besonderes Breve anweisen sollte, sich vor der formellen Wahl zu

reichung einer Kandidatenliste üblich geworden, jedoch beruht die Zulassung dieses Modus lediglich auf der Konnivenz der Staatsregierung [1]. Es kann daher nicht dem geringsten Zweifel unterworfen sein, dass der König sämmtliche auf die Liste gesetzte Kandidaten verwerfen und die Einreichung einer solchen sogar wiederholt beanspruchen darf [2]. Andererseits ist das Kapitel ebensowenig an das Listenverfahren gebunden, und kann daher auch noch über andere als die bereits bezeichneten Kandidaten den Landesherrn um seine Aeusserung ersuchen [3].

Eine unter Verletzung des vorstehend erörterten staatlichen Ausschliessungsrechtes erfolgte Bischofswahl ist von staatlichem Standpunkt aus nichtig. In Folge dessen kann die Regierung dem Gewählten die staatliche Anerkennung und die von dieser abhängigen staatlichen Rechte und Privilegien versagen [4], seinen Amtshandlungen jede Rechtswirksamkeit absprechen [5], und nöthigenfalls auch die Ausübung der bischöflichen Rechte und Funktionen durch Zwangsmassregeln verhindern [6]. In Preussen ist eine solche schlechthin, in Baden und Hessen dagegen nur die öffentliche Ausübung der bischöflichen Funktionen mit Kriminal- (Geld- oder Gefängniss-) Strafe bedroht [7].

Was die sonstige Betheiligung der Regierungen bei der Besetzung der bischöflichen Stühle betrifft, so ist es in ganz Preussen

vergewissern, dass die Kandidaten dem Könige nicht missfällig seien, Friedberg Veto S. 8 ff. u. Staat S. 57 ff. Demgemäss ist das Breve Quod de fidelium als integrirender Theil der Bulle De salute unter gleichem Datum, wie diese erlassen, Friedberg Veto S. 12 und in besonderen Ausfertigungen den einzelnen Kapiteln durch die Regierung mitgetheilt, Friedberg Veto S. 13. 14. n. 13 u. Staat S. 58 ff., aber nicht mit der Bulle in der Gesetzsammlung publicirt worden.

1 Friedberg Staat S. 237 ff. Unter der Regierung Friedrich Wilhelms III. ist die Verständigung auf mündlichem Wege mit einem Kommissar der Regierung erfolgt, Friedberg Veto S. 26, und bis 1837 sind stets die von der letzteren bezeichneten Kandidaten gewählt worden, Friedberg Staat S. 220 ff. In neuerer Zeit hat der staatliche Wahlkommissar die etwa nöthig gewordenen Verhandlungen mit den Kapiteln geführt (s. unten).

2 Denn die preussische Regierung hat ausdrücklich die Einführung des irischen Wahlmodus, zu dessen Wesen die Liste gehört, abgelehnt, Friedberg Veto S. 8 und Staat S. 54. Daher heisst es auch in dem Breve Quod de fidelium nur: „vestrarum partium erit eos adciscere quos praeter qualitates caeteras ecclesiastico iure praefinitas prudentiae insuper laude commendari nec serenissimo regi minus gratos esse noveritis de quibus antequam solemnem electionis actum ex canonum regulis rite celebretis, ut vobis constet, curabitis". Wenn das aus Anlass der Kölner Vakanz ergangene Schreiben des Wiener Nuntius v. 26. September 1865, Friedberg Staat S. 261, im Auftrage des Papstes verlangt hat, dass die preussische Regierung mindestens 3 Kandidaten auf der Liste stehen lassen müsse, so war dies eine doppelt ungerechtfertigte Forderung.

3 Schulte S. 55 ff.; Friedberg Veto S. 17 ff. u. Staat S. 368 ff.; Dove in Richter K. R. S. 530. Unter allen Umständen ist aber die Einholung einer Aeusserung des Königs erforderlich. Das Breve soll die Bestellung missliebiger Bischöfe verhindern und über die Missliebigkeit kann im gegebenen Falle nur der König allein nach seinem Ermessen entscheiden, nicht aber das Kapitel auf Grund anderer von ihm berücksichtigten Umstände. Auch das Wort constet im Breve zeigt, dass es sich um objektive, nicht blos subjektive Gewissheit handelt, Schulte S. 56. 57; Friedberg Veto S. 24. Früheren Auslegungen in dem zuletzt gedachten Sinne ist übrigens die preussische Regierung stets entgegengetreten, Friedberg a. a. O. S. 25. n. 29 und die Kölner Differenz ist unter ihrer Zustimmung durch päpstliche Ernennung einer von ihr als nicht missfällig bezeichneten Person erledigt worden, Friedberg Staat S. 251 ff. Ueber einen ebenfalls ungerechtfertigten Versuch der Kurie, die Ablehnungsgründe ihrer Kognition zu unterwerfen, a. a. O. S. 258.

4 Also das aus Staatsfonds zu zahlende Gehalt einbehalten.

5 Z. B. den von ihm verfügten Pfarr-Errichtungen und Veränderungen, den Ernennungen zu Kirchenämtern, den Genehmigungen von Veräusserungen der Kirchengüter.

6 Sie kann ihm daher das bischöfliche Palais und die Kathedrale verschliessen lassen.

7 In Preussen trifft einen solchen Bischof, wenn er amtirt, die Strafe des §. 23 des Ges. v. 11. Mai 1873 (nicht die des §. 4 des Gesetzes vom 20. Mai 1874), vgl. meinen Kommentar zu d. preuss. Kirchengesetzen d. J. 1874 u. 1875. S. 51; badisches Gesetz v. 9. Oktob. 1860. §§. 8. 9 und v. 19. Februar 1874 Art. 3. §. 16a; hessisches Ges. betr. d. Vorbildg d. Geistlichen v. 23. April 1875. Art. 7. (Dove Ztschr. f. K. R. 1, 158; 12, 256; 13, 221).

ohne Unterschied der Bisthümer üblich, dass für die bevorstehende Wahl vom König [1] ein Wahlkommissar [2] ernannt wird. An ihn hat sich das Kapitel mit seinen Anfragen, ob die in Aussicht genommenen Kandidaten nicht personae minus gratae sind, zu wenden. Er lässt demselben die nöthigen Informationen auf Grund der vom Kultusminister eingeholten königlichen Entscheidung zugehen. Ferner hat er bei der eigentlichen Wahl die staatlichen Gerechtsame in der Weise wahrzunehmen, dass er zu dem mit ihm zu vereinbarenden Wahltermin erscheint [3], dem Kapitel die etwa noch erforderlichen Eröffnungen wegen der Personen der Kandidaten macht und demnächst, wenn die Wahl selbst, welcher er nicht anwohnt [4], vollendet ist, Namens des Königs die Erklärung über die Beanstandung oder Nichtbeanstandung derselben abgiebt [5]. Eine materielle Einwirkung auf die Wahl übt er nicht aus, seine Anwesenheit gewährt aber den Vortheil, dass wenn er keinen Einspruch zu erheben hat, das Kapitel sofort zur feierlichen Verkündigung des Wahlresultates in der Kirche schreiten kann [6].

Die Ertheilung der Konfirmation ist bisher zwar auf diplomatischem Wege vermittelt worden [7], indessen hat die Kurie trotzdem die Konfirmationsbulle nicht an die Gesandtschaft in Rom, sondern direkt an den Gewählten übersandt und der ersteren nur Nachricht davon gegeben.

Wenn der Gewählte die päpstliche Bestätigung erlangt hat, so extrahirt der Kultusminister die landesherrliche Anerkennungsurkunde [8] für ihn, jedoch wird dieselbe dem Bischof erst nach Ableistung des Treueides [9] ausgehändigt.

Die Fundationsinstrumente für die Bisthümer der oberrheinischen Kirchenprovinz [10] behalten dem Landesherrn gleichfalls die Abordnung eines Kommissars zur Wahl vor, und es soll ohne dessen Zustimmung weder die Verkündigung der Wahl noch irgend ein Schritt zur Vollziehung derselben geschehen [11]. Jetzt ist aber eine solche Absendung in Betreff der ausserpreussischen Bisthümer nicht mehr üblich [12]. Dagegen ist die Vorschrift noch in Geltung, dass der Gewählte vor der Konsekration den Unterthaneneid zu leisten und erst dadurch das Recht zur Ausübung des Bischofsamtes erlangt [13].

1 Auf Vorschlag des Kultusministers.

2 Als solche haben bisher die Ober-Präsidenten oder auch hochgestellte Katholiken, mitunter der Direktor der jetzt aufgehobenen katholischen Abtheilung des Kultusministeriums fungirt.

3 Dabei überreicht er das vom König vollzogene Beglaubigungs- und Ermächtigungsschreiben, während er für die Vorverhandlungen mit dem Kapitel durch ein Notifikatorium des Kultusministeriums legitimirt wird.

4 A. L. R. II. 11. §§. 982. 1052, wonach der landesherrliche Wahlkommissar die Wahl zu leiten hat, sind durch die Bulle De salute aufgehoben.

5 Darüber wird von ihm ein Protokoll in deutscher Sprache aufgenommen. Die Uebermittelung des Wahlprotokolles an die Kurie geschieht durch das Kapitel selbst. Der Wahlkommissar erhält aber beglaubigte Abschrift desselben, damit durch den Minister über das definitive Ergebniss an den König berichtet werden kann.

6 Da der Wahlkommissar nur geeigneten Falls die Erklärung abzugeben hatte, dass seitens des Königs kein Einspruch gegen die Wahl erhoben werde und früher meistens vorher eine Verständigung über die Kandidaten erzielt war, so ist die sofortige feierliche Verbindung die Regel gewesen.

7 Jetzt hält weder Preussen noch das deutsche Reich eine Gesandtschaft beim päpstlichen Stuhle, und es wird daher, so lange es dabei bleibt, das Kapitel allein die Konfirmation nachzusuchen haben.

8 Eine solche bei Friedberg Staat, Aktenst. S. 232.

9 Die frühere Fassung bei Friedberg a. a. O. S. 229, eine neue ist durch die V. v. 6. Dezember 1873 preuss. G. S. S. 479, Dove Ztschr. f. K. R. 12, 239 festgesetzt. Das Nähere s. unten.

10 §§. 1. 3. 4, s. o. S. 506. n. 1 u. S. 511. n. 9.

11 Ueber die Anwesenheit dieser Kommissarien bei den Wahlen Friedberg Staat S. 287. 290. 294. 296. 300.

12 In Betreff Freiburgs s. Maas im Arch. f. k. K. R. 7, 50, Rottenburgs Hauber i. Dove Ztschr. f. K. R. 2, 382. Er und Golther Staat u. Kirche in Würtemberg. Stuttgart 1874. S. 299 halten gegenüber dem Art. 4 des Gesetzes v. 1862 die Absendung eines Kommissars für unstatthaft, vgl. aber dagegen Friedberg Staat S. 422,

13 S. die Note 10 citirten Fundationsinstrumente,

In Oesterreich steht dem Kaiser ebenfalls hinsichtlich der beiden durch Wahl zu besetzenden Bisthümer (o. S. 658) die Exklusive nicht genehmer Kandidaten zu, und ein eigens zur Wahl abgesendeter Kommissar bezeichnet den Domherrn sogar die besonders genehmen Persönlichkeiten [1].

IV. Die Bestellung eines Koadjutors mit dem Recht auf Nachfolge (vgl. o. S. 252. 253) ist insofern eine anticipirte Besetzung des Bischofsstuhles, als eine solche durch seine Existenz beim Wegfall des betreffenden Bischofs ausgeschlossen ist und der coadiutor sofort als Bischof in das erledigte Amt eintritt. Da die Vereinbarungen zwischen den deutschen Regierungen und dem päpstlichen Stuhle über eine derartige Besetzung, bei welcher der coadiutor sofort das ius ad rem erwirbt, aber die Erlangung des ius in re für ihn bis zum Eintritt des gedachten Ereignisses suspendirt wird, nichts enthalten, so stellt sich dieser Besetzungsmodus als ein ausserordentlicher, nicht von vornherein ein für alle Mal staatlich genehmigter dar. Ohne Zustimmung der Regierung wird demnach nicht dazu geschritten werden können [2] und die Bestellung des Koadjutors ohne dieselbe ist nichtig.

Hinsichtlich der Person des einzusetzenden Koadjutors kommen die besonderen partikularrechtlichen Vorschriften über die Qualifikation zum Bischofsamt zur Geltung und ebenso wird, mag das Kapitel wählen oder der Papst den Koadjutor bestellen (s. o. S. 252), das Einspruchsrecht der Regierung gewahrt werden müssen.

Den staatlichen Treu- oder Huldigungseid, welchen die Bischöfe zu leisten haben, hat er aber erst dann abzulegen, wenn er in das bischöfliche Amt eintritt, weil ein solcher nur Bedingung der Ausübung desselben, nicht aber der interimistischen bischöflichen Verwaltung in Stellvertretung eines andern Bischofs ist.

Auch andere höhere Kirchenämter [3] als die bischöflichen Stühle werden noch heute durch Wahl besetzt. Soweit es sich dabei um Regular-Prälaturen handelt, ist auf die Lehre von der Verfassung der Orden zu verweisen. Was dagegen die weltlichen Prälaten betrifft, so sind diese immer zugleich Vorsteher eines Stiftes und es kommen für die Wahl derselben die Grundsätze, welche bei der Besetzung der Stiftsstellen massgebend sind, zur Anwendung.

wiederholt in dem gemeinsamen Edikt v. 30. Januar 1830 §§. 16. 17 und §. 7, welcher letzterer bestimmt, dass der Erzbischof von Freiburg sich, „bevor er in seine Amtsverrichtungen eintritt, gegen die Regierungen der vereinten Staaten in der Eigenschaft als Erzbischof eidlich zu verpflichten“ hat. Daran hat weder das badische Gesetz v. 1860 §§. 8. 17, noch das würtemb. v. 1862 Art. 4. 22 etwas geändert, s. auch Spohn, bad. Staatskirchenrecht S. 164.

[1] Friedberg Staat. S. 437 ff. Bei einer unter Verletzung dieses Ausschliessungsrechtes erfolgten Besetzung treten die S. 686 bezeichneten Folgen hier nur insoweit ein, als dem Gewählten allein die auf dem Staatsgebiete sich bethätigenden Rechte versagt werden und im Uebrigen nur die Entfernung desselben aus dem Amte vom Papst gefordert werden kann, weil die österreichische Gesetzgebung, s. Ges. v. 7. Mai 1874 §§. 3. 6. 8 davon ausgeht, dass der Staat nicht befugt ist, die Uebertragung eines Amtes, soweit es sich um den rein geistlichen Bereich handelt, seinerseits als ungültig zu behandeln, vielmehr die kirchliche Gewalt allein das Recht besitzt, ein von ihr übertragenes Amt, soweit die rein geistliche Seite in Frage steht, wieder zurückzunehmen, vgl. auch die Motive bei Gautsch v. Frankenthurm, d. konfessionellen Gesetze S. 52. 57.

[2] So auch Friedberg Staat S. 392. 425. Praktisch ist dies auch in dem einzigen bis jetzt und zwar in Preussen vorgekommenen Fall, s. o. S. 254. n. 9, beobachtet worden, v. Sybel, Recht des Staates bei Bischofswahlen S. 77; Friedberg a. a. O. Uebrigens hat auch die Kurie, als es sich um Bestellung eines Koadjutors für den Freiburger Erzbischof handelte, darüber mit der badischen Regierung verhandelt. Freilich ist es bis zur Einsetzung eines solchen nicht gekommen, v. Sybel S. 77; Friedberg S. 425.

[3] S. o. S. 370.

Anhang.

Innerhalb der altkatholischen Kirchengemeinschaft in Deutschland wird die Stelle des Bischofs ebenfalls durch Wahl besetzt. Diese steht der altkatholischen Synode unter Leitung des zweiten Vorsitzenden ihres Ausschusses, der s. g. Synodal-Repräsentanz, und in dessen Verhinderung eines anderen, von der letzteren bestimmten Laien zu [1].

Vor der Wahl hat die Synodal-Repräsentanz ein Verzeichniss der wählbaren Priester aufzustellen, nachdem sie sich vergewissert hat, welche Personen den Regierungen, die den Bischof schon anerkannt haben, minus gratae sind. Die letzteren können nicht gültig gewählt werden [2]. Die Liste der wählbaren Kandidaten wird den Wählern gedruckt zugestellt [3].

Nachdem festgestellt ist, dass im Wahllokale nur zur Wahl berechtigte Personen vorhanden sind [4], und der Vorsitzende einen Protokollführer ernannt hat, werden auf Vorschlag des ersteren drei Wähler zu Stimmzählern ernannt oder bei Widerspruch aus der Versammlung von dieser mit relativer Stimmenmehrheit gewählt. Diese geloben die wahrheitsgetreue Bekanntgebung der einzusammelnden Stimmen [5], und darauf leisten die Wähler selbst ein Gelöbniss dahin, demjenigen, welchen sie nach bestem Wissen für den tauglichsten halten, ihre Stimmen zu geben [6].

Demnächst erfolgt die Abstimmung mittels Zetteln, welche der jüngste Zähler einsammelt. Sie werden zunächst von dem ältesten Skrutator gezählt, dann laut verlesen und den beiden andern übergeben, während der Protokollführer die Namen der Kandidaten verzeichnet [7].

Als gewählt gilt derjenige, welcher die absolute Mehrheit der abgegebenen Stimmen auf sich vereinigt hat. Wenn diese bei dem ersten Wahlgange nicht erzielt ist, wird die Wahl so lange fortgesetzt, bis die gedachte Majorität erreicht ist [8]. Das Wahlprotokoll wird von allen Wählern unterschrieben [9].

Mit der gültig vollzogenen Wahl hat der Gewählte das feste Recht auf das Amt erlangt [10]. Ist er anwesend, so hat er sich sofort über Annahme der Wahl zu erklären, sonst binnen 4 Wochen nach mündlicher oder schriftlicher Benachrichtigung durch die Synodal-Repräsentanz. Die Nichterklärung gilt als Ablehnung. In diesem Fall ist eine Neuwahl zu veranlassen [11].

Mit der Annahme der Wahl ist das Bischofsamt erworben, jedoch hat der Gewählte vor der Ausübung seiner Funktionen, falls er anwesend ist, in Gegenwart der Synode oder im umgekehrten Falle vor Vertretern der Synode, welche von dieser gewählt sind, das Gelöbniss auf gewissenhafte Erfüllung der Pflichten eines Bischofs und insbesondere auf Beobachtung der Vorschriften der Kirchen- und Synodal-Ordnung abzulegen [12]. Demnächst bedarf es noch für ihn, damit er auch die Weiherechte ausüben kann, der Konsekration [13].

[1] Synodal- und Gemeinde-Ordn. §. 6.

[2] A. a. O. §. 7.

[3] A. a. O. §. 60.

[4] Zu diesem Behufe werden zur Legitimation beim Eintritt in das Wahllokal besondere Bescheinigungen an die Mitglieder ausgegeben, a. a. O. §§. 60. 61.

[5] A. a. O. §. 62.

[6] A. a. O. §. 63.

[7] A. a. O. §§. 64. 65.

[8] A. a. O. §. 66. Danach können auch solche, welche bei einem früheren Wahlgang nur eine relative Majorität oder gar keine Stimme erhalten haben, bei den ferneren Skrutinien mit in Betracht gezogen werden.

[9] A. a. O. §. 70.

[10] A. a. O. §. 69.

[11] A. a. O. §§. 67. 68.

[12] A. a. O. §. 8.

[13] Nähere Vorschriften darüber sind bis jetzt

Endlich ist von dem Bischof die staatliche Anerkennung nachzusuchen[1], und auch nöthigenfalls der staatlich vorgeschriebene Treueid zu leisten[2].

Ueber die Wahl eines nach kanonischem Rechte nicht tauglichen, aber dispensablen Kandidaten enthält die bisherige Ordnung keine Vorschrift. Die analoge Anwendung der Grundsätze der kanonischen Postulation ist indessen beim Fehlen eines zur Dispensation berechtigten Oberen unmöglich, die Ertheilung der letzteren muss vielmehr als durch die Wahl erfolgt gelten[3].

§. 132. *bb. Die Besetzung der Bisthümer durch päpstliche Ernennung.*

Dem Papst steht heute das freie Besetzungsrecht sämmtlicher Bisthümer des Königreiches Italien zu[4]. Ferner ernennt er die Bischöfe in den Missionsländern[5], sowie die Titularbischöfe[6].

nicht aufgestellt. Die Kommission des Central-Comités der Altkatholiken ist i. J. 1872 davon ausgegangen, dass zur Vornahme bischöflicher Amtshandlungen jeder zum alten katholischen Glauben, d. h. nicht zum Unfehlbarkeitsdogma sich bekennender, insbesondere ein armenischer oder jansenistischer Bischof angegangen werden könne und in Folge dessen hat der erste deutsche altkatholische Bischof 1873 von dem Bischof von Deventer unter Assistenz zweier Domkapitularen die Konsekration empfangen, Friedberg Staat S. 445. 447. Für die Folgezeit kann sie auch von dem christkatholischen Bischof der Schweiz ertheilt werden. S. u. Note 3.

[1] Dies ergiebt sich aus §. 12 a. a. O. und ist auch seitens des ersten deutschen altkatholischen Bischofs geschehen. Die Anerkennungsurkunden der preussischen, badischen und hessischen Regierung aus d. J. 1873 bei Friedberg, Staat, Aktenst. S. 254 und im Hauptband S. 448. n. 1. 2.

[2] Der Eid, welchen der erste altkatholische Bischof in Preussen geleistet hat, bei Friedberg a. a. O. Aktenst. S. 254. Die o. S. 687. n. 9 citirte V. v. 1873 ist aber auch für die altkatholischen Bischöfe massgebend. Für Baden Friedberg a. a. O. S. 377.

[3] Auch für die christ- oder altkatholische Kirche der Schweiz wird der Bischof — der erste ist i. J. 1876 bestellt und konsekrirt worden — von der Nationalsynode gewählt, Verfassg. d. christkath. Kirche d. Schweiz v. 14. Juni 1875. §§. 9. 22 u. Wahlreglement von demselben Tage, Gareis u. Zorn, Staat u. Kirche i. d. Schweiz. 2, LXV. LXXVII. 217.

[4] Früher nur des Kirchenstaates, während in Sardinien und Neapel das landesherrliche Nominationsrecht (s. §. 133) in Geltung war, Konkordat v. 1817 Art. 31 und v. 1818 Art. 27 b. Nussi conventiones p. 173. 186, und in Toskana vom Landesherrn 4 Kandidaten vorgeschlagen wurden, aus denen der Papst den Bischof auswählte, Friedberg, Gränzen zw. Staat u. Kirche. S. 724. In dem italienischen Garantiegesetz v. 13. Mai 1871 Art. 15, Friedberg a. a. O. S. 920: „È fatto rinunzia dal governo . . . in tutto il regno al diritto di nomina o proposta nella collazione dei benefizj maggiori", hat aber die Regierung auf alle diese Berechtigungen verzichtet, jedoch haben nach Art. 16 desselben die Bischöfe, mit Ausnahme derer der suburbikarischen Bisthümer, unter Vorlegung ihrer Ernennungsbullen das staatliche Exequatur von der Regierung einzuholen, um in den Genuss der weltlichen Rechte der Episkopate zu gelangen. Das nach Erlass des Gesetzes von der Kurie an die Bischöfe gerichtete Verbot, diesen geringfügigen Anforderungen der Staatsgesetzgebung nachzukommen, ist jetzt beseitigt, denn ein Dekret der Inquisitions-Kongregation v. 1876 erklärt, dass die Erfüllung der staatlichen Vorschriften geduldet werden könne, Acta s. sed. 10, 90.

[5] In Gemässheit der allgemeinen Regel, dass die Ernennung aller Missionsoberen in der Hand des Papstes, bez. der Propaganda ruht, Mejer Propaganda 1, 273 ff.; Nominationsrechte weltlicher Fürsten sind indessen auch in diesen Gebieten nicht ganz ausgeschlossen, vgl. d. folgenden §.

Für die irischen und englischen Bisthümer haben, wo Kapitel vorhanden sind (s. o. S. 361), die Domherren, sonst die Pfarrer der Diöcese unter dem Vorsitze des Metropoliten, bez. des ältesten Suffragans, der Provinz mittelst geheimer Wahl drei Kandidaten vorzuschlagen. Werden diese von den sämmtlichen Bischöfen der Provinz approbirt, so wählt der Papst aus ihnen den neuen Bischof, sonst ernennt er frei, für Irland Dekret der Propaganda v. 1829, Mejer a. a. O. 2, 24; Moroni dizionario di erudizione storico-eccles. 36, 92. 93; conc. Cassel. v. 1853. t. 2, conc. coll. Lac. 3, 831; für England Dekr. d. Propaganda v. 1852, coll. cit. p. 958. Rechtlich handelt es sich aber hier immer nur um eine den Papst nicht bindende Kommendation.

In Nordamerika und Kanada ist eine solche Kommendation ebenfalls üblich, jedoch in der Weise, dass die Bischöfe alle Jahre ihrem Metropoliten und der Propaganda solche Priester, welche sie zum Bischofsamt geeignet halten, bezeichnen und ausserdem der letzteren bei der Erledigung eines Bisthums durch die Provinzialsynode oder eine zu diesem Zwecke einberufene Versammlung der Bischöfe der Provinz weitere Kandidaten vorgeschlagen werden, Dekret der Propaganda v. 1861, l. c. 430. 688; vgl. auch Schneemann i. Arch. f. k. K. R. 22, 129 ff.

Der päpstlichen Ernennung geht, wie im Falle der Wahl, der Informativ-Process voraus, welcher aber bei der Kurie selbst angestellt wird [1]. Demnächst erfolgt die Präkonisation im Konsistorium und die Ausfertigung der erforderlichen Bullen [2]. Eine Ausnahme besteht aber in Betreff der Bischöfe, welche in den Missionsländern verwendet werden sollen, gleichviel ob sie für ein Missionsbisthum ernannt [3] oder blos zu episcopi in partibus infidelium befördert werden, da bei ihnen der Informativprocess von der Propaganda geleitet wird [4], und sie ohne Präkonisation im Konsistorium blos ein einfaches Ernennungsbreve erhalten [5].

Der in Aussicht genommene Kandidat kann selbstverständlich weder ein Recht auf Uebertragung des Amtes noch auf Ausübung der Jurisdiktion vor der Ernennung besitzen, vielmehr erlangt er erst mit der letzteren die Befugnisse, welche bei der Wahl durch die Konfirmation erworben werden.

Der Ernennung folgt die Konsekration, über welche der vorhergehende §. zu vergleichen ist.

§. 133. *cc. Die Besetzung der Bisthümer auf landesherrliche Ernennung, Nominatio regia.*

Ausser den in den vorigen §§. besprochenen Arten kennt das geltende Recht noch die Besetzung der Erzbisthümer und Bisthümer zufolge Bezeichnung des Kandidaten durch den Landesherrn, durch s. g. landesherrliche Ernennung oder *nominatio regia*. Sie kommt vor in Baiern [6], in Oester-

Die Patriarchal- und Bischofsstühle der unirten Orientalen werden durch Wahl besetzt, s. Th. I. S. 562 ff. Nach den Konstitutionen Pius' IX. Reversurus v. 12. Juli 1867 u. Cum ecclesiastica disciplina v. 31. August 1869, Acta s. sed. 3, 386; 5, 615; conc. coll. Lac. 2, 568 ff., vgl. übrigens auch Const. v. 6. Januar 1873 ibid. 7, 225, sollen indessen die Patriarchen von Cilicien und Babylon (Th. I. S. 565) erst nach der päpstlichen Konfirmation oder Admission die bischöfliche Jurisdiktion, und die vom Besitze des Palliums abhängigen Rechte (o. S. 31) erst nach dem Empfange des letzteren ausüben und daher nicht mehr sofort nach ihrer Wahl inthronisirt werden. Ausserdem ist durch die erwähnten Konstitutionen angeordnet, dass behufs der Besetzung der Bischofssitze in diesen beiden Patriarchaten künftighin eine unter dem Vorsitze des Patriarchen versammelte Bischofssynode, und in Verhinderungsfällen mindestens 3 Bischöfe des Patriarchalsprengels, welche eine eigene Diöcese mit Jurisdiktion haben, dem Papste drei Bischöfe zur Auswahl kommendiren sollen. Ueber die zum Theil aus Anlass dieser Verfügungen entstandenen Wirren vgl. Arch. f. k. K. R. 23, 484; 24, LXXX; Rattinger i. d. Stimmen aus Maria Laach 3, 29. 205. 372; P. Ormanian le Vatican et les Arméniens. Rome 1873, und über die Lossage des Patriarchen der Chaldäer von Rom und seine Exkommunikation Arch. f. k. K. R. 37, 297 ff.

6 S. o. S. 176.

1 Bangen, römische Kurie. S. 87 u. o. S. 672.

2 Bangen S. 89.

3 Wie z. B. die englischen, irischen und amerikanischen Bischöfe.

4 S. o. S. 672. n. 5.

5 Eine Ausnahme findet nur statt bei den orientalischen Patriarchen, Bangen S. 79. 262. Ueber das Ernennungsrecht des Erzbischofs von Salzburg auf die Suffraganbisthümer Gurk, Seckau und Lavant, s. o. S. 611.

6 Für alle Bisthümer, bair. Konkordat v. 1817 Art. 9: „Sanctitas sua attenta utilitate quae ex hac conventione manat in ea quae ad res ecclesiae et religionis pertinent, Maiestati regis Maximiliani Josephi eiusque successoribus catholicis per litteras apostolicas statim post ratificationem praesentis conventionis expediendas in perpetuum concedet indultum nominandi ad vacantes archiepiscopales et episcopales ecclesias regni Bavarici dignos et idoneos ecclesiasticos viros iis dotibus praeditos quas sacri canones requirunt. Talibus autem viris Sanctitas Sua canonicam dabit institutionem iuxta formas consuetas. Priusquam vero eam obtinuerint regimini seu administrationi ecclesiarum respectivarum ad quas designati sunt, nullo modo sese immiscere poterunt". In Betreff der Verhandlungen über diesen Artikel vgl. Mejer, zur Gesch. d. röm. deutschen Frage 2, 140; v. Sicherer, Staat u. Kirche i. Bayern. München 1874. S. 193 ff. 205. 220. 225. 228. 231. Das Indult v. 13. November 1817, bullar. Roman. contin. 14, 432, Arch. f. k. K. R. 38, 82 lautet: „tibi tuisque successoribus Bavariae regibus una cum subditis in sinceritate fidei et unitate s. romanae ecclesiae nec non obedientia nostra et successorum nostrorum romanorum pontificum canonice intrantium perseverantibus . . . indultum

reich[1], in Frankreich[2] und in den katholischen Staaten Mittel- und Südamerikas[3].

Das Nominationsrecht beruht überall auf päpstlichem Indult. Es wird herkömmlicher Weise von der Kurie nur katholischen Regenten[4] gewährt. Bei Missionsbisthümern ist es principiell nicht ausgeschlossen[5]. Juristisch stellt es sich nach den neueren Indulten nur als Präsentationsrecht dar[6], d. h. der Landesherr überträgt

nominandi ecclesiasticas personas probas, bonorum nominis et famae ac secundum sacrorum canonum et concilii Tridentini decretorum idoneas ad VIII ecclesias regni Bavariae . . . quotiescumque illas quovis modo et ex quorumcumque etiam S. R. E. cardinalium personis etiamsi in romana curia vacare contigerit, per nos et romanos pontifices successores nostros praedictos iisdem ecclesiis . . . ad nominationem huiusmodi praeficiendos tenore praesentium de speciali dono gratiae concedimus et assignamus". Vgl. auch Friedberg Staat S. 353; v. Oberkamp, d. königl. Nomination d. Bischöfe i. Bayern. Mainz 1878; Hergenröther i. Arch. f. kath. K. R. 39, 199 ff.

1 Art. 19 des aufgehobenen Konkordates v. 1855: „Maiestas sua Caesarea in seligendis episcopis quos vigore privilegii apostolici a serenissimis antecessoribus suis ad ipsam devoluti a s. sede canonice instituendos praesentat seu nominat, imposterum quoque antistitum imprimis comprovincialium consilio utetur", bei dessen materiellen Vorschriften es nach §. 3 des Ges. v. 7. Mai 1874, Bestimmgen z. Reglg d. äuss. Rechtsverh. d. kath. Kirche, verblieben ist, bindet den Kaiser bei der Auswahl der Kandidaten an den Beirath der Komprovinzialbischöfe. Eine Anzahl der im Art. 19 in Bezug genommenen Privilegien sind bei Ginzel K. R. 2, 20. n. 2 verzeichnet. In Betreff des Lemburger Erzbisthums armenisch-katholischen Ritus ist der vom Kaiser zu präsentirende Kandidat aus drei vom Kathedral-Klerus gewählten Geistlichen zu nehmen, Indult v. 1819 i. bull. Roman. cont. 15, 249. Das Nominationsrecht ist ausgeschlossen für die S. 658. 612. erwähnten Bisthümer. S. auch Friedberg a. a. O. S. 437.

2 Französisches Konkordat v. 1801. Art. 4. 5. 16. 17, wonach dem ersten Konsul und seinen Nachfolgern das Nominationsrecht für den Fall, dass diese Katholiken sind, eingeräumt wird. Das Recht ist später durch die französischen Herrscher ausgeübt worden, jetzt nominirt der Präsident der Republik, Acta s. sed. 9, 273. 274. 276. 279. 325. 502; 10, 213.

Die Frage, ob das Nominationsrecht für die Bisthümer Metz und Strassburg nach Abtretung von Elsass-Lothringen an das deutsche Reich i. J. 1871 auf den deutschen Kaiser, obwohl dieser Protestant ist, hat übergehen können, ist dadurch erledigt, dass die Kurie i. J. 1872 das Konkordat für hinfällig erklärt und die Reichsregierung diese Auffassung ihrerseits acceptirt hat, Dove i. seiner Ztschr. f. k. K. R. 11, 91; Vering K. R. S. 209. Die organischen Artikel 16—18 sind zwar damit nicht beseitigt, sie sprechen indessen der Regierung das Nominationsrecht nicht zu, setzen es vielmehr nur stillschweigend voraus. Gegen die Einsetzung von personae minus gratae, welche unter den obwaltenden Verhältnissen nur direkt vom Papst ausgehen könnte, gewähren aber Art. 1 und 18 insofern genügenden Schutz, als danach neu ernannte Bischöfe vor Ertheilung des staatlichen Placets zur Einsetzungsbulle keine Amtshandlungen vornehmen dürfen. Vgl. auch Friedberg a. a. O. S. 463 ff.

3 S. die Konkordate mit Costarica v. 1852. Art. 7; Guatimala v. 1852. Art. 7; Haiti v. 1860. Art. 4; Venezuela v. 1862. Art. 7. 8; Nicaragua v. 1861. Art 7; S. Salvador v. 1862. Art. 7, Nussi conventiones p. 299. 305. 346. 357. 363. 368.

Darüber, ob das in Spanien und Portugal vorkommende s. g. Nominations- oder Präsentationsrecht ein Ausfluss eines wirklichen Patronates über die Bisthümer dieser Länder ist, s. unten in der Lehre vom Patronate. In den Konkordaten mit Costarica, Venezuela, Nicaragua und S. Salvador wird das Recht der Regierungen zwar auch als ius patronatus bezeichnet, in allen mit Ausnahme desjenigen für Venezuela aber zugleich durch die Beifügung: seu privilegium proponendi idoneos viros zu erkennen gegeben, dass es sich hier blos um ein s. g. Nominationsrecht handelt. Darauf beschränkt sich auch das für Venezuela gewährte „ius patronatus et privilegium proponendi episcopos iuxta rationem quae in praesente conventione constituitur". Dass überall lediglich ein laxer, das Patronatrecht mit einem Vorschlagsrecht identificirender Sprachgebrauch vorliegt, zeigt deutlich das Konkordat mit Ecuador v. 1862. Art. 12, Nussi p. 352. Dasselbe gewährt dem Präsidenten der Republik das Recht, aus dreien von den Provinzialbischöfen binnen 6 Monaten nach der Vakanz zu bestimmenden Kandidaten einen dem Papste innerhalb weiterer 6 Monate vorzuschlagen, und bezeichnet dieses Recht trotzdem ebenfalls als iuspatronatus.

4 Nicht protestantischen oder schismatischen Regierungen, Esposizione dei sentimenti di Sua Santità v. 1819, Nr. 15, Münch Konkordate 2, 389; bairisches und französ. Konkordat, s. S. 691. n. 6 u. oben Note 2; Breve für Trient u. Bozen v. 1822. bull. Roman. cont. 15, 573. Allerdings hat bei den würtembergischen Konkordatsverhandlungen i. J. 1807 der Nuntius della Genga, nachmals Papst Leo XII., dem König von Würtemberg ein solches Recht einräumen wollen, Mejer, Konkordatsverhandlungen Würtembergs. Stuttgart 1859. S. 39; desselb. zur röm. deutschen Frage 1, 274.

5 Beispiele bei Mejer Propaganda 1, 275.

Auch für andere höhere Missionsämter kommt ein landesherrliches Vorschlagsrecht vor, so für die Stelle des apostolischen Vikars in Sachsen, s. o. S. 358.

6 In vielen Indulten, s. z. B. die für Budweis v. 1785. §. 10 und für Triest v. 1791. §. 14,

nicht durch seine Benennung unter etwaigem Vorbehalt einer Prüfung und Bestätigung des Papstes das bischöfliche Amt, vielmehr bezeichnet er nur die Person, welcher er das Amt verliehen zu sehen wünscht, und der Akt der Uebertragung vollzieht sich erst mit der institutio canonica des Papstes [1].

Der vorgeschlagene Kandidat muss die erforderlichen Eigenschaften für das Bischofsamt besitzen [2]. Die Frist für die Nomination ist in den Indulten verschieden, theils auf drei Monate [3], theils auf ein Jahr festgesetzt [4]. Nur einem tauglichen und rechtzeitig präsentirten [5] ist der Papst die Institution zu ertheilen verpflichtet, und dies selbst dann, wenn etwa ein Ausnahmefall, welcher ihn zur Verweigerung der Konfirmation bei der Wahl berechtigen würde, vorliegen sollte [6]. Dagegen steht die Zulassung der Nomination eines nur postulationsfähigen Kandidaten (s. o. S. 677) lediglich in seinem Ermessen.

Ein ius ad rem erlangt der Vorgeschlagene durch die Nomination nicht [7], vielmehr kann der Landesherr dieselbe noch so lange zurückziehen, als sie der Kurie nicht offiziell zur Kenntniss gebracht worden ist [8].

Das Recht der Nomination ist für den jedesmaligen Erledigungsfall konsumirt,

bull. Roman. cont. 7, 445 u. 9, 60, ebenso im österr. Konkordat wird es als ius nominandi seu praesentandi, in den neueren amerikanischen Konkordaten (s. S. 692, n. 3) als ius proponendi bezeichnet.

1 Diese Befugniss ist dem Papst in den Indulten und Konkordaten, auch in solchen, in denen blos der Ausdruck: ius nominandi vorkommt, ausdrücklich vorbehalten, vgl. die citirten Konkordate mit Baiern, Frankreich, Sizilien und Haiti. Dieselbe Bedeutung hat die in den Indulten, z. B. im bairischen (S. 691. n. 6), und in dem für Budweis (s. vor. Note) vorkommende Wendung: „nominandi personas per romanos pontifices ecclesiis cathedralibus praeficiendas“.

2 Das ist selbstverständlich, wird aber gewöhnlich in den Indulten und Konkordaten besonders hervorgehoben, s. auch Trid. Sess. XXIV. c. 1 de ref.

3 Die regelmässige Frist für die Besetzung der bischöflichen Stühle, sie ist unter der Klausel der Indulte, s. z. B. die citirten für Budweis und Triest: „intra tempus a iure praefixum“ zu verstehen.

4 So in den Konkordaten mit Costarica, Guatimala und Nicaragua.

Fehlt es an einer Bestimmung, so wird nöthigenfalls der säumigen Regierung eine Frist von angemessener Dauer gestellt werden können.

5 Den zu spät benannten kann die Kurie zurückweisen, so ausdrücklich festgesetzt im Konkordat mit Ecuador Art. 12; indessen geschieht dies nicht leicht, da bei den Fürsten ein gerechtfertigter Grund zur Zögerung vorausgesetzt wird, s. Richters Tridentinum S. 456. n. 18; Riganti comm. in reg. XLII canc. n. 42.

6 Entgegengesetzter Meinung Schulte K. R. 2, 232. 233; Hergenröther a. a. O. S. 212. Die Besetzung durch Wahl ist aber etwas principiell von der landesherrlichen Nomination verschiedenes, und nach dem Wortlaut der Konkordate und Indulte genügt die Präsentation einer persona idonea. Daher ist auch im Konkordat mit Haiti v. 1860 ausdrücklich die Zurückweisung einer solchen dem Papste vorbehalten. Die Kurie hat allerdings früher die Auffassung geltend gemacht, dass die Institution lediglich Gewissenssache des Papstes sei und er daher dieselbe auch einem geeigneten Kandidaten zu versagen berechtigt sei, G. J. Phillips, Regalienrecht in Frankreich S. 292. 378. Damit verliert aber das Nominationsrecht jeden praktischen Werth, und wird zu einem blossen Supplikationsrecht, welches in früherer Zeit ebenfalls mehrfach an Fürsten durch päpstliche Indulte verliehen worden ist, s. o. S. 597. n. 14; Riganti ad reg. canc. II. §. 1. n. 130; Hergenröther a. a. O. S. 201.

Erfolgt eine Ernennung durch den Papst unter Verletzung des Nominationsrechtes, so wird die betreffende Regierung diese nach näherer Massgabe des o. S. 686 u. S. 688. n. 1 Bemerkten als nichtig behandeln können.

7 Es ist daher schief, wenn behauptet wird, dass die landesfürstliche Ernennung die Natur der Wahl annimmt und dieselben rechtlichen Wirkungen, wie diese hervorbringt, so Helfert, Besetzung der Beneficien S. 94. Dagegen auch Benedict. XIV. de synodo dioec. II. 5. n. 3, welcher der Verleihung des Papstes in diesen Fällen die Bedeutung der electio und confirmatio zuschreibt.

8 Ginzel K. R. 2, 195. Das Variationsrecht, d. h. ein Recht zur nachträglichen Präsentation weiterer Kandidaten innerhalb der Frist, steht dem Landesherrn nicht zu, dies ist eine Singularität des Laienpatronates. Allerdings ist der Papst nicht gehindert, wenn er will, auf weitere vom Landesherrn benannte Personen Rücksicht zu nehmen, da der zuerst Nominirte selbst keinen Anspruch auf Uebertragung des Bisthums erlangt.

wenn der Kandidat begründeter Weise zurückgewiesen worden ist und die ursprüngliche Frist für eine zweite Nomination nicht mehr zureicht [1].

Vor der Ertheilung der institutio canonica wird der Informativprocess angestellt (s. o. S. 672), und der Nominirte darf, ehe er dieselbe erlangt hat, keinen Akt der bischöflichen Jurisdiktion vornehmen [2]. In Baiern [3], Oesterreich [4], Frankreich und Elsass-Lothringen [5] bedarf es dazu ausserdem noch der Ableistung des Treueides gegen den Landesherrn, und in den zuletzt gedachten beiden Ländern der Vorlegung der Ernennungsbulle an die Regierung und der Genehmigung derselben [6].

Aus den S. 688 entwickelten Gründen wird in denjenigen Ländern, in welchen das Nominationsrecht in Geltung steht, die Bestellung eines Koadjutor cum spe succedendi ebenfalls nur auf landesherrliche Ernennung erfolgen können [7].

b. Die Besetzung der übrigen Aemter.

§. 134. *aa. Die Besetzung der Kanonikate und anderen Stiftsstellen* *.

Die Art der Besetzung der Stellen in den Dom- und Kollegiatkapiteln ist heute nicht minder verschieden, als im Mittelalter.

I. Wie o. S. 614 dargelegt ist, gilt als gemeinrechtlicher Modus für die Besetzung der Kathedral-Kanonikate die collatio simultanea des Bischofs und des Kapitels.

Die Vergebung steht also beiden Theilen in solidum zu. Bei ihrer Gleichberechtigung kann eine Besetzung nur unter beiderseitiger Uebereinstimmung hinsichtlich der Person des Kandidaten zu Stande kommen. Das Kapitel hat selbstverständlich seine Willensmeinung als Ganzes zu erklären und demgemäss eine Wahl der von ihm ausersehenen Persönlichkeit in einer ordnungsmässig berufenen Sitzung vorzunehmen.

Die Initiative zur Bezeichnung des Kandidaten kommt keinem Theile ausschliesslich zu. Jeder ist befugt allein damit vorzugehen oder mit dem anderen in eine Vorverhandlung behufs Erzielung eines Einverständnisses zu treten. Der Bischof muss ferner für berechtigt erachtet werden, das Kapitel zu diesem Zweck zusammenberufen und in der betreffenden Sitzung das Präsidium zu führen [8], weil dabei nicht eine ausschliesslich zum Ressort des Kapitels gehörige Angelegenheit in Frage steht.

Aus dem Begriffe der simultanea collatio folgt weiter, dass wenn der eine Theil

[1] Dann tritt also Ernennung seitens des Papstes ein, sofern der letztere nicht eine nochmalige Nomination gestattet.

[2] Dies ist die Konsequenz der allgemeinen Regel, s. o. S: 693. Uebrigens ist der Grundsatz auch in fast allen citirten Konkordaten ausgesprochen und durch die Const. Pii IX.: Romanus pontifex pro munere v. 28. August 1873, Acta s. sed. 7, 401, Arch. f. k. K. R. 31, 181 von Neuem eingeschärft worden. — In Ungarn konnten allerdings die landesherrlich ernannten Bischöfe (hier auch episcopi electi genannt) schon vor der Institution Jurisdiktionsrechte ausüben, indessen kommt dies jetzt nicht mehr vor, Cherrier, enchirid. iur. eccles. ed. 4. Pest. 1855. 2, 100; Ginzel 2, 195; Schulte K. R. 2, 233. n. 4.

[3] Konkordat Art. 15, Silbernagl, Verfassg sämmtl. Religionsgesellschaften i. Bayern. S. 35.

[4] Konkordat Art. 20.

[5] Konkordat Art. 6; organische Artikel 13. Vgl. ferner Konkordat mit Haiti Art. 5.

[6] S. o. S. 692. n. 2.

[7] Dem entspricht auch die Praxis der Kurie, s. Acta s. sed. 9, 445 (betr. Frankreich).

* Vgl. die Literaturangaben zu §§. 80 ff. u. §. 126; ferner S. C. Schmidt (praes. Achatio, resp. J. Chr. Hartung) diss. de collatione canonicatus inferioris quatenus differt a collatione ecclesiae cathedr. Jenae 1752; Garcias tract. de benef. P. V. c. 4. n. 52 ff.

[8] Leuren. for. benef. P. II. qu. 671. Dagegen darf der Bischof dem Kapitel die Frist zur Besetzung nicht verkürzen oder gar versuchen, es zur Vornahme der Besetzung zu zwingen.

während der Besetzungsfrist einen Kandidaten ernannt, der andere aber die Frist versäumt hat, mit der Ernennung des ersteren die Besetzung rechtsgültig vollzogen ist [1], und dass eine Devolution der letzteren allein bei beiderseitiger Zögerung oder bei nicht erfolgter Vereinigung eintritt [2]. Die Besetzung durch einen Theil ist ferner gültig, wenn der andere rechtlich oder faktisch (z. B. durch Exkommunikation oder durch Suspension hinsichtlich des Rechtes der Benefizienverleihung) verhindert ist [3].

Eine Theilung der Ausübung des Rechtes zwischen dem Bischof und dem Kapitel auf dem Wege besonderer Vereinbarung erscheint statthaft. So kann z. B. festgesetzt werden, dass beide Theile mit der ausschliesslichen Vergebung nach einer bestimmten Reihenfolge [4] abwechseln oder es können jedem Theile bestimmte Stellen zu einer solchen überwiesen werden. Das Recht des Turnarius wird im ersten Fall nur durch die Annahme des Kanonikates seitens des Kandidaten konsumirt. Wenn und so lange der eine der Betheiligten fortgefallen ist, bleibt eine Theilung der Ausübung selbstverständlich ausgeschlossen und daher gilt eine während eines solchen Zeitraums vorgenommene Besetzung als nicht im Turnus erfolgt [5].

Die Kanonikate in den Kollegiatstiftern werden nach gemeinem Rechte durch Wahl des Kapitels und darauf folgende Institution des Bischofs besetzt, s. o. S. 614. 615.

II. In Deutschland findet der gemeinrechtliche Modus der Besetzung keine Anwendung.

Für die Bisthümer der oberrheinischen Kirchenprovinz [6] und Hannovers [7] ist durch die betreffenden Circumscriptionsbullen, welche auch hierbei den Landesherren oder der Regierung das Ausschlussrecht hinsichtlich der personae minus gratae wahren, bestimmt, dass für die Stelle des Dekans, für die Kanonikate und Domvikariate alternativ in dem einen Vakanzfall der Bischof, in dem anderen das Kapitel dem Landesherrn oder der Regierung binnen 6 Wochen nach eingetretener Erledigung 4 Kandidaten vorschlagen und dass nach der Streichung der nicht

[1] Weil angenommen werden muss, dass der Zögernde mit der einseitigen Besetzung einverstanden ist, Garcias P. V. c. 4. n. 42; Barbosa de canonicis c. 14. n. 3; Bouix de capitulis p. 232.

[2] c. 15 (Inn. III.) X. de conc. praeb. III. 8.

[3] c. un. (Bonif. VIII.) in VIto ne sede vacante III. 8 und o. S. 242.

[4] Z. B. alternirend bei jedem Vakanzfalle oder nach der Erledigung in dem einen oder andern Monat, Leuren. P. II. qu. 582.

[5] Wenn das Kapitel bei einer durch den Tod des Bischofs eingetretenen Vakanz des Bisthums ein Kanonikat verliehen hat, so besetzt es das nächste erledigte wieder, wenn es beim Fortleben des Bischofs für diesen Fall an der Reihe gewesen wäre, Bouix l. c. p. 235. 236.

[6] Bulle: Ad dominici gregis v. 1827: „quotiescumque decanatus aut canonicatus vel vicariatus vacaverint, archiepiscopus vel episcopus cum respectivo capitulo alternis vicibus infra sex hebdomadas a die vacationis proponent summo territorii principi quatuor candidatos in sacris ordinibus constitutos iisque praeditos qualitatibus, quas sacri canones in capitularibus requirunt. Quodsi forte aliquis ex ipsis candidatis summo territorii principi minus sit gratus, id quam primum archiepiscopo vel episcopo vel respectivo capitulo idem summus princeps indicari curabit, ut ab elencho candidatorum deleatur: tunc vero archiepiscopus aut episcopus ad collationem decanatus, canonicatus aut praebendae vel vicariae seu respective capitulum infra quatuor hebdomadas procedet ad nominationem unius ex reliquis candidatis, cui archiepiscopus aut episcopus canonicam dabit institutionem“.

[7] Bulle Impensa v. 1824: „Quotiescumque vero decanatus aut canonicatus vel vicariatus in cathedralibus vacaverit, episcopus et capitulum alternis vicibus intra sex hebdomadas a die vacationis proponent quatuor candidatos supra enuntiatis praeditos qualitatibus. Quodsi forte aliquis ex ipsis candidatis gubernio invisus aut suspectus sit, id quamprimum episcopo respective aut capitulo indicari poterit, ut expungatur: tunc autem episcopus ad collationem decanatus, canonicatus aut vicariatus vel respective capitulum intra quatuor hebdomadas procedet ad nominationem unius ex personis gubernio non invisis nec suspectis cui episcopus canonicam dabit institutionem“.

genehmen der Bischof oder das Kapitel aus den nicht beanstandeten Kandidaten einen ernennen, sowie dass der erstere dem vom Kapitel nominirten die Institution ertheilen soll.

Von einer gemeinrechtlichen, etwa nur der Ausübung nach getheilten collatio simultanea ist hier nicht die Rede. Sowohl der Bischof, wie auch das Kapitel übt die Ernennung für jeden fraglichen Erledigungsfall kraft eigenen Rechtes aus. Daher muss die während der Vakanz des bischöflichen Stuhles dem Bischof zufallende Kollation seinem Nachfolger vorbehalten bleiben [1]. Ebensowenig kann bei Nachlässigkeit oder Verhinderung des einen Theiles die Ernennung auf den anderen übergehen. Darüber, was in solchen Fällen geschehen soll, ist nichts bestimmt. Da aber der sechswöchentliche Zeitraum für die Bezeichnung der Kandidaten an die Regierung nur den Charakter einer Ordnungsfrist hat, so wird nöthigenfalls der Bischof das Kapitel, und der Papst den Bischof zur Vornahme der Designation anhalten müssen, und wenn dies keinen Erfolg hat oder haben kann (z. B. der Bischof exkommunicirt ist), mit der Regierung eine Vereinbarung darüber zu treffen sein, wer in einem solchen Falle die Kandidatenliste zusammenzustellen hat [2].

Ueber den Umfang und die Ausübung des Exklusionsrechtes kommen in der oberrheinischen Kirchenprovinz dieselben Regeln wie bei den Bischofswahlen zur Anwendung [3]. In Hannover kann die Regierung stets zwei Kandidaten von der Liste streichen, alle aber dann, wenn absichtlich nur personae minus gratae vorgeschlagen worden sind [4].

Der Zeitraum von 4 Wochen, welcher für die Nomination, bez. Kollation festgesetzt ist und von der Feststellung der genehmen Persönlichkeiten an abläuft, tritt an Stelle der gemeinrechtlichen Frist und mangels einer besonderen Bestimmung wird bei seiner Versäumung die Devolution nach den Grundsätzen des gemeinen Rechts einzutreten haben [5].

Die Bulle: De salute animarum für die altpreussischen Bisthümer setzt einen Modus fest, bei welchem die früher vorkommenden päpstlichen Reservationen theilweise aufrecht erhalten sind.

Die Propstei und die in den (s. g. päpstlichen) Monaten Januar, März, Mai, Juli,

[1] S. o. S. 241.

[2] Denn von einer Frist, auf welche das Devolutionsrecht anzuwenden wäre, ist hier nicht die Rede, und der Regierung kann es nicht gleichgültig sein, wer die Liste, welche eine entscheidende Bedeutung für die Feststellung des künftigen Kandidaten hat, anfertigt.

[3] S. o. S. 683. Das Breve: Re sacra (S. 683. n. 7) bezieht sich auch auf die von den Kapiteln zu den hier fraglichen Stellen vorzunehmenden Wahlen: „id ob oculos habeatis opus est, quando . . . ius erit vobis collegas eligendi" und das für die bischöfliche Auswahl seinem Wortlaut nach allerdings nur die ersten Besetzungsfälle betreffende Breve Leos XII. v. 21. Mai 1827, Herrmann, staatl. Veto S. 71, Arch. f. k. K. R. 2, 278 soll nach der Versicherung der Kurie fortdauernd als allgemeine Norm dienen, Herrmann S. 70. 71. Die Fundationsinstrumente für die oberrheinischen Bisthümer, s. S. 511. n. 1. S. 506. n. 9 schreiben vor, dass der Kandidat dem Landesherrn wohlgefällig sein müsse. Eine materielle Abweichung von der im Text vertretenen Auffassung liegt darin nicht, denn der Ausschluss der personae minus gratae hat die praktische Folge, dass nur personae gratae gewählt werden können. Die ferner in diesen Instrumenten vorbehaltene Absendung eines Kommissars zur Verhandlung über die Nomination ist jetzt nicht mehr üblich. Ebenso ist das dort weiter für die Regierung in Anspruch genommene Bestätigungsrecht des Nominirten oder Instituirten durch die Gesetze Badens, Würtembergs, Preussens und Hessens von 1860, 1862, 1873 und 1875 entfallen, wogegen dieselben andererseits das Exklusionsrecht der Regierungen ebenso wie hinsichtlich der Bischofswahlen ausdrücklich sanktioniren, s. o. S. 683. n. 7.

[4] Auch hier gilt dasselbe wie bei den Bischofswahlen, s. o. S. 684.

[5] Die Note 2 hervorgehobenen Gesichtspunkte sind für diesen Fall nicht massgebend, insbesondere erscheint es für die Regierung gleichgültig, wer nach Feststellung der nicht genehmen einem der unbeanstandeten Kandidaten die Nomination oder Kollation ertheilt.

September und November erledigten Kanonikate an den Kathedralen und an dem Kollegiatstift zu Aachen soll der Papst auf die beim Breslauer Kapitel hergebrachte Weise, die Stelle des Dekans aber und die in den übrigen Monaten vakant werdenden Kanonikate, sowie sämmtliche Domvicariate der Bischof besetzen [1].

Der Breslauer Modus bestand seit den Zeiten Friedrichs des Grossen darin, dass unter Trennung der Bezeichnung der Person und der Verleihung die erstere in der Form einer Nomination vom Landesherrn ausgeübt wurde [2].

Mit Rücksicht hierauf hat seit dem Inkrafttreten der Bulle der König für die gedachten Stellen ernannt, und der Papst auf Grund eines Tauglichkeitszeugnisses des Bischofs, die Verleihungs-Urkunde oder die s. g. Proviste [3] ertheilt, in welcher indessen der landesherrlich erfolgten Nomination nicht gedacht wird [4].

In Baiern ist die Besetzung der Propstei an den erzbischöflichen und bischöflichen Kirchen dem Papst vorbehalten. Für die Stelle des Dechanten und die in den sechs päpstlichen Monaten erledigten Kanonikate ernennt der Landesherr, für die in den Monaten April, August und Dezember vakanten das Kapitel, für die in den übrigen Monaten (Februar, Juni und October) frei gewordenen, sowie für die Chorvikariate der Bischof oder Erzbischof [5].

[1] „a nobis et Romanis pontificibus successoribus nostris praepositura . . . in supra memoratis archiepiscopalibus et episcopalibus ecclesiis necnon in ecclesia Aquisgranensi . . . itemque canonicatus in mensibus Januarii, Martii, Maii, Julii, Septembris ac Novembris in praefatis ecclesiis vacantes conferentur quemadmodum in capitulo Wratislaviensi hactenus factum est, quod vero ad decanatus in praedictis metropolitanis et cathedralibus ecclesiis et ad canonicatus tam in ipsis quam in dicta Aquisgranensi ecclesia . . ., in aliis VI mensibus vacantes ab archiepiscopis et episcopis respective conferentur. Vicariatus autem seu praebendatus in praedictis ecclesiis quocumque mense vacaverint, respectivorum archiepiscoporum et episcoporum collationi relinquimus".

[2] Laspeyres Gesch. u. Verf. d. kath. Kirche Preussens. S. 369.

[3] Der wesentliche Theil einer solchen lautet: „Nos tibi . . . praemissorum meritorum tuorum intuitu specialem gratiam facere volentes teque a quibusvis excommunicationis, suspensionis et interdicti aliisque ecclesiasticis sententiis, censuris et poenis, si quibus quomodolibet innodatus existis ad effectum praesentium tantum consequendum . . . absolventes et absolutum fore censentes, canonicatum et praebendam praefatos, quorum et illis forsan annexorum fructus reditus et proventus C, computatis vero distributionibus quotidianis aliisque incertis CC ducatorum auri de camera secundum communem estimationem valorem annuum non excedunt . . . apostolica tibi auctoritate conferimus et de illis etiam providemus".

[4] Die Fortdauer des landesherrlichen Ernennungsrechtes, welches nach dem Jahre 1848 von einzelnen Bischöfen, mit Rücksicht auf die preussische Verfassungsurkunde in Frage gestellt worden ist, hat die Kurie bei den mit ihr deshalb i. J. 1850 geführten Verhandlungen ausdrücklich anerkannt, Richter i. Dove Ztschr. f. K. R. 1, 113. Auch dieses Recht gehört zu den besonderen Rechtstiteln, welchen der §. 29 des preuss. Ges. üb. d. Vorbildung d. Geistlichen v. 11. Mai 1873 eine feste staatsgesetzliche Basis giebt.

Mit Rücksicht darauf, dass man in Preussen davon ausgegangen ist, dass bei Beförderung eines Domherrn zum Propst oder Dechanten die Vakanz des von diesem bisher innegehabten Kanonikates erst mit der Installation in seine neue Würde eintrete, und dass je nach der zufälligen Zeit der Vornahme derselben wegen der Alternative in den Monaten die Besetzung des erledigten Kanonikates dem Landesherrn oder Bischof zukommen würde, ist, um diese letztere davon unabhängig zu machen, durch K. O. v. 23. Mai 1848 genehmigt worden, dass ohne Rücksicht auf die gedachte Alternative jedes Kanonikat, welches durch Ernennung seines Inhabers zum Propst vakant wird, durch den Landesherrn, jedes durch Beförderung zum Dechanten erledigte durch den Bischof vergeben werden soll.

[5] Bair. Konkordat v. 1817. Art. 10; bairische Circumscriptionsbulle v. 1. April 1818 bei Weiss corp. iur. eccles. p. 135: „reservata semper et quandocumque nobis et romanis pontificibus successoribus nostris praeposituræ . . . omnimode libera collatione, Bavariae regi elargimur indultum nominandi tam ad decanatus idoneos presbyteros quam ad canonicatus in mensibus Januarii, Martii, Maji, Julii, Septembris ac Novembris vacantes, dignos et idoneos ecclesiasticos viros in sacris ordinibus constitutos; quoad vero alios VI menses archiepiscopis et episcopis ius conferendi canonicatus in mensibus Februarii, Junii et Octobris vacantes tribuimus, in reliquis vero mensibus Aprilis, Augusti et Decembris capitulo et canonicis respectivarum ecclesiarum indultum nominandi ad vacantes canonicatus concedimus et impertimur; onus tamen iniungentes personis tam ad decanatus quam ad canonicatus in VI mensibus apostolicis vacantes a praefato rege et in tribus praedictis mensibus a capitulis nominatis, ut ipsi decanatuum et canonicatuum praedictorum colla-

Des näheren erfolgt die Verleihung der Propsteien durch den Papst in der Weise, dass der König einen Kandidaten vorschlägt, dessen Geeignetheit durch ein bischöfliches Idoneitätszeugniss dargethan wird [1]. Die vom König oder vom Kapitel für die Kanonikate ernannten Personen sollen nach der Circumscriptionsbulle von 1818 die Verleihung bei den Erzbischöfen und Bischöfen als dazu persönlich, also widerruflich, bestellten päpstlichen Bevollmächtigten [2] nachsuchen. Hiernach erscheint die Nomination als blosse Präsentation, das bairische Partikularrecht fasst dagegen die Ernennung seitens des Königs und des Kapitels als den Akt der Uebertragung des Kanonikates auf [3].

Die von den Kapiteln und den Bischöfen ausgehenden Ernennungen endlich bedürfen der königlichen Bestätigung [4].

In Oesterreich ist die erste Dignität an den erzbischöflichen und bischöflichen Kirchen, als welche für die Regel die Propstei gilt, wenn diese aber einem Privatpatronate untersteht, die zweite der päpstlichen Besetzung vorbehalten [5], indessen die Berücksichtigung solcher Empfehlungen des Kaisers, welche nach Einvernehmen mit dem Diöcesanbischof gegeben sind, in Aussicht gestellt [6].

Die Dignitäten in den Kollegiatkapiteln und die Kanonikate in den Dom- und Kollegiatstiftern werden dagegen auf sehr verschiedene Weise besetzt. Der am häufigsten vorkommende Modus ist die landesfürstliche Nomination [7]. Daneben finden sich Privatpatronatrechte auf Kanonikate [8], auch werden einzelne durch freie bischöfliche Kollation oder durch Kapitelswahl vergeben [9].

Alle vom Ordinarius, dem Kapitel oder einem Privatpatron ernannten, bez. designirten Personen sind dem Kaiser zur Genehmigung zu präsentiren [10].

tionem et provisionem infra VI menses ex tunc proximos ab apostolica sede impetrare literasque apostolicas desuper expedire teneantur".

1 Min. E. v. 14. April 1831, Döllinger Samml. 8. 1, 310; Silbernagl, Verfassg sämmtl. Religionsges. i. Bayern. S. 41.

Ein durch Besetzung der Propstei erledigtes Kanonikat wird zu Folge besonderer Vereinbarung mit dem päpstlichen Stuhl, wenn die Vakanz in einen päpstlichen Monat fällt, durch königliche Ernennung und päpstliche Vergebung verliehen, im umgekehrten Fall durch den Papst, der aber auch hier auf den vom König Empfohlenen Rücksicht nimmt, M. E. v. 12. April 1842, Döllinger, fortges. Samml. 23, 97; Silbernagl a. a. O. S. 34. n. 5.

2 Die Bevollmächtigung ist durch Breve v. 19. Dezember 1824 erfolgt, Silbernagl S. 41.

3 Denn von diesem Moment an tritt das Recht auf die Bezüge der Stelle ein, s. Min. Entschl. v. 27. September 1829 Nr. 5 u. 6, Döllinger Sammlg 8. 1, 299; Silbernagl S. 42. Vgl. auch das Minist. Schreiben v. 1875 i. Arch. f. k. K. R. 34, 367. Dem gegenüber erscheint dann die in der Bulle vorbehaltene collatio oder provisio nur als Approbation oder institutio autorizabilis.

4 Um festzustellen, ob die ernannte Person nicht minus grata ist, Art. 11. Abs. 6 des Konkordates. Der Kanonikat wird aber schon mit der Ernennung durch den Bischof oder das Kapitel erworben, nur der Genuss der Einkünfte bis nach der Bestätigung sistirt, Silbernagl a. a. O.

5 Oesterr. Konkordat Art. 22. Das Ges. v. 7. Mai 1874. §. 3 hat hierin nichts geändert.

6 Schreiben des Wiener Nuntius v. 18. Aug. 1855, Arch. f. k. K. R. 18, 454: „sanctitas sua in conferenda prima dignitate ecclesiarum metropolitanarum et episcopalium rationem habebit commendationis quam . . . imperator consulto singulis in casibus antistite dioecesano et servatis servandis sit prolaturus. Idem agendi modus adhibebitur circa nominationem ad secundam dignitatem capituli Goriciensis, cum prima patronatus laicalis privati sit"; Kult. Min. Erl. v. 1856 i. Arch. f. k. K. R. 1, XXXI.

7 Wo sie hergebracht war, hat sie Art. 22 des Konkordates bestehen lassen.

8 So der Wiener Universität auf 4 Stellen im Domkapitel zu Wien und 2 im Domkapitel zu Linz, Gautsch v. Frankenthurm, d. konfessionellen Gesetze S. 44; Ginzel K. R. 2, 202. n. 6.

9 Vgl. Gautsch v. Frankenthurm a. a. O.; Schulte, status dioeces. cathol. p. 24. 29. 30. 35. 42. 43. 59. Den Metropolitankapiteln in Prag und Olmütz ist durch das Konk. Art. 22 das Wahlrecht auf die erste Würde (die Propstei bez. Dechantei) entzogen worden, dafür ist aber zugesichert (s. das Note 6 citirte Schreiben v. 1855): „In conferenda autem prima dignitate capitulorum Pragensis et Olmucensis sanctitas sua rationem habebit commendationis, quam archiepiscopus et capitulum metropolitanum ipsi exhibebunt".

10 Note des Erzbischofs v. Wien v. 18. August 1855. Nr. XVI. i. Arch. f. k. K. R. 1, XXIII:

Dagegen erfolgt in Frankreich und in Elsass-Lothringen die Ernennung der Kanoniker durch den Bischof[1] unter hinzutretender Bestätigung der Staatsregierung[2].

III. Des Näheren ist noch Folgendes zu bemerken:

1. Die gemeinrechtliche Frist für die Besetzung der Stellen in den Kapiteln, welche überall, wo keine besonderen Bestimmungen bestehen, zur Anwendung kommt, beträgt 6 Monate[3].

2. Erfolgt eine Besetzung der Stellen durch Wahl des Kapitels, so ist die Beobachtung der für die Bischofswahlen vorgeschriebenen Solemnitäten[4] nicht erforderlich, es genügt, wenn in einer ordnungsmässig berufenen und abgehaltenen Sitzung des Kapitels festgestellt wird, dass der Kandidat die absolute Mehrheit der Stimmen erhalten hat[5].

Eine Postulation ist ausgeschlossen, denn eine solche kennt das Recht nur als Ersatz für Wahlen zu Prälaturen[6].

3. In allen Fällen, wo die Verleihung des Kanonikates nicht durch den mit kirchlicher Jurisdiktion ausgestatteten Oberen, d. h. den Papst oder den Bischof geschieht, ist eine vorgängige Prüfung durch den letzteren[7] erforderlich[8], und es hat der Bischof die Institution oder Konfirmation zu ertheilen. Dies gilt also sowohl für die von den Kapiteln allein ernannten, wie auch für die von Privatpersonen präsentirten Kandidaten. Erst damit kommt die Besetzung des Kanonikates zum Abschluss[9].

„Quoad ratas habendas personas ad beneficia ecclesiastica promovendas Maiestas sua intendit, cuncta in eo quo nunc sunt, statu relinquere et sperat, nunquam futurum quod necessitas inferat, eiusmodi cautionem amplius quam hucusque factum sit, adhibendi", Ginzel a. a. O. 2, 199.

1 Bestimmt ist darüber nichts im Konkordate v. 1801, doch ist der gemeinrechtliche Modus, die collatio simultanea, nicht in Uebung, vgl. Bouix de capitulis p. 242 ff. Davon geht auch die Ordonnanz v. 13. März 1832, Dursy, Staatskirchenrecht in Elsass-Lothringen S. 78, aus.

2 Organ. Artikel 35 v. 1802, Ordonnanz v. 13. März 1832. Art. 1; Cirk. v. 29. Dezember 1834, Dursy S. 80.

3 c. 2 (Later. III.) c. 15 (Innoc. III.) X. de conc. praeb. III. 8. S. aber in Betreff der oberrheinischen Kirchenprovinz und Hannovers o. S. 695. n. 6 u. 7; Silbernagl a. a. O. S. 42 spricht allerdings von einer gemeinrechtlichen Frist von 3 Monaten!

4 Wie sie vom c. 42 (Later. IV.) X. de elect. I. 6 festgesetzt sind, s. o. S. 660 ff.. Das Kapitel spricht nur von ecclesiae viduatae und ist daher von der Doktrin allein auf solche erste Leitungsstellen, mit welchen eine iurisdictio episcopalis oder quasi episcopalis verbunden ist, nicht aber auf Kanonikate und blosse Stifts-Prälaturen bezogen worden, Glosse zu c. 42 cit. s. v. ecclesiis viduatis; Fagnan. ad c. cit. n. 32. 33; Barbosa de canonicis. c. 14. n. 17; c. 38. n. 1; Reiffenstuel ius canon. I. 6. n. 112; Congr. Conc. v. 1872 in Acta s. sed. 7, 536.

5 Jedoch hat die Congr. conc. 1872 eine Gewohnheit, dass bei Stimmengleichheit unter den Kanonikern der kraft der simultanea collatio konkurrirende Bischof den Ausschlag giebt, Acta s. sed. 7, 536, ferner 1857 eine Entscheidung durch das Loos — das c. 3 (Honor. III.) X. de sortileg. V. 21 betrifft nur eine Bischofswahl — für gültig erklärt, Anal. iur. pont. 1858. p. 119. Bei der geheimen Wahl darf der Kanoniker nicht für sich selbst stimmen, auch wenn andere Kandidaten mit in Frage stehen, Entscheidg. d. Congr. Conc. v. 1875. Acta s. sed. 9, 138.

6 tit. X. I. 5 de postulatione praelatorum. Vgl. auch die vorige Note.

7 Ueber die Anwendung des Konkurses auf Kanonikate s. o. S. 500.

8 Hinsichtlich der von den Universitäten ernannten aber nicht, Trid. Sess. VII. c. 13 de ref. Dies ist noch in Oesterreich praktisch bei den von der Wiener Universität Präsentirten, Ginzel K. R. 2, 202. n. 6.

9 Dies zeigen die Circumscriptionsbullen für Hannover und die oberrheinische Kirchenprovinz, s. o. S. 695. n. 6 u. 7; dieselbe Auffassung auch im Konkordat mit Spanien Art. 18 a. E., Nussi conventiones p. 287. 288. Ueber Oesterreich s. Ginzel K. R. 2, 199. 201. Möglich ist es allerdings, dass dem Kapitel auch das Institutionsrecht aus einem speciellen Titel zusteht, was aber praktisch kaum mehr vorkommt, Leuren. for. benef. qu. 670. n. 1. Ueber Baiern s. o. S. 698. n. 3. Wo dem Papst die Institution vorbehalten ist, wird vielfach mit der Ausübung dieses Rechtes der Bischof betraut, s. Vertrag mit S. Gallen v. 1845. Art. 11. 12, Nussi l. c. p. 270, und über Baiern s. o. S. 698. n. 2.

Unklar und unrichtig scheidet Huller a. a. O. S. 107 die institutio verbalis und institutio authorizabilis bei jeder Institution für Kapitelsstellen.

Gewohnheitsmässig wird über jede Vergebung eines solchen eine Urkunde für den Beliehenen ausgefertigt[1]. Damit erlangt der letztere die Stellung und Rechte eines Kanonikers, namentlich die mit dem Kanonikate verbundene Pfründe[2].

4. Zur Ausübung dieser Rechte, soweit eine solche nur im Kapitel stattfinden kann, bedarf es noch der s. g. *installatio*[3], der Besitzeinweisung in das Amt, mit welcher hier zugleich die Aufnahme in das Kapitel verbunden ist. Wegen des Verbotes der eigenmächtigen Besitzergreifung der Benefizien[4] kann dieselbe gültig nur in Gegenwart des ordnungsmässig zusammen berufenen Kapitels (*capitulariter*)[5] erfolgen[6]. Die Vornahme des Aktes bestimmt sich des Näheren nach Statut und Gewohnheit. In den altpreussischen Kapiteln leitet der Dekan die ganze Handlung[7]. Sie besteht gewöhnlich in der Einführung des neuen Kanonikers in die Versammlung des Kapitels, seiner Bekleidung mit den Kapitels-Insignien, der Bedeckung desselben mit dem Hute als Zeichen der Besitzübertragung, und seiner Geleitung in den Chor der Kirche, wo ihm sein Sitz angewiesen wird. Zugleich legt der neue Kanoniker dabei das Trienter Glaubensbekenntniss[8] und den Eid auf Beobachtung der Statuten und Ordnungen des Kapitels ab[9]. Ueber den Akt wird ein Protokoll aufgenommen[10].

5. Die Forderung und Zahlung von Geld und Geldeswerth für die Erwerbung von Kanonikaten und für die Besitzeinweisung in dieselben an die dabei betheiligten Personen[11] ist unter Androhung der Strafen der Simonie und unter Beseitigung jeder

[1] S. o. S. 697. n. 5 a. E.; Formulare bei Bouix de capitulis p. 681 ff.; s. auch u. Note 9.

[2] S. o. S. 81, über die frühere Zeit S. 66. 69.

[3] S. o. S. 654. n. 6.

[4] S. o. S. 654.

[5] Barbosa l. c. c. 15. n. 1; Leuren. P. II. qu. 808, jedoch kann dasselbe dabei auch äusserstenfalls durch einen Kanoniker repräsentirt werden, Ferraris prompta bibl. s. v. canonicatus art. II. n. 24 ff.

[6] Ersetzt wird sie aber dadurch, dass das Kapitel den neuen Kapitularen zu den Sitzungen und den anderen Funktionen zulässt, oder dasselbe die Zulassung unrechtmässig verweigert, Barbosa c. 15. n. 15. 11 ff.; Ferraris l. c. n. 22. 28.

[7] Dass dies auch gemeinrechtlich bestimmt sei, so Ginzel 2, 209 mit Rücksicht auf c. 7. X. de conc. praeb., ist unrichtig. Bei der Verschiedenheit der Kapitelsverfassung war die Bildung eines gemeinen Rechts in diesen Beziehungen von selbst ausgeschlossen.

[8] Die Kanoniker der Kollegiatkapitel brauchen dieses aber nicht abzulegen, Trid. Sess. XXIV. c. 12 de ref. Entsch. der Congr. conc. in der Ausgabe von Richter S. 352.

[9] Vgl. Kölner Statuten §. 51, Hüffer, Forschgen d. französ. u. rhein. K. R. S. 361: „Cui delata praelatura est vel canonicatus, is praesidi capituli exhibeat collationis documentum quo probato die horaque praestitutis ad aulam capitularem accedat; in quam per decanum et per canonicum ordine primum vel per duos canonicos ordine primos introducatur et capitulo convocato praesentetur. Genuflexus versus crucem professionem fidei Pii IV. a concilio Tridentino praescriptam emittat ac promittat, se fideliter legitima statuta ordinationes et decreta capituli esse servaturum. Quo facto a praeposito vel decano vel a canonico ordine primo insignibus capitularibus ornetur et per impositionem bireti in possessionem immittatur atque ita investito sedes in capitulo assignetur. Investitum decanus et canonicus ordine primus vel duo canonici ordine primi ad chorum reducant installandum, praeposito et reliquis canonicis subsequentibus. Brevi oratione in infimo gradu summi altaris inter comites genuflexus absoluta ascendit ad altare quo deosculato descendit ducendus ad stallum suum in choro in quo paulisper sedendo possessionem capit, assurgit et praelatis et canonicis secundum ordinem dat pacem. Cantores interea comitante organo cantent psalmum: Ecce quam bonum, praemissa Antiphona: Unguentum in capite, ex pontificali Romano". S. ferner Arch. f. k. K. R. 11, 222, wo die Form eines Installationsaktes im Kapitel von Laibach mitgetheilt ist.

[10] Ein solches bei Barbosa l. c. hinter c. 15; Bouix l. c. p. 685.

Ueber die Besitzeinweisung der Domvikare bestimmt das Kölner Statut (s. vor. Note) §. 53: „Praefinito modo (§. 51) pariter vicarius introducatur nisi quod praetermissa investitura per bireti impositionem post emissam professionem fidei promissamque reverentiam et obedientiam erga praelatos et canonicos a decano ex aula in chorum deductus, praesentibus ibi reliquis vicariis tantummodo locus ipsi in choro assignetur".

[11] Vgl. auch o. S. 69.

entgegenstehenden Gewohnheit vom Koncil von Trient verboten worden[1], wohl aber ist die Entrichtung einer Gebühr zum Vortheil der Kirche oder zu frommen Zwecken gestattet[2].

6. Das oben S. 615 erwähnte Optionsrecht[3] ist heute ebenfalls noch in manchen Kapiteln in praktischer Geltung, so in Oesterreich hinsichtlich derjenigen Dignitäten und Präbenden, mit welchen keine Seelsorge verbunden ist[4]. Hier entsteht in jedem Vakanzfall einer der Wahl unterworfenen Präbende oder eines solchen Kanonikates[5] auf Grund der zu Folge der Kapitelsverfassung oder Gewohnheit hergebrachten Option für den Berechtigten ein ius ad rem auf die Präbende oder den Kanonikat[6]. Mit der Ausübung der Option[7] verwandelt sich das ius ad rem in das ius in re, d. h. der Optirende erwirbt die Pfründe, ohne dass es eines weiteren Uebertragungsaktes bedarf[8]. Die Besitzeinweisung ist aber erforderlich, um den Besitz der neuen Präbende oder des neuen Kanonikates zu erlangen, und daher auch bei erfolgter Option üblich[9].

7. Was die Besetzung der officia des theologus und des poenitentiarius[10] betrifft, so gewährt das Tridentinum dem Bischof hinsichtlich des ersten Amtes das Recht der Auswahl einer geeigneten Persönlichkeit[11], und in Betreff des zweiten die Institution einer solchen[12]. Unbedenklich ist es mit der herrschenden Doktrin in denjenigen Fällen, wo die betreffende mit einem der gedachten Offizien vereinigte

[1] Sess. XXIV. c. 14 de ref., vgl. auch Pii V. const. Durum nimis v. 1. Juni 1570, bull. Taurin. 7, 827.

[2] Entsch. d. Congr. conc. in Richters Tridentinum S. 368, also zum Vortheil der fabrica, der Sakristei, für Beschaffung von Paramenten und Ornamenten. Nach §. 52 der citirten Kölner Statuten sind zu letzterem Behufe von jedem Prälaten 100, von jedem Kanoniker 30 Thaler vor der Installation zu zahlen.

[3] Vgl. darüber Moneta de optione canonica, Colon. 1620. Rom. 1621; Barbosa l. c. c. 30; Bouix l. c. p. 169; Sentis, d. praebenda theologalis und poenitentialis. S. 39 ff.; Schulte und v. Moy i. Arch. f. k. K. R. 10, 256 ff.; s. auch a. a. O. 11, 276 ff.

[4] So sind im Prager Metropolitankapitel die Präbenden des Archidiakons, des Scholastikus, des Custos und des canonicus senior Optionspräbenden, Ginzel 2, 203. n. 7. Dass das Optionsrecht nicht durch Art. XXII des österr. Konkordates beseitigt ist, hat die Congr. Conc. i. J. 1860 entschieden, Anal. iur. pont. 1861. p. 437 ff.

Ein für Köln ergangenes Indult v. 5. Februar 1844 bestimmt: „ut numerarii eiusdem ecclesiae canonici ad vacantes canonicatus et praebendas numerarias superioris loci vel maioris etiam redditus gradatim ascendere et optare illas possint sive ad ordinarii collationem spectant sive sedi apostolicae quacumque ex causa etiam ratione mensium reservatae fuerint, quo tamen posteriori in casu a solo deinde summo pontifice per suam datariam et per apostolicas bullas conferendi erunt canonicatus et praebendae quae ascensu et optione facta vacuae remanebunt". Die placetirende K. O. v. 21. Juni 1846 hat aber dabei das landesherrliche Nominationsrecht auf die vakant werdenden Kanonikate und ebenso das Recht des Landesherrn, den Ernannten unter Ausschluss der Ascension und Option unmittelbar in den zunächst vakant gewordenen Kanonikat einrücken zu lassen, vorbehalten.

[5] Vgl. o. S. 616.

[6] Hieron. Gonzalez ad reg. VIII. canc. gloss. 34. n. 126; auch vor der Annahme der Präbende oder des Kanonikates, Garcias tract. de benef. P. IV. c. 3. n. 45. 46. Der nächstfolgende hat ein solches Recht ebenfalls, aber bedingt durch die Nichtausübung der Option seines Vorgängers. Uebt dieser letztere das Recht aus, so entsteht damit das ius ad rem auf die von ihm verlassenen Pfründe für den nächsten.

[7] Die betreffende Erklärung ist in der statutarisch oder gewohnheitsmässig hergebrachten Form abzugeben, z. B. in einer Kapitelssitzung unter Nachsuchung der Zulassung der Option, s. das Protokoll bei Moneta l. c. c. 5. qu. 3 i. f. Die Zustimmung des Kapitels hat aber nur die Bedeutung der Konstatirung, dass die Option statthaft ist, bildet also nicht die wesentliche Voraussetzung einer rechtlich gültigen Option. Daher ist sie auch an sich entbehrlich und mangels besonderer Bestimmungen kann die Option ebenfalls durch blosse an das Kapitel gerichtete Erklärung geschehen.

[8] Moneta l. c. c. 5. qu. 3. n. 32; Lotter. de re benef. l. II. qu. 38. n. 16. 17.

[9] Moneta l. c. c. 5. n. 29 ff. 33 ff.

[10] S. o. S. 117. 121.

[11] Sess. V. c. 1 de ref.

[12] Sess. XXIV. c. 8 de ref.

Kanonikatspräbende dem freien Kollationsrecht des Bischofs unterstand [1], diesem die Verleihung dieser Aemter zuzusprechen.

Anderenfalls fragt es sich mit Rücksicht darauf, dass das Tridentinum die Rechte dritter Personen hinsichtlich Besetzung der mit den beiden Offizien verbundenen Präbenden nicht beseitigt hat [2], wie dieselben mit den dem Bischof zustehenden Befugnissen zu vereinigen sind.

Wenn die Pfründe durch Wahl oder Nomination des Kapitels vergeben wird, so kann dieselbe nur zu Gunsten der vom Bischof bezeichneten Person ausgeübt werden [3], weil diesem die Bestimmung der Person des Theologus und des Pönitentiars ausnahmslos durch das Koncil eingeräumt ist.

Die Schwierigkeiten, welche ein im Kapitel für alle Präbenden bestehendes Optionsrecht der Anwendung der Vorschriften des Tridentinums bereitet, hat man im Laufe der Zeit auf verschiedene Weise zu heben versucht [4]. Die einzig entsprechende Lösung, welche sich darbietet, ist aber die, dass das Optionsrecht dem Theologus und Pönitentiar so lange gestattet wird, bis sie auf diese Weise eine genügend dotirte Präbende erlangen und diese demnächst durch den Bischof dauernd mit ihren Offizien vereinigt wird. Da es sich hierbei aber um eine Beeinträchtigung des Optionsrechtes handelt und ferner die vom Koncil vorgeschriebene feste Verbindung der Präbenden mit den beiden Aemtern zunächst nicht zur Ausführung gelangen kann [5], wird es für diese Massregeln eines päpstlichen Indultes bedürfen [6].

Wenn endlich die Theologal- oder Pönitential-Präbende dem Nominationsrecht eines Weltlichen, z. B. eines Landesherrn unterworfen ist [7], so bleibt dieses Recht

[1] Bouix l. c. p. 111. 129; Sentis a. a. O. S. 27.

[2] Garcias l. c. P. V. c. 4. n. 162 ff.; Bouix ll. cc.; Sentis S. 27. 49.

[3] Wo die Stellen auf stattgehabten Konkurs vergeben werden, s. o. S. 119. n. 3 u. 122. n. 3, kann daher das Kapitel auch nicht einmal aus den tauglich befundenen wählen. Sein Recht ist in allen diesen Fällen nur eine rein formale Befugniss ohne materiellen Inhalt, Sentis S. 50.

Das Gesagte gilt auch, wenn dem Bischof und dem Kapitel die collatio simultanea zukommt, Bouix l. c. p. 111.

Auch eine Vakanz des Bisthums ändert hierin nichts, denn das sonst dem Kapitel während dieser zustehende Recht in Betreff der seiner ausschliesslichen Verleihung oder der collatio simultanea unterliegenden Kanonikate, s. o. S. 242. u. 695 cessirt hier deshalb, weil nur der Bischof den Theologen und den Pönitentiar auswählen kann und demnach dieses Recht seinem Nachfolger vorbehalten werden muss, Garcias l. c. n. 145; Sentis S. 38.

[4] In früherer Zeit ist theils die Unstatthaftigkeit der Benutzung der Optionspräbenden für die beiden Offizien, theils deren volle Statthaftigkeit, womit die Option für die betreffenden Pfründen ausgeschlossen war, behauptet, auch die Mittelmeinung geltend gemacht worden, dass eine Präbende vor ihrer Erledigung vom Bischof zur theologalen oder pönitentialen erhoben und so von der Option frei werden könne, während diese Massregel in Betreff einer vakanten wegen des mit der Erledigung existent werdenden Optionsrechtes nicht anwendbar sei, Moneta l. c. c. 4. n. 4. 11; Garcias P. V. c. 4. n. 128 ff.; Sentis S. 40. 41. Die erste der beiden Ansichten wird dem Tridentinum nicht gerecht, die zweite beseitigt unzulässiger Weise das Optionsrecht, und die letzte begeht theilweise denselben Fehler, stellt überdies auch alles auf die Prävention des Bischofs. Nachdem sich die Auffassung, dass die Errichtung der erwähnten Offizien nicht auf Kosten des Optionsrechtes erfolgen dürfe, festgestellt hatte, ist man zu dem Auskunftsmittel geschritten, dass der Bischof die letzte oder die beiden letzten Präbenden dazu benutzen solle, weil diese als präsumtiv schlechteste nicht optirt werden würden, Sentis S. 41, 42, ein Ausweg, bei welchem unter der gedachten Voraussetzung der Theologus und Pönitentiar dauernd an die am geringsten dotirten Präbenden gefesselt werden.

[5] Auch insofern wird das Tridentinum hier nicht beachtet, als die praebenda proxime vacatura nicht zur Vereinigung benutzt wird.

[6] Solche sind seit dem 17. Jahrh. mehrfach ertheilt worden, Sentis S. 44. Vgl. auch Acta s. sed. 8, 350. Bernardi comm. ad l. III. decr. Greg. IX. diss. II. obs. 2, ed. Mediol. 1846. 1, 240, geht irrigerweise davon aus, dass der Bischof allein die erwähnten Anordnungen treffen kann.

[7] Dasselbe gilt übrigens auch bei bestehendem weltlichen Patronate.

gewahrt, nur wird ein Kandidat vorgeschlagen werden müssen, welcher die Qualifikation für das fragliche Amt besitzt. Der Gesichtspunkt der Kollation, welcher für die Behandlung geistlicher Wahl, Nominations- und Präsentationsrechte im kanonischen Recht massgebend ist, und zu manchen Einschränkungen der Befugnisse des Berechtigten führt, fällt hier fort, und deshalb kann das Nominationsrecht in diesem Falle nicht jeder materiellen Bedeutung entkleidet werden [1].

Für die deutschen Kapitel entfallen die sich aus der Bestimmung des Tridentinums und den bestehenden Besetzungsarten der Kanonikate ergebenden Schwierigkeiten in Betreff der Bestellung des Theologus und des Pönitentiars. Denn die betreffenden Vereinbarungen ordnen nur an, dass der Bischof geeignete Persönlichkeiten für die gedachten Aemter deputiren soll, und sehen damit von der dauernden Verbindung bestimmter Kanonikate mit den beiden Offizien ab [2].

Für Oesterreich ergiebt sich dasselbe Resultat, aber aus dem Grunde, weil hier die Kollation der Theologal- und Pönitentiar-Pfründe dem Bischof zugewiesen ist [3].

IV. Die Ehrenkanoniker, *canonici honorarii* (s. o. S. 83) werden der Regel nach vom Bischof mit Konsens des Kapitels ernannt [4], sofern nicht für einzelne Kapitel besondere Bestimmungen darüber bestehen. Für Altpreussen ist die Art ihrer Ernennung dieselbe, wie die der eigentlichen Domherrn [5], nur sollen Geistliche bestimmter Stellung stets einen Ehrenkanonikat erhalten [6]. Ferner kommt auch die ausschliessliche Ernennung durch den Bischof vor [7], in manchen Fällen unter hinzutretender Bestätigung des Landesherrn [8], sodann Ernennung durch den letzteren [9],

[1] Diesen Standpunkt hat auch die Congr. conc. in neuerer Zeit eingenommen, so erklärte dieselbe dem Erzbischof v. Palermo 1826: „ut apud regium patronum agas, ne patiatur diutius tam insignem ecclesiam adeo sancta a s. concilio Tridentino inculcata institutione carere; sed sinat officia illa duabus in perpetuum adnecti praebendis canonicalibus quae nominatis ab eo et idoneis experimento repertis tribuantur, quemadmodum in collatione parochiarum iurispatronatus fieri solet“, Sentis S. 54; s. überhaupt a. a. O. S. 51 ff.

[2] Ueber Altpreussen l. c. S. 121. n. 1, so ist auch beispielsweise in dem Restitutionsdiplom des Kölner Kapitels v. 1825, §§. 6. 12, Hüffer Forschgen z. französ. u. rhein. K. R. S. 340. 342, eine solche Verbindung nicht ausgesprochen, über die oberrheinische Kirchenprovinz s. o. S. 121. Im bairischen Konkordate von 1817. Art. 3 ist zwar festgesetzt, dass die Bischöfe zwei Kanoniker zu den gedachten Aemtern ad formam concilii Tridentini deputiren sollen, das kann sich aber nicht auf die dauernde Vereinigung einer Präbende mit den Offizien beziehen, wie denn auch die Circumscriptionsbulle von 1818, Weiss corp. iur. eccles. p. 134 nur bestimmt: „iniuncta respectivis capitulis obligatione, ut in eorum singulis ab altero ex canonicis poenitentiarii munus exerceatur, ab altero autem scriptura sacra festis diebus populo exponatur, qui tamen duo canonici ab episcopo ad praedicta respective munia fideliter adimplenda erunt stabiliter deputandi“. Von Sentis a. a. O. S. 35, welcher auch hier die allgemeinen Regeln anwenden will, und der damit zu dem Resultate gelangt, dass in Altpreussen der Papst die Theologal- und Pönitentialämter in den päpstlichen Monaten zu besetzen hat, ist dieser Umstand völlig übersehen, nicht minder, dass in Preussen dem König das Nominationsrecht auf die in den erwähnten Monaten erledigten Kanonikate zusteht.

[3] Art. 23 des Konkordates: „episcopis praefatas praebendas secundum eiusdem concilii sanctiones et pontificia respective decretia conferentibus“; Ges. v. 4. Mai 1874. §. 3.

[4] Dies ist feststehende Ansicht und die Praxis der Congr. Conc., s. Fagnan. ad c. 27. X. de praeb. III. 5; Bouix de capitulis p. 153; Anal. iur. pontif. 1867. p. 883 ff.; Acta s. sed. 3, 138; 4, 177. 181. 187. 189. 579.

[5] S. o. S. 696.

[6] S. 83. n. 7.

[7] So in Betreff der beiden oldenburgischen Kanonikate an der Kathedrale zu Münster, o. S. 83. n. 7. Dies ist auch in Frankreich die herrschende Uebung, Bouix l. c. p. 154.

[8] Const. Leon. XII. v. 1828. §. 6 für die istrischen und dalmatinischen Domkirchen, bull. Rom. cont. 17, 376.

[9] Vielfach in Oesterreich. Eine Bestätigung durch den Bischof findet nicht statt, sondern nur eine Approbation, Ginzel K. R. 2, 199.

und auch durch den Papst[1]. Endlich ist die Stellung als Ehrendomherr in einzelnen Fällen mit einem geistlichen Amt dauernd verbunden und wird daher ohne Weiteres mit der Erlangung desselben erworben[2].

[1] In der Abtei nullius S. Moritz in Unterwallis, const. Gregor. XVI. v. 1840, bull. propag. 5, 204.

[2] Der Pfarrer an der Bartholomäuskirche in Frankfurt a. M. ist geborener Ehrendomherr in Limburg, Arch. f. k. K. R. 21, 346.

Nachträge und Berichtigungen.

Es ist hinzuzufügen auf

S. 1. Anm. * a. E.: Vgl. auch E. Löning, Gesch. d. deutsch. Kirchenrechts 1, 362. 2, 99 ff.

S. 2. Anm. 4 a. E.: Löning a. a. O. 1, 420.

S. 4. Anm. 7 a. E.: Vgl. überhaupt Löning a. a. O. 1, 367.

S. 5. Anm. 2—4: Vgl. auch Löning a. a. O. 1, 441 ff.

S. 7 hinzufügen Z. 8 v. o. hinter: ganz auf, als Anm. 3a: Dagegen Löning a. a. O. 2, 217. Indessen ergeben die von ihm beigebrachten Quellenzeugnisse nicht, dass der Metropolitanverband irgendwelche praktische Bedeutung gehabt hat.

S. 14 zu der Ueberschrift des §. 77 als Anm. *: Jos. de Prosperis, de territorio separato etc. Romae 1712. qu. 16: An et quomodo se gerere debeant archiepiscopi seu metropolitani respectu dioecesium episcoporum suffraganeorum etc.

S. 17 am Schluss der Anm. 11 von S. 16: Eine Aufzählung der einzelnen Jurisdiktionsrechte der Metropoliten auch im Koncil von Würzburg v. 1330. s. Hartzheim conc. 4, 311.

S. 26. Anm. 7 a. E.: Löning, Gesch. d. deutsch. Kirchenrechts 2, 93 nimmt dagegen an, dass der Papst zur Ertheilung des Palliums die kaiserliche Genehmigung einzuholen hatte, wenn die betreffenden Bischöfe nicht der kaiserlichen Gewalt unterstanden.

S. 27. Anm. 5 a. E.: Löning a. a. O. S. 94. n. 1 führt aus, dass in dem Koncil von Macon statt: archiepiscopus zu lesen: episcopus und dass unter: pallium das Rationale zu verstehen ist.

S. 33. Anm. 3. Z. 3 v. o. hinter subsidia diplomatica 3, 315; : Conc. Quebec. IV. v. 1868. Sess. I, coll. conc. Lac. 3, 695.

S. 35. Anm. 5. Z. 5 v. u. hinter l. c. 8, 196: vgl. auch die päpstliche Aeusserung, welche die hist. pontif. c. 33, SS. 20, 539 berichtet.

S. 36. Anm. 5 v. S. 35 hinter Bischof von Lucca: privil. Calixt. II. v. 1119—1124, Ughelli Italia sacra 1, 819.

S. 37. Text Z. 2 v. u. hinter: Divisionsgenerälen, als Anm. 9a: Nach dem Hofrang-Reglement v. 19. Januar 1878 rangiren die Erzbischöfe mit ihnen, sowie mit allen anderen Personen derselben Klasse nach dem Datum ihrer Ernennung.

S. 38. Text des §. 79 ist hinter Absatz I einzuschalten: Das Vatikanische Koncil in der Const. Pastor aeternus v. 18. Juli 1870. c. 3 (u. A. bei Friedberg, Sammlg d. Aktenstcke z. vatikan. Koncil S. 742; Arch. f. k. K. R. 24, XLVI):

„. . . Docemus proinde et declaramus, ecclesiam Romanam disponente domino super omnes alios ordinariae potestatis obtinere principatum et hanc Romani pontificis iurisdictionis potestatem quae vere episcopalis est, immediatam esse: erga quam cuiuscumque ritus et dignitatis pastores atque fideles, tam seorsum singuli quam simul omnes, officio hierarchicae subordinationis veraeque obedientiae obstringuntur, non solum in rebus quae ad fidem et mores, sed etiam in iis quae ad disciplinam et regimen ecclesiae per totum orbem diffusae pertinent; ita ut custodita cum Romano pontifice tam communionis quam eiusdem fidei professionis unitate, ecclesia Christi sit unus grex sub uno summo pastore. Haec est catholicae veritatis doctrina, a qua deviare salva fide atque salute nemo potest.

Tantum autem abest, ut haec summi pontificis potestas officiat ordinariae ac immediatae illi episcopalis iurisdictionis potestati, qua episcopi qui positi a spiritu sancto in apostolorum locum successerunt, tamquam veri pastores assignatos sibi greges, singuli singulos, pascunt et regunt, ut eadem a supremo et universali pastore asseratur, roboretur ac vindicetur secundum illud s. Gregorii M.: Meus honor est universalis ecclesiae. Meus honor est fratrum meorum solidus vigor. Tum ego vere honoratus sum, cum singulis quibusque honor debitus non negatur . . .

Et quoniam divino apostolici primatus iure Romanus pontifex universae ecclesiae praeest, docemus etiam et declaramus, eum esse iudicem supremum fidelium et in omnibus causis ad examen ecclesiasticum spectantibus ad ipsius posse iudicium recurri; sedis vero apostolicae cuius auctoritate maior non est, iudicium a nemine fore retractandum neque cuiquam de eius licere iudicare iudicio. Quare a recto veritatis tramite aberrant, qui affirmant, licere ab iudiciis Romanorum pontificum ad oecumenicum concilium tamquam ad auctoritatem Romano pontifice superiorem appellare.

Si quis itaque dixerit, Romanum pontificem habere tantummodo officium inspectionis vel directionis, non autem plenam et supremam potestatem iurisdictionis in universam ecclesiam, non solum in rebus quae ad fidem et mores, sed etiam in iis quae ad disciplinam et regimen ecclesiae per totem orbem diffusae pertinent; aut eum habere tantum potiores partes, non vero totam plenitudinem huius supremae potestatis; aut hanc eius potestatem non esse ordinariam et immediatam sive in omnes ac singulas ecclesias sive in omnes et singulos pastores et fideles, anathema sit"

erkennt zwar die im Text gedachte Stellung der Bischöfe als Nachfolger der Apostel und als unmittelbarer Leiter ihrer Diöcesen und Heerden (vgl. auch Th. I. S. 204. 205) an, andererseits aber sanktionirt es unter ausdrücklicher Verwerfung des Episkopal-Systems (s. Th. I. S. 196)

vgl. auch c. 4 der cit. vatikan. Const. über die päpstliche Unfehlbarkeit.

das Papalsystem in der schroffsten Auffassung, indem es dem Papste die ordentliche und unmittelbare bischöfliche, nicht blos primatiale Leitungsgewalt sowohl in Sachen des Glaubens und der Sitten, als auch in Betreff der Disciplin und des Regiments über alle einzelnen Kirchen, Diöcesen, Bischöfe und Gläubigen zuspricht. Vielfach ist behauptet worden, dass durch die Dogmatisirung dieser, vollkommen zutreffender Weise als Universal-Episkopat bezeichneten Stellung des Papstes die Bischöfe zu blossen päpstlichen Vikaren für die Partikularkirchen sowie zu blossen Mandataren und blossen Gehülfen der absoluten Papstgewalt herabgedrückt worden seien,

vgl. z. B. v. Schulte. Denkschrift üb. d. Verh. d. Staates zu d. Sätzen d. päpstl. Constitut. v. 18. Juli 1870. Prag 1871. S. 55. 56; dess. d. Stellg. d. Koncilien, Päpste und Bischöfe u. die päpstl. Constitution v. 18. Juli 1870. Prag 1871. S. 297 ff.; Richter-Dove K. R. 7. Aufl. S. 313 ff.; Berchthold, d. Unvereinbarkeit d. neuen päpstlichen Glaubensdekrete m. d. bayer. Staatsverfassung. München 1871. S. 8.

Diese Auffassung scheint mir zu weit zu gehen, und einer gewissen Berichtigung zu bedürfen. Die Lehre, dass der Papst der s. g. iudex singulorum für die ganze katholische Kirche ist, und also eine mit der bischöflichen konkurrirende Gewalt besitzt, kennt schon das Mittelalter, und die letzten Jahrhunderte hindurch ist das Papal-System das herrschende gewesen, wenngleich den Bischöfen praktisch eine gewisse, relative, freilich in neuerer Zeit mehr äusserliche als wahrhaft innerliche Selbstständigkeit geblieben ist. Die Dogmatisirung des Papal-Systems und des Universal-Episkopates erscheint demnach nur als die Frucht einer Entwicklung der katholischen Kirche, deren Abschluss längst vorbereitet war. Eine ausdrückliche, die bisherige Stellung des Episkopates selbst betreffende und diese ändernde Bestimmung enthält ferner die vatikanische Konstitution nicht. Trotzdem ist es aber andererseits ungerechtfertigt, wenn seitens der Anhänger der Beschlüsse des vatikanischen Koncils,

vgl. statt vieler Hergenröther, kathol. Kirche u. christl. Staat. Freiburg i. Br. 1872. S. 865 ff.; Vering K. R. S. 533 und die Kollektiv-Erklärung d. deutsch. Bischöfe v. Januar u. Februar 1875, Arch. f. k. K. R. 33, 346.

geläugnet wird, dass dadurch eine Aenderung in der Stellung der Bischöfe herbeigeführt worden ist. Allerdings hat das vatikanische Koncil das Bischofsamt als selbstständiges Amt nicht beseitigt, neben jedem einzelnen Sprengelbischof steht indessen nunmehr der Papst als Universalbischof der ganzen Kirche, welcher, wenn er will, statt des ersteren und neben ihm beliebig jede bischöfliche Handlung auf Grund eines durch das Koncil festgestellten Dogmas, an welches jeder Katholik bei Verlust seines Seelenheiles glauben muss, vorzunehmen befugt ist. So ist durch die dogmatischen Vorschriften des Koncils über die Stellung des Papstes zwar nicht direkt und principiell, wohl aber mittelbar und thatsächlich die Selbstständigkeit des Bischofsamtes in Frage gestellt,

(dass man dies, wenigstens ein Theil der Bischöfe, auf dem Koncil erkannt hat, zeigt die von der dogmatischen Kommission desselben zusammengestellte synopsis analytica observationum quae a patribus in caput de Romani pontificis primatu factae fuerunt, Nr. 1. 3. 8. 11. 40. 44, abgedruckt bei Friedrich, Docum. ad illustrand. concil. Vatican. Nördlingen 1871. 2, 179; vgl. dazu auch Frommann, Gesch. u. Kritik des vatikan. Koncils. Gotha 1872. S. 129. 130).

Die konkurrirende Jurisdiktion des Papstes macht es jedem Bischof praktisch unmöglich, die Selbstständigkeit seines Amtes zu wahren, und dadurch wird er allerdings faktisch in dieselbe Stellung gebracht, welche ein von seinem Machtgeber abhängiger Mandatar hat.

(Vgl. hierzu auch Frommann a. a. O. S. 471. Dass man dies in Rom beabsichtigt hat, zeigt der Umstand nur zu deutlich, dass man jede nähere Bestimmung des Verhältnisses des Episkopates zum Universal-Episkopat des Papstes trotzdem, dass, wie die angeführte Synopsis zeigt, ein solches Verlangen von einzelnen Bischöfen gestellt worden, unterlassen hat, obwohl auf dem vorletzten Koncil, dem von Trient, eine nähere Dogmatisirung der Stellung der Bischöfe ebenso wie des päpstlichen Primates umgangen worden ist, s. Th. I.

S. 203. Die oben gedachte Auffassung Schultes ist also insoweit berechtigt, als sie die thatsächliche Konsequenz bezeichnet).

Das vatikanische Koncil hat aber nicht allein die Stellung der Bischöfe als Leiter ihrer Diöcesen betroffen. Durch die Dogmatisirung der päpstlichen Unfehlbarkeit im Kap. 4 der erwähnten Konstitution ist das Bischofsamt auch, insofern es den Beruf hat, die ganze Kirche zu repräsentiren, thatsächlich bedeutungslos gemacht, weil, wie später zu zeigen sein wird, die allgemeinen Koncilien, auf denen jener Beruf ausgeübt wird, überflüssig geworden sind.

S. 40. Text Z. 3 v. u. zu streichen: Benediktion der Kirchenparamente, die.

S. 43. Text Z. 9 v. u. hinter: Diöcese als Anm. 4a: Entscheidungen der Congr. Conc. v. 1875 und 1876 in Betreff des Streites über die Zugehörigkeit einer Ortschaft zu der einen oder anderen Diöcese in Acta s. sed. 9, 43.

S. 47. Anm. 1. Z. 2 hinter: ebenso, füge ein: in seiner Diöcese.

S. 48. Text Z. 14 v. o. hinter Breslau als Anm. 7a: Nach dem Hofrang-Reglement v. 19. Januar 1878 steht der gefürstete Bischof dem Erzbischof gleich, s. o. S. 37.

S. 48. Text Z. 5 v. u. hinter Klasse als Anm. 9a: So auch nach dem angeführten Hofrang-Reglement.

S. 49. Anm. 4 statt S. 37. n. 4 zu lesen: S. 37. n. 7.

S. 49 hinter dem Schluss v. §. 79 als einzufügen: Anhang. Die altkatholische Kirchengemeinschaft Deutschlands hat in ihrer Organisation das Bischofsamt beibehalten. Der Bischof besitzt alle Rechte und Pflichten, welche nach gemeinem katholischen Kirchenrecht dem Episkopate zustehen.

Wenn die Synodal- und Gemeindeordnung §. 5 dies durch den Hinweis auf die in ihr selbst festgestellten Grundsätze beschränkt, so soll damit auf die der Synode und der s. g. Synodal-Repräsentanz beigelegten Rechte hingewiesen werden.

Jedoch soll sich die Thätigkeit des Bischofs hinsichtlich der Ausübung der ihm zustehenden Befugnisse in denjenigen Ländern, in denen eine staatliche Anerkennung noch nicht ertheilt ist, bis zu dieser blos auf sakramentale und liturgische Akte beschränken.

Erfolgt ist eine solche Anerkennung in Preussen, Baden und Hessen. In der preussischen Monarchie von dem sowohl von der Regierung, wie auch von dem Obertribunal festgehaltenen Standpunkt aus,

vgl. meinen Kommentar zu d. preuss. Kirchengesetzen d. J. 1874 u. 1875. S. 179 u. die Entschdgen d. Obertribunals i. d. Entschdgen dess. 70, 42*; 73, 1 ff.; Oppenhoff, Rechtsprechung des O. Trib. 14, 399; 15, 687; Gruchot Beiträge zur Erläuterung des preuss. Rechts 19, 230. 249.

dass die Altkatholiken trotz ihrer Verwerfung der Beschlüsse des vatikanischen Koncils dieselben Rechte und Privilegien, welche staatsrechtlich der katholischen Kirche eingeräumt sind, zu beanspruchen haben. Demgemäss ist dem Bischof auch die landesherrliche Anerkennung als „katholischem Bischof“ ertheilt worden,

am 19. Septemper 1873, Friedberg Staat u. Bischofswahlen, Aktenstücke S. 254 u. Aktenstcke d. altkathol. Bewegg betr. S. 375 und seit 1874 wird im preuss. Etat eine Dotation ausgeworfen, s. meinen Kommentar S. 180. Eine gesetzliche Sanktion dieses Standpunktes gewährt indirekt das Gesetz v. 4. Juli 1875 betr. d. Rechte d. altkatholischen Kirchengemeinschaften an d. kirchl. Vermögen, G. S. S. 333.

Die badische und die hessische Anerkennungsurkunden vom 7. November, bez. 15. Dezember 1874, Friedberg Aktenstcke S. 375. 376 sprechen ebenfalls die Anerkennung als katholischer Bischof aus. Für Baden hat dieses Verfahren durch das Ges. v. 15. Juni 1874 betr. d. Rechtsverhältnisse d. Altkatholiken, bei Friedberg a. a. O. S. 443, Dove u. Friedberg Ztschr. 12. S. 258, welches die Altkatholiken den anderen Katholiken principiell gleichstellt und die Jurisdiktion der bisherigen katholischen Oberen über die ersteren suspendirt, gleichfalls eine ausdrückliche Sanktion erhalten. Ueber Hessen vgl. noch Arch. f. k. K. R. 31, 374.

In Baiern ist dagegen eine staatliche Anerkennung des altkatholischen Bischofs abgelehnt worden,

Die Gründe sind entwickelt in dem: Rechtsgutachten üb. d. Frage d. Anerkennung d. altkathol. Bischofs Dr. Reinkens in Baiern. München 1874.

während die Regierung andererseits die vatikanischen Beschlüsse für die dortigen Katholiken wegen des Mangels des Placet nicht als rechtsverbindlich anerkennt und die Altkatholiken als Katholiken betrachtet, ja sogar den altkatholischen Bischof nicht hindert, sakramentale und liturgische Amtshandlungen in Baiern vorzunehmen.

Vgl. Thudichum, deutsch. Kirchenrecht 1, 348.

Eine fest abgegränzte Diöcese hat der altkatholische Bischof nicht, er gilt als Bischof für die Altkatholiken im deutschen Reiche.

Die christkatholische (altkatholische Kirche) der Schweiz kennt das Bischofsamt ebenfalls.

Ueber die Stellung des Bischofs vgl. Verfassung v. 14. Juni 1875, §. 21 Gareis u. Zorn, Staat u. Kirche i. d. Schweiz. 2, LXII: „Der Bischof hat innerhalb der durch diese Verfassung gezogenen Grenzen alle Rechte und Pflichten, welche nach christkatholischem Begriffe dem Episkopate beigelegt, insbesondere jedoch diejenigen, welche ihm von der Nationalsynode übertragen worden“, u. dazu a. a. O. S. 223.

S. 51. Text Z. 9 v. o. zu lesen: Immerhin hat sich indessen die Sitte u. s. w.

S. 52. Anm. 1 a. E. vor: S. übrigens, hinzusetzen: Vgl. auch Oelsner, Jahrb. d. fränk. Reichs unter König Pippin. S. 205.

S. 55. Anm. 1. Z. 9 v. o. statt excertium zu lesen: exercitium.

S. 57. Anm. 2. a. E. hinzusetzen: Vgl. ferner die Bestätigungsurkunde Benedikts VIII. v. 1015 für ein Diplom des Bischofs v. Poitiers über den gemeinsamen Besitz i. d. Analect. iur. pontif. 1869. p. 319.

S. 60. Anm. 4. Z. 1 v. o. statt: „aus" lies: durch die.

S. 60. Anm. 5 a. E. hinzusetzen: dipl. a. 1191, Monum. boica 3, 555: „assensu meliorum ex clero nostro et ministerialium".

S. 61. Anm. *. Z. 3 v. u. hinter: Zeitschrift 21, 24. n. 16, hinzuzusetzen: Wehrmann, Mittheilgen üb. d. ehem. Lübeckische Domkapitel i. d. Ztschr. d. Vereins f. lüb. Gesch. 3, 1 ff.

S. 61. Anm. 6. Z. 7 v. o. hinter: de praescript. II. 26, hinzuzufügen: c. un. (id.) X. ut eccles. benef. III. 12.

S. 62. Anm. 4 am Schluss: Für ecclesia collegiata wird auch die Bezeichnung: ecclesia conventualis gebraucht, ep. Alex. II. für Poitiers u. 1063, Anal. iur. pontif. 1869. p. 399; dipl. v. 1229 i. Mecklenburg. Urkdbch 1, 354; v. 1303 bei Miraeus opp. 1, 444, s. auch Würdtwein dioec. Mogunt. 1, 69.

S. 64. Anm. 10 am Schluss: Vgl. auch dipl. v. 1289, Mecklenb. Urkdbch 3, 353.

S. 65. Anm. 8 hinter: Dürr p. 185: und ecclesiae numeratae und non numeratae, Reiffenstuel ius canon. III. 8. n. 44.

S. 66. Text Z. 11 u. 12 v. o. ist statt: Kathedral-Kapiteln zu lesen: Kathedral- oder Kollegiat-Kapiteln.

S. 66. Text Z. 12 v. o. hinter: „2. dass" einzuschalten: in den Kathedralkapiteln[2a], und als Anm. 2a unter dem Text hinzufügen: So ist Trid. Sess. XXIV. c. 12 de ref. konstant von der Congr. Conc. aufgefasst, Acta s. sed. 7, 282.

S. 66. Text Z. 14 u. 15 v. o. hinter: Kollegiat-Kanonikate, als Anm. 2b hinzuzufügen: Jedoch letzterer nur, wenn die Kirche eine insignis ist. Allein bei solchen legt auch die Datarie bei Ausübung einer päpstlichen Reservation dem Beliehenen die Pflicht zur Erwerbung eines der erwähnten akademischen Grade auf, und die Congr. Conc. hat sogar 1868 die Hinzufügung einer derartigen Auflage bei der Verleihung von Kanonikaten an anderen Kollegiatkirchen für unzulässig erklärt, Analect. iur. pontif. 1869. p. 1049.

S. 67. Anm. 5 a. E. hinzufügen: Vgl. auch: Untersuchungen über den Geburtsstand der Domherrn in Konstanz in derselben Zeitschr. 28, 1.

S. 69. Anm. 4. Z. 7 v. o. hinter: Martène l. c. 4, 611, hinzuzusetzen: vgl. auch dipl. v. 1331 u. 1334 bei Leverkus Urkdbch d. Bisth. Lübeck 1, 711. 750.

S. 69. Anm. 4. Z. 12 hinter: Dürr l. c. p. 168. n. k, einzuschalten: s. ferner dipl. v. 1331 u. 1333 bei Leverkus Urkdbch d. Bisth. Lübeck 1, 713. 726.

S. 69. Anm. 4. Z. 8 v. u. hinter: (Mansi 21, 356), hinzuzufügen: ep. Honor. II. v. 1128 für Lüttich, D'Achery spicileg. ed. nov. 3, 479.

S. 69. Anm. 7 a. E. hinzuzufügen: Vgl. auch dipl. a. 1285, Leverkus Urkdbch d. Bisth. Lübeck S. 329.

S. 72. Anm. 4 a. E. hinzuzusetzen: Im Stift zu Aachen bestand abgesehen von dem Gnadenjahr noch eine vierjährige Karenzzeit zu Gunsten des Baufonds, Lacomblet niederrh. Urkdbch. 2, 182.

S. 72. Anm. 9 a. E. hinzuzufügen: Vgl. ferner dipl. a. 1338, Leverkus Urkdbch. d. Bisth. Lübeck 1, 804.

S. 74. Anm. 3. Z. 4 v. o. vor „Urkunde" einzuschalten: s. noch Miraeus 1, 564 u. Ficker, Engelbert der Heilige. S. 95.

S. 74. Anm. 3 a. E. vor „S. 78. n. 1" einzuschieben: dipl. v. 1361 für Kammerich Miraeus 2, 1243.

S. 80. Text Z. 1 o. hinter: „Theil zu nehmen hatten" anzufügen als Anm. 1a: Vgl. die Statuten über die Obliegenheiten der Domvikarien in Lübeck von 1274 u. 1298 bei Leverkus Urkdbch. v. Lübeck 1, 227. 368, s. auch dipl. v. 1235 bei Lacomblet niederrh. Urkdbch. 2, 105.

S. 81. Anm. 1. Z. 2 v. u. ist zu lesen: 2 statt: 1, s. Acta s. sed. 9, 436. 437 u. Const. Leon. XII. v. 1825. §. 2, bull. Roman. cont. 16, 304.

S. 82. Zum Text zu Nr. 4 vgl. S. 506. n. 2 a. E.

S. 83. Anm. 2 a. E. hinzuzufügen: Wegen des Olmützer Domkapitels vgl. Arch. f. k. K. R. 14, 95 u. Vering K. R. S. 550. Anm. 5.

S. 83. Anm. 8. Z. 4 v. u. lies habebunt statt: habebant.

S. 83. Anm. 8 a. E. hinzuzufügen: In Limburg ist seit 1868 der Pfarrer der S. Bartholomäus-Kirche in Frankfurt a. M. ipso iure Ehrendomherr in Limburg, Arch. f. k. K. R. 21, 346 und zwar ebenfalls mit Stimmrecht bei der Bischofswahl.

S. 84. Anm. 3 a. E. hinzuzusetzen: und brauchen kein Benefizium zu haben, vgl. z. B. Acta s. sed. 10, 75.

S. 87. Anm. 3. Z. 13 v. o. hinter: 1021. 1047, einzuschalten: Vgl. auch Kölner Provinzial-Koncil v. 1860. tit. I. c. 2, Arch. f. k. K. R. 9, 120.

S. 88. Anm. 2 a. E. hinzuzusetzen: Vgl. auch Ballay de missa conventuali i. Arch. f. k. K. R. 36, 294. Eine der Verpflichtung zur Konventualmesse oder zum Chordienst derogirende Gewohnheit ist unstatthaft und rechtsunwirksam, s. die Entschdgen d. Congr. Conc. Acta s. sed. 7, 626 u. 8, 327.

S. 102. Anm. 9. Z. 2 v. o. hinter: 3, 592) einzuschieben: c. S. Colon. v. 1307, a. a. O. S. 109.

S. 102. Anm. 11 vor: S. 302, einzuschalten: Hüffer, Forschgen z. franz.-rhein. K. R.

S. 110. Anm. 3. Z. 2 v. u. hinter „gebraucht s." einzufügen: dipl. saec. XII. b. Seibertz Urkdbch z. Gesch. Westfalens. 1, 134; ep. Innoc. III. v. 1202 bei Ficker, Engelbert d. Heilige. S. 300.

S. 110. Anm. 3 a. E. hinzuzufügen: Vgl. noch Ficker Engelbert d. H. S. 206; Hüffer, Forschgen S. 305. n. 2.

S. 110. Anm. 5 a. E. hinzuzusetzen: Ueber eine eigenthümliche Bedeutung der Personate (in den Pfarrkirchen des Niederrheins) s. Mooren, Annalen d. hist. Vereins f. d. Niederrhein. Hft. 25 (1873) S. 173.

S. 117. Anm. 6. Z. 2 v. u. hinter: „zuweist" einzuschalten: Entsch. d. Congr. Conc. v. 1873, Acta s. sed. 7, 576.

S. 120. Anm. 7. v. S. 119. Z. 11 v. u. a. E. einzufügen: Jedoch hat die Congr. Conc. mit Rücksicht auf die Encyklika Gregors XVI. v. 1842. §. 3, Acta s. sed. 9, 516, welche ausschliesslich die Verbindlichkeit zur Erklärung d. h. Schrift einschärft, seitdem angenommen, dass der theologus allein dadurch den Pflichten seines Amtes genügt, s. a. a. O. S. 508. 517; 8, 336; 10, 509.

S. 120. Anm. 1. Z. 5 v. o. hinter „haben" einzuschalten: Die Praxis der Congr. Conc. nimmt das Gegentheil an, weil der Klerus gezwungen werden kann, den Vorlesungen des theologus beizuwohnen, Acta s. sed. 8, 342. 343.

S. 120. Anm. 1. Z. 8 v. o. hinter: „. 26 ff." einzufügen: Die Ferienzeit bestimmt sich nach der Gewohnheit der Diöcese, Acta s. sed. 10, 228. 229.

S. 120. Z. 7 v. u. hinter: „Substituten" als Anm. 3a hinzuzufügen: und zwar in Ermangelung von Weltgeistlichen auch aus dem Regularstande, vgl. const. Benedict. XIII. v. 1725, s. S. 118. n. 3 u. S. 120. n. 4; Acta s. sed. 10, 227.

S. 120. Anm. 4. Z. 5. v. u. a. E. hinzuzufügen: Vgl. auch Acta s. sed. 10, 218.

S. 123. Z. 9 v. o. statt: Einrichtung der Pönitentiar-Präbende lies: Anstellung eines Pönitentiars.

S. 124. Anm. 4 a. E. hinzuzusetzen: Wegen der Kapitel, in denen das Optionsrecht gilt, vgl. §. 134. S. 701.

S. 140. Z. 10 v. u. statt „Kapitals" lies: Kapitels.

S. 141. Text letzte Zeile hinter „Messe zu celebriren" hinzuzufügen als Anm. 8a: Die Entschädigung für den Celebrirenden wird aus der massa communis distributionum geleistet, Acta s. sed. 8, 104, Anal. iur. pont. 1869. p. 1038, eventuell aus einem durch Beiträge der Domherrn und der anderen zum Chor verpflichteten Geistlichen, namentlich der capellani beneficiati zu bildenden Fonds, wie z. B. in Lucca, wo die ersteren zwei Drittel, die Kapläne ein Drittel zahlen. Bei Erhöhung der Messtaxe durch den Bischof gilt diese auch für die Conventual-Messe, Anal. l. c.

S. 143. Anm. 1 a. E. hinzuzusetzen: Vgl. auch Kölner Provinzial-Koncil v. 1860. t. I. c. 5, Arch. f. k. K. R. 9, 127.

S. 157. Anm. 6 a. E. hinzuzufügen: Die Funktion des vom städtischen Klerus gewählten Geistlichen erlischt mit dessen Ernennung zum Domherrn an der Kathedrale und es muss daher ein neuer gewählt werden, Entsch. d. Congr. conc. v. 1873, Acta s. sed. 7, 576.

S. 159. Anm. 2 a. E. hinzuzusetzen: Die bairische Regierung hat neuerdings mit Rücksicht auf Art. 3 des Konkordates die Ansicht vertreten, dass die Kanoniker nicht blos die Pflicht, sondern auch das Recht haben, den Bischöfen als Räthe zur Seite stehen, Arch. f. k. K. R. 39, 133 ff. 139.

S. 161. Text von §. 84 a. Schl. hinzuzusetzen: Bei den Altkatholiken steht dem Bischof kein Domkapitel, vielmehr bei der Leitung des altkatholischen Gemeinwesens die Synodal-Repräsentanz, §. 13 der Synodal- und Gemeinde-Ordn., zur Seite.

S. 166. Anm. 4 v. S. 165 hinzuzufügen: Ueber Amalar von Metz s. Maassen, Glossen d. karoling. Rechts. Wien 1877. S. 61.

S. 170. Anm. 6. v. S. 169. Z. 19 v. u. hinter „Anm. *" einzuschalten: Auch das dipl. Leos IX. v. 1049, Anal. iur. pontif. 1869. p. 326 erwähnt eines Metzer Kanonikus als primus chorepiscopus.

S. 170. Anm. 5 a. E. hinzuzufügen: Andere Beispiele bei Quitzmann, d. älteste Gesch. d. Baiern. Braunschweig 1873. S. 208.

S. 172. Anm. 7 a. E. hinzuzusetzen: Vgl. ferner v. Bunge, Lievland die Wiege der deutschen Weihbischöfe. Leipzig 1875; Haid d. Constanzer Weihbischöfe i. Freiburger Diöcesan-Archiv. Bd. 7 (1873) S. 149; Bd. 9 (1875) S. 1.

S. 176. Anm. 10. Z. 12 v. o. hinter: p. 4. 79, einzuschalten: S. auch S. 356 Anm. 4 dieses Theiles.

S. 177. Anm. 4 a. E. hinzuzusetzen: S. ferner die Ernennungsbulle v. 1871 für den Posener Weihbischof bei Hartmann, Ztschr. f. Gesetzgebg u. Praxis d. öffentl. Rechts. 3, 377.

S. 180. Anm. 1 a. E. hinzuzufügen: S. auch die in den Nachträgen zu S. 177. Anm. 4 citirte Bulle.

S. 181. Z. 3 v. o. hinzuzusetzen: Doch finden jetzt auf die Anstellung von Weihbischöfen, die Vorschriften des Ges. v. 11. Mai 1873 über die Vorbildung der Geistlichen und auf das Fortamtiren derselben nach staatlicher Entsetzung des Bischofs der Diöcese die in diesen Nachträgen zu S. 210 angeführten Gesetze Anwendung. S. auch S. 504. 506 ff.

S. 181. Anm. 6 a. E. hinzuzusetzen: Das österr. Gesetz v. 4. Mai 1874 hat hierüber nichts bestimmt.

S. 181. Text Z. 8 v. u. ist zu: „Frankreich" hinzuzusetzen als Anm. 6a: Nach d. Dekret v. 7. Januar 1808, Dursy, Staatskirchenrecht in Elsass-Lothringen S. 76 bedürfen französische Geistliche vor der Annahme eines Bisthums in partibus der Genehmigung des Regenten und nach ihrer Ernennung kann ihre Konsekration nicht vor der Prüfung der Ernennungsbulle im Staatsrath (in Elsass-Lothringen durch den Oberpräsidenten) und der durch den Regenten gestatteten Publikation derselben stattfinden.

S. 183. Anm. * a. E. hinzuzusetzen: E. Löning, deutsch. Kirchenrecht 1, 159; 2, 333.

S. 185. Anm. 4 hinter: praeceptore in Z. 2 v. o. hinzuzusetzen: in welcher trotz der gegentheiligen Behauptung Lönings a. a. O. 2, 334. n. 2 der Archidiakon und Lehrer nach dem Zusammenhange der Stelle als ein und dieselbe Person betrachtet werden müssen.

S. 185. Anm. 12 a. E. hinzuzufügen: Vgl. Löning a. a. O. S. 339. n. 1.

S. 186. Z. 3 v. o. hinter: keinem Zweifel unterliegen als Anm. * einzufügen: Dagegen Löning a. a. O. S. 335. n. 3, weil der Bischof in allen Fällen die Befugniss gehabt habe, die Funktionen des Archidiakonus auch einem Priester zu übertragen. Das beweist aber nichts. Durch die Existenz des ständigen Amtes des Archidiakons ist weder damals noch später das Recht des Bischofs ausgeschlossen gewesen, dieselben Befugnisse persönlich oder durch besondere Stellvertreter konkurrirend auszuüben. Es folgt daher auch aus dem Umstande, dass in den S. 185. Anm. 14 citirten Stellen und c. 12. conc. II. Matiscon: quod si episcopus praesens non fuerit, archidiacono vel presbytero cuidam eius" ein Priester neben dem Archidiakon genannt wird, nichts für Lönings Behauptung, dass der Archidiakon ohne besonderen Auftrag kein Recht auf diese Funktionen gehabt hat. Ferner zeigt die Hinzufügung des cuidam im letztcitirten Kanon gerade, dass der Priester in Gegensatz zum Archidiakon gesetzt wird.

S. 186 hinter Anm. 8 a. E. hinzuzusetzen: Löning a. a. O. S. 338. n. 4 läugnet das Vorkommen der Archidiakonen und Archisubdiakonen auf dem Lande. Das cit. c. 6 will er dahin verbessern: „ad archidiaconum suum subdiaconum transmittat". Er muss aber selbst bekennen, dass nach Lage unserer jetzigen Kenntniss der Ueberlieferung dies keinen handschriftlichen Anhalt hat. Auch ist das Chrisma vom Bischof, nicht vom Archidiakon (der Bischofsstadt), wie er meint, zu holen, c. 3 conc. I. Vasens. Die von ihm angefochtene Interpretation des c. 6 cit. ist nicht unhaltbar. Das c. 6 sagt: der kranke Priester soll seinen Hinderungsgrund dem Archidiakon oder Archisubdiakon durch einen Boten kundthun, und diesen veranlassen, das Chrisma zu besorgen.

S. 190. Anm. 7. v. S. 189. Sp. 2. Z. 19 v. u. vor: „Auch" ist einzuschalten: über Hildesheim s. Lüntzel, d. ältere Diöcese Hildesheim. Hildesheim 1837. S. 177 ff.

S. 191. Anm. 4. Z. 3 v. o. hinter: „(SS. 7, 216)" für das 12. Jahrh. s. SS. 10, 350.

S. 191. Anm. 4. Spalte 2. Z. 8 v. u. hinter I. 1, 324 einzuschalten: über Breslau s. A. Wetzel, d. Archidiakonat Oppeln v. 1230—1810 i. Ztschr. d. Vereins f. d. Gesch. Schlesiens 12, 379.

S. 191. Anm. 4. Spalte 2. Z. 4 v. u. hinter S. 189 einzuschalten: für Soest dipl. v. 1221 (Ficker, Engelbert d. Heilige S. 332), wonach der Propst aus dem Kölner Domkapitel gewählt werden soll.

S. 192. Anm. 2. Z. 9 v. o. hinter 807. 808 einzuschalten: über Hildesheim s. Lüntzel, die ältere Diöcese Hildesheim. S. 181.

S. 195. Z. 4 v. o. zu „Archidiakonen" hinzuzusetzen als Anm. 2a: Vgl. hierzu Ant. Holtgreven, de archidiaconis archidioecesis Coloniensis. diss. inaugur. Conn. 1866. p. 10 ff.

S. 201. Anm. 2 a. E. hinzuzusetzen: und Lüntzel, d. ältere Diöcese Hildesheim. S. 181. 182.

S. 204. Anm. 8. Sp. 2. Z. 1 hinter Kress S. 54 ff. einzuschalten: Mejer, zur Gesch. d. röm.-deutsch. Frage II. 2, 122. n. 2.

S. 208. Anm. 2. Z. 3 v. u. hinter I. 16 einzuschalten: Auch in der Kölner Provinz gab es neben dem Hauptoffizial zu Köln seit d. 15. Jahrh. noch einen zweiten für Westfalen zu Werle, Buescher de iudicio officialatus archiepiscopor. Coloniens. in ducato Guestphaliae. Bonnae 1871. p. 10. 23. 25. 37. 40. Urkunden betr. das Gericht und die Kompetenz dieser Offiziale aus d. 16. u. 17. Jahrh. i. d. Annalen d. histor. Vereins für den Niederrhein. Hft. 30 (1876) S. 210. 235.

S. 208. Anm. 5 a. E. hinzuzufügen: Ueber Osnabrück vgl. S. 204. n. 8.

S. 210. Anm. 1 a. E. hinzuzusetzen: Dabei ist es auch nach dem Gesetze v. 11. Mai 1873 (Ges. S. S. 191) über d. Vorbildung d. Geistlichen geblieben, da sich dasselbe allein auf die geistlichen (s. S. 505), nicht die Jurisdiktionsämter bezieht. Nur auf den Generalvikar, welcher nach staatlicher Erledigung des Bischofsstuhles sein Amt weiter versehen will, finden die Vorschriften des Ges. über die Verwaltung erledigter katholischer Bisthümer v. 20. Mai 1874 (Ges. S. S. 43), also auch das staatliche Einspruchsrecht, Anwendung.

S. 210. Anm. 2. Statt: Art. 4 lies: Art. 3 und füge a. E. hinzu: S. ferner Min. Erlass v. 20. November 1873. N. I, u. A. bei Dove u. Friedberg Ztschr. f. K. R. 12, 259.

S. 210. Anm. 3 a. E. hinzuzufügen: Hieran hat das Ges. v. 7. Mai 1874 nur soviel geändert, s. §. 3 dess., u. A. bei Dove u. Friedberg Ztschr. f. K. R. 12, 261, dass der Regierung eine Einsprache vor der Ernennung gewährt ist.

S. 210. Anm. 7 a. E. hinzuzusetzen: S. jetzt auch Gesetz v. 19. Febr. 1874. Art. 1, a. a. O. S. 255.

S. 210. Anm. 9 a. E. hinzuzufügen: Jetzt findet ein Einspruchsrecht der Staatsregierung auf Grund des Ges. v. 23. April 1875 betr. die Vorbildg d. Geistlichen Art. 1, a. a. O. 13, 219, statt.

S. 210 Text a. Schl. des ersten Absatzes hinzuzusetzen: In Frankreich bedarf es der Genehmigung der Regierung zur Anstellung der Generalvikare. Jedoch kann der Bischof ausser der statthaften Zahl (s. u. Nachtrag zu S. 220) noch andere bestellen, welche aber, falls sie nicht die Genehmigung der Regierung erlangt haben, nur die Jurisdiktion pro foro interno ausüben können, Min. Entsch. v. 29. Brum. XII, Dursy, Staatskirchenrecht in Elsass-Lothringen S. 77.

S. 212 Anm. 13 a. E. hinzuzufügen: In Frankreich dürfen nur Priester, welche zum Bischofsamt qualifizirt, organ. Artikel 21, und Licentiaten der Theologie sind, auch während 15 Jahren die Funktionen eines Haupt- oder Hülfspfarrers angeübt haben, Dekr. v. 25. Dezember 1830, Dursy a. a. O. S. 58, zu Generalvicaren ernannt werden.

S. 213. Z. 3 v. o. ist das Wort: der zu streichen.

S. 220. Anm. 6 a. E. hinzuzufügen: Auf Grund eines solchen Indultes beruht es, dass in den französischen Diöcesen (s. S. 227. n. 3), wie auch die organischen Artikel 21 bestimmen, zwei, in den Erzdiöcesen sogar drei Generalvicare vorkommen, die aber am Bischofssitz residiren.

S. 223 a. E. des Abs. 1 hinzuzusetzen: In Preussen erlischt die Jurisdiktion des Generalvikars mit der staatlichen Absetzung des Bischofs, welcher ihn ernannt hat (s. unten die Lehre von der Absetzung).

S. 223. Anm. 13 a. E. hinzuzufügen: Ebenso in Frankreich und Elsass-Lothringen für die regierungsseitig genehmigten Generalvikare. Im Reichslande beträgt der Gehalt jetzt 3600 Frcs, Dursy, Staatskirchenrecht in Elsass-Lothringen. S. 77. 78.

S. 224. Anm. 6 a. E. hinzuzusetzen: Der Ausdruck: Provicarius wird auch für den oder die mehreren Vertreter, welche sich der Kapitular-Verweser bestellen kann, gebraucht, Arch. f. k. K. R. 27, XIV.

S. 227. Text a. Schl. hinzuzusetzen: Die Altkatholiken kennen ebenfalls das Institut des Generalvikars. Der Bischof kann diesen frei aus den zur Synodal-Repräsentanz gehörigen Geistlichen auswählen, aus den anderen aber nur mit Genehmigung der Repräsentanz, §. 10 der Synod.- u. Gemeinde-Ordn.

S. 229. Anm. 6 a. E. hinzuzufügen: Dagegen E. Löning, Gesch. d. deutsch. Kirchenrechts 1, 417. n. 1, welcher aber übersehen hat, dass ich nur eine Folgerung aus dem c. 5. 6. 7 des Koncils von Riez gemacht habe.

S. 232. Anm. 3 a. E. hinzuzusetzen: Auch der Ausdruck: *provisor* kommt in dieser Zeit für solche interimistische Verwalter vor, s. ep. Joann. XIII. v. 971, Florez España sagr. 28, 252 u. Analect. iur. pont. 1869. p. 313.

S. 233. Anm. 8 v. S. 232 hinter: 3, 684. 693 einzuschalten: Phillips Regalienrecht S. 50.

S. 235. Anm. 11 a. E. hinzuzusetzen: Ebenso die Congr. Conc. s. Acta s. sed. 8, 389.

S. 236. Hinter Abs. 2 ist einzuschalten: Auch der vom Kapitel zum Bischof Gewählte oder landesherrlich Nominirte soll, was beim Abgehen des zunächst gewählten Kapitular-Vikars vor Beseitigung der Vakanz praktisch werden kann, bei Strafe der Nichtigkeit nicht dazu bestellt werden dürfen. Die Besteller trifft ipso iure die grosse Exkommunikation und Verlust ihrer kirchlichen Einkünfte, Strafen, deren Aufhebung speciell dem Papst reservirt ist. Falls der zum Kapitularvikar bestellte die Leitung der Diöcese übernimmt, verliert er sein aus der Wahl, bez. Nomination entstandenes Recht, und unterliegt denselben Strafen, — wenn er aber bereits (Titular-) Bischof ist, den ebenfalls dem päpstlichen Stuhle reservirten Strafen der Suspension von der Ausübung der Pontifikalien und des interdictum ab ingressu ecclesiae. Endlich sind alle Handlungen eines solchen Kapitularvikars nichtig, Const. Pii IX.: Romanus pontifex pro munere v. 28. August 1873, Acta s. sed. 7, 401; Arch. f. k. K. R. 31, 181.

S. 237. Anm. 9 a. E. anzufügen: Ein solcher Fall erwähnt bei Mejer Propaganda 2, 10.

S. 237. Anm. 14. Z. 1 v. o. hinter: 545 ff. einzuschalten: und Arch. f. k. K. R. 27, XIV.

S. 238. Anm. 7 a. E. hinzuzusetzen: Die im Text charakterisirte Stellung des Kapitularvikars ist ausdrücklich durch die o. in diesen Nachträgen zu S. 236 citirte const. Pii IX. sanktionirt worden.

S. 239. Text Z. 6 v. u. statt: „der" lies: des.

S. 242. Anm. 3 statt: III. 9 lies III. S.

S. 242. Anm. 3. a. E. hinzuzusetzen: Wegen der Theologal- und Pönitentiar-Präbende s. §. 134. S. 701.

S. 243. Anm. 9. Z. 2 u. 3 v. o. statt: „vorigen" liess: vorvorigen.

S. 245. Anm. 9 a. E. hinzuzusetzen: und Arch. f. k. K. R. 27, XIV.

S. 245. Anm. 10 a. E. hinzuzufügen: Vgl. auch die in diesen Nachträgen zu S. 236 citirte const. Pii IX.

S. 248. Anm. 1 ist Z. 3 v. o. statt: 348 zu lesen: 345 und a. E. hinzuzusetzen: Nach dem Gesetze v. 20. Mai 1874 (G. S. S. 135) muss aber jeder, welcher in einem, auch staatlich erledigten Bisthum die mit dem bischöflichen Amte verbundenen Rechte und geistlichen Verrichtungen, sei es insgesammt oder einzeln, soweit sie nicht die Güterverwaltung betreffen (d. h. in das Ressort des Oekonomus fallen), mithin auch der Kapitularvikar, die für den Erwerb der geistlichen Aemter vorgeschriebenen staatlichen Qualifikationen besitzen, und kann seine Funktionen bei Strafe der Nichtigkeit derselben sowie bei Gefängnissstrafe von 6 Monaten bis 2 Jahren erst ausüben, wenn der Oberpräsident keinen Einspruch erhoben und er selbst sich eidlich verpflichtet hat, dem Könige treu und gehorsam zu sein und die Gesetze des Staates zu befolgen, §§. 1—4 a. a. O.

S. 248. Anm. 6 a. E. hinzuzusetzen: Jetzt nach dem Ges. v. 19. Februar 1874. Art. I.

S. 248. Anm. 8 a. E. hinzuzufügen: S. nunmehr Ges. v. 23. April 1875 betr. die Vorbildung der Geistlichen. Art. 1.

S. 248. Anm. 12 hinzuzusetzen: Doch wird das im §. 3 des Ges. v. 4. Mai 1874 bestimmte Einspruchsrecht der Regierung auch hier zur Anwendung kommen.

S. 249 a. E. v. Abs. 1 als Anm. 1a hinzuzufügen: In Frankreich haben die Kathedralkapitel, bez. die Metropolitane sofort der Regierung vom Eintritt der Sedisvakanz und von den bezüglich der Verwaltung der erledigten Diöcese getroffenen Massregeln, also auch von der Bestellung des Kapitularvikars Anzeige zu machen, organ. Art. 36. 37, u. Dekret v. 28. Februar 1810. Art. 6; Dursy a. a. O. S. 55. Das Kapitel selbst kann die Verwaltung nicht führen, Circ. v. 28. Januar 1811, a. a. O. S. 75. Bestätigung des Kapitularvikars durch die Regierung ist erforderlich, cit. Dekret v. 1810. Die bestätigten Kapitularvikare erhalten das Gehalt der Generalvikare und zwar vom Tage der durch das Kapitel vorgenommenen, von der Regierung bestätigten Wahl ab, Staatsrathsgutachten v. 27. November 1840, a. a. O. S. 75. Die Funktion des Kapitularvikars endigt mit dem Tage der vor dem Staatsrath erfolgten Einregistrirung der Institutionsbulle des neuen Bischofs, Min. Cirk. v. 29. September 1807, a. a. O. S. 75.

S. 249 Text a. Schl. hinzuzufügen: Bei den Altkatholiken werden bei Erledigung des bischöflichen Stuhles die Befugnisse, welche nach gemeinem Recht dem Kapitularvikar zustehen, durch die Synodal-Repräsentanz einem der zu ihr gehörigen Geistlichen übertragen, Synodal- u. Gemeinde-Ordn. §. 11.

S. 251. Anm. 6 a. E. hinzuzusetzen: Auch Vertretung durch den Metropoliten ist vorgekommen, c. 4 syn. Suession. v. 853, LL. 1, 417 u. Mansi 14, 980.

S. 251. Anm. 7 a. E. hinzuzusetzen: 972 dem h. Ulrich von Augsburg dessen Neffe Adalbero, Gerh. vit. S. Oudalr. c. 23, SS. 4, 408.

S. 251. Anm. 8 a. E. hinzuzusetzen: Auch hat sich Gregor VII. nicht gescheut, die Absetzung eines gebrechlichen Erzbischofs von Rouen durchzusetzen, reg. V. 19 v. 1078, Jaffé a. a. O. p. 315, dazu Meltzer, Papst Gregor VII. u. die Bischofswahlen. 2. Aufl. S. 143. 161.

S. 252. Anm. 3 a. E. hinzuzusetzen: Ueber einen Fall in Merseburg Ende des 14. Jahrh., wo das Kapitel für den vom Schlage getroffenen Bischof einen Coadjutor gewählt hat und dieser auch päpstlich bestätigt worden ist, andererseits aber der Bischof selbst ohne Konsens des Kapitels einen Coadjutor ernannt und der erstere schliesslich verzichtet hat, s. chron. episcop. Merseburg. SS. 10, 202. 203.

S. 257. Anm. 1 a. E. hinzuzusetzen: Thudichum, deutsch. Kirchenrecht 2, 114. n. 1 nimmt an, dass die Vorschriften des A. L. R. noch in Kraft sind.

S. 257. Text Z. 4 v. o. statt: „aufgehoben ist, so können jetzt" lies: war, so konnten.

S. 257. Text Z. 8 v. o. statt: kommen dieselben Grundsätze zur Anwendung, lies: kamen dieselben Grundsätze zur Anwendung. Jetzt gelten aber in ganz Preussen die Vorschriften des Gesetzes v. 11. Mai 1873 über die Vorbildung der Geistlichen, da das Amt des Coadjutors im Sinne desselben ein geistliches Amt ist.

S. 260. Text Abs. 3 a. E. einzufügen: In Preussen kommen, falls die Sedisimpedienz durch staatliche Absetzung herbeigeführt ist, in Betreff des interimistischen Diöcesanverwalters die in diesen Nachträgen zu S. 248 Anm. 1 angeführten Vorschriften zur Anwendung.

S. 265. Z. 9 v. o. hinter gebildet hatte als Anm. 2a anzufügen: S. auch Löning, Gesch. d. deutsch. Kirchenrechts 2, 346.

S. 266. Anm. 2 hinzuzusetzen: Vgl. Löning a. a. O. 2, 347.

S. 267. Anm. 1 a. E. hinzuzusetzen: Vgl. auch Tibus, d. Gau Leomerike u. d. Archidiakonat v. Emmerich. Münster 1877. S. 72 ff.

S. 272. Anm. 8 a. E. hinzuzusetzen: c. 14 Paris. v. 1212, Mansi 22, 823: „decanatus rurales".

S. 279. Anm. 4. Z. 4 v. o. hinter: 2, 56 einzuschalten: und Lüntzel, ältere Diöcese Hildesheim S. 194.

S. 279. Anm. 4 a. E. hinzuzusetzen: über Soest s. d. dipl. saec. XII. ex. bei Seibertz, Urkdbch d. Hgthm. Westfalen 1, 134. In Bremen ist eine Eintheilung in 3 Pfarren erst unter Gregor IX. erfolgt, s. dess. ep. v. 1227 und dipl. Gerhardi archiep. v. 1229, Ehmck, Brem. Urkdbch 1, 166. 171.

S. 280. Anm. 2 a. E. hinzuzusetzen: für Naumburg dipl. v. 1151, Arndt neues Archiv 1, 1, wonach einer Klosterkirche ein Theil der Stadt als Pfarrsprengel zugewiesen wird.

S. 281. Anm. 3 a. E. hinzuzufügen: Auch Siena gehört hierher, Acta s. sed. 9, 435. 436.

S. 281. Anm. 6. Z. 3 v. o. hinter: 1, 366 einzuschalten: Lüntzel, ältere Diöcese Hildesheim S. 197.

S. 282. Anm. 3. Z. 2 v. u. hinter: S. 374. 375 einzuschieben: München dipl. v. 1271, Meyer thes. nov. iur. eccles. 1, 231.

S. 285. Anm. 7 a. Schl. hinzuzusetzen: Auch das Ges. v. 4. Mai 1874. §. 20 enthält nichts darüber.

S. 286. Anm. 8 a. Schl. hinzuzusetzen: vgl. auch v. Vogt, Sammlg. kirchl. Verordgen f. d. Bisthum Rottenburg. Schwäb. Gmünd 1876. S. 128 ff.

S. 287. Text Z. 5 v. o. hinter „statt" ist einzuschalten: ebenso jetzt in Hessen (s. S. 505) und Z. 6 v. o. zu streichen: für das Grossherzogthum Hessen.

S. 287. Text hinter Abs. 1 anzufügen: In einzelnen Diöcesen hat der neuernannte Dekan auch wie schon früher (s. Hartzheim conc. 6, 5 u. 9, 64) dem Bischof einen Amtseid zu leisten, v. Vogt a. a. O. S. 127.

S. 288. Anm. 2 a. E. hinzuzusetzen: Für die Diöcese Rottenburg s. die Pfarr-Visitations-Instruktion v. 1863 bei v. Vogt a. a. O. S. 449.

S. 289. Anm. 12 a. E. hinzuzufügen: Ueber die Landkapitel in der Diöcese Rottenburg s. v. Vogt a. a. O. S. 333 ff.

S. 290. Text Z. 15 v. o. hinter: „Zwecken dient" als Anm. 4a hinzuzusetzen: Ueber die Verhältnisse in der Diöcese Rottenburg s. v. Vogt a. a. O. S. 350.

S. 292. Anm. 10 v. S. 291 a. E. hinzuzusetzen: Vgl. auch Tibus, d. Gau Leomerike S. 72.

S. 295. Anm. 2 a. E. hinzuzufügen: Vgl. hierzu auch die Entschdgen d. Congr. Conc. i. d. Acta s. sed. 7, 184 u. 8, 33. 469. 701.

S. 295. Anm. 3 a. E. hinzuzusetzen: Diese Pflicht kann auch durch entgegenstehende Gewohnheit nicht beseitigt werden, Acta s. sed. 9, 465.

S. 297. Anm. 1 a. E. hinzuzusetzen: Häuser, welche von der Grenze zweier Pfarreien durchschnitten werden, gehören nach der Praxis der Congr. conc. zu derjenigen Pfarrei, in welcher der Haupteingang liegt, Acta s. sed. 7, 393. 607.

S. 297. Anm. 2 a. E. hinzuzusetzen: Laurin i. Arch. f. k. K. R. 26, 216 ff.

S. 297. Anm. 4. Z. 10 v. u. vor: „Man schreibt" einzuschalten: S. ferner Laurin a. a. O. S. 192 ff.; Feyhe, de impedimentis matrimonii. ed. II. Lovan. 1872. p. 145 u. Arch. f. k. K. R. 28, 179; Schödrey i. ang. Arch. 30, 9. 27.

S. 299. Anm. 6. Z. 2 v. o. hinter: p. 1741 ff. einzuschalten: Acta s. sed. 9, 146.

S. 299. Anm. 8. Z. 2 v. o. hinter: p. 1750 hinzuzusetzen: Laurin i. ang. Arch. 26, 230 ff.

S. 300. Anm. 8 v. S. 299. Z. 5 v. o. hinter: 1, 159. n. 2: Ueber die Exemtion der kaiserlichen Familie in Oesterreich vgl. Laurin a. a. O. S. 231. n. 2.

S. 300. Anm. 1 a. E. hinzuzusetzen: vgl. auch Acta s. sed. 8, 453.

S. 302. Anm. 4 a. E. hinzuzusetzen: Vgl. auch E. Löning, deutsch. Kirchenrecht 1, 163. n. 2.

S. 303. Text Z. 1 v. u. statt: „Befugniss" lies: Befugnisse.

S. 304. Anm. 8 a. Schl. hinzuzufügen: Bei solchen Kapiteln hat aber kein Mitglied desselben in Folge dieser seiner Stellung die Rechte des Pfarrers, wird ein solches zur Ausübung der Pfarrrechte deputirt, so bedarf es daher der Approbation des Bischofs, s. die Entsch. d. Congr. Conc. v. 1876, Acta s. sed. 9, 545, eine Auffassung, welche auch die S. 305. n. 1 citirten päpstlichen Bullen bestätigen.

Vgl. ferner noch über diese Verhältnisse o. S. 454. Anm. 1. Die Congr. conc. dringt übrigens in neuerer Zeit auf Anstellung von vicarii perpetui, l. c. 9, 604. 614, wodurch sich das am a. a. O. Bemerkte modifizirt.

S. 304. Anm. 12. Z. 1 v. o. hinter: „vorhergehenden Noten" einzuschalten: und Acta s. sed. 9, 281.

S. 306. Anm. 1 a. E. hinzuzufügen: Vgl. auch Acta s. sed. 9, 281.

S. 307. Anm. 5 a. E. hinzuzusetzen: S. auch Acta s. sed. 7, 560.

S. 310. Text Z. 1 v. o. statt: „noch heute" lies: bis in dieses Jahrzehnt hinein.

S. 310. Text Z. 3 v. o. statt: „besteht" lies: bestand bis zu der gedachten Zeit.

S. 310. Text Z. 7 v. o. statt: „dasselbe gilt" lies: dagegen noch heute.

S. 310. Anm. 16 a. E. hinzuzusetzen: Arch. f. k. K. R. 33, 218.

S. 311. Text Z. 9 v. o. statt: „hat" lies: hatte.

S. 311. Text Z. 10 v. o. streiche: bis auf den heutigen Tag.

S. 311. Text Z. 13 v. o. statt: „hat" lies: hatte.

S. 311. Text Z. 15 v. o. statt: „Heute besteht seit jener Zeit" lies: Seit jener Zeit bestand.

S. 311. Text Z. 16 v. o. statt: „neuerdings" lies: später auch.

S. 311. Text hinter Abs. 1 a. Schl. einzufügen: Nachdem in Folge des Konfliktes der preussischen Regierung mit der katholischen Kirche die staatliche Standesbuchführung und die obligatorische Civilehe in der ganzen preussischen Monarchie durch das Gesetz v. 9. März 1874 eingeführt worden war, ist dies durch das Reichsgesetz vom 6. Februar 1875 für ganz Deutschland geschehen.

Das Absatz 2 und in den Noten dazu Bemerkte, soweit es sich nicht auf Oesterreich bezieht, ist zu streichen.

S. 315. Anm. 2. Das hier in Bezug auf Braunschweig Bemerkte modifizirt sich theils durch die Aufhebung der Stolgebühren zufolge des Gesetzes vom 31. Mai 1871. §. 22 (bei Dove u. Friedberg Ztschr. f. K. R. 10, 466), theils dadurch, dass das Reichsgesetz v. 6. Februar 1875 die Civilehe und staatliche Standesregister-Führung eingeführt hat.

S. 317. Anm. 1. Die Exemtion der Beamten (§§. 283 ff. II. A. L. R.) ist in Preussen durch das Gesetz v. 3. Juni 1876, G. S. S. 154, beseitigt.

S. 318. Anm. * a. E. hinzuzusetzen: Deneubourg, étude canonique sur les vicaires paroissiaux. Tournai 1871; Th. Cohn i. Arch. f. k. K. R. 39, 3. S. auch Regulativ über d. Verhältn. zw. Pfarrern u. Caplänen i. d. Diöcese Breslau v. 1873 i. Arch. f. k. K. R. 30, 457, dazu Swientek a. a. O. 31, 332.

S. 320. Anm. 4. Z. 1 v. o. hinter: 2. Aufl. S. 349 einzuschalten: Vering K. R. S. 580; Cohn i. Arch. f. k. K. R. 39, 15; für die Diöcese Rottenburg v. Vogt, Samml. kirchl. Verordngen S. 714.

S. 320. Anm. 4 a. E. hinzuzusetzen: Dieselbe Gewohnheit besteht auch in Frankreich, Arch. f. k. K. R. 39, 18.

S. 320. Anm. 9 a. E. hinzuzufügen: S. auch das Regulativ für d. Diöcese Breslau, cit. Arch. 30, 458, ferner die Diöcesansynoden für Budweis v. 1872 und Prag v. 1873, cit. Arch. 29, 171 u. 31, 206.

S. 323. Text Abs. 3 a. E. als Anm. 1a hinzuzusetzen: Vgl. auch Acta s. sed. 9, 116.

S. 323. Anm. 1. Z. 4 v. u. hinter: „österreich. Bisthümern“ einzuschalten: in der Diöcese Brünn werden sie aber jetzt Pfarrer genannt, Arch. f. k. K. R. 24, 73.

S. 324. Anm. 7. Z. 4 v. u. hinter: „äussersten Falle“ einzuschieben: d. h. wenn auch die mensa episcopalis nicht ausreicht.

S. 324. Anm. 7 a. E. hinzuzusetzen: Anal. iur. pontif. 1872. p. 329.

S. 350. Anm. 4 a. E. hinzuzusetzen: Vgl. auch Löning, Gesch. d. deutsch. Kirchenrechts 2, 445.

S. 360. Anm. 2 u. 3 a. E. hinzuzufügen: Vgl. auch in Betreff der neuerdings in Schottland errichteten Bisthümer const. Leon. XIII. v. 1878. Acta s. sed. 11, 9.

S. 361. Anm. 5 u. 6 hinzuzusetzen: Ueber Schottland vgl. die cit. Const. Leos XIII. v. 1878.

S. 369. Z. 13 v. u. im Text statt: „ist“ zu lesen: sind.

S. 374. Anm. 8. Z. 4 v. o. statt: n. lies: a und setze hinzu hinter I. 3: Löning a. a. O. 1, 165.

S. 414. Anm. 7 lies: c. 13.

S. 454. Anm. 1 zu Sp. 1. Z. 5 v. u. ist die Bemerkung zu S. 304. Anm. 8 am Schlusse (S. 713) zu vergleichen.

S. 455 in der Ueberschrift zu §. 110 statt γ setze: e.

S. 493. Text Z. 2 v. u. ist die Zahl 5 zu streichen.

S. 503. Zu §. 116 vgl. noch Thudichum, deutsch. Kirchenrecht 2, 34 ff. 39 ff.

S. 512. Anm. ** a. E. hinzuzusetzen: E. Löning, Gesch. d. deutsch. K. R. 1, 108. 413.

S. 517. Anm. 12 a. E. hinzuzusetzen: E. Löning a. a. O. 2, 171. 210.

S. 518. Anm. 7 a. E. hinzuzufügen: Gegen diese Ansicht E. Löning a. a. O. 2, 182. n. 2, welcher aber m. E. das Wort: eligitur in zu technischer Bedeutung fasst und die Gegenübersetzung des: „ordinetur per ordinationem principis und per meritum personae et doctrinae ordinetur“ nicht beachtet. Die Betonung der letztgedachten Eigenschaften gewinnt doch erst ihre volle Bedeutung, wenn sie auf eine einseitige Ernennung des Königs bezogen wird.

S. 522. Anm. 6 hinzuzusetzen: Vgl. ferner die das Verbot wiederholenden conc. Par. a. 614. c. 2; c. 2 ed. Chloth. II. v. 614. o. 615; Koncil v. S. Jean de Losne zw. 670 u. 673. c. 16. 22. Maassen, Zwei Synoden unt. König Childerich II. Gratz 1867. S. 23. 24, andererseits aber über die Verletzungen desselben Löning a. a. O. S. 2, 195.

S. 654. Anm. 8 v. S. 653 a. E. hinzuzufügen: und bei Geltung des Optionsrechtes für die Kapitelsstellen, s. u. S. 701.

S. 658. Anm. 1. Z. 4 v. o. statt: postulatione lies: postulationis discrimine.

S. 658. Anm. 3 a. E. hinzuzusetzen: Gareis u. Zorn, Staat u. Kirche i. d. Schweiz 2, 82. 194; über Chur vgl. a. a. O. S. 59. Für das Bisthum Sitten präsentirt dagegen das Domkapitel 4 Kandidaten aus seiner Mitte dem Grossen Rath des Kanton Wallis, welcher aus diesen den Bischof wählt, a. a. O. 1, 614; 2, 32. Für Lausanne (Residenz in Freiburg) endlich besteht freie päpstliche Verleihung, a. a. O. 2, 37.

S. 687. Anm. 12. Z. 2 v. u. hinter: unstatthaft, einzufügen: ebenso Thudichum, deutsch. K. R. 2, 112.

S. 690. Text Z. 2 v. u. hinter: Italien, hinzuzufügen: sowie des schweizerischen Bisthums Lausanne, s. den vorigen Nachtrag.

Druck von Breitkopf und Härtel in Leipzig.

Druck von Breitkopf und Härtel in Leipzig.

FSC
www.fsc.org
MIX
Papier | Fördert gute Waldnutzung
FSC® C083411

Kolibri 360 GmbH
Ferdinand-Jühlke-Straße 7
99095 Erfurt, Deutschland
produktsicherheit@kolibri360.de